**2025**

판례·예규·선례·서식·Q&A

# 정석 부동산등기실무

편저 김만길

본서는 부동산등기에 필요한 관련 자료를 누구든 편리하고 용이하게
검색하여 참고할 수 있도록 이를 최신의 법령과 판례, 서식, 선례, 예규 및 필요한
부수적인 각종 자료들을 집대성한 것으로, 등기 실무에서 접할 수 있는 모든 곤란한
점을 해결할 수 있는 유용한 자료들로 구성되어 있습니다.

 법문북스

# 개정 증보판 내면서

부동산등기란, 부동산의 표시(表示)와 소유권 등의 보존, 이전, 설정, 변경, 처분의 제한 또는 소멸을 공부에 기록하여 공시하는 것을 말합니다. 보통 등기라고 하면 일반인과 법률가를 가리지 않고 이것을 먼저 연상하고, 실제로도 물권(物權)에서 가장 중요한 제도입니다.

부동산등기는 등기공무원이 국가가 관리하는 공적 장부인 부동산등기부에 부동산의 표시 및 그에 관하여 발생하는 권리의무관계를 법정절차에 따라 기재하는 것입니다. 부동산을 바탕으로 하는 경제활동은 끊임없이 이루어지고 있고, 부동산에 관한 법률이 생성, 변경 및 소멸 또한 부단히 이어지게 됩니다. 이에 따라 관련 법률의 내용도 더욱 합리적이고 기술적인 방향으로 개정이 이루어지게 되며, 그 결과 부동산등기에 관한 내용도 그 범위가 급속히 확장되고 있습니다.

이러한 사정에 기인하여 오늘날 부동산 등기의 종류와 그 방식은 상당히 다양한 모습을 보이고 있으며, 그 실행에 필요한 서식 또한 그 양이 많아 이를 일목요연하게 정리하여 이해하기란 수월한 일이 아닐 것입니다. 뿐만 아니라 관련 법령의 내용이나 판례 또는 서식의 개정으로 인하여 등기를 실행할 때 이에 필요한 자료를 일일이 찾아 업무에 적용한다는 것은 대단히 어려운 일입니다.

2012년 6월부터는 부동산등기부 전산화사업의 완료로 등기사무처리가 전산정보처리조직에 따라 수행되고 있고, 전자신청이 전국적으로 시행되고 있으므로 종이등기부를 전제로 한 규정을 정비하였으며, 법률에 직접 규정하기에 적합하지 아니한 사항을 대법원규칙으로 위임하거나 삭제하여 탄력적인 등기절차를 운용하며, 악용의 소지가 있는 예고등기제도를 폐지하여 부동산에 관한 국민의 권리보전을 도모하고 거래의 안전성을 높였습니다.

이 책에서는 이러한 사정을 감안하여 등기에 필요한 관련 자료를 누구든 편리하고 용이하게 검색하여 이를 등기 실무에 관한 최신의 법령과 판례, 서식, 선례, 예규 및 필요한 부수적인 각종 자료들을 집대성한 것으로서, 등기 실무에서 접할 수 있고, 모든 곤란한 점을 해결할 수 있는 유용한 자료들로 구성되어 있습니다. 특히 현재 시행되고 있는 전자등기에 대해서도 누구나 쉽게 이용할 수 있는 방법을 제시하였습니다.

이 책에서는 다음과 같은 점들을 그 특징으로 삼을 수 있습니다.

첫째, 이 책에서는 최근의 법령과 서식 그리고 판례 등을 모두 수록하고 있습니다. 즉, 법령과 판례는 물론이고, 등기예규, 등기선례, 각종의 서식 및 부동산 관련 각종 고시.공고 등을 두루 수록하고 있습니다.

둘째, 이 책에서는 부동산등기에 관련된 풍부한 판례 자료들을 담고 있습니다. 이에 의하여 부동사등기에 관한 관련 판례의 내용을 유형적으로 파악할 수 있으며, 그 흐름을 쉽게 파악할 수 있게 하였습니다.

셋째, 이 책에서는 부동산등기에 필요한 양식 및 서식을 최대한 많이 수록하고자 노력하였습니다. 또한 사항별로 유형화하여 체계적이고 정확한 이용을 가능하게 하였습니다.

이 책을 집필함에 있어서는 부동산등기에 관한 한 국내 최대의 자료를 담고자 노력하였습니다. 그리고 사항별.내용별로 유형화하여 이 책을 이용하는 사람들이 쉽고 간편하게 관련 정보를 얻을 수 있도록 배려하려고 노력하였습니다. 작업의 방대함으로 인하여 몇몇 오류가 눈에 띌 수도 있으나, 앞으로 계속하여 바로 잡아 나갈 것을 약속하며 강호제현의 가르침을 바라는 바입니다. 이 책이 부동산등기관련 실무에 큰 도움이 되기를 진심으로 기원합니다.

2025.01

편저자 드림

# 차 례

## 제1편 부동산등기 총론

### 제1장 서 론

# 제2장 등기신청 절차

# 제3장 등기실행 절차

# 제4장 부동산전자등기실무

# 제2편 등기실무

## 제1장 부동산 표시에 관한 등기

# 제2장 각종 권리에 관한 등기

# 제3장 소유권에 관한 등기

## 제4장 용익권에 관한 등기

# 제5장 담보권에 관한 등기

## Ⅱ. 권리질권 및 채권담보권에 관한 등기 ························· 758

# 제6장 신탁에 관한 등기

## Ⅰ. 총설 ······························································································· 761

## Ⅱ. 신탁설정의 등기 ········································································· 763

## Ⅲ. 수탁자변경에 따른 등기 ··························································· 771

# 제7장 가등기

# 제8장 관공서의 촉탁에 의한 등기

# 제9장 기 타

# 제10장 재건축·재개발에 관한 등기

# 제11장 종중·교회·사찰 등기 및 외국인등기

## 1. 비법인 사단(등기예규 제1143호) ···············································································1165

## 2. 종중에 관한 등기 ···········································································································1166

# 제3편 촉탁에 의한 등기절차

# <부 록>

# 제1편
# 총 론

# 제1장  서 론

## I. 부동산등기의 의의 및 기능

### 1. 부동산등기의 의의

부동산등기란 국가기관으로서의 등기관이 「부동산등기법」(이하 "법"이라 한다) 등 법 정절차에 따라 기재하는 것 또는 그러한 기재 자체(정보자료)를 말한다.

단, 등기사무를 현재는 전산정보처리조직에 의하여 처리하고 있으므로 이 경우에는 등기사항이 기록된 보조기억장치(자기디스크, 자기테이프 그 밖에 이와 유사한 방법으로 일정한 등기사항을 확실하게 기록, 보관할 수 있는 전자적 정보저장 매체를 포함)를 등기부로 보므로, 이 경우에 부동산등기란 등기관이 위 보조기억장치에 기록하는 것 또는 그러한 기록 자체를 의미한다.

### 2. 부동산등기제도의 작용

#### (1) 부동산물권의 공시

부동산등기는 부동산의 표시(위치.면적 등)와 그 부동산의 권리관계를 등기부라는 공적 장부에 기록하여 널리 알림으로써 부동산에 관한 거래의 안전과 신속을 꾀하는 기능을 하는 공시제도이다.

#### (2) 물권변동의 효력발생요건

법률행위로 인한 물권변동이 당사자의 의사표시만으로 그 효력이 생기느냐 또는 그 밖에 어떠한 형식을 더 구비해야 하느냐 하는 것은 나라의 정책에 따라서 다르다. 민법 제186조는 「부동산에 관한 법률행위로 인한 물권의 득실변경은 등기하여야 그 효력이 생긴다.」고 규정하고 있어, 계약당사자 사이에 물권변동에 관한 계약이 유효하게 성립되었다고 하더라도 등기를 하지 않으면 물권변동은 생기지 않는다.

#### (3) 부동산물권의 처분요건

민법 제187조는 「법률의 규정에 의하여 취득한 부동산물권은 등기를 하지 아니하면 처분하지 못한다.」고 규정하고 있다. 따라서 동조에 의한 물권의 취득(예 : 상속, 공용징수, 판결, 경매 등)은 등기 없이도 물권변동이 확정적으로 생기나, 위 규정에 의한 취득자가 그 부동산을 처분하고자 할 때는 먼저 위 취득의 등기를 하지 않으면 처분할 수 없다.

### (4) 제3자에 대한 대항요건

부동산임차권등기(민법 제621조②), 신탁등기(신탁법 제4조), 환매권등기(민법 제592조) 등은 그 등기가 있어야 제3자에 대한 효력이 생기고, 지상권·지역권·전세권·저당권 등에 있어서의 존속기간이나 지료, 이자와 그 지급시기 등에 관한 사항도 등기를 하여야 제3자에 대하여 주장할 수 있다.

### ⚖ 판 례

부동산등기는 현재의 진실한 권리상태를 공시하면 그에 이른 과정이나 태양을 그대로 반영하지 아니하였어도 유효한 것으로서, 등기명의자가 전 소유자로부터 부동산을 취득함에 있어 등기부상 기재된 등기원인에 의하지 아니하고 다른 원인으로 적법하게 취득하였다고 하면서 등기원인행위의 태양이나 과정을 다소 다르게 주장한다고 하여 이러한 주장만 가지고 그 등기의 추정력이 깨어진다고 할 수는 없다(1996.2.27. 95다42980).

## II. 등기의 종류

### 1. 내용에 의한 분류

#### (1) 기입등기

새로운 등기원인에 기하여 어떤 사항을 등기부에 새로이 기입하는 등기로서, 보통등기라고 하면 이것을 가리킨다. 소유권보존등기·소유권이전등기·저당권설정등기 등이 기입등기에 해당한다.

#### (2) 변경등기

어떤 등기가 행해진 후에 등기된 사항에 변경이 생겨서 후발적으로 등기와 실체관계와의 사이에 생긴 불일치를 바로잡기 위한 등기이다.

### (3) 경정등기

이미 행해진 등기에 대하여 그 절차에 착오 또는 유루가 있어서 원시적으로 등기와 실체관계와의 사이에 불일치가 생긴 경우 이를 바로잡기 위한 등기이다.

### (4) 말소등기

등기에 대응하는 실체관계가 없는 경우 그 등기를 법률적으로 소멸시킬 목적으로 기존등기의 전부를 말소하는 등기이다. 기존의 등기 전부를 말소한다는 점에서 기존의 등기를 존속시키면서 그 일부만을 보정하는 변경등기와 구별된다.

### (5) 말소회복등기

기존등기가 부당하게 소멸된 경우에 처음부터 그러한 말소가 없었던 것과 같은 효력을 보유하게 할 목적으로 행하여지는 등기이다.

### (6) 멸실등기

기존의 등기된 부동산이 전부 멸실된 경우에 행하여지는 등기이다. 한편 토지나 건물의 일부가 멸실된 때에는 변경등기를 해야 한다.

### ⚖ 판 례

경정등기는 기존 등기의 일부에 등기 당시부터 착오 또는 빠진 부분이 있어 그 등기가 원시적으로 실체관계와 일치하지 아니하는 경우에 이를 시정하기 위하여 기존 등기의 해당 부분을 정정 또는 보충하여 실체관계에 맞도록 등기사항을 변경하는 등기를 말한다. 경정등기가 허용되기 위해서는 경정 전후의 등기에 동일성 내지 유사성이 있어야 하는데, 경정 전의 명의인과 경정 후의 명의인이 달라지는 권리자 경정등기는 등기명의인의 동일성이 인정되지 않으므로 허용되지 않는다. 따라서 단독소유를 공유로 또는 공유를 단독소유로 하는 경정등기 역시 소유자가 변경되는 결과로 되어 등기명의인의 동일성을 잃게 되므로 허용될 수 없다(대법원 2017. 8. 18. 선고 2016다6309 판결).

## 2. 형식에 의한 분류

### (1) 주등기(독립등기)

기존의 순위번호에 이어지는 독립한 순위번호를 부여하여서 하는 보통의 등기를 말한다. 등기는 원칙적으로 이러한 주등기의 형식으로 이루어진다. 표시에 관한 등기를 할 때에는 표시번호란에 번호를 기록하고 권리에 관한 등기를 할 때에는 순위번호란에 번호를 기록하여야 한다.

### (2) 부기등기

부기등기는 그 자체로서는 독립한 순위번호를 갖지 않는 등기를 말하며, 부기등기를 할 때에는 「부동산등기규칙」(이하 "규칙"이라 한다) 제2조에 따라 그 부기등기가 어느 등기에 기초한 것인지 알 수 있도록 주등기 또는 부기등기의 순위번호에 가지번호를 붙여서 한다. 부기등기의 순위는 주등기의 순위에 따른다. 그러나 부기등기 상호간의 순위는 그 등기순서에 따른다.

등기는 원칙적으로 주등기의 방식에 의하는 것이나, 어떤 등기로 하여금 기존등기(주등기)의 순위를 그대로 보유시킬 필요가 있는 경우, 즉 어떤 등기와 기존등기와의 동일성 내지 그 연장임을 표시하고자 할 때(변경 또는 경정의 등기), 또는 어떤 등기에 의하여 표시될 권리가 기존등기에 의하여 표시된 권리와 동일한 순위나 효력을 가진다는 것을 명백히 하려고 할 때(소유권 이외의 권리의 이전등기 등)에 하는 등기방식이다.

환매권의 등기와 권리소멸의 약정등기도 부기등기의 형식으로 한다. 이 부기등기도 하나의 등기이므로 등기 기재의 내용에 일정 사항을 추가 기재하는 단순한 부기와 다르다. 1개의 주등기에도 수개의 부기등기를 할 수 있으며 부기등기에 대한 부기등기도 가능하다.

## 3. 효력에 의한 분류

### (1) 종국등기

등기 본래의 효력, 즉 물권변동의 효력(임차권인 경우에는 대항력)을 발생케 하는 등기로서 보통의 등기는 모두 이에 속한다. 가등기에 대응하여 본등기라고도 한다.

### (2) 예비등기

등기 본래의 효력인 물권변동과는 직접 관계가 없이 간접적으로 물권변동에 대비하여 하는 등기로서 가등기가 있다. 구법에는 예비등기로서 예고등기도 있었으나 개정법(법률 제10580호 전부 개정된 부동산등기법)에서 삭제되었다.

### (3) 가등기

부동산 물권 또는 임차권에 관하여 후일에 할 본등기의 순위를 보전하기 위해 그 청구권에 관하여 하는 등기이다. 일반적으로 가등기 자체만으로는 물권변동을 일으키는 효력은 없고, 본등기시에 순위보전의 효력을 가질 뿐이지만 채권담보를 목적으로 하는 담보가 등기에는 본등기를 하지 않은 채로 특수한 실체법적인 효력이 있는 점에 유의해야 할 것이다.

## Ⅲ. 등기 할 수 있는 물건

### 1. 토 지

토지는 물리적으로는 물건으로서의 구분성이 없고, 개수의 관념을 인정할 수 없지만, 인위적으로 지표에 선을 그어서 경계로 삼고, 구획하여 개수를 정한다. 즉, 「공간정보의 구축 및 관리 등에 관한 법률」에 의하여 소재, 지번, 지목, 경계 또는 좌표와 면적을 정하여 등록함으로써 1필지의 토지가 된다.

일반적으로 우리나라 영토 내에 있는 육지부분은 전부 등기능력이 있는 토지라고 할 수 있다. 다만, 토지라 하더라도 사권의 목적이 될 수 없는 것은 등기능력이 없다고 보아야 한다.

| 법원의 중요 유권해석 | |
|---|---|
| 등기능력이 없는 토지 | 사권행사의 제한을 받지만 등기능력이 있는 토지 |
| ① 공유수면<br>　공유수면 아래의 토지는 사권(私權)의 목적이 될 수 없으므로 등기의 대상이 되지 않는다. | ① 도로법상의 도로부지<br>　사권행사의 제한을 받지만 소유권이전과 저당권설정이 가능하므로(도로법 제4조), 그 범위 안에서 등기능력이 있다. |
| ② 하천법상의 하천<br>　국가하천 및 1급 지방하천은 등기의 대상이 되지 않는다(하천법 제4조). | ② 지방 2급 하천<br>　지방 2급 하천도 하천공사 등으로 하천에 편입되는 토지에 대한 보상을 하고 이를 국유 |

| | 로 하는 경우를 제외하고는 국유로 되지 아니하므로(하천법 제7조, 10조), 사권의 목적이 될 수 있어 등기능력을 인정할 수 있다. |
|---|---|

## 2. 건 물

부동산등기법은 토지와는 별도로 건물을 독립한 부동산으로 보아 등기대상으로 하고 있다(법 제14조). 건물 이외의 토지정착물은 「입목에 관한 법률」등과 같이 특별법에 의하여 인정된 경우를 제외하고는 독립하여 등기의 대상이 되지 아니한다.

토지 또는 토지의 정착물과 별개의 독립된 부동산으로 인정되는 건물이란 지붕과 주벽 또는 이와 유사한 것이 구비되고 토지에 정착하여 쉽게 해체.이동을 하지 못하는 건조물로서 그 목적하는 용도에 제공될 수 있는 것을 말한다.

### (1) 건물에 해당하는지의 판단기준

건물이라고 하는 판단기준은 지붕과 외벽 또는 이와 유사한 것이 구비되고 토지에 정착하여 쉽게 해체.이동을 하지 못하는 건조물로서 그 목적하는 용도에 제공될 수 있는 것을 말한다. 따라서 다음의 세 가지 요건을 갖추었는지를 당사자가 첨부한 건축물대장등본 등에 의하여 종합적으로 심사하여 건물에 해당하는지 여부를 판단한다.

① 정착성 : 그 건축물이 토지에 견고하게 정착되어 있어야 한다.
② 외기분단성 : 지붕 및 주벽 또는 그에 유사한 설비를 갖추고 있어야 한다.
③ 용도성 : 일정한 용도로 계속 사용할 수 있어야 한다.

### (2) 건물의 개수를 정하는 표준

건물의 개수는 물리적인 구조(구조의 독립성), 거래 또는 이용의 목적물로서 독립되어 있느냐의 여부(거래·이용상의 독립성)와 소유자의 의사에 따라 정해진다.

### (3) 건물의 동일성에 관한 문제

수선이나 증축, 개축 등으로 물리적 변경이 생긴 경우에 변경 전의 건물과 변경 후의 건물의 동일성이 인정되는가가 문제된다. 동일성이 유지된다고 하느냐(이 경우는 기존등기는 유효하고 다만 변경등기가 문제될 뿐이다), 동일성을 잃는다고 하느냐(이 경우는 기존등기는 무효이고 새로운 보존등기가 필요하다)는 물리적 과정에서 기존건물이 사회통념상 일단 부동산이 아닌 것으로 된 시기가 있었는지의 여부에 의하여 결정되어야 할 것이다.

### 1) 건물을 헐어버리고 개축한 경우
비록 같은 모습의 것을 지었더라도 그것은 별개의 건물이 된다고 보아야 한다.

### 2) 기존건물에 2층을 증축한 경우
일반적으로 건물의 동일성이 유지된다고 보아야 할 것이다.

| 법원의 중요 유권해석 | |
|---|---|
| 등기실무상 등기능력이 있는 건축물 | 등기실무상 등기능력이 없는 건축물 |
| 지붕 및 벽면 또는 그와 유사한 설비를 갖추고 있고, 토지에 견고하게 정착되어 있는 것으로서 다음과 같은 것은 소유권보존등기를 할 수 있다.<br><br>① 유류저장탱크<br>② 사일로(silo)<br>③ 비각<br>④ 경량철골조 경량패널지붕 건축물<br>⑤ 조적조 및 컨테이너구조 슬레이터 지붕 주택 등<br>⑥ 농업용 고정식 온실 | 지붕 및 주벽 또는 그와 유사한 설비를 갖추고 있지 않거나 토지에 견고하게 부착되어 있지 않은 것으로서 다음과 같은 것은 소유권보존등기를 할 수 없다.<br><br>① 방조제 부대시설물(배수갑문, 권양기, 양수기 등)<br>② 건물의 부대설비(승강기, 발전시설, 보일러시설, 냉난방시설, 배전시설 등)<br>③ 지하상가의 통로<br>④ 컨테이너<br>⑤ 비닐하우스 : 철 구조물에 비닐을 덮어씌워 제작된 비닐하우스는 토지에 견고하게 부착되어 있고 내구성 있는 재료를 사용한 벽면과 지붕을 갖추고 있는 독립된 건물로 볼 수 없으므로 소유권보존등기를 할 수 없다.<br>⑥ 주유소 캐노피<br>⑦ 일시사용을 위한 가설건축물<br>⑧ 양어장<br>⑨ 옥외 풀장<br>⑩ 경량철골조 혹은 조립식 패널구조의 건축물 등 |

### (4) 집합건물의 경우

#### 1) 전유부분

전유부분은 각각 독립한 1개의 건물로서 등기할 수 있다.

#### 2) 구조적.물리적으로 공용부분인 것 : 아파트의 복도, 계단 등

아파트의 복도, 계단 등은 건물의 구조상 공용부분으로서 등기능력이 없기 때문에 등기할 수 없으며, 등기를 하지 않더라도 이에 대한 전용부분 소유자의 권리는 전용부분의 처분에 당연히 수반하여 이전된다.

#### 3) 공용부분이지만 독립된 건물의 요건을 갖춘 것

아파트 관리사무소, 노인정 등 이 경우에는 독립하여 건물로서 등기할 수 있고, 등기관은 공용부분이라는 뜻의 등기를 하여야 한다.

## IV. 등기사항

### 1. 등기사항의 의의

등기사항에는 실체법상의 등기사항과 절차법상의 등기사항의 두 가지 등기사항이 있다.

### (1) 실체법상의 등기사항

실체법상의 등기사항이란 등기를 필요로 하는 사항, 즉 등기를 하지 않으면 물권변동의 효력과 추정력 등 사법상의 일정한 효력이 생기지 아니하는 사항으로서 주로 민법 제186조와 제187조에 의하여 결정된다.

### (2) 절차법상의 등기사항

절차법상의 등기사항이란 등기를 할 수 있는 사항, 즉 당사자가 등기를 신청할 수 있고 등기관이 이를 등기할 권한과 직책이 있는 사항으로서 등기능력이라고도 한다. 부동산등기법상 등기를 허용하는 사항이 무엇인가에 따라 절차법상의 등기사항이 결정된다.

일반적으로 실체법상의 등기사항은 모두 절차법상의 등기사항인데 비해, 절차법상의 등기사항은 실체법상의 등기사항이 아닌 것도 포함하고 있다. 예컨대 피담보채권의 소멸로 인한 저당권의 소멸은 등기를 하지 않더라도 그 소멸의 효력이 당연히 발생하므로 실체법상의 등기사항이 아니지만, 공시제도의 목적에 비추어 이와 같은 경우도 등기를 하는 것이 바람직하므로 절차법상의 등기사항으로 하고 있는 것이다.

## 2. 등기할 사항인 권리

현행 「민법」상 원칙적으로 등기를 하여야 할 권리, 즉 등기가 있을 때에 비로소 권리변동의 효력이 생기고 부동산등기법상으로도 등기가 가능한 권리는 토지 및 건물에 대한 물권, 즉 부동산물권이다.

그러나 부동산물권이라도 모두 등기할 수 있는 권리는 아니어서 그 성질상 부동산에 관한 점유권, 유치권은 등기를 요하지 않으며 등기능력도 없다. 부동산등기법 제3조는 소유권, 지상권, 지역권, 전세권, 저당권이 등기해야 할 물권으로 등기능력을 인정하고 있다. 그리고 부동산물권은 아니지만 권리질권에 대하여도 일정한 경우에는 등기능력을 인정하고 있다.

한편 물권만이 등기능력을 갖는 것은 아니며 물권이 아닌 부동산임차권과 부동산환매권도 법률의 규정에 의하여 등기능력이 인정되고, 물권변동을 목적으로 하는 청구권에 관하여도 가등기능력이 인정된다.

## 3. 등기할 사항인 권리변동

등기할 사항인 권리변동은 등기할 수 있는 권리의 보존, 이전, 설정, 변경, 처분의 제한 또는 소멸을 말한다(법 제3조).

### (1) 보 존

보존이란 미등기의 부동산에 대하여 이미 취득하여 가지고 있던 소유권의 존재를 공시하기 위해 처음으로 하는 등기이다. 소유권에 대해서만 보존등기를 할 수 있다.

### (2) 이 전

이전이란 어떤 자에게 귀속되어 있던 권리가 다른 자에게 옮겨가는 것을 의미한다. 이전의 소유권뿐만 아니라 양도성이 있는 권리라면 소유권 외의 권리에도 인정된다.

### (3) 설 정

설정이란 당사자간의 계약에 의하여 물건 위에 새로이 소유권 이외의 권리를 창설하는 것을 말하는데, 물권의 설정은 설정등기를 하여야만 효력이 발생한다. 설정의 목적이 될 수 있는 권리에는 지상권, 지역권, 전세권, 저당권, 권리질권, 임차권 등이 있다.

### (4) 변 경

변경등기에는 협의의 변경등기와 광의의 변경등기가 있다. 협의의 변경등기란 등기 후, 기존의 등기된 사항의 일부가 후발적으로 변경된 경우 이를 실체관계에 부합되게 하는 등기를 말한다. 경의의 변경등기란 협의의 변경등기와 경정등기를 포함하는 경우를 말하는데, 등기사항의 일부가 당초부터 실체관계와 부합하지 않는 경우에 이를 바로잡는 등기를 말한다. 법 제3조의 변경은 광의의 변경을 말한다. 변경의 대상에는 권리의 내용뿐만 아니라 부동산표시의 변경과 등기명의인의 표시 변경이 모두 포함된다.

### (5) 처분의 제한

처분의 제한이란 소유권자나 기타 권리자가 가지는 권리의 처분기능을 제한하는 것을 말한다. 여기서의 처분의 제한에 해당하는 것은 법률에 규정되어 있는 경우에 한하는 것이므로 임의의 계약에 의한 경우는 이에는 포함되지 않는다. 법률에 규정되어 있지 아니한 처분의 제한은 등기할 사항이 아니며, 처분제한(특양사항 또는 금지사항)에 관한 사항이 법률에 규정되어 있다 하더라도 그 등기를 할 수 있다는 법령상의 근거가 없으면 등기를 할 수 없다.

### (6) 소멸

소멸이란 어떤 부동산이나 권리가 원시적 또는 후발적 사유로 인하여 없어지는 것을 말한다. 등기원인의 무효나 취소로 인한 각종 권리의 소멸이나 목적부동산의 멸실에 의한 권리의 소멸 등을 예로 들 수 있다.

## 4. 부동산의 표시에 관한 사항

구법에서는 부동산의 표시에 관한 등기는 소유권보존등기의 한 부분으로서 독립하여 등기할 수 없다는 입장에서 부동산의 표시에 관한 등기 중 "구분건물의 표시"만 등기사항에 해당한다고 보았다(구법 제2조).

그러나 부동산의 표시에 관한 등기가 반드시 소유권등기와 무관하게 독립적으로 이루어지는 등기만을 의미하는 것은 아닐 것이다. 이미 등기되어 있는 부동산의 표시에 관한 사항을 변경하는 것도 부동산의 표시에 관한 등기에 해당한다고 보는 것이 타당하다. 이에 따라 개정법은 부동산의 표시에 관한 사항을 등기사항으로 규정하였다(제3조).

## Ⅴ. 등기의 효력

수작업으로 등기사무를 처리한 시기에는 등기완료한 시점이 등기부에 기재되어 있는 등기신청서의 접수연월일로 보는 것이 당연하였지만 등기전산화로 인하여 이제는 등기관이 등기를 완료한 시점, 즉 자기가 부여받은 식별부호를 등기기록에 기록한 시점에 관한 정보가 전산정보처리조직에 그대로 저장됨에 따라 등기의 효력발생시기에 관하여 다툼의 여지가 있게 되었다.

이에 따라 개정법에서는 등기의 효력발생시기에 관한 분쟁을 미리 방지하기 위하여 등기관이 등기를 마치면 그 등기의 효력은 등기신청이 접수된 때부터 효력을 발생하는 것으로 하였다.

### 1. 권리변동의 효력

부동산에 관한 법률행위로 인한 물권의 득실변경은 등기를 하여야 그 효력이 생긴다(민법 제186조).

### 2. 대항력

어느 권리를 등기하지 않으면 그 권리는 당사자 사이에 채권적 효력이 있을 뿐이나 이를 등기한 때에는 제 3자에 대해서도 주장 할 수 있는 효력이 생긴다. 이를 대항력이라 한다.

물권변동에 있어서 형식주의를 채택한 우리 법제에서는 물권변동을 생기게 함이 등기의 본래의 효력이고 대항력을 생기게 하는 등기는 예외적인 것이다. 대항력이 있는 등기에는 임차권의 등기, 환매특약의 등기, 지상권 또는 전세권의 존속기간 등에 관한 약정의 등기, 저당권의 변제기 등에 관한 약정의 등기 등이 있다.

대항력을 생기게 하는 등기로는 ㉠ 임차권의 등기(법 제74조), ㉡ 환매특약의 등기(법 제53조), ㉢ 지상권 또는 전세권의 존속기간 지료, 이자, 지급시기 등에 관한 약정의 등기(법 제69조, 제72조), ㉣ 저당권의 변제기 등에 관한 약정의 등기(법 제75조 제1항)가 있다.

## 3. 순위확정적 효력

① 같은 부동산에 관하여 등기한 수개의 권리의 순위관계는, 법률에 다른 규정이 없으면 등기한 순서에 따른다(법 제4조).

② 등기의 순서는 등기용지 중 같은 구에서 한 등기는 순위 번호에 따르고 다른 구에서 한 등기에 대하여는 접수번호에 따른다(법 제4조).

③ 부기등기의 순위는 주등기의 순위에 의한다. 그러나 부기등기 상호간의 순위는 그 등기 순서에 따른다. 가등기를 한 경우에 본등기의 순위는 가등기의 순위에 따른다.

## 4. 점유적 효력

점유로 인한 부동산의 시효취득기간은 20년이지만(민법 제245조 제1항), 부동산의 소유자로 등기되어 있는 자가 10년 동안 지주점유를 한 때에는 소유권을 취득한다(민법 제245조 제2항). 그러므로 등기부취득시효에 있어서는 등기가 마치 동산취득시효에 있어서 점유와 같은 효력을 가진다고 할 수 있다(단축하는 효력).

## 5. 권리추정력

어떤 등기가 있으면 그에 대응하는 실체적 권리관계가 존재하는 것으로 추정된다. 이것을 '등기의 권리추정력'이라고 한다. 「민법」에는 점유의 추정력에 관한 규정(민법 제200조)은 있으나 등기의 추정력에 관해서는 명문규정이 없다. 그러나 학설, 판례(대판 2000.3.10, 99다65462)는 모두 이를 인정하고 있다. 등기의 추정력은 표제부에는 인정되지 않는다.

권리추정력이 인정되는 범위는 다음과 같다. ㉠ 사항란에만 인정되며 표제부에는 인정되지 않는다, ㉡ 사망자 명의의 등기(대판 1983.8.23, 83다카597), 허무인 명의의 등기(대판 1985.11.22, 84가타2494)에는 추정력이 인정되지 않는다, ㉢ 특별조치법에 의하여 경료된 등기의 경우에도 추정력이 미치므로 추정력을 깨뜨리려면 등기절차상 소요되는 보증서 및 확인서가 허위 또는 위조되었다거나 그 밖의 사유로 적법하게 등기된 것이 아니라는 사실을 입증하여야 한다(대판 1987.10.13, 86다카597).

## 6. 후등기저지력

등기가 존재하고 있는 이상은 그것이 비록 실체법상의 효력은 가지지 못한다 하더라도, 법정의 요건과 절차에 따라 그것을 말소하지 않고서는 그것과 양립할 수 없는 등기는 할 수 없다. 이것을 후등기저지력이라고 한다. 예컨대, 일정한 토지에 대한 소유권보존등기가 경료 되어 있으면 진정한 소유자라 하더라도 그 토지에 대한 기존의 소유권보존등기를 말소하지 않고는 그 앞으로의 소유권보존등기를 할 수 없다.

## 7. 가등기의 순위보전적 효력

가등기에 의하여 본등기를 한 경우에 본등기의 순위는 가등기의 순위에 따른다(법 91조). 이를 가등기의 순위보전적 효력이라고 한다. 가등기에 의한 본등기를 한 경우 본등기에 의한 물권변동의 효력은 가등기를 한 때로 소급하는 것이 아니라 본등기를 실행한 때부터 발생한다.

본등기의 순위는 가등기의 순위를 유지하기 때문에 가등기 이후에 마쳐진 제3자의 권리에 관한 등기, 소위 중간처분의 등기는 본등기의 내용과 저촉되는 범위 내에서 실효되거나 후순위로 된다. 등기되어 있는 가등기가 담보가등기인 경우, 그 자체만으로도 다른 채권자보다 우선변제를 받을 수 있다.

또한 목적물에 대한 경매를 청구할 수 있는 등 일정한 실체법적 효력이 주어져 있다(「가등기담보 등에 관한 법률」 참조).

# VI. 등기의 유효요건

## 1. 실체적 유효요건

### (1) 등기에 부합하는 실체관계의 존재

등기에 부합하는 실체관계가 존재하여야 한다. 등기에 부합하는 실체관계가 존재하기 위해서는 ① 등기에 부합하는 부동산이 존재하여야 하고, ② 진정한 등기명의인이 존재하여야 하며, ③ 등기에 부합하는 실체적 권리변동 내지 물권행위가 존재하여야 한다.

### (2) 등기와 실체관계의 부합 정도

### 1) 부동산의 표시에 관한 부합의 정도

부동산의 표시에 관하여는 해당 부동산의 물리적 현황과 등기기록과의 사이에 다소의 불일치가 있더라도 그 등기가 해당 부동산을 공시하고 있는 것이라고 할 수 있을 정도의 동일성이 인정되면 그 등기는 유효하다고 할 수 있다.

① 토지의 지번이 다른 경우 : 등기사항 중에서도 부동산의 소재.지번은 부동산을 특정 하는 중요한 요소라 할 것이므로 지번이 틀린 등기는 원칙적으로 무효이다.

② 지목, 면적이 다른 경우 : 지목.면적 등이 다르다 할지라도 지번만 틀리지 않으면 특별한 사정이 없는 한 동일성이 있는 것으로 보고 있다.

③ 건물의 경우 : 건물에 있어서도 건물의 소재와 대지 지번의 표시에 다소의 상위가 있다 할지라도 건물의 종류.구조.면적 등의 기록 및 그 인근에 유사한 건물의 존부 등을 종합적으로 판단하여 그 등기가 해당 건물을 표시하고 있는 것으로 인정되는 경우에는 유효한 등기로 보고 있다(대판 1981. 12. 8, 80다163).

### 2) 권리의 주체.객체.종류의 불부합

권리의 주체가 부합하지 않은 경우, 권리의 객체가 부합하지 않은 경우와 권리의 종류에 있어서 서로 부합하지 않은 경우의 등기는 무효이다.

### 3) 권리의 내용의 양적 불부합

권리의 주체, 객체, 종류에 관하여는 합치하고 있으나 그 내용의 양에 불일치가 있는 경우에는 그 불일치의 정도에 따라 등기의 유효 여부가 결정되며 권리의 내용의 양적 불일치에 관하여는 학설과 판례가 다음과 같이 정리되어 있다.

등기된 양이 물권행위의 양보다 클 때, 물권행위의 한도에서 효력이 있다. 반대로, 물권행위의 양이 등기된 양보다 클 때, 법률행위의 일부무효에 관한 「민법」제137조에 의하여 판단하여야 한다. 불일치가 등기기록에 의하여 착오임이 명백히 인정될 수 있는 경우에는 경정등기에 의하여 고칠 수 있을 것이다.

### 4) 권리변동의 과정 또는 태양의 불일치

등기가 현재의 실체적 권리관계에는 부합하고 있으나 권리변동의 과정 내지 태양과 일치하지 아니하는 중간생략등기.모두생략등기(미등기건물의 양수인명의의 소유권보존등기)는 유효한 것으로 보고 있다. 중간생략등기의 효력에 관하여는 학설이 나누어져 있으나 중간자의 동의 내지 전원의 합의가 있으면 유효하다고 하는 것이 다수설이다.

① 모두생략등기 : 갑 명의의 소유권보존등기를 먼저 하지 아니하고 직접을 명의로

소유권보존등기를 하는 것

② 중간생략등기 : 물권변동의 중간 과정을 생략하여 소유권이전등기 등을 하는 것

③ 등기원인을 실제와 달리한 등기 : 증여에 의하여 부동산을 취득하였음에도 등기원인이 매매로 등기기록에 기록된 경우 판례는 그 등기가 당사자 사이의 실체적 권리관계에 부합하는 한 유효하다고 한다(대판 1980. 7. 22 선고 80다791). 「부동산등기특별조치법」은 등기신청서에 허위의 등기원인을 기재하거나 실제로는 소유권을 이전하면서 소유권이전등기가 아닌 다른 등기를 신청하는 등의 행위를 금지하고 있다(법 6조). 이를 위반한 경우 징역, 벌금에 처하도록 하고 있다(법 8조).

### 5) 무효등기의 유용 등

실체적 유효요건에 흠결이 있는 등기에 관하여 후일 그 등기에 부합하는 실체관계가 있게 된 때에 그 등기의 유효성 여부가 문제될 수 있다.

첫째, 예컨대 등기원인이 없이 갑으로부터 을로 소유권이전등기가 된 후에 갑과 을 사이에 적법한 매매가 있게 되면 그 때로부터 등기는 유효하게 된다. 이를 '실체적 유효요건의 추완'이라고 한다.

둘째, 처음에는 유효하였던 등기가 후에 실체관계를 잃게 되어 무효로 되었으나 다시 그 후 처음의 등기와 내용이 유사한 실체관계가 생긴 경우에 그 등기를 후의 실체관계의 공시방법으로서 이용할 수 있느냐 하는 것이다. 이를 '무효등기의 유용'이라고 한다. 저당권이나 가등기의 유용에 관하여는 (이해관계인이 없는 한) 유효한 것으로 보고 있다. 그러나 멸실건물의 보존등기를 멸실 후에 신축한 건물의 보존등기로 유용하지는 못하는 것으로 보고 있다.

## 2. 형식적 유효요건

### (1) 등기의 존재

등기가 존재하고 있어야 한다. 등기관이 등기기록에 등기사항을 기록하고 규칙 제7조에 따라 식별부호를 기록하면 그때부터 등기가 존재하게 된다. 그러므로 등기신청이 있었고 그 신청에 따른 등기필증의 교부가 있었다고 하더라도 신청서에 표시된 등기사항이 등기기록에 기재되어 있지 아니하면 등기가 존재한다고 할 수 없다. 등기의 존재여부에 관해서 다음과 같은 문제가 있다.

### 1) 등기부의 멸실

등기부가 손상된 경우에는 전산운영책임관은 등기부부본자료에 의하여 등기부를 복

구하여야 한다. 구법 제24조는 소정의 기간 내에 멸실회복등기를 하면 그 등기의 순위
는 멸실되었던 등기부에서 가지고 있던 순위를 보유한다고 규정한다. 적법한 멸실회복
등기를 하면 멸실되었던 등기부의 등기가 표상하던 권리는 멸실기간 중에도 존속하였
던 것으로 볼 수 있었다. 이와 같은 구법의 취지는 개정법에서도 그대로 유지된다고
보아야 할 것이다.

문제는 적법한 복구등기가 없으면 등기가 표상하던 권리도 효력이 소멸하는가 여부
이다. "회복등기 기간 내에 회복등기를 하지 못한 등기부 멸실 당시의 소유자는 부동
산에 관한 소유권을 상실한다는 취지로 판단한 원심판결에는 재산권을 보장하는 헌법
상의 규정을 간과하고 구법 제 24조를 잘못 해석한 위법이 있다"라는 대법원 판결(대
판 1968. 2. 20 선고 67다1797)이 있었고 멸실회복등기가 없다고 하더라도 소유권이
소멸하는 것은 아닌 것으로 보았다.

## ⚖️ 판 례

등기멸실 당시의 소유명의자는 소유권자로서 원인무효등기의 말소등기절차이행을 청구할
수 있으며, 단지 저당권과 같은 제한물권 설정등기가 멸실하였을 경우 멸실회복등기 신
청기간 중이라 하여도 새로운 등기신청이 허용되어야 할 것은 당연한 바로서 이 새로운
등기는 멸실된 등기가 회복등기기간 내에 회복등기가 되었을 때에는 그 회복등기보다 후
순위가 된다 할 것이며 본조 소정의 순위보전은 위와 같은 제한물권에 관한 범위에서만
실효있는 규정이라고 해석함이 상당하다(대법원 1968.2.20, 선고, 67다1797, 제1부 판결).

### 2) 등기의 불법말소

부적법하게 말소등기가 경료된 경우 그 말소등기는 실체관계에 부합하지 않는 것이
어서 무효이다(대판 1982. 9. 14, 81다카923).

따라서 불법하게 말소된 등기의 권리자는 등기가 비록 형식적으로 말소되었다고 하
더라도 권리를 잃지 않으며 그 말소된 등기의 회복등기를 신청할 수 있다. 등기에는
공신력이 없고, 등기는 물권변동의 효력발생요건이지 그 존속요건이 아니기 때문이다.

## ⚖ 판 례

등기는 물권의 효력발생요건이고 효력존속요건이 아니므로 물권에 관한 등기가 원인없이 말소된 경우에 그 물권의 효력에는 아무런 영향을 미치지 않는다고 봄이 타당한 바, 등기공무원이 관할지방법원의 명령에 의하여 소유권이전등기를 직권으로 말소하였으나 그 후 동 명령이 취소확정된 경우에는 말소등기는 결국 원인없이 경료된 등기와 같이 되어 말소된 소유권이전등기는 회복되어야 하고 회복등기를 마치기 전이라도 말소된 소유권이전등기의 최종 명의인은 적법한 권리자로 추정된다고 하겠으니 동 이전등기가 실체관계에 부합하지 않은 점에 대한 입증책임은 이를 주장하는 자에게 있다(대법원 1982.9.14, 선고, 81다카923, 판결)

### (2) 적법한 절차

#### 1) 관할등기소에서의 등기

등기는 관할이 있는 등기소에서 하여야 한다. 등기사무는 등기할 권리의 목적인 부동산의 소재지를 관할하는 등기소에 처리함이 원칙이다(법 제7조). 관할위반의 등기는 당연무효이며 그 등기신청은 각하된다(법 제29조 제1호). 관할위반의 등기는 등기관이 반드시 직권말소 하여야 하며 관할의 변경 등의 방법으로 처리하여서는 안 된다.

#### 2) 법률상 허용되는 등기

등기신청은 법률상 허용되는 것이어야 한다. 법률상 허용되지 않는 등기신청은 법 제29조 제2호에 해당되므로 그러한 등기신청을 받은 등기관은 그 신청을 각하하여야 한다. 등기관이 각하를 하지 않고 등기를 하였다고 하더라도 그 등기는 당연무효이며 등기관은 그 등기를 직권으로 말소하여야 한다.

#### 3) 그 밖의 절차 위배와 등기의 유효 문제

법 제29조에서는 신청절차에 어긋나는 등기신청의 경우를 나열하고 그 중 어느 하나에 해당하는 등기신청은 각하하도록 하고 있다. 법 제29조의 각하사유는 제1호부터 제11호까지 있다. 크게 두 부분으로 나눌 수 있다.

첫째, 제1호와 제2호의 경우이다. 앞에서 본 바와 같이, 제1호와 제2호에 위반한 등기신청은 마땅히 각하되어야 하고, 설사 등기관이 이를 간과하여 등기기록에 기록하였다고 하더라도 그 등기는 당연무효이다. 그 등기가 실질적 유효요건을 갖추고 있더라도 무효임에는 변함이 없다.

둘째, 제3호 이하의 경우이다. 제3호 이하의 각하사유에 해당하는 등기신청도 각하되어야 함은 제1호 및 제2호와 마찬가지다. 문제는 이를 간과하여 등기가 마쳐졌을시에 그 등기를 당연무효라고 할 것인가 여부이다. 등기는 물권관계를 널리 제3자에게 공시하여 제3자로 하여금 예기치 않은 손해를 입지 않도록 하는 목적을 가지고 있다. 그런데, 비록 절차법에는 어긋나지만 실체관계와 일치하는 등기를 무효인 것으로 한다면 공시제도로서의 등기제도의 효용을 해치게 될 것이므로 그 효력을 유지시켜 줄 필요가 있다. 형식적 요건이 구비되지 않은 경우, 등기의 신청이 일단 수리되어 등기가 완료된 때에는 그 등기가 실질적 유효요건을 구비하였으면 유효하다고 한다(대판 1968. 8. 23. 자 68마823).

## ⚖ 판 례

[부동산등기법 제55조 제3호 이하의 경우를 등기공무원이 간과하고 등기를 완료한 경우에는 이해관계인은 이에 대한 이의를 할 수 있는지의 여부]

본조 제3호 이하의 경우에 있어서 등기공무원이 이를 간과하고 등기신청을 접수하여 그 등기를 완료한 경우에는 이해관계인은 등기공무원의 처분에 대하여 이의의 방법에 의하여 등기의 말소를 청구할 수 없다(대법원 1968. 8. 23. 자 68마823 결정).

# Ⅶ. 등기기관과 그 설비

## 1. 등기소

### (1) 등기소의 의의

등기사무를 담당하는 국가기관을 등기소라고 한다. 등기소라는 현실의 명칭을 가진 관서뿐만 아니라 등기사무를 담당하는 지방법원의 등기국, 등기과와 동지원의 등기과 또는 등기계도 등기소에 포함되지만 법원행정처 부동산등기과는 직접 등기사건을 처리하고 있지 않으므로 여기서의 등기소는 아니다.

### (2) 등기소의 관할

등기사무는 원칙적으로 등기할 권리의 목적인 부동산의 소재지를 관할하는 등기소가 관할등기소로서 등기사무를 처리한다(법 제7조 제1항). 등기소의 관할구역은 법률(각급 법원의 설치와 관할구역에 관한 법률)과 대법원규칙(등기소의 설치와 그 관할구역에 관한 규칙)에 의하여 정해지는데 광역 등기국을 제외하고 대체로 행정구역인 구·시·군을 기준으로 정하여져 있다.

### (3) 관할의 지정

#### 1) 1개의 부동산(건물)이 수개의 등기소의 관할구역에 걸쳐 있는 때

신청에 의하여 각 등기소를 관할하는 상급법원의 장(수개의 등기소가 동일 지방법원 관내일 때에는 그 지방법원의 장, 동일 고등법원 관내일 때에는 그 고등법원의 장, 고등법원의 관할구역을 달리할 때에는 대법원장)으로부터 관할의 지정을 받은 등기소만이 관할권을 갖는다(법 제7조 제2항).

#### 2) 관할의 지정을 받아 등기를 신청할 경우

신청서에 관할지정이 있음을 증명하는 서면을 첨부하여야 하며, 지정관할등기소가 등기를 한 때에는 지체 없이 그 취지를 소정양식의 통지서에 의하여 관할이 경합하는 다른 등기소에 통지하고, 통지를 받은 등기소는 전산정보처리조직으로 관리되고 있는 관할지정에 의한 등기부목록에 통지받은 사항을 기록하여야 한다(규칙 제5조 제6항).

위의 규정은 단지를 구성하는 여러 동의 집합건물 중의 일부 건물의 대지가 다른 등기소의 관할에 속하는 경우에 준용한다(규칙 제5조 제7항).

#### 3) 가등기의 건물이 행정구역 등의 변경으로 인하여 후발적으로 수개의 등기소의 관할에 걸치게 된 때

종전의 관할등기소가 관할하되 관할의 지정이 있는 경우와 같은 통지절차 등을 이행하여야 한다.

### (4) 관할의 위임

교통사정, 등기업무의 과다, 천재지변, 그 밖의 사유 등 등기사무 처리의 편의를 고려하여 대법원장은 관할 등기소가 아닌 다른 등기소에 등기사무를 위임하게 할 수 있다(법 제8조).

### (5) 변경

행정관할의구역의 변경, 등기소의 신설 등 사정으로 인하여 어느 부동산(을등기소)의 소재지가 다른 등기소(갑등기소)의 관할로 바뀌었을 때에는 종전의 관할 등기소는 그 부동산에 관한 등기용지와 부속서류 또는 그 등본을 다른 등기소에 이송하여야 한다. 그 처리절차는 다음과 같다.

#### 1) 관할변경의 경우

가. 갑 등기소의 조치

① 등기기록 이관조치 등 : 부동산의 소재지가 다른 등기소의 관할로 변경이 된 경우, 관할이 변경된 부동산의 등기기록에 대하여 전산정보처리조직을 이용하여 을 등기소로 처리권한을 넘겨주는 조치를 하여야 한다.

② 건물대지 일부의 관할변경으로 인하여 1개의 건물이 2개 이상의 등기소의 관할에 걸치게 된 때 : 종전 관할등기소에서 관할하되, 관할의 지정을 받아 등기하려는 경우에 준하여 건물대지의 일부가 관할하는 등기소에 그 뜻을 통지하여야 한다.

③ 안내사항 : 관할의 변경이 있는 등기소에서는 관할변경일 2주일 전부터 4주간 동안 등기소 창구에 관할변경사실을 고지하는 안내문을 게시하여 신청인들의 편의를 도모한다.

④ 보고사항 : 인수인계가 완료된 때에는 위 인수인계서의 부본 1부를 첨부한 보고서를 작성하여 소속 지방법원장에게 보고하고, 지방법원장은 대법원장에게 그 결과를 보고하여야 한다.

나. 을 등기소의 조치

갑 등기소로부터 관할변경 된 부동산에 대한 등기기록의 처리권한을 넘겨주는 조치가 완료된 때에는 등기기록의 표제부 등기원인 및 기타사항란에 관할변경의 사유와 그 연월일을 기록하고 등기관이 규칙 제7조의 식별부호를 기록하여야 한다. 등기관은 법31조에도 불구하고 표제부에 기록되어 있는 행정구역의 명칭을 변경하여야 한다.

## 2) 등기소의 신설

1개소 또는 수개소의 등기소 관할구역을 분리하여 새로운 등기소를 신설한 경우에도 위의 요령에 준하여 처리하게 된다.

## 3) 관할 내의 행정구역 또는 그 명칭이 변경된 경우

행정구역 또는 그 명칭이 변경된 경우에 등기관은 직권으로 그 변경에 따른 부동산의 표시변경등기를 해야 한다. 부동산의 표시변경등기는 등기소의 업무사정을 고려하여 해당 부동산 모두에 대하여 순차로 해야 하며, 이것이 완료되기 전에 다른 등기의 신청이 있는 때에는 즉시 그 등기에 부수하여 표시변경등기를 하여야 한다.

## (6) 등기사무의 정지

천재지변, 화재, 그 밖의 사유 등으로 등기소에서 등기사무를 정지하지 않을 수 없는 사고가 발생한 경우에는 대법원장은 일정기간을 정하여 등기사무의 정지를 명할 수 있다.

## 2. 등기관

### (1) 등기관의 지정

등기사무는 등기소에 근무하는 법원서기관·등기사무관·등기주사 또는 등기주사보 중에서 지방법원장(등기소의 사무를 지원장이 관장할 경우 지원장)이 지정하는 자가 등기관으로서 이를 처리한다(법 제11조).

등기과·소장은 별도로 등기관으로 지정한다는 명령이 없다 하더라도 등기과·소장의 지정에 그 뜻이 당연히 포함된 것으로 보아야 한다. 등기관이 별도로 지정되어 근무하는 등기과·소의 장은 조사·교합업무의 직접 처리를 가급적 자제하고 등기과·소장 외에 등기관이 3인 이상인 등기과·소의 경우에는 특별한 경우를 제외하고는 조사·교합업무를 처리하지 아니하고 일반 대민업무와 등기업무의 개선 및 등기관 상호간의 업무통일 등 등기소 업무의 전반적인 지휘·감독에 전념하여야 한다.

### (2) 등기관의 권한과 책임

#### 1) 직무권한의 독립성

등기관의 직무권한은 독립성을 가진다. 이 독립성은 자기명의로 단독으로 등기사무를 처리하는 것을 뜻함에 불과하며 등기관도 법원직원의 일원으로서 상사의 지휘감독에 복종하고 일반 행정지시에 따라야 함은 물론이다. 등기관은 각기 자기 책임 하에 등기사건을 처리하며 위법 부당한 사건처리에 대하여는 처리자로서 책임을 진다.

#### 2) 등기관의 업무처리 제한

사권관계에 중대한 영향을 미치는 등기사무의 성질상 등기관의 직무집행은 공평·엄정해야 하므로 일정한 등기사건에 관하여는 등기관의 업무처리가 제한된다(법 제12조). 즉, 등기관은 본인 또는 본인의 4촌 이내의 친족 또는 친족이던 자가 등기신청인인 때에는 그 등기소에서 소유권등기를 한 성년자로서 4촌 이내의 친족이 아닌 자 2인 이상의 참여가 없으면 등기를 할 수 없다. 이 경우 등기관이 조서를 작성하여 참여인과 함께 기명날인 또는 서명하여야 한다.

#### 3) 등기관의 고의, 과실로 인한 국가의 배상책임

등기관이 고의, 과실로 인하여 등기의 과오 등 부당한 처분을 함으로써 타인에게 손해를 준 경우에는 국가배상법의 규정에 의하여 국가가 배상책임을 지며, 등기관에게 고의 또는 중대한 과실이 있는 때에는 국가가 등기관에 대하여 구상권을 가진다(국가배상법 제2조).

## ⚖️ 판 례

> **[중복등기와 등기관의 주의의무 위반]**
>
> 건물에 대한 소유권보존등기사무를 처리하는 등기공무원은 이미 등기된 건물과 동일한 경우인지 여부를 심사할 실질적 심사권한은 없고 오직 신청서류와 등기부에 의하여 등기요건에 합당한지 여부를 심사할 형식적 심사권한밖에 없으나, 등기공무원으로서의 통상의 주의를 기울여 이미 경료된 동일 지번상의 건물에 대한 등기부의 기재와 대조하고 제출된 건축물관리대장 등을 검토하였다면 보존등기를 신청하는 건물이 이미 등기된 건물과 동일한 경우임을 식별할 수 있는데도 불구하고 이를 간과하여 중복보존등기를 경료케 하였다면, 이는 등기공무원이 그 형식적 권한을 행사함에 있어 지켜야 할 주의의무를 위반한 것이라고 본 사례(대법원 1995.5.12., 선고, 95다9471, 판결).

## 3. 등기에 관한 장부

### (1) 장부의 종류

등기에 관한 장부는 크게 등기부와 그 외의 장부로 나누어 볼 수 있다. 등기부 외의 장부 중 다음의 장부는 등기사무처리에 필요한 물적 설비로서 등기소에 비치하여야 한다(규칙 제21조).

① 부동산등기신청서 접수장

② 사용자등록신청서류 등 편철장

③ 신청서 기타 부속서류 편철장

④ 신청서 기타 부속서류 송부부

⑤ 기타 문서 접수장

⑥ 결정원본 편철장

⑦ 이의신청서류 편철장

⑧ 각종 통지부

⑨ 열람신청서류 편철장

⑩ 제증명신청서류 편철장

⑪ 그 밖에 대법원예규로 정하는 장부

## 1) 등기부

등기부란 전산정보처리조직에 의하여 입력, 처리된 등기정보자료를 말한다. 등기부 전산화 이전에는 등기부도 등기소에 비치하여야 했으나 전산화 이후에는 등기부를 등기정보중앙관리소에 보관하므로 이제 등기소에서는 등기부를 비치할 필요가 없게 되었다.

### 가. 등기부의 종류

부동산에 관한 등기부는 토지등기부와 건물등기부의 2종으로 한다(법 제14조 제1항). 이 규정은 등기부의 종류를 한정하고 있을 뿐만 아니라 등기의 대상을 정하고 있는 규정이라고도 할 수 있다.

### 나. 등기부의 편성

① 물적 편성주의 : 등기부를 편성함에 있어서 부동산의 거래 자체 또는 권리의 주체를 편성단위로 하는 인적편성주의를 취하는 나라도 있으나, 권리의 객체인 부동산을 편성의 단위로 하는 물적편성주의를 취하고 있는 나라가 대부분이다. 우리나라의 등기부의 편성은 후자에 속한다(법 제15조 제1항).

② 1부동산 1등기기록주의 원칙
법은 1개의 부동산, 즉 1필의 토지 또는 1동의 건물에 대하여는 1개의 등기기록만을 사용한다. 이것을 1부동산 1등기기록주의라고 한다.

③ 구분건물의 등기기록에 관한 특칙
1동의 건물을 구분한 건물에 있어서는 1동의 건물에 속하는 전부에 대하여 1등기기록을 사용한다. 구분건물의 등기기록에 대지권등기를 한 때에는 처분의 일체성을 가지므로 전유부분뿐만 아니라 대지권의 목적인 토지에도 동일한 효력이 있다. 따라서 이 경우 하나의 등기기록에 의하여 2개 이상의 부동산에 관한 권리를 표창하는 효력을 가진다.

### 다. 등기기록의 양식

ㄱ) 일반등기기록의 양식
등기기록을 개설할 때에는 1필의 토지 또는 1개의 건물마다 부동산 고유번호를 기록하여야 한다.

① 표제부 : 표제부는 부동산의 표시에 관한 사항을 기록한다. 토지등기기록의 표제부에는 표시번호란, 접수란, 소재지번란, 지목란, 면적란, 등기원인 및 기타사항란을 둔다. 건물등기기록의 표제부에는 표시번호란, 접수란, 소재지번 및 건물번호란, 건물내역란, 등기원인 및 기타사항란을 양식으로 둔다.

② 갑구 : 갑구는 소유권에 관한 사항을 기록한다. 순위번호란, 등기목적란, 접수란, 등기원인란, 권리자 및 기타사항란을 양식으로 둔다.

③ 을구 : 을구는 소유권 이외의 권리에 관한 사항을 기록한다. 갑구와 같은 순위번호란, 등기목적란, 접수란, 등기원인란, 권리자 및 기타사항란을 양식으로 둔다.

ㄴ) 구분건물의 등기기록의 양식

구분건물의 등기기록에는 1동의 건물에 대한 표제부를 두고 구분한 각 건물마다 표제부, 갑구, 을구를 두며 구분건물의 등기기록을 개설할 때에는 전유부분마다 부동산고유번호를 부여하고 이를 등기기록에 기록하여야 한다.

① 1동의 건물의 표제부 : 1동의 건물의 표제부는 표시번호란, 접수란, 소재지번·건물명칭 및 번호란, 건물내역란, 등기원인 및 기타사항란을 양식으로 둔다. 대지권이 있는 건물인 경우 1동의 건물의 표제부에 대지권의 목적인 토지의 표시를 위하여 표시번호란, 소재지번란, 지목란, 면적란, 등기원인 및 기타사항란을 양식으로 둔다.

② 구분한 각 건물의 표제부 : 구분한 각 건물의 표제부, 즉 전유부분의 표제부에는 표시번호란, 접수란, 건물번호란, 건물내역란, 등기원인 및 기타사항란을 둔다.

③ 공용부분의 등기기록 : 규약상의 공용부분은 전유부분 또는 부속의 건물이거나 1단지 내외 부속시설인 건물로서 규약에 의하여 구분소유자의 전원 또는 일부의 공용부분으로 한 것이므로 그들의 공유에 속한다. 따라서 특별한 규정이 없으면 공유등기를 할 수 있다. 공용부분이라는 뜻의 등기를 하게 되면 그 공용부분은 전유부분의 처분에 따르게 되고 그에 관한 물권의 득실변경에는 등기를 요하지 않게 된다.

라. 등기부부본자료의 작성과 보관

등기관이 등기를 마쳤을 때에 등기부부본자료를 작성하여야 한다(법 제16조). 등기부부본자료는 전산정보처리조직으로 작성하여야 한다. 법원행정처장이 지정하는 장소에 보관하도록 하여야 하고 등기부와 동일하게 관리해야 한다.

## 2) 접수장

동일한 부동산에 관하여 등기한 권리의 순위는 원칙적으로 등기의 전후에 의한다. 등기의 전후는 신청정보 접수의 전후에 의하여 결정되며(법 제4조), 신청서 접수의 전후를 기록해서 비치하는 장부가 접수장이다. 등기관이 신청정보를 접수할 때에는 이 접수장에 등기의 목적·신청인의 성명·접수연월일과 접수번호 등을 기록하여야 한다(규칙 제22조). 등기관은 접수한 순서에 따라 등기사무를 처리하여야 한다(법 제11조). 접수장에 신청인의 성명을 기록할 경우, 등기권리자 또는 등기의무자가 다수인 때에는 신청인 중 1명의 성명과 나머지 인원을 기록한다. 같은 부동산에 관하여 동시에 여러 개의 신청이 있는 경우에는 같은 접수번호를 부여하여야 한다(부동산등기규칙 제65조 2항).

## 3) 신청서 기타 부속서류편철장

등기를 완료한 후 신청서와 그 부속서류 등을 접수번호의 순서에 따라 편철한 것이 신청서 기타 부속서류편철장이라고 한다. 통상 200건의 신청서를 1책으로 편철한다.

전자신청 그 밖에 전자적으로 접수되어 처리되는 사건의 경우에는 자동적으로 편철되므로 굳이 신청정보와 첨부정보를 출력하여 편철할 필요가 없다. 등기신청서나 그 부속서류는 등기신청의 진부에 대한 다툼이 있을 때에는 중요한 증거자료가 되는 것으로서 법원의 송부명령 또는 촉탁이 있는 경우에는 이를 송부할 수 있으며(규칙 제11조), 또한 압수.수색영장의 집행대상이 된다. 통상의 경우에는 신청서 등의 사본을 제출하는 방법으로 문서송부촉탁에 응하면 되지만, 문서감정 등을 위하여 원본의 제출이 필요한 경우에는 해당하는 서류의 사본을 작성하여 그 서류가 반환될 때까지 보관하여야 한다.

　법원의 명령 또는 촉탁에 의하여 법원에 송부하거나, 영장에 의하여 수사기관이 압수할 수 있는 신청서나 그 밖의 부속서류는 등기신청서 및 등기신청서의 부속서류 또는 이와 동일시할 수 있는 등기신청취하서 등이며 등기부의 일부로 보는 도면, 신탁원부, 공동담보(전세)목록, 「공장 및 광업재단저당법」제6조의 목록은 이에 포함되지 않는다.

### 4) 폐쇄등기부

　등기관이 등기기록에 등기된 사항을 새로운 등기기록에 옮겨 기록한 때에는 종전 등기기록은 폐쇄하고 폐쇄한 등기기록은 영구히 보존하여야 한다.

　등기기록을 폐쇄하게 되는 사유로는 등기기록 멸실방지처분으로서의 신 등기기록에 이기하는 경우, 멸실등기를 하는 경우, 합필 또는 건물의 합병등기를 하는 경우, 등기기록의 매수과다로 인한 신 등기기록에 이기하는 경우, 건물의 구분등기를 하는 경우, 중복등기기록을 정리하는 경우 등이 있다.

　그 밖에 특별 법규에 따른 경우로서 환지처분에 따른 일정한 등기를 할 때와 등기실무상 소유권보존등기를 말소할 때에도 등기기록을 폐쇄하게 된다. 폐쇄등기기록에는 현재 효력이 있는 등기가 기록된 것은 아니지만 현재 효력 있는 등기의 연혁이라고 할 종전의 등기가 기록되어 있다. 현재 등기의 효력이 문제가 될 경우에는 중요한 역할을 하게 된다. 그러므로 등기사항의 열람과 증명에 관한 규정은 폐쇄한 등기기록에 모두 준용한다(법 제20조 3항).

## (2) 장부의 관리

### 1) 장부의 관리 철저

#### 가. 장부의 이동금지

　등기부와 그 부속서류는 전쟁.천재지변 그 밖에 이에 준하는 사태를 피하기 위한 경우 외에는 보관되어 있는 장소 밖으로 옮기지 못한다. 그러나 신청서나 그 밖의 부속서류에 대하여 법원의 명령이나 촉탁이 있는 때에는 보관 장소 밖으로 옮길 수 있다.

나. 등기부 등의 손상방지처분 등

법원행정처장은 등기부의 전부 또는 일부가 손상되거나 손상될 염려가 있을 때에는 등기부의 복구·손상 방지 등 필요한 처분과 전자문서로 작성된 등기부 부속서류의 멸실방지 등에 필요한 처분을 명할 수 있다(규칙 제16조 1,2항).

다. 열람업무의 관리

누구든지 수수료를 내고 등기사항의 전부 또는 일부에 대하여 열람을 청구 할 수 있고 등기기록의 부속서류는 이해관계 있는 부분만 열람을 청구 할 수 있다(법 제19조). 등기기록의 열람은 등기기록에 기록된 등기사항을 전자적 방법을 사용하여 보게 하거나 그 내용을 적은 서면을 내어 주는 방법으로 한다.

## 2) 장부의 보존기간

등기부 등의 장부는 엄중하게 시정된 창고에 보관하고 당무자 이외의 창고출입을 통제하여야 한다. 또 등기차고의 통풍·누수방지에 주의를 기울이는 등 장부의 안전관리에 항상 유의하여야 한다. 등기부 등 장부의 보존연한은 다음과 같다.

가. 영구 보존장부

등기부(법 제14조)

폐쇄등기기록(법 제20조 2항)

신탁원부(규칙 제20조 1항)

공동담보(전세)목록(규칙 제20조 1항)

도면(규칙 제20조 1항)

매매목록(규칙 제20조 1항)

나. 20년 보존장부

패쇄 확정일자부

다. 10년 보존장부

기타 문서 접수장

결정원본 편철장

이의신청서류 편철장

사용자등록신청서류 등 편철장

라. 5년 보존장부

부동산등기신청서 접수장

신청서 기타 부속서류 편철장

신청서 기타 부속서류 송부부(송부한 신청서 등이 반환된 날부터 기산)

등기필정보 실효신청서 기타 부속서류편철장

마. 1년 보존장부

각종 통지부

열람신청서류 편철장

제증명신청서류 편철장

### 3) 장부의 폐기

장부의 보존기간은 해당 연도의 다음 해부터 기산하며, 보존기간이 만료된 장부 또는 서류는 지방법원장의 인가를 받아 보존기간이 만료되는 해의 다음 해 3월까지 폐기한다(규칙 제25조).

# Ⅷ. 등기의 공시(인증사무)

## 1. 인증사무의 중요성

부동산등기제도의 목적이 부동산에 관한 권리관계를 공시하는데 있으므로 등기에 관한 장부를 공개해서 일반 공중이 이용할 수 있게 해야 하는데, 이와 같은 등기기록 그 밖의 장부 등의 공개에 관한 사무를 인증사무라 한다.

부동산에 관한 권리관계와 부동산의 표시에 관한 사항을 등기부에 기재하는 사무를 등기사건이라 일컬음에 대하여 이를 등기사건 이외의 사건이라고도 한다.

등기는 궁극적으로는 공시를 위하여 행해지는 것이므로, 이 사무가 적정하게 행하여지지 않으면 부동산등기제도의 의의마저 잃게 된다고 할 것이다.

## 2. 수수료의 납부방법 등

### (1) 납부방법

신청인은 「등기사항증명서 등 수수료규칙」이 정하는 바에 의하여 수수료를 현금으로 납부하여야 하며, 등기관이 등기사항증명서 등을 교부하거나 등기사항을 열람시킬 때에는 인증문 여백 또는 열람신청서 여백에 소정 수수료의 영수필증을 첨부하여 소인하거나 기기에 의하여 그 영수필의 뜻을 표시하여야 한다(등기사항증명서 등 수수료규칙 제6조 제1항).

다만 무인발급기에 의한 등기사항증명서의 교부수수료는 현금 또는 고주파송수신칩이 내장된 매체에 의한 결제방식으로 납부할 수 있고, 인터넷을 이용하여 등기기록을 열람하는 경우에는 그 수수료를 신용카드, 금융기관계좌이체, 전자화폐 등의 결제 방식으로 납부하여야 한다.

## (2) 수수료액

| 신 청 구 분 | 내 용 | 액 수 |
|---|---|---|
| 등기사항증명서 발급(1통) | -창구<br>-무인<br>-인터넷 | 1,200원<br>1,000원<br>1,000원 |
| 등기기록 열람(1등기기록) | -창구<br>-인터넷 | 1,200원<br>700원 |
| 신청서 기타 부속서류 열람(1사건) | -창구 | 1,200원 |
| 그 밖의 제증명 | -1통 당 | 1,200원 |

## (3) 수수료의 면제

등기사항증명서 발급 및 열람 수수료는 다른 법률에 수수료를 면제하는 규정이 있거나 「국유재산법」상의 분임재산관리관 이상의 공무원이 「징발법」이나 「징발재산 정리에 관한 특별조치법」 시행의 필요에 의하여 청구하는 때에는 면제되며, 수수료 면제에 관한 규정이 없으면 수수료는 면제되지 않는다. 수수료가 면제되는 때에는 인증문에 "이 증명서는 「등기사항증명서 등 수수료규칙」 제7조에 의하여 수수료를 면제함"이라는 면제사유를 기록하여야 한다.

다른 법률에서 청구인이 국가기관에 대하여 필요한 자료의 제공 또는 관계서류의 열람 등을 요청하거나 요구할 수 있도록 규정한 경우에도 열람수수료를 면제한다. 다른 법률에 수수료를 면제하는 규정이 있거나 국가를 위하여 하는 등기의 신청인 경우에는 「등기사항증명서 등 수수료규칙」 제5조의2 내지 제5조의5에서 규정하는 수수료를 면제한다.

「전자정부법」 제38조에 의하여 행정기관이 업무처리를 위해 행정정보 공동이용 대상인 등기정보를 열람하는 경우에는 수수료를 면제한다. 이 규칙 제5조의5의 전자신청에 의한 등기사건이 처리 완료된 후 신청인 또는 대리인이 해당 등기사건에 대하여 신청하는 제2조 제2항의 인터넷에 의한 등기사항증명서의 교부수수료 또는 제3조 제2항의 등기기록 열람수수료는 1회에 한아여 면제한다.

세무공무원이 과세자료를 조사하기 위하여 또는 지적소관청 소속 공무원이 지적공부와 등기기록의 부합 여부를 확인하기 위하여 등기기록이나 신청서 그 밖의 부속서류의 열람을 신청하는 때에는 열람수수료를 면제한다.

국유재산관리사무를 위임받은 공무원이나 위탁받은 자가 국유재산관리 사무의 필요에 의하여 이를 청구한다는 사실을 소명하여 등기사항증명서의 교부 등을 신청하는 경우에는 이에 대한 수수료를 면제한다.

「국유재산법」 제66조 제5항에 의하여 무료로 등기사항증명서의 발급이나 등기사항의 열람을 할 수 있는 것은 국유재산관리를 위하여 필요한 때에 한정되므로, 국유재산이 아닌 사유재산에 대하여는 등기사항증명서를 발급받거나 등기사항을 열람하기 위해서는 수수료를 납부하여야 한다. 무인발급기나 인터넷에 의한 등기사항증명서의 발급 및 인터넷을 통한 등기기록의 열람의 경우, 수수료 면제규정이 적용되지 않는다(같은 규칙 제7조 6항).

## 3. 등기기록 등의 열람

### (1) 열람의 의의

등기사항증명서가 등기기록을 간접적으로 공개하는 데 반하여 열람은 목적물을 직접 시각에 의하여 알 수 있게 하는 것으로서 공시제도로서는 가장 본질적인 것이라 할 수 있다. 등기기록은 누구에게나 제한 없이 열람이 제공된다(다만 전술한 주민등록번호 등의 공시의 제한은 예외). 그러나 등기기록의 부속서류에 대한 열람은 이해관계가 있는 부분으로 그 대상이 한정된다.

열람의 대상이 되는 장부는 등기기록[등기기록의 일부로 보는 신탁원부, 공동담보(전세)목록, 도면, 매매목록, 공장저당목록 포함]과 그 부속서류(신청서, 첨부서면 등)이다. 등기신청서 그 밖의 부속서류에 관하여는 법령의 근거가 없으므로 그 등.초본이나 인증된 사본을 교부할 수는 없으나, 이해관계 있는 자의 청구가 있으면 그 열람 또는 사진촬영을 허용하여도 무방하며 열람의 연장으로서 등기관의 인증이 없는 단순한 사본을 교부할 수도 있다(등기예규 제680호). 우편으로는 등기신청서 그 밖의 부속서류에 대한 사본의 교부 청구를 할 수 없다.

### (2) 열람의 신청

열람을 신청할 경우, 소정의 신청서를 제출하고 수수료를 납부하여야 한다. 대리인이 등기기록의 열람을 신청할 때에는 그 권한을 증명하는 서면을 제출할 필요가 없으나 등기기록의 부속서류를 열람할 때에는 그 권한을 증명하는 서면을 제출하여야 한다(규칙 제26조 2항).

전자문서로 작성된 신청서나 그 밖의 부속서류의 열람 신청은 관할 등기소가 아닌 다른 등기소에서도 신청할 수 있다(규칙 제26조 3항). 전자문서의 경우 어느 등기소에서나 열람이 가능하기 때문이다.

등기기록 또는 그 부속서류의 열람을 하기 위해서는 성명, 주민등록번호 및 주소를 기재한 열람신청서를 제출하여야 하고, 열람신청서의 접수담당자는 주민등록증 또는 운전면허증과 신청인을 대조하여 그 일치 여부를 확인하여야 한다(등기예규 제1570호). 신청서에는 소정 사항을 기재하면 되고 신청인(또는 대리인)이 서명이나 날인을 할 필요는 없다.

종중이 당사자인 등기사건에서 그 종중의 종원은 이해관계가 있다는 사실을 소명하여 등기기록의 부속서류를 열람할 수 있다. 이 경우엔 종원명부, 결의서, 회의록, 판결문, 족보 등이 이해관계를 소명하는 자료에 해당할 수 있고 이 자료에는 종원의 성명과 주소 등이 기재되어 있어서 열람신청인이 해당 종중의 종원임을 특정할 수 있어야 한다.

### (3) 신청서의 처리

신청서를 접수한 때에는 등기관은 지체 없이 신청인에게 접수증을 교부하고(다만, 즉석에서 열람케 하는 경우에는 접수증의 교부를 생략한다), 신청서에 수수료 영수필증을 첩부하여 소인하거나 기기에 의하여 수수료영수필의 취지를 표시한 후 접수순서에 따라 열람시키고 열람신청서류편철장에 철하여 보관한다. 접수증은 열람완료시에 회수하며, 열람을 신청한 부동산이 미등기인 경우에도 수수료는 반환하지 아니한다.

### (4) 열람의 방법

열람은 신청순서에 따라 열람석을 이용하여 등기관의 면전에서 하며 필사를 위하여 연필 이외의 필기구를 사용하거나 열람 중 흡연을 하여서는 안 된다. 등기기록의 열람은 기록된 사항 중 필요한 사항을 표시한 서면을 교부하거나 전자적 방법에 의하여 그 내용을 보게 하는 방법에 의할 수 있다.

## ♣ 【서식】 등기기록 및 부속서류 열람신청서

<h1 style="text-align:center">등기기록 및 부속서류 열람신청서</h1>

| 접 수 | 년 월 일 | 처리인 | 감 시 | 검 열 |
|---|---|---|---|---|
|  |  |  |  |  |

| 부동산의 표시 또는 부속서류 | |
|---|---|
|  | |

| 이 해 관 계 | |
|---|---|

| 신 청 건 수 |  | 수 수 료 |  |
|---|---|---|---|

신 청 인　　　　　　　　　　　서명

주민등록번호

주　　　　소

　　　　　　지방법원　　　　　　　　등기소 귀중

※ 1. 열람할 부동산의 표시란이 부족할 때에는 신청서 뒷면에 기재한 다음 그 표시를 하고, 등기기록의 부속서류를 열람하려는 경우에는 그 부속서류의 명칭과 해당연도 및 접수번호도 기재합니다.

　2. "이해관계"란은 등기기록의 부속서류 열람 시에만 기재합니다.

　3. 수수료는 현금으로 납부하여야 합니다.

　4. 신청인은 부속서류의 열람 시에는 신청서와 함께 주민등록증(또는 외국인등록증, 국내거소신고증, 여권, 운전면허증)을 제출하여야 합니다.

📑 **선 례**

등기부의 열람신청 방식

등기부 등의 열람을 신청하는 경우 그 신청서에는 열람하고자 하는 부동산의 소재를 표시하여 특정하여야 하며(부동산등기법 시행규칙 제28조 제1호 참조), 막연히 일정한 행정구역 전체를 지정하여 신청할 수는 없다(89.10.4 등기 제1846호).

## 4. 등기사항증명서의 발급

### (1) 등기사항증명서의 종류

발급이 가능한 등기사항증명서의 종류는 아래 표와 같다.

| 등기부의 종류 | | 발급 가능한 등기사항증명서의 종류 | 비           고 |
|---|---|---|---|
| 전산등기부 | | 등기사항전부증명서(말소사항 포함)<br>등기사항전부증명서(현재 유효사항)<br>등기사항일부증명서(특정인 지분)<br>등기사항일부증명서(현재 소유현황)<br>등기사항일부증명서(지분취득 이력) | 전산등기부 중 AROS TEXT·전산과부하·원시오류코드가 부여된 등기부·전산화 이후 오류코드가 부여된 등기부의 경우는 등기사항 전부증명서(말소사항 포함)만 발급가능 |
| 전산폐쇄등기부 | | 등기사항전부증명서(말소사항 포함) | 전산폐쇄등기부는 전산등기부가 폐쇄된 것을 말함 |
| 이미지<br>폐쇄<br>등기부 | 전산<br>이기전 | 등기사항전부증명서(말소사항 포함)<br>등기사항일부증명서(일부사항) | 전산이기전에 폐쇄된 수작업등기부를 촬영한 이미지형태의 등기부를 말함 |
| | 전산<br>이기시 | 등기사항전부증명서(말소사항 포함) | 등기부를 전산화함에 따라 폐쇄된 수작업등기부를 촬영한 이미지형태의 등기부를 말함 |
| 수작업폐쇄등기부 | | 말소사항포함 등기부등본<br>일부사항증명 등기부초본 | 폐쇄된 종이등기부(종전의 수작업폐쇄등기부)를 말함 |

## (2) 일반사항

### 1) 등기사항증명서 발급청구

등기과(소)장은 등기사항증명서 발급신청의 접수·발급 등 사무의 처리를 위하여 등기사항증명서 발급창구 또는 담당자를 개설하여야 하며 11통 이상의 전산등기기록에 대한 등기사항증명서의 다량발급, 수작업등기부의 등기사항증명서의 발급 등을 위하여 등기과(소)의 운영상황을 고려한 특수발급창구 또는 담당자를 개설하여야 한다.

### 2) 신탁원부 또는 공동담보목록 등의 발급

신탁원부, 공동담보(전세)목록, 도면, 매매목록 또는 공장저당목록은 증명서의 발급 신청시 그에 관하여 신청이 있는 경우에 한하여 발급한다.

증명서 발급담당자는 신탁원부, 공동담보(전세)목록, 도면, 매매목록 또는 공장저당목록과 등기사항증명서를 합철하여 1통의 등기사항증명서로 발급한다.

### 3) 중복등기가 된 부동산의 등기사항증명서

중복등기가 된 토지의 등기기록에는 중복등기라는 뜻을 부전하고 그 토지에 관한 등기사항증명서의 발급신청이 있는 때에는 중복등기기록 전부를 출력하여 보존등기 순서대로 합철한 후 그 말미에 인증문을 부가하여 이를 발급하여야 한다(등기예규 제1431호).

### 4) 멸실등기 통지기간 중의 등기사항 증명서

건물멸실등기 통지기간의 경과 전에 해당 건물에 대한 등기사항증명서를 발급할 때에는 등기기록의 표제부 상단에 기록한 「○○년 ○월 ○일 멸실등기 통지 중」이라는 부전지가 함께 표시되도록 하여야 한다(등기예규 제1428호).

### 5) 등기신청 중인 부동산의 등기사항증명서

등기신청이 접수된 부동산에 관하여는 등기관이 그 등기를 마칠 때까지 등기사항증명서를 발급하지 못하지만 그 부동산에 등기신청사건이 접수되어 처리 중에 있다는 뜻을 등기사항증명서에 표시하여 발급할 수 있다(규칙 제30조 4항).

## (3) 등기사항증명서 발급

### 1) 발급신청

신청인은 해당 부동산의 종류와 소재지번, 신청통수, 발급받고자 하는 등기사항증명서의 종류 등을 특정하여 신청하여야 하고 발급 통수가 11통 이상인 경우, 발급신청서를 제출하여야 한다.

등기과(소)는 다량발급신청 등을 이유로 등기사항증명서의 발급의 신청을 거부하지 못한다. 다만 발급신청 처리기준으로 부당한 적용을 받기 위한 행위임이 명백한 경우(발급 통수를 나누어 신청하는 등)에는 그러하지 아니하다.

### 2) 등기사항증명서 발급신청 처리기준

증명서 발급담당자는 증명서 발급신청을 접수한 즉시 해당 증명서를 작성하여 교부하여야 하며 11통 이상의 다량발급인 경우에는 다음의 기준에 따르도록 한다. 접수증에 발급 예정시간을 기재하여 교부한다.

① 11통~50통 : 신청 후 1시간 이내 작성 교부
② 51통~100통 : 신청 후 2시간 이내 작성 교부
③ 101통~200통 : 오전에 접수된 사건은 당일까지, 오후에 접수된 사건은 익일 오전까지 작성 교부
④ 201통~300통 : 신청 후 24시간 이내 작성 교부
⑤ 301통 이상 : 300통당 1일의 비율로 작성 교부

등기과(소)는 다른 다량신청사건의 유무, 신청인의 주소, 신청부동산의 종류와 개수, 발행예상 면수 등을 고려하여 필요한 경우 합리적인 범위 내에서 위의 기준과 다르게 이를 조정할 수 있고 이 경우 신청인에게 그 사유를 설명하여야 한다.

위의 경우 담당 직원의 유고나 질병, 기계의 고장 등의 사유로 접수증에 기재된 예정시간 내에 발급이 불가능할 경우에 신청인에게 미리 전화나 팩스 등을 통해 그 사유를 설명하고, 새로운 발급예정시간을 고지하여야 한다.

### 3) 등기사항증명서 작성

등기사항증명서를 발급할 때에는 등기사항증명서의 종류를 명시하고 등기기록의 내용과 다름이 없음을 증명하는 내용의 증명문을 기록하며 발급연월일과 법원행정처 등기정보, 중앙관리소 전산운영책임관의 직명을 적은 후 전자이미지 관인을 기록하여야 한다.

이 경우 등기사항증명서가 여러 장으로 이루어진 경우에는 연속성을 확인할 수 있는 조치를 하여 발급하고 그 등기기록 중 갑구 또는 을구의 기록이 없을 때에는 증명문에 그 뜻을 기록하여야 한다(규칙 제30조 1항). 등기사항증명서는 그 진위 여부를 등기과(소)에서 또는 인터넷으로 확인할 수 있도록 발급확인번호 12자리를 부여하여야 한다. 증명서의 매 장마다 등기정보를 암호화하여 저장한 2차원 바코드가 인쇄되도록 하고 이를 스캐너 등으로 복원할 수 있도록 하여야 한다. 발급받은 증명서를 복사기 등을 이용하여 복사하는 경우에는 사본임을 인식할 수 있도록 매 장마다 복사방지장치

를 하여야 한다.

### (4) 무인발급기를 이용한 등기사항증명서의 발급

　무인발급기를 이용하여 발급할 수 있는 등기사항증명서는 등기사항전부증명서(말소사항 포함)에 한하며 신청인은 직접 지번 등을 입력하여 발급받는다. 다만 등기사항전부증명서(말소사항 포함)의 매수가 16장 이상일 경우와 같이 등기기록의 분량과 내용에 비추어서 무인발급기로 발급하기에 적합하지 않다고 인정되는 경우, 이를 제한할 수 있다.

### (5) 인터넷에 의한 등기사항증명서의 발급

　1) 인터넷에 의하여 발급하는 등기사항증명서의 종류는 등기사항전부증명서(말소사항 포함)·등기사항전부증명서(현재 유효사항)·등기사항일부증명서(특정인 지분)·등기사항일부증명서(현재 소유현황)·등기사항일부증명서(지분취득 이력)로 한다. 다만, 등기기록상 갑구 및 을구의 명의인이 500인 이상인 경우 등과 같이 등기기록의 분량과 내용에 비추어 인터넷에 의한 열람 또는 발급이 적합하지 않다고 인정되는 때에는 이를 제한할 수 있다.

　2) 위1)에도 불구하고 모바일 기기에서 사용되는 인터넷등기소 애플리케이션에 의하여 발급할 수 있는 전자등기사항증명서의 종류는 등기사항전부증명서(말소사항 포함)·등기사항전부증명서(현재 유효사항)로 한다.

## IX. 중복등기기록의 정리

### 1. 중복등기기록의 의의와 정리방법

　법은 1필의 토지 또는 1동의 건물에 관하여 1등기기록만을 사용토록 규정(1부동산 1등기기록주의)함으로써 1개의 부동산에 관하여 2개 이상의 등기기록을 개설하는 것을 금지하고 있다(법 제15조 1항). 따라서 등기된 부동산에 관하여 이중으로 소유권보존등기의 신청이 있을 때에는 그 신청은 법 제29조 제2호의 "사건이 등기할 것이 아닌 경우"에 해당하는 것으로서 각하하여야 한다.

　만일 착오로 새로 등기기록이 개설되고 이중으로 등기된 경우 토지는 법 제21조 및 규칙 제33조부터 제41조까지의 규정에 따라 중복등기를 해소하여야 한다. 건물은 관련 예규(등기예규 제1374호)에서 정하는 절차에 따라 중복등기를 해소하여야 한다.

　중복등기는 동일한 부동산에 관하여 2개 이상의 등기기록에 중복하여 마쳐진 소유권보존등기(구법의 멸실회복등기를 포함)를 의미하므로 등기기록의 착오·환지등기과정에서의 착오·존재하지 않은 토지에 대한 소유권보존등기 등으로 인하여 외관상 지번이 동일한 등기기록이 존재하게 되었더라도 그 등기기록상의 등기를 중복등기로 처리하여서는 안 된다. 분필·합필등기과정의 착오로 인하여 외관상 중복등기로 보이는 경우도 같다.

주의할 것은 판결에 의한 중복등기말소는 규칙이나 예규에 따른 중복등기기록의 폐쇄와는 그 법적성격을 달리하는 것이므로 이 규칙이나 처리지침에 따른 등기기록의 폐쇄방법에 의할 수는 없다. 규칙에서 정한 중복등기기록의 정리는 실체의 권리관계에 영향을 미치지 않는다(규칙 제33조 2항).

## 2. 토지 중복등기기록의 정리절차

### (1) 동일한 토지의 판단기준

토지의 동일성은 형식적인 기준이 아니라 지번, 지목, 지적을 종합하여 실질적으로 판단하여야 한다. 지번이 일치되더라도 지목과 지적이 전혀 상이한 경우에는 동일한 토지로 볼 수 없다. 이와 반대로 지목이 일치하지 않더라도 지번과 지적이 일치하는 경우와 지적이 근소하게 차이가 나는 등의 사정으로 동일 토지로 봄이 상당하다고 인정되는 경우에는 동일 토지로 보아야 한다.

### (2) 소유권의 최종 등기명의인이 동일한 경우의 정리

#### 1) 적용사례

중복등기기록으로서 최종 소유권의 등기명의인이 동일한 경우를 유형화하면 아래 표에서 4가지 사례와 같다. 최종 소유권의 등기명의인이 동일하다는 것은 반드시 동일한 사람만을 의미하는 것이 아니라 해석상 동일인으로 인정할 수 있는 경우도 포함된다. 따라서 국(國)과 1945.8.9. 이전에 등기된 일본인은 동일인이 되며, 피상속인과 상속인 또한 동일인으로 취급된다. 국유재산의 경우에는 관리청이 다른 경우에도 동일인으로 보아야 한다.

|  | 사례 1 | 사례 2 | 사례 3 | 사례 4 |
|---|---|---|---|---|
| 선등기기록 | 갑 | 갑 | 을-(병)-갑 | 을-(병)-갑 |
| 후등기기록 | 갑 | 을-(병)-갑 | 갑 | 정-(무)-갑 |

※ ( )는 소유권 외의 권리의 등기임

### 2) 정리방법

중복등기기록의 최종 소유권의 등기명의인이 같은 경우에는 후등기기록을 폐쇄한다 (규칙 34조 본문). 그러므로 '사례 1'의 경우에는 후등기기록을 폐쇄하여야 한다. 현행 대법원판례의 입장과 관련하여 볼 때 원인무효일 가능성이 큰 등기가 있는 후등기기록 을 폐쇄하는 것이 실체의 권리관계에 더 부합될 것으로 볼 수 있다.

후등기기록에 소유권 외의 권리 등에 관한 등기가 있고 선등기기록에는 그와 같은 등기가 없는 경우에는 선등기기록을 폐쇄하여야 한다(규칙 34조 단서). 그렇게 하는 것 이 이해관계인의 보호에 유리하고 법률관계를 간명히 해결할 수 있으며 등기경제에도 맞을 것이다. 따라서 '사례 2'에서는 선등기기록을 폐쇄하고 '사례 3'에서는 후등기기록 을 폐쇄한다. '사례 4'의 경우에는 양 등기기록에 모두 소유권 외의 권리가 등기되어 있는데 이 경우, 후등기기록을 일단 폐쇄하는 수밖에 없다. 소유권 외의 권리 등에 관 한 등기로는 갑구에 하는 등기로서 소유권이전청구권가등기, 담보가등기와 가압류·가처 분 등 소유권에 관한 처분제한의 등기 등을 들 수 있고, 을구에 하는 등기로는 지상권, 지역권, 전세권 등 용익물권에 관한 등기와 저당권 등 담보물권에 관한 등기 및 소유권 외의 권리에 관한 가등기, 처분제한에 관한 등기 등을 들 수 있다.

### 3) 3개 이상의 중복등기일 경우

3개 이상의 중복등기기록이 개설된 경우, 2개 이상의 중복등기의 소유권의 등기명의 인이 동일한 경우에는 일단 본조에 의하여 등기명의인이 동일한 등기기록을 해소한 후 남은 등기기록과 등기명의인이 다른 등기기록은 규칙 제35조부터 제37조까지의 규정에 서 정한 방법으로 정리한다.

### 4) 정리절차

최종 소유권의 등기명의인이 동일한 경우의 중복등기기록을 정리할 때에는 사전에 폐쇄될 등기기록의 최종 소유권의 등기명의인과 등기상의 이해관계인에게 통지를 할 필요가 있으며, 또한 관할 지방법원장의 허가를 받아야 한다. 다만 모든 중복등기기록 의 최종 소유권의 등기명의인과 등기상 이해관계인이 이의를 진술하지 아니하였을 때 에는 폐쇄하지 아니한다(규칙 제37,38조).

## (3) 최종 소유권의 등기명의인이 다른 경우

### 1) 제1유형

중복등기기록 중 어느 한 등기기록 소유권의 등기명의인이 다른 등기기록의 최종 소유권의 등기명의인으로부터 직접 또는 전전하여 소유권을 이전받은 경우로서 다른 등기기록이 후등기기록이거나 소유권 외의 권리 등에 관한 등기가 없는 선등기기록일 때에는 그 다른 등기기록을 폐쇄한다(규칙 제35조).

|  | 사례 1 | 사례 2 | 사례 3 |
|---|---|---|---|
| 선등기기록 | 갑 | 갑-을 | 갑 |
| 후등기기록 | 갑-을 | 갑 | 갑-병-(정)-을 |

'사례 1'과 '사례 3'에서는 선등기기록을 폐쇄하고 '사례 2'에서는 후등기기록을 폐쇄할 수 있다. 사례와 같은 중복등기를 정리할 때에는 최종 소유권의 등기명의인이 동일한 경우와 같이 사전에 폐쇄될 등기기록의 최종 소유권의 등기명의인과 등기상의 이해관계인에게 통지를 할 필요가 있으며 또한 관할 지방법원장의 허가를 받아야 한다. 다만 모든 중복등기기록의 최종 소유권의 등기명의인과 등기상 이해관계인이 이의를 진술하지 아니하였을 경우는 폐쇄하지 아니한다(규칙 제37조,38조).

## 2) 제2유형

중복등기기록 중 어느 한 등기기록에 원시취득 또는 분배농지의 상환완료를 원인으로 한 등기가 있는 경우이다.

가. 원시취득 등기의 내용

원시취득의 등기로 볼 수 있는 것은 토지수용을 원인으로 한 소유권보존 또는 소유권이전등기, 농지개혁법에 의한 농지취득을 원인으로 한 국(國) 명의의 소유권보존 또는 소유권이전등기, 귀속재산에 관한 국(國) 명의의 소유권보존 또는 소유권이전등기, 토지조사령·임야조사령에 의한 토지사정·임야사정을 원인으로 한 소유권보존등기 등을 들 수 있다.

나. 정리의 원칙

원시취득 또는 분배농지의 상환완료를 등기원인으로 한 소유권이전등기 또는 소유권보존등기가 있는 등기기록을 제외한 나머지 등기기록을 폐쇄한다(규칙 제36조 1항). 이는 원시취득을 등기원인으로 한 등기가 마쳐진 등기기록이 실체관계에 부합할 가능성이 많기 때문이다.

소유권이전등기의 경우에는 등기원인이 등기기록에 기록되므로 원시취득의 등기임을 판단하는 데에 문제가 없으나 소유권보존등기의 경우, 등기기록에 등기원인이 나타나 있지 않으므로 등기관은 등기기록만으로는 판단 할 수 없다. 그래서 규칙 제36조 제2항에서는 소유권보존등기의 경우에는 원시취득 여부를 소명하는 경우에 관련 규정에 따라 중복등기기록을 정리할 수 있는 것으로 하였다.
이러한 원시취득 여부의 소명은 원칙적으로 판결정본, 상환증서, 수용재결서 등
공문서에 의하여야 하고 사문서에 의한 소명이 있는 경우에는 특별히 그 적용에
신중을 기하여야 한다.

2개 이상의 등기기록에 원시취득 또는 분배농지의 상환완료를 원인으로 한 등기
가 있는 경우에는 후의 원시취득 또는 분배농지의 상환완료를 원인으로 한 등기
가 있는 등기기록을 존치한다. 여기서 후의 등기라 함은 점유취득시효 완성으로
인한 경우에는 후에 마쳐진 등기를 말하고 그 외의 경우, 등기원인일자가 후인
등기를 의미한다.

다. 정리절차

이러한 유형의 중복등기기록을 정리하기 위해서는 직권말소등기의 말소통지절차
를 준용하도록 하고 있다(규칙 제36조 3항). 사전에 폐쇄될 등기기록의 최종 소
유권의 등기명의인과 등기상의 이해관계인에게 폐쇄의 뜻을 일정한 양식에 의하
여 통지하여야 한다. 이러한 통지는 「민사소송법」에 의하여 등기기록상의 주소
로 송달하되 그 통지가 송달되지 않을 경우에는 그 통지에 갈음하여 통지서를 1
개월 동안 등기소의 게시장에 게시하여야 한다. 관리청 첨기등기가 되지 아니한
국유부동산의 중복등기말소통지는 총괄청인 기획재정부장관에게 한다.

등기관의 사전통지에 대하여 이의가 있는 경우 등기관은 그 이의에 대하여 인용
결정이나 각하결정을 하여야 한다.

이러한 유형의 중복등기기록을 정리하기 위해서는 등기관은 지방법원장(등기소
의 사무를 지원장이 관장하는 경우 지원장을 말함)의 허가를 얻어야 한다(규칙
제38조). 이를 위하여 각 등기소에서는 중복등기사건처리부를 비치하여야 하고
등기관은 일정한 형식의 중복등기정리허가신청서를 작성하여 첨부서류의 원본
또는 등본과 함께 지방법원장에게 송부하여야 한다.

지방법원장은 그에 대한 허가 또는 불허가를 해당 허가신청서의 하단에 그 뜻을
기재하고 날인을 하는 방식으로 하며 허가신청서를 다시 해당 등기소로 관련서
류와 함께 송부하여야 한다. 지방법원에는 중복등기정리허가신청사건처리부를
조제하여 비치하여야 한다. 중복등기사건처리부에 편철된 허가신청서 등의 서류
는 해당 중복등기가 정리된 날의 다음해로부터 10년간 보존한다.

중복등기의 정리결과에 대하여 이의를 진술하는 자가 있는 때에는 통상의

라. 규칙 제35조와 제36조의 적용순위

최종 소유권의 등기명의인이 다른 중복등기기록으로서 규칙 제35조와 제36조가
모두 적용될 수 있는 경우에는 제35조를 우선 적용하여 그에 따른 정리절차를

밟아야 한다. 이는 제35조에 따른 정리가 더욱 실체관계에 부합되는 등기기록을 존치시킬 개연성이 크다. 그 정리절차도 제35조가 제36조보다 더욱 간단하다.

### 3) 제3유형

가. 적용되는 경우

중복등기기록의 최종 소유권의 등기명의인이 다른 경우로서 규칙 제35조와 제36조에 해당되지 않는 경우의 중복등기기록 정리절차는 아래와 같은 방법으로 정리한다.

나. 정리절차와 정리방법

최종 소유권의 등기명의인이 다른 경우로서 규칙 제35조와 제36조에 해당되지 않는 경우에는 각 등기기록상의 최종 소유권의 등기명의인과 등기상의 이해관계인 전원에 대하여 1월 이상의 기간을 정하여 그 기간 내에 이의를 진술하지 아니하면 그 등기기록을 폐쇄할 수 있다는 뜻을 통지하여야 한다(규칙 37조 1항).

이러한 통지는 일정한 양식의 통지서에 의해서 하여야 하며 「민사소송법」에 따라 등기기록상의 주소로 송달한다. 이 경우에 중복등기기록 정리의 직권발동을 촉구하는 의미의 신청을 한 신청인에게는 이러한 통지를 할 필요가 없으며 송달되지 않았다 하여 등기소 게시장에 게시함으로써 갈음할 수는 없다.

규칙 제37조에 의한 정리대상에 해당되는 중복등기기록으로 판정되어 정리를 하기 위해서는 등기관은 지방법원장의 허가를 얻어야 한다(규칙 제38조).

지방법원장의 허가를 얻는 절차에 관하여는 규칙 제36조의 경우에 언급한 바와 같이 동일하게 처리하면 된다.

가) 제1의 정리방법(규칙 제37조 2항)

중복등기기록의 각 최종 소유권의 등기명의인과 등기상의 이해관계인 전원에게 통지가 되었으나 어느 일방의 등기기록의 최종 소유권의 등기명의인 또는 등기상의 이해관계인 중 1인은 이의를 진술하였지만 다른 등기기록의 최종 소유권의 등기명의인 및 등기상의 이해관계인은 전원 이의를 하지 아니한 경우에는 그 이의를 진술하지 아니한 등기기록을 폐쇄한다.

그러나 각 중복등기기록의 각 최종 소유권의 등기명의인이나 등기상 이해관계인 중 1인에게라도 통지가 되지 아니한 경우나 전원에게 통지가 되었더라도 2개 이상의 등기기록 등기명의인이 이의를 하거나 아무도 이의를 하지 않는 경우에는 이 방법에 의해서는 중복등기기록을 정리 할 수 없고 다음의 제2의 정리방법을 적용해야 한다.

나) 제2의 정리방법(규칙 제37조 1항)

제1의 정리방법에 의하여 정리할 수 없는 경우, 대장과 부합되지 않는 등기기록을 폐쇄한다. 지적공부와 부합되는 등기기록인지 여부를 판단함에 있어서는 등기기록의 소유권의 등기명의인 변동 상황과 지적공부의 소유자의 변동 상황을 종합적으로 비교 검토하여야 하고 단순히 최종 소유권의 등기명의인과 지적공부의 최종 소유자만을 단순히 비교하여 판단하여서는 안 된다.

위의 제1의 정리방법 또는 제2의 정리방법에 의하여 중복등기기록을 정리한 경우에는 등기관은 그 뜻을 폐쇄한 등기기록의 최종 소유권의 등기명의인과 등기상 이해관계인에게 통지하여야 한다(규칙 제37조 4항).

이러한 사후통지는 「민사소송법」이 규정한 송달의 방법에 따라 등기기록상의 주소로 일정한 형식으로 하고 그러한 통지가 송달되지 않을 경우에는 그 통지를 갈음하여 통지서를 1개월 동안 등기소의 게시장에 게시하여야 한다. 이 경우에 폐쇄된 등기기록의 최종 소유권의 등기명의인이 2인 이상인 경우에는 그 1인에게만 통지하면 된다.

중복등기기록의 정리결과에 대하여 이의를 진술하는 자가 있는 때에는 통상의 등기관의 처분의 대한 이의로 보아 법 제5장에 의하여 처리한다. 그러나 등기관의 적극적 부당에 대한 이의는 법 제29조 제1호 또는 제2호에 위배되는 등기실행처분에 대하여만 가능하다. 따라서 등기기록의 폐쇄는 이러한 사유에 해당되지 않아 각하하여야 할 것임은 규칙 제36조의 경우와 동일하다.

## 4) 당사자의 신청에 의한 정리(규칙 제39조)

가. 우선 적용의 원칙

중복등기기록 중 어느 한 등기기록의 최종 소유권의 등기명의인은 자기명의의 등기기록을 폐쇄하여 중복등기를 정리하도록 신청할 수 있다(규칙 제39조 1항). 이는 등기기록상 최종 소유권의 등기명의인이 스스로 자기 명의의 등기기록이 잘못 편제되었거나 효력이 없음을 인정하여 정리하겠다고 하면 그에 따라 정리를 하는 것이 가장 실체관계에 부합하는 결과가 될 것이다.

당사자의 중복등기정리신청이 있는 경우에는 규칙 제34조 내지 제37조에도 불구하고 우선적으로 그 신청에 의하여 등기기록을 폐쇄한다(규칙 제38조 2항). 즉 최종 소유권의 등기명의인이 동일한 경우이든 다른 경우이든 구분하지 아니하고 그러한 복잡한 절차를 취하여 등기기록을 폐쇄할 것이 아니라 곧바로 신청에 기하여 정리절차를 밟아 정리하도록 한 것이다.

나. 정리신청의 방법

중복등기기록 중 중복등기의 정리신청을 할 때 등기상 이해관계인이 있을 때에는 그 승낙이 있음을 증명하는 정보와 인감증명을 첨부정보로서 등기소에 제공하여야 한다. 최종 소유권의 등기명의인 중 존치할 등기기록의 등기명의인도 폐쇄될 등기기록의 등기명의인의 승낙이 있음을 증명하는 정보와 인감증명을 첨부하여 중복등기기록의 정리를 신청할 수 있다.

다. 직권발동을 촉구하는 신청

중복등기기록의 최종 소유권의 등기명의인 또는 등기상의 이해관계인은 등기관에게 규칙 제34조 내지 제37조에 의한 중복등기기록정리의 직권발동을 촉구하는 의미의 신청을 할 수 있다.

이 신청은 직접 자기명의의 등기기록을 폐쇄하여 중복등기를 정리하도록 신청하는 것은 아니지만 등기관에게 규칙에서 정한 절차에 따라 중복등기를 해소하여 주도록 촉구할 수 있도록 한 것이다. 이러한 신청에 의한 중복등기 정리를 위하여 소요되는 통지비용은 신청인이 부담한다.

## 5) 정리취지의 등기기록의 표시

규칙 및 관련 예규에 의하여 중복등기기록을 정리한 경우, 등기관은 그 뜻을 존치하는 등기기록과 폐쇄되는 등기기록의 표제부에 각각 기록하여야 한다.

## 6) 폐쇄된 등기기록의 부활(규칙 제41조)

가. 구제절차 마련

등기관이 직권으로 중복등기를 정리한 경우라 하더라도 그러한 정리결과가 당해 토지에 대한 실체의 권리관계에 영향을 미치지는 아니한다(규칙 제33조 2항). 따라서 폐쇄된 등기기록상의 권리자는 언제든지 일정한 요건을 갖추어 부활신청을 함으로써 폐쇄된 등기기록을 부활시킬 수 있다.

나. 부활신청

폐쇄된 등기기록의 소유권의 등기명의인 또는 등기상의 이해관계인은 폐쇄되지 아니한 등기기록의 최종 소유권의 등기명의인과 등기상의 이해관계인을 상대로 하여 그 토지가 폐쇄된 등기기록의 소유권의 등기명의인의 소유임을 확정하는 판결(판결과 동일한 효력이 있는 조서를 포함)이 있음을 증명하는 정보를 첨부하여 폐쇄된 등기기록의 부활을 신청할 수 있다(규칙 제41조 1항).

여기서 그 토지가 폐쇄된 등기기록의 소유권의 등기명의인의 소유임을 확정하는 판결이라 함은 주문(소유권확인판결) 또는 이유(소유권이전등기말소판결)에 위와 같은 취지가 기재된 판결을 의미한다. 폐쇄된 등기기록의 소유권의 등기명의인에는 최종 소유권의 등기명의인과 그 이전의 등기명의인이 포함되며 부활신청은 부활될 등기기록의 소유권의 등기명의인이나 등기상의 이해관계인 중 1명이 할 수 있다.

다. 부활방법

위와 같은 요건을 갖춘 부활신청이 있는 때에는 폐쇄된 등기기록을 부활하고 다른 등기기록을 폐쇄하여야 한다(규칙 제41조 2항).

## (4) 그 밖에 중복등기의 정리와 관련된 사항

### 1) 중복등기기록의 해소를 위한 직권분필 등(규칙 제40조)

등기된 토지의 일부에 관하여 별개의 등기기록이 개설되어 있는 경우, 등기관은 직권으로 분필등기를 한 후 중복등기를 정리하여야 한다. 분필등기를 하기 위하여 필요한 경우에는 등기관은 지적공부 소관청에 지적공부의 내용이나 토지의 분할, 합병과정에 대한 사실조회를 하거나 등기명의인에게 해당 토지에 대한 지적공부등본 등을 제출하게 할 수 있다.

### 2) 중복등기 중 어느 일방의 등기를 기초로 하여 새로운 등기신청이 있는 경우

그 중복등기가 규칙 제34조와 제35조에 의하여 정리되어야 할 등기인 경우에는 규칙에 따라 중복등기를 정리한 다음 등기신청의 수리 여부를 결정하여야 한다. 규칙 제36조와 제37조에 의하여 정리되어야 할 등기의 경우에 어느 일방의 등기를 기초로 하는 새로운 등기신청이 있는 때에는 중복등기기록이라는 이유로 그 신청을 각하할 수는 없다.

이때에는 등기신청을 수리한 후 규칙에 의한 중복등기정리절차를 진행하여야 하고 이미 중복등기정리절차가 진행 중이었다면 다시 정리절차를 밟아야 한다. 단 같은 규칙 조항에 의하여 정리하여야 할 경우, 이미 통지한 자에게 다시 통지할 필요는 없다.

### 3) 중복등기의 표시와 등기사항증명서 교부

중복등기가 된 토지의 등기기록에는 중복등기라는 뜻을 부전하고 그 토지에 관한 등기사항증명서의 교부신청이 있는 경우에는 중복등기기록 전부를 출력하여 보존등기 순서대로 합철한 후 그 말미에 인증문을 부가하여 교부하여야 한다.

## 3. 건물 중복등기기록의 정리

## (1) 중복등기기록 여부의 판단

건물등기기록이 중복등기인지 여부는 둘 이상의 등기기록이 표상하는 건물이 동일한지 여부에 달려있다. 건물의 동일성은 지번 및 종류, 구조, 면적과 도면에 나타난 건물의 길이, 위치 등을 종합하여 판단하여야 한다.

지번이 일치되더라도 종류와 구조, 면적 또는 도면에 나타난 건물의 길이, 위치 등이 다른 경우에는 동일한 건물로 볼 수 없다. 건물의 종류와 구조, 면적 등 일부가 일치하지 않더라도 건축물대장의 변동사항 등에 의하여 동일한 건물로 봄이 상당하다고 인정되는 경우, 동일한 건물로 보아야 한다.

　각각 일반건물과 집합건물로 보존등기가 마쳐져 있는 경우라도 그 지번 및 종류, 구조, 면적이 동일하고 도면에 나타난 건물의 길이, 위치 등이 동일하다면 동일 건물로 볼 수 있다.

## (2) 정리방법

### 1) 건물의 보존등기명의인이 동일한 경우

가. 후행 보존등기를 기초로 한 새로운 등기가 없는 경우
　등기관은 법 제58조에 의하여 후행 보존등기를 직권으로 말소한다.

나. 선행 보존등기를 기초로 한 새로운 등기는 없으나 후행 보존등기를 기초로 한 새로운 등기가 있는 경우
　등기관은 법 제58조에 따라 후행 등기기록에 등기된 일체의 등기를 직권으로 말소하여 그 등기기록을 폐쇄함과 동시에 그 등기기록에 기록된 소유권보존등기 외의 다른 등기를 선행 등기기록에 이기(미처리된 등기의 실행방법의 의미)하여야 한다. 단 일반건물과 집합건물로 그 종류를 달리하는 건물인 경우, 이와 같은 방법으로 중복등기기록을 정리 할 수 없다.

다. 선행 보존등기 및 후행 보존등기를 기초로 한 새로운 등기가 모두 있는 경우
　등기관은 이를 직권으로 정리할 수 없다.

### 2) 건물의 보존등기명의인이 서로 다른 경우

　실질적 심사권이 없는 등기관으로서는 이를 직권으로 정리할 수 없고 판결에 의하여 정리하여야 한다. 즉 어느 일방 보존등기의 등기명의인이 자신의 보존등기가 유효함을 이유로 다른 일방 보존등기명의인을 상대로 그 소유권보존등기의 말소등기절차이행을 구하는 소를 제기하여 그 승소의 확정판결에 의해 다른 일방 보존등기에 대한 말소등기를 신청할 수 있다. 어느 한 쪽의 등기명의인이 스스로 그 소유권보존등기의 말소등기를 신청한 경우, 그 방법에 의하여 중복등기기록을 정리할 수 있다.

　위와 같은 방법으로 중복등기기록 중 어느 한 등기기록에 대한 소유권보존등기를 말소하는 경우 등기상 이해관계인이 있으면 그 이해관계인의 승낙이 있음을 증명하는 정보를 첨부하여야 한다.

## (3) 중복등기가 존속하고 있는 동안에 새로운 등기신청이 있는 경우

### 1) 보존등기명의인이 동일한 경우

중복등기의 존속 중에 새로운 등기신청이 있는 경우에는 선행 등기기록상의 등기를 기초로 한 새로운 등기신청은 이를 수리하고 후행 등기기록상의 등기를 기초로 한 새로운 등기신청은 이를 각하한다.

## 2) 보존등기명의인이 서로 다른 경우

중복등기의 존속 중에 어느 일방의 등기기록상의 등기를 기초로 하는 새로운 등기신청은 중복등기기록이라는 이유로 각하할 수 없다.

# 제 2 장  등기신청 절차

## I. 등기신청방법

등기는 법률에 다른 규정이 있는 경우를 제외하고는 당사자의 신청이나 관공서의 촉탁에 따라 한다(법 제22조). 이와 같이 법은 신청주의를 원칙으로 하고 있지만 절차상 필요에 의해 예외적으로 등기관이 직권으로 하는 경우와 법원의 명령으로 하는 경우가 있다. 또한 당사자에게 신청의무가 부과되는 경우가 있기도 하다. 등기신청의 방법에는 '방문신청'과 '전자신청'이 있다.

### 1. 방문신청

#### (1) 서면주의(규칙 제56조)

##### 1) 신청정보와 첨부정보의 제공

방문신청을 하기 위해서는 소정의 사항이 기재되어 있는 신청서(신청정보를 담고 있는 서면)와 첨부서면(첨부정보를 담고 있는 서면)을 등기소에 제공하여야 하고 신청서에는 신청인 또는 그 대리인이 기명날인하거나 서명하여야 한다. 구술에 의한 신청은 인정되지 않는다.

신청서가 여러 장일 때에는 신청인 또는 그 대리인이 간인을 하여야 하고 등기권리자 또는 등기의무자가 여러 명일 때에는 그 중 1명이 간인하는 방법으로 한다. 신청서에 서명을 하였을 때에는 각 장마다 연결되는 서명을 함으로써 간인을 대신한다.

##### 2) 전자표준양식에 의한 신청(규칙 제64조)

방문신청을 하고자 하는 신청인은 신청서를 등기소에 제출하기 전에 전산정보처리조직에 신청정보를 입력하고 그 입력한 신청정보를 서면으로 출력하여 등기소에 제출하는 방법으로 등기신청을 할 수 있다.

##### 3) 첨부서면의 원본 환부의 청구(규칙 제59조)

　　신청서에 첨부한 서류의 원본의 환부를 청구하는 경우에 신청인은 그 원본과 같다
는 뜻을 적은 사본을 첨부하여야 하고 등기관이 서류의 원본을 환부할 때에는 그 사
본에 원본 환부의 뜻을 적고 기명날인하여야 한다.

　　다만 등기신청 위임장과 확인서면은 등기소에 그 원본을 보관할 필요가 있고 오로
지 해당 등기신청만을 위해서 작성되는 것이기 때문에 환부의 대상이 되지 않는다. 인
감증명서, 법인등기사항증명서, 주민등록표등·초본 등과 같이 별도의 방법으로 신청인
이 다시 취득할 수 있는 첨부서면 역시 환부청구를 할 수 없다.

### 4) 등기원인증서의 반환

　　등기를 완료한 후 등기관은 등기원인증서를 등기필정보통지서(또는 등기완료통지서)
와 함께 신청인에게 돌려주어야 하는데(규칙 제66조), 신청인이 등기를 마친 때부터 3
개월 이내에 등기원인증서를 수령하지 않을 경우 그 증서를 폐기할 수 있다. 여기에서
등기원인증서란 법률행위의 성립을 증명하는 서면과 법률사실의 성립을 증명하는 서면
등을 말한다.

　　전자에 해당하는 것으로는 매매계약서, 증여계약서, 매매예약서, 근저당권설정계약
서, 권리변경계약서, 해지증서 등을 들 수 있고 후자의 예로는 재결서 또는 협의성립
확인서, 집행력 있는 판결정본 등을 들 수 있다. 그 밖의 등기원인증서로는 규약상 공
용부분이라는 뜻의 등기의 신청서에 첨부되는 규약이나 공정증서, 이혼 당사자 사이의
재산분할협의서가 있을 수 있다.

### 5) 도면 등의 제공방법

　　방문신청을 하는 경우라도 등기소에 제공하여야 하는 도면(규칙 제63조), 신탁원부
작성을 위한 정보(규칙 제139조 4항) 또는 공장저당목록은 전자문서로 작성하여야 하
고 그 제공은 전산정보처리조직을 이용하여 등기소에 송신하는 방법으로 하여야 한다.
이 경우에 신청인 또는 대리인의 전자서명정보를 도면 등과 함께 송신하여야 한다.

　　다만 자연인 또는 법인 아닌 사단이나 재단이 직접 등기신청을 하는 경우나 자연인
또는 법인 아닌 사단이나 재단이 자격자대리인이 아닌 사람에게 위임하여 등기신청을
하는 경우에는 전자문서로 제공하지 않아도 된다.

### (2) 출석주의(법 제24조 1항 1호)

　　등기는 신청인(등기권리자와 등기의무자) 또는 대리인이 등기소에 출석하여 신청
하여야 하며 우편에 의한 신청은 인정되지 않는다.

　　대리인이 변호사나 법무사 등 자격자대리인인 경우에는 그 대리인의 사무소 소재

지를 관할하는 지방법원장이 허가하는 사무원을 등기소에 출석하게 하여, 이를 신청할 수 있는데(규칙 제58조), 여기서의 사무원은 법무사 등의 사무소 소재지를 관할하는 지방법원장이 허가하는 1인으로 한다. 다만 법무법인, 법무사 합동법인의 경우에는 그 구성원 및 구성원이 아닌 변호사 또는 법무사 수만큼의 사무원을 허가할 수 있다. 그런데 허가받은 사무원이라도 등기신청의 흠결에 대한 보정은 할 수 없으며 이때에는 당사자 또는 대리인인 변호사나 법무사 본인이 출석하여야 한다.

단, 관공서가 등기를 촉탁하는 경우에는 출석을 요하지 아니하므로 우편에 의한 등기촉탁도 할 수 있다. 등기촉탁을 할 수 있는 관공서의 범위는 원칙적으로 국가 및 지방자치단체이며 국가 또는 지방자치단체가 아닌 공사 등은 등기촉탁에 관한 특별규정이 있는 경우에 한한다.

## 2. 전자신청

전자신청은 전산정보처리조직을 이용하여 신청정보와 첨부정보를 전자문서로 작성하여 등기소에 송신하는 방법으로 한다(법 제24조 1항 2호). 따라서 이러한 전자신청은 종이에 의하지 않는다. 신청인이 등기소에 출석할 필요도 없다. 다만 전자신청도 방문신청에서의 서면주의와 마찬가지로 법령에서 요구하는 일정한 방식에 따라야 한다.

### (1) 전자신청을 할 수 있는 자

자연인과 법인 모두 전자신청을 할 수 있으나 법인 아닌 사단이나 재단은 전자신청을 할 수 없다. 전자인증을 받을 수 있는 절차가 마련되어 있지 않기 때문이다.

외국인이 전자신청을 하기 위해서는 「출입국관리법」 제31조에 따라 외국인등록을 하거나 「재외동포의 출입국과 법적 지위에 관한 법률」 제6조, 제7조에 따른 국내거소신고를 하여야 한다(규칙 제67조 1항).

전자신청의 대리는 자격자대리인만이 할 수 있기 때문에 자격자대리인이 아닌 경우에는 자기 사건이라 하더라도 상대방을 대리하여 전자신청을 할 수 없다.

### (2) 사용자등록

전자신청을 하기 위해서는 그 등기신청을 하는 당사자 또는 등기신청을 대리할 수 있는 자격자대리인이 최초의 등기신청 전에 등기소에 출석하여 사용자등록을 하여야 한다(규칙 제68조 1항). 사용자등록신청서에는 「인감증명법」에 따라 신고한 인감을 날인하고 그 인감증명과 주소를 증명하는 서면을 첨부하여야 하며 신청인이 자격자대리인인 경우, 그 자격을 증명하는 서면의 사본도 첨부하여야 한다.

법인이 「상업등기규칙」 제46조에 따라 전자증명서의 이용등록을 한 경우에는 사용자등록을 한 것으로 보므로 별도로 사용자등록을 할 필요가 없다(규칙 제68조 5항). 사용자등록의 유효기간은 3년이며 그 유효기간이 지난 경우에는 사용자등록을 다시 하여야 한다. 단 유효기간 만료일 3개월 전부터 만료일까지는 그 유효기간의 연장을 신청 할 수 있다. 이 경우 그 연장기간은 3년으로 한다(규칙 제69조).

사용자등록을 한 사람은 사용자등록의 효력정지, 효력회복 또는 해지를 신청할 수 있다(규칙 제70조). 사용자등록 후 등록정보가 변경된 경우에는 그 변경된 사항을 등록하여야 한다(규칙 제71조 1항).

## (3) 전자신청의 구체적 방법

### 1) 인터넷등기소 접속

전자신청을 하고자 하는 당사자 또는 자격자대리인은 인터넷등기소에 접속한 후 '인터넷등기전자신청'을 선택하여 모든 문서를 전자문서로 작성하여야 한다. 다만 신청인이 자격자대리인인 경우에는 첨부 서면에 대하여는 이를 전자적 이미지 정보로 변환(스캐닝)하여 원본과 상위 없다는 취지의 부가정보와 자격자대리인의 개인공인인증서 정보를 덧붙여 등기소에 송신하는 것으로 이를 갈음할 수 있다.

① 대리권한을 증명하는 서면(등기원인증서가 존재하지 아니하는 등기유형에 한함) 및 행정정보 또는 취득세 또는 등록면허세 납부확인정보를 담고 있는 서면

② 다음 ㉠부터 ㉢까지의 경우에 그 첨부정보를 담고 있는 모든 서면, 다만 인감증명서와 그 인감을 날인한 서면, 본인서명사실확인서와 서명을 한 서면은 제외한다.

㉠ 국가, 지방자치단체 또는 특별법에 의하여 설립된 공법인(「지방공기업법」에 의하여 설립된 지방공사 포함)이 등기권리자로서 토지보상법에 의하여 토지 등을 협의취득 또는 수용하여 이를 원인으로 소유권이전등기를 신청하는 경우

㉡ 법원행정처장이 지정하는 금융기관이 (근)저당권자로서 (근)저당권 설정등기, (근)저당권 이전등기, (근)저당권 변경(경정)등기 또는 (근)저당권 말소등기를 신청하는 경우

㉢ 국가, 지방자치단체, 특별법에 의하여 설립된 공법인(「지방공기업법」에 의하여 설립된 지방공사 포함) 또는 위 ㉡에 의하여 지정된 금융기관이 지상권자로서 지상권설정등기 또는 지상권말소등기를 신청하는 경우

## 2) 사용자 인증

전자신청을 하기 위해서는 개인은 공인인증서정보 및 사용자등록번호를, 법인인 경우에는 전자증명서정보를, 자격자대리인인 경우에는 공인인증서정보 및 사용자등록번호를 전산정보처리조직에 입력하여 사용자 인증을 받아야 한다.

## 3) 필수정보의 제공 등

전자신청의 경우 일정한 유형의 등기를 신청하기 위해서는 소정의 정보를 필수적으로 제공해야 한다. 이와 같은 필수정보의 제공이 없으면 신청정보를 송신할 수 없다. 이는 접수번호를 먼저 취득하기 위한 편법으로 전자신청을 이용하는 것을 방지하기 위한 것이다. 등기유형과 필수정보는 다음과 같다.

| 등기목적 | 등기원인 | 필수정보 |
|---|---|---|
| 소유권이전 | 매매 | 매매계약서 |
| | 공유물분할 | 공유물분할계약서 |
| | 교환 | 교환계약서 |
| | 대물변제 | 대물변제계약서 |
| | 신탁 | 신탁계약서 |
| | 증여 | 증여계약서 |
| 지상권설정 | 지상권설정 | 지상권설정계약서 |
| 지상권말소 | 해지 | 해지증서 |
| 전세권설정 | 전세권설정 | 전세권설정계약서 |
| 전세권말소 | 해지 | 해지증서 |
| 근저당권설정 | 근저당권설정 | 근저당권설정계약서 |
| 근저당권이전 | 확정채권양도 | 채권양도계약서 |
| | 대위변제 | 변제증서 |
| | 계약양도 | 근저당권양도계약서 |
| | 계약가입 | 근저당권양도증서 |
| 근저당권변경 | 계약인수 | 변경계약서 |
| 근저당권말소 | 해지 | 해지증서 |
| 임차권설정 | 임차권설정 | 임차권설정계약서 |
| 임차권말소 | 해지 | 해지증서 |

전자신청에 있어서 직접 등기소에서 확인할 수 있는 등기부정보는 그 표시만 하고 첨부를 생략할 수 있다. 또한 주민등록정보나 토지대장정보 등 행정정보 공동이용의 대상이 되는 정보는 행정정보공유센터에 연계요청을 하여 수신한 정보를 첨부한다. 작성명의인이 있는 전자문서를 첨부할 경우 그 전자문서는 PDF파일 형식이어야 하며 그 작성자가 개인일 경우에는 공인인증서정보를, 관공서인 경우에는 행정전자서명정보를, 법인인 경우에는 전자증명서정보를 함께 첨부하여야 한다. 규칙 제60조 및 제61조 등에 의하여 인감증명을 제출하여야 하는 자가 공인인증서정보나 전자증명서정보를 송신한 때에는 인감증명정보의 송신은 필요 없다.

### 4) 승인

공동신청을 하여야 할 등기신청에 있어서 당사자가 대리인에게 위임하지 않고 직접 신청하는 경우 또는 위임을 서로 다른 대리인에게 한 경우, 어느 일방이 신청정보와 첨부정보를 입력한 후 승인대상자를 지정하여야 하고 승인대상자로 지정된 자는 사용자인증을 한 후 공인인증서정보나 전자증명서정보를 첨부하여 승인하여야 한다. 대리인이 신청한 경우에는 대리인이 위임에 관한 정보를 입력하고 당사자가 공인인증서정보나 전자증명서정보를 첨부하여 승인하여야 한다.

### 5) 보정

보정 통지는 반드시 전산정보처리조직을 이용해서 할 필요는 없으며 전자우편, 구두, 전화 등의 방법에 의해서 가능하다. 반면 보정은 원칙적으로 전산정보처리조직에 의해서 하여야 한다.

행정정보공동이용의 대상이 되는 첨부정보에 관하여 해당 행정기관의 시스템 장애 등으로 인하여 그 정보를 첨부할 수 없는 경우 등에 있어서는 그 정보를 담고 있는 서면을 등기소에 직접 제출하거나 신청인이 자격자대리인인 경우, 그 서면을 스캐닝한 후 원본과 상위 없다는 취지의 부가정보와 공인인증서정보를 덧붙여 등기소에 송신할 수 있다.

### 6) 전자신청의 취하 등

전자신청의 취하는 전산정보처리조직을 이용해서 하여야 하나 전자신청에 대한 각하결정의 방식 및 고지방법은 서면신청과 동일한 방법으로 처리하여야 한다. 전자신청 사건에 관하여 이의신청이 있어 그 사건을 관할지방법원에 송부하여야 할 경우, 등기관은 전자문서로 보존되어 있는 신청정보와 첨부정보를 출력하여 인증한 후 그 출력물을 송부하여야 한다.

## ♣ 【서식】 사용자등록신청

| 본인<br>확인 | 처리인 |
|---|---|
| | |

### 사용자등록신청서

| 신청구분 | □신규등록 □사용자등록해지 □효력정지 □효력회복<br>□유효기간연장 □사용자정보변경 | | | |
|---|---|---|---|---|
| 신청인 | 성명 | | 주민등록번호 | |
| | 주소 | | | |
| | 전화번호 | (집) | (휴대폰) | |
| | 인터넷등기소 회원ID | (1순위) | (2순위) | (3순위) |
| | 전자우편주소 | | | |
| 자격자<br>정보 | □법무사 □변호사 | | 자격등록번호 | |
| | 사무소 소재지 | | | |
| | 전화번호 | (사무실) | (FAX) | |
| 첨부서면 | 1. 주민등록표등(초)본   1통       2. 번역문                              통<br>3. 인감증명서(※서명할 경우 본인서명사실확인서 또는 전자본인서명확인서 발급증 첨부)<br>  1통                                      4. 자격자증명서면 사본              통 | | | |

**주** 1. 외국인의 경우에는 주민등록번호란에 외국인등록번호나 국내거소신고번호를 기재합니다.
   2. 신청서의 주민등록번호는 인터넷등기소에서 사용자등록시 사용할 개인공인인증서의 주민등록번호
      와 일치하여야 합니다.
   3. 자격자정보란은 변호사나 법무사 등 자격자대리인만 기재합니다.
   4. 자격등록번호란 법무사(변호사)등록증상의 번호를 말합니다.
   5. 외국인의 경우에는 주민등록표등(초)본 대신 외국인등록사실증명이나 국내거소신고사실증명을 첨
      부하고, 그 증명서면에 기재된 성명이 외국문자로 되어 있으면 그 성명을 한글로 표기한 번역문을
      함께 첨부하여야 합니다.
   6. 인감증명서를 첨부할 경우에는 인감을 날인하고, 본인서명사실확인서를 첨부할 경우에는 그 확인서
      에 기재한 서명을 합니다(전자본인서명확인서 발급증을 첨부할 경우에도 서명을 하여야 합니다).

전자신청을 위한 사용자등록을 신청합니다.

200  년     월    일

신청인                     ⑩

○○지방법원 ○○등기소(과) 귀중

--------------------------------------------------------------------

사용자등록신청에 따른 접수증을 수령하였습니다.

수령인                     ⑩

## 예규   사용자등록절차에 관한 업무처리지침

(개정 2022.7.20. 등기예규 제1751호)

### 1. 사용자등록이 필요한 사람

「부동산등기법」 제24조제1항제2호에 의한 전자신청을 하고자 하는 당사자 또는 변호사나 법무사〔법무법인·법무법인(유한)·법무사법인·법무사법인(유한)을 제외한다. 이하 "자격자대리인"이라 한다〕는 「부동산등기규칙」 제67조제4항제1호에 따른 개인인증서(이하 "인증서"라 한다)를 발급받아 최초의 전자신청 전에 등기소(주소지나 사무소 소재지 관할 이외의 등기소에서도 할 수 있다)에 직접 출석하여 미리 사용자등록을 하여야 한다.

### 2. 사용자등록관리 시스템의 운용

법원행정처 등기정보중앙관리소에 사용자등록관리 시스템을 설치하고 사용자등록정보에 관한 사항을 관리·운용한다.

### 3. 사용자등록신청서의 기재사항 및 첨부서면 등

가. 신청서 기재사항

사용자등록을 신청하는 사람은 별지 제1호 양식의 신청서에 다음 각 호의 사항을 기재하여야 한다.

(1) 성명, 주민등록번호(외국인의 경우에는 "외국인등록번호" 또는 "국내거소신고번호"를 말한다. 이하 같다), 주소, 전화번호, 인터넷등기소 회원 ID, 전자우편주소

(2) 자격자대리인인 경우에는 위 (1) 호 이외에 그 자격을 증명하는 정보와 사무소의 소재지

나. 첨부서면

(1) 신청인은 사용자등록신청서에 「인감증명법」에 따라 발급된 신청인의 인감증명 또는 「본인서명사실 확인 등에 관한 법률」에 따라 발급된 신청인의 본인서명사실확인서나 전자본인서명확인서 발급증과 주소를 증명하는 서면(발행일부터 3개월 이내의 것이어야 한다)을 첨부하여야 한다.

(2) 신청인이 외국인인 경우에는 위 (1) 의 주소를 증명하는 서면으로 외국인등록사실증명이나 국내거소신고사실증명(발행일부터 3개월 이내의 것이어야 한다)을 첨부하고, 그 증명서면에 기재된 신청인의 성명이 외국문자로 되어 있으면 그 성명을 한글로 표기한 번역문을 함께 첨부하여야 한다.

(3) 신청인이 자격자대리인인 경우에는 그 자격을 증명하는 서면(법무사등록증 등)의 사본을 함께 첨부하여야 한다.

## 4. 신청서 접수 등

가. 신분증의 제시

등기소에 출석하여 사용자등록신청서를 접수하는 사람은 본인임을 확인할 수 있는 행정기관 발급의 신분증(주민등록증, 운전면허증, 여권, 외국인등록증, 국내거소신고증 등)을 접수담당자에게 제시하여야 한다.

나. 접수증 교부

접수담당자는 접수한 사람이 신청인 본인임을 신청인이 제시한 신분증에 의하여 확인한 후 접수번호가 기재된 별지 제2호 양식의 사용자등록접수증을 교부한다.

다. 접수대장의 작성

사용자등록신청사건을 접수한 때에는 보조기억장치로 조제된 접수장을 사용하고, 여기에는 성명, 주민등록번호, 접수연월일, 접수번호, 인터넷등기소 회원 ID를 입력한다.

라. 신청서의 반려

다음 각 호의 어느 하나에 해당하는 경우 접수담당자는 사용자등록 신청서를 신청인에게 반려한다.

(1) 본인이 직접 출석하지 아니한 경우

(2) 사용자등록대상이 아닌 사람이 신청한 경우(법인, 법인 아닌 사단이나 재단 등)

(3) 사용자등록신청서가 방식에 적합하지 아니한 경우

(4) 신청에 필요한 첨부서면을 제출하지 아니한 경우

## 5. 사용자등록의 방법 등

가. 사용자등록기한

사용자등록은 등기소로부터 접근번호를 부여받은 후 10일 이내에 하여야 한다.

나. 사용자등록방법

등기소로부터 접근번호를 부여받은 신청인은 별지 제2호 사용자등록접수증에 기재된 순서대로 사용자등록을 한다. 다만, 사용자등록을 하는 사람이 외국인인 경우에는 등록할 인증서가 다음 각 호의 요건을 갖추어야 한다.

(1) 공인인증서에 담고 있는 가입자(「전자서명법」 제2조제9호의 "가입자"를 말한다.    이하 같다)의 성명정보는 한글표기이어야 한다.

(2) 공인인증서에는 가입자의 외국인등록번호나 국내거소신고번호를 담고 있어야 한다.

(3) 자격자대리인의 경우에는 인증서에 담고 있는 가입자의 성명정보의 한글표기가 대한변호사협회나 대한법무사협회에 등록한 성명의 한글표기와 일치하여야 한다.

다. 사용자등록정보의 변경
   (1) 사용자등록 후 사용자의 성명 또는 주민등록번호가 변경된 때에는 등기소에 직접 출석하여 사용자등록정보의 변경을 신청하여야 한다. 이 경우 주민등록등본 등 그 사실을 증명하는 서면을 신청서에 첨부하여야 한다.
   (2) 사용자등록 정보 중 인증서에 대한 정보의 변경은 사용자등록관리 시스템을 이용하여 할 수 있다. 이 경우 사용자정보(이름, 주민등록번호)와 사용자등록번호를 입력하여 사용자 인증을 받아야 한다.
   (3) 기존의 사용자등록번호 또는 주소를 사용자등록관리 시스템을 이용하여 변경하고자 할 경우에는 공인인증서 정보와 기존의 사용자등록번호를 입력하여 사용자 인증을 받아야 한다.

## 6. 사용자등록의 유효기간 및 유효기간의 연장 등

가. 유효기간
   사용자등록의 유효기간은 3년으로 한다. 유효기간을 경과하여 사용자등록을 다시 하는 경우에는 최초로 사용자등록을 하는 절차와 같은 절차에 의하여야 한다.

나. 유효기간의 연장신청
   (1) 사용자등록을 한 사람은 유효기간 만료일 3월전부터 만료일까지 사이에 유효기간의 연장을 신청할 수 있다.
   (2) 유효기간의 연장 신청은 사용자등록관리 시스템을 통해서도 할 수 있으며, 이 경우에는 공인인증서와 사용자등록번호를 이용하여 사용자 인증을 받아야 한다.

## 7. 사용자등록의 해지 등

가. 사용자등록의 해지
   다음 각 호의 어느 하나에 해당하는 경우에는 사용자등록이 해지된다.
   (1) 사용자등록의 해지신청이 있는 경우(해지신청 방법은 아래 나. (3)의 효력회복신청 방법과 같다)
   (2) 사용자가 사망한 경우
   (3) 사용자등록을 한 자격자대리인이 형의 선고 등 기타 사유로 자격을 상실하거나 자격이 정지된 경우
   (4) 허위 기타 부정한 방법으로 사용자등록을 한 사실이 밝혀진 경우

나. 사용자등록의 효력정지 및 회복
   (1) 신청에 의한 효력정지
      사용자가 등기소를 방문하거나 사용자등록관리 시스템을 이용하여 사용자등록의 효력정지 또는

해지를 신청한 경우(사용자등록관리 시스템을 이용할 경우에는 인증서와 사용자등록번호를 이용하여 사용자 인증을 받아야 한다)에는 그 사용자등록의 효력을 정지하여야 한다.

(2) 직권에 의한 효력정지

사용자가 사용자등록번호를 입력하면서 5회 연속하여 오류를 범한 경우 사용자등록관리 시스템에서 그 사용자등록의 효력을 정지하여야 한다.

(3) 사용자등록의 효력회복 신청

(가) 사용자가 정지된 사용자등록의 효력을 회복하기 위해서는 등기소를 방문하여 효력회복 신청을 하여야 한다. 이 경우 신청서에는 기명날인 또는 서명을 하여야 하며 인감증명 또는 「본인서명사실 확인 등에 관한 법률」에 따라 발급된 신청인의 본인서명사실확인서나 전자본인서명확인서 발급증을 별도로 첨부할 필요는 없다.

(나) 사용자등록의 효력회복 신청이 있는 경우 접수담당자는 신청인이 제시한 신분증에 의하여 본임임을 확인하고 신분증 사본을 신청서에 편철하여야 한다.다만 신분증이 이동통신단말장치에 암호화된 형태로 설치되는 등 사본화가 적합하지 않은 경우에는 신분확인서(「부동산등기사무의 양식에 관한 예규」 별지 제39호 양식)를 신청서에 편철하여야 한다.

다. 사용자등록번호를 분실한 경우

사용자가 사용자등록번호를 분실하여 재등록을 하고자 하는 경우에는, 기존의 사용자등록에 관한 해지신청을 하고 새로이 사용자등록을 신청하여야 한다.

## 8. 사용자등록신청서의 편철 등

가. 사용자등록신청서류 등 편철장의 비치

등기소에는 사용자등록신청서류 등 편철장을 비치한다.

나. 사용자등록신청서의 편철

서무담당자는 매주 금요일까지 그 전주까지 접수된 사용자등록신청서 기타 사용자등록해지신청서 등 이 예규와 관련된 신청서 및 부속서류를 접수번호의 순서대로 사용자등록신청서류 등 편철장에 편철하여야 한다.

다. 보존기간

위 나.의 신청서 등은 10년간 이를 보존하여야 한다.

**부 칙(2022.07.20.)**
이 예규는 2022년 7월 22일부터 시행한다.

## II. 등기신청행위

### 1. 의의

등기신청은 일정한 자격을 갖춘, 등기신청인이 국가기관인 등기소에 대하여 일정한 내용의 등기를 할 것을 요구하는 의사표시이므로 공법상의 행위라고 할 것이다. 등기사무는 소송사건이 아니라 이른바 비송사건이므로(법원조직법 제2조 3항), 등기신청행위는 비송행위의 일종으로 보아야 할 것이다.

### 2. 유효요건

등기신청행위가 유효하게 성립하려면 등기신청적격(등기당사자능력)과 등기신청능력을 가지고 있는 신청인의 진정한 의사에 소정의 방식을 갖추어 신청하여야 한다.

#### (1) 신청인

등기신청인이라 함은 어떤 구체적인 등기신청행위를 자기명의로 할 수 있는 자를 말한다. 즉 특정의 등기를 신청할 수 있는 자를 말한다. 따라서 신청인은 등기명의인이 될 수 있는 자이어야 하고 등기신청능력이 있어야 한다.

#### 1) 등기신청적격

등기신청적격(등기당사자능력)이란 등기절차상 등기권리자·등기의무자가 될 수 있는 자격을 말한다. 이는 「민법」상 권리능력에 대응하는 개념으로서 원칙적으로 권리능력이 있는 자, 즉 자연인과 법인이 등기신청적격을 갖는다고 할 수 있다. 다음과 같은 경우가 논란이 되고 있다.

##### 가. 태 아

민법은 태아에게도 상속(민법 제1000조 제3항)과 유증을 받을 권리(민법 제 1064조) 등 일정한 경우에는 권리능력을 예외적으로 인정하고 있다. 따라서 원칙적으로 태아는 부동산의 상속과 유증에 관해서는 제한적으로 권리능력이 인정되는데, 이 경우 등기절차법상 태아인 상태에서 상속이나 유증에 관한 등기신청을 할 수 있는가가 문제된다.

민법은 태아에게 권리능력을 인정하는 법률관계에 관하여 「이미 출생한 것으로 본다.」라고 규정하고 있는데, 그 의미가 무엇이냐에 대하여 정지조건설과 해제조건설의 대립이 있다. 태아로 있는 동안에는 권리능력을 취득하지 못하고, 살아서 출생한 때 비로소 권리능력 취득의 효과가 문제의 사건이 발생한 시점까지 소급해서 생긴다고 보는 정지조건설에 의하면 태아인 상태로는 등기신청을 할 수 없게 된다. 민법이 인정하는 법률관계에서는 태아는 이미 출생한 것으로 보고, 따라서 권리능력을 가지며 다만, 사산(死産)인 때에는 권리능력취득의 효과가 문제의 사건시에 소급하여 소멸하는 것으로 해석하는 해제조건설에 의하면, 태아도 등기신청이 가능하다고 하게 된다. 판례는 정지조건설을 취하고 있고(대판 1976.9.14, 76다1365), 이에 따라 등기실무도 태아의 신청인적격을 부정하고 있다(등기예규 제284호).

### 나. 법인 아닌 사단, 재단

실체는 사단이나 재단이지만 주무관청의 허가를 받지 못하거나 설립등기를 하지 않아 법인격을 취득하지 못한 것을 법인 아닌 사단 또는 재단이라 한다. 부동산등기법은 법인 아닌 사단 또는 재단의 등기신청적격을 인정하여, 「종중·문중, 그 밖에 대표자나 관리인이 있는 법인 아닌 사단이나 재단에 속하는 부동산의 등기에 관하여는 그 사단이나 재단을 등기권리자 또는 등기의무자로 한다」규정하고 있다(법 제30조 제1항).

### 다. 청산법인

법인이 해산 후 재산관계를 정리하는 절차를 청산이라 하는데, 해산 후 청산종결시까지 법인은 제한된 범위 내에서 권리능력을 가진다. 이 권리능력이 제한되는 법인, 즉 해산 후 청산종결시까지 존속하는 법인을 청산법인이라 한다. 청산법인의 청산인은 청산사무로서 부동산에 관한 등기신청을 할 수 있다.

### 라. 사립학교, 조합 등

사립학교나 민법상 조합 등은 그 자체로는 등기신청적격이 없으나, 다만 권리능력 없는 사단.재단으로서의 실체를 갖추고 있다면 법인 아닌 사단.재단의 예에 의하여 등기를 신청할 수 있다고 해석된다.

## 2) 등기신청능력

### 가. 의사능력의 존재

등기신청행위는 등기소에 대하여 등기를 요구하는 절차법상의 의사표시이므로 의사능력이 필요하다.

### 나. 행위능력이 요구되는지 여부

등기신청능력의 문제는 행위능력이 필요한가의 여부에 집중된다. 그리고 행위능력의 문제는 결국 등기신청행위에도 「민법」제5조 이하의 적용이 있는가에 귀결된다. 이에 관해서는 의사능력이 있는 것으로 족하다는 견해와 행위능력도 있어야 한다는 견해가 대립되어 있다. 권리를 취득하게 되는 등기권자는 법률상 이익을 얻을 뿐이므로 의사능력을 갖는 것으로 충분하고 행위능력이 있음을 요하지 아니하나 등기의무자는 등기로 권리를 상실하게 되므로 행위능력을 필요로 한다고 해석함이 타당할 것이다.

다. 행위능력 결여의 효과

행위능력이 없는 자의 등기신청은 법 제29조 제3호(신청할 권한이 없는 자가 신청한 경우)와 제4호(방문신청에서 당사자나 대리인이 출석하지 아니한 경우) 중 어느 규정을 적용하여 각하할 것인지가 문제될 수 있다. 제4호는 전자신청에 적용할 수 없으므로 제3호를 적용하여 각하하는 것이 타당하게 보인다.

### (2) 신청의 진의

등기신청은 의사표시이므로 그 신청이라는 표시행위에 대응하는 진의가 있어야 한다. 당사자의 출석에 의하여 이 진의가 인정된다.

### (3) 요식의 구비

등기 신청정보의 제공이 대법원규칙으로 정한 방식에 맞지 아니한 경우 그 등기 신청은 각하된다.

# III. 등기신청인

## 1. 공동신청주의

### (1) 공동신청주의 원칙

구체적으로 누구를 신청권자로 하느냐에 관하여는 입법례가 나누어진다. 입법례는 대체적으로 등기권리자 또는 등기의무자가 단독으로 신청할 수 있는 단독신청주의를 채택하고 있으며 등기의 진정성을 담보할 수 있는 일정한 안전장치(공증 등)를 마련하고 있다. 우리 법은 등기는 등기권리자와 등기의무자가 공동으로 신청하여야 한다고 규정하고 있다(법 제23조 1항). 즉 공동신청주의를 채택하고 있다.

등기권리자는 '신청된 등기가 행하여짐으로써 실체적 권리관계에 있어서 권리의 취득 그 밖의 이익을 받는 자라는 것이 등기기록상 형식적으로 표시되는 자' 또는 '등기의 형식상 등기될 사항에 의하여 직접적으로 권리를 얻거나 의무를 면하게 되는 자'이고 등기의무자는 '등기가 행하여짐으로써 실체적 권리관계에 있어서 권리의 상실 그 밖의 불이익을 받는 자라는 것이 등기기록상 형식적으로 표시되는 자(등기명의인이거나 그 포괄승계인)' 또는 '등기의 형식상 등기될 사항에 의하여 직접적으로 권리를 잃거나 부담을 받게 되는 자'이다(대판 1979.7.24. 선고 79다345 판결).

## ⚖ 판 례

등기의무자의 의미와 등기의무자가 아닌 사례(대법원 1979.7.24, 선고, 79다345, 판결)

가. 부동산에 관한 등기는 법률에 다른 규정이 없는 한 등기권리자와 등기의무자의 신청에 의하는 것인 바 위 등기의무자라 함은 등기부상의 형식상 신청하는 그 등기에 의하여 권리를 상실하거나 기타 불이익을 받은 자(등기명의인이거나 그 포괄승계인)를 말한다.

나. 피고들이 확정판결의 집행으로 원고들의 소유권이전등기를 말소하였는데 동 판결이 취소된 경우 피고들은 원고들의 위 말소된 소유권이전등기를 복구하여 줄 추상적인 의무는 있으나 그렇다고 바로 위 말소된 등기의 회복등기를 할 의무가 있는 것은 아니고 등기의무자가 아니면 회복등기 청구의 피고 적격이 없다.

이와 같은 절차법상의 등기권리자와 실체법상의 등기청구권을 가지고 있는 자. 즉 등기청구권자는 대체로 일치하지만 반드시 일치하는 것은 아니다.

예컨대 갑 소유의 부동산이 을 명의로 소유권보존등기가 되어 있는 경우 갑은 을에 대하여 실체법상 말소등기청구권을 가지고 있으므로 실체법상의 등기청구권자이지만 등기기록의 형식만으로 보면 권리를 얻거나 의무를 면한다고 할 수 없으므로 등기권리자는 아니다.

### (2) 공동신청주의 예외

등기의 신청은 공동으로 하여야 하는 것은 법이념적인 원리가 요구하는 것은 아니고 다만 형식적 심사주의 아래에서 절차상으로 필요한. 즉 부실등기 내지는 허위의 등기를 방지하기 위한 제도적 장치로서 요구되는 것이므로 그러한 염려가 없는 경우라면 공동신청을 강제로 할 필요는 없다. 따라서 다음의 등기처럼 단독신청을 하더라도 등기의 진정을 해할 염려가 없거나 성질상 등기의무자의 개념이 없는 등기 등은 공동신청이 요구되지 않는다.

### 1) 소유권보존등기 또는 소유권보존등기의 말소등기(법 제23조 2항)

대립되는 당사자가 있을 수 없으므로 공동신청이 적용될 여지가 없다.

## 2) 포괄승계에 따른 등기(법 제23조 3항)

상속, 법인의 합병, 그 밖에 대법원규칙으로 정하는 포괄승계에 따른 등기는 등기권리자가 단독으로 신청한다.

이와 관련하여 대법원규칙은 등기권리자가 단독으로 신청할 수 있는 경우에 관하여 두 가지를 규정하고 있다(규칙 제42조).

첫째, 법인의 분할에 따라 포괄승계가 있는 경우로서 분할 전 법인이 소멸한 경우에는 등기권리자가 단독으로 그에 따른 등기를 신청할 수 있도록 하고 있다(규칙 제42조 1호). 이에 따르면 법인의 분할에 있어서 분할 전 법인이 존속하는 경우라면 등기권리자의 단독신청이 허용된다고 할 수 없을 것이다. 이 경우, 존속하는 법인과 공동신청이 가능하므로 규칙은 분할 전 법인이 소멸한 경우에만 한정하여 단독신청을 허용하였다고 할 것이다.

둘째, 규칙 제42조 제1호에서 규정한 법인의 분할을 제외하고 그 밖에 법령에 따라 법인이나 단체의 권리·의무를 포괄승계하는 경우에도 등기권리자가 단독으로 그에 따른 등기를 신청할 수 있도록 하고 있다(규칙 제42조 2호).

## 3) 판결에 의한 등기(법 제23조 4항)

등기절차의 이행 또는 인수를 명하는 판결에 의한 등기는 승소한 등기권리자 또는 등기의무자가 단독으로 신청하고, 공유물을 분할하는 판결에 의한 등기는 등기권리자 또는 등기의무자가 단독으로 신청할 수 있다.

## 4) 표시변경등기(법 제23조 5항 6항)

부동산표시나 등기명의인표시의 변경·경정등기는 소유권의 등기명의인이나 해당 권리의 등기명의인이 단독으로 신청한다.

## 5) 신탁등기와 신탁등기의 말소등기(법 제23조 7항 제87조 3항)

신탁재산에 속하는 부동산의 신탁등기는 수탁자가 단독으로 신청한다. 이와 마찬가지로 신탁등기의 말소등기도 수탁자가 단독으로 신청할 수 있다.

## 6) 가등기(법 제89조)

가등기의무자의 승낙이 있거나 가등기를 명하는 법원의 가처분명령이 있을 때에는 가등기권자가 단독으로 가등기를 신청할 수 있다. 또한 가등기의 말소는 가등기명의인이 단독으로 신청할 수 있으며 가등기의무자 또는 가등기의 등기상 이해관계인은 가등기명의인의 승낙을 받아 단독으로 가등기의 말소를 신청할 수 있다(법 제93조).

### 7) 기타

그 밖에 법에서는 등기명의인의 사망 또는 법인의 해산으로 권리가 소멸한다는 약정이 등기되어 있는 경우 사망 또는 법인의 해산으로 인한 권리의 소멸에 따른 말소등기(법 제55조)와 수용으로 인한 소유권이전등기(법 제99조) 등도 단독으로 등기를 신청할 수 있도록 규정하고 있다.

## 2. 대리인에 의한 등기신청

등기는 등기권리자와 등기의무자 또는 대리인이 신청하여야 한다. 단독신청이나 대위신청의 경우에도 대리인에 의한 신청이 가능함은 물론이다. 여기에서 말하는 대리인에는 임의대리인과 법정대리인 양자를 모두 포함한다. 대리인에 의하여 등기를 신청할 경우, 신청서에 대리인의 표시를 하고 그 권한을 증명하는 서면을 첨부하여야 한다.

### (1) 임의대리인

등기를 신청함에 있어서 대리인이 될 수 있는 자격에는 제한이 없다. 변호사나 법무사가 아니어도 되기 때문에 등기신청의 당사자 중 일방은 상대방을 대리하여 등기신청을 할 수 있다. 그러나 「법무사법」제3조에서 법무사 아닌자는 법원에 제출하는 서류의 작성이나 그 서류의 제출의 대행을 업으로 할 수 없다고 규정하고 있으므로 법무사 또는 변호사가 아닌자(공인중개사, 행정사 등 이하 '법무사 아닌자'라 함)는 다른 사람을 대리하여 부동산등기신청을 하거나 등기사항증명서 교부신청서를 작성하여 등기소에 제출하는 행위를 업으로 하지 못한다.

법무사가 아닌 자를 대리하여 수시로 반복하여 등기신청을 하는 등 등기신청의 대리를 업으로 한다는 의심이 있을 경우에는 등기관 또는 접수공무원은 대리인으로 하여금 신청인 본인과 그 대리인과의 관계를 가족관계증명서나 주민등록표등본 등에 의하여 소명할 것을 요청할 수 있다.

### (2) 법정대리인

#### 1) 미성년자의 친권자

미성년자인 자의 부모가 그 미성년자를 대리하여 등기신청을 할 경우에는 부모가 공동으로 하여야 한다. 공동친권자 중 한 사람만이 미성년자인 자와 이해가 상반되는 경우 이해가 상반되는 그 친권자는 미성년자인 자를 대리할 수 없다. 이 경우 특별대리인이 이해가 상반되지 않는 다른 일방의 친권자와 공동하여 그 미성년자를 대리하여야 한다. 친권자와 그 친권에 복종하는 미성년자인 자 사이에 이해가 상반되는 행위 또는 동일한 친권에 복종하는 수인의 미성년자인 자 사이에 이해가 상반되는 행위를 하는 경우에도 그 미성년자 또는 그 미성년자 일방의 대리는 법원에서 선임한 특별대리인이 하여야 한다.

① 이해가 상반되는 예 : 미성년인 자가 그 소유 부동산을 친권자에게 매매 또는 증여하는 경우, 친권자와 미성년인 자가 공동상속인으로서 협의분할을 하는 경우, 미성년인 자 소유 부동산을 친권자의 채무를 위한 담보로 제공하는 경우

② 이해가 상반되지 않은 예 : 친권자가 미성년인 자 소유의 부동산을 제3자에게 처분하는 경우, 미성년자인 자 소유의 부동산을 그 미성년자를 위하여 담보로 제공하는 경우, 친권자와 미성년인 자의 공유부동산에 관하여 친권자와 미성년자를 공동채무자로 하거나 그 미성년인 자만을 위하여 저당권설정등기를 하는 경우, 공동상속인인 친권자가 상속을 포기하고 그 미성년인 자를 위하여 분할협의를 하는 경우

## 2) 미성년자의 후견인

미성년자에게 친권자가 없거나 친권자가 법률행위의 대리권과 재산관리권을 행사할 수 없는 경우, 미성년후견인을 두어야 한다. 미성년후견인의 수는 한 명으로 한다. 미성년후견인은 피후견인인 미성년자의 법정대리인이 된다. 미성년후견인은 미성년자를 대리하여 등기신청을 할 수 있다.

미성년후견인이 미성년 소유 부동산에 대한 소유권이전등기를 신청하거나 미성년자의 그 등기신청에 동의를 할 때 미성년후견감독인이 있으면 그의 동의를 받아야 한다. 미성년후견감독인이 있는 경우, 미성년후견감독인이 피후견인인 미성년자를 대리하므로 특별대리인을 선임할 필요가 없다.

## 3) 성년자의 후견인

### 가. 성년후견

가정법원은 질병 등의 사유로 인한 정신적 제약으로 사무를 처리할 능력이 지속적으로 결여된 사람에 대하여 일정한 자의 청구에 의하여 성년후견개시의 심판을 하고 직권으로 성년후견인을 선임한다. 피성년후견인은 원칙적으로 행위능력이 없고, 성년후견인이 포괄적인 법정대리권을 가진다. 가정법원은 성년후견인의 법정대리권 범위를 정할 수 있다.

### 나. 한정후견

가정법원은 질병 등의 사유로 인한 정신적 제약으로 사무를 처리할 능력이 부족

한 사람에 대하여 일정한 자의 청구에 의하여 한정후견개시의 심판을 하고 직권으로 한정후견인을 선임한다. 피한정후견인은 원칙적으로 행위능력이 있다. 다만 가정법원이 한정후견인의 동의를 받아야 하는 행위의 범위를 정함으로써 제한된다. 한정후견인은 가정법원이 대리권을 수여하는 심판을 한 경우, 그 범위에서 대리권을 가지게 된다.

다. 특정후견

가정법원은 질병 등의 사유로 인한 정신적 제약으로 일시적 후원 또는 특정한 사무에 관한 후원이 필요한 사람에 대하여 일정한 자의 청구에 의하여 특정후견의 심판을 한다. 특정후견인은 가정법원이 특정후견에 따른 보호조치로서 선임할 수 있다. 특정후견의 심판이 있다고 하여 특정후견인이 반드시 선임되는 것은 아니다. 특정후견인은 가정법원이 대리권을 수여하는 심판을 한 경우 대리권을 가지게 된다. 피특정후견인의 행위능력은 제한되지 않는다.

라. 임의후견

후견계약은 질병 등의 사유로 인한 정신적 제약으로 사무를 처리할 능력이 부족한 상황에 있거나 부족하게 될 상황에 대비하여 자신의 재산관리 및 신상보호에 관한 사무의 전부 또는 일부를 다른 자에게 위탁하고 그 위탁사무에 관하여 대리권을 수여하는 것을 내용으로 하며 공정증서로 체결하여야 한다.

후견계약은 가정법원이 임의후견감독인을 선임한 때부터 효력이 발생한다. 가정법원은 후견계약이 등기되어 있고 본인이 사무를 처리할 능력이 부족한 상황에 있다고 인정할 때에 일정한 자의 청구에 의하여 임의후견감독인을 선임한다. 임의후견 본인의 행위능력은 제한되지 않고 임의후견인의 대리권의 범위는 후견계약에 따라 정하여진다.

마. 성년후견인 등의 대리권 범위

성년후견인 등의 대리권·동의권 범위는 획일적이지 않고 가정법원이 정하는 바 등에 따라 달라진다. 이러한 사항은 후견등기부에 기록하여 공시하고 있다. 따라서 성년후견인 등이 피성년후견인 등을 대리하여 등기신청을 하는 경우에 성년후견인 등에 대리권이 있는지 여부는 후견 등기사항증명서를 제출하게 하여 개별적으로 판단하여야 할 것이다.

바. 후견 등기사항부존재증명서의 제출 여부

성년자가 등기신청을 하는 모든 경우, 그 성년자에게 성년후견개시의 심판 등이 있었는지 여부를 확인하기 위하여 후견 등기사항부존재증명서를 제출하게 할 것인지가 문제되나 극히 예외적인 등기신청의 적법 여부를 확인하기 위하여 이를 제출하도록 하는 것은 무리라고 할 것이다.

### (3) 행위능력의 여부와 자기계약, 쌍방대리의 허용 여부

대리인은 행위능력자임을 요하지 아니하며, 등기신청에 있어서는 자기계약·쌍방대리도 허용된다. 등기실무에서의 변호사나 법무사에 의한 대리는 거의 대부분이 쌍방대리에 의한 것이다.

### (4) 대리권이 존속하여야 할 시기

대리인이나 본인이 사망하면 대리권은 소멸한다(민법 제127조 1항). 그런데 등기신청의 대리는 등기신청행위에 대한 대리이므로 등기신청이 접수된 후 등기를 완료하기 전에 본인이나 그 대리인이 사망한 경우에도 그 등기의 신청은 적법하다고 볼 수 있고 등기의 완료 전에 등기명의인이 사망하였다고 해서 그 등기를 무효라고 할 수 없다.

# Ⅳ. 등기신청에 필요한 정보

## 1. 신청정보

### (1) 신청정보의 제공방법

#### 1) 1건 1개 신청주의

등기의 신청은 1건당 1개의 부동산에 관한 신청정보를 제공하는 방법으로 하여야 한다(법 제25조).

#### 2) 일괄신청과 동시신청(규칙 제47조)

가. 일괄신청

등기의 목적과 원인이 동일한 경우에는 동일 등기소 내의 여러 개의 부동산에 관하여 일괄하여 등기신청을 할 수 있다. 등기의 목적이 동일하다 함은 등기의 내용 내지 종류가 동일하다는 것을 의미한다. 따라서 소유권이전과 저당권설정과 같은 것은 등기의 목적이 다르므로 일괄신청을 할 수 없다.

나. 동시신청

같은 등기소에 동시에 여러 건의 신청을 하는 경우에 첨부정보의 내용이 같은 것이 있을 때에는 가장 먼저 접수되는 신청에만 그 첨부정보를 제공하고 다른 신청에는 먼저 접수된 신청에 첨부정보를 제공하였다는 뜻을 신청정보의 내용으로 등기소에 제공하는 것으로 그 첨부정보의 제공을 갈음할 수 있다(규칙 제47조 2항).

다. 동시접수

등기신청의 접수순위는 신청정보가 전산정보처리조직에 저장되었을 때를 기준으로 한다. 그러므로 처분금지가처분신청이 가압류신청보다 신청법원에 먼저 접수되었다 하더라도 촉탁서를 등기관이 동시에 받았다면 등기관은 그 촉탁서를 동시접수처리하여야 하고 이 경우 그 등기의 순위는 동일하게 된다.

## 3) 신청서의 양식

각종 등기신청서의 양식은 등기예규 제1583호로 정해져 있다. 용지규격은 A4용지로 하고 있으나 일정한 규격의 인쇄된 용지가 아니더라도 법정요건을 갖춘다면 사용이 허용된다고 볼 것이다.

## 4) 신청서의 기재문자와 기재방법

신청서는 등기의 기초자료가 되는 서면이므로 그 기재문자나 정정방법에 엄격성이 요구되어 등기부의 기재문자에 관한 규정(규칙 제57조)이 적용된다. 신청인이 다수인 경우 신청서를 정정하는 때에는 신청인 전원이 날인해야 한다(등기예규 제585호).

## 5) 신청인의 기명날인 또는 서명

등기신청서에는 일정한 사항을 기재하고 신청인이 기명날인하거나 서명하여야 한다(규칙 제56조). 인감증명을 제출해야 하는 등기신청에 있어서는 해당 신청서에 그 인감을 날인하여야 하므로 서명할 수 없다(규칙 제60조). 대리인에 의하여 신청하는 경우에는 대리인이 기명날인 또는 서명하여야 하고 신청인이 외국인이고 그 외국인이 날인제도를 가지지 않는 국가에 속하는 때에는 날인 대신 서명으로 할 수 있다.

## 6) 신청서의 간인

신청서가 여러 장일 때에는 신청인이 간인을 하여야 한다. 그러나 등기권리자 또는 등기의무자가 다수인 경우, 그 중 1인의 간인으로써 족하다(규칙 제56조). 위 규정은 등기신청서의 간인에 관한 것으로 그 부속서류에는 동규정이 적용되지 않는다. 따라서 여러 명이 작성한 부속서류가 한 문서로서 여러 장이면 작성자 전원의 간인이 있어야 한다(상속재산분할협의서 등).

## (2) 신청정보의 내용

등기소에 제공해야 하는 신청정보의 내용으로는 일반적으로 제공해야 하는 내용과 등기의 목적에 따라 특별히 제공해야 하는 내용이 있다. 일반적으로 제공해야 하는 정보와 특별히 제공해야 하는 정보에도 각각 필수적 정보와 임의적 정보가 있다.

### 1) 필수적 정보

가. 부동산의 표시에 관한 사항

**토지**에 대한 등기를 신청하는 경우에는 부동산의 표시에 관한 사항으로 그 소재와 지번, 지목, 면적을 제공한다. 토지의 소재 중 행정구역표시는 그 명칭대로 제공하되 지번의 '번지'라는 문자는 제공하지 않는다(등기예규 제1187호). 2개 이상의 부동산을 일괄하여 신청하는 경우에는 그 부동산의 일련번호를 제공하여야 한다(등기예규 제681호).

**일반건물**에 대한 등기를 신청하는 경우에는 부동산의 표시에 관한 사항으로 그 소재, 지번 및 건물번호(같은 지번 위에 1개의 건물만 있는 경우에는 건물번호는 제공하지 않는다). 건물의 종류, 구조와 면적(부속건물이 있는 경우에는 부속건물의 종류, 구조와 면적도 함께 제공한다)을 제공한다.

**구분건물**에 대한 등기를 신청하는 경우에는 부동산의 표시에 관한 사항으로 1동의 건물의 표시로서 소재지번·건물명칭 및 번호·구조·종류·면적과 전유부분의 건물의 표시로서 건물번호·구조·면적, 대지권이 있는 경우 그 권리의 표시를 제공한다.

도로명주소에 관한 사항은 일반건물에서 설명한 바와 같다.

나. 신청인의 인적사항

신청인의 성명(또는 명칭), 주소(또는 사무소소재지) 및 주민등록번호(또는 부동산등기용등록번호)를 제공한다. 신청인의 주소는 부동산의 소재표시와 마찬가지로 제공하며 '번지'라는 문자는 생략한다. 신청인이 법인인 경우 그 대표자의 성명과 주소를 제공하여야 하며, 외국인인 경우 국적을 함께 제공하여야 한다(등기예규 제1187호).

등기권리자가 자연인으로서 우리나라 국민인 경우에는 주민등록번호를 제공하고 국가·지방자치단체·국제기관·외국정부, 법인, 법인 아닌 사단이나 재단, 외국인, 주민등록번호가 없는 재외국민의 경우에는 부동상등기용등록번호를 제공하여야 한다. 법인 아닌 사단이나 재단이 등기를 신청함에 있어서는 그 대표자나 관리인의 성명, 주소 및 주민등록번호를 제공하여야 한다.

다. 지분에 관한 사항

　　등기권리자가 2인 이상인 경우에는 그 지분을 제공하여야 하고 등기할 권리가 합유인 때에는 그 뜻을 제공하여야 한다. 다만 합유의 경우 그 지분은 제공하지 않는다.

라. 대리인의 성명·주소(대리인에 의하여 신청하는 경우)

마. 등기원인과 그 연월일

바. 등기의 목적

사. 등기필정보

　　등기필정보를 제공하게 하는 이유는 등기의무자의 본인확인증명을 통하여 등기의 진정을 담보하기 위한 것이므로 표시에 관한 등기를 신청하거나 당사자 일방만으로 등기신청을 하는 경우에는 등기필정보를 제공할 필요가 없다.

　　그러므로 표시에 관한 등기를 신청하거나 상속으로 인한 등기나 판결에 의한 등기 등 당사자 일방에 의한 등기신청에 의한 경우에는 그 등기의무자의 의사는 판결문에 나타나 있지 않기 때문에 등기의무자의 등기필정보를 등기소에 제공하여야 한다. 관공서가 등기의무자로서 등기권리자의 청구에 의하여 등기를 촉탁하거나 부동산에 관한 권리를 취득하여 등기권리자로서 등기를 촉탁하는 경우에도 공동신청이 아니므로 등기필정보는 제공할 필요가 없다. 이 경우 관공서가 촉탁에 의하지 아니하고 법무사 등에게 위임하여 등기를 신청하는 경우에도 등기필정보는 제공할 필요가 없다. 등기필정보를 제공해야 하는 등기신청에서 등기필정보를 분실하거나 그 밖의 사유로 등기필정보를 등기소에 제공할 수 없는 경우, 다음의 방법에 의하여야 한다(법 제51조, 규칙 제111조).

## ♣【서식】 등기필정보 및 등기완료통지서

### 등기필정보 및 등기완료통지

권 리 자 : ○○○

(주민)등록번호 : 123456 – 1234567

주       소 : ○○시 ○○구 ○○동 ○○○번지

부동산고유번호 : 1234-2345-678901

부 동 산 소 재 : [건물]○○시 ○○구 ○○동 ○○○번지 1, 2층호

접 수 일 자 : 20○○년 ○월 ○일    접수번호 : ○○○

등 기 목 적 : 소유권이전청구권가등기

등기원인및일자 : 20○○년 ○월 ○일 매매예약

20○○년 ○월 ○일

○○지방법원 ○○등기국

등기관

\* 이 서면은 등기필증을 대신하여 발행한 것입니다.

\* 앞으로 등기신청할 경우에는 일련번호와 50개의 비밀번호 중 1개를 선택하여 기재해야 합니다.

## 📑 선 례

공익사업을 위하여 한국철도시설공단 명의로 부동산을 취득하는 경우 등기필증(등기필정보)을 첨부하여야 하는지 여부 등

1. 한국철도시설공단이「철도산업발전기본법」제19조에 의하여 철도의 관리청인 국토해양부장관을 대행하여「공익사업을 위한 토지 등의 취득 및 보상에 관한 법률」이 정한 절차에 따라 국(관리청 : 국토해양부)명의로 부동산을 취득하기 위하여 그 소유권이전등기를 촉탁(신청)하는 경우에는 등기의무자의 권리에 관한 등기필증(등기필정보)을 첨부할 필요가 없으나, 한국철도시설공단 명의로 그 소유권이전등기를 신청하는 경우에는 등기의무자의 권리에 관한 등기필증(등기필정보)을 첨부하여야 한다.

2. 「공익사업을 위한 토지 등의 취득 및 보상에 관한 법률」에 따라 부동산의 소유명의인과 협의가 성립되어 사업시행자 명의로 소유권이전등기를 신청하는 경우 그 등기원인은 매매가 아니므로 부동산매도용 인감증명을 첨부할 필요가 없다. (2011.6.27. 부동산등기과 - 1216 질의회답)

아. 등기소의 표시

자. 신청연월일

차. 대위에 관한 사항

카. 취득세·등록면허세액과 과세시가표준액 등

타. 등기신청수수료액

등기신청수수료는 15,000원(전자표준양식에 의한 신청 : 13,000원, 전자신청 : 10,000원)과 3,000원(전자표준양식에 의한 신청 : 2,000원, 전자신청 : 1,000원)의 두 종류가 있다. 등기신청수수료의 납부는 그 수수료 상당액을 전자적 방법으로 납부하거나 법원행정처장이 지정하는 금융기관에 현금으로 납부한 후 이를 증명하는 서면을 등기신청서에 첨부하여 제출하는 방법으로 한다. 다만 해당 신청사건을 관할하는 지방법원, 그 지원 또는 등기소에 신청수수료 납부기능이 있는 무인발급기가 설치된 경우에는 이를 이용하는 방법으로 수수료를 납부할 수 있다.

## ♣ 【서식】 부동산등기신청수수료액(등기사항증명서 등 수수료규칙 제5조의2에 의한 등기신청의 경우)

| 등 기 의 목 적 | | 수 수 료 | | | 비 고 |
|---|---|---|---|---|---|
| | | 서면방문신청 | 전자표준양식신청 | 전 자 신 청 | |
| 1. 소유권보존등기 | | 15,000원 | 13,000원 | 10,000원 | |
| 2. 소유권이전등기 | | 15,000원 | 〃 | 〃 | |
| 3. 소유권 이외의 권리설정 및 이전등기 | | 15,000원 | 〃 | 〃 | |
| 4. 가등기 및 가등기의 이전등기 | | 15,000원 | 〃 | 〃 | |
| 5. 변경 및 경정등기 (다만, 착오 또는 유루발견을 원인으로 하는 경정 등기신청의 경우는 수수료 없음) | 가. 등기명의인표시 | 3,000원 | 2,000원 | 1,000원 | 행정구역·지번변경, 주민등록번호정정 등의 경우에는 신청수수료 없음 |
| | 나. 각종권리 | 3,000원 | 〃 | 〃 | |
| | 다. 토지표시 | 없 음 | | | |
| | 라. 건물표시 | 3,000원 | 2,000 | 1,000 | 행정구역·지번·면적단위 변경 등을 원인으로 하는 경우에는 신청 수수료 없음 |
| 6. 분할·합병등기 | 가. 토지 | 없 음 | | | |
| | 나. 건물(구분등기 등) | 3,000원 | 2,000원 | 1,000원 | |
| 7. 건물의 멸실등기 | | 3,000원 | 〃 | 〃 | 토지의 멸실등기의 경우에는 신청수수료 없음 |
| 8. 말소등기 | | 3,000원 | 〃 | 〃 | 예고등기의 말소등기 경우에는 신청수수료 없음 |
| 9. 말소회복등기 | | 3,000원 | 〃 | 〃 | |
| 10. 멸실회복등기 | | 없 음 | | | |
| 11. 가압류·가처분등기 | | 3,000원 | | 3,000원 | |
| 12. 압류 (체납처분 등 등기) | 가. 지방세 | 3,000원 | | 1,000원 | |
| | 나. 의료보험 등 공과금 | 3,000원 | | 1,000원 | |
| 13. 경매개시결정등기, 강제관리등기 | | 3,000원 | | 3,000원 | |
| 14. 파산·화의·회사정리등기 | | 없 음 | | | |
| 15. 신탁등기 | 가. 신탁등기 | 없 음 | | | |
| | 나. 신탁등기의 변경, 말소등기 등 신탁 관련 기타 등기 | 없 음 | | | |
| 16. 환매권등기 | 가. 환매특약의 등기 및 환매권 이전등기 | 15,000원 | 13,000원 | 10,000원 | |
| | 나. 환매권 변경, 말소 등 환매권 관련 기타 등기 | 3,000원 | 2,000원 | 1,000원 | |
| 17. 위에서 열거한 등기 이외의 기타 등기 | | 3,000원 | 〃 | 〃 | |

□ **전자신청 등에 의한 등기신청수수료의 특례(수수료규칙 제5조의5)**
　전자신청에 의한 부동산 등기신청의 경우에 15,000원은 10,000원으로, 3,000원은 1,000원으로 하며, 전자표준양식에 의한 신청인 경우에는 15,000원은 13,000원으로, 3,000원은 2,000원으로 함

파. 첨부정보의 표시와 그 원용의 뜻

등기를 신청할 때에는 규칙 제46조 또는 그 밖의 법령에 따라 첨부정보를 등기소에 제공하여야 한다. 이를 신청정보에 표시하여야 하고 여러 건의 등기를 동시신청할 때에 첨부정보의 내용이 같은 것이 있으면 뒤에 접수되는 신청에서는 이를 첨부하지 않고 먼저 접수되는 신청의 첨부정보를 원용할 수 있다. 이 경우에는 신청정보에 그 뜻을 표시하여야 한다(규칙 제47조 2항).

### 2) 임의적 정보

지상권설정등기의 경우 존속기간과 지료 및 지급시기 등 전세권설정등기의 경우 존속기간 및 위약금 또는 배상금 등 그리고 저당권설정등기의 경우 변제기와 이자 및 그 발생기·지급시기 등 등기기록에 반드시 기록하도록 법정되어 있는 것은 아니지만 등기할 것이 허용되는 사항을 말한다. 그러나 등기원인증서에 임의적 정보에 해당하는 내용이 있는 경우, 그것을 반드시 신청정보의 내용으로 제공하여야 한다. 이를 제공하지 않은 때에는 보정하게 하여 수리하고 보정하지 않을 때에는 '신청정보의 제공이 대법원규칙으로 정한 방식에 맞지 아니한 경우'에 해당함을 이유로 그 등기신청을 각하하게 된다.

### 3) 각종 권리에 관하여 제공해야 하는 정보

각종 권리에 관한 등기신청에는 그 권리의 성질상 각 필수적 정보와 임의적 정보가 있다.

## 2. 등기원인을 증명하는 정보

### (1) 등기원인을 증명하는 정보의 의의

등기를 신청할 때 등기원인을 증명하는 정보를 첨부정보로서 등기소에 제공하여야 한다(규칙 제46조 1항 1호). 등기원인을 증명하는 정보(이하 "등기원인증명정보"라 한다)는 등기할 권리변동의 원인인 법률행위 또는 그 밖의 법률사실의 성립을 증명하는 정보를 말한다. 매매계약서와 저당권설정계약서 등이 이에 해당한다.

등기원인증명정보를 제공하게 하는 이유는 등기관으로 하여금 등기원인의 성립을 심사하도록 하여 진실을 반하는 부실등기가 이루어지는 것을 방지하여 등기의 진정을 보장하기 위한 것이다.

### (2) 계약서 등의 검인

### 1) 검인을 받아야 하는 경우

「부동산등기 특별조치법」은 다음과 같은 경우에는 시장, 군수, 구청장 등의 검인을 받은 계약서 등을 제출하도록 하고 있다(동법 제3조).

① 계약을 원인으로 하여 소유권이전등기를 할 때 : 계약의 종류 및 일자는 불문한다.

② 집행력 있는 판결서 또는 판결과 같은 효력을 갖는 조서(화해.인낙.조정조서)가 등기원인을 증명하는 서면일 때 : 그 판결서나 조서의 정본에 검인을 받아야 한다.

③ 부동산의 소유권을 이전받을 것을 내용으로 하는 계약을 체결하여 등기의무를 부담하게 된 자가 그 부동산 또는 계약상의 지위를 제3자에게 이전하는 계약을 체결한 경우 : 그 지위 이전계약의 체결일이 특별조치법 제2조 제1항 제1호에 정하여진 날(쌍무계약의 경우 반대급부의 이행이 완료된 날) 전인 때에는 먼저 체결된 계약의 매도인으로부터 지위 이전계약의 양수인 앞으로 직접 소유권이전등기를 신청할 수 있는데, 계약당사자의 지위를 이전하는 계약에 따라 제3자가 소유권이전등기를 신청하는 경우에는 먼저 체결된 계약서와 지위이전계약서(지위이전계약이 순차로 이루어진 경우에는 그 지위이전계약서 전부)에 각각 검인을 받아야 한다.

## 2) 검인을 받을 필요가 없는 경우

① 토지거래허가구역 안의 토지 및 건물에 대한 소유권이전등기 신청시, 토지에 대하여 토지거래허가증을 받은 경우 : 이 경우 부동산등기특별조치법상의 검인을 받은 것으로 보는데 이 때 토지거래허가신청서에는 허가대상인 토지뿐만 아니라 지상건물에 대해서도 기재하도록 하고 있으므로 건물에 대하여 별도로 검인을 받지 아니하여도 등기신청을 할 수 있다.

② 토지거래허가구역 안의 토지에 대하여 토지거래계약허가증을 받은 경우

③ 금융기관의 부실자산의 정리를 촉진하기 위하여 한국자산관리공사가 양수한 부동산 : 금융기관부실자산등의효율적처리및한국자산관리공사의설립에관한법률 제45조의3에 의하여 부동산등기특별조치법 제3조 및 제4조가 적용되지 않으므로 검인을 받을 필요가 없다.

④ 경매절차에서의 매각 또는 공매를 원인으로 한 소유권이전등기

⑤ 계약의 일방당사자가 국가 또는 지방자치단체인 경우에는 검인을 받을 필요가 없다.

⑥ 선박, 입목, 재단등기의 경우 : 이 검인에 관한 규정은 적용하지 않는다.

⑦ 예약을 원인으로 한 가등기를 신청할 경우 : 검인은 소유권이전등기를 신청하는 경우에만 받아야 하는 것이므로 예약을 원인으로 한 가등기를 신청할 경우에는 검인을 받지 않아도 무방하나, 그 가등기에 기한 본등기를 신청할 때에 제출하

는 원인증서에는 검인을 받아야 한다.

⑧ 토지수용에 의한 소유권이전등기를 하는 경우 : 계약을 원인으로 하는 소유권이
전등기가 아니므로 협의성립확인서 또는 재결서에 검인을 받을 필요가 없다.

⑨ 토지 또는 건물의 매매에 관한 거래계약을 체결하고 그 부동산의 실제 거래가격
등 대통령령이 정하는 사항을 관할 시장·군수 또는 구청장에게 신고하여 신고필
증을 교부 받은 경우에는 검인을 받은 것으로 본다.

### 3) 검인계약서의 부동산표시

검인계약서의 부동산표시는 신청서상의 부동산표시와 일치하여야 하는 것이 원칙이
다. 그러나 검인계약서(판결서 등은 제외)의 부동산표시가 신청서의 그것과 엄격히 일
치하지 아니하더라도 양자 사이에 동일성을 인정할 수 있으면 그 등기신청은 수리하여
도 무방하며, 구분건물과 대지권이 함께 등기신청의 목적인 경우에는 그 검인계약서에
대지권의 구체적인 표시가 없더라도 대지권이 포함된 취지의 표시는 되어 있어야 하는
데, 다만 그 계약서에 구분건물의 표시만 되어 있더라도 특히 대지권을 제외한다는 기
재가 따로 없으면 무방한 것으로 취급된다.

## 3. 등기원인에 대한 제3자의 허가 등을 증명하는 정보

### (1) 의의

등기원인에 대하여 제3자의 허가.동의.승낙을 필요로 하는 때(예 : 토지거래계약허
가, 미성년자의 행위에 대한 법정대리인의 동의, 임차권의 양도.전대에 있어서 임차
인의 승낙 등)에는, 그 제3자의 허가 등이 있었음을 증명하는 서면을 제출하여야
한다. 이를 제출케 하는 이유는 이러한 서면이 제출되지 않고 등기가 이루어질 경
우 무효 또는 취소될 수 있는 권리변동의 등기가 경료 되어 등기에 공신력이 없는
현행법하에서 부동산거래를 맺고자 하는 제3자의 이익을 해치게 되기 때문이다.

### (2) 농지취득자격증명

#### 1) 총설

농지를 취득하려는 자는 원칙적으로 농지취득자격증명을 발급받아야 한다. 그 소유
권에 관한 등기를 신청할 경우에는 농지취득자격증명을 제공하여야 한다(농지법 제8조
1항 4항). 따라서 농지에 관하여 매매 등을 원인으로 하여 소유권이전등기 절차이행을
명하는 판결에 의한 소유권이전등기 신청시에도 반드시 농지취득자격증명을 제공하여

야 한다. 갑에서 을 명의나 을에서 병 명의로의 소유권이전등기를 동시에 신청하는 경우, 병 명의의 농지취득자격증명은 물론이고 을 명의의 농지취득자격증명도 제공하여야 한다.

### 2) 농지취득자격증명의 발급대상인 농지

농지법상의 농지는 지목이 전.답 또는 과수원인 경우 그리고 기타 그 법적 지목 여하에 불구하고 실제의 토지현상이 농작물의 경작 또는 다년생식물재배지로 이용되는 토지(다만 초지법에 의하여 조성된 초지 등 대통령령이 정한 토지는 제외) 및 위와 같은 토지 개량시설의 부지와 고정식 온실 버섯재배사 등 농업생산에 필요한 시설 중 대통령령이 정하는 시설의 부지를 의미한다(농지법 제2조 제1호.2호).

지목이 농지라면 민간의 출입이 일체 통제되어 경작이 전혀 불가능한 비무장지대 내의 농지라도 농지로 보아야 한다. 공부상 지목이 농지라 하더라도 실제로 경작에 사용되는 농지가 아닌 한 농지취득자격증명은 필요치 않다. 다만 그러한 경우에는 관할 행정관청이 발급하는 서면에 의하여 그러한 사실을 증명하여야 한다.

농지법상의 농지라면 종전의 농지개혁법 시행일 이전부터의 농지이든 농지개혁법 시행일 이후에 개간 등으로 조성된 농지이든 모두 농지취득자격증명의 발급대상이 되며, 농지의 취득으로 인한 소유권이전등기를 신청함에 있어서는 그 농지의 면적의 넓이에 관계없이 모두 농지취득자격증명을 첨부하여야 한다.

### 3) 농지의 소유제한

농지는 자기의 농업경영에 이용하거나 이용할 자가 아니면 이를 소유하지 못한다. 그리고 농지법에서 허용된 경우를 제외하고는 농지의 소유에 관한 특례를 인정할 수 없다(농지법 제6조 제4항). 그러나 다음에 해당하는 경우에는 자기의 농업경영에 이용하지 않는 농지라도 이를 소유할 수 있다(농지법 제6조 제2항).

① 국가 또는 지방자치단체가 농지를 소유하는 경우
② 교육법에 의한 학교, 농림수산부령이 정하는 공공단체.농업연구기관.농업생산자단체 또는 종묘 기타 농업기자재를 생산하는 자가 그 목적수행을 위하여 필요로 하는 시험.연구.실습지 또는 종묘생산용지로 림수산부령이 정하는 바에 의하여 농지를 취득하여 소유하는 경우
③ 상속(상속인에게 한 유증을 포함한다)에 의하여 농지를 취득하여 소유하는 경우
④ 대통령령으로 정하는 기간 이상 농업경영을 하던 자가 이농하는 경우 이농 당시 소유하고 있던 농지를 계속 취득하여 소유하는 경우
⑤ 주말.체험영농(농업인이 아닌 개인이 주말 등을 이용하여 취미 또는 여가활동으

로 농작물을 경작하거나 다년생식물을 재배하는 것을 말함)을 하고자 농지를 소
유하는 경우

⑥ 농지의 저당권자인 농업협동조합, 수산업협동조합, 축산업협동조합, 인삼업협동
조합과 그 중앙회 등이 농지 저당권의 실행을 위한 경매절차에서 담보농지를 취
득하여 소유하는 경우

⑦ 농지전용허가(농지전용허가가 의제되는 인가.허가.승인 포함)를 받거나 농지전용
신고를 한 자가 당해 농지를 소유하는 경우

⑧ 농지전용협의를 완료한 농지를 소유하는 경우

⑨ 기타 농어촌진흥공사가 농지를 취득하는 경우, 공유수면매립법에 의하여 매립농
지를 취득하여 소유하는 경우, 토지수용에 의하여 농지를 취득하여 소유하는 경
우, 공익사업을 위한 토지 등의 취득 및 보상에 관한 법률에 의하여 농지를 취득
하여 소유하는 경우, 대통령령이 정하는 토지 등의 개발사업과 관련하여 사업시
행자 등이 농지를 취득하여 소유하는 경우 등

## 4) 농지취득자격증명의 첨부 요부

가. 농지취득자격증명을 첨부하여야 할 구체적인 경우(등기예규 제1415호)

① 자연인 또는 농업.농촌기본법 제15조의 규정에 의하여 설립된 영농조합법인과
동법 제16조에 의하여 설립된 농업회사법인(주식회사 제외)이 농지에 대하여 매
매, 증여, 교환, 양도담보, 명의신탁해지, 신탁법상의 신탁 또는 신탁해지, 사인
증여, 계약해제, 공매, 상속인 이외의 자에 대한 특정적 유증 등의 농지취득자격
증명을 발급받지 아니하고 농지를 취득할 수 있는 사유를 제외한 나머지 사유를
등기원인으로 하여 소유권이전등기를 신청하는 경우

② 교육법에 의한 학교, 농지법 시행규칙 제4조 별표2에 해당하는 공공단체 등이 그
목적사업을 수행하기 위하여 농지를 취득하여 소유권이전등기를 신청하는 경우

③ 국가나 지방자치단체로부터 농지를 매수하여 소유권이전등기를 신청하는 경우

④ 농지전용허가를 받거나(농지전용허가를 받은 것으로 간주되는 경우 포함) 농지전
용신고를 한 농지에 대하여 소유권이전등기를 신청하는 경우

⑤ 동일 가구(세대)내 친족간의 매매 등을 원인으로 하여 소유권이전등기를 신청하는 경우

나. 농지취득자격증명을 발급받지 않고 농지를 취득할 수 있는 경우

① 국가나 지방자치단체가 농지를 취득하여 소유권이전등기를 신청하는 경우

② 상속 및 포괄유증, 상속인에 대한 특정적 유증, 유류분반환, 재산분할, 취득시효
완성, 공유물 분할, 경락, 진정한 등기명의의 회복, 농업법인의 합병을 원인으로
하여 소유권이전등기를 신청하는 경우
농지의 공유분할로 취득한 면적이 종전 공유지분을 초과하는 경우에도 농지취득

자격증명을 첨부할 필요가 없다.

③ 공익사업을 위한 토지 등의 취득 및 보상에 관한 법률에 의한 수용 및 협의취득을 원인으로 하여 소유권이전등기를 신청하는 경우, 징발재산정리에관한특별조치법 제20조, 공익사업을 위한 토지 등의 취득 및 보상에 관한 법률 제91조의 규정에 의한 환매권자가 환매권에 기하여 농지를 취득하여 소유권이전등기를 신청하는 경우

④ 도시지역의 농지를 취득하여 소유권이전등기를 신청하는 경우(국토의 계획 및 이용에 관한 법률 제83조 제3호)
다만, 도시지역 중 녹지지역 안의 농지로서 도시계획시설사업에 필요하지 않은 농지에 대하여는 농지법 제8조의 규정이 적용되므로 그러한 농지에 대한 소유권이전등기신청서에는 농지취득자격증명을 첨부하여야 한다.

⑤ 농지법 제34조 제2항에 의한 농지전용협의를 완료한 농지를 취득하여 소유권이전등기를 신청하는 경우

⑥ 농지법 제13조 제1항 제1호 내지 제6호에 해당하는 농지의 저당권자가 저당권의 실행으로 인한 경매절차에서 매수인이 없어 스스로 그 경매절차에서 담보농지를 취득하거나 자산유동화에 관한 법률 제3조 규정에 의한 유동화전문회사 등이 농지법 제13조 제1항 제1호 내지 제6호의 규정에 의한 저당권자로부터 농지를 취득하여 소유권이전등기를 신청하는 경우

⑦ 농지법 제17조의 규정에 의한 농지이용증진사업시행계획에 의하여 농지를 취득하여 소유권이전등기를 신청하는 경우

⑧ 농업기반공사가 농업기반공사 및 농지관리기금법에 의하여 농지를 취득하여 소유권이전등기를 신청하는 경우

⑨ 농어촌정비법 제25조 소정의 농업생산기반 정비사업 시행자에 의하여 시행된 환지계획 및 같은 법 제43조 소정의 교환, 분할, 합병에 따라 농지를 취득하여 소유권이전등기를 신청하는 경우와 같은 법 제82조 소정의 농어촌관광휴양단지 개발사업자가 그 사업의 시행을 위하여 농어촌관광휴양단지로 지정된 지역 내의 농지를 취득하여 소유권이전등기를 신청하는 경우

⑩ 공유수면매립법에 의하여 매립농지를 취득하여 소유권이전등기를 신청하는 경우

⑪ 지목이 농지이나 토지의 현상이 농작물의 경작 또는 다년생식물재배지로 이용되지 않음이 관할관청이 발급하는 서면에 의하여 증명되는 토지에 관하여 소유권이전등기를 신청하는 경우

⑫ 공업재배치및공장설립에관한법률 제13조 제1항 또는 제20조 제2항의 규정에 의한 공장설립 등의 승인을 신청하여 공장입지승인을 얻은 자 및 중소기업창업지원법 제21조 제1항 규정에 의한 사업계획승인을 신청하여 공장입지승인을 얻은 자가 당해 농지를 취득하여 소유권이전등기를 신청한 경우(농지법 제8조 1항 단

서, 동법시행령 제7조, 등기예규 제1068호)

## 5) 농지취득자격증명 발급절차

### 가. 발급권자

농지취득자격증명은 농지의 소재지를 관할하는 시장·구청장·읍장 또는 면장으로 부터 발급받아야 한다.

### 나. 농지취득자격증명 발급신청절차

농지취득자격증명을 발급받으려는 자는 일정한 사항이 기재된 농업경영계획서를 작성하여 농지의 소재지를 관할하는 시·구·읍·면의 장에게 신청하여야 한다.

## 6) 기타

토지거래계약허가구역 안의 농지로서 토지거래계약허가를 받은 경우에는 농지취득 자격증명을 받은 것으로 보기 때문에 이 경우, 토지거래계약허가증 외에 등기신청서에 별도로 농지취득자격증명을 첨부할 필요가 없다.

## (3) 토지거래계약허가

## 1) 의의

### 가. 허가제도의 취지(부동산거래신고등에관한법률 제10조)

국토교통부장관 또는 시·도지사는 국토의 이용 및 관리에 관한 계획의 원활한 수립과 집행, 합리적인 토지 이용 등을 위하여 토지의 투기적인 거래가 성행하 거나 지가(地價)가 급격히 상승하는 지역과 그러한 우려가 있는 지역으로서 대통 령령으로 정하는 지역에 대해서는 다음 각 호의 구분에 따라 5년 이내의 기간을 정하여 제11조제1항에 따른 토지거래계약에 관한 허가구역(이하 "허가구역"이라 한다)으로 지정할 수 있다. 이 경우 국토교통부장관 또는 시·도지사는 대통령령 으로 정하는 바에 따라 허가대상자(외국인등을 포함한다), 허가대상 용도와 지목 등을 특정하여 허가구역을 지정할 수 있다.

1. 허가구역이 둘 이상의 시·도의 관할 구역에 걸쳐 있는 경우: 국토교통부장관이 지정

2. 허가구역이 동일한 시·도 안의 일부지역인 경우: 시·도지사가 지정. 다만, 국가가 시행하는 개발사업 등에 따라 투기적인 거래가 성행하거나 지가가 급 격히 상승하는 지역과 그러한 우려가 있는 지역 등 대통령령으로 정하는 경 우에는 국토교통부장관이 지정할 수 있다.

나. 허가의 법적 성질

허가를 받지 아니하고 체결한 허가구역 내의 토지에 대한 거래계약은 그 효력이 발생되지 아니하므로 허가는 거래계약의 효력발생요건이라고 할 것이다.

토지거래계약에 대한 허가만으로 매매계약이 성립되었다고 볼 수는 없다. 그러므로 등기신청서에 토지거래계약허가증만 첨부되어 있을 뿐 매매계약서는 첨부되어 있지 않은 경우 등기관은 그 등기신청을 각하하여야 한다.

다. 허가를 받기 전의 매매계약 등의 효력

허가구역 내의 토지에 관하여 허가를 받지 아니하고 매매계약 등을 체결한 경우 그 매매계약 등의 효력에 관해서는 채권계약유효설(물권계약무효설), 채권계약 및 물권계약무효설, 유동적무효설 등이 주장되고 있다.

이에 관하여 판례는 토지의 소유권 등 권리를 이전 또는 설정하는 내용의 거래계약은 관할 관청의 허가를 받아야만 그 효력이 발생하고 허가를 받기 전에는 물권적 효력은 물론 채권적 효력도 발생하지 아니하여 무효라고 보아야 할 것이다. 다만 허가를 받기 전의 거래계약이 처음부터 허가를 배제하거나 잠탈하는 내용의 계약일 경우에는 확정적으로 무효로서 유효화될 여지가 없지만 이와 달리 허가받을 것을 전제로 한 거래계약(허가를 배제하거나 잠탈하는 내용의 계약이 아닌 계약은 여기에 해당 하는 것으로 본다)일 경우에는 허가를 받을 때까지는 법률상 미완성의 법률행위로서 소유권 등 권리의 이전 또는 설정에 관한 거래의 효력이 전혀 발생하지 않음은 위의 확정적 무효의 경우와 다를바 없지만 일단 허가를 받으면 그 계약은 소급하여 유효한 계약이 되고 이와 달리 불허가가 된 때에는 무효로 확정되므로 허가를 받기까지는 유동적 무효의 상태에 있다고 보는 것이 타당하다고 하여 유동적무효설의 입장을 취하고 있다.

## 2) 허가구역의 지정과 허가대상면적

가. 허가구역의 지정

국토교통부장관은 중앙도시계획위원회의 심의를 거쳐 5년 이내의 기간을 정하여 토지거래계약허가구역으로 지정할 수 있다.

나. 허가구역 내 토지거래에 대한 허가

① 허가구역에 있는 토지에 관한 소유권·지상권(소유권·지상권의 취득을 목적으로 하는 권리를 포함한다)을 이전하거나 설정(대가를 받고 이전하거나 설정하는 경우만 해당한다)하는 계약(예약을 포함한다. 이하 "토지거래계약"이라 한다)을 체결하려는 당사자는 공동으로 대통령령으로 정하는 바에 따라 시장·군수 또는 구청장의 허가를 받아야 한다. 허가받은 사항을 변경하려는 경우에도 또한 같다.

② ①에도 불구하고 다음 각 호의 어느 하나에 해당하는 경우에는 제1항에 따른 허가가 필요하지 아니하다.

1. 경제 및 지가의 동향과 거래단위면적 등을 종합적으로 고려하여 대통령령으로 정하는　용도별 면적 이하의 토지에 대한 토지거래계약을 체결하려는 경우

2. 토지거래계약을 체결하려는 당사자 또는 그 계약의 대상이 되는 토지가 제10조제3항에　따라 공고된 사항에 해당하지 아니하는 경우

## 3) 허가대상이 되는 거래계약

허가대상이 되는 토지거래계약은 허가구역 내에 있는 토지에 대하여 대가를 받고 즉, 유상으로 소유권, 지상권을 이전 또는 설정하는 계약 또는 예약이다.

① 유상계약

여기서의 대가는 금전에 한하지 않는다. 따라서 교환이나 대물변제는 물론 유상계약으로 보는 법인의 전환에 따른 현물출자도 허가의 대상이 된다. 그러나 다음의 경우는 유상계약으로 볼 수 없으므로 토지거래계약허가의 대상이 되지 않는다.

㉠ 지료의 지급이 없는 지상권설정계약

㉡ 증여계약

㉢ 시효취득

㉣ 공유지분의 포기

㉤ 회사분할, 재산분할 및 이혼위자료로 취득하는 경우

㉥ 신탁 및 신탁해지, 명의신탁해지

㉦ 진정명의의 회복

㉧ 공동출자조합에 대하여 무상분양을 원인으로 한 소유권이전등기의 경우

② 소유권과 지상권에 관한 계약

소유권과 지상권에 관한 계약만이 허가대상이므로, 임차권이나 전세권 계약과 토지의 사용을 목적으로 하는 권리가 아닌 저당권설정계약 등은 허가대상이 아니다.

## 4) 허가권자

토지거래계약을 체결하고자 하는 당사자는 계약의 체결 전에 공동으로 허가권자인 토지소재지의 관할 시장, 군수 또는 구청장의 허가를 받아야 한다. 허가받은 사항을 변경하고자 하는 경우에도 마찬가지이다.

### 5) 다른 법률과의 관계

① 농지로서 토지거래계약허가를 받은 경우에는 농지법 제8조의 규정에 의한 농지 취득자격증명을 받은 것으로 본다(동법 제126조 제1항).

② 허가구역 안에 있는 토지의 거래에 관하여 허가증을 받은 경우에는 부동산등기 특별조치법 제3조의 규정에 의한 검인을 받은 것으로 본다.

## (4) 학교법인의 기본재산 처분에 대한 관할청의 허가

### 1) 관할청의 허가가 필요한 경우

학교법인이 그 기본재산을 매도.증여.교환 또는 용도변경을 하거나 담보에 제공하고자 할 때는 관할청의 허가를 받아야 한다. 다만, 대통령령이 정하는 경미한 사항(예 : 수익용 부동산에 전세권을 설정하거나 부동산가액이 5천만원 미만인 경우 등)은 이를 관할청에 신고하여야 한다.

학교법인이 그 의사에 의하여 기본재산을 양도하는 경우 뿐만 아니라 강제경매절차에 의하여 양도되는 경우에도 관할청의 허가가 필요다.

학교법인에 신탁한 부동산이 그 기본재산이 된 경우에는 신탁자의 신탁해지로 인한 소유권이전등기신청의 경우와 학교법인이 공유물분할등기 신청을 한 경우에는 관할청의 허가가 요구된다(대판 1972.6.13., 72다598).

## ⚖ 판 례

학교법인에게 신탁한 재산이라도 그것이 기본재산이 된 이상 감독관청의 허가가 없는 한 신탁자의 신탁해지로써 소유권이 신탁자에게 환원될 수 없고 수탁자가 신탁자에게 소유권이전등기를 하여 주어도 효력이 없다. 학교법인에게 신탁한 재산이라도 그것이 기본재산이 된 이상 감독관청의 허가가 없는 한 신탁자의 신탁정지로서 소유권이 신탁자에게 환원될 수 없고 수탁자가 신탁자에게 소유권이전등기를 하여 주어도 효력이 없다(대판 1972.6.13. 72다598).

### 2) 관할청의 허가를 받을 필요가 없는 경우

① 학교법인이 매매.증여.유증 그 밖의 원인으로 부동산을 취득하는 경우

② 학교법인 소유의 부동산에 관하여 타인이 시효취득하는 경우 및 경락으로 부동산을 취득하는 경우

③ 매매예약에 의한 가등기신청을 하는 경우

④ 학교법인 소유의 부동산에 관하여 계약의 취소 또는 해제(단, 합의해제는 제외)

를 원인으로 한 소유권이전등기말소 및 진정명의인 회복을 원인으로 한 소유권
이전등기신청을 하는 경우

## 3) 처분이 절대적으로 금지되는 재산의 범위 및 처분금지의 의미

① 처분금지 되는 재산의 범위

학교법인 또는 사립학교 경영자는 학교교육에 직접 사용되는 학교법인의 재산
중「교지, 교사, 체육장, 실습 및 연구시설, 기타 교육에 직접 사용되는 시설.설비
및 교재.교구」등은 매도하거나 담보에 제공할 수 없다(사립학교법 제28조 제2항,
동법시행령 제12조).

② 처분금지의 의미

이 규정의 취지는 교지 등이 매매계약 등의 목적물이 될 수 없다는 데 그치지
않고 매매로 인한 소유권이전 가능성을 전부 배제하는 것이다. 따라서 사립학교
경영자가 사립학교의 교지.교사로 사용하기 위하여 출연.편입시킨 토지나 건물이
등기부상 학교 경영자 개인명의로 되어 있는 경우에도 강제집행이나 가압류의
대상이 될 수 없으며(대판 2004. 9. 13, 2004다22643), 또한 그 토지나 건물에
대하여 경료된 담보목적의 가등기나 근저당권설정등기도 무효이다(대판 2002.
6. 28, 2001다25078).

## ⚖ 판 례

[1] 사립학교법 제28조 제2항, 같은 법 시행령 제12조는 학교교육에 직접 사용되는 학교법인의 재산 중 교지·교사 등은 이를 매도하거나 담보에 제공할 수 없다고 규정하고, 같은 법 제51조는 사립학교 경영자에게도 학교법인에 관한 같은 법 제28조 제2항을 준용한다고 규정하고 있으므로, 사립학교 경영자가 사립학교의 교지·교사로 사용하기 위하여 출연·편입시킨 토지나 건물이 등기부상 학교경영자 개인 명의로 있는 경우에도 그 토지나 건물에 관하여 경료된 담보 목적의 가등기나 근저당권설정등기는 같은 법 제51조에 의하여 준용되는 같은 법 제28조 제2항, 같은법 시행령 제12조에 위배되어 무효인바, 여기서 '사립학교 경영자'라 함은 사립학교를 설치·경영하는 공공단체 외의 법인(학교법인을 제외한다.) 또는 사인을 가리킨다(사립학교법 제2조 제3항).

[2] 유치원 건물의 소유자가 타인 명의로 유치원 설립인가를 받아 제3자에게 그 건물 및 유치원 운영권을 임대한 경우, 그 건물 소유자가 사립학교(유치원) 경영자에 해당하지 않는다고 본 사례.

[3] 확인의 소는 원고의 권리 또는 법률상의 지위에 현존하는 불안·위험이 있고, 확인 판결을 받는 것이 그 분쟁을 근본적으로 해결하는 가장 유효·적절한 수단일 때에 허용된다(대판 2002.6.28, 2001다25078).

그러나 학교법인이 매도하거나 담보에 제공할 수 없는 교지.교사 등을 제외한 기본재산에 대한 압류는 허용된다(대결 2004. 9. 8, 2004마408).

③ 유치원을 설립.경영하는 사인의 경우

「유치원을 설립.경영하는 사인」도 사립학교법 제2조 제3항 소정의 사립학교경영자이므로 그의 소유로서 유치원 교육에 직접 사용되는 유치원 건물은 매도하거나 담보에 제공할 수 없다.

그러나 매도 또는 담보제공을 할 수 없는 자는「유치원을 설립.경영하는 자」(사립학교법 제2조 제3항 소정의 사립학교 경영자)에 한하므로 건축물대장 및 등기부에 용도가「유치원」이라고 등록 및 등기된 건물이라 하더라도 그 소유자가 사립학교 경영자가 아니라면 그 소유명의인은 그 건물을 매도 또는 담보제공할 수 있다.

### (5) 전통사찰의 부동산처분에 대한 문화체육관광부장관 등의 허가

전통사찰의 주지가 당해 전통사찰의 경내지 안에 있는 당해 사찰소유의 부동산을 대여, 양도 또는 담보의 제공을 하고자 할 때에는 문화체육관광부장관의 허가를 받아야 한다.

전통사찰이 부동산을 취득하는 경우와 등록된 전통사찰이 아닌 사찰의 부동산 처분 등에는 허가가 필요 없다.

## (6) 향교재단법인의 부동산처분에 대한 시·도지사의 허가

향교의 유지와 운영을 위하여 조성된 동산, 부동산 기타 재산을 향교재산이라 하는데, 이 향교재산은 특별시, 광역시.도 및 특별자치도마다 재단법인을 설립하여야 한다(향교재산법 제2조 제3조).

향교재산의 적절한 관리와 운영을 기하기 위하여 향교재단이 향교재산에 속하는 동산이나 부동산을 처분하거나 담보에 제공하고자 할 때에는 시.도지사의 허가를 받아야 한다(향교재산법 제8조 제1항).

## (7) 외국인 등의 토지취득에 대한 허가

### 1) 외국인의 의의

① 대한민국의 국적을 보유하고 있지 아니한 개인 : 외국국적만을 보유한 자, 무국적자, 대한민국국적을 가지고 있다가 국적법에 의하여 국적을 상실한 자, 이중국적을 가지고 있다가 한국국적의 이탈신고를 한 자 등도 포함되며, 가족관계등록부가 폐쇄되었는지 여부를 불문한다(등기예규 제1392호).

② 외국법령에 의하여 설립된 법인 또는 단체

③ 사원 또는 구성원의 반수 이상이 대한민국의 국적을 보유하지 아니한 개인인 법인 또는 단체

④ 업무를 집행하는 사원이나 이사 등 임원의 반수 이상이 대한민국의 국적을 보유하지 아니한 개인인 법인 또는 단체

⑤ 대한민국의 국적을 보유하고 있지 아니한 개인이나 외국법령에 의하여 설립된 법인이나 단체가 자본금의 반액 이상이나 의결권의 반수 이상을 가지고 있는 법인 또는 단체

이 경우 자본금액 또는 의결권수를 산정함에 있어서 주식회사의 무기명주식은 이를 대한민국의 국적을 가지지 아니한 자나 외국법령에 의하여 설립된 법인 또는 단체가 가지고 있는 것으로 보고 있다.

### 2) 토지취득계약의 신고제(원칙)

외국인, 외국정부 또는 대통령령이 정하는 국제기구는 대한민국 안에 있는 토지를 취득하는 계약을 체결하는 경우에는 계약체결일로부터 60일 이내에 대통령령이 정하

는 시장, 군수 또는 구청장에게 신고하여야 한다.

① 여기서 대통령령이 정하는 국제기구는 국제연합(UN), 아시아태평양경제사회이사회(ESCAP) 유엔개발계획(UNDP) 등을 말한다.

② 외국인 등이 상속, 경매, 기타 대통령령이 정하는 계약 외의 원인으로 인하여 대한민국 안에 토지를 취득하는 경우에는 토지를 취득한 날로부터 6월 이내에 대통령령이 정하는 바에 따라 시장, 군수 또는 구청장에게 신고하여야 한다(동법 제5조). 여기서 '대통령령이 정하는 계약 외의 원인'이라 함은 공익사업을 위한 토지 등의 취득 및 보상에 관한 법률 기타 관계 법률에 규정한 환매권의 행사나 법원의 확정판결을 말한다.

### (8) 「민법」상 재단법인의 기본재산 처분에 대한 주무관청의 허가

민법상 사단법인 또는 재단법인이 부동산을 매매, 증여, 유증, 그 밖의 원인으로 취득하고 법인 명의로의 소유권이전등기를 신청하는 경우에는 주무관청의 허가서를 첨부할 필요가 없다.

#### 1) 재단법인의 경우

재단법인 소유 명의의 부동산에 관하여 매매, 증여, 교환, 신탁해지, 공유물 분할, 그 밖의 처분행위를 원인으로 하는 소유권이전등기를 신청하는 경우에는 주무관청의 허가를 증명하는 서면을 첨부하여야 한다. 다만 당해 부동산이 재단법인의 기본재산이 아님을 소명하는 경우에는 그러하지 아니하다. 그러나 재단법인소유 명의의 부동산에 관하여 취득시효를 원인으로 한 소유권이전등기신청이나 경락을 원인으로 한 소유권이전등기촉탁의 경우 및 원인무효, 계약의 취소 또는 해제(단, 합의해제의 경우는 제외)를 원인으로 한 소유권이전등기의 말소등기신청 또는 진정한 등기명의의 회복을 원인으로 한 소유권이전등기신청의 경우와 소유권이전청구권 보전의 가등기신청의 경우에도 주무관청의 허가를 증명하는 서면을 첨부할 필요가 없다.

#### 2) 사단법인의 경우

사단법인의 기본재산처분에 대해서는 주무관청의 허가가 필요치 않다. 등기실무에서는 기본재산의 처분시에 사원총회의 결의를 거쳐야 한다고 정관에 기재되어 있다고 하더라도 이는 내부관계에 불과하므로 등기신청서에 결의서 등도 첨부할 필요가 없다고 본다.

### (9) 공익법인의 기본재산처분에 대한 주무관청의 허가

재단법인 또는 사단법인으로서 사회일반의 이익에 공여하기 위하여 학자금, 장학

금 또는 연구비의 보조나 지급, 학술, 자선에 관한 사업을 목적으로 하는 법인을 공익법인이라 하는데, 이러한 공익법인의 공익성을 유지하며 건전한 활동을 할 수 있도록 하기 위하여, 공익법인이 기본재산을 매도, 증여, 교환, 또는 용도변경을 하거나 담보로 제공할 때에는 주무관청의 허가를 받도록 하고 있다(공익법인의 설립·운영에 관한 법률 제11조 제3항, 동법 시행령 제18조). 여기에는 신탁해지, 공유물분할 등 그 밖의 처분행위 뿐만 아니라 임차권의 설정도 포함된다.

그러나 당해 부동산이 법인의 기본재산이 아님을 소명하는 경우에는 위 허가를 증명하는 서면을 첨부할 필요가 없다. 주무관청의 허가를 받지 않고서 한 공익법인의 기본재산에 대한 처분행위는 무효이다(대판 2005. 9. 28. 2004다50044).

## ⚖ 판 례

[1] 원고가 부동산의 소유권에 기한 물권적 방해배제청구권 행사의 일환으로서 위 부동산에 관하여 피고들 명의로 마쳐진 소유권이전등기의 말소를 구하려면 먼저 원고에게 그 말소를 청구할 수 있는 권원이 있음을 적극적으로 주장·입증하여야 하며, 만일 원고에게 그러한 권원이 있음이 인정되지 않는다면 설사 피고들 명의의 소유권이전등기가 말소되어야 할 무효의 등기라고 하더라도 원고의 청구를 인용할 수는 없다 할 것이고, 이러한 법리는 피고들 명의의 소유권이전등기가 원고 명의의 소유권이전등기로부터 전전하여 경료된 것으로서 선행하는 원고 명의의 소유권이전등기의 유효함을 전제로 하여야만 그 효력을 주장할 수 있는 경우라 하여 달리 볼 것은 아니다.

[2] 공익법인의 기본재산의 처분에 관한 공익법인의 설립·운영에 관한 법률 제11조 제3항의 규정은 강행규정으로서 이에 위반하여 주무관청의 허가를 받지 않고 기본재산을 처분하는 것은 무효라 할 것인데, 위 처분허가에 부관을 붙인 경우 그 처분허가의 법률적 성질이 형성적 행정행위로서의 인가에 해당한다고 하여 조건으로서의 부관의 부과가 허용되지 아니한다고 볼 수는 없고, 다만 구체적인 경우에 그것이 조건, 기한, 부담, 철회권의 유보 중 어느 종류의 부관에 해당하는지는 당해 부관의 내용, 경위 기타 제반 사정을 종합하여 판단하여야 할 것이다.

[3] 주무관청이 공익법인의 기본재산 처분에 대하여 허가의 유효조건으로서 매매대금의 액수, 지급방법, 지급기한 등을 명시한 경우, 이를 단순한 주의적 규정이 아닌 조건적 성격의 부관으로 보아, 그에 따른 이행이 없는 이상 위 처분허가는 효력을 상실한다고 한 원심의 판단을 수긍한 사례.

[4] 공익법인의 기본재산에 대한 감독관청의 처분허가는 그 성질상 특정 상대에 대한 처분행위의 허가가 아니고 처분의 상대가 누구이든 이에 대한 처분행위를 보충하여 유효하게 하는 행위라 할 것이므로 그 처분행위에 따른 권리의 양도가 있는 경우에도 처분이 완전히 끝날 때까지는 허가의 효력이 유효하게 존속한다.

[5] 공익법인의 기본재산 처분에 대한 주무관청의 허가조건을 이행하지 않고, 당사자 사이의 약정으로 당초의 허가조건과 다른 내용의 약정을 체결하고도 그 변경사항에 관하여 감독관청의 허가를 취득하지 아니한 경우, 위 처분허가는 실효된 것으로 본 사례.

[6] 소유권이전등기의 말소등기절차의 이행을 구하는 소송 도중에 그 소유권이전등기가 다른 사유에 기하여 이미 말소된 경우에는 더 이상 말소를 구할 법률상 이익이 없음에도 불구하고 본안심리를 한 원심판결을 파기하고 소를 각하한 사례(대판 2005.9.28. 2004다50044).

## (10) 이사와 회사와의 거래행위에 대한 이사회의 승인

이사 또는 주요주주나 그 배우자 등이 자기 또는 제3자를 위하여 회사와 거래를 할 때에는 이사회의 승인을 받아야 한다(상법 제398조). 이 경우 이사회의 승인이 부동산등기신청과 관련하여 제3자의 허가에 해당하는 지가 문제되는데 과거 등기실무에서는 제3자의 허가에 해당한다고 보았으나 현재의 등기실무는 이사회 승인을 회사내부의 의사결정 절차에 불과한 것으로 보아 제3자의 허가에 해당하지 않는 것으로 보고 있다. 그러므로 이사 등이 회사와 거래하고 등기를 신청하는 경우 이사회결의서는 등기소에 제공할 필요가 없다(등기예규 제1444호).

## (11) 기타

① 북한이탈주민의보호및정착지원에관한법률에 의한 주거지원에 따라 취득한 부동산 소유권, 전세권 또는 임차권을 주민등록 전입신고일로부터 2년 이내에 양도 또는 저당권 설정시 통일부장관의 허가(동법 제20조)

② 의료법인의 기본재산처분에 대한 도지사 또는 보건복지부장관의 허가(의료법

제48조 제3항)

③ 법원이 선임한 부재자재산관리인의 권한을 넘는 재산처분시 법원의 허가(민법 제25조)

④ 파산관재인이 파산재단에 속한 부동산의 처분시 법원의 허가 또는 감사위원회의 동의(채무자회생 및 파산에 관한 법률 제492조)

## 4. 대표자의 자격을 증명하는 정보

법인이 등기권리자나 등기의무자인 경우에는 그 법인의 대표자가 법인의 등기신청행위를 하게 되므로 대표자의 자격을 증명하는 정보인 법인등기사항증명정보를 첨부정보로서 제공하여야 한다(규칙 제46조 1항 4호). 다만 그 법인의 등기가 있는 등기소와 부동산소재지를 관할하는 등기소가 동일한 경우에는 대표자자격증명정보의 제공을 생략할 수 있다(규칙 제46조 5항).

법인대표자의 직무대행자가 등기를 신청하는 경우 등기기록에 직무대행자의 등기가 되어 있으면 법인등기사항증명정보를 제공하면 된다(민법 제52조의2, 상법 제407조). 만일 해당 법인의 근거가 되는 법률에 직무대행자를 등기할 수 있다는 규정이 없어 직무대행자가 등기되어 있지 않고 다만 정관에 대표자 유고시에 다른 이사 등이 그 직무를 대행하여 법인을 대표할 수 있다고 규정되어 있다면 다른 이사가 이를 증명하는 정보로서 법인등기사항증명정보, 정관 및 이사회 의사록 등을 제공하여야 한다(등기예규 494호, 선례 I-52).

## 5. 대리권한을 증명하는 서면

대리인이 등기를 신청할 때에는 그 권한을 증명하는 서면을 제출하여야 한다. 여기서 대리인이라는 것은 임의대리인, 법정대리인은 물론이고 법인의 대표기관도 포함된다. 대리권한을 증명하는 서면은 위임장, 가족관계 등 증명서, 법인 또는 회사등기부 등본 등을 말한다.

### (1) 임의대리인 : 위임장 제출

임의대리인의 경우에는 위임장을 제출하여야 한다. 위임장에는 부동산의 표시, 등기할 권리에 관한 사항, 위임자의 표시, 위임의 취지 및 연월일을 표시하고 위임자가 기명, 날인하여야 한다. 특히 위임인이 등기의무자로서 인감증명을 제출하여야 하는 경우에는 반드시 「인감증명법」에 의하여 신고된 인감을 날인하여야 한다(선례 II-85·87).

📑 **선 례**

대리권을 증명하는 서면(위임장)의 작성방식

인감증명서의 사용용도란에 "설정용"으로 기재되어 있다 하더라도 이를 가등기신청서에 첨부하여 그 등기를 신청할 수 있고, 대리인에 의하여 등기신청을 할 경우 그 대리권을 증명하는 서면으로 제출하는 위임장에는 서명·날인하는 것이 원칙인 바, 특히 그 위임인이 등기의무자로서 인감증명을 제출하여야 하는 등기신청인 경우에는 인감증명법상 신고된 인감을 찍어야 하며 동일등기소에 동시에 수개의 등기신청을 하는 경우 각 신청서에 첨부할 서면의 내용이 동일한 것인 때에는 1개의 신청서에만 이를 첨부하고 나머지 신청서에는 다른 신청서에서 이를 첨부한 취지를 기재하여 그 등기를 신청할 수 있다(제정 88.07.15. 등기선례 제2-85호).

위임장에 복대리인선임 사항의 기재가 없는 경우, 복대리인이 등기를 신청하는 경우에는 본인의 승낙이 있었음을 증명하여야 한다. 위임장에는 등기하고자 하는 부동산의 표시가 반드시 기재되어 있어야 하지만 2개 이상의 등기소의 관할에 속하는 부동산을 공동담보로 하여 저당권의 설정등기를 신청하는 경우에도 위임장에 다른 관내의 부동산을 표시할 필요는 없다.

### (2) 법정대리인 : 가족관계증명서, 법인등기부 등·초본 제출

친권자, 후견인 등 제한능력자의 법정대리인이 등기를 신청하는 경우에는 법정대리권이 있음을 증명하는 정보를 제공하여야 한다.

법정대리인이 미성년자의 친권자인 경우에는 미성년자의 기본증명서와 가족관계증명서(만일 미성년자가 혼인하여 성년의제 된 경우에는 혼인관계증명서를 제공하여 직접 신청할 수 있다)를 법정대리인이 미성년자의 후견인인 경우에는 미성년자의 기본증명서를 제공하여야 한다. 법정대리인이 성년후견인, 한정후견인, 특정후견인 및 임의후견인인 경우에는 후견 등기사항증명서를 제공하여야 한다. 위 증명서의 유효기간은 발행일부터 3개월 이내의 것이어야 한다(규칙 제62조).

## 6. 주소 및 주민등록번호 등을 증명하는 정보

등기기록에 등기권리자를 새로 등기하는 경우에는 등기권리자의 주소(또는 사무소 소재지) 및 주민등록번호(또는 부동산등기용등록번호)를 증명하는 정보를 첨부정보로서 등기소에 제공하여야 한다(규칙 제46조 1항 6호). 단 소유권이전등기를 공동으로 신청하는 경우

제2장 등기신청 절차　93

에는 등기의무자의 주소(또는 사무소 소재지)를 증명하는 정보도 제공하여야 한다. 그러므로 판결·경매절차에 따른 매각이나 공매처분 등으로 인하여 등기권리자만으로 신청하거나 관공서의 촉탁에 의할 때에는 등기권리자의 주소를 증명하는 정보만을 제공한다.

## (1) 주소를 증명하는 정보

우리나라 국민으로서 국내거주자는 주민등록표등(초)본을 제출한다. 재외국민의 경우에는 재외국민이 국외이주하여 주민등록표가 정리되기 전까지는 주민등록표등(초)본을 원래 주민등록표가 없었거나 주민등록표가 정리되어 해당란에 국외 주소지와 그 이주연월일이 기재된 후에는 외국주재 한국대사관이나 영사관에서 발행하는 재외국민거주사실증명 또는 재외국민등록표등본을 제출하여야 한다. 다만 거주국에 한국대사관 등이 없어 그와 같은 증명을 받을 수 없는 경우에는 주소를 공증한 서면으로 주소를 증명하는 서면을 갈음할 수 있다.

외국인은 본국 관공서의 주소증명서 또는 거주사실증명서나 주소증명을 발급하는 기관이 없을 경우에는 주소를 공증한 공정증서를 첨부하여야 한다. 주소증명서 또는 거주사실증명서를 발급하는 기관은 없으나 이를 대신할 수 있는 증명서(운전면허증 또는 신분증 등)를 본국 관공서에서 발급하고 있는 경우에는 관할등기소의 등기관에게 그 증명서 및 원본과 동일하다는 뜻을 기재한 사본을 제출하여 원본과 동일함을 확인 받은 때 또는 그 증명서의 사본에 원본과 동일하다는 뜻을 기재하고 그에 대하여 본국관공서의 증명이나 공증인의 공증 또는 외국주재 한국대사관이나 영사관의 확인을 받은 때에는 그 증명서의 사본으로 주소를 증명하는 서면을 갈음할 수 있다(등기예규 제1568호). 국내에 거주하는 외국인이 「출입국관리법」에 의한 등록을 한 경우에는 외국인등록표등·초본을 제출하는 것도 가능하다. 그리고 「재외동포의 출입국과 법적지위에 관한 법률」에 의하여 국내거소 신고를 한 외국국적동포가 국내 부동산의 취득 및 처분과 관련된 등기신청을 할 때에는 주소를 증명하는 서면으로 법인등기사항증명서를 제출하여야 한다.

등기신청서에 첨부하는 법인등기사항증명서, 주민등록표등(초)본 등은 발행일부터 3개월 이내의 것이어야 한다(규칙 제62조).

## (2) 주민등록번호 또는 부동산등기용등록번호를 증명하는 정보

등기신청서에 등기권리자의 성명 또는 명칭을 기재함에는 등기권리자의 주민등록번호를 병기하여야 하는데 이 경우 등기권리자에게 주민등록번호가 없는 때에는 법 제49조에 의한 부동산등기용등록번호를 병기하여야 한다(법 제48조 2항). 종중, 문중 그 밖의 대표자나 관리인이 있는 법인 아닌 사단이나 재단에 속하는 부동산의 등기에 관하여는 그 법인 아닌 사단이나 재단의 부동산등기용등록번호뿐만 아니라 그 대표자나 관리인의 성명과 주소를 기재하는 외에 그의 주민등록번호를 병기하여야 한다(법 제48조 3항). 따라서 등기신청서에는 이를 증명하는 서면을 각 첨부하여야 한다.

### 1) 등기권리자가 자연인인 경우(규칙 제46조)

자연인이 등기권리자인 경우에는 그 권리자의 주민등록번호를 증명하는 정보, 즉 주민등록표등(초)본을 등기소에 제공하여야 한다.

### 2) 등기권리자가 법인 등인 경우(규칙 제46조)

법인이 등기권리자인 경우에는 법인등기사항증명서를 법인이 아닌 사단이나 재단(외국법인으로서 국내에서 등기를 하지 아니한 경우 포함) 또는 외국인이나 주민등록번호가 없는 재외국민이 등기권리자인 경우에는 부동산등기용등록번호를 증명하는 서면을 제출하여야 한다.

청산법인이 미등기부동산에 관하여 소유권보존등기를 하는 등 등기권리자로서 부동산 등기신청을 하는 경우에는 폐쇄된 청산법인의 등기기록을 부활한 후 법인 등기사항증명서를 부동산등기용등록번호를 증명하는 서면으로 제출하여야 할 것이다(등기예규 제1087호). 법인이 부동산의 등기권리자인 경우, 그 법인등기가 되어 있는 등기소와 부동산의 소재지를 관할하는 등기소가 동일한 때에는 등기신청서에 부동산등기용등록번호를 증명하는 서면의 제출을 생략할 수 있다(규칙 제46조 5항).

### 3) 부동산등기용등록번호의 부여절차(법 제49조)

① 국가·지방자치단체·국제기관·외국정부에 대한 등록번호는 국토교통부장관이 지정·고시한다.

② 주민등록번호가 없는 재외국민에 대한 등록번호는 대법원 소재지 관할등기소(서울중앙지방법원 등기국)의 등기관이 부여한다. 재외국민의 등록번호의 부여신청, 등록번호증명사항의 변경 및 등록번호증명서의 발급 신청은 관할에 관계없이 어느 등기소에나 신청할 수 있다(등기예규 제1389호).

③ 법인에 대한 등록번호는 주된 사무소(회사의 경우 본점, 외국회사의 경우에는 국내 영업소)의 소재지 관할등기소의 등기관이 부여한다.

④ 법인 아닌 사단이나 재단 및 국내에 영업소나 사무소의 설치등기를 하지 아니한

외국법인의 등록번호는 시장(「제주특별자치도 설치 및 국제자유도시 조성을 위
한 특별법」제10조 제2항에 따른 행정시의 시장을 포함하며 「지방자치법」제3조
제3항에 따라 자치구가 아닌 구를 두는 시의 시장은 제외한다), 군수 또는 구청
장(자치구가 아닌 구의 구청장을 포함한다)이 부여한다.
⑤ 외국인에 대한 등록번호는 체류지(국내에 체류지가 없는 경우에는 대법원 소재지에
체류지가 있는 것으로 본다)를 관할하는 지방출입국·외국인관서의 장이 부여한다.

### 4) 외국국적동포에 관한 특례

「재외동포의 출입국과 법적 지위에 관한 법률」에 따라 국내거소신고를 한 외국국적
동포(같은 법 제2조 제2호)의 경우, 국내거소신고번호(같은 법 제7조 제1항에 의한 국
내거소신고번호를 말함)로 부동산등기용등록번호를 갈음할 수 있다. 또한 부동산등기
용등록번호를 국내거소신고번호로 변경하는 등기명의인표시변경등기도 가능하다.

## 7. 부동산의 표시를 증명하는 정보

부동산의 물리적 현황 내지 동일성 확인은 언제나 대장을 기초로 하여야 한다. 신청
서에는 부동산의 표시에 관한 사항을 기재하고 있으나 등기관이 이를 확인하려면 대장
과 대조할 필요가 있다. 따라서 소유권보존등기나 부동산의 표시변경등기를 신청하는
경우 대장등본 등을 첨부하여야 한다(규칙 제72조, 제121조 등). 한편 우리나라의 부동
산에 관한 공시제도는 부동산의 물리적 현황을 공시하는 대장제도와 권리관계를 공시하
는 등기제도가 분리되어 있어 이를 일치시킬 필요가 있는데 이를 간접적으로 강제하기
위하여 소유권이전등기를 신청할 때에는 대장 정보나 그 밖에 부동산의 표시를 증명하
는 정보를 제공하도록 하고 있고(규칙 제46조 1항 7호), 대장상의 부동산표시와 등기기
록상의 그것이 부합하지 아니한 때에는 등기신청을 각하하도록 하고 있다.

## 8. 인감증명서 또는 본인서명사실확인서

인감증명서를 일정한 등기신청서에 첨부하도록 하는 것은 등기신청인, 특히 등기의무
자의 진정한 의사의 확인 또는 등기원인에 대한 제3자의 허가·동의·승낙을 요할 때나 등
기상 이해관계인의 승낙을 요할 때 그 허가·동의·승낙자의 진정한 의사를 확인하기 위한
것이다.

## (1) 인감증명을 제출하여야 하는 경우(규칙 제60조 1항)

① 소유권의 등기명의인이 등기의무자로서 등기를 신청하는 경우 등기의무자의 인감증명(제1호)

② 소유권에 관한 가등기명의인이 가등기의 말소등기를 신청하는 경우 가등기명 의인의 인감증명(제2호)

③ 소유권 외의 권리의 등기명의인이 등기의무자로서 법 제51조 단서에 따라 등 기를 신청하는 경우 등기의무자의 인감증명(제3호)

④ 규칙 제81조 1항에 따라 토지소유자들의 확인서를 첨부하여 토지합필등기를 신청하는 경우 그 토지소유자들의 인감증명(제4호)

⑤ 규칙 제74조에 따라 권리자의 확인서를 첨부하여 토지분필등기를 신청하는 경우 그 권리자의 인감증명(제5호)

⑥ 협의분할에 의한 상속등기를 신청하는 경우 상속인 전원의 인감증명(제6호)

⑦ 등기신청서에 제3자의 동의 또는 승낙을 증명하는 서면을 첨부하는 경우 그 제3자의 인감증명(제7호)

⑧ 법인 아닌 사단이나 재단의 등기신청에서 대법원예규로 정한 경우(제8호)

위의 각 경우에 인감증명을 제출하여야 하는 자가 법인 또는 외국회사인 때에는 등 기소의 증명을 얻은 그대표자의 인감증명을, 법인 아닌 사단 또는 재단인 때에는 그 대표자 또는 관리인의 인감증명을 제출하여야 한다. 법정대리인이 위 ①부터 ③까지의 등기신청을 하거나 위 ④부터 ⑦까지의 서류를 작성하는 경우에는 법정대리인의 인감 증명을 제출하여야 한다(규칙 제61조 1항 2항).

## (2) 제출의무가 면제되는 경우

### 1) 관공서

관공서는 인감증명이 없다. 따라서 관공서가 등기의무자인 경우에는 인감증명서에 관한 규정이 적용되지 않는다(규칙 제60조 2항). 이와 반대로 관공서가 등기권리자인 경우에는 등기의무자의 인감증명이 필요하다.

### 2) 외국인

외국인의 경우에도 원칙적으로 「인감증명법」에 의한 인감증명 또는 본국의 관공서가 발행한 인감증명을 제출하여야 하나 본국에 인감증명제도가 없고 또한 「인감증명법」에 따른 인감증명을 받을 수 없는 자는 신청서나 위임장 또는 첨부서면에 한 서명에 관하여 본인이 직접 작성하였다는 뜻의 본국 관공서의 증명이나 이에 관한 공정증서(국내의 공정증서를 포함)를 제출하여야 한다(규칙 제61조 3항). 다만 날인제도가 없는 외국인이 입국하여 국내 부동산을 처분하는 경우 신청서 또는 위임장 등에 한 서명이 본인의 것임을 증명하는 주한 본국 대사관이나 영사관의 확인서면으로도 가능하다. 위 서류가 외국어로 작성된 경우에는 그 번역문도 첨부하여야 한다(규칙 제46조 8항). 또한 「출입국관리법」에 따라 외국인등록을 한 사람이 인감증명을 받으려는 경우에는 미리 체류지를 관할하는 증명청에 인감을 신고하여야 하고 「재외동포의 출입국과 법적지위에 관한 법률」에 따라 국내거소신고를 한 사람이 인감증명을 받으려는 경우에는 미리 그 국내 거소를 관할하는 증명청에 인감을 신고하여야 한다(인감증명법 제3조 3항 4항).

### 3) 공정증서

규칙 제60조 제1항 제4호부터 제7호까지의 규정에 해당하는 서면이 공정증서인 경우에는 인감증명을 제출할 필요가 없다(규칙 제60조 3항).

## (3) 인감증명서의 발급관서

### 1) 개인의 경우

「인감증명법」에 따라 시장·군수 또는 구청장이나 읍·면·동장 또는 출장소장이 발급한다(인감증명법 제12조). 외국인의 경우는 본국의 관공서가 그 발급기간이다. 다만, 외국인이 「출입국관리법」에 따라 외국인등록을 한 때에는 체류지를 관할하는 증명청에 인감신고를 하고 인감증명을 받을 수 있다(같은 법 제3조 3항).

### 2) 법인의 경우

「상업등기법」과 「상업등기규칙」에 따라 등기소에서 그 인감제출자의 인감증명을 발급한다.

## (4) 인감증명의 유효기간

「인감증명법 시행령」상의 유효기간은 폐지되었으나 등기신청서에 첨부하여 제출하는 인감증명은 그 용도에 관계없이 발행일부터 3개월 이내의 것을 제출하여야 하며(규칙 제62조), 이때 기간계산에 있어 인감증명서의 발행일인 초일은 산입하지 아니하고 그 기간의 말일이 토요일 또는 공휴일에 해당하는 때에는 기간은 그 다음날로 만료한다(민법 제161조).

## (5) 인감증명과 사용용도(매도용 인감증명)

매매를 원인으로 한 소유권이전등기의 경우에는 부동산매도용 인감증명서 즉 부동산매수자란에 매수인의 성명(법인은 법인명)·주민등록번호(부동산등기용등록번호) 및 주소가 기재되어 있는 인감증명서를 첨부해야 하지만 증여 등 매매 이외의 원인으로 소유권이전등기신청을 하는 경우에는 부동산매도용 인감증명서를 첨부할 필요가 없다(인감증명법 시행령 제13조 3항). 따라서 사용용도란에 가등기용으로 기재된 인감증명서를 근저당설정등기신청서에 첨부하거나 부동산매도용인감증명서를 지상권설정등기신청서에 첨부하여도 그 등기신청을 각하할 수는 없다(선례 Ⅱ-116).

### 📑 선 례

부동산매도용이 아닌 인감증명서의 다른 용도에의 사용 가부

부동산매도용인 경우를 제외하고는 인감증명서에 기재되어 있는 사용용도와 다른 등기신청이 있다 하더라도 등기신청서와 첨부된 부속서류에 날인된 인영이 인감증명서에 날인된 인영과 동일한 경우에는 그 등기신청은 수리되는 것이고, 따라서 사용용도를 '설정등기용'으로 기재한 인감증명을 소유권이전청구권 보전의 가등기의 신청서에 첨부하였다 하더라도 그 등기신청을 수리하여야 한다(88.3.8 등기 제107호).

부동산매도용 인감증명서에 기재된 매수자와 매매를 원인으로 한 소유권이전등기신청서에 기재된 등기권리자의 인적사항이 일치되지 아니한 등기신청은 수리할 수 없다. 부동산의 매수인이 다수인 경우에는 인감증명서상의 매수자란 중 성명란에 "○○○외 ○명"으로 기재하고 주민등록번호 및 주소란에 첫 번째 매수인 1인의 주소와 주민등록번호를 기재한 다음 나머지 매수인들의 인적사항을 별지에 기재한 부동산매도용 인감증명서를 첨부한 등기신청은 이를 수리하되, 위의 경우 나머지 매수인들의 인적사항이 별지에 기재되지 아니한 채 성명란에 "○○○외 ○명"으로만 기재된 부동산매도용 인감증명서가 첨부된 때에는 그 등기신청을 수리하여서는 안 된다.

종전에는 소유권이전등기신청서에 첨부되는 재외국민의 인감증명서는 비고란에 이전할 부동산명과 그 소재지가 기재되어 있어야 했으나 「인감증명법 시행령」과 예규의 개정으로 이제는 그럴 필요가 없게 되었다(등기예규 제1308호). 개정된 「인감증명법」 및 같은 법 시행령에 의하여 발급된 인감증명서를 첨부하여 등기를 신청할 경우 인감증명서 발급신청과 관련된 제3자에 대한 위임 여부, 세무서 경유 여부 등을 소명하는 자료를 첨부할 필요가 없다 함이 등기실무례이다(선례 Ⅶ-86).

## 🗐 선 례

개정된 인감증명법 및 같은 법시행령(2003.3.26.시행)에 의하면, 인감증명서 발급신청시 필요한 요건을 갖추었는지를 증명하는 서류인 위임장·동의서·세무서장 확인서·재외공관 확인서 등은 발급지 증명청에서 보관하도록 되어 있고 이에 대한 별도의 확인서를 발행하지 아니하므로(단, '재외국민'이 부동산매도용으로 인감증명을 신청하는 경우에는 '재외공관(영사관) 및 세무서 확인서'의 세무서장 확인란에 기재되어 있는 이전할 부동산명과 그 소재지를 인감증명서 앞면 '비고'란에 표시하여 발급하며, '국내거소신고를 한 재외국민'의 경우에는 세무서를 경유를 하지 않고 '재외국민'과 같은 기재사항을 인감증명서 앞면 '비고'란에 표시하여 발급하므로 '비고'란의 기재사항에 대한 확인은 필요), 개정된 인감증명법 및 같은 법시행령에 의하여 발급된 인감증명서를 첨부하여 등기를 신청할 경우 인감증명서 발급신청과 관련된 제3자에 대한 위임 여부, 세무서 경유 여부 등을 소명하는 자료를 첨부할 필요가 없다(2003.5.22. 부등 3402-286 질의회답).

### (6) 그 밖의 유의사항

① 인감증명서의 위임인란에 흠결이 있으나 인감증명의 발행권자가 정당하게 발행한 것일 경우 등기관이 이를 이유로 등기신청을 각하할 수 는 없다고 할 것이다.

② 인감증명서상의 등기의무자의 주소가 종전 주소지로 기재되어 있는 등 현주소와 일치하지 아니하더라도 주민등록표등본의 주소이동내역에 인감증명서상의 주소가 종전 주소로서 표시되어 있거나 성명과 주민등록번호 등에 의하여 동일인임이 인정되는 경우에는 이를 수리하여야 한다.

③ 법인이 등기필정보가 없어 확인서면을 첨부하여 법인의 명의의 근저당권에 대한 말소등기를 신청하는 경우, 등기의무자의 확인은 자격 있는 지배인임을 확인하는 것으로도 가능하지만 등기신청서나 위임장에는 등기소에 신고된 지배인인감을 날인하고 「상업등기법」 제16조에 따라 발급된 지배인의 인감증명을 제출하여야 하는바, 인감이 신고 되지 않은 지배인의 사용인감계와 대표자의 인감증명으로 이를 대신 할 수 없다(선례 Ⅷ-84).

## ⚖️ 판 례

인감증명서는 인감과 함께 소지함으로써 인감 자체의 동일성을 증명함과 동시에 거래행위자의 동일성과 거래행위가 행위자의 의사에 의한 것임을 확인하는 자료로서 개인의 권리의무에 관계되는 일에 사용되는 등 일반인의 거래상 극히 중요한 기능을 가진다. 따라서 그 문서는 다른 특별한 사정이 없는 한 재산적 가치를 가지는 것이어서 형법상의 '재물'에 해당한다고 할 것이다. 이는 그 내용 중에 재물이나 재산상 이익의 처분에 관한 사항이 포함되어 있지 아니하다고 하여 달리 볼 것이 아니다. 따라서 위 용도로 발급되어 그 소지인에게 재산적 가치가 있는 것으로 인정되는 인감증명서를 그 소지인을 기망하여 편취하는 것은 그 소지인에 대한 관계에서 사기죄가 성립한다고 할 것이다.(대법원 2011. 11. 10. 선고 2011도9919 판결)

### (7) 본인서명사실확인서를 제공한 경우

「본인서명사실 확인 등에 관한 법률」에 따라 발급된 본인서명사실확인서를 등기소에 제공한 경우에는 인감증명을 따로 제공할 필요가 없다. 단 신청서 또는 위임장에 인감 대신 서명을 한 경우 그 서명은 본인 고유의 필체로 자신의 서명을 기재하는 방법으로 하여야 하고 등기관이 알아볼 수 있도록 명확하게 하여야 한다(등기예규 제1476호). 신청서 등의 서명은 본인서명사실확인서의 서명이 한글로 기재되어 있으면 한글로, 한자로 기재되어 있으면 한자로, 영문으로 기재되어 있으면 영문으로 각각 기재하여야 하며 이에 위반하여 서명 문자가 서로 다른 경우, 본인서명사실확인서나 신청서 등에 성명을 전부 기재하지 아니하거나 서명이 본인의 성명과 다른 경우, 본인의 성명임을 인식할 수 없을 정도로 흘려 쓰거나 작게 쓰거나 겹쳐 쓴 경우, 성명 외의 글자 또는 문양이 포함된 경우, 그 밖에 등기관이 알아볼 수 없도록 기재된 경우에는 그 등기신청을 수리하여서는 아니 된다.

# 제 3 장   등기실행 절차

## I. 신청의 접수와 배당

### 1. 신청의 접수

등기신청의 접수에는 방문신청의 접수와 전자신청의 접수로 나누어 볼 수 있다. 전자신청의 경우에는 전산정보처리조직에 의하여 접수절차가 진행되므로 이하에서는 주로 방문신청의 접수에 관하여 보기로 한다.

등기관은 등기신청서가 제출되면 원칙적으로 이를 받아들여야 하며 거절할 수는 없다. 수작업으로 등기사무를 처리할 때에는 등기관이 신청서를 받았을 때 바로 접수가 되는 것으로 보았다(대판 1989.5.29. 자 87마820 결정).

### ⚖ 판 례

가. 등기신청대리인이 비어 있는 등기소장의 책상위에 등기신청서류를 놓고간 뒤 그 서류가 타인에 의해 탈취되었다가 후에 회수되었다면, 등기소장 책상위에 등기신청서가 놓여진 것은 신청서의 접수행위를 규정한 부동산등기법 제53조의 "등기공무원이 신청서를 받았을 때"에 해당되지 않으므로 그때 접수된 것으로 볼 수는 없고 그 접수시기는 등기신청서류의 회수시라고 보아야 한다.

나. 등기공무원이 부동산등기법 제55조에 의하여 등기신청서류에 대한 심사를 하는 경우 심사의 기준시는 바로 등기부에 기재(등기의 실행)하려고 하는 때인 것이지 등기신청서류의 제출시가 아니다(대판 1989.5.29. 자 87마820 결정).

전산정보처리조직에 따라 등기사무를 처리하는 현재에는 해당 부동산이 다른 부동산과 구별될 수 있는 정보가 전산정보처리조직에 저장된 때 등기신청이 접수된 것으로 본다(규칙 제3조 1항). 등기신청서의 접수 시기를 이와 같이 규정한 것은 전자신청 제도의 도입으로 인한 것이다. 전자신청에 있어서는 접수절차와 기입절차가 자동적으로 처리되어 신청정보가 등기소에 도착하는 즉시 접수번호가 결정된다.

반면 방문신청의 경우에는 등기소에서 등기신청서를 인계받은 후 접수번호를 붙이게 된다. 이러한 상황에서 등기신청의 접수 시기에 관하여 기존의 태도를 유지하게 되면 같은 부동산에 관하여 방문신청이 있은 후 아직 전산정보처리조직에 그 정보를 입력하기 전에 전자신청이 있게 되면 나중에 접수된 사건이 선순위로 등기되는 모순이 발생한다. 등기신청의 접수 시기에 관한 규정은 이러한 모순을 입법적으로 해결하였다.

한편 규칙 제3조 제2항은 같은 토지에 여러 개의 구분건물에 관한 등기를 동시에 신청하는 경우에는 그 건물의 소재 및 지번에 관한 정보가 전산정보처리조직에 저장되었을 때를 등기신청의 접수시기로 본다고 규정하고 있다.

이 규정은 동시에 수많은 구분건물에 대한 등기신청이 있는 경우에 발생할 수 있는 접수절차상 문제를 해결하기 위한 것이다. 이 규정이 없으면 개개의 구분건물의 표시에 대한 정보가 모두 전산정보처리조직에 입력되어야만 접수절차가 완료된 것으로 보게 되는데, 이와 같이 처리할 경우 접수절차가 신청서를 인계 받은 날 모두 완료될 수 없는 문제가 발생할 수 있다. 또한 당연히 연이어 접수되어야 할 사건이 중간에 전자신청이나 전자촉탁으로 인하여 따로 접수될 수 있는 문제점도 있다. 이 규정에 의하여 등기관은 같은 토지 위의 수많은 구분건물에 관한 등기신청이 있는 경우 그 건물의 개수를 헤아려 미리 접수번호를 확보할 수 있게 된다.

## (1) 본인여부 등의 확인 및 접수절차

등기신청서를 제출받은 접수담당자는 당사자나 그 대리인 본인 또는 허가받은 법무사 등의 사무원의 출석여부를 확인하여야 한다. 허가받은 법무사 등의 사무원이 등기신청서를 제출하는 경우에는 등기신청서 전면 여백에 표시인을 찍고 제출자란에 총 신청건수 및 그 사무원의 성명을 기재하였는지 여부를 확인하여야 한다. 본인 여부 확인은 주민등록증 또는 운전면허증 그 밖에 이에 준하는 신분증에 의하되 허가받은 법무사 등의 사무원의 본인 여부 확인은 등기소출입증 및 법무사 사무원증에 의한다(등기예규 제1370호).

동일한 부동산에 관하여 등기한 권리의 순위는 등기의 전후에 의하고 등기의 전후는 신청서 접수의 전후에 의하여 결정되는 것이므로 등기신청서의 접수는 신청인에게 중대한 이해관계가 있다. 따라서 접수담당자는 본인 확인을 마친 후 즉시(당일접수 창구를 이용한 신청의 경우에는 신청서를 제출받은 당일 이내에) 등기의 목적, 신청인의 성명 또는 명칭, 접수의 연월일, 부동산의 소재와 지번 또는 건물번호, 건물명칭, 취득세·등록면허세, 등기신청수수료, 국민주택채권에 관한 사항과 그 밖에 필요한 사항을 전산정보처리조직에 입력한 후 전산정보처리조직에 자동적으로 생성된 접수번호표를 신청서의 첫 번째 좌측 상단 접수란에 붙인다. 단, 접수업무의 신속한 처리를 위한 사정이 있는 경우에는 부동산표시에 관한 사항만 입력한 채 접수번호표를 생성하여 신청서에 붙일 수 있다.

e-Form신청서를 제출받은 경우에는 전산정보처리조직에 e-Form신청서의 신청번호를 입력하거나 바코드리더기를 사용하여 신청서의 바코드를 읽는 방법으로 신청정보를 입력한다. e-Form신청서에 접수번호표를 붙이는 방법은 일반신청과 같다. 전자신청의 경우에는 접수절차가 전산정보처리조직에 의하여 자동으로 처리되므로 접수담당자가 별도로 접수절차를 진행하지 않는다.

## (2) 접수장의 기재

접수장에는 신청서뿐만 아니라 등기촉탁서나 통지서 등을 접수받은 사실도 기록하여야 하고 접수번호는 1년마다 새로 부여하여야 한다(규칙 제22조 2항).

전자신청의 경우에 접수번호는 전산정보처리조직에 의하여 자동적으로 생성된 접수번호를 부여하며 접수가 완료된 경우에는 접수장에 전자신청이라는 뜻을 기록하여야 한다(등기예규 제1477호).

## (3) 동시신청과 그 처리

동일부동산에 관하여 동시에 수개의 신청이 있는 때에는 동일한 접수번호를 부여하여야 한다(규칙 제65조 2항). 동일접수번호를 부여하여야 하는 등기신청에는 다음과 같은 것이 있다.

### 1) 양립할 수 없는 등기의 동시신청

접수한 후 모두 각하해야 한다.

### 2) 신청인의 협의에 의한 동시신청

각기 다른 채권을 담보하는 수개의 저당권을 동일순위로 설정하기 위하여 수개의 채권자가 협의하여 동시에 신청하는 경우가 있다. 이때에는 수개의 신청서를 한데 묶고, 맨 앞장의 첫머리 여백에 '동시신청'이라고 주서함이 타당하고 이러한 등기신청은 접수하여 동일순위로 등기해야 한다.

### 3) 우편에 의한 동시접수

같은 부동산에 관하여 2개 이상의 촉탁서가 등기소에 동시에 도착한 경우에는 가장 먼저 접수된 사건의 접수번호를 각각의 촉탁서에 부여한다. 만약 접수번호가 다르게 부여된 사실을 등기관이 발견한 때에는 나중의 접수번호를 취소하고 먼저 접수된 사건의 접수번호를 부여한다.

등기신청의 접수순위는 등기신청정보가 전산정보처리조직에 저장되었을 때를 기준으로 하고 같은 부동산에 관하여 동시에 여러 개의 등기신청이 있는 때에는 같은 접수번호를 부여하여 동일 순위로 등기하여야 하므로(규칙 제65조 2항), 처분금지가처분신청이 가압류신청보다 신청법원에 먼저 접수되었다 하더라도 법원으로부터 처분금지가처분등기촉탁서와 가압류등기촉탁서를 등기관이 동시에 받았다면 같은 접수번호를 부여하여 동일 순위로 처리하여야 한다(등기예규 제1348호). 동일한 부동산에 관하여 동일 순위로 등기된 가압류와 처분금지가처분의 효력은 그 채권자 상호간에 한해서는 처분금지적 효력을 서로 주장할 수 없다.

### 4) 법률상 동시신청이 필요한 경우

① 환매특약부 매매로 인한 권리이전의 등기와 환매특약의 등기(민법 제592조)
② 신탁으로 인한 부동산의 소유권이전등기와 신탁등기(법 제82조 1항)
③ 1동의 건물에 속하는 구분건물 중의 일부만에 관한 소유권보존의 등기와 나머지 구분건물의 표시에 관한 등기(법 제46조 1항)
④ 건물의 신축으로 인하여 비구분건물이 구분건물로 된 경우의 신축건물의 소유권보존등기와 종전 건물의 표시변경등기(법 제46조 3항)

이와 같은 등기들은 반드시 동시에 신청하여야 한다. 이에 위반된 등기신청은 각하를 하게 되는데 사안에 따라 법 제29조 제2호(사건이 등기할 것이 아닌 경우)나 제5호(신청정보의 제공이 대법원규칙으로 정한 방식에 맞지 아니한 경우)를 적용하여 각하하여야 할 것이다.

## (4) 집단사건이 접수된 경우(등기예규 제1566호)

접수공무원은 동시에 20개 이상 또는 20건 이상의 집합건물에 관한 등기신청(이하 '집단사건'이라 한다)이 접수된 경우에 아래의 양식과 같은 집단사건 확인란을 첫 번째 신청서의 우측 상단 여백에 찍은 다음 처음 사건의 접수번호와 마지막 사건의 접수번호를 기재한 후 그 사실을 등기과(소)장에게 보고하여야 하고 해당 등기관은 등기절차가 완료된 후에 집단사건을 등기과(소)장에게 인계하여야 한다.

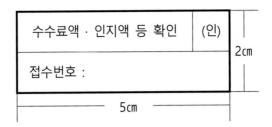

등기과(소)장은 등기관으로부터 인계받은 집단사건의 등기신청수수료액, 수입인지 금액의 정확 여부를 확인한 후 집단사건 확인란에 날인하여야 한다.

## (5) 비상상황이 발생한 경우의 접수업무

### 1) 비상상황의 의의

등기소의 비상상황이란 정전, 전산망훼손, 전산시스템 장애 등으로 부동산등기시스템의 정상작동이 불가능한 상황을 말한다.

### 2) 비상상황발생보고

비상상황이 발생한 등기소(이하'비상등기소'라고 한다)의 등기소장(이하'비상등기소장'이라 하고 등기국·과장을 포함한다. 이하 같다)은 등기신청인에게 비상상황이 발생하여 접수업무를 수행할 수 없음을 고지함과 아울러 즉시접수 신청사건의 제출현황을 파악하여야 한다.

또한 비상등기소장은 비상상황 발생 즉시 소속 지방법원장(이하'법원장'이라 한다)에게 비상상황 발생일시 및 발생원인, 복구예정일시, 미접수 등기신청현황, 즉시접수 신청현황 등을 모사전송 또는 유선(무선을 포함한다. 이하 같다)으로 보고한다. 비상등기소장으로부터 비상상황의 보고를 받은 법원장은 비상접수업무를 실시할 것인지 여부를 결정하여 비상등기소장에게 지시하여야 한다. 다만 비상등기소장으로부터 즉시접수 신청사건이 있음을 보고받은 경우에는 비상접수업무 실시여부에 대한 결정 이전이라도 지정부서에서 즉시접수할 수 있도록 조치한다.

법원장은 비상상황이 1시간 이상 지속되거나 지속될 것으로 예상되는 경우에는 비상상황발생보고서를 작성하여 즉시 법원행정처장에게 보고하여야 한다. 비상상황이 발생하였으나 1시간 이내에 종료된 경우 비상등기소장은 법원장에게 보고하는 외에도 법원행정처 부동산등기과장 및 정보화지원과장에게 비상상황 발생사실 및 처리결과를 유선으로 통보한다.

비상등기소에서 접수업무 처리가 불가능하여 법원장이 비상접수업무를 실시하기로 결정하거나 법원장이 즉시접수하도록 지시한 경우 그 접수업무는 법원행정처 등기과나 각 법원 총무과 전산실 등 지정부서에서 처리한다. 만일 법원장이 지정부서에서 접수업무를 처리할 수 없다고 판단할 경우에는 법원행정처장에게 등기업무 정지명령을 건의하는 등 별도의 조치를 취하여야 한다.

### 3) 비상접수업무의 처리

비상등기소장은 당일 미접수된 신청사건의 신청서 상단부에 신청 받은 순서대로 연번호를 부여하여 지정부서 책임자에게 모사전송의 방법으로 송부한다. 다만 모사전송이 불가능하다면 서면신청의 경우에는 부동산표시, 등기유형 및 신청인명을, 전자표준양식(e-form)에 의한 신청인 경우에는 전자표준양식번호를 유선으로 통지한다. 지정부서 책임자가 등기신청 내용(부동산표시, 등기유형, 신청인, 접수번호 등)을 유선으로 통지받은 경우 그 내용을 소정의 간이접수대장에 통지받은 순서대로 작성하여 관리한다.

지정부서 책임자는 비상등기소로부터 송부 또는 통지받은 신청사건을 부동산표시, 등기유형 및 신청인명[전자표준양식에 의한 신청인 경우에는 전자표준양식번호]을 전산정보처리조직에 입력하는 방법으로 간이하게 접수한 후 전산정보처리조직에 기록된 접수번호를 비상등기소로부터 송부받은 신청서 또는 간이접수대장에 수기로 기재한다.

### 4) 접수업무종료 후의 조치

접수업무가 종료되면 지정부서 책임자는 법원장에게 유선으로 보고하고 비상등기소장에게도 그 사실을 통지하여야 한다. 비상등기소로부터 송부받은 신청서 또는 간이접수대장은 별도로 편철하여 5년간 지정부서 책임자가 보존하여야 한다. 비상등기소장은 비상상황이 종료되어 업무처리가 가능하게 된 때에는 그 사실을 법원장에게 유선으로 보고하고 법원장은 이를 법원행정처장에게 유선으로 보고하고 지정부서에서 간이하게 접수처리한 등기신청사건에 대하여 전산정보처리조직에 접수보완사항을 추가로 입력하고 접수번호표 부착 등의 업무를 추가적으로 실시한다.

## 2. 등기신청사건의 배당

### (1) 의의

등기사무를 담당하는 등기관이 2명 이상인 등기소에서는 등기신청사건의 배당을 무작위 균등 배당방식으로 하여야 한다.

등기신청사건을 적정·균등하게 배당함으로써 등기관이 등기사무를 신속하고 정확하게 처리할 수 있도록 하기 위하여 종전의 지역전담제 배당방식을 무작위 균등 배당방식으로 전환한 것이다.

## (2) 등기신청사건의 배당

접수된 등기신청사건은 등기관별 업무부담에 차이가 없도록 균등하게 배당하여야 한다. 다만 법인등기 등 다른 등기사무나 사법행정사무의 분담 여부, 복잡한 등기기록에 관한 등기신청사건 등을 처리하는 전담 등기관 지정 여부 등을 감안하여 등기관별 배당비율을 달리 정할 수 있다. 등기신청사건의 배당은 전산시스템에 의하여 무작위로 하여야 한다. 다만 아래의 어느 하나에 해당하는 경우에는 해당 등기신청사건을 같은 등기관에게 배당할 수 있다.

① 다른 등기신청사건이 먼저 접수되어 처리가 완료되지 아니한 부동산에 대하여 등기신청사건이 접수된 경우
② 토지와 그 지상의 건물 또는 동일한 부동산에 대하여 여러 건의 등기신청사건이 접수된 경우
③ 동일한 피상속인의 사망으로 인하여 개시된 상속 등 같은 등기원인에 기초한 여러 건의 등기사건이 접수된 경우
④ 등기신청인 또는 그 대리인이 연건으로 표시한 여러 건의 등기신청사건이 접수된 경우
⑤ 그 밖에 등기사무의 효율적인 처리를 위하여 여러 건의 등기사건을 같은 등기관이 처리하는 것이 필요한 경우

## (3) 집단등기신청사건의 특례

집단등기신청사건(동일한 단지 내의 집합건물에 대한 30건 이상의 등기신청사건을 말한다)도 원칙적으로 위 '나.'와 같은 방식으로 배당하여야 한다. 다만 등기사무의 효율적인 처리 등 특별한 사정이 있는 경우에는 아래의 어느 하나의 방법으로도 배당할 수 있다.

① 접수번호를 기준으로 일정 구간의 등기신청사건을 같은 등기관에게 배당하는 방법
② 동일한 단지 내의 여러 동의 집합건물에 대한 등기신청사건을 동별로 나누어 배당하는 방법
③ 그 밖에 위 ① 또는 ②에 준하는 방법

## (4) 전담 등기관의 지정

아래의 어느 하나에 해당하는 경우에는 1인 또는 수인의 등기관을 전담 등기관으로 지정하여 처리하게 할 수 있다.

① 애로스-텍스트(AROS-TEXT) 형태의 등기기록에 관한 등기신청사건

② 공유지분의 합이 1이 되지 않는 등 오류가 있는 등기기록에 관한 등기신청사건
③ 이해관계인이 다수이고 권리관계가 복잡한 등기기록에 관한 등기신청사건

### (5) 관련 등기사무의 처리

직권으로 하는 등기는 관련된 등기신청사건을 처리하거나 처리하였던 등기관이 처리한다. 인사이동, 사무분담의 변경 등으로 인하여 위의 등기관이 없는 경우에는 사무분담상의 후임 등기관이 처리한다. 이 경우 후임 등기관이 누구인지 불분명할 때에는 등기소장이 담당 등기관을 지정한다. 법 제51조에 따른 확인조서는 그 등기신청사건을 배당받은 등기관이 작성하여야 한다. 다수 등기사건이 일시에 신청되는 등의 사유로 위의 등기관을 즉시 정할 수 없을 때에는 접수담당자는 신청인에게 그 사유를 설명하여야 한다.

### (6) 재배당

아래의 어느 하나에 해당하는 경우에는 등기신청사건을 재배당할 수 있다.
① 착오로 위의 배당 원칙과 다르게 배당된 경우
② 담당 등기관이 배당된 등기신청사건을 처리함에 현저히 곤란한 사유가 있거나 공정성에 대한 오해의 우려가 있다고 판단하여 재배당을 요구한 경우
위와 같이 등기신청사건을 재배당한 때에는 등기소장은 그 사유를 전산시스템에 입력하여야 한다.


## II. 등기신청의 조사

등기관이 등기신청을 받았을 때에는 지체 없이 신청에 관한 모든 사항을 조사하여야 한다. 조사를 한 후에 신청에 따른 등기를 할 것인지 또는 신청을 각하할 것인지를 결정하여야 한다.


### 1. 조사에 관한 기본원칙

등기는 실체와 항상 일치되어야 하고 허위의 등기가 이루어져서는 안 된다. 따라서 등기신청이 있을 때에 등기관은 신청서를 조사하여 수리 여부를 결정하여야 하는데 어느 범위까지 어떤 방법으로 심사하여야 하는가에 관하여 형식적 심사주의와 실질적 심사주의의 두 입법주의가 대립하고 있다.

형식적 심사주의에서는 등기관에게 등기신청이 등기절차법상의 요건에 적합한가의 여부를 조사하는 권한만 부여하고 그 등기신청이 과연 실체법상의 권리관계와 일치하는가의 여부에 대한 조사권한까지 부여하고 있지는 않다. 등기관은 실체법상의 사항에 관하여는 신청인에게 증명을 요구할 수가 없고 요구할 필요도 없다.

한편 실질적 심사주의에서는 등기관에게 등기신청이 등기절차법상의 요건에 적합한가 아닌가에 관한 조사권한뿐만 아니라 그 등기신청이 실체법상의 권리관계와 일치하는가 또는 실체법상의 권리관계가 유효한가 아닌가의 여부까지 조사하는 권한을 부여하고 있다.

예를 들면 등기원인인 법률행위 또는 그 밖의 법률사실이 실체법상 과연 성립한 것인가, 성립하고 있다면 과연 유효한가 아닌가를 심사하여 만일 그 등기원인인 법률행위 또는 그 밖의 법률사실이 실체법상 성립하지 않거나 성립하였다 하더라도 무효일 때에는 등기관은 그 등기신청을 각하하게 된다.

두 입법주의 중 형식적 심사주의는 등기절차가 신속히 이루어지는 반면에 등기와 실체의 부합을 보장함에 미흡하고, 실질적 심사주의는 그와는 반대로 등기와 실체관계를 부합시키는 데 있어서는 긍정적이나 등기절차가 지연된다. 우리 법은 형식적 심사주의를 채택한 것으로 해석되고 있다(법 제29조).

## (1) 형식적 서면심사

법은 형식적 심사주의 원칙에 입각하고 있기 때문에 등기관은 등기신청에 대하여 실체법상의 권리관계와 일치하는지 여부를 심사할 실질적 심사권한은 없고 오직 신청서 및 그 첨부서류와 등기기록에 의하여 등기요건에 합당하는지 여부를 심사할 형식적 심사권한 밖에는 없다. 또한 등기신청을 위하여 출석한 자나 그 밖의 제3자에 대한 구두심문을 하여서도 아니 된다.

다만, 위조문서에 의한 허위등기를 방지하기 위하여 등기예규 제1377호는 '등기신청서의 조사시 첨부서면이 위조문서로 의심이 가는 경우에는 신청인 또는 대리인에게 알려 그 진위 여부를 확인하여 처리하고'라고 규정하여 일정한 경우에는 사실조사를 행하도록 하고 있다.

따라서 등기신청이 있으면 이에 따른 실체관계가 일단 유효하게 성립된 것으로 보고 등기관은 주관을 배제하고 형식적인 자료에 의하여 판단하여야 한다. 제출된 서면은 그 작성방법과 외형에 의하여 그 존부와 진부를 판단하면 족하고 등기원인의 존부에 대하여서까지 조사할 것은 아니다. 그러나 이와 같은 형식적인 서면심사에 의한다고 하더라도 그 등기신청이 실체법상 허용되는 것인가의 여부는 판단하여야 한다(법 제29조 2호).

## (2) 조사의 순서

등기관은 접수번호의 순서에 따라 등기사무를 처리하여야 한다(법 제11조 3항). 그리고 등기관이 법 제29조에 의하여 등기신청서류에 대한 심사를 하는 경우 심사의 기준시점은 신청서의 제출시가 아니라 등기부에 기록(등기의 실행)하려는 때이다(대판 1989.5.29, 자, 87마820, 결정).

### ⚖ 판 례

가. 등기신청대리인이 비어 있는 등기소장의 책상위에 등기신청서류를 놓고간 뒤 그 서류가 타인에 의해 탈취되었다가 후에 회수되었다면, 등기소장 책상위에 등기신청서가 놓여진 것은 신청서의 접수행위를 규정한 부동산등기법 제53조의 "등기공무원이 신청서를 받았을 때"에 해당되지 않으므로 그때 접수된 것으로 볼 수는 없고 그 접수시기는 등기신청서류의 회수시라고 보아야 한다.

나. 등기공무원이 부동산등기법 제55조에 의하여 등기신청서류에 대한 심사를 하는 경우 심사의 기준시는 바로 등기부에 기재(등기의 실행)하려고 하는 때인 것이지 등기신청서류의 제출시가 아니다(대법원 1989.5.29, 자, 87마820, 결정),

## 2. 조사방법

등기관이 등기신청사건을 심사함에 있어서는 원칙적으로 서면조사의 방법에 의한다. 제출을 요하는 서면이 외형상 제출되었는지 또 그 서면이 형식적으로 진정한 것인가의 여부, 즉 작성명의자가 진실로 작성한 것인가를 조사하는 것이다. 그러므로 제출된 서면이 형식적으로 진정하다면 그 기재내용이 실체관계에 부합 하는가 또는 실질적으로 실체법상 유효한가를 조사할 권한은 없다고 할 것이다.

## (1) 등기신청의 접수와 등기사항증명서 발급 중지

등기신청이 접수된 부동산에 관해서는 등기관이 그 등기를 마칠 때까지 등기사항증명서를 발급하지 못한다. 다만, 그 부동산에 등기신청사건이 접수되어 처리 중에 있다는 뜻을 등기사항증명서에 표시하여 발급할 수 있다(규칙 제30조 4항).

## (2) 신청정보와 등기기록의 대조

① 부동산표시의 일치 여부의 대조

② 등기의 목적인 권리표시의 일치 여부의 대조, 이때 특히 공유지분의 부합여부를 정확히 살펴야 한다.

③ 등기의무자표시의 일치 여부의 대조

④ 등기권리자의 표시의 일치 여부의 대조

⑤ 등기신청인과 등기명의인의 표시의 일치 여부의 대조

등기명의인이 단독신청을 하는 등기에 있어서는 신청인과 등기명의인의 일치 여부를 대조하여야 한다.

⑥ 등기의무자의 등기필정보의 일치 여부의 대조

### (3) 첨부정보와 등기기록의 대조

① 등기상 이해관계인의 승낙서 등과 등기기록의 대조

② 대장과 등기기록의 부동산표시 및 소유자표시(보존등기의 경우) 대조

③ 첨부서류의 불비 여부의 판단

### (4) 신청정보와 첨부정보의 대조

① 신청정보와 대장정보의 대조

② 신청정보와 등기원인증명정보의 대조

③ 신청정보와 대리권한증명정보의 대조

④ 신청정보 또는 위임장과 인감증명의 대조

⑤ 신청정보와 제3자의 허가서 등의 대조

⑥ 신청정보와 주소증명정보의 대조

⑦ 취득세, 등록면허세 등 등기신청과 관련된 각종 의무이행 여부의 대조

등기관이 등기신청을 조사할 때에는 취득세(등록면허세) 영수필확인서의 첨부 여부와 그 납세명세, 국민주택채권 매입정보상의 매입자 성명 등이 등기신청정보의 내용과 부합하는지 여부와 국민주택채권매입금액, 해당 등기신청에 대한 신청수수료액과 그에 해당하는 금액의 영수필확인서가 첨부되어 있는지 여부, 전자수입인지의 첨부 여부 및 그 구매정보상의 수입인지금액의 정확 여부 등 반드시 조사하고 확인하여야 한다(등기예규 제1566호).

## III. 기입

### 1. 총설

#### (1) 기입의 의의

기입이란 등기관이 등기신청에 대한 조사결과 각하사유가 없을 때 등기기록에 일정사항을 기록하는 것을 말한다.

#### (2) 기입사무의 처리

기입담당자는 접수된 신청사건의 등기유형별로 필요한 기록사항을 입력한다. 기입담당자는 접수담당자가 등기전산시스템에 입력한 접수정보 중 **빠졌거나** 잘못된 사항을 발견한 경우에는 이를 수정하여야 한다.

#### (3) 기록문자와 기록례

##### 1) 등기부의 기록문자

등기부는 한글과 아라비아숫자로 기록하되, 외국인의 성명을 기록할 때에는 국적을 함께 기록한다.

##### 2) 등기부의 외래어 표기

등기부에 외국의 국호, 지명과 외국인의 성명, 명칭, 상호를 한글로 표기함에 있어서는 문화체육관광부가 고시하는 외래어표기법에 의함을 원칙으로 한다.

##### 3) 표시번호, 순위번호 등의 표시

등기부의 표시번호, 순위번호, 사항번호에는 1, 2, 3, 4로 표시하고 '번'자의 기록을 생략한다. 그러나 표시란 또는 권리자 및 기타사항란에서 표시번호 또는 순위번호를 적시할 때에는 1번, 2번, 3번, 4번과 같이 기록한다.

##### 4) 부동산 소재지 및 등기명의인 등의 주소 표시

부동산 소재지 표시와 등기명의인, 법인의 본점, 지점 및 임원의 주소 표시는 행정구역 명칭 그대로 전부 기록하여야 하며, '서울특별시', '부산광역시'등을 '서울', '부산'등으로, '경기도', '충청남도'등을 '경기', '충남'등으로 약기하여서는 안 된다. 다만 지번의 경우에는 '번지'라는 문자를 사용함 없이 108, 또는 108-1과 같이 기록한다.

### 5) 계량법에 의한 면적표시

계량법에 의한 면적의 표시는 제곱미터의 약호인 ㎡를 사용하고 소수점 이하의 면적의 표시는 67.07㎡와 같이 기록한다.

### 6) 금액의 표시

금액의 표시는 아라비아숫자로 하되 그 표시를 내국화폐로 하는 경우, '금 10,000,000원'과 같이 기록하고, 외국화폐로 하는 경우, '미화 금 10,000,000달러'와 같이 그 외국화폐를 통칭하는 명칭을 함께 기록한다.

### 7) 연월일의 표시

연월일의 표시는 서기연대로 기록하며 서기라는 연호를 생략하고 '2016년 6월 11일'과 같이 기록한다.

## (4) 등기사항 말소 표시(규칙 제112조)

등기관이 권리의 변경이나 경정의 등기를 할 때에는 변경이나 경정 전의 등기사항을 말소하는 표시를 하여야 한다. 다만 등기상 이해관계 있는 제3자의 승낙이 없어 변경이나 경정을 주등기로 할 때에는 말소하는 표시를 해서는 안 된다. 등기관이 등기명의인표시의 변경이나 경정의 등기를 할 때에도 종전의 등기명의인에 관한 사항을 말소하는 표시를 하여야 한다.

등기관이 소유권이전등기를 할 때에는 종전의 등기명의인에 관한 사항을 말소하는 표시를 해서는 안 된다. 하지만 소유권 외의 권리의 이전등기를 할 때에는 권리의 일부를 이전하는 경우를 제외하고는 종전의 권리자에 관한 사항을 말소하는 표시를 하여야 한다. 현재의 권리자가 누구인지를 알아보기 쉽게 공시하기 위해서이다. 등기를 말소할 경우, 말소의 등기를 한 후 해당 등기를 말소하는 표시를 하여야 한다(규칙 제116조).

## (5) 이기·전사

등기기록에 기록된 사항이 많아 취급하기에 불편하게 되는 등 합리적 사유로 등기기록을 옮겨 기록할 필요가 있는 경우에 등기관은 현재 효력이 있는 등기만을 새로운 등기기록에 옮겨 기록할 수 있다(법 제33조). 이를 이기라고 한다. 이 경우 종전 등기기록은 폐쇄한다(법 제20조). 이기는 토지의 분필, 합필등기 등에서도 필요하다.

전사란 전 등기기록 중 효력이 있는 등기사항을 새 등기기록에 옮겨 베끼는 것을 말한다. 토지의 분필이나 합필 또는 대지권변경등기를 실행할 때에 갑구 또는 을구의 사항을 새 등기기록에 옮겨야 할 필요성이 있는 경우에 실행하는 등기절차이다. 이기와 전사는 다 같이 등기사항을 다른 등기기록에 옮겨 적는 점에서는 공통되나 이기한 등기는 전 등기기록의 등기와 견련성을 가지지 아니하고 전사한 등기는 전 등기기록의 등기와 견련성을 갖는 차이가 있다.

## 2. 등기사항

### (1) 표제부 기록사항(법 제34조 법 제40조)

#### 1) 토지
    ① 표시번호
    ② 접수연월일
    ③ 소재와 지번
    ④ 지목
    ⑤ 면적
    ⑥ 등기원인

#### 2) 건물
    ① 표시번호
    ② 접수연월일
    ③ 소재, 지번 및 건물번호(다만 같은 지번 위에 1개의 건물만 있는 경우에는 건물번호는 기록하지 아니한다)
    ④ 건물의 종류, 구조와 면적(부속건물이 있는 경우에는 부속건물의 종류, 구조와 면적도 함께 기록한다)
    ⑤ 등기원인
    ⑥ 도면의 번호(같은 지번 위에 여러 개의 건물이 있는 경우와 구분건물인 경우로 한정)
    ⑦ 등기할 건물이 구분건물인 경우에는 ③ 대신 1동 건물의 등기기록의 표제부에는 소재와 지번, 건물명칭 및 번호를 기록하고 전유부분의 등기기록의 표제부에는 건물번호를 기록하여야 한다.
    ⑧ 대지권이 있는 구분건물인 경우, 1동의 건물의 등기기록의 표제부에 대지권의 목적인 토지의 표시에 관한 사항을 기록하고 전유부분의 등기기록의 표제부에는 대지권의 표시에 관한 사항을 기록하여야 한다.

(토지 표제부)

| 1 | 접수 2000년 7월 1일<br>서울특별시 은평구 응암동 2-1<br>대 3,560㎡ |
|---|---|

(건물 표제부)

| 1 | 접수 2000년 7월 1일<br>서울특별시 서초구 서초동 183-1<br>시멘트벽돌조 기와지붕 단층주택<br>95㎡ |
|---|---|

(구분건물 1동의 건물 표제부)

| 표　　　제　　　부 | | | |
|---|---|---|---|
| 표시<br>번호 | 표　시　란<br>(1동의 건물의 표시) | 표시<br>번호 | 표　시　란<br>(대지권의 목적인 토지의 표시) |
| 1 | 접수 2000년 7월 1일<br>　　서울특별시 서초구 서초동 135<br>　　철근콘크리트조 슬래브지붕<br>　　5층 아파트 가동<br>　　　　1층 637㎡<br>　　　　2층 637㎡<br>　　　　3층 637㎡<br>　　　　4층 637㎡<br>　　　　5층 637㎡<br>　　　　지하실 226.5㎡<br>　　　　옥탑 127㎡<br>　　도면편철장 제6책 제65면 | | 1. 서울특별시 서초구 서초동 135<br>　　대 10,000㎡<br>2. 동 소 136-1<br>　　대 7,500㎡<br>　　2000년 7월 1일 |

(구분건물 전유부분의 표제부)

| 표 | 제 | | 부 | |
|---|---|---|---|---|
| 표시<br>번호 | 표 시 란<br>(전유부분의 건물의 표시) | 표시<br>번호 | 표 시 란<br>(대지권의 표시) | |
| 1 | 접수 2000년 7월 1일<br>철근콘크리트조<br>1층 101호<br>91㎡<br>도면편철장 제6책 제65면 | | 1. 2 소유권 17,500분의 233<br>    2000년 6월 15일 대지권<br>    2000년 7월 1일 | |

## (2) 갑구 및 을구의 기록사항(법 제48조)

등기관이 갑구 또는 을구에 권리에 관한 등기를 할 때에는 순위번호, 등기목적, 접수연월일 및 접수번호, 등기원인 및 그 연월일과 권리자에 관한 사항을 기록하여야 한다. 권리자에 관한 사항을 기록할 때에는 권리자가 자연인이면 권리자의 성명, 주민등록번호, 주소를 기록하고 법인이면 법인의 명칭, 등록번호, 사무소의 소재지를 기록하며 법인 아닌 사단이나 재단인 경우에는 법인과 마찬가지로 등기하되, 대표자나 관리인의 성명, 주민등록번호, 주소를 함께 기록하여야  한다. 권리자가 2인 이상인 경우에는 관리자별 지분을 기록하여야 한다. 그러나 등기할 권리가 합유인 경우에는 그 뜻을 기록하고 지분은 기록하지 않는다. 합유자의 지분은 조합원 지위와 별개로 독립하여 처분할 수 없기 때문이다.

(건물등기 제135호 갑구)

| 순위번호 | 사 항 란 |
|---|---|
| | 소유권보존<br>접 수  2000년 7월 1일<br>      제3654호<br>소유자  강남건설주식회사<br>      110111-0039068<br>      서울 강남구 논현동 50-11 |

(토지등기 제135호 및 제136-1 갑구)

| 순위번호 | 사 항 란 |
|---|---|
| 1 | 소유권보존<br>(생  략) |
| 2 | 소유권보존<br>(생  략) |
| 3 | 소유권 17,500분의 5,833대지권<br>건물의 표시<br>서울 서초구 서초동 135외 1필<br>장미아파트 가동<br>2000년 7월 1일 |

(을  구)

| 순위번호 | 사 항 란 |
|---|---|
| 1 | 근저당설정<br>접  수  2000년 7월 1일<br>　　　　제8746호<br>원  인  2000년 6월 20일 설정계약<br>채권최고액  금 100,000,000원<br>채 무 자  김 명 식<br>　　　　서울 서초구 서초동 135<br>근저당권자  박 도 원<br>　　　　250317-1382175<br>　　　　서울 서초구 반포동 237 |

## Ⅳ. 등기신청의 보정·취하·각하

### 1. 보정

#### (1) 의의

보정이란 등기신청을 한 당사자가 등기관으로부터 지적받은 등기신청서의 잘못된 부분을 보충하고 고치는 것을 말한다(등기예규 제1515호). 신청서에 잘못된 부분이 있더라도 그 흠결이 각하사유에 해당하지 않는다면 보정통지를 할 필요가 없다.

#### (2) 보정통지와 보정의기간

등기관이 등기신청에 대하여 보정을 명하는 경우에는 보정할 사항을 구체적으로 적시하고 그 근거 법령이나 예규, 보정기간 등을 제시하여 매건 조사 완료 후 즉시 구두 또는 전화나 모사전송의 방법에 의하여 등기신청인에게 통지하여야 한다. 등기신청이 법 제29조 각 호의 각하사유에 해당하는 것이라 하더라도 그 잘못된 부분이 보정될 수 있는 경우로서 신청인이 등기관이 보정을 명한 날의 다음 날까지 그 잘못된 부분을 보정하였을 때에는 신청을 각하해서는 안 된다(법 제29조 단서).

#### (3) 보정의 방법

보정은 신청당사자 또는 대리인 본인이 직접 등기소에 출석하여, 등기관의 면전에서 하여야 한다. 보정을 위하여 신청서나 그 부속서류의 반환을 청구할 수 없다. 전자신청의 보정은 전산정보처리조직에 의하여 하여야 한다. 다만, 행정정보공동이용의 대상이 되는 첨부정보를 해당 행정기관의 시스템 장애, 행정정보 공동이용망의 장애 또는 등기소의 전산정보처리조직의 장애 등으로 인하여 등기관이 당일 취소할 수 없어 보정을 명한 경우에는 그 정보를 담고 있는 등.초본을 등기소에 제출하거나 신청인이 자격자대리인인 경우에는 그 서면을 전사하여 이에 원본과 상위 없다는 취지의 부가정보와 개인공인인증서정보를 덧붙여 등기소에 송신할 수 있다(등기예규 제1477호).

#### (4) 등기관의 처리

보정된 사건은 처리가 지연되지 않도록 즉시 처리하여야 한다. 보정기간이 도과했거나 통지의 내용에 부합하지 않은 보정이라고 판단이 되면 그 신청을 각하하여야 한다. 등기관이 보정통지를 한 후에는 보정 없이 등기를 하여서는 안 된다. 등기관은 등기신청에 필요한 첨부정보가 제대로 제공되었는지, 첨부정보 상호간에 배치되는 것이 있는지 등을 살펴서 만약 필요한 정보가 제공되어 있지 않다면 그 잘못된 부분이 보정될 수 있는 사항이고 신청인이 보정을 명한 날의 다음 날까지 보정할 수 있는 경우가 아닌 한 등기신청을 각하하여야 한다.

## 2. 취하

### (1) 의의

등기신청의 취하란 신청에 따른 등기가 완료되기 전에 등기신청의 의사를 철회하는 것을 말한다(등기예규 제1362호). 방문신청의 취하는 등기소에 출석해서 하여야 하고, 전자신청의 취하는 전산정보처리조직에 의하여 하여야 한다(규칙 제51조).

### (2) 취하시기

취하는 등기관이 등기를 완료하기 전 또는 등기신청을 각하하기 전에만 할 수 있다. 여기서 등기의 완료란 등기관이 등기부에 등기사항을 기재하고 교합인을 날인했을 때를 말한다. 따라서 등기관이 교합인을 날인하기 전에는 등기신청을 취하할 수 있다.

### (3) 취하할 수 있는 자

등기신청을 취하할 수 있는 자는 등기신청인 또는 그 대리인이다. 임의대리인이 취하를 할 때에는 취하에 관한 특별수권이 있어야 한다. 공동신청주의의 원칙상 등기신청을 등기권리자와 등기의무자가 공동으로 하듯이 등기신청의 취하도 등기권리자와 등기의무자가 공동으로 하여야 한다.

등기권리자와 등기의무자로부터 위임을 받은 대리인이 쌍방대리에 의한 등기신청을 한 경우, 등기신청을 취하하는 경우에도 등기권리자와 등기의무자의 쌍방으로부터 취하에 관한 특별수권을 받은 경우에만 그 대리인이 취하를 할 수가 있다. 그러므로 취하에 관한 특별수권이 없거나 어느 일방으로부터만 특별수권을 받은 경우에는 취하를 할 수 없다.

### (4) 등기의 일괄신청과 일부취하

하나의 신청서로써 수개의 부동산에 관한 일괄신청을 한 경우에는 수개의 부동산 중 일부에 대해서만 취하를 할 수 있다. 이 경우, 등기신청서 및 부속서류의 기재사항 중 취하된 부동산에 관련된 사항을 정정케 한 후 신청서의 부동산표시란 중 취하되는 부동산의 표시 좌측에 '취하'라고 주서하고 부동산등기신청서접수장의 비고란에는 '일부취하'라고 주서하여야 하며 취하서는 신청서에 합철하여야 한다.

### (5) 취하 후의 등기관의 처리

등기신청을 취하함으로써 등기소에 표명했던 등기신청에 관한 의사표시가 철회되어 등기신청은 없었던 것으로 된다. 그리하여 접수했던 신청서는 접수당시에 기재한 접수연월일과 접수번호를 붉은 선으로 지운 후 신청서에 첨부한 부속서류와 함께 이를 신청인에게 반환하여야 한다. 취하서가 제출되면 등기관은 그 취하서의 좌측 하단 여백에 접수인을 찍고 접수번호를 기재한 다음 기타 문서 접수장에 등재하고 부동산등기신청서 접수장에는 비고란에 '취하'라고 주서하여야 한다. 취하서는 신청서 기타 부속서류 편철장 중 그 신청서를 편철하였어야 할 자리에 편철한다.

## ♣ 【서식】 등기신청취하서

# 취 하 서

1. 부동산의 표시

2. 신청인
   등기의무자                          −
   주 소
   등기권리자                          −
   주 소

3. 등기의 목적

4. 접수연월일 및 번호

　　　　　　년　　　월　　　일　　　　　접 수　제　　　　호

　　　　　　　　위 등기신청을 취하합니다.

　　　　　　　　　　년　　　　월　　　일

　　　　　　　　위 대리인　　　　　　　　㊞

　　　지방법원　　　　　　　지원 등기(과)소　　　귀중

## 예규  서면에 의한 등기신청(e-form 신청 포함)의 취하에 관한 예규

(2018.03.13 등기예규 제1643호)

### 1. 등기신청을 취하할 수 있는 자

가. 등기신청인 또는 그 대리인은 등기신청을 취하할 수 있다. 다만, 등기신청대리인이 등기신청을 취하하는 경우에는 취하에 대한 특별수권이 있어야 한다.

나. 등기신청이 등기권리자와 등기의무자의 공동신청에 의하거나 등기권리자 및 등기의무자 쌍방으로부터 위임받은 대리인에 의한 경우에는, 그 등기신청의 취하도 등기권리자와 등기의무자가 공동으로 하거나 등기권리자 및 등기의무자 쌍방으로부터 취하에 대한 특별수권을 받은 대리인이 이를 할 수 있고, 등기권리자 또는 등기의무자 어느 일방만에 의하여 그 등기신청을 취하할 수는 없다.

### 2. 등기신청 취하의 시기

등기신청의 취하는 등기관이 등기를 마치기 전까지 할 수 있다.

### 3. 등기신청 취하의 방식

등기신청의 취하는 서면으로 하여야 하며, 그 양식은 별지와 같다.

### 4. 등기신청의 일부 취하

「부동산등기법」제25조의 규정에 의하여 수개의 부동산에 관한 등기신청을 일괄하여 동일한 신청서에 의하여 한 경우 그 중 일부 부동산에 대하여만 등기신청을 취하하는 것도 가능하다.

### 5. 등기신청이 취하된 경우 등기관의 업무처리

가. 등기관은 등기신청의 취하서가 제출된 때에는, 그 취하서의 좌측하단 여백에 접수인을 찍고 접수번호를 기재한 다음 기타문서접수장에 등재한다.

나. 전산정보처리조직을 이용하여 취하 처리를 함으로써 부동산등기신청서접수장의 비고란에 취하의 뜻을 기록한 후, 등기신청서에 부착된 접수번호표에 취하라고 주서하여 그 등기신청서와 그 부속서류를 신청인 또는 그 대리인에게 환부하며, 취하서는 신청서 기타 부속서류편철장의 취하된 등기신청서를 편철하였어야 할 곳에 편철한다.

다. 수개의 부동산에 관한 등기신청을 일괄하여 동일한 신청서에 의하여 한 경우 그 중 일부의 부동산에 대하여만 등기신청을 취하한 때에는, 전산정보처리조직을 이용하여 일부 취하 처리를 함으로써 부동산등기신청서접수장의 비고란에 일부 취하의 뜻을 기록한 후, 등기신청서의 부동산표시란 중 취하되는 부동산의 표시 좌측에 취하 라고 주서한 다음 취하서를 등기신청서에 합철하여야 한다. 이 경우 등기신청서 및 부속서류의 기재사항중 취하된 부동산에 관련된 사항은 이를 정정, 보정케 하여야 한다.

**부 칙(2018. 03. 13. 제1643호)**

이 예규는 즉시 시행한다.

## 3. 각하

당사자의 등기신청을 확정적으로 수리하지 아니하는 등기관의 처분을 각하라고 한다 (법 제29조).

### (1) 각하사유

#### 1) 사건이 그 등기소의 관할이 아닌 경우(제1호)

등기신청을 받은 등기소가 신청된 등기에 관하여 관할권을 가지고 있지 않은 경우를 말한다.

#### 2) 사건이 등기할 것이 아닌 경우(제2호)

등기신청이 그 신청취지 자체에 의하여 법률상 허용할 수 없음이 명백한 때로서, 다음과 같은 것이 이에 해당한다.

① 등기능력 없는 물건 또는 권리에 대한 등기를 신청한 경우
② 법령에 근거가 없는 특약사항의 등기를 신청한 경우
③ 구분건물의 전유부분과 대지사용권의 분리처분 금지에 위반한 등기를 신청한 경우
④ 농지를 전세권설정의 목적으로 하는 등기를 신청한 경우
⑤ 저당권을 피담보채권과 분리하여 양도하거나, 피담보채권과 분리하여 다른 채권의 담보로 하는 등기를 신청하는 경우
⑥ 일부 지분에 대한 소유권보존등기를 신청한 경우
⑦ 공동상속인 중 일부가 자신의 상속지분만에 대한 상속등기를 신청한 경우
⑧ 관공서 또는 법원의 촉탁으로 실행하여야 할 등기를 신청한 경우
⑨ 이미 보존등기된 부동산에 대하여 다시 보존등기를 신청한 경우
⑩ 그 밖에 신청취지 자체에 의하여 법률상 허용될 수 없음이 명백한 등기를 신청한 경우

#### 3) 신청할 권한이 없는 자가 신청한 경우(제3호)

신청할 권한이 없는 자가 전자신청을 할 경우 구법 제55조 제3호에 의해서는 그 등기신청을 각하할 수 없다. 개정법은 제29조 제3호를 신설하여 신청할 권한이 없는 자가 전자신청을 할 때에 등기관이 그 등기신청을 각하할 수 있도록 하였다.

#### 4) 법 제24조 제1항 1호에 따라 등기를 신청할 때에 당사자나 그 대리인이 출석하지 아니한 경우(제4호)

이 규정에서 출석이라 함은 등기신청인이 등기관의 면전에 직접 나타나는 것을 의미한다. 그러므로 등기관이 아닌 당직자 등에게 등기신청서를 제출한 것은 출석이라 할 수 없다. 출석하지 아니한 경우란 신청서를 우송한 경우와 같이 전혀 출석하지 아니한 경우는 물론이고 당사자라고 하여 출석한 자가 당사자가 아니라는 것이 명백한 경우에도 포함된다. 또한 당사자라 함은 등기신청능력이 있는 당사자를 말하므로 출석한 당사자에게 의사능력이 없는 등 등기신청능력이 없는 때에는 여기에서의 '출석하지 아니한 경우'에 해당한다.

### 5) 신청정보의 제공이 대법원규칙으로 정한 방식에 맞지 아니한 경우(제5호)

신청정보라 함은 등기신청에 필요한 정보로써 법령에 규정된 정보를 말한다. 방문신청의 경우에는 신청서에 기재하여야 할 사항이나 서식을 말하고 전자신청의 경우에는 당사자가 등기신청을 하기 위해 전산정보처리조직에 접속하여 입력하여야 할 정보를 말한다. 신청정보의 구체적인 제공방식은 규칙 제43조에서 정하고 있다.

### 6) 신청정보의 부동산 또는 등기의 목적인 권리의 표시가 등기기록과 일치하지 아니한 경우(제6호)

신청정보로 제공된 부동산의 소재지번이나 지목 등이 등기기록과 일치하지 아니하거나 신청정보로 제공된 권리의 종류가 등기기록과 일치하지 아니한 경우가 이에 해당한다.

### 7) 신청정보의 등기의무자의 표시가 등기기록과 일치하지 아니한 경우, 다만 제27조에 따라 포괄승계인이 등기신청을 하는 경우는 제외한다(제7호)

등기의무자의 표시란 등기의무자의 성명(명칭), 주민등록번호(부동산등기용등록번호) 및 주소(사무소 소재지)를 말한다. 이러한 등기의무자의 표시가 등기기록과 일치하지 아니한 경우에는 해당 등기신청은 각하된다. 따라서 신청정보의 등기의무자와 등기기록상 등기명의인이 동일하고 표시만 서로 다를 경우에는 표시경정 또는 변경등기가 선행되어야 한다.

법 제27조에 따라 상속인 등 등기의무자의 포괄승계인이 등기신청을 하는 경우에는 신청정보의 등기의무자의 표시가 등기기록과 일치될 수 없다. 이때에는 첨부정보보에 의해 신청인이 등기기록상 등기의무자의 포괄승계인이라는 사실을 확인한 후 그 등기신청을 수리하여야 한다.

등기실무에서는 이 규정이 다소 완화되어 적용된다. 예를 들어 등기연속의 원칙과 관계가 없는 가등기의 말소등기(등기예규 제1408호), 저당권등기의 말소등기(등기예규 제451호) 또는 부동산멸실등기를 신청하는 경우에는 첨부정보에 의하여 동일성만 인정되면 족하고 그 말소 또는 멸실등기를 하기 위해서 변경 또는 경정등기의 선행을 요구하지 않는다.

### 8) 신청정보와 등기원인을 증명하는 정보가 일치하지 아니한 경우(제8호)

신청정보에는 등기권리자가 갑으로 기록되어 있는데 첨부된 매매계약서에는 병이 권리자로 기록되어 있거나 등기원인은 매매인데 신청서에는 증여로 기재한 경우 등이 이 사유에 해당한다. 신청서와 등기원인증서의 일치 여부는 신청서를 중심으로 하여 원인증서의 동일성이 인정되느냐의 여부에 따라 판단하여야 한다. 등기원인증서에 기재한 수필의 부동산 중 일부의 부동산을 신청서에 표시하였다 하더라도 그 등기신청은 적법하다고 하여야 한다.

### 9) 등기에 필요한 첨부정보를 제공하지 아니한 경우(제9호)

등기에 필요한 정보를 제공하지 아니한 경우라 함은 등기원인증명정보나 인감증명 등 규칙 제46조나 그 밖의 법령에 규정된 정보를 제공하지 않고서 등기신청을 하는 경우를 말한다. 제공할 정보가 누락된 경우는 물론이고 그 정보가 위조, 변조된 것으로 인정되거나 효력이 상실된 경우에도 등기관은 이 규정에 따라 등기신청을 각하하여야 한다.

### 10) 취득세, 등록면허세 또는 수수료를 내지 아니하거나 등기신청과 관련하여 다른 법률에 따라 부과된 의무를 이행하지 아니한 경우(제10호)

「지방세법」제7조 제1항에 따른 취득세나 같은 법 제24조 제1호에 따른 등록면허세를 내지 않은 경우, 법 제22조 제3항에 따른 등기신청수수료를 내지 않은 경우, 또는 그 밖에 등기신청과 관련하여 다른 법률에서 부과된 의무를 이행하지 아니한 경우를 말한다.

### 11) 신청정보 또는 등기기록의 부동산의 표시가 토지대장·임야대장 또는 건축물대장과 일치하지 아니한 경우(제11호)

## (2) 각하결정

### 1) 각하방식

등기신청(촉탁을 포함한다)이 법 제29조 각 호의 어느 하나에 해당하는 경우에는 소정의 양식에 의하여 이유를 적은 결정으로 이를 각하한다. 결정서에는 신청인의 표시, 주문, 이유를 적고 등기소 및 등기관의 직위를 표시한 후 등기관이 서명, 날인하여야 한다. 날인은 실무상 사인을 사용하고 있다.

## 2) 각하결정 후의 절차

### 가. 각하취지의 접수장 등에의 기재 및 등기신청서의 편철
등기신청을 각하한 경우에는 접수장의 비고란 및 등기신청서 표지에 '각하'라고 붉은 글씨로 기재하고, 그 등기신청서는 신청서 기타 부속서류 편철장에 편철한다.

### 나. 각하결정의 고지
등기신청을 각하한 경우에는 각하결정등본을 작성하여 신청인 또는 대리인에게 교부하거나 특별우편송달 방법으로 고지하되, 교부의 경우에는 교부받은 자로부터 영수증을 받아 두어야 한다.

### 다. 각하결정서의 편철 등
각하결정등본을 교부 또는 송달한 경우에는 지체 없이 소정의 양식으로 된 결정고지에 관한 고무인을 결정원본의 등기소표시 우측 여백에 찍어 해당사항을 기재하고 등기관이 날인한 후 각하결정원본을 결정원본편철장에 편철한다.

### 라. 첨부서류의 환부
각하결정등본을 교부하거나 송달할 때에는 등기신청서 이외의 첨부서류(취득세, 등록면허세 영수필확인서 등)도 함께 교부하거나 송달하여야 한다.
다만 첨부서류 중 각하사유를 증명할 서류는 이를 복사하여 해당 등기신청서에 편철한다. 등기신청의 각하에 대한 이의신청에 기하여 관할 지방법원으로부터 기록명령을 받았으나 이미 신청서 이외의 첨부서류가 환부된 경우에는 등기관의 각하 후 기록명령에 의한 등기를 방해하는 사유가 발생한 것이므로 등기관은 등기신청인에게 환부해 간 서류의 재제출을 명하고 이에 응하지 아니할 때에는 그 기록명령에 따른 등기를 할 수 없는데 그때에는 그 뜻을 관할 지방법원과 이의신청인에게 통지하여야 한다(규칙 제161조 2항).

### 마. 각하결정등본의 교부영수증 또는 송달보고서의 편철
각하결정등본 및 등기신청서 이외의 서류를 교부 또는 송달한 경우에는 그 영수증 또는 송달보고서를 해당 등기신청서에 편철한다.

### 바. 각하결정등본 등이 송달불능된 경우의 처리
송달한 각하결정등본 및 신청서 이외의 첨부서류가 소재불명 등의 사유로 송달불능되어 반송된 경우에는 별도의 조치를 취하지 아니하고 결정등본 등 반송서류 일체를 그 송달불능보고서와 함께 해당 등기신청서에 편철한다.

## (3) 각하사유를 간과하고 마쳐진 등기의 효력과 구제절차
등기관이 등기를 완료한 후 그 등기가 법 제29조 제1호 또는 제2호에 위반된 것임을 발견한 때에는 그 등기는 무효인 등기이므로 소정의 절차를 거쳐 직권으로 말소한다. 이 경우 등기상 이해관계인은 법 제100조에 따라 이의신청을 할 수 있다. 법 제29조 제3호 이하의 경우는 그 위반된 등기의 무효가 반드시 명백하다고 할 수 없고 따라서 등기관도 직권으로 말소할 수 없다. 결국 법 제29조 제3호 이하의 경우는 법 제100조의 이의사유는 될 수 없다. 그러므로 법 제29조 제3호 이하의 사유에 해당함에도 등기관이 이를 간과하고 등기신청을 수리한 경우 이해관계인은 등기관의 처분에 대한 이의의 방법으로 등기의 말소를 청구할 수 없고 소로써 구제를 받을 수밖에 없다.

다만 각하사유를 간과하고 마쳐진 등기와 등기관이 아닌 권한 없는 제3자가 등기기록 자체를 위조한 것과는 구별하여야 한다. 권한 없는 제3자에 의하여 생성된 위조의 등기는 법 제29조 제2호와 제58조에 의하여 등기관이 직권으로 말소하여야 하며 등기과·소장은 그 결과를 법원행정처장에게 보고하여야 한다(등기예규 제1377호).

## V. 교합

교합이란 등기관이 등기부에 기재된 사항이 정확한 것임을 최종적으로 확인한 후 식별부호를 기록하는 것을 말한다. 교합은 지방법원장으로부터 발급받은 등기관카드를 사용하여 등기관의 식별부호를 등기전산시스템에 기록하는 방법으로 하되 식별부호는 지방법원장으로부터 부여받은 사용자번호로 한다(등기예규 1515호). 등기관은 당사자가 제공한 신청정보 및 첨부정보가 제반 법령에 부합되는지의 여부를 조사한 후 접수번호의 순서대로 교합처리하여야 한다.

또한 지연처리, 보정명령을 한 경우를 제외하고는 늦어도 오전에 제출된 사건에 대하여는 다음날 18시까지, 오후에 제출된 사건에 대하여는 다음 다음날 12시까지 등기필정보를 작성하여 통지하여야 한다. 수십 필지의 분필·합필등기, 여러 동의 아파트 분양사건과 같은 집단 사건 또는 법률적 판단이 어려운 경우와 같이 만일 접수 순서대로 처리한다면 후순위로 접수된 다른 사건의 처리가 상당히 지연될 것이 예상될 경우에는 그 사유를 등록하고 이들 신청사건보다 나중에 접수된 사건을 먼저 처리할 수 있다. 같은 부동산에 대하여 여러 개의 등기신청사건이 접수된 경우 그 상호간에는 위 지연처리, 보정명령을 한 경우에도 반드시 접수순서에 따라 처리하여야 한다.

지연처리 사유를 등록한 등기신청사건은 등기시스템에 의하여 자연사유대장을 각 작성하되 별도로 출력하여 보관하지 않는다. 등기소장은 위 지연사유대장에 의

거 지연처리사건 현황을 법원통계규칙에 의한 시·군법원의 월보 제출의 예에 준하
여 소속 지방법원장에게 보고한다.

# VI. 등기완료 후의 절차

## 1. 등기필정보의 통지

등기관이 새로운 권리에 관한 등기를 마쳤을 때에는 등기필정보를 작성하여 등기
권리자에게 통지하여야 한다(법 제50조 1항).

### (1) 등기필정보의 작성

등기관은 등기권리자의 신청에 의하여 다음 ①~③ 중 어느 하나의 등기를 하는
때에는 등기필정보를 작성하여야 한다. 그 이외의 등기를 하는 때에는 등기필정보
를 작성하지 않는다.

① 법 제3조 그 밖의 법령에서 등기할 수 있는 권리로 규정하고 있는 권리를 보
　　존, 설정, 이전하는 등기를 하는 경우
② 위 ①의 권리의 설정 또는 이전청구권 보전을 위한 가등기를 하는 경우
③ 권리자를 추가하는 경정 또는 변경등기를 하는 경우

### (2) 등기필정보의 기재사항과 구성

#### 1) 등기필정보의 기재사항

등기필정보에는 권리자, (주민)등록번호, 부동산고유번호, 부동산소재, 접수일자, 접
수번호, 등기목적, 일련번호 및 비밀번호를 기재한다.

#### 2) 등기필정보의 구성

등기필정보의 일련번호는 영문 또는 아라비아 숫자를 조합한 12개로 구성하고 비밀
번호는 50개를 부여한다. 하나의 등기필정보로 동시에 또는 순차적으로 등기신청을 하
여야 할 예정 사건의 수가 50건을 초과하는 경우 등기명의인은 등기신청 예정 사건의
수를 소명하는 서면을 첨부하여 일련번호 등을 추가 부여하여 줄 것을 등기신청과 동
시에 또는 사후에 신청할 수 있다.

단 사후에 신청하는 경우에는 교부(수신)받은 등기필정보 및 등기완료통지서를 신청서
와 함께 제출하여야 한다. 이 경우 등기관은 그 신청서를 심사한 후 필요성이 인정될
경우에는 전산정보처리조직을 이용하여 등기신청 예정 사건의 수를 기준으로 50건을 초

과할 때마다 1개의 일련번호와 각 50개의 비밀번호를 추가 부여한다(등기예규 제1529호).

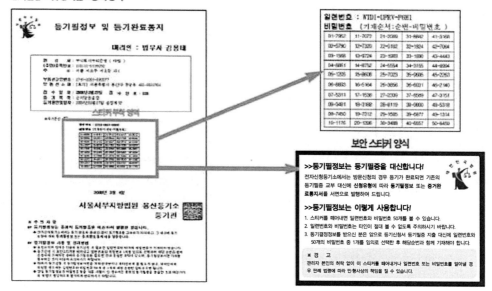

## (3) 등기필정보의 작성방법

### 1) 일반신청의 경우

등기필정보는 부동산 및 등기명의인이 된 신청인별로 작성하되 등기신청의 접수연월일 및 접수번호가 동일한 경우에는 부동산이 다르더라도 등기명의인별로 작성할 수 있다. 그러므로 등기명의인이 신청하지 않은 다음 각 호의 등기 중 어느 하나의 등기를 하는 경우에는 등기명의인을 위한 등기필정보를 작성하지 아니한다.

① 채권자대위에 의한 등기
② 등기관의 직권에 의한 보존등기
③ 승소한 등기의무자의 신청에 의한 등기

### 2) 관공서 촉탁의 경우

관공서가 등기를 촉탁한 경우에는 등기필정보를 작성하지 아니한다. 다만 관공서가 등기권리자를 위해 등기를 촉탁하는 경우에는 그러하지 아니하다.

## (4) 등기필정보의 통지방법

### 1) 전자신청의 경우

가. 당사자가 직접 신청한 경우

등기권리자는 다음의 순서에 따라 등기필정보를 수신한다.

① 인터넷 등기소에 접속하여 인터넷등기전자신청 메뉴에서 신청내역조회를 선택하고, 개인공인인증서(이하 '공인인증서'라 한다)정보와 사용자등록번호를 입력하여 사용자인증을 받는다.

② 신청내역을 조회하여 처리상태가 등기완료로 기록되어 있는 사건을 표시한 후 등기필정보를 전송받는다(등기필정보는 3회에 한하여 전송받을 수 있다). 동일한 등기신청 사건에서 수인이 권리자로 표시되어 있는 경우 다른 사람에게 관한 등기필정보는 전송받을 수 없다.

③ 전송된 등기필정보를 확인하기 위해서는 등기권리자의 공인인증서정보를 입력하여야 한다.

나. 대리인이 신청한 경우

전자신청을 대리인에게 위임한 경우 등기필정보를 권리자 자신이 직접 전송받을 수 없으며 대리인이 위 (가)의 ①, ②의 절차에 의하여 등기필정보를 전송받은 후 등기권리자에게 그 파일을 전자우편으로 송신하거나 직접 전달한다. 다만 권리자가 등기신청을 대리인에게 위임하면서 등기필정보의 수령 및 그 확인에 관한 일체의 권한을 부여한 경우에는 대리인이 직접 자신의 공인인증서정보를 입력하여 전송받은 등기필정보를 확인할 수 있으며, 이를 서면으로 출력하여 등기권리자에게 교부할 수 있다.

다. 전자촉탁의 경우

관공서가 등기권리자를 위하여 소유권이전등기를 전자촉탁한 때에는 등기필정보통지서를 출력하여 관공서에 직접 교부 또는 송달할 수 있고, 이 경우 관공서는 등기필정보통지서를 등기권리자에게 교부한다.

### 2) 서면신청의 경우

등기필정보통지서를 교부받고자 하는 자는 신분증(법무사 또는 변호사의 사무원은 사무원증)을 제시하여야 하고, 교부담당 공무원은 다음과 같은 방법으로 등기필정보통지서를 출력하여 교부한다. 등기필정보통지서는 1회에 한하여 교부한다.

가. 등기필정보통지서의 출력·관리

① 전산정보처리조직상 등기필정보관리 기능을 선택하여 등기필정보 교부대상을 확인한다.

② 교부 대상자 중 특정 등기명의인을 선택하여 등기필정보통지서를 출력하거나 일괄하여 출력한다. 이 경우 등기필정보통지서 우측상단에 바코드를 생성하여 출력한다.

③ 출력된 등기필정보통지서의 기재사항 중 일련번호 및 비밀번호가 보이지 않도록 그 기재된 부분에는 스티커를 부착한다.

나. 등기필정보통지서의 교부방법

등기필정보통지서의 교부는 전자패드에 전자펜을 이용하여 수령인의 서명을 받는 방법으로 하여야 하며, 그 구체적인 절차는 다음과 같다.

① 등기필정보통지서를 교부하고자 하는 담당 공무원은 교부할 등기필정보통지서를 바코드리더기 등을 이용하여 확인하여야 한다.

② 신청인 본인 또는 대리인, 대리인인 법무사 또는 변호사의 사무원은 전자서명을 한 후 등기필정보통지서를 교부받아야 한다.

③ 수령인은 본인의 성명을 제3자가 알아볼 수 있도록 적어야 하고 교부담당 공무원은 수령인의 성명을 제3자가 알아보기 어렵다고 인정하는 경우에는 다시 서명할 것을 요청할 수 있다.

④ 등기소에 정전, 전산망 훼손, 전산시스템 장애 등으로 부동산등기시스템의 정상작동이 불가능하거나 전자서명장치의 오류로 전자서명을 할 수 없는 경우에는 '등기필정보통지서 및 등기원인증서 수령부'에 수령인의 날인 또는 서명을 받고 등기필정보통지서를 교부할 수 있다. '등기필정보통지서 및 등기원인증서 수령부'는 별도로 편철하여 5년간 보존하여야 한다.

다. 우편에 의한 송부

신청인이 등기필정보통지서를 우편으로 송부 받고자 하는 경우에는 등기신청서와 함께 수신인란이 기재된 봉투에 등기취급 우편 또는 특급취급우편(속달)요금에 상응하는 우표를 붙여 이를 제출하여야 한다. 이 경우에 등기필정보통지서 교부담당자는 등기사건이 처리된 즉시 등기필정보통지서를 수신인에게 발송하고 수령인의 전자서명을 받는 대신 등기시스템에 '우송'이라고 기록한 후 그 영수증은 '우편물수령증철'에 첨부하여 보관하여야 한다. 이 '우편물수령증철'은 1년간 보존한다.

## (5) 등기필정보의 통지를 요하지 않는 경우

① 등기필정보의 통지를 받아야 할 사람이 그 통지를 원하지 않는다는 내용의 신고를 한 경우

② 등기필정보를 전산정보처리조직에 의하여 통지받아야 할 사람이 등기필정보를 3개월 이내에 전산정보처리조직을 이용하여 수신하지 않는 경우

③ 등기필정보통지서를 수령할 사람이 3개월 이내에 그 서면을 수령하지 않는 경우

## (6) 등기필정보의 실효신청

등기명의인 또는 그 상속인 그 밖의 일반승계인은 전산정보처리조직을 이용하거나 등기소를 방문하여 통지받은 등기필정보의 실효신청을 할 수 있다.

## 2. 등기완료사실의 통지

등기관이 등기를 마쳤을 때에는 신청인 등에게 그 사실을 알려야 한다(법 제30조).

## (1) 등기완료통지서 기재사항

등기완료통지서에는 신청인(또는 권리자)의 성명과 주소, 부동산소재, 접수일자, 접수번호, 등기목적, 등기원인 및 일자, 작성일자를 기재하고 등기관의 전자이미지관인을 기록한다. 대리인에 의한 신청의 경우에는 대리인의 자격과 성명을 기재한다.

## (2) 등기완료통지의 방법

### 1) 등기필정보를 부여받을 사람에 대한 통지

전자신청의 경우에는 등기필정보를 송신할 때 함께 송신하고 서면신청의 경우에는 등기필정보와 일체로 작성된 등기필정보 및 등기완료통지서로 하여야 한다.

### 2) 등기필정보를 부여받지 않는 사람에 대한 통지

가. 공동신청에 있어서 등기의무자에 대한 통지

신청서에 등기완료사실의 통지를 원한다는 등기의무자의 의사표시가 기재되어 있는 경우에만 등기완료사실의 통지를 하며 그 방식은 전자신청의 경우에는 전산정보처리조직을 이용하여 송신하는 방법에 의하고, 서면신청의 경우에는 등기완료사실을 인터넷등기소에 게시하는 방법에 의한다. 다만 서면신청의 경우 그 통지를 받을 자가 등기소에 출석하여 직접 서면의 교부를 요청하는 때에는 등기완료통지서를 출력하여 직접 교부한다.

나. 위 가.를 제외한 신청인에 대한 통지

다음 각 호에 해당하는 자에 대한 등기완료사실의 통지는 전자신청의 경우에는 전산정보처리조직을 이용하여 송신하는 방법에 의하고, 서면신청의 경우에는 등기완료사실을 인터넷등기소에 게시하는 방법에 의한다. 다만 서면신청의 경우 그 통지를 받을 자가 등기소에 출석하여 직접 서면의 교부를 요청하는 때에는 등기완료통지서를 출력하여 직접 교부한다.

① 공동신청에 있어서 등기필정보를 부여받지 않는 등기권리자

② 단독신청에 있어서 신청인
③ 법 제23조 제4항에 의한 승소한 등기의무자의 등기신청에 있어서 등기의무자
④ 법 제28조에 의한 대위채권자의 등기신청에 있어서 대위자

다. 신청인이 아닌 등기명의인 등에 대한 통지

특히 다음 각 호에 해당하는 자에 대하여는 등기완료통지서를 출력하여 등기기록상 주소로 우편 송달한다.
① 법 제23조 제4항에 의한 승소한 등기의무자의 등기신청에 있어서 등기권리자
② 법 제28조에 의한 대위채권자의 등기신청에 있어서 등기권리자
③ 법 제66조에 의한 소유권의 처분제한의 등기촉탁에 있어서 소유권 보존등기의 명의인
④ 법 제51조의 등기의무자

라. 관공서에 대한 통지

전자촉탁의 경우 전산정보처리조직을 이용하여 송신하는 방법에 의한다. 서면촉탁의 경우 촉탁관서가 법원인 때에는 등기완료통지서를 출력하여 직접 교부하거나 우편으로 송부한다. 다만 우편 송부는 경매개시결정등기촉탁을 제외하고는 등기촉탁서에 등기완료통지서 송부용봉투가 첨부된 경우에 한한다. 그 밖의 관공서인 때에는 등기완료사실을 인터넷등기소에 게시하는 방법에 의한다.

## 3. 소유권변경사실의 통지

등기관이 소유권의 보존 또는 이전, 소유권의 등기명의인표시의 변경 또는 경정, 소유권의 변경 또는 경정, 소유권의 말소 또는 말소회복의 등기를 하였을 때에는 지체 없이 그 사실을 지적소관청 또는 건축물대장 소관청에 알려야 한다(법 제62조). 이러한 소유권변경사실의 통지는 전산정보처리조직을 이용하여 할 수 있다(규칙 제120조).

## 4. 과세자료의 송부

등기관이 소유권의 보존 또는 이전의 등기(가등기를 포함한다)를 하였을 때에는 지체 없이 그 사실을 부동산 소재지 관할 세무서장에게 통지하여야 한다(법 제63조). 역시 전산정보처리조직을 이용하여 할 수 있다(규칙 제120조).

## 5. 취득세·등록면허세 영수필통지서의 송부

취득세·등록면허세 영수필통지서의 송부는 취득세·등록면허세 영수필통지서에 해당하

는 정보를 전송함으로써 갈음하고 있다(등기예규 제1372호).

　행정정보공유센터에 취득세·등록면허세 영수필통지서에 해당하는 정보를 전송하여 완료한 경우에는 지체 없이 전송완료 연월일시를 전산정보처리조직의 보조기억장치로 조제된 접수장에 기록한다.

## 6. 과태료 사유의 통지

　등기관은 법 제41조 및 제43조에 따라 등기신청의 의무 있는 자가 그 등기신청을 게을리 하여 과태료에 처할 사유가 있다고 인정되는 경우, 지체 없이 그 사유를 과태료에 처할자의 주소지를 관할하는 지방법원 또는 그 지원에 통지하여야 한다(법 제112조, 규칙 제164조).

## 7. 집행법원의 통지

　가압류등기, 가처분등기, 경매개시결정등기, 주택임차권등기 및 상가건물임차권등기가 집행법원의 말소촉탁 이외의 사유(본등기, 매각, 공매, 수용 또는 규칙 제116조 제2항의 경우 등)로 말소된 경우 등기관은 지체 없이 그 뜻을 집행법원에 통지하여야 한다(등기예규 제1368호).

# 제 4 장  부동산전자등기 실무

## 1. 전자등기신청이란?

전자등기신청은 2008년 6월 2일부터 지역에 상관없이 등기소를 방문하지 않고 경제적으로 신속하고 편리하게 등기를 신청할 수 있는 새로운 방법이다.

전자신청 이용시간은 평일(07:00~23:00), 휴일 및 법정공휴일(09:00~21:00)이다. 단, 신청서 제출은 평일 18:00까지만 가능하다.

### [부동산전자등기신청 흐름도]

## (1) 전자신청을 할 수 있는 자

① 대한민국국적을 가지고 전자등기소에 사용자 등록을 한 경우

② 법인이 아닌 사단, 재단, 외국인은 전자신청불가

③ 법인의 경우 상업등기법에 따라 가능

④ 개인(법인)간 대리(위임) 불허

⑤ 당사자가 직접 신청할 경우 동일, 동시 동컴퓨터에서 신청

**(2) 자격자 대리인에 의한 신청**

① 자격자 대리인이 아닌 자는 다른 사람을 대리해서 전자신청을 할 수 없다.

② 법무법인, 법무법인(유한), 법무사합동법인은 자격자 대리인에서 제외된다.

## 2. 부동산전자등기 지정등기유형

■ **보존/설정/이전류**
- 토지/건물 소유권보존
- 집합건물 소유권보존
- 집합건물의 표시등기에 대한 소유권 보존
- 근저당권 설정
- 임차권 설정
- 저당권 설정
- 전세권 설정
- 전전세권 설정
- 지상권 설정
- 지역권 설정
- 질권 설정
- 근저당권 이전
- 소유권가등기의 이전
- 소유권 이전(매매, 공공용지의 협의 취득, 신탁, 수용, 대물변제, 승계)
- 임차권 이전
- 저당권 이전
- 전세권 이전
- 지상권 이전

■ **변경/경정류**
 · 근저당권 경정
 · 근저당권 변경
 · 등기명의인 표시 경정
 · 등기명의인 표시 변경
 · 등기원인일자 및 등기원인등 경정
 · 소유권가등기 경정
 · 소유권가등기 변경
 · 소유권 경정
 · 소유권 변경
 · 약정/금지사항 변경
 · 임차권 경정
 · 임차권 변경
 · 저당권 변경
 · 전세권 경정
 · 전세권 변경
 · 지상권 경정
 · 지상권 변경
 · 질권 변경

■ **말소류**
 · 가등기 말소
 · 근저당권 말소
 · 등기명의인표시경정등기 말소
 · 등기명의인표시변경등기 말소
 · 본등기 말소
 · 소유권보존 말소
 · 소유권이전 말소
 · 신탁등기 말소
 · 약정금지사항 말소

· 임차권 말소
· 저당권 말소
· 전세권 말소
· 전전세권 말소
· 지상권 말소
· 지역권 말소
· 질권 말소
· 토지합필등기 말소
· 환매권 말소
· 1동 멸실등기 말소
· 압류 말소
· 공매공고 말소

■ **표시변경류**
· 건물 멸실
· 건물 분할
· 건물표시 경정
· 건물표시 변경
· 구분건물 구분
· 구분건물로 변경(증축)
· 구분건물 아닌 건물이 구분건물로 된 경우
· 구분건물일반 합병
· 구분건물 합병
· 대지권표시 경정
· 대지권표시 변경
· 전유 멸실
· 토지 멸실
· 토지 분필
· 토지표시 경정
· 토지표시 변경
· 토지 합필

■ **가등기/본등기류**

· 근저당권설정청구권가등기
· 근저당권설정청구권 가등기에대한 본등기
· 소유권이전청구권가등기(매매예약)
· 소유권이전청구권가등기에한 본등기
· 소유권이전청구권의 이전청구권가등기
· 소유권이전청구권의 이전청구권가등기에기한 본등기
· 임차권이전청구권가등기
· 임차권이전청구권가등기에 기한본등기

■ **기타**

· 규약상공용부분취지 등기
· 수탁자의 고유재산으로 된 취지의 등기
· 신탁재산복구에 의한 신탁
· 신탁재산처분에 의한 신탁
· 압류
· 공매공고
· 약정/금지사항

## 3. 부동산등기 전자신청절차

### (1) 인증서를 발급

전자신청을 원하는 당사자 또는 자격자 대리인(변호사 또는 법무사)은 원칙적으로 실지명의 확인 가능한 전자서명 인증서(이하 '인증서'라 함)를 발급 받아야 한다. 단, 소유권보존등기, 건물멸실등기, 각종 표시변경(경정)등기사건을 자격자에게 위임하고 그 자격자는 당해사건의 위임장을 스캔으로 처리하여 신청할 경우에는 당사자의 인증서가 없이 자격자의 인증서만으로도 등기신청이 가능하다.

### (2) 등록세의 납부

· 서울지역은 E-Tax시스템, 지방지역은 WeTax 시스템을 이용하여 신고 및 납부한다.

· 등록세 인터넷 납부 미시행 지역의 경우에는 자격자에 한하여 금융기관에 납부한 납세확인서 스캔제출을 허용한다.

· 지역과 관계없이 자격자대리인의 경우 금융기관에 직접 납부하고 납세확인서를 스캔하여 첨부할 수 있다. 단, 납세번호는 반드시 기재해야 한다.

### (3) 사용자등록

개인이나 자격자가 직접(대리 불가) 등기소를 방문하여 접근번호를 교부받고 10일 이내에 대법원 인터넷등기소(http://www.iros.go.kr)에 접속하여 접근번호 16자리와 자신의 인증서를 이용하여 사용자등록번호를 생성한다.

### (4) 로그인(사용자 인증)

인증서와 사용자등록번호를 이용하여 전자신청하기 메뉴에서 사용자 인증을 한다.

### (5) 신청서 작성

· 토신청서 작성은 전체 5개의 화면으로 구성되어 있으며 제출방식을 전자로 선택하고, 부동산표시, 등기의무자정보, 등기권리자정보, 신청인정보 등을 입력한다.

· 첨부서면등록 및 행정정보공동연계 요청 : 필수 첨부문서(등기원인증서 등)를 작성한 후 PDF 파일로 변환하고 당사자의 인증서를 이용하여 전자서명을 한다. 기본적인 첨부서면(주민등록초본, 각종 대장 등, 부동산거래신고필증 등)은 행정정보공동이용망을 통하여 전자적 연계 방식으로 첨부하므로 별도로 제출할 필요는 없다.

※ 자격자에 한하여 일부 문서에 대한 스캔제출을 허용한다.

※ 행정정보공동연계에 실패한 경우, 신청서가 전송된 때로부터 보정절차가 진행되므로 전송 후, 연계되지 않은 서면을 별도로 발급 받아 해당 등기소를 방문하여 제출하여야 하며 자격자의 경우는 스캔으로도 보정이 가능하다.

· 등기필정보입력 또는 전자확인서면작성 : 등기필정보상의 일련번호와 순번을 포함한 50개의 비밀번호 중 1개를 임의적으로 선택하여 입력한다. 다만 등기필정보를 분실 또는 멸실한 경우나 등기필증을 보유한 자가 전자신청을 원하는 경우에는 전자확인서면제도를 이용하여야 한다.

### (6) 첨부문서제출

### 1) 등기원인증서

인터넷등기소에서 제공하는 양식에 의거하여 작성할 것

## 2) 스캔제출

### 가. 등기원인증서가 있는 등기유형

◎ 소유권이전 등기

　① 요 건
　　· 등기원인이 토지수용 또는 공공용지협의취득일 것
　　· 권리자가 관공서 등 공공기관 또는 택지개발사업을 시행하는 특별법인(공기업법에 의하여 설립된 공기업 포함) 일 것, 아래 '③'참조
　　· 자격자가 신청할 것
　② 대상서면
　　· 행정기관 작성의 공문서, 등기원인증서, 위임장, 등기필증, 확인서면, 공탁서, 인감증명 , 기타 행정정보
　　· 공동이용 연계대상이 아닌 문서
　　· 행정정보공동이용 연계서면은 원칙적으로 연계 제출만 가능함. 다만 예외적으로 보정을 위한 경우는 스캐닝 또는 직접제출이 가능함.
　　· 제적 및 가족관계 관련 문서는 스캐닝제출이 불가함
　③ 관공서 및 공공기관의 범위
　　· 국가 및 지방자치단체
　　· 특별법에 의해 설립된 대한주택공사, 한국토지공사, 한국도로공사 등의 공법인
　　· 택지개발사업을 시행하는 경기지방공사, 에스에이치 공사 등의 공기업

◎ 근저당권설정 등기

　① 요 건
　　· 권리자(또는 등기유형에 따라 의무자) 가 예규에서 규정하는 금융기관일 것. 아래 '③'참조
　　· 자격자가 신청할 것
　② 대상서면
　　위 소유권이전등기와 동일. 단, 법인등기부등본의 경우 등기예규제1145호에 따라 첨부를 생략하고 신청서 첨부서면 목록에 표시만 함
　③ 대상금융기관
　　농협, 수협, 중소기업은행, 한국산업은행, 한국수출입은행 ,국민, 신한, 우리, 하나, 외환, 씨티, 한국스탠다드차타드제일은행, 경남은행, 광주은행, 대구은행, 부산은행, 전북은행, 제주은행, 하나생명보험, 한화손해보험, 현대해상화재보험, 흥

국생명보험, 교보생명보험, 그린화재해상보험, 금호생명보험 본점,
금호생명보험 지점, 대한생명보험, 대한화재해상보험, 동부생명보험, 동부화재해상보험, 동양생명보험, 메리츠화재해상보험, 미래에셋생명보험, 삼성생명보험, 삼성화재해상보험, 엘아이지손해보험, 기술신용보증기금, 신용보증기금

나. 등기원인증서가 없는 등기유형

◎ 토지/ 건물소유권보존, 집합건물소유권보존, 토지표시변경/ 경정, 등기명의인표시변경/ 경정, 토지합필, 건물멸실, 토지멸실, 건물표시변경/ 경정, 등기원인 및 원일자등 경정, 구분건물 아닌 건물이 구분건물로 된 경우, 구분건물합병

① 요 건
자격자가 신청할 것
② 대상서면
위 소유권이전등기와 동일
③ 등기필정보발행 및 수령방법
인터넷등기소 접속 → 다운로드 → 출력 → 밀봉(이때 등기원인증서 포함) → 권리자에게 전달

## (7) 등기필정보입력 및 발행여부선택

등기필정보는 발행을 원칙으로 하며 등기필정보 미발행을 선택한 경우에는 향후 등기신청시 확인서면제도를 이용하여야 한다. 신청인이 등기필정보의 발행을 원하지 않는 경우에는 해당란에 별도로 선택하여야 한다.

## (8) 위임장 작성 및 승인

· 전자위임장 작성 및 전자서명 : 전자신청은 부동산거래의 안전과 개인재산의 적극적인 보호조치의 일환으로 자격자(법무사, 변호사)가 아니면 어떠한 경우에도 대리하거나 위임받을 수 없다.

· 신청사항 승인 : 당사자가 직접 신청하는 경우에는 신청서를 작성하고 쌍방이 전자서명을 해야 한다.

## (9) 신청수수료 전자결제

· 위임인이 전자서명을 완료한 후 신청수수료 결제대기 목록에서 대상 신청서를 선택하고 전자결제를 한다.

· 신용카드 결제 시 30만원 미만의 경우 안심클릭 또는 안전결제를 이용하고, 30만원 이상

인 경우 인증서를 이용하여야 한다.

## (10) 신청서 전자적 제출

신청서 제출대기 목록에서 제출대상 신청서를 선택하고 신청서제출 버튼을 클릭하여 최종 신청내용을 확인한 다음 다시 한번 인증서를 이용하여 전자서명을 한다.

## (11) 등기관의 첨부문서 확인

등기관은 비자격자가 작성한 일반문서는 전자서명의 첨부여부를 확인하고, 자격자 대리인이 스캔제출한 문서는 자격자대리인의 전자서명이 첨부되었는지 확인한다. 이 때 위임인의 전자서명은 불필요하며 자격자의 전자서명만 첨부된다.

## (12) 등기필정보 발행

### 1) 스캔제출의 경우

인터넷등기소개시→자격자대리인이 다운로드→자격자대리인의 인증서로 해독→출력 후 전달

### 2) 전자제출의 경우

인터넷등기소개시→자격자대리인이 다운로드→암호화된 파일 그대로 전달(e-mail or usb 등)

## 4. 등기필정보 및 등기완료통지제도

등기유형에 따라 등기필정보 또는 등기완료통지서 발급

## (1) 등기필정보 교부대상등기

1) 권리보존, 설정, 이전등기
2) 권리의 설정 또는 이전청구권 가등기
3) 권리자를 추가하는 변경 또는 경정등기

## (2) 등기완료통지서

### 1) 대상등기 유형

위 이외의 나머지 등기유형 전부(변경등기, 말소등기 등)

### 2) 보존기한 변경

방문신청의 경우, 제출한 등기원인증서(해지증서 등) 및 편철된 구 권리증의 보존기

한은 10일임. 다만, 등기완료통지서 발행대상 사건이라도 권리변경등기, 권리일부이전등기, 권리일부말소등기의 경우에는 보존기간이 3년으로 연장됨(예 : 근저당권변경, 전세권변경, 근저당권일부말소 등).

### (3) 등기필정보 등의 전자수령

· 등기신청 처리내역조회 : 전자신청하기의 '신청처리 내역보기' 메뉴에서 전자신청을 통해 제출된 등기신청사건에 대한 처리상태를 확인할 수 있다. 또한, 해당 신청사건에 대한 보정, 각하처분이 내려진 경우에는 해당 내역을 조회할 수 있고 등기완료 전에는 신청사건을 취하할 수 있다.

· 등기필정보 및 등기완료통지서의 전자수령 : 등기완료된 신청사건에 대해 등기유형에 따라 '등기필정보 및 등기완료통지' 또는 '등기완료통지서'를 수령할 수 있다. 등기필정보 및 등기완료통지의 경우 권리자의 인증서로 암호화하여 교부하므로, 수령한 후 권리자의 인증서로만 내용을 확인할 수 있다.

### (4) 등기완료통지서 발행방법

신청방법에 관계없이 인터넷등기소에 게시→출력→교부

### (5) 등기필정보 사용방법 및 주의사항

1) 일련번호와 50개의 비밀번호 중 1개를 임의로 선택한 후 해당순번과 함께 기재한다. 전자신청 시에는 신청서 작성단계에서 입력한다. 방문신청 시 신청서에 기재하되 구양식지를 사용할 경우에는 갑지의무자란에 적당한 여백에 기재한다.(등기필정보를 직접 제출하지 마세요.)

2) 한번 사용한 비밀번호는 두번 사용할 수 없다. 다만 비밀번호 50개를 전부 사용한 경우에는 기존 비밀번호를 재사용할 수 있다.

### (6) 전자문서 작성 및 전자서명 처리방법

1) 첨부문서 (예 : 매매계약서 등 등기원인증서)는 전자적으로 작성하고 이를 PDF 파일로 변환한다. 또한 당사자 모두 자신의 인증서를 이용하여 전자서명을 하여야 전자적 첨부가 가능하다.

2) PDF 파일문서 첨부는 작성 3단계 문서등록 전자서명 창에서 PDF 파일에 인증서로 전자서명을 하고 그 파일을 등록(이때 임시번호 부여)하여 신청서 작성 시 임시번호를 기록하거나 PDF 파일을 직접 첨부하는 방법으로 처리한다.

3) 대법원 인터넷등기소에서 제공하는 양식을 이용하여 등기원인증서를 작성할 경
우 무료로 PDF 변환기능을 제공한다. 따라서 외부에서 별도로 작성할 경우에는
유료 또는 무료 변환툴을 사용하여 PDF 파일로 변환해야 한다.

\* 등기필정보 및 등기완료통지양식

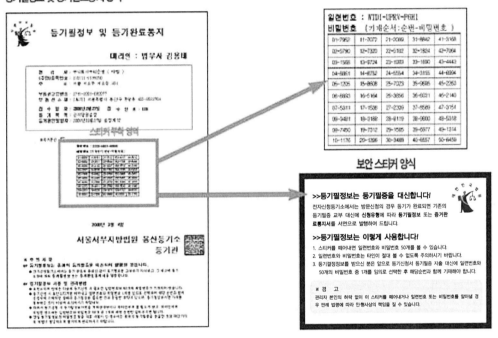

## 5. 방문신청과 전자신청의 비교

| 구 분 | 방문 또는 이폼신청 | 전자신청 |
| --- | --- | --- |
| 접수방식 | 출석주의 | 불출석주의, 온라인접수 |
| 신청서작성 | 서면, 이폼양식 | 전자신청폼(이폼과 유사) |
| 첨부서면 | 실제서면 첨부 | 행정망연계 |
| 등록세 | 납부영수증 첨부 | 영수증스캔, 연계 |
| 수수료 | 신청서에 첨부 | 전자결제 |
| 등기필증 | 방문수령 | 인터넷등기소 다운로드 |
| 개인간 대리가부 | 가능 | 불가능(법무사, 변호사만) |
| 신청서 날인 | 인장날인 | 공인인증서 |
| 보정방식 | 출석보정 | 인터넷 전자보정 |

# 제2편
# 등기실무

# 제1장   부동산 표시에 관한 등기

## I. 총설

### 1. 의의

부동산 표시에 관한 등기란 물권의 객체인 토지 또는 건물의 현황을 명확히 하기 위하여 등기기록의 표제부에 하는 등기이다. 부동산표시의 등기는 등기관이 소유권보존등기의 신청을 수리하여 새 등기기록을 개설할 때 하는데 소유권등기의 일부이고 그 자체가 독립한 등기는 아니다. 따라서 갑구에 소유권보존등기가 되지 않은 채 등기기록의 표제부만 있는 등기는 있을 수 없다. 현행법상 이에 대한 예외가 구분건물의 표시등기(법 제46조)와 규약상 공용부분의 등기(법 제47조 1항, 규칙 제104조 3항)인데, 이는 집합건물에 관한 등기의 특정상 예외적으로 인정되는 것이다.

### 2. 부동산 표시에 관한 등기의 종류

현행법상 부동산 표시에 관한 등기는 1)등기기록을 개설할 때 부동산의 표시에 관하여 착오 또는 빠짐이 있어서 등기 당시부터 실체관계(대장 등록사항)와 불일치가 있는 경우에 하는 부동산 표시의 경정등기 2)등기 후에 부동산의 표시에 변경이 있는 경우에 하는 부동산 표시의 변경등기 3)집합건물에 관한 등기의 특수성 때문에 예외적으로 인정되는 구분건물의 표시등기로 나눌 수 있다.

### 3. 부동산 표시의 경정등기

부동산표시에 관한 경정등기는 등기명의인(등기명의인이 여러 명인 경우에는 그 중 1인도 가능하다)이 대장 등 경정사유를 소명하는 정보를 첨부정보로서 제공하여 단독으로 신청하며, 판결서나 제3자의 허가서 등은 제공할 필요가 없다.

신청정보의 내용으로 제공된 경정등기의 목적이 현재의 등기와 동일성 혹은 유사성을 인정할 수 없는 정도라 하더라도, 같은 부동산에 관하여 따로 소유권보존등기가 존재하지 않거나 등기의 형식상 예측할 수 없는 손해를 입을 우려가 있는 이해관계인이 없는 경우 등기관은 그 경정등기신청을 수리할 수 있다. 구분건물의 등기기록 중 1동의 건물의 표시에 관한 경정등기는 각 구분건물의 소유자 중 1인이 단독으로 신청할 수 있다.

# II. 토지 표시에 관한 등기

## 1. 의의

### (1) 표제부의 등기사항

토지의 표시는 등기의 대상인 토지를 특정하는 역할을 한다. 토지는 소재·지번(행정구역 및 지번), 지목 및 면적에 의하여 특정된다. 토지 등기기록의 표제부에는 위와 같이 토지를 특정하기 위한 소재·지번, 지목, 면적을 기록하며, 그 밖에도 표시번호, 접수연월일 및 등기원인을 기록하게 된다(법 제34조).

### (2) 토지 표시에 관한 등기의 유형

토지 표시에 관한 등기는 위와 같이 토지를 특정하기 위한 각 요소에 대하여 변경이 있을 때에 하는 등기라고 할 수 있으며, 이러한 등기에는 1)단순히 표제부의 기록만을 변경하는 '토지 표시의 변경등기', 2)토지의 분할과 합병이 있는 경우에 하는 등기로서 등기기록의 개설이나 폐쇄를 수반하는 '토지의 분필등기 및 합필등기'와 3)토지가 물리적으로 소멸하는 경우에 하는 등기로서 등기기록의 폐쇄를 수반하는 '토지의 멸실등기'가 있다.

## 2. 토지 표시의 변경등기

### (1) 등기절차의 개시

#### 1) 신청에 의한 경우

토지의 표시사항인 소재와 지번, 지목 및 면적이 변경된 경우에는 그 토지의 소유권의 등기명의인은 그 사실이 있는 때부터 1개월 이내에 토지 표시의 변경등기를 신청하여야 한다(법 제35조).

토지 표시의 변경등기를 신청하는 경우에는 그 토지의 변경 전과 변경 후의 표시에 관한 사항을 신청정보의 내용으로 등기소에 제공하여야 한다. 이 경우에 그 변경을 증명하는 토지대장 정보나 임야대장 정보를 첨부정보로서 등기소에 제공하여야 한다(규칙 제72조).

#### 2) 촉탁에 의한 경우

1) 토지의 이동이 있는 경우(공간정보의 구축 및 관리 등에 관한 법률 제2조 28호,

제64조 2항), 2) 지번부여지역의 전부 또는 일부에 대하여 새로 지번을 부여한 경우
(같은 법 제66조 2항), 3) 지적공부에 등록된 토지가 지형의 변화 등으로 바다로 되거
나 그에 따라 말소한 토지가 지형의 변화 등으로 다시 토지가 된 경우(같은 법 제82
조), 4) 일정한 지역을 정하여 그 지역의 축척을 변경한 경우(같은 법 제83조 2항), 5)
지적공부의 등록사항에 잘못이 있음을 발견한 경우(같은 법 제84조 2항)와 6) 지번부
여지역의 일부가 행정구역의 개편으로 다른 지번부여지역에 속하게 되어 새로 속하게
된 지번부여지역의 지번을 부여한 경우(같은 법 제85조 2항) 등의 사유로 토지 표시의
변경에 관한 등기를 할 필요가 있을 때에 지적소관청은 지체 없이 관할 등기소에 토
지 표시의 변경등기를 촉탁하여야 한다(같은 법 제89조).

### 3) 직권에 의한 경우

가. 행정구역 또는 그 명칭의 변경이 있는 경우

행정구역 또는 그 명칭이 변경되었을 때에는 등기기록에 기록된 행정구역 또는 그
명칭에 대하여 변경등기가 있는 것으로 본다(법 제31조).

이에 따르면 행정구역 등의 변경이 있는 경우 변경등기를 할 필요가 없는 것처럼
보이지만 공시의 명확성을 기하기 위하여 규칙에서는 등기관이 직권으로 부동산의
표시변경등기를 할 수 있다고 하며(규칙 제54조), 나아가 등기예규 제1433호에서는
등기관은 직권으로 그 변경에 따른 부동산의 표시변경등기를 하여야 한다고 규정
하고 있다. 다만 등기소의 업무사정을 고려하여 해당 부동산 모두에 대하여 순차로
하되 그 표시변경등기가 완료되기 전에 그 부동산에 관한 다른 등기의 신청이 있
는 때에는 즉시 그 등기에 부수하여 표시변경등기를 하여야 한다.

나. 지적소관청으로부터 불일치 통지를 받은 경우

지적소관청이 지적공부에 등록된 토지 소유자의 변경사항을 정리하는 과정에서 등
기기록에 기록된 토지의 표시가 지적공부와 일치하지 아니하는 때에는 그 사실을
관할 등기관서에 통지하여야 한다(공간정보의 구축 및 관리 등에 관한 법률 제88
조 1항, 3항). 이 통지를 받은 등기소의 등기관은 소유권의 등기명의인으로부터 1
개월 이내에 등기신청이 없는 때에는 직권으로 등기기록의 표제부에 그 통지서의
기재내용에 따라 변경등기를 하여야 한다. 이 변경등기를 한 때에는 지체 없이 그
사실을 지적소관청과 소유권의 등기명의인에게 통지하여야 한다(법 제36조 2항).
등기명의인이 2인 이상인 때에는 그 중 1인에게 통지하면 된다.

## (2) 등기의 실행

등기관이 토지 표시에 관한 사항을 변경하는 등기를 할 때에는 항상 주등기로 실행하
고, 종전의 표시에 관한 등기를 말소하는 표시를 하여야 한다(규칙 제73조).

## ♣ 【서식】 면적변경등기신청서

<table>
<tr><td colspan="6" align="center">면적변경등기신청</td></tr>
<tr>
<td rowspan="2">접 수</td>
<td>년 월 일</td>
<td rowspan="2">처 리 인</td>
<td>등기관 확인</td>
<td>각종 통지</td>
</tr>
<tr>
<td>제        호</td>
<td></td>
<td></td>
</tr>
</table>

| ① 부동산의 표시 |
|---|
| 변경 전의 표시      서울특별시 서초구 서초동 100<br>대 100㎡<br><br>변경 후의 표시      서울특별시 서초구 서초동 100<br>대 120㎡<br><br>이                    상 |

<table>
<tr>
<td colspan="2">② 등기원인과 그 연월일</td>
<td colspan="2">2024년 1월 22일   면적변경</td>
</tr>
<tr>
<td colspan="2">③ 등 기 의 목 적</td>
<td colspan="2">토지 표시변경</td>
</tr>
<tr>
<td>구분</td>
<td>성 명<br>(상호·명칭)</td>
<td>주민등록번호<br>(등기용등록번<br>호)</td>
<td>주    소 (소 재 지)</td>
</tr>
<tr>
<td>④<br>신<br>청<br>인</td>
<td>이 대 백</td>
<td>XXXXXX-XXXX<br>XXX</td>
<td>서울특별시 서초구 서초대로 88길 20<br>(서초동)</td>
</tr>
</table>

| ⑤ 등 록 면 허 세 | 금 | 3,000 원 |
| --- | --- | --- |
| ⑤ 지 방 교 육 세 | 금 | 600 원 |
| ⑥ 세 액 합 계 | 금 | 3,600 원 |

⑦ 첨 부 서 면

| · 토지 · 임야대장등본                통<br>· 등록면허세영수필확인서          통<br>~~· 위임장                          통~~ | 〈기 타〉 |
| --- | --- |

2024년 1월 22일

⑧ 위 신청인        이  대  백  ㉑  (전화 : 200-7766)

(또는)위 대리인                    (전화 :        )

서울중앙 지방법원              등기국 귀중

- 신청서 작성요령 -

* 1. 부동산표시란에 2개 이상의 부동산을 기재하는 경우에는 부동산의 일련번호를 기재하여야 합니다.
 2. 신청인란등 해당란에 기재할 여백이 없을 경우에는 별지를 이용합니다.
 3. 담당 등기관이 판단하여 위의 첨부서면 외에 추가적인 서면을 요구할 수 있습니다.

## ♣ 【서식】 지목변경등기신청서

<table>
<tr><td colspan="6" style="text-align:center">지목변경등기신청</td></tr>
<tr><td rowspan="2">접　수</td><td>년 월 일</td><td rowspan="2">처 리 인</td><td>등기관 확인</td><td>각종 통지</td></tr>
<tr><td>제　　　호</td><td></td><td></td></tr>
</table>

<table>
<tr><td colspan="3" style="text-align:center">① 부동산의 표시</td></tr>
<tr><td colspan="3">

변경 전의 표시　　　서울특별시 서초구 서초동 100

　　　　　　　　　　　　전 300㎡

변경 후의 표시　　　서울특별시 서초구 서초동 100

　　　　　　　　　　　　대 300㎡


이　　　　　　　　상
</td></tr>
<tr><td colspan="2">② 등기원인과 그 연월일</td><td>2024년 1월 22일　지목변경</td></tr>
<tr><td colspan="2">③ 등 기 의 목 적</td><td>토지 표시변경</td></tr>
<tr><td colspan="3"></td></tr>
<tr><td colspan="3"></td></tr>
<tr><td>구분</td><td>성　명<br>(상호·명칭)</td><td>주민등록번호<br>(등기용등록번호)</td><td>주　소 (소 재 지)</td></tr>
<tr><td>④<br>신<br>청<br>인</td><td>이대백</td><td>XXXXXX-XXXX<br>XXX</td><td>서울특별시 서초구 서초대로 88길 20<br>(서초동)</td></tr>
</table>

| ⑤ 등 록 면 허 세 | 금 | 6,000 | 원 |
|---|---|---|---|
| ⑤ 지 방 교 육 세 | 금 | 1,200 | 원 |
| ⑥ 세 액 합 계 | 금 | 7,200 | 원 |

⑦ 첨 부 서 면

| · 토지 · 임야대장등본           1통<br>· 등록면허세영수필확인서      1통<br>· 위임장 —————————— 통 | 〈기 타〉 |
|---|---|

2024년 1월 22일

⑧ 위 신청인        이   대   백   ㉐   (전화 : 200-7766)


　　(또는)위 대리인                        (전화 :          )


　　　　　서울중앙 지방법원                    등기국 귀중

---

- 신청서 작성요령 -

* 1. 부동산표시란에 2개 이상의 부동산을 기재하는 경우에는 부동산의 일련번호를 기재하여야 합니다.
  2. 신청인란등 해당란에 기재할 여백이 없을 경우에는 별지를 이용합니다.
  3. 담당 등기관이 판단하여 위의 첨부서면 외에 추가적인 서면을 요구할 수 있습니다.

📑 **선 례**

농지의 일부가 무변론 판결선고일 이전에 분할 및 지목변경이 되었을 경우의 등기방법.

1. 농지의 일부가 무변론 판결선고일 이전에 이미 토지대장상 분할 및 지목변경이 되었을
   경우, 그 판결에 의한 소유권이전등기를 신청하기 위해서는 판결경정 및 분필등기에 의
   하여 판결의 부동산 표시를 토지대장 및 등기기록의 표시와 일치시킨 후 소유권이전등
   기를 신청하여야 한다.

2. 토지대장상 지목이 농지에서 "도로"로 지목변경이 된 경우에는 종중도 제한 없이 그 토
   지를 취득할 수 있다(2012.07.18. 등기선례 제9-58호).

## 3. 토지의 분필등기와 합필등기

### (1) 의의

토지의 '분할'은 지적공부에 등록된 1필지를 2필지 이상으로 나누어 등록하는 것
이고, '합병'은 2필지 이상을 1필지로 합하여 등록하는 것이다. 지적공부에서 토지
의 분할 또는 합병이 이루어진 후에 그를 토대로 하는 토지의 표시의 변경등기를
분필등기 또는 합필등기라고 한다.

### (2) 토지의 분필등기(법 제35조)

토지 소유자는 소유권이전, 매매 등을 위하여 필요한 경우나 토지이용상 불합리
한 지상경계를 시정하기 위한 경우에 토지의 분할을 지적소관청에 신청할 수 있다
(공간정보의 구축 및 관리 등에 관한 법률 제79조, 같은 법 시행령 제65조), 갑 토
지를 분할하여 그 일부를 을 토지로 한 경우 그 등기방법은 아래와 같다.

#### 1) 일반적인 분필등기 절차

가. 을 토지의 등기기록(등기기록 개설)

　　을 토지에 대한 등기기록을 개설하고 을 토지의 등기기록 중 표제부에 토지의 표시와
분할로 인하여 갑 토지의 등기기록에서 옮겨 기록한 뜻을 기록하여야 한다.

　　을 토지의 등기기록 중 해당 구에 갑 토지의 등기기록에서 소유권과 그 밖의 권리에
관한 등기를 전사하고, 분할로 인하여 갑 토지의 등기기록에서 전사한 뜻, 신청
정보의 접수연월일과 접수번호를 기록하여야 한다. 이 경우 소유권 외의 권리에 관
한 등기에는 갑 토지가 함께 그 권리의 목적이라는 뜻도 기록하여야 한다(규칙 제

76조 1항).

소유권 외의 등기명의인이 갑 토지에 관하여 그 권리의 소멸을 승낙한 것을 증명하는 정보 또는 이에 대항할 수 있는 재판이 있음을 증명하는 정보를 첨부정보로서 등기소에 제공한 경우에는 을 토지의 등기기록 중 해당 구에 그 권리에 관한 등기를 전사하고 신청정보의 접수연월일과 접수번호를 기록하여야 한다. 이 경우 갑 토지의 등기기록 중 그 권리에 관한 등기에는 갑 토지에 대하여 그 권리가 소멸한 뜻을 부기하고 그 등기를 말소하는 표시를 하여야 한다(규칙 제76조 4항). 만일 소멸하는 권리를 목적으로 하는 제3자의 권리에 관한 등기가 있는 경우에는 그 자의 승낙이 있음을 증명하는 정보 또는 이에 대항할 수 있는 재판이 있음을 증명하는 정보를 첨부정보로서 등기소에 제공하여야 한다(규칙 제76조 5항).

나. 갑 토지의 등기기록

을 토지의 등기기록을 개설하여 그 등기기록의 표제부에 분할로 인하여 갑 토지의 등기기록에서 옮겨 기록한 뜻을 기록한 후 갑 토지의 등기기록 중 표제부에 남은 부분의 표시를 하고 분할로 인하여 다른 부분을 을 토지의 등기기록에 옮겨 기록한 뜻을 기록하며 종전의 표시에 관한 등기를 말소하는 표시를 하여야 한다(규칙 제75조 2항).

갑 토지의 등기기록에서 을 토지의 등기기록에 소유권 외의 권리에 관한 등기를 전사하였을 때에는 갑 토지의 등기기록 중 그 권리에 관한 등기에 을 토지가 함께 그 권리의 목적이라는 뜻을 부기하여야 한다(규칙 제76조 2항).

소유권 외의 권리의 등기명의인이 을 토지에 관하여 그 권리의 소멸을 승낙한 것을 증명하는 정보 또는 이에 대항할 수 있는 재판이 있음을 증명하는 정보를 첨부정보로서 등기소에 제공한 경우에는 갑 토지의 등기기록 중 그 권리에 관한 등기에 을 토지에 대하여 그 권리가 소멸한 뜻을 부기하여야 한다(규칙 제76조 3항). 만일 그 소멸하는 권리를 목적으로 하는 제3자의 권리에 관한 등기가 있는 경우에는 그 자의 승낙이 있음을 증명하는 정보 또는 이에 대항할 수 있는 재판이 있음을 증명하는 정보를 첨부정보로서 등기소에 제공하여야 한다(규칙 제76조 5항).

## 2) 토지 일부에 권리가 존재하는 토지에 대한 분필

가. 권리자의 확인정보와 인감증명 제공

1필의 토지의 일부에 지상권, 전세권, 임차권이나 승역지의 일부에 관하여 하는 지역권의 등기가 있는 경우에 분필등기를 신청할 때에는 권리가 존속할 토지의 표시에 관한 정보를 신청정보의 내용으로 등기소에 제공하고, 이에 관한 권리자의 확인이 있음을 증명하는 정보와 그 권리자의 인감증명을 첨부정보로서 등기소에 제공하여야 한다. 이 경우 그 권리가 토지의 일부에 존속할 때에는 그 토지부분에 관한 정보도 신청정보의 내용으로 등기소에 제공하고 그 부분을 표시한 지적도를 첨부정보로서 등기소에 제공하여야 한다(규칙 제74조, 제60조). 그러므로 이와 같은 첨부정보 없이 분필등기를 신청한 때에는 법 제29조 제9호(등기에 필요한 첨부정보를 제공하지 아니한 경우)에 의하여 각하하여야 한다.

### 나. 등기방법

갑 토지를 분할하여 그 일부를 을 토지로 하는 경우에, 갑 토지만에 관하여 권리가 존속하는 때에는 갑 토지의 등기기록 중 그 권리에 관한 등기에 을 토지에 관하여는 그 권리가 소멸한 뜻을 부기하여야 한다(규칙 제77조 1항, 제76조 3항). 이와 반대로 을 토지만에 관하여 권리가 존속하는 때에는 을 토지의 등기기록 중 해당구에 그 권리에 관한 등기를 전사하고 신청정보의 접수연월일과 접수번호를 기록하되, 갑 토지의 등기기록 중 그 권리에 관한 등기에는 갑 토지에 관하여 그 권리가 소멸한 뜻을 부기하고 그 등기를 말소하는 표시를 하여야 한다(규칙 제77조 1항, 제76조 4항).

한편 지상권, 지역권, 전세권 또는 임차권의 등기가 분필로 인하여 분필된 토지 즉 갑 토지나 을 토지의 일부분 위에 존속하게 되는 경우에는 지상권 등의 등기에 그 권리가 존속할 부분을 부기하여야 한다(규칙 제77조 2항).

### 3) 분필등기신청시의 소유권 외의 권리자의 소멸승낙이 있는 경우

갑 토지를 분필하여 을 토지로 한 경우에 소유권 외의 권리의 등기명의인이 을 토지에 관하여 그 권리의 소멸을 승낙한 것을 증명하는 정보 또는 이에 대항할 수 있는 재판이 있음을 증명하는 정보를 첨부정보로서 등기소에 제공한 경우에는 갑 토지의 등기기록 중 그 권리에 관한 등기에 을 토지에 대하여 그 권리가 소멸한 뜻을 부기하여야 한다(규칙 제76조 3항).

또한 소유권 외의 권리의 등기명의인이 갑 토지에 관하여 그 권리의 소멸을 승낙한 것을 증명하는 정보 또는 이에 대항할 수 있는 재판이 있음을 증명하는 정보를 첨부정보로서 등기소에 제공한 경우에는 을 토지의 등기기록 중 해당구에 그 권리에 관한 등기를 전사하고, 신청정보의 접수연월일과 접수번호를 기록하여야 한다. 이 경우 갑 토지의 등기기록 중 그 권리에 관한 등기에는 갑 토지에 대하여 그 권리가 소멸한 뜻을 부기하고 그 등기를 말소하는 표시를 하여야 한다(규칙 제76조 4항).

위 두 가지 경우에서 소멸하는 권리를 목적으로 하는 제3자의 권리가 있는 때에는 그 자의 승낙이 있음을 증명하는 정보 또는 이에 대항할 수 있는 재판이 있음을 증명하는 정보를 첨부정보로서 등기소에 제공하여야 한다(규칙 제76조 5항). 이 규정은 소유권 외의 권리가 제3자의 권리의 목적으로 되어 있는 경우 그 등기명의인만의 의사에 의하여 갑 토지 또는 을 토지에 대한 권리를 소멸시킨다면 제3자의 권리가 침해되므로 이를 방지하기 위한 것이다.

#### 4) 분필등기가 누락된 토지에 대한 등기처리 절차

토지대장상 제1차 분할 후 면적단위 환산이 이루어지고 그 후 제2차 분할이 있었으나, 등기기록상 제1차 분할에 따른 분필등기가 누락된 채 분할 후 면적으로 면적단위환산등기가 이루어지고 이어 소유권이 이전된 후 제2차 분할에 따른 분필등기가 마쳐진 경우, 면적단위환산등기 당시의 등기기록상 소유명의인은 토지대장정보 등 소명자료를 제공하여 면적단위환산등기의 착오를 원인으로 한 토지표시경정등기(이 때 경정으로 인한 모 번지 토지의 면적은 최초 분할 전의 면적에서 제2차 분할에 따른 분필등기로 분할해 나간 토지의 면적을 차감한 면적임) 및 누락된 토지에 대한 분필등기를 동시에 신청할 수 있다. 이 때 분필등기로 인하여 개설되는 분할 후의 토지의 등기기록에 전사할 사항은 위 면적단위환산등기 당시의 모 번지 토지 등기기록에 기록된 소유권 및 소유권 외의 권리에 관한 사항이 된다(선례 Ⅷ-143).

#### 🗒 선 례

토지대장상 제1차 분할 후 면적단위 환산이 이루어지고 그 후 제2차 분할이 있었으나, 등기부상은 제1차 분할에 따른 분필등기가 누락된 채 분할 후 면적으로 면적단위환산등기가 이루어지고 이어 소유권이 이전된 후 제2차 분할에 따른 분필등기가 경료된 경우, 면적단위환산등기 당시의 등기부상 소유명의인은 토지대장등본 등 소명자료를 첨부하여 면적단위환산등기의 착오를 원인으로 한 토지표시경정등기(이 때 경정으로 인한 모 번지 토지의 면적은 최초 분할 전의 면적에서 제2차 분할에 따른 분필등기로 분할해 나간 토지의 면적을 차감한 면적임) 및 누락된 토지에 대한 분필등기를 동시에 신청할 수 있다. 이 때 분필등기로 인하여 개설되는 분할의 토지 등기부에 전사할 사항은 위 면적단위환산등기 당시의 모 번지 토지 등기부에 기재된 소유권 및 소유권 이외의 권리에 관한 사항일 것이다(제정 06.01.16. 등기선례 제8-143호).

#### 5) 합병된 토지의 일부에 대한 등기소멸·회복을 구하는 경우의 조치

수필지의 토지가 합병된 후 합병 전의 1필의 1토지에 대한 등기가 무효였음을 전제로(예컨대, 갑 →을 → 병으로 소유권이 마쳐진 1토지와 A → B → 병으로 소유권이 마쳐진 2토지를 병이 합병하였으나 갑이 을·병으로 마쳐진 등기가 무효임을 전제로 을·병을 상대로 1토지 부분에 대한 말소등기를 청구한 경우) 소송을 제기하여 승소한 경우에는 1토지 부분을 분필하여 갑 명의의 등기를 되살려야 한다. 규칙 제115조에서 그 방법을 규정하고 있는데 그 내용은 다음과 같다.

토지 중 일부에 관한 등기의 말소 또는 회복을 위하여 분필의 등기를 할 때에는 그 등기의 말소 또는 회복에 필요한 범위에서 해당 부분에 관한 소유권과 그 밖의 권리에 관한 등기를 모두 전사하여야 한다(규칙 제115조 1항). 이에 따라 분필된 토지의 등기기록에 해당 등기사항을 전사한 경우에는 분필 전 토지의 등기기록에 있는 그 등기사항에 대하여는 그 뜻을 기록하고 말소하여야 한다(규칙 제115조 2항).

위와 같은 내용의 등기신청을 할 때에는 통상의 분필등기와 다름을 명백히 나타내기 위하여 등기의 목적을 「등기의 말소(또는 회복)을 위한 분필」이라고 신청정보에 표시하여야 하고, 등기기록에도 그와 같이 기록하여야 한다(등기예규 제1354호).

### (3) 토지의 합필등기(법 제35조)

「공간정보의 구축 및 관리 등에 관한 법률」상 토지의 합병이라 함은 지적공부에 등록된 2필지 이상을 1필지로 합하여 등록하는 것을 말하는 것으로(같은 법 제2조 32호). 토지소유자는 토지를 합병하려면 대통령령으로 정하는 바에 따라 지적소관청에 합병을 신청하여야 한다.

다만, 다음 각 호의 어느 하나에 해당하는 경우에는 합병 신청을 할 수 없다. 1)합병하려는 토지의 지번부여지역, 지목 또는 소유자가 서로 다른 경우, 2)합병하려는 토지에 소유권·지상권·전세권 또는 임차권의 등기, 승역지에 대한 지역권의 등기, 합병하려는 토지 전부에 대한 등기원인 및 그 연월일과 접수번호가 같은 저당권의 등기 외의 등기가 있는 경우, 3)합병하려는 토지의 지적도 및 임야도의 축척이 서로 다른 경우, 4)합병하려는 각 필지의 지반이 연속되지 아니한 경우, 5)합병하려는 토지가 등기된 토지와 등기되지 아니한 토지인 경우, 6)합병하려는 토지의 소유자별 공유지분이 다르거나 소유자의 주소가 서로 다른 경우, 7)합병하려는 토지가 구획정리, 경지정리 또는 축척변경을 시행하고 있는 지역의 토지와 그 지역 밖의 토지인 경우 등에는 합병을 할 수 없다(공간정보의 구축 및 관리 등에 관한 법률 제80조 3항, 같은 법 시행령 제66조). 갑 토지를 을 토지에 합병한 경우 등기방법은 다음과 같다.

### 1) 일반적인 합필등기 절차

가. 을 토지의 등기기록
- 갑 토지를 을 토지에 합병한 경우에 등기관이 합필등기를 할 때에는 을 토지의 등기기록 중 표제부에 합병 후의 토지의 표시와 합병으로 인하여 갑 토지의 등기기록에서 옮겨 기록한 뜻을 기록하고 종전의 표시에 관한 등기를 말소하는 표시를 하여야 한다(규칙 제79조 1항). 합필등기는 등기기록을 새로 개설하여 할 수는 없다. 만일 등기기록을 개설하여 합필등기를 하였다면 그 등기는 무효이다.
- 갑 토지를 을 토지에 합병한 경우 갑 토지의 등기기록에 지상권·지역권·전세권

또는 임차권의 등기가 있을 때에는 을 토지의 등기기록 중 을구에 그 권리의 등기를 옮겨 기록하고, 합병으로 인하여 갑 토지의 등기기록에서 옮겨 기록한 뜻, 갑 토지이었던 부분만이 그 권리의 목적이라는 뜻, 신청정보의 접수연월일과 접수번호를 기록하여야 한다(규칙 제80조 2항).

- 소유권, 지상권, 지역권 또는 임차권의 등기를 전사할 경우에 등기원인과 그 연월일, 등기의 목적과 접수번호가 같을 때에는 전사를 갈음하여 을 토지의 등기기록에 갑 토지에 대하여 같은 사항의 등기가 있다는 뜻을 기록하여야 한다(규칙 제80조 3항, 제78조 4항). 이기할 경우에 등기원인과 그 연월일·등기의 목적 및 접수번호가 동일할 때에는 이기를 갈음하여 갑 토지에 대하여도 동일사항의 등기가 있다는 뜻을 기록한다.

- 한편 갑 토지와 을 토지의 등기기록에 등기원인과 그 연월일, 등기의 목적과 접수번호가 같은 저당권이나 전세권의 등기가 있을 때에는 을 토지의 등기기록 중 그 등기에 해당 등기가 합병 후의 토지 전부에 관한 것이라는 뜻을 부기하여야 한다(규칙 제80조 3항, 제78조 5항).

나. 갑 토지의 등기기록

갑 토지를 을 토지에 합병한 경우 갑 토지의 등기기록 중 표제부에 합병으로 인하여 을 토지의 등기기록에 옮겨 기록한 뜻을 기록하고, 갑 토지의 등기기록 중 표제부의 등기를 말소하는 표시를 한 후 그 등기기록을 폐쇄하여야 한다(규칙 제79조 2항). 토지분필의 경우와 같다.

## 2) 토지 합필의 제한

가. 원칙

저당권과 같이 토지의 일부에 대하여는 성립할 수 없는 권리가 등기되어 있는 토지에 관하여 합필등기를 허용할 경우에는 그 권리가 합필 후 토지의 일부분 위에 존속하는 것으로 공시될 수밖에 없는데, 이는 1물1권주의의 취지에 어긋나고 공시의 혼란을 초래하는 결과가 된다.

따라서 법은 위와 같은 사태를 방지하기 위하여 토지의 일부에 성립이 허용되는 권리 즉 1)지상권·전세권·임차권 및 승역지에 관하여 하는 지역권의 등기, 2)합필하려는 모든 토지에 있는 등기원인 및 그 연월일과 접수번호가 동일한 저당권에 관한 등기, 3)합필하려는 모든 토지에 있는 법 제81조제1항 각 호의 등기사항이 동일한 신탁등기 외의 권리에 관한 등기가 있는 토지에 관하여는 합필의 등기를 할 수 없도록 규정하고 있다(법 제37조 1항). 등기관은 이와 같은 등기신청이 있으면 각하하여야 하고 또한 그러한 사유를 지체 없이 지적소관청에 알려야 한다(법 제37조 2항). 다만 합필되는 모든 토지에 관하여 등기원인 및 그 연월일과 접수번호가 동일한 저당권에 관한 등기가 있는 경우에는 합필등기가 가능하다. 이에 해당하기 위해서는 등기원인 및 그 연월일과 접수번호가 동일해야 하므로 동일한 채권을 담보하기 위한 본래의 저당권설정이 된 토지와 추가저당권설정이 된 토지는 합필등기를 할 수 없다(선례 Ⅲ-654).

## 📑 선 례

갑토지에 저당권이 설정되고 을토지에 추가저당권이 설정된 경우 토지의 합필제한 예외 해당여부
갑토지에 저당권설정등기를 한 후 동일한 채권에 대하여 을토지에 추가로 저당권설정등기를 한 경우에 위 두 저당권설정등기는 부동산등기법 제90조의 3 제1항 단서(지적법 제18조 제3항 도 같은 내용임)에 규정된 등기원인 및 그 연월일과 접수번호가 동일한 저당권등기가 아니다(제정 1993.05.17.등기선례 제3-654호).

수필의 토지에 대하여 등기원인 및 그 연월일과 접수번호가 동일한 가등기·가압류등기·경매등기·체납처분에 의한 압류등기 등 토지 일부에 성립이 허용되지 않는 등기가 있는 경우에는 그 토지들은 저당권에 관한 등기에 대해서만 예외를 두고자 한 법 제37조 제1항 단서의 취지에 비추어 1992. 2. 1. 현재 토지대장상 합필이 되어버린 토지를 제외하고는 합필을 할 수 없다.

공유자의 지분이 각각 상이한 토지에 대한 합필등기는 이를 할 수 없다. 또한 등기된 토지와 등기되지 아니한 토지는 합필등기의 개념상 성립될 수 없다(공간정보의 구축 및 관리 등에 관한 법률 제80조, 같은 법 시행령 제66조 3항 3호).

나. 합필의 특례(법 제38조)

합필등기를 엄격히 제한하면 대장상 합병을 했다 하더라도 그에 따른 합필등기를 하기 전에 합필제한 사유가 발생한 경우 합필등기를 할 수 없게 되어 소유자는 해당토지를 거래하기 위하여 대장상 합병된 토지를 다시 분필해야 하는 불편이 따른다. 법은 이와 같은 사정을 고려하여 합필의 특례에 관하여 규정하고 있다(법 제38조).

즉 「공간정보의 구축 및 관리 등에 관한 법률」에 따른 토지합병절차를 마친 후 합필등기를 하기 전에 합병토지의 일부에 관하여 소유권이전등기가 된 경우라 하더라도 해당토지의 소유자들은 이해관계인의 승낙서를 첨부하여 합필 후의 토지를 공유로 하는 합필등기를 공동으로 신청할 수 있다(법 제38조 1항).

또한 「공간정보의 구축 및 관리 등에 관한 법률」에 따른 토지합병절차를 마친 후 합필등기를 하기 전에 합병된 토지 중 어느 토지에 관하여 법 제37조 제1항에서 정한 합필등기의 제한사유에 해당하는 권리에 관한 등기가 된 경우라 하더라도 이해관계인의 승낙이 있으면 해당 토지의 소유권의 등기명의인은 그 권리의 목적물을 합필 후의 토지에 관한 지분으로 하는 합필등기를 신청할 수 있다. 다만, 요역지에 하는 지역권의 등기가 있는 경우에는 합필 후의 토지 전체를 위한 지역권으로 하는 합필등기를 신청하여야 한다(법 제38조 2항).

다. 합필의 특례에 따른 등기신청

법 제38조에 따라 합필의 특례에 따른 등기를 신청하는 경우에는 종전 토지의 소유권이 합병 후의 토지에서 차지하는 지분을 신청정보의 내용으로 등기소에 제공하고, 이에 관한 토지 소유자들의 확인이 있었음을 증명하는 정보를 첨부정보로서 등기소에 제공하여야 한다(규칙 제81조 1항).

합필등기에 등기상 이해관계인이 있는 경우에는 그 이해관계인이 승낙이 있음을 증명하는 정보를 첨부정보로서 등기소에 제공하여야 한다(규칙 제81조 2항).

라. 합필의 특례에 따른 등기

합필의 특례에 따른 등기를 할 때에는 종전 토지의 소유권의 등기를 공유지분으로 변경하는 등기를 부기로 하여야 하고 종전 등기의 권리에 관한 사항을 말소하는 표시를 하여야 한다. 등기상 이해관계인이 있는 경우에는 그 이해관계인 명의의 등기를 공유 지분 위에 존속하는 것으로 변경하는 등기를 부기로 하여야 한다.

## (4) 토지의 분필·합필등기(규칙 제78조)

어느 토지의 일부를 분할하여 다른 토지에 합병하는 경우에는 토지의 분필등기와 합필등기가 함께 이루어진다. 갑 토지의 일부를 분할하여 이를 을 토지에 합병한 경우 등기방법은 다음과 같다.

### 1) 을 토지의 등기기록

가. 표제부

갑 토지의 일부를 분할하여 을 토지에 합병한 경우 을 토지의 등기기록 중 표제부에 합병 후의 토지의 표시와 일부합병으로 인하여 갑 토지의 등기기록에서 옮겨 기록한 뜻을 기록하고 종전의 표시에 관한 등기를 말소하는 표시를 하여야 한다(규칙 제78조 1항).

나. 갑구와 을구

을 토지의 등기기록 중 갑구에 갑 토지의 등기기록에서 소유권의 등기(법 제37조 제1항제3호의 경우에는 신탁등기를 포함한다. 이하 이 조부터 제80조까지에서 같다)를 전사하고, 일부합병으로 인하여 소유권의 등기기록에서 전사한 뜻, 신청정보의 접수연월일과 접수번호를 기록하여야 한다(규칙 제78조 2항).

갑 토지의 등기기록에 지상권, 지역권, 전세권 또는 임차권의 등기가 있을 때에는 을 토지의 등기기록 중 을구에 그 권리에 관한 등기를 전사하고, 일부합병으로 인하여 갑 토지의 등기기록에서 전사한 뜻, 합병한 부분만이 갑 토지와 함께 그 권리의 목적이라는 뜻, 신청정보의 접수연월일과 접수번호를 기록하여야 한다(규칙 제78조 3항).

소유권, 지상권, 지역권 또는 임차권의 등기를 전사할 경우에 등기원인과 그 연월일, 등기의 목적과 접수번호가 같을 때에는 전사를 갈음하여 을 토지의 등기기록에 갑 토지에 대하여 같은 사항의 등기가 있다는 뜻을 기록하여야 한다(규칙 제78조 4항). 이기할 경우에 등기원인과 그 연월일·등기의 목적 및 접수번호가 동일할 때에는 이기를 갈음하여 갑 토지에 대하여도 같은 사항의 등기가 있다는 뜻을 기록한다.

한편 갑 토지와 을 토지의 등기기록에 등기원인과 그 연월일, 등기의 목적과 접수번호가 같은 저당권이나 전세권의 등기가 있을 때에는 을 토지의 등기기록 중 그 등기에 해당등기가 합병 후의 토지 전부에 관한 것이라는 뜻을 부기하여야 한다(규칙 제78조 5항).

## 2) 갑 토지의 등기기록

분필의 경우의 갑 토지의 등기기록에 대하여 하는 등기방법과 같다.

## ♣ 【서식】 토지합필등기신청서

<table>
<tr><td colspan="5" align="center">토지합필등기신청</td></tr>
<tr><td rowspan="2">접 수</td><td>년 월 일</td><td rowspan="2">처리인</td><td>등기관 확인</td><td>각종 통지</td></tr>
<tr><td>제     호</td><td></td><td></td></tr>
</table>

| ① 부동산의 표시 |
|---|
| 합필 전의 표시    서울특별시 서초구 서초동 100<br>　　　　　　　　　　　대 70㎡<br><br>합필의 표시    서울특별시 서초구 서초동 100 - 1<br>　　　　　　　　　　　대 30㎡<br><br>합필 후의 표시    서울특별시 서초구 서초동 100<br>　　　　　　　　　　　대 100㎡<br>　　　　　　이　　　　　　　　　상 |

<table>
<tr><td colspan="2">② 등기원인과 그 연월일</td><td colspan="2">2024년 1월 22일 합병</td></tr>
<tr><td colspan="2">③ 등 기 의 목 적</td><td colspan="2">토지표시변경</td></tr>
<tr><td>구분</td><td>성 명<br>(상호·명칭)</td><td>주민등록번호<br>(등기용등록<br>번호)</td><td>주 소 (소 재 지)</td></tr>
<tr><td>④<br>신<br>청<br>인</td><td>이대백</td><td>XXXXXX-XXXX<br>XXX</td><td>서울특별시 서초구 서초대로 88길 20<br>(서초동)</td></tr>
</table>

| ⑤ 등 록 면 허 세 | 금 | 12,000 | 원 |
|---|---|---|---|
| ⑤ 지 방 교 육 세 | 금 | 2,400 | 원 |
| ⑥ 세 액 합 계 | 금 | 14,400 | 원 |

| ⑦ 첨 부 서 면 | |
|---|---|
| · 토지 · 임야대장등본    2통<br>· 등록면허세영수필확인서  1통<br>· ~~위임장~~      ~~통~~ | 〈기 타〉 |

2024년  1월  22일

⑧ 위 신청인      이  대  백  ㉑  (전화 : 200-7766)


  (또는)위 대리인            (전화 :      )



    서울중앙 지방법원            등기국 귀중

---

- 신청서 작성요령 -

* 1. 부동산표시란에 2개 이상의 부동산을 기재하는 경우에는 부동산의 일련번호를 기재하여야 합니다.
  2. 신청인란등 해당란에 기재할 여백이 없을 경우에는 별지를 이용합니다.
  3. 담당 등기관이 판단하여 위의 첨부서면 외에 추가적인 서면을 요구할 수 있습니다.

## ♣ 【서식】 토지분필등기신청서

| 토지분필등기신청 | | | | |
|---|---|---|---|---|
| 접 수 | 년 월 일 | 처리인 | 등기관 확인 | 각종 통지 |
| | 제    호 | | | |

| ① 부동산의 표시 |
|---|
| 분할 전의 표시    서울특별시 서초구 서초동 200 <br><br>대 150㎡ <br><br><br>분할의 표시    서울특별시 서초구 서초동 200 - 1 <br><br>대 50㎡ <br><br><br>분할 후의 표시    서울특별시 서초구 서초동 200 <br><br>대 100㎡ <br><br><br>이                   상 |

| ② 등기원인과 그 연월일 | 2024년 1월 22일  분할 |
|---|---|
| ③ 등 기 의 목 적 | 토지표시변경 |
| | |

| 구분 | 성 명<br>(상호·명칭) | 주민등록번호<br>(등기용등록<br>번호) | 주    소 (소 재 지) |
|---|---|---|---|
| ⑤<br>신<br>청<br>인 | 이 대 백 | XXXXXX-XXXX<br>XXX | 서울특별시 서초구 서초대로 88길 20<br>(서초동) |

| ⑥ 등 록 면 허 세 | 금 | 6,000 원 |
|---|---|---|
| ⑥ 지 방 교 육 세 | 금 | 1,200 원 |
| ⑦ 세 액 합 계 | 금 | 7,200 원 |

| ⑧ 첨 부 서 면 | |
|---|---|
| · 토지 · 임야대장등본          2통<br>· 등록면허세영수필확인서     1통<br>· ~~위임장~~                    ~~통~~ | 〈기 타〉 |

2024년 1월 22일

⑨ 위 신청인          이    대    백    ㊞    (전화 : 200-7766)


(또는)위 대리인                          (전화 :          )


서울중앙 지방법원                    등기국 귀중

- 신청서 작성요령 -

* 1. 부동산표시란에 2개 이상의 부동산을 기재하는 경우에는 부동산의 일련번호를 기재하
     여야 합니다.
  2. 신청인란등 해당란에 기재할 여백이 없을 경우에는 별지를 이용합니다.
  3. 담당 등기관이 판단하여 위의 첨부서면 외에 추가적인 서면을 요구할 수 있습니다.

## ♣ 【서식】 주소변경에 의한 등기명의인 표시변경 등기신청서

등기명의인표시변경등기신청

| 접　수 | 년　월　일 | 처리인 | 등기관 확인 | 각종 통지 |
|---|---|---|---|---|
| | 제　　　호 | | | |

| ① 부동산의 표시 |
|---|
| 1. 서울특별시 서초구 서초동 100<br><br>　　　대 300㎡<br><br>2. 서울특별시 서초구 서초동 100<br><br>　　[도로명주소] 서울특별시 서초구 서초대로 88길 10<br><br>　　시멘트 벽돌조 슬래브지붕 2층 주택<br><br>　　　1층 100㎡<br><br>　　　2층 100㎡<br><br>　　　　　　　이　　　　　　　상 |

| ② 등기원인과 그 연월일 | 2024년 1월 22일 주소변경 |
|---|---|
| ③ 등 기 의 목 적 | 등기명의인 표시변경 |
| ④ 변　경　사　항 | 갑구 3번 등기명의인 이대백의 주소 "서울특별시 중구 다동길 96 (다동)"을 "서울특별시 서초구 서초대로 88길 20 (서초동)"으로 변경 |
| | |

| 구분 | 성 명<br>(상호·명칭) | 주민등록번호<br>(등기용등록<br>번호) | 주　소 (소 재 지) |
|---|---|---|---|
| ⑤<br>신<br>청<br>인 | 이 대 백 | XXXXXX-XXXX<br>XXX | 서울특별시 서초구 서초대로 88길 20 (서초동) |

| ⑥ 등 록 면 허 세 | 금 | 6,000 원 |
| --- | --- | --- |
| ⑥ 지 방 교 육 세 | 금 | 1,200 원 |
| ⑦ 세 액 합 계 | 금 | 7,200 원 |
| ⑧ 등 기 신 청 수 수 료 | 금 | 6,000 원 |
| | 납부번호 : ○○-○○-○○○○○○○○-○ | |
| | 일괄납부 :        건              원 | |

| ⑨ 첨 부 서 면 | |
| --- | --- |
| · 주민등록표초본                    1통<br>· 등록면허세영수필확인서         1통<br>· 등기신청수수료 영수필확인서    1통<br>· ~~위임장~~                          ~~통~~ | 〈기타〉 |

2024년  1월  22일

⑩  위 신청인        이       대       백   ㉑   (전화 : 200-7766)

(또는)위 대리인                                  (전화 :           )

서울중앙 지방법원                          등기국 귀중

- 신청서 작성요령 -

* 1. 부동산표시란에 2개 이상의 부동산을 기재하는 경우에는 부동산의 일련번호를 기재하여야 합니다.
  2. 신청인란등 해당란에 기재할 여백이 없을 경우에는 별지를 이용합니다.
  3. 담당 등기관이 판단하여 위의 첨부서면 외에 추가적인 서면을 요구할 수 있습니다.

## ♣【서식】개명에 의한 등기명의인 표시변경 등기신청서

### 등기명의인표시변경등기신청

| 접 수 | 년 월 일 | 처리인 | 등기관 확인 | 각종 통지 |
|---|---|---|---|---|
| | 제      호 | | | |

| ① 부동산의 표시 |
|---|
| 1. 서울특별시 서초구 서초동 100<br><br>　　대 300m²<br><br>2. 서울특별시 서초구 서초동 100<br><br>　　[도로명주소] 서울특별시 서초구 서초대로 88길 10<br><br>　　시멘트 벽돌조 슬래브지붕 2층 주택<br><br>　　　　1층 100㎡<br><br>　　　　2층 100㎡<br><br>　　　　　　　　　이　　　　　　상 |

| ② 등기원인과 그 연월일 | 2024년 1월 22일 개명 |
|---|---|
| ③ 등 기 의 목 적 | 등기명의인 표시변경 |
| ④ 변 경 사 항 | 소유권의 등기명의인의 성명 "이대백"을 "이을남"으로 변경 |

| 구분 | 성 명<br>(상호·명칭) | 주민등록번호<br>(등기용등록<br>번호) | 주 소 (소 재 지) |
|---|---|---|---|
| ⑤<br>신<br>청<br>인 | 이을남 | XXXXXX-XXXX<br>XXX | 서울특별시 서초구 서초대로 88길 20<br>(서초동) |

| ⑥ 등 록 면 허 세 | 금 | 6,000 | 원 |
|---|---|---|---|
| ⑥ 지 방 교 육 세 | 금 | 1,200 | 원 |
| ⑦ 세 액 합 계 | 금 | 7,200 | 원 |
| ⑧ 등 기 신 청 수 수 료 | 금 | 3,000 | 원 |
| | 납부번호 : ○○-○○-○○○○○○○○○-○ | | |
| | 일괄납부 :        건          원 | | |

⑨ 첨    부    서    면

| · 등록면허세영수필확인서　　　1통<br>· 등기신청수수료 영수필확인서　1통<br>~~· 위임장　　　　　　　　　　　통~~<br>· 기본증명서　　　　　　　　　1통 | 〈기타〉 |
|---|---|

2024년  1월  22일

⑩  위 신청인      이      을      남  ㉑  (전화 : 200-7766)


(또는)위 대리인                        (전화 :          )



서울중앙 지방법원                  등기국 귀중

---

- 신청서 작성요령 -

\* 1. 부동산표시란에 2개 이상의 부동산을 기재하는 경우에는 부동산의 일련번호를 기재하여야 합니다.
  2. 신청인란등 해당란에 기재할 여백이 없을 경우에는 별지를 이용합니다.
  3. 담당 등기관이 판단하여 위의 첨부서면 외에 추가적인 서면을 요구할 수 있습니다.

## 4. 토지의 멸실등기

### (1) 의의

토지의 멸실이란 토지의 함몰·포락 등으로 인하여 1필의 토지 전체가 물리적으로 소멸한 것을 말한다.

### (2) 등기의 신청

토지가 멸실된 경우에는 그 소유권의 등기명의인이 멸실 사실이 있는 때부터 1개월 이내에 멸실등기를 신청하여야 한다(법 제39조). 토지가 멸실되어 지적공부가 등록말소 되었음에도 불구하고 토지에 관한 등기가 여전히 존재하게 된다면 실재 존재하지 아니한 토지가 존재하고 있는 것으로 오인될 염려가 있기 때문에 그 토지의 소유명의인에게 멸실등기신청의무를 부과한 것이다. 멸실 사실이 있는 때라 함은 그 사실이 지적공부에 기록된 때를 말한다. 1개월 이내에 등기신청을 하지 않더라도 과태료는 부과되지 않는다.

지적공부에 등록되어 있지 않은 토지(지적공부 멸실로 인한 토지 제외)는 토지로서 존재하지 않거나 특정되지 않은 것으로서, 그와 같은 토지에 대한 소유권보존등기는 등기로서 아무런 효력이 없다. 그러므로 등기명의인은 그 토지가 토지조사령에 의한 토지조사부 및 그 후부터 현재까지의 지적공부에 등록된 사실이 없다는 지적소관청의 확인정보와 인감증명을 첨부하여 해당 토지에 대한 멸실등기를 신청할 수 있다(선례 V-505).

### 📑 선 례

토지대장에 등재사실이 없는 경우 그 토지에 관한 멸실등기 신청 가부. 어느 토지에 대하여 소유권보존등기가 경료되어 있는 경우에 특별한 사정이 없는 한 그 원인과 절차에 있어서 적법하게 경료된 것으로 추정되므로, 지적공부 소관청에는 이에 대한 토지대장이 비치되어 있었다고 보아야 할 것이다. 그러나 국가는 지적법이 정하는 바에 의하여 모든 토지를 필지마다 지번, 지목, 경계 또는 좌표와 면적을 정하여 지적공부에 등록하여야 하는바, 토지는 특별한 사정이 없는 한 위와 같이 지적공부의 등록으로써 특정되므로 지적공부에 등록되지 않은 토지(지적공부 멸실로 인한 미복구된 토지는 제외)는 토지로서 존재하지 않거나 특정되지 않은 것으로서 그와 같은 토지에 관한 소유권보존등기는 등기로써 아무런 효력이 없는 것이라고 할 것이므로, 등기명의인은 어느 토지가 토지조사령에 의한 토지조사부 및 그 이후부터 현재까지의 지적공부에 등록된 사실이 없다는 지적공부 소관청의 확인서면과 등기명의인의 인감증명을 첨부하여 당해 토지에 관한 멸실등기의 신청을 할 수 있다(제정 97.04.23. 등기선례 제5-505호).

토지의 멸실등기를 신청할 때에는 그 멸실을 증명하는 토지대장정보나 임야대장 정보를 등기소에 제공하여야 한다(규칙 제83조).

## (3) 등기의 실행

등기관이 토지의 멸실등기를 할 때에는 등기기록 중 표제부에 멸실의 뜻과 그 원인을 기록하고 표제부의 등기를 말소하는 표시를 한 후 그 등기기록을 폐쇄하여야 한다(규칙 제85조 1항).

멸실등기한 토지가 다른 부동산과 함께 소유권 외의 권리의 목적일 때에는 그 다른 부동산의 등기기록 중 해당 구에 멸실등기한 토지의 표시를 하고, 그 토지가 멸실한 뜻을 부기하며, 그 토지와 함께 소유권 외의 권리의 목적이라는 뜻을 기록한 등기 중 멸실등기한 토지의 표시에 관한 사항을 말소하는 표시를 하여야 한다. 이때 공동전세목록이나 공동담보목록이 있는 경우에는 그 목록에 하여야 한다(규칙 제84조 2항, 3항).

멸실등기한 토지와 함께 권리의 목적이 된 토지가 다른 등기소 관할일 때에는 등기관은 지체 없이 그 등기소에 부동산 및 멸실등기한 토지의 표시와 신청정보의 접수연월일을 통지하여야 하고, 통지를 받은 등기소의 등기관은 지체 없이 앞서 본 바와 같은 등기를 실행하여야 한다(규칙 제84조 4항, 5항).

## ♣ 【서식】 토지멸실등기신청서

<table>
<tr><td colspan="5" align="center">토지멸실등기신청</td></tr>
<tr><td rowspan="2">접<br><br>수</td><td colspan="2">년 월 일</td><td rowspan="2">처리인</td><td>등기관 확인</td><td>각종 통지</td></tr>
<tr><td>제</td><td>호</td><td></td><td></td></tr>
</table>

<table>
<tr><td colspan="4" align="center">부동산의 표시</td></tr>
<tr><td colspan="4">

변경전의 표시    00시 00구 00동 123-0
　　　　　　　　　잡종지 000㎡

변경후의 표시    00시 00구 00동 123-0
　　　　　　　　　잡종지 000㎡

　　　　　　　이　　　　　　　　상

</td></tr>
<tr><td colspan="2">등기원인과 그 연월일</td><td colspan="2">2000 년  00 월 00 일 해몽</td></tr>
<tr><td colspan="2">등 기 의  목 적</td><td colspan="2">토지멸실</td></tr>
<tr><td>구<br>분</td><td>성　　명<br>(상호·명칭)</td><td>주민등록번호<br>(등기용등록번호)</td><td>주 소(소 재 지)</td></tr>
<tr><td>신<br><br>청<br><br>인</td><td>박 영 철</td><td>000000-000000</td><td>00시 00구 00동 000</td></tr>
</table>

| 등 록 면 허 세 | 금 | 000,000 원 | |
|---|---|---|---|
| 지 방 교 육 세 | 금 | 000,000 원 | |
| 세 액 합 계 | 금 | 000,000 원 | |
| 등 기 신 청 수 수 료 | 금 | 원 | |
| | 납부번호 : | | |
| | 일괄납부 : | 건 | 원 |

등기의무자의 등기필 정보

| 부동산고유번호 | 1002-2009-002096 | |
|---|---|---|
| 성명(명칭) | 일련번호 | 비밀번호 |
| 박영철 | A7B-CD7EF-123G | 50-4637 |

첨 부 서 면

| · 토지대장등본                통 | 〈기 타〉 |
|---|---|
| · 등록면허세영수필확인서          통 | |
| · 등기신청수수료 영수필확인서      통 | |
| · 위임장                      통 | |

20   년   2월   11일

위 신청인      박      영      철      (인)      (전화: 555-1234)

(인)      (전화:          )

(또는)위 대리인 법무사 김 민 수      (인)      (전화: 888-3456)

서울특별시 서초구 서초동 456

서울중앙 지방법원                          등기국 귀중

---

- 신청서 작성요령 -

* 1. 부동산표시란에 2개 이상의 부동산을 기재하는 경우에는 부동산의 일련번호를 기재
하여야 합니다.
  2. 신청인란등 해당란에 기재할 여백이 없을 경우에는 별지를 이용합니다.
  3. 담당 등기관이 판단하여 위의 첨부서면 외에 추가적인 서면을 요구할 수 있습니다.

## 【위임장】

<table>
<tr>
<td colspan="2" align="center">위　임　장</td>
</tr>
<tr>
<td rowspan="2">부<br>동<br>산<br>의<br><br>표<br>시</td>
<td>
변경전의 표시　　00시 00구 00동 123-0<br>
　　　　　　　　　　잡종지 000㎡<br><br>
변경후의 표시　　00시 00구 00동 123-0<br>
　　　　　　　　　　잡종지 000㎡<br><br>
　　　　　　　이　　　　　　　상
</td>
</tr>
</table>

<table>
<tr>
<td>등기원인과 그 연월일</td>
<td>2000 년　00 월 00 일 일부 해목</td>
</tr>
<tr>
<td>등 기 의　목 적</td>
<td>토지면식</td>
</tr>
<tr>
<td></td>
<td></td>
</tr>
</table>

<table>
<tr>
<td align="center">위 임 인</td>
<td align="center">대 리 인</td>
</tr>
<tr>
<td>
신청인 박 영 철　(인)<br>
　　00시 00구 00동 000
</td>
<td>
법무사 김 면 수　(인)<br>
　　　00시 00구 00동 000<br><br>
　위 사람을 대리인으로 정하고 위 부동산 등기신청 및 취하에 관한 모든 행위를 위임한다. 또한 복대리인 선임을 허락한다.<br><br>
　　　　　　200 년　0 월　0 일
</td>
</tr>
</table>

## 5. 토지개발사업에 따른 등기

### (1) 의의

　토지개발사업은 수 개의 필지를 정리하여 1개 또는 수 개의 필지로 구획정리를 하는 방법으로 시행된다. 그러므로 토지개발사업에 따른 등기는 원칙적으로 합필등기나 분필등기의 형식으로 행해져야 할 것이다. 그런데 지적소관청에서는 지적공부를 합병이나 분할로 정리하지 않고 종전 대장을 모두 폐쇄하고 새로운 대장을 개설하는 방법으로 한다. 따라서 합필등기나 분필등기의 방식으로는 토지개발사업에 따른 부동산표시변경등기를 할 수가 없다.

　이에 따라 규칙에서는 「도시개발법」에 따른 도시개발사업, 「주택법」에 따른 주택건설사업, 「택지개발촉진법」에 따른 택지개발사업 또는 그 밖의 토지개발사업으로 인한 토지의 이동(異動)에 따라 종전 지적공부가 폐쇄되고 새로 지적공부가 작성된 경우에 소유권의 등기명의인은 종전 토지에 관한 등기의 말소등기와 새로운 토지에 관한 소유권보존등기를 동시에 신청하여야 한다고 규정하고 있다(규칙 제88조 1항).

### (2) 요건

　토지개발사업에 따른 등기는 제한 없이 할 수 있는 것이 아니다. 이 등기를 신청하기 위해서는 아래의 요건을 구비하여야 한다.

　① 토지개발사업이 완료됨에 따라 지적확정측량에 의하여 종전 지적공부가 전부 폐쇄되고 새로 지적공부가 작성되어 있어야 한다.

　② 토지개발사업 지역 내 모든 토지의 소유명의인이 동일하여야 한다.

　③ 모든 토지의 등기기록에 소유권등기 외의 다른 등기가 없어야 한다. 다만 「주택법」 제2조 제11호에 따른 주택조합(구 「주택건설촉진법」에 따라 2003. 7. 1. 이전에 사업승인을 받은 재건축조합을 포함한다), 주택도시보증공사 또는 「자본시장과 금융투자업에 관한 법률」에 따른 신탁업자를 수탁자로 하는 신탁등기가 모든 토지에 있는 경우와 「주택법」 제40조 제3항의 금지사항 부기등기가 모든 토지에 있는 경우에는 이 등기를 신청할 수 있다.

### (3) 등기신청

#### 1) 신청하여야 할 등기

　토지개발사업이 완료됨에 따라 지적확정측량에 의하여 종전 지적공부가 전부 폐쇄되고 새로 지적공부가 작성된 후 이에 대한 확정시행 공고가 있을 때에 해당 토지의 소유명의인은 토지개발사업의 시행에 따른 종전 토지에 관한 등기의 말소등기와 토지개발사업의 시행으로 조성되 토지에 관한 소유권보존등기를 동시에 신청하여야 한다.

### 2) 첨부정보

위의 등기를 신청하기 위해서는 아래의 정보를 첨부정보로서 등기소에 제공하여야 한다.

① 종전 토지에 대한 폐쇄 토지대장정보
② 새로이 조성된 토지에 대한 토지대장정보
③ 토지개발사업의 시행에 따른 종전 토지 및 확정 토지의 지번별조서
④ 지적공부 확정시행 공고를 증명하는 정보

### 3) 종전 토지에 관한 등기신청

종전 토지에 관한 등기의 말소등기를 신청할 때에는 사업지역 내의 모든 토지에 대하여 1건의 신청정보로 일괄하여 하여야 하며, 신청정보에는 토지개발사업 시행으로 인하여 등기를 신청하는 뜻을 표시하여야 한다.

### 4) 새로 조성된 토지에 관한 등기신청

새로 조성된 토지에 관한 소유권보존등기를 신청할 때에는 사업지역 내의 모든 토지에 대하여 1건의 신청정보로 일괄하여야 하며, 신청정보에는 토지개발사업 시행으로 인하여 등기를 신청하는 뜻을 표시하여야 한다. 해당 토지의 소유명의인이 수탁자인 주택조합, 주택도시보증공사 또는 「자본시장과 금융투자업에 관한 법률」에 따른 신탁업자인 경우에는 소유권보존등기와 함께 신탁등기를 동시에 신청하여야 한다.

종전 토지의 등기기록에 「주택법」제40조 제3항의 금지사항 부기등기가 있을 때에는 소유권보존등기와 함께 그 금지사항 부기등기를 동시에 신청하여야 한다.

## (4) 등기실행

### 1) 종전 토지에 관한 등기

등기관은 종전 토지에 관한 등기의 말소등기신청에 따라 등기를 할 때에는 종전 토지의 등기기록 중 표제부에 토지개발사업 시행으로 인하여 말소한 뜻을 기록하고 부동산의 표시를 말소하는 표시를 한 다음 그 등기기록을 폐쇄하여야 한다.

### 2) 새로 조성된 토지에 관한 등기

등기관은 새로 조성된 토지에 관한 소유권보존등기신청에 따라 등기를 할 때에는

등기기록 중 표제부에 한 등기의 끝부분에 토지개발사업 시행으로 인하여 등기하였다는 뜻을 기록하여야 한다.

# III. 건물 표시에 관한 등기

## 1. 의의

### (1) 표제부의 등기사항

건물의 표시는 등기의 대상인 건물을 특정하는 역할을 한다. 건물의 소재·지번(행정구역 및 지번), 건물번호 및 건물의 종류·구조·면적에 의하여 특정된다.

건물 등기기록의 표제부에는 위와 같이 건물을 특정하기 위한 소재·지번(행정구역 및 지번), 건물번호(다만, 같은 지번 위에 1개의 건물만 있는 경우에는 건물번호는 기록하지 아니한다) 및 건물의 종류·구조·면적(부속건물이 있는 경우에는 부속건물의 종류, 구조와 면적도 함께 기록한다)을 기록하며, 그 밖에도 표시번호, 접수연월일, 등기원인 및 도면번호(같은 지번 위에 여러 개의 건물이 있는 경우와 구분건물인 경우에만 기록한다)를 기록하게 된다(법 제40조 1항). 등기할 건물이 구분건물인 경우에는 건물을 특정하기 위하여 1동 건물의 표제부에 소재·지번, 건물명칭 및 번호, 건물의 종류·구조·면적을 기록하고, 전유부분의 표제부에 건물번호와 건물의 종류·구조·면적을 기록한다(법 제40조 2항).

또한 구분건물에 대지권이 있는 경우에는 1동 건물의 표제부에 대지권의 목적인 토지의 표시에 관한 사항을 기록하고, 전유부분의 표제부에 대지권의 표시에 관한 사항을 기록한다(법 제40조 3항).

### (2) 건물 표시에 관한 등기의 유형

건물 표시에 관한 등기는 위와 같이 건물을 특정하기 위한 각 요소에 대하여 변경이 있을 때에 하는 등기라고 할 수 있으며, 이러한 등기에는 1)단순히 표제부의 기록만을 변경하는 '건물 표시의 변경등기', 2)건물의 분할, 구분 및 합병이 있는 경우에 하는 등기로서 등기기록의 개설이나 폐쇄를 수반하는 '건물의 분할등기, 구분등기 및 합병등기'와 3)건물이 물리적으로 소멸하는 경우에 하는 등기로서 등기기록의 폐쇄를 수반하는 '건물의 멸실등기'가 있다. 또한 구분건물에 대하여는 그 대지권의 변경이나 소멸이 있는 경우에 하는 '대지권의 변경등기'가 있다.

### (3) 과태료 사유의 통지

건물의 경우 표시변경등기신청이나 멸실등기신청의무가 있는 자가 기간 내에 그 등기신청을 게을리 하였을 때에는 50만원 이하의 과태료에 처해진다(법 제112조). 여기서 기간은 대장의 표시변경등록일로부터 기산하되 신소유자가 신청하는 경우만은 그 소유권이전등기일로부터 기산한다(등기예규 제1349호). 소유권의 등기명의인이면 그가 현재 실제로 소유권을 가지고 있느냐의 여부는 묻지 않는다.

등기관은 건물의 표시변경등기 신청의무나 멸실등기 신청의무와 관련하여 과태료에 처할 사유가 있다고 인정하면 지체 없이 과태료에 처할 자의 주소지를 관할하는 지방법원 또는 지원에 그 사유를 통지하여야 한다(규칙 제164조).

## 2. 건물 표시의 변경등기

### (1) 등기절차의 개시

#### 1) 신청에 의한 경우

건물의 표시사항인 소재·지번, 건물번호 및 건물의 종류·구조·면적이 변경된 경우에는 그 건물 소유권의 등기명의인은 그 사실이 있는 때부터 1개월 이내에 건물 표시의 변경등기를 신청하여야 한다(법 제41조 1항). 구분건물로서 표시등기만 있는 건물에 관하여는 소유권보존등기를 신청할 수 있는 자가 건물 표시의 변경등기를 신청하여야 한다(법 제41조 2항).

구분건물의 경우에 1동 건물의 표제부에 기록하는 사항(예 : 아파트의 명칭)에 대한 변경등기는 모든 구분건물의 소유명의인 전원이 신청하여야 하는 것은 아니며, 구분건물의 소유명의인 중 1인이 신청하면 된다(법 제41조 4항).

건물 표시의 변경등기를 신청하는 경우에는 그 건물의 변경 전과 변경 후의 표시에 관한 사항을 신청정보의 내용으로 등기소에 제공하여야 한다. 이 경우에 그 변경을 증명하는 건축물대장 정보를 첨부정보로서 등기소에 제공하여야 한다(규칙 제88조 1항, 3항).

#### 2) 촉탁에 의한 경우

대장소관청(특별자치시장·특별자치도지사 또는 시장·군수·구청장)은 1)지번 또는 행정구역의 명칭이 변경된 경우 2)사용승인을 받은 건축물로서 사용승인 내용 중 건축물의 면적·구조·용도 및 층수가 변경된 경우 3)건축물의 철거신고에 따라 철거한 경우 4)건축물의 멸실 후 멸실신고를 한 경우 관할등기소에 그 등기를 촉탁할 수 있다(건축법

제39조). 토지 표시의 변경과는 달리 대장소관청의 촉탁은 의무사항이 아니다.

### 3) 직권에 의한 경우

행정구역 또는 그 명칭이 변경되었을 때 등기관이 직권으로 하는 건물 표시의 변경등기는 토지의 경우와 같다.

## (2) 등기의 실행

등기관이 건물표시에 관한 사항을 변경하는 등기를 할 때에는 항상 주등기로 실행하고, 종전의 표시에 관한 등기를 말소하는 표시를 하여야 한다(규칙 제87조 1항).

신축건물을 다른 건물의 부속건물로 하는 등기를 할 때에는 주된 건물의 등기기록 중 표제부에 부속건물 신축을 원인으로 한 건물표시변경등기를 하고, 종전의 표시에 관한 등기를 말소하는 표시를 하여야 한다(규칙 제87조 2항).

## 3. 건물의 분할·구분·합병등기

건물의 분할(1개의 일반건물을 두 개 이상의 일반건물로 나누는 것을 말한다), 구분(1동의 건물을 1동 그대로 두고 내부적으로 구분하여 구분소유권의 목적으로 하는 것을 말한다), 합병(건물의 현상을 변경함이 없이 두 개의 건물을 1개의 건물로 하거나 건물에 변경을 가하여 2개 이상의 건물을 1개의 건물로 합체하는 것을 말한다)이 있는 경우에도 그 건물 소유권의 등기명의인은 그 사실이 있는 때부터 1개월 이내에 그 등기를 신청하여야 한다(법 제41조 1항).

## (1) 건물의 분할등기

### 1) 의의

건물의 분할에는 1동의 건물을 물리적으로 분할하는 분동(分棟. 사실상의 분할, 이 경우에는 면적의 감소를 초래한다)과 주된 건물과 동일 등기기록에 등기된 부속건물을 다른 등기기록에 등기하는 법률상 분할이 있다.

### 2) 등기절차

갑 건물로부터 그 부속건물을 분할하여 을 건물로 한 경우 분할등기방법은 대체로 토지 분할의 경우와 같다. 즉 을 건물에 관하여 등기기록을 개설하고 그 등기기록 중 표제부에 건물의 표시와 분할로 인하여 갑 건물의 등기기록에 옮겨 기록한 뜻을 기록하여야 한다(규칙 제96조 1항). 이 절차를 마치고 나서 갑 건물의 등기기록 중 표제부에 남은 부분의 표시를 하고, 분할로 인하여 다른 부분을 을 건물의 등기기록에 옮겨 기록한 뜻을 기록하며, 종전의 표시에 관한 등기를 말소하는 표시를 하여야 한다(규칙 제96조 2항). 그 밖에 건물의 분할등기와 관련한 절차는 토지의 분필등기에 관한 절차가 준용된다(규칙 제96조 3항, 제76조, 제77조).

## (2) 건물의 구분등기

### 1) 의의

건물의 구분은 두 가지의 경우가 있을 수 있다. 구분건물이 아닌 갑 건물을 구분하여 갑 건물과 을 건물로 한 경우와 구분건물인 갑 건물을 구분하여 갑 건물과 을 건물로 한 경우를 들 수 있다. 그 구체적인 등기방법은 다음과 같다.

### 2) 등기절차

구분건물이 아닌 갑 건물을 구분하여 갑 건물과 을 건물로 한 경우에 등기관이 구분등기를 할 때에는 구분 후의 갑 건물과 을 건물에 대하여 등기기록을 개설하고 각 등기기록 중 표제부에 건물의 표시와 구분으로 인하여 종전의 갑 건물의 등기기록에서 옮겨 기록한 뜻을 기록하여야 한다(규칙 제97조 1항). 이와 같은 절차를 마치면 종전의 갑 건물의 등기기록 중 표제부에 구분으로 인하여 개설한 갑 건물과 을 건물의 등기기록에 옮겨 기록한 뜻을 기록하고 표제부의 등기를 말소하는 표시를 한 후 그 등기기록을 폐쇄하여야 한다(규칙 제97조 2항). 또한 새로 개설한 갑 건물과 을 건물의 등기기록 중 해당구에 종전의 갑 건물의 등기기록에서 소유권과 그 밖의 권리에 관한 등기를 옮겨 기록하고, 구분으로 인하여 종전의 갑 건물의 등기기록에서 옮겨 기록한 뜻, 신청정보의 접수연월일과 접수번호를 기록하여야 하며, 소유권 외의 권리에 관한 등기에는 다른 등기기록에 옮겨 기록한 건물이 함께 그 권리의 목적이라는 뜻도 기록하여야 한다. 등기상 이해관계인이 있을 때에는 토지의 분필등기절차에서 정한 방법과 마찬가지로 처리한다(규칙 제97조 3항, 제76조).

구분건물인 갑 건물을 구분하여 갑 건물과 을 건물로 한 경우에는 등기기록 중 을 건물의 표제부에 건물의 표시와 구분으로 인하여 갑 건물의 등기기록에서 옮겨 기록한 뜻을 기록하여야 한다(규칙 제97조 4항). 이러한 절차를 마치면 갑 건물의 등기기록 중 표제부에 남은 부분의 표시를 하고 구분으로 인하여 다른 부분을 을 건물의 등기기록에 옮겨 기록한 뜻을 기록하며 종전의 표시에 관한 등기를 말소하는 표시를 하여야 한다(규칙 제97조 5항). 구분한 건물의 일부에만 존속하는 권리가 있는 등 특별한 사정이 있는 경우 그 등기방법은 토지의 분필등기에 관한 규정이 준용된다(규칙 제97조 6항, 제76조, 제77조).

## (3) 건물의 합병등기

### 1) 의의

건물의 합병에는 물리적으로 합병하는 합동과 다른 등기기록에 등기된 건물을 부속건물로 하기 위하여 이미 등기된 건물의 등기기록에 그 등기를 이기하는 법률상 합병이 있다.

### 2) 등기절차

갑 건물을 을 건물 또는 그 부속건물에 합병하거나 을 건물의 부속건물로 한 경우에 그 등기절차는 대체로 토지 합필등기에 관한 규정이 준용된다(규칙 제100조 1항, 제79조, 제80조). 다만 갑 건물이 구분건물로서 같은 등기기록에 을 건물 이외에 다른 건물의 등기가 있을 때에는 그 등기기록을 폐쇄하지 않는다.

합병으로 인하여 을 건물이 구분건물이 아닌 것으로 된 경우에 그 등기를 할 때에는 합병 후의 건물에 대하여 등기기록을 개설하고 그 등기기록의 표제부에 합병 후의 건물의 표시와 합병으로 인하여 갑 건물과 을 건물의 등기기록에서 옮겨 기록한 뜻을 기록하여야 한다(규칙 제100조 2항). 이 절차를 마치면 갑 건물과 을 건물의 등기기록 중 표제부에 합병으로 인하여 개설한 등기기록에 옮겨 기록한 뜻을 기록하고 갑 건물과 을 건물의 등기기록 중 표제부의 등기를 말소하는 표시를 한 후 그 등기기록을 폐쇄하여야 한다(규칙 제100조 3항).

대지권을 등기한 건물이 합병으로 인하여 구분건물이 아닌 것으로 된 경우에는 대지권변경등기에 관한 절차가 준용된다(규칙 제100조 5항, 제93조).

### 3) 건물 합병의 제한

토지의 합필이 제한되는 것과 마찬가지로 건물의 경우에도 그 일부에 권리가 성립할 수 있는 권리, 즉 1)소유권, 전세권 및 임차권의 등기 외의 권리에 관한 등기, 2)합병하려는 모든 건물에 있는 등기원인 및 그 연월일과 접수번호가 동일한 저당권에 관한 등기, 3)합병하려는 모든 건물에 있는 법 제81조제1항 각 호의 등기사항이 동일한 신탁등기가 있는 건물에 관하여는 합병등기를 할 수 없다(법 제42조 1항). 등기관이 건물의 합병제한 사유가 있음을 이유로 합병등기신청을 각하하면 지체 없이 그 사유를 건축물대장 소관청에 알려야 한다(법 제42조 2항).

## (4) 건물의 분할합병등기(규칙 제98조)

갑 건물로부터 그 부속건물을 분할하여 을 건물의 부속건물로 한 경우에는 을 건물의 등기기록 중 표제부에 합병 후의 건물의 표시와 일부합병으로 인하여 갑 건물의 등기기록에서 옮겨 기록한 뜻을 기록하고 종전의 표시에 관한 등기를 말소하는 표시를 하여야 한다. 이 경우 건물분할등기에 관한 규정 및 토지의 분합필등기에 관한 규정이 준용된다(규칙 제98조 2항, 제96조, 제78조, 제75조).

## (5) 건물의 구분합병등기(규칙 제99조)

갑 건물을 구분하여 을 건물 또는 그 부속건물에 합병한 경우 등기관이 구분 및 합병의 등기를 할 때에는 건물의 분할합병등기에 관한 규정이 준용된다(규칙 제99조 1항, 제98조 1항). 또한 건물의 구분등기에 관한 규정 및 토지의 분합필등기에 관한 규정 중 관련 있는 부분이 준용된다(규칙 제99조 2항, 제97조, 제78조).

## ♣ 【서식】 건물분할등기신청서

<table>
<tr><td colspan="6" align="center">건물분할등기신청</td></tr>
<tr>
<td rowspan="2">접<br>수</td>
<td>년 월 일</td>
<td rowspan="2">처리인</td>
<td>등기관 확인</td>
<td>각종 통지</td>
</tr>
<tr>
<td>제    호</td>
<td></td>
<td></td>
</tr>
</table>

<table>
<tr><td colspan="5" align="center">부동산의 표시</td></tr>
<tr>
<td colspan="5">
분할 전의 표시<br>
    ○○시 ○○구 ○○동 ○○번지<br>
    시멘트벽돌조 기와지붕 단층주택 70㎡<br>
    부속건물<br>
    시멘트벽돌조 기와지붕 단층창고 30㎡<br>
분할의 표시<br>
    ○○시 ○○구 ○○동 ○○번지 제2호<br>
    시멘트벽돌조 기와지붕 단층창고 30㎡<br>
분할 후의 표시<br>
    ○○시 ○○구 ○○동 ○○번지 제1호<br>
    시멘트벽돌조 기와지붕 단층주택 70㎡
</td>
</tr>
<tr>
<td>등기원인과그연월일</td>
<td colspan="4">20○○년 ○월 ○일 분할</td>
</tr>
<tr>
<td>등 기 의 목 적</td>
<td colspan="4">건물 표시변경</td>
</tr>
<tr>
<td colspan="5"></td>
</tr>
<tr>
<td>구<br>분</td>
<td>성    명<br>(상호·명칭)</td>
<td>주민등록번호<br>(등기용등록번호)</td>
<td>주    소<br>(소재지)</td>
<td>지 분<br>(개인별)</td>
</tr>
<tr>
<td>신<br>청<br>인</td>
<td>○  ○  ○</td>
<td>600606-1234567</td>
<td>○○시 ○○구 ○○동 ○○번지</td>
<td></td>
</tr>
</table>

| 취 득 세 (등 록 면 허 세 ) | 금 | | 원 |
|---|---|---|---|
| 지 방 교 육 세 | 금 | | 원 |
| 농 어 촌 특 별 세 | 금 | | 원 |
| 세 액 합 계 | 금 | | 원 |
| 등 기 신 청 수 수 료 | 금 | | 원 |
| | 납부번호 : | | |
| | 일괄납부 : | 건 | 원 |

등기의무자의 등기필 정보

| 부동산고유번호 | 1002-2009-002096 | |
|---|---|---|
| 성명(명칭) | 일련번호 | 비밀번호 |
| 이철수 | A7B-CD7EF-123G | 50-4637 |

첨 부 서 면

| | | |
|---|---|---|
| · 건축물대장등본 | 1통 | 〈기 타〉 |
| · 등록면허세영수필확인서 | 1통 | |
| · 등기신청수수료 영수필확인서 | 1통 | |
| · 건물의 소재도 | 1통 | |
| · 위임장 | 1통 | |

20 년 2월 11일

위 신청인        이    철    수        (인)    (전화: 555-1234)

(인)    (전화:        )

(또는)위 대리인  법무사 김 민 수    (인)    (전화: 888-3456)

서울특별시 서초구 서초동 456

서울중앙 지방법원                    등기국 귀중

---

- 신청서 작성요령 -

* 1. 부동산표시란에 2개 이상의 부동산을 기재하는 경우에는 부동산의 일련번호를 기재
하여야 합니다.
  2. 신청인란등 해당란에 기재할 여백이 없을 경우에는 별지를 이용합니다.
  3. 담당 등기관이 판단하여 위의 첨부서면 외에 추가적인 서면을 요구할 수 있습니다.

| 위 임 장 | |
|---|---|
| 부동산의표시 | 분할 전의 표시<br><br>　　　○○시 ○○구 ○○동 ○○번지<br>　　　시멘트벽돌조 기와지붕 단층주택 70㎡<br>　　　부속건물<br>　　　시멘트벽돌조 기와지붕 단층창고 30㎡<br>분할의 표시<br>　　　○○시 ○○구 ○○동 ○○번지 제2호<br>　　　시멘트벽돌조 기와지붕 단층창고 30㎡<br>분할 후의 표시<br>　　　○○시 ○○구 ○○동 ○○번지 제1호<br>　　　시멘트벽돌조 기와지붕 단층주택 70㎡ |
| 등 기 원 인 과 그 연 월 일 | 20○○년 ○월 ○일 분할 |
| 등 기 의 목 적 | 건물표시변경 |
| | |

| (신청인) ○ ○ ○ ㊞<br>　　　○○시 ○○구 ○○동 ○○번지 | (대리인) 법무사 ○ ○ ○<br>　　　○○시 ○○구 ○○동 ○○번지<br><br>　　위 사람을 대리인으로 정하고 위 부동산<br>등기신청 및 취하에 관한 모든 행위를 위<br>임한다. 또한 복대리인 선임을 허락한다.<br><br>　　　　20○○년 ○월 ○일 |

## ♣ 【서식】 건물합병등기신청서

<table>
<tr><td colspan="5" style="text-align:center">건물합병등기신청</td></tr>
<tr><td rowspan="2">접<br>수</td><td>년 월 일</td><td rowspan="2">처리인</td><td>등기관 확인</td><td>각종 통지</td></tr>
<tr><td>제    호</td><td></td><td></td></tr>
</table>

<table>
<tr><td colspan="5" style="text-align:center">부동산의 표시</td></tr>
<tr><td colspan="5">
합병 전의 표시<br>
  ○○시 ○○구 ○○동 ○-1번지<br>
  시멘트벽돌조 기와지붕 단층주택 70㎡<br>
합병의 표시<br>
  ○○시 ○○구 ○○동 ○-2번지<br>
  시멘트벽돌조 기와지붕 단층창고 30㎡<br>
합병 후의 표시<br>
  ○○시 ○○구 ○○동 ○-1번지<br>
  시멘트벽돌조 기와지붕 단층주택 70㎡<br>
  부속건물 시멘트벽돌조 기와지붕 단층창고 30㎡
</td></tr>
<tr><td>등기원인과그연월일</td><td colspan="4">20○○년 ○월 ○일 합병</td></tr>
<tr><td>등 기 의 목 적</td><td colspan="4">건물표시변경</td></tr>
<tr><td></td><td colspan="4"></td></tr>
<tr><td>구<br>분</td><td>성  명<br>(상호·명칭)</td><td>주민등록번호<br>(등기용등록번호)</td><td>주  소<br>(소재지)</td><td>지 분<br>(개인<br>별)</td></tr>
<tr><td>신<br>청<br>인</td><td>○ ○ ○</td><td>600606-1234567</td><td>○○시 ○○구 ○○동 ○○번지</td><td></td></tr>
</table>

| 취 득 세 (등 록 면 허 세) | 금 | | 원 |
|---|---|---|---|
| 지 방 교 육 세 | 금 | | 원 |
| 농 어 촌 특 별 세 | 금 | | 원 |
| 세 액 합 계 | 금 | | 원 |
| 등 기 신 청 수 수 료 | 금 | | 원 |
| | 납부번호 : | | |
| | 일괄납부 : | 건 | 원 |

### 등기의무자의 등기필 정보

| 부동산고유번호 | 1002-2009-002096 | |
|---|---|---|
| 성명(명칭) | 일련번호 | 비밀번호 |
| 이척수 | A7B-CD7EF-123G | 50-4637 |

### 첨 부 서 면

| | |
|---|---|
| · 건축물대장등본            1통<br>· 취득세(등록면허세)영수필확인서 1통<br>· 등기신청수수료 영수필확인서    1통<br>· 위임장                 1통 | 〈기 타〉 |

20  년   2월   11일


위 신청인      이    척    수    (인)    (전화: ○○○-1234)

(인)    (전화:          )


(또는)위 대리인 법무사 긴 면 수   (인)    (전화: 888-3456)

○○시 ○○구 ○○동 ○-1번지


서울중앙 지방법원              등기국 귀중


- 신청서 작성요령 -

* 1. 부동산표시란에 2개 이상의 부동산을 기재하는 경우에는 부동산의 일련번호를 기재
   하여야 합니다.
 2. 신청인란등 해당란에 기재할 여백이 없을 경우에는 별지를 이용합니다.
 3. 담당 등기관이 판단하여 위의 첨부서면 외에 추가적인 서면을 요구할 수 있습니다.

<table>
<tr><td colspan="2" align="center">위　　임　　장</td></tr>
</table>

| 부동산의표시 | 합병 전의 표시<br>　　○○시 ○○구 ○○동 ○-1번지<br>　　시멘트벽돌조 기와지붕 단층주택 70㎡<br>　합병의 표시<br>　　○○시 ○○구 ○○동 ○-2번지<br>　　시멘트벽돌조 기와지붕 단층창고 30㎡<br>　합병 후의 표시<br>　　○○시 ○○구 ○○동 ○-1번지<br>　　시멘트벽돌조 기와지붕 단층주택 70㎡<br>　　부속건물 시멘트벽돌조 기와지붕 단층창고 30㎡ |
|---|---|
| 등기원인과 그 연월일 | 20○○년 ○월 ○일 합병 |
| 등 기 의 목 적 | 건물표시변경 |
| | |

| (신청인) ○ ○ ○ ㉑<br>　　○○시 ○○구 ○○동 ○○번지 | (대리인) 법무사 ○ ○ ○<br>　　○○시 ○○구 ○○동 ○○번지<br><br>　위 사람을 대리인으로 정하고 위 부동산<br>등기신청 및 취하에 관한 모든 행위를<br>위임한다. 또한 복대리인 선임을 허락한다.<br><br>　　20○○년 ○월 ○일 |
|---|---|

## 4. 건물의 멸실등기

### (1) 의의

#### 1) 원칙

건물의 멸실이란 건물의 소실, 파괴 등으로 인하여 사회통념상 건물이라고 할 수 없는 상태로 된 것을 말한다. 건물이 멸실된 경우에는 그 건물의 소유권의 등기명의인은 멸실 된 때부터 1개월 이내에 멸실등기를 신청하여야 한다(법 제43조 1항). 건물이 멸실된 경우에 등기신청의무를 부과한 취지는 토지의 경우와 동일하다(법 제39조). 다만, 건물의 경우 등기신청의무를 게을리하면 토지의 경우와 달리 과태료에 처하게 된다(법 제112조).

멸실은 건물 전부가 멸실된 것을 말하며 일부가 멸실하여도 잔여 부분이 사회통념 상 건물이라고 할 수 있는 상태이면 건물의 면적 감소로 인한 변경등기를 하여야 할 것이다. 구분건물로서 표시등기만이 있는 건물의 경우에는 소유권의 등기명의인이 있을 수 없으므로 그 건물의 소유권보존등기를 신청할 수 있는 자가 멸실등기를 신청하여야 한다(법 제43조 1항, 제41조 2항).

건물이 멸실되었음에도 불구하고 건물의 소유명의인이 멸실등기를 신청하지 아니하여 건물등기가 그대로 있는 경우 그 등기는 대지 소유자의 권리행사에 방해가 될 것이다. 이때에는 대지 소유자가 건물의 소유명의인을 대위하여 멸실등기를 신청할 수 있다(법 제43조 2항). 다만 멸실된 때부터 1개월이 지나도 건물의 소유명의인이 멸실 등기를 신청하지 아니한 경우에 한한다.

구분건물로서 그 건물이 속하는 1동 전부가 멸실된 경우에는 일부 구분건물의 소유자가 다른 구분건물의 소유자 전부를 대위하여 1동 전부에 대한 멸실등기를 신청할수 있다(법 제43조 3항).

한편 건물이 멸실된 것이 아니고 당초부터 존재하지 않는데 등기가 되어 있는 경우가 있을 수 있다. 이 경우 소유권의 등기명의인은 지체 없이 그 건물의 멸실등기를 신청하여야 한다(법 제44조). 이때에도 그 소유권의 등기명의인이 멸실등기를 신청하지 아니하는 경우에는 건물대지의 소유자가 대위로 멸실등기를 신청할 수 있고, 존재하지 않는 건물이 구분건물로서 등기되어 있는 경우 일부 구분건물의 소유권의 등기명의인이 다른 구분건물의 소유권의 등기명의인 전부를 대위하여 1동 전부에 대한 멸실등기를 신청할 수 있다(법 제44조 2항, 3항).

#### 2) 등기상 이해관계인이 있는 경우

소유권 외의 권리가 등기되어 있는 건물에 대한 멸실등기의 신청이 있는 경우 등기관은 그 권리의 등기명의인에게 1개월 이내의 기간을 정하여 그 기간까지 이의를 진술하지 아니하면 멸실등기를 한다는 뜻을 알려야 한다. 다만 건축물대장에 건물멸실의 뜻이 기록되어 있거나 소유권 외의 권리의 등기명의인이 멸실등기에 동의한 경우에는 통지를 할 필요가 없다. 통지를 할 때에는 직권말소의 통지절차가 준용된다(법 제45조).

등기관이 법 제44조에 따라 건물부존재를 원인으로 멸실등기를 하고자 할 때에는 건축물대장이 있을 수 없으므로 언제나 소유권 외의 권리의 등기명의인에게 멸실등기를 한다는 뜻을 통지하여야 한다.

## (2) 등기의 신청

건물의 멸실등기를 신청할 때에는 그 멸실이나 부존재를 증명하는 건축물대장 정보나 그 밖의 정보를 첨부정보로서 등기소에 제공하여야 한다(규칙 제102조).

멸실등기는 표시에 관한 등기이므로 등기상 이해관계인은 개념적으로 있을 수 없다. 따라서 멸실된 건물이 근저당권 등 제3자의 권리의 목적이 된 경우라도 멸실된 사실이 건축물대장에 기록되어 있다면 그 멸실등기신청을 할 때에 근저당권자 등의 승낙이 있음을 증명하는 정보를 제공할 필요가 없다(선례 Ⅶ-326).

### 📑 선 례

건물의 멸실등기를 건물대지의 소유자가 대위하여 신청할 수 있는지 여부(적극) 등.

기존의 집합건물이 멸실되고 건축물대장에도 멸실된 사항이 기재되어 있으나, 일부 전유부분의 소유자가 1월 이내에 멸실등기를 신청하지 않고 있는 경우, 그 건물대지의 소유자 또는 공유자가 건물소유자를 대위하여 멸실등기를 신청할 수 있다. 또한, 멸실된 건물이 근저당권 등 제3자의 권리의 목적이 된 경우라도 그 멸실등기신청서에 제3자의 승낙서를 첨부할 필요가 없다(제정 2004.03.09. 등기선례 제7-326호).

건물이 존재하지 아니하는 경우 대지의 소유자 또는 건물의 소유명의인은 건물멸실등기의 신청을 위하여 특별자치도지사 또는 시장·군수·구청장에게 건축물부존재증명서의 발급을 신청할 수 있고(건축물대장의 기재 및 관리 등에 관한 규칙 제25조), 그 발급신청을 받은 특별자치도지사 또는 시장·군수·구청장은 현지조사 등을 실시하여 해당 대지에 등기된 건축물이 존재하지 아니함을 확인한 후 건축물부존재증명서를 발급하여야 한다(선례 Ⅶ-325).

**선 례**

사실상 존재하지 아니하고 건축물대장도 작성되지 아니한 건물의 멸실등기시 첨부할 건축물부존재증명서

2003.11.21. 공포된 건축물대장의기재및관리등에관한규칙 제9조의3 에 의하면, 당해 대지에 등기된 건축물이 존재하지 아니하는 경우 대지의 소유자 또는 건축물의 소유명의인은 건물멸실등기의 신청을 위하여 시장·군수 또는 구청장에게 건축물부존재증명서의 발급을 신청할 수 있고(다만, 건축물대장이 작성되어 있는 경우에는 그러하지 아니함), 위 발급신청을 받은 시장·군수 또는 구청장은 현지조사 등을 실시하여 당해 대지에 등기된 건축물이 존재하지 아니함을 확인한 후 건축물부존재증명서를 발급하여야 한다(제정 2003.12.09. 등기선례 제7-325호).

## (3) 등기의 실행

등기관이 건물의 멸실등기를 할 때에는 등기기록 중 표제부에 멸실의 뜻과 그 원인 또는 부존재의 뜻을 기록하고 표제부의 등기를 말소하는 표시를 한 후 그 등기기록을 폐쇄하여야 한다. 다만 멸실한 건물이 1동의 건물을 구분한 것인 경우에는 그 등기기록을 폐쇄하지 않는다(규칙 제103조 1항). 대지권을 등기한 건물의 멸실등기로 인하여 그 등기기록을 폐쇄한 경우에는 대지권변경등기절차에 관한 규정이 준용된다(규칙 제103조 2항). 그 밖의 나머지 등기방법은 토지의 멸실등기 방법이 준용된다(규칙 제103조 3항).

## ♣ 【서식】 건물멸실등기신청서

<table>
<tr><td colspan="5" align="center">건물멸실등기신청</td></tr>
<tr><td rowspan="2">접 수</td><td>년 월 일</td><td rowspan="2">처리인</td><td>등기관 확인</td><td>각종 통지</td></tr>
<tr><td>제        호</td><td></td><td></td></tr>
</table>

<table>
<tr><td colspan="3" align="center">① 부동산의 표시</td></tr>
<tr><td colspan="3">

서울특별시 서초구 서초동 100

[도로명주소] 서울특별시 서초구 서초대로 88길 10

시멘트 벽돌조 스레트지붕 단층 주택 100㎡

부속건물 시멘트 벽돌조 슬래브지붕 단층 창고 50㎡


이                    상

</td></tr>
<tr><td colspan="2">② 등기원인과 그 연월일</td><td>2024년 1월 22일 멸실</td></tr>
<tr><td colspan="2">③ 등 기 의 목 적</td><td>건물멸실</td></tr>
<tr><td colspan="2"></td><td></td></tr>
<tr><td colspan="2"></td><td></td></tr>
<tr><td>구분</td><td>성 명<br>(상호·명칭)</td><td>주민등록번호<br>(등기용등록<br>번호)</td><td>주    소 (소 재 지)</td></tr>
<tr><td>④<br>신<br>청<br>인</td><td>이 대 백</td><td>XXXXXX-XXXX<br>XXX</td><td>서울특별시 서초구 서초대로 88길<br>20 (서초동)</td></tr>
</table>

| ⑤ 등 록 면 허 세 | 금 | 3,000 | 원 |
|---|---|---|---|
| ⑤ 지 방 교 육 세 | 금 | 600 | 원 |
| ⑥ 세 액 합 계 | 금 | 3,600 | 원 |
| ⑦ 등 기 신 청 수 수 료 | 금 | 3,000 | 원 |
| | 납부번호 : ○○-○○-○○○○○○○○○-○ | | |
| | 일괄납부 :         건               원 | | |

| ⑧ 첨 부 서 면 | |
|---|---|
| · 등록면허세영수필확인서        1통<br>· 등기신청수수료 영수필확인서   1통<br>· ~~위임장~~               ~~통~~<br>· 건축물대장등본            1통 | 〈기 타〉 |

2024년 1월 22일

⑨ 위 신청인        이    대    백  ㉑  (전화 : 200-7766)


(또는)위 대리인                        (전화 :          )



서울중앙 지방법원                    등기국 귀중

---

- 신청서 작성요령 -

* 1. 부동산표시란에 2개 이상의 부동산을 기재하는 경우에는 부동산의 일련번호를 기재하여야 합니다.
  2. 신청인란등 해당란에 기재할 여백이 없을 경우에는 별지를 이용합니다.
  3. 담당 등기관이 판단하여 위의 첨부서면 외에 추가적인 서면을 요구할 수 있습니다.

## 예 규 ｜ 건물멸실등기 통지 등에 관한 예규

(개정 2011.10.12, 등기예규 제1428호)

### 가. 멸실등기 통지방법

(1) 「부동산등기법」 제45조제1항의 규정에 의한 건물멸실등기 통지는 등기취급우편에 의하되, 그 우편료는 신청인이 등기신청시 우표로서 납부하여야 한다. 그 통지서는 소유권 외의 권리의 등기명의인의 등기기록상 주소지에 송부하여야 한다.

### 나. 접수장에의 기재 및 부전지의 기록

그 통지서를 송부한 때에는 접수장의 비고란에 그 뜻과 그 날짜를 기재하고, 등기기록의 표제부 상단에 아래 예시와 같은 내용을 기록하여야 한다.

- 아 래 -

부전지 : 「○○○○년 ○월 ○일 멸실등기통지 중」

### 다. 통지받을 자의 주소 등이 불명인 경우

그 통지를 받을 자의 주소 또는 거소를 알 수 없을 때에는 그 통지서를 1월 이내의 정해진 기간 동안 등기소 게시장이나 대법원 인터넷등기소에 게시하여야 한다.

### 라. 이의 신청서의 처리

이의 신청서는 일반문건으로 접수하여 멸실등기신청서에 합철하여야 하며, 이의신청이 건물의 존재를 전제로 한 것으로서 이유 있다고 인정한 때에는 멸실등기신청을 각하하고, 이의신청이 건물이 멸실되는 등으로 부존재하는 것을 인정하거나 이를 전제로 하는 것이라면 이의신청을 각하한다.

### 마. 소정의 기간 경과전의 등기신청(촉탁)사건 등의 처리

(1) 해당 건물에 대하여 그 소정의 기간 경과전에 등기신청(촉탁)이 있는 경우에는 이를 수리하고 멸실등기신청은 이를 각하한다.

(2) 이 기간동안 등기사항증명서는 발급하되 위『나』의 부전지가 함께 표시되도록 하여야 한다.

# Ⅳ. 대지권에 관한 등기

## 1. 대지권의 의의

### (1) 대지

전유부분이 속하는 1동의 건물이 소재하는 토지 및 규약에 의하여 그 건물의 대지로 된 토지를 말한다.

#### 1) 법정대지(집합건물법 제2조 5조)

전유부분이 속하는 1동의 건물이 소재하는 토지, 즉 건물이 실제로 서 있는 토지를 말한다. 1필지의 일부 지상 위에 건물이 서 있는 경우에도 그 1필지 전부가 법정대지이며 건물이 수필의 토지에 걸쳐서 서 있는 경우에는 수필의 토지의 전부가 법정대지이다.

#### 2) 규약상대지(집합건물법 제4조 1항)

전유부분이 속하는 1동의 건물이 서 있는 토지 이외의 토지로서, 1동의 건물 및 건물이 소재하는 토지와 일체적으로 관리 또는 사용하기 위하여 규약으로써 건물의 대지로 삼은 토지를 말한다. 정원, 어린이 놀이터, 테니스장, 부속건물의 대지 등이 여기에 속한다. 반드시 건물이 소재하는 토지(법정대지)와 인접해 있거나 같은 등기소 관할내의 토지일 필요는 없으며, 다른 건물의 법정대지 또는 규약상대지로 된 토지라 하더라도 이를 규약상대지로 삼을 수 있다.

#### 3) 간주규약대지(집합건물법 제4조 3항)

1동의 건물이 수필지상에 걸쳐 있어서 그 수필지가 법정대지인 경우에 건물의 일부 멸실로 인하여 그 중의 일부가 법정대지가 아닌 토지로 된 때에는 이 토지는 규약으로써 건물의 대지로 정한 것으로 본다.

또 법정대지가 분필로 인하여 그 일부가 법정대지가 아닌 토지로 된 경우에도 같다. 이 경우 간주규약대지를 전유부분과의 처분의 일체성에서 제외하기 위하여는 분리처분 가능규약을 설정하여야 한다.

### (2) 대지사용권과 대지권

대지사용권은 구분건물 소유자가 그 전유부분을 소유하기 위하여 대지에 대하여 가지는 권리를 말한다. 대지사용권은 통상 소유권인 것이나 지상권·전세권·임차권 등도 대지사용권이 될 수 있다.

대지사용권은 규약이나 공정증서로서 분리처분 할 수 있다고 별도로 정한 경우를 제외하고는 그가 가지는 전유부분과 분리처분을 할 수 없는바(집합건물법 제20조 2항), 이를 전유부분과 대지사용권의 일체성의 원칙이라고 하며, 이와 같이 대지사용권으로서 전유부분과 분리처분을 할 수 없는 것을 대지권이라 한다. 이 분리처분의 금지는 등기를 하지 아니하면 선의의 제3자에게 대항할 수 없다(집합건물법 제20조 3항). 대지사용권은 구분건물 소유자들의 공유 또는 준공유인 것이 보통이나 건물의 대지를 수필로 분할하여 각자가 단독으로 가질 것으로[소위 분유형식(分有形式)] 정할 수도 있다.

## (3) 대지사용권의 비율(집합건물법 제21조)

구분소유자가 2개 이상의 전유부분을 소유한 때에 각 전유부분의 대지권의 비율은 전유부분의 면적비율에 의하나, 규약으로써 이와 달리 정할 수 있다. 그러나 전유부분의 공유지분비율과 대지사용권의 공유지분비율이 상이한 경우에는 대지권표시등기를 할 수 없다(선례 Ⅲ-903·910).

### 📑 선 례

① 대지의 공유지분 비율과 전유부분의 공유지분의 비율이 다른 경우 대지권표시등기 가능여부 등. 대지권표시등기신청을 할 경우에 토지의 등기필증이나 토지대장등본 제출을 요하지 아니하며, 갑·을이 각 6분의 5, 6분의 1씩 공유하는 대지 위에 구분건물을 신축하여 각 전유부분마다 2분의 1지분씩 공유하는 경우에는 대지사용권의 지분비율과 전유부분의 지분비율이 상이하므로 대지권표시등기를 할 수 없다(제정 1991.03.02. 등기선례 제3-903호).

② 대지의 공유지분비율과 전유부분의 공유지분의 비율이 다른 경우 대지권표시등기 가능 여부 등. A토지는 갑, B토지는 을의 소유인 면적이 동일한 양 토지 위에 갑·을이 공동으로 구분건물을 신축하여 각 2분의 1씩을 소유하기로 하거나 또는 A.B토지가 각 갑·을의 공유이나 면적과 지분이 서로 다른 양 토지 위에 갑·을이 공동으로 구분건물을 신축하여 각 2분의 1씩을 소유하기로 한 경우에는 대지권표시등기는 이를 할 수 없다(제정 1992.03.13. 등기선례 제3-910호).

## (4) 대지사용권의 종속성(집합건물법 제20조 1항)

구분소유자의 대지사용권은 그가 가지는 전유부분의 처분에 따른다.

## ♣【서식】대지권표시변경등기신청

<table>
<tr><td colspan="5" align="center">대지권표시변경등기신청</td></tr>
<tr><td rowspan="2">접　수</td><td>년 월 일</td><td rowspan="2">처리인</td><td>등기관 확인</td><td>각종 통지</td></tr>
<tr><td>제　　　호</td><td></td><td></td></tr>
</table>

| ① 부동산의 표시 |
|---|
| 1동의 건물의 표시<br><br>　　서울특별시 서초구 서초동 100 샛벽아파트 가동<br><br>　　[도로명주소] 서울특별시 서초구 서초대로 88길 10<br><br>전유부분의 건물의 표시<br><br>　　건물의 번호　1-101<br><br>　　구　　　　조　철근콘크리트조<br><br>　　면　　　　적　1층 101호 86.03㎡<br><br><br>　　　　　　　이　　　　　　　　상 |

<table>
<tr><td>② 등기원인과 그 연월일</td><td colspan="2">2024년 1월 22일 토지소유권 취득</td></tr>
<tr><td>③ 등 기 의 목 적</td><td colspan="2">구분건물 표시변경(대지권의 표시)</td></tr>
<tr><td>④ 변 경 사 항</td><td colspan="2">대지권의 표시<br>토지의 표시<br>1. 서울특별시 서초구 서초동 100 대 1,000㎡<br>대지권의 종류　소유권<br>대지권의 비율　1,000분의 25</td></tr>
<tr><td>구분</td><td>성　명<br>(상호·명칭)</td><td>주민등록번호<br>(등기용등록<br>번호)</td><td>주　　소 (소 재 지)</td></tr>
<tr><td>⑤<br>신<br>청<br>인</td><td>김 갑 돌</td><td>XXXXXX-XXXX<br>XXX</td><td>서울특별시 서초구 서초대로 88길 10,<br>가동 101호(서초동, 샛벽아파트)</td></tr>
</table>

| ⑥ 등 록 면 허 세 | 금 | 00,000 | 원 |
|---|---|---|---|
| ⑥ 지 방 교 육 세 | 금 | 00,000 | 원 |
| ⑦ 세 액 합 계 | 금 | 00,000 | 원 |

| ⑧ 등 기 신 청 수 수 료 | 금 | 00,000 | 원 |
|---|---|---|---|
| | 납부번호 : ○○-○○-○○○○○○○○-○ | | |
| | 일괄납부 : 건 원 | | |

⑨ 첨 부 서 면

| | | 〈기 타〉 |
|---|---|---|
| ·<del>위임장</del> 통 | | |
| ·등록면허세영수필확인서 1통 | | |
| ·등기신청수수료 영수필확인서 1통 | | |

2024년 1월 22일

⑩ 위 신청인    김    갑    동   ㉑  (전화 : 200-7766)


(또는)위 대리인                    (전화 :        )


서울중앙 지방법원              등기국 귀중

- 신청서 작성요령 -

* 1. 부동산표시란에 2개 이상의 부동산을 기재하는 경우에는 부동산의 일련번호를 기재하여야 합니다.
  2. 신청인란등 해당란에 기재할 여백이 없을 경우에는 별지를 이용합니다.
  3. 담당 등기관이 판단하여 위의 첨부서면 외에 추가적인 서면을 요구할 수 있습니다.

## 2. 대지권의 변경등기

### (1) 대지권의 변경등기(법 제41조)

대지권의 변경등기는 대지권이 없는 건물에 대지권이 생기거나(규칙 제88조) 대지권이, 대지권이 아닌 것으로 되거나 또는 대지권의 표시에 변경이 있는 경우에 하는 등기를 말한다(규칙 제91조 1항). 넓은 의미의 대지권변경등기에는 대지권 경정등기도 포함된다.

대지권변경등기는 모두 건물표시등기에 속하므로 표제부에 그 원인을 기록한다. 이미 등기되어 있는 대지권에 대하여 변경등기를 할 때에는 종전의 대지권의 표시와 그 번호를 말소하는 표시를 하는 방법으로 한다.

### (2) 신청의무와 신청인

#### 1) 일반원칙

대지권변경등기는 구분건물의 소유권의 등기명의인이 신청한다(법 제41조 1항). 단, 구분건물의 표시등기만 있고 보존등기가 되어 있지 않은 건물에 대해서는 그 건물에 대하여 소유권보존등기를 신청할 수 있는 자가 신청하여야 하고, 구분건물의 소유권의 등기명의인은 같은 동에 속하는 다른 구분건물의 소유권의 등기명의인을 대위하여 대지권의 변경이나 소멸에 관한 등기를 신청할 수 있다(법 제41조 2항, 3항).

대지권설정규약에 의하여 대지권이 아닌 것이 대지권으로 되거나 분리처분 가능 규약의 설정 또는 규약상대지로 정한 규약의 폐지에 의하여 대지권이, 대지권이 아닌 것으로 된 경우에 대지권의 표시에 관한 건물의 표시변경등기는 해당 구분소유자 전원이 신청하거나 일부가 다른 구분소유자를 대위하여 일괄 신청하여야 한다(등기예규 제1470호). 대지권말소등기신청은 원칙적으로 구분소유자가 하여야 하나, 대지에 대하여 권리를 취득한 자나 대지의 진정한 권리자도 구분소유자를 대위하여 그 말소등기를 신청할 수 있다.

#### 2) 법 제60조에 따른 대지권변경등기

집합건물법 제20조 제1항은 구분소유자의 대지사용권은 그가 가지고 있는 전유부분의 처분에 따른다고 규정하고 있다. 따라서 대지권등기가 되지 않은 구분건물을 처분한 경우 그 구분건물의 대지사용권은 등기 없이도 해당 구분건물을 취득한 자에게 이전된다고 볼 수 있을 것이다[대법원 2008.11.27, 선고, 2008다60742, 판결(대법원 2006.9.22, 선고, 2004다58611, 판결 참조)].

## ⚖ 판 례

집합건물의 분양자가 수분양자에게 대지지분에 관한 소유권이전등기나 대지권변경등기는 지적정리 후 해 주기로 하고 우선 전유부분에 관하여만 소유권이전등기를 마쳐 주었는데, 그 후 대지지분에 관한 소유권이전등기나 대지권변경등기가 되지 아니한 상태에서 전유부분에 대한 경매절차가 진행되어 제3자가 전유부분을 경락받은 경우, 그 경락인은 집합건물의 소유 및 관리에 관한 법률 제2조 제6호의 대지사용권을 취득하고, 이는 수분양자가 분양자에게 그 분양대금을 완납한 경우는 물론 그 분양대금을 완납하지 못한 경우에도 마찬가지이다. 따라서 그러한 경우 경락인은 대지사용권 취득의 효과로서 분양자와 수분양자를 상대로 분양자로부터 수분양자를 거쳐 순차로 대지지분에 관한 소유권이전등기절차를 마쳐줄 것을 구하거나 분양자를 상대로 대지권변경등기절차를 마쳐줄 것을 구할 수 있고, 분양자는 이에 대하여 수분양자의 분양대금 미지급을 이유로 한 동시이행항변을 할 수 있을 뿐이다(대법원 2006.9.22, 선고, 2004다58611, 판결).

위와 같은 취지에서 법은 구분건물을 신축한 자가 집합건물법 제2조 제6호의 대지사용권을 가지고 있는 경우에 대지권에 관한 등기를 하지 아니하고 전유부분에 관해서만 소유권이전등기를 마쳤을 때에는 현재의 구분건물의 소유명의인과 분양자(구분건물을 신축한 자)는 공동으로 대지사용권에 관한 이전등기를 신청할 수 있도록 규정하고 있다(법 제60조 1항). 그러므로 구분건물을 신축하여 분양한 자가 대지사용권을 가지고 있지만 지적정리의 미완결 등의 사유로 대지권등기를 하지 못 한 채 전유부분에 대해서만 수분양자 앞으로 이전등기를 한 후 그 구분건물이 전전 양도된 경우에는 최후의 구분건물의 소유명의인은 분양자와 공동으로 대지사용권에 관한 이전등기를 신청할 수 있다.

또한 위와 마찬가지로 분양자가 그 건물의 대지사용권을 나중에 취득하여 이전하기로 약정하고 우선 전유부분에 대해서만 수분양자 앞으로 이전등기를 한 경우 그 구분건물이 전전 양도된 경우에도 최후의 구분건물의 소유명의인은 분양자와 공동으로 대지사용권에 관한 이전등기를 신청할 수 있다(법 제60조 2항). 위의 각 경우에 등기원인을 증명하는 정보로서 매매계약에 관한 정보는 제공할 필요가 없는데 그 이유는 법률의 규정에 의한 물권변동에 해당하기 때문이다(규칙 제46조 4항).

구분건물의 소유권의 등기명의인이 법 제60조에 의하여 대지사용권에 관한 이전등기를 신청할 때에는 대지권등기를 동시에 신청하여야 한다(법 제60조 3항). 이는 대지권이 있음에도 대지권등기를 하지 아니하여 대지사용권이 분리처분되어 거래의 안전을 해하는 것을 방지하기 위한 것이다. 등기관이 법 제60조에 따라 대지사용권에 관한 이전등기를 할 때에는 등기원인을 '○○○○년 ○월 ○일 건물 ○동 ○호 전유부분 취득'이라고 기록하여야 한다.

## (3) 첨부정보

일반적인 첨부정보 외에 필요할 경우 규약이나 공정증서 또는 이를 증명하는 정보를 제공하여야 한다.

규약을 제공하는 경우는 ① 대지권의 목적인 토지가 규약상 대지인 경우, ② 1인의 구분소유자가 2 이상의 전유부분을 소유할 때 대지권 비율을 각 전유부분의 면적 비율에 따르지 아니한 경우, ③ 대지에 대하여 전유부분과 분리처분할 수 있음을 정한 경우 등이다.

## (4) 등기절차

### 1) 대지권 없는 건물에 대지권이 생긴 경우

**가. 건물 등기기록**

대지권 없는 건물에 대지권이 생긴 경우에는 1동의 건물의 등기기록의 표제부에 대지권의 목적인 토지의 표시에 관한 사항을 기록하고 전유부분의 등기기록의 표제부에는 대지권의 표시에 관한 사항을 기록하여야 한다(법 제40조 3항).

건물 등기기록에 대지권등기를 할 때에는 1동의 건물의 표제부 중 대지권의 목적인 토지의 표시란에 표시번호, 대지권의 목적인 토지의 일련번호·소재지번·지목·면적과 등기연월일을, 구분한 건물의 표제부 중 대지권의 표시란에 표시번호, 대지권의 목적인 토지의 일련번호, 대지권의 종류, 대지권의 비율, 등기원인 및 그 연월일과 등기연월일을 각각 기록하여야 한다. 다만, 부속건물만이 1동의 건물을 구분한 건물인 경우에는 그 부속건물에 대한 대지권의 표시는 표제부 중 건물내역란에 부속건물의 표시에 이어서 하여야 한다(규칙 제88조 1항). 부속건물에 대한 대지권의 표시를 할 때에는 대지권의 표시의 끝부분에 그 대지권이 부속건물에 대한 대지권이라는 뜻을 기록하여야 한다(규칙 제88조 2항).

각 전유부분 표제부의 대지권의 표시란에 기록하는 대지권의 비율은 전유부분의 소유자가 대지권의 목적인 토지에 대하여 갖는 대지사용권의 지분비율을 의미한다. 한편 구분 소유자가 2개 이상의 전유부분을 소유한 때에는 각 전유부분의 대지권의 비율은 규약 또는 공정증서로 달리 정하지 않는 한 그 소유자가 가지는 전유부분의 면적의 비율에 의하여야 하는데, 여기서 전유부분의 면적의 비율이란 전유부분의 면적의 합계에서 해당 전유부분의 면적이 차지하는 비율을 의미하며, 이 비율을 산정함에 있어 반드시 대지면적을 기준으로 하거나 그 비율의 분모가 대지 면적이 되어야 하는 것은 아니다.

**나. 토지 등기기록**

건물의 등기기록에 대지권등기를 한 경우 등기관은 직권으로 대지권의 목적인 토지의 등기기록에 소유권, 지상권, 전세권 또는 임차권이 대지권이라는 뜻을 기록하여야 한다(법 제40조 4항).

토지 등기기록에 대지권이라는 뜻의 등기를 할 때에는 해당 구에 어느 권리가 대지권이라는 뜻과 그 대지권을 등기한 1동의 건물을 표시할 수 있는 사항 및 그 연월일을 기록하여야 한다(규칙 제89조 1항). 대지권의 목적인 토지가 다른 등기소의 관할에 속하는 경우에는 그 등기소에 지체 없이 그 토지에 등기하여야 할 사항을 통지하여야 하고, 통지를 받은 등기소에서는 대지권의 목적인 토지의 등기기록 중 해당 구에 통지받은 사항을 기록하여야 한다(규칙 제89조 2항, 3항).

다. 별도등기가 있다는 뜻의 등기

토지의 등기기록에 대지권이라는 뜻의 등기를 한 경우로서 그 토지에 소유권보존등기 또는 소유권이전등기 외의 소유권에 관한 등기 또는 소유권 외의 권리에 관한 등기가 있을 때에는 등기관은 그 건물의 등기기록 중 표제부에 토지 등기기록에 별도의 등기가 있다는 뜻을 기록하여야 한다. 다만, 그 등기가 대지권등기를 하면 말소되어야 하는 저당권의 등기인 경우에는 별도등기가 있다는 뜻의 등기를 할 필요가 없다(규칙 제90조 1항, 제92조 2항).

토지 등기기록에 대지권이라는 뜻의 등기를 한 후에 그 토지에 관하여 새로운 등기를 한 경우에도 건물의 등기기록에 별도의 등기가 있다는 뜻의 등기를 하여야 한다. 한편 별도등기가 있다는 뜻의 등기가 구분건물의 전유부분의 표제부에 기록되어 있지 않고 1동의 건물의 표제부에 기록되어 있는 경우가 있다. 이러한 때에는 1동의 건물 표제부에 마쳐진 별도의 등기가 있다는 뜻의 등기 중 등기관의 형식적 심사에 의하여 전유부분별로 효력이 있는지 여부를 구분할 수 있는 경우에는 이를 말소하고 전유부분 표제부의 대지권표시란에 별도의 등기가 있다는 뜻의 기록을 할 수 있다(등기예규 제1470호).

라. 건물만에 관한 것이라는 뜻의 부기등기

건물 등기기록에 대지권등기를 하는 경우에 있어서 그 대지권등기를 하기 전에 건물의 등기기록에 소유권보존등기와 소유권이전등기 외의 소유권에 관한 등기 또는 소유권 외의 권리에 관한 등기가 있을 때에는 그 등기에 건물만에 관한 것이라는 뜻을 부기하여야 한다. 다만 그 등기가 저당권에 관한 등기로서 대지권에 대한 등기와 등기원인, 그 연월일과 접수번호가 같은 것일 때에는 건물만에 관한 것이라는 뜻을 부기할 필요가 없다(규칙 제92조 1항). 이 경우 대지권에 대한 저당권의 등기는 등기관이 직권으로 말소하며 규칙 제92조 제2항에 따라 말소한다는 뜻과 그 등기연월일을 기록하여야 한다(규칙 제92조 2항, 3항).

## 2) 대지권이, 대지권이 아닌 것으로 되거나 대지권 자체가 소멸한 경우

대지권이, 대지권이 아닌 것으로 변경되거나 대지권인 권리 자체가 소멸하여 대지권소멸의 등기를 한 경우에는 대지권의 목적인 토지의 등기기록 중 해당 구에 그 뜻을 기록하고 대지권이라는 뜻의 등기를 말소하여야 한다(규칙 제91조 3항). 이러한 변경 또는 이루어지는 경우로는 규약대지를 정한 규약을 폐지한 경우, 분리처분가능규약을 설정한 경우, 수용으로 인하여 대지권인 소유권이 이전된 경우, 경매절차에서의 매각으로 인하여 대지권인 소유권이 이전된 경우와 대지권인 지상권·전세권·임차권이 소멸한 경우 등이다.

대지권인 권리가 대지권이 아닌 것으로 변경되어 토지의 등기기록에 대지권이라는 뜻의 등기를 말소한 경우에는 그 토지의 등기기록 중 해당 구에 대지권인 권리와 그 권리자를 표시하고 대지권이라는 뜻의 등기를 말소함으로 인하여 등기한 뜻과 그 연월일을 기록하여야 한다(규칙 제93조 1항). 이 경우에 대지권이 생긴 뒤에 수차의 소유권이전등기가 이루어졌더라도 최후의 소유권 및 권리자만을 표시하는 것이고, 그 외의 소유권이전등기 등은 전사하지 아니한다. 즉 소유권 이전경위는 전사하지 않는다. 이 경우 대지권을 등기한 건물 등기기록에 대지권에 대한 등기로서의 효력이 있는 등기 중 대지권의 이전등기 외의 등기가 있을 때에는 그 등기를 그 건물 등기기록으로부터 토지 등기기록에 전사하여야 한다(규칙 제93조 2항). 이때 토지 등기기록 중 해당 구에 전사하여야 할 등기보다 나중에 된 등기가 있을 때에는 전사할 등기를 전사한 후 그 전사한 등기와 나중에 된 등기에 대하여 권리의 순서에 따라 순위번호를 경정하여야 한다(규칙 제93조 3항). 등기관이 전사를 하여야 하는 경우에 있어서 대지권의 목적으로 제공되었던 토지가 다른 등기소의 관할에 속하는 때에는 그 등기소에 건물등기기록에 대지권소멸의 등기를 하였다는 사실과 토지등기기록에 기록하거나 전사할 사항을 통지하여야 하고 통지를 받은 등기소의 등기관은 통지받은 내용의 등기를 하여야 한다(규칙 제93조 5항, 6항).

대지권이 아닌 것을 대지권으로 한 등기를 경정하여 건물등기기록에 대지권소멸의 등기를 한 경우 건물등기기록에 대지권의 이전등기로서의 효력이 있는 등기가 있을 때에는 그 등기를 건물등기기록에 대지권의 이전등기로서의 효력이 있는 등기가 있을 때에는 그 등기를 건물등기기록으로부터 토지등기기록에 전부 전사하여야 한다(규칙 제94조). 이 경우는 당초부터 대지권이 없었던 것이므로 대지권의 이전등기로서의 효력을 갖는 등기 전부와 대지권의 이전등기 외에 대지권에 대한 등기로서의 효력이 있는 등기 전부를 전사하는 것이다.

전사할 등기보다 후순위의 등기가 있는 경우와 대지권의 목적인 토지가 다른 등기소의 관할에 속하는 경우의 등기절차는 위의 경우와 같다.

## ♣ 【서식】 건물대지지번변경등기신청서

<table>
<tr><td colspan="5" align="center">건물대지지번변경등기신청</td></tr>
<tr><td rowspan="2">접　수</td><td>년　월　일</td><td rowspan="2">처리인</td><td>등기관 확인</td><td>각종 통지</td></tr>
<tr><td>제　　　호</td><td></td><td></td></tr>
<tr><td colspan="5" align="center">① 부동산의 표시</td></tr>
<tr><td colspan="2">변경 전의 표시</td><td colspan="3">서울특별시 서초구 서초동 100<br>[도로명주소] 서울특별시 서초구 서초대로 88길 10<br>시멘트 벽돌조 슬래브지붕 단층 주택 100㎡</td></tr>
<tr><td colspan="2">변경 후의 표시</td><td colspan="3">서울특별시 서초구 서초동 100-1<br>[도로명주소] 서울특별시 서초구 서초대로 88길 10<br>시멘트 벽돌조 슬래브지붕 단층 주택 100㎡<br><br>이　　　　　　상</td></tr>
<tr><td colspan="2">② 등기원인과 그 연월일</td><td colspan="3">2024년 1월 22일 지번변경</td></tr>
<tr><td colspan="2">③ 등 기 의 목 적</td><td colspan="3">건물표시변경</td></tr>
<tr><td colspan="5"></td></tr>
<tr><td>구분</td><td>성　명<br>(상호·명칭)</td><td>주민등록번호<br>(등기용등록<br>번호)</td><td colspan="2">주　소 (소 재 지)</td></tr>
<tr><td>④<br>신<br>청<br>인</td><td>이 대 백</td><td>XXXXXX-XXXX<br>XXX</td><td colspan="2">서울특별시 서초구 서초대로 88길<br>20 (서초동)</td></tr>
</table>

| ⑤ 등 록 면 허 세 | 금 | 3,000 | 원 |
|---|---|---|---|
| ⑤ 지 방 교 육 세 | 금 | 600 | 원 |
| ⑥ 세 액 합 계 | 금 | 3,600 | 원 |

| ⑦ 첨 부 서 면 | |
|---|---|
| ·건축물대장등본          1통<br>·등록면허세영수필확인서   1통<br>~~·위임장~~               ~~통~~ | 〈기 타〉 |

2024년 1월 22일

⑧ 위 신청인        이  대  백  ㊞  (전화 : 200-7766)

(또는)위 대리인                    (전화 :        )

서울중앙 지방법원                등기국 귀중

---

- 신청서 작성요령 -

* 1. 부동산표시란에 2개 이상의 부동산을 기재하는 경우에는 부동산의 일련번호를 기재하여야 합니다.
  2. 신청인란등 해당란에 기재할 여백이 없을 경우에는 별지를 이용합니다.
  3. 담당 등기관이 판단하여 위의 첨부서면 외에 추가적인 서면을 요구할 수 있습니다.

📑 **선 례**

건물대지의 지번이 변경된 경우의 부동산표시변경등기절차
등기는 법률에 다른 규정이 있는 경우를 제외하고 당사자의 신청 또는 관공서의 촉탁이
없으면 이를 하지 못하는바( 부동산등기법 제27조), 예컨대 토지구획정리사업이 완료됨에
따라 건물대지의 지번이 변경된 경우에도 법률에 다른 규정이 있는 경우가 아닌 한 등기
관이 직권으로 부동산표시변경등기를 할 수는 없고, 그 건물의 소유권의 등기명의인이 건
물대지의 지번이 변경된 때로부터 1개월 이내에 지번변경을 등기원인으로 하는 부동산표시
변경등기를 신청하여야 하지만( 같은 법 제101조), 시장 군수 구청장이 건축법 제29조의2
의 등기촉탁규정에 근거하여 관할등기소에 지번변경을 등기원인으로 하는 부동산표시변경
등기를 촉탁한다면, 등기관은 위 촉탁에 의하여 그러한 내용의 부동산표시변경등기를 할
수 있을 것이다(2001. 1. 13. 등기선례 제6-390호).

## 3. 대지권등기의 효과

### (1) 대지권등기와 분리처분의 금지

#### 1) 의의

구분건물 등기기록에 대지권의 등기와 대지권의 목적인 토지의 등기기록에 대지권
이라는 뜻의 등기를 하게 되면, 그 이후에 전유부분과 대지사용권에 대하여 일체적으
로 생기는 물권 변동은 구분건물 등기기록에 의하여 공시되고, 그 효력은 대지권에 대
하여도 미치게 된다. 따라서 토지 또는 건물의 어느 일방만에 관한 등기신청은 원칙적
으로 허용되지 않는다. 전유부분의 소유권과 대지사용권은 그 자체로서 분리처분 될
가능성이 있는데, 대지권등기에 의하여 그러한 가능성이 봉쇄되는 것이다.

#### 2) 분리처분이 금지되는 모습

가. 소유권이 대지권인 경우
- 토지의 소유권이 대지권인 경우에 그 토지등기기록에 대지권이라는 뜻의 등기를
한 후에는 소유권이전의 등기는 하지 못하며, 마찬가지로 대지권을 등기한 건물
등기기록에 그 건물만에 관한 소유권이전등기를 할 수 없다(법 제61조 3항, 4
항). 만약 이러한 신청이 있으면 등기관은 법 제29조 제2호에 의하여 각하하여야
한다.
따라서 대지권등기가 된 건물에 대하여 전유부분만에 대한 이행판결을 얻은 경우
에는 분리처분가능 규약 또는 공정증서를 첨부하여 대지권등기를 말소하지 않는

한 그 판결에 따른 이전등기를 할 수 없다(선례 Ⅳ-835).

그러나 대지권등기가 마쳐지기 전에 토지 또는 전유부분만에 대하여 성립된 가등기에 의한 본등기로서의 소유권이전등기는 할 수 있다. 이 경우 대지권변경등기절차에 의한 대지권 및 대지권이라는 뜻의 등기를 말소하여 처분의 일체성의 공시를 배제한 후에 본등기를 하여야 한다.

## 📑 선 례

구분건물의 소유권보존등기 등.

갑 건설회사로부터 아파트 1채(대지지분 포함)를 분양받은 을이 갑을 상대로 대지지분을 제외한 전유부분에 대해서만 소유권이전등기절차 이행의 승소판결을 받았으나 그 아파트가 미등기이고 준공검사 미필로 건축물대장도 작성되어 있지 않으며 또한 그 판결문상 소유자 및 건물의 표시가 증명되지 않는 경우에는 을은 갑을 대위하여 을이 분양받은 구분건물에 대하여 위 구분건물이 갑의 소유임이 증명되는 부동산등기법 제131조 제2호  소정의 서면 및 1동의 건물 및 각 전유부분의 표시가 된 서면이 있다면 나머지 구분건물에 대한 표시의 등기와 동시에 을의 분양받은 구분건물에 대한 소유권보존등기를 신청할 수 있을 것이나, 이러한 표시 또는 소유자의 증명이 없는 단순한 재산세과세대장등본에 의하여는 위 보존등기를 할 수 없다. 그리고 위 구분건물에 대지사용권이 있다면 그 보존등기신청시 신청서에 대지권의 표시를 하여야 하고( 부동산등기법 제42조  참조) 이에 따라 대지권표시등기가 되면 전유부분과 대지사용권을 분리 처분할 수 없어 건물만에 관한 소유권이전등기는 할 수 없으므로( 부동산등기법 제135조의 2 제2항  참조) 위 전유부분만에 대한 이행판결에 의하여는 분리처분 가능규약 또는 공정증서를 첨부하여 대지권표시등기를 하지 않거나 그 등기를 말소하지 않는 한 그 판결에 따른 이전등기를 할 수 없다(제정 1994.11.25. 등기선례 제4-835호).

- 대지권이라는 뜻의 등기를 한 토지등기기록에는 저당권설정등기를 할 수 없고, 대지권을 등기한 건물등기기록에는 그 건물만을 목적으로 하는 저당권설정등기를 할 수 없다(법 제61조 3항, 4항). 저당권등기를 허용한다면 나중에 저당권의 실행으로 토지와 건물의 소유자가 달라질 수 있기 때문이다.

  그러나 대지권발생 전에 성립된 저당권설정의 가등기에 의한 본등기로서 행하여지는 저당권설정등기는 건물 또는 토지 어느 일방에 대하여도 할 수 있다.

  또한 구분건물과 그 대지권의 어느 일방에만 설정되어 있는 저당권의 추가담보로서 다른 일방을 제공하는 것도 가능하다.

- 소유권이전청구권 또는 저당권설정청구권을 보전하기 위한 가등기도 할 수 없다. 본등기를 할 수 없기 때문이다. 강제집행이나 체납처분에 의한 환가에도 일체성의 원칙이 적용되므로 그 전제로서 행하는 가압류, 압류의 등기도 어느 일방에만 대하여 할 수 없다. 다만, 대지권이 발생하기 전에 어느 일방에 설정된 저당권을

실행하는 경우의 경매개시결정등기, 어느 일방에 마쳐진 가압류등기에 의한 강제
경매개시결정의 등기는 할 수 있다.

나. 지상권, 전세권 또는 임차권이 대지권인 경우

지상권, 전세권 또는 임차권이 대지권이고 토지등기기록에 그러한 뜻의 등기를 한
때에는 그 토지의 등기기록에는 지상권, 전세권 또는 임차권의 이전등기를 할 수
없다(법 제61조 5항). 지상권, 전세권 또는 임차권이 대지사용권으로서 전유부분과
분리하여 처분될 수 없기 때문이다.

분리처분이 금지되는 것은 대지사용권인 지상권 등이므로 그 토지의 등기기록에
소유권이전의 등기, 소유권이전의 가등기 및 소유권이전등기 외의 소유권에 관한
등기(가압류, 환매등기, 체납처분에 의한 압류등기)는 할 수 있다. 이에 따라 소유
권이전등기를 마친 자는 지상권 등의 부담을 받는 소유권을 취득한 것이 된다.

### 3) 대지권등기가 있어도 할 수 있는 등기

대지권등기에 의하여 금지되는 것은 대지사용권과 건물소유권의 귀속주체가 달라지
는 등기이므로 그러한 우려가 없는 등기는 대지권등기가 있어도 할 수 있다. 예컨대,
대지권이 소유권인 경우 대지권등기는 토지와 건물의 소유권이 분리처분 되는 것을 막
는 것이므로, 토지만을 목적으로 하는 지상권·지역권·임차권(선례 Ⅶ-280)의 설정등기,
전유부분만에 대한 임차권·전세권의 설정등기는 대지권등기를 둔 채로 등기할 수 있다.

📑 **선 례**

대지권의 목적인 토지에 대하여 임차권설정등기가 가능한지 여부(적극)
대지권의 목적인 토지에 대하여 그 토지만을 목적으로 하는 임차권설정등기가 금지되는 것
은 아니며, 임차권의 목적은 1필 토지의 특정 일부라도 무방하므로 임차권의 목적이 토지
의 특정일부라면 그 신청서에 임차권의 범위를 특정하여 기재하고 지적도를 첨부하여 임차
권설정등기신청을 할 수 있으며, 그러한 등기신청이 있는 경우 등기관이 당해 등기신청이
적법한 것으로 판단하여 수리하였다면 토지등기부에 임차권설정등기를 기재하고, 건물의
표제부에는 "토지등기부에 별도등기가 있다는 취지"를 기재하게 된다(제정 2002.05.07 등
기선례 제7-280호).

또한 토지 또는 전유부분만의 귀속에 관하여 분쟁이 있는 경우 그 일방만을 목적으로
하는 처분금지가처분등기도 대지권등기를 말소하지 않고 등기할 수 있다. 위와 같은 등기
를 실행하는 경우 등기관은 건물등기기록에 '토지등기기록에 별도의 등기가 있다는
뜻' 또는 '건물만에 관한 것이라는 뜻'의 기록을 빠뜨리지 않도록 유의하여야 한다.

## (2) 등기의 일체적 효력

### 1) 대지권등기 후에 마쳐진 등기의 효력

대지권을 등기한 후에는 원칙적으로 토지등기기록은 더 이상 사용하지 않고, 대지권등기가 된 건물등기기록에만 권리관계를 등기한다. 따라서 대지권을 등기한 후에 한 건물에 대한 소유권에 관한 등기(소유권이전등기, 소유권에 관한 가등기, 압류등기, 소유권 변경 및 경정등기), 소유권 외의 권리에 관한 등기(저당권설정등기)는 건물만에 관한 뜻의 부기가 없는 한 토지에 관한 권리에도 동일한 효력이 있다(법 제61조 1항).

### 2) 등기의 우열

대지권등기에 의하여 건물의 등기가 대지권에 대한 등기로서의 효력을 갖게 되지만, 토지의 등기기록에도 따로 등기될 수 있는 권리가 있으므로 이러한 등기간의 우열을 명확히 할 필요가 있다. 이 경우 등기간의 우열은 각 등기의 접수번호의 전후에 의하여 결정한다(법 제61조 2항). 대지권의 목적인 토지가 다른 등기소의 관할에 속하는 때에는 접수번호의 전후로서 등기의 우열을 가릴 수 없으므로, 이때에는 각 등기의 등기연월일의 전후에 의하여 결정할 수밖에 없다.

## (3) 분리처분금지의 배제

### 1) 구분소유자가 분리처분가능 규약을 설정한 경우

구분소유자가 규약으로 전유부분과 대지사용권을 분리하여 처분할 수 있음을 정한 때에는 처분의 일체성이 배제된다(집합건물법 제20조 2항 단서). 따라서 이 경우에는 전유부분 또는 대지사용권의 어느 일방만을 처분할 수 있다. 다만 그 처분에 따른 등기에 앞서 대지권변경등기(대지권등기의 말소)를 먼저 신청하여야 한다.

### 2) 수용이나 공유물분할판결에 의한 소유권이전등기의 경우

토지보상법에 의한 수용의 경우에는 구분건물과 그 대지사용권의 처분의 일체성이 적용되지 아니하므로, 사업시행자는 분리처분가능 규약을 첨부정보로서 제공하지 않고도 대지권변경등기(대지권등기의 말소)의 대위신청과 수용을 원인으로 한 소유권이전등기의 신청을 할 수 있다. 소유권의 일부 지분만이 대지권의 목적인 토지에 관하여, 구분건물 소유자들과 구분건물을 소유하지 아니한 토지 공유자 사이에 공유물분할판결이 확정된 경우에는 먼저 1동의 건물에 속하는 구분건물 전체에 대하여 대지권변경등기(대지권등기의 말소)와 그 토지에 대한 분필등기를 한 다음, 공유물분할판결에 의하여 소유권이전등기를 하여야 한다. 이 경우 공유물분할판결이 대지권의 소멸을 증명하

는 정보에 해당하므로 대지권변경등기를 신청할 때에 분리처분가능 규약을 첨부정보로
서 제공할 필요가 없다(2014. 5. 21. 부동산등기과-1216 질의회답).

# V. 규약상 공용부분에 관한 등기

## 1. 규약상 공용부분이라는 뜻의 등기

집합건물법 제1조에 의하여 구분소유권의 목적으로 할 수 있는 건물부분 또는 부속건물
은 구분소유자들의 규약으로써 공용부분으로 할 수 있고 또 1단지 내의 부속시설인 건물
(구분건물을 포함한다)은 단지구분소유자의 규약에 의하여 단지공용부분으로 할 수 있으며,
구분건물 전부를 소유한 자 또는 단지 내의 건물 전부를 소유한 자는 공정증서로써 위의
규약에 상당하는 것을 정할 수 있다(집합건물법 제3조 3항, 제52조).

규약상 공용부분도 구조상의 공용부분과 같이 구분소유자 전원의 공유에 속함이 원칙이
고(집합건물법 제10조 1항), 공유자의 이에 대한 지분은 그가 가지는 전유부분의 처분에 따
르며, 그에 관한 물권의 득실변경은 등기가 필요하지 않다(집합건물법 제13조).

따라서 규약상 공용부분(단지공용부분을 포함한다. 이하 같다)에 대하여는 다른 부동산과
달리 공유자 전부를 등기기록에 기록할 필요가 없고, 다만 공용부분이라는 뜻만을 알리는
형태의 등기만 있으면 충분하다. 이러한 등기가 규약상 공용부분이라는 뜻의 등기이다.

규약상 공용부분이라는 뜻의 등기는 표제부에 하게 되므로 형식적으로는 건물의 표시
에 관한 등기라고 할 수 있으나, 실질적으로는 그 부분은 전유부분과 함께 처분하지 않
으면 처분할 수 없다는 뜻의 등기라고 평가하여야 할 것이다. 그러므로 법 제3조의 처
분제한의 성격을 갖는 등기 또는 등기 없이도 물권변동의 효력이 발생한다는 것을 공시
하는 특수한 등기라고 할 것이다.

이 등기를 하는 것은 보통 분양자가 1동의 건물에 대하여 최초로 등기를 하는 때에
하게 된다. 따라서 그 부분을 분양자 명의로 소유권보존등기를 한 뒤 다시 공용부분이
라는 뜻의 등기를 하는 것이 순서가 될 것이나, 이를 동시 신청함으로써 소유권보존등
기와 동시에 그 등기에 대해서는 말소하는 표시를 하게 되며, 표제부에 공용부분이라는
뜻과 공용자의 범위가 기록된다.

또 다른 경우는 전유부분 또는 독립된 건물로 활용되는 건물을 구분소유자들이 취득
하여 이를 규약상 공용부분으로 한 경우이다. 이 경우에는 취득자인 구분소유자들 명의
로의 공유등기를 거침이 없이 등기의무자에 해당하는 기존 소유권의 등기명의인이 신청
하게 된다(법 제47조 1항).

한편, 구분건물의 공용부분의 공유는 건물의 구분소유라고 하는 공동목적을 위하여 인정되는 것으로 그 뜻을 살리기 위해서는 일반 공유와는 달리 공유물의 분할청구나 공유지분의 양도는 금지할 필요가 있기 때문에 집합건물법 제11조 내지 제18조에서 공용부분에 대한 고유의 특수성을 고려하여 공유에 관한 규정을 두고 있다. 다만 각 공유자는 공용부분을 그 용도에 따라 사용할 수 있으며 그 경우 반드시 지분비율에 의할 필요는 없다. 위에서 '용도에 따라'라고 함은 공용부분의 경제적 목적에 따른다는 것을 의미하며 이는 규약으로도 금지할 수 없다.

## 2. 신청절차에 관한 특칙

### (1) 신청인

규약상 공용부분으로 한 건물의 소유권의 등기명의인이 단독으로 신청한다(법 제47조).

### (2) 신청정보

#### 1) 등기의 목적

'규약상 공용부분이라는 뜻의 등기' 또는 '단지공용부분이라는 뜻의 등기'라고 표시한다.

#### 2) 등기원인과 그 연월일

등기원인은 '규약설정'으로, 그 연월일은 규약설정연월일로 한다. 규약을 갈음하는 공정증서를 작성한 경우에도 같다.

#### 3) 공용자의 범위

공용자의 범위를 표시하여야 한다. 그 표시를 할 때는 구분소유자의 소유에 속하는 건물의 번호를 표시하고, 1동의 건물에 속하는 구분소유자 전원의 공유에 속할 때에는 그 1동의 건물의 번호를 표시하면 된다. 단지공유부분인 경우에도 같다. 다른 등기기록에 등기된 구분소유자와 공용하는 것인 때에는 그 뜻과 그 구분소유자가 소유하는 건물번호를 신청정보의 내용으로 하여야 한다. 다만, 다른 등기기록에 등기된 건물의 구분소유자 전원이 공용하는 것일 때에는 그 1동 건물의 번호만을 신청정보의 내용으로 등기소에 제공한다(규칙 제104조 2항).

### (3) 첨부정보

공용부분이라는 뜻을 정한 규약이나 공정증서를 첨부정보로서 등기소에 제공하여야 한다. 이 경우 그 건물에 소유권의 등기명의인 외의 권리에 관한 등기가 있을 때에는 그 등기명의인의 승낙이 있음을 증명하는 정보 또는 이에 대항할 수 있는 재판이 있음을 증명하는 정보를 등기소에 제공하여야 한다(규칙 제104조 1항).

## 3. 등기의 실행절차

표제부에 공용부분이라는 뜻을 기록하고 각 구의 소유권과 그 밖의 권리에 관한 등기를 말소하는 표시를 하여야 한다(규칙 제104조 3항).

## 4. 규약상 공용부분의 등기말소

공용부분이라는 뜻을 정한 규약을 폐지한 경우에 공용부분의 취득자는 지체 없이 소유권보존등기를 신청하여야 한다(법 제47조 2항). 공용부분을 정한 규약을 폐지하고 이 건물을 타에 처분하거나, 공유자들의 순수한 공유로 한 경우에는 공용부분이라는 뜻의 등기는 통상의 등기로 바꿀 필요가 있다. 이 경우에 하는 등기가 공용부분이라는 뜻의 등기의 말소등기이다.

규약상 공용부분이라는 뜻의 등기를 말소할 때에는 소유권의 등기를 하여야 한다. 이 때의 소유권등기는 일반원칙에 따른다면 소유권이전의 등기를 하여야 할 경우가 많을 것이다. 그러나 그 절차를 간략화하기 위하여 소유권보존등기(신 취득자이거나 기존의 공유자이거나 불문)를 할 것으로 법은 특례를 인정하고 있는 것이다.

공용부분이라는 뜻을 정한 규약의 폐지에 따라 공용부분의 취득자가 소유권보존등기를 신청하는 경우에는 규약의 폐지를 증명하는 정보를 첨부정보로서 등기소에 제공하여야 한다(규칙 제104조 4항). 이에 따라 등기관이 소유권보존등기를 하였을 때에는 규약상 공용부분이라는 뜻의 등기를 말소하는 표시를 하여야 한다(규칙 제104조 5항).

# 제 2 장    각종 권리에 관한 등기

## Ⅰ. 변경등기

등기와 실체관계 사이에 불일치가 발생한 경우에 그 불일치를 제거하기 위한 등기를 변경등기라고 한다. 광의의 변경등기에는 협의의 변경등기와 경정등기가 있다. 협의의 변경등기란 등기와 실체관계와의 사이의 불일치가 후발적으로 생긴 경우 이를 제거하기 위하여 기존등기의 일부를 변경하는 등기를 말하고, 경정등기란 어떤 등기를 하였는데 그 등기에 착오 또는 빠짐이 있어 원시적으로 등기와 실체 사이에 불일치가 발생한 경우에 그 불일치를 바로잡고자 하는 등기를 말한다.

### 1. 권리의 변경등기

권리의 변경이라 함은 권리의 존속기간·채권액·이자 등 권리내용의 변경을 뜻한다. 권리주체의 변경(이전이나 말소)이나 권리객체의 변경(부동산 표시변경)은 권리의 변경에 포함되지 않는다.

#### (1) 신청절차에 관한 특칙

일반원칙에 따라 공동신청에 의하여야 하고 등기상 이해관계인 즉 변경등기로 인하여 등기기록상 손해를 입을 우려가 있는 자가 있는 때에는 그 자의 승낙이 있어야 부기에 의하여 변경등기를 할 수 있다(법 제52조 5호). 승낙이 있음을 증명하는 정보에는 승낙서나 재판의 등본이 있다.

등기상 이해관계 있는 제3자냐 아니냐는 권리변경의 부기등기를 하게 되면 등기의 형식상 일반적으로 손해를 입을 염려가 있느냐의 여부에 의하여 판단한다. 예를 들면 1번 저당권의 금액을 증액하는 변경등기를 할 경우 2번 저당권자는 실체법상 권리가 소멸하였는지 여부를 불문하고 등기상 이해관계 있는 제3자에 해당하게 된다.

#### (2) 등기의 실행에 관한 특칙

등기상 이해관계인이 없거나 이해관계인이 변경등기에 동의하여 승낙서 등을 제공한 때에는 부기등기에 의하여 변경등기를 실행하고, 등기상의 이해관계인이 있음에도 불구하고 그의 승낙서 등을 제출하지 아니한 때에는 주등기(즉, 이해관계인의 등기보다 후순위의 단독등기)에 의하여 변경등기를 실행한다.

이러한 이유로 등기상 이해관계인의 승낙 등은 권리변경등기의 요건이 아니라, 권리변경의 부기등기의 요건이라고 할 수 있다. 권리의 변경등기를 부기등기로 할 때는 종전의 변경 전 등기사항을 말소하는 표시를 하여야 하나, 주등기로 할 때에는 말소하는 표시를 해서는 안 된다.

## 2. 등기명의인 표시의 변경등기

### (1) 신청절차

등기명의인의 표시라 함은 등기명의인의 성명 또는 명칭, 주소 또는 사무소 소재지, 주민등록번호 또는 부동산등기용등록번호를 일컫는 것이고, 등기명의인 주체 자체의 변경은 여기에 포함되지 않는다. 등기명의인 표시의 변경등기를 하기 위해서는 변경 전후에 등기명의인의 동일성이 인정되어야 하며 동일성이 인정되지 않는 경우에는 권리이전등기를 신청하여야 한다.

등기명의인 표시의 변경등기는 등기명의인이 단독으로 신청한다(법 제23조 6항). 법원의 촉탁에 의하여 가압류등기, 가처분등기 및 주택(상가건물)임차권등기명령에 의한 주택(상가건물)임차권등기가 마쳐진 후 등기명의인의 주소, 성명 및 주민등록번호의 변경으로 인한 등기명의인 표시변경등기도 등기명의인의 신청에 의하여 할 수 있다(등기예규 제1064호).

이미 말소된 등기의 등기명의인에 대한 표시변경등기신청은 허용되지 않는다(대법원 1979.11.20, 자, 79마360, 결정). 등기명의인의 주소가 수차에 걸쳐서 변경되었을 경우에는 중간의 변경사항을 생략하고 최종주소지로 등기명의인의 표시변경등기를 할 수 있다(등기예규 제428호).

국유재산의 관리청이 변경되었을 때에는 종전 관리청이 아니라 새로 관리하게 된 관서가 관리청이 변경된 사실을 증명하는 서면을 첨부하여 등기소에 등기명의인 표시변경등기를 촉탁하여야 할 것이다.

등기명의인인 회사의 조직이 변경되었다면 조직변경으로 인하여 존속하는 회사명의로 소유권이전등기를 신청할 것이 아니라 조직변경을 등기원인으로 하여 등기명의인 표시변경등기를 신청하여야 한다(등기예규 제612호).

법률에 의하여 법인의 포괄승계가 있고 해당 법률의 본문 또는 부칙에 등기기록상 종전의 법인 명의를 승계 법인의 명의로 본다는 취지의 간주규정이 있는 경우에는 승계법인이 명의인표시변경등기를 하지 않고서도 다른 등기를 신청할 수 있다(2009.12.10. 부동산등기과-2581 질의회답).

### (2) 첨부정보

등기명의인 표시의 변경등기를 신청하는 경우에는 그 표시변경을 증명하는 정보를 첨부정보로서 등기소에 제공하여야 한다.

방문신청의 경우 통상 시장·군수 또는 구청장이나 읍·면·동장 또는 출장소장의 서면 또는 이를 증명할 수 있는 서면이 대표적인 첨부정보가 된다. 여기에서의 '등기명의인의 표시변경을 증명할 수 있는 서면'으로는 등기명의인의 표시변경을 증명하는 시장·군수 또는 구청장이나 읍·면·동장 또는 출장소장의 서면을 얻을 수 없는 경우로서 등기명의인의 표시변경사실을 확인함에 상당하다고 인정되는 자의 보증서면과 그의 인감증명 및 그 밖에 보증인자격을 인정할 만한 서면(공무원 재직증명, 법무사 인가증 사본 등)을 들 수 있는데, 구체적인 사건에서 그러한 서면이 첨부되었다고 보아 등기신청을 수리할 것인지의 여부는 등기관이 판단할 사항이다(등기예규 제1564호). 외국인이 등기명의인일 때에는 외국인등록부등본, 외국인의 변경 전 표시와 변경 후 표시가 동일인이라는 본국 관공서의 증명, 그 밖에 그 사실에 대한 공정증서 등이 명의인표시변경을 증명하는 정보가 될 수 있을 것이다.

건물멸실등기를 신청하는 경우, 저당권 등 소유권 외의 권리에 관한 등기의 말소를 신청하는 경우 및 가등기말소 등기를 신청하는 경우에는 그 등기명의인의 표시에 변경 또는 경정의 사유가 있어도 그 변경 또는 경정사실을 증명하는 서면을 제공하면 등기명의인 표시의 변경 또는 경정등기는 생략할 수 있다(등기예규 제593호).

법인 아닌 사단의 등기명의인표시를 '고령박씨 감사공파 종친회'에서 '고령박시 감사공파 종중'으로, '광산김씨 대산간공파 종중'을 '광산김씨 대산간공파 극 종중'으로 변경·경정하는 등기를 신청하는 경우와 같이 단순한 단어의 축약이나 변경 혹은 추가로 보이더라도 양 종중이 동일하다는 정보(종중의 규약이나 결의서, 그 밖의 증명서면 등)를 제공하여야 하며 등기관은 제공된 서면을 종합적으로 심사하여 인격의 동일성 여부를 판단하여야 한다(선례 Ⅷ-25).

### (3) 등기명의인의 주민등록번호 등 추가 표시변경등기

현재 효력 있는 소유권의 등기명의인(내국인, 재외국민, 외국인 등 자연인에 한함)의 주민등록번호 등이 등기기록에 기록되어 있지 않은 경우, 그 등기명의인은 주민등록번호 등을 추가로 기록하는 내용의 등기명의인표시변경등기를 신청할 수 있다.

위 표시변경등기를 신청할 때에는 주민등록표등(초)본 또는 부동산등기용등록번호증명서 등 추가 기록할 주민등록번호 또는 부동산등기용등록번호가 등기명의인의 것임을 증명하는 정보를 제공하여야 하고, 등기관은 그 증명에 대한 심사를 엄격히 한 후에 그 수리여부를 결정하여야 한다.

위 표시변경등기를 신청하는 경우 등기원인은 '주민등록번호 또는 부동산등기용등록번호 추가'로, 등기의 목적은 '등기명의인표시변경'으로, 등기원인일자는 등기신청일로 각 기록하여야 한다.

## (4) 직권등기의 특칙

등기의무자의 주소변경 등으로 인하여 등기신청서상의 등기의무자의 표시가 등기부와 부합하지 아니한 경우에는 그 등기신청은 각하되므로(법 제29조 7호) 등기의무자의 신청에 의한 등기명의인표시변경등기(주소변경등기)가 선행되어야 한다.

그러나 등기관이 소유권이전등기를 할 때에 등기명의인의 주소변경으로 신청정보상 등기의무자의 표시가 등기기록과 일치하지 아니하는 경우라도 첨부정보로서 제공된 주소를 증명하는 정보에 등기의무자의 등기기록상 주소가 신청정보상 주소로 변경된 사실이 명백히 나타나면 직권으로 등기명의인표시의 변경등기를 하여야 한다(규칙 제122조). 다만, 등기의무자의 주소가 '전거' 등의 실질적인 주소변경이 아닌 「도로명주소법」에 따른 주소변경인 경우에는 직권변경등기를 하지 않는다(등기예규 제1436호).

위와 같은 직권에 의한 주소변경등기는 모든 등기신청과 관련하여 행하는 것이 아니라 소유권이전등기신청과 관련한 경우에 한한다. 그러므로 저당권설정등기신청을 함에 있어서 등기의무자의 주소가 변경되어 있는 경우에는 등기의무자의 신청에 의한 주소변경등기가 선행되어야 한다.

등기의무자의 주소가 수차례 변경된 경우에는 등기신청 당시의 주소로, 즉 1회의 주소변경등기만을 하면 족하고 변경에 따른 모든 주소변경등기를 순차로 할 것은 아니다.

등기관이 직권으로 주소변경등기를 할 때에는 등록면허세를 납부할 필요가 없으나, 소유권이전등기신청과 관계없이 독립적으로 주소변경등기신청을 하는 때에는 소정의 등록면허세를 납부하여야 한다.

행정구역 등의 변경으로 인하여 등기명의인의 주소 표시에 변경이 있는 때에도 등기관이 직권으로 그 변경등기를 할 수 있을 뿐만 아니라 등기명의인이 그 변경등기를 신청할 수 있으며 그 경우에는 등록면허세와 등기신청수수료가 면제된다(선례 V-877).

 **선 례**

행정구역변경에 따른 등기명의인 표시변경등기와 등기관련비용 부담자

행정구역 또는 그 명칭의 변경이 있을 때에는 등기부에 기재한 행정구역 또는 그 명칭은 당연히 변경된 것으로 보므로, 별도로 등기명의인 표시변경등기를 하지 않고도 다른 등기를 할 수 있다. 이 경우 등기관이 직권으로 그 변경등기를 할 수 있으나 등기명의인이 그 변경등기를 신청할 수도 있다. 후자의 경우에 변경등기에 따른 등록세와 등기신청수수료는 면제되는 것이나, 등기명의인이 법무사에게 등기신청을 위임했다면 위임에 따른 비용(법무사보수등)은 등기명의인이 부담하여야 한다(제정 1997.11.12 등기선례 제5-877호).

### (5) 등기방식

등기명의인의 변경이나 경정의 등기는 부기등기로 한다(법 제52조 1호).

### (6) 국유재산의 .

### 리청 명칭의 첨기등기

#### 1) 관리청 명칭의 첨기등기

**가. 국유재산 관리청지정서에 의한 명칭 첨기등기**

관리청이 없거나 분명하지 아니한 국유재산은 아래의 절차에 따라 총괄청인 기획재정부장관(「국유재산법」제42조에 따라 위임받은 관리청 또는 지방자치단체의 장 포함)의 국유재산관리청 지정정보(이하 '관리청지정서'라 한다)를 제공하여 관리청 첨기등기를 한다. 국가소유 부동산의 등기명의인의 표시는 '국'으로 표시하여야 하고, '대한민국' 또는 '나라' 등으로 기록하여서는 아니 된다.

**나. 관계 증빙서류에 의한 관리청 명칭 첨기등기**

국유재산의 취득원인, 재산의 용도, 취득관리청에 의하여 해당 국유재산의 관리청이 명백한 아래와 같은 국유재산은 관계 증빙서류에 의하여 관리청을 첨기등기한다.

① 정부예산으로 매입 또는 신축한 재산
② 「국유재산법」제13조에 의하여 국가 이외의 자가 국가에 기부채납한 재산
③ 「국유재산법」제54조에 의하여 국가 이외의 자와 교환 취득한 재산
④ 법령에 의하여 관리청에 귀속된 재산
⑤ 법원의 판결에 의하여 국유재산으로 확인된 재산

## 2) 첨기등기된 관리청 명칭의 변경등기

가. 용도폐지된 국유재산에 대한 관리청 명칭의 변경등기

「국유재산법」제40조에 따라 관리청이 행정재산을 용도폐지하여 총괄청(같은 법 시행령 제38조 제1항에 따라 총괄청 소관재산의 관리처분에 관한 업무를 위임받은 지방자치단체의 장)에게 인계하는 재산은 등기기록상 관리청의 용도폐지 공문사본과 재산의 인수인계서 사본을 제공하여 관리청 명칭의 변경등기를 한다.

「국유재산법」제22조 제3항에 따라 용도폐지되어 총괄청(같은 법 시행령 제38조 제1항에 따라 총괄청 소관재산의 관리처분에 관한 업무를 위임·위탁 받은 기관이 있는 경우에는 그 기관을 말한다)에게 인계되는 재산은 총괄청의 용도폐지 공문사본을 제공하여 관리청 명칭의 변경등기를 한다.

나. 관리전환 된 국유재산에 대한 관리청 명칭의 변경등기

「국유재산법」제16조 제1항에 의한 관리전환 협의 또는 같은 조 제2항에 의한 총괄청의 관리전환 결정으로 국유재산이 다른 관리청으로 이관된 경우에는 종전의 관리청이 발급한 관리전환협의서 또는 총괄청이 발급한 관리전환결정서를 제공하여 관리청 명칭의 변경등기를 한다.

다. 소관 경합 국유재산의 관리청 명칭의 변경등기

등기기록상 관리청과 타 관리청이 서로 소관을 주장하는 경우에는 총괄청이 이를 결정하는 것이므로, 총괄청이 발급한 관리청 결정서를 제공하여 관리청명칭의 변경등기를 한다.

라. 「공유수면 관리 및 매립에 관한 법률」에 의한 매립지의 이관에 따른 관리청명칭의 변경등기

관리청이 해양수산부(2013.3.23. 이전에는 국토해양부)로 등기되어 있는 매립지를 「공유수면 관리 및 매립에 관한 법률」제37조에 의하여 이관하고 그에 따른 명칭변경등기를 촉탁함에 있어서는 같은 법 시행령 제47조의 인계서를 제공하여야 하고 등기원인은 '○년 ○월 ○일 국유재산의 관리전환(「공유수면 관리 및 매립에 관한 법률」제37조에 의한 매립지이관)'으로 표시한다.

## ♣ 【서식】 등기명의인표시변경등기(본점이전)신청서

<table>
<tr><td colspan="5" align="center">등기명의인표시변경등기신청</td></tr>
<tr><td rowspan="2">접<br>수</td><td>년 월 일</td><td rowspan="2">처리인</td><td>등기관 확인</td><td>각종통지</td></tr>
<tr><td>제    호</td><td></td><td></td></tr>
</table>

<table>
<tr><td colspan="4" align="center">부동산의 표시</td></tr>
<tr><td colspan="4">○○시 ○○구 ○○동 123-4<br>　　대 ○○○㎡<br><br>　　　　　이　　　　　　　상</td></tr>
<tr><td colspan="2">등기원인과 그 연월일</td><td colspan="2">200 년  0 월 0 일 본점이전</td></tr>
<tr><td colspan="2">등 기 의 목 적</td><td colspan="2">등기명의인표시변경</td></tr>
<tr><td colspan="2">변 경 사 항</td><td colspan="2">갑구 3번 등기명의인 주식회사 대현의 주소 "○○시 ○○구 ○○동 123"을 "○○시 ○○구 ○○ 123-6"으로 변경</td></tr>
<tr><td>구<br>분</td><td>성 명<br>(상호·명칭)</td><td>주민등록번호<br>(등기용등록번호)</td><td>주 소(소 재 지)</td></tr>
<tr><td>신<br>청<br>인</td><td>주식회사 대현</td><td>000000-000000</td><td>○○시 ○○구 ○○동 123-6</td></tr>
</table>

| 등 록 면 허 세 | 금 | 원 |
|---|---|---|
| 지 방 교 육 세 | 금 | 원 |
| 세 액 합 계 | 금 | 원 |
| 등 기 신 청 수 수 료 | 금                                        원 | |
| | 납부번호 : | |
| | 일괄납부 :         건          원 | |

| 등기의무자의 등기필 정보 | | |
|---|---|---|
| 부동산고유번호 | 1002-2009-002096 | |
| 성명(명칭) | 일련번호 | 비밀번호 |
| ○○○ | A7B-CD7EF-123G | 50-4637 |

| 첨 부 서 면 | |
|---|---|
| · 법인등기부등본          1통 <br> · 등록면허세영수필확인서    1통 <br> · 등기신청수수료 영수필확인서  1통 <br> · 위임장              1통 | 〈기 타〉 |

20  년   2월   11일

　　위 신청인　　　주식회사 ○  ○　　　　(인)　　(전화: 555-1234)

　　　　　　　　　대표이사 ○  ○  ○　　(인)　　(전화: 777-2345)

　　(또는)위 대리인  법무사 ○  ○  ○　　(인)　　(전화: 888-3456)

　　　　　　　　　　○○시 ○○구 ○○동 456

　　　　　　○○중앙 지방법원　　　　　등기국 귀중

---

- 신청서 작성요령 -

* 1. 부동산표시란에 2개 이상의 부동산을 기재하는 경우에는 부동산의 일련번호를 기재
하여야 합니다.
  2. 신청인란등 해당란에 기재할 여백이 없을 경우에는 별지를 이용합니다.
  3. 담당 등기관이 판단하여 위의 첨부서면 외에 추가적인 서면을 요구할 수 있습니다.

## ♣ 【서식】 전거에 의한 등기명의인 표시변경 등기신청서(구분건물)

**등기명의인표시변경등기신청**

| 접　수 | 년　월　일 | 처리인 | 등기관 확인 | 각종 통지 |
|---|---|---|---|---|
|  | 제　　　호 |  |  |  |

| ① 부동산의 표시 |
|---|
| 1동의 건물의 표시<br>　　　서울특별시 서초구 서초동 100<br>　　　서울특별시 서초구 서초동 101　　　샛별아파트 가동<br>　　　[도로명주소] 서울특별시 서초구 서초대로 88길 10<br>전유부분의 건물의 표시<br>　　　건물의 번호　1-101<br>　　　구　　　조　철근콘크리트조<br>　　　면　　　적　1층 101호 86.03㎡<br>대지권의 표시<br>　　　토지의 표시<br>　　　1. 서울특별시 서초구 서초동 100　　　대 1,400㎡<br>　　　2. 서울특별시 서초구 서초동 101　　　대 1,600㎡<br>　　대지권의 종류　소유권<br>　　대지권의 비율 1,2 :　3,000분의 500<br>　　　　　　　　　이　　　　　　　상 |

| ② 등기원인과 그 연월일 | 2024년 1월 22일 전거 |
|---|---|
| ③ 등 기 의 목 적 | 등기명의인 표시변경 |
| ④ 변　경　사　항 | 갑구 3번 등기명의인 이대백의 주소 "서울특별시 중구 다동길 96 (다동)"을 "서울특별시 서초구 서초대로 88길 10, 가동 101호(서초동, 샛별아파트)"로 변경 |
|  |  |

| 구분 | 성　명<br>(상호·명칭) | 주민등록번호<br>(등기용등록<br>번호) | 주　소 (소 재 지) |
|---|---|---|---|
| ⑤<br>신<br>청<br>인 | 이 대 백 | XXXXXX-XXXX<br>XXX | 서울특별시 서초구 서초대로 88길 10, 가동 101호(서초동, 샛별아파트) |

| ⑥ 등 록 면 허 세 | 금 | | 3,000 | 원 |
|---|---|---|---|---|
| ⑥ 지 방 교 육 세 | 금 | | 600 | 원 |
| ⑦ 세  액  합  계 | 금 | | 3,600 | 원 |
| ⑧ 등 기 신 청 수 수 료 | 금 | | 3,000 | 원 |
| | 납부번호 : ○○-○○-○○○○○○○○-○ | | | |
| | 일괄납부 :          건          원 | | | |

<table>
<tr><td colspan="2" align="center">⑨ 첨  부  서  면</td></tr>
<tr>
<td>
· 등록면허세영수필확인서          1통<br>
· 등기신청수수료 영수필확인서      1통<br>
· <s>위임장</s>                      <s>통</s><br>
· 주민등록표초본                   1통
</td>
<td>〈기 타〉</td>
</tr>
</table>

2024년  1월  22일

⑩  위 신청인      이      대      백   ㉑   (전화 : 200-7766)

(또는)위 대리인                              (전화 :          )

서울중앙 지방법원                              등기국 귀중

- 신청서 작성요령 -

* 1. 부동산표시란에 2개 이상의 부동산을 기재하는 경우에는 부동산의 일련번호를 기재하여야 합니다.
  2. 신청인란등 해당란에 기재할 여백이 없을 경우에는 별지를 이용합니다.
  3. 담당 등기관이 판단하여 위의 첨부서면 외에 추가적인 서면을 요구할 수 있습니다.

## ♣ 【서식】 개명에 의한 등기명의인 표시변경 등기신청서(구분건물)

**등기명의인표시변경등기신청**

| 접　수 | 년　월　일 | 처리인 | 등기관 확인 | 각종 통지 |
|---|---|---|---|---|
| | 제　　　호 | | | |

| ① 부동산의 표시 |
|---|
| 1동의 건물의 표시<br>　　서울특별시 서초구 서초동 100<br>　　서울특별시 서초구 서초동 101　　샛별아파트 가동<br>　　[도로명주소] 서울특별시 서초구 서초대로 88길 10<br>전유부분의 건물의 표시<br>　　건물의 번호　1-101<br>　　구　　　　조　철근콘크리트조<br>　　면　　　　적　1층 101호 86.03㎡<br>대지권의 표시<br>　　토지의 표시<br>　　1. 서울특별시 서초구 서초동 100　　　　대 1,400㎡<br>　　2. 서울특별시 서초구 서초동 101　　　　대 1,600㎡<br>　　대지권의 종류　소유권<br>　　대지권의 비율 1,2 : 3,000분의 500<br>　　　　　　　　　이　　　　　　　상 |

| ② 등기원인과 그 연월일 | 2024년 1월 22일 개명 |
|---|---|
| ③ 등기의 목적 | 등기명의인 표시변경 |
| ④ 변경사항 | 소유권의 등기명의인의 성명 "이대백"을<br>"이을남"으로 변경 |

| 구분 | 성　명<br>(상호·명칭) | 주민등록번호<br>(등기용등록<br>번호) | 주　소 (소재지) |
|---|---|---|---|
| ⑤<br>신<br>청<br>인 | 이 을 남 | XXXXXX-XXXX<br>XXX | 서울특별시 서초구 서초대로 88길 10,<br>가동 101호(서초동, 샛별아파트) |

| ⑥ 등 록 면 허 세 | 금 | 3,000 | 원 |
|---|---|---|---|
| ⑥ 지 방 교 육 세 | 금 | 600 | 원 |
| ⑦ 세 액 합 계 | 금 | 3,600 | 원 |
| ⑧ 등 기 신 청 수 수 료 | 금 | 3,000 | 원 |
| | 납부번호 : ○○-○○-○○○○○○○○○-○ | | |
| | 일괄납부 :       건          원 | | |

⑨ 첨 부 서 면

| | | | |
|---|---|---|---|
| · 등록면허세영수필확인서 | 1통 | 〈기 타〉 | |
| · 등기신청수수료 영수필확인서 | 1통 | | |
| ~~· 위임장~~ | ~~통~~ | | |
| · 기본증명서 | 1통 | | |

2024년 1월 22일

⑩ 위 신청인      이  을  남  ⑳  (전화 : 200-7766)


(또는)위 대리인                (전화 :        )


서울중앙 지방법원               등기국 귀중

- 신청서 작성요령 -

* 1. 부동산표시란에 2개 이상의 부동산을 기재하는 경우에는 부동산의 일련번호를 기재하여야 합니다.
  2. 신청인란등 해당란에 기재할 여백이 없을 경우에는 별지를 이용합니다.
  3. 담당 등기관이 판단하여 위의 첨부서면 외에 추가적인 서면을 요구할 수 있습니다.

## ♣ 【서식】 건물증축등기신청서

| 건물증축등기신청 | | | | |
|---|---|---|---|---|
| 접 수 | 년 월 일 | 처리인 | 등기관 확인 | 각종통지 |
| | 제      호 | | | |

| ① 부동산의 표시 |
|---|
| 변경 전의 표시       서울특별시 서초구 서초동 200<br>[도로명주소] 서울특별시 서초구 서초대로 88길 20<br>벽돌조 기와지붕 단층 주택<br>150㎡<br><br>변경 후의 표시       서울특별시 서초구 서초동 200<br>[도로명주소] 서울특별시 서초구 서초대로 88길 20<br>벽돌조 기와지붕 단층 주택<br>200㎡<br><br>이                        상 |

| ② 등기원인과 그 연월일 | 2024년 1월 22일   증축 | | |
|---|---|---|---|
| ③ 등 기 의 목 적 | 건물표시변경 | | |
| 구분 | 성 명<br>(상호·명칭) | 주민등록번호<br>(등기용등록<br>번호) | 주    소 (소 재 지) |
| ④<br>신<br>청<br>인 | 이 대 백 | XXXXXX-XXXX<br>XXX | 서울특별시 서초구 서초대로 88길<br>20 (서초동) |

| ⑤ 취득세(등록면허세) | 금 | ○○○,○○○ | 원 |
|---|---|---|---|
| ⑤ 지 방 교 육 세 | 금 | ○○○,○○○ | 원 |
| ⑤ 농 어 촌 특 별 세 | 금 | ○○○,○○○ | 원 |
| ⑥ 세 액 합 계 | 금 | ○○○,○○○ | 원 |

| ⑦ 등 기 신 청 수 수 료 | 금                                3,000    원 |
|---|---|
| | 납부번호 : ○○-○○-○○○○○○○○○-○ |
| | 일괄납부 :           건                    원 |

| ⑧ 첨 부 서 면 | |
|---|---|
| · 취득세(등록면허세)영수필확인서  1통<br>· 등기신청수수료 영수필확인서    1통<br>· ~~위임장~~                        ~~통~~<br>· 건축물대장등본              1통 | 〈기 타〉 |

2024년 1월 22일


⑨ 위 신청인        이    대    백    ㊞   (전화 : 200-7766)


(또는)위 대리인                          (전화 :        )


서울중앙 지방법원                    등기국 귀중

- 신청서 작성요령 -

* 1. 부동산표시란에 2개 이상의 부동산을 기재하는 경우에는 부동산의 일련번호를 기재하여야 합니다.
  2. 신청인란등 해당란에 기재할 여백이 없을 경우에는 별지를 이용합니다.
  3. 담당 등기관이 판단하여 위의 첨부서면 외에 추가적인 서면을 요구할 수 있습니다.

## ♣ 【서식】 건물구조변경등기신청서

<table>
<tr><td colspan="5" align="center">건물구조변경등기신청</td></tr>
<tr><td rowspan="2">접 수</td><td>년 월 일</td><td rowspan="2">처리인</td><td>등기관 확인</td><td>각종 통지</td></tr>
<tr><td>제      호</td><td></td><td></td></tr>
</table>

<table>
<tr><td colspan="4" align="center">① 부동산의 표시</td></tr>
<tr><td colspan="4">

변경 전의 표시     서울특별시 서초구 서초동 100

[도로명주소] 서울특별시 서초구 서초대로 88길 10

목조 기와지붕 단층 주택 100㎡

변경 후의 표시     서울특별시 서초구 서초동 100

[도로명주소] 서울특별시 서초구 서초대로 88길 10

시멘트 벽돌조 기와지붕 단층 주택 100㎡

이                          상
</td></tr>
<tr><td colspan="2">② 등기원인과 그 연월일</td><td colspan="2">2024년 1월 22일 구조변경</td></tr>
<tr><td colspan="2">③ 등 기 의 목 적</td><td colspan="2">건물표시변경</td></tr>
<tr><td colspan="2"></td><td colspan="2"></td></tr>
<tr><td colspan="2"></td><td colspan="2"></td></tr>
<tr><td>구분</td><td>성 명<br>(상호·명칭)</td><td>주민등록번호<br>(등기용등록<br>번호)</td><td>주   소 (소 재 지)</td></tr>
<tr><td>④<br>신<br>청<br>인</td><td>이 대 백</td><td>XXXXXX-XXXX<br>XXX</td><td>서울특별시 서초구 서초대로 88길 20 (서초동)</td></tr>
</table>

| ⑤ 등 록 면 허 세 | 금 | 3,000 원 |
|---|---|---|
| ⑤ 지 방 교 육 세 | 금 | 600 원 |
| ⑥ 세 액 합 계 | 금 | 3,600 원 |
| ⑦ 등 기 신 청 수 수 료 | 금 | 3,000 원 |
|  | 납부번호 : ○○-○○-○○○○○○○○-○ | |
|  | 일괄납부 :   건   원 | |

<table>
<tr><td colspan="2" align="center">⑧ 첨 부 서 면</td></tr>
<tr>
<td>
· 등록면허세영수필확인서　　　1통<br>
· 등기신청수수료 영수필확인서　1통<br>
<s>· 위임장</s>　　　　　　　　　<s>통</s><br>
· 건축물대장등본　　　　　　　1통
</td>
<td>
〈기 타〉
</td>
</tr>
</table>

2024년 1월 22일

　⑨ 위 신청인　　이　대　백　㊞　(전화 : 200-7766)


　(또는)위 대리인　　　　　　　　　(전화 :　　　)


　　　서울중앙 지방법원　　　　　　등기국 귀중

- 신청서 작성요령 -

* 1. 부동산표시란에 2개 이상의 부동산을 기재하는 경우에는 부동산의 일련번호를 기재하여야 합니다.
  2. 신청인란등 해당란에 기재할 여백이 없을 경우에는 별지를 이용합니다.
  3. 담당 등기관이 판단하여 위의 첨부서면 외에 추가적인 서면을 요구할 수 있습니다.

# II. 경정등기

경정등기는 등기의 일부에 원시적으로 착오 또는 빠진 부분(당초의 등기절차에 신청의 착오나 등기관의 과오가 있어 등기와 실체가 불일치하는 경우)이 있어서 그 등기가 실체관계와 일치하지 않는 경우에, 이를 시정할 목적으로 하는 등기이다. 경정등기는 등기에 착오가 발생한 경우 그 등기를 말소하고 당사자로 하여금 다시 등기를 신청하게 하는 것보다는 기존등기를 이용하여 등기와 실체를 일치시키는 것이 등기경제에 부합하고 등기당사자의 이익도 도모할 수 있다는 정책적 고려에서 도입된 제도라고 할 수 있다.

경정등기는 부동산표시에 관한 것과 등기사항에 관한 것으로 나눌 수 있고, 등기사항에 관한 것은 등기명의인표시에 관한 것과 권리에 관한 것으로 나누어 볼 수 있으며, 권리에 관한 것은 다시 권리 자체에 관한 것과 권리의 내용에 관한 것으로 나눌 수 있다. 이하에서는 경정등기의 일반적 요건과 경정등기의 허용 여부에 대한 구체적 절차에 관하여 살펴본다(등기예규 제1564호).

## 1. 경정등기의 요건

### (1) 착오 또는 빠진 부분이 있을 것

등기절차에서의 착오란 본래 있어야 할 등기가 없고 잘못된 등기가 있는 경우를 말하고, 빠짐이란 등기사항 중 일부에 대하여 그 기록을 빠뜨린 경우를 말한다. 착오 또는 빠짐이 생긴 원인은 당사자의 과오에 의한 것이든 등기관의 과오에 의한 것이든 묻지 않는다.

### (2) 현재 효력 있는 등기에 대하여 착오 또는 빠진 부분이 있을 것

경정등기는 현재 효력이 있는 등기사항에 관해서만 할 수 있다. 현재 효력이 있는 등기사항이란 등기기록에 기록된 부동산의 표시 및 권리에 관한 사항 중 말소되지 않은 것을 말한다. 권리이전등기에 있어서는 최종 등기만이 효력이 있는 등기이고 경정 또는 변경등기가 마쳐진 등기는 경정 또는 변경 후의 등기사항이 현재 효력이 있는 등기사항이다. 따라서 폐쇄등기기록상의 등기명의인의 표시경정 또는 소유권이 이전된 후의 종전 소유권의 등기명의인의 표시경정은 허용되지 않는다(선례 Ⅲ-674, Ⅳ-540).

📑 **선 례**

① 종전 등기명의인 표시경정등기의 가부

「장세줄」소유의 미등기토지에 대하여 "장세출"명의로 보존등기가 되어 있는 경우 등기부 소유자 명의란에 병기된 장세출의 주민등록번호가 장세줄의 주민등록번호와 동일하다면 그 동일성이 있는 것으로 보아 별도의 소유권보존등기말소등기절차 없이 경정등기의 방법으로 등기 명의인을 "장세출"에서 장세줄로 정정할 수 있으나, 그 소유권이 다시 다른 사람에게 이전되어 위 장세출이 현재의 권리관계의 등기명의인이 아니라면 위 경정등기는 할 수 없는 것이다(제정 1992.12.17 등기선례 제3-674호).

② 전소유자의 경정등기

서울 강동구 ○○동 252의89번지가 분할로 서울 강동구 ○○동 252의13번지에서 전사하는 과정에 등기공무원의 과오로 소유자인 대한예수교 장로회 ○○교회를 전소유자인 ○○○으로 잘못 이기했더라도 그후 소유권이 제3자에게 이전되었다면 제3자에 대한 소유권이전등기를 말소하지 않는 이상 전소유자를 경정하는 등기는 할 수 없다(제정 1993.07.28 등기선례 제4-540호).

착오 또는 빠짐은 등기에 관한 것이어야 한다. 그러므로 등기기록상 기록되어 있다고 하더라도 단순한 절차적 기록은 자구정정에 따르면 되는 것이고 경정등기를 할 것은 아니다. 예를 들어 등기기록에 기록된 사항이 많아 새로운 등기기록에 옮겨 기록하면서 그 옮겨 기록한 뜻을 기록하는 것에 착오가 있는 경우에는 자구정정의 방법으로 해결하면 될 것이다. 순위번호 또는 접수번호가 잘못된 경우에도 자구정정의 방법으로 해결하는 것이 바람직해 보이나 이에 대해서는 순위번호나 접수번호는 권리의 순위를 결정하는데 직접 관계가 있는 것이기 때문에 경정등기의 방법으로 해야 한다는 견해도 있다.

### (3) 등기사항의 일부에 대하여 착오 또는 빠진 부분이 있을 것

경정등기란 등기 당초의 착오 또는 빠짐으로 인하여 원시적으로 실체관계와의 사이에 불일치가 발생한 기존등기의 일부를 보정할 목적으로 하는 것이므로, 그 착오 또는 빠짐은 등기사항의 일부에 관한 것이어야 한다. 이론상 신청된 등기사항의 전부를 빠뜨린 경우에도 경정등기가 가능한지 문제되나, 판례(대법원 1980.10.14, 선고, 80다1385, 판결) 및 실무에서는 법 제32조의 절차에 의하여 경정등기를 할 수 있다고 본다.

## ⚖ 판례

소유권이전등기절차이행을 명하는 확정판결에 기하여 소유권이전등기신청을 하였으나 등기공무원의 착오로 인하여 그 일부 토지에 관하여 소유권이전등기가 경료되지 아니하였다면 부동산등기법 제72조 소정의 경정등기절차에 의하여 이를 할 수 있다(대법원 1980.10.14, 선고, 80다1385, 판결).

### (4) 등기와 실체관계 사이에 원시적 불일치가 있을 것

등기와 실체관계와의 불일치는 신청 당시부터 존재하고 있어야 한다. 그러므로 등기완료 후 부동산표시나 권리관계에 변동이 있는 경우에는 변경등기를 하여야 하고 경정등기를 할 수는 없다.

토지에 관한 적법한 등기가 이루어진 후에 토지의 합필과 분필로 인하여 그 토지에 관한 기존 등기기록상의 지번표시가 토지대장 및 지적도상의 지번표시와 다르게 된 경우는 경정할 경우에 해당하지 않는다고 판시하였다.

### (5) 경정 전후의 등기에 동일성 또는 유사성이 있을 것

경정등기가 허용되기 위해서는 경정 전의 등기와 경정 후의 등기 사이에 원칙적으로 동일성 또는 유사성이 있어야 한다. 경정등기에 의하여 기존등기가 당초에 소급하여 경정되는 효과가 발생하는데 만일 동일성이 없는 경우에도 경정을 인정한다면 경정등기에 의하여 새로운 물권변동이 생기거나 애초부터 실체와 부합하지 않아서 무효인 등기를 경정등기에 의하여 유효한 등기를 만드는 결과가 되기 때문이다. 그러나 동일성의 요건 내지 경정등기 한계는 경정등기의 대상에 따라 완화되어 적용된다.

## 2. 착오나 빠진 부분이 있다는 사실의 통지

등기관이 등기를 마친 후 그 등기에 착오나 빠진 부분이 있음을 발견하였을 때에는 지체 없이 그 사실을 등기권리자와 등기의무자에게 알려야 하고 등기권리자와 등기의무자가 없는 경우에는 등기명의인에게 알려야 한다. 다만, 등기권리자, 등기의무자 또는 등기명의인이 각 2인 이상인 경우에는 그 중 1인에게 통지하면 된다(법 제32조 1항). 채권자대위권에 의하여 마쳐진 등기의 경우에는 그 채권자에게도 알려야 한다(법 제32조 4항).

## 3. 당사자의 신청에 착오가 있는 경우

당사자의 신청에 착오가 있는 경우란 당사자의 신청에 착오가 있음에도 등기관이 이를 간과하고 등기를 하여 등기와 실체 사이에 불일치가 발생한 경우를 말한다. 당사자의 신청에 따라 행해진 등기에 착오가 발생한 경우에는 오직 신청에 의해서만 바로 잡을 수 있고 직권으로는 바로 잡을 수 없다. 이를 인정하게 되면 등기관이 신청이 없는 등기를 하게 되는 결과가 된다.

### (1) 권리에 관한 경정등기

#### 1) 권리 자체의 경정이나 권리자 전체를 바꾸는 경정의 불허

권리 자체를 경정(소유권이전등기를 저당권설정등기로 경정하거나 저당권설정등기를 전세권설정등기로 경정하는 경우 등)하거나 권리자 전체를 경정(권리자를 갑에서 을로 경정하거나, 갑과 을의 공동소유에서 병과 정의 공동소유로 경정하는 경우 등)하는 등기신청은 수리할 수 없다.

#### 2) 등기내용의 경정

가. 등기원인증명정보와 다른 내용의 등기에 대한 경정

신청정보에 표시된 사항이 등기원인을 증명하는 정보와 일치하지 아니함에도 등기관이 이를 간과하고 그 신청에 따른 등기를 마친 경우에는 경정등기가 가능하다. 등기신청인은 착오를 증명하는 정보를 제공하여 경정등기를 신청할 수 있다.

경정의 대상이 되는 등기가 단독신청으로 마쳐진 경우에는 단독신청으로, 공동신청으로 마쳐진 경우에는 공동신청으로 경정등기신청을 할 수 있다. 예를 들면 채권최고액을 2,000만원으로 하는 근저당권설정계약을 체결하였는데 신청정보에 200만원으로 표시하고 등기도 200만원으로 된 경우 등기신청인은 채권최고액을 200만원에서 2,000만원으로 경정하는 등기를 신청할 수 있다.

나. 등기원인증명정보와 같은 내용의 등기에 대한 경정

등기원인을 증명하는 정보와 신청정보에 표시된 내용이 일치된 경우에는 적법한 절차에 의하여 등기가 완료되었다고 할 수 있으므로 원칙적으로 경정등기를 할 수 없다.

다만, 착오 또는 빠짐으로 등기가 실체관계와 일치하지 아니하고 신청인이 그 사실을 증명하는 정보를 제공하여 경정등기를 신청한 경우(신청정보에 권리가 감축되는 자를 등기의무자로, 권리가 증가되는 자를 등기권리자로 각 표시하여야 함)에는 그러하지 아니하다.

① 소유권보존등기의 경정 : 등기명의인의 인감증명이나 소유권확인판결서 등을 제

공하여 단독 소유의 소유권보존등기를 공동소유로 경정하거나 공동소유를 단독 소유로 경정하는 경우

② 상속으로 인한 소유권이전등기의 경정 : 법정상속분대로 등기된 후 협의분할에 의하여 소유권경정등기를 신청하는 경우 또는 협의분할에 의한 상속등기 후 협의해제를 원인으로 법정상속분대로 소유권경정등기를 신청하는 경우

③ 가압류등기나 매각에 따른 소유권이전등기 등 법원의 촉탁에 의한 등기가 완료된 후 그 촉탁에 착오가 있음을 증명하는 정보를 제공하여 권리의 경정을 촉탁한 경우

④ 등기원인증명정보의 실질적 내용이 매매임에도 증여로 기록되어 있거나 등기 당시 도래하지 않은 일자가 등기원인일자로 등기원인증명정보에 표시되어 있는 등 등기원인증명정보상 표시의 착오가 외관상 명백한 경우

⑤ 그 밖에 법정지상권이나 법정저당권의 취득 등 법률의 규정에 의한 권리의 취득을 원인으로 하여 등기가 완료된 후 등기의 착오를 증명하는 정보를 제공하여 권리의 경정을 신청하는 경우 등

### 3) 등기의 실행방법

등기상 이해관계 있는 제3자가 있고 그 제3자의 승낙이 있음을 증명하는 정보나 이에 대항할 수 있는 재판이 있음을 증명하는 정보를 제공한 때 또는 등기상 이해관계 있는 제3자가 없는 경우에는 부기등기로 하고, 등기상 이해관계 있는 제3자가 있으나 그 이해관계 있는 제3자의 승낙이나 이에 대항할 수 있는 재판이 있음을 증명하는 정보를 제공하지 않은 경우에는 주등기로 한다.

한편 경정등기의 형식으로 이루어지나 그 실질이 말소등기에 해당하는 경우가 있는 바, 이를 일부말소 의미의 경정등기라고 한다. 일부말소 의미의 경정등기는 그 실질이 말소이므로 그 등기를 함에 있어 등기상 이해관계 있는 제3자가 있을 때에는 반드시 그 제3자의 승낙이 필요하다. 통상의 경정등기에 있어서는 등기상 이해관계 있는 제3자의 승낙이 없는 경우에는 주등기로 경정등기를 할 수 있지만 일부말소 의미의 경정등기는 제3자의 승낙은 그 등기의 요건이 된다. 따라서 제3자의 승낙이 없으면 경정등기 자체를 하지 못한다(등기예규 제1366호). 다음과 같은 예가 일부말소 의미의 경정등기에 해당한다.

갑과 을을 포함한 수인의 공동상속인이 존재함에도 갑이 상속재산인 부동산을 단독으로 상속하였다는 내용의 허위의 보증서를 관할청으로부터 발급받아 「부동산소유권이전등기 등에 관한 특별조치법」(법률 제4502호)에 따라 위 상속부동산에 관하여 자기를 단독소유자로 하는 소유권이전등기를 마친 후, 위 을이 갑을 상대로 하여 을의 법정상속분에 해당하는 만큼의 지분에 대해서는 소유권이전등기의 말소등기절차를 이행

하라는 승소판결을 받았다면(판결이유에서 갑이 허위의 보증서를 발급받은 사실과 갑과 을을 포함한 수인의 공동상속인이 당해 부동산을 공동상속하였다는 사실을 설시하고 있음), 을은 그 판결에 의하여 위 상속부동산의 소유자를 갑에서 갑과 을로 경정하는 지분일부말소 의미의 소유권경정등기신청을 할 수 있다(선례 Ⅶ-363).

### 📑 선 례

상속지분을 초과하는 소유권이전등기가 경료된 경우 소유권경정등기절차.

① 갑과 을을 포함한 수인의 공동상속인이 존재함에도 갑이 상속재산인 부동산을 단독으로 상속하였다는 내용의 허위의 보증서를 관할청으로부터 발급받아 부동산소유권이전등기등에 관한특별조치법(법률 제4502호)에 의거 위 상속부동산에 관하여 자기를 단독소유자로 하는 소유권이전등기를 경료한 후, 위 을이 갑을 상대로 하여 을의 법정상속분에 해당하는 만큼의 지분에 대해서는 소유권이전등기의 말소등기절차를 이행하라는 승소판결을 받았다면(판결이유에서 갑이 허위의 보증서를 발급받은 사실과 갑과 을을 포함한 수인의 공동상속인이 당해 부동산을 공동상속하였다는 사실을 설시하고 있음), 을은 그 판결에 의하여 위 상속부동산의 소유자를 갑에서 갑과 을로 경정하는 지분일부말소의미의 소유권경정등기신청을 할 수 있다.

② 그런데 을이 위 판결에 의한 소유권경정등기신청을 위와 같이 하지 아니하고 갑이 피상속인으로부터 을의 법정상속분을 제외한 나머지 지분에 대해서만 소유권이전을 받았다는 취지로 경정하여 달라는 소유권경정등기신청을 하였다면, 등기관으로서는 그 등기신청을 각하하여야 하나( 부동산등기법 제55조 제2호 ), 만일 이를 간과하고 수리하여 현재 등기부상 갑이 피상속인의 일부지분만을 상속을 원인으로 하여 소유권이전을 받은 것으로 등기되어 있다면, 그 등기는 부동산등기법 제175 내지 177조 에 의하여 등기관이 직권으로 말소하여야 한다(2002.1.19. 등기 3402-29 질의회답) (제정 2002.01.19 등기선례 제7-363호).

#### 4) 인감증명의 제공

소유권에 관한 경정등기를 신청하기 위해서는 그 경정등기로 인하여 소유권이 감축되는 자의 인감증명을 첨부정보로서 등기소에 제공하여야 한다.

### (2) 등기명의인표시의 경정

#### 1) 등기명의인표시경정의 의의 및 한계

가. 등기명의인표시경정의 의의

등기명의인표시경정이라 함은 등기명의인의 성명, 주소, 또는 주민등록번호 등을 경정하는 것을 말하고, 등기명의인의 수를 증감하는 것(단독소유를 공유로 하거나 공유를 단독소유로 하는 경우 등)은 등기명의인표시경정이 아니며, 이는 권리에 관한 경정등기절차에 의하여 처리한다.

나. 인격의 동일성

등기명의인표시결정등기는 경정 전후의 등기가 표창하고 있는 등기명의인이 인격의 동일성을 유지하는 경우에만 신청할 수 있다. 그러므로 법인 아닌 사단을 법인으로 경정하는 등기의 신청이나 대종중을 소종중으로 하는 등기명의인표시경정등기의 신청 등은 동일성을 해하는 등기신청이므로 수리할 수 없다.

또한 갑이 을로 행세하며 자신이 매수한 부동산을 을 명의로 소유권이전등기를 마친 경우에 이를 바로 잡기 위해서는 등기명의인표시경정의 방법으로는 할 수 없다. 이때에는 을 명의의 소유권이전등기를 말소한 다음, 갑 앞으로의 소유권이전등기절차를 밟아야 한다(선례 Ⅷ-115).

### 📑 선 례

갑이 을(갑의 동생) 명의를 모용하여 마친 소유권이전등기의 명의인표시를 갑 명의로 경정하는 등기신청이 가능한지 여부(소극)

경정등기가 허용되기 위하여는 경정 전의 등기와 경정 후의 등기를 비교하여 그 등기내용에 있어서 동일성이 인정되어야 하는바, 갑이 을로 행세하며 자신이 매수한 부동산을 을 명의로 소유권이전등기를 마친 경우에 이를 바로 잡기 위하여는 등기명의인표시경정의 방법으로는 할 수 없고, 을 명의의 소유권이전등기를 말소한 다음, 갑 앞으로의 소유권이전등기절차를 밟아야 한다(2005.02.01. 부등 3402-50 질의회답) (제정 05.02.01 등기선례 제8-115호).

다. 동일성을 해하는 등기명의인표시경정등기가 된 경우

동일성을 해하는 등기명의인표시경정등기의 신청임에도 등기관이 이를 간과하여 수리한 경우, 종전 등기명의인으로의 회복등기 신청은 현재의 등기명의인이 단독으로 하거나 종전 등기명의인과 공동으로 하여야 하고, 종전 등기명의인이 단독으로 한 등기신청은 수리할 수 없다. 판례는 등기명의인표시경정등기가 등기명의인의 동일성을 해치는 방법으로 행해져서 등기가 타인을 표상하는 결과에 이르렀다면 원래의 등기명의인은 새로운 등기명의인을 상대로 등기명의인표시경정등기의 말소를 구할 수밖에 없다고 한다(대법원 1992.11.13. 선고, 92다39167, 판결).

### ⚖ 판 례

등기명의인의 표시변경(경정)의 등기는 등기명의인의 동일성이 유지되는 범위 내에서 등기부 상의 표시를 실제와 합치시키기 위하여 행하여지는 것에 불과할 뿐 어떠한 권리변동을 가져 오는 것이 아니므로 등기가 잘못된 경우에도 등기명의인은 다시 소정의 서면을 갖추어 경정 등기를 하면 되는 것이고 따라서 거기에는 등기의무자의 관념이 있을 수 없으나, 등기명의 인의 표시변경(경정)의 등기가 등기명의인의 동일성을 해치는 방법으로 행하여져서 등기가 타인을 표상하는 결과에 이르렀다면 이 경우에는 원래의 등기명의인은 새로운 등기명의인을 상대로 변경(경정)등기의 말소를 구할 수밖에 없다(대법원 1992.11.13, 선고, 92다39167, 판결).

### 2) 종전 등기명의인 또는 사망자에 대한 등기명의인표시경정의 가부

등기기록상 권리를 이전하여 현재 등기명의인이 아닌 종전 등기명의인 또는 이미 사 망한 등기명의인에 대한 등기명의인표시경정등기신청은 수리할 수 없다.

### 3) 첨부정보

등기명의인표시경정등기의 신청을 위해서는 등기명의인의 표시의 경정을 증명하는 정보를 첨부정보로서 등기소에 제공하여야 한다. 통상 시장·군수 또는 구청장이나 읍· 면·동장 또는 출장소장의 서면 또는 이를 증명할 수 있는 서면이 여기의 첨부정보에 해당한다. 공무원이나 자격자대리인이 동일인임을 보증하년 서면을 작성하여 제공하는 경우에는 그 보증인의 인감증명 및 보증인의 자격을 증명하는 정보(공부원 재직증명, 법무사 인가증 사본 등)를 함께 제공하여야 한다.

## 4. 등기관의 과오로 등기의 착오 또는 빠진 부분이 발생한 경우

### (1) 등기의 착오가 있는 경우

등기관의 과오로 인해 등기의 착오가 발생한 경우에는 경정 전후의 등기의 동일 성 여부를 별도로 심사하지 않고 아래의 절차에 의하여 처리한다. 단, 갑구에 하여 야 할 등기를 등기관의 착오로 을구에 등기한 것(예 : 소유권이전등기를 하여야 할 것을 근저당권설정등기로 한 경우)과 같이 경정절차에 의하여 바로잡을 수 없는 등기는 종전 등기를 착오 발견으로 말소한 후 직권 또는 신청에 의하여 빠짐 발견 으로 인한 등기를 하여야 한다.

### 1) 직권에 의한 경정

등기관이 등기의 착오나 빠진 부분이 등기관의 잘못으로 인한 것임을 발견한 경우에는 지체 없이 그 등기를 직권으로 경정하여야 한다. 다만 등기상 이해관계 있는 제3자가 있는 경우에는 제3자의 승낙이 있어야 한다(법 제32조 2항).

구법에서는 등기상 이해관계 있는 제3자가 없는 경우에만 등기관이 직권으로 경정등기를 할 수 있었다(구법 제72조 1항). 개정법에서는 등기관의 과오를 직권에 의해 신속하게 바로잡을 수 있도록 하기 위해서 등기상 이해관계 있는 제3자가 있다 하더라도 그 제3자의 승낙이 있으면 직권으로 경정등기를 할 수 있게 하였다.

등기관이 직권으로 경정등기를 하였을 때에는 그 사실을 등기권리자, 등기의무자 또는 등기명의인에게 알려야 한다. 채권자대위권에 의하여 마쳐진 등기를 직권으로 경정한 때에는 그 채권자에게도 알려야 한다(법 제32조 4항).

### 2) 신청에 의한 경정

등기완료 후 등기관의 과오로 인한 등기의 착오(신청과 다른 내용으로 등기된 경우를 말함)를 발견한 경우, 등기권리자 또는 등기의무자는 그 사실을 증명하는 정보를 제공하여 착오발견으로 인한 경정등기를 신청할 수 있다.

등기상 이해관계 있는 제3자가 있고 그 제3자의 승낙이 있는 경우에는 부기등기로 경정등기를 하고 승낙이 없는 경우에는 주등기로 경정등기를 하여야 한다.

## (2) 등기기입이 빠진 경우

등기관의 과오로 등기기입이 빠진 경우, 그 발견으로 인한 등기는 등기관의 과오로 인한 등기의 착오가 발생한 경우에 준하는 절차(등기관의 과오에 의하여 등기기입이 빠졌음을 증명하여야 함)에 의하여 처리한다.

## ♣ 【서식】 신청착오에 의한 등기명의인 표시경정 등기신청서

<table>
<tr><td colspan="5" align="center">등기명의인표시경정등기신청</td></tr>
<tr>
<td rowspan="2">접　수</td>
<td>년 월 일</td>
<td rowspan="2">처리인</td>
<td>등기관 확인</td>
<td>각종 통지</td>
</tr>
<tr>
<td>제　　호</td>
<td></td>
<td></td>
</tr>
</table>

<table>
<tr><td colspan="3" align="center">① 부동산의 표시</td></tr>
<tr><td colspan="3">1. 서울특별시 서초구 서초동 100<br><br>　　　　대 300㎡<br>2. 서울특별시 서초구 서초동 100<br>　　[도로명주소] 서울특별시 서초구 서초대로 88길 10<br>　　시멘트 벽돌조 슬래브지붕 2층 주택<br>　　　　1층 100㎡<br>　　　　2층 100㎡<br><br>　　　　　　　　이　　　　　　　상</td></tr>
<tr><td colspan="1">② 등기원인과 그 연월일</td><td colspan="2">2024년 1월 22일 신청착오</td></tr>
<tr><td colspan="1">③ 등 기 의 목 적</td><td colspan="2">등기명의인 표시경정</td></tr>
<tr><td colspan="1">④ 경 정 할 사 항</td><td colspan="2">소유명의인의 주소 ″서울특별시 서초구 서초대로 88길 21 (서초동)″을 ″서울특별시 서초구 서초대로 88길 20 (서초동)″으로 경정</td></tr>
<tr><td colspan="3"></td></tr>
<tr>
<td>구분</td>
<td>성　　명<br>(상호·명칭)</td>
<td>주민등록번호<br>(등기용등록<br>번호)</td>
</tr>
</table>

주  소 (소 재 지)

⑤ 신청인　이 대 백　XXXXXX-XXXX XXX　서울특별시 서초구 서초대로 88길 20 (서초동)

| ⑥ 등 록 면 허 세 | 금 | 6,000 | 원 |
|---|---|---|---|
| ⑥ 지 방 교 육 세 | 금 | 1,200 | 원 |
| ⑦ 세 액 합 계 | 금 | 7,200 | 원 |
| ⑧ 등 기 신 청 수 수 료 | 금 | 6,000 | 원 |
| | 납부번호 : ○○－○○－○○○○○○○○○－○ | | |
| | 일괄납부 :         건                   원 | | |

| ⑨ 첨 부 서 면 | |
|---|---|
| · 등록면허세영수필확인서          1통<br>· 등기신청수수료 영수필확인서    1통<br>· ~~위임장~~                        ~~통~~<br>· 주민등록표등(초)본              1통 | 〈기 타〉 |

2024년 1월 22일

⑩ 위 신청인      이   대   백   ㉞   (전화 : 200-7766)


(또는)위 대리인                        (전화 :          )



서울중앙 지방법원                      등기국 귀중

- 신청서 작성요령 -

* 1. 부동산표시란에 2개 이상의 부동산을 기재하는 경우에는 부동산의 일련번호를 기재하여야 합니다.
  2. 신청인란등 해당란에 기재할 여백이 없을 경우에는 별지를 이용합니다.
  3. 담당 등기관이 판단하여 위의 첨부서면 외에 추가적인 서면을 요구할 수 있습니다.

## ♣【서식】신청착오에 의한 등기명의인 표시경정 등기신청서(구분건물)

### 등기명의인표시경정등기신청

| 접　수 | 년　월　일 | 처리인 | 등기관 확인 | 각종 통지 |
|---|---|---|---|---|
| | 제　　　호 | | | |

### ① 부동산의 표시

1동의 건물의 표시
　　서울특별시 서초구 서초동 100
　　서울특별시 서초구 서초동 101　　　샛별아파트 가동
　　[도로명주소] 서울특별시 서초구 서초대로 88길 10
전유부분의 건물의 표시
　　건물의 번호　1-101
　　구　　　조　철근콘크리트조
　　면　　　적　1층 101호 86.03㎡
대지권의 표시
　　토지의 표시
　　1. 서울특별시 서초구 서초동 100　　　　　대 1,400㎡
　　2. 서울특별시 서초구 서초동 101　　　　　대 1,600㎡
　　대지권의 종류　소유권
　　대지권의 비율 1,2 : 3,000분의 500
　　　　　　　　　　　이　　　　　　　　상

| ② 등기원인과 그 연월일 | 2024년 1월 22일 신청착오 |
|---|---|
| ③ 등 기 의 목 적 | 등기명의인 표시 경정 |
| ④ 경 정 할 사 항 | 소유명의인의 주소 "서울특별시 서초구 서초대로 88길 21 (서초동)"을 "서울특별시 서초구 서초대로 88길 20 (서초동)"으로 경정 |

| 구분 | 성　명<br>(상호·명칭) | 주민등록번호<br>(등기용등록<br>번호) | 주　소 (소 재 지) |
|---|---|---|---|
| ⑤<br>신<br>청<br>인 | 이대백 | XXXXXX-XXXX<br>XXX | 서울특별시 서초구 서초대로 88길 20<br>(서초동) |

| ⑥ 등 록 면 허 세 | 금 | 3,000 | 원 |
|---|---|---|---|
| ⑥ 지 방 교 육 세 | 금 | 600 | 원 |
| ⑦ 세 액 합 계 | 금 | 3,600 | 원 |

| ⑧ 등 기 신 청 수 수 료 | 금 | 3,000 | 원 |
|---|---|---|---|
| | 납부번호 : ○○－○○－○○○○○○○○○－○ | | |
| | 일괄납부 :        건        원 | | |

⑨ 첨 부 서 면

| · 등록면허세영수필확인서    1통<br>· 등기신청수수료 영수필확인서    1통<br>· ~~위임장~~        ~~통~~<br>· 주민등록표등(초)본    1통 | 〈기타〉 |
|---|---|

2024년 1월 22일

⑩ 위 신청인      이    대    백    ㉑    (전화 : 200-7766)


(또는)위 대리인                    (전화 :        )



서울중앙 지방법원                등기국 귀중

---

- 신청서 작성요령 -

* 1. 부동산표시란에 2개 이상의 부동산을 기재하는 경우에는 부동산의 일련번호를 기재하여야 합니다.
  2. 신청인란등 해당란에 기재할 여백이 없을 경우에는 별지를 이용합니다.
  3. 담당 등기관이 판단하여 위의 첨부서면 외에 추가적인 서면을 요구할 수 있습니다.

## ♣【서식】 신청착오에 의한 소유권 경정등기 신청서

<table>
<tr><td colspan="6" align="center">소유권경정등기신청</td></tr>
<tr><td rowspan="2">접 수</td><td colspan="2">년 월 일</td><td rowspan="2">처리인</td><td>등기관 확인</td><td>각종 통지</td></tr>
<tr><td colspan="2">제        호</td><td></td><td></td></tr>
</table>

<table>
<tr><td colspan="4" align="center">① 부동산의 표시</td></tr>
<tr><td colspan="4">서울특별시 서초구 서초동 100<br><br>　　　　대 300㎡<br><br>　　　　　　　　이　　　　　　　상<br><br><br></td></tr>
<tr><td colspan="2">② 등기원인과 그 연월일</td><td colspan="2">2024년 1월 22일  신청착오</td></tr>
<tr><td colspan="2">③ 등 기 의 목 적</td><td colspan="2">소유권경정</td></tr>
<tr><td colspan="2">④ 경 정 할 사 항</td><td colspan="2">2010년 11월 10일 접수 제1001호로 경료한 "소유권이전등기, 소유자 이상호, 서울특별시 중구 마장로길 88 (황학동)"을 "소유권일부이전, 지분 2분의1, 공유자 이상호, 서울특별시 중구 마장로길 88 (황학동)"으로 경정</td></tr>
<tr><td colspan="4"></td></tr>
<tr><td>구분</td><td>성 명<br>(상호·명칭)</td><td>주민등록번호<br>(등기용등록<br>번호)</td><td>주    소 (소 재 지)</td></tr>
<tr><td>⑤<br>등기의무자</td><td>이 상 호</td><td>XXXXXX-XXXX<br>XXX</td><td>서울특별시 중구 마장로길<br>88 (황학동)</td></tr>
<tr><td>⑥<br>등기권리자</td><td>이 대 백</td><td>XXXXXX-XXXX<br>XXX</td><td>서울특별시 서초구 서초대로 88길<br>20 (서초동)</td></tr>
</table>

| | | | |
|---|---|---|---|
| ⑦ 등 록 면 허 세 | 금 3,000 원 | | |
| ⑦ 지 방 교 육 세 | 금 600 원 | | |
| ⑧ 세 액 합 계 | 금 3,600 원 | | |
| ⑨ 등 기 신 청 수 수 료 | 금 3,000 원 | | |
| | 납부번호 : ○○-○○-○○○○○○○○○-○ | | |
| | 일괄납부 : 건 원 | | |
| ⑩ 등기의무자의 등기필정보 | | | |
| 부동산 고유번호 | 1102-2006-002095 | | |
| 성명(명칭) | 일련번호 | 비밀번호 | |
| 이상호 | Q77C-LO71-35J5 | 40-4636 | |
| ⑪ 첨 부 서 면 | | | |
| · 인감증명서 또는 본인서명사실 확인서 1통<br>· 등록면허세영수필확인서 1통<br>· 등기신청수수료 영수필확인서 1통<br>· 등기필증 1통 | · 원인증서 사본 1통<br>· 주민등록표등(초)본 각1통<br>· ~~위임장 통~~<br>〈기 타〉 | | |
| 2024년 1월 22일<br><br>⑫ 위 신청인 이 상 호 ㊞ (전화 : 200-7766)<br>이 대 백 ㊞ (전화 : 212-7711)<br><br>(또는)위 대리인 (전화 : )<br><br>서울중앙 지방법원 등기국 귀중 | | | |

– 신청서 작성요령 –

* 1. 부동산표시란에 2개 이상의 부동산을 기재하는 경우에는 부동산의 일련번호를 기재하여야 합니다.
2. 신청인란등 해당란에 기재할 여백이 없을 경우에는 별지를 이용합니다.
3. 담당 등기관이 판단하여 위의 첨부서면 외에 추가적인 서면을 요구할 수 있습니다.

## ♣ 【서식】 협의분할로 의한 소유권 경정등기 신청서

<table>
<tr><td colspan="5" align="center">소유권경정등기신청</td></tr>
<tr><td rowspan="2">접　수</td><td>년　월　일</td><td rowspan="2">처리인</td><td>등기관 확인</td><td>각종 통지</td></tr>
<tr><td>제　　　호</td><td></td><td></td></tr>
</table>

<table>
<tr><td colspan="5" align="center">① 부동산의 표시</td></tr>
<tr><td colspan="5">
1. 서울특별시 서초구 서초동 100<br>
　　　　대 300㎡<br>
2. 서울특별시 서초구 서초동 100<br>
　　[도로명주소] 서울특별시 서초구 서초대로 88길 10<br>
　　시멘트 벽돌조 슬래브지붕 2층 주택<br>
　　　　1층 100㎡<br>
　　　　2층 100㎡<br>
이　　　　　상
</td></tr>
<tr><td colspan="2">②등기원인과 그 연월일</td><td colspan="3">2024년 1월 22일 협의분할로 인한 상속</td></tr>
<tr><td colspan="2">③ 등 기 의 목 적</td><td colspan="3">소유권 경정</td></tr>
<tr><td colspan="2">④ 경 정 할 사 항</td><td colspan="3">2009년 9월 11일 접수 제1001호로 경료한 갑구순위 제3번의 소유권이전등기사항 중 "공유자 지분 2분의 1, 이상호, 서울특별시 중구 마장로길 88 (황학동), 지분 2분의 1, 이대백, 서울특별시 서초구 서초대로 88길 20 (서초동)"을 "소유자 이대백, 서울특별시 서초구 서초대로 88길 20 (서초동)"으로 경정</td></tr>
<tr><td>구분</td><td>성　명<br>(상호·명칭)</td><td>주민등록번호<br>(등기용등록<br>번호)</td><td>주　　소 (소 재 지)</td><td>지　분<br>(개인별)</td></tr>
<tr><td>⑤등기의무자</td><td>이 상 호</td><td>XXXXXX-XXX<br>XXXX</td><td>서울특별시 중구 마장로길 88<br>(황학동)</td><td></td></tr>
<tr><td>⑥등기권리자</td><td>이 대 백</td><td>XXXXXX-XXX<br>XXXX</td><td>서울특별시 서초구 서초대로<br>88길 20 (서초동)</td><td></td></tr>
</table>

| ⑦ 시가표준액 및 국민주택채권매입금액 | | |
|---|---|---|
| 부동산 표시 | 부동산별 시가표준액 | 부동산별 국민주택채권매입금액 |
| 1. 주 택 | 금 ○○,○○○,○○○원 | 금    ○○○,○○○ 원 |
| 2. | 금           원 | 금           원 |
| 3. | 금           원 | 금           원 |
| ⑦ 국 민 주 택 채 권 매 입 총 액 | | 금   ○○○,○○○ 원 |
| ⑦ 국 민 주 택 채 권 발 행 번 호 | | ○ ○ ○ |
| ⑧ 취득세(등록면허세) 금○○○,○○○원 | ⑧ 지 방 교 육 세 금 ○○,○○○원 | |
| | ⑧ 농어촌특별세 금 ○○,○○○원 | |
| ⑨ 세 액 합 계 | 금            7,200 원 | |
| ⑩ 등 기 신 청 수 수 료 | 금            6,000 원 | |
| | 납부번호 : ○○-○○-○○○○○○○○-○ | |
| | 일괄납부 :     건       원 | |
| ⑪ 등기의무자의 등기필정보 | | |
| 부동산고유번호 | 1102-2006-002095 | |
| 성명(명칭) | 일련번호 | 비밀번호 |
| 이상호 | Q77C-L07I-35J5 | 40-4636 |

| ⑫ 첨 부 서 면 | | | |
|---|---|---|---|
| · 상속재산분할협의서 | 1통 | · 등기필증 | 1통 |
| · 취득세(등록면허세)영수필확인서 | 1통 | · 위임장 | 통 |
| · 등기신청수수료 영수필확인서 | 1통 | 〈기 타〉 | |
| · 인감증명서 또는 본인서명사실 | | | |
| 확인서 | 2통 | | |

2024년 1월 22일

⑬ 위 신청인     이     상     호  ㉑  (전화 : 200-7766)
          이     대     백  ㉑  (전화 : 212-7711)          (또는)

위 대리인          (전화 :      )

서울중앙 지방법원          등기국 귀중

---

- 신청서 작성요령 -

* 1. 부동산표시란에 2개 이상의 부동산을 기재하는 경우에는 부동산의 일련번호를 기재하여야 합니다.
  2. 신청인란등 해당란에 기재할 여백이 없을 경우에는 별지를 이용합니다.
  3. 담당 등기관이 판단하여 위의 첨부서면 외에 추가적인 서면을 요구할 수 있습니다.

## ♣ 【서식】 토지소유권경정등기(상속)신청서

<table>
<tr><td colspan="5" align="center">협의분할로 인한 소유권경정등기신청</td></tr>
<tr><td rowspan="2">접수</td><td align="center">년 월 일</td><td rowspan="2">처리인</td><td>등기관 확인</td><td>각종통지</td></tr>
<tr><td>제          호</td><td></td><td></td></tr>
</table>

<table>
<tr><td colspan="4" align="center">부동산의 표시</td></tr>
<tr><td colspan="4">
1. 서울특별시 서초구 서초동 123-5<br>
　　　　대 350㎡<br>
2. 서울특별시 서초구 서초동 123-5<br>
　　　시멘트 벽돌조 슬래브지붕 단층 주택<br>
　　　　98㎡<br>
이   상
</td></tr>
<tr><td>등기원인과 그 연월일</td><td colspan="3">200 년  0 월 0 일  협의분할로 인한 상속</td></tr>
<tr><td>등 기 의  목 적</td><td colspan="3">소유권경정</td></tr>
<tr><td>경 정 할  사 항</td><td colspan="3">　　200 년 0월 0일 접수 제1234호로 경료한 갑구순위 제3번의 소유권이전등기 사항 중 "원인 2004년 5월 1일 상속"을 "원인 2004년 5월 15일 협의분할로 인한 상속"으로, "공유자 지분 2분의 1, 박영철, 서울특별시 서초구 서초동 234, 지분 2분의 1, 박영길, 서울특별시 서초구 서초동 345"를 "소유자 박영길, 서울특별시 서초구 서초동 345"로 경정</td></tr>
<tr><td>구분</td><td>성 명<br>(상호·명칭)</td><td>주민등록번호<br>(등기용등록번호)</td><td align="center">주  소(소 재 지)</td></tr>
<tr><td>등기의무자</td><td>박 영 철</td><td>000000-000000</td><td>서울특별시 서초구 서초동 234</td></tr>
<tr><td>등기권리자</td><td>박 영 길</td><td>000000-000000</td><td>서울특별시 서초구 서초동 345</td></tr>
</table>

| 등 록 면 허 세 | 금 | | 원 |
|---|---|---|---|
| 지 방 교 육 세 | 금 | | 원 |
| 세 액 합 계 | 금 | 7,200 | 원 |
| 등 기 신 청 수 수 료 | 금 | 6,000 | 원 |
| | 납부번호 : | | |
| | 일괄납부 : | 건 | 원 |

| 등기의무자의 등기필 정보 | | |
|---|---|---|
| 부동산고유번호 | 1002-2009-002096 | |
| 성명(명칭) | 일련번호 | 비밀번호 |
| 박영철 | A7B-CD7EF-123G | 50-4637 |

**첨 부 서 면**

| | | | |
|---|---|---|---|
| · 상속재산분할협의서 | 통 | · 등기신청수수료 영수필확인서 | 통 |
| · 취득세(등록면허세)영수필확인서 | 통 | · 등기필증 | 통 |
| · 인감증명서 또는 본인서명사실 | | ~~· 위임장~~ | ~~통~~ |
| 확인서 | 통 | 〈기 타〉 | |

20 년 2월 11일

위 신청인　　박　영　철　　(인)　　(전화: 555-1234)
　　　　　　　긴　수　긴　　(인)　　(전화: 777-2345)
(또는)위 대리인 법무사 긴 면 수　(인)　(전화: 888-3456)
서울특별시 서초구 서초동 456

서울중앙 지방법원　　　　　　등기국 귀중

---

- 신청서 작성요령 -

* 1. 부동산표시란에 2개 이상의 부동산을 기재하는 경우에는 부동산의 일련번호를 기재하여야 합니다.
  2. 신청인란등 해당란에 기재할 여백이 없을 경우에는 별지를 이용합니다.
  3. 담당 등기관이 판단하여 위의 첨부서면 외에 추가적인 서면을 요구할 수 있습니다.

# 위 임 장

| 부동산의 표시 | 1. 서울특별시 서초구 서초동 123-5<br>　　　대 350㎡<br>2. 서울특별시 서초구 서초동 123-5<br>　　　시멘트 벽돌조 슬래브지붕 단층 주택<br>　　　98㎡<br>　　　　　　　　이 상 |
|---|---|
| 등기원인과 그 연월일 | 200 년  0 월 0 일  협의분할로 인한 상속 |
| 등 기 의 목 적 | 소유권경정 |
| 경 정 할 사 항 | 200 년 0월 0일 접수 제1234호로 경료한 갑구순위 제3번의 소유권이전등기 사항 중 "원인 2004년 5월 1일 상속"을 "원인 2004년 5월 15일 협의분할로 인한 상속"으로, "공유자 지분 2분의 1, 박영철, 서울특별시 서초구 서초동 234, 지분 2분의 1, 박영길, 서울특별시 서초구 서초동 345"를 "소유자 박영길, 서울특별시 서초구 서초동 345"로 경정 |

| 위 임 인 | 대 리 인 |
|---|---|
| 등기의무자 박 영 철 (인)<br>　　　서울특별시 서초구 서초동 234<br><br>등기권리자 김 수 길 (인)<br>　　　서울특별시 서초구 서초동 345 | 법무사 김 민 수 (인)<br>　　　서울특별시 서초구 서초동 456<br><br>　위 사람을 대리인으로 정하고 위 부동산 등기신청 및 취하에 관한 모든 행위를 위임한다.<br>　또한 복대리인 선임을 허락한다.<br><br>　　　　　　20 년 0 월 0 일 |

# III. 말소등기

부동산등기가 등기로서 유효하기 위해서는 그 등기에 부합하는 실체법상의 권리관계가 존재하여야 하고 또 법이 정하는 일정한 절차에 따라 적법하게 행하여져야 한다. 따라서 일정한 등기가 마쳐져 있다 하더라도 원시적 또는 후발적인 사유에 기하여 기존의 등기가 실체관계에 부합하지 않게 된 경우에는 등기된 내용대로 효력을 갖지 못하게 되므로, 그러한 등기는 가능한 한 조속히 등기기록에서 지워야 할 필요성이 있게 된다. 말소등기란 이와 같이 기존의 등기가 원시적 또는 후발적인 사유로 인하여 실체관계와 부합하지 않게 된 경우에 기존등기 전부를 소멸시킬 목적으로 하는 등기이다.

## 1. 말소등기의 요건

### (1) 등기의 전부가 부적법할 것

말소의 대상이 되는 등기는 등기사항 전부가 부적법한 것이어야 한다. 부적법의 원인은 원시적(원인무효)이든, 후발적(채무변제로 인한 저당권소멸)이든, 실체적(원인무효나 취소)이든 또는 절차적(중복등기)이든 가리지 않는다. 등기사항의 일부가 부적법한 경우에는 변경 또는 경정의 대상이 될 뿐이다. 등기사항 전부가 부적법한 경우라도 말소등기의 말소등기는 허용되지 않고 회복등기를 하여야 한다. 부기등기는 기존의 주등기에 종속되어 주등기와 일체를 이루는 것으로 주등기와 별개의 새로운 등기가 아니므로 원칙적으로 부기등기만에 대한 말소등기는 인정되지 않는다. 다만, 제한물권 또는 가등기 이전의 부기등기가 마쳐진 경우에 그 이전의 원인이 무효이거나 취소, 해제된 때에는 위 부기등기인 이전등기만을 말소하여야 하므로, 이러한 경우에는 부기등기만이 말소등기의 대상이 될 수 있다(대법원 2005.6.10. 선고, 2002다15412, 판결). 등기명의인의 표시변경 또는 경정등기는 등기명의인의 주체 자체가 변경되는 것이 아닌 등기명의인의 동일성이 유지되는 범위 내에서 등기명의인에 대한 성명 또는 명칭, 주소 또는 사무소 소재지, 주민등록번호 또는 부동산등기용등록번호 등 등기명의인의 표시를 실제와 합치시키기 위하여 행하는 부기등기에 불과할 뿐 어떠한 권리변동을 가져오는 것이 아니므로, 설사 그러한 등기가 잘못된 경우에도 등기명의인은 다시 소정의 정보를 갖추어 경정등기를 하면 되는 것이고 독자적인 말소등기의 대상이 될 수는 없다.

## (2) 등기상 이해관계인이 있는 때에는 그의 승낙이 있을 것

등기의 말소를 신청하는 경우에는 그 말소에 대하여 등기상 이해관계 있는 제3자가 있는 때에는 그 제3자의 승낙이 있어야 말소등기를 할 수 있다(법 제57조).

말소에 관하여 등기상 이해관계 있는 제3자라 함은 등기기록의 형식으로 보아 등기의 말소로 인하여 손해를 받을 우려가 있다고 일반적으로 인정되는 자를 말한다. 따라서 비록 실질적으로는 손해를 입을 우려가 있다 하더라도 그러한 염려를 등기의 형식상 알 수 없는 자는 등기상 이해관계 있는 제3자가 되지 못한다. 반대로 일반적으로 손해를 입을 염려가 등기의 형식상 인정되면 비록 그 자가 실질적으로 손해를 입을 우려가 없더라도 이해관계 있는 제3자에 해당한다. 예컨대 저당권의 말소에 대하여 지상권자, 지상권의 말소에 관하여 저당권자, 선순위 저당권의 말소에 관하여 후순위 저당권자, 후순위 저당권의 말소에 관하여 선순위 저당권자 등은 이해관계 있는 제3자에 해당하지 않고, 소유권이전등기의 말소등기를 신청하는 경우에 그 소유권이전등기에 관하여 말소청구권을 피보전권리로 하는 가처분등기의 가처분권자는 이해관계 있는 제3자에 해당한다(선례 Ⅵ-57). 실무에서는 한때 말소대상인 소유권이전등기 전에 설정된 근저당권에 의한 경매개시결정등기가 되어 있는 경우, 예를 들어 갑이 을에게 근저당권을 설정해 준 후 병에게 소유권을 이전해 준 상태에서 을이 경매를 신청하여 임의경매개시결정등기가 된 경우, 경매신청채권자인 을의 동의 없이도 병 명의의 등기를 말소할 수 있는가에 대해서 다툼이 있었다. 등기 절차적으로 보면 을 명의의 경매개시결정등기는 병을 등기의무자로 해서 마쳐진 것이므로 병 명의의 등기의 말소에 대하여 을은 당연히 등기상 이해관계인에 해당한다고 보아야 할 것이다(2012. 8. 29. 부동산등기과-1649 질의회답). 승낙이란 말소등기의 대상이 된 등기의 말소등기를 하는 것을 승낙하는 것을 말한다. 이해관계 있는 제3자가 있는 등기의 말소를 신청할 때에는 그 제3자의 승낙이 있음을 증명하는 정보나 이에 대항할 수 있는 재판이 있음을 증명하는 정보를 첨부정보로서 등기소에 제공하여야 한다. 방문신청의 경우에는 이 경우 제3자의 인감증명도 제공하여야 한다(규칙 제60조 1항 7호). 재판이 있음을 증명하는 정보란 등기상 이해관계 있는 제3자를 피고로 하여 얻은 말소등기에 관하여 승낙을 할 것을 명한 이행판결의 정본 또는 이와 동일한 효력이 있는 조서의 등본 등을 뜻한다.

## 2. 등기절차에 관한 특칙

### (1) 단독신청의 특례

말소등기도 일반원칙에 따라 통상의 경우에는 공동신청을 하여야 하는 것이나, 다음의 경우만은 예외적으로 등기권리자·등기명의인 또는 이해관계인의 단독신청을 인정한다.

#### 1) 사망 등으로 소멸한 권리의 말소(법 제55조)

등기명의인인 사람의 사망 또는 법인의 해산으로 권리가 소멸한다는 약정이 등기되어 있는 경우에 사람의 사망 또는 법인의 해산으로 그 권리가 소멸하였을 때에는 등기권리자는 그 사실을 증명하여 단독으로 해당 등기의 말소를 신청할 수 있다(법 제55조). 권리의 말소등기는 공동으로 신청하는 것이 원칙이다. 하지만 권리가 소멸하였다는 사실 여부를 등기관이 등기기록을 통해 명백하게 확인할 수 있는 경우에는 단독신청으로 해당 등기를 말소한다고 해도 진정성이 충분히 담보될 수 있을 것이다. 이에 따라 단독신청의 특칙을 둔 것이다.

예를 들면 지상권자가 생존하는 동안에만 지상권이 존속한다는 뜻이 등기된 상태에서 지상권자가 사망하였다면, 소유자는 지상권자가 사망한 사실을 증명하여 지상권설정등기의 말소를 신청할 수 있는 것이다.

#### 2) 등기의무자 소재불명의 경우(법 제56조)

등기된 권리가 소멸하였으나 등기의무자의 소재가 불명하여 말소등기를 신청할 수 없는 때에는 등기권리자가 권리행사에 방해를 받게 된다. 이 경우 판결을 얻어 등기를 말소할 수 있으나, 법 제56조에서는 등기권리자의 신속한 권리구제를 위하여 등기권리자가 「민사소송법」에 따른 제권판결을 취득하여 말소등기를 할 수 있도록 하였다.

#### 3) 가등기의 말소

가등기명의인은 단독으로 가등기의 말소를 신청할 수 있으며, 가등기의무자 또는 가등기에 관하여 이해관계 있는 자는 가등기명의인의 승낙을 받아 단독으로 가등기의 말소를 신청할 수 있다(법 제93조).

### (2) 등기실행에 관한 특칙

등기를 말소할 때에는 말소의 등기를 한 후 해당 등기를 말소하는 표시를 하여야 한다(규칙 제116조 1항). 말소등기를 하는 경우에 말소할 권리를 목적으로 하는 제

3자의 권리에 관한 등기가 있을 때에는 등기기록 중 해당 구에 그 제3자의 권리의 표시를 하고 어느 권리의 등기를 말소함으로 인하여 말소한다는 뜻을 기록하여야 한다(규칙 제116조 2항).

## 3. 소유권보존등기의 말소

### (1) 말소사유

소유권보존등기가 진실에 부합되지 않거나, 소유자 아닌 자의 신청에 의하여 등기가 되었거나, 신청착오이었거나 또는 중복보존등기에 해당해서 최초부터 무효인 등기일 때에는 소유권보존등기의 말소를 신청할 수 있다. 소유권보존등기를 말소한 때에는 그 등기기록 자체를 폐쇄하여야 한다. 단, 구분건물의 경우 해당 구분건물 이외에 다른 구분건물이 같은 동에 있는 경우에는 소유권보존등기를 말소하더라도 그 등기기록을 폐쇄하지 않는다.

### (2) 등기신청인

원칙적으로 소유권보존등기의 말소는 등기명의인이 신청하여야 한다. 등기명의인이 아닌 자가 진정한 소유자인 경우 등기명의인이 말소신청을 하지 않을 때는 그 진정한 소유자는 등기명의인에 대하여 그 등기의 말소청구를 하여 그 말소를 명하는 판결을 받아 등기명의인을 대위하여 소유권보존등기의 말소를 신청할 수 있다. 그러나 소유권보존등기의 말소를 명하는 확정판결이 있었다 하더라도 그 소송의 사실심 변론종결 전에 소유권이전등기가 된 경우에는 그 등기명의인을 상대로 소유권이전등기의 말소를 명하는 판결을 받아 그 말소신청을 하지 않는 한 보존등기의 말소신청은 할 수 없다(선례 Ⅰ-457).

### 📑 선 례

소유권이전등기를 말소함이 없이 소유권보존등기를 말소할 수 있는지 여부
소유권보존등기의 말소를 명하는 확정판결이 있었다 하더라도 그 소송의 사실심 변론종결 전에 소유권이전등기가 된 경우에는 그 등기명의인을 상대로 소유권이전등기의 말소를 명하는 판결을 받아 그 말소신청을 하지 않는 한 위 소유권보존등기의 말소신청을 할 수 없다(제정 1981.10.26 등기선례 제1-457호).

## ♣ 【서식】 소유권보존등기말소등기신청서(신청착오)

<table>
<tr><td colspan="5" style="text-align:center">토지소유권보존등기말소등기신청</td></tr>
<tr><td rowspan="2">접수</td><td>년 월 일</td><td rowspan="2">처리인</td><td>등기관 확인</td><td>각종통지</td></tr>
<tr><td>제        호</td><td></td><td></td></tr>
</table>

<table>
<tr><td colspan="4" style="text-align:center">부동산의 표시</td></tr>
<tr><td colspan="4">

서울특별시 서초구 서초동 123-5
    대 350㎡

이  상

</td></tr>
<tr><td colspan="2">등기원인과 그 연월일</td><td colspan="2">신청착오</td></tr>
<tr><td colspan="2">등 기 의  목 적</td><td colspan="2">소유권보존등기말소</td></tr>
<tr><td colspan="2">말 소 할  등 기</td><td colspan="2">200 년 0월 0일 접수 제1234호로 등기한 소유권보존등기</td></tr>
<tr><td>구<br>분</td><td>성    명<br>(상호·명칭)</td><td>주민등록번호<br>(등기용등록번호)</td><td>주  소(소 재 지)</td></tr>
<tr><td>신<br>청<br>인</td><td>박 영 철</td><td>000000-000000</td><td>서울특별시 서초구 서초동 234</td></tr>
</table>

| 등 록 면 허 세 | 금 | 원 |
|---|---|---|
| 지 방 교 육 세 | 금 | 원 |
| 세 액 합 계 | 금 | 원 |

| 등 기 신 청 수 수 료 | 금 | 원 |
|---|---|---|
| | 납부번호 : | |
| | 일괄납부 :        건        원 | |

| 등기의무자의 등기필 정보 |||
|---|---|---|
| 부동산고유번호 | 1002-2009-002096 ||
| 성명(명칭) | 일련번호 | 비밀번호 |
| 박영철 | A7B-CD7EF-123G | 50-4637 |

### 첨 부 서 면

| | | |
|---|---|---|
| · 등록면허세영수필확인서    1통 | 〈기 타〉 | |
| · 등기신청수수료 영수필확인서    1통 | · 토지대장등본 | 1통 |
| · 인감증명서    1통 | · 주민등록표등(초)본 | 1통 |
| · 위임장    1통 | | |

20    년    2월    11일

위 신청인        박    영    철    (인)    (전화: 555-1234)
                                    (인)    (전화:          )

(또는)위 대리인  법무사  김 민 수    (인)    (전화: 888-3456)
서울특별시 서초구 서초동 456

서울중앙 지방법원                    등기국 귀중

- 신청서 작성요령 -

* 1. 부동산표시란에 2개 이상의 부동산을 기재하는 경우에는 부동산의 일련번호를 기재
   하여야 합니다.
  2. 신청인란등 해당란에 기재할 여백이 없을 경우에는 별지를 이용합니다.
  3. 담당 등기관이 판단하여 위의 첨부서면 외에 추가적인 서면을 요구할 수 있습니다.

**【위임장】**

<table>
<tr><td colspan="2" align="center">위    임    장</td></tr>
<tr>
<td>부<br>동<br>산<br>의<br><br>표<br>시</td>
<td>서울특별시 서초구 서초동 123-5<br>　　　　대 350㎡<br><br>　　　　　　　　　이 상</td>
</tr>
<tr>
<td>등기원인과 그 연월일</td>
<td>신청착오</td>
</tr>
<tr>
<td>등 기 의  목 적</td>
<td>소유권보존등기말소</td>
</tr>
<tr>
<td>말 소 할  등 기</td>
<td>200 년 0월 0일 접수 제1234호로 등기한 소유권보존등기</td>
</tr>
</table>

<table>
<tr><td align="center">위 임 인</td><td align="center">대 리 인</td></tr>
<tr>
<td>신청인 박 영 철   (인)<br>　　서울특별시 서초구 서초동 234</td>
<td>법무사 김 민 수   (인)<br>　　서울특별시 서초구 서초동 456<br><br>　위 사람을 대리인으로 정하고 위 부동산 등기신청 및 취하에 관한 모든 행위를 위임한다.<br>　또한 복대리인 선임을 허락한다.<br><br>　　　200 년  0 월  0 일</td>
</tr>
</table>

## 4. 소유권이전등기의 말소

### (1) 말소사유

소유권이전등기의 말소 사유에는 계약의 해제나 취소, 원인무효 등 여러 가지 사유가 있을 수 있다. 매매계약이 해제된 경우 통상 말소등기를 하나 등기상 이해관계인이 있고 그 이해관계인의 승낙을 얻지 못한 경우에는 이전등기를 하기도 한다.

등기상 이해관계 있는 제3자가 있는 때에도 그의 승낙서 또는 그에게 대항할 수 있는 재판의 등본이 있는 경우에는 말소등기를 할 수 있고 또 이 경우에 그 이해관계인의 권리에 관한 등기가 말소되는 등기를 기초로 한 것인 때에는 등기관이 이를 직권말소하여야 한다(「부동산등기법」 제57조 ). 또 매매계약 해제로 인한 원상회복 방법으로 당사자가 계약해제를 원인으로 한 소유권이전등기 신청을 하여도 등기관은 이를 수리하여야 한다(등기예규 제1343호).

「부동산소유권이전등기 등에 관한 특별조치법」에 의하여 마쳐진 소유권이전등기라 하더라도 그 원인이 매매, 증여 등 계약에 의하여 이루어진 것이라면 등기기록상 이해관계 있는 제3자가 없는 한 계약해제로 인한 소유권이전등기의 말소신청을 등기관은 수리하여야 한다(등기예규 제440호).

### (2) 등기신청인

소유권이전등기의 말소신청은 당사자가 공동으로 신청한다. 현재의 소유권등기명의인이 등기의무자이고 전 소유권등기명의인이 등기권리자이다. 또한 말소할 등기는 현재에 효력 있는 등기여야 한다.

순차로 소유권이 이전된 경우에는 말소도 순차로 행해져야 한다. 즉 말소등기의 대상은 현재 효력이 있는 등기이어야 한다. 예를 들어 갑, 을, 병의 순서로 순차 소유권이전등기가 이루어진 경우에 현재 효력이 있는 병 명의의 소유권이전등기를 그대로 둔 채 을 명의의 말소등기만을 신청할 수는 없다.

불법하게 소유권이전등기를 마친 자가 스스로 그 소유권을 원래의 소유자에게 환원시켜 주기로 하였다면, 원래의 소유자를 등기권리자로, 등기기록상의 소유명의인을 등기의무자로 하여 신청착오를 원인으로 한 소유권이전등기의 말소를 공동으로 신청할 수 있다(등기예규 제395호).

한편 타인 소유의 토지를 매수한 사실이 없음에도 그 토지를 매수한 것처럼 작성된 허위의 보증서를 첨부하여 「부동산소유권 이전등기 등에 관한 특별조치법」(법률 제4502호)에 따른 소정의 확인서를 발급받아 자기 명의의 소유권이전등기를 마친 경우 그 등기명의인은 신청착오를 원인으로 하여 단독으로 소유권이전등기에 대한 말소등기를 신청할 수 있다(선례 Ⅵ-363).

📋 **선 례**

부동산소유권이전등기등에관한특별조치법에 따라 소유권이전등기를 경료한 자가 단독으로 그 소유권이전등기의 말소등기를 신청할 수 있는지 여부(적극)

타인소유의 토지를 매수한 사실이 없음에도 그 토지를 매수한 것처럼 작성된 허위의 보증서를 첨부하여 부동산소유권이전등기등에관한특별조치법(법률 제4502호)에 따른 소정의 확인서를 발급받아 자기명의의 소유권이전등기를 경료한 경우, 그 등기명의인은 신청착오를 원인으로 하여 단독으로 위 소유권이전등기에 대한 말소등기를 신청할 수 있다(제정 2001.06.11. 등기선례 제6-363호).

### (3) 부동산의 일부에 대한 소유권이전등기의 말소

　부동산의 일부에 대한 소유권이전등기의 말소등기절차이행을 명한 판결에 기하여 말소등기를 하려면, 일물일권주의 원칙상 분할절차를 밟은 후 말소등기를 하여야 한다. 지분의 일부말소를 명한 판결에 인한 말소등기는 권리변경등기에 준하여 경정등기로 하여야 한다.

## ♣【서식】토지소유권이전등기말소등기(합의해제)신청서

**토지소유권이전등기말소등기신청**

| 접 수 | 년 월 일<br>제        호 | 처리인 | 등기관 확인 | 각종통지 |
|---|---|---|---|---|

| 부동산의 표시 |
|---|
| 서울특별시 서초구 서초동 123-5<br>    대 350㎡<br><br>                        이  상 |

| 등기원인과 그 연월일 | 200 년  0 월 0 일 합의해제 |
|---|---|
| 등 기 의  목 적 | 소유권이전등기말소 |
| 말 소 할  등 기 | 200 년 0월 0일 접수 제1234호로 경료한 소유권이전등기 |

| 구분 | 성 명<br>(상호·명칭) | 주민등록번호<br>(등기용등록번호) | 주 소(소 재 지) | 지 분<br>(개인별) |
|---|---|---|---|---|
| 등기의무자 | ○ ○ ○ | 000000-000000 | 서울특별시 서초구 서초동 234 | |
| 등기권리자 | ○ ○ ○ | 000000-000000 | 서울특별시 서초구 서초동 345 | |

| 등 록 면 허 세 | 금 | 원 |
|---|---|---|
| 지 방 교 육 세 | 금 | 원 |
| 세 액 합 계 | 금 | 원 |

| 등 기 신 청 수 수 료 | 금 | 원 |
|---|---|---|
| | 납부번호 : | |
| | 일괄납부 : 건 원 | |

등기의무자의 등기필 정보

| 부동산고유번호 | 1002-2009-002096 | |
|---|---|---|
| 성명(명칭) | 일련번호 | 비밀번호 |
| 박영철 | A7B-CD7EF-123G | 50-4637 |

첨 부 서 면

| · 해제증서 1통 | 〈기 타〉 |
|---|---|
| · 등록면허세영수필확인서 1통 | |
| · 등기신청수수료 영수필확인서 1통 | |
| · 위임장 1통 | |

20 년 2월 11일

위 신청인    박 영 철    (인)    (전화: 555-1234)
　　　　　　 김 수 길    (인)    (전화: 777-2345)

(또는)위 대리인 법무사 김 민 수    (인)    (전화: 888-3456)
서울특별시 서초구 서초동 456

서울중앙 지방법원 　　　　　　　　　 등기국 귀중

- 신청서 작성요령 -

* 1. 부동산표시란에 2개 이상의 부동산을 기재하는 경우에는 부동산의 일련번호를 기재하여야 합니다.
  2. 신청인란등 해당란에 기재할 여백이 없을 경우에는 별지를 이용합니다.
  3. 담당 등기관이 판단하여 위의 첨부서면 외에 추가적인 서면을 요구할 수 있습니다.

위　임　장

| 부동산의 표시 | 서울특별시 서초구 서초동 123-5<br>　　　　대 350㎡<br><br>　　　　　　　이 상 |
|---|---|
| 등기원인과 그 연월일 | 200 년　0월 0일 합의해제 |
| 등 기 의 목 적 | 소유권이전등기말소 |
| 말 소 할 등 기 | 200 년 0월 0일 접수 제1234호로 등기한 소유권이전등기 |
|  |  |

| 위 임 인 | 대 리 인 |
|---|---|
| 등기의무자 ○ ○ ○ 　(인)<br>　　서울특별시 서초구 서초동 234<br><br>등기권리자 ○ ○ ○ 　(인)<br>　　서울특별시 서초구 서초동 345 | 법무사 ○ ○ ○ 　(인)<br>　　서울특별시 서초구 서초동 456<br><br>　위 사람을 대리인으로 정하고 위 부동산 등기신청 및 취하에 관한 모든 행위를 위임한다.<br>　또한 복대리인 선임을 허락한다.<br><br>　　　20 년 0 월 0 일 |

## ♣ 【서식】 저당권말소등기신청서(변제로 인한 말소)

<table>
<tr><td colspan="5" align="center">저당권말소등기신청</td></tr>
<tr><td rowspan="2">접 수</td><td>년 월 일</td><td rowspan="2">처리인</td><td>등기관 확인</td><td>각종통지</td></tr>
<tr><td>제    호</td><td></td><td></td></tr>
</table>

<table>
<tr><td colspan="4" align="center">부동산의 표시</td></tr>
<tr><td colspan="4">

○○시 ○○구 ○○동 123-5
    대 ○○○㎡

이  상

</td></tr>
<tr><td colspan="2">등기원인과 그 연월일</td><td colspan="2">20 년 ○○월 ○○일 변제</td></tr>
<tr><td colspan="2">등 기 의 목 적</td><td colspan="2">저당권등기말소</td></tr>
<tr><td colspan="2">말 소 할 등 기</td><td colspan="2">20 년 ○○월 ○○일 접수 제1234호로 경료된 저당권설정등기</td></tr>
<tr><td>구분</td><td>성 명<br>(상호·명칭)</td><td>주민등록번호<br>(등기용등록번호)</td><td>주 소(소 재 지)</td></tr>
<tr><td>등기의무자</td><td>○ ○ ○</td><td>751212-1234567</td><td>○○시 ○○구 ○○동 234</td></tr>
<tr><td>등기권리자</td><td>○ ○ ○</td><td>771212-1234568</td><td>○○시 ○○구 ○○동 345</td></tr>
</table>

| 등 록 면 허 세 | 금 | 원 |
|---|---|---|
| 지 방 교 육 세 | 금 | 원 |
| 세 액 합 계 | 금 | 원 |

| 등 기 신 청 수 수 료 | 금 | 원 |
|---|---|---|
| | 납부번호 : | |
| | 일괄납부 :         건         원 | |

<table>
<tr><td colspan="3" align="center">등기의무자의 등기필 정보</td></tr>
<tr><td>부동산고유번호</td><td colspan="2" align="center">1002-2009-002096</td></tr>
<tr><td>성명(명칭)</td><td align="center">일련번호</td><td align="center">비밀번호</td></tr>
<tr><td>박영철</td><td align="center">A7B-CD7EF-123G</td><td align="center">50-4637</td></tr>
</table>

### 첨 부 서 면

| | | 〈기 타〉 |
|---|---|---|
| · 변제증서 | 1통 | |
| · 등록면허세영수필확인서 | 1통 | |
| · 등기신청수수료 영수필확인서 | 1통 | |
| · 인감증명서 | 1통 | |
| · 위임장 | 1통 | |

20   년    ○○월    ○○일

위 신청인    ○    ○    ○    (인)    (전화: 555-1234)

　　　　　　 ○    ○    ○    (인)    (전화: 777-2345)

(또는)위 대리인  법무사 ○ ○ ○    (인)    (전화: 888-3456)

○○시 ○○구 ○○동 456

○○○○ 지방법원        등기국  귀중

－ 신청서 작성요령 －

* 1. 부동산표시란에 2개 이상의 부동산을 기재하는 경우에는 부동산의 일련번호를 기
재하여야 합니다.
  2. 신청인란등 해당란에 기재할 여백이 없을 경우에는 별지를 이용합니다.
  3. 담당 등기관이 판단하여 위의 첨부서면 외에 추가적인 서면을 요구할 수 있습니다.

# 위 임 장

| 부동산의 표시 | ○○시 ○○구 ○○동 123-5<br>  대 ○○○㎡<br><br>이 상 |
|---|---|

| 등기원인과 그 연월일 | 20 년 ○○월 ○○일 변제 |
|---|---|
| 등 기 의 목 적 | 저당권등기말소 |
| 말 소 할 등 기 | 20 년 ○○월 ○○일 접수 제1234호로 경료된 저당권설정등기 |

| 위 임 인 | 대 리 인 |
|---|---|
| 등기의무자 ○ ○ ○　(인)<br>　○○시 ○○구 ○○동 234<br><br>등기권리자 ○ ○ ○　(인)<br>　○○시 ○○구 ○○동 345 | 법무사 ○ ○ ○　(인)<br>　○○시 ○○구 ○○동 456<br><br>　위 사람을 대리인으로 정하고 위 부동산 등기신청 및 취하에 관한 모든 행위를 위임한다.<br>　또한 복대리인 선임을 허락한다.<br><br>　　20 년 0 월 0 일 |

## ♣【서식】지상권말소등기신청서(지상권 소멸에 대한 약정사유의 발생)

<table>
<tr><td colspan="5" align="center">지상권말소등기신청</td></tr>
<tr><td rowspan="2">접 수</td><td>년 월 일</td><td rowspan="2">처리인</td><td>등기관 확인</td><td>각종통지</td></tr>
<tr><td>제         호</td><td></td><td></td></tr>
</table>

<table>
<tr><td colspan="5" align="center">부동산의 표시</td></tr>
<tr><td colspan="5">

○○시 ○○구 ○○동 123-5
　　　대 ○○○㎡

이　상

</td></tr>
<tr><td colspan="2">등기원인과 그 연월일</td><td colspan="3">20○○년 ○○월 ○○일 지상권자 사망</td></tr>
<tr><td colspan="2">등 기 의 목 적</td><td colspan="3">지상권설정등기말소</td></tr>
<tr><td colspan="2">말 소 할 등 기</td><td colspan="3">20○○년 ○○월 ○○일 접수 제1234호로 경료한 지상권설정등기</td></tr>
<tr><td>구분</td><td>성 명<br>(상호·명칭)</td><td>주민등록번호<br>(등기용등록번호)</td><td>주 소(소 재 지)</td><td>지 분<br>(개인별)</td></tr>
<tr><td>등기의무자</td><td>망) ○○○의<br>상속인<br>○ ○ ○</td><td>321212-1234567<br><br>571212-1234567</td><td>○○시 ○○구 ○○동 234<br><br>○○시 ○○구 ○○동 234</td><td></td></tr>
<tr><td>등기권리자</td><td>○ ○ ○</td><td>551212-1234567</td><td>○○시 ○○구 ○○동 345</td><td></td></tr>
</table>

| 등 록 면 허 세 | 금 | | 원 |
| 지 방 교 육 세 | 금 | | 원 |
| 농 어 촌 특 별 세 | 금 | | 원 |
| 세 액 합 계 | 금 | | 원 |
| 등 기 신 청 수 수 료 | 금 | | 원 |
| | 납부번호 : | | |
| | 일괄납부 : | 건 | 원 |

등기의무자의 등기필 정보

| 부동산고유번호 | 1002-2009-002096 | |
| 성명(명칭) | 일련번호 | 비밀번호 |
| 박영철 | A7B-CD7EF-123G | 50-4637 |

첨 부 서 면

| | | | | |
|---|---|---|---|---|
| · 지상권설정계약서 | 1통 | · 가족관계증명서 | | 1통 |
| · 등록면허세영수필확인서 | 1통 | · 기본증명서 | | 1통 |
| · 등기신청수수료 영수필확인서 | 1통 | · 주민등록표등(초)본 | | 1통 |
| · 위임장 | 1통 | 〈기 타〉 | | |
| · 제적등본 | 1통 | | | |

20    년    월    일

위 신청인                              (인)    (전 화:          )

                                        (인)    (전 화:          )

(또는)위 대리인  법무사 ○  ○  ○        (인)    (전 화:          )

○○시 ○○구 ○○동 456

○○○○ 지방법원        등기국  귀중

- 신청서 작성요령 -

* 1. 부동산표시란에 2개 이상의 부동산을 기재하는 경우에는 부동산의 일련번호를 기재하여야 합니다.
  2. 신청인란등 해당란에 기재할 여백이 없을 경우에는 별지를 이용합니다.
  3. 담당 등기관이 판단하여 위의 첨부서면 외에 추가적인 서면을 요구할 수 있습니다.

## 5. 직권말소

### (1) 직권말소를 할 수 있는 경우

직권말소의 등기도 직권에 의한 등기의 일종이므로 법률에 그 근거규정이 있는 경우에 한하여 가능하다. 등기관이 등기를 마친 후 그 등기가 법 제29조 제1호 또는 제2호에 해당된 것임을 발견하였을 경우에 하는 직권말소(법 제58조), 가등기에 기한 본등기 시 가등기에 의하여 보전되는 권리를 침해하는 가등기 이후 등기의 직권말소(법 제92조) 등이 있다.

### (2) 법 제29조 제1호 또는 제2호에 해당하는 등기에 대한 직권말소의 처리절차

등기관이 등기를 마친 후 그 등기가 법 제29조 제1호(사건이 그 등기소의 관할이 아닌 경우) 또는 제2호(사건이 등기할 것이 아닌 경우)에 해당된 것임을 발견하였을 때에는 아래의 절차를 통하여 직권으로 말소하여야 한다. 명백히 무효인 등기에 기초하여 다른 등기가 행해져 선의의 제3자가 피해를 입는 것을 방지하기 위하여 마련한 특칙이다.

#### 1) 직권말소의 통지

등기관이 직권말소의 대상이 되는 등기를 발견하였을 때에는 등기권리자와 등기의무자 및 등기상 이해관계인에게 1월 이내의 기간을 정하여 그 기간 내에 이의를 진술하지 아니하면 그 등기를 말소한다는 뜻을 통지하여야 한다(법 제58조 1항). 직권말소의 통지는 등기를 마친 사건의 표시와 사건이 등기소의 관할에 속하지 아니한 사실 또는 등기할 것이 아닌 사실을 적은 통지서로 하여야 한다(규칙 제117조 1항). 통지를 하는 방법은 관할위반 등의 통지서를 통지를 받을 자에게 직접 교부하거나 특별송달우편의 방법으로 송달하되, 교부한 경우에는 교부받은 자로부터 영수증을 수령하여야 한다.

통지를 받을 자의 주소 또는 거소를 알 수 없으면 통지를 갈음하여 등기소 게시장에 통지서를 게시하거나 대법원 인터넷 등기소에 게시하는 방법으로 한다(법 제58조 2항, 규칙 제117조 2항). 이 경우 게시장은 등기소의 건물 내로서 일반인의 출입이 자유롭고 발견이 용이한 곳에 설치하고 게시장에는 「말소통지 게시장」이라는 표시를 붙여 다른 안내문의 게시부분과 구별되게 하여야 한다. 관할위반 등의 통지서를 게시장에 게시하는 경우에는 게시와 동시에 송달된 것으로 보고 이의진술기간 동안 게시장에 게시하여야 한다.

말소의 통지를 우편으로 한 경우에는 각종 통지부의 통지서 발송연월일란에 발송연월일을 기록하고, 교부한 경우 및 게시장에 게시한 경우에는 비고란에 교부연월일 또는 게시사실 및 게시연월일을 기록한다.

### 2) 직권말소통지의 뜻의 기록

등기관이 법 제58조 제1항의 통지 또는 제2항의 게시를 한 경우에는 말소하는 등기에 대하여 직권말소의 통지의 뜻을 기록한다.

### 3) 이의신청이 있는 경우

등기권리자, 등기의무자 또는 등기상 이해관계 있는 자로부터 이의신청이 있는 경우에 그 신청서는 기타 문서 접수장에 접수한다.

이의신청이 이유 없는 경우에는 이의진술기간 전이라도 등기관은 그 이의에 대하여 각하결정을 하고, 이의신청이 이유 있는 경우에는 인용결정을 하고 직권말소통지의 뜻의 기록을 말소한다.

등기관이 이의신청을 각하한 때에는 이의신청인에게, 이의신청을 인용한 때에는 등기권리자, 등기의무자, 등기상 이해관계 있는 제3자에게 결정등본을 교부하거나 특별송달우편으로 송달한다.

### 4) 직권말소

법 제58조(이의를 진술한 자가 없는 때 또는 이의를 각하한 때)에 의하여 그 등기를 직권으로 말소하는 때에는 직권말소통지의 뜻의 기록도 함께 말소하는 표시를 하여야 한다.

### 5) 직권말소통지서, 이의신청서 등의 편철 보관

관할위반 등의 통지서(직권말소통지서), 통지서의 송달보고서나 영수증, 이의신청서 및 이의신청에 대한 결정원본 및 등본의 송달보고서나 영수증 등은 사건별로 직권말소서류 편철장에 편철한다.

### 6) 직권말소서류편철장의 비치 등

등기소에는 직권말소서류편철장을 작성하여 비치하여야 하며, 직권말소서류편철장은 1년간 보존하되, 5년간은 이를 합철하여 사용할 수 있다.

## (3) 장기간 방치된 저당권 등의 직권정리

구법에서는 등기기록상으로는 현재 효력 있는 등기의 외관을 지니고 있으나 사실상 그 권리가 소멸하였거나 더 이상 존속시킬 필요가 없는 권리들이 그대로 방치되어 있는 경우에, 그 권리자의 소재불명 등의 사유로 그 권리를 쉽사리 말소할 수 없어 소유자에게 부담이 되고 있는 실정을 감안하여, 등기관이 직권말소를 하도록 규정하고 있었다(구법 부칙 제4조, 제2조).

개정법에서는 그 근거가 삭제되었으나, 선례는 개정 후에도 종전 규정은 실효되지 않고 계속 적용되는 것으로 보고 있다(2012.3.30. 부동산등기과-623 질의회답).

## Ⅳ. 말소회복등기

등기의 전부 또는 일부가 부적법하게 말소된 경우(법률적으로 소멸된 경우)에 이를 회복하는 등기이며(법 제59조), 그 부적법은 실체적 이유(원인무효)에 기한 것이든, 절차적 하자(등기관의 과오)에 기한 것이든 이를 불문한다.

### 1. 등기신청에 관한 특칙

### (1) 신청인

회복등기의 신청도 일반원칙에 따라 공동신청을 하여야 하므로, 회복될 등기의 등기명의인이 등기권리자, 현재의 소유권의 등기명의인 또는 회복될 등기의 목적인 권리의 등기명의인이 등기의무자로서 공동으로 신청하여야 한다.

예컨대 저당권설정등기의 회복등기신청은 저당권자가 등기권리자, 현재의 소유권의 등기명의인이 등기의무자로서 공동으로 신청하고, 지상권을 목적으로 하는 저당권설정등기의 회복등기신청은 저당권자가 등기권리자, 지상권자가 등기의무자로서 공동으로 신청하여야 한다.

불법하게 말소된 것을 이유로 한 근저당권설정등기의 회복등기청구는 그 등기 말소 당시의 소유자를 상대로 하여야 한다(등기예규 제137호). 따라서 근저당권의 말소회복등기를 신청하는 경우에 이미 제3자에게 소유권이 이전된 때에는 현재의 소유권의 등기명의인은 등기의무자가 아니다.

말소된 종전의 등기가 단독신청에 의한 것이었던 때에는 그 등기명의인이 단독으로 신청한다. 예컨대 불법말소된 상속등기의 회복등기는 상속인이 단독으로 신청한다. 말소등기가 법원의 촉탁에 의하여 된 때에는 그 회복등기도 해당 촉탁법원의 촉탁에 의하여 하여야 한다(선례 Ⅶ-384).

### 📑 선 례

가등기에 기한 본등기를 말소하는 경우에 행하는 직권 회복등기의 처리방법.
가등기에 기한 소유권이전의 본등기시에 등기공무원이 직권 말소한 가등기 이후의 제3자의
권리에 관한 등기는 가등기에 기한 본등기를 말소하는 경우에 있어서 등기공무원이 직권회
복 하여야 하는 바, 이 경우 등기공무원은 회복등기의 등기권리자, 등기의무자와 등기상
이해관계가 있는 제3자에 대하여 등기를 회복한다는 통지를 하고 이의를 진술한 자가 없
을 때, 또는 이의를 각하한 때에 직권으로 회복등기를 하여야 한다(1994.3.24. 등기 제
3402-244호 질의회답).

등기관이 직권으로 말소한 등기가 부적법한 것인 때에는 직권으로써 회복등기를
하여야 한다(등기예규 제444호). 따라서 이러한 경우에는 그러한 회복등기를 소구
할 이익이 없다(대법원 1983.3.8, 선고, 82다카1168, 판결).

등기관이 직권으로 하는 말소회복등기는 직권말소등기절차에 준하여 회복등기의
등기권리자와 등기의무자 및 등기상 이해관계가 있는 제3자에게 등기를 회복한다
는 통지를 하고, 이의를 진술하는 자가 없을 때 또는 이의를 각하한 때에 직권으
로 회복등기를 하여야 한다(선례 IV-596).

## (2) 자발적으로 말소한 등기의 회복

당사자가 자발적으로 말소한 경우 그 회복등기가 가능한지 여부가 문제된다. 선례
는 관공서가 자발적으로 말소한 압류등기에 대해서는 말소회복등기를 할 수 없는
것으로 보고 있다(2012. 8. 21. 부동산등기과-1600 질의회답).

## (3) 등기상 이해관계 있는 제3자

말소회복등기에 등기기록상 이해관계인이 있는 때에는 그 제3자의 승낙이 있어
야 한다(법 제59조). 즉 그의 승낙이 있음을 증명하는 정보 또는 이에 대항할 수
있는 재판이 있음을 증명하는 정보를 제공하여 등기신청을 하여야 한다. 제3자의
승낙 여부는 자유이다. 따라서 실체법상 승낙의무 있는 자가 승낙을 하지 않는 경
우에는 소로써 승낙을 구하는 수밖에 없다.

등기상의 이해관계인이란 등기기록의 형식상 신청하는 등기로 인하여 손해를 입을
자를 뜻하는 것임은 다른 경우에 있어서와 다를 바 없으나, 회복등기와 양립할 수 없
는 등기는 회복의 전제로서 말소의 대상이 될 뿐이고 그 등기명의인은 회복등기절차
에 있어서의 이해관계인이 아니다(대법원 1982.1.26, 선고, 81다2329,2330, 판결).

가등기가 가등기권리자의 의사에 의하지 아니하고 말소되어 그 말소등기가 원인 무효인 경우에는 등기상 이해관계 있는 제3자는 그의 선의·악의를 묻지 아니하고 가등기권리자의 회복등기절차에 필요한 승낙을 할 의무가 있는 것이므로, 가등기가 부적합하게 말소된 후 가처분등기·저당권설정등기·소유권이전등기를 마친 제3자는 가등기 말소회복등기절차에서 등기상 이해관계 있는 제3자로서 승낙의무가 있다(대법원 1997.9.30, 선고, 95다39526, 판결).

등기기입을 명하는 관할법원의 결정에 따라 소유권이전등기가 기입되었으나, 항고법원의 말소명령에 의하여 그 소유권이전등기가 말소된 다음에 항고법원의 위 결정이 다시 대법원에서 파기되고 항고가 각하된 경우에는 재항고 결정 주문에서 명시적으로 말소된 소유권이전등기의 회복을 명하지 않았더라도 항고법원의 명령에 의하여 말소된 소유권이전등기는 결국, 원인 없이 마쳐진 등기와 같으므로 회복되어야 할 등기에 해당된다. 다만 이 경우 소유권이전등기를 말소한 후에 제3자 명의의 소유권이전등기가 마쳐졌다면 말소회복등기를 하기 위해서는 제3자 명의의 소유권이전등기를 말소하고 회복등기를 할 것이며, 이 경우 위 대법원 결정에 의하여서는 곧바로 제3자 명의의 소유권이전등기를 말소할 수는 없을 것이다(선례 V-598).

### 📑 선 례

말소등기를 명한 항고법원의 결정이 대법원에서 파기된 경우 말소등기의 회복등기 가부 등. 등기기입을 명한 관할법원의 결정에 따라 소유권이전등기가 기입되었으나 항고법원의 말소명령에 의하여 그 소유권이전등기가 말소된 다음, 항고법원의 위 결정이 다시 대법원에서 파기되고 항고가 각하된 경우에는, 재항고 결정 주문에서 명시적으로 말소된 소유권이전등기의 회복을 명하지 않았더라도 항고법원의 명령에 의하여 말소된 소유권이전등기는 결국 원인 없이 경료된 등기와 같으므로, 회복되어야 할 등기에 해당된다. 다만, 이 경우 소유권이전등기를 말소한 후에 제3자 명의의 소유권이전등기가 경료되었다면 말소회복등기를 하기 위하여는 제3자 명의의 소유권이전등기를 말소한 후 회복등기를 하여야 할 것이며, 이 경우 대법원결정에 의하여는 제3자 명의의 소유권이전등기를 말소할 수 없을 것이다(제정 1997.05.10. 등기선례 제5-598호).

손해를 입을 우려가 있는지의 여부는 제3자의 권리취득등기시(말소등기시)를 기준으로 할 것이 아니라 회복등기시를 기준하여 판별하여야 한다(등기예규 제705호).

## ⚖ 판 례

말소회복등기에 있어서 등기상 이해관계인의 기준시점.

부동산등기법 제75조 소정의 등기상 이해관계가 있는 제3자란 말소회복등기가 된다고 하면 손해를 입을 우려가 있는 사람으로서 그 손해를 입을 우려가 있다는 것이 기존의 등기부 기재에 의하여 형식적으로 인정되는 자를 의미하고, 여기에서 말하는 "손해를 입을 우려"가 있는지의 여부는 제3자의 권리취득등기시(말소등기시)를 기준으로 할 것이 아니라 회복등기시를 기준으로 판별하여야 한다(대법원 1990.6.26. 선고 89다카5673 판결).

따라서 회복등기를 신청하기 전에 말소된 근저당권등기보다 후순위의 근저당권설정등기가 마쳐졌다면 그 근저당권설정등기가 위 회복할 근저당권설정등기가 말소되기 이전에 마쳐진 것이라 하더라도 그 후순위 근저당권자의 승낙서 또는 이에 대항할 수 있는 재판의 등본을 제공하여야 한다.

불법으로 말소된 등기가 법원의 촉탁이나 등기관의 직권에 의하여 된 경우에 있어서도 제3자에 대하여 승낙청구권을 갖는 자는 법원이나 등기관이 아니라 등기권리자이므로, 말소회복등기를 촉탁함에 있어서 이해관계인이 있는 경우에는 등기권리자가 그 승낙서 또는 이에 대항할 수 있는 재판의 등본을 법원에 제출하여야 하며, 직권회복등기를 하는 경우에도 등기상 이해관계가 있는 제3자가 있는 때에는 그의 승낙서 또는 그에 대항할 수 있는 재판서 등본의 제출이 없는 한, 그 회복등기를 할 수 없다.

그리고 소유권이전등기의 말소회복의 등기는 새로운 부동산 취득에 른 소유권이전등기에 해당하지 아니하므로 그 등기신청을 할 때에는 국민주택채권을 매입할 필요는 없다(선례 Ⅴ-892).

## 2. 등기실행에 관한 특칙

등기를 회복함에는 독립등기에 의하여 회복등기를 한 후 말소된 등기와 동일한 등기를 하여야 한다(규칙 제118조). 곧 종래의 순위번호에 이어 회복등기를 하고, 이 등기의 다음에 말소된 종전의 등기와 동일한 등기를 하고 순위번호도 말소되었던 등기와 동일한 번호를 기록한다. 다만, 등기의 일부만이 말소된 것인 때에는 부기에 의하여 이를 회복한다. 부적법하게 말소되었던 등기에 관하여 회복등기가 된 경우에는 그 회복등기는 종전의 등기와 동일한 효력을 가지고, 등기의 순위도 종전의 순위를 보유한다. 등기상 이해관계 있는 제3자가 있음에도 그의 승낙이 있음을 증명하는 정보를 첨부하지 않고서 등기를 신청하였는데 그 등기신청이 수리된 경우 회복등기의 효력이 문제된다.

판례에 따르면 그 등기는 제3자에 대한 관계에 있어서는 무효이지만, 그 제3자가 등기권리자에 대한 관계에 있어서 그 승낙을 하여야 할 실체법상의 의무가 인정되는 경우 그 등기는 실체관계에 부합되는 것이어서 제3자와의 관계에 있어서도 유효한 것이 된다(대법원 1987.5.26, 선고, 85다카2203, 판결).

# 제3장    소유권에 관한 등기

## Ⅰ. 소유권보존등기

### 1. 토지 소유권보존등기

#### (1) 신청인(법 제65조)

##### 1) 토지대장 또는 임야대장에 최초의 소유자로 등록되어 있는 자 또는 그 상속인, 그 밖의 포괄승계인

미등기 토지에 대한 소유권보존등기는 등기신청 당시의 소유자가 신청하여야 한다. 등기관은 신청인이 진정한 소유자인지 여부를 신빙성 있는 공적 자료에 의하여 판단하게 되는데 대표적인 것이 토지에 있어서는 토지대장과 임야대장이다.

토지소유자는 지적공부에 신규등록할 토지가 있는 경우 그 사유가 발생한 날부터 60일 이내에 소관청에 신규등록을 신청하여야 한다(공간정보의 구축 및 관리 등에 관한 법률 제77조). 따라서 지적공부에 최초의 소유자로 등록된 자는 토지의 소유자라고 할 수 있으므로 소유권보존등기를 신청할 수 있다. 지적공부상 최초의 소유자가 소유권보존등기를 하지 않고 있다가 상속, 합병 등 포괄승계가 발생할 수도 있다. 이런 경우, 포괄승계인이 승계가 있었다는 사실을 증명하여 자기명의로 바로 소유권보존등기를 신청할 수 있다. 예를 들면 지적공부상 소유자로 등록되어 있는 회사가 분할된 경우에 분할 후 회사는 분할계획서 등에 의하여 미등기 토지를 승계하였음을 증명하여 바로 자기 명의로 소유권보존등기를 신청할 수 있다.

또한 대장에 최초로 등록되어 있는 자의 포괄승계인은 모두 소유권보존등기를 신청할 수 있으므로 미등기 부동산의 포괄수증자도 그 사실을 증명하여 소유권보존등기를 신청할 수 있다. 대장에 소유명의인으로 등록된 후 성명복구, 개명, 전거 등으로 등록사항에 변경이 생긴 경우에는 대장등본 외에 기본증명서, 제적등본, 주민등록표등본 등 변경사실을 증명하는 서면을 제공하여야만 변경된 명의로 소유권보존등기를 신청할 수 있다.

토지대장상 소유자의 주소 기재가 누락된 미등기 토지에 관하여「공간정보의 구축 및 관리 등에 관한 법률」제88조에 따라 대장 소관청이 조사 결정하여 주소는 등록하였으나 등록명의인이「주민등록법」시행 이전에 사망하여 주민등록번호를 등록하지 못한 경우에도 그 등록명의인의 상속인은 상속인임을 증명하는 서면 및 주소를 증명하는 서면을 제공하여 상속인 명의로 소유권보존등기를 신청할 수 있다. 그러나 구체적인 사안에서 소유권보존등기 신청인이 대장상의 소유자로 등록된 자의 상속인과 동일인인 지 여부는 해당 등기관이 판단할 사항이다(선례 Ⅷ-155). 대장 멸실 후 복구된 대장에 최초의 소유자로 기재(복구)된 자는 그 대장등본에 의하여 소유권보존등기를 신청할 수 있다. 다만 1950. 12. 1. 법률 제165호로 제정된 구「지적법」이 시행된 시기에 복구 된 대장이 법적 근거 없이 소유자로 기재(복구)된 자는 그 대장등본에 의한 소유권보 존등기를 신청할 수 없다.

이는 구「지적법」시행 당시에는 멸실된 토지대장의 복구에 관한 절차가 전혀 없었고 토지대장의 관할 행정청이 행정편의를 위하여 복구한 것이므로 토지대장이 적법하게 복구된 것이라고 할 수 없었다. 현재의 대장의 기초가 되었던 폐쇄된 구 대장의 기재 내용 또는 형식으로 보아 대장 멸실 후 구「지적법」이 시행된 시기에 소유자가 복구된 것으로 의심되는 경우, 등기관은 소유자 복구 여부에 대하여 신청인으로 하여금 소명 하게 하거나 대장 소관청에 사실조회를 할 수 있고 그 소명 또는 사실조회 결과 대장 상 최초의 소유자가 구「지적법」이 시행된 시기에 법적 근거 없이 복구된 것으로 밝혀 진 때에는 그 대장등본에 의한 소유권보존등기를 신청할 수 없다.

복구의 시기가 문제되는 것은 소유자에 관한 사항이므로 토지의 표시에 관한 사항 에 관해서는 그 복구시기가 문제되지 않는다. 따라서 토지의 표시에 관한 사항은 구「 지적법」시행 당시에 행하여지고 소유자 복구는 개정「지적법」시행 이후에 된 경우에는 그 복구된 대장에 의해 등기신청을 할 수 있다.

대장상 소유권이전등록을 받은 소유명의인 및 그 상속인은 원칙적으로 자기 명의로 직접 소유권보존등기를 신청할 수 없고, 대장상 최초의 소유자 명의로 소유권보존등기 를 한 후에 자기 명의로 소유권이전등기를 신청하여야 한다. 다만, 미등기 토지의 지 적공부상 '국'으로부터 소유권이전등록을 받은 경우에는 자기 명의로 직접 소유권보존 등기를 신청할 수 있다.

## ♣ 【서식】 토지소유권보존등기신청서

<table>
<tr><td colspan="5" align="center">토지(임야)소유권보존등기신청</td></tr>
<tr><td rowspan="2">접 수</td><td>년  월  일</td><td rowspan="2">처리인</td><td>등기관 확인</td><td>각종 통지</td></tr>
<tr><td>제       호</td><td></td><td></td></tr>
</table>

<table>
<tr><td colspan="5" align="center">부동산의 표시</td></tr>
<tr><td colspan="5" align="center">

○○시 ○○구 ○○동 ○○번지

대 *100*㎡


이                           상

</td></tr>
<tr><td>등 기 의 목 적</td><td colspan="4">소유권보존</td></tr>
<tr><td>신 청 근 거 규 정</td><td colspan="4">부동산등기법 제65조 제1호</td></tr>
<tr><td>구<br>분</td><td>성  명<br>(상호·명칭)</td><td>주민등록번호<br>(등기용등록번호)</td><td>주  소<br>(소재지)</td><td>지 분<br>(개인별)</td></tr>
<tr><td>신<br>청<br>인</td><td>○  ○  ○<br><br>○  ○  ○</td><td>540120-1234567<br>510120-1234567</td><td>○○시 ○○구 ○○동 ○○번지<br><br>○○시 ○○구 ○○동 ○○번지</td><td>1/2<br>1/2</td></tr>
</table>

| 시가표준액 및 국민주택채권매입금액 | | |
|---|---|---|
| 부동산표시 | 부동산별 시가표준액 | 부동산별 국민주택채권매입금액 |
| 1. 200㎡ | 금        ○○,○○○,○○○○원 | 금        ○,○○○,○○○○원 |
| 2. | 금                          원 | 금                          원 |
| 3. | 금                          원 | 금                          원 |
| 국 민 주 택 채 권 매 입 총 액 | | 금                          원 |
| 국 민 주 택 채 권 발 행 번 호 | | ○   ○   ○ |
| 취득세(등록면허세) 금○○○,○○○원 | 지방교육세 금 ○○,○○○원 | |
| | 농어촌특별세 금 ○○,○○○원 | |
| 세    액    합    계 | 금                    15,000원 | |
| 등 기 신 청 수 수 료 | 금                          원 | |
| | 납부번호 : | |
| | 일괄납부 :        건          원 | |
| 첨    부    서    면 | | |
| · 취득세(등록면허세)영수필확인서 1통<br>· 등기신청수수료 영수필확인서    1통<br>· 토지 · 임야대장등본              1통<br>· 주민등록표등(초)본             1통<br>~~· 위임장                      통~~ | 〈기   타〉 | |

20○○년 ○월 ○일

위 신청인    ○   ○   ○ (인)        (전화 :              )

○   ○   ○ (인)        (전화 :              )

(또는) 위 대리인 ○○법무사 사무소        (전화 :              )

법무사 ○   ○   ○

서울중앙 지방법원                    등기국 귀중

- 신청서 작성요령 -

* 1. 부동산표시란에 2개 이상의 부동산을 기재하는 경우에는 부동산의 일련번호를 기재하여야 합니다.
  2. 신청인란등 해당란에 기재할 여백이 없을 경우에는 별지를 이용합니다.
  3. 담당 등기관이 판단하여 위의 첨부서면 외에 추가적인 서면을 요구할 수 있습니다.

## 📋 선 례

### 2) 확정판결에 의하여 자기의 소유권을 증명하는 자

여기에서 '판결(화해조서·제소전화해조서·인낙조서·조정조서 포함)'이라 함은 ①토지(임야)대장상에 최초의 소유자로 등록되어 있는 자 또는 그 상속인, 그 밖의 포괄승계인, ②미등기 토지의 지적공부상 '국'으로부터 소유권이전등록을 받은 자, ③토지(임야)대장상 소유자 표시란이 공란으로 되어 있거나 소유자표시에 일부 누락이 있어 대장상의 소유자를 특정할 수 없는 경우에는 국가를 상대로 한 소송에서 해당 부동산이 보존등기신청인의 소유임을 확정하는 내용의 판결이어야 한다. 단 국가를 상대로 확인판결을 받았다 하더라도 주소불명 등의 사유로 소유자가 특정되지 않았다면 그 판결에 의하여 보존등기를 할 수는 없다.

소유권을 증명하는 판결은 보존등기신청인의 소유임을 확정하는 내용의 것이어야 하나 반드시 확인판결이어야 할 필요는 없다. 이행판결이나 형성판결이라도 그 이유 중에서 신청인의 소유임을 확정하는 내용의 것이면 관계가 없다. 따라서 소유권보존등기말소 청구소송을 제기하여 승소확정판결(해당 부동산이 보존등기신청인의 소유임을 확정하는 내용이어야 함)을 받은 자(또는 그 상속인)도 그 판결을 소유권을 증명하는 서면으로 하여 소유권보존등기를 신청할 수 있다. 이 경우 먼저 기존의 소유권보존등기의 말소가 선행되어야 한다. 토지대장상 공유인 미등기토지에 대하여 공유물분할의 판결을 얻은 경우에는 토지의 분할 절차를 먼저 거친 후에 보존등기를 신청할 수 있다.

판결에는 화해조서나 제소전 화해조서도 포함된다고 할 것이나 그 상대방은 확인의 지위에 있는 자에 해당하여야 한다. 따라서 매수인이 매도인을 상대로 하여 토지 소유권의 이전등기를 구하는 경우에서 매도인이 매수인에게 매매를 원인으로 한 소유권이전등기절차를 이행하고 해당 토지가 매도인의 소유임을 확인한다는 내용의 제소전 화해를 한 경우, 그 화해는 매도인 스스로가 자기의 소유임을 확인한 것에 지나지 아니하며 소유권보존등기를 할 수 있는 화해조서에 해당한다고 볼 수 없다(대법원 1990.3.20. 자 89마389 결정).

# ♣【서식】판결에 의한 소유권이전등기신청서

| 소유권이전등기신청(판결) | | | | |
|---|---|---|---|---|
| 접  수 | 년 월 일 | 처리인 | 등기관 확인 | 각종 통지 |
| | 제      호 | | | |

| ① 부동산의 표시 |
|---|
| 1. 서울특별시 서초구 서초동 100<br><br>　　　대 300m²<br><br>2. 서울특별시 서초구 서초동 100<br><br>　　[도로명주소] 서울특별시 서초구 서초대로 88길 10<br><br>　　시멘트 벽돌조 슬래브지붕 2층 주택<br><br>　　　1층 100m²<br><br>　　　2층 100m²<br><br>　　　　　　　　이　　　　　　　　상 |

| ②등기원인과 그 연월일 | 2024년 1월 22일 확정판결 |
|---|---|
| ③등 기 의 목 적 | 소 유 권 이 전 |
| ④이 전 할 지 분 | |

| 구분 | 성 명<br>(상호·명칭) | 주민등록번호<br>(등기용등록번호) | 주   소 (소 재 지) | 지 분<br>(개인별) |
|---|---|---|---|---|
| ⑤등기의무자 | 이 대 백 | XXXXXX-XXXXXXX | 서울특별시 서초구 서초대로 88길 20 (서초동) | |
| ⑥등기권리자 | 김 갑 동 | XXXXXX-XXXXXXX | 서울특별시 중구 다동길 96 (다동) | |

| ⑦ 시가표준액 및 국민주택채권매입금액 | | |
|---|---|---|
| 부동산 표시 | 부동산별 시가표준액 | 부동산별 국민주택채권매입금액 |
| 1. 주    택 | 금 ○○,○○○,○○○원 | 금    ○○○,○○○ 원 |
| 2. | 금            원 | 금            원 |
| 3. | 금            원 | 금            원 |
| ⑦ 국 민 주 택 채 권 매 입 총 액 | | 금    ○○○,○○○ 원 |
| ⑦ 국 민 주 택 채 권 발 행 번 호 | | ○ ○ ○ |
| ⑧ 취득세(등록면허세) 금○○○,○○○원 | ⑧ 지방교육세 금 ○○,○○○원 | |
| | ⑧ 농어촌특별세 금 ○○,○○○원 | |
| ⑨ 세  액  합  계 | 금            ○○○,○○○ 원 | |
| ⑩ 등 기 신 청 수 수 료 | 금            30,000 원 | |
| | 납부번호 : ○○-○○-○○○○○○○○○-○ | |
| | 일괄납부 :      건      원 | |
| ⑪ 등기의무자의 등기필정보 | | |
| 부동산고유번호 | 1102-2006-002095 | |
| 성명(명칭) | 일련번호 | 비밀번호 |
| 이대백 | Q77C-LO71-35J5 | 40-4636 |

| ⑫ 첨 부 서 면 | |
|---|---|
| · 취득세(등록면허세)영수필확인서   1통 | · 판결정본(검인)            1통 |
| · 등기신청수수료 영수필확인서      1통 | · 확정증명서              1통 |
| · 토지·임야·건축물대장등본       각1통 | 〈기 타〉 |
| · 주민등록표등(초)본          각1통 | |
| · 위임장                 통 | |

2024년 1월 22일

⑬ 위 신청인        김   갑   동   ㉮   (전화 : 300-7766)

(또는)위 대리인                    (전화 :        )

서울중앙 지방법원            등기국 귀중

- 신청서 작성요령 -

* 1. 부동산표시란에 2개 이상의 부동산을 기재하는 경우에는 부동산의 일련번호를 기재하여야 합니다.
  2. 신청인란등 해당란에 기재할 여백이 없을 경우에는 별지를 이용합니다.
  3. 담당 등기관이 판단하여 위의 첨부서면 외에 추가적인 서면을 요구할 수 있습니다.

## ♣【서식】판결에 의한 소유권이전등기신청서(구분건물)

| 소유권이전등기신청(판결) | | | | |
|---|---|---|---|---|
| 접 수 | 년 월 일<br>제      호 | 처리인 | 등기관 확인 | 각종 통지 |

| ① 부동산의 표시 |
|---|
| 1동의 건물의 표시<br>　　서울특별시 서초구 서초동 100<br>　　서울특별시 서초구 서초동 101　　새벽아파트 가동<br>　　[도로명주소] 서울특별시 서초구 서초대로 88길 10<br>전유부분의 건물의 표시<br>　　건물의 번호  1-101<br>　　구　　　조  철근콘크리트조<br>　　면　　　적  1층 101호 86.03㎡<br>대지권의 표시<br>　　토지의 표시<br>　　1. 서울특별시 서초구 서초동 100　　　　　대 1,400㎡<br>　　2. 서울특별시 서초구 서초동 101　　　　　대 1,600㎡<br>　　대지권의 종류  소유권<br>　　대지권의 비율 1,2 : 3,000분의 500<br>　　　　　　　　이　　　　　　　　　상 |

| ②등기원인과 그 연월일 | 2024년 1월 22일 확정판결 |
|---|---|
| ③ 등 기 의 목 적 | 소 유 권 이 전 |
| ④ 이 전 할 지 분 | |

| 구분 | 성 명<br>(상호·명칭) | 주민등록번호<br>(등기용등<br>록번호) | 주    소 (소 재 지) | 지 분<br>(개인별) |
|---|---|---|---|---|
| ⑤<br>등<br>기<br>의<br>무<br>자 | 이 대 백 | XXXXXX-XXX<br>XXXX | 서울특별시 서초구 서초대로<br>88길 20 (서초동) | |
| ⑥<br>등<br>기<br>권<br>리<br>자 | 김 갑 동 | XXXXXX-XXX<br>XXXX | 서울특별시 서초구 서초대로<br>88길 10, 가동 101호(서초동,<br>새벽아파트) | |

| ⑦ 시가표준액 및 국민주택채권매입금액 | | |
|---|---|---|
| 부동산 표시 | 부동산별 시가표준액 | 부동산별 국민주택채권매입금액 |
| 1. 주 택 | 금 ○○,○○○,○○○원 | 금 ○○○,○○○ 원 |
| 2. | 금 원 | 금 원 |
| 3. | 금 원 | 금 원 |
| ⑦ 국 민 주 택 채 권 매 입 총 액 | | 금 ○○○,○○○ 원 |
| ⑦ 국 민 주 택 채 권 발 행 번 호 | | ○ ○ ○ |
| ⑧ 취득세(등록면허세) 금○○○,○○○원 | ⑧ 지방교육세 금 ○○,○○○원 | |
| | ⑧ 농어촌특별세 금 ○○,○○○원 | |
| ⑨ 세 액 합 계 | 금 ○○○,○○○ 원 | |
| ⑩ 등 기 신 청 수 수 료 | 금 15,000 원 | |
| | 납부번호 : ○○-○○-○○○○○○○○○-○ | |
| | 일괄납부 : 건 원 | |
| ⑪ 등기의무자의 등기필정보 | | |
| 부동산고유번호 | 1102-2006-002095 | |
| 성명(명칭) | 일련번호 | 비밀번호 |
| 이대백 | Q77C-LO71-35J5 | 40-4636 |
| ⑫ 첨 부 서 면 | | |
| · 취득세(등록면허세)영수필확인서 1통<br>· 등기신청수수료 영수필확인서 1통<br>· 토지대장등본 2통<br>· 집합건축물대장등본 1통<br>· 주민등록등(초)본 각1통<br>· 위임장 통 | · 판결정본(검인) 1통<br>· 확정증명서 1통<br>〈기 타〉 | |
| 2024년 1월 22일<br><br>⑬ 위 신청인 김 갑 동 ㊞ (전화 : 300-7766)<br><br>(또는)위 대리인 (전화 : )<br><br>서울중앙 지방법원 등기국 귀중 | | |

- 신청서 작성요령 -

* 1. 부동산표시란에 2개 이상의 부동산을 기재하는 경우에는 부동산의 일련번호를 기재하여야 합니다.
2. 신청인란등 해당란에 기재할 여백이 없을 경우에는 별지를 이용합니다.
3. 담당 등기관이 판단하여 위의 첨부서면 외에 추가적인 서면을 요구할 수 있습니다.

## ♣ 【서식】 판결에 의한 소유권이전등기 말소신청서

| 소유권이전등기말소신청 | | | | |
|---|---|---|---|---|
| 접 수 | 년 월 일<br>제     호 | 처리인 | 등기관 확인 | 각종 통지 |
| | | | | |

| ① 부동산의 표시 |
|---|
| 서울특별시 서초구 서초동 100<br><br>　　　대300㎡<br><br><br>　　　　　　이　　　　　상 |

| ② 등기원인과 그 연월일 | 2024년 1월 22일 확정판결 |
|---|---|
| ③ 등 기 의 목 적 | 소유권이전등기말소 |
| ④ 말 소 할 등 기 | 2005년 3월 2일 접수 제4168호로 경료한<br>소유권 이전등기 |

| 구분 | 성 명<br>(상호·명칭) | 주민등록번호<br>(등기용등<br>록번호) | 주     소 (소 재 지) | 지 분<br>(개인별) |
|---|---|---|---|---|
| ⑤ 등기의무자 | 이 대 백 | XXXXXX-XXX<br>XXXX | 서울특별시 서초구 서초대로<br>88길 20 (서초동) | |
| ⑥ 등기권리자 | 김 갑 동 | XXXXXX-XXX<br>XXXX | 서울특별시 중구 다동길 96<br>(다동) | |

| ⑦ 등 록 면 허 세 | 금 | 3,000 | 원 |
|---|---|---|---|
| ⑦ 지 방 교 육 세 | 금 | 600 | 원 |
| ⑧ 세 액 합 계 | 금 | 3,600 | 원 |

| ⑨ 등 기 신 청 수 수 료 | 금 | 3,000 원 |
|---|---|---|
| | 납부번호 : ○○-○○-○○○○○○○○○-○ | |
| | 일괄납부 :        건              원 | |

⑩  등기의무자의 등기필정보

| 부동산고유번호 | | |
|---|---|---|
| 성명(명칭) | 일련번호 | 비밀번호 |
| | | |

⑪   첨  부  서  면

| ·등록면허세영수필확인서    1통 | 〈기 타〉 |
|---|---|
| ·등기신청수수료 영수필확인서    1통 | |
| ·위임장              통 | |
| ·판결정본 및 확정증명서    각1통 | |

2024년  1월  22일

⑫  위 신청인      김    갑    동  ㊞  (전화 : 211-7711)

(또는)위 대리인                    (전화 :        )

서울중앙 지방법원              등기국 귀중

- 신청서 작성요령 -

* 1. 부동산표시란에 2개 이상의 부동산을 기재하는 경우에는 부동산의 일련번호를 기재하여야 합니다.
  2. 신청인란등 해당란에 기재할 여백이 없을 경우에는 별지를 이용합니다.
  3. 담당 등기관이 판단하여 위의 첨부서면 외에 추가적인 서면을 요구할 수 있습니다.

## ♣ 【서식】 소유권이전등기 말소신청서(구분건물)

<table>
<tr><td colspan="5" align="center">소유권이전등기말소신청</td></tr>
<tr><td rowspan="2">접   수</td><td colspan="2">년  월  일</td><td rowspan="2">처리인</td><td>등기관 확인</td><td>각종 통지</td></tr>
<tr><td colspan="2">제      호</td><td></td><td></td></tr>
</table>

<table>
<tr><td colspan="5" align="center">① 부동산의 표시</td></tr>
<tr><td colspan="5">
1동의 건물의 표시<br>
    서울특별시 서초구 서초동 100<br>
    서울특별시 서초구 서초동 101      샛별아파트 가동<br>
    [도로명주소] 서울특별시 서초구 서초대로 88길 10<br>
전유부분의 건물의 표시<br>
    건물의 번호  1-101<br>
    구      조  철근콘크리트조<br>
    면      적  1층 101호 86.03㎡<br>
대지권의 표시<br>
    토지의 표시<br>
    1. 서울특별시 서초구 서초동 100       대 1,400㎡<br>
    2. 서울특별시 서초구 서초동 101       대 1,600㎡<br>
    대지권의 종류  소유권<br>
    대지권의 비율 1,2 : 3,000분의 500<br>
               이               상
</td></tr>
<tr><td colspan="2">② 등기원인과 그 연월일</td><td colspan="3">2024년 1월 22일 확정판결</td></tr>
<tr><td colspan="2">③ 등 기 의 목 적</td><td colspan="3">소유권이전등기말소</td></tr>
<tr><td colspan="2">④ 말 소 할 등 기</td><td colspan="3">2005년 3월 2일 접수 제4168호로 경료한 소유권 이전등기</td></tr>
<tr><td>구분</td><td>성   명<br>(상호·명칭)</td><td>주민등록번호<br>(등기용등록<br>번호)</td><td>주   소 (소 재 지)</td><td>지 분<br>(개인별)</td></tr>
<tr><td>⑤등기의무자</td><td>이 대 백</td><td>XXXXXX-XXX<br>XXXX</td><td>서울특별시 서초구 서초대로 88<br>길 20 (서초동)</td><td></td></tr>
<tr><td>⑥등기권리자</td><td>김 갑 동</td><td>XXXXXX-XXX<br>XXXX</td><td>서울특별시 서초구 서초대로 88<br>길 10, 가동 101호(서초동, 샛<br>별아파트)</td><td></td></tr>
</table>

| ⑦ 등 록 면 허 세 | 금 | | 3,000 | 원 |
|---|---|---|---|---|
| ⑦ 지 방 교 육 세 | 금 | | 600 | 원 |
| ⑧ 세 액 합 계 | 금 | | 3,600 | 원 |
| ⑨ 등 기 신 청 수 수 료 | 금 | | 3,000 | 원 |
| | 납부번호 : ○○-○○-○○○○○○○○-○ | | | |
| | 일괄납부 : | 건 | | 원 |

| ⑩ 등기의무자의 등기필정보 | | |
|---|---|---|
| 부동산고유번호 | | |
| 성명(명칭) | 일련번호 | 비밀번호 |
| | | |

<table>
<tr><td colspan="2" align="center">⑪ 첨 부 서 면</td></tr>
<tr><td>
· <s>위임장</s>                      <s>통</s><br>
· 등록면허세영수필확인서        1통<br>
· 등기신청수수료 영수필확인서    1통<br>
· 판결정본 및 확정증명서        각1통
</td><td>
〈기 타〉
</td></tr>
</table>

2024년 1월 22일

⑫ 위 신청인        김  갑  동  ㉑  (전화 : 211-7711)

    (또는)위 대리인                (전화 :        )

    서울중앙 지방법원                등기국 귀중

---

- 신청서 작성요령 -

* 1. 부동산표시란에 2개 이상의 부동산을 기재하는 경우에는 부동산의 일련번호를 기재하여야 합니다.
  2. 신청인란등 해당란에 기재할 여백이 없을 경우에는 별지를 이용합니다.
  3. 담당 등기관이 판단하여 위의 첨부서면 외에 추가적인 서면을 요구할 수 있습니다.

### 3) 수용으로 인하여 소유권을 취득하였음을 증명하는 자

토지보상법에 의한 수용은 원시취득이므로 수용으로 인하여 미등기 토지의 소유권을 취득한 자는 그 명의로 보존등기를 신청할 수 있다. 그러므로 미등기 토지를 수용한 사업시행자는 토지수용을 원인으로 하여 소유권보존등기를 신청할 수 있으며 이 경우 일반적인 첨부정보 외에 재결서등본과 보상을 증명하는 서면으로 공탁서원본을 제공하여야 한다(선례 Ⅶ-143).

등기된 부동산에 대한 토지수용의 경우에도 그 법적 성격이 원시취득임에는 변함이 없으므로 그 등기를 말소하고 새로이 소유권보존등기를 하는 것이 원칙이지만 실무상으로는 소유권이전등기로 하고 있다. 사업시행자명의의 보존등기를 하기보다는 이전등기로 하는 것이 권리변동 과정의 공시에 더 적합하다고 본 것이다.

### 4) 공유물의 소유권보존등기에 관한 특칙

미등기 토지가 공유인 경우에는 공유자 전원이 소유권보존등기를 신청할 수 있음은 물론이고 각 공유자는 단독으로 공유자 전원을 위하여 소유권보존등기를 신청할 수도 있다(민법 제265조 단서). 이 경우에는 다른 공유자들의 동의나 위임 없이 대리인에게 이러한 소유권보존등기의 신청을 위임할 수 있다.

공유자 중 한 사람이 자기지분만의 소유권보존등기를 신청할 수는 없다(규칙 제52조 7호). 권리의 일부만 공시하고 나머지 권리를 공시하지 않는 것은 오히려 혼란만 초래하기 때문이다. 따라서 토지대장에 공유자 중 1인에 대하여만 복구등록이 되어 있다면 나머지 공유자에 대한 소유자 복구절차가 선행되거나 미복구 공유자들의 소유권확인판결이 있어야 소유권보존등기를 신청할 수 있으며 미등기 토지에 대하여 일부 지분만에 대한 소유권확인 확정판결이 있는 경우에 그 판결만에 의해서는 소유권보존등기를 신청할 수 없다.

## ♣ 【서식】 토지 · 건물소유권보존등기신청서

**토지(임야) 소유권보존등기신청**

| 접 수 | 년 월 일 | 처리인 | 등기관 확인 | 각종 통지 |
|---|---|---|---|---|
| | 제        호 | | | |

| ① 부동산의 표시 |
|---|
| 서울특별시 서초구 서초동 100<br><br>　　　대 100m²<br><br><br>　　　　　이　　　　　　　　　상<br><br> |

| ② 등기의 목적 | 소유권 보존 |
|---|---|
| ③ 신청 근거 규정 | 부동산등기법 제65조 제1호 |

| 구 분 | 성 명<br>(상호·명칭) | 주민등록번호<br>(등기용등록<br>번호) | 주　소 (소 재 지) | 지 분<br>(개인별) |
|---|---|---|---|---|
| ④<br>신<br>청<br>인 | 이 대 백 | XXXXXX-XXXX<br>XXX | 서울특별시 서초구 서초대로 88길<br>20 (서초동) | |

| ⑤ 시가표준액 및 국민주택채권매입금액 | | |
|---|---|---|
| 부동산 표시 | 부동산별 시가표준액 | 부동산별 국민주택채권매입금액 |
| 1. 토 지 | 금 ○○,○○○,○○○원 | 금 ○○○,○○○ 원 |
| 2. | 금 원 | 금 원 |
| 3. | 금 원 | 금 원 |
| ⑤ 국 민 주 택 채 권 매 입 총 액 | | 금 ○○○,○○○ 원 |
| ⑤ 국 민 주 택 채 권 발 행 번 호 | | ○ ○ ○ |

| ⑥ 취득세(등록면허세) 금○○○,○○○원 | ⑥ 지방교육세 금 ○○,○○○원 |
|---|---|
| | ⑥ 농어촌특별세 금 ○○,○○○원 |

| ⑦ 세 액 합 계 | 금 ○○○,○○○ 원 |
|---|---|
| ⑧ 등 기 신 청 수 수 료 | 금 15,000 원 |
| | 납부번호 : ○○-○○-○○○○○○○○-○ |
| | 일괄납부 : 건 원 |

| ⑨ 첨 부 서 면 | |
|---|---|
| · 취득세(등록면허세)영수필확인서 1통 | 〈기타〉 |
| · 등기신청수수료 영수필확인서     1통 | |
| · 토지 · 임야대장등본            1통 | |
| · 주민등록표등(초)본            1통 | |
| · 위임장                    통 | |

2024년   1월   22일

⑩  위 신청인        이   대   백   ㊞   (전화 : 300-7766)


    (또는)위 대리인                    (전화 :        )



    서울중앙 지방법원              등기국 귀중

---

- 신청서 작성요령 -

* 1. 부동산표시란에 2개 이상의 부동산을 기재하는 경우에는 부동산의 일련번호를 기재하여야 합니다.
  2. 신청인란등 해당란에 기재할 여백이 없을 경우에는 별지를 이용합니다.
  3. 담당 등기관이 판단하여 위의 첨부서면 외에 추가적인 서면을 요구할 수 있습니다.

## 【위임장】

<table>
<tr><td colspan="3">위 임 장</td></tr>
<tr><td>① 부동산의 표시</td><td colspan="2">1. 서울특별시 서초구 서초동 100<br>대 100㎡<br><br>2. 서울특별시 서초구 서초동 100<br>시멘트 벽돌조 슬래브지붕 2층 주택<br>1층 100㎡<br>2층 100㎡</td></tr>
<tr><td>② 등기원인과 그 연월일</td><td colspan="2">20○○년 9월 1일</td></tr>
<tr><td>③ 등기의 목적</td><td colspan="2">소유권 보존</td></tr>
<tr><td>④</td><td colspan="2"></td></tr>
<tr><td colspan="2">⑤ 위 임 인</td><td>⑥ 대 리 인</td></tr>
<tr><td colspan="2">등기의무자 : 이 대 백 ㊞<br>서울특별시 서초구 서초동 200<br><br>등기권리자 : 김 갑 돌 ㊞<br>서울특별시 중구 다동 5</td><td>김 갑 돌<br>서울특별시 중구 다동 5<br><br>위 사람을 대리인으로 정하고 위 부동산 등기신청 및 취하에 관한 모든 행위를 위임한다.<br>또한 복대리인 선임을 허락한다.<br><br>⑦ 20○○년 10월 1일</td></tr>
</table>

## ♣【서식】 건물소유권보존등기신청서(규약폐지에 따른 등기)

| 건물 소유권보존등기신청 | | | |
|---|---|---|---|
| 접수 | 년 월 일 | 처리인 | 등기관 확인 | 각종통지 |
| | 제        호 | | | |

| 부동산의 표시 |
|---|
| 1동의 건물의 표시<br> ○○시 ○○구 ○○동 112 ○○아파트<br> ○○○동 제○층 제○○○호 내지 ○○○동 제○층 제○○○호의 공용부분<br><br>                이                 상 |

| 등기원인과 그<br>연월일 | 20○○년  ○월  ○일  규약폐지 |
|---|---|
| 등 기 의 목 적 | 소유권보존 |
| 신 청 근 거 규 정 | 부동산등기법 제47조 제2항 |

| 구<br>분 | 성    명<br>(상호·명칭) | 주민등록번호<br>(등기용등록번호) | 주  소(소 재 지) | 지  분<br>(개인별) |
|---|---|---|---|---|
| 신<br>청<br>인 | ○ ○ ○ | 000000-000000 | ○○시 ○○구 ○○대로 234<br>(○○동) | |

| 시가표준액 | | |
|---|---|---|
| 부동산 표시 | 부동산별 시가표준액 | |
| 1. 건 물 | 금                          원 | |
| 2. | 금                          원 | |
| 3. | 금                          원 | |
| 취득세(등록면허세)  금          원 | 지방교육세    금              원 | |
| | 농어촌특별세  금              원 | |
| 세  액  합  계 | 금                          원 | |
| 등 기 신 청 수 수 료 | 금                          원 | |
| | 납부번호 : 00-000-000000-0 | |
| | 일괄납부 :      건            원 | |

첨    부    서    면

· 취득세(등록면허세)영수필확인서 1통       〈기 타〉
· 등기신청수수료 영수필확인서    1통
· 건축물대장등본              1통
· 주민등록표등(초)본          1통
· 위임장                    1통


20    년    2월    11일


위 신청인      ○      ○      ○      (인)    (전화: 555-1234)


(또는)위 대리인  법무사 ○ ○ ○    (인)    (전화: 888-3456)
서울특별시 서초구 서초대로 456 (서초동)


서울중앙 지방법원                    등기국 귀중


- 신청서 작성요령 -

* 1. 부동산표시란에 2개 이상의 부동산을 기재하는 경우에는 부동산의 일련번호를 기재
   하여야 합니다.
 2. 신청인란등 해당란에 기재할 여백이 없을 경우에는 별지를 이용합니다.
 3. 담당 등기관이 판단하여 위의 첨부서면 외에 추가적인 서면을 요구할 수 있습니다.

| 위 임 장 | | |
|---|---|---|
| 부 동 산 의  표 시 | 1동의 건물의 표시<br>　〇〇시 〇〇구 〇〇동 112 〇〇아파트<br>　〇〇〇동 제〇층 제〇〇〇호 내지 〇〇〇동 제〇층 제〇〇〇호의 공용부분<br><br><br>이　　　　　상 | |
| 등기원인과 그 연월일 | 20〇〇년 〇월 〇일 규약폐지 | |
| 등 기 의 목 적 | 소유권보존 | |
| 신 청 근 거 규 정 | 부동산등기법 제47조 제2항 | |
| 위 임 인 | 대 리 인 | |
| 신청인 〇 〇 〇 　(인)<br>　　〇〇시 〇〇구 〇〇대로 234<br>　　(〇〇동) | 법무사 〇 〇 〇 　(인)<br>　　〇〇시 〇〇구 〇〇대로 456<br>　　(〇〇동)<br><br>　위 사람을 대리인으로 정하고 위 부동산등기신청 및 취하에 관한 모든 행위를 위임한다.<br>　또한 복대리인 선임을 허락한다.<br><br>　　　　　20 년 〇 월 〇 일 | |

## (2) 신청정보의 특기사항과 첨부정보(규칙 제121조)

등기신청을 할 때에는 일반적인 신청정보 외에 법 제65조 제1호~제4호에 의하여 신청한다는 뜻을 신청정보의 내용으로 등기소에 제공하여야 한다. 다만 등기원인과 그 연월일은 등기사항이 아니므로 신청정보의 내용으로 등기소에 제공할 필요가 없다.

첨부정보로는 법 제65조 제1호의 경우에는 토지대장정보(포괄승계인이 신청하는 경우에는 그 승계를 증명하는 정보 추가), 제2호의 경우에는 판결정본 및 확정증명(또는 재판상의 조서정본)과 대장정보를, 제3호의 경우에는 재결서등본과 보상금의 지급을 증명하는 서면(또는 공탁을 증명하는 서면)이나 수용협의성립확인서(또는 협의성립의 공정증서와 수리증명서)와 보상금의 지급을 증명하는 서면 및 대장정보를 각각 등기소에 제공하여야 한다. 관공서의 촉탁에 의해 보존등기를 하는 경우에도 마찬가지이다.

## (3) 등기의 실행에 관한 특칙

새로운 등기기록을 개설하여 표제부와 갑구에 각각 등기사항을 기록한다. 본번지가 미등기인 상태에서 토지가 대장상 분할된 경우 또는 지번지가 본번지에서 분할된 경우가 아니고 새로 설정된 지번이라면 분할된 각 토지에 대하여 각 분할된 토지의 토지대장정보를 제공하여 소유권보존등기를 신청하여야 한다. 본번지 토지가 이미 등기되었다면 분할된 지번지 토지에 대한 보존등기는 할 수 없고 분필등기의 절차를 밟아야 한다(등기예규 제519호). 즉 원래 1필지이던 미등기 토지가 이미 수필지로 분할된 경우에는 분할 후의 각 토지에 관하여 소유권보존등기를 하여야 하지만 어떠한 사유로 위 분할 전의 토지에 관하여 소유권보존등기가 마쳐진 경우에는 위 분할사실이 기록된 토지대장정보를 제공하여야 분필등기를 신청할 수 있다(선례 VIII-142).

**표제부 예시**

| 【표 제 부】 (토지의 표시) | | | | | |
|---|---|---|---|---|---|
| 표시번호 | 접수 | 소재지번 | 지목 | 면적 | 등기원인 및 기타사항 |
| 1 | 2012년 3월 5일 | 서울특별시 은평구 응암동 2 | 대 | 350㎡ | |

## ▰갑구 예시

### -단독소유인 경우 2

| 【갑    구】 (소유권에 관한 사항) | | | | |
|---|---|---|---|---|
| 순위번호 | 등기목적 | 접수 | 등기원인 | 권리자 및 기타사항 |
| 1 | 소유권보존 | 2016년 3월 5일 제1028호 | | 소유자 김○○ 601014-1234567 서울특별시 서초구 서초대로46길 60, 101동 201호(서초동, 서초아파트) |

(주) 1984. 7. 1. 이전에는 등기명의인의 표시에 주민등록번호를 기록하지 아니하였다.

### -공유인 경우 3

| 【갑    구】 (소유권에 관한 사항) | | | | |
|---|---|---|---|---|
| 순위번호 | 등기목적 | 접수 | 등기원인 | 권리자 및 기타사항 |
| 1 | 소유권보존 | 2016년 3월 5일 제1028호 | | 공유자 지분 3분의 1 이○○ 701125-1234567 서울특별시 서초구 강남대로37길 21(서초동) 지분 3분의 1 최○○ 680703-1234567 서울특별시 마포구 마포대로 25 (공덕동) 지분 3분의 1 김○○ 601014-1234567 서울특별시 서초구 서초대로46길 60, 101동 201호(서초동, 서초아파트) |

-합유인 경우 4

| 【갑 구】 (소유권에 관한 사항) | | | | |
|---|---|---|---|---|
| 순위번호 | 등기목적 | 접수 | 등기원인 | 권리자 및 기타사항 |
| 1 | 소유권보존 | 2016년 3월 5일<br>제1028호 | | 합유자<br>이○○ 701125-1234567<br>서울특별시 서초구 강남대로37길 21(서초동)<br>최○○ 680703-1234567<br>서울특별시 마포구 마포대로 25 (공덕동)<br>김○○ 601014-1234567<br>서울특별시 서초구 서초대로46길 60, 101동 201호(서초동, 서초아파트) |

-법인 아닌 사단 또는 재단의 소유인 경우 5

| 【갑 구】 (소유권에 관한 사항) | | | | |
|---|---|---|---|---|
| 순위번호 | 등기목적 | 접수 | 등기원인 | 권리자 및 기타사항 |
| 1 | 소유권보존 | 2016년 9월 5일<br>제2020호 | | 소유자<br>경주김씨종중 111101-1234567<br>서울특별시 종로구 인사동6길 8(인사동)<br>대표자 김○○ 601014-1234567<br>서울특별시 종로구 율곡로1길 16(사간동) |

(주) 법인 아닌 사단 또는 재단이 소유자인 경우에는 그 대표자 또는 관리인의 성명, 주소 및 주민등록번호를 같이 기록한다(법 제48조 제3항).

## 2. 건물 소유권보존등기

### (1) 신청인(법 제65조)

#### 1) 건축물대장에 최초의 소유자로 등록되어 있는 자 또는 그 상속인, 그 밖의 포괄승계인

최초의 소유자로 등록되어 있는 자 또는 그 상속인, 그 밖의 포괄승계인에 대한 설명은 토지 소유권보존등기와 같다. 따라서 미등기 건물의 양수인은 대장에 자기명의로 소유권이전등록이 되어 있는 경우에도 그 명의로 직접 소유권보존등기를 신청할 수 없고 최초의 소유자명의로 보존등기를 한 다음 그 명의로 소유권이전등기를 하여야 한다. 건축물대장에 지분표시가 없이 수인이 공유로 등재되어 있는 건물에 대하여 소유권보존등기를 신청하는 경우에는 각 공유자가 지분이 균등한 것으로 하여 소유권보존등기를 신청할 수 있다. 만일 수인이 균등하지 아니한 지분비율로 공유하는 건물에 관하여 대장에 공유지분의 기재가 없는 경우에는 공유자 전원 사이에 작성된 실제의 지분비율을 증명하는 서면을 제공하여 실제 지분에 따라 소유권보존등기신청을 할 수 있다.

이때에는 실제의 지분이 균등하게 산정한 지분보다 적은 자의 인감증명을 함께 제공하여야 한다(등기예규 제724호).

건물의 개수를 판단함에 있어서는 물리적 구조뿐만 아니라 거래 또는 이용의 목적물로서의 건물의 상태 등 객관적 사정과 건축자의 의사 등 주관적 사정도 함께 고려하여야 한다. 이러한 주·객관적 사정은 건축물대장에 투영되어 있다 할 것이므로 등기관은 건축물대장을 보고 건물의 개수를 판단하면 된다. 그러므로 기존 건물과 다른 인접 지번에 증축허가를 받아 별도의 건물을 신축하여 기존 건축물대장에 지번 추가와 함께 신축건물을 증축으로 등재하였을 경우에는 기존 건물과 신축건물이 합쳐져서 1개의 건물이 된다. 이 경우 신축건물을 독립건물로 등기하기 위해서는 기존 건축물대장에서 신축건물을 분리하여 별도로 신축건물에 대한 건축물대장을 작성한 다음 그 대장정보를 제공하여 보존등기를 신청하여야 한다.

주된 건물의 사용에 제공되는 부속건물은 주된 건물의 건축물대장에 부속건물로 등재하여 1개의 건물로 소유권보존등기를 함이 원칙이나, 소유자가 주된 건물과 분리하여 별도의 독립건물로 소유권보존등기를 신청할 수도 있다. 다만 부속건물을 독립건물로 소유권보존등기를 신청하기 위해서는 주된 건물과 부속건물의 건축물대장이 별도로 작성되어 있어야 한다(등기예규 제902호).

건축물대장은 건축물 1동을 단위로 하여 각 건축물마다 작성하여야 하고 하나의 대지 위에 2개 이상의 건축물이 있는 경우, 총괄표제부를 작성하여야 한다(건축물대장의 기재 및 관리 등에 관한 규칙 제5조, 제7조). 따라서 소유권보존등기가 마쳐져 있는 기존건물 A와 동일한 지번 위에 별개의 동으로 증축된 동일인 소유의 미등기 건물 B에 대하여 별도의 건축물대장이 작성된 후에 총괄표제부가 작성되었다면 B건물에 대하여 따로 소유권보존등기를 하여야 한다. 만일 소유자가 B건물에 대하여 소유권보존등기를 원하지 않는다면 증축을 원인으로 A건물의 건축물대장 표시사항을 변경하여야 한다(이 경우 B건물의 건축물대장과 총괄표제부는 폐쇄됨).

## 2) 확정판결에 의하여 자기의 소유권을 증명하는 자

여기에서 '판결' 및 그 판결의 상대방은 기본적으로 토지의 경우와 같으나 건축물대장상의 소유자 표시란에 오류가 있어 소유자를 특정할 수 없는 경우에는 건축물대장상의 소유자 표시를 정정 등록하여 대장상의 소유자를 특정한 후 정정된 소유명의인을 상대로 하여 신청인의 소유권임을 증명하는 판결을 얻어야 한다. 그러나 건축물대장의 소유자 표시란이 공란이거나 소유자 표시에 일부 누락이 있어 대장상 소유자를 확정할 수 없는 경우에는 건축물대장의 비치·관리 업무가 지방자치단체의 고유사무이므로 국가를 상대로 미등기 건물의 소유권확인을 구하는 것은 그 확인의 이익이 없어 부적법하며, 미등기 건물에 관하여 국가를 상대로 소유권확인판결을 받는다고 하더라도 그 판결은 법 제65조 제2호에 해당하는 판결이라고 볼 수 없다.

따라서 건물에 대하여 국가를 상대로 한 소유권확인판결이나 건축허가명의인(또는 건축주)을 상대로 한 소유권확인판결은 소유권을 증명하는 판결의 범위에 포함되지 않는다. 이 경우 특별자치도지사·시장·군수·구청장을 상대로 하여 해당 건물에 대한 소유권을 확인하는 내용의 확정판결을 받아야 그 판결정본을 제공하여 소유권보존등기를 신청할 수 있다(선례 Ⅵ-122).

한편 특별자치도지사·시장·군수·구청장을 상대로 한 확인판결에 의하여 건물보존등기를 할 수 있는 것은 해당 건물에 대한 건축물대장이 작성된 경우에 한한다는 것이 최근 판례의 입장이다(대법원 2011.11.10, 선고, 2009다93428, 판결). 이 판례에 따르면 건축물대장이 작성되지 않은 건물에 대하여 특별자치도지사·시장·군수·구청장을 상대로 하여 소유권의 확인을 구하는 것은 확인의 이익이 없다고 하였다.

## 3) 수용으로 인하여 소유권을 취득하였음을 증명하는 자

토지의 경우와 같다.

토지의 경우 : [토지보상법에 의한 수용은 원시취득이므로 수용으로 인하여 미등기 토지의 소유권을 취득한 자는 그 명의로 보존등기를 신청할 수 있다. 그러므로 미등기 토지를 수용한 사업시행자는 토지수용을 원인으로 하여 소유권보존등기를 신청할 수 있으며 이 경우 일반적인 첨부정보 외에 재결서등본과 보상을 증명하는 서면으로 공탁서원본을 제공하여야 한다(선례 Ⅶ-143).

등기된 부동산에 대한 토지수용의 경우에도 그 법적 성격이 원시취득임에는 변함이 없으므로 그 등기를 말소하고 새로이 소유권보존등기를 하는 것이 원칙이지만 실무상으로는 소유권이전등기로 하고 있다. 사업시행자명의의 보존등기를 하기보다는 이전등

기로 하는 것이 권리변동 과정의 공시에 더 적합하다고 본 것이다.]

### 4) 특별자치도지사, 시장, 군수 또는 구청장(자치구의 구청장을 말한다)의 확인에 의하여 자기의 소유권을 증명하는 자

건물의 경우에는 토지와 달리 특별자치도지사·시장·군수·구청장의 확인에 의해서도 소유권보존등기를 할 수 있다. 여기에서 어떤 종류의 확인이 필요할 지가 문제가 된다. 우선 그 확인에는 등기를 하기 위해 필요한 사항이 모두 담겨 있어야 할 것이므로 건물의 소재와 지번, 건물의 종류, 구조 및 면적 등 건물의 표시 및 건물의 소유자의 성명 또는 명칭과 주소 또는 사무소의 소재지와 같은 소유자의 표시가 모두 나타나는 것이어야 할 것이다(등기예규 제1483호). 실무에서는 「지방세기본법」제63조의 납세증명서, 「민원사무 처리에 관한 법률」에 의하여 교부받은 세목별과세증명서, 「건축법」제22조의 건축물 사용승인서는 법 제65조 제4호의 확인에 해당하지 않는다고 보고 있다. 또한 임시사용승인서, 착공신고서, 건물현황사진, 공정확인서, 현장조사서, 건축허가서 등도 이에 해당하지 않는다고 보고 있다.

반면 특별자치도지사·시장·군수·구청장이 발급한 사실확인서로서 건물의 소재와 지번, 건물의 종류, 구조, 면적 등 건물의 표시와 소유자의 표시 및 그 건물이 완성되어 존재한다는 사실이 기재되어 있고 특히 집합건물의 경우에는 1동건물의 표시 및 1동의 건물을 이루는 모든 구분건물의 표시가 구체적으로 기재되어 있다면 법 제65조 제4호의 확인에 포함된다고 보고 있다. 다만 구체적인 경우에 그 해당 여부는 담당 등기관이 판단할 사항이다.

### (2) 신청정보의 특기사항과 첨부정보(규칙 제121조)

토지의 경우와 거의 같다. 따라서 등기신청을 할 때에는 일반적인 신청정보(규칙 제43조)외에 법 제65조 제1호~제4호에 의하여 신청한다는 뜻을 신청정보의 내용으로 등기소에 제공하여야 하고, 그 호에 해당하는 자임을 증명하는 정보(건축물대장정보, 판결정본, 재결서등본, 특별자치도지사 등의 확인서 등)를 첨부정보로서 등기소에 제공하여야 한다.

건물의 표시를 증명하는 정보로 건축물대장정보나 그 밖의 정보를 등기소에 제공하여야 한다(규칙 제121조 2항). 그 밖의 정보란 특별자치도지사 등의 확인서를 말한다. 그런데 최근 판례(대법원 2011.11.10, 선고, 2009다93428, 판결)에 따르면 법 제65조 제2호 또는 제4호에 따라 건물에 관한 소유권보존등기를 신청할 때에는 반드시 건축물대장이 생성되어 있어야 하므로 이 경우의 건물의 표시를 증명하는 정보는 건축물대장정보이어야 할 것이다.

건물 대지 위에 여러 개의 건물이 있는 경우에는 그 대지상 건물의 소재도를 첨부정보로서 등기소에 제공하여야 한다(규칙 제121조 3항). 다만 건물의 표시를 증명하는 정보로서 건축물대장정보를 등기소에 제공한 경우에는 소재도를 제공할 필요가 없다(같은 규정 단서). 건축물대장이 작성되어 있는 경우에는 그 건물에 관한 도면도 함께 작성되어 건축물대장 소관청에서 보관하고 있기 때문에 등기소에서 그 도면을 보관할 필요가 없다.

## (3) 등기실행에 관한 특칙

도면이 제출된 경우에는 표제부에 한 등기의 마지막에 도면 제0000-00호라는 기록을 하여야 한다. 구조나 용도 또는 종류가 복잡한 건물(구분건물 포함)에 대하여 건물표시의 등기를 할 때에는 그 구체적인 내역은 기록하지 않는다. 그 밖에 다른 사항을 등기하는 방법은 토지의 경우와 같다. 건물대지의 지목이 전·답일 경우나 택지가 건물의 평수보다 적을 경우에도 건물의 소유권보존등기에는 지장이 없다. 또한 건물의 대지상에 건물의 소유자가 아닌 자가 지상권을 설정한 경우에도 그 지상권을 말소하지 아니하고 지상권자의 승낙 없이 건물의 소유권보존등기를 할 수가 있다(선례 II-238).

## ♣ 【서식】 건물소유권보존등기신청서

**건물소유권보존등기신청**

| 접 수 | 년 월 일<br>제      호 | 처리인 | 등기관 확인 | 각종 통지 |
|---|---|---|---|---|
|  |  |  |  |  |

| ① 부동산의 표시 |
|---|
| 서울특별시 서초구 서초동 100<br><br>[도로명주소] 서울특별시 서초구 서초대로 88길 10<br><br>시멘트 벽돌조 스레트지붕 단층 주택 100㎡<br><br>부속건물 시멘트 벽돌조 슬래브지붕 단층 창고 50㎡<br><br><div align="center">이              상</div> |

| ② 등기의 목적 | 소유권 보존 |
|---|---|
| ③ 신청 근거 규정 | 부동산등기법 제65조 제1호 |

| 구<br>분 | 성 명<br>(상호·명칭) | 주민등록번호<br>(등기용등록<br>번호) | 주    소 (소 재 지) | 지 분<br>(개인별) |
|---|---|---|---|---|
| ④<br>신<br>청<br>인 | 이 대 백 | XXXXXX-XXXX<br>XXX | 서울특별시 서초구 서초대로 88길<br>20 (서초동) | |

| ⑤ 시가표준액 및 국민주택채권매입금액 | | |
|---|---|---|
| 부동산 표시 | 부동산별 시가표준액 | 부동산별 국민주택채권매입금액 |
| 1. 건  물 | 금            원 | 금            원 |
| 2. | 금            원 | 금            원 |
| 3. | 금            원 | 금            원 |
| ⑤ 국 민 주 택 채 권 매 입 총 액 | | 금            원 |
| ⑤ 국 민 주 택 채 권 발 행 번 호 | | |
| ⑥ 취득세(등록면허세) 금○○○,○○○원 | ⑥ 지방교육세   금 ○○,○○○원 | |
| | ⑥ 농어촌특별세 금 ○○,○○○원 | |
| ⑦ 세    액    합    계 | 금           ○○○,○○○ 원 | |
| ⑧ 등 기 신 청 수 수 료 | 금           15,000     원 | |
| | 납부번호 : ○○-○○-○○○○○○○○-○ | |
| | 일괄납부 :        건          원 | |

| ⑨  첨  부  서  면 | |
|---|---|
| · 취득세(등록면허세)영수필확인서 1통 | 〈기타〉 |
| · 등기신청수수료 영수필확인서    1통 | |
| · 건축물대장등본             1통 | |
| · 주민등록표등(초)본          1통 | |
| · 위임장                  통 | |

2024년   1월   22일


⑩  위 신청인        이   대   백   ⑩   (전화 : 300-7766)


(또는)위 대리인                    (전화 :        )



서울중앙 지방법원                등기국 귀중

---

- 신청서 작성요령 -

* 1. 부동산표시란에 2개 이상의 부동산을 기재하는 경우에는 부동산의 일련번호를 기재하
     여야 합니다.
  2. 신청인란등 해당란에 기재할 여백이 없을 경우에는 별지를 이용합니다.
  3. 담당 등기관이 판단하여 위의 첨부서면 외에 추가적인 서면을 요구할 수 있습니다.

주   1. 건물소유권보존등기란 : 등기되어 있지 않은 건물을 등기부에 기재하기 위하여 하는 최초의 등기로 건축물대장에 소유자로서 등록되어 있는 자, 판결 또는 기타 시·구·읍·면의 장의 서면에 의하여 자기의 소유권을 증명하는 자, 수용으로 인하여 소유권을 취득하였음을 증명하는 자가 신청할 수 있다.
   2. 부동산의 표시란 : 건축물대장 등 소유권을 증명하는 서면에 표시된 건물의 표시와 일치되게 기재하여야 하며, 건물의 소재와 지번, 같은 지번 위에 여러 개의 건물이 있는 때에는 건물번호, 도로명주소, 구조, 종류, 면적, 부속건물이 있는 때에는 그 구조와 종류, 면적 순으로 기재한다.
   3. 등기의 목적란 : '소유권보존'이라고 기재한다.
   4. 신청근거규정란 :
      ㉮ 건축물대장등본에 의할 경우에는 " 부동산등기법 제65조 제1호 ",
      ㉯ 판결에 의할 경우에는 " 부동산등기법 제65조 제2호 ",
      ㉰ 수용에 의할 경우에는 " 부동산등기법 제65조 제3호 ",
      ㉱ 특별자치도지사·시장·군수·자치구의 구청장의 확인에 의할 경우에는 "부동산등기법 제65조 제4호"라고 기재한다.
   5. 시가표준액 및 국민주택채권매입금액, 국민주택채권매입총액란, 국민주택채권발행번호란 : 건물의 소유권보존등기시 국민주택채권은 매입하지 않으므로 이 란은 기재하지 않는다.

## 📑 선 례

건물소유권보존등기신청시의 건물의 표시를 증명하는 서면
가옥대장의 소유자등록이 되어 있지 않은 미등기건물에 관하여 부동산등기법 제131조 제2호 규정의 판결(단, 사인을 상대로 한 판결은 제외)에 의하여 자기의 소유권을 증명하는 자로서 건물의 소유권보존등기를 신청하는 경우에는 그 판결에서 건물의 표시가 증명되지 않는 한 건물의 표시를 증명하는 가옥대장등본 기타의 서면을 첨부하여야 하며( 부동산등기법 제132조 제2항 참조), 어떠한 서면이 위 건물의 표시를 증명하는 기타의 서면에 해당하는지 여부는 당해 등기신청을 받은 등기공무원이 구체적으로 판단할 사항이나 건물의 표시가 기재된 건축허가신청서나 건축허가 대장은 위 서면에 해당되지 아니한다 (1993.3.19. 등기 제657호).

## 3. 구분건물의 소유권보존등기 절차에 관한 특칙

### (1) 신청절차에 관한 특칙

#### 1) 구분건물의 표시등기와의 동시신청(법 제46조 2항)

　1동의 건물에 속하는 전체의 구분건물은 한 등기기록에 등기되는 것이므로 구분한 건물을 단위로 하여 개별적으로 등기할 수는 없다. 따라서 1동의 건물에 속하는 구분건물 중의 일부만에 관하여 소유권보존등기를 신청할 경우에는 나머지 구분건물에 관하여는 표시에 관한 등기를 동시에 신청하여야 한다(법 제46조 2항). 이는 동시신청을 하여야만 1동의 건물과 그에 속하는 전체 구분건물간의 관계 등을 정확히 공시할 수 있고 대지권 및 공용부분에 관한 사항의 조사와 공시를 정확·편리하게 할 수 있기 때문이다.

같은 이유로 구분건물이 아닌 건물로 등기된 건물에 접속하여 구분건물을 신축한 경우에 그 신축건물의 소유권보존등기를 신청할 때에는 구분건물이 아닌 건물을 구분건물로 변경하는 건물의 표시변경등기를 동시에 신청하여야 한다(법 제46조 3항). 위의 각 경우에 구분건물의 소유자는 1동의 건물에 속하는 다른 구분건물의 소유자를 대위하여 건물의 표시에 관한 등기 또는 표시변경등기를 신청할 수 있다(법 제46조 2항).

## 2) 신청서의 특기사항

등기신청을 할 때에는 일반적인 신청정보 외에 1동 건물의 표시와 전유부분의 표시에 관한 정보를 신청정보의 내용으로 등기소에 제공하여야 한다. 1동 건물의 표시로서 1동 건물의 소재와 지번, 건물명칭 및 번호, 건물의 종류, 구조와 면적에 관한 정보를 제공하여야 한다(법 제40조 1항 3호). 전유부분의 표시로서 구조와 면적, 건물번호에 관한 정보를 제공하여야 하고, 부속건물이 있을 때에는 그 종류·구조와 면적에 관한 정보를 제공하여야 한다. 그리고 법 제65조 제1호~제4호에 따라 등기를 신청한다는 뜻을 제공하여야 한다.

구분건물에 대지사용권으로서 건물과 분리하여 처분할 수 없는 것 즉 대지권이 있을 때에는 그 대지권에 관한 정보를 신청정보의 내용으로 제공하여야 한다(법 제40조 3항). 대지권에 관한 정보를 신청정보의 내용으로 제공할 때에는 대지권의 목적인 토지의 표시(토지의 일련번호·소재지번·지목·면적), 대지권의 종류, 대지권의 비율, 등기원인과 그 연월일을 제공하여야 한다(규칙 제88조). 다만 이 경우 1동 건물의 대지 중 일부 토지만이 목적인 때에는 그 토지만에 관하여 대지권의 목적으로 제공하여야 하며, 구분소유자들이 1동의 건물의 대지 중 각각 일부의 토지에 대하여 대지사용권을 갖는 경우에는 각 구분소유자별로 소유하는 토지만에 관하여 대지권의 목적으로 제공하여야 한다(등기예규 제1470호).

## 3) 첨부정보에 관한 특칙

일반적인 첨부정보 외에 신청인의 소유임을 증명하는 정보(건축물대장정보 등)를 등기소에 제공하여야 한다. 건물의 도면으로는 1동의 건물의 소재도, 각층의 평면도와 각 전유부분의 평면도를 제공하여야 한다(규칙 제121조 4항). 이는 집합건물이 보통건물과는 달리 통상 1필지 상에 여러 동이 건립되고 또 단지를 이루는 경우가 많아 동 간의 혼란 등 건물을 특정함에 어려움이 생길 소지가 있으므로 이를 방지하고 건물을 특정하기 위함이다. 1동의 건물의 소재도는 건물의 위치를 명확히 하여 인근의 유사한 건물과 구별·특정할 수 있도록 건물의 번호·방위·건물의 대지(특정대지)의 경계·지번 및 인근토지의 지번 등을 표시하여 작성하고, 각층의 평면도는 각층의 형상을 표시할 수 있도록 주위의 길이·면적 및 전유부분의 배열상황이 나타나게 작성하여야 하며(단 각 층의 형상이 동일한 때에는 하나만을 작성하면 된다), 전유부분의 평면도는 전유부분을 표시할 수 있도록 주위의 길이·면적 및 구분상황이 나타나게 작성하여야 한다.

다만 구분건물에 관한 보존등기를 신청하는 경우에도 일반 건물과 마찬가지로 건축물 대장이 작성되어 있는 경우에는 도면을 제공할 필요가 없다(규칙 제121조 4항). 대지권의 목적인 토지가 규약상 대지(통로·주차장·정원·부속건물의 대지)인 때, 대지권의 비율을 각 전유부분의 면적비율과 다르게 정한 때, 대지사용권을 전유부분과 분리처분할 수 있는 것으로 정한 때에는 규약 또는 공정증서를 첨부정보로서 등기소에 제공하여야 한다.

## (2) 등기의 실행에 관한 특칙

구분건물의 소유권보존등기를 할 때에는 1동의 건물의 표제부와 각 전유부분의 표제부 및 갑구를 같이 개설하여야 한다.

## ♣ 【서식】 구분건물소유권보존등기신청서

### 구분건물소유권보존등기신청

| 접　수 | 년 월 일 | 처리인 | 등기관 확인 | 각종 통지 |
|---|---|---|---|---|
| | 제　　　호 | | | |

| ① 부동산의 표시 |
|---|
| 별지기재와 같음 |

| ② 등기의 목적 | 소유권 보존 |
|---|---|
| ③ 신청 근거 규정 | 부동산등기법　제65조 제1호 |

| 구분 | 성　명 (상호·명칭) | 주민등록번호 (등기용등록 번호) | 주　　소 (소 재 지) | 지　분 (개인별) |
|---|---|---|---|---|
| ④ 신청인 | 이 대 백 | XXXXXX-XXXX XXX | 서울특별시 서초구 서초대로 88길 10, 가동 101호 (서초동, 샛별아파트) | |

| ⑤ 시가표준액 및 국민주택채권매입금액 | | |
|---|---|---|
| 부동산 표시 | 부동산별 시가표준액 | 부동산별 국민주택채권매입금액 |
| 1. 주 택 | 금              원 | 금              원 |
| 2. | 금              원 | 금              원 |
| 3. | 금              원 | 금              원 |
| ⑤ 국 민 주 택 채 권 매 입 총 액 | | 금              원 |
| ⑤ 국 민 주 택 채 권 발 행 번 호 | | |
| ⑥ 취득세(등록면허세) 금○○○,○○○원 | ⑥ 지방교육세 금 ○○,○○○원 | |
| | ⑥ 농어촌특별세 금 ○○,○○○원 | |
| ⑦ 세 액 합 계 | 금            ○○○,○○○ 원 | |
| ⑧ 등 기 신 청 수 수 료 | 금            150,000  원 | |
| | 납부번호 : ○○-○○-○○○○○○○○-○ | |
| | 일괄납부 :        건          원 | |

| ⑨ 첨 부 서 면 | |
|---|---|
| ·· 취득세(등록면허세)영수필확인서    1통<br>·· 등기신청수수료 영수필확인서    1통<br>·· 집합건축물대장등본          1통<br>·· 주민등록표등(초)본          1통<br>·· 위임장              통 | ⟨기타⟩ |

2024년   1월   22일

⑩ 위 신청인       이  대  백  ⑩  (전화 : 300-7766)

(또는)위 대리인                (전화 :        )

서울중앙 지방법원            등기국 귀중

- 신청서 작성요령 -

* 1. 부동산표시란에 2개 이상의 부동산을 기재하는 경우에는 부동산의 일련번호를 기재하여야 합니다.
 2. 신청인란등 해당란에 기재할 여백이 없을 경우에는 별지를 이용합니다.
 3. 담당 등기관이 판단하여 위의 첨부서면 외에 추가적인 서면을 요구할 수 있습니다.

## <별  지>

```
1동의 건물의 표시
     서울특별시 서초구 서초동 100
     서울특별시 서초구 서초동 101
     샛별아파트 가동
     [도로명주소] 서울특별시 서초구 서초대로 88길 10
     철근콘크리트조 슬래브지붕 5층 아파트
          1 층 245㎡
          2 층 245㎡
          3 층 245㎡
          4 층 245㎡
          5 층 245㎡
전유부분의 건물의 표시
  1. 건물의 번호  1-101            2. 건물의 번호  1-102
     구      조  철근콘크리트조        구      조  철근콘크리트조
     면      적  1층 101호 86.03㎡     면      적  1층 102호 86.03㎡
  3. 건물의 번호  2-201            4. 건물의 번호  2-202
     구      조  철근콘크리트조        구      조  철근콘크리트조
     면      적  2층 201호 86.03㎡     면      적  2층 202호 86.03㎡
  5. 건물의 번호  3-301            6. 건물의 번호  3-302
     구      조  철근콘크리트조        구      조  철근콘크리트조
     면      적  3층 301호 86.03㎡     면      적  3층 302호 86.03㎡
  7. 건물의 번호  4-401            8. 건물의 번호  4-402
     구      조  철근콘크리트조        구      조  철근콘크리트조
     면      적  4층 401호 86.03㎡     면      적  4층 402호 86.03㎡
  9. 건물의 번호  5-501           10. 건물의 번호  5-502
     구      조  철근콘크리트조        구      조  철근콘크리트조
     면      적  5층 501호 86.03㎡     면      적  5층 502호 86.03㎡
각 전유부분의 대지권의 표시
     토지의 표시
       1. 서울특별시 서초구 서초동 100 대 1,400㎡
       2. 서울특별시 서초구 서초동 101 대 1,600㎡
     대지권의 종류  소유권
     대지권의 비율 1,2 :  3,000분의 300
     등기원인과 그 연월일  2011년 10월 4일 대지권
                    이              상
```

# 건 물 도 면

신청인 ○ ○ ○

○○시 ○○구 ○○동 ○○번지

위대리인

법무사 ○ ○ ○ [인]

○○시 ○○구 ○○동 ○○번지

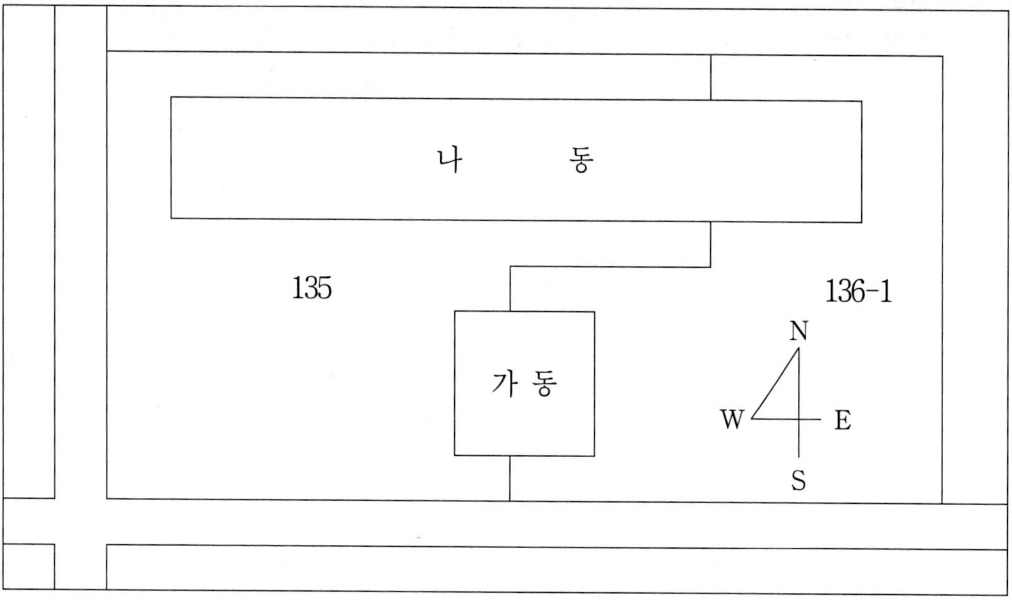


[주] 1동의 건물의 소재도는 건물의 위치를 명확히 하여 인근의 유사한 건물과 구별·특정할 수 있도록 건물의 번호 · 방위 · 건물의 대지(특정대리인)의 경계·지번 및 인근토지의 지번 등을 기재하여 작성한다.

## 【각층의 평면도】

63m

1층   | 101호 | 102호 | 103호 | 104호 | 105호 | 106호 |   10m

2층   | 201호 | 202호 | 203호 | 204호 | 205호 | 206호 |

3층   | 301호 | 302호 | 303호 | 304호 | 305호 | 306호 |

4층   | 401호 | 402호 | 403호 | 404호 | 405호 | 406호 |

5층   | 501호 | 502호 | 503호 | 504호 | 505호 | 506호 |

22.65m

지하실   10m

12.7m

옥 탑   10m

주   1. 각층의 평면도는 각층의 형상을 표시할 수 있도록 주위의 길이·면적 및 전유부분의 배열상황이 나타나게 작성한다.
　　2. 각 층의 형상이 동일한 때에난 하나만 작성하면 된다.

## 【구분한 각 건물의 평면도】

1-101 1-103 1-105 2-201 2-203 2-205 3-301 3-303 3-305 4-401 4-403
4-405 5-501 5-503 5-505

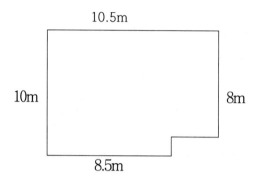

1-102 1-104 1-106 2-202 2-204 2-206 3-302 3-304 3-306 4-402 4-404
4-406 5-502 5-504 5-506

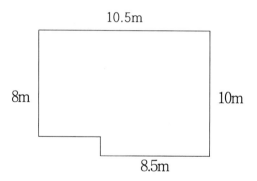

주　1. 구분한 건물의 평면도는 구분한 건물을 표시할 수 있도록 주위의 길이·면적 및 구분상황이 나타나
　　게 작성하여야 한다.
　　2. 구분건물의 형상이 동일한 것인 때에는 하나만 작성하면 되나 다른 것인 때에는 형상별로
　　하나씩을 작성한다.

| 위 임 장 | |
|---|---|
| 부동산의표시 | 별지 목록기재와 같음 |
| 등 기 원 인 과 그 연 월 일 | 20○○년 ○월 ○일 |
| 등 기 의 목 적 | 소유권보존 |
| | |

| | |
|---|---|
| (신청인) ○ ○ ○<br><br>○○시 ○○구 ○○동 ○○번지 | (대리인) 법무사 ○ ○ ○<br><br>○○시 ○○구 ○○동 ○○번지<br><br><br>위 사람을 대리인으로 정하고 위 부동산 등기신청 및 취하에 관한 모든 행위를 위임한다.<br>또한 복대리인 선임을 허락한다.<br><br><br>20○○년 ○월 ○일 |

| 건물도면 |
| --- |

부동산의 표시

○○시 ○○구 ○○동 ○○번지

　위 지상 제2호

　벽돌조 슬래브지붕 단층주택 50㎡

위는 총면적 ○○에서 구분한 것임

위와 같음

20○○년 ○월 ○일

　신청인　○　○　○

　　○○시 ○○구 ○○동 ○○번지

위 대리인

　법무사　○　○　○　㉑

　　○○시 ○○구 ○○동 ○○번지

○○지방법원 ○○등기소 귀중

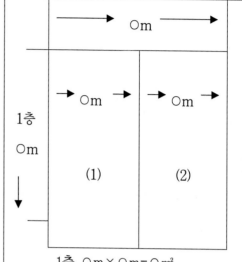

1층　○m×○m=○㎡

2층　○m×○m=○㎡

법무사　○　○　○　　직 인

## ☞ 표제부 예시

### -단층건물인 경우 6

| 【표 제 부】 (건물의 표시) | | | | |
|---|---|---|---|---|
| 표시번호 | 접수 | 소재지번 및 건물번호 | 건물내역 | 등기원인 및 기타사항 |
| 1 | 2016년 3월 5일 | 서울특별시 서초구 서초동 151 [도로명주소] 서울특별시 서초구 명달로22길 23 | 시멘트블럭조 시멘트기와지붕 단층주택 85㎡ | |

(주) 1. 갑구는 토지 소유권보존등기의 기록례와 같다.

  2. 통상의 건물 소유권보존등기 신청 시에는 도면을 제출할 필요가 없지만, 그 건물의 대지상에 수개의 건물이 있는 경우 건축물대장 정보를 첨부정보로서 제공한 경우를 제외하고는 그 소재도를 첨부하여야 하며 이 때에는 표제부(건물내역란)에 한 등기 말미에 『도면 제○○○○-○호』로 기록한다(법 제40조 제1항 제6호, 규칙 제121조 제 3항).

### -2층 이상 건물인 경우 7

| 【표 제 부】 (건물의 표시) | | | | |
|---|---|---|---|---|
| 표시번호 | 접수 | 소재지번 및 건물번호 | 건물내역 | 등기원인 및 기타사항 |
| 1 | 2016년 3월 5일 | 서울특별시 서초구 서초동 151 [도로명주소] 서울특별시 서초구 명달로22길 23 | 철근콘크리트조 슬래브지붕 5층 근린생활시설 1층 150㎡ 2층 150㎡ 3층 150㎡ 4층 150㎡ 5층 150㎡ 지하실 100㎡ | |

(주) 건물 전체의 주된 용도만 등기사항이고 각 층별 용도 또는 동일한 층 내의 면적별 세부용도는 등기할 수 없다.

-부속건물이 있는 경우 8

| 【표 제 부】 (건물의 표시) | | | | |
|---|---|---|---|---|
| 표시번호 | 접수 | 소재지번 및 건물번호 | 건물내역 | 등기원인 및 기타사항 |
| 1 | 2016년 3월 5일 | 서울특별시 서초구 서초 동 151 [도로명주소] 서울특별시 서초구 명달 로22길 23 | 시멘트블록조 시멘트기와 지붕 단층주택 200㎡ 지하실 100㎡ 부속건물·시멘트블록조 시멘트기와지붕 단층창고 100㎡ 시멘트블록조 슬라브지붕 변소 6㎡ | |

-구조복합 건물인 경우 9

| 【표 제 부】 (건물의 표시) | | | | |
|---|---|---|---|---|
| 표시번호 | 접수 | 소재지번 및 건물번호 | 건물내역 | 등기원인 및 기타사항 |
| 1 | 2016년 3월 5일 | 서울특별시 서초구 서초 동 151 [도로명주소] 서울특별시 서초구 명달 로22길 23 | 벽돌조 및 시멘트벽돌조 슬래브지붕 단층사무실 및 차고 80㎡ | |

(주) 구조나 용도 또는 종류가 복합된 건물(구분건물표함)에 대하여 건물표시를 등기할 경우 그 구체적인 내역은 이를 기록하지 아니한다.

## 4. 직권보존등기

### (1) 의의

직권보존등기란, 법원이 미등기 부동산에 관하여 법원으로부터 소유권의 처분제 한의 등기촉탁이 있는 경우에 등기관은 그 등기를 하기 위하여 전제되는 소유권보 존등기를 직권으로 실행하여야 한다. 이를 직권보존등기라고 한다(법 제66조).

## (2) 직권보존등기의 요건

### 1) 법원의 미등기 부동산에 대한 처분제한의 등기촉탁

등기관이 직권으로 보존등기를 하기 위해서는 법원의 처분제한등기의 촉탁이 있어야 한다. 법원이 아닌 다른 관공서에서 미등기 부동산에 관하여 처분제한등기를 촉탁한 경우 등기관은 그 촉탁을 각하하여야 한다. 그러므로 세무서장이 미등기 부동산에 관해서 압류등기를 하고자 할 때에는 보존등기를 먼저 또는 동시에 촉탁하여야 한다(국세징수법 제45조 3항).

처분제한등기란 경매개시결정등기, 가압류등기, 가처분등기, 주택·상가건물임차권등기 등을 말하며 처분제한등기의 촉탁은 소유권에 관한 것이어야 한다. 따라서 소유권 외의 권리에 관한 처분제한등기의 촉탁이 있는 경우에는 그 촉탁을 각하하여야 한다.

공유물에 관하여 공유자 중 일부의 지분만에 관한 등기촉탁이 있는 경우 그 일부의 지분만에 관해서는 보존등기를 할 수 없으므로 각하하여야 한다. 단 이 경우 모두의 지분에 관하여 등기를 할 수 있는 정보가 제공되어 있다면 소유권전부에 관하여 보존등기를 한 후 해당 지분에 대하여 처분제한등기를 하는 것이 합리적이다.

### 2) 등기능력이 있는 경우

촉탁서에 표시된 부동산이 등기능력이 있어야 함은 당연하다. 첨부정보로 토지대장 정보나 건축물대장정보가 제공된 경우에는 등기능력 유무가 별로 문제되지 않는다. 사용승인을 받지 못한 건물의 경우가 문제된다. 「민사집행법」제81조 제1항 제2호 단서에 따르면 완공된 건물뿐만 아니라 완공되지 아니한 건물에 대하여도 강제집행을 인정하고 있기는 하지만 집행실무에서는 최소한 건축허가의 내역과 같은 층수의 골조공사가 완공되고 주벽과 기둥 등의 공사가 이루어져 건축허가의 내역과 같은 건물로서의 외관을 갖춘 건물로 인정될 수 있는 정도의 공사가 이루어진 경우에만 이를 강제집행의 대상으로 삼을 수 있는 것으로 보고 있다[법원실무제요 민사집행 2권(2014), 13면].

## (3) 등기절차

### 1) 촉탁정보

촉탁정보에는 등기에 필요한 사항이 모두 표시되어 있어야 한다. 특히 채무자를 표시할 때에는 채무자의 주민등록번호(또는 부동산등기용등록번호)가 반드시 표시되어야 한다. 채무자가 소유자로서 등기되기 때문이다.

### 2) 첨부정보

채무자명의로 등기할 수 있음을 증명하는 정보와 부동산의 표시를 증명하는 정보가 첨부정보로 제공되어야 한다.

#### 가. 대장이 작성되어 있는 경우

토지대장정보나 건축물대장정보가 채무자명의로 등기할 수 있음을 증명하는 정보와 부동산의 표시를 증명하는 정보의 역할을 동시에 한다.

#### 나. 대장이 작성되어 있지 않은 경우

토지의 경우 토지대장이나 임야대장이 작성되어 있지 않으면 지번이 존재하지 않기 때문에 보존등기를 할 수 없다. 그러므로 대장이 작성되어 있지 않은 미등기 토지에 대하여 처분제한등기의 촉탁이 있는 경우 등기관은 그 촉탁을 각하할 수밖에 없다. 반면 건물의 경우에는 건축물대장이 작성되어 있지 않은 경우에도 건물의 표시가 가능하다고 볼 수 있는데, 법은 이점을 고려해서 제66조 제2항을 두어 완성된 건물로서 아직 「건축법」상 사용승인을 받지 못한 경우에는 법 제65조의 적용이 배제됨을 명확히 하였다. 이에 따라 건축물대장이 없이도 건물에 대한 직권보존등기를 할 수 있는데 이때에는 집행법원에서 다음과 같은 정보를 등기소에 제공하여야 한다(등기예규 제1469호).

① 채무자의 주소 및 주민등록번호를 증명하는 정보 : 채무자 명의로 보존등기를 하여야 하기 때문에 채무자의 주소 및 주민등록번호를 증명하는 정보 즉 주민등록표등(초)본을 등기소에 제공하여야 한다. 실무에서는 이와 같은 정보 외에 채무자의 소유임을 명확하게 하기 위해서 건축허가서를 추가로 제공하기도 하고 미흡할 경우 건축물도급계약서를 제공하기도 한다. 등기관은 집행법원의 판단에 따라 처리한다.

② 부동산의 표시를 증명하는 정보 : 집행법원에서 인정한 건물의 소재·지번·구조·면적을 증명하는 정보가 필요하다. 구분건물의 일부 건물에 대한 처분제한의 등기촉탁의 경우에는 1동 건물의 전부에 대한 구조·면적을 증명하는 서면 및 1동 건물의 소재도, 각층의 평면도와 구분한 건물의 평면도를 제공하여야 한다. 통상 집행관의 조사서면을 제공한다. 주의해야 할 것은 건축허가서는 부동산의 표시를 증명하는 정보에 해당하지 않는다는 점이다. 건축허가서는 건물이 완성되기 전에 작성된 것이므로 완성된 건물을 표시하기에는 부족한 것으로 보기 때문이다. 또한 등기선례는 「건축법」상 건축사나 「공간정보의 구축 및 관리 등에 관한 법률」상 측량기술자가 작성한 서면도 그 신뢰성에 문제가 있기 때문에 직권보존등기를 할 때에는 건물의 표시를 증명하는 서면이 될 수 없다고 본다(2012. 10. 17. 부동산등기과 1991 질의회답).

### 3) 등기의 실행

등기관이 직권보존등기를 할 때에는 처분제한의 등기를 명하는 법원의 재판에 따라 등기를 한다는 뜻을 기록하여야 한다. 1동 건물의 일부 구분건물에 대하여 처분제한등기의 촉탁이 있는 경우 등기관은 처분제한의 목적물인 구분건물의 소유권보존등기와 나머지 구분건물의 표시에 관한 등기를 하여야 한다.

「건축법」상 사용승인을 받아야 할 건물로서 사용승인을 받지 않은 건물에 대하여 직권보존등기를 할 때에는 사용승인을 받지 아니한 사실을 표제부에 기록하여야 한다. 이후 사용승인이 이루어진 경우 그 건물 소유권의 등기명의인은 1개월 이내에 그 기록에 대한 말소등기를 신청하여야 한다(법 제66조 2항, 3항). 사용승인을 받지 않은 건물에 대하여 직권보존등기가 이루어진 후 동일 지상에 다른 사람 소유 명의의 보존등기신청이 있는 경우에는 어떻게 할 것인가를 알아본다. 예를 들면 갑 명의로 직권보존등기가 이루어진 후 동일 건물에 관하여 을이 자기가 최초의 소유자로 등록되어 있는 건축물대장정보를 제공하여 보존등기를 신청한다면 등기관은 어떻게 처리하여야 할 것인가? 동일 지상에 다시 건물에 관한 소유권보존등기신청이 있는 경우에는 건물의 소재도 등 등기된 건물과 동일성이 인정되지 아니함을 소명하는 정보의 제공이 있는 경우에 한하여 그 신청을 수리하여야 한다. 이러한 정보의 제공이 없는 경우에는 중복등기임을 이유로 각하하여야 할 것이다. 따라서 을이 진정한 소유자라면 먼저 마쳐진 갑 명의의 등기를 소송 등을 통하여 말소한 후 소유권보존등기를 신청하여야 한다. 직권보존등기가 완료되면 그 등기는 통상의 보존등기와 동일하게 취급된다. 따라서 처분제한등기를 말소하는 경우에도 보존등기는 그대로 두어야 한다(등기예규 제1353호).

## (4) 등기완료 후의 절차

등기관이 직권으로 보존등기를 한 때에는 소정양식의 통지서에 의하여 등기완료사실을 소유권보존등기의 명의인에게 통지하고(규칙 제53조 1항 4호), 취득세징수관서에 대하여 취득세의 미납사실을 통지하여야 한다. 이 경우 보존등기에 따른 국민주택채권의 징구를 강제할 길은 없다(등기예규 제1410호).

## (5) 관련 문제

미등기 부동산에 대한 처분제한 등의 등기를 하기 위하여 등기관이 법 제66조에 따라 직권으로 소유권보존등기를 하는 경우 처분제한등기의 권리자는 보존등기명의인이 아니기 때문에, 취득세의 미납이나 국민주택채권을 매입하지 않았다 하여 그 처분제한의 등기촉탁을 각하할 수는 없다. 「건축법」상 사용승인을 받지 않는 건물에 대한 직권보존등기 후 그 등기에 기초하여 소유권이전등기를 신청하는 경우에 아직 그 건물에 대한 건축물대장이 작성되어 있지 않다면 등기할 건축물이 건축물대장에 등록되어 있지 않다는 사실 및 부동산의 표시를 소명할 수 있는 특별자치도지사·시장·군수·구청장의 확인서 등을 제공하면 건축물대장정보를 제공하지 않고서도 등기신청을 할 수 있다. 여기에는 「건축사법」제23조에 의한 건축사업무신고를 한 건축사 또는 「공간정보의 구축 및 관리 등에 관한 법률」제39조의 측량기술자가 '등기할 건축물이 건축물대장에 등재되지 않아 건축물대장등본을 발급받을 수 없다는 사실과 부동산의 표시(건물의 소재와 지번·종류·구조·면적 등)를 특정하여 작성한 서면'도 해당한다.

### 표제부 예시

-사용승인을 받지 않은 경우 10

| 【표 제 부】 (건물의 표시) | | | | |
|---|---|---|---|---|
| 표시번호 | 접수 | 소재지번 및 건물번호 | 건물내역 | 등기원인 및 기타사항 |
| 1 | | 서울특별시 서초구 서초동 151<br>[도로명주소]<br>서울특별시 서초구 명달로22길 23 | 시멘트블록조 기와지붕 주택<br>1층 200㎡<br>2층 150㎡ | 2016년 3월 5일 등기 |
| 2 | | | | 건축법상 사용승인 받지 않은 건물임 |

(주) 법 제66조 제2항 및 등기예규 제1469호 참조

-사용승인을 사후에 받은 경우 11

| 【표 제 부】 (건물의 표시) | | | | |
|---|---|---|---|---|
| 표시번호 | 접수 | 소재지번 및 건물번호 | 건물내역 | 등기원인 및 기타사항 |
| 1 | | 서울특별시 서초구 서초동 151<br>[도로명주소]<br>서울특별시 서초구 명달로22길 23 | 시멘트블록조 기와지붕 주택<br>1층 200㎡<br>2층 150㎡ | 2016년 3월 5일 등기 |
| 2 | | | | ~~건축법상 사용승인 받지 않은 건물임~~ |
| 3 | 2016년 4월 9일 | | | 2016년 3월 20일 사용승인으로 인하여 2번 등기 말소 |

(주) 법 제66조 제3항 및 등기예규 제1469호 참조

**갑구 예시**

-갑구 12

| 【갑    구】 (소유권에 관한 사항) | | | | |
|---|---|---|---|---|
| 순위번호 | 등기목적 | 접수 | 등기원인 | 권리자 및 기타사항 |
| 1 | 소유권보존 | | | 소유자 김○○ 601014-1234567<br>서울특별시 서초구 서초대로46길 60,<br>101동 201호(서초동, 서초아파트)<br>가처분 등기의 촉탁으로 인하여<br>2016년 3월 5일 등기 |
| 2 | 가처분 | 2016년<br>3월 5일<br>제1028호 | 2016년 3월 2일 서<br>울중앙지방법원의<br>가처분 결정(2012카<br>합100) | 피보전권리 소유권이전등기청구권<br>채권자 정○○ 650422-1234567<br>서울특별시 종로구 율곡로1길 16<br>(사간동)<br>금지사항 양도, 담보권설정 기타<br>일체의 처분행위 금지 |

(주) 1. 표제부는 일반 보존등기의 기록례와 같다.

2. 가처분등기촉탁서에는 부동산의 표시를 증명하는 서면으로 토지의 경우에는 토지대장 정보나 임야대장 정보, 건물의 경우에는 건축물대장 정보나 그 밖의 정보를 첨부정보로서 등기소에 제공하여야 한다(규칙 제121조 제2항).


# Ⅱ. 소유권이전등기

## 1. 소유권 또는 부동산의 일부이전

### (1) 소유권의 일부이전등기

#### 1) 의의

소유권의 일부이전이란 단독 소유를 공유로 하거나, 공유지분 또는 그 일부를 이전하는 것을 말한다. 소유권의 일부이전의 등기를 신청하는 경우에는 신청서에 그 지분을 표시하고, 만일 등기원인에 민법 제268조 제1항 단서의 약정이 있는 때에는 이를 등기소에 제공하여야 한다(규칙 제123조). 지분의 일부에 대한 저당권등기 등이 있는 경우에 지분의 일부 이전등기를 신청하거나 다시 저당권등기 등을 신청할 때에는 그 부분이 저당권 등의 부담이 있는 부분인가의 여부를 신청서에 기재하여 등기하여야 한다.

## 2) 공유자의 지분을 이전하는 경우의 등기방법

### 가. 등기의 목적 기재방법

공유자인 갑의 지분을 전부 이전하는 경우에는 '갑지분 전부이전'으로, 공유자인 갑의 지분을 일부 이전하는 경우에는 '갑지분 ○분의 ○ 중 일부(○분의 ○)이전'으로 기록하되 이전하는 지분은 부동산 전체에 대한 지분을 명시하여 괄호 안에 기록한다. 다만 이전하는 갑의 지분이 별도로 취득한 지분 중 특정 순위로 취득한 지분 전부 또는 일부인 경우, 소유권 이외의 권리가 설정된 지분인 경우, 가등기 또는 가압류 등 처분제한의 등기 등이 된 경우로서 이전되지 않는 지분과 구분하여 특정할 필요가 있을 경우에는 그 지분을 괄호 안에 기록하여야 한다.

### 나. 공유자의 지분 기록방법

공유자의 지분이전등기를 할 경우 각 공유자의 지분은 이전받는 지분을 기록하되 '공유자 지분 ○분의 ○'과 같이 부동산 전체에 대한 지분을 기록한다. 다만 수인의 공유자로부터 지분 일부씩을 이전받은 경우에는 이를 합산하여 기록한다.

### 다. 수인의 공유자가 수인에게 지분의 전부 또는 일부를 이전하는 경우

수인의 공유자가 수인에게 지분의 전부 또는 일부를 이전하려고 하는 경우에 등기신청인은 등기의무자들의 각 지분 중 각 ○분의 ○ 지분이 등기권리자 중 각 1인에게 이전되었는지를 신청정보의 내용으로 하여 등기소에 제공하여야 한다. 신청은 등기권리자별로 하거나 등기의무자별로 하여야 한다(등기예규 제1363호). 그러므로 공유자인 갑, 을이 매도인이고 병과 정이 매수인인 경우 1개의 신청정보에 갑과 을을 등기의무자로 표시하고 병과 정을 등기권리자로 표시하여 등기신청을 한 경우 등기관은 그 신청을 각하하여야 한다.

### 라. 공유물분할의 등기

공유물분할의 등기도 소유권의 일부이전의 등기방식에 의한다. 공유물의 현물분할의 경우 우선 공유부동산을 각 공유자의 지분에 따른 분필등기를 한 후 각 공유부동산을 공유자 1인의 단독 소유로 하는 공유지분이전등기를 하게 된다. 그러므로 동일한 건축물대장에 수동의 축사와 주택이 함께 등재되어 있고 그에 따라 그 수동의 축사와 주택에 대하여 1개의 등기기록에 수인의 공유로 하는 건물소유권보존등기가 되어 있는 경우에, 공유물분할판결에 따른 건물의 소유권이전등기는 먼저 건축물대장을 분할한 다음 그 대장정보를 제공하여 건물의 분할등기를 마친 후에 신청하여야 한다. 따라서 「건축법」그 밖의 법령의 규정에 부합하지 아니한다는 사유 등으로 건축물대장을 분할할 수 없다면 위 공유물분할판결에 따른 등기는 할 수 없다(선례 Ⅶ-239).

# ♣ 【서식】 공유물분할로인한소유권이전등기신청서

<table>
<tr><td colspan="5" align="center">소유권이전등기신청<br>(공유물분할)</td></tr>
<tr><td rowspan="2">접　수</td><td>년　월　일</td><td rowspan="2">처리인</td><td>등기관 확인</td><td>각종 통지</td></tr>
<tr><td>제　　　호</td><td></td><td></td></tr>
</table>

<table>
<tr><td colspan="5" align="center">① 부동산의 표시</td></tr>
<tr><td colspan="5">서울특별시 서초구 서초동 100<br><br>　　대 300㎡<br><br><br><br><br>　　　　　이　　　　　　　　상</td></tr>
<tr><td colspan="2">② 등기원인과 그 연월일</td><td colspan="3">2024년 1월 22일　공유물분할</td></tr>
<tr><td colspan="2">③ 등 기 의 목 적</td><td colspan="3">소유권이전</td></tr>
<tr><td colspan="2">④ 이 전 할 지 분</td><td colspan="3">공유자 이대백지분 2분의 1 이전</td></tr>
<tr><td>구분</td><td>성　명<br>(상호·명칭)</td><td>주민등록번호<br>(등기용등록<br>번호)</td><td>주　소 (소 재 지)</td><td>지　분<br>(개인별)</td></tr>
<tr><td>⑤ 등기의무자</td><td>이 대 백</td><td>XXXXXX-XXX<br>XXXX</td><td>서울특별시 서초구 서초대로 88길 20 (서초동)</td><td>1/2</td></tr>
<tr><td>⑥ 등기권리자</td><td>김 갑 동</td><td>XXXXXX-XXX<br>XXXX</td><td>서울특별시 중구 다동길 96 (다동)</td><td>1/2</td></tr>
</table>

| ⑦ 시가표준액 및 국민주택채권매입금액 | | |
|---|---|---|
| 부동산 표시 | 부동산별 시가표준액 | 부동산별 국민주택채권매입금액 |
| 1. 토    지 | 금 ○○,○○○,○○○원 | 금      ○○○,○○○ 원 |
| 2. | 금            원 | 금            원 |
| 3. | 금            원 | 금            원 |
| ⑦ 국 민 주 택 채 권 매 입 총 액 | | 금      ○○○,○○○ 원 |
| ⑦ 국 민 주 택 채 권 발 행 번 호 | | ○  ○  ○ |
| ⑧  취득세(등록면허세)  금○○○,○○○원 | ⑧ 지방교육세 금 ○○,○○○원 | |
| | ⑧ 농어촌특별세 금 ○○,○○○원 | |
| ⑨ 세    액    합    계 | 금              ○○○,○○○ 원 | |
| ⑩ 등 기 신 청 수 수 료 | 금              15,000 원 | |
| | 납부번호 : ○○-○○-○○○○○○○○-○ | |
| | 일괄납부 :          건            원 | |
| ⑪ 등기의무자의 등기필정보 | | |
| 부동산고유번호 | 1102-2006-002095 | |
| 성명(명칭) | 일련번호 | 비밀번호 |
| 이대백 | Q77C-LO71-35J5 | 40-4636 |

⑫          첨  부  서  면

| | | | |
|---|---|---|---|
| · 공유물분할계약서(검인) | 1통 | · 주민등록표등(초)본 | 각1통 |
| · 취득세(등록면허세)영수필확인서 | 1통 | · 등기필증 | 1통 |
| · 등기신청수수료 영수필확인서 | 1통 | 〈기 타〉 | |
| · 인감증명서 또는 본인서명사실 | | | |
| 확인서 | 1통 | | |
| · 토지 · 임야대장등본 | 1통 | | |

2024년  1월  22일

⑬  위 신청인      이  대  백  ⑩  (전화 : 200-7766)
              긴  갑  동  ⑩  (전화 : 300-7766)

    (또는)위 대리인                (전화 :        )

서울중앙 지방법원              등기국 귀중

- 신청서 작성요령 -

* 1. 부동산표시란에 2개 이상의 부동산을 기재하는 경우에는 부동산의 일련번호를 기재하여야 합니다.
  2. 신청인란등 해당란에 기재할 여백이 없을 경우에는 별지를 이용합니다.
  3. 담당 등기관이 판단하여 위의 첨부서면 외에 추가적인 서면을 요구할 수 있습니다.

## ♣ 【서식】 공유물분할계약서

### 공유물분할계약서

부동산의 표시
　○○시 ○○구 ○○동 ○○번지
　소유자　○　○　○
　○○시 ○○구 ○○동 ○○번지
　소유자　○　○　○


　위 부동산은 본인 등의 각 공유인 바, 이를 분할하여 각 단독소유로 할 것을 합의하였으므로 이를 증명하기 위하여 본 계약서 2통을 작성하여 각자 1통씩 소지한다.

　　　　　　　20○○년 ○월 ○일


　　　　　　　　　　　　○　○　○　㉑
　　　　　　　　　　　○○시 ○○구 ○○동 ○○번지
　　　　　　　　　　　　○　○　○　㉑
　　　　　　　　　　　○○시 ○○구 ○○동 ○○번지

주 공유물분할에는 협의에 의한 분할과 재판에 의한 분할이 있다. 협의에 의한 분할은 다시 현물분할, 대금분할, 가격배상에 의한 분할로 나눌 수 있는데, 통상 현물분할의 방법이 행해진다. 분할의 방법에 관하여 협의가 성립하지 않는 때에는 공유자가 법원에 분할을 청구할 수 있다. 분할의 소는 분할을 청구하는 공유자가 다른 전원을 상대로 하여 제기하는 형성의 소이다. 재판에 의한 분할의 경우에도 현물분할을 원칙적으로 하며, 현물로 분할할 수 없거나 분할로 인하여 현저히 그 가격이 감손될 염려가 있는 때에는 법원은 물건의 경매를 명하여 그 대금을 분할 할 수 있다. 각 공유자 사이에서는 분할에 의해 각자의 지분에 대하여 교환 또는 매매가 행해진 결과가 된다. 따라서 각 공유자는 다른 공유자가 분할로 인하여 취득한 물건에 관하여 그 지분의 비율로 매도인과 동일한 담보책임을 부담한다. 담보책임의 내용도 매도인의 담보책임의 내용과 동일하며, 대금감액과 손해배상의 청구는 언제나 가능하나 해제에 관하여는 견해가 나뉘는데, 협의에 의한 분할의 경우에는 해제할 수 있지만 재판에 의한 분할의 경우에는 해제할 수 없다는 것이 통설의 견해이다. 분할의 효과는 소급하지 않는다. 그러나 공동상속재산 분할의 효과만은 상소개시시에 소급한다.

## (2) 부동산의 일부이전등기

1필지의 부동산의 특정된 부분에 대한 일부이전등기는 1물1권주의 원칙상 허용되지 않는다. 그러므로 그 등기를 하기 전에 분필등기 또는 구분등기가 선행되어야 한다(등기예규 제455호). 그렇다고 하여 1필지의 토지의 특정 일부에 대한 소유권이전등기절차이행 또는 소유권이전등기의 말소를 명하는 판결이 집행불능의 판결이 되는 것은 아니다. 이 경우에는 판결에 토지의 분할을 명하는 주문의 기재가 없더라도 승소한 자는 그 판결에 기하여 등기의무자를 대위하여 그 특정된 일부에 대한 분필등기절차를 마친 후 소유권이전등기 또는 소유권말소등기를 할 수 있다(등기예규 제639호). 1필지의 토지 중 특정 일부에 대한 소유권이전등기절차를 명하는 판결(화해·인낙 포함)을 받아 그 부분을 대장상 분할하여 분필등기를 마치고 소유권이전등기를 신청하는 경우에는 판결서상의 특정부분과 분필 후의 토지가 동일하다는 것을 소명하여야 한다(등기예규 제734호).

판결서 등에 첨부된 지적측량성과도에 의하여 작성된 도면과 분할전후의 토지가 표시된 지적도등본 및 토지대장등본 등이 여기에 해당할 수 있다. 부동산의 특정 일부에 대한 이전등기판결의 경우 지적 분할이 불가능하다하여 분필등기를 거치지 않은 채 전체면적에 대한 특정부분에 상응하는 지분으로 표시하여 소유권이전등기를 신청할 수는 없다. 다만 판례는 위와 같은 취지의 판결에 기하여 1필지 토지 전체에 대하여 그 특정된 일부의 면적비율에 따른 지분소유권이전등기가 마쳐졌고 다시 위 특정된 일부를 제외한 나머지 토지부분의 소유자 역시 제3자에게 그 나머지 부분을 특정하여 매도하였음에도 제3자 앞으로 면적비율에 따른 지분소유권이전등기를 완료하였을 경우, 각각의 지분소유권이전등기는 법 제29조 제2호의 '사건이 등기할 것이 아닌 경우'에 해당되는 것은 아니므로 등기관이 직권으로 그 등기를 말소할 수 없는 것으로 보고 있다.

## ♣ 【서식】 소유권이전등기(토지수용)신청서

| 소유권이전등기(토지수용)신청 | | | | |
|---|---|---|---|---|
| 접 수 | 년 월 일 | 처리인 | 등기관 확인 | 각종 통지 |
| | 제        호 | | | |

| 부동산의 표시 | | | | |
|---|---|---|---|---|
| ○○시 ○○구 ○○동 ○○번지<br>대 *100*㎡<br>이               상 | | | | |
| 등기원인과그연월일 | 20○○년 ○월 ○일 수용 | | | |
| 등 기 의 목 적 | 소유권(일부)이전 | | | |
| 이 전 할 지 분 | | | | |
| 구분 | 성 명<br>(상호·명칭) | 주민등록번호<br>(등기용등록<br>번호) | 주 소<br>(소재지) | 지 분<br>(개인별<br>) |
| 등기의무자 | ○  ○  ○ | 620120-1234567 | ○○시 ○○구 ○○동 ○○번지 | |
| 등기권리자 | ○○개발공사<br>대표이사<br>○  ○  ○ | 510120-1234567 | ○○시 ○○구 ○○동 ○○번지 | |

> **주** 수용이란 특정한 공익사업을 위하여 보상을 전제로 개인의 특정한 재산권을 강제적으로 취득하는 것을 말한다. 공익사업을 위하여 특정한 재산권이 필요한 경우에는 매매 기타의 민사상의 방법에 의하여 그 재산권을 취득하는 것이 바람직하나, 당해 재산의 소유권자가 매도를 원하지 않는다거나 기타의 이유로 민사상의 방법으로는 재산권을 취득할 수 없는 경우, 특정한 공익사업의 신속하고 효과적인 수행을 도모하기 위하여 권리자의 의사 여하에 관계없이 그 재산권을 취득하지 않으면 아니될 경우에 대비하여 인정된 제도가 공용수용이다.

## 시가표준액 및 국민주택채권매입금액

| 부동산표시 | 부동산별 시가표준액 | | 부동산별 국민주택채권매입금액 | |
|---|---|---|---|---|
| 1. 100㎡ | 금 | 원 | 금 | 원 |
| 2. | 금 | 원 | 금 | 원 |
| 3. | 금 | 원 | 금 | 원 |
| 국 민 주 택 채 권 매 입 총 액 | | | 금 | 원 |
| 국 민 주 택 채 권 발 행 번 호 | | | ○○○ | |
| 등 록 면 허 세 | 금  ○○○  원 | | 지 방 교 육 세 | 금   ○○○   원 |
| 세   액   합   계 | | | 금 | 원 |
| 등 기 신 청 수 수 료 | | | 금 | 원 |

### 등기의무자의 등기필정보

| 부동산고유번호 | 1102-2006-002905 | |
|---|---|---|
| 성명(명칭) | 일련번호 | 비밀번호 |
| 이대백 | Q77C-LO71-35J5 | 40-4636 |

### 첨    부    서    면

· 재결서등본                    통

· 취득세(등록면허세)영수필확인    통

· 공탁서원본                    통

· 등기신청수수료 영수필확인      통

· 인감증명서 또는 본인서명사실 확인  통

· 등기필증                      통

1. 토지 · 임야 · 건축물대장등본   각 1통

1. 주민등록표등(초)본                통

1. 위임장                           통

〈기   타〉

20○○년 ○월 ○일

위 신청인      ○○개발공사              (전화 :          )

　　　　　대표이사  ○  ○  ○ ㊞       (전화 :          )

(또는) 위 대리인 ○○법무사 사무소      (전화 :          )

　　　　　　법무사 ○   ○   ○

○○지방법원                     등기소 귀중

---

- 신청서 작성요령 -

* 1. 부동산표시란에 2개 이상의 부동산을 기재하는 경우에는 부동산의 일련번호를 기재
하여야 합니다.
  2. 신청인란등 해당란에 기재할 여백이 없을 경우에는 별지를 이용합니다.
  3. 담당 등기관이 판단하여 위의 첨부서면 외에 추가적인 서면을 요구할 수 있습니다.

| 위 임 장 | | |
|---|---|---|
| 부<br>동<br>산<br>의<br>표<br>시 | ○○시 ○○구 ○○동 ○○번지<br><br>대 *100*㎡<br><br><br>이              상 | |
| 등 기 원 인 과 그 연 월 일 | 20○○년 ○월 ○일 수용 | |
| 등 기 의 목 적 | 소유권(일부)이전 | |
| | | |
| (신청인) ○○개발공사<br><br>대표이사  ○  ○  ○<br><br>○○시 ○○구 ○○동 ○○번지 | (대리인) 법무사  ○  ○  ○<br><br>○○시 ○○구 ○○동 ○○번지<br><br><br><br>위 사람을 대리인으로 정하고 위 부동산<br>등기신청 및 취하에 관한 모든 행위를<br>위임한다. 또한 복대리인 선임을 허락한다.<br><br>20○○년 ○월 ○일 | |

### ☞갑구 예시

#### -공유지분의 전부이전 16

| 【갑　구】 (소유권에 관한 사항) | | | | |
|---|---|---|---|---|
| 순위번호 | 등기목적 | 접수 | 등기원인 | 권리자 및 기타사항 |
| 2 | 소유권이전 | 2015년 10월 9일 제1900호 | 2015년 9월 8일 매매 | 공유자 지분 3분의 1 김○○ 601014-1234567 서울특별시 서초구 서초대로46길 60, 101동 201호(서초동, 서초아파트) 지분 3분의 2 이○○ 750614-1234567 서울특별시 종로구 창덕궁길 105 (원서동) 거래가액 금 120,000,000원 |
| 3 | 2번이○○지분전부이전 | 2015년 12월 5일 제3500호 | 2015년 11월 4일 매매 | 공유자 지분 3분의 2 정○○ 751203-1234567 서울특별시 종로구 인사동6길 8(인사동) 거래가액 금80,000,000원 |

(주) 1. 공유자의 지분 전부를 이전할 경우에 등기목적은 『몇번 아무개 지분 전부이전』이라고 기록하여 이전할 지분의 갑구 순위번호를 특정하여 기록한다.
2. 별도 순위로 지분취득등기를 한 공유자의 지분 전부를 이전할 경우에 등기목적은 『몇번 아무개 지분 전부, 몇번 아무개 지분 전부이전』이라고 한다.

## -공유지분의 일부이전 17

| 【갑 구】 (소유권에 관한 사항) | | | | |
|---|---|---|---|---|
| 순위번호 | 등기목적 | 접수 | 등기원인 | 권리자 및 기타사항 |
| 3 | 소유권이전 | 2015년 8월 10일 제1900호 | 2015년 9월 8일 매매 | 공유자<br>지분 5분의 3<br>김○○ 601014-1234567<br>서울특별시 서초구 서초대로46길 60, 101동 201호(서초동, 서초아파트)<br>지분 5분의 2<br>이○○ 750614-1234567<br>서울특별시 종로구 창덕궁길 105 (원서동)<br>거래가액 금 170,000,000원 |
| 4 | 3번 김○○지분 5분의 3 중 일부(5분의2) 이전 | 2015년 12월 5일 제3500호 | 2015년 11월 4일 매매 | 공유자 지분 5분의 2<br>정○○ 751203-1234567<br>서울특별시 종로구 인사동6길 8(인사동)<br>거래가액 금88,000,000원 |

(주) 1. 특정순위로 취득등기를 한 지분 중 일부를 이전할 경우 등기목적은 『몇번 아무개 지분 얼마 중 일부 (○분의○)이전』이라고 기록하고, 그 지분을 취득한 공유자의 지분은 '전체에 대한 지분'을 표시한다.
    2. 별도순위로 취득등기를 한 지분 중 특정순위로 취득한 지분만에 대하여 이전하는 경우에 등기목적은 『아무개 지분 ○중 일부(갑구○번으로 취득한 지분전부 또는 일부○분의 ○), 을구 ○번 ○○권설정된 지분 ○분의 ○, 갑구 ○번으로 가압류된 지분 ○분의 ○ 등』으로 기록한다(등기예규 제1313호 참조).
    3. 같은 순위번호에 성명이 같은 고유자가 있는 경우에는 등기목적에 그 공유자를 특정할 수 있도록 『몇번 아무개 지분 전부이전(갑구 ○번 아무개의 주소 서울특별시 서초구 서초대로 ○○)』와 같이 해당 공유자의 주소를 괄호 안에 기록하여야 한다(등기예규 제1313호 참조).

-각 공유자의 지분을 1인에게 이전하는 경우 18

| 【갑 구】(소유권에 관한 사항) | | | | |
|---|---|---|---|---|
| 순위번호 | 등기목적 | 접수 | 등기원인 | 권리자 및 기타사항 |
| 2 | 소유권이전 | 2015년 9월 10일 제1900호 | 2015년 9월 9일 매매 | 공유자<br>지분 5분의 3<br>김○○ 601014-1234567<br>서울특별시 서초구 서초대로46길 60, 101동 201호(서초동, 서초아파트)<br>지분 5분의 2<br>이○○ 750614-1234567<br>서울특별시 종로구 창덕궁길 105 (원서동)<br>거래가액 금 240,000,000원 |
| 3 | 2번 김○○지분 5분의 3 중 일부(5분의1) , 2번 이○○지분 5분의 2 중 일부(5분의1) 이전 | 2015년 12월 5일 제3500호 | 2015년 11월 4일 매매 | 공유자 지분 5분의 2<br>정○○ 751203-1234567<br>서울특별시 종로구 인사동6길 8(인사동)<br>거래가액 금100,000,000원 |

(주) 수인의 공유자가 각자의 지분 일부씩을 이전하는 경우에는 위 기록례와 같이 기록한다. 등기목적 중 『괄호』안에는 각 공유자가 이전하는 지분을 기록하되 전체에 대한 지분을 기록하며, 새로운 공유자가 취득하는 지분은 각 『괄호지분의 합』이 된다.

-공유자가 다수인 경우 공유자 1인을 제외한 다른 공유자의 지분 전부이전 24

| 【갑　구】 (소유권에 관한 사항) | | | | |
|---|---|---|---|---|
| 순위번호 | 등기목적 | 접수 | 등기원인 | 권리자 및 기타사항 |
| 2 | 소유권이전 | 2015년 5월 20일 제1900호 | 2015년 4월 18일 매매 | 공유자 지분 50분의 3 김○○ 601014-1234567 (일부생략)... |
| 3 | 2번 김○○지분을 제외한 공유자 전원지분 전부이전 | 2015년 6월 30일 제3500호 | 2015년 5월 25일 매매 | 공유자 지분 50분의 47 박○○ 620201-1234567 서울특별시 서초구 서초대로62길 31, 102동 103호(서초동, 한양아파트) 거래가액 금350,000,000원 |

-공유자가 2인 이상의 지분 전부이전 25

| 【갑　구】 (소유권에 관한 사항) | | | | |
|---|---|---|---|---|
| 순위번호 | 등기목적 | 접수 | 등기원인 | 권리자 및 기타사항 |
| 2 | 소유권이전 | 2015년 9월 10일 제1900호 | 2015년 8월 9일 매매 | 공유자 지분 4분의 1 김○○ 601014-1234567 서울특별시 서초구 강남대로 21(서초동) 지분 4분의 1 이○○ 790521-1234567 서울특별시 서초구 서초대로46길 60, 101동 201호(서초동, 서초아파트) 지분 4분의 2 정○○ 770321-1234567 서울시(생략)... 거래가액 금240,000,000원 |
| 3 | 2번 김○○지분 전부, 2번 이○○지분 전부이전 | 2015년 12월 5일 제3500호 | 2015년 11월 4일 매매 | 공유자 지분 4분의 2 박○○ 620201-1234567 서울특별시 서초구 서초대로62길 31, 102동 103호(서초동, 한양아파트) 거래가액 금120,000,000원 |

## (3) 합유에 관한 등기

### 1) 합유의 법률관계

합유는 법률의 규정 또는 계약에 의하여 수인이 조합체로서 물건을 소유하는 공동소유 형태를 말한다. 조합체라 함은 이른바 '합수적 조합'을 말하며 공동의 목적을 가지고 뭉친 결합체이지만 단체적 단일성은 약하고 구성원의 개별성이 강한 점에서 법인이나 권리능력이 없는 사단과 구별된다.

이러한 합수적 조합이 조합재산을 소유하는 형태가 합유이다. 합유에 있어서도 공유에서와 같이 합유자는 지분을 가진다. 그러나 합유자의 지분은 조합의 공동목적을 위하여 구속되어 있기 때문에 자유로이 처분하지 못하는 점에서 공유지분과 다르다.

합유물의 보존행위는 각 합유자가 단독으로 할 수 있으나 합유물을 처분 또는 변경하기 위해서는 합유자 전원의 동의가 있어야 한다(민법 제272조). 또한 합유자는 합유물의 분할을 청구하지 못한다(민법 제273조). 그러나 이는 임의 규정이므로 특약에 의해 분할을 청구할 수도 있다. 주의할 점은 합유등기에 있어서 등기기록상 각 합유자의 지분을 표시하지 않는다는 점이다. 그러므로 부동산에 합유등기가 마쳐진 경우에 각 합유자의 지분에 대한 소유권이전청구권가등기를 신청할 수 없으며 합유자 중 1인에 대한 가압류등기촉탁도 할 수 없고, 다른 합유자의 동의가 있더라도 합유자의 지분에 대한 강제집행신청은 허용되지 않는다(선례 Ⅵ-436).

그러나 합유물 전체에 대하여 경매개시결정이 있는 경우에는 그에 따른 경매개시결정의 기입등기를 할 수 있고 조합의 사업으로 발생한 지방세의 체납처분이 있는 경우 지방자치단체의 장은 합유재산에 대하여 압류등기촉탁을 할 수 있다(선례 Ⅵ-498).

### 2) 등기기록상 합유자가 변경되는 경우

#### 가. 합유자 중 일부가 교체되는 경우

합유자 중 일부가 다른 합유자들 전원의 동의를 얻어 그의 합유지분을 다른 사람에게 처분하여 종전의 합유자 중 일부가 교체되는 경우에는 합유지분을 처분한 합유자와 합유지분을 취득한 합유자 및 잔존 합유자의 공동신청으로 「○년 ○월 ○일 합유자 변경」을 원인으로 한 잔존 합유자 및 합유지분을 취득한 합유자의 합유로 하는 합유명의인 변경등기신청을 하여야 하고 그 경우 합유지분을 처분한 합유자의 인감증명을 제공하여야 한다.

#### 나. 합유자 중 일부가 탈퇴한 경우

① 잔존 합유자가 수인인 경우

합유자 중 일부가 그 합유지분을 잔존 합유자에게 처분하고 합유자의 지위에서 탈퇴한 경우에 잔존 합유자가 수인일 때에는 탈퇴한 합유자와 잔존 합유자의 공동신청으로 「○년 ○월 ○일 합유자 ○○○ 탈퇴」를 원인으로 한 잔존 합유자의 합유로 하는 합유명의인 변경등기신청을 하여야 하고, 이 경우에 탈퇴한 합유자의 인감증명을 제공하여야 한다.

② 잔존 합유자가 1인이 된 경우

합유자 중 일부가 탈퇴하고 잔존 합유자가 1인만 남는 경우에 탈퇴한 합유자와 잔존합유자의 공동신청으로 「○년 ○월 ○일 합유자 ○○○ 탈퇴」를 원인으로 한 잔존 합유자의 단독소유로 하는 합유명의인 변경등기신청을 하여야 하고, 이 경우 탈퇴한 합유자의 인감증명을 제공하여야 한다.

다. 합유자가 추가된 경우

합유자 중 일부 또는 전부가 그 합유지분 중 일부를 제3자에게 처분하여 제3자가 합유자로 추가된 경우에는 기존의 합유자 및 새로 가입한 합유자의 공동신청으로 「○년 ○월 ○일 합유자 ○○○ 가입」을 원인으로 한 기존 합유자와 새로 추가하는 합유자의 합유로 하는 합유명의인 변경등기신청을 하여야 하고 이 경우 기존 합유자의 인감증명을 제공하여야 한다.

라. 합유자 중 일부가 사망한 경우

부동산의 합유자 중 일부가 사망한 경우에는 합유자 사이에 특별한 약정이 없는 한, 사망한 합유자의 상속인은 「민법」제719조에 의한 지분반환청구권을 가질 뿐 합유자로서의 지위를 승계하는 것이 아니므로 사망한 합유자의 지분에 관하여 그 상속인 앞으로 상속등기를 하거나 해당 부동산을 그 상속인 및 잔존 합유자의 합유로 하는 변경등기를 할 것이 아니고 아래와 같이 등기를 하여야 한다.

① 합유자가 3인 이상인 경우에는 그 중 1인이 사망한 때에는 해당 부동산은 잔존 합유자의 합유로 귀속되는 것이므로, 잔존 합유자는 사망한 합유자의 사망사실을 증명하는 정보를 첨부정보로 제공하여 해당 부동산을 잔존 합유자의 합유로 합유명의인 변경등기를 신청할 수 있다.

② 합유자가 2인인 경우에 그 중 1인이 사망한 때에는 해당 부동산은 잔존 합유자의 단독소유로 귀속하는 것이므로 잔존 합유자는 사망한 합유자의 사망사실을 증명하는 정보를 첨부정보로 제공하여 해당 부동산을 잔존 합유자의 단독소유로 하는 합유명의인 변경등기를 신청할 수 있다.

③ 위 ①의 등기를 하지 않고 있는 사이에 다시 잔존 합유자 중 일부가 사망한 때에는 현재의 잔존 합유자는 해당 부동산의 소유명의인을 당초의 합유자 전원으로부터 바로 현재의 잔존 합유자(1인인 경우에는 그 단독소유)로 변경하는 등기를 신청할 수 있다. 이 경우 그 신청정보에는 등기원인으로서 사망한 합유자들

의 사망일자와 사망의 뜻을 모두 표시하고 그들의 사망사실을 증명하는 정보를 첨부정보로 등기소에 제공하여야 한다.

④ 위 ②의 등기를 하지 않고 있는 사이에 그 잔존 합유자도 사망한 때에는 그 잔존 합유자의 상속인은 바로 자기 앞으로 상속등기를 신청할 수 있다. 이 경우 그 상속등기의 신청정보에는 등기원인으로서 피상속인이 아닌 다른 합유자(들)의 사망일자 및 사망의 뜻과 등기신청인인 상속인의 상속일자 및 상속의 뜻을 함께 표시하고, 상속을 증명하는 정보 외에 다른 합유자(들)의 사망사실을 증명하는 정보를 등기소에 제공하여야 한다.

### 3) 단독소유를 수인의 합유로 이전하는 경우

단독소유를 수인의 합유로 이전하는 경우, 단독소유자와 합유자들의 공동신청으로 소유권이전등기신청을 하여야 한다. 그 단독소유자를 포함한 합유로 되었을 경우에도 전 소유자인 그 단독소유자를 합유자로 표시하여야 한다.

### 4) 공유를 합유로 변경하는 경우

공유자 전부 또는 일부가 그 소유관계를 합유로 변경하는 경우 합유로 변경하려고 하는 공유자들의 공동신청으로 「○년 ○월 ○일 변경계약」을 원인으로 한 합유로의 변경등기를 하여야 한다. 이 경우 등기상 이해관계 있는 제3자가 있다면 그 제3자의 동의가 필요한데, 만일 변경하려는 공유지분에 가압류등기나 가처분등기 등 합유지분에 대해서는 허용되지 않는 등기가 있다면 이를 어떻게 처리해야 할지가 문제된다. 이 경우 그 가압류권자 등이 변경등기에 동의한다면 등기관은 변경등기를 하면서 가압류등기 등을 직권으로 말소한다. 여기에서의 동의의 의미는 단순한 권리변경의 동의가 아니라 자기 명의의 등기의 말소에 대한 동의를 의미한다고 할 것이다. 가압류권자 등의 동의가 없으면 그 변경등기는 주등기로도 하지 못한다.

### 5) 합유를 공유로 변경하는 경우

수인의 합유자 명의로 등기되어 있는 부동산에 관해서는 합유자 전원의 합의에 의하여 수인의 공유지분의 소유형태로의 소유권변경등기를 할 수 있다(선례 Ⅲ-562). 예를 들면 갑과 을이 합유하던 부동산을 갑, 을의 공유로 소유권변경등기를 할 수 있다. 만일 갑, 을 합유에서 갑, 병의 공유로 하는 경우라면 변경등기가 아니라 소유권이전등기를 하여야 한다.

### 6) 합유와 총유 간의 소유형태 변경

부동산의 소유권등기가 합유자 공동명의로 된 것을 종중 명의로 변경하기 위해서는 소유권이전등기의 방식에 의하여야 한다. 또한 권리능력 없는 사단의 소유명의로 된 부동산을 그 구성원들의 합유로 하기 위해서는 권리능력 없는 사단으로부터 그 구성원 전원의 합유로의 소유권이전등기를 신청하여야 한다(선례 Ⅱ-352).

## ♣ 【서식】 합유재산의 소유권이전등기신청서

<table>
<tr><td colspan="5" align="center">합유재산의소유권이전등기신청(상속)</td></tr>
<tr>
<td rowspan="2">접 수</td>
<td align="center">년 월 일</td>
<td rowspan="2">처리인</td>
<td align="center">등기관 확인</td>
<td align="center">각종 통지</td>
</tr>
<tr>
<td align="center">제      호</td>
<td></td>
<td></td>
</tr>
</table>

<table>
<tr><td colspan="5" align="center">부동산의 표시</td></tr>
<tr><td colspan="5" align="center">○○시 ○○구 ○○동 ○○번지<br><br>대 200㎡<br><br><br>이          상</td></tr>
<tr>
<td>등기원인과그연월일</td>
<td colspan="4">20○○년 ○월 ○일 합유자 ○○○사망<br>20○○년 ○월 ○일 소유자 ○○○의 사망으로 합유재산의 상속</td>
</tr>
<tr>
<td>등 기 의 목 적</td>
<td colspan="4">소유권(일부)이전</td>
</tr>
<tr>
<td>이 전 할 지 분</td>
<td colspan="4"></td>
</tr>
<tr>
<td colspan="5"></td>
</tr>
<tr>
<td>구<br>분</td>
<td>성      명<br>(상호·명칭)</td>
<td>주민등록번호<br>(등기용등록번호)</td>
<td>주  소<br>(소재지)</td>
<td>지  분<br>(개인별)</td>
</tr>
<tr>
<td>등기의무자</td>
<td>망 김 ○ ○</td>
<td></td>
<td>○○시 ○○구 ○○동 ○○번지</td>
<td></td>
</tr>
<tr>
<td rowspan="2">등기권리자</td>
<td>김 ○ ○</td>
<td>510120-1234567</td>
<td>○○시 ○○구 ○○동 ○○번지</td>
<td></td>
</tr>
<tr>
<td>서 ○ ○</td>
<td>610120-1234567</td>
<td>○○시 ○○구 ○○동 ○○번지</td>
<td></td>
</tr>
</table>

## 시가표준액 및 국민주택채권매입금액

| 부동산표시 | 부동산별 시가표준액 | | 부동산별 국민주택채권매입금액 | |
|---|---|---|---|---|
| 1. 200㎡ | 금 ○○○○○ | 원 | 금 ○○○ | 원 |
| 2. | 금 | 원 | 금 | 원 |
| 3. | 금 | 원 | 금 | 원 |
| 국 민 주 택 채 권 매 입 총 액 | 금 ○○○ | | | 원 |
| 국 민 주 택 채 권 발 행 번 호 | | | | |
| 등록면허세 | 금 ○○○ 원 | 지방교육세 | 금 ○○○ | 원 |
| 세 액 합 계 | 금 | | ○○○○ | 원 |
| 등 기 신 청 수 수 료 | 금 | | ○○○○ | 원 |

### 첨 부 서 면

| | | | |
|---|---|---|---|
| · 가족관계증명서 | 1통 | · 토지·임야·건축물대장 | 1통 |
| · 피상속인 및 상속인의 주민등록표등 | | · 신청서 부본 | 1통 |
| (초)본 | 1통 | · 위임장 | 1통 |
| · 등록면허세영수필확인서 | 1통 | 〈기 타〉 | |

20○○년 ○월 ○일

위 신청인    김 ○ ○㊞    (전화 :        )

서 ○○ ㊞    (전화 :        )

(또는) 위 대리인 ○○법무사 사무소        (전화 :        )

법무사 ○ ○ ○

지방법원        등기소 귀중

- 신청서 작성요령 -

* 1. 부동산표시란에 2개 이상의 부동산을 기재하는 경우에는 부동산의 일련번호를 기재하여야 합니다.
  2. 신청인란등 해당란에 기재할 여백이 없을 경우에는 별지를 이용합니다.
  3. 담당 등기관이 판단하여 위의 첨부서면 외에 추가적인 서면을 요구할 수 있습니다.

| 위 임 장 | | |
|---|---|---|
| 부동산의표시 | ○○시 ○○구 ○○동 ○○번지<br><br>대 200㎡<br><br><br>이            상 | |
| 등 기 원 인 과 그 연 월 일 | 20○○년 ○월 ○일 함유재산의 상속 | |
| 등 기 의 목 적 | 소유권(일부)이전 | |
| | | |
| (신청인) 김 ○ ○  ㊞<br>○○시 ○○구 ○○동 ○○번지<br><br><br>김 ○ ○  ㊞<br>○○시 ○○구 ○○동 ○○번지 | (대리인) 법무사 ○ ○ ○<br>○○시 ○○구 ○○동 ○○번지<br><br>위 사람을 대리인으로 정하고 위 부동산 등기신청 및 취하에 관한 모든 행위를 위임한다. 또한 복대리인 선임을 허락한다.<br><br>20○○년 ○월 ○일 | |

## ☞갑구 예시

-단독소유자를 포함하지 아니한 수인의 합유로 이전하는 경우 28

| 【갑　구】 (소유권에 관한 사항) | | | | |
|---|---|---|---|---|
| 순위번호 | 등기목적 | 접수 | 등기원인 | 권리자 및 기타사항 |
| 2 | 소유권이전 | 2015년<br>9월 10일<br>제1900호 | 2015년 8월 9일<br>매매 | 소유자<br>김○○ 650422-1234567<br>서울특별시 종로구 율곡로1길 16<br>(사간동)<br>거래가액 금450,000,000원 |
| 3 | 소유권이전 | 2015년<br>12월 5일<br>제3500호 | 2015년 11월 4일<br>매매 | 합유자<br>이○○ 750614-1234567<br>서울특별시 종로구 창덕궁길 105<br>(원서동)<br>김○○ 790521-1234567<br>서울특별시 서초구 서초대로46길 60,<br>101동 201호(서초동, 서초아파트)<br>거래가액 금450,000,000원 |

(주) 등기권리자가 2인 이상인 경우에 그 권리가 합유인 때에는 등기기록상 각 합유자의 지분을 표시하지 아니하고 "합유자"로만 기록한다(등기예규 제911호).

## ▬갑구 예시▬

### -단독소유자를 포함한 수인의 합유로 이전하는 경우 29

| 【갑   구】 (소유권에 관한 사항) | | | | |
|---|---|---|---|---|
| 순위번호 | 등기목적 | 접수 | 등기원인 | 권리자 및 기타사항 |
| 2 | 소유권이전 | 2015년 9월 10일 제1900호 | 2015년 8월 9일 매매 | 소유자<br>김○○ 650422-1234567<br>서울특별시 종로구 율곡로1길 16 (사간동)<br>거래가액 금94,600,000원 |
| 3 | 소유권이전 | 2015년 12월 5일 제3500호 | 2015년 11월 4일 매매 | 합유자<br>김○○ 650422-1234567<br>서울특별시 종로구 율곡로1길 16 (사간동)<br>이○○ 750614-1234567<br>서울특별시 종로구 창덕궁길 105 (원서동)<br>김○○ 790521-1234567<br>서울특별시 서초구 서초대로46길 60, 101동 201호(서초동, 서초아파트)<br>거래가액 금95,000,000원 |

(주) 1.단독소유가 그 단독소유자를 포함한 합유로 되었을 경우 3번 사항란에 전소유자를 합유자로 표시한다 (등기예규 제911호).

2. 단독소유자와 합유자들의 공동신청으로 소유권이전등기를 신청하여야 한다.

## ▣갑구 예시

-공유의 전부를 합유로 변경하는 경우 31

| 순위번호 | 등기목적 | 접수 | 등기원인 | 권리자 및 기타사항 |
|---|---|---|---|---|
| | | | **【갑　구】** (소유권에 관한 사항) | |
| 2 | 소유권이전 | 2015년 2월 3일 제200호 | 2015년 1월 30일 매매 | 공유자 ~~지분3분의1~~ ~~김○○ 650422-1234567~~ ~~서울특별시 종로구 율곡로1길 16~~ ~~(사간동)~~ ~~지분3분의1~~ ~~이○○ 750614-1234567~~ ~~서울특별시 종로구 창덕궁길 105~~ ~~(원서동)~~ ~~지분3분의1~~ ~~김○○ 790521-1234567~~ ~~서울특별시 서초구 서초대로46길~~ ~~60, 101동 201호(서초동, 서초아파트)~~ 거래가액 금19,000,000원 |
| 2-1 | 2번 소유권변경 | 2015년 4월 1일 제400호 | 2015년 3월 25일 변경계약 | **합유자** 김○○ 650422-1234567 서울특별시 종로구 율곡로1길 16 (사간동) 이○○ 750614-1234567 서울특별시 종로구 창덕궁길 105 (원서동) 김○○ 790521-1234567 서울특별시 서초구 서초대로46길 60, 101동 201호(서초동, 서초아파트) |

-공유의 일부를 합유로 변경하는 경우 32

| 【갑    구】 (소유권에 관한 사항) | | | | |
|---|---|---|---|---|
| 순위번호 | 등기목적 | 접수 | 등기원인 | 권리자 및 기타사항 |
| 2 | 소유권이전 | 2015년 9월 10일 제1200호 | 2015년 8월 10일 매매 | **공유자** 지분 6분의1 ~~김○○ 650422-1234567~~ ~~서울특별시 종로구 율곡로1길 16 (사간동)~~ 지분 6분의2 ~~이○○ 750614-1234567~~ ~~서울특별시 종로구 창덕궁길 105 (원서동)~~ 지분 6분의3 ~~김○○ 790521-1234567~~ ~~서울특별시 서초구 서초대로46길 60, 101동 201호(서초동, 서초아파트)~~ 거래가액 금71,000,000원 |
| 2-1 | 2번 소유권변경 | 2015년 12월 5일 제1400호 | 2015년 11월 10일 변경계약 | **공유자** 지분 6분의1 김○○ 650422-1234567 서울특별시 종로구 율곡로1길 16 (사간동) 합유자 목적지분 6분의5 이○○ 750614-1234567 서울특별시 종로구 창덕궁길 105 (원서동) 김○○ 790521-1234567 서울특별시 서초구 서초대로46길 60, 101동 201호(서초동, 서초아파트) |

## 2. 매매 등 법률행위를 원인으로 한 소유권이전등기

### (1) 법률행위의 종류

소유권이전등기의 원인이 되는 법률행위로는 매매, 증여, 사인증여, 재산분할, 양도담보, 교환, 계약의 해제, 현물출자나 대물변제 등이 있다.

### (2) 신청인

등기권리자와 등기의무자가 공동으로 신청한다.

### (3) 신청절차

#### 1) 등기원인과 그 연월일

'매매'나 '증여'등 법률행위 그 자체가 등기원인이 된다. 등기원인의 연월일은 법률행위가 성립한 날이다. 다만 제3자의 허가, 승낙 등이 법률행위의 효력발생요건일 때에는 그 허가일이 등기원인일자가 되고, 법률행위가 시기부 또는 조건부일 경우에는 그 시기의 도래일 또는 조건의 성취일이 등기원인의 연월일이 된다. 따라서 사인증여는 등기원인을 '증여'로 하면서도 등기원인일자는 증여자의 사망일로 한다. 사인증여의 효력은 증여자가 사망한 때로부터 발생한다(민법 제562조). 재산분할의 경우에는 그 협의가 성립한 일자가 등기원인의 연월일이 된다. 재산분할이 조정 또는 심판으로 인한 분할인 경우에는 그 조정이 성립한 날 또는 심판이 확정된 날이 등기원인의 연월일이 된다. 그 밖에 양도담보, 교환 법률행위(계약)의 해제, 현물출자, 대물변제 등도 모두 그 법률행위가 성립된 날이 일반적으로 등기원인의 연월일이 된다.

#### 2) 첨부정보

첨부정보의 특별한 경우만 보기로 한다.

##### 가. 사인증여

사인증여를 원인으로 소유권이전등기를 신청할 때에는 등기의무자인 증여자가 사망한 상태이므로 법 제27조에 따라 증여자의 상속인이 등기의무자로서 등기권리자인 수증자와 공동으로 그 등기를 신청하게 된다(선례 Ⅲ-497).

이 경우에는 증여자의 사망사실을 증명하는 정보와 등기의무자로서 등기신청을 하는 자가 증여자의 상속인임을 증명하는 정보를 첨부정보로서 등기소에 제공하여야 한다. 수증자가 상속인 중의 1인인 경우에도 동일하다.

##### 나. 이혼에 따른 재산분할의 경우

분할의 대상이 농지인 경우에는 검인을 받아야 하나 농지취득자격증명, 토지거래허가서 등은 제공할 필요가 없다(선례 IV-261). 재산분할에 관한 협의는 혼인중 당사자 쌍방의 협력으로 이룩한 재산의 분할에 관하여 이미 이혼을 마친 당사자 또는 아직 이혼하지 않은 당사자 사이에 행하여지는 협의를 의미한다. 하지만 재산분할에 관한 협의의 효력은 이혼이 이루어 진 때에 발생한다(대법원 2000.10.24, 선고, 99다33458, 판결). 그러므로 협의상 이혼에 따른 재산분할등기를 하기 위해서는 이혼하였음을 증명할 수 있는 정보, 등록기준지 또는 신고인의 주소지나 현재지에 협의이혼신고를 접수하였다는 증명 또는 협의이혼사실이 기록된 혼인관계증명서 등을 제공하여야 한다.

## 다. 계약당사자의 지위를 이전한 경우

부동산의 소유권을 이전 받을 것을 내용으로 하는 계약을 체결한 자가 다시 제3자에게 계약당사자의 지위를 이전하는 계약을 체결한 경우, 그 지위이전계약의 체결일이 「부동산등기 특별조치법」제2조 제1항 제1호에 정하여진 날(쌍무계약의 경우 반대급부의 이행이 완료된 날) 전인 때에는 먼저 체결된 계약의 매도인으로부터 지위 이전계약의 양수인 앞으로 직접 소유권이전등기를 신청할 수 있는 것이므로(같은 법 제2조 3항), 이와 같은 등기신청을 받은 등기관은 위 지위 이전계약의 체결일이 먼저 체결된 계약서상에 표시된 반대급부 이행일 전이거나, 먼저 체결된 계약에 따른 실제의 반대급부 이행일 전임을 서면에 의하여 소명한 경우(영수증 또는 당사자의 진술서 등)에는 그 등기신청을 수리하여야 한다.

위의 소유권이전등기를 신청함에 있어, 등기원인을 증명하는 정보로 제공하는 먼저 체결된 계약서와 지위 이전계약서(지위 이전계약이 순차로 이루어진 경우에는 그 지위 이전계약의 전부)에는 각각 검인을 받아야 한다.

주택분양계약을 체결하여 분양권을 취득한 자가 해당 주택에 대한 계약당사자의 지위를 제3자에게 이전하는 계약을 체결한 경우에는 주택분양자가 지위 이전계약(권리의무승계)을 동의 내지 승낙하는 별도의 서면에는 검인을 받을 필요는 없지만 등기신청을 할 때에는 등기원인증명정보의 일부로서 이를 제공하여야 한다(선례 VII-36).

## 라. 양도담보의 경우

등기관은 양도담보를 원인으로 하는 부동산에 관한 소유권 그 밖의 물권의 이전등기신청이 있는 경우 「부동산 실권리자명의 등기에 관한 법률」제3조 제2항에 규정된 채무자, 채권금액 및 채무변제를 위한 담보라는 뜻이 적힌 서면의 제출여부를 확인하여야 한다. 다만 위 사항이 전부 적힌 원인증서 부본으로 위 서면을 갈음할 수 있다. 등기관은 양도담보증서편철장을 조제하여 위 서면을 편철하되 그 편철장은 5년마다 별책으로 하고 5년간 보존한다(등기예규 제824호). 양도담보계약에 의하여 소유권이전등기신청을 할 때에도 「부동산등기 특별조치법」상의 검인을 받아야 하며, 해당 부동산이 토지거래허가구역내의 허가대상 토지인 경우에는 「국토의 계획 및 이용에 관한 법률」상의 토지거래허가를 받아야 한다(선례 IV-399).

## ♣ 【서식】 매매로 인한 소유권이전등기신청서

### 소유권이전등기신청(매매)

| 접 수 | 년 월 일 | 처리인 | 등기관 확인 | 각종 통지 |
|---|---|---|---|---|
| | 제      호 | | | |

| ① 부동산의 표시(거래신고일련번호/거래가액) |
|---|
| 1. 서울특별시 서초구 서초동 100 |
| 대 300㎡ |
| 2. 서울특별시 서초구 서초동 100 |
| [도로명주소] 서울특별시 서초구 서초대로 88길 10 |
| 시멘트 벽돌조 슬래브지붕 2층 주택 |
| 1층 100㎡ |
| 2층 100㎡ |
| 거래신고일련번호 : 12345-2006-4-1234560        거래가액 : 500,000,000원 |
| 이                     상 |

| ② 등기원인과 그 연월일 | 2024년 1월 22일 매매 |
|---|---|
| ③ 등 기 의 목 적 | 소 유 권 이 전 |
| ④ 이 전 할 지 분 | |

| 구분 | 성 명<br>(상호·명칭) | 주민등록번호<br>(등기용등록<br>번호) | 주    소 (소 재 지) | 지 분<br>(개인별) |
|---|---|---|---|---|
| ⑤ 등기의무자 | 이 대 백 | XXXXXX-<br>XXXXXXX | 서울특별시 서초구 서초대로 88길 20 (서초동) | |
| ⑥ 등기권리자 | 김 갑 동 | XXXXXX-<br>XXXXXXX | 서울특별시 중구 다동길 96 (다동) | |

| ⑦ 시가표준액 및 국민주택채권매입금액 | | |
|---|---|---|
| 부동산 표시 | 부동산별 시가표준액 | 부동산별 국민주택채권매입금액 |
| 1. 주 택 | 금 ○○,○○○,○○○원 | 금 ○○○,○○○ 원 |
| 2. | 금 원 | 금 원 |
| 3. | 금 원 | 금 원 |
| ⑦ 국 민 주 택 채 권 매 입 총 액 | | 금 ○○○,○○○ 원 |
| ⑦ 국 민 주 택 채 권 발 행 번 호 | | ○ ○ ○ |
| ⑧ 취득세(등록면허세) 금○○○,○○○원 | ⑧ 지방교육세 금 ○○,○○○원 | |
| | ⑧ 농어촌특별세 금 ○○,○○○원 | |
| ⑨ 세 액 합 계 | 금 ○○○,○○○ 원 | |
| ⑩ 등 기 신 청 수 수 료 | 금 30,000 원 | |
| | 납부번호 : ○○-○○-○○○○○○○○○-○ | |
| | 일괄납부 : 건 원 | |

| ⑪ 등기의무자의 등기필정보 | | |
|---|---|---|
| 부동산고유번호 | 1102-2006-002095 | |
| 성명(명칭) | 일련번호 | 비밀번호 |
| 이대백 | Q77C-LO71-35J5 | 40-4636 |

| ⑫ 첨 부 서 면 | | | |
|---|---|---|---|
| · 매매계약서 | 1통 | · 주민등록표등(초)본 | 각1통 |
| · 취득세(등록면허세)영수필확인서 | 1통 | · 부동산거래계약신고필증 | 1통 |
| · 등기신청수수료 영수필확인서 | 1통 | · 매매목록 | 1통 |
| ~~· 위임장~~ | ~~통~~ | · 인감증명서 또는 본인서명사실 확인서 | 1통 |
| · 등기필증 | 1통 | 〈기 타〉 | |
| · 토지 · 임야 · 건축물대장등본 | 각1통 | | |

2024년 1월 22일

⑬ 위 신청인 이 대 백 ㊞ (전화 : 2000-7766)

김 강 돌 ㊞ (전화 : 3000-7766)

(또는)위 대리인 (전화 : )

서울중앙 지방법원 등기국 귀중

- 신청서 작성요령 -

* 1. 부동산표시란에 2개 이상의 부동산을 기재하는 경우에는 부동산의 일련번호를 기재하여야 합니다.
2. 신청인란등 해당란에 기재할 여백이 없을 경우에는 별지를 이용합니다.
3. 담당 등기관이 판단하여 위의 첨부서면 외에 추가적인 서면을 요구할 수 있습니다.

## ♣ 【서식】 매매로인한소유권이전등기신청서(구분건물)

### 소유권이전등기신청(매매)

| 접  수 | 년  월  일 | 처리인 | 등기관 확인 | 각종 통지 |
|---|---|---|---|---|
| | 제        호 | | | |

| ① 부동산의 표시 |
|---|
| 1동의 건물의 표시<br>　　　　서울특별시 서초구 서초동 100<br>　　　　서울특별시 서초구 서초동 101　　　샛별아파트 가동<br>　　　　[도로명주소] 서울특별시 서초구 서초대로 88길 10<br>전유부분의 건물의 표시<br>　　　　건물의 번호 1-101<br>　　　　구　　　　조 철근콘크리트조<br>　　　　면　　　　적 1층 101호 86.03㎡<br>대지권의 표시<br>　　　　토지의 표시<br>　　　　1. 서울특별시 서초구 서초동 100　　　　　대 1,400㎡<br>　　　　2. 서울특별시 서초구 서초동 101　　　　　대 1,600㎡<br>　　　　대지권의 종류 소유권<br>　　　　대지권의 비율 1,2 : 3,000분의 500<br>거래신고일련번호 : 12345-2006-4-1234560　　　　　거래가액 : 350,000,000원<br>　　　　　　　　　이　　　　　　　　　상 |

| ② 등기원인과 그 연월일 | 2024년 1월 22일 매매 |
|---|---|
| ③ 등 기 의 목 적 | 소 유 권 이 전 |
| ④ 이 전 할 지 분 | |

| 구분 | 성    명<br>(상호·명칭) | 주민등록번호<br>(등기용등록<br>번호) | 주    소 (소 재 지) | 지  분<br>(개인별) |
|---|---|---|---|---|
| ⑤<br>등<br>기<br>의<br>무<br>자 | 이 대 백 | XXXXXX-XXX<br>XXXX | 서울특별시 서초구 서초대로 88길 20 (서초동) | |
| ⑥<br>등<br>기<br>권<br>리<br>자 | 김 갑 동 | XXXXXX-XXX<br>XXXX | 서울특별시 서초구 서초대로 88길 10, 가동 101호(서초동, 샛별아파트) | |

| ⑦ 시가표준액 및 국민주택채권매입금액 | | |
|---|---|---|
| 부동산 표시 | 부동산별 시가표준액 | 부동산별 국민주택채권매입금액 |
| 1. 주　택 | 금 ○○,○○○,○○○원 | 금　○○○,○○○　원 |
| 2. | 금　　　　　원 | 금　　　　　원 |
| 3. | 금　　　　　원 | 금　　　　　원 |
| ⑦ 국 민 주 택 채 권 매 입 총 액 | | 금　○○○,○○○　원 |
| ⑦ 국 민 주 택 채 권 발 행 번 호 | | ○ ○ ○ |

| ⑧ 취득세(등록면허세) 금○○○,○○○원 | ⑧ 지방교육세 금 ○○,○○○원 |
|---|---|
| | ⑧ 농어촌특별세 금 ○○,○○○원 |

| ⑨ 세 액 합 계 | 금　　　○○○,○○○　원 |
|---|---|

| ⑩ 등 기 신 청 수 수 료 | 금　　　　15,000　원 |
|---|---|
| | 납부번호 : ○○-○○-○○○○○○○○○-○ |
| | 일괄납부 :　　　건　　　　원 |

| ⑪ 등기의무자의 등기필정보 | | |
|---|---|---|
| 부동산고유번호 | 1102-2006-002095 | |
| 성명(명칭) | 일련번호 | 비밀번호 |
| 이대백 | Q77C-LO71-35J5 | 40-4636 |

| ⑫　　　첨　부　서　면 | | | |
|---|---|---|---|
| · 매매계약서 | 1통 | · 토지대장등본 | 2통 |
| · 취득세(등록면허세)영수필확인서 | 1통 | · 집합건축물대장등본 | 1통 |
| · 등기신청수수료 영수필확인서 | 1통 | · 주민등록표등(초)본 | 각1통 |
| · 등기필증 | 1통 | · 부동산거래계약신고필증 | 1통 |
| ~~· 매매목록~~ | ~~통~~ | · 인감증명서 또는 본인서명사실 | |
| ~~· 위임장~~ | ~~통~~ | 확인서 | 1통 |
| · 토지대장등본 | 2통 | 〈기 타〉 | |

2024년　1월　22일

⑬　위 신청인　　이　　대　　백　㊞　(전화 : 200-7766)
　　　　　　　　　긴　　갑　　동　㊞　(전화 : 300-7766)
　　(또는)위 대리인　　　　　　　(전화 :　　　)

서울중앙 지방법원　　　　　등기국 귀중

- 신청서 작성요령 -

* 1. 부동산표시란에 2개 이상의 부동산을 기재하는 경우에는 부동산의 일련번호를 기재하여야 합니다.
  2. 신청인란등 해당란에 기재할 여백이 없을 경우에는 별지를 이용합니다.
  3. 담당 등기관이 판단하여 위의 첨부서면 외에 추가적인 서면을 요구할 수 있습니다.

## 갑구 예시

### -1개의 신고필증에 1개의 부동산이 기재되어 있는 경우 13-2

(토지 서울특별시 강남구 신사동 53)

| 【갑　　구】 (소유권에 관한 사항) | | | | |
|---|---|---|---|---|
| 순위번호 | 등기목적 | 접수 | 등기원인 | 권리자 및 기타사항 |
| 2 | 소유권이전 | 2015년<br>5월 10일<br>제5500호 | 2015년 5월 9일<br>매매 | 소유자<br>이○○ 410102-1234567<br>서울특별시 종로구 인사동6길 8(인사동) |
| 3 | 소유권이전 | 2015년<br>6월 5일<br>제8000호 | 2015년 6월 4일<br>매매 | 소유자<br>이○○ 801118-1234567<br>서울특별시 종로구 율곡로1길 16(사간동)<br>거래가액 금300,000,000원 |

### -1개의 신고필증에 여러 개의 부동산이 기재되어 있는 경우 13-3

(토지 서울특별시 강남구 신사동 153)

| 【갑　　구】 (소유권에 관한 사항) | | | | |
|---|---|---|---|---|
| 순위번호 | 등기목적 | 접수 | 등기원인 | 권리자 및 기타사항 |
| 2 | 소유권이전 | 2015년<br>5월 10일<br>제5501호 | 2015년 5월 9일<br>매매 | 소유자<br>이○○ 410102-1234567<br>서울특별시 종로구 인사동6길 8(인사동) |
| 3 | 소유권이전 | 2015년<br>6월 5일<br>제8001호 | 2015년 6월 4일<br>매매 | 소유자<br>박○○ 901107-1234567<br>서울특별시 종로구 율곡로1길 16(사간동)<br>매매목록 제2012-101호 |

(건물 서울특별시 강남구 신사동 153)

| 【갑   구】 (소유권에 관한 사항) | | | | |
|---|---|---|---|---|
| 순위번호 | 등기목적 | 접수 | 등기원인 | 권리자 및 기타사항 |
| 2 | 소유권이전 | 2015년 5월 10일 제5501호 | 2015년 5월 9일 매매 | 소유자 이○○ 410102-1234567 서울특별시 종로구 인사동6길 8(인사동) |
| 3 | 소유권이전 | 2015년 6월 5일 제8001호 | 2015년 6월 4일 매매 | 소유자 박○○ 901107-1234567 서울특별시 종로구 율곡로1길 16 (사간동) 매매목록 제2015-101호 |

(매매목록 제2015-101호)

| 매매목록 | | | | |
|---|---|---|---|---|
| 목록번호 | 2015-101 | | | |
| 거래가액 | 금 500,000,000원 | | | |
| 일련번호 | 부동산의표시 | 순위번호 | 예비란 | |
| | | | 등기원인 | 경정원인 |
| 1 | [토지] 서울특별시 강남구 신사동 153 | 3 | 2015년 6월 4일 매매 | |
| 2 | [토지] 서울특별시 강남구 신사동 153 | 3 | 2015년 6월 4일 매매 | |

(주) 1.여러 개의 부동산 중 1개에 대한 등기신청이 있는 경우에도 매매목록을 작성한다.
    2.지분이 매매의 목적인 경우 그 지분은 표시하지 아니한다.
    3.미등기 부동산인 경우에는 순위번호를 기록하지 아니한다.

## 3. 거래가액의 등기

### (1) 거래가액 등기의 대상

#### 1) 원칙

거래가액은 2006. 1. 1. 이후 작성된 매매계약서를 등기원인증서로 하여 소유권이전
등기를 신청하는 경우에 등기하므로 아래의 경우에는 거래가액을 등기하지 않는다.

① 2006. 1. 1. 이전에 작성된 매매계약서에 의한 등기신청을 하는 때
② 등기원인이 매매라 하더라도 등기원인증서가 판결, 조정조서 등 매매계약서가 아닌 때
③ 매매계약서를 등기원인증서로 제출하면서 소유권이전등기가 아닌 소유권이전청
구권가등기를 신청하는 때

#### 2) 소유권이전청구권가등기에 의한 본등기를 신청하는 경우

매매예약을 원인으로 한 소유권이전청구권가등기에 의한 본등기를 신청하는 때에는
매매계약서를 등기원인증서로 제출하지 않는다 하더라도 거래가액을 등기한다.

#### 3) 분양계약의 경우

가. 최초의 피분양자가 등기권리자가 된 경우

최초의 피분양자가 등기권리자가 되어 소유권이전등기를 신청하는 경우에 등기신
청서에 분양계약서와 함께 거래신고필증이 첨부되어 있을 때에는 거래가액을 등기
하고, 거래계약신고 대상이 아니어서 검인받은 분양계약서에만 첨부되어 있을 때에
는 거래가액을 등기하지 아니한다.

나. 최초의 피분양자로부터 그 지위를 이전받은 자가 등기권리자가 된 경우

최초의 피분양자로부터 그 지위를 이전받은 자가 등기권리자가 되어 소유권이전등
기를 신청하는 경우에는 등기신청서에 등기권리자가 매수인으로 거래계약신고를
하여 교부받은 거래신고필증이 첨부되어 있을 때에만 거래가액을 등기한다. 이 경
우 등기권리자가 여러 명일 때에는 그 권리자 전부가 동시에 공동매수인으로 거래
계약신고를 하여 교부받은 거래신고필증만을 말한다. 구체적인 예는 아래와 같다.

① 최초의 피분양자로부터 그 지위 전부가 갑에게 매매로 이전되어 갑이 등기권리
자가 된 경우로서 그 지위이전계약이 거래계약신고 대상이 되어 등기신청서에
갑을 매수인으로 하는 거래신고필증이 첨부되어 있는 경우에는 그 거래가액을
등기한다.
② 최초의 피분양자로부터 그 지위 전부가 갑에게 증여로 이전되어 갑이 등기권리
자가 된 경우에는 거래가액을 등기하지 아니한다.
③ 최초의 피분양자로부터 그 지위 일부지분만이 갑에게 증여로 이전되어 최초의 피분

양자와 갑이 공동으로 등기권리자가 된 경우에는 거래가액을 등기하지 아니한다.

④ 최초의 피분양자로부터 그 지위 전부가 갑에게 매매로 이전된 후 다시 을에게 피분양자의 지위 전부가 매매로 이전되어 을이 등기권리자가 된 경우로서 각 지위이전계약이 모두 거래계약신고 대상이 되어 등기신청서에 여러 개의 거래신고 필증이 첨부된 경우에는 을을 매수인으로 하는 거래신고필증에 기재된 거래가액을 등기한다.

⑤ 최초의 피분양자로부터 그 지위 전부가 갑에게 매매로 이전된 후 다시 을에게 피분양자의 지위 전부가 증여로 이전되어 을이 등기권리자가 된 경우에는 거래가액을 등기하지 아니한다.

⑥ 최초의 피분양자로부터 그 지위 전부가 갑에게 매매로 이전된 후 다시 을에게 피분양자의 지위 일부지분만이 증여로 이전되어 갑과 을이 공동으로 등기권리자가 된 경우에는 거래가액을 등기하지 아니한다.

## (2) 신청정보의 내용과 첨부정보 등

거래가액 등기의 대상이 되는 소유권이전등기를 신청하는 경우에는 신청서에 관할 관청이 확인한 거래신고일련번호를 기재하여야 하고 아래에 따른 신고필증과 매매 목록을 첨부하여야 한다.

### 1) 신고필증

신고필증에는 거래신고일련번호, 거래당사자, 거래가액, 목적부동산이 표시되어 있어야 한다.

### 2) 매매목록

가. 매매목록의 제출이 필요한 경우

아래의 어느 하나에 해당하는 경우에는 매매목록을 제출하여야 한다.

① 1개의 신고필증에 2개 이상의 부동산이 기재되어 있는 경우(1개의 계약서에 의해 2개 이상의 부동산을 거래한 경우라 하더라도 관할 관청이 달라 각각의 부동산에 관하여 각각 신고한 경우에는 매매목록을 작성할 필요가 없다)

② 신고필증에 기재되어 있는 부동산이 1개라 하더라도 수인과 수인 사이의 매매인 경우

나. 매매목록에 기재하여야 할 사항

매매목록에는 거래가액 및 목적부동산을 기재한다. 1개의 부동산에 관하여 수인의 매도인과 수인의 매수인 사이에 매매계약이 체결되어 「수인의 공유자가 수인에게 지분의 전부 또는 일부를 이전하는 경우의 등기신청 방법 등에 관한 예규」에 따라 수건의 등기신청을 하는 경우에는 동일한 부동산의 표시를 순번을 정해서 기재하되, 매도인별로 신청하는 경우에는 매도인의 수만큼 매수인별로 신청하는 경우에는 매수인의 수만큼 반복해서 기재한다.

## (3) 거래가액의 등기

### 1) 권리자 및 기타사항란에 기록

신고필증에 기재된 금액을 등기기록 중 갑구의 권리자 및 기타사항란에 거래가액으로 기록한다.

### 2) 매매목록이 제출된 경우

매매목록이 신청서에 첨부된 경우에는 등기기록 중 갑구의 권리자 및 기타사항란에 매매목록 번호를 기록하고, 매매목록에는 목록번호, 거래가액, 부동산의 일련번호, 부동산의 표시, 순위번호, 등기원인을 전자적으로 기록한다. 다만 매매목록에 기록된 부동산 중 소유권이전등기를 하지 아니한 부동산이 있는 경우에는 순위번호를 기록하지 않는다. 위의 매매목록번호는 전산정보처리조직에 의하여 자동으로 부여되며 1년마다 갱신한다. 매매목록이 동일한 경우에는 동일한 매매목록번호를 부여한다.

### 3) 매매목록의 경정, 변경

등기된 매매목록은 당초의 신청에 착오가 있는 경우 또는 등기관의 과오로 잘못 기록된 경우 이외에는 경정 또는 변경할 수 없다.

#### 가. 부동산의 표시변경이 있는 경우

부동산의 분할, 합병 등 기타 사유로 부동산의 개수에 변경이 있는 경우 그 취지는 매매목록에 기록하지 않는다. 예를 들면 1개의 토지가 분할되어 2개 이상의 토지가 된 경우 등기관이 매매목록을 새로이 생성할 필요가 없으며, 2개의 토지가 매매되어 매매목록이 등기된 이후 그 토지가 합필되어 1개의 토지가 된 경우라 하더라도 매매목록 등기는 말소하지 않는다.

#### 나. 매매목록에 기재된 부동산 중 일부에 대한 소유권이전등기가 말소된 경우

매매목록에 기록된 부동산 중 일부에 대하여 계약의 해제 등으로 소유권이전등기가 말소된 경우라 하더라도 등기된 매매목록에 그와 같은 취지를 기록할 필요가 없으며, 관할이 다른 경우 그와 같은 사실의 통지도 요하지 않는다.

## (4) 등기원인증서와 신고필증의 기재사항이 불일치한 경우의 처리

등기원인증서에 기재된 사항과 신고필증에 기재된 사항이 서로 달라 동일한 거래라고 인정할 수 없는 경우 등기관은 해당 등기신청을 「부동산등기법」제29조 제9호에 의하여 각하하여야 한다. 다만, 단순한 오타나 신청인이 제출한 자료에 의하여 등기원인증서상 매매와 신고의 대상이 된 매매를 동일한 거래라고 인정할 수 있는 경우(매매당사자의 주소가 불일치하나 주민등록번호가 일치하는 경우 등)에는 그 등기신청을 수리할 수 있다.

## (5) 신청서에 첨부된 매매목록의 편철

신청서에 첨부된 매매목록은 신청서와 함께 신청서기타부속서류편철장에 편철한다.

## 【매매목록】

| 매 매 목 록 | |
| --- | --- |
| 거 래 가 액 | 금              원 |
| 일 련 번 호 | 부 동 산 의 표 시 |
| 1 | |
| 2 | |

## 【매매목록작성】

### 1. 1개의 신고필증에 여러 개의 부동산이 기재되어 있는 경우

| 매 매 목 록 | |
| --- | --- |
| 거 래 가 액 | 금        500,000,000 원 |
| 일 련 번 호 | 부 동 산 의 표 시 |
| 1 | [토지] 서울특별시 강남구 신사동 153 |
| 2 | [건물] 서울특별시 강남구 신사동 153 |

주 1) 여러 개의 부동산 중 1개에 대한 등기신청이 있는 경우에도 매매목록을 작성한다.
　 2) 지분이 매매의 목적인 경우 그 지분은 표시하지 않는다.

### 2. 하나의 부동산에 관하여 수인의 매도인과 수인의 매수인이 매매계약을 체결한 경우(1개의 매매계약서에 의하여 2건의 등기신청을 하는 경우임)

| 매 매 목 록 | |
| --- | --- |
| 거 래 가 액 | 금 500,000,000 원 |
| 일 련 번 호 | 부 동 산 의 표 시 |
| 1 | [토지] 서울특별시 강남구 신사동 153 |
| 2 | [토지] 서울특별시 강남구 신사동 153 |

주 매도인이 신청하는 경우에는 매도인의 수만큼, 매수인별로 신청하는 경우에는 매수인의 수만큼 반복해서 부동산의 표시를 한다.

## ♣ 【서식】 부동산 매매 계약서

매도인과 매수인 쌍방은 아래 표시 부동산에 관하여 다음 계약 내용과 같이 매매계약을 체결한다.

**1.부동산의 표시**

| | | | | | | |
|---|---|---|---|---|---|---|
| 소 재 지 | | | | | | |
| 토 지 | 지 목 | | 대지권 | | 면 적 | ㎡ |
| 건 물 | 구조·용도 | | 면 적 | ㎡ | | |

**2. 계약내용**

제 1 조 (목적) 위 부동산의 매매에 대하여 매도인과 매수인은 합의에 의하여 매매대금을 아래와 같이 지불하기로 한다.

| | |
|---|---|
| 매매대금 | 금 원정(₩ ) |
| 계 약 금 | 금 원정은 계약시에 지불하고 영수함. 영수자( [인] ) |

| | | | |
|---|---|---|---|
| 융 자 금 | 금 원정( 은행)을 승계키로 한다. | 임대보증금 | 총 원정 을 승계키로 한다. |

| | |
|---|---|
| 중 도 금 | 금 원정은 년 월 일에 지불하며 |
| | 금 원정은 년 월 일에 지불한다. |
| 잔 금 | 금 원정은 년 월 일에 지불한다. |

제 2 조 (**소유권 이전 등**) 매도인은 매매대금의 잔금 수령과 동시에 매수인에게 소유권이전등기에 필요한 모든 서류를 교부하고 등기절차에 협력하며, 위 부동산의 인도일은 ________년______월______일로 한다.

제 3 조 (**제한물권 등의 소멸**) 매도인은 위의 부동산에 설정된 저당권, 지상권, 임차권 등 소유권의 행사를 제한하는 사유가 있거나, 제세공과 기타 부담금의 미납금 등이 있을 때에는 잔금 수수일까지 그 권리의 하자 및 부담 등을 제거하여 완전한 소유권을 매수인에게 이전한다. 다만, 승계하기로 합의하는 권리 및 금액은 그러하지 아니하다.

제 4 조 (**지방세 등**) 위 부동산에 관하여 발생한 수익의 귀속과 제세공과금 등의 부담은 위 부동산의 인도일을 기준으로 하되, 지방세의 납부의무 및 납부책임은 지방세법의 규정에 의한다.

제 5 조 (**계약의 해제**) 매수인이 매도인에게 중도금(중도금이 없을때에는 잔금)을 지불하기 전까지 매도인은 계약금의 배액을 상환하고, 매수인은 계약금을 포기하고 본 계약을 해제할 수 있다.

제 6 조 (**채무불이행과 손해배상**) 매도인 또는 매수인이 본 계약상의 내용에 대하여 불이행이 있을 경우 그 상대방은 불이행한자에 대하여 서면으로 최고하고 계약을 해제할 수 있다. 그리고 계약당사자는 계약해제에 따른 손해배상을 각각 상대방에게 청구할 수 있으며, 손해배상에 대하여 별도의 약정이 없는 한 계약금을 손해배상의 기준으로 본다.

제 7 조 (**중개수수료**) 중개업자는 매도인 또는 매수인의 본 계약 불이행에 대하여 책임을 지지 않는다. 또한, 중개수수료는 본 계약체결과 동시에 계약 당사자 쌍방이 각각 지불하며, 중개업자의 고의나 과실없이 본 계약이 무효·취소 또는 해제되어도 중개수수료는 지급한다. 공동 중개인 경우에 매도인과 매수인은 자신이 중개 의뢰한 중개업자에게 각각 중개수수료를 지급한다.(중개수수료는 거래가액의 ________%로 한다.)

제 8 조 (**중개수수료 외**) 매도인 또는 매수인이 본 계약 이외의 업무를 의뢰한 경우 이에 관한 보수는 중개수수료와는 별도로 지급하며 그 금액은 합의에 의한다.

제 9 조 (**중개대상물확인·설명서 교부 등**) 중개업자는 중개대상물 확인·설명서를 작성하고 업무보증관계증서(공제증서 등) 사본을 첨부하여 계약체결과 동시에 거래당사자 쌍방에게 교부한다.

특약사항 ..............................................................................

..............................................................................

..............................................................................

..............................................................................

..............................................................................

본 계약을 증명하기 위하여 계약 당사자가 이의 없음을 확인하고 각각 서명·날인 후 매도인, 매수인 및 중개업자는 매장마다 간인하여야 하며, 각각 1통씩 보관한다.           년      월      일

| 매도인 | 주 소 | | | | | | | ㊞ |
|---|---|---|---|---|---|---|---|---|
| | 주민등록번호 | | | 전 화 | | 성 명 | | |
| | 대 리 인 | 주소 | | 주민등록번호 | | 성 명 | | |
| 매수인 | 주 소 | | | | | | | ㊞ |
| | 주민등록번호 | | | 전 화 | | 성 명 | | |
| | 대 리 인 | 주소 | | 주민등록번호 | | 성 명 | | |
| 중개업자 | 사무소소재지 | | | 사무소소재지 | | | | |
| | 사 무 소 명 칭 | | | 사 무 소 명 칭 | | | | |
| | 대 표 | 서명및날인 | ㊞ | 대 표 | 서명및날인 | | | ㊞ |
| | 등 록 번 호 | | 전화 | 등 록 번 호 | | 전화 | | |
| | 소속공인중개사 | 서명및날인 | ㊞ | 소속공인중개사 | 서명및날인 | | | ㊞ |

## 📑 선 례

부동산등기특별조치법시행 전에 매매계약을 체결하고 위 법시행일 후에 소유권이전등기를 신청하는 경우 검인의 여부 등.

부동산등기특별조치법시행 이전에 매매계약을 체결하고 위 법 시행 이후에 소유권이전등기를 신청하는 경우에도 그 계약서에 검인을 받아 제출하여야 하며, 시장 등은 부동산의 소유권이전을 내용으로 하는 계약서에 대한 검인신청을 받은 경우 위 같은 법 제3조 제1항 소정의 사항이 모두 기재되어 있는지의 여부에 관하여만 확인하고 그 기재에 흠결이 없다고 인정되면 지체없이 검인을 하여 검인신 청인에게 교부하여야 하는 것이므로, 시장 등으로서는 계약서상의 대금이 적다는 이유로 검인을 거부할 수 없는 것이다(1992.7.1 등기 제1435호).

## ♣ 【서식】 매매계약서[단독주택](간이하게 작성하는 경우)

# 간 이 부 동 산 매 매 계 약 서

부동산의 표시

　소재지 : _____

　토지의 표시　지목 : _____면적 : _____㎡

　건물의 표시　건물내역 : _____


당사자의 표시

매 도 인　이름(회사이름과 대표자) : _____

(파는사람)　주소(회사본점이 있는 곳) : _____

　　　　　　주민등록번호(사업자등록번호) _____

매 수 인　이름(회사이름과 대표자) : _____

(사는사람)　주소(회사본점이 있는 곳) : _____

　　　　　　주민등록번호(사업자등록번호) : _____

　　　　　　전화번호 : _____


매도인(파는사람)과 매수인(사는사람)은 위 부동산을 아래와 같이 사고 판다.


제1조(매매대금)

　매수인은 매도인에게 매매대금을 아래와 같이 주기로 한다.

　매매대금 _____원 (₩_____)

　계약금_____원은　계약하는 날에 주고, [받은 사람의 확인 : _____(인)]

　1차중도금 _____원은　20__년__월__일에 주며,

　2차중도금 _____원은　20__년__월__일에 주고,

　잔　　　금 _____원은　20__년__월__일에 주기로 한다.

제2조(소유권이전과 인도)

① 매도인은 잔금을 받으면서 매수인에게 소유권이전등기에 필요한 서류 전부를 주고 위 부동산도 넘겨주어야 한다. 다만, 매도인과 매수인 사이에 ②항과 같이 따로 정하는 경우 그에 따른다.

② 소유권이전에 필요한 서류를 주는 날 : _____

부동산을 넘겨주는 날 :_____

제3조(계약의 해제)

매수인이 매도인에게 중도금을 주기 전까지(중도금을 정하지 않은 경우에는 잔금을 주기 전까지)는, 매도인은 매수인에게 계약금의 2배를 주고 이 계약을 해제할 수 있고, 매수인은 계약금을 포기하고 이 계약을 해제할 수 있다.

제4조(특별히 정하는 사항)

①_____

②_____

③_____

20__년__월__일

매도인_____ (서명 또는 인)

대리인_____(서명 또는 인)

(대리인의 주민등록번호 :_____)

매수인_____ (서명 또는 인)

대리인_____(서명 또는 인)

(대리인의 주민등록번호 :_____)

# [부동산매매계약서 작성방법]

## ◎ 계약체결시 확인사항

계약을 체결할 때 최소한 다음 사항을 반드시 확인하기 바랍니다.

① 등기부등본을 발급받아 보고 매도인이 등기부상 소유자로 등기된 사람인지를 확인하고, 신분증을 보고 그 사람이 맞는지를 확인하기 바랍니다. 만약 계약하는 상대방이 자신이 매도인의 대리인이라는 취지로 이야기할 경우, 그 대리인의 신분과 매도인의 본인의 인감증명서가 첨부된 위임장을 요구하여 그 사본을 받아 놓은 것이 좋습니다. 가능하면 토지, 임야대장 및 건축물대장, 도시계획확인서 등을 발급받아 부동산의 현황이 토지 및 건축물대장과 일치하는지 알아보는 것도 좋습니다.

② 등기부등본을 발급받아 그 부동산에 대하여 저당권 등 제한물권이나 가압류, 가처분 등 처분제한 등기, 예고등기 등이 있는지 여부를 확인하기 바랍니다.

③ 건물을 구입할 때에는 그 건물을 현재 누가 사용하고 있는지를 알아보아야 합니다. 그 건물의 사용관계에 대하여도 그 건물을 사용하고 있는 사람을 통하여 확인하는 것이 좋습니다.

④ 매도인은 미리 전기, 가스, 수도 등의 요금 납부 영수증을 찾아 준비하고, 매수인은 이것을 확인하여 공과금 등이 미납된 것이 있는지 여부를 알아보기 바랍니다.

⑤ 계약금, 중도금 및 잔금을 지급하기 전에 등기부를 확인하여 권리의 변동사항이 있는지 여부를 확인하는 것이 좋습니다. 그리고 이들 금액을 지급하는 때에는 영수증을 받아두어야 합니다.

⑥ 잔금을 지급하는 때에는 매도인과 매수인이 소유권이전등기에 필요한 서면을 준비하여 관할 등기소에 가서 소유권이전등기를 신청하거나, 또는 법무사변호사 사무실에 가서 소유권이전등기신청을 위임하여야 합니다.

## ◎ 작성방법

계약서를 작성하기 전에 다음의 사항을 먼저 읽어보면 도움이 됩니다.

■ 부동산의 표시

- 등기부를 발급받거나 인터넷으로 열람하여 보고, 부동산의 표시를 등기부의 표제부 중 표시란에 기재된 것과 동일하게 기재하기 바랍니다.
- 소재지는 그 건물이 소재하는 시·구·읍·면·동과 그 번지를 기재합니다. 등기부등본의 "소재지번"란에 기재된 내용을 보고 기재하면 됩니다.
- 토지인 경우 그 지목과 면적을 기재합니다. 등기부의 제일 앞면을 보면 표제부에 "지목"란이 있습니다. 이곳에 지목이 기재되어 있습니다. 그리고 그 옆의 "면적"란에 면적이 기재되어 있으니 그 부분을 참고하면 됩니다.
- 건물인 경우 구조 및 용도와 면적을 기재합니다. 등기부등본 제일 앞면을 보면 표제부에 "건물내역"란이 있습니다. 이곳에 있는 내용을 기재하면 됩니다.

■ 당사자의 표시

- 매도인은 파는 사람을 말하고, 매수인은 사는 사람을 말합니다. 매도인은 등기부상 소유자로 기재되어 있는 사람이어야 함이 원칙입니다.
- 매도인 또는 매수인이 개인이 아닌 회사(법인)라면, 먼저 계약상상대방인 회사의 법인등기부등본을 보고, 현재 계약을 체결하는 사람이 회사를 대표할 권한이 있는 사람인지 여부를 확인한 후, 반드시 그 회사의 이름과 대표자의 이름을 계약서에 기재하여야 합니다.

■ 제1조(매매대금)

- 매매대금과 그 지급날짜를 기재합니다. 매매대금은 착오를 방지하기 위하여 한글과 아라비아 숫자로 나란히 기재하는 것이 원칙입니다. 중도금은 꼭 기재하여야 하는 것은 아니고 당사자가 원하지 않을 경우 중도금 약정을 하지 않아도 됩니다.

■ 제2조(소유권이전과 인도)

- 매도인은 매수인으로부터 매매대금과 잔금을 받으면서 소유권이전등기에 필요한 서류 전부를 주어야 합니다. 소유권이전등기신청에 필요한 서류는 대법원 홈페이지 중 인터넷 등기소에 가서 등기신청서 양식을 참고하면 됩니다.

- 매도인이 잔금을 받으면서 부동산을 넘겨주고 소유권이전에 필요한 서류 전부를 주는 것이 원칙이지만, 따로 정할 수도 있습니다. 이때에는 ②항에 따로 정한 날짜를 기재하면 됩니다.

■ 제3조(계약의 해제)
- 당사자는 계약금만 주고 받은 상태에서는 계약을 해제할 수 있습니다. 이 경우 매수인은 계약금을 포기하여야 하고, 매도인은 계약금의 2배를 반환하여야 합니다.

■ 제4조(특별히 정하는 사항)
- 위 조항 이외에 특별히 정하는 사항을 기재하면 됩니다. 가능하면 구체적으로 자세히 기재하는 것이 좋습니다.

■ 날짜 및 서명날인
- 계약을 맺은 날짜를 기재합니다. 계약서가 두 장 이상일 경우 간인을 하거나 계약서 전체에 쪽 번호를 기재하는 것이 좋습니다.
- 당사자가 회사인 경우, 회사의 이름과 대표자의 이름을 기재하고, 반드시 대표이사의 직인을 날인하여야 합니다.
- 계약서는 계약당사자의 수만큼 작성하여 당사자가 각각 원본을 보관하고 있는 것이 차후의 분쟁을 예방하는 방법입니다.
※ 실제 계약서를 작성할 때에는 위 해설과 함께 첨부된 예시문을 참조하기 바랍니다.

♣【서식】매매계약서[단독주택](전세를 안고 사는 경우부동산의 표시)

## (예시문)간이부동산매매계약서

소재지 : __서울 관악구 신림동 1201__

토지의 표시   지목 : _____대_____   면적 : __300__ ㎡

건물의 표시   건물내역 : __시멘트 벽돌조 2층 주택__

당사자의 표시

매 도 인   이름(회사이름과 대표자) : __홍길동__

(파는사람)   주소(회사본점이 있는 곳) : __서울 중구 서소문동 120__

　　　　　　주민등록번호(사업자등록번호) : __510916-1234567__

　　　　　　전화번호 : __(02)210-4321__

매 수 인   이름(회사이름과 대표자) : __한국무역 주식회사 대표이사 김보통__

(사는사람)   주소(회사본점이 있는 곳) : __서울 서초구 서초동 1508__

　　　　　　주민등록번호(사업자등록번호) : __110171-0012543__

　　　　　　전화번호 : __(02)3454-4543__

매도인(파는사람)과 매수인(사는사람)은 위 부동산을 아래와 같이 사고 판다.

제1조(매매대금)

매수인은 매도인에게 매매대금을 아래와 같이 주기로 한다.

매매대금 __삼억__ 원 (₩ __300,000,000__ )

계약금 __삼천만__ 원은 계약하는 날에 주고, [받은 사람의 확인 : __홍길동__ (인)]

1차중도금 __일억이천만__ 원은 2006_년 11_월 15_일에 주며,

2차중도금_____원은 20__년__월__일에 주고,

잔  금 __일억오천만__ 원은 2006_년 12_월 15_일에 주기로 한다.

제2조(매매대금)

① 매도인은 잔금을 받으면서 매수인에게 소유권이전등기에 필요한 서류 전부를 주고 위 부동산도 넘겨주어야 한다. 다만, 매도인과 매수인 사이에 ②항과 같이 따로 정하는 경우 그에 따른다.

② 소유권이전에 필요한 서류를 주는 날 : _____

부동산을 넘겨주는 날 : _____

제3조(계약의 해제)

매수인이 매도인에게 중도금을 주기 전까지(중도금을 정하지 않은 경우에는 잔금을 주기 전까지)는, 매도인은 매수인에게 계약금의 2배를 주고 이 계약을 해제할 수 있고, 매수인은 계약금을 포기하고 이 계약을 해제할 수 있다.

제4조(특별히 정하는 사항)

①  _____

②  _____

③  _____


<u>2008</u> 년 <u>11</u> 월 <u>1</u> 일


매도인___홍길동_____(서명 또는 인)

대리인_____(서명 또는 인)

(대리인의 주민등록번호 :_____)


매수인 <u>한국무역 주식회사대표이사 김보통</u>  (서명 또는 인)

대리인 _____(서명 또는 인)

(대리인의 주민등록번호 :_____)

## 4. 공익사업을 위한 토지 등의 취득으로 인한 이전

### (1) 협의취득의 등기절차

미등기 부동산에 관하여 대장상 소유명의인과 협의가 이루어진 경우에는 일반원칙에 따라 먼저 그 대장상 소유명의인 앞으로 소유권보존등기를 한 후에 사업시행자 명의로 소유권이전등기를 한다. 등기기록상 소유명의인과 협의가 성립된 경우에는 등기명의인으로부터 사업시행자 명의로 소유권이전등기를 한다. 공공용지의 협의취득으로 인한 소유권이전등기를 함에 있어서는 등기원인증명정보로 '공공용지의 취득협의서'를 등기소에 제공하여야 하고, 이 경우 사업시행자가 국가·지방자치단체 그 밖에 특별법 규정에 의하여 설립된 법인인 때에는 위 '공공용지의 취득협의서'에 대한 인지세가 면제된다. 등기원인은 '공공용지의 협의취득'으로 기록한다.

### (2) 수용의 등기절차

#### 1) 등기신청의 특칙

가. 단독신청의 특칙

토지수용으로 인한 사업시행자의 소유권취득은 원시취득이므로 미등기 부동산에 관하여는 사업시행자가 직접 자기명의로 소유권보존등기를 신청한다. 다만 이미 등기된 부동산에 관하여는 소유권이전등기로 한다. 기존의 소유권등기를 말소하고 다시 사업시행자명의로 소유권보존등기를 하는 것보다는 소유권이전등기를 하는 것이 공시제도의 목적에 적합하기 때문이다. 수용으로 인한 사업시행자 명의로의 소유권이전등기는 일반원칙대로라면 공동신청에 의하여야 하지만 법은 사업시행자가 단독으로 신청할 수 있도록 하였다(법 제99조 1항). 수용으로 인한 소유권취득은 등기의무자의 자유의사에 기한 것이 아니어서 그의 협력을 얻기가 어려울 뿐만 아니라 토지수용위원회의 재결서(또는 협의성립확인서)를 등기원인증명정보로 제공하게 되면 등기의 진정을 해칠 염려가 없기 때문이다. 그렇다고 하여 공동신청이 허용되지 않는 것은 아니기 때문에 사업시행자는 등기의무자와 공동으로 수용을 원인으로 한 소유권이전등기를 신청할 수도 있다. 국가 또는 지방자치단체가 사업시행자 즉 등기권리자인 경우에는 그 등기를 촉탁하여야 한다(법 제99조 3항).

나. 대위신청의 특칙

사업시행자는 그 명의로 등기를 함에 있어서 필요한 경우에는 등기명의인 또는 상속인, 그 밖의 포괄승계인을 갈음하여 부동산의 표시 또는 등기명의인의 표시의 변경, 경정 또는 상속, 그 밖의 포괄승계로 인한 소유권이전의 등기를 신청할 수 있다(법 제99조 2항). 여기에서 갈음이란 대위를 의미한다. 대위원인은 '○년 ○월 ○

일 토지수용으로 인한 소유권이전등기청구권'으로 하고 대위원인을 증명하는 정보로 재결서등본 등을 등기소에 제공한다. 다만 소유권이전등기신청과 동시에 대위신청을 하는 경우에는 첨부정보를 원용할 수 있다. 대위신청을 하는 경우에는 상속인, 그 밖의 포괄승계인들이 직접 신청하는 경우와 동일하게 취득세를 납부하고 국민주택채권을 매입하여야 한다(선례 Ⅶ-219).

다. 소유권의 변동이 있는 경우

사업인정고시 후 재결 전에 소유권변동이 있었음에도 불구하고 사업인정 당시의 소유자를 피수용자로 하여 수용재결이 이루어진 때에는 재결경정절차를 밟아 변동 후의 소유자에게 보상하고 소유권이전등기를 하여야 한다. 다만 등기기록상 소유자가 사망하였음에도 이를 간과하고 재결절차를 진행하여 사망자를 피수용자로 하여 재결한 후 상속인에게 보상금을 지급(공탁)한 경우에는 등기신청을 수리하여야 할 것이다. 이때 피상속인의 소유명의로 등기가 되어 있는 경우에는 대위에 의한 상속등기를 먼저 한 후 소유권이전등기를 신청하여야 한다(선례 Ⅵ-256). 등기기록상 소유명의인인 갑을 피수용자로 하여 수용재결을 한 후 사업시행자가 피수용자인 갑에게 보상금을 지급하였으나 수용개시일 이전에 갑이 을에게 소유권이전등기를 마친 경우, 사업시행자는 을을 등기의무자로 하여 재결서등본 및 갑이 보상금을 수령하였음을 증명하는 서면을 제공하여 단독으로 수용을 원인으로 한 소유권이전등기를 신청할 수 있다. 즉 재결당시의 소유자에게 보상금을 지급하였다면 그 이후 수용의 개시일전에 소유권변동이 있다 하더라도 재결을 경정할 필요가 없다. 다만 이 경우 등기신청서의 등기의무자는 수용개시일 당시의 소유권등기명의인이 된다.

**2) 첨부정보에 관한 특칙**

사업시행자와 등기명의인 간에 보상금에 관한 협의가 성립된 경우와 협의불성립으로 인하여 토지수용위원회에서 재결을 한 경우 모두 등기의무자의 등기필정보, 주무관청의 허가서는 제공할 필요가 없다(선례 Ⅶ-57). 그리고 공탁서상 피공탁자의 주소와 등기기록상 피수용자의 주소가 일치한다면 피수용자의 주소를 증명하는 정보도 첨부할 필요가 없다(등기예규 제1388호). 그 외에는 아래와 같은 차이가 있다.

가. 협의성립의 경우

① 협의성립확인서 또는 협의성립의 공정증서와 그 수리증명서

보상금에 대하여 협의가 성립하여 관할 토지수용위원회에 확인신청을 하여 확인을 받거나 협의가 성립하였음을 공증 받아 관할 토지수용위원회에 확인신청을 하여 수리가 되면 협의성립의 확인이 된 것으로 본다. 이 확인은 재결로 보며 당사자는 확인된 협의의 성립이나 내용을 다툴 수 없다(토지보상법 제29조). 따라서 토지수용으로 인한 소유권이전등기신청서에 협의서만 첨부한 경우에는 협의성립

확인서를 첨부하도록 보정을 명하고 이를 제출하지 않는 경우에는 등기신청을 수리하여서는 안 된다. 그리고 협의가 성립된 경우에도 사업인정고시일로부터 1년 내에 관할 토지수용위원회에 대하여 협의성립의 확인신청을 하지 아니하면 그 공공사업시행인가는 실효되며(토지보상법 제23조 1항), 협의성립의 확인을 받지 아니한 권리이전은 원시취득이 아니라 승계취득의 효력밖에 없는 것이므로 신청서의 등기원인일자의 기재와 첨부서면의 심사에 있어서 주의하여야 한다.

② 보상금수령증원본

사업시행자가 수용 개시일까지 보상금을 지급하지 않거나 공탁하지 않으면 토지수용위원회의 재결은 그 효력을 상실하므로(토지보상법 제42조 1항) 그 재결이 실효되지 않았음을 증명하는 정보로 보상금을 수령하였음을 증명하는 서면을 제공하여야 한다. 다만 수령인의 인감증명은 제공할 필요가 없으며, 보상을 증명하는 서면으로 피수용자의 보상금계좌입금청구서와 사업시행자의 계좌입금증을 제공한 경우에는 보상금수령증원본도 제공할 필요가 없다.

## 나. 재결을 한 경우

협의가 성립되지 아니하거나 협의를 할 수 없는 때에는 사업시행자는 사업인정고시가 있은 날로부터 1년 이내에 관할 토지수용위원회에 재결신청을 할 수 있다(토지보상법 제28조).

① 재결서등본

재결서등본을 제공하여야 한다. 이를 분실한 때에는 재발급 받아 제공하여야 한다.

② 보상금수령증원본 또는 공탁서원본

수용으로 인한 소유권이전등기를 신청하는 경우에는 보상이나 공탁을 증명하는 정보를 첨부정보로서 등기소에 제공하여야 한다. 보상금수령증원본이나 공탁서원본이 여기에 해당한다. 수용 개시일까지 보상금을 지급 또는 공탁하지 아니하면 재결은 실효된다.

## 3) 등기실행에 관한 특칙

등기원인은 '토지수용'으로 원인일자는 '수용의 개시일'을 각 기록하며 토지수용으로 인한 사업시행자 명의로의 소유권이전등기를 하는 경우에는 다음의 등기는 등기관이 직권으로 말소하여야 한다.

① 수용 개시일 이후에 마쳐진 소유권이전등기(다만 수용개시일 이전의 상속을 원인으로 한 소유권이전등기는 제외)

② 소유권 외의 권리 즉 지상권, 지역권, 전세권, 저당권, 권리질권, 채권담보권 및 임차권에 관한 등기(다만 그 부동산을 위하여 존재하는 지역권의 등기와 토지수용위원회의 재결로써 인정된 권리는 제외되며 토지수용위원회의 재결로써 인정된 권리가 있는 때에는 소유권이전등기신청서에 이를 기재하여야 한다)

③ 가등기, 가압류, 가처분, 압류 및 예고등기

등기관이 위 등기를 말소한 때에는 말소통지서에 의하여 등기권리자에게 등기를 말소한 뜻을 통지하여야 한다. 만일 그 등기가 채권자대위신청에 의한 것인 때에는 채권자에게도 통지하여야 한다(규칙 제157조 2항). 등기를 말소한 뜻의 통지를 할 때에는 통지서에 부동산의 표시, 말소하는 등기의 표시, 등기명의인 및 수용으로 인하여 말소한다는 뜻을 적어야 한다(규칙 제157조 1항).

소유권 외의 권리의 수용으로 인한 권리취득의 등기절차도 소유권이전등기절차를 준용한다(법 제99조 5항). 토지수용의 재결이 실효되었을 때에는 수용을 원인으로 한 소유권이전등기는 등기권리자와 등기의무자의 공동신청에 의하여 말소하고, 이에 의하여 그 토지수용으로 인한 소유권이전등기를 말소한 때에는 등기관은 나머지 토지수용으로 인하여 말소한 등기를 직권으로 회복하여야 한다. 토지수용을 원인으로 한 소유권이전등기를 마친 부동산에 대하여 사업의 시행에 불필요한 토지임을 이유로 사업시행계획이 변경되었다고 하더라도, 위 토지수용의 재결이 실효되지 않는 한 그 소유권이전등기의 말소등기를 신청할 수 없다(선례 Ⅷ-174).

## 5. 상속으로 인한 이전

상속으로 인한 등기는 상속인이 단독으로 신청한다(법 제23조 3항). 상속순위·상속분 등에 관하여 구「민법」(1959. 12. 31까지의 관습법)과 신「민법」(1960.1.1. 시행 신민법과 1979.1.1. 및 1991.1.1. 시행 각 개정민법)은 많은 차이점이 있고 또 「민법」부칙의 경과규정에 의하여 현행법 시행 전에 개시된 상속에 관하여는 현행법 시행 후에도 상속개시 당시의 법을 적용하도록 되어 있다. 상속으로 인한 이전등기의 신청을 심사함에 있어서는 먼저 그 원인일자를 가려 어느 법을 적용할 것인가를 판정한 후에 그 상속 순위내지 상속분을 따져 보아야 한다.

### (1) 상속제도의 변천

#### 1) 구「민법」하의 상속

「민법」시행(1960. 1. 1.) 전에 개시된 상속에 관하여는 관습에 의한다. 구관습에 의하면 호주가 사망한 경우에 그 유산은 호주상속인에게 상속되는 것이 우리나라의 관습이었다. 즉 호주가 사망한 때에는 재산상속은 호주상속에 수반하므로 호주상속의 순위에 따라 재산상속이 이루어졌다(등기예규 제79호 참조). 이와 같은 호주상속에 따른 재산상속등기를 함에 호주상속 개시사실과 호주상속인이 기재된 호적등본을 첨부하면 되고 피상속인의 제적등본을 제출할 필요는 없다 하겠다(선례 IV-361). 호주가 미혼자로서 사망한 때에는 형망제급(兄亡弟及)의 원칙에 따라 사망한 호주의 제가 호주 및 재산상속을 하게 되고 또 호주가 상속할 남자 없이 사망한 때에는 모·처·딸이 존비의 순서에 따라 사망 호주의 사후양자가 선정될 때까지 일시 호주 및 재산상속을 한다. 즉 여호주의 재산상속은 일시적인 것으로 사후양자가 선정되면 호주상속개시와 동시에 사후양자에게 재산이 상속되는 것이다(등기예규 제403호). 호주사망 후 무후가 된 때에는 사망한 호주의 재산은 직계비속인 출가녀들이 균분상속하였다.

가. 호주상속 순위(등기예규 제79호)

제1순위-직계비속 남자(적출장남·장손·생전양자·유언양자·서자·사후양자 순으로 단독상속) : 대습상속 인정

제2순위-직계존속 여자(존비순으로 단독상속)

제3순위-피상속인의 처(단독상속)

제4순위-가족인 직계비속의 처(존비 순으로 단독상속)

제5순위-가족인 직계비속 여자(수인이 있는 경우에는 제1순위 남자의 경우와 동일)

구「민법」하의 호주상속과 관련하여 주의할 사항은 다음과 같다.

① 호주상속의 개시원인은 호주의 사망, 호주의 출가(분가호주가 입양으로 그 가를 떠날 때), 여호주의 가에 양자 입적, 여호주의 가에 남자출생, 여호주의 출가 등이 있다.

② 장남의 분가로 차남이 호적부상 호주상속인으로 등재되어 있어도 장남이 호주상속인으로 된다.

③ 이성양자제도는 개정 민적법이 시행된 1915. 4. 1. 부터 1940. 2. 10. 까지는 용인되지 않았으나, 개정 조선민사령이 시행된 1940. 2. 11.부터 현행 「민법」이 시행되기 전인 1959. 12. 31.까지는 사후양자가 아닌 한 이성양자제도가 인정되었다(등기예규 제925호).

④ 사후양자 선정권의 순위는 유처, 부모, 조부모의 순위다(대법원 1978.6.27. 선고, 78다277. 판결).

⑤ 호주상속은 그 가에 존재하고 있는 경우에만 인정되므로 적출남자라 하더라도 타가의 양자가 된 자는 파양복적하지 않는 한 호주상속권이 없다.

⑥ 호주상속인은 피상속인의 재산을 단독으로 전부 상속하고(등기예규 제79호), 중자(衆子)는 분재청구권이 있을 뿐이다. 즉 호주는 일단 전호주의 재산을 독점 상속하였다가 가족인 제가 있는 때에는 일정한 비율로 분재를 하게 되는데 제의 분재청구권은 성혼 후 분가하여야 행사할 수 있었다. 그런데 호주에게는 분가동의권이 있었기 때문에 호주가 분가에 동의하지 않는 한 제의 분재청구는 불가능하였다. 또한 호주상속인이 아닌 차남 이하의 제는 분재청구권이 있을 뿐이고(여자에게는 분재청구권도 없었다), 그 상속분을 상속한 것이 아니므로 호주상속인이 그 상속재산을 전부 제3자에게 매도하고 이전등기까지 마쳤다면, 이와 같이 구「민법」에서도 중자들에게 상속재산을 취득할 수 있는 길이 열려 있기는 하였으나 사실상 중자의 상속분의 보장이 불완전하였다.

⑦ 유처가 일시 호주상속을 한 후 남편의 재산에 대한 상속등기신청이 있는 경우에도 등기원인은 호주상속으로 한다.

⑧ 형망제급의 원칙은 부(父)가 호주로서 피상속인의 지위에 있는 경우 형이 부의 상속 개시 전에 사망하고 그 형이 미혼인 때에는 호주상속 순위가 제(연장자순)에 미친다는 원칙이다(등기예규 제403호).

나. 유산상속(호주가 아닌 가족이 사망한 경우)

① 가족인 기혼남자의 상속인

제1순위-동일가적 내에 있는 직계비속이 공동상속(양자포함, 남자는 동일가적 여부를 불문, 여자는 동일호적 내에 있어야 한다). 이 경우 상속분은 남녀 불문하고 동등하다. 배우자와 직계비속이 있는 경우에도 동일호적 내에 있는 직계비속인 자녀들이 균등 상속한다.

제2순위-망남이 장남인 경우에는 부(父)가, 망남이 차남 이하인 경우에는 처가 상속한다.

제3순위-직계존속(망 장남의 경우 제외) : 최근친, 동순위자가 있는 경우 공동상속한다.

제4순위-호주가 상속한다.

② 가족인 미혼의 남자 또는 여자의 상속인

제1순위-부, 없으면 모

제2순위-호주 : 가족인 미혼자가 사망한 경우에 그의 유산은 재가한 부, 부가 없으면 모가 상속하여야 하는 것이 관습으로서 조부가 호주인 때에 있어서도 부모에 앞서서 그 재산상속인이 되어야 하는 것은 아니다. 그 후 총감통첩도 가족인 미혼자가 사망한 때에는 동일 가에 있는 부, 부가 없는 때에는 모, 모가 없는 때에는 호주가 그 유산을 승계한다고 하였다.

③ 가족인 모의 상속인

제1순위-동일가적 내에 있는 직계비속이 균등비율로 공동상속(단, 서출자녀는 반분, 남자는 동일가적 여부 불문)

제2순위-부(父)

제3순위-호주

④ 가족인 처의 상속인

가족인 처가 사망한 때에는 피상속인의 직계비속인 남녀가 동일가적 내의 유무를 막론하고 제1순위로 상속한다. 그 직계비속은 친생자는 물론 양자·양녀 또는 서자녀도 포함한다. 피상속인에게 자녀가 없는 때는 피상속인의 특유재산은 그의 본족(친가의 최근친)에게 귀속하고, 피상속인이 망부로부터 상속받은 재산일 때는 망부의 본족(本族)에게 상속한다.

다. 근친자 등에 권리 귀속

호주 또는 가족이 사망한 경우에 호주상속인이 없어 절가된 경우 또는 유산상속인이 없는 경우에는 권리귀속이 이루어지는데, 이 경우 등기원인은 귀속이다. 절가된 망호주의 유산은 근친자에게 귀속하고, 근친자도 없는 때에는 호주가 거주하던 리(동)에 귀속하며, 사후양자는 재산상속권이 없다. 여호주가 재혼하여 사망하고 상속인이 없는 때에는 그 전혼가의 유산은 여호주의 재혼 후 출생한 자녀가 아니고 여호주의 전혼가에서 태어난 출가녀에 귀속하고, 절가된 여호주의 최근친자가 수인의 출가녀인 때에는 그 유산은 출가녀들의 공유로 한다. 만약 출가녀도 없을 경우에는 여호주의 망부의 본족에 속하는 최근친자에게 귀속된다.

### 2) 신「민법」하의 상속<피상속인의 사망만이 상속개시원인>

가. 상속순위

① 제1순위-피상속인의 직계비속과 피상속인의 배우자

상속개시 후 상속등기 전에 피상속인의 친자가 아님이 확정된 자는 상속권이 없다(선례 Ⅲ-421). 그리고 상속인으로 인정되는 피상속인의 배우자는 혼인신고를 한 법률상 배우자를 의미하기 때문에, 피상속인의 혼외 자의 생모라고 하더라도 피상속인의 법률상 배우자가 아닌 자는 상속인에 해당하지 않는다(선례 Ⅶ-193).

② 제2순위-피상속인의 직계존속과 피상속인의 배우자

이혼한 부모와 양부모, 생모도 상속권을 가진다. 상속등기를 신청함에 있어서 피상속인의 제적등본상 피상속인과 혼인신고를 한 적이 없는 사실혼의 배우자는 상속인에게 제외하여야 한다(민법 제1003조).

③ 제3순위-피상속인의 형제자매

여기의 형제자매에 관하여, 판례는 처음에는 종래 피상속인의 부계혈족만을 의미하므로 동모이부 형제자매는 상속권이 없다고 하였으나(대법원 1976.6.22, 선고, 75다1503, 판결), 대법원은 여기서 피상속인의 형제자매란 부계 및 모계의 형제자매를 모두 포함하는 것이 상당하다고 판단하여 소위 망인과 모친만 같이 하는 이성동복 관계에 있는 동모이부의 형제자매도 포함한다고 하고 있다(대법원 1997.11.28, 선고, 96다5421, 판결).

④ 제4순위-피상속인의 4촌 이내의 방계혈족

동순위의 상속인이 수인인 때에는 최근친을 선순위로 하고 촌수가 동등한 자 사이에는 공동상속인이 된다(민법 제1000조 2항).

신「민법」하의 재산상속과 관련하여 주의할 사항은 다음과 같다.

① 구「민법」당시 실종기간이 만료되었으나 신「민법」시행 후에 실종선고를 받은 경우에는 신법을 적용한다(등기예규 제477호).

② 상속인이 없는 경우에는 국가에 귀속한다(다만 「민법」제1057조의2에 의한 특별연고자에 대한 분여가 있을 수 있다).

③ 양자는 생가의 부 또는 모가 사망한 경우에도 직계비속으로서 상속권이 있다(등기예규 제27호).

④ 태아는 상속순위에 관하여는 이미 출생한 것으로 본다(민법 제1000조 3항).

⑤ 피상속인이 사망하기 전에 이미 외국으로 귀화한 직계비속도 상속결격사유가 없는 한 재산상속인이 된다(등기예규 제99호).

⑥ 사후양자는 호주상속권은 있어도 재산상속권은 없다(등기예규 제131호).

⑦ 직계비속간에는 남녀의 차별, 적서의 차별, 연령의 고하에 차별없이 제1순위의 공동상속인이 된다.

⑧ 직계비속이 생사불명인 부재자라는 사유만으로 재산상속인에서 제외할 수는 없다.

나. 상속분

(가) 1960. 1. 1. - 1978. 12. 31. 사이에 개시된 상속

가) 원칙-공동상속분은 균등

나) 예외

① 여자는 남자의 1/2

② 동일가적 내에 없는 여자는 남자의 1/4

③ 호주상속인은 고유분에 5할 가산

④ 처는 직계비속과 공동상속시는 남자의 1/2, 직계존속과 공동상속시는 남자와 동일의 상속지분

(나) 1979. 1. 1. - 1990. 12. 31. 사이에 개시된 상속

가) 원칙-공동상속분 균등

나) 예외

① 호주상속인은 고유분에 5할 가산

② 동일가적 내에 없는 여자는 남자의 1/4

③ 처는 직계비속과 공동상속 하는 경우에는 동일가적 내 직계비속의, 직계존속과 공동상속 하는 경우에는 직계존속의 상속분의 각 5할 가산

동일가적 내에 없는 여자라 함은 상속할 지위에 있는 여자가 혼인 등 사유로 타가에 입적함으로써 피상속인의 가적에서 이탈하여 가적을 달리하는 경우를 말하고, 피상속인이 이혼으로 인하여 친가에 복적함으로써 피상속인과 가를 달리하게 된 경우를 말하는 것은 아니다. 외국인과 혼인 후 외국국적을 아직 취득하지 못하여 일가창립된 호적의 호주인 여자나, 남편의 본적지에서 혼인신고서 부본이 아직 도착되지 아니하여 호적이 말소되지 않고 남아 있는 여자는 동일가적 내에 없는 여자로 보아 상속지분을 계산하여야 한다고 본다. 그러나 형식적 심사권 밖에 없는 등기관으로서는 이러한 사유가 제적등·초본에 나타나는 경우에 한하여 그 심사가 가능할 것이다. 상속개시 전에 이혼심판이 확정된 출가녀가 상속개시 후에 친가호적에 복적된 경우라도 이미 상속개시 전에 이혼심판이 확정되어 이때 당연히 친가에 복적되어야 할 지위가 있게 된 자이므로 상속지분을 계산함에 있어서는 피상속인과 동일가적 내에

있는 여자로 취급해야 한다고 본다(선례 Ⅰ-331).

처가 직계비속 또는 직계존속과 공동으로 재산상속을 함과 동시에 호주상속을 하는 경우, 처의 상속분은 공동상속인의 균분상속비율인 '1'을 기준으로 하여 「민법」제1009조 제1항 단서와 동조 제3항에 의하여 각 5할을 합한 '2'로 한다(등기예규 제659호).

-동일가적 내에 없는 직계비속 : 처=0.25 : 2(1+0.5+0.5)
-시부(媤父)                  : 처=1 : 2(1+0.5+0.5)

(다) 1991. 1. 1. 이후 개시된 상속

1991. 1. 1. 이후 상속이 개시된 경우에는 등기원인을 「재산상속」으로 기재할 수 없고 그냥 「상속」으로 기재하여야 한다. 호주상속이 호주승계로 바뀌었기 때문에 상속은 재산상속만을 의미하게 되었다.

가) 상속분

① 원칙 : 남녀 상속비율의 균등화

동순위의 상속인이 수인인 때에는 그 상속분은 균등으로 한다(민법 제1009조 1항). 상속인이 여자인 경우에 동일가적 내에 있고 없고를 불문한다.

② 예외 : 배우자의 상속분은 남녀 구별 없이 다른 공동상속인의 상속분의 5할을 가산한다.

나) 상속인의 범위

4순위 상속인의 범위변경(민법 제1000조 1항 4호)

종래…피상속인의 8촌 이내 방계혈족

변경…피상속인의 4촌 이내 방계혈족

단, 혈족의 정의가 변경됨으로써(민법 제768조) 종래 상속권이 없는 생질(피상속인이 외숙인 경우)·이질(피상속인이 이모인 경우)·이종4촌·고종4촌도 방계혈족이 되므로 상속권이 있다. 또 적모서자관계와 계모자관계가 폐지되었기 때문에 이들 관계에서는 상속권이 없어졌다.

다) 배우자의 상속권 변경

① 배우자가 피상속인인 경우 직계비속이 있으면 그들과 공동상속한다.

② 배우자가 피상속인인 경우 직계비속이 없고 직계존속이 있는 경우에는 그 직계존속과 공동상속한다.

종래에는 처가 피상속인인 경우에 직계비속이 없으면 부가 단독상속하였으나(민법 1002조 삭제), 이제는 처의 직계존속이 있으면 부와 직계존속이 공동상속한다(민법 제1003조 1항).

라) 대습상속

남편도 처의 대습상속인이 된다(민법 제1003조 2항). 처가 그의 부모보다 먼저 사망한 경우 남편이 재혼하지 아니하면 처의 직계존속이 피상속인이 된 경우 처의 대습상속인이 된다. 대습상속의 성질은 대습상속인이 피대습상속인의 권리를 승계하는 것이 아니고 자기 고유의 권리로서 직접 피상속인의 재산적지위를 승계하는 것으로 본다.

대습상속인인 「민법」제1003조 제2항의 상속개시 전에 사망 또는 결격된 자의 배우자는 남편의 사망 후에도 계속 혼가와의 인척관계가 유지되는 처를 의미하므로 남편 사망 후 재혼한 처는 전남편의 순위를 갈음하는 대습상속인으로 될 수 없다(등기예규 제694호).

## ⚖ 판 례

동시사망으로 추정되는 경우 대습상속이 가능한지와 관련하여(이른바 괌 항공기 추락사고), 대법원은 "상속인이 될 직계비속이나 형제자매(피대습자)의 직계비속 또는 배우자(대습자)는 피대습자가 상속개시 전에 사망한 경우에는 대습상속을 하고, 피대습자가 상속개시 후에 사망한 경우에는 피대습자를 거쳐 피상속인의 재산을 본위상속을 하므로 두 경우 모두 상속을 하는데, 만일 피대습자가 피상속인의 사망, 즉 상속개시와 동시에 사망한 것으로 추정되는 경우에만 그 직계비속 또는 배우자가 본위상속과 대습상속의 어느 쪽도 하지 못하게 된다면 동시사망 추정 이외의 경우에 비하여 현저히 불공평하고 불합리한 것이라 할 것이고, 이는 앞서 본 대습상속제도 및 동시사망 추정규정의 입법 취지에도 반하는 것이므로, 「민법」제1001조의 '상속인이 될 직계비속이 상속개시 전에 사망한 경우'에는 '상속인이 될 직계비속이 상속개시와 동시에 사망한 것으로 추정되는 경우'도 포함하는 것이므로 합목적적으로 해석함이 상당하다"고 판시하고 있다(대법원 2001.3.9, 선고, 99다13157, 판결).

대습상속인은 상속인이 될 자(피대습자)가 상속권을 잃은 당시에 피대습자의 직계비속 또는 배우자이어야 한다. 따라서 직계비속은 적어도 그 당시에 포태되어 있어야 한다. 호주 아닌 피상속인이 개정 「민법」시행 전(1990. 1. 13. 법률 제4199호로 개정되기 전, 호주상속 가산분제도가 있었음)에 사망하였으나 그 이전에 이미 그의 직계비속이 사망하여 대습상속이 개시된 경우 그 대습상속인이 수인이고 그 중 피대습자로부터 호주상속을 한 자가 있을 때에는 그 자에게 상속분의 계산에서 고유상속분의 5할을 가산하여야 한다.

마) 기여분제도의 신설(민법 제1008조의2)

공동상속인 중에서 피상속인의 재산의 유지 또는 증가에 특별히 기여한 자 또는 피상속인을 특별히 부양한 자가 있을 때에는 상속 개시 당시 피상속인의 재산가액에서 공동상속인의 협의로 정한 그 자의 기여분을 공제한 것을 상속재산으로 본다. 따라서 법정상속분에 그 자의 기여분을 가산한 액을 그 자의 상속분으로 한다.

공동상속인 간에 기여분에 관한 협의가 되지 아니하거나 협의할 수 없을 때에는 기여자가 가정법원에 상속재산의 분할 및 기여분 심판청구를 하여 결정된 심판서에 따라 상속등기를 할 수 있다(선례 Ⅶ-172).

바) 특별연고자에 대한 분여제도 신설(민법 제1057조의2)

「민법」제1056조의 기간 내에 상속권을 주장하는 자가 없는 때에는 가정법원은 피상속인과 생계를 같이하고 있던 자, 피상속인의 요양간호를 한 자, 그 밖에 피상속인과 특별한 연고가 있는 자의 청구에 의하여 그 자에게 상속재산의 전부 또는 일부를 분여할 수 있다. 다만 위 기간 만료 후 2개월 이내에 청구하여야 한다.

다. 2008. 1. 1. 이후 개시된 상속

친양자의 입양 전의 친족관계는 「민법」제908조의2 제1항의 청구에 의한 친양자 입양이 확정된 때에 종료한다(다만 부부의 일방이 그 배우자의 친생자를 단독으로 입양한 경우에 있어서의 배우자 및 그 친족과 친생자 간의 친족관계는 그러하지 아니한다). 따라서 친가와의 상속관계는 단절되고 양가와의 상속관계만 유지된다.

## (2) 첨부정보

### 1) 상속을 증명하는 정보

상속을 원인으로 한 등기신청을 할 때에는 상속을 증명하는 정보가 등기원인을 증명하는 정보이다. 우리나라 국민의 경우에는 피상속인의 사망사실을 알 수 있는 피상속인의 기본증명서와 상속인이 누구인지를 알 수 있는 피상속인의 가족관계증명서 및 친양자입양관계증명서가 이에 해당할 것이다. 다만 피상속인의 사망신고가 2008. 1. 1. 이전에 이루어진 경우에는 가족관계등록부가 작성되어 있지 아니하므로 피상속인의 제적에 관한 정보(제적등본 등)를 제공하여야 하고, 제적에 관한 정보에 의하여 확인된 각 상속인에 대하여는 그의 가족관계등록증명정보(기본증명서 등)를 제공하여야 한다.

### 2) 주소를 증명하는 정보

새로 등기명의인이 되는 상속인의 주소를 증명하는 정보를 제공하여야 한다(규칙 제46조 1항 6호). 그러나 피상속인의 주소를 증명하는 정보는 등기명의인이 피상속인임을 증명하기 위하여 요구되는 경우 외에는 제공할 필요가 없다(선례 Ⅲ-672). 상속으로 인한 소유권이전등기를 신청하는 경우 등기기록상 등기명의인(피상속인)의 주소가 제적부와 다른 경우에는 동일인임을 증명할 수 있는 자료로써 피상속인의 주소를 증명하는 정보(주민등록표등본 등) 등을 제공하여야 하는데, 이러한 정보를 얻을 수 없는 때에는 동일인이라는 사실을 확인하는데 상당하다고 인정되는 자의 보증에 관한 정보와 인감증명 및 그 밖에 보증인의 자격을 인정할만한 정보(예를 들면 공무원재직증명서, 변호사등록증서사본, 법무사자격증사본 등)를 제공 할 수도 있을 것이다. 구체적인 등기신청에 있어서 그러한 정보에 의하여 동일인임이 인정된다고 보아 그 등기신청을 수리할 것인지 여부는 등기신청을 심사하는 등기관이 판단할 사항이다.

### 3) 상속을 포기한 자가 있는 경우

공동상속인 중 상속을 포기한 자가 있는 경우에는 그 상속분은 다른 상속인의 상속분의 비율로 그 상속인에게 귀속되고, 선순위 상속인이 모두 상속을 포기한 경우에는 차순위 상속인에게 상속권이 귀속된다. 그러므로 수인의 공동상속인 중 일부가 상속을 포기한 경우에 그 상속분은 다른 공동상속인에게 상속분의 비율대로 귀속하는 것이지 포기한 상속인의 직계비속 또는 형제자매가 그 상속재산을 대습상속하는 것이 아니라는 점에 주의를 하여야 한다. 상속인 중 상속을 포기한 자가 있는 경우에는 일반적인 첨부정보 외에 상속포기심판서정본을 제공하여야 된다(선례 IV-369).

### 4) 공동상속인이 행방불명된 경우 등

공동상속인 중 재외국민 또는 외국국적을 취득하여 우리나라 국적을 상실한 자가 행방불명되어 그 소재를 알 수 없는 경우에는 그들의 주민등록표상의 최후주소를 신청정보의 내용으로 하여 등기신청을 할 수 있고, 그 말소된 주민등록표등본을 주소를 증명하는 정보로 제공할 수 있다. 만약 말소된 주민등록표등본을 발급받을 수 없는 경우라면 이를 소명하여 제적부상 본적지를 주소지로 하고 그 제적에 관한 정보를 주소를 증명하는 정보로 제공할 수 있다.

공동상속인 중 외국국적을 취득하여 우리나라 국적을 상실한 자에 대하여 부동산등기용등록번호를 부여받을 수 없는 사정이 있는 때에는 이를 소명하여 부동산등기용등록번호를 병기하지 않고 상속등기를 신청할 수 있다.

## (3) 상속이 겹친 경우의 등기절차

상속개시 후 그 상속등기를 하기 전에 상속인 중 한 사람이 사망하여 또다시 상속이 개시된 경우에는 상속개시일자를 순차로 모두 신청정보의 내용으로 하여 1건으로 상속등기를 신청할 수 있다(등기예규 제57호).

## (4) 협의분할에 의한 상속등기

### 1) 협의분할의 의의

상속재산의 협의분할이란 상속이 개시되어 공동상속인 사이에 잠정적 공유가 된 상속재산에 대하여 그 전부 또는 일부를 각 상속인의 단독소유로 하거나 새로운 공유관계에 이행시킴으로써 상속재산의 귀속을 확정시키는 것을 말한다. 공동상속인은 피상속인의 분할금지의 유언이 없는 한 언제든지 협의분할을 할 수 있고 협의가 성립하면 그에 따라 분할하게 된다(민법 제1013조 1항). 상속재산의 분할은 상속이 개시된 때에 효력이 생긴다(민법 제1015조).

### 2) 협의분할서의 작성

#### 가. 상속인 전원의 참여

협의분할서는 상속인 전원이 참여하여 작성한다. 그러나 반드시 한 자리에서 이루어질 필요는 없고 순차적으로 이루어질 수도 있다. 공동상속인의 주소가 서로 달라 동일한 협의분할서를 수통 작성하여 각각 날인한 경우에도 결과적으로 공동상속인의 전원이 분할협의에 참여한 것으로 그 협의서에 의한 소유권이전등기 신청을 수리할 수 있다.

#### 나. 특별대리인 선임이 필요한 경우

공동상속인인 친권자와 미성년인 수인의 자 사이에 상속재산 협의분할을 하는 경우에는 미성년자 각자마다 특별대리인을 선임하여야 한다. 또한 친권자가 상속포기를 하지 아니한 이상 상속재산을 전혀 취득하지 아니한 경우에도 친권자와 미성년자가 공동상속인인 경우에는 미성년자를 위한 특별대리인을 선임하여야 한다(선례 Ⅳ-350). 후견인과 피후견인이 공동상속인이거나 동일한 후견인에 복종하는 수인의 피후견인이 공동상속인인 경우에도 특별대리인을 선임하여야 한다(등기예규 제1088호).

#### 다. 공동상속인 중 일부가 사망 또는 행방불명된 경우

공동상속재산의 협의분할에는 공동상속인 전원이 참가하여야 하므로 공동상속인 중 일부의 행방을 알 수 없는 경우에는 그 행방불명된 상속인에 대한 실종선고를 받지 않는 한 협의분할을 할 수 없다(선례 Ⅴ-275). 반면 피상속인의 사망으로 상속이 개시된 후 상속등기를 하지 아니한 상태에서 공동상속인 중 1인이 사망한 경우에는 나머지 상속인들과 사망한 공동상속인의 상속인들이 피상속인의 재산에 대한 협의분할을 할 수 있다.

#### 라. 상속등기가 이미 마쳐진 경우

상속등기가 이미 마쳐진 경우에도 협의분할은 가능하다. 이 경우에는 경정등기를 하게 되고 이때에는 경정등기 일반원칙이 적용된다. 따라서 상속등기에 기초해서 권리이전등기가 이루어진 경우에는 그 이전등기를 말소하지 않고서는 협의분할에 따른 소유권경정등기를 할 수 없으며, 경정등기를 하는 데 등기상 이해관계인이 있으면 그 이해관계인의 동의를 얻어야만 협의분할에 따른 소유권경정등길르 할 수 있다.

마. 상속재산분할심판이 있는 경우

상속재산분할심판이 있는 경우(민법 제1013조 2항)에는 그 심판에서 정해진 대로 상속재산이 귀속되므로 그 심판정본에 의하여 법정상속분대로의 등기를 거치지 않고 바로 상속등기를 할 수 있다(선례 V-288). 하지만 법원이 상속재산의 경매분할을 명한 경우에는 그 심판은 상속재산의 현물분할을 명한 것이 아니므로 협의분할에 따른 상속등기를 할 수 없으며 이미 마쳐진 상속등기에 대한 경정등기도 할 수 없다. 이 경우 분할심판에 따른 경매신청을 하기 위해서는 법정상속등기를 먼저 해야 한다.

## 3) 등기신청

협의분할에 의한 상속등기를 신청할 경우 피상속인이 사망한 날을 등기연월일로 하여야 하고 상속인 전원의 인감증명(규칙 제60조 6호)과 등기명의인이 될 상속인의 주소 및 주민등록번호를 증명하는 정보(규칙 제46조 6호. 주민등록표등본 등)를 제공하여야 한다. 재외국민의 경우에는 협의분할서상 서명 또는 날인이 본인의 것임을 증명하는 재외공관의 확인서 또는 이에 관한 공정증서로서 인감증명을 대신할 수 있다(선례 Ⅲ-214).

법정의 공동상속분에 따른 상속등기의 완료 후 상속재산의 협의분할에 의하여 그 등기를 경정하고자 할 때에는 분할협의일이 등기원인일이 된다. 이 경우 권리를 취득하는 자가 등기권리자, 권리를 잃는 자가 등기의무자가 되어 소유권의 경정등기를 신청하여야 하며, 경정으로 그 지분이 감소되거나 소멸하는 자의 지분을 목적으로 하는 등기명의인 등 이해관계인이 있는 때에는 그의 승낙이 있음을 증명하는 정보(승낙서 등)를 제공하여야 한다.

협의분할에 따른 상속등기가 마쳐진 후 그 협의가 해제된 경우에는 협의해제를 원인으로 한 법정상속분대로의 소유권경정등기도 가능하다. 이 경우 경정등기절차는 앞서 본 바와 같다. 협의분할에 따른 상속등기 후 재협의를 통하여 소유권을 경정하는 것도 가능하다. 따라서 상속인 전원이 상속인 중 갑, 을 공동으로 상속하기로 하는 상속재산 분할협의를 하여 상속등기를 마친 후 다시 공동상속인 전원의 합의에 따라 갑이 단독으로 상속하기로 하는 새로운 상속재산 분할협의를 한 경우에 갑, 을 공유를 갑 단독소유로 하는 소유권경정등기를 신청할 수 있다(선례 Ⅷ-199). 협의에 의한 상속재산의 분할 등기 후에 재협의에 의한 경정등기를 신청하는 경우에 등기원인은 '협의분할로 인한 상속', 등기원인일자는 '재협의분할일'이 된다.

**4) 기타-판결에서 확인된 취득한 권리에 대하여 협의분할을 한 경우**

　　취득시효완성을 원인으로 한 소유권이전등기 소송에서 원고들에게 일정지분대로 이행을 명한 승소확정판결을 받았고, 그 판결이유 중에 원고들의 피상속인이 부동산을 시효취득한 사실 및 원고들이 소유권이전등기청구권을 공동상속한 사실이 기재되어 있는 경우에는 판결정본과 상속재산협의분할서(상속인 전원의 인감증명 포함) 및 가족관계등록증명정보 등 상속을 증명하는 정보를 제공하여 원고들 중 1인의 단독소유로 하는 소유권이전등기를 신청할 수 있다.

## ♣ 【서식】 상속으로 인한 소유권이전등기신청서

### 소유권이전등기신청(상속)

| 접　수 | 년 월 일 | 처리인 | 등기관 확인 | 각종 통지 |
|---|---|---|---|---|
| | 제　　　호 | | | |

| ① 부동산의 표시 |
|---|
| 1. 서울특별시 서초구 서초동 100<br><br>　　　　대 300㎡<br><br>2. 서울특별시 서초구 서초동 100<br><br>　　[도로명주소] 서울특별시 서초구 서초대로 88길 10<br><br>　　시멘트 벽돌조 슬래브지붕 2층 주택<br><br>　　　　1층 100㎡<br><br>　　　　2층 100㎡<br><br>　　　　　　　이　　　　　　　　상 |

| ② 등기원인과 그 연월일 | 2024년 1월 22일 상속 |
|---|---|
| ③ 등 기 의 목 적 | 소유권이전 |
| ④ 이 전 할 지 분 | |

| 구분 | 성　　　명 | 주민등록<br>번호 | 주　　　　　소 | 상속분 | 지　분<br>(개인별) |
|---|---|---|---|---|---|
| ⑤<br>피상<br>속인 | 망 이도령 | XXXXXX<br>-XXXXXXX | 서울특별시 중구 마장로길<br>88 (황학동) | | |
| ⑥<br>등<br>기<br>권<br>리<br>자 | 김 복 순 | XXXXXX<br>-XXXXXXX | 서울특별시 중구 다동길<br>96 (다동) | 3/7 | 3/7 |
| | 이 대 영 | XXXXXX<br>-XXXXXXX | 서울특별시 중구 다동길<br>96 (다동) | 2/7 | 2/7 |
| | 이 갑 돌 | XXXXXX<br>-XXXXXXX | 서울특별시 중구 다동길<br>96 (다동) | 2/7 | 2/7 |

| ⑦ 시가표준액 및 국민주택채권매입금액 | | |
|---|---|---|
| 부동산 표시 | 부동산별 시가표준액 | 부동산별 국민주택채권매입금액 |
| 1. 주 택 | 금 ○○,○○○,○○○원 | 금 ○○○,○○○ 원 |
| 2. | 금 원 | 금 원 |
| 3. | 금 원 | 금 원 |
| ⑦ 국 민 주 택 채 권 매 입 총 액 | | 금 ○○○,○○○ 원 |
| ⑦ 국 민 주 택 채 권 발 행 번 호 | | ○ ○ ○ |
| ⑧ 취득세(등록면허세) 금○○○,○○○원 | ⑧ 지방교육세 금 ○○,○○○원 | |
| | ⑧ 농어촌특별세 금 ○○,○○○원 | |
| ⑨ 세 액 합 계 | 금 ○○○,○○○ 원 | |
| ⑩ 등 기 신 청 수 수 료 | 금 30,000 원 | |
| | 납부번호 : ○○-○○-○○○○○○○○-○ | |
| | 일괄납부 : 건 원 | |

| ⑪ 첨 부 서 면 | | | |
|---|---|---|---|
| ·가족관계증명서 | 1통 | ·취득세(등록면허세)영수필확인서 | 1통 |
| ·기본증명서 | 1통 | ·등기신청수수료 영수필확인서 | 1통 |
| ·친양자입양관계증명서 | 1통 | ·토지·임야·건축물대장등본 | 각 |
| ·위임장 | 통 | 1통 | |
| ·피상속인 및 상속인의 | | ·제적등본 | 1통 |
| 주민등록표등(초)본 각 1통 | | 〈기 타〉 | |

2024년 1월 22일

⑫ 위 신청인
김 복 순 ㊞ (전화 : 200-7766)
이 대 영 ㊞ (전화 : 200-1111)
이 갑 돌 ㊞ (전화 : 300-3322)

(또는)위 대리인 (전화 : )

서울중앙 지방법원 등기국 귀중

- 신청서 작성요령 -

* 1. 부동산표시란에 2개 이상의 부동산을 기재하는 경우에는 부동산의 일련번호를 기재하여야 합니다.
  2. 신청인란등 해당란에 기재할 여백이 없을 경우에는 별지를 이용합니다.
  3. 담당 등기관이 판단하여 위의 첨부서면 외에 추가적인 서면을 요구할 수 있습니다.

## ♣ 【서식】 상속으로 인한 소유권이전등기신청서(구분건물)

| 소유권이전등기신청(상속) | | | | |
|---|---|---|---|---|
| 접 수 | 년 월 일<br>제    호 | 처리인 | 등기관 확인 | 각종 통지 |

| ① 부동산의 표시 |
|---|
| 1동의 건물의 표시<br>　　　서울특별시 서초구 서초동 100<br>　　　서울특별시 서초구 서초동 101　　　샛별아파트 가동<br>　　　[도로명주소] 서울특별시 서초구 서초대로 88길 10<br>전유부분의 건물의 표시<br>　　　건물의 번호  1-101<br>　　　구　　　조  철근콘크리트조<br>　　　면　　　적  1층 101호 86.03㎡<br>대지권의 표시<br>　　　토지의 표시<br>　　　　1. 서울특별시 서초구 서초동 100　　　　　대 1,400㎡<br>　　　　2. 서울특별시 서초구 서초동 101　　　　　대 1,600㎡<br>　　　대지권의 종류  소유권<br>　　　대지권의 비율 1,2 : 3,000분의 500<br>　　　　　　　　　이　　　　　　　　　상 |

| ② 등기원인과 그 연월일 | 2024년 1월 22일    상속 |
|---|---|
| ③ 등 기 의 목 적 | 소유권이전 |
| ④ 이 전 할 지 분 | |

| 구분 | 성    명 | 주민등록<br>번호 | 주    소 | 상속분 | 지 분<br>(개인별) |
|---|---|---|---|---|---|
| ⑤<br>피상<br>속인 | 망 이도령 | XXXXXX<br>-XXXXXXX | 서울특별시 중구 마장로길<br>88 (황학동) | | |
| ⑥<br>등<br>기<br>권<br>리<br>자 | 김 복 순 | XXXXXX<br>-XXXXXXX | 서울특별시 중구 다동길<br>96 (다동) | 3/7 | 3/7 |
| | 이 대 영 | XXXXXX<br>-XXXXXXX | 서울특별시 중구 다동길<br>96 (다동) | 2/7 | 2/7 |
| | 이 갑 돌 | XXXXXX<br>-XXXXXXX | 서울특별시 중구 다동길<br>96 (다동) | 2/7 | 2/7 |

<table>
<tr><td colspan="4">⑦ 시가표준액 및 국민주택채권매입금액</td></tr>
<tr><td>부동산 표시</td><td colspan="2">부동산별 시가표준액</td><td>부동산별 국민주택채권매입금액</td></tr>
<tr><td>1. 주 택</td><td colspan="2">금 ○○,○○○,○○○원</td><td>금 ○○○,○○○ 원</td></tr>
<tr><td>2.</td><td colspan="2">금 원</td><td>금 원</td></tr>
<tr><td>3.</td><td colspan="2">금 원</td><td>금 원</td></tr>
<tr><td colspan="3">⑦ 국 민 주 택 채 권 매 입 총 액</td><td>금 ○○○,○○○ 원</td></tr>
<tr><td colspan="3">⑦ 국 민 주 택 채 권 발 행 번 호</td><td>○ ○ ○</td></tr>
<tr><td colspan="2" rowspan="2">⑧ 취득세(등록면허세) 금○○○,○○○원</td><td colspan="2">⑧ 지방교육세 금 ○○,○○○원</td></tr>
<tr><td colspan="2">⑧ 농어촌특별세 금 ○○,○○○원</td></tr>
<tr><td colspan="2">⑨ 세 액 합 계</td><td colspan="2">금 ○○○,○○○ 원</td></tr>
<tr><td colspan="2" rowspan="3">⑩ 등 기 신 청 수 수 료</td><td colspan="2">금 15,000 원</td></tr>
<tr><td colspan="2">납부번호 : ○○-○○-○○○○○○○○-○</td></tr>
<tr><td colspan="2">일괄납부 : 건 원</td></tr>
<tr><td colspan="4">⑪ 첨 부 서 면</td></tr>
<tr><td colspan="2">·가족관계증명서 1통<br>·기본증명서 1통<br>·친양자입양관계증명서 1통<br>·제적등본 1통<br>·위임장 통<br>·취득세(등록면허세)영수필확인서 1통</td><td colspan="2">·등기신청수수료 영수필확인서 1통<br>·토지대장등본 2통<br>·집합건물대장등본 1통<br>·피상속인 및 상속인의<br>주민등록표등(초)본 각1통<br>〈기 타〉</td></tr>
<tr><td colspan="4">2024년 1월 22일<br>⑫ 위 신청인 김 복 순 ㊞ (전화 : 200-7766)<br>이 대 영 ㊞ (전화 : 200-7766)<br>이 강 돌 ㊞ (전화 : 200-7766)<br><br>(또는)위 대리인 (전화 : )<br><br>서울중앙 지방법원 등기국 귀중</td></tr>
</table>

- 신청서 작성요령 -

* 1. 부동산표시란에 2개 이상의 부동산을 기재하는 경우에는 부동산의 일련번호를 기재하여야 합니다.
2. 신청인란등 해당란에 기재할 여백이 없을 경우에는 별지를 이용합니다.
3. 담당 등기관이 판단하여 위의 첨부서면 외에 추가적인 서면을 요구할 수 있습니다.

## ♣【서식】소유권이전등기(상속재산 협의분할)신청서

<table>
<tr><td colspan="6" align="center">소유권이전등기신청<br>(협의분할에 의한 상속)</td></tr>
<tr><td rowspan="2">접　수</td><td>년 월 일</td><td rowspan="2">처리인</td><td>등기관 확인</td><td>각종 통지</td></tr>
<tr><td>제　　　호</td><td></td><td></td></tr>
</table>

<table>
<tr><td colspan="6" align="center">① 부동산의 표시</td></tr>
<tr><td colspan="6">
1. 서울특별시 서초구 서초동 100<br>
　　　대 300㎡<br>
2. 서울특별시 서초구 서초동 100<br>
　　[도로명주소] 서울특별시 서초구 서초대로 88길 10<br>
　　시멘트 벽돌조 슬래브지붕 2층 주택<br>
　　　1층 100㎡<br>
　　　2층 100㎡<br>
이　　　　　상
</td></tr>
<tr><td colspan="2">② 등기원인과 그 연월일</td><td colspan="4">2024년 1월 22일 협의분할에 의한 상속</td></tr>
<tr><td colspan="2">③ 등 기 의 목 적</td><td colspan="4">소유권이전</td></tr>
<tr><td colspan="2">④ 이 전 할 지 분</td><td colspan="4"></td></tr>
<tr><td>구분</td><td>성　　명</td><td>주민등록<br>번호</td><td>주　　　소</td><td>상속분</td><td>지 분<br>(개인별)</td></tr>
<tr><td>⑤<br>피상속인</td><td>망 이 대 백</td><td>XXXXXX-X<br>XXXXXX</td><td>서울특별시 중구 마장로<br>길 88 (황학동)</td><td></td><td></td></tr>
<tr><td>⑥<br>등기권리자</td><td>이 갑 동</td><td>XXXXXX-X<br>XXXXXX</td><td>서울특별시 중구 다동길<br>96 (다동)</td><td></td><td></td></tr>
</table>

| ⑦ 시가표준액 및 국민주택채권매입금액 | | |
|---|---|---|
| 부동산 표시 | 부동산별 시가표준액 | 부동산별 국민주택채권매입금액 |
| 1. 주 택 | 금 ○○,○○○,○○○원 | 금   ○○○,○○○ 원 |
| 2. | 금          원 | 금          원 |
| 3. | 금          원 | 금          원 |
| ⑦ 국 민 주 택 채 권 매 입 총 액 | 금   ○○○,○○○ 원 | |
| ⑦ 국 민 주 택 채 권 발 행 번 호 | ○ ○ ○ | |
| ⑧ 취득세(등록면허세) 금○○○,○○○원 | ⑧ 지방교육세 금 ○○,○○○원 | |
| | ⑧ 농어촌특별세 금 ○○,○○○원 | |
| ⑨ 세    액    합    계 | 금           ○○○,○○○ 원 | |
| ⑩ 등 기 신 청 수 수 료 | 금              30,000 원 | |
| | 납부번호 : ○○-○○-○○○○○○○○-○ | |
| | 일괄납부 :        건         원 | |

| ⑪ 첨    부    서    면 | |
|---|---|
| ·위임장                    통 | ·토지 · 임야 · 건축물대장등본    각1통 |
| ·가족관계증명서              1통 | ·제적등본                    1통 |
| ·기본증명서                  1통 | 〈기 타〉 |
| ·친양자입양관계증명서          1통 | ·상속재산분할협의서             1통 |
| ·피상속인 및 상속인의 | ·인감증명서 또는 본인서명사실 |
| 주민등록표등(초)본          각1통 | 확인서(상속인)              각1통 |
| ·취득세(등록면허세)영수필확인서   1통 | |
| ·등기신청수수료 영수필확인서     1통 | |

2024년   1월   22일

⑫ 위 신청인       이    갑    동    ⑪  (전화 : 300-7766)

(또는)위 대리인                        (전화 :        )

서울중앙 지방법원              등기국 귀중

─ 신청서 작성요령 ─

* 1. 부동산표시란에 2개 이상의 부동산을 기재하는 경우에는 부동산의 일련번호를 기재하
여야 합니다.
 2. 신청인란등 해당란에 기재할 여백이 없을 경우에는 별지를 이용합니다.
 3. 담당 등기관이 판단하여 위의 첨부서면 외에 추가적인 서면을 요구할 수 있습니다.

<table>
<tr><th colspan="3">위　　　임　　　장</th></tr>
<tr><td>① 부동산의 표시</td><td colspan="2">1. 서울특별시 서초구 서초동 100<br>대 100㎡<br>2. 서울특별시 서초구 서초동 100<br>[도로명주소] 서울특별시 서초구 서초대로 88길 10<br>시멘트 벽돌조 슬래브지붕 2층 주택<br>1층 100㎡<br>2층 100㎡<br>이　　　상</td></tr>
<tr><td>② 등기원인과 그 연월일</td><td colspan="2">2024년 1월 22일 근저당권설정계약</td></tr>
<tr><td>③ 등 기 의 목 적</td><td colspan="2">근저당권설정</td></tr>
<tr><td>④</td><td colspan="2"></td></tr>
<tr><td colspan="2">⑤ 위 임 인</td><td>⑥ 대 리 인</td></tr>
<tr><td colspan="2">등기의무자 : 이 대 백 ㊞<br>서울특별시 서초구 서초대로 88길 20<br>(서초동)<br><br>등기권리자 : 홍 길 동 ㊞<br>서울특별시 광진구 군자로 33길<br>10(화양동)</td><td>김 갑 돌<br>서울특별시 중구 다동길 96 (다동)<br><br>위 사람을 대리인으로 정하고 위 부동산 등기신청 및 취하에 관한 모든 행위를 위임한다. 또한 복대리인 선임을 허락한다.<br><br>⑦ 2024년 1월 22일</td></tr>
</table>

## ♣ 【서식】 협의분할에 의한 소유권이전등기신청서(구분건물)

<table>
<tr>
<td colspan="5" align="center">소유권이전등기신청<br>(협의분할에 의한 상속)</td>
</tr>
<tr>
<td rowspan="2">접　수</td>
<td colspan="2">년 월 일</td>
<td rowspan="2">처리인</td>
<td>등기관 확인</td>
<td>각종 통지</td>
</tr>
<tr>
<td colspan="2">제　　　호</td>
<td></td>
<td></td>
</tr>
</table>

<table>
<tr>
<td colspan="6" align="center">① 부동산의 표시</td>
</tr>
<tr>
<td colspan="6">
1동의 건물의 표시<br>
　　　　서울특별시 서초구 서초동 100<br>
　　　　서울특별시 서초구 서초동 101　　　샛별아파트 가동<br>
　　　　[도로명주소] 서울특별시 서초구 서초대로 88길 10<br>
전유부분의 건물의 표시<br>
　　　건물의 번호　1-101<br>
　　　구　　　　조　철근콘크리트조<br>
　　　면　　　　적　1층 101호 86.03㎡<br>
대지권의 표시<br>
　　　토지의 표시<br>
　　　1. 서울특별시 서초구 서초동 100　　　　　대 1,400㎡<br>
　　　2. 서울특별시 서초구 서초동 101　　　　　대 1,600㎡<br>
　　　대지권의 종류　소유권<br>
　　　대지권의 비율 1,2 : 3,000분의 500<br>
　　　　　　　　　　　이　　　　　　　　상
</td>
</tr>
<tr>
<td colspan="2">② 등기원인과 그 연월일</td>
<td colspan="4">2024년 1월 22일 협의분할에 의한 상속</td>
</tr>
<tr>
<td colspan="2">③ 등 기 의 목 적</td>
<td colspan="4">소유권이전</td>
</tr>
<tr>
<td colspan="2">④ 이 전 할 지 분</td>
<td colspan="4"></td>
</tr>
<tr>
<td>구분</td>
<td>성　　명</td>
<td>주민등록<br>번호</td>
<td>주　　　　소</td>
<td>상속분</td>
<td>지　분<br>(개인별)</td>
</tr>
<tr>
<td>⑤<br>피<br>상<br>속<br>인</td>
<td>망 이대백</td>
<td>XXXXXX-X<br>XXXXXX</td>
<td>서울특별시 중구 마장로<br>길 88 (황학동)</td>
<td></td>
<td></td>
</tr>
<tr>
<td>⑥<br>등<br>기<br>권<br>리<br>자</td>
<td>이갑동</td>
<td>XXXXXX-X<br>XXXXXX</td>
<td>서울특별시 서초구 서초대로<br>88길 10, 가동 101호(서초<br>동, 샛별아파트)</td>
<td></td>
<td></td>
</tr>
</table>

| ⑦ 시가표준액 및 국민주택채권매입금액 | | |
|---|---|---|
| 부동산 표시 | 부동산별 시가표준액 | 부동산별 국민주택채권매입금액 |
| 1. 주 택 | 금 ○○,○○○,○○○원 | 금 ○○○,○○○ 원 |
| 2. | 금 원 | 금 원 |
| 3. | 금 원 | 금 원 |
| ⑦ 국 민 주 택 채 권 매 입 총 액 | | 금 ○○○,○○○ 원 |
| ⑦ 국 민 주 택 채 권 발 행 번 호 | | ○ ○ ○ |

| | |
|---|---|
| ⑧ 취득세(등록면허세) 금○○○,○○○원 | ⑧ 지방교육세 금 ○○,○○○원<br>⑧ 농어촌특별세 금 ○○,○○○원 |
| ⑨ 세 액 합 계 | 금 ○○○,○○○ 원 |
| ⑩ 등 기 신 청 수 수 료 | 금 15,000 원<br>납부번호 : ○○-○○-○○○○○○○○-○<br>일괄납부 : 건 원 |

| ⑪ 첨 부 서 면 | |
|---|---|
| ·제적등본 1통<br>·위임장 통<br>·가족관계증명서 1통<br>·기본증명서 1통<br>·친양자입양관계증명서 1통<br>·취득세(등록면허세)영수필확인서 1통<br>·등기신청수수료 영수필확인서 1통 | ·토지대장등본 2통<br>·집합건축물대장등본 1통<br>·피상속인 및 상속인의 주민등록표등(초)본 각1통<br>〈기 타〉<br>·상속재산분할협의서 1통<br>·인감증명서 또는 본인서명사실 확인서(상속인) 각1통 |

2024년 1월 22일

⑫ 위 신청인 이 갑 돌 ㊞ (전화 : 300-7766)

(또는)위 대리인 (전화 : )

서울중앙 지방법원 등기국 귀중

– 신청서 작성요령 –

* 1. 부동산표시란에 2개 이상의 부동산을 기재하는 경우에는 부동산의 일련번호를 기재하여야 합니다.
2. 신청인란등 해당란에 기재할 여백이 없을 경우에는 별지를 이용합니다.
3. 담당 등기관이 판단하여 위의 첨부서면 외에 추가적인 서면을 요구할 수 있습니다.

## ♣ 【서식】 상속재산분할협의서

### 상속재산분할협의서

　20○○년 ○월 ○일 ○○시 ○○구 ○○동 ○○번지 김○○(金○○)의 사망으로 인하여 개시한 상속에 있어 공동상속인 김○○, 김○○, 김○○ 등은 다음과 같이 상속재산을 분할할 것을 협의한다.
　1. 상속재산중 채권은 ○○○원은 홍○○의 소유로 한다.
　1. 상속재산중 주식회사 ○○의 주식 ○○○주는 김○○의 소유로 한다.
　1. 상속재산중 ○○시 ○○구 ○○동 ○○대 200㎡는 홍○○의 소유로 한다,
　위 협의를 증명하기 위하여 협의서 3통을 작성하고 아래와 같이 서명날인하여 각 1통씩 보유한다.

20○○년 ○월 ○일

성　명 : 김 ○ ○ ㉛
○○○○○○-○○○○○○○
주　소 :
성　명 : 김 ○ ○ ㉛
○○○○○○-○○○○○○○
주　소 :
성　명 : 김 ○ ○ ㉛
○○○○○○-○○○○○○○
주　소 :

**주**　공동상속인 전원이 참가하여 그 중 1인만이 상속재산 전부를 받고 나머지 상속인들은 상속재산을 받지 않기로 하는 상속재산분할협의를 하여 그에 따른 상속등기를 할 수도 있다.

## ♣【서식】상속재산분할협의서2

# 상 속 재 산 분 할 협 의 서

　20○○년 ○월 ○일 서울 서초구 서초동 123-45 홍길동의 사망으로 인하여 개시된 상속에 있어 공동상속인 김갑순, 홍일동, 홍이동, 홍삼동은 다음과 같이 상속재산을 분할하기로 협의한다.

1. 상속재산 중 서울 서초구 서초동 123-45 대 138㎡는 김갑순의 소유로 한다.
2. 상속재산 중 ○○주식회사의 보통주식 ○○주는 홍일동의 소유로 한다.
3. 상속재산 중 ○○은행 ○○동 지점에 예금된 금 500만원은 홍이동의 소유로, ○○은행 ○○동 지점에 예금된 금 1,000만원은 홍삼동의 소유로 한다.
4. (기타사항)

　위 협의의 성립을 증명하기 위하여 이 협의서 4통을 작성하고 아래에 각자 기명날인하여 1통씩 보관한다.

20○○년　○월　○일

공동상속인　김 갑 순 (인)
서울 서초구 서초동 123-45
공동상속인　홍 일 동 (인)
서울 서초구 서초동 123-45
공동상속인　홍 이 동 (인)
서울 서초구 서초동 123-45
공동상속인　홍 삼 동 (인)
서울 서초구 서초동 123-45

※ 상속재산의 협의분할은 상속인 전원이 참석해서 하여야 하며, 공동상속인 중에 미성년자가 있는 경우에는 특별대리인을 선임하여야 합니다.

## 선 례

① 공동상속인 중 1인이 사망한 후 상속재산분할협의에 의한 소유권경정등기의 가부(소극)
피상속인의 사망으로 그 소유 부동산에 관하여 재산상속(법정 상속분) 등기가 경료된
후, 공동상속인(갑, 을, 병) 중 어느 1인(갑)이 사망하였다면 그 공동상속등기에 대해서
는 상속재산분할협의서에 의한 소유권경정등기를 할 수 없는바, 이는 위 을, 병과 갑의
상속인 사이에 상속재산 협의분할을 원인으로 한 지분이전등기절차의 이행을 명하는
조정에 갈음하는 결정이 확정된 경우에도 마찬가지이다. (2005. 03. 29. 부등
3402-155 질의회답) 참조판례 : 2004. 9. 3.자 2004마599 결정

② 상속인 중 외국국적 취득자가 자신의 지분을 포기하는 내용으로 상속재산분할협의가
이루어진 경우 그 등기절차 등
상속인 중 외국국적을 취득한 자가 자신의 상속 부동산에 관한 지분을 포기하는 내용
으로 상속재산분할 협의가 이루어진 경우, 그에 따른 상속등기를 신청함에 있어서는 상
속관계를 증명하는 서면(호적 및 제적등본), 상속재산분할협의서, 위 협의서 중 외국국
적 취득자의 서명이 본인의 것임에 틀림이 없다는 취지의 당해 외국 공관의 증명서 또
는 이에 관한 공정증서를 제출하여야 하며, 외국국적 취득자의 제적등본은 본적지의
시·구·읍·면에서 발급받을 수 있을 것이다. (1991.1.28. 등기 제214호)

## ♣ 【서식】 소유권이전등기(상속일부포기)신청서

### 소유권이전등기(상속일부포기)신청

| 접　수 | 년　월　일 | 처리인 | 등기관 확인 | 각종 통지 |
|---|---|---|---|---|
| | 제　　　호 | | | |

| | |
|---|---|
| 부동산의 표시 | |

○○시 ○○구 ○○동 ○○번지

대 200㎡

이　　　　　　　상

| 등기원인과그연월일 | 20○○년 ○월 ○일 상속일부포기 |
|---|---|
| 등 기 의 목 적 | 소유권(일부)이전 |
| 이 전 할 지 분 | |

| 구분 | 성　명<br>(상호·명칭) | 주민등록번호<br>(등기용등록<br>번호) | 주 소<br>(소재지) | 지 분<br>(개인별) |
|---|---|---|---|---|
| 등기의무자 | 망 김 ○ ○ | | ○○시 ○○구 ○○동 ○○번지 | |
| 등기권리자 | 김 ○ ○ | 510120-123<br>4567 | ○○시 ○○구 ○○동 ○○번지 | |
| | 김 ○ ○ | 610120-123<br>4567 | ○○시 ○○구 ○○동 ○○번지 | |

## 시가표준액 및 국민주택채권매입금액

<table>
<tr><td>부동산표시</td><td colspan="3">부동산별 시가표준액</td><td colspan="2">부동산별 국민주택채권매입금액</td></tr>
<tr><td>1. 200㎡</td><td colspan="3">금 ○○○○○ 원</td><td colspan="2">금 ○○○ 원</td></tr>
<tr><td>2.</td><td colspan="3">금 원</td><td colspan="2">금 원</td></tr>
<tr><td>3.</td><td colspan="3">금 원</td><td colspan="2">금 원</td></tr>
<tr><td colspan="4">국 민 주 택 채 권 매 입 총 액</td><td colspan="2">금 ○○○ 원</td></tr>
<tr><td colspan="4">국 민 주 택 채 권 발 행 번 호</td><td colspan="2">○○○</td></tr>
<tr><td>등록면허세</td><td>금 ○○○ 원</td><td colspan="2">지방교육세</td><td colspan="2">금 ○○○ 원</td></tr>
<tr><td colspan="2">세 액 합 계</td><td colspan="4">금 원</td></tr>
<tr><td colspan="2">등 기 신 청 수 수 료</td><td colspan="4">금 원</td></tr>
<tr><td colspan="6">첨 부 서 면</td></tr>
<tr><td colspan="3">· 가족관계증명서 1통<br>· 기본증명서 1통<br>· 친양자입양관계증명서 1통<br>· 제적등본 1통<br>· 피상속인 및 상속인의<br>· 주민등록표등(초)본 1통<br>· 등록면허세영수필확인서 1통</td><td colspan="3">· 토지·임야·건축물대장 1통<br>· 신청서 부본 1통<br>· 위임장 1통<br>〈기 타〉</td></tr>
<tr><td colspan="6">20○○년 ○월 ○일<br><br>위 신청인 김 ○ ○ [인] (전화 : )<br>김 ○ ○ [인] (전화 : )<br>(또는) 위 대리인 ○○법무사 사무소 (전화 : )<br>법무사 ○ ○ ○<br>지방법원 등기소 귀중</td></tr>
</table>

- 신청서 작성요령 -

* 1. 부동산표시란에 2개 이상의 부동산을 기재하는 경우에는 부동산의 일련번호를 기재하여야 합니다.
2. 신청인란등 해당란에 기재할 여백이 없을 경우에는 별지를 이용합니다.
3. 담당 등기관이 판단하여 위의 첨부서면 외에 추가적인 서면을 요구할 수 있습니다.

&lt;별 지&gt;

---

## 상속인의 표시

망  김○○의 재산상속인
　　○○시 ○○구 ○○동 ○○번지

지  분  ○분지 ○  이  ○  ○
　　　　○○○○○○－○○○○○○○
　　　　○○시 ○○구 ○○동 ○○번지

지  분  ○분지 ○  김  ○  ○
　　　　○○○○○○－○○○○○○○
　　　　○○시 ○○구 ○○동 ○○번지

지  분  ○분지 ○  김  ○  ○
　　　　○○○○○○－○○○○○○○
　　　　○○시 ○○구 ○○동 ○○번지

지  분  ○분지 ○  김  ○  ○
　　　　○○○○○○－○○○○○○○
　　　　○○시 ○○구 ○○동 ○○번지

지  분  ○분지 ○  김  ○  ○
　　　　○○○○○○－○○○○○○○
　　　　○○시 ○○구 ○○동 ○○번지

---

## 【위임장】

<table>
<tr>
<td colspan="2" align="center">위    임    장</td>
</tr>
<tr>
<td>부<br>동<br>산<br>의<br>표<br>시</td>
<td align="center">○○시 ○○구 ○○동 ○○번지<br>대 200㎡<br><br><br>이                상</td>
</tr>
<tr>
<td>등 기 원 인 과 그 연 월 일</td>
<td>20○○년 ○월 ○일 상속일부포기</td>
</tr>
<tr>
<td>등 기 의 목 적</td>
<td>소유권(일부)이전</td>
</tr>
<tr>
<td></td>
<td></td>
</tr>
<tr>
<td align="center">(신청인)<br><br><br>별지와 같음</td>
<td>(대리인) 법무사 ○ ○ ○<br><br>○○시 ○○구 ○○동 ○○번지<br><br>위 사람을 대리인으로 정하고 위 부동산 등기신청 및 취하에 관한 모든 행위를 위임한다. 또한 복대리인 선임을 허락한다.<br><br>20○○년 ○월 ○일</td>
</tr>
</table>

## ♣【서식】소유권이전등기(상속포기자제외상속)신청서

| 소유권이전등기(상속포기자 제외상속)신청 | | | | |
|---|---|---|---|---|
| 접　수 | 년　월　일<br>제　　　　호 | 처리인 | 등기관 확인 | 각종 통지 |

| 부동산의 표시 |
|---|
| ○○시 ○○구 ○○동 ○○번지<br><br>대 200㎡<br><br><br>이　　　　　　　상 |

| 등기원인과그연월일 | 20○○년 ○월 ○일 상속포기자 제외상속 |
|---|---|
| 등 기 의 목 적 | 소유권(일부)이전 |
| 이 전 할 지 분 | |
| | |

| 구분 | 성　명<br>(상호·명칭) | 주민등록번호<br>(등기용등<br>록번호) | 주　소<br>(소재지) | 지 분<br>(개인별) |
|---|---|---|---|---|
| 등기의무자 | 망 김 ○ ○ | | ○○시 ○○구 ○○동 ○○번지 | |
| 등기권리자 | 김 ○ ○ | 510120-12<br>34567 | ○○시 ○○구 ○○동 ○○번지 | |

<table>
<tr><th colspan="4">시가표준액 및 국민주택채권매입금액</th></tr>
<tr><td>부동산표시</td><td>부동산별 시가표준액</td><td colspan="2">부동산별 국민주택채권매입금액</td></tr>
<tr><td>1. 200㎡</td><td>금 ○○○○○ 원</td><td colspan="2">금 ○○○ 원</td></tr>
<tr><td>2.</td><td>금 원</td><td colspan="2">금 원</td></tr>
<tr><td>3.</td><td>금 원</td><td colspan="2">금 원</td></tr>
<tr><td colspan="2">국 민 주 택 채 권 매 입 총 액</td><td colspan="2">금 ○○○ 원</td></tr>
<tr><td colspan="2">국 민 주 택 채 권 발 행 번 호</td><td colspan="2">○○○</td></tr>
<tr><td>등록면허세</td><td>금 ○○○ 원</td><td>지방교육세</td><td>금 ○○○ 원</td></tr>
<tr><td colspan="2">세 액 합 계</td><td colspan="2">금 원</td></tr>
<tr><td colspan="2">등 기 신 청 수 수 료</td><td colspan="2">금 원</td></tr>
<tr><th colspan="4">첨 부 서 면</th></tr>
<tr><td colspan="2">· 가족관계증명서 1통<br>· 기본증명서 1통<br>· 친양자입양관계증명서 1통<br>· 제적등본 1통<br>· 피상속인 및 상속인의<br>주민등록표등(초)본 1통<br>· 등록면허세영수필확인서 1통</td><td colspan="2">· 토지·임야·건축물대장 1통<br>· 신청서 부본 1통<br>· 위임장 1통<br>〈기 타〉</td></tr>
<tr><td colspan="4">20○○년 ○월 ○일<br><br>위 신청인 김 ○ ○ ㊞ (전화 : )<br><br>(또는) 위 대리인 ○○법무사 사무소 (전화 : )<br><br>법무사 ○ ○ ○<br><br>지방법원 등기소 귀중</td></tr>
</table>

- 신청서 작성요령 -

* 1. 부동산표시란에 2개 이상의 부동산을 기재하는 경우에는 부동산의 일련번호를 기재하여야 합니다.
2. 신청인란등 해당란에 기재할 여백이 없을 경우에는 별지를 이용합니다.
3. 담당 등기관이 판단하여 위의 첨부서면 외에 추가적인 서면을 요구할 수 있습니다.

## 【위임장】

| 위 임 장 | |
|---|---|
| 부동산의 표시 | ○○시 ○○구 ○○동 ○○번지<br>대 200㎡<br><br>이 상 |
| 등기원인과 그 연월일 | 20○○년 ○월 ○일 상속포기자 제외상속 |
| 등 기 의 목 적 | 소유권(일부)이전 |
| | |
| (신청인) 김 ○ ○ [인]<br><br>○○시 ○○구 ○○동 ○○번지 | (대리인) 법무사 ○ ○ ○<br><br>○○시 ○○구 ○○동 ○○번지<br><br>위 사람을 대리인으로 정하고 위 부동산 등기신청 및 취하에 관한 모든 행위를 위임한다. 또한 복대리인 선임을 허락한다.<br><br>20○○년 ○월 ○일 |

## ♣ 【서식】 소유권이전등기(특별수익자제외상속)신청서

<table>
<tr>
<td colspan="6" align="center">소유권이전등기<br>(특별수익자제외상속)신청</td>
</tr>
<tr>
<td rowspan="2">접　수</td>
<td>년　월　일</td>
<td rowspan="2">처리인</td>
<td>등기관 확인</td>
<td>각종 통지</td>
</tr>
<tr>
<td>제　　　호</td>
<td></td>
<td></td>
</tr>
</table>

<table>
<tr>
<td colspan="5" align="center">부동산의 표시</td>
</tr>
<tr>
<td colspan="5">
○○시 ○○구 ○○동 ○○번지<br><br>
대 <i>200</i>㎡<br><br><br>
이　　　　　　　상
</td>
</tr>
<tr>
<td>등기원인과그연월일</td>
<td colspan="4">20○○년 ○월 ○일　특별수익자제외상속</td>
</tr>
<tr>
<td>등 기 의 목 적</td>
<td colspan="4">소유권(일부)이전</td>
</tr>
<tr>
<td>이 전 할 지 분</td>
<td colspan="4"></td>
</tr>
<tr>
<td></td>
<td colspan="4"></td>
</tr>
<tr>
<td>구분</td>
<td>성 명<br>(상호·명칭)</td>
<td>주민등록번호<br>(등기용등록<br>번호)</td>
<td>주 소<br>(소재지)</td>
<td>지 분<br>(개인별)</td>
</tr>
<tr>
<td>등기의무자</td>
<td>망 김○○</td>
<td></td>
<td>○○시 ○○구 ○○동 ○○번지</td>
<td></td>
</tr>
<tr>
<td>등기권리자</td>
<td>김 ○ ○</td>
<td>510120-123<br>4567</td>
<td>○○시 ○○구 ○○동 ○○번지</td>
<td></td>
</tr>
</table>

| 시가표준액 및 국민주택채권매입금액 | | |
|---|---|---|
| 부동산표시 | 부동산별 시가표준액 | 부동산별 국민주택채권매입금액 |
| 1. 200㎡ | 금    ○○○○○    원 | 금    ○○○    원 |
| 2. | 금    원 | 금    원 |
| 3. | 금    원 | 금    원 |
| 국 민 주 택 채 권 매 입 총 액 | 금    ○○○    원 | |
| 국 민 주 택 채 권 발 행 번 호 | ○○○ | |
| 등록면허세  금  ○○○  원 | 지방교육세  금  ○○○  원 | |
| 세 액 합 계 | 금    원 | |
| 등 기 신 청 수 수 료 | 금    원 | |

첨    부    서    면

| | | | |
|---|---|---|---|
| · 가족관계증명서 | 1통 | · 토지·임야·건축물대장 | 1통 |
| · 기본증명서 | 1통 | · 신청서 부본 | 1통 |
| · 친양자입양관계증명서 | 1통 | · 위임장 | 1통 |
| · 제적등본 | 1통 | 〈기 타〉 | |
| · 피상속인 및 상속인의 | | | |
| 주민등록표등(초)본 | 1통 | | |
| · 등록면허세영수필확인서 | 1통 | | |

20○○년 ○월 ○일

위 신청인    긴  ○  ○  ⑪    (전화 :        )

(또는) 위 대리인 ○○법무사 사무소    (전화 :        )

법무사 ○  ○  ○

지방법원        등기소 귀중

- 신청서 작성요령 -

* 1. 부동산표시란에 2개 이상의 부동산을 기재하는 경우에는 부동산의 일련번호를 기재하여야 합니다.
  2. 신청인란등 해당란에 기재할 여백이 없을 경우에는 별지를 이용합니다.
  3. 담당 등기관이 판단하여 위의 첨부서면 외에 추가적인 서면을 요구할 수 있습니다.

## 【위임장】

| | 위 임 장 |
|---|---|
| 부 동 산 의 표 시 | ○○시 ○○구 ○○동 ○○번지<br><br>대 200㎡<br><br><br>이                    상 |

| 등 기 원 인 과 그 연 월 일 | 20○○년 ○월 ○일 상속포기자 제외상속 |
|---|---|
| 등 기 의 목 적 | 소유권(일부)이전 |
| | |

| (신청인) ○ ○ ○<br><br>　　○○시 ○○구 ○○동 ○○번지 | (대리인) 법무사 ○ ○ ○<br><br>　　○○시 ○○구 ○○동 ○○번지<br><br>위 사람을 대리인으로 정하고 위 부동산<br>등기신청 및 취하에 관한 모든 행위를<br>위임한다. 또한 복대리인 선임을 허락한다.<br><br>　　　　20○○년 ○월 ○일 |

**【증명서】**

## 증　명　서


　본인은 피상속인 ○의 생전에 ○○자금으로 상속분 상당의 재산의 증여를 받았으므로 피상속인 사망으로 인한 상속재산에 관하여는 상속할 상속분이 없음을 증명합니다.



20○○년 ○월 ○일




망 김 ○ ○ 재산상속인
○○시 ○○구 ○○동 ○○번지
김 ○ ○ ㉙
○○시 ○○구 ○○동 ○○번지

주  특별수익자가 자기의 상속분이 없음을 증명하는 서면이다.

## ♣ 【서식】 소유권이전등기(실종으로인한상속)신청서

| | | 소유권이전등기(실종으로인한상속)신청 | | | |
|---|---|---|---|---|---|

| 접　수 | 년　월　일 | 처리인 | 등기관 확인 | 각종 통지 |
|---|---|---|---|---|
| | 제　　　호 | | | |

| 부동산의 표시 | |
|---|---|

○○시 ○○구 ○○동 ○○번지

대 200㎡

이　　　　　　상

| 등기원인과그연월일 | 20○○년 ○월 ○일 실종으로 인한 상속 |
|---|---|
| 등 기 의 목 적 | 소유권(일부)이전 |
| 이 전 할 지 분 | |

| 구분 | 성　명<br>(상호·명칭) | 주민등록번호<br>(등기용등록번호) | 주　소<br>(소재지) | 지　분<br>(개인별) |
|---|---|---|---|---|
| 등기의무자 | 망 김 ○ ○ | | ○○시 ○○구 ○○동 ○○번지 | |
| 등기권리자 | 김 ○ ○ | 510120-1234567 | ○○시 ○○구 ○○동 ○○번지 | |

## 시가표준액 및 국민주택채권매입금액

| 부동산표시 | 부동산별 시가표준액 | | 부동산별 국민주택채권매입금액 | |
|---|---|---|---|---|
| 1. 200㎡ | 금 ○○○○○ | 원 | 금 ○○○ | 원 |
| 2. | 금 | 원 | 금 | 원 |
| 3. | 금 | 원 | 금 | 원 |
| 국 민 주 택 채 권 매 입 총 액 | | | 금 ○○○ | 원 |
| 국 민 주 택 채 권 발 행 번 호 | | | ○○○ | |
| 등록면허세 | 금 ○○○ 원 | | 지방교육세 | 금 ○○○ 원 |
| 세 액 합 계 | 금 | | | 원 |
| 등 기 신 청 수 수 료 | 금 | | | 원 |

### 첨 부 서 면

| | | | | |
|---|---|---|---|---|
| · 가족관계증명서 | 1통 | · 토지·임야·건축물대장 | 1통 |
| · 기본증명서 | 1통 | · 신청서 부본 | 1통 |
| · 친양자입양관계증명서 | 1통 | · 위임장 | 1통 |
| · 제적등본 | 1통 | 〈기 타〉 | |
| · 피상속인 및 상속인의 | | | |
| 주민등록표등(초)본 | 1통 | | |
| · 등록면허세영수필확인서 | 1통 | | |

20○○년 ○월 ○일

위 신청인    긴 ○ ○ ⑨    (전화 :        )

(또는) 위 대리인 ○○법무사 사무소    (전화 :        )

법무사 ○ ○ ○

지방법원        등기소 귀중

- 신청서 작성요령 -

* 1. 부동산표시란에 2개 이상의 부동산을 기재하는 경우에는 부동산의 일련번호를 기재하여야 합니다.
  2. 신청인란등 해당란에 기재할 여백이 없을 경우에는 별지를 이용합니다.
  3. 담당 등기관이 판단하여 위의 첨부서면 외에 추가적인 서면을 요구할 수 있습니다.

## <별 지>

상속인의 표시

　망 긴 ○ ○ 상속인

　　○○시 ○○구 ○○동 ○○번지


지분　○분지 ○ 긴 ○ ○

　　　510120-1234567

　　　○○시 ○○구 ○○동 ○○번지


지분　○분지 ○ 긴 ○ ○

　　　610120-1234567

　　　○○시 ○○구 ○○동 ○○번지

<table>
<tr><td colspan="3">위 임 장</td></tr>
<tr><td>부동산의 표시</td><td colspan="2">○○시 ○○구 ○○동 ○○번지<br>대 200㎡<br><br>이 상</td></tr>
<tr><td colspan="2">등기원인과 그 연월일</td><td>20○○년 ○월 ○일 실종으로 인한 상속</td></tr>
<tr><td colspan="2">등기의 목적</td><td>소유권(일부)이전</td></tr>
<tr><td colspan="2"></td><td></td></tr>
<tr><td colspan="2">(신청인) ○ ○ ○ ㊞<br>○○시 ○○구 ○○동 ○○번지</td><td>(대리인) 법무사 ○ ○ ○<br>○○시 ○○구 ○○동 ○○번지<br><br>위 사람을 대리인으로 정하고 위 부동산 등기신청 및 취하에 관한 모든 행위를 위임한다. 또한 복대리인 선임을 허락한다.<br><br>20○○년 ○월 ○일</td></tr>
</table>

## ♣【서식】소유권이전등기(상속인없이 공유자사망)신청서

<table>
<tr><td colspan="5" align="center">소유권이전등기<br>(상속인없이 공유자사망) 신청</td></tr>
<tr><td rowspan="2">접　수</td><td>년　월　일</td><td rowspan="2">처리인</td><td>등기관 확인</td><td>각종 통지</td></tr>
<tr><td>제　　　호</td><td></td><td></td></tr>
</table>

<table>
<tr><td colspan="5" align="center">부동산의 표시</td></tr>
<tr><td colspan="5" align="center">○○시 ○○구 ○○동 ○○번지<br><br>대 200㎡<br><br><br><br>이　　　　　　　상</td></tr>
<tr><td colspan="2">등기원인과그연월일</td><td colspan="3">20○○년 ○월 ○일 상속인 없이 공유자 사망에 의한 상속</td></tr>
<tr><td colspan="2">등 기 의 목 적</td><td colspan="3">소유권(일부)이전</td></tr>
<tr><td colspan="2">이 전 할 지 분</td><td colspan="3"></td></tr>
<tr><td colspan="2"></td><td colspan="3"></td></tr>
<tr><td>구<br>분</td><td>성　　　명<br>(상호·명칭)</td><td>주민등록번호<br>(등기용등록번호)</td><td>주　　소<br>(소재지)</td><td>지　분<br>(개인별)</td></tr>
<tr><td>등<br>기<br>의<br>무<br>자</td><td>망 김 ○ ○<br>상속재산관리인<br>서 ○ ○</td><td></td><td>○○시 ○○구 ○○동 ○○번지<br><br>○○시 ○○구 ○○동 ○○번지</td><td></td></tr>
<tr><td>등<br>기<br>권<br>리<br>자</td><td>박 ○ ○</td><td>610120-1234<br>567</td><td>○○시 ○○구 ○○동 ○○번지</td><td></td></tr>
</table>

<table>
<tr><th colspan="4">시가표준액 및 국민주택채권매입금액</th></tr>
<tr><td>부동산표시</td><td>부동산별 시가표준액</td><td colspan="2">부동산별 국민주택채권매입금액</td></tr>
<tr><td>1. 200㎡</td><td>금 ○○○○○ 원</td><td colspan="2">금 ○○○ 원</td></tr>
<tr><td>2.</td><td>금 원</td><td colspan="2">금 원</td></tr>
<tr><td>3.</td><td>금 원</td><td colspan="2">금 원</td></tr>
<tr><td colspan="2">국 민 주 택 채 권 매 입 총 액</td><td colspan="2">금 ○○○ 원</td></tr>
<tr><td colspan="2">국 민 주 택 채 권 발 행 번 호</td><td colspan="2"></td></tr>
<tr><td>등록면허세</td><td>금 ○○○ 원</td><td>지방교육세</td><td>금 ○○○ 원</td></tr>
<tr><td colspan="2">세 액 합 계</td><td colspan="2">금 원</td></tr>
<tr><td colspan="2">등 기 신 청 수 수 료</td><td colspan="2">금 원</td></tr>
<tr><th colspan="4">첨 부 서 면</th></tr>
<tr><td colspan="2">· 가족관계증명서 1통<br>· 피상속인 및 상속인의<br>주민등록표등(초)본 1통<br>· 등록면허세영수필확인서 1통</td><td colspan="2">· 토지·임야·건축물대장 1통<br>· 신청서 부본 1통<br>· 위임장 1통<br>〈기타〉</td></tr>
<tr><td colspan="4">20○○년 ○월 ○일<br><br>위 신청인 김 ○ ○ ㊞ (전화 : )<br><br>(또는) 위 대리인 ○○법무사 사무소 (전화 : )<br><br>법무사 ○ ○ ○<br><br>○○지방법원 등기소 귀중</td></tr>
</table>

- 신청서 작성요령 -

* 1. 부동산표시란에 2개 이상의 부동산을 기재하는 경우에는 부동산의 일련번호를 기재하여야 합니다.
2. 신청인란등 해당란에 기재할 여백이 없을 경우에는 별지를 이용합니다.
3. 담당 등기관이 판단하여 위의 첨부서면 외에 추가적인 서면을 요구할 수 있습니다.

| | 위 임 장 |
|---|---|
| 부동산의표시 | ○○시 ○○구 ○○동 ○○번지<br>대 200㎡<br><br>이             상 |
| 등 기 원 인 과 그 연 월 일 | 20○○년 ○월 ○일 상속인 없이 공유자사망에 의한 상속 |
| 등 기 의 목 적 | 소유권(일부)이전 |
| | |
| (신청인) 박 ○ ○<br>　　○○시 ○○구 ○○동 ○○번지 | (대리인) 법무사 ○ ○ ○<br>　　○○시 ○○구 ○○동 ○○번지<br><br>위 사람을 대리인으로 정하고 위 부동산 등기신청 및 취하에 관한 모든 행위를 위임한다. 또한 복대리인 선임을 허락한다.<br>20○○년 ○월 ○일 |

## ♣ 【서식】 증여로 인한 소유권이전등기신청서

### 소유권이전등기신청(증여)

| 접　수 | 년　월　일 | 처리인 | 등기관 확인 | 각종 통지 |
|---|---|---|---|---|
| | 제　　　호 | | | |

| ① 부동산의 표시 |
|---|
| 1. 서울특별시 서초구 서초동 100<br><br>대 300㎡<br><br>2. 서울특별시 서초구 서초동 100<br><br>[도로명주소] 서울특별시 서초구 서초대로 88길 10<br><br>시멘트 벽돌조 슬래브지붕 2층 주택<br><br>1층 100㎡<br><br>2층 100㎡<br><br>이　　　　　　　상 |

| ② 등기원인과 그 연월일 | 2024년 1월 22일 증여 |
|---|---|
| ③ 등 기 의 목 적 | 소 유 권 이 전 |
| ④ 이 전 할 지 분 | |

| 구분 | 성　명<br>(상호·명칭) | 주민등록번호<br>(등기용등록<br>번호) | 주　소 (소 재 지) | 지 분<br>(개인별) |
|---|---|---|---|---|
| ⑤<br>등<br>기<br>의<br>무<br>자 | 이 대 백 | XXXXXX-XXX<br>XXXX | 서울특별시 서초구 서초대로 88길 20 (서초동) | |
| ⑥<br>등<br>기<br>권<br>리<br>자 | 김 갑 동 | XXXXXX-XXX<br>XXXX | 서울특별시 중구 다동길 96 (다동) | |

| ⑦ 시가표준액 및 국민주택채권매입금액 | | |
|---|---|---|
| 부동산 표시 | 부동산별 시가표준액 | 부동산별 국민주택채권매입금액 |
| 1. 주 택 | 금 ○○,○○○,○○○원 | 금 ○○○,○○○ 원 |
| 2. | 금 원 | 금 원 |
| 3. | 금 원 | 금 원 |
| ⑦ 국 민 주 택 채 권 매 입 총 액 | | 금 ○○○,○○○ 원 |
| ⑦ 국 민 주 택 채 권 발 행 번 호 | | ○ ○ ○ |

| | |
|---|---|
| ⑧ 취득세(등록면허세) 금○○○,○○○원 | ⑧ 지방교육세 금 ○○,○○○원 |
| | ⑧ 농어촌특별세 금 ○○,○○○원 |
| ⑨ 세 액 합 계 | 금 ○○○,○○○ 원 |
| ⑩ 등 기 신 청 수 수 료 | 금 30,000 원 |
| | 납부번호 : ○○-○○-○○○○○○○○○-○ |
| | 일괄납부 : 건 원 |

| ⑪ 등기의무자의 등기필정보 | | |
|---|---|---|
| 부동산 고유번호 | 1102-2006-002095 | |
| 성명(명칭) | 일련번호 | 비밀번호 |
| 이대백 | Q77C-LO71-35J5 | 40-4636 |

| ⑫ 첨 부 서 면 | |
|---|---|
| · 증여계약서(검인) 1통 | · 토지 · 임야 · 건축물대장등본 각1통 |
| · 취득세(등록면허세)영수필확인서 1통 | · 주민등록표등(초)본 각1통 |
| · 등기신청수수료 영수필확인서 1통 | · 인감증명서 또는 본인서명사실 확인서 1통 |
| ~~· 위임장 통~~ | 〈기 타〉 |
| · 등기필증 1통 | |

2024년 1월 22일

⑬ 위 신청인 이 대 백 ㊞ (전화 : 200-7766)
김 강 동 ㊞ (전화 : 300-7766)

(또는)위 대리인 (전화 : )

서울중앙 지방법원 등기국 귀중

– 신청서 작성요령 –

* 1. 부동산표시란에 2개 이상의 부동산을 기재하는 경우에는 부동산의 일련번호를 기재하여야 합니다.
2. 신청인란등 해당란에 기재할 여백이 없을 경우에는 별지를 이용합니다.
3. 담당 등기관이 판단하여 위의 첨부서면 외에 추가적인 서면을 요구할 수 있습니다.

## ♣ 【서식】 증여계약서

### ■ 수증자가 개인인 경우

### 증여계약서

부동산의 표시
○○시 ○○구 ○○동 ○○번지 대 100㎡
위 지상
시멘트벽돌조 슬래브지붕 단층주택 50㎡

위 부동산은 증여인의 소유인 바 이를 수증인 김○○에게 증여할 것을 약정하고 수증인은 이를 수락하였으므로 이를 증명하기 위하여 각자 서명 날인한다.

20○○년 ○월 ○일

증여인 ○ ○ ○ ㉑
○○시 ○○구 ○○동 ○○번지

수증인 ○ ○ ○ ㉑
○○시 ○○구 ○○동 ○○번지

## ■ 공유인 경우

# 증여계약서

| 검인접수 호 |
| --- |
| 부동산등기특조법 제3조의 규정에 따라 검인함 |
| 20○○년○월○일 |
| ○○시장 [직인] |

1. 부동산의 표시
   ○○시 ○○구 ○○동 ○○번지
   대 ○○㎡

   위 지상

위 부동산은 증여자 ○○○, ○○○ 등의 공유인바 금번 ○○○에게 증여할 것을 확약하고 수증자는 이를 승낙하였으므로 후일을 위하여 이 증서를 작성하고 각자 기명날인한다.

20○○년 ○월 ○일

증여인 ○ ○ ○ ㊞
○○○○○○-○○○○○○○
○○시 ○○구 ○○동 ○○번지

수증인 ○ ○ ○ ㊞
○○○○○○-○○○○○○○
○○시 ○○구 ○○동 ○○번지

■ **수증자가 문중인 경우**

# 증여계약서

부동산의 표시

　　○○시 ○○구 ○○동 ○○번지 대 100㎡

　　위 지상

　　시멘트벽돌조 슬래브지붕 단층주택 50㎡


　　위 부동산은 증여인의 소유인 바 이를 수증인 ○○씨 ○○파 종중에 증여할 것을 약정하고 수증인은 이를 수락하였으므로 이를 증명하기 위하여 각자 서명날인한다.



　　　　　　　　　　　　20○○년 ○월 ○일


　　　　　　　　　　　　　　　증 여 인 ○ ○ ○　㊞
　　　　　　　　　　　　　　　○○시 ○○구 ○○동 ○○번지

　　　　　　　　　　　　　　　수 증 인 ○ ○ ○　㊞
　　　　　　　　　　　　　　　○○시 ○○구 ○○동 ○○번지

　　　　　　　　　　　　　　　위 대표자 ○ ○ ○　㊞
　　　　　　　　　　　　　　　○○시 ○○구 ○○동 ○○번지

## ♣ 【서식】 증여로 인한 소유권이전등기신청서(구분건물)

| 소유권이전등기신청(증여) | | | | |
|---|---|---|---|---|
| 접　수 | 년 월 일 | 처리인 | 등기관 확인 | 각종 통지 |
| | 제　　　호 | | | |

| ① 부동산의 표시 |
|---|
| 1동의 건물의 표시<br>　　　서울특별시 서초구 서초동 100<br>　　　서울특별시 서초구 서초동 101　　샛별아파트 가동<br>　　　[도로명주소] 서울특별시 서초구 서초대로 88길 10<br>전유부분의 건물의 표시<br>　　　건물의 번호　1-101<br>　　　구　　　조　철근콘크리트조<br>　　　면　　　적　1층 101호 86.03㎡<br>대지권의 표시<br>　　　토지의 표시<br>　　　1. 서울특별시 서초구 서초동 100　　　　　대 1,400㎡<br>　　　2. 서울특별시 서초구 서초동 101　　　　　대 1,600㎡<br>　　　대지권의 종류　소유권<br>　　　대지권의 비율 1,2 :　3,000분의 500<br>　　　　　　　　　　이　　　　　　　　상 |

| ② 등기원인과 그 연월일 | 2024년 1월 22일 증여 |
|---|---|
| ③ 등 기 의 목 적 | 소 유 권 이 전 |
| ④ 이 전 할 지 분 | |

| 구분 | 성　명<br>(상호·명칭) | 주민등록번호<br>(등기용등록<br>번호) | 주　소 (소 재 지) | 지　분<br>(개인별) |
|---|---|---|---|---|
| ⑤ 등기의무자 | 이 대 백 | XXXXXX-XXX<br>XXXX | 서울특별시 서초구 서초대로 88길 20 (서초동) | |
| ⑥ 등기권리자 | 김 갑 동 | XXXXXX-XXX<br>XXXX | 서울특별시 서초구 서초대로 88길 10, 가동 101호(서초동, 샛별아파트) | |

| ⑦ 시가표준액 및 국민주택채권매입금액 | | |
|---|---|---|
| 부동산 표시 | 부동산별 시가표준액 | 부동산별 국민주택채권매입금액 |
| 1. 주 택 | 금 ○○,○○○,○○○원 | 금 ○○○,○○○ 원 |
| 2. | 금 원 | 금 원 |
| 3. | 금 원 | 금 원 |
| ⑦ 국 민 주 택 채 권 매 입 총 액 | | 금 ○○○,○○○ 원 |
| ⑦ 국 민 주 택 채 권 발 행 번 호 | | ○ ○ ○ |
| ⑧ 취득세(등록면허세) 금○○○,○○○원 | ⑧ 지방교육세 금 ○○,○○○원 | |
| | ⑧ 농어촌특별세 금 ○○,○○○원 | |
| ⑨ 세 액 합 계 | 금 ○○○,○○○ 원 | |
| ⑩ 등 기 신 청 수 수 료 | 금 15,000 원 | |
| | 납부번호 : ○○-○○-○○○○○○○○○-○ | |
| | 일괄납부 : 건 원 | |
| ⑪ 등기의무자의 등기필정보 | | |
| 부동산 고유번호 | 1102-2006-002095 | |
| 성명(명칭) | 일련번호 | 비밀번호 |
| 이대백 | Q77C-LO71-35J5 | 40-4636 |
| ⑫ 첨 부 서 면 | | |
| · 증여계약서(검인) 1통<br>· 취득세(등록면허세)영수필확인서 1통<br>· 등기신청수수료 영수필확인서 1통<br>· 위임장 통<br>· 주민등록표등(초)본 각 1통 | · 등기필증 1통<br>· 토지대장등본 2통<br>· 집합건축물대장등본 1통<br>· 인감증명서 또는 본인서명사실 확인서 1통<br>〈기 타〉 | |

2024년 1월 22일

⑬ 위 신청인 이 대 백 ㊞ (전화 : 200-7766)

김 갑 동 ㊞ (전화 : 300-7766)

(또는)위 대리인 (전화 : )

서울중앙 지방법원 등기국 귀중

- 신청서 작성요령 -

* 1. 부동산표시란에 2개 이상의 부동산을 기재하는 경우에는 부동산의 일련번호를 기재하여야 합니다.
2. 신청인란등 해당란에 기재할 여백이 없을 경우에는 별지를 이용합니다.
3. 담당 등기관이 판단하여 위의 첨부서면 외에 추가적인 서면을 요구할 수 있습니다.

## ▋갑구 예시

-신·구법 경합인 경우 44

| 【갑    구】 (소유권에 관한 사항) | | | | |
|---|---|---|---|---|
| 순위번호 | 등기목적 | 접수 | 등기원인 | 권리자 및 기타사항 |
| 3 | 소유권이전 | 2015년 3월 5일<br>제3500호 | 1955년 2월 3일<br>매매 | 공유자<br>지분 18분의6<br>김○○ 500124-1234567<br>서울특별시 중구 남대문로 113(다동)<br>지분 18분의6<br>김◎◎ 530425-1234567<br>서울특별시 도봉구 덕릉로60길 5(월계동)<br>공동상속인 중 김☆☆은 1963년 6월 2일 사망하였으므로 재산상속<br>지분 18분의3<br>김◇◇ 720320-1234567<br>서울특별시 용산구 원효로 10(원효로1가)<br>지분 18분의2<br>김△△ 741010-1234567<br>서울특별시 용산구 원효로 10(원효로1가)<br>지분 18분의1<br>김■■ 760713-1234567<br>서울특별시 용산구 원효로 10(원효로1가) |

## ▶갑구 예시

### -상속원인이 동일 상속인에게 이중으로 된 경우 45

| | | 【갑  구】 | (소유권에 관한 사항) | |
|---|---|---|---|---|
| 순위번호 | 등기목적 | 접수 | 등기원인 | 권리자 및 기타사항 |
| 3 | 소유권이전 | 2016년 3월 8일 제5020호 | 1934년 10월 2일 박○○이 호주상속 후 1959년 10월 8일 사망 하였으므로 호주상속 | 소유자 박☆☆ 601024-1234567 서울특별시 강남구 강남대로 430 (양재동) |

(주) 1.호주상속이 개시되었으나 그 상속등기를 하지 않고 있다가 신법 당시에 사망한 경우의 원인기록은 『○○○○년 ○월 ○일 아무개가 호주상속 후 ○○○○년 ○월 ○일 사망하였으므로 재산상속』으로 기록한다.

### -공유지분이 수차 상속된 경우 46

| | | 【갑  구】 | (소유권에 관한 사항) | |
|---|---|---|---|---|
| 순위번호 | 등기목적 | 접수 | 등기원인 | 권리자 및 기타사항 |
| 3 | 2번 김○○지분 전부이전 | 2016년 3월 5일 제3500호 | 1956년 4월 4일 김◇◇이 호주상속 후 1988년 5월 2일 사망 하였으므로 재산상속 | 공유자 지분 4분의1 김□□ 701115-1234567 서울특별시 서초구 강남대로 21 (서초동) 지분 4분의1 김△△ 720703-1234567 서울특별시 마포구 마포대로 25 (염리동) |

(주) 1.상속인이 취득한 지분표시는 전체에 대한 지분을 표시한다.

### -상속재산 분리의 경우 52

| 【갑  구】 | | (소유권에 관한 사항) | | |
|---|---|---|---|---|
| 순위번호 | 등기목적 | 접수 | 등기원인 | 권리자 및 기타사항 |
| 5 | 상속재산분리 | 2015년 5월 3일 제3500호 | 1988년 2월 4일 상속재산분리 | 권리자 김□□ 430210-1234567 서울특별시 마포구 마포대로 25 (공덕동) |

(주) 1.민법 제1049조에 의한 경우 / 2.청구인은 분리를 청구한 자를 기록한다.

## 6. 유증으로 인한 이전

### (1) 의의

유증이란 유언자가 유언에 의하여 그(유언자)의 재산 전부 또는 일부를 특정인에게 증여하는 것이다. 유증에는 포괄적 유증과 특정적 유증이 있다.

포괄적 유증은 적극재산 및 소극재산을 포괄한 상속재산의 전부 또는 그 전부의 일정비율을 취득하는 유증을 말하고 포괄수증자는 상속인과 동일한 권리의무가 있다(민법 제1078조). 특정적 유증은 포괄적 유증과 달리 특정의 재산적 이익을 목적으로 하는 유증을 말한다.

유증은 유언의 일반적 효력발생시기와 마찬가지로 유언자가 사망한 때로부터 발생한다(민법 제1073조). 정지조건부 유증은 그 조건이 성취한 때로부터 그 효력이 발생한다. 시기가 있는 유언의 경우 효력은 유언자가 사망한 때로부터 생기지만 그 이행은 기한이 도래한 때에 청구할 수 있다. 유언자의 사망 전에 수증자가 먼저 사망한 경우에는 유언은 그 효력을 잃는다.

### (2) 신청절차

#### 1) 신청인

유증으로 인한 소유권이전등기는 포괄유증이나 특정유증을 불문하고 수증자를 등기권리자, 유언집행자 또는 상속인을 등기의무자로 하여 공동으로 신청하여야 한다. 수증자가 유언집행자로 지정되거나 상속인인 경우에도 같다.

유언집행자가 수인인 경우(유언집행자의 지정이 없어서 수인의 상속인들이 유언집행자가 된 경우 포함)에는 그 과반수 이상의 유언집행자들이 수증자 명의의 소유권이전등기절차에 동의하면 그 등기를 신청할 수 있다.

수증자가 수인인 포괄유증의 경우에는 수증자 전원이 공동으로 신청하거나 각자가 각기 지분만에 대하여 신청할 수 있다. 그리고 포괄수증자 이외에 유언자의 다른 상속인이 있는 경우에는 유증으로 인한 소유권이전등기와 상속으로 인한 소유권이전등기를 각각 신청하여야 한다.

#### 2) 등기원인과 그 연월일

등기원인은 "○년 ○월 ○일 유증"으로 기재하되, 그 연월일은 원칙적으로 유증자가 사망한 날을 기재한다. 다만, 유증에 조건 또는 기한이 붙은 경우에는 그 조건이 성취한 날 또는 그 기한이 도래한 날을 기재한다.

## 3) 등기신청방법

### 가. 수증자 명의로 직접 신청

유증으로 인한 소유권이전등기는 포괄유증이든 특정유증이든 모두 상속등기를 거치지 않고 유증자로부터 직접 수증자 명의로 등기를 신청하여야 한다. 그러나 유증으로 인한 소유권이전등기 전에 상속등기가 이미 마쳐진 경우에는 상속등기를 말소함이 없이 상속인으로부터 유증으로 인한 소유권이전등기를 신청할 수 있다.

### 나 유증의 목적 부동산이 미등기인 경우

유증의 목적 부동산이 미등기인 경우에는 법 제65조 제1호에 따라 포괄수증자는 직접 자기 명의로 소유권보존등기를 신청할 수 있다. 특정 유증을 받은 경우에는 직접 수증자 명의로 소유권보존등기를 신청할 수 없고 유언집행자가 상속인 명의로 소유권보존등기를 한 다음 유증으로 인한 소유권이전등기를 신청하여야 한다.

### 다. 부동산 중 특정 일부만을 유증한 경우

유증자의 소유 부동산 중 특정 일부만을 유증한다는 취지의 유언이 있는 경우, 유언집행자는 유증할 부분을 특정하여 분할(또는 구분)등기를 한 다음 수증자 명의로 소유권이전등기를 신청하여야 한다. 특정유증의 수증자가 유증자의 사망 후에 유증의 목적 부동산 중 특정 일부에 대하여 유증의 일부포기를 한 경우에도 유언집행자는 포기한 부분에 대하여 분할(또는 구분)등기를 한 다음 포기하지 아니한 부분에 대하여 유증으로 인한 소유권이전등기를 신청하여야 한다.

### 라 유증의 가등기

유증으로 인한 소유권이전등기청구권 보전의 가등기는 유언자가 사망한 후인 경우에는 이를 수리하고, 유언자가 생존 중인 경우에는 이를 수리하여서는 안 된다. 이에 반하여 사인증여로 인하여 발생한 소유권이전등기청구권을 보전하기 위한 가등기는 증여자의 사망 여부를 묻지 않고 신청할 수 있다(선례 VI-437).

## 4) 첨부정보

### 가. 유언집행자의 자격을 증명하는 정보

유언집행자가 유언으로 지정된 경우에는 유언증서, 유언에 의하여 유언집행자의 지정을 제3자에게 위탁한 경우에는 유언증서 및 제3자의 지정서(그 제3자의 인감증명 포함), 가정법원에 의해 선임된 경우에는 유언증서 및 심판서정본을 제공하여야 한다. 유언자의 상속인이 유언집행자인 경우에는 상속인임을 증명하는 정보(가족관계증명서 등)를 제공하여야 한다.

나. 유언검인조서 등

유언증서가 자필증서, 녹음, 비밀증서에 의한 경우에는 유언검인조서등본을, 구수증서에 의한 경우에는 검인신청에 대한 심판서등본을, 유증에 정지조건 등이 붙은 경우에는 그 조건성취를 증명하는 정보를 각 제공하여야 한다.

유언증서에 가정법원의 검인이 되어 있는 경우에도 등기관은 그 유언증서가 적법한 요건을 갖추지 아니한 경우에는 그 등기신청을 수리하여서는 안되며, 유언검인조서에 검인기일에 출석한 상속인들이 '유언자의 자필이 아니고 날인도 유언자의 사용인이 아니라고 생각한다.'는 등의 다툼이 있는 사실이 기재되어 있는 경우에는 유언내용에 따른 등기신청에 이의가 없다는 위 상속인들의 진술서(인감증명서 포함) 또는 위 상속인들을 상대로 한 유언 유효확인의 소나 수증자 지위 확인의 소의 승소 확정판결문을 제공하게 하여야 한다(등기예규 제1512호).

다. 그 밖의 정보

유언자의 사망을 증명하는 정보와 등기의무자(유증자)의 등기필정보 등을 제공하여야 한다. 등기필정보가 없어 이를 제공할 수 없는 경우에는 등기신청을 위임받은 변호사 또는 법무사는 법 제51조에 의하여 등기의무자인 유언집행자 또는 상속인으로부터 등기신청을 위임받았음을 확인하는 정보를 제공하여야 한다(선례 Ⅷ-209).

## 5) 유류분과의 관계

유증으로 인한 소유권이전등기 신청이 상속인의 유루분을 침해하는 내용이라 하더라도 등기관은 이를 이유로 각하할 수 없다.

## ♣ 【서식】 유증으로 인한 소유권이전등기신청서

| 소유권이전등기신청(유증) | | | |
|---|---|---|---|

| 접 수 | 년 월 일<br>제      호 | 처리인 | 등기관 확인 | 각종 통지 |
|---|---|---|---|---|

| ① 부동산의 표시 |
|---|
| 1. 서울특별시 서초구 서초동 100<br><br>　　　대 300m²<br><br>2. 서울특별시 서초구 서초동 100<br><br>[도로명주소] 서울특별시 서초구 서초대로 88길 10<br><br>시멘트 벽돌조 슬래브지붕 2층 주택<br><br>　　　1층 100m²<br><br>　　　2층 100m²<br><br>　　　　　이　　　　　　　상 |

| ② 등기원인과 그 연월일 | 2024년 1월 22일 유증 |
|---|---|

| ③ 등기의 목적 | 소 유 권 이 전 |
|---|---|

| 구분 | 성 명<br>(상호·명칭) | 주민등록번호<br>(등기용등<br>록번호) | 주    소 (소 재 지) | 지 분<br>(개인별) |
|---|---|---|---|---|
| ④ 등기의무자 | 유증자 망 이가을<br><br>유언집행자(상속인)<br>이 갑 동 | XXXXXX-XXX<br>XXXX<br><br>XXXXXX-XXX<br>XXXX | 서울특별시 중구 다동길 96<br>(다동)<br>서울특별시 중구 마장로길 88<br>(황학동) | |
| ⑤ 등기권리자 | 수증자<br>이 대 백 | XXXXXX-XXX<br>XXXX | 서울특별시 서초구 서초대로<br>88길 20 (서초동) | |

| ⑥ 시가표준액 및 국민주택채권매입금액 | | |
|---|---|---|
| 부동산 표시 | 부동산별 시가표준액 | 부동산별 국민주택채권매입금액 |
| 1. 주  택 | 금 ○○,○○○,○○○원 | 금    ○○○,○○○ 원 |
| 2. | 금          원 | 금          원 |
| 3. | 금          원 | 금          원 |
| ⑥ 국 민 주 택 채 권 매 입 총 액 | | 금    ○○○,○○○ 원 |
| ⑥ 국 민 주 택 채 권 발 행 번 호 | | ○  ○  ○ |

| ⑧ 취득세(등록면허세) 금○○○,○○○원 | ⑧ 지방교육세   금 ○○,○○○원 |
|---|---|
| | ⑧ 농어촌특별세 금 ○○,○○○원 |

| ⑧ 세    액    합    계 | 금                ○○○,○○○ 원 |
|---|---|
| ⑨ 등 기 신 청 수 수 료 | 금                30,000 원 |
| | 납부번호 : ○○-○○-○○○○○○○○-○ |
| | 일괄납부 :      건          원 |

| ⑩ 등기의무자의 등기필정보 | | |
|---|---|---|
| 부동산 고유번호 | 1102-2006-002095 | |
| 성명(명칭) | 일련번호 | 비밀번호 |
| 이갑동 | Q77C-LO71-35J5 | 40-4636 |

| ⑪       첨    부    서    면 | | | |
|---|---|---|---|
| · 유언증서 | 1통 | · 인감증명서 또는 본인서명 사실확인서 | 1통 |
| · 유언검인조서등본 | 1통 | · 등기필증 | 1통 |
| · 가족관계증명서 | 1통 | · 토지 · 임야 · 건축물대장등 | 각통 |
| · 기본증명서 | 1통 | · 주민등록표등(초)본 | 각1통 |
| · 친양자입양관계증명서 | 1통 | · 위임장 | |
| · 제적등본 | 1통 | 〈기 타〉 | |
| · 취득세(등록면허세)영수필확인서 | 1통 | | |
| · 등기신청수수료 영수필확인서 | 1통 | | |

2024년  1월  22일

⑫  위 신청인      이      갑      동  ㊞  (전화 : 200-7766)
                 이      대      백  ㊞  (전화 : 300-7766)

    (또는)위 대리인                      (전화 :          )

        서울중앙 지방법원              등기국 귀중

---

- 신청서 작성요령 -

* 1. 부동산표시란에 2개 이상의 부동산을 기재하는 경우에는 부동산의 일련번호를 기재하여야 합니다.
  2. 신청인란등 해당란에 기재할 여백이 없을 경우에는 별지를 이용합니다.
  3. 담당 등기관이 판단하여 위의 첨부서면 외에 추가적인 서면을 요구할 수 있습니다.

## ♣ 【서식】 유증으로 인한 소유권이전등기신청서(구분건물)

### 소유권이전등기신청(유증)

| 접 수 | 년 월 일<br>제      호 | 처리인 | 등기관 확인 | 각종 통지 |
|---|---|---|---|---|
|  |  |  |  |  |

| ① 부동산의 표시 |
|---|
| 1동의 건물의 표시<br>　　　서울특별시 서초구 서초동 100<br>　　　서울특별시 서초구 서초동 101　　　샛별아파트 가동<br>　　　[도로명주소] 서울특별시 서초구 서초대로 88길 10<br>전유부분의 건물의 표시<br>　　　건물의 번호　1-101<br>　　　구　　　　조　철근콘크리트조<br>　　　면　　　　적　1층 101호 86.03㎡<br>대지권의 표시<br>　　　토지의 표시<br>　　　1. 서울특별시 서초구 서초동 100　　　　대 1,400㎡<br>　　　2. 서울특별시 서초구 서초동 101　　　　대 1,600㎡<br>　　　대지권의 종류　소유권<br>　　　대지권의 비율 1,2 :　3,000분의 500<br>　　　　　　　　　이　　　　　　　상 |

| ② 등기원인과 그 연월일 | 2024년 1월 22일　유증 |
|---|---|
| ③ 등기의 목적 | 소 유 권 이 전 |

| 구분 | 성 명<br>(상호·명칭) | 주민등록번호<br>(등기용등<br>록번호) | 주 소 (소 재 지) | 지 분<br>(개인별) |
|---|---|---|---|---|
| ④<br>등<br>기<br>의<br>무<br>자 | 유증자 망 이가을<br>유언집행자(상속인)<br>이 갑 돌 | XXXXXX-XXX<br>XXXX<br><br>XXXXXX-XXX<br>XXXX | 서울특별시 중구 다동길 96 (다동)<br>서울특별시 중구 마장로길 88<br>(황학동) |  |
| ⑤<br>등<br>기<br>권<br>리<br>자 | 수증자<br>이 대 백 | XXXXXX-XXX<br>XXXX | 서울특별시 서초구 서초대로<br>88길 10, 가동 101호(서초동,<br>샛별아파트) |  |

| ⑥ 시가표준액 및 국민주택채권매입금액 | | |
|---|---|---|
| 부동산 표시 | 부동산별 시가표준액 | 부동산별 국민주택채권매입금액 |
| 1. 주  택 | 금 ○○,○○○,○○○원 | 금   ○○○,○○○ 원 |
| 2. | 금          원 | 금          원 |
| 3. | 금          원 | 금          원 |
| ⑥ 국 민 주 택 채 권 매 입 총 액 | | 금   ○○○,○○○ 원 |
| ⑥ 국 민 주 택 채 권 발 행 번 호 | | ○ ○ ○ |
| ⑧ 취득세(등록면허세) 금○○○,○○○원 | ⑧ 지방교육세 금 ○○,○○○원 | |
| | ⑧ 농어촌특별세 금 ○○,○○○원 | |
| ⑧ 세  액  합  계 | 금          ○○○,○○○ 원 | |
| ⑨ 등 기 신 청 수 수 료 | 금          15,000 원 | |
| | 납부번호 : ○○-○○-○○○○○○○○○-○ | |
| | 일괄납부 :     건          원 | |
| ⑩ 등기의무자의 등기필정보 | | |
| 부동산 고유번호 | 1102-2006-002095 | |
| 성명(명칭) | 일련번호 | 비밀번호 |
| 이갑돌 | Q77C-LO71-35J5 | 40-4636 |
| ⑪   첨   부   서   면 | | |
| · 유언증서                     1통 | · 인감증명서 또는 본인서명사실 | |
| · 유언검인조서등본              1통 |    확인서                      1통 | |
| · 가족관계증명서               1통 | · 등기필증                      1통 | |
| · 기본증명서                   1통 | · 토지대장등본                  2통 | |
| · 친양자입양관계증명서          1통 | · 집합건축물대장등본             1통 | |
| · 제적등본                   각1통 | · 주민등록표등(초)본           각1통 | |
| · 취득세(등록면허세)영수필확인서  1통 | · 위임장 | |
| · 등기신청수수료 영수필확인서     1통 | 〈기 타〉 | |

2024년  1월  22일

⑫  위 신청인      이      갑      돌    ㊞   (전화 : 200-7766)
                  이      대      백    ㊞   (전화 : 300-7766)

　(또는)위 대리인                          (전화 :        )

서울중앙 지방법원              등기국 귀중

---

- 신청서 작성요령 -

* 1. 부동산표시란에 2개 이상의 부동산을 기재하는 경우에는 부동산의 일련번호를 기재하
     여야 합니다.
  2. 신청인란등 해당란에 기재할 여백이 없을 경우에는 별지를 이용합니다.
  3. 담당 등기관이 판단하여 위의 첨부서면 외에 추가적인 서면을 요구할 수 있습니다.

## 🗐 선 례

유증의 목적물인 구분건물이 재건축으로 인하여 새로운 구분건물로 변경된 경우에 유증으로 인한 소유권이전등기가 가능한지 여부.

공정증서에 의한 유언 이후에 유증의 목적물인 구분건물이 멸실되고 재건축으로 동일 지번에 새로운 구분건물이 신축되어 유증자 명의로 소유권보존등기가 마쳐진 상태에서 유증자가 사망한 경우, 유언공정증서상의 부동산의 표시(멸실된 구분건물)와 소유권이전등기의 대상이 된 부동산의 표시(새로이 건축된 구분건물)가 부합하지 않는다 하더라도 공정증서를 첨부정보로 하여 유언집행자 또는 상속인은 수증자와 공동으로 소유권이전등기를 신청할 수 있다. 다만, 이 경우 유언공정증서상의 구분건물(종전 구분건물)이 소유권이전등기의 대상이 된 구분건물로 변환되었음을 소명하는 자료(관리처분계획서 및 인가서, 이전고시증명서면 등)를 첨부하여야 할 것이다. (2014. 3. 13. 등기선례 제9-246호)

### 갑구 예시

-유류분 반환 54

| 【갑    구】 (소유권에 관한 사항) | | | | |
|---|---|---|---|---|
| 순위번호 | 등기목적 | 접수 | 등기원인 | 권리자 및 기타사항 |
| 5 | 소유권일부이전 | 2016년 3월 5일 제2500호 | 2016년 2월 5일 유류분반환 | 공유자 지분 3분의1 박☆☆ 620208-1234567 서울특별시 마포구 성암로15길 12(상암동) |

(주) 원인일자는 반환청구의 의사표시를 한 날(소에 의하여 반환청구의 의사표시를 한 때에는 소장 송달일)이다.

## 7. 진정명의의 회복을 위한 소유권이전

### (1) 의의

등기가 실체관계와 부합하지 않는 경우에 그 등기를 실체관계와 부합하도록 하는 가장 일반적인 방법은 그 부실등기를 말소하는 것이다. 그러나 말소등기의 방법으로는 그 목적을 달성할 수 없는 경우나 말소등기절차가 너무 복잡하여 경제적 또는 시간적으로 손실을 초래하는 경우가 있다.

그런 경우 간편하게 무권리자인 등기명의인으로부터 진정한 권리자에게 곧바로 소유권이전등기를 하는 방법을 생각할 수 있는데 이것이 진정명의회복을 위한 소유권이전등기이며 판례에 의하여 인정된 등기절차이다(대법원 1990.11.27, 선고, 89다카12398, 전원합의체판결).

## (2) 신청절차

이미 자기 앞으로 소유권을 표상하는 등기가 되어 있었거나 법률의 규정에 의하여 소유권을 취득한 자가 현재의 등기명의인을 상대로 '진정명의 회복'을 등기원인으로 한 소유권이전등기절차의 이행을 명하는 판결을 받아 소유권이전등기를 신청한 경우에는 이를 수리하여야 한다.

이미 자기 앞으로 소유권을 표상하는 등기가 되어 있었던 자 또는 지적공부상 소유자로 등록되어 있었던 자로서 소유권보존등기를 신청할 수 있는 자가 현재의 등기명의인과 공동으로 '진정명의 회복'을 등기원인으로 하여 소유권이전등기신청을 한 경우에도 같다. 진정명의 회복을 위한 소유권이전등기를 신청할 때에는 등기원인일자를 신청정보의 내용으로 제공할 필요가 없다. 또한 계약에 의한 취득이 아니기 때문에 「국토의 계획 및 이용에 관한 법률」제118조에 의한 토지거래계약허가증을 제공할 필요가 없고 판결서에 검인을 받을 필요도 없으며, 새로운 취득이 아니기 때문에 「농지법」제8조에 의한 농지취득자격증명을 제공할 필요도 없다.

취득세는 「지방세법」제11조 제1항 제2호(무상으로 인한 소유권 취득)에 따라 납부하여야 하며, 국민주택채원은 「주택도시기금법」제8조, 같은 법 시행령 제8조에 따라 소유권이 전등기시 요구되는 액수를 매입하여야 한다.

## 8. 하천편입에 따른 소유권이전등기

### (1) 신청인

「하천편입토지 보상 등에 관한 특별조치법」에 따라 하천에 편입된 토지에 관해서는 사업시행자인 국가 및 지방자치단체, 「공공기관의 운영에 관한 법률」에 따른 공공기관, 「지방공기업법」에 따른 지방공기업이 단독으로 소유권이전등기를 신청할 수 있다. 국가가 등기권리자가 되는 경우에는 등기신청수수료를 납부할 필요가 없다.

### (2) 등기원인 및 첨부정보

하천편입에 따른 소유권이전등기를 신청할 때에는 등기원인을 '하천편입(법률 제9543호)'으로, 그 원인일자는 해당 토지의 하천편입일로 하되, 알 수 없는 경우에

는 보상금지급일 또는 공탁일을 등기원인일자로 한다. 신청정보 또는 촉탁정보와
함께 하천편입토지조서와 보상금지급증서 또는 공탁서를 첨부정보로서 제공하여야
하고, 만일 등기원인일자를 하천편입일자로 한 경우에는 하천편입일을 증명하는
정보도 제공하여야 한다.

### (3) 직권말소

　등기관은 하천편입으로 인한 소유권이전등기를 하는 경우에는 소유권 외의 권리
에 관한 등기 및 보상금 지급일 또는 공탁일 이후의 소유권에 관한 등기를 직권으
로 말소하여야 한다. 말소 후에는 지체 없이 그 뜻을 말소된 등기의 명의인이었던
자에게 통지하여야 한다.

# III. 특약사항에 관한 등기

## 1. 환매특약의 등기

### (1) 의의소

　환매특약이란 매매계약과 동시에 매도인이 환매할 권리를 유보한 경우에 그 환매
권을 일정한 기간 내에 행사하여 매매의 목적물을 다시 사오는 것을 내용으로 하
는 특약을 말한다. 1필지 전부를 매도하면서 그 일부 지분에 대해서만 환매권을
보류하는 환매특약등기신청은 할 수 없다는 것이 등기실무이다(2011. 11. 22. 부
동산등기과-2218 질의회답). 환매특약은 등기할 수 있으며 등기한 때부터 제3자에
게 대항할 수 있다(민법 제592조). 매도인이 가지는 이러한 환매권은 일종의 권리
취득권이라고 할 수 있는 독립한 권리이므로 거래의 대상이 될 수 있고 압류나 가
압류의 대상이 된다.

　환매특약등기에 부동산처분금지의 효력이 인정되는 것은 아니다. 그러므로 환매특
약등기가 된 부동산의 소유자는 자유로이 그 부동산을 처분할 수 있다. 다만 환매
특약의 등기를 한 때에는 그때부터 제3자에게 대항할 수 있으므로 특약등기 후 제
3자에게 소유권이 이전되었을 경우 매도인 즉 환매권자는 그 제3자를 상대로 직접
환매권을 행사할 수 있고 저당권이나 전세권 등이 설정되어 있을 때에는 그 등기의
말소를 청구할 수 있으며, 해당 부동산이 매각되었다 하더라도 경매개시결정등기
또는 저당권등기에 선행하는 환매특약의 등기는 말소되지 않는다(선례 III-781).

📑 **선 례**

경락에 인한 소유권이전등기시 환매특약등기의 말소 가부
매매의 목적물이 부동산일 경우에 매매등기와 동시에 환매권의 유보를 등기한 때에는 제3
자에 대하여 그 효력이 있으므로 경락에 의해 취득하였다 하더라도 전에 한 등기에 부기
되어 있는 환매특약등기는 말소되지 아니한다(제정 1993.02.16 등기선례 제3-781호)

## (2) 신청에 관한 특칙

### 1) 매매로 인한 이전등기와 동시신청

환매특약의 등기신청은 매매로 인한 권리이전등기신청과는 별개로 하여야 하나 반드시 매매로 인한 권리이전등기신청과 동시에 하여야 하고 또 동일 접수번호로 접수하여야 한다(민법 제592조). 따라서 매매로 인한 권리이전등기 후에 신청된 환매특약의 등기신청은 각하하여야 한다. 등기관의 과오로 환매특약등기를 빠뜨린 때에는 경정등기에 의하여 추가 할 수 있다.

### 2) 신청정보의 특기사항(법 제53조)

가. 매수인 지급한 대금 및 매매비용

매수인이 지급한 대금 및 매매비용을 신청정보의 내용으로 하여야 한다. 매매비용이란 매매계약체결에 필요한 비용으로 매수인이 현실적으로 지급 내지 부담한 금액을 말한다. 예를 들면 계약서의 첩용 인지대, 공정증서 작성수수료, 측량비용, 감정비용 등이다.

나. 환매기간

환매기간은 임의적 등기사항이므로 그 약정이 없는 때에는 등기할 수 없다. 환매기간은 5년을 초과할 수 없으며 이를 정한 때에는 연장할 수 없고 또 이를 정하지 아니한 때에는 5년으로 한다(민법 제591조). 5년을 넘는 환매기간을 정한 경우에는 그 등기신청을 각하하여야 할 것이다.

환매기간은 환매특약이 성립된 날로부터 기산하게 되므로 환매기간의 시기를 계약일 또는 등기일로부터 1개월 후로 한다는 당사자 사이의 약정은 무효이고 그러한 약정은 등기법상 등기할 사항도 아니지만 설사 착오로 등기되어 있는 경우에도 그 약정된 시기의 도래와 관계없이 소유자는 그 부동산을 제3자에게 전매하고 그에 따른 소유권이전등기를 신청할 수 있다.

다. 환매권자

환매권의 등기는 매도인이 등기권리자로, 매수인이 등기의무자로서 신청하고 환매권자는 등기권리자인 매도인이다. 환매권리자는 매도인에 국한되는 것이므로 제3자를 환매권자로 하는 환매특약의 등기는 할 수 없다.

### 3) 첨부정보에 관한 특칙

가. 등기원인증명정보 제공에 대한 특칙

매매계약과 별개의 서면에 의하여 환매의 특약을 한 때(매매계약과 반드시 동시에 하여야 한다)에는 이것을 등기원인증명정보로 제공하여야 한다. 매매계약과 동일 서면에 의하여 환매특약을 한 때에는 매매계약서는 매매로 인한 이전등기의 등기원인증명정보로 제공되므로 이를 원용하여 환매특약의 등기를 신청할 수 있다.

나. 등기의무자의 등기필정보 제공 불요

매매등기와 동시신청이라는 점에서 등기의무자(매수인)의 등기필정보는 제공할 필요가 없다.

다. 인감증명의 제공 불요

매매로 인한 소유권이전등기와 동시신청이라는 점에서(즉, 등기의무자인 매수인은 아직 소유권의 등기명의인이라고 할 수 없으므로) 등기의무자의 인감증명은 제공할 필요가 없다.

### 4) 매매로 인한 권리이전등기신청과의 관련성

환매의 특약은 매매계약에 종된 계약이므로 매매계약이 실효되면 그 특약도 효력을 잃지만, 반대로 환매특약이 실효되어도 당사자가 그 특약의 유효를 조건으로 하지 않는 한 매매계약의 효력에는 그 영향을 미치지 아니한다. 매매로 인한 권리이전등기신청을 각하하는 경우에는 동시 신청한 환매특약의 등기신청은 법 제29조 제2호에 해당하는 것으로 각하하여야 한다.

이와는 반대로 환매특약의 등기신청을 각하하더라도 매매로 인한 권리이전등기를 실행할 수는 있다. 그러나 이렇게 되면 신청인은 그 후 환매특약의 등기를 다시는 신청할 수 없게 되는 불이익을 받으므로 신청인의 편의를 고려하여 매매로 인한 권리이전등기신청의 취하를 권고하여야 할 것이다.

### (3) 등기실행에 관한 특칙

환매특약의 등기는 매매로 인한 권리이전등기에 부기등기를 한다(법 제52조 6호).

### (4) 환매권의 이전등기

환매권은 하나의 재산권으로서 양도할 수 있다. 환매권의 이전등기는 환매권자가 등기의무자가 되고 양수인이 등기권리자가 되어 공동으로 신청하여야 한다. 환매권이전등기가 마쳐지면 양수인은 환매권자의 지위를 승계하게 된다. 환매권의 이전등기를 신청할 때에 등기소에 제공하여야 할 등기필정보는 환매권자가 환매특약등기를 마쳤을 때 통지받은 등기필정보이다.

환매권이전등기는 종전 환매특약등기에 다시 부기등기 형식으로 실행한다.

### (5) 환매권 실행의 등기

#### 1) 소유권이전등기의 실행

환매권자는 환매기간 내에 매매대금과 매매비용을 제공하고 환매권을 행사할 수 있다. 환매권 행사로 인한 등기는 환매특약부 매매로 종전의 소유권이전등기를 말소할 것이 아니고 매도인 또는 양수인 명의로 소유권이전등기를 한다.

#### 2) 신청인

환매권자 즉, 매도인 또는 환매권의 양수인이 등기권리자이고 매수인 또는 그 승계인이 등기의무자로서 공동신청에 의한다. 환매권부 매매의 목적 부동산이 환매특약의 등기 후 양도된 경우에는 그 전득자(현재 등기기록상 소유명의인)가 등기의무자가 된다.

#### 3) 등기원인 및 등기원인일자

등기원인은 '환매'이며, 등기원인일자는 환매의 의사표시가 상대방에게 도달한 날이다.

#### 4) 환매특약등기 이후에 마쳐진 소유권 외의 권리에 관한 등기의 말소

환매특약의 등기 이후 환매권 행사 전에 마쳐진 제3자 명의의 소유권 외의 권리에 관한 등기의 말소등기는 일반원칙에 따르고 그 말소등기의 원인은 '환매권행사로 인한 실효'로 기록한다.

그러므로 당사자의 신청에 의하여 이루어진 등기, 예를 들면 환매특약 등기 후에 저당권설정등기가 이루어진 경우 그 등기의 말소는 저당권자와 환매권자(환매권 행사로 소유자가 된 자)의 공동신청으로 말소한다. 저당권자가 말소에 협력하지 않을 경우에는 판결을 얻어 말소할 수밖에 없다.

법원의 촉탁에 의하여 이루어진 등기는 법원의 촉탁으로 말소하여야 한다. 그러므로 환매를 원인으로 한 소유권이전등기절차이행의 판결문을 제공했다고 해서 환매특약등기 후에 이루어진 가압류등기 등을 등기관이 직권으로 말소하거나 당사자의 신청에 의해서 말소해서는 안 된다(선례 Ⅵ-297).

## (6) 환매특약등기의 말소

환매권의 실행에 따라 환매권자 명의로 이전등기를 마쳤으면 환매특약의 등기는 존속할 필요가 없으므로 등기관이 직권으로 말소하여야 한다(규칙 제114조 1항). 다만 환매권에 가압류, 가처분, 가등기 등의 부기등기가 마쳐져 있는 경우에는 그 등기명의인의 승낙서 또는 이에 대항할 수 있는 재판의 등본이 제공되어 있지 아니하면 환매특약의 등기를 말소할 수 없는데 이와 같이 환매특약의 등기를 말소할 수 없는 경우, 환매권 행사로 인한 소유권이전등기를 할 수 없다. 환매특약의 말소등기는 환매로 인한 소유권이전등기로 직권말소 한다는 뜻과 등기연월일을 기록하고 주등기의 형식으로 말소한다.

그리고 환매특약의 등기를 한 후에 환매기간의 경과 또는 그 경과 전에 당사자 간에 환매권 소멸에 관한 특약을 체결하거나, 환매권을 포기한 경우에는 환매권자와 현재의 등기상 소유명의인이 공동으로 환매권등기의 말소등기를 신청할 수 있다. 또한 환매기간 내에 환매권자가 다른 원인으로 해당 부동산의 소유권을 획득함으로써 환매권이 혼동으로 소멸한 경우에는 환매권자가 단독으로 혼동을 원인으로 환매권말소등기를 신청할 수 있다(선례 Ⅴ-397). 환매권말소등기를 할 때 환매권 이전 및 변경등기가 있으면 모두 말소하는 표시를 하여야 한다.

# ♣ 【서식】 등기수입증지 환매신청서

## 등기수입증지 환매신청서

신 청 인 : ○○○ (     -     ) 전화번호(휴대전화) :

주     소 :

매입일자 : 20    .    .

환매신청 증지수량 : 1,000원권 00매 / 2,000원권 00매 / 5,000원권 00매 / 10,000원권 00매

환매신청사유 :

※ 법인 또는 비법인단체는 그 명칭, 등록번호, 본점 등의 소재지로 기재하시기 바랍니다.

【신청인 계좌정보】

| 예 금<br>계 좌 | 금융기관명 | 계좌번호 | 예금주 |
|---|---|---|---|
| | | | |

신청인은 환매신청한 증지가 등기신청에 사용된 적이 없음을 확인하며, 위 증지의 환매를 신청합니다.

첨부서류   1. 신분증(주민등록증, 운전면허증, 여권 등) 사본 1부
                2. 예금통장 사본 1부

20    .    .    .

신청인                 ㉑

**법원행정처(00지방법원)  수입징수관 귀하**

## ♣ 【서식】 환매권행사로 인한 소유권이전등기신청서

| 소유권이전등기신청 | | | | |
|---|---|---|---|---|

| 접　수 | 년　월　일 | 처리인 | 등기관 확인 | 각종 통지 |
|---|---|---|---|---|
| | 제　　　　호 | | | |

| 부동산의 표시 |
|---|
| ○○시 ○○구 ○○동 ○○번지<br><br>대 *100*㎡<br><br>이　　　　　　　상 |

| 등기원인과그연월일 | 20○○년 ○월 ○일 환매 |
|---|---|
| 등 기 의 목 적 | 소유권(일부)이전 |
| | |
| | |

| 구분 | 성　명<br>(상호·명칭) | 주민등록번호<br>(등기용등<br>록번호) | 주　소<br>(소재지) | 지 분<br>(개인별) |
|---|---|---|---|---|
| 등기의무자 | ○　○　○ | 610120-12<br>34567 | ○○시 ○○구 ○○동 ○○번지 | |
| 등기권리자 | ○　○　○ | 510120-12<br>34567 | ○○시 ○○구 ○○동 ○○번지 | |

| 등 록 세 | 금 | ○○○ | 원 |
|---|---|---|---|
| 교 육 세 | 금 | ○○○ | 원 |
| 세 액 합 계 | 금 | ○○○ | 원 |
| 등 기 신 청 수 수 료 | 금 | 14,000 | 원 |

| 등기의무자의 등기필정보 | | |
|---|---|---|
| 부동산고유번호 | 1102-2006-002905 | |
| 성명(명칭) | 일련번호 | 비밀번호 |
| 이대백 | Q77C-LO71-35J5 | 40-4636 |

| 첨 부 서 면 | |
|---|---|
| · 해지증서           통<br>· 등록세영수필확인서   통<br>· 위임장           통<br>· 등기필증         통 | 〈기 타〉 |

20○○년 ○월 ○일

위 신청인    ○ ○ ○ ㊞    (전화 :         )
             ○ ○ ○ ㊞    (전화 :         )

(또는) 위 대리인 ○○법무사 사무소    (전화 :         )

법무사 ○  ○  ○

지방법원        등기소 귀중

- 신청서 작성요령 -

* 1. 부동산표시란에 2개 이상의 부동산을 기재하는 경우에는 부동산의 일련번호를 기재하여야 합니다.
  2. 신청인란등 해당란에 기재할 여백이 없을 경우에는 별지를 이용합니다.
  3. 담당 등기관이 판단하여 위의 첨부서면 외에 추가적인 서면을 요구할 수 있습니다.

| | 위　　임　　장 | |
|---|---|---|
| 부동산의표시 | ○○시 ○○구 ○○동 ○○번지<br><br>대 *100*㎡<br><br><br>이　　　　　　　　상 | |
| 등 기 원 인 과 그 연 월 일 | 20○○년 ○월 ○일 <sup>매매</sup> | |
| 등 기 의 목 적 | 소유권이전 | |
| | | |
| (신청인) 등기의무자　○ ○ ○　㊞<br><br>　　○○시 ○○구 ○○동 ○○번지<br><br><br>　　등기권리자　○ ○ ○　㊞<br>○○시 ○○구 ○○동 ○○번지 | (대리인) 법무사 ○ ○ ○<br><br>　　○○시 ○○구 ○○동 ○○번지<br><br><br>　위 사람을 대리인으로 정하고 위 부동산<br>등기신청 및 취하에 관한 모든 행위를 위<br>임한다. 또한 복대리인 선임을 허락한다.<br><br>　　　　20○○년 ○월 ○일 | |

## ♣ 【서식】 토지환매특약이전등기신청서

<table>
<tr><td colspan="5" align="center">토지환매특약이전등기신청</td></tr>
<tr>
<td rowspan="2">접  수</td>
<td align="center">년 월 일</td>
<td rowspan="2">처리인</td>
<td align="center">등기관 확인</td>
<td align="center">각종 통지</td>
</tr>
<tr>
<td align="center">제      호</td>
<td></td>
<td></td>
</tr>
</table>

<table>
<tr><td colspan="5" align="center">부동산의 표시</td></tr>
<tr><td colspan="5" align="center">

○○시 ○○구 ○○동 ○○번지

대 100㎡



이                    상

</td></tr>
<tr><td colspan="2">등기원인과그연월일</td><td colspan="3">20○○년 ○월 ○일 매매</td></tr>
<tr><td colspan="2">등 기 의 목 적</td><td colspan="3">2번 부기 1호 환매권이전</td></tr>
<tr>
<td>구 분</td>
<td>성 명<br>(상호·명칭)</td>
<td>주민등록번호<br>(등기용등<br>록번호)</td>
<td>주 소<br>(소재지)</td>
<td>지 분<br>(개인별)</td>
</tr>
<tr>
<td>등 기 의 무 자</td>
<td>○  ○  ○</td>
<td>610120-12<br>34567</td>
<td>○○시 ○○구 ○○동 ○○번지</td>
<td></td>
</tr>
<tr>
<td>등 기 권 리 자</td>
<td>○  ○  ○</td>
<td>510120-12<br>34567</td>
<td>○○시 ○○구 ○○동 ○○번지</td>
<td></td>
</tr>
</table>

| 등  록  세 | 금 | ○○○ | 원 |
|---|---|---|---|
| 교  육  세 | 금 | ○○○ | 원 |
| 세  액  합  계 | 금 | ○○○ | 원 |
| 등 기 신 청 수 수 료 | 금 | *14,000* | 원 |

| 등기의무자의 등기필정보 | | |
|---|---|---|
| 부동산고유번호 | 1102-2006-002905 | |
| 성명(명칭) | 일련번호 | 비밀번호 |
| 이대백 | Q77C-LO71-35J5 | 40-4636 |

| 첨      부      서      면 | |
|---|---|
| · 위임장                          1통<br>· 환매권매매계약서              1통<br>· 등기의무자의 권리에 관한<br>  등기필증                      1통<br>· 주민등록증 사본              1통 | 〈기  타〉 |

20○○년 ○월 ○일

위 신청인     ○  ○  ○    ㉑     (전화 :          )
　　　　　　 ○  ○  ○    ㉑     (전화 :          )

(또는) 위 대리인 ○○법무사 사무소        (전화 :          )

법무사 ○  ○  ○

지방법원                 등기소 귀중

- 신청서 작성요령 -

* 1. 부동산표시란에 2개 이상의 부동산을 기재하는 경우에는 부동산의 일련번호를 기재하
   여야 합니다.
  2. 신청인란등 해당란에 기재할 여백이 없을 경우에는 별지를 이용합니다.
  3. 담당 등기관이 판단하여 위의 첨부서면 외에 추가적인 서면을 요구할 수 있습니다.

| 위 임 장 | |
|---|---|
| 부동산의 표시 | ○○시 ○○구 ○○동 ○○번지<br>대 100㎡<br><br>이 상 |
| 등기원인과 그 연월일 | 20○○년 ○월 ○일 매매 |
| 등 기 의 목 적 | 2번 부기 1호 환매권이전 |
| | |
| (신청인) 등기의무자 ○ ○ ○ ㊞<br>○○시 ○○구 ○○동 ○○번지<br><br>등기권리자 ○ ○ ○ ㊞<br>○○시 ○○구 ○○동 ○○번지 | (대리인) 법무사 ○ ○ ○<br>○○시 ○○구 ○○동 ○○번지<br><br>위 사람을 대리인으로 정하고 위 부동산 등기신청 및 취하에 관한 모든 행위를 위임한다. 또한 복대리인 선임을 허락한다.<br>20○○년 ○월 ○일 |

## ♣【서식】토지소유권이전 및 환매특약등기신청서

| 토지환매특약등기신청 |
|---|

| 접　수 | 년　월　일 | 처리인 | 등기관 확인 | 각종 통지 |
|---|---|---|---|---|
| | 제　　　　호 | | | |

| 부동산의 표시 |
|---|
| ○○시 ○○구 ○○동 ○○번지<br><br>대 100㎡<br><br><br>이　　　　　　　상 |

| 등기원인과그연월일 | 20○○년 ○월 ○일 매매 |
|---|---|
| 등 기 의 목 적 | 환매특약등기 |
| 매 매 대 금 | 금 ○○○○○○원 |
| 매매비용, 환매기간 | 금 ○○○○원 20○○년 ○월 ○일부터 ○년 |

| 구분 | 성　명<br>(상호·명칭) | 주민등록번호<br>(등기용등록<br>번호) | 주　소<br>(소재지) | 지분<br>(개인별) |
|---|---|---|---|---|
| 등기의무자 | ○ ○ ○ | 610120-123<br>4567 | ○○시 ○○구 ○○동 ○○번지 | |
| 등기권리자 | ○ ○ ○ | 510120-123<br>4567 | ○○시 ○○구 ○○동 ○○번지 | |

| 등 록 세 | 금 | ○○○○ | 원 |
|---|---|---|---|
| 교 육 세 | 금 | ○○○○ | 원 |
| 세 액 합 계 | 금 | ○○○○ | 원 |
| 등 기 신 청 수 수 료 | 금 | *14,000* | 원 |

| 등기의무자의 등기필정보 | | |
|---|---|---|
| 부동산고유번호 | 1102-2006-002905 | |
| 성명(명칭) | 일련번호 | 비밀번호 |
| 이대백 | Q77C-LO71-35J5 | 40-4636 |

첨 부 서 면

· 신청서부본                1통   〈기 타〉
· 등록세영수필확인서 및 통지서   1통
· 위임장                    1통

20○○년 ○월 ○일

위 신청인    ○  ○  ○  ⑩    (전화 :        )
            ○  ○  ○  ⑩    (전화 :        )

(또는) 위 대리인 ○○법무사 사무소    (전화 :        )

법무사 ○  ○  ○

지방법원              등기소 귀중

― 신청서 작성요령 ―

* 1. 부동산표시란에 2개 이상의 부동산을 기재하는 경우에는 부동산의 일련번호를 기재하여야 합니다.
  2. 신청인란등 해당란에 기재할 여백이 없을 경우에는 별지를 이용합니다.
  3. 담당 등기관이 판단하여 위의 첨부서면 외에 추가적인 서면을 요구할 수 있습니다.

## ♣【서식】토지환매권경정등기신청서

<table>
<tr><td colspan="5" align="center">토지환매권경정등기신청</td></tr>
<tr><td rowspan="2">접　수</td><td>년 월 일</td><td rowspan="2">처리인</td><td>등기관 확인</td><td>각종 통지</td></tr>
<tr><td>제　　호</td><td></td><td></td></tr>
</table>

<table>
<tr><td colspan="5" align="center">부동산의 표시</td></tr>
<tr><td colspan="5" align="center">○○시 ○○구 ○○동 ○○번지<br><br>대 100㎡<br><br>이　　　　　　상</td></tr>
<tr><td colspan="2">등기원인과그연월일</td><td colspan="3">20○○년 ○월 ○일 신청착오</td></tr>
<tr><td colspan="2">등 기 의 목 적</td><td colspan="3">환매권경정</td></tr>
<tr><td colspan="2">경 정 할 사 항</td><td colspan="3">20○○년 ○월 ○일 접수 제○○○호 순위 제○번 부기 ○호로 등기한 환매권의 등기사항중 환매기간 ○○.○.○.을 ○○.○.○.로 경정함</td></tr>
<tr><td>구분</td><td>성　명<br>(상호·명칭)</td><td>주민등록번호<br>(등기용등록번호)</td><td>주　소<br>(소재지)</td><td>지 분<br>(개인별)</td></tr>
<tr><td>등기의무자</td><td>○ ○ ○</td><td>610120-1234567</td><td>○○시 ○○구 ○○동 ○○○</td><td></td></tr>
<tr><td>등기권리자</td><td>○ ○ ○</td><td>510120-1234567</td><td>○○시 ○○구 ○○동 ○○○</td><td></td></tr>
</table>

| 등 록 면 허 세 | 금 | ○○○○ | 원 |
|---|---|---|---|
| 지 방 교 육 세 | 금 | ○○○○ | 원 |
| 세 액 합 계 | 금 | ○○○○ | 원 |
| 등 기 신 청 수 수 료 | 금 | ○○○○ | 원 |
| | 납부번호 : | | |
| | 일괄납부 : | 건 | 원 |

| 등기의무자의 등기필정보 | | |
|---|---|---|
| 부동산고유번호 | 1102-2006-002905 | |
| 성명(명칭) | 일련번호 | 비밀번호 |
| 이대백 | Q77C-LO71-35J5 | 40-4636 |

| 첨　　　부　　　서　　　면 | |
|---|---|
| · 승낙서　　　　　　　　　　1통<br>· 등록면허세영수필확인서　　1통<br>· 등기신청수수료 영수필확인서　1통<br>· 인감증명　　　　　　　　　1통<br>· 주민등록표등(초)본　　　　1통 | 〈기　타〉 |

20○○년 ○월 ○일


위 신청인　　○　○　○　㊞　　　　（전화 :　　　　　）
　　　　　　　○　○　○　㊞　　　　（전화 :　　　　　）


(또는) 위 대리인　○○법무사 사무소　　（전화 :　　　　　）


법무사 ○　○　○


○○○○지방법원　　　　　등기국 귀중

- 신청서 작성요령 -

* 1. 부동산표시란에 2개 이상의 부동산을 기재하는 경우에는 부동산의 일련번호를 기재하여야 합니다.
  2. 신청인란등 해당란에 기재할 여백이 없을 경우에는 별지를 이용합니다.
  3. 담당 등기관이 판단하여 위의 첨부서면 외에 추가적인 서면을 요구할 수 있습니다.

## ♣ 【서식】 토지환매권등기말소등기신청서

### 토지환매권등기말소등기신청

| 접 수 | 년 월 일 | 처리인 | 등기관 확인 | 각종 통지 |
|---|---|---|---|---|
| | 제        호 | | | |

| 부동산의 표시 |
|---|
| ○○시 ○○구 ○○동 ○○번지<br><br>대 *100*㎡<br><br>이                          상 |

| 등기원인과그연월일 | 20○○년 ○월 ○일 환매기간만료 |
|---|---|
| 등 기 의 목 적 | 환매권 말소 |
| 말 소 할 등 기 | 20○○년 ○월 ○일 접수 제○○○호 순위 제○번 부기 ○호로 경료된 환매특약등기 |

| 구분 | 성 명<br>(상호·명칭) | 주민등록번호<br>(등기용등록번호) | 주 소<br>(소재지) | 지 분<br>(개인별) |
|---|---|---|---|---|
| 등기의무자 | ○  ○  ○ | 610120-1234567 | ○○시 ○○구 ○○동 ○○번지 | |
| 등기권리자 | ○  ○  ○ | 510120-1234567 | ○○시 ○○구 ○○동 ○○번지 | |

| 등 록 면 허 세 | 금 | ○○○○ | 원 |
|---|---|---|---|
| 지 방 교 육 세 | 금 | ○○○○ | 원 |
| 세 액 합 계 | 금 | ○○○○ | 원 |
| 등 기 신 청 수 수 료 | 금 | ○○○○ | 원 |
| | 납부번호 : | | |
| | 일괄납부 : | 건 | 원 |

| 등기의무자의 등기필정보 | | |
|---|---|---|
| 부동산고유번호 | 1102-2006-002905 | |
| 성명(명칭) | 일련번호 | 비밀번호 |
| 이대백 | Q77C-LO71-35J5 | 40-4636 |

| 첨 부 서 면 | |
|---|---|
| · 등록면허세영수필확인서    1통<br>· 등기신청수수료 영수필확인서    1통<br>· 주민등록표등(초)본    1통<br>· 위임장    1통 | 〈기 타〉 |

20○○년 ○월 ○일

위 신청인      ○  ○  ○  ㉑      (전화 :              )

○  ○  ○  ㉑      (전화 :              )

(또는) 위 대리인 ○○법무사 사무소          (전화 :              )

법무사 ○   ○   ○

○○○○지방법원          등기국 귀중

---

- 신청서 작성요령 -

* 1. 부동산표시란에 2개 이상의 부동산을 기재하는 경우에는 부동산의 일련번호를 기재하여야 합니다.
  2. 신청인란등 해당란에 기재할 여백이 없을 경우에는 별지를 이용합니다.
  3. 담당 등기관이 판단하여 위의 첨부서면 외에 추가적인 서면을 요구할 수 있습니다.

## 예규  환매권행사에 따른 등기사무처리지침

(개정 2011.10.11, 등기예규 제1359호)

### 1. 환매권부매매에 의한 환매특약의 등기가 있는 경우 그 환매권의 행사로 인한 소유권이전등기

가. 환매권부매매의 매도인이 등기권리자, 환매권부매매의 매수인이 등기의무자가 되어 환매권 행사로 인한 소유권이전등기를 공동으로 신청한다. 다만 환매권부매매의 매도인으로부터 환매권을 양수받은 자가 있는 경우에는 그 양수인이 등기권리자가 되고, 환매권부매매의 목적 부동산이 환매특약의 등기 후 양도된 경우에는 그 전득자(현재 등기기록상 소유명의인)가 등기의무자가 된다.

나. 삭 제(2011. 10. 11. 제1359호)

다. 위 소유권이전등기의 등기원인은 "환매"로 하고 환매의 의사표시가 상대방에게 도달한 날을 등기원인 일자로 한다.

라. 다만 아래 2항 단서의 규정에 의하여 환매특약의 등기를 말소할 수 없는 경우에는 환매권 행사로 인한 소유권이전등기를 할 수 없다.

### 2. 환매특약의 등기의 말소

등기관은 위 1항의 규정에 의하여 환매권의 행사로 인한 소유권이전등기를 할 때에는 직권으로 환매특약의 등기를 말소하여야 한다. 다만 환매권에 가압류, 가처분, 가등기 등의 부기등기가 경료되어 있는 경우에는 그 등기명의인의 승낙서 또는 이에 대항할 수 있는 재판서의 등본이 첨부되어 있지 아니하면 환매특약의 등기를 말소할 수 없다.

### 3. 환매특약의 등기 이후에 경료된 소유권 이외의 권리에 관한 등기의 말소

환매특약의 등기 이후 환매권 행사 전에 경료된 제3자 명의의 소유권 이외의 권리에 관한 등기의 말소등기는 일반원칙에 따라 공동신청에 의하고, 그 말소등기의 원인은 "환매권행사로 인한 실효"로 기록한다.

## 갑구 예시

### -환매특약의 등기 57

| 【갑 구】 (소유권에 관한 사항) | | | | |
|---|---|---|---|---|
| 순위번호 | 등기목적 | 접수 | 등기원인 | 권리자 및 기타사항 |
| 1 | 소유권보존 | 2014년 12월 5일<br>제2345호 | | 소유자 정☆☆ 721205-1234567<br>서울특별시 종로구 인사동길 8(인사동) |
| 2 | 소유권이전 | 2015년 6월 10일<br>제3456호 | 2015년 6월 8일<br>환매특약부 매매 | 소유자 강○○ 790513-1234567<br>서울특별시 용산구 원효로 10(원효로1가)<br>거래가액 금190,000,000원 |
| 2-1 | 환매특약 | 2015년 6월 10일<br>제3456호 | 2015년 6월 8일<br>특약 | 매수인이 지급한 대금 금200,000,000원<br>매매비용 금3,000,000원<br>환매기간 2018년 7월 25일까지<br>환매권자<br>정☆☆ 721205-1234567<br>서울특별시 종로구 인사동길 8(인사동) |

(주) 환매특약의 등기는 별개의 독립된 신청서에 의하여 신청하여야 하나, 동일접수번호로 접수한다.

### -환매권이전 58

| 【갑 구】 (소유권에 관한 사항) | | | | |
|---|---|---|---|---|
| 순위번호 | 등기목적 | 접수 | 등기원인 | 권리자 및 기타사항 |
| 2-1 | 환매특약 | 2015년 1월 10일<br>제2345호 | 2015년 1월 8일 특약 | 매수인이 지급한 대금 금20,000,000원<br>매매비용 금30,000원<br>환매기간 2015년 7월 25일까지<br>환매권자<br>~~정☆☆ 721205-1234567~~<br>~~서울특별시 종로구 인사동길 8(인사동)~~ |
| 2-1-1 | 2-1번<br>환매권이전 | 2015년 7월 25일<br>제5678호 | 2015년 7월 25일 매매 | 환매권자<br>이○○ 750614-1234567<br>서울특별시 종로구 창덕궁길 105(원서동) |

-환매대금의 변경 59

| 【갑 구】 (소유권에 관한 사항) | | | | |
|---|---|---|---|---|
| 순위번호 | 등기목적 | 접수 | 등기원인 | 권리자 및 기타사항 |
| 2-1 | 환매특약 | 2015년 1월 10일 제2345호 | 2015년 1월 8일 특약 | 매수인이 지급한 대금 금20,000,000원 매매비용 금3,000,000원 환매기간 2015년 7월 25일까지 환매권자 정☆☆ 721205-1234567 서울특별시 종로구 인사동길 8(인사동) |
| 2-1-1 | 2-1번 환매권변경 | 2015년 7월 25일 제5678호 | 2015년 7월 25일 변경계약 | 매수인이 지급한 대금 금300,000,000원 |

(주) 1. 등기상의 이해관계인이 있는 경우에는 그의 승낙을 증명하는 정보 또는 이에 대항할 수 있는 재판이 있음을 증명하는 정보를 제공한 때에 한하여 부기등기로 한다.
   2. 변경 전의 환매대금의 기록을 말소하는 표시를 한다.


-환매기간의 경정 60

| 【갑 구】 (소유권에 관한 사항) | | | | |
|---|---|---|---|---|
| 순위번호 | 등기목적 | 접수 | 등기원인 | 권리자 및 기타사항 |
| 2-1-1 | 2-1번 환매권경정 | 2015년 7월 25일 제5678호 | 신청착오 | 환매기간 2019년 7월 24일까지 |

(주) 1. 등기상의 이해관계인이 있는 경우에는 그의 승낙을 증명하는 정보 또는 이에 대항할 수 있는 재판이 있음을 증명하는 정보를 제공한 때에 한하여 부기등기로 한다.
   2. 변경 전의 환매기간의 기록을 말소하는 표시를 한다.

## -환매권을 행사한 경우(말소) 61

| | | 【갑 구】 | (소유권에 관한 사항) | |
|---|---|---|---|---|
| 순위번호 | 등기목적 | 접수 | 등기원인 | 권리자 및 기타사항 |
| 2-1 | 환매특약 | 2015년 1월 10일 제3790호 | 2015년 1월 8일 특약 | 매수인이 지급한 대금 금20,000,000원 매매비용 금30,000원 환매기간 2018년 7월 25일까지 환매권자 정☆☆ 721205-1234567 서울특별시 종로구 인사동길 8(인사동) |
| 2-1-1 | 2-1번 환매권이전 | 2015년 7월 25일 제9789호 | 2015년 7월 25일 매매 | 환매권자 이◇◇ 750614-1234567 서울특별시 종로구 창덕궁길 105 (원서동) |
| 3 | 소유권 이전 | 2015년 12월 30일 제9895호 | 2015년 12월 24일 환매 | 소유자 이◇◇ 750614-1234567 서울특별시 종로구 창덕궁길 105 (원서동) 거래가액 금70,000,000원 |
| 4 | 2-1번 환매권말소 | | | 3번 소유권이전등기로 인하여 2015년 12월 30일 등기 |

(주) 환매권을 행사한 경우 환매권말소의 등기는 직권으로 하되 주등기에 의하고, 환매특약의 등기를 말소하는 표시를 한다.

-환매권이전에 대한 말소 62

| 【갑 구】 (소유권에 관한 사항) | | | | |
|---|---|---|---|---|
| 순위번호 | 등기목적 | 접수 | 등기원인 | 권리자 및 기타사항 |
| 2-1 | 환매특약 | 2015년 1월 10일 제3790호 | 2015년 1월 8일 특약 | 매수인이 지급한 대금 금20,000,000원 매매비용 금30,000원 환매기간 2018년 7월 25일까지 환매권자 ~~정☆☆ 721205-1234567~~ ~~서울특별시 종로구 인사동길 8(인사동)~~ |
| ~~2-1-1~~ | ~~2-1번 환매권이전~~ | ~~2015년 7월 25일 제9789호~~ | ~~2015년 7월 25일 매매~~ | ~~환매권자~~ ~~이◇◇ 750614-1234567~~ ~~서울특별시 종로구 창덕궁길 105 (원서동)~~ |
| 2-1-2 | | | | 환매권자 정☆☆ 721205-1234567 서울특별시 종로구 인사동길 8(인사동) 3번등기로 인하여 2-1번 등기명의인 회복 2015년 7월 30일 등기 |
| 3 | 2-1-1번 환매권이전 등기말소 | 2015년 7월 30일 제12051호 | 2015년 7월 29일 해제 | |

(주) 환매권이전등기를 말소하는 경우에는 말소하는 표시가 된 권리자를 회복한다.

(7) 교환으로 인한 소유권이전등기신청

## ♣ 【서식】 교환으로 인한 소유권이전등기신청서

| | | | | |
|---|---|---|---|---|
| **소유권이전등기신청(교환)** | | | | |
| 접 수 | 년 월 일<br>제 호 | 처리인 | 등기관 확인 | 각종 통지 |

| ① 부동산의 표시 |
|---|
| 1. 서울특별시 서초구 서초동 100<br><br>　　대 300㎡<br><br>2. 서울특별시 서초구 서초동 100<br><br>　　[도로명주소] 서울특별시 서초구 서초대로 88길 10<br><br>　　시멘트 벽돌조 슬래브지붕 2층 주택<br><br>　　　1층 100㎡<br><br>　　　2층 100㎡<br><br>　　　　　　　　이　　　　　　　상 |

| ② 등기원인과 그 연월일 | 2024년 1월 22일 교환 | | | |
|---|---|---|---|---|
| ③ 등 기 의 목 적 | 소 유 권 이 전 | | | |
| 구분 | 성 명<br>(상호·명칭) | 주민등록번호<br>(등기용등록<br>번호) | 주 소 (소 재 지) | 지 분<br>(개인별) |
| ④ 등기의무자 | 이 대 백 | XXXXXX-XXXX<br>XXX | 서울특별시 서초구 서초대로<br>88길 20 (서초동) | |
| ⑤ 등기권리자 | 김 갑 동 | XXXXXX-XXXX<br>XXX | 서울특별시 중구 다동길 96<br>(다동) | |

| ⑥ 시가표준액 및 국민주택채권매입금액 | | |
|---|---|---|
| 부동산 표시 | 부동산별 시가표준액 | 부동산별 국민주택채권매입금액 |
| 1. 주      택 | 금 ○○,○○○,○○○원 | 금     ○○○,○○○ 원 |
| 2. | 금              원 | 금              원 |
| 3. | 금              원 | 금              원 |
| ⑥ 국 민 주 택 채 권 매 입 총 액 | 금     ○○○,○○○ 원 | |
| ⑥ 국 민 주 택 채 권 발 행 번 호 | ○ ○ ○ | |
| ⑧ 취득세(등록면허세) 금○○○,○○○원 | ⑧ 지방교육세 금 ○○,○○○원 | |
| | ⑧ 농어촌특별세 금 ○○,○○○원 | |
| ⑧ 세    액    합    계 | 금              ○○○,○○○ 원 | |
| ⑨ 등 기 신 청 수 수 료 | 금              30,000  원 | |
| | 납부번호 : ○○-○○-○○○○○○○○-○ | |
| | 일괄납부 :        건              원 | |
| ⑩ 등기의무자의 등기필정보 | | |
| 부동산고유번호 | 1102-2006-002095 | |
| 성명(명칭) | 일련번호 | 비밀번호 |
| 이대백 | Q77C-LO71-35J5 | 40-4636 |
| ⑪    첨    부    서    면 | | |
| · 교환계약서(검인)              1통 | · 토지 · 임야 · 건축물대장등본      각1통 | |
| · 등기필증                      1통 | · 주민등록표등(초)본           각1통 | |
| ~~· 위임장                      통~~ | · 취득세(등록면허세)영수필확인서   1통 | |
| · 인감증명서 또는 본인서명사실 | · 등기신청수수료 영수필확인서       1통 | |
| 확인서                      1통 | 〈기 타〉 | |

2024년  1월  22일

⑫  위 신청인        이    대    백  ㉑  (전화 : 200-7766)
                    긴    갑    동  ㉑  (전화 : 300-7766)

   (또는)위 대리인                        (전화 :          )

        서울중앙 지방법원              등기국 귀중

---

- 신청서 작성요령 -

* 1. 부동산표시란에 2개 이상의 부동산을 기재하는 경우에는 부동산의 일련번호를 기재하여야 합니다.
  2. 신청인란등 해당란에 기재할 여백이 없을 경우에는 별지를 이용합니다.
  3. 담당 등기관이 판단하여 위의 첨부서면 외에 추가적인 서면을 요구할 수 있습니다.

## ♣【서식】부동산교환계약서

---

### 부동산교환계약서

 갑 소유의 부동산과 을 소유의 부동산에 관하여 다음과 같이 교환계약을 체결한다.

1. 교환물건(부동산)의 표시는 다음 기재와 같다.
2. 교환물건의 평가액은 본 계약서 교환물건의 평가액란에 기재된 금액으로 한다. 교환 당사자는 평가액의 차액을 20○○년 ○월 ○일 수령한다.
3. 7교환물건에 설정된 임차보증금 등은 다른 약정이 없는 때에는 평가액에 포함한다.
4. 교환물건에 관하여 타물권(저당권, 임차권, 전세권 등 소유권 이외의 제한물권이 설정되어 있거나 불법점유 등 하자가 있는 때에는 소유권이전등기일까지 이를 제거하여 완전한 소유권을 이전하여야 하며 특약사항이 있는 때에는 이를 포기하여야 한다.
5. 교환물건에 관하여 발생한 수익과 조세공과 및 부담금은 소유권이전등기일을 기준으로 각 부담한다. 단, 교환물건의 인도를 지체한 경우에 발생한 것은 인도를 지체한 자의 부담으로 한다.
6. 교환물건의 계약목적에 달성할 수 없을 때에는 본 계약을 해제할 수 있으며 계약이 해제될 경우에는 기수령한 대금은 반환한다.
7. 교환물건에 관하여 소유권이전등기신청은 본 계약서에 정하는 20○○년 ○월 ○일에 관할등기소에서 동시에 행함을 원칙으로 한다.
8. 교환물건은 계약당시의 현상대로 계약기일에서 정한 인도일에 각각 인도하여야 한다.

 위 계약을 증명하기 위하여 계약서 ○부를 작성하고 계약당사자간 이의 없음을 확인하고 각기 서명날인한다.

20○○년 ○월 ○일

■교환부동산의 표시

| | 소 재 지 | 지 목(토지)<br>구 조(건물) | 면 적 |
|---|---|---|---|
| 교환인(갑) | ○○시 ○○구 ○○동 ○○번지 | 대 | ○○㎡ |
| 교환인(을) | ○○시 ○○구 ○○동 ○○번지 | 대 | ○○㎡ |

## ■교환물건의 평가액

| 갑 소유의 부동산 | 일금 ○○,○○○,○○○원 |
|---|---|
| 을 소유의 부동산 | 일금 ○○,○○○,○○○원 |
| 차       액 | 일금  ○,○○○,○○○원 |

## ■교환대금 및 지급기일의 표시

| 교환대금 | 일금○○,○○○,○○○원정<br>(교환단가 1㎡당 ○○○원정) | 지 급 기 일 | 소유권이전<br>등기신청 |
|---|---|---|---|
| 계 약 금 | 일금 ○ ○ ○ | 20○○년 ○월 ○일 | 교환물건 |
| 중도금 제1회 | ○○○○ | 20○○년 ○월 ○일 | 인도일 |
| 중도금 제2회 | ○○○○ | 20○○년 ○월 ○일 | 20○○년○월○일 |
| 잔       금 | 일금 ○○○○○○<br>(보증금 또는 융자금 포함) | 20○○년 ○월 ○일 | |
| 지급장소 | ○○○ | | |

## ■특약사항

| - 특약사항 - |
|---|

| 교 환 인<br>(갑) | |
|---|---|
| 교 환 인<br>(을) | |
| 법 무 사<br>주소·성명 | |

시 장

시 장

○○ 군 수    검 인

구청장

**【교환계약서】**

# 교 환 계 약 서

<table>
<tr><td>
검       인<br>
접수번호        번<br>
부동산등기특별조<br>
치법 제3조의 규<br>
정에 따라 검인<br>
함.<br>
○○구청장 [직인]
</td></tr>
</table>

○  ○  ○
○○시 ○○구 ○○동 ○○번지
○  ○  ○
○○시 ○○구 ○○동 ○○번지

위 당사자간에 있어 교환을 위하여 다음의 계약을 체결한다.

제1조   갑 ○○○은 제2조에 게기한 부동산과 교환하기 위하여 그 소유인 다음
　　　　부동산의 소유권을 ○○○에게 이전할 것을 약정한다.
　　　　○○시 ○○구 ○○동 ○○번지
　　　　대 ○○㎡
제2조   을 ○○○은 제1조에 기재한 부동산과 교환하기 위하여 그 소유인 다음
　　　　부동산의 소유권을 갑 ○○○에게 이전할 것을 약정한다.
　　　　○○시 ○○구 ○○동 ○○번지
　　　　대 ○○㎡

위 계약을 증명하기 위하여 이 증서 2통을 작성하고 각자 서명날인하여 각 1통
씩 소지 보관한다.

20○○년 ○월 ○일

위 ○ ○ ○ ㊞
610120-1234567
○○시 ○○구 ○○동 ○○번지
○ ○ ○ ㊞
10120-1234567
○○시 ○○구 ○○동 ○○번지

## 2. 권리소멸약정의 등기

권리소멸의 약정이란 등기의 원인인 법률행위에 해제조건 또는 종기 등을 붙인 것을 말한다. 예를 들면 매수인에게 이전된 소유권이 일정한 기한의 도래(일정한 기일까지 대금의 지급이 없는 때) 또는 조건의 성취(매수인의 사망)로 매도인에게 복귀한다는 약정이 매매계약서에 나타나 있는 것을 말한다.

이는 등기원인행위와 동일한 계약서에 부가되어야 하고 별개의 계약에 의한 권리소멸의 약정은 여기서의 등기의 대상이 아니다.

법은 등기원인에 권리의 소멸에 관한 약정이 있을 경우 신청인은 그 약정에 관한 등기를 신청할 수 있다고 규정하고 있으므로(법 제54조), 등기원인에 권리의 소멸에 관한 약정이 있다고 해서 반드시 등기를 해야 하는 것은 아니며 신청인이 그러한 사항을 등기해 줄 것을 신청한 경우에만 등기할 수 있다.

권리소멸약정의 등기는 권리취득등기에 이를 부기하며(법 제52조 7호), 그 부기등기는 그 권리취득등기를 말소할 때에 직권으로 말소한다(규칙 제114조 2항).

## 3. 「주택법」에 따른 금지사항 등기

### (1) 「주택법」 제61조 제3항에 따른 금지사항 등기

#### 1) 서설

「주택법」에 의하면 사업주체는 주택건설사업에 의하여 건설된 주택 및 대지에 대하여는 일정기간 동안 입주예정자의 동의 없이 저당권·전세권·지상권 등을 설정하거나 이를 매매 또는 증여 등의 방법으로 처분하는 행위를 하여서는 안 된다(주택법 제61조 1항). 사업주체는 이러한 금지사항을 같은 법 제61조 제3항에 의하여 주택건설대지와 건설된 주택의 소유권등기에 부기등기 하여야 한다. 이하에서는 위 금지사항 부기등기의 신청과 말소절차에 관하여 「주택법 제61조 제3항의 규정에 따른 금지사항의 부기등기에 관한 업무처리지침」을 중심으로 설명한다.

#### 2) 금지사항 부기등기를 할 수 없는 경우

금지사항 부기등기를 신청한 부동산이 사업주체의 소유 명의가 아니거나 다음의 어느 하나에 해당하는 경우에는 금지사항 부기등기를 할 수 없다(주택법 시행령 제72조 2항).

가. 대지의 경우 : 다음 각 목의 어느 하나에 해당하는 경우.

이 경우 ④ 또는 ⑤에 해당하는 경우로서 법원의 판결이 확정되어 소유권을 확보하거나 권리가 말소되었을 때에는 지체 없이 시행령 제72조 제1항에 따른 부기등기를 하여야 한다.

① 사업주체가 국가, 지방자치단체, 한국토지주택공사 또는 지방공사인 경우

② 사업주체가 「택지개발촉진법」 등 관계 법령에 따라 조성된 택지를 공급받아 주택을 건설하는 경우로서 해당 대지의 지적정리가 되지 아니하여 소유권을 확보할 수 없는 경우. 이 경우 대지의 지적정리가 완료된 때에는 지체 없이 시행령 제72조 제1항에 따른 부기등기를 하여야 한다.

③ 조합원이 주택조합에 대지를 신탁한 경우

④ 해당 대지가 다음의 어느 하나에 해당하는 경우. 다만, 2) 및 3)의 경우에는 법 제23조제2항 및 제3항에 따른 감정평가액을 공탁하여야 한다.

1) 법 제22조 또는 제23조에 따른 매도청구소송(이하 이 항에서 "매도청구소송"이라 한다)을 제기하여 법원의 승소판결(판결이 확정될 것을 요구하지 아니한다)을 받은 경우

2) 해당 대지의 소유권 확인이 곤란하여 매도청구소송을 제기한 경우

3) 사업주체가 소유권을 확보하지 못한 대지로서 법 제15조에 따라 최초로 주택건설사업계획승인을 받은 날 이후 소유권이 제3자에게 이전된 대지에 대하여 매도청구소송을 제기한 경우

⑤ 사업주체가 소유권을 확보한 대지에 저당권, 가등기담보권, 전세권, 지상권 및 등기되는 부동산임차권이 설정된 경우로서 이들 권리의 말소소송을 제기하여 승소판결(판결이 확정될 것을 요구하지 아니한다)을 받은 경우

나. 주택의 경우:

해당 주택의 입주자로 선정된 지위를 취득한 자가 없는 경우. 다만, 소유권보존등기 이후 입주자모집공고의 승인을 신청하는 경우는 제외한다.

### 3) 신청절차

가. 주택건설대지에 대한 신청

사업주체가 주택건설대지에 관하여 「주택법」제61조 제3항 및 같은 법 시행령 제72조 제1항에 따른 금지사항 부기등기[내용 : '이 토지는 「주택법」에 따라 입주자를 모집한 토지(주택조합의 경우에는 주택건설사업계획승인이 신청된 토지를 말한다)로서 입주예정자의 동의를 얻지 아니하고는 당해 토지에 대하여 양도 또는 제한물권을 설정하거나 압류·가압류·가처분 등 소유권에 제한을 가하는 일체의 행위를 할 수 없음']를 신청하기 위해서는 주택건설사업계획승인서 및 입주자모집공고승인신청을 하였다는 관할 관청의 확인서를 제공하여야 한다.

사업주체가 지역·직장주택조합인 경우(「주택법」제9조의 등록사업자와 함께 공동사
업주체인 경우를 포함한다)에는 대지에 대하여 사업계획승인신청을 하였다는 관할
관청의 확인서나 사업계획승인서를 제공하여 입주자 모집공고 승인신청 전이라도
금지사항 부기등기를 신청할 수 있다.

나. 주택에 대한 신청
　① 건물 준공 전에 입주자를 모집한 경우
　　사업주체가 입주예정자가 있는 건설된 주택에 관하여 소유권보존등기와 동시에
　　금지사항 부기등기를 신청하기 위해서는 「주택법」제61조 제3항 및 같은 법 시행
　　령 제72조 제1항에 따른 금지사항[내용 : '이 주택은 「부동산등기법」에 따라 소
　　유권보존등기를 마친 주택으로서 입주예정자의 동의를 얻지 아니하고는 당해 주
　　택에 대하여 양도 또는 제한물권을 설정하거나 압류·가압류·가처분 등 소유권에
　　제한을 가하는 일체의 행위를 할 수 없음']을 신청정보의 내용으로 하여야 하고,
　　관할 관청이 사업주체의 입주자모집 공고안을 승인하였다는 확인서와 입주예정
　　자가 있다는 사실을 소명하는 정보(분양계약서사본 등)를 제공하여야 한다.
　　금지사항 부기등기를 신청하면서 일부 주택에 관하여 입주예정자가 없음을 이
　　유로 부기등기를 신청하지 않을 경우에는 그 주택의 대지 지분에 대한 금지사
　　항을 말소하는 의미로서 주택건설대지에 관한 금지사항 부기등기(일부 말소)를
　　변경하는 등기를 하여야 하는데, 이 절차는 후술하는 입주예정자 앞으로의 소
　　유권이전등기신청이 있는 경우 부기등기 말소의 예에 따른다.
　　건물 준공 전에 입주자를 모집한 결과 입주예정자가 있어 소유권보존등기와 동
　　시에 금지사항 등기를 했어야 했는데 그 금지사항 등기가 누락된 경우, 보존등
　　기 이후에라도 사업주체의 입주자모집 공고안을 승인하였다는 확인서와 입주예
　　정자가 있음을 소명하는 정보를 제공하여 금지사항 부기등기를 신청할 수 있
　　다. 만일 금지사항 등기 전에 이미 금지되는 등기가 되어 있다면 그 경우에는
　　금지사항 등기를 부기등기로 하지 못하고 주등기로 하여야 한다.
　② 건물 준공 후에 입주자를 모집하는 경우
　　사업주체가 해당 주택에 관하여 소유권보존등기 후에 입주자모집 공고승인신청
　　을 하는 경우에는 그 사실을 증명하는 관할 관청의 확인서를 제공하여 금지사
　　항부기등기를 신청할 수 있다.
　③ 별도등기가 있다는 뜻의 기록
　　주택에 대한 소유권보존등기신청이 있는 경우 등기관은 그 금지사항을 소유권보
　　존등기에 부기하고, 대지권의 목적인 주택대지에 금지사항 부기등기가 존재하는
　　경우에는 건물의 대지권의 표시란에 별도등기가 있다는 뜻을 등기하여야 한다.

다. 주상복합건축물의 경우에 대한 특칙
　사업주체가 주택을 주택 외의 시설과 동일 건축물(주상복합건축물)로 하여 건설한

경우에 그 대지 및 주택에 대한 금지사항 부기등기의 신청방법과 등기방법은 다음과 같다.

① 대지에 대한 신청

가) 주상복합건축물 건설사업이 사업계획승인 대상인 경우

　주상복합건축물의 건설사업이 「주택법」제16조 제1항에 따른 사업계획승인 대상인 경우에 그 대지에 대한 금지사항 부기등기의 신청은 위 (가)와 같다.

나) 주상복합건축물의 건축이 건축허가 대상인 경우

　주상복합건축물의 건축이 「주택법」제16조 제1항에 따른 사업계획승인 대상이 아니고, 「건축법」제11조에 따른 건축허가 대상인 경우에는 그 대지 위에 건축될 예정인 주상복합건축물에 주택이 30세대(「주택법 시행령」제15조 제1항 제2호 각 목의 어느 하나에 해당하는 도시형 생활주택 등의 경우에는 50세대)이상인 경우에 한하여 그 대지에 금지사항 부기등기를 신청할 수 있다.

　이 대지에 대한 금지사항 부기등기를 신청할 때에는 건축허가서, 입주자모집 공고승인신청을 하였다는 관할 관청의 확인서 및 위의 주택 세대수 이상임을 증명하는 정보(단, 앞 두 서면에 의하여 증명되지 않는 경우에 한한다)를 첨부정보로서 등기소에 제공하여야 한다.

다) 금지사항 부기등기의 방법

　주상복합건축물의 대지에 대한 금지사항 부기등기는 사업주체의 소유권이나 그 지분 전부에 대하여 한다. 즉 주택의 대지권뿐만 아니라 주택 외의 시설에 대한 대지권까지 포함하여 전부에 대하여 금지사항 부기등기를 하면 된다.

② 주상복합건축물에 대한 금지사항

　주상복합건축물에 대한 금지사항 부기등기 및 그 대지에 대한 금지사항 부기등기의 변경등기는 위 (나)의 방법에 따른 외에 다음과 같은 방법으로 한다.

가) 금지사항 부기등기의 대상 및 신청 방법

　금지사항 부기등기는 주상복합건축물의 전유부분 중 주택에 대하여만 신청하여야 하며, 주택 외의 시설에 대하여는 신청할 수 없다.

　따라서 등기관은 금지사항 부기등기를 주택의 소유권보존등기에만 부기하고, 주택 외의 시설의 소유권보존등기에는 부기하지 않도록 주의하여야 한다.

나) 대지에 대한 금지사항 부기등기의 변경등기

　사업주체는 주상복합건축물의 소유권보존등기 및 금지사항 부기등기를 신청할 때에 대지에 대한 금지사항 부기등기를 주택 외의 시설의 대지권비율만큼 말소(일부 말소 의미의 변경등기)하는 등기를 선행하여 동시에 신청하여야 한다.

　등기관은 주택 외의 시설의 소유권보존등기를 할 때에 해당 전유부분의 표제부에 금지사항 부기등기로 인하여 별도등기가 있다는 뜻을 기록하지 않도록 주의하여야 한다.

라. 금지사항 부기등기시 등록면허세 등의 납부

금지사항 부기등기는 신청에 의한 등기이므로 그 등록면허세 및 등기신청수수료를 납부하여야 한다(2011. 8. 26. 부동산등기과-1607 질의회답).

다만 입주예정자 앞으로 소유권이전등기를 신청할 때에는 금지사항 부기등기를 등기관이 직권으로 말소하므로 등록면허세 등을 납부할 필요가 없다.

## 4) 금지사항 부기등기 이후에 주등기에 기초한 등기신청(촉탁)이 있는 경우

가. 등기신청을 각하해야 하는 경우

금지사항 부기등기 이후에 해당 대지 또는 주택에 관하여 입주예정자의 동의 없이 소유권이전등기신청 또는 제한물권설정 등기신청이 있거나, 압류·가압류·가처분 등의 등기촉탁이 있는 경우에는 등기관은 법 제29조 제9호(등기에 필요한 첨부정보를 제공하지 아니한 경우)에 의하여 그 등기신청(촉탁)을 각하해야 한다.

나. 등기신청을 수리할 수 있는 경우

① 주택건설자금이나 주택구입자금을 위한 저당권설정등기 등

사업주체가 해당 주택의 입주자에게 주택구입자금의 일부를 융자하여 줄 목적으로 국민주택기금이나 금융기관(「은행법」에 따른 은행, 「중소기업은행법」에 따른 중소기업은행, 「상호저축은행법」에 따른 상호저축은행,

② 사업주체의 변경

사업주체가 파산(「채무자 회생 및 파산에 관한 법률」등에 의한 법원의 결정·인가를 포함한다)·합병·분할·등록말소·영업정지 등의 사유로 사업을 시행할 수 없게 됨에 따라, 사업주체가 변경되어 다른 사업주체가 당해 대지를 양수하거나, 시공보증자 또는 입주예정자가 당해 대지의 소유권을 확보하거나 압류·가압류·가처분 등을 하고 그 사실을 소명하는 정보(예: 법인등기사항증명서나 관할관청의 변경승인서 등)를 제공하여 등기신청(촉탁)을 하는 경우에는 금지사항 부기등기가 있다 하더라도 그 등기신청(촉탁)을 수리하여야 한다.

③ 위 1), 2)에 기초한 등기촉탁

위 1), 2)의 저당권설정·가압류·압류·가처분등기 등에 기초한 등기촉탁(신청)이 있는 경우(예 : 저당권에 의한 임의경매신청 기입등기의 촉탁 등)에는 그 촉탁을 수리하여야 한다.

④ 입주예정자 앞으로 소유권이전을 하는 경우

주택건설사업이 완성되어 사업주체가 「주택법」상의 입주예정자 앞으로 소유권이전등기를 신청하면서 그 사실을 소명하는 정보(예 : 사업주체의 확인서나 분양계약서 등)를 제공한 경우에는 그 등기신청을 수리하여야 한다.

⑤ 「주택법」 제61조 제6항에 따라 신탁하는 경우

「주택법 시행령」제72조 제5항 제1호 및 제2호는 사업주체의 자기자본의 잠식

된 경우 등에는 주택도시보증공사에 해당 건설대지를 신탁할 수 있도록 하고 있으며, 제3호는 금지사항 부기등기 대신 신탁등기를 할 수 있도록 규정하고 있다. 이에 따라 사업주체가 해당 주택건설대지를 주택도시보증공사에 신탁하고 그에 따른 소유권이전등기 및 신탁등기를 신청하는 경우에는 금지사항 부기등기가 있다 하더라도 그 등기신청을 수리하여야 한다.

### 5) 금지사항 부기등기의 말소

가. 사업주체가 신청하는 경우

① 사업계획승인의 취소 또는 변경으로 인한 말소

사업계획승인이 취소된 경우 사업주체는 그 취소를 증명하는 정보를 제공하여 금지사항 부기등기의 말소를 신청하여야 한다. 또한 금지사항 부기등기된 주택건설대지 중 특정대지가 사업계획의 변경승인으로 인해 주택건설대지에서 제외된 경우 그 필지에 대하여 금지사항 부기등기의 말소를 신청할 수 있다.

② 사업주체가 입주예정자에게 입주가능일을 통보한 경우

사업주체가 입주예정자에게 통보한 입주가능일부터 60일이 경과한 후에 그 통보를 증명하는 정보(예 : 사업주체의 확인서나 내용증명서 등)를 제공하여 금지사항 부기등기의 말소를 신청한 경우, 등기관은 그 등기신청을 수리하여야 한다. 여기에서의 입주가능일이란 입주가능한 첫날을 의미한다(2012.2.7. 부동산등기과-215 질의회답).

③ 입주예정자가 없는 경우

입주자모집공고에 따른 분양계약의 체결로 입주예정자가 발생하였으나, 나중에 분양계약의 무효 또는 취소 등으로 인하여 해당 주택에 입주예정자가 없는 경우, 사업주체는 그 사실을 증명하는 정보를 제공하여 해당 주택에 관한 금지사항 부기등기의 말소를 신청할 수 있다. 이 경우 주택건설대지에 관한 금지사항 부기등기의 변경(일부 말소)절차는 아래의 입주예정자 앞으로 소유권이전등기신청이 있는 경우의 예에 따른다.

나. 직권 또는 법원의 촉탁에 의해 말소하는 경우

① 입주예정자 앞으로의 소유권이전등기신청이 있는 경우

주택건설사업 완료 후 건설된 주택에 대하여 사업주체가 「주택법」상 입주예정자 앞으로 소유권이전등기를 신청한 경우, 등기관은 그 소유권이전등기를 실행한 후 직권으로 주택에 대한 금지사항 부기등기를 말소한다.

주택건설대지에 대한 금지사항 부기등기로 인하여 건물등기기록의 대지권의 표시란에 별도의 등기가 있다는 뜻의 기록이 있는 경우에는 등기관이 직권으로 말소하고, 대지권의 목적인 토지의 금지사항 부기등기는 해당 주택의 대지권 비율만큼 직권으로 말소(일부말소 의미의 변경등기)한다.

② 금지사항 부기등기 후 해당 부동산이 매각된 경우

금지사항 부기등기 후 해당 부동산이 강제집행절차에 의해 매각되고 집행법원이 그 매각에 따른 소유권이전등기를 촉탁하면서 금지사항 부기등기의 말소도 촉탁한 경우, 등기관은 그 부기등기를 말소하여야 한다.

③ 사업주체가 변경된 경우와 주택건설대지를 주택도시보증공사에 신탁하는 경우

사업주체가 파산 등의 사유로 사업을 시행할 수 없게 됨에 따라, 사업주체가 변경되어 다른 사업주체가 해당 대지를 양수하여 이를 원인으로 소유권이전등기를 신청하는 경우 등기관은 그 소유권이전등기를 실행한 후 직권으로 대지에 대한 금지사항 부기등기를 말소한다. 이 경우 신사업주체는 소유권이전등기를 신청하면서 금지사항 부기등기를 함께 신청하여야 한다.

「주택법」제40조 제6항에 따라 주택건설대지를 주택도시보증공사에 신탁하는 경우에도 그 소유권이전등기 및 신탁등기를 실행한 후 대지에 대한 금지사항 부기등기를 직권으로 말소한다. 이 경우 후에 신탁해지를 원인으로 사업주체 앞으로 다시 소유권이전등기를 신청하는 경우에는 금지사항 부기등기를 함께 신청하여야 한다.

## (2) 「주택법」제61조 제1항에 따른 금지사항

「주택법」에 따른 사업주체가 같은 법 제61조 제1항 제1호 내지 제3호에 해당하는 주택을 공급하는 경우에는 해당 주택의 소유권을 제3자에게 이전할 수 없음을 소유권에 관한 등기에 부기등기하여야 한다.

「주택법」제61조 제1항 및 「주택법 시행령」제72조 제2항·제3항에서 정한 기간이 경과한 경우, 현재의 소유권의 등기명의인은 그 기간이 경과한 사실을 증명하는 정보를 제공하여 금지사항 부기등기의 말소를 신청할 수 있다.

「주택법」제61조 제1항 및 「주택법 시행령」제72조에 해당하여 사업주체의 동의서를 제공하여 소유권이전등기를 신청하는 경우, 금지사항 부기등기의 말소도 동시에 신청할 수 있다. 다만, 그 부기등기의 말소가 동시에 신청되지 아니한 경우, 현재의 소유권의 등기명의인은 위의 절차에 따라 소유권이전등기가 마쳐졌음을 증명하는 사업주체의 확인서 등을 제공하여 그 부기등기의 말소를 신청할 수 있다.

## 4. 그 밖의 특별법에 의한 특약사항 등의 등기

### (1) 원칙 : 법령상의 근거를 요함

환매특약 외에도 일정한 특약사항이나 금지사항을 등기할 필요가 있는 경우가 있

다. 그러나 특별법에 의한 특약사항이나 금지사항이라고 하여 모두 등기할 수 있는 것은 아니고 그러한 사항을 등기할 수 있다는 법령상의 근거가 있을 때에만 등기할 수 있다.

## (2) 특별법에 의한 특약사항 등을 등기할 수 있는 경우

### 1) 「국유재산법」에 의한 국유재산 양여 등에 따른 특약등기

① 「국유재산법」 제49조에 따라 국유재산을 용도를 지정하여 매각하고 소유권이전등기를 하는 경우, '「국유재산법」 제52조 제3호 사유가 발생한 때에는 해당 매매계약을 해제한다'는 내용의 특약사항은 「국유재산법 시행령」 제53조 제3항에 따라 이를 등기할 수 있다.

② 「국유재산법」 제55조 제1항 제1호에 따라 국유재산을 양여하고 소유권이전등기를 하는 경우, '「국유재산법」 제55조 제2항의 사유가 발생한 때에는 해당 양여계약을 해제한다'는 내용의 특약사항은 「국유재산법 시행령」 제59조에 따라 이를 등기할 수 있다.

③ 위 ① 또는 ②에 따라 등기된 특약사항이 그 효력을 상실한 경우, 현재의 소유권의 등기명의인은 소관청의 확인서 등 위 특약의 효력이 상실하였음을 증명하는 정보를 제공하여 특약등기의 말소를 신청할 수 있다. 다만 그 양여 부동산의 반환, 원상회복 및 손해배상 등에 관한 사항은 이를 등기할 수 없다.

### 2) 「공유수면 관리 및 매립에 관한 법률」 제46조 제2항 및 같은 법 제35조 제5항에 따라 매립지에 대한 소유권보존등기시 소유권행사의 제한의 부기등기

① 「공유수면 관리 및 매립에 관한 법률」 제46조 제1항 제3호에 따라 매립면허를 받은 자가 취득한 매립지, 같은 법 제46조 제1항 제4호에 따라 국가가 취득한 잔여매립지 및 같은 법 제35조 제4항에 따라 국가·지방자치단체 또는 정부투자기관이 매립승인(또는 협의)을 얻어 취득한 매립지(이상 다른 법률에서 공유수면매립면허를 의제한 경우를 포함한다)에 대하여 소유권보존등기를 신청할 때에는 같은 법 시행령 제53조의 소유권행사의 제한사항을 신청정보의 내용으로 제공하여야 하며, 등기관은 소유권보존등기시 직권으로 소유권행사의 제한에 관한 사항을 부기하여야 한다.

② 부기등기의 대상인지 여부는 공유수면매립공사 준공인가필증 또는 공유수면매립면허를 의제한 다른 법률에 의한 인·허가의 준공인가서를 제공받아 매립면허연월일 또는 매립면허의제일을 확인하여 결정한다.

③ 「공유수면 관리 및 매립에 관한 법률」 제49조 제1항·제2항 및 제35조 제5항에 따

라 면허관청으로부터 매립목적의 변경인가를 받은 자, 제50조 제3항에 따라 재평가매립지를 매수한 자는 매립목적변경인가서를 제공하여 매립목적의 변경등기를 신청할 수 있다.

④ 부기등기의 말소등기 신청시 등기관은 등기기록에 기록된 준공인가일로부터 10년이 경과하였는지 여부를 확인한 후 실행하여야 한다.

### 3) 「한국주택금융공사법」 제43조의7 제2항에 따른 금지사항의 부기등기

「한국주택금융공사법」에 따라 주택담보노후연금보증을 받은 자는 그 담보주택에 대하여 저당권설정과 동시에 한국주택금융공사의 동의 없이는 제한물권을 설정하거나 압류·가압류·가처분 및 임대차 등의 목적물이 될 수 없는 재산임을 소유권등기에 부기등기하여야 한다. 위 금지사항의 부기등기를 신청할 때에는 해당 주택이 주택담보노후연금보증의 담보주택임을 증명하는 한국주택금융공사의 서면을 첨부정보로서 제공하여야 한다.

부기등기의 말소등기를 신청할 때에는 한국주택금융공사의 동의가 있음을 증명하는 정보를 첨부정보로서 제공하여야 한다. 다만 주택담보노후연금대출의 원리금을 모두 상환하여 이를 이유로 말소하는 경우에는 이러한 사실을 증명하는 금융기관의 서면을 제공한다.

### 4) 「한강수계 상수원수질개선 및 주민지원 등에 관한 법률」 제11조의2 등에 따른 금지사항 부기등기

① 「한강수계 상수원수질개선 및 주민지원 등에 관한 법률」 제11조의2, 「금강수계 물관리 및 주민지원등에 관한 법률」 제21조의2, 「낙동강수계 물관리 및 주민지원 등에 관한 법률」 제23조의2, 「영산강·섬진강수계 물관리 및 주민지원 등에 관한 법률」 제21조의2에 따라 마을회 등 주민공동체가 부기등기를 신청하는 경우 등기관은 주민지원사업으로 취득한 토지 등 부동산의 소유권이전등기(또는 소유권보존등기)에 관리청의 동의 없이는 양도하거나 제한물권을 설정하거나 압류·가압류·가처분 등의 목적물이 될 수 없는 재산이라는 뜻을 부기하여야 한다.

② 등기관은 위 금지사항 부기등기의 신청이 있는 경우 그 부동산이 주민지원사업으로 취득한 부동산임을 증명하는 관리청의 서면이 첨부정보로서 제공되었는지를 확인하여야 한다.

③ 위 ①의 부기등기 말소등기의 신청이 있는 경우 등기관은 관리청의 동의가 있음을 증명하는 정보가 첨부정보로서 제공되었는지를 확인하여야 한다.

5) 「주차장법」 제19조의20에 따른 부기등기

① 「주차장법 시행령」제12조의10 제1항에 따라 시설물의 부지 인근에 부설주차장을 설치하거나 시설물의 내부 또는 그 부지에 설치된 주차장을 인근 부지로 위치를 변경하여 시설물의 소유권보존등기(또는 부동산표시변경등기)와 동시에 「주차장법」 제19조의20에 따라 부기등기를 하는 경우 등기관은 시설물과 부설주차장의 소유 권등기에 다음과 같은 내용의 등기를 부기하여야 한다. 다만, 소유권보존등기를 할 수 없는 시설물인 경우에는 부설주차장의 소유권등기에 대하여만 부기한다.

  ㉠ 시설물의 부기등기에는 '「주차장법」에 따른 부설주차장이 시설물의 부지 인 근에 별도로 설치되어 있음'이라는 내용과 그 부설주차장의 소재지를 명시하 여야 한다.

  ㉡ 부설주차장의 부기등기에는 '이 토지(또는 건물)는 「주차장법」에 따라 시설물 의 부지 인근에 설치된 부설주차장으로서 「주차장법 시행령」제12조 제1항 각 호의 어느 하나에 해당하여 용도변경이 인정되기 전에는 주차장 외의 용 도로 사용할 수 없음'이라는 내용과 그 시설물의 소재지를 명시하여야 한다.

② 부기등기의 변경-「주차장법 시행령」제12조 제1항 제5호에 따라 부설주차장을 그 부지 인근의 범위에서 위치 변경하여 설치하였음을 이유로 시설물의 부기등기에 명시된 부설주차장 소재지의 변경등기와 새로 이전된 부설주차장의 부기등기의 신청이 있는 경우 등기관은 위 각 등기신청이 동시에 이루어졌는지 여부를 확인 하여야 한다. 다만 보존등기를 할 수 없는 시설물인 경우에는 그러하지 아니하다.

③ 부기등기의 말소

  ㉠ 「주차장법 시행령」제12조 제1항 제1호, 제3호 또는 제4호 중 어느 하나에 해 당하여 해당 부설주차장 전부에 대한 용도변경이 인정되어 시설물의 부기등 기와 부설주차장의 부기등기의 말소신청이 있는 경우 등기관은 위 각 등기신 청이 동시에 이루어졌는지 여부를 확인하여야 한다. 다만 시설물의 소유자와 부설주차장이 설치된 토지·건물의 소유자가 다른 경우에는 각자 해당 부기등 기의 말소를 신청할 수 있으므로 그러하지 아니하다.

  ㉡ 「주차장법 시행령」제12조 제1항 제5호에 따라 종전 부설주차장의 용도변경이 인정된 경우에는 신청에 따라 종전 부설주차장의 부기등기만을 말소한다.

6) 「농어업경영체 육성 및 지원에 관한 법률」 제7조의2에 따른 금지사항 부기등기

① 「농어업경영체 육성 및 지원에 관한 법률」에 따라 농어업경영체가 「보조금 관리에

관한 법률」에 따른 보조금으로 취득하였거나 그 효용가치가 증가한 토지 등 부동
산에 관한 소유권보존등기, 소유권이전등기 또는 건물표시변경등기와 동시에 금지
사항 부기등기를 신청하는 경우 등기관은 보조금을 지원받아 취득 또는 효용가치
가 증가한 부동산으로서 중앙행정기관의 장이 정하는 기간이 경과하지 아니하였음
에도 보조금의 교부 목적에 위배되는 사용, 양도, 교환, 대여 및 담보제공을 할 경
우 중앙행정기관의 장의 승인으로 받아야 하는 재산이라는 뜻을 부기하여야 한다.

② 위 금지사항 부기등기의 신청이 있는 경우 등기관은 농업경영체(또는 어업경영
체) 등록(변경등록)확인서와 보조금이 지원된 부동산 증명서가 첨부정보로서 제
공되었는지를 확인하여야 한다.

③ 위 ①의 부기등기 말소등기의 신청이 있는 경우 등기관은 부기등기 말소 대상
부동산 증명서가 첨부정보로서 제공되었는지를 확인하여야 한다.

## (3) 특별법에 의한 특약사항 등을 등기할 수 없는 경우

다음의 특별법에 의한 특약사항 등은 등기할 수 있다는 규정이 없기 때문에 등기
할 수 없다.

① 「산업집적활성화 및 공장설립에 관한 법률」제39조 및 제43조에 의한 처분제한 사항

② 「보조금 관리에 관한 법률」제35조에 의한 재산처분 제한에 관한 사항

③ 토지보상법 제91조에서 규정하는 환매권

## (4) 특별법에 의한 특약사항 등의 등기가 있는 부동산에 대한 업무처리

특별법에 의한 특약사항 등의 등기가 되어 있는 부동산에 대하여는 관련기관 등
의 동의·허가 또는 승인 없이는 양도, 담보제공 등 특약사항에 위배되는 처분을 할
수 없는 것이므로 등기관은 위 부동산에 대한 등기신청사건을 처리함에 있어서는
세심한 주의를 기울여야 한다.

다만 「주차장법」제19조의20에 따른 시설물의 부기등기와 부설주차장의 부기등기
는 다른 특별법에 의한 특약사항 등의 등기와는 달리 처분제한의 등기가 아니므
로, 그 부기등기가 마쳐진 부동산에 대하여 양도, 담보제공 등 다른 등기신청이 있
는 경우에도 그 신청을 수리할 수 있다.

■갑구 예시

-국유재산법시행령 제53조 제3항의 특약 64

| 【갑　　구】 (소유권에 관한 사항) | | | | |
|---|---|---|---|---|
| 순위번호 | 등기목적 | 접수 | 등기원인 | 권리자 및 기타사항 |
| 1 | 소유권보존 | 2015년 5월 6일 제3400호 | | 소유자 국<br>관리청 건설교통부 235 |
| 2 | 소유권이전 | 2015년 7월 20일 제3650호 | 2015년 7월 14일 매매 | 소유자 김○○ 640104-1234567<br>서울특별시 서초구 서초대로46길 60(서초동)<br>거래가액 금150,000,000원 |
| 2-1 | 해제특약 | | | 국유재산법 제52조 제3호의 사유가 발생한 때에는 계약을 해제한다. 2015년 7월 20일 부기 |

# 제 4 장    용익권에 관한 등기

## Ⅰ. 지상권에 관한 등기

### 1. 보통의 지상권

　지상권은 타인의 토지에 건물 그 밖의 공작물이나 수목을 소유하기 위하여 그 토지를 사용할 수 있는 권리이다(민법 제279조). 지상권은 토지소유자와의 설정계약 또는 법률의 규정에 의하여 성립한다.

　지상권은 타인의 토지를 배타적으로 사용하는 물권이므로 다른 공유자의 동의를 받는다 하더라도 공유지분에 대하여는 지상권설정등기를 할 수 없으며, 동일지상에 2개 이상이 중첩하여 성립할 수 없다. 그러나 기존 지상권설정등기의 말소를 조건으로 하는 정지조건부 지상권설정등기청구권을 보전하기 위한 조건부 지상권설정청구권가등기는 신청할 수 있다. 다만 그 가등기에 기한 지상권설정의 본등기는 기존의 지상권설정등기가 말소되기 전에는 할 수 없다(선례 Ⅵ-439).

### ▣ 선 례

이미 지상권설정등기가 경료되어 있는 상태에서 지상권설정청구권가등기를 신청할 수 있는지 여부(적극)

1. 지상권은 타인의 토지를 배타적으로 사용하는 용익물권이므로 동일한 토지에 대한 이중의 지상권설정등기는 허용되지 않지만, 이미 지상권설정등기가 경료되어 있는 상태에서 기존 지상권설정등기의 말소를 조건으로 하는 정지조건부 지상권설정등기청구권을 보존하기 위한 조건부지상권설정청구권가등기는 신청할 수 있다.

2. 다만 위 가등기에 기한 지상권설정의 본등기는 기존의 지상권설정등기가 말소되기 전에는 신청할 수 없다(2000. 11. 1. 등기선례 제6-439호).

### (1) 지상권설정의 목적

　지상권은 그 사용목적에 따라 존속기간이 상이하므로 지상권설정등기를 신청할 때에는 그 설정의 목적을 수목의 소유·연와조건물의 소유·목조건물의 소유 또는 공작물의 소유 등과 같이 구체적으로 표시하여 신청정보의 내용으로 하여야 하며,

'건물의 소유'와 같이 추상적으로 표시해서는 안 된다.

지상권의 최단기간이 석조, 석회조, 연와조 등 견고한 건물의 소유를 목적으로 하는 경우와 그 밖의 건물의 소유를 목적으로 하는 경우에 따라 다르기 때문이다 (민법 제280조 제281조).

### (2) 지상권설정의 범위

지상권설정등기를 신청하는 경우에는 지상권설정의 범위를 신청정보의 내용으로 하여야 한다. 지상권이라고 하지만 지표 내지 지상에 한하지 않고 지하의 사용을 그 내용으로 하여도 무방하다. 먼저 설정된 지상권이 있는 경우에는 그 지상권의 존속기간이 만료되어 있는 경우에도 그 등기를 말소하지 않고서는 다시 제3자를 위하여 지상권설정등기를 할 수 없다.

1필의 토지의 일부에 대하여는 그 범위를 표시한 지적도를 제공하여 지상권설정 등기를 할 수 있다(규칙 제126조 2항). 이때 제공하는 지적도는 지상권의 목적인 토지부분을 특정할 수 있을 정도의 것이면 되고, 반드시 측량성과에 따라 정밀하게 작성된 것일 필요는 없다.

토지 위에 등기된 건물이 있다 하더라도 해당 토지의 등기기록상 지상권과 양립할 수 없는 용익물권이 존재하지 않는다면 그 토지에 대하여 지상권설정등기를 할 수 있다(선례 Ⅵ-311). 타인의 농지에도 건물 그 밖의 공작물이나 수목을 소유하기 위하여 지상권설정등기를 할 수 있다.

### (3) 존속기간·지료 등

존속기간·지료 및 그 지급 시기는 지상권설정의 필수적 요소가 아니므로 등기원 인에 그 약정이 있는 경우에만 등기한다(법 제69조).

존속기간에 대해서는 「민법」제280조 제1항 각 호의 기간보다 단축한 기간을 정했다 하더라도 그 기간은 법정기간까지 연장되기 때문에 최단기간보다 단축된 기간을 정해서 등기신청을 하더라도 신청한 대로 등기할 수 있다는 것이 등기실무이다(등기예규 제1425호). 지상권의 존속기간은 불확정기간으로 정하여도 상관없다. 예를 들면 지상권의 존속기간을 '철탑존속기간으로 한다'고 등기할 수도 있다(등기예규 제1425호).

▌을구 예시

-지상권설정 118

| 【을 구】 (소유권 이외의 권리에 관한 사항) | | | | |
|---|---|---|---|---|
| 순위번호 | 등기목적 | 접수 | 등기원인 | 권리자 및 기타사항 |
| 1 | 지상권설정 | 2015년 12월 5일 제3500호 | 2015년 11월 4일 매매 | 목적) 철근콘크리트조 건물의 소유<br>범위) 토지 전부<br>존속기간) 2015년 3월 14일부터 30년<br>지료) 월 금200,000원<br>지급시기) 매월 말일<br>지상권자)<br>김○○ 650422-1234567<br>서울특별시 종로구 율곡로 16(원서동) |

## 2. 구분지상권(등기예규 제1040호)

구분지상권이란 건물 그 밖의 공작물을 소유하기 위하여 지하 또는 지상의 공간을 상하의 범위로 정하여 사용하는 지상권을 말한다(민법 제289조의2). 그 이용범위가 서로 다른 2개 이상의 구분지상권은 동일 토지의 등기기록에 각각 따로 등기할 수가 있다.

### (1) 이해관계인의 승낙

구분지상권설정등기를 하고자 하는 토지의 등기기록에 그 토지를 사용하는 권리에 관한 등기와 그 권리를 목적으로 하는 권리에 관한 등기가 있는 때(예를 들면 통상의 지상권, 전세권, 임차권 등의 등기와 이를 목적으로 하는 저당권 또는 처분제한의 등기 등)에는 이들 전부의 승낙서 또는 그에 대항할 수 있는 재판의 등본을 제공하여야 한다.

### (2) 설정의 목적

보통의 지상권과 동일한 목적을 위하여 구분지상권을 설정할 수 있다고 할 것이다. 다만, 수목의 소유를 목적으로 하는 구분지상권설정등기는 할 수 없다(민법 제279조, 제289조의2 1항).

### (3) 설정의 범위와 도면 제공 여부

지하 또는 지상의 공간에 대한 상하의 범위는 평균 해면 또는 지상권을 설정하는 토지의 특정지점을 포함한 수평면을 기준으로 하여 명백히 하여야 한다(예 : '평균 해면 위 100미터로부터 150미터 사이' 또는 '토지의 동남쪽 끝 지점을 포함한 수 평면을 기준으로 하여 지하 20미터로부터 50미터 사이' 등). 구분지상권설정등기를 신청할 때에 구분지상권이 토지 전부의 위나 아래인 경우에는 도면을 제공할 필요 가 없으나, 구분지상권이 토지 일부의 위나 아래인 경우에는 설정범위를 표시한 도면을 제공하여야 한다.

### (4) 토지이용 제한의 약정

존속기간·지료 및 그 지급시기 외에 구분지상권의 행사를 위하여 소유자의 토지 이용을 제한하는 약정을 한 때에는 그 약정을 신청정보의 내용으로 하여야 한다 (범 제69조, 민법 제289조의2 1항).

구분지상권의 본질상 소유자의 이용제한은 전면적인 이용의 금지이어서는 안 되 며(예를 들어 매도금지), 지상에 일정 중량 이상의 공작물의 설치를 하여서는 안 된다는 것과 같이 소유권 행사의 부분적인 제한이어야 한다.

### (5) 통상의 지상권과의 상호변경

통상의 지상권을 구분지상권으로(지상권이 미치는 범위의 축소), 또는 구분지상권을 통상의 지상권으로(지상권이 미치는 범위의 확장) 변경하는 등기는 등기상의 이해관계 인이 없거나, 이해관계인이 있더라도 그의 승낙서 또는 이에 대항할 수 있는 재판의 등본을 제공한 때에 한하여 부기등기에 의하여 할 수 있다.

### (6) 계층적 구분건물 소유목적의 구분지상권등기의 금지 등

1동의 건물을 횡단적으로 구분한 경우에 상층의 건물은 하층의 건물에 의하여 물리적으로 지지되어 있으므로 상층의 구분건물을 소유하기 위하여 구분지상권을 설정한다 하더라도 그 목적을 달성하지 못한다.

따라서 이와 같은 구분지상권의 설정등기는 할 수 없다. 또한 토지보상법 제19조 및 같은 법 제34조에 의하여 송전선로의 설치 및 유지를 위하여 공중공간에 대한 재결이 있는 경우에도 구분지상권 설정을 내용으로 하는 수용 재결이 아닌 이상 그 재결서에 의하여서는 구분지상권 설정등기를 신청할 수 없다(선례 Ⅶ-260).

## 3. 「도시철도법」등에 의한 구분지상권의 등기

「도시철도법」 제2조 제3항, 「도로법」제28조 제5항 및 「전기사업법」제89조의2 제3항에 의한 구분지상권의 설정과 관련하여 그 특례를 규정하기 위한 규칙으로 「도시철도법 등에 의한 구분지상권 등기규칙」이 있다.

### (1) 수용·사용에 의한 구분지상권설정등기

「도시철도법」 제2조 제7호의 도시철도건설자, 「도로법」제23조의 도로관리청 및 「전기사업법」제2조 제2호의 전기사업자가 토지보상법에 따라 구분지상권의 설정을 내용으로 하는 수용·사용의 재결을 받은 경우 그 재결서와 보상 또는 공탁을 증명하는 정보를 제공하여 '권리수용'이나 '토지사용'을 원인으로 하는 구분지상권설정등기를 신청할 수 있다.

위 구분지상권설정등기를 하고자 하는 토지의 등기기록에 그 토지를 사용·수익하는 권리에 관한 등기 또는 그 권리를 목적으로 하는 권리에 관한 등기가 있는 경우에도 그 권리자들의 승낙을 받을 필요는 없다.

### (2) 수용에 의한 구분지상권이전등기

위 도시철도건설자 등이 이미 등기되어 있는 구분지상권을 수용하는 내용의 재결을 받은 경우 그 재결서 및 보상 또는 공탁을 증명하는 정보를 제공하여 '권리수용'을 원인으로 하는 구분지상권이전등기를 신청할 수 있다.

이 때 수용의 대상이 된 구분지상권을 목적으로 하는 권리에 관한 등기가 있거나 수용 개시일 이후에 그 구분지상권에 관하여 제3자 명의의 이전등기가 있을 때에는 직권으로 그 등기를 말소한다.

### (3) 강제집행 등과의 관계

위 (1)항에 의한 구분지상권설정등기 또는 위 (2)항의 수용의 대상이 된 구분지상권설정등기는 그보다 먼저 경료된 강제경매개시결정등기, 근저당권 등 담보물권의 설정등기, 압류등기, 가압류등기 등에 기하여 경매 또는 공매로 인한 소유권이전등기의 촉탁이 있는 경우에도 이를 말소할 수 없다.

## ♣【서식】지상권설정등기신청서

<table>
<tr>
<td colspan="6" align="center">지상권설정등기신청</td>
</tr>
<tr>
<td rowspan="2">접　수</td>
<td>년 월 일</td>
<td rowspan="2">처리인</td>
<td colspan="2">등기관 확인</td>
<td>각종 통지</td>
</tr>
<tr>
<td>제　　　호</td>
<td colspan="2"></td>
<td></td>
</tr>
</table>

<table>
<tr>
<td colspan="4" align="center">① 부동산의 표시</td>
</tr>
<tr>
<td colspan="4">

서울특별시 서초구 서초동 100

　　대 300㎡

<br><br>

　　　　　　이　　　　　　　　상

</td>
</tr>
<tr>
<td colspan="2">② 등기원인과 그 연월일</td>
<td colspan="2">2024년 1월 22일 지상권설정계약</td>
</tr>
<tr>
<td colspan="2">③ 등 기 의 목 적</td>
<td colspan="2">지상권설정</td>
</tr>
<tr>
<td colspan="2">④ 설 정 의 목 적</td>
<td colspan="2">철근 콘크리트조 건물의 소유</td>
</tr>
<tr>
<td colspan="2">⑤ 범　　　　　위</td>
<td colspan="2">토지의 전부</td>
</tr>
<tr>
<td colspan="2">⑥ 존 속 기 간</td>
<td colspan="2">2024년 1월 22일부터 30년</td>
</tr>
<tr>
<td colspan="2">⑦ 지　　　　　료</td>
<td colspan="2">월 500,000원</td>
</tr>
<tr>
<td colspan="2">⑧ 지 료 지 급 시 기</td>
<td colspan="2">매월말일</td>
</tr>
<tr>
<td>구분</td>
<td>성　명<br>(상호·명칭)</td>
<td>주민등록번호<br>(등기용등록번호)</td>
<td>주　　소 (소 재 지)</td>
</tr>
<tr>
<td>⑨<br>등<br>기<br>의<br>무<br>자</td>
<td>이 대 백</td>
<td>XXXXXX-XXXXXXX</td>
<td>서울특별시 서초구 서초대로 88길 20<br>(서초동)</td>
</tr>
<tr>
<td>⑩<br>등<br>기<br>권<br>리<br>자</td>
<td>김 갑 동</td>
<td>XXXXXX-XXXXXXX</td>
<td>서울특별시 중구 다동길 96 (다동)</td>
</tr>
</table>

| ⑪ 등 록 면 허 세 | 금 | ○○○,○○○ | 원 |
|---|---|---|---|
| ⑪ 지 방 교 육 세 | 금 | ○○○,○○○ | 원 |
| ⑪ 농 어 촌 특 별 세 | 금 | ○○○,○○○ | 원 |
| ⑫ 세 액 합 계 | 금 | ○○○,○○○ | 원 |

| ⑬ 등 기 신 청 수 수 료 | 금 | 15,000 | 원 |
|---|---|---|---|
| | 납부번호 : ○○-○○-○○○○○○○○○-○ | | |
| | 일괄납부 : 건 원 | | |

### ⑭ 등기의무자의 등기필정보

| 부동산고유번호 | 1102-2006-002095 | |
|---|---|---|
| 성명(명칭) | 일련번호 | 비밀번호 |
| 이대백 | Q77C-LO7I-35J5 | 40-4636 |

### ⑮ 첨 부 서 면

| | | | |
|---|---|---|---|
| · 지상권설정계약서 | 1통 | · 등기필증 | 1통 |
| · 등록면허세영수필확인서 | 1통 | · 인감증명서 또는 본인서명사실 | |
| · 등기신청수수료 영수필확인서 | 1통 | 확인서 | 1통 |
| · 주민등록표등(초)본 | 1통 | 〈기 타〉 | |
| · 도면(토지의 일부인 경우) | 통 | | |
| · 위임장 | 통 | | |

2024년 1월 22일

⑯ 위 신청인    이   대   백   ㊞  (전화 : 200-7766)
　　　　　　　　긴   갑   동   ㊞  (전화 : 211-7711)


(또는)위 대리인                    (전화 :        )


서울중앙 지방법원            등기국 귀중

---

- 신청서 작성요령 -

* 1. 부동산표시란에 2개 이상의 부동산을 기재하는 경우에는 부동산의 일련번호를 기재하
  여야 합니다.
 2. 신청인란등 해당란에 기재할 여백이 없을 경우에는 별지를 이용합니다.
 3. 담당 등기관이 판단하여 위의 첨부서면 외에 추가적인 서면을 요구할 수 있습니다.

# ♣ 【서식】 지상권설정계약서

# 지 상 권 설 정 계 약 서

당사자의 표시
    토지 소유자  김 갑 동
               서울 서초구 서초동 123
    지상권자    김 을 동
               서울 서초구 서초동 123

부동산의 표시
  토지 소유자 ○ ○ ○은 그 소유인 위 토지 위에 건물 기타 공작물이나 수목을 소유하게 할 목적으로 지상권자 ○ ○ ○에게 지상권을 설정하고, 다음과 같이 계약을 체결한다.

  제1조  지상권자는 지료로서 매월 말일 금         원을 토지소유자에게 지급하기로 한다.
  제2조  이 지상권의 존속기간은 20○○년 ○월 ○일부터 ○○년으로 한다.
  제3조  이 계약을 맺은 때로부터 토지에 관한 모든 공과금 및 보존상 필요한 일체의 비용은 지상권자가 부담한다.
  제4조  지상권이 존속기간의 만료 기타 사유로 소멸한 경우 지상권자는 토지를 원상복구하여 토지소유자에게 반환하여야 한다.
  제5조  토지사용에 관하여 불가항력으로 인한 손해가 발생한 경우 지료의 감액 또는 면제에 관하여는 나중에 당사자의 협의로 한다.
  제6조  (기타사항)

이 계약을 증명하기 위하여 계약서 2통을 작성하고 각자 기명날인하여 1통씩 보관한다.

20○○년 ○월 ○일

토지 소유자 김 갑 동 (인)<br>
지 상 권 자 김 을 동 (인)

**〈갑 지〉**

## 지상권도면

부동산의 표시
  ○○시 ○○구 ○○동 ○○번지
  대 100㎡

– 이    상 –

20○○년 ○월 ○일

신청인  지상권설정자  ○ ○ ○  ㊞

지 상 권 자  ○ ○ ○  ㊞

○○지방법원 ○○지원  귀중

**〈을 지〉**

  도면에는 부동산의 소재 지번과 건물의 표시 및 택지의 방위, 건물의 형상, 길이, 위치를 기재하고, 신청인이 서명날인하여야 합니다.

  도면은 전부 묵선, 묵서로 하고 만일 목적 외의 토지나 건물이 있는 때에는 그 도면은 주선, 주서로 하여야 합니다.

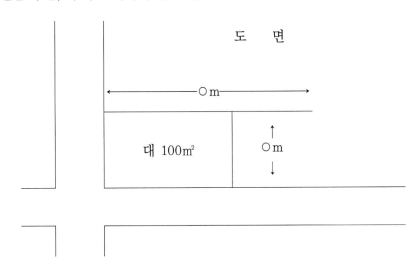

도    면

## \<지상권설정계약서\>

### 지상권설정계약서

지상권의 표시
○○시 ○○구 ○○동 ○○번지
대 200㎡

제1조  위 지상권설정에 있어 다음과 같이 지상권설정계약을 체결한다.
제2조  지상권 설정자는 자기 소유인 위 토지의 전부에 대하여 건물 및 공작물의 소유를 목적으로 지상권자에게 지상권을 설정하고 소유자 또는 그 지정인은 지상권자의 승낙없이 위 토지에 대하여 건물, 그 밖에 공작물의 축조라든가, 식목등을 하지 못한다.
제3조  이 지상권에 대한 자료는 없고 이 계약을 맺은 때로부터 토지에 대한 모든 공과금과 보존상 필요한 일체의 비용은 지상권설정자가 부담한다.
제4조  이 지상권의 존속기간은 20○○년 ○월 ○일로부터 만15년으로 한다.
제5조  지상권자는 이 지상권이 소멸한 때에는 토지를 원상복구하여 토지소유자에게 반환한다. 그러나 토지소유자는 지상권자가 설치한 건물 또는 공작물을 반환 받을 때의 시가로 매수할 수 있다.
제6조  ○○○은 이 계약상 지상권설정자의 고의 과실로 인하여 지상권자에게 손해가 생겼을 때에 지상권 설정자와 연대책임을 진다.
제7조  이 계약을 증명하기 위하여 계약서 ○통을 작성하고 계약 당사자간 이의 없음을 확인하고 각자 서명 날인한다.

20○○년 ○월 ○일

특약사항

※ 특약 : ○○○○○○○

| 지상 | 성 명 | ○○○    ㉑ | 주민등록번호 | 111111-1234567 |
|------|------|--------------|------------|----------------|
| 권자 | 주 소 | ○○시 ○○구 ○○동 ○○번지 | 전화번호 | 02-1234-5678 |
| 지상권 | 성 명 | ○○○    ㉑ | 주민등록번호 | 222222-1234567 |
| 설정자 | 주 소 | ○○시 ○○구 ○○동 ○○번지 | 전화번호 | 02-2345-6789 |

검인신청인

| 위 임 장 | |
|---|---|
| 부<br>동<br>산<br>의<br>표<br>시 | ○○시 ○○구 ○○동 ○○번지<br><br>대 *100*㎡<br><br><br>이　　　　　상 |
| 등 기 원 인 과 그 연 월 일 | 20○○년 ○월 ○일 지상권설정계약 |
| 등 기 의 목 적 | 지상권설정 |
| | |

| (신청인) 등기의무자　○ ○ ○ ⑩<br>　　　　○○시 ○○구 ○○동 ○○번지<br><br><br>　　　등기권리자　○ ○ ○ ⑩<br>　　○○시 ○○구 ○○동 ○○번지 | (대리인) 법무사 ○ ○ ○<br>　　　○○시 ○○구 ○○동 ○○번지<br><br><br>위 사람을 대리인으로 정하고 위<br>부동산 등기신청 및 취하에 관한 모든<br>행위를 위임한다.<br>또한 복대리인 선임을 허락한다.<br><br>　　20○○년 ○월 ○일 |

## ♣ 【서식】 구분지상권설정등기신청서

<table>
<tr><td colspan="5" style="text-align:center">구분지상권설정등기신청</td></tr>
<tr>
<td rowspan="2">접 수</td>
<td>년 월 일</td>
<td rowspan="2">처리인</td>
<td>등기관 확인</td>
<td>각종 통지</td>
</tr>
<tr>
<td>제      호</td>
<td></td>
<td></td>
</tr>
</table>

<table>
<tr><td colspan="5" style="text-align:center">부동산의 표시</td></tr>
<tr><td colspan="5" style="text-align:center">○○시 ○○구 ○○동 ○○번지<br>대 100㎡<br><br>이          상</td></tr>
<tr><td colspan="2">등기원인과그연월일</td><td colspan="3">20○○년 ○월 ○일 지상권설정계약</td></tr>
<tr><td colspan="2">등 기 의 목 적</td><td colspan="3">지상권설정</td></tr>
<tr><td colspan="2">설 정 의 목 적</td><td colspan="3">○○○의 소유</td></tr>
<tr><td colspan="2">범          위</td><td colspan="3">○○○의 위 ○m로부터 ○m사이</td></tr>
<tr><td colspan="2">존 속 기 간</td><td colspan="3">20○○년 ○월 ○일부터 ○년</td></tr>
<tr><td colspan="5"></td></tr>
<tr>
<td>구분</td>
<td>성    명<br>(상호·명칭)</td>
<td>주민등록번호<br>(등기용등<br>록번호)</td>
<td>주  소<br>(소재지)</td>
<td>지  분<br>(개인별)</td>
</tr>
<tr>
<td>등기의무자</td>
<td>○  ○  ○</td>
<td>610120-12<br>34567</td>
<td>○○시 ○○구 ○○동 ○○번지</td>
<td></td>
</tr>
<tr>
<td>등기권리자</td>
<td>○  ○  ○</td>
<td>510120-12<br>34567</td>
<td>○○시 ○○구 ○○동 ○○번지</td>
<td></td>
</tr>
</table>

| | | | |
|---|---|---|---|
| 등 록 면 허 세 | 금 | | 원 |
| 지 방 교 육 세 | 금 | | 원 |
| 세 액 합 계 | 금 | | 원 |
| 등 기 신 청 수 수 료 | 금 | | 원 |
| | 납부번호 : ○○-○○-○○○○○ | | |
| | 일괄납부 : 건 원 | | |

| 첨 부 서 면 | |
|---|---|
| · 지상권설정계약서 　　　1통<br>· 등록면허세영수필확인서　1통<br>· 인감증명　　　　　　　　1통<br>· 등기필증　　　　　　　　1통<br>· 주민등록등(초)본　　　　1통<br>· 위임장　　　　　　　　　1통 | 〈기　타〉 |

20○○년 ○월 ○일

위 신청인　　○　○　○ ㉑　　　(전화 : 　　　　)
　　　　　　○　○　○ ㉑　　　(전화 : 　　　　)

(또는) 위 대리인 ○○법무사 사무소　　　(전화 : 　　　　)

법무사 ○　○　○

○○지방법원　　　　　　등기소 귀중

- 신청서 작성요령 -

* 1. 부동산표시란에 2개 이상의 부동산을 기재하는 경우에는 부동산의 일련번호를 기재
하여야 합니다.
　2. 신청인란등 해당란에 기재할 여백이 없을 경우에는 별지를 이용합니다.
　3. 담당 등기관이 판단하여 위의 첨부서면 외에 추가적인 서면을 요구할 수 있습니다.

| 위 임 장 | |
|---|---|
| 부동산의표시 | ○○시 ○○구 ○○동 ○○번지<br>대 100㎡<br><br>이               상 |
| 등 기 원 인 과 그 연 월 일 | 20○○년 ○월 ○일 지상권설정계약 |
| 등 기 의 목 적 | 지상권설정 |
| | |

(신청인) 등기의무자  ○ ○ ○ ㊞
    ○○시 ○○구 ○○동 ○○번지


    등기권리자  ○ ○ ○ ㊞
  ○○시 ○○구 ○○동 ○○번지

(대리인) 법무사 ○ ○ ○
    ○○시 ○○구 ○○동 ○○번지


위 사람을 대리인으로 정하고 위
부동산 등기신청 및 취하에 관한 모든
행위를 위임한다.
또한 복대리인 선임을 허락한다.

20○○년 ○월 ○일

## ♣ 【서식】 지상권이전등기신청서

<table>
<tr><td colspan="5" align="center">지상권이전등기신청</td></tr>
<tr><td rowspan="2">접　수</td><td>년　월　일</td><td rowspan="2">처리인</td><td>등기관 확인</td><td>각종 통지</td></tr>
<tr><td>제　　　　호</td><td></td><td></td></tr>
</table>

<table>
<tr><td colspan="5" align="center">부동산의 표시</td></tr>
<tr><td colspan="5" align="center">○○시 ○○구 ○○동 ○○번지<br><br>대 100㎡<br><br><br>이　　　　　　　　상</td></tr>
<tr><td>등기원인과그연월일</td><td colspan="4">20○○년 ○월 ○일 매매</td></tr>
<tr><td>등 기 의 목 적</td><td colspan="4">지상권이전</td></tr>
<tr><td>이 전 할 지 상 권</td><td colspan="4">20○○년 ○월 ○일 접수 제○○○호로 경료한 지상권</td></tr>
<tr><td colspan="5"></td></tr>
<tr><td>구<br>분</td><td>성　　명<br>(상호·명칭)</td><td>주민등록번호<br>(등기용등<br>록번호)</td><td>주　소<br>(소재지)</td><td>지 분<br>(개인별)</td></tr>
<tr><td>등기의무자</td><td>○　○　○</td><td>610120-12<br>34567</td><td>○○시 ○○구 ○○동 ○○번지</td><td></td></tr>
<tr><td>등기권리자</td><td>○　○　○</td><td>510120-12<br>34567</td><td>○○시 ○○구 ○○동 ○○번지</td><td></td></tr>
</table>

| | | |
|---|---|---|
| 등 록 면 허 세 | 금 | 원 |
| 지 방 교 육 세 | 금 | 원 |
| 세 액 합 계 | 금 | 원 |
| 등 기 신 청 수 수 료 | 금 | 원 |
| | 납부번호 : ○○-○○-○○○○○ | |
| | 일괄납부 : 건 | 원 |

| 등기의무자의 등기필정보 | | |
|---|---|---|
| 부동산고유번호 | | |
| 성명(명칭) | 일련번호 | 비밀번호 |
| | | |

| ⑮ 첨 부 서 면 | | |
|---|---|---|
| · 지상권양도증서 | 1통 | 〈기 타〉 |
| · 등록면허세영수필확인서 | 1통 | |
| · 등기신청수수료 영수필확인서 | 1통 | |
| · 주민등록표등(초)본 | 1통 | |
| · 인감증명서 | 1통 | |

20○○년 ○월 ○일

위 신청인 ○ ○ ○ [인] (전화 : )

○ ○ ○ [인] (전화 : )

(또는) 위 대리인 ○○법무사 사무소 (전화 : )

법무사 ○ ○ ○

○○지방법원 등기소 귀중

- 신청서 작성요령 -

* 1. 부동산표시란에 2개 이상의 부동산을 기재하는 경우에는 부동산의 일련번호를 기재하여야 합니다.
2. 신청인란등 해당란에 기재할 여백이 없을 경우에는 별지를 이용합니다.
3. 담당 등기관이 판단하여 위의 첨부서면 외에 추가적인 서면을 요구할 수 있습니다.

**＜지상권양도증서＞**

### 지상권양도증서

지상권 목적의 토지

  ○○시 ○○구 ○○동 ○○번지

  대 ○○○m²

토지소유자의 성명과 주소

  ○  ○  ○

  ○○시 ○○구 ○○동 ○○번지


지상권의 표시

  20○○년 ○월 ○일 신청 접수 제○○○호로써 등기한 다음 내용의 지상권


  지상권 설정의 목적 목조건물의 소유

  지상권의 범위 토지의 전부

  존속기간　20○○년 ○월 ○일부터 만 15년

  지　　　료　1일 금○○만원정

  지료지급시기　매월 말일

전기 지상권을 본인에 속하였던 바 금번 이를(매매하였을 때에는 '대금 ○○원으로써 대도한 것이 상이 없음으로써')해 지상권 설정증서를 첨부하여 귀하에게 양도함.

20○○년 ○월 ○일


         양도인　○　○　○　㊞

         ○○시 ○○구 ○○동 ○○번지


  ○　○　○　**귀하**

  ○○시 ○○구 ○○동 ○○번지

수 입
인 지
㊞

## ♣【서식】 지상권변경등기신청서

<table>
<tr><td colspan="5" align="center">지상권변경등기신청</td></tr>
<tr>
<td rowspan="2">접　수</td>
<td>년　월　일</td>
<td rowspan="2">처리인</td>
<td>등기관 확인</td>
<td>각종 통지</td>
</tr>
<tr>
<td>제　　　호</td>
<td></td>
<td></td>
</tr>
</table>

<table>
<tr><td colspan="4" align="center">① 부동산의 표시</td></tr>
<tr><td colspan="4">

서울특별시 서초구 서초동 100

　　대 300㎡



　　　　　　　　　　이　　　　　　상

</td></tr>
<tr><td colspan="2">② 등기원인과 그 연월일</td><td colspan="2">2024년 1월 22일 변경계약</td></tr>
<tr><td colspan="2">③ 등 기 의 목 적</td><td colspan="2">지상권변경</td></tr>
<tr><td colspan="2">④ 변 경 할 사 항</td><td colspan="2">2010년 5월 1일 접수 제5000호로 경료한 지상권 등기사항 중 존속기간 "2010년 5월 5일부터 10년"을, "2010년 5월 5일부터 15년"으로 변경</td></tr>
<tr><td>구분</td><td>성 명<br>(상호·명칭)</td><td>주민등록번호<br>(등기용등록번호)</td><td>주　소 (소 재 지)</td></tr>
<tr><td>⑤ 등기의무자</td><td>이 대 백</td><td>XXXXXX-XXXXXXX</td><td>서울특별시 서초구 서초대로 88길 20 (서초동)</td></tr>
<tr><td>⑥ 등기권리자</td><td>김 갑 동</td><td>XXXXXX-XXXXXXX</td><td>서울특별시 중구 다동길 96 (다동)</td></tr>
</table>

<table>
<tr><td colspan="2">⑦ 등 록 면 허 세</td><td>금 6,000 원</td></tr>
<tr><td colspan="2">⑦ 지 방 교 육 세</td><td>금 1,200 원</td></tr>
<tr><td colspan="2">⑧ 세 액 합 계</td><td>금 7,200 원</td></tr>
<tr><td colspan="2" rowspan="3">⑨ 등 기 신 청 수 수 료</td><td>금 3,000 원</td></tr>
<tr><td>납부번호 : ○○-○○-○○○○○○○○○-○</td></tr>
<tr><td>일괄납부 : 건 원</td></tr>
<tr><td colspan="3">⑩ 등기의무자의 등기필정보</td></tr>
<tr><td>부동산고유번호</td><td colspan="2">1102-2006-002095</td></tr>
<tr><td>성명(명칭)</td><td>일련번호</td><td>비밀번호</td></tr>
<tr><td>이대백</td><td>Q77C-LO7I-35J5</td><td>40-4636</td></tr>
<tr><td colspan="3">⑪ 첨 부 서 면</td></tr>
<tr><td colspan="2">· 변경계약서 1통<br>· 등록면허세영수필확인서 1통<br>· 등기신청수수료 영수필확인서 1통<br>· 등기필증 1통</td><td>· 인감증명서 또는 본인서명사실 확인서 1통<br>〈기 타〉</td></tr>
<tr><td colspan="3">2024년 1월 22일<br><br>⑫ 위 신청인 이 대 백 ㊞ (전화 : 200-7766)<br>김 갑 동 ㊞ (전화 : 212-1166)<br><br>(또는)위 대리인 (전화 : )<br><br>서울중앙 지방법원 등기국 귀중</td></tr>
</table>

- 신청서 작성요령 -

* 1. 부동산표시란에 2개 이상의 부동산을 기재하는 경우에는 부동산의 일련번호를 기재하여야 합니다.
2. 신청인란등 해당란에 기재할 여백이 없을 경우에는 별지를 이용합니다.
3. 담당 등기관이 판단하여 위의 첨부서면 외에 추가적인 서면을 요구할 수 있습니다.

## ♣ 【서식】 지상권변경계약증서

# 지상권변경계약증서

| 수 입 인 지 ㊞ |
|---|

1. 지상권의 목적인 토지
   ○○시 ○○구 ○○동 ○○번지
   대 ○○○㎡

위 부동산에 대하여 ○○지방법원 ○○등기소에 20○○년 ○월 ○일 ○인 접수 제○○○호로서 등기된 지상권의 존속기간을 금번 쌍방협의한 결과 존속기간 만15년으로 변경하고 기타의 약정사항을 종전과 같다.

위와 같이 지상권 변경계약을 증명하기 위하여 이 증서를 작성하고 다음에 기명날인 함.

20○○년 ○월 ○일

지상권설정자 ○ ○ ○ ㊞
○○시 ○○구 ○○동 ○○번지
지 상 권 자 ○ ○ ○ ㊞
○○시 ○○구 ○○동 ○○번지

## ♣ 【서식】 지상권말소등기신청서

| 지상권말소등기신청 | | | | |
|---|---|---|---|---|
| 접　수 | 년 월 일 | 처리인 | 등기관 확인 | 각종 통지 |
| | 제　　호 | | | |

| ① 부동산의 표시 |
|---|
| 서울특별시 서초구 서초동 100<br><br>　　대 300㎡<br><br><br>　　　　　　이　　　　　　　상<br><br><br><br> |

| ② 등기원인과 그 연월일 | 2024년 1월 22일 해지 |
|---|---|
| ③ 등 기 의 목 적 | 지상권말소 |
| ④ 말 소 할 등 기 | 2010년 5월 1일 접수 제5000호로<br>등기한 지상권설정등기 |

| 구분 | 성　명<br>(상호·명칭) | 주민등록번호<br>(등기용등록<br>번호) | 주　소 (소 재 지) | 지 분<br>(개인별) |
|---|---|---|---|---|
| ⑤<br>등<br>기<br>의<br>무<br>자 | 이 대 백 | XXXXXX-XXX<br>XXXX | 서울특별시 서초구 서초대로<br>88길 20 (서초동) | |
| ⑥<br>등<br>기<br>권<br>리<br>자 | 김 갑 동 | XXXXXX-XXX<br>XXXX | 서울특별시 중구 다동길 96<br>(다동) | |

| ⑦ 등 록 면 허 세 | 금 | 3,000 | 원 |
|---|---|---|---|
| ⑦ 지 방 교 육 세 | 금 | 600 | 원 |
| ⑧ 세  액  합  계 | 금 | 3,600 | 원 |

| ⑨ 등 기 신 청 수 수 료 | 금 | 3,000 | 원 |
|---|---|---|---|
| | 납부번호 : ○○-○○-○○○○○○○○○-○ | | |
| | 일괄납부 :         건         원 | | |

| ⑩ 등기의무자의 등기필정보 | | |
|---|---|---|
| 부동산고유번호 | 1102-2006-002095 | |
| 성명(명칭) | 일련번호 | 비밀번호 |
| 이대백 | Q77C-L07I-35J5 | 40-4636 |

| ⑪      첨  부  서  면 | | |
|---|---|---|
| · 해지증서                          1통 | 〈기 타〉 | |
| · 등록면허세영수필확인서          1통 | | |
| · 등기신청수수료 영수필확인서    1통 | | |
| · 등기필증                          1통 | | |
| · 위임장                            통 | | |

2024년 1월 22일

⑫  위 신청인      이      대      백      ㊞  (전화 : 200-7766)
                    김      갑      동      ㊞  (전화 : 211-7711)

(또는)위 대리인                          (전화 :         )

서울중앙 지방법원                              등기국 귀중

---

- 신청서 작성요령 -

* 1. 부동산표시란에 2개 이상의 부동산을 기재하는 경우에는 부동산의 일련번호를 기재하여야 합니다.
  2. 신청인란등 해당란에 기재할 여백이 없을 경우에는 별지를 이용합니다.
  3. 담당 등기관이 판단하여 위의 첨부서면 외에 추가적인 서면을 요구할 수 있습니다.

## ♣【서식】지상권설정등기말소등기(해지)신청서

<table>
<tr><td colspan="5" align="center">지상권설정등기말소등기(해지)신청</td></tr>
<tr>
<td rowspan="2">접　수</td>
<td>년　월　일</td>
<td rowspan="2">처리인</td>
<td>등기관 확인</td>
<td>각종 통지</td>
</tr>
<tr>
<td>제　　　호</td>
<td></td>
<td></td>
</tr>
</table>

<table>
<tr><td colspan="5" align="center">부동산의 표시</td></tr>
<tr><td colspan="5" align="center">○○시 ○○구 ○○동 ○○번지<br><br>대 100㎡<br><br><br>이　　　　　　　상</td></tr>
<tr>
<td>등기원인과그연월일</td>
<td colspan="4">20○○년 ○월 ○일 해지</td>
</tr>
<tr>
<td>등 기 의 목 적</td>
<td colspan="4">지상권설정등기말소</td>
</tr>
<tr>
<td>말 소 할 등 기</td>
<td colspan="4">20○○년 ○월 ○일 접수 제○○○호로 경료된 지상권설정등기</td>
</tr>
<tr><td colspan="5"></td></tr>
<tr>
<td>구분</td>
<td>성　명<br>(상호·명칭)</td>
<td>주민등록번호<br>(등기용등<br>록번호)</td>
<td>주　소<br>(소재지)</td>
<td>지　분<br>(개인별)</td>
</tr>
<tr>
<td>등기의무자</td>
<td>○ ○ ○</td>
<td>610120-12<br>34567</td>
<td>○○시 ○○구 ○○동 ○○번지</td>
<td></td>
</tr>
<tr>
<td>등기권리자</td>
<td>○ ○ ○</td>
<td>510120-12<br>34567</td>
<td>○○시 ○○구 ○○동 ○○번지</td>
<td></td>
</tr>
</table>

| 등 록 면 허 세 | 금 | | 원 |
|---|---|---|---|
| 지 방 교 육 세 | 금 | | 원 |
| 세 액 합 계 | 금 | | 원 |
| 등 기 신 청 수 수 료 | 금 | | 원 |
| | 납부번호 : | | |
| | 일괄납부 : 건 원 | | |
| 등기의무자의 등기필정보 | | | |
| 부동산고유번호 | | | |
| 성명(명칭) | 일련번호 | | 비밀번호 |
| | | | |

<table>
<tr><td colspan="2" align="center">⑮ 첨 부 서 면</td></tr>
<tr><td>· 해지증서       1통<br>· 등록세영수필확인서   1통<br>· 등기필증       1통<br>· 위임장       1통</td><td>〈기 타〉</td></tr>
</table>

20○○년 ○월 ○일

위 신청인 　　○ ○ ○ (인) 　　(전화 : 　　　　)
　　　　　　○ ○ ○ (인) 　　(전화 : 　　　　)

(또는) 위 대리인 ○○법무사 사무소 　　(전화 : 　　　　)

법무사 ○ 　○ 　○

○○지방법원 　　　　등기소 귀중

- 신청서 작성요령 -

* 1. 부동산표시란에 2개 이상의 부동산을 기재하는 경우에는 부동산의 일련번호를 기재하여야 합니다.
 2. 신청인란등 해당란에 기재할 여백이 없을 경우에는 별지를 이용합니다.
 3. 담당 등기관이 판단하여 위의 첨부서면 외에 추가적인 서면을 요구할 수 있습니다.

## ♣ 【서식】 지상권 해지증서

# 지상권해지증서

| 수 입 인 지 ㊞ |
|---|

부동산의 표시
○○시 ○○구 ○○동 ○○번지
대 ○○○㎡

－ 이 상 －

위 부동산에 대하여 본인이 20○○년 ○월 ○일 접수 제○○○호로써 지상권을 취득하였으나 금번 사정으로 인하여 이를 해지한다.

20○○년 ○월 ○일

○ ○ ○ ㊞
○○시 ○○구 ○○동 ○○번지

○ ○ ○ 귀하
○○시 ○○구 ○○동 ○○번지

**선 례**

> 토지의 일부지분에 대한 지상권설정등기말소등기절차를 명하는 확정판결에 따른 말소등기절차
> 토지의 전부에 관하여 지상권설정등기가 경료된 후 위 토지의 일부지분에 대한 지상권설정
> 등기의 말소를 명하는 승소확정판결에 따라 지상권말소등기를 신청한 경우에는 그 등기전
> 부를 말소하여야 한다(1990.10.31. 등기 제2142호).

## 을구 예시

### -지하의 경우(구분지상권설정) 121

| 【을    구】 (소유권 이외의 권리에 관한 사항) | | | | |
|---|---|---|---|---|
| 순위번호 | 등기목적 | 접수 | 등기원인 | 권리자 및 기타사항 |
| 1 | 구분지상<br>권설정 | 2015년 8월 20일<br>제6001호 | 2015년 8월 13일<br>설정계약 | 목적) 지하철도 소유<br>범위) 토지의 남쪽 끝지점을 포함한 수<br>평면을 기준으로 하여 지하 15m로부터<br>35m 사이<br>존속기간) 50년<br>지상권자) 서울특별시 411 |

(주) 지하 또는 공간의 상하 범위는 평균해면 또는 지상권을 설정하는 토지의 특정 지점을 포함한 수평면을
기준으로 하여 이를 명백히 하여야 한다(등기예규 제1040호).

### -공간의 경우(구분지상권설정) 122

| 【을    구】 (소유권 이외의 권리에 관한 사항) | | | | |
|---|---|---|---|---|
| 순위번호 | 등기목적 | 접수 | 등기원인 | 권리자 및 기타사항 |
| 1 | 구분지상<br>권설정 | 2015년 8월 20일<br>제19819호 | 2015년 8월 13일<br>설정계약 | 목적) 고가철도의 소유<br>범위) 토지의 서북간 △△지점을 포함한<br>수평면을 기준으로 하여 지상 15m로부<br>터 지상 35m 사이<br>존속기간) 50년<br>지상권자) 서울특별시 411 |

-지상권 전부이전 123

| 【을   구】 (소유권 이외의 권리에 관한 사항) | | | | |
|---|---|---|---|---|
| 순위번호 | 등기목적 | 접수 | 등기원인 | 권리자 및 기타사항 |
| 1 | 1번지상<br>권이전 | 2015년 3월 5일<br>제3005호 | 2015년 3월 4일<br>매매 | 지상권자)<br>김○○ 650422-1234567<br>서울특별시 종로구 율곡로 16(원서동) |

(주) 1번 지상권자의 표시를 말소하는 표시를 한다.

-지상권 일부이전 124

| 【을   구】 (소유권 이외의 권리에 관한 사항) | | | | |
|---|---|---|---|---|
| 순위번호 | 등기목적 | 접수 | 등기원인 | 권리자 및 기타사항 |
| 1-1 | 1번지상권<br>일부(2분<br>의1)이전 | 2015년 3월 5일<br>제3005호 | 2015년 3월<br>4일 매매 | 지상권자) 지분 2분의1<br>김○○ 650422-1234567<br>서울특별시 종로구 율곡로 16(원서동) |

(주) 1번 지상권자의 표시를 말소하는 표시를 한다.

-공유지상권의 지분이전 125

| 【을   구】 (소유권 이외의 권리에 관한 사항) | | | | |
|---|---|---|---|---|
| 순위번호 | 등기목적 | 접수 | 등기원인 | 권리자 및 기타사항 |
| 1-1 | 1번지상권<br>김○○<br>지분<br>전부이전 | 2015년 3월 5일<br>제3005호 | 2015년 3월<br>4일 매매 | 지상권자) 지분 3분의1<br>이○○ 750614-1234567<br>서울특별시 종로구 창덕궁길 100(계동) |

## Ⅱ. 지역권에 관한 등기

### 1. 지역권

#### (1) 의의

지역권은 일정한 목적을 위하여 타인의 토지를 자기 토지의 편익에 이용하는 권리이다. 동일 토지상에 2개 이상이 성립할 수 있는 비배타적 용익물권이다. 지역권은 승역지와 요역지의 이용 조절을 목적으로 하는 것이므로, 요역지의 소유자뿐만 아니라 지상권자, 전세권자나 임차권자도 자기가 이용하는 토지를 위하여 지역권을 취득할 수 있고, 마찬가지로 승역지의 소유자는 물론 지상권자, 전세권자나 임차권자도 그 토지 위에 지역권을 설정할 수 있다는 것이 다수의 의견이다. 임차인에 대하여는 부정하는 견해도 있으나 임차권등기가 되어 있는 경우에는 임차지를 요역지로 하는 지역권설정등기를 할 수 있다고 보아야 할 것이다.

#### (2) 지역권의 성질

지역권은 요역지 소유권에 수반하는 종된 권리로서 요역지의 소유권이 이전되거나 다른 권리의 목적이 되는 때에는 지역권도 이와 법률적 운명을 같이 하며(민법 제292조 1항), 지역권은 요역지로부터 분리하여 이를 양도하거나 다른 권리의 목적으로 하지 못한다(민법 제292조 2항).

지역권은 요역지 소유권이 이전되면 당연히 이전되며, 요역지의 소유권이전등기가 있으면 지역권의 이전등기 없이도 지역권이전의 효력이 생긴다. 이유는 법률의 규정에 의한 부동산물권의 취득이기 때문이다. 다만 그러한 수반성에 대한 다른 약정이 있는 때에는 그러하지 아니하며 그러한 특약은 등기하여야 대항력이 생긴다(민법 제292조 1항 단서, 법 제70조 4호).

토지 공유자의 1인은 그 지분에 관하여 그 토지를 위한 지역권 또는 그 토지가 부담하는 지역권을 소멸하게 하지 못하고, 토지의 분할이나 그의 일부양도의 경우에는 지역권은 요역지의 각 부분을 위하여 또는 승역지의 각 부분위에 존속한다(민법 제293조). 그러나 지역권이 토지의 일부 만에 관한 것일 때에는 그 일부 만에 관하여만 존속한다(민법 제293조).

## 2. 신청에 관한 특칙

### (1) 요역지와 승역지

① 요역지 : 편익을 제공받는 토지, 즉 요역지는 1필의 토지 전부이어야 하며, 1
필의 토지 일부를 위한 지역권등기는 할 수 없는 것이므로, 신청서에는 1필
의 토지를 요역지로서 표시하여야 한다.

② 승역지 : 승역지는 반드시 1필의 토지 전부이어야 하는 것은 아니고, 그 일부
에 대하여도 설정할 수 있는 것이므로, 1필지의 일부에 대한 설정등기를 신
청하는 경우에는 신청정보에 그 범위를 표시하고, 이를 표시한 지적도를 제공
하여야 한다(규칙 제127조 2항, 제126조 2항). 요역지와 승역지는 두 토지가
서로 인접하고 있어야 하는 것도 아니다.

### (2) 지역권설정의 목적

인수(引水), 통행, 관망 등 요역지에 제공되는 편익의 종류를 신청정보의 내용으
로 제공하여야 한다.

### (3) 기타 특약사항

신청정보의 임의적 내용으로서, 지역권이 요역지 소유권의 처분에 수반하지 아니
한다는 특약(민법 제292조 1항 단서)·용수지역권에 있어서 그 사용방법에 관한 특
약(민법 제297조 1항 단서) 또는 지역권의 행사를 위하여 필요한 공작물의 설치·수
선의 의무를 승역지 소유자가 부담한다는 특약(민법 제298조)이 있는 때에는 그
특약을 등기하여야 한다.

### (4) 신청할 등기소

승역지를 관할하는 등기소에 신청한다. 소유자를 달리하는 여러 개의 토지를 승
역지로 할 경우의 지역권설정등기는 각 소유자별로 신청하여야 한다(등기예규 제
192호). 이 경우 등록면허세도 승역지를 관할하는 등기소 관내에 있는 납부 장소
에 납부하여야 한다. 지역권설정등기를 하는 경우에 요역지의 시가표준액이 과세
표준액이 된다.

## 3. 등기실행에 관한 특칙

지역권설정의 등기를 할 때에는 승역지의 등기기록에 등기사항을 기록한 후 요역지의 등기기록에 순위번호, 등기목적, 승역지, 지역권설정의 목적, 범위 및 등기연월일을 기록하여야 한다(법 제70조, 제71조 1항). 지역권자는 등기사항이 아니다(법 제70조). 요역지에 대한 등기는 등기관이 직권으로 한다.

요역지가 다른 등기소의 관할에 속할 때에는 지체 없이 그 등기소에 승역지·요역지·지역권설정의 목적과 범위·신청정보의 접수연월일을 통지하고, 이 통지를 받은 등기소는 통지받은 사항을 요역지의 등기기록에 기록하여야 한다(법 제71조 2항, 3항). 지역권의 변경 또는 소멸의 등기를 하는 때에도 같다(법 제71조 4항). 즉, 지역권의 등기는 요역지가 승역지와 동일등기소의 관할에 속하는 경우이거나 다른 등기소의 관할에 속하는 경우이거나 간에 승역지 등기기록과 요역지 등기기록에 각각 하여야 한다.

한편, 원고에게 통행권이 있음을 확인하는 확정판결에 의하여서는 지역권설정등기를 할 수 없는바, 등기관의 착오로 위 판결에 의하여 지역권설정등기가 마쳐진 경우 이는 법 제29조 제1호 또는 제2호에 해당하지 않기 때문에 등기관이 직권으로 말소할 수 없고, 당사자의 공동 신청에 의하여 말소하여야 한다. 등기의무자의 협력을 받을 수 없는 경우에는 지역권설정등기말소절차의 이행을 명하는 확정판결을 제공하여 단독으로 말소를 신청할 수 있다(선례 Ⅶ-322).

## ♣ 【서식】 지역권설정등기신청서

<table>
<tr><td colspan="5" align="center">지역권설정등기신청</td></tr>
<tr><td rowspan="2">접　수</td><td>년　월　일</td><td rowspan="2">처리인</td><td>등기관 확인</td><td>각종 통지</td></tr>
<tr><td>제　　　호</td><td></td><td></td></tr>
<tr><td colspan="5" align="center">① 부동산의 표시</td></tr>
<tr><td colspan="5">
승역지 :　서울특별시 서초구 서초동 100<br><br>
　　　　　　　대 300㎡<br><br>
요역지 :　서울특별시 서초구 서초동 101<br><br>
　　　　　　　대 300㎡<br><br>
　　　　　　　　　　　　　　　　[등촉문서번호 : 100번]<br><br>
　　　　　　　이　　　　　　　상
</td></tr>
<tr><td colspan="2">② 등기원인과 그 연월일</td><td colspan="3">2024년 1월 22일　지역권설정계약</td></tr>
<tr><td colspan="2">③ 등 기 의 목 적</td><td colspan="3">지역권설정</td></tr>
<tr><td colspan="2">④ 설 정 의 목 적</td><td colspan="3">통행</td></tr>
<tr><td colspan="2">⑤ 범　　　　　위</td><td colspan="3">동측 50㎡</td></tr>
<tr><td colspan="2">⑥ 특　　　　　약</td><td colspan="3">지역권은 요역지상의 소유권과 함께 이전하지 않고 요역지상의 소유권 이외의 권리의 목적으로 되지 아니함.</td></tr>
<tr><td>구분</td><td>성　명<br>(상호·명칭)</td><td>주민등록번호<br>(등기용등록번호)</td><td colspan="2">주　　소 (소 재 지)</td></tr>
<tr><td>⑦<br>등<br>기<br>의<br>무<br>자</td><td>이 대 백</td><td>XXXXXX-XXXXXXX</td><td colspan="2">서울특별시 서초구 서초대로 88길 20<br>(서초동)</td></tr>
<tr><td>⑧<br>등<br>기<br>권<br>리<br>자</td><td>김 갑 동</td><td>XXXXXX-XXXXXXX</td><td colspan="2">서울특별시 중구 다동길 96 (다동)</td></tr>
</table>

| ⑨ 등 록 면 허 세 | 금 | ○○○,○○○ | 원 |
|---|---|---|---|
| ⑨ 지 방 교 육 세 | 금 | ○○○,○○○ | 원 |
| ⑨ 농 어 촌 특 별 세 | 금 | ○○○,○○○ | 원 |
| ⑩ 세 액 합 계 | 금 | ○○○,○○○ | 원 |

| ⑪ 등 기 신 청 수 수 료 | 금 | 15,000 원 |
|---|---|---|
| | 납부번호 : ○○-○○-○○○○○○○○○-○ | |
| | 일괄납부 :      건        원 | |

| ⑫ 등기의무자의 등기필정보 | | |
|---|---|---|
| 부동산고유번호 | 1102-2006-002095 | |
| 성명(명칭) | 일련번호 | 비밀번호 |
| 이대백 | Q77C-LO7I-35J5 | 40-4636 |

| ⑬ 첨 부 서 면 | | | |
|---|---|---|---|
| · 지역권설정계약서 | 1통 | · 주민등록표등(초)본 | 1통 |
| · 등기필증 | 1통 | · 도면(토지의 일부인 경우) | 1통 |
| ~~· 위임장~~ | ~~통~~ | · 인감증명서 또는 본인서명사실 | |
| · 등록면허세영수필확인서 | 1통 | 확인서 | 1통 |
| · 등기신청수수료 영수필확인서 | 1통 | 〈기 타〉 | |

2024년 1월 22일

⑭ 위 신청인    이    대    백    ⑩  (전화 : 200-7766)
　　　　　　　긴    갑    동    ⑩  (전화 : 211-7711)

(또는)위 대리인                  (전화 :        )

서울중앙 지방법원              등기국 귀중

- 신청서 작성요령 -

* 1. 부동산표시란에 2개 이상의 부동산을 기재하는 경우에는 부동산의 일련번호를 기재하
　　여야 합니다.
　2. 신청인란등 해당란에 기재할 여백이 없을 경우에는 별지를 이용합니다.
　3. 담당 등기관이 판단하여 위의 첨부서면 외에 추가적인 서면을 요구할 수 있습니다.

## ♣ 【서식】지역권설정계약서

# 지역권설정계약서

1. 부동산의 표시
   승역지
   ○○시 ○○구 ○○동 ○○번지
   대 100㎡
   ○○시 ○○구 ○○동 ○○번지
   대 50㎡
1. 설정의 목적 : 토지의 통행
1. 지역권 범위 : 토지의 일부
1. 특약 : 본지역권은 담보의 목적으로 할 수 없다.
1. 존속기간 : 20○○년 ○월 ○일부터 20○○년 ○월 ○일까지

   위와 같이 갑은 을이 보유하는 위 요역지를 위하여 승역지에 지역권을 설정한 것이 확실하므로 이 계약서 ○통을 작성하고 각자 서명날인하여 각 1통 씩 소지한다.

     - 내용 생략 -

     20○○년 ○월 ○일

       지역권설정자　○　○　○　㊞
       ○○시 ○○구 ○○동 ○○번지
       지 역 권 자　○　○　○　㊞
       ○○시 ○○구 ○○동 ○○번지

## 📑 선 례

① 조정성립에 따른 지역권설정등기 신청을 당사자 1인이 포기한 경우 나머지 1인이 등기
신청을 할 수 있는지 여부(적극)
법원의 조정절차에서 "피신청인 병은 신청인 갑·을로부터 금10,000,000원을 지급받음과
상환으로 신청인들에게 2000. 9. 5.자 조정성립을 원인으로 하여 피신청인 소유 토지
중 특정일부에 대하여 신청인 갑 소유 A토지 및 신청인 을 소유 B토지를 위하여 통행
을 목적으로 한 지역권설정등기절차를 이행한다"는 취지의 조정이 성립되었으나 신청
인 을이 지역권을 설정할 필요성이 없어짐에 따라 위 조정에 따른 등기신청을 포기한
경우, 갑은 위 금10,000,000원의 상환급부를 모두 이행하고 조정조서에 집행문을 부여
받아 단독으로 갑 소유 토지를 요역지로 하는 지역권설정등기를 신청할 수 있다
(2002.2.18. 등기 3402-112 질의회답).

② 대지권인 취지가 등기된 토지에 대하여 지역권설정등기를 신청할 수 있는지 여부(적극)
- 구분소유자는 규약으로써 달리 정하지 않는 한 그가 가지는 전유부분과 분리하여 대
지사용권을 처분할 수 없으며( 집합건물의소유및관리에관한법률 제20조 제2항), 대지
권인 취지의 등기가 된 토지의 등기용지에는 소유권이전등기, 저당권설정등기등을 신
청할 수 없는바( 부동산등기법 제135조의2, 제165조의2), 이는 집합건물의 전유부분
과 대지사용권의 일체적 처분을 집합건물의 등기용지만에 의하여 공시하고자 하는
취지에 기한 것으로서, 지역권의 경우에는 권리의 성질상 위와 같은 전유부분과 대
지사용권의 일체적 처분원칙이 적용되지 않으므로 대지권인 취지가 등기된 토지에
대해서도 지역권설정등기를 신청할 수 있다.
- 다만 위와 같이 대지권인 취지가 등기된 토지에 대하여 그 토지만에 관한 지역권설
정등기를 한 경우에는, 그 건물의 표제부에 토지등기부에 별도의 등기가 있다는 취
지의 기재를 하게 된다( 부동산등기법시행규칙 제75조의4). (2001. 3. 6. 등기
3402-154 질의회답)

## ♣ 【서식】 지상권의 지역권설정등기신청서

<table>
<tr><th colspan="5">지상권설정등기신청</th></tr>
<tr><td rowspan="2">접　수</td><td>년　월　일</td><td rowspan="2">처리인</td><td>등기관 확인</td><td>각종 통지</td></tr>
<tr><td>제　　　　호</td><td></td><td></td></tr>
</table>

<table>
<tr><td colspan="4">① 부동산의 표시</td></tr>
<tr><td colspan="4">서울특별시 서초구 서초동 100<br><br>　대 300㎡<br><br><br>이　　　　　　　상</td></tr>
<tr><td colspan="2">② 등기원인과 그 연월일</td><td colspan="2">2024년 1월 22일　지상권설정계약</td></tr>
<tr><td colspan="2">③ 등 기 의 목 적</td><td colspan="2">지상권설정</td></tr>
<tr><td colspan="2">④ 설 정 의 목 적</td><td colspan="2">철근 콘크리트조 건물의 소유</td></tr>
<tr><td colspan="2">⑤ 범　　　　　위</td><td colspan="2">토지의 전부</td></tr>
<tr><td colspan="2">⑥ 존 속 기 간</td><td colspan="2">2014년 1월 2일부터 30년</td></tr>
<tr><td colspan="2">⑦ 지　　　　　료</td><td colspan="2">월 500,000원</td></tr>
<tr><td colspan="2">⑧ 지 료 지 급 시 기</td><td colspan="2">매월말일</td></tr>
<tr><td>구분</td><td>성　명<br>(상호·명칭)</td><td>주민등록번호<br>(등기용등록번호)</td><td>주　　소 (소 재 지)</td></tr>
<tr><td>⑨ 등기의무자</td><td>이 대 백</td><td>XXXXXX-XXXXXXX</td><td>서울특별시 서초구 서초대로 88길 20<br>(서초동)</td></tr>
<tr><td>⑩ 등기권리자</td><td>김 갑 동</td><td>XXXXXX-XXXXXXX</td><td>서울특별시 중구 다동길 96 (다동)</td></tr>
</table>

| ⑪ 등 록 면 허 세 | 금 | ○○○,○○○ | 원 |
|---|---|---|---|
| ⑪ 지 방 교 육 세 | 금 | ○○○,○○○ | 원 |
| ⑪ 농 어 촌 특 별 세 | 금 | ○○○,○○○ | 원 |
| ⑫ 세 액 합 계 | 금 | ○○○,○○○ | 원 |

| ⑬ 등 기 신 청 수 수 료 | 금 | | 15,000 | 원 |
|---|---|---|---|---|
| | 납부번호 : ○○-○○-○○○○○○○○-○ | | | |
| | 일괄납부 : | 건 | | 원 |

| ⑭ 등기의무자의 등기필정보 | | |
|---|---|---|
| 부동산고유번호 | 1102-2006-002095 | |
| 성명(명칭) | 일련번호 | 비밀번호 |
| 이대백 | Q77C-LO7I-35J5 | 40-4636 |

| ⑮ 첨 부 서 면 | | | |
|---|---|---|---|
| · 지상권설정계약서 | 1통 | · 등기필증 | 1통 |
| · 등록면허세영수필확인서 | 1통 | · 인감증명서 또는 본인서명사실 | |
| · 등기신청수수료 영수필확인서 | 1통 | 확인서 | 1통 |
| · 주민등록표등(초)본 | 1통 | 〈기 타〉 | |
| · 도면(토지의 일부) | 통 | | |
| ~~위임장~~ | ~~통~~ | | |

2024년 1월 22일

⑯ 위 신청인    이    대    백    ㊞  (전화 : 200-7766)
          긴    갑    동    ㊞  (전화 : 211-7711)

(또는)위 대리인                    (전화 :      )

서울중앙 지방법원            등기국 귀중

---

- 신청서 작성요령 -

* 1. 부동산표시란에 2개 이상의 부동산을 기재하는 경우에는 부동산의 일련번호를 기재하여야 합니다.
  2. 신청인란등 해당란에 기재할 여백이 없을 경우에는 별지를 이용합니다.
  3. 담당 등기관이 판단하여 위의 첨부서면 외에 추가적인 서면을 요구할 수 있습니다.

## ♣ 【서식】 지역권변경등기신청서

<table>
<tr><td colspan="5" align="center">지역권변경등기신청</td></tr>
<tr><td rowspan="2">접　수</td><td colspan="2" align="center">년　월　일</td><td rowspan="2">처리인</td><td>등기관 확인</td><td>각종 통지</td></tr>
<tr><td colspan="2" align="center">제　　　　호</td><td></td><td></td></tr>
<tr><td colspan="6" align="center">① 부동산의 표시</td></tr>
<tr><td colspan="6">

승역지 :　　서울특별시 서초구 서초동 100

　　　　　　　대 300㎡

요역지 :　　서울특별시 서초구 서초동 101

　　　　　　　대 300㎡

　　　　　　　　　　　　　　[등록문서번호 : 100번]

　　　　　　이　　　　　　　　상
</td></tr>
<tr><td colspan="2">② 등기원인과 그 연월일</td><td colspan="4">2024년 1월 22일  지역권변경계약</td></tr>
<tr><td colspan="2">③ 등 기 의 목 적</td><td colspan="4">지역권변경</td></tr>
<tr><td colspan="2">④ 변경할 사항 및 범위</td><td colspan="4">2023년 12월 5일 접수 제29782호로 등기한 지역권등기사항 중 범위 "동측 50㎡"를 "동측 80㎡"로 변경</td></tr>
<tr><td>구분</td><td>성　명<br>(상호·명칭)</td><td>주민등록번호<br>(등기용등록번호)</td><td colspan="3">주　　소 (소 재 지)</td></tr>
<tr><td>⑤<br>등<br>기<br>의<br>무<br>자</td><td>이 대 백</td><td>XXXXXX-XXXXXXX</td><td colspan="3">서울특별시 서초구 서초대로 88길 20<br>(서초동)</td></tr>
<tr><td>⑥<br>등<br>기<br>권<br>리<br>자</td><td>김 갑 동</td><td>XXXXXX-XXXXXXX</td><td colspan="3">서울특별시 중구 다동길 96 (다동)</td></tr>
</table>

| ⑦ 등 록 면 허 세 | 금 | 3,000 | 원 |
|---|---|---|---|
| ⑦ 지 방 교 육 세 | 금 | 600 | 원 |
| ⑧ 세 액 합 계 | 금 | 3,600 | 원 |
| ⑨ 등 기 신 청 수 수 료 | 금 | 3,000 | 원 |
| | 납부번호 : ○○-○○-○○○○○○○○-○ | | |
| | 일괄납부 :     건          원 | | |

⑩ 등기의무자의 등기필정보

| 부동산고유번호 | 1102-2006-002095 | |
|---|---|---|
| 성명(명칭) | 일련번호 | 비밀번호 |
| 이대백 | Q77C-LO7I-35J5 | 40-4636 |

⑪ 첨 부 서 면

· 지역권변경계약서        1통    〈기 타〉
· 등록면허세영수필확인서    1통
· 등기신청수수료 영수필확인서  1통
· ~~위임장~~              ~~통~~
· 등기필증              1통
· 도면(토지의 일부인 경우)   1통

2024년 1월 22일

⑫ 위 신청인    이  대  백    ㉑  (전화 : 200-7766)
            김  갑  동    ㉑  (전화 : 211-7711)

(또는)위 대리인              (전화 :     )

서울중앙 지방법원            등기국 귀중

- 신청서 작성요령 -

* 1. 부동산표시란에 2개 이상의 부동산을 기재하는 경우에는 부동산의 일련번호를 기재하여야 합니다.
  2. 신청인란등 해당란에 기재할 여백이 없을 경우에는 별지를 이용합니다.
  3. 담당 등기관이 판단하여 위의 첨부서면 외에 추가적인 서면을 요구할 수 있습니다.

## ♣ 【서식】 지역권변경계약서

# 지역권변경계약서

1. 부동산의 표시(승역지를 표시한다)
　　○○시 ○○구 ○○동 ○○번지
　　대 ○○㎡

수 입<br>인 지<br>⑩

　　위 토지에 대한 ○○지방법원 20○○년 ○월 ○일 접수 제○○○호로써 순위 ○번으로 등기한 지역권설정의 범위를 다음과 같이 특약을 추가하고 그 외 사항에 대하여는 모두 종전과 같다.
　　추가할 특약사항의 지역권 설정의 범위
　　승역지 소유자는 그 비용으로 지역권 행사를 위하여 공작물의 설치 및 수선을 하여야 한다.
　　위와 같이 지역권변경계약을 증명하기 위하여 이 계약서 2통을 작성하여 다음에 기명날인하고 각자 1통씩 소지한다.

20○○년 ○월 ○일

　　　　　　　　　　지역권설정자　○　○　○　⑩
　　　　　　　　　　○○시 ○○구 ○○동 ○○번지
　　　　　　　　　　지 역 권 자　○　○　○　⑩
　　　　　　　　　　○○시 ○○구 ○○동 ○○번지

## ♣ 【서식】 지역권말소등기신청서

<table>
<tr><td colspan="5" align="center">지역권말소등기신청</td></tr>
<tr>
<td rowspan="2">접　수</td>
<td>년　월　일</td>
<td rowspan="2">처리인</td>
<td>등기관 확인</td>
<td>각종 통지</td>
</tr>
<tr>
<td>제　　　호</td>
<td></td>
<td></td>
</tr>
</table>

<table>
<tr><td colspan="4" align="center">① 부동산의 표시</td></tr>
<tr><td colspan="4">
승역지 :　　서울특별시 서초구 서초동 100<br><br>
　　　　　　　　대 300㎡<br><br>
요역지 :　　서울특별시 서초구 서초동 101<br><br>
　　　　　　　　대 300㎡<br><br><br>
　　　　　　이　　　　　　　　　상
</td></tr>
<tr><td>② 등기원인과 그 연월일</td><td colspan="3">2024년 1월 22일 해지</td></tr>
<tr><td>③ 등 기 의 목 적</td><td colspan="3">지역권말소</td></tr>
<tr><td>④ 말 소 할 사 항</td><td colspan="3">2000년 12월 5일 접수 제29782호로<br>등기한 지역권설정등기</td></tr>
<tr>
<td>구분</td>
<td>성　명<br>(상호·명칭)</td>
<td>주민등록번호<br>(등기용등록번호)</td>
<td>주　　소 (소 재 지)</td>
</tr>
<tr>
<td>⑤<br>등기의무자</td>
<td>이 대 백</td>
<td>XXXXXX-XXXXXXX</td>
<td>서울특별시 서초구 서초대로 88길 20<br>(서초동)</td>
</tr>
<tr>
<td>⑥<br>등기권리자</td>
<td>김 갑 동</td>
<td>XXXXXX-XXXXXXX</td>
<td>서울특별시 중구 다동길 96 (다동)</td>
</tr>
</table>

| ⑦ 등 록 면 허 세 | 금 | 3,000 | 원 |
|---|---|---|---|
| ⑦ 지 방 교 육 세 | 금 | 600 | 원 |
| ⑧ 세 액 합 계 | 금 | 3,600 | 원 |
| ⑨ 등 기 신 청 수 수 료 | 금 | 3,000 | 원 |
| | 납부번호 : ○○-○○-○○○○○○○○○-○ | | |
| | 일괄납부 :        건        원 | | |

⑩ 등기의무자의 등기필정보

| 부동산고유번호 | 1102-2006-002095 | |
|---|---|---|
| 성명(명칭) | 일련번호 | 비밀번호 |
| 이대백 | Q77C-LO7I-35J5 | 40-4636 |

⑪ 첨 부 서 면

| | | 〈기 타〉 |
|---|---|---|
| · 해지증서 | 1통 | |
| · 등록면허세영수필확인서 | 1통 | |
| · 등기신청수수료 영수필확인서 | 1통 | |
| · 등기필증 | 1통 | |
| ~~· 위임장~~ | ~~통~~ | |

2024년 1월 22일

⑫ 위 신청인    이    대    백   ㉑   (전화 : 200-7766)
　　　　　　　　긴    갑    동   ㉑   (전화 : 211-7711)


(또는)위 대리인                   (전화 :        )


서울중앙 지방법원              등기국 귀중

---

- 신청서 작성요령 -

* 1. 부동산표시란에 2개 이상의 부동산을 기재하는 경우에는 부동산의 일련번호를 기재하여야 합니다.
  2. 신청인란등 해당란에 기재할 여백이 없을 경우에는 별지를 이용합니다.
  3. 담당 등기관이 판단하여 위의 첨부서면 외에 추가적인 서면을 요구할 수 있습니다.

### 🖙을구 예시

-승역지(통행지역권) 137

| 【을    구】 (소유권 이외의 권리에 관한 사항) | | | | |
|---|---|---|---|---|
| 순위번호 | 등기목적 | 접수 | 등기원인 | 권리자 및 기타사항 |
| 1 | 지역권 설정 | 2015년 3월 5일 제3005호 | 2015년 3월 4일 설정계약 | 목적) 통행<br>범위) 동측 50㎡<br>요역지) 경기도 고양군 원당면 신원리 5<br>도면) 제2015-5호 |

(주) 1필지의 승역지 일부에 지역권설정등기를 신청하는 경우에는 그 부분을 표시한 도면의 번호를 기록한다.

-요역지(동일 등기소 관내일 때) 138

| 【을    구】 (소유권 이외의 권리에 관한 사항) | | | | |
|---|---|---|---|---|
| 순위번호 | 등기목적 | 접수 | 등기원인 | 권리자 및 기타사항 |
| 1 | 요역지 지역권 | | | 승역지) 경기도 고양군 원당면 신원리 5<br>목적) 통행<br>범위) 동측 50㎡<br>2015년 3월 5일 등기 |

-요역지(다른 등기소 관내일 때) 139

| 【을    구】 (소유권 이외의 권리에 관한 사항) | | | | |
|---|---|---|---|---|
| 순위번호 | 등기목적 | 접수 | 등기원인 | 권리자 및 기타사항 |
| 1 | 요역지 지역권 | 2015년 3월 5일 제3005호 | | 승역지) 서울특별시 영등포구 문래동 10-2<br>목적) 통행<br>범위) 동측 50㎡ |

## Ⅲ. 전세권에 관한 등기

전세권은 전세금을 지급하고 타인의 부동산(농경지는 제외)을 점유하여 그 부동산의 용도에 따라 사용·수익하며 그 부동산에 대한 후순위권리자보다 전세금을 우선 변제 받을 수 있고 또 전세금의 반환이 지체되면 경매를 청구할 수 있는 권리로서, 용익권인 성질과 담보권인 성질을 겸유하는 권리이다.

### 1. 전세권설정등기

전세권의 목적인 부동산은 1필의 토지 또는 1동의 건물의 전부라야 할 필요는 없고 그 일부라도 상관없다. 부동산의 일부에 대하여 전세권설정등기를 신청하고자 할 때에는 전세권의 범위를 특정하고 지적도나 건물도면을 제공하여야 한다(법 제72조, 규칙 제128조).

전세권은 용익물권이므로 공유지분에 대하여는 전세권설정등기를 하지 못한다(등기예규 제1351호). 따라서 구분건물의 대지권에 대하여는 전세권 설정등기를 할 수 없다. 그러므로 집합건물의 전유부분과 대지권을 동일한 전세권의 목적으로 하는 전세권 설정등기의 신청이 있는 경우 등기관은 그 등기신청을 각하하여야 한다(선례 Ⅳ-449).

전세권은 부동산을 직접 지배하는 물권으로서 배타성이 있으므로 동일한 부동산 위에 중복하여 설정될 수 없다. 지상권이나 임차권(임차권등기명령에 의한 임차권등기의 경우에도 마찬가지이다) 등과의 관계에서도 마찬가지이다. 그러므로 이미 용익권등기가 되어 있는데도 동일한 부분에 대하여 다시 지상권이나 전세권 등 용익권설정을 위한 등기신청이 있는 경우에는 그 신청을 법 제29조 제2호에 의하여 각하하여야 한다.

토지와 건물은 별개의 부동산이므로 건물 전부에 대한 전세권설정등기가 마쳐진 경우에도 그 대지인 토지에 대하여 별도의 전세권설정등기를 신청할 수 있다. 또한 이미 건물의 일부에 전세권이 설정된 경우에도 그 건물부분과 중복되지 않는 다른 건물부분에 대하여 전세권설정등기를 신청할 수 있다(선례 Ⅵ-318). 건물 전세권의 존속기간이 만료된 경우에도 그 전세권설정등기를 말소하지 않고는 후순위로 중복하여 전세권설정등기를 신청할 수 없음은 앞서 본 바와 같다(선례 Ⅶ-268).

전세금은 전세권의 성립요소이므로 반드시 신청정보의 내용이 되어야 한다. 반면 존속기간·위약금이나 배상금에 관한 약정 또는 전세권의 양도나 담보제공의 금지의 약정, 전전세나 임대금지의 약정은 임의적 신청정보의 내용에 해당하므로 이에 관한 약정이 있는 경우에만 이를 신청정보로서 제공한다.

설정행위로서 존속기간을 정하였을 때에는 이를 신청정보의 내용으로 하여야 하며 이를 등기한 때에는 제3자에게 대항할 수 있다. 전세권의 존속기간은 10년을 넘지 못하며, 건물에 대한 전세권의 존속기간을 1년 미만으로 정한 때에는 이를 1년으로 한다(민법 제312조 1항, 2항).

「주택임대차보호법」상 주택에 대한 임대차의 최단기간은 2년이다. 전세권의 존속기간은 전세권설정계약서에 따라야 하는 것이므로 존속기간의 시작일이 등기신청의 접수일자 이전이라고 하더라도 등기관은 그 전세권설정등기신청을 수리하여야 한다(선례 Ⅵ-319).

## ♣ 【서식】 전세권설정등기신청서

<table>
<tr><td colspan="5" align="center">전세권설정등기신청</td></tr>
<tr><td rowspan="2">접　수</td><td colspan="2" align="center">년　월　일</td><td rowspan="2">처리인</td><td>등기관 확인</td><td>각종 통지</td></tr>
<tr><td colspan="2" align="center">제　　　호</td><td></td><td></td></tr>
</table>

<table>
<tr><td colspan="3" align="center">① 부동산의 표시</td></tr>
<tr><td colspan="3">
서울특별시 서초구 서초동 100<br>
[도로명주소] 서울특별시 서초구 서초대로 88길 10<br>
시멘트 벽돌조 슬래브지붕 2층 주택<br>
    1층 100㎡<br>
    2층 100㎡<br><br>
           [등록문서번호 : 100번]<br>
      이　　　　　　상
</td></tr>
<tr><td colspan="2">② 등기원인과 그 연월일</td><td>2024년 1월 22일 전세권설정계약</td></tr>
<tr><td colspan="2">③ 등 기 의 목 적</td><td>전세권설정</td></tr>
<tr><td colspan="2">④ 전　세　금</td><td>금 50,000,000 원</td></tr>
<tr><td colspan="2">⑤ 전세권의 목적인 범위</td><td>주택 2층 중 동쪽 50㎡</td></tr>
<tr><td colspan="2">⑥ 존　속　기　간</td><td>2014년 1월 2일부터 2014년 12월 31일까지</td></tr>
<tr><td>구분</td><td>성　명<br>(상호·명칭)</td><td>주민등록번호<br>(등기용등록번호)<br>주　　소 (소 재 지)</td></tr>
<tr><td>⑦<br>등기의무자</td><td>이 대 백</td><td>XXXXXX-XXXXXXX　서울특별시 서초구 서초대로 88길 20<br>(서초동)</td></tr>
<tr><td>⑧<br>등기권리자</td><td>김 갑 동</td><td>XXXXXX-XXXXXXX　서울특별시 중구 다동길 96 (다동)</td></tr>
</table>

<table>
<tr><td>⑨ 등 록 면 허 세</td><td colspan="2">금 ○○○,○○○ 원</td></tr>
<tr><td>⑨ 지 방 교 육 세</td><td colspan="2">금 ○○○,○○○ 원</td></tr>
<tr><td>⑨ 농 어 촌 특 별 세</td><td colspan="2">금 ○○○,○○○ 원</td></tr>
<tr><td>⑩ 세 액 합 계</td><td colspan="2">금 ○○○,○○○ 원</td></tr>
<tr><td rowspan="3">⑪ 등 기 신 청 수 수 료</td><td colspan="2">금 15,000 원</td></tr>
<tr><td colspan="2">납부번호 : ○○-○○-○○○○○○○○-○</td></tr>
<tr><td colspan="2">일괄납부 : 건 원</td></tr>
<tr><td colspan="3">⑫ 등기의무자의 등기필정보</td></tr>
<tr><td>부동산고유번호</td><td colspan="2">1102-2006-002095</td></tr>
<tr><td>성명(명칭)</td><td>일련번호</td><td>비밀번호</td></tr>
<tr><td>이대백</td><td>Q77C-LO7I-35J5</td><td>40-4636</td></tr>
<tr><td colspan="3">⑬ 첨 부 서 면</td></tr>
<tr><td colspan="3">· 전세권설정계약서 1통<br>· 등기필증 1통<br>~~· 위임장 통~~<br>· 등록면허세영수필확인서 1통<br>· 등기신청수수료 영수필확인서 1통<br>· 주민등록표등(초)본 1통<br>· 도면 1통<br>· 인감증명서 또는 본인서명사실 확인서 1통<br>〈기 타〉</td></tr>
<tr><td colspan="3">2024년 1월 22일<br><br>⑭ 위 신청인 이 대 백 ㉞ (전화 : 200-7766)<br>김 강 동 ㉞ (전화 : 211-7711)<br><br>(또는)위 대리인 (전화 : )<br><br>서울중앙 지방법원 등기국 귀중</td></tr>
</table>

– 신청서 작성요령 –

* 1. 부동산표시란에 2개 이상의 부동산을 기재하는 경우에는 부동산의 일련번호를 기재하여야 합니다.
2. 신청인란등 해당란에 기재할 여백이 없을 경우에는 별지를 이용합니다.
3. 담당 등기관이 판단하여 위의 첨부서면 외에 추가적인 서면을 요구할 수 있습니다.

**선 례**

전세권설정 등기시 존속기간의 시작일을 등기접수 이전의 일자로 하여 등기할 수 있는지 여부(적극)

부동산 전세권설정등기를 신청할 때에 존속기간은 전세권설정계약서에 따라야 할 것인바, 위 존속기간의 시작일이 등기신청접수일자 이전이라고 하더라도 등기관으로서는 당해 전세권설정등기신청을 수리하여야 할 것이다(2001.5.18. 등기 3402-346 질의회답).

## ♣【서식】전세권설정계약서

<h2 align="center">전 세 권 설 정 계 약 서</h2>

당사자의 표시
    전세권 설정자  김 갑 동
                서울 서초구 서초동 123
    지 상 권 자  김 을 동
                서울 서초구 서초동 123

부동산의 표시

전세권설정자와 전세권자는 위 부동산에 대하여 다음과 같이 전세권설정계약을 체결한다.

  제1조 전세권설정자는 자기 소유인 위 부동산을 전세권자에게 금_____원의
        전세금을 지급받고 사용 및 수익하게 하고, 전세권자는 이를 그 용도에 따
        라 사용한 후 전세권설정자에게 반환하기로 한다.
  제2조 전세금은 이 계약 체결시 금_____원을 지급하고, 나머지는 전세권설
        정등기절차이행과 동시에 지급한다.
  제3조 전세권의 존속기간은 20○○년 ○월 ○일부터 ○년으로 한다.
  제4조 전세권자는 목적물의 현상을 유지하고, 그 통상의 관리에 속한 수리를 하여야
        한다.
  제5조 전세권자가 전세설정자의 승낙없이 목적물의 원형을 변경함으로써 목적물의
        가치가 현저하게 하락되었을 경우, 전세권설정자는 전세권의 소멸을 청구할
        수 있다.
  제6조 전세권자가 사용수익을 하기 위하여 전세목적물의 현상을 변경하였을 경우에
        는 존속기간 만료 후 즉시 원상복구를 하여 전세권설정자에게 인도하여야 한
        다.
  제7조 (기타사항)

이 계약을 증명하기 위하여 계약서 2통을 작성하고 각자 기명날인하여 1통씩 보관한다.

20○○년  ○월  ○일

전세권설정자 김 갑 동 (인)<br>전 세 권 자 김 을 동 (인)

## 【전세권설정계약서】

# 전세권설정계약서

| 수 입 |
|---|
| 인 지 |
| [인] |

1. 금○○○,○○○,○○○

전세권설정자는 위 전세금을 당일 정히 영수하고 전세권자의 사용수익을 위하여 본 계약을 체결하고 그 소유인 별지 목록 기재의 부동산상에 순위 제○번의 전세권을 설정한다.

1. 전기 부동산의 2층 건물전부를 전세권의 목적인 범위로 한다.
1. 전세권자는 본건 부동산을 주택용 이외의 용도로 사용 수익하지 못한다.
1. 전세금의 반환기는 20○○년 ○월 ○일까지로 한다.
1. 전세권의 존속기간은 20○○년 ○월 ○일까지 한다.
1. 전세권자는 전세목적물의 현상을 유지하고 그 통상의 관리에 속한 수리를 하여야 한다.
1. 전세권자가 전세권설정자의 승낙없이 목적물의 원형을 변경함으로써 목적물의 가치가 현저하게 저락되었을 경우에는 전세권설정자는 전세권의 소멸을 청구할 수 있다.
1. 전세권자는 그 사용 수익을 위하여 현상을 변경하였을 경우에는 존속기간 만료 후 즉시 원상복구를 하여 전세권설정자에게 인도하여야 한다. 특약' 전세권자는 위 존속기간 내에 전세권설정자의 승낙없이 타인에게 양도, 담보, 전전세 또는 임대하지 못한다.

위 계약을 증명하기 위하여 본 증서를 작성하고 이에 기명날인한다.

20○○년 ○월 ○일

전세권설정자 ○ ○ ○ [인]

○○시 ○○구 ○○동 ○○번지

전 세 권 자 ○ ○ ○ [인]

1. 부동산의 표시
   ○○시 ○○구 ○○동 ○○번지
   철근콘크리트 슬래브지붕 2층 주택
   건평 100㎡

– 이 상 –

## 〈부동산공동담보목록〉

(갑지)

## 부동산공동담보목록

| 제          호 |
|---|

전 세 권 자 ○ ○ ○ ㊞

전세권 설정자 ○ ○ ○ ㊞

신 청 대 리 인 ○ ○ ○

| 신청서<br>접    수 | 20○○년 ○월 ○일 |
|---|---|
| | 제              호 |

(을지)

| 등기부책수 | 순위번호 | 번  호 | 담보의 목적인 권리의 표시 |
|---|---|---|---|
| | | 1 | ○○시 ○○구 ○○동 ○○번지<br>대 100㎡ |
| | | 2 | |
| | | 3 | |
| | | 4 | |
| | | 5 | |
| | | 6 | |
| | | 7 | |
| 예  비  란 | | | |
| 년  월  일 | 접 수 번 호 | | 사      유 |
| | | | |

<갑지>

## 전세권도면

부동산의 표시
○○시 ○○구 ○○동 ○○번지
시멘트벽돌조 슬래브지붕 2층 주택
1층 100㎡ 2층 50㎡

- 이 상 -

20○○년 ○월 ○일

신청인 전세권설정자 ○ ○ ○ [인]

전 세 권 자 ○ ○ ○ [인]

○○지방법원 ○○지원 귀중

<을지>

※ 도면에는 부동산의 소재 지번과 건물의 표시 및 택지의 방위, 건물의 형상, 길이, 위치를 기재하고, 신청인이 서명날인 하여야 합니다.

도면은 전부 묵선, 묵서로 하고 만일 목적 외의 토지나 건물이 있는 때에는 그 도면은 주선, 주서로 하여야 합니다(규칙 제61조·제61조의2·제62조·제63조).

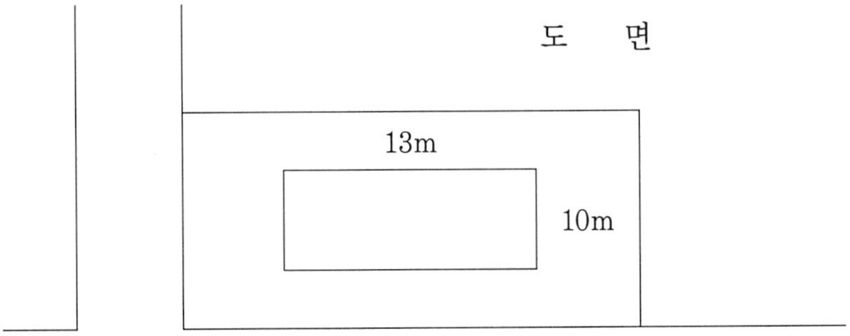

## ♣【서식】 전세권설정등기신청서(구분건물)

| 전세권설정등기신청 | | | | |
|---|---|---|---|---|
| 접　수 | 년　월　일 | 처리인 | 등기관 확인 | 각종 통지 |
| | 제　　　호 | | | |

| ① 부동산의 표시 |
|---|
| 1동의 건물의 표시<br>　　　서울특별시 서초구 서초동 100<br>　　　서울특별시 서초구 서초동 101　　　샛별아파트 가동<br>　　[도로명주소] 서울특별시 서초구 서초대로 88길 10<br>　전유부분의 건물의 표시<br>　　　건물의 번호　1-101<br>　　　구　　　조　철근콘크리트조<br>　　　면　　　적　1층 101호 86.03㎡<br><br>　　　　　　　　　이　　　　　　　　상 |

| ② 등기원인과 그 연월일 | 2024년 1월 22일 전세권설정계약 |
|---|---|
| ③ 등 기 의 목 적 | 전세권설정 |
| ④ 전　세　금 | 금 50,000,000 원 |
| ⑤ 전세권의 목적인 범위 | 건물전부 |
| ⑥ 존　속　기　간 | 2023년 1월 2일부터 2023년 12월 31일까지 |

| 구분 | 성　명<br>(상호·명칭) | 주민등록번호<br>(등기용등록번호) | 주　　소 (소 재 지) |
|---|---|---|---|
| ⑦<br>등기의무자 | 이 대 백 | XXXXXX-XXXXXXX | 서울특별시 서초구 서초대로 88길 20<br>(서초동) |
| ⑧<br>등기권리자 | 김 갑 동 | XXXXXX-XXXXXXX | 서울특별시 서초구 서초대로 88길 10,<br>가동 101호(서초동, 샛별아파트) |

| ⑨ 등 록 면 허 세 | 금 | | 원 |
|---|---|---|---|
| ⑨ 지 방 교 육 세 | 금 | | 원 |
| ⑨ 농 어 촌 특 별 세 | 금 | | 원 |
| ⑩ 세 액 합 계 | 금 | | 원 |
| ⑪ 등 기 신 청 수 수 료 | 금 | | 원 |
| | 납부번호 : ○○-○○-○○○○○○○○○-○ | | |
| | 일괄납부 : 건 원 | | |

| ⑫ 등기의무자의 등기필정보 | | |
|---|---|---|
| 부동산고유번호 | 1102-2006-002095 | |
| 성명(명칭) | 일련번호 | 비밀번호 |
| 이대백 | Q77C-LO7I-35J5 | 40-4636 |

⑬ 첨 부 서 면

| | | | |
|---|---|---|---|
| · 전세권설정계약서 | 1통 | · 주민등록표등(초)본 | 1통 |
| · 도면 | 통 | · 인감증명서 또는 본인서명사실 | |
| · 위임장 | 통 | 확인서 | 1통 |
| · 등록면허세영수필확인서 | 1통 | 〈기 타〉 | |
| · 등기신청수수료 영수필확인서 | 1통 | | |
| · 등기필증 | 1통 | | |

2024년 1월 22일

⑭ 위 신청인    이    대    백    ㊞  (전화 : 200-7766)
　　　　　　　　긴    갑    동    ㊞  (전화 : 211-7711)


(또는)위 대리인　　　　　　　　　　(전화 :　　　　)


서울중앙 지방법원　　　　　　등기국 귀중

---

- 신청서 작성요령 -

* 1. 부동산표시란에 2개 이상의 부동산을 기재하는 경우에는 부동산의 일련번호를 기재하여야 합니다.
　2. 신청인란등 해당란에 기재할 여백이 없을 경우에는 별지를 이용합니다.
　3. 담당 등기관이 판단하여 위의 첨부서면 외에 추가적인 서면을 요구할 수 있습니다.

## <전세계약서>

# 전세계약서

소 재 지 :                                        평    형
전세보증금  一金                           원정(₩        원)

**제1조**  위 주택을 소유자와 전세입자 합의하에 아래와 같이 계약함.

**제2조**  위 주택 전세계약에 있어 전세입자는 보증금 및 전세금을 다음과 같이 지불
하기로 함.

| 계 약 금 | ○○○원정은 계약당시에 소유자에게 지불하고 | |
|---|---|---|
| 중 도 금 | ○○○원정은 20○○년 ○월 ○일 지불하고 | |
| 전 액 금 | ○○○원정은 20○○년 ○월 ○일 | 중개인 입회하에 지불키로 한다. |

**제3조**  주택 명도는 20○○년 ○월 ○일 명도하기로 함.

**제4조**  전세기한은 전세입자에게 명도일로부터 (      )개월로 정함.

**제5조**  소유자는 잔금지불시까지의 공과금(관리비 또는 사용료)을 불입할 의무를
가지기로 함.

**제6조**  전세입자는 주택 소유자의 승인하에 구조변경을 할 수 있으나 주택 명도시
에는 자비로 원상 복구하여야 함.

**제7조**  중개 수수료는 부동산 중개업법 규정에 의거 전체금액의 (      )%을 계약
시 50%잔금 지급시 50%를 계약자 쌍방이 각각 지불키로 함.

**제8조**  본 계약의 1항이라도 소유자가 위약할시는 소유자가 계약금의 배액을 배상하
고 전세입자가 위약할시에는 계약금을 반환치 않고 본 계약금은 무효로 함.

단,



본 계약을 준수하기 위하여 계약서를 작성하여 각각 1통씩 보관하기로 함.

| 20○○년 ○월 ○일 | | | | | | | |
|---|---|---|---|---|---|---|---|
| 임 대 인 | 주    소 | ○○시 ○○구 ○○동 ○○번지 | | | | | |
| | 주민등록<br>번    호 | 610120-1234567 | 전화<br>번호 | | 성<br>명 | ○ ○ ○ ㊞ | |
| 임 차 인 | 주    소 | ○○시 ○○구 ○○동 ○○번지 | | | | | |
| | 주민등록<br>번    호 | 610120-1234567 | 전화<br>번호 | | 성<br>명 | ○ ○ ○ ㊞ | |
| 중 개 인<br>(중개사) | 주    소 | ○○시 ○○구 ○○동 ○○번지 | | | | | |
| | 성    명 | ○   ○   ○ | | | | | |

## ♣ 【서식】 전전세권설정등기신청서

| 등 록 면 허 세 | 금 | 원 |
|---|---|---|
| 지 방 교 육 세 | 금 | 원 |
| 세 액 합 계 | 금 | 원 |
| 등 기 신 청 수 수 료 | 금    원 | |
| | 납부번호 : | |
| | 일괄납부 :       건       원 | |

| 등기의무자의 등기필정보 | | |
|---|---|---|
| 부동산고유번호 | 1102-2006-002905 | |
| 성명(명칭) | 일련번호 | 비밀번호 |
| ○ ○ ○ | Q77C-LO71-35J5 | 40-4636 |

| 첨 부 서 면 | | | |
|---|---|---|---|
| · 전세권설정계약서 | 1통 | · 위임장 | 1통 |
| · 등기필증 | 1통 | · 도면 | |
| · 등록면허세영수필확인서 | | · 인감증명서 또는 본인서명사실 | |
| · 등기신청수수료 영수필확인서 | | 확인서 | 1통 |
| · 주민등록등(초)본 | 1통 | 〈기 타〉 | |
| · 지적도(또는 건물도면) | 1통 | | |

20○○년   ○월   ○일

위 신청인    ○  ○  ○ (인)        (전화 :        )
               ○  ○  ○ (인)        (전화 :        )

(또는) 위 대리인 ○○법무사 사무소        (전화 :        )

법무사 ○  ○  ○

○○지방법원              등기소 귀중

---

- 신청서 작성요령 -

* 1. 부동산표시란에 2개 이상의 부동산을 기재하는 경우에는 부동산의 일련번호를 기재하 여야 합니다.
  2. 신청인란등 해당란에 기재할 여백이 없을 경우에는 별지를 이용합니다.
  3. 담당 등기관이 판단하여 위의 첨부서면 외에 추가적인 서면을 요구할 수 있습니다.

## ♣ 【서식】 전전세권계약증서

### 건물전전세계약증서

1. 부동산의 표시

　　○○시 ○○구 ○○동 ○○번지

　　철근콘크리트조 슬래브지붕 단층주택 ○○○㎡

　　이　상

　　건물소유자　○　○　○

　　　　　　　　　　○○시 ○○구 ○○동 ○○번지

| 수 입 |
|-------|
| 인 지 |
| ㊞ |

1. 전전세　금 ○○만원정
1. 전세권의 목적 및 범위 주택용 건물전부
1. 변 제 기　20○○년 ○월 ○일
1. 존속기간　20○○년 ○월 ○일까지


　위 부동산은 본인 전세권설정자의 승낙을 받아 타인에게 양도, 담보 전전세를 할 수 있는 것으로 한 특약으로 전세권을 취득한 바 본 전전세계약을 하는데 있어 전세권설정자 ○○○의 승낙을 얻어 귀하에게 전전세를 하고 후일 전전세료 및 이에 관한 일체에 손해를 끼치는 일이 없이 사용하도록 하게 하기 위하여 본 계약증서를 작성 교부하나이다.

　　　　　　　　　　20○○년 ○월 ○일


　　　　　　　　　　　　　양도인　○　○　○　㊞
　　　　　　　　　　　　　○○시 ○○구 ○○동 ○○번지


전전세권자　○　○　○　귀하
　　　　　　○○시 ○○구 ○○동 ○○번지　○　○　○　귀하

## ■을구 예시

### -전세권설정 154

| | | 【을   구】 (소유권 이외의 권리에 관한 사항) | | |
|---|---|---|---|---|
| 순위번호 | 등기목적 | 접수 | 등기원인 | 권리자 및 기타사항 |
| 1 | 전세권 설정 | 2015년 3월 5일 제3005호 | 2015년 3월 4일 설정계약 | 전세금) 금50,000,000원<br>범위) 건물 전부<br>존속기간) 2015년 3월 5일부터 2016년 3월 4일까지<br>전세권자)<br>최☆☆ 680702-1234567<br>서울특별시 마포구 마포대로11가길 25 (염리동) |

(주) 1. 존속기간은 약정이 있는 경우에 등기한다.
   2. 존속기간은 (가.연월일부터 연월일까지 나.연월일부터 몇 년간 다.연월일까지)를 각 기록할 수 있다.

### -일부 전세권설정 155

| | | 【을   구】 (소유권 이외의 권리에 관한 사항) | | |
|---|---|---|---|---|
| 순위번호 | 등기목적 | 접수 | 등기원인 | 권리자 및 기타사항 |
| 1 | 전세권 설정 | 2015년 3월 5일 제3005호 | 2015년 3월 4일 설정계약 | 전세금) 금30,000,000원<br>범위) 건물 2층 전부<br>존속기간) 2015년 3월 5일부터 2016년 3월 4일까지<br>전세권자)<br>최☆☆ 680702-1234567<br>서울특별시 마포구 마포대로11가길 25 (염리동) |

(주) 1. 토지나 건물의 특정부분이 아닌 공유지분에 대하여는 전세권을 설정할 수 없다.
   2. 전세권설정이나 전전세의 범위가 부동산의 일부인 경우에는 그 부분을 표시한 도면의 번호를 기록한다.
   3. 전세권의 범위가 특정 층의 전부인 경우에는 도면을 첨부할 필요가 없다.

## 2. 전세권이전등기

### (1) 전세권전부이전등기

전세권의 이전등기는 양도인과 양수인이 공동으로 신청하여야 하며, 전세권설정자의 동의는 필요하지 않다. 전세금의 반환과 전세권설정등기의 말소 및 전세권목적물의 인도와는 동시이행의 관계에 있으므로 전세권이 존속기간의 만료로 인하여 소멸된 경우에도 해당 전세권설정등기는 전세금반환채권을 담보하는 범위 내에서는 유효한 것이라 할 것이어서, 전세권의 존속기간이 만료되고 전세금의 반환시기가 경과된 전세권의 경우에도 설정행위로 금지하지 않는 한 전세권의 이전등기는 가능하다(선례 Ⅶ-263). 또한 채권자가 전세금반환채권에 대하여 전부명령을 받아 전세권이전등기 촉탁을 신청하여 집행법원이 전세금반환채권에 대한 압류 및 전부명령을 등기원인으로 하는 전세권이전등기를 촉탁한 경우 등기관은 그 촉탁을 수리하여야 한다(선례 Ⅶ-265).

### (2) 전세권일부이전등기(등기예규 제1406호)

전세금반환채권만을 전세권과 분리하여 양도하는 것은 원칙적으로 불가능하다(대법원 2002.8.23. 선고, 2001다69122. 판결). 하지만 판례는 존속기간의 만료 등으로 전세권이 소멸한 경우, 해당 전세권은 전세금반환채권을 담보하는 범위 내에서 유효한 것이고 이때에는 전세금반환채권의 전부는 물론 일부에 대한 양도를 인정한다(대법원 2005.3.25. 선고, 2003다35659. 판결).

개정법은 판례의 태도를 입법화하였다. 등기관이 전세금반환채권의 일부양도를 등기원인으로 하여 전세권 일부이전등기를 할 때에는 양도액을 기록하여야 한다. 이는 채권의 일부양도에 따른 저당권이전등기를 할 때에 양도액을 기록하는 것과 마찬가지이다.

전세금반환채권의 일부양도는 전세권의 일부 지분을 양도하는 것과 구별된다. 후자의 경우에는 유효한 전세권의 지분을 양도하는 것으로 양도인과 양수인은 전세권을 준공유하게 되며 이때에는 양도액을 등기하지 않는다.

전세금반환채권이 일부양도를 원인으로 한 전세권 일부이전등기의 신청은 전세권이 소멸한 경우에만 할 수 있다. 그러므로 존속기간이 등기되어 있는 경우 그 기간 내에는 전세금반환채권의 일부양도를 원인으로 한 전세권 일부이전등기를 할 수 없다. 다만, 존속기간 내라 하더라도 전세권이 소멸하였음을 증명하는 경우에는 전세권 일부이전등기를 신청할 수 있다. 이때에는 전세권이 소멸하였음을 증명하는 정보(전세권의 소멸청구나 소멸통고 등)를 첨부정보로서 등기소에 제공하여야 한다(규칙 제129조 2항).

## ♣ 【서식】 전세권이전등기신청서

<table>
<tr><td colspan="5" align="center">전세권이전등기신청</td></tr>
<tr>
<td rowspan="2">접 수</td>
<td>년 월 일</td>
<td rowspan="2">처리인</td>
<td>등기관 확인</td>
<td>각종 통지</td>
</tr>
<tr>
<td>제        호</td>
<td></td>
<td></td>
</tr>
</table>

<table>
<tr><td colspan="4" align="center">부동산의 표시</td></tr>
<tr><td colspan="4">
1. 서울특별시 서초구 서초동 123-5<br>
      대 350㎡<br>
2. 서울특별시 서초구 서초동 123-5<br>
    시멘트 벽돌조 슬래브지붕 2층 주택<br>
      1층 98㎡<br>
      2층 98㎡<br>
        이                    상
</td></tr>
<tr><td colspan="2">등기원인과 그 연월일</td><td colspan="2">2024년 2월 10일 매매</td></tr>
<tr><td colspan="2">등 기 의 목 적</td><td colspan="2">전세권이전</td></tr>
<tr><td colspan="2">이 전 할 전 세 권</td><td colspan="2">2023년 4월 7일 접수 제1234호로 등기한 전세권</td></tr>
<tr>
<td>구분</td>
<td>성 명<br>(상호·명칭)</td>
<td>주민등록번호<br>(등기용등<br>록번호)</td>
<td>주 소(소 재 지)</td>
</tr>
<tr>
<td>등기의무자</td>
<td>박 영 철</td>
<td>570320-123<br>4567</td>
<td>서울특별시 서초구 서초동 234</td>
</tr>
<tr>
<td>등기권리자</td>
<td>김 수 길</td>
<td>580430-123<br>4568</td>
<td>서울특별시 서초구 서초동 345</td>
</tr>
</table>

| 등 록 면 허 세 | 금 | 000,000원 |
|---|---|---|
| 지 방 교 육 세 | 금 | 000,000원 |
| 농 어 촌 특 별 세 | 금 | 000,000원 |
| 세 액 합 계 | 금 | 000,000,000원 |
| 등기신청수수료 | 금 | 00,000원 |
| | 납부번호 : ○○-○○-○○○○○ | |
| | 일괄납부 :      건          원 | |

| 등기의무자의 등기필 정보 | | |
|---|---|---|
| 부동산 고유번호 | 1002-2009-002096 | |
| 성명(명칭) | 일련번호 | 비밀번호 |
| | A7B-CD7EF-123G | 50-4637 |

| 첨 부 서 면 | | | |
|---|---|---|---|
| · 전세권매매계약서 | 1통 | · 주민등록표등(초)본 | 1통 |
| · 등록면허세영수필확인서 | 1통 | · 승낙서 | 1통 |
| · 등기신청수수료 영수필확인서 | 1통 | · 위임장 | 1통 |
| · 등기필증 | 1통 | 〈기  타〉 | |
| · 인감증명서 | 1통 | | |

20   년   2월   11일

위 신청인      박    영    철    (인)    (전화: 555-1234)

긴    수    긱    (인)    (전화: 777-2345)

(또는)위 대리인  법무사  긴  먼  수    (인)    (전화: 888-3456)

서울특별시 서초구 서초동 456

서울중앙 지방법원                 등기국 귀중

- 신청서 작성요령 -

* 1. 부동산표시란에 2개 이상의 부동산을 기재하는 경우에는 부동산의 일련번호를 기재하여야 합니다.
  2. 신청인란등 해당란에 기재할 여백이 없을 경우에는 별지를 이용합니다.
  3. 담당 등기관이 판단하여 위의 첨부서면 외에 추가적인 서면을 요구할 수 있습니다.

**〈전세권양도증서〉**

## 전세권양도증서

부동산의 표시
○○시 ○○구 ○○동 ○○번지
대 100㎡
위 지상 시멘트벽돌조 슬래브지붕 단층주택 50㎡


 위 부동산에 대하여 20○○년 ○월 ○일 접수 제○○○호로 등기한 전세권을 귀하에게 양도합니다.




20○○년 ○월 ○일




전세권자  ○  ○  ○  ㉙
○○시 ○○구 ○○동 ○○번지


○  ○  ○  귀하
○○시 ○○구 ○○동 ○○번지  ○  ○  ○  귀하

**<승낙서>**

---

# 승 낙 서

부동산의 표시
　○○시 ○○구 ○○동 ○○번지
　대 100㎡
　위 지상 시멘트벽돌조 슬래브지붕 단층주택 50㎡


　위 부동산에 대하여 20○○년 ○월 ○일 접수 제○○○호로 등기한 전세권을
○○시 ○○구 ○○동 ○○번지 ○○○에게 양도함을 승낙합니다.




20○○년 ○월 ○일

전세권설정자　○　○　○　⑩
○○시 ○○구 ○○동 ○○번지


　○　○　○　귀하
○○시 ○○구 ○○동 ○○번지　○　○　○　귀하

---

## 을구 예시

### -전세권의 전부이전 157

| 【을 구】 (소유권 이외의 권리에 관한 사항) | | | | |
|---|---|---|---|---|
| 순위번호 | 등기목적 | 접수 | 등기원인 | 권리자 및 기타사항 |
| 1 | 전세권<br>설정 | 2015년 3월 5일<br>제1009호 | 2015년 3월 4일<br>설정계약 | 전세금) 금50,000,000원<br>범위) 건물 전부<br>전세권자)<br>최☆☆ 721205-1234567<br>서울특별시 종로구 인사동6길 5(인사동) |
| 1-1 | 1번<br>전세권<br>이전 | 2015년 9월 3일<br>제2098호 | 2015년 9월 2일<br>매매 | 전세권자)<br>김◇◇ 680422-1234567<br>서울특별시 종로구 율곡로 16(원서동) |

(주) 1번 전세권자를 말소하는 표시를 한다.

### -전세금반환채권의 일부양도에 따른 전세권 일부이전 157-1

| 【을 구】 (소유권 이외의 권리에 관한 사항) | | | | |
|---|---|---|---|---|
| 순위번호 | 등기목적 | 접수 | 등기원인 | 권리자 및 기타사항 |
| 1 | 전세권<br>설정 | 2015년 3월 5일<br>제1009호 | 2015년 3월 4일<br>설정계약 | 전세금) 금50,000,000원<br>범위) 건물 전부<br>전세권자)<br>최☆☆ 721205-1234567<br>서울특별시 종로구 인사동6길 5(인사동) |
| 1-1 | 1번<br>전세권<br>일부이전 | 2015년 9월 3일<br>제2098호 | 2015년 9월 2일<br>전세금반환채권<br>일부양도 | 양도액 금30,000,000원<br>전세권자)<br>김◇◇ 680422-1234567<br>서울특별시 종로구 율곡로 16(원서동) |

(주) 전세금반환채권의 일부양도에 따른 전세권 일부이전등기에 관한 기록례이다(법 제73조).

-전전세 158

| 【을    구】 (소유권 이외의 권리에 관한 사항) | | | | |
|---|---|---|---|---|
| 순위번호 | 등기목적 | 접수 | 등기원인 | 권리자 및 기타사항 |
| 1 | 전세권<br>설정 | 2015년 3월 10일<br>제1103호 | 2015년 3월 9일<br>설정계약 | 전세금) 금50,000,000원<br>범위) 건물 전부<br>존속기간) 2015년 3월 9일부터 2018년<br>3월 8일까지<br>전세권자)<br>정△△ 721205-1234567<br>서울특별시 종로구 인사동6길 5(인사동) |
| 1-1 | 1번<br>전세권<br>전전세 | 2015년 9월 5일<br>제4227호 | 2015년 9월 4일<br>전전세 계약 | 전전세금) 금50,000,000원<br>범위) 건물 전부<br>존속기간) 2015년 9월 4일부터 2016년<br>9월 3일까지<br>전전세권자)<br>김◇◇ 680422-1234567<br>서울특별시 종로구 율곡로 16(원서동) |

## 3. 전세권변경등기

전세권의 내용(전세금 또는 존속기간 등)에 변경이 생긴 경우에는 전세권자와 전세권설정자가 공동으로 변경등기를 신청하여야 한다. 변경등기에 의하여 이익을 받는 자가 등기권리자이고, 불이익을 받는 자가 등기의무자가 된다. 따라서 전세금을 증액하거나 존속기간을 연장하는 전세권변경등기의 경우에는 전세권설정자가 등기의무자이고 전세권자가 등기권리자가 된다. 전세금의 감액이나 존속기간의 단축의 경우에는 그 반대가 된다.

전세권설정등기 후 목적부동산의 소유권이 제3자에게 이전된 경우 그 소유권을 이전받은 제3취득자는 전세권설정자의 지위까지 승계하였다고 할 것이므로, 이때에는 전세권자와 제3취득자(소유자)가 공동으로 전세권변경등기를 신청하여야 한다. 건물전세권의 경우에는 토지전세권과 달리 법정갱신이 인정된다(민법 제312조 4항). 법정갱신은 법률의 규정에 의한 물권변동이므로 전세권갱신에 관한 등기를 필요로 하지 아니하고, 전세권자는 그 갱신의 등기 없이도 전세권설정자나 그 목적물을 취득한 제3자에 대하여 그 권리를 주장할 수 있다(대법원 1989.7.11, 선고, 88다카21029, 판결). 따라서 존속기간이 만료된 때에도 그 전세권설정등기의 존속기간이나 전세금에 대한 변경등기를 신청할 수 있다(선례 V-416). 다만, 등기기록상 존속기간이 만료되었으나 법정갱신 된 전세권에 대하여 용익권으로서 이전등기를 하거나 저당권설정의 목적으로 하고자 할 때에는 존속기간 연장등기를 선행하거나 동시에 하여야 한다(2013. 2. 1. 부동산등기과-246 질의회답). 법정갱신 된 전세권에 대하여 전세권 범위, 전세금 등의 변경을 위한 전세권변경등기를 하는 경우에도 마찬가지이다(선례 Ⅷ-247). 전세권설정의 변경계약에 의한 전세권의 존속기간과 전세금의 변경등기를 신청할 때 등기상 이해관계 있는 제3자가 있는 경우에는 그 승낙서 또는 이에 대항할 수 있는 재판의 등본을 첨부정보로서 제공하여야 하고(이 경우 변경등기는 부기등기로 한다), 그 승낙서 등을 제공하지 않았을 때에는 주등기(독립등기)에 의하여 후순위로 그 변경등기를 할 수밖에 없다(등기예규 제551호). 건물의 일부(예 : 17층 북쪽 201.37㎡)를 목적으로 하는 전세권설정등기가 마쳐진 이후, 전세권의 범위를 건물의 다른 일부(3층 동쪽 484.58㎡)로 변경하는 등기신청은 전세권의 목적물 자체의 동일성이 인정되지 않으므로 수리될 수 없다(선례 Ⅵ-321).

## ♣ 【서식】 전세권변경신청서

<table>
<tr><td colspan="5" align="center">전세권변경등기신청</td></tr>
<tr><td rowspan="2">접  수</td><td>년  월  일</td><td rowspan="2">처리인</td><td>등기관 확인</td><td>각종 통지</td></tr>
<tr><td>제        호</td><td></td><td></td></tr>
</table>

<table>
<tr><td colspan="4" align="center">① 부동산의 표시</td></tr>
<tr><td colspan="4">서울특별시 서초구 서초동 100<br><br>[도로명주소] 서울특별시 서초구 서초대로 88길 10<br><br>시멘트 벽돌조 슬래브지붕 2층 주택<br><br>　　　　1층 100㎡<br><br>　　　　2층 100㎡<br><br>　　　　　　　이　　　　　　　　　상</td></tr>
<tr><td colspan="2">② 등기원인과 그 연월일</td><td colspan="2">2014년 1월 22일 변경계약</td></tr>
<tr><td colspan="2">③ 등 기 의 목 적</td><td colspan="2">전세권변경</td></tr>
<tr><td colspan="2">④ 변 경 할 사 항</td><td colspan="2">2012년 1월 2일 접수 제468호로 경료한 전세권등기 사항 중 존속기간 "2012년 1월 2일부터 2014년 1월 1일까지"를 "2014년 1월 2일부터 2016년 1월 1일"까지로 변경</td></tr>
<tr><td>구분</td><td>성  명<br>(상호·명칭)</td><td>주민등록번호<br>(등기용등록번호)</td><td>주　　소 (소 재 지)</td></tr>
<tr><td>⑤<br>등<br>기<br>의<br>무<br>자</td><td>이 대 백</td><td>XXXXXX-XXXXXXX</td><td>서울특별시 서초구 서초대로 88길 20 (서초동)</td></tr>
<tr><td>⑥<br>등<br>기<br>권<br>리<br>자</td><td>김 갑 동</td><td>XXXXXX-XXXXXXX</td><td>서울특별시 중구 다동길 96 (다동)</td></tr>
</table>

| ⑦ 등 록 면 허 세 | 금 | 3,000 | 원 |
|---|---|---|---|
| ⑦ 지 방 교 육 세 | 금 | 600 | 원 |
| ⑧ 세 액 합 계 | 금 | 3,600 | 원 |
| ⑨ 등 기 신 청 수 수 료 | 금 | 3,000 | 원 |
| | 납부번호 : ○○-○○-○○○○○○○○-○ | | |
| | 일괄납부 : 건 원 | | |

| ⑩ 등기의무자의 등기필정보 | | |
|---|---|---|
| 부동산고유번호 | 1102-2006-002095 | |
| 성명(명칭) | 일련번호 | 비밀번호 |
| 이대백 | Q77C-LO7I-35J5 | 40-4636 |

| ⑪ 첨 부 서 면 | |
|---|---|
| · 전세권변경계약서            1통<br>· 등록면허세영수필확인서       1통<br>· 등기신청수수료 영수필확인서    1통<br>· 등기필증               1통 | · 인감증명서 또는 본인서명사실<br>  확인서                        1통<br>~~· 위임장~~                  ~~통~~<br>〈기 타〉 |

2014년  1월  22일

⑫  위 신청인    이    대    백  ㊞   (전화 : 200-7766)
           긴    갑    동  ㊞   (전화 : 212-1166)

(또는)위 대리인                    (전화 :        )

서울중앙 지방법원              등기국 귀중

---

- 신청서 작성요령 -

* 1. 부동산표시란에 2개 이상의 부동산을 기재하는 경우에는 부동산의 일련번호를 기재하
     여야 합니다.
  2. 신청인란등 해당란에 기재할 여백이 없을 경우에는 별지를 이용합니다.
  3. 담당 등기관이 판단하여 위의 첨부서면 외에 추가적인 서면을 요구할 수 있습니다.

## ♣ 【서식】 전세권변경등기신청서(구분건물)

| 전세권변경등기신청 | | | | |
|---|---|---|---|---|
| 접 수 | 년 월 일<br>제      호 | 처리인 | 등기관 확인 | 각종 통지 |

| ① 부동산의 표시 | |
|---|---|
| 1동의 건물의 표시<br>　　서울특별시 서초구 서초동 100<br>　　서울특별시 서초구 서초동 101　　샛별아파트 가동<br>　　[도로명주소] 서울특별시 서초구 서초대로 88길 10<br>전유부분의 건물의 표시<br>　　건물의 번호  1-101<br>　　구　　　조  철근콘크리트조<br>　　면　　　적  1층 101호 86.03㎡<br><br>　　　　　　　　　　이　　　　　　　　　상 | |
| ② 등기원인과 그 연월일 | 2014년 1월 22일 변경계약 |
| ③ 등 기 의 목 적 | 전세권변경 |
| ④ 변 경 할 사 항 | 2012년 1월 2일 접수 제468호로 경료한 전세권등기 사항 중 존속기간 "2012년 1월 2일부터 2014년 1월 1일까지"를 "2014년 1월 2일부터 2016년 1월 1일"까지로 변경 |

| 구분 | 성 명<br>(상호·명칭) | 주민등록번호<br>(등기용등록번호) | 주   소 (소 재 지) |
|---|---|---|---|
| ⑤ 등기의무자 | 이 대 백 | XXXXXX-XXXXXXX | 서울특별시 서초구 서초대로 88길 20 (서초동) |
| ⑥ 등기권리자 | 김 갑 동 | XXXXXX-XXXXXXX | 서울특별시 서초구 서초대로 88길 10, 가동 101호(서초동, 샛별아파트) |

| ⑦ 등 록 면 허 세 | 금 | 3,000 | 원 |
|---|---|---|---|
| ⑦ 지 방 교 육 세 | 금 | 600 | 원 |
| ⑧ 세 액 합 계 | 금 | 3,600 | 원 |

| ⑨ 등 기 신 청 수 수 료 | 금 | 3,000 | 원 |
|---|---|---|---|
| | 납부번호 : ○○-○○-○○○○○○○○○-○ | | |
| | 일괄납부 :      건           원 | | |

| ⑩ 등기의무자의 등기필정보 | | |
|---|---|---|
| 부동산고유번호 | 1102-2006-002095 | |
| 성명(명칭) | 일련번호 | 비밀번호 |
| 이대백 | Q77C-LO7I-35J5 | 40-4636 |

⑪     첨  부  서  면

| | | | |
|---|---|---|---|
| · 변경계약서 | 1통 | · 등기필증 | 1통 |
| · 등록면허세영수필확인서 | 1통 | ~~· 위임장~~ | ~~통~~ |
| · 등기신청수수료 영수필확인서 | 1통 | 〈기 타〉 | |
| · 인감증명서 또는 본인서명사실 | | | |
| 확인서 | 1통 | | |

2014년  1월  22일

⑫ 위 신청인     이     대     백   ㊞  (전화 : 200-7766)
            긴     갑     동   ㊞  (전화 : 211-7711)


(또는)위 대리인              (전화 :        )


서울중앙 지방법원              등기국 귀중

- 신청서 작성요령 -

* 1. 부동산표시란에 2개 이상의 부동산을 기재하는 경우에는 부동산의 일련번호를 기재하여야 합니다.
 2. 신청인란등 해당란에 기재할 여백이 없을 경우에는 별지를 이용합니다.
 3. 담당 등기관이 판단하여 위의 첨부서면 외에 추가적인 서면을 요구할 수 있습니다.

### 📑 선 례

> 존속기간이 만료된 건물전세권의 존속기간 변경없이 전세권의 범위를 축소하는 전세권변경 등기 가부(소극)
>
> 건물전세권은 존속기간이 만료되더라도 법정갱신으로 등기하지 않아도 전세권자는 전세권 설정자 및 제3자에게 그 권리를 주장할 수 있지만, 위 등기의 처분 또는 내용을 변경하는 등기를 신청하기 위해서는 존속기간의 변경등기의 신청을 선행 또는 동시에 하여야 한다.
> (2008. 02. 01. 등기선례 제8-247호)

### ▶을구 예시

- 전세권 존속기간 등의 변경(경정) 159

| 【을    구】 (소유권 이외의 권리에 관한 사항) | | | | |
|---|---|---|---|---|
| 순위번호 | 등기목적 | 접수 | 등기원인 | 권리자 및 기타사항 |
| 1 | 전세권<br>설정 | (생략) | (생략) | (생략) |
| 1-1 | 1번<br>전세권<br>변경(또는<br>경정) | 2015년 3월 5일<br>제3005호 | 2015년 3월 4일<br>변경계약(또는<br>신청착오) | 존속기간) 2015년 3월 5일부터 2016년<br>3월 4일까지 |

(주) 1. 변경 전의 존속기간을 말소하는 표시를 한다.
   2. 등기상 이해관계 있는 제3자의 승낙을 증명하는 정보 또는 이에 대항할 수 있는 재판이 있음을 증명하는 정보를 제공한 경우에 한하여 부기등기로 한다.

## 4. 전세권말소등기

전세권의 목적인 부동산을 전전세 또는 임대하거나, 전세권을 담보로 제공한 경우에는 그 권리가 존속하는 동안은 전세권을 소멸시키지 못한다고 할 것이다. 전세권등기와 그 전세권에 대한 가압류 등기가 순차로 마쳐진 부동산에 관하여 전세권등기를 말소하라는 판결을 받았다 하더라도 그 판결에 의하여 전세권말소등기를 신청하려면 전세권가압류권자의 승낙서 또는 그에게 대항할 수 있는 재판의 등본(통상 가압류권자를 피고로 하여 전세권말소에 관하여 승낙의 의사표시를 명하는 이행판결이 이에 해당한다)을 제공하여야 한다(선례 Ⅳ-450).

### 📑 선 례

가압류된 전세권을 전세권말소확정판결로 말소할 수 있는지 여부
갑 소유 부동산에 을 명의의 전세권등기와 병 명의의 전세권가압류가 순차로 경료된 부동산에 대하여 을 명의의 전세권등기를 말소하라는 판결을 받았다고 하더라도 그 판결에 의하여 전세권말소등기를 신청할 때에는 병의 승낙서 또는 병에게 대항할 수 있는 재판의 등본을 첨부하여야 한다. (1996. 4. 20. 등기선례 제 4-450호)

## ♣ 【서식】 전세권말소등기신청서

<table>
<tr><td colspan="5" align="center">전세권말소등기신청</td></tr>
<tr><td rowspan="2">접　수</td><td colspan="2">년　월　일</td><td rowspan="2">처리인</td><td>등기관 확인</td><td>각종 통지</td></tr>
<tr><td colspan="2">제　　　　호</td><td></td><td></td></tr>
</table>

<table>
<tr><td colspan="5" align="center">① 부동산의 표시</td></tr>
<tr><td colspan="5">

서울특별시 서초구 서초동 100

[도로명주소] 서울특별시 서초구 서초대로 88길 10

시멘트 벽돌조 슬래브지붕 2층 주택

　　1층 100㎡

　　2층 100㎡

　　　　　　　　이　　　　　　　　상
</td></tr>
<tr><td colspan="2">② 등기원인과 그 연월일</td><td colspan="3">2024년 1월 22일 해지</td></tr>
<tr><td colspan="2">③ 등 기 의 목 적</td><td colspan="3">전세권말소</td></tr>
<tr><td colspan="2">④ 말 소 할 등 기</td><td colspan="3">2009년 12월 1일 접수 제4168호로 경료한 전세권설정등기</td></tr>
<tr><td>구분</td><td>성 명<br>(상호·명칭)</td><td>주민등록번호<br>(등기용등록<br>번호)</td><td>주　　소 (소 재 지)</td><td>지 분<br>(개인별)</td></tr>
<tr><td>⑤ 등기의무자</td><td>이대백</td><td>XXXXXX-XXXX<br>XXX</td><td>서울특별시 서초구 서초대로 88길 20 (서초동)</td><td></td></tr>
<tr><td>⑥ 등기권리자</td><td>김갑동</td><td>XXXXXX-XXXX<br>XXX</td><td>서울특별시 중구 다동길 96 (다동)</td><td></td></tr>
</table>

| | | |
|---|---|---|
| ⑦ 등 록 면 허 세 | 금 | 3,000 원 |
| ⑦ 지 방 교 육 세 | 금 | 600 원 |
| ⑧ 세 액 합 계 | 금 | 3.600 원 |
| ⑨ 등 기 신 청 수 수 료 | 금 | 3,000 원 |
| | 납부번호 : ○○-○○-○○○○○○○○○-○ | |
| | 일괄납부 : 건 | 원 |

| ⑩ 등기의무자의 등기필정보 | | |
|---|---|---|
| 부동산고유번호 | 1102-2006-002095 | |
| 성명(명칭) | 일련번호 | 비밀번호 |
| 이대백 | Q77C-L07I-35J5 | 40-4636 |

| ⑪ 첨 부 서 면 | |
|---|---|
| · 해지증서 1통<br>· 등록면허세영수필확인서 1통<br>· 등기신청수수료 영수필확인서 1통<br>· 등기필증 1통<br>~~· 위임장 통~~ | 〈기 타〉 |

2024년 1월 22일

⑫ 위 신청인 이 대 백 ㉑ (전화 : 200-7766)
김 강 동 ㉑ (전화 : 211-7711)

(또는)위 대리인 (전화 : )

서울중앙 지방법원 등기국 귀중

- 신청서 작성요령 -

* 1. 부동산표시란에 2개 이상의 부동산을 기재하는 경우에는 부동산의 일련번호를 기재하여야 합니다.
2. 신청인란등 해당란에 기재할 여백이 없을 경우에는 별지를 이용합니다.
3. 담당 등기관이 판단하여 위의 첨부서면 외에 추가적인 서면을 요구할 수 있습니다.

## ♣ 【서식】 전전세권설정등기말소등기신청서

<table>
<tr><td colspan="5" align="center">전전세권등기말소등기신청</td></tr>
<tr><td rowspan="2">접 수</td><td colspan="2">년 월 일</td><td rowspan="2">처리인</td><td>등기관 확인</td><td>각종 통지</td></tr>
<tr><td colspan="2">제        호</td><td></td><td></td></tr>
</table>

<table>
<tr><td colspan="5" align="center">부동산의 표시</td></tr>
<tr><td colspan="5">
1. 서울특별시 서초구 서초동 123-5<br>
　　　대 350㎡<br>
2. 서울특별시 서초구 서초동 123-5<br>
　　시멘트 벽돌조 슬래브지붕 2층 주택<br>
　　　　1층 98㎡<br>
　　　　2층 98㎡<br>
　　　　　　이　　　　　　　상
</td></tr>
<tr><td colspan="2">등기원인과 그 연월일</td><td colspan="3">2024년 2월 10일 해지</td></tr>
<tr><td colspan="2">등 기 의 목 적</td><td colspan="3">전전세권말소</td></tr>
<tr><td colspan="2">말 소 할 등 기</td><td colspan="3">2023년 4월 7일 접수 제1234호로 경료한 전전세권등기</td></tr>
<tr><td>구분</td><td>성 명<br>(상호·명칭)</td><td>주민등록번호<br>(등기용등<br>록번호)</td><td>주 소(소 재 지)</td><td>지 분<br>(개인별)</td></tr>
<tr><td>등기의무자</td><td>박 영 철</td><td>570320-12<br>34567</td><td>서울특별시 서초구 서초동 234</td><td></td></tr>
<tr><td>등기권리자</td><td>김 수 길</td><td>580430-12<br>34568</td><td>서울특별시 서초구 서초동 345</td><td></td></tr>
</table>

| 등 록 면 허 세 | 금 | | 000,000 | 원 |
|---|---|---|---|---|
| 지 방 교 육 세 | 금 | | 000,000 | 원 |
| 세 액 합 계 | 금 | | 000,000 | 원 |
| 등 기 신 청 수 수 료 | 금 | | | 원 |
| | 납부번호 : | | | |
| | 일괄납부 : | 건 | | 원 |

<table>
<tr><td colspan="3" align="center">등기의무자의 등기필 정보</td></tr>
<tr><td>부동산고유번호</td><td colspan="2" align="center">1002-2009-002096</td></tr>
<tr><td>성명(명칭)</td><td align="center">일련번호</td><td align="center">비밀번호</td></tr>
<tr><td>박영철</td><td align="center">A7B-CD7EF-123G</td><td align="center">50-4637</td></tr>
</table>

| 첨 부 서 면 | |
|---|---|
| · 해지증서                         1통<br>· 등록면허세영수필확인서      1통<br>· 등기신청수수료 영수필확인서   1통<br>· 위임장                         1통 | 〈기 타〉 |

20  년   2월   11일

위 신청인      박    영    철    (인)    (전화: 555-1234)
              김    수    길    (인)    (전화: 777-2345)

(또는)위 대리인  법무사 김 면 수    (인)    (전화: 888-3456)
              서울특별시 서초구 서초동 456

서울중앙 지방법원                    등기국 귀중

- 신청서 작성요령 -

* 1. 부동산표시란에 2개 이상의 부동산을 기재하는 경우에는 부동산의 일련번호를 기재하여야 합니다.
  2. 신청인란등 해당란에 기재할 여백이 없을 경우에는 별지를 이용합니다.
  3. 담당 등기관이 판단하여 위의 첨부서면 외에 추가적인 서면을 요구할 수 있습니다.

♣ 【서식】 전세권말소등기신청서(구분건물)

| 전세권말소등기신청 | | | | |
|---|---|---|---|---|
| 접　수 | 년　월　일 | 처리인 | 등기관 확인 | 각종 통지 |
| | 제　　　　호 | | | |

| ① 부동산의 표시 |
|---|
| 1동의 건물의 표시<br>　　　서울특별시 서초구 서초동 100<br>　　　서울특별시 서초구 서초동 101　　　샛별아파트 가동<br>　　　[도로명주소] 서울특별시 서초구 서초대로 88길 10<br>전유부분의 건물의 표시<br>　　　건물의 번호　1-101<br>　　　구　　　　조　철근콘크리트조<br>　　　면　　　　적　1층 101호 86.03㎡<br><br>　　　　　　　　이　　　　　　　　　　　상 |

| ② 등기원인과 그 연월일 | | 2024년 1월 22일 해지 | | |
|---|---|---|---|---|
| ③ 등기의목적 | | 전세권말소 | | |
| ④ 말소할등기 | | 2009년 12월 1일 접수 제4168호로 경료한<br>전세권설정등기 | | |
| 구분 | 성　명<br>(상호·명칭) | 주민등록번호<br>(등기용등록<br>번호) | 주　　소 (소 재 지) | 지　분<br>(개인별) |
| ⑤등기의무자 | 이대백 | XXXXXX-XXX<br>XXXX | 서울특별시 서초구 서초대로<br>88길 10, 가동 101호(서초동,<br>샛별아파트) | |
| ⑥등기권리자 | 김갑동 | XXXXXX-XXX<br>XXXX | 서울특별시 중구 다동길 96<br>(다동) | |

| ⑦ 등 록 면 허 세 | 금 | 3,000 | 원 |
| ⑦ 지 방 교 육 세 | 금 | 600 | 원 |
| ⑧ 세 액 합 계 | 금 | 3.600 | 원 |
| ⑨ 등 기 신 청 수 수 료 | 금 | 3,000 | 원 |
| | 납부번호 : ○○-○○-○○○○○○○○-○ | | |
| | 일괄납부 :        건         원 | | |

| ⑩ 등기의무자의 등기필정보 | | |
| --- | --- | --- |
| 부동산고유번호 | 1102-2006-002095 | |
| 성명(명칭) | 일련번호 | 비밀번호 |
| 이대백 | Q77C-L07I-35J5 | 40-4636 |

| ⑪     첨  부  서  면 | |
| --- | --- |
| · 해지증서                    1통<br>· 등록면허세영수필확인서        1통<br>· 등기신청수수료 영수필확인서    1통<br>· 등기필증                    1통<br>· 위임장                      통 | 〈기 타〉 |

2024년  1월  22일

⑫  위 신청인    이    대    백  ㉑   (전화 : 200-7766)
              긴    갑    동  ㉑   (전화 : 211-7711)


(또는)위 대리인                    (전화 :        )


서울중앙 지방법원                    등기국 귀중


- 신청서 작성요령 -

* 1. 부동산표시란에 2개 이상의 부동산을 기재하는 경우에는 부동산의 일련번호를 기재하여야 합니다.
 2. 신청인란등 해당란에 기재할 여백이 없을 경우에는 별지를 이용합니다.
 3. 담당 등기관이 판단하여 위의 첨부서면 외에 추가적인 서면을 요구할 수 있습니다.

## 📑 선 례

① 등기를 갖추지 아니한 전세권 양수인이 전세권말소등기 신청을 할 수 있는지 여부
전세권양도계약이 체결되었더라도 그에 따른 전세권이전등기를 하지 않았다면, 전세권
양도계약상의 양수인은 전세권말소등기신청에 있어서 등기의무자가 될 수 없다
(1998.12.3. 등기 3402-1207 질의회답).

② 가압류된 전세권을 전세권말소확정판결로 말소할 수 있는지 여부
갑 소유 부동산에 을 명의의 전세권등기와 병 명의의 전세권가압류가 순차로 경료된
부동산에 대하여 을 명의의 전세권등기를 말소하라는 판결을 받았다고 하더라도 그 판
결에 의하여 전세권말소등기를 신청할 때에는 병의 승낙서 또는 병에게 대항할 수 있
는 재판의 등본을 첨부하여야 한다(1996.4.20. 등기 3402-282 질의회답).

### 을구 예시

#### -전세권설정등기 말소 - 해지 163

| 【을    구】 (소유권 이외의 권리에 관한 사항) | | | | |
|---|---|---|---|---|
| 순위번호 | 등기목적 | 접수 | 등기원인 | 권리자 및 기타사항 |
| ~~1~~ | ~~전세권 설정~~ | (생략) | (생략) | (생략) |
| 2 | 1번 전세권 설정등기 말소 | 2015년 3월 5일 제3005호 | 2015년 3월 4일 해지 | |

#### -전세권설정등기 말소 - 소멸청구 164

| 【을    구】 (소유권 이외의 권리에 관한 사항) | | | | |
|---|---|---|---|---|
| 순위번호 | 등기목적 | 접수 | 등기원인 | 권리자 및 기타사항 |
| 2 | 1번 전세권 설정등기 말소 | 2015년 3월 5일 제3005호 | 2015년 3월 4일 소멸 | |

(주) 소멸통고의 경우에도 같은 양식으로 기록한다.

# Ⅳ. 임차권에 관한 등기

임대차는 당사자 일방이 상대방에게 목적물을 사용·수익하게 할 것을 약정하고 그 상대방이 이에 대하여 차임을 지급할 것을 약정함으로써 성립하는 채권계약이다. 이와 같이 임차권은 채권인 것이나, 부동산의 임차권은 그 등기를 함으로써 제3자에게 대항력이 생긴다. 다만 「주택임대차보호법」이 적용되는 주거용건물의 임대차에 있어서는 등기를 하지 않더라도 임차인이 그 주택의 인도와 주민등록을 마친 때에는 그 다음 날부터 제3자에 대하여 대항력이 생긴다(같은 법 제3조 1항).

주택도시기금을 재원으로 하여 저소득층의 무주택자에게 주거생활안정을 목적으로 전세임대주택을 지원하는 법인(「한국토지주택공사법」에 따른 한국토지주택공사와 「지방공기업법」 제49조에 따라 주택사업을 목적으로 설립된 지방공사)이 주택을 임차한 후 지방자치단체의 장 또는 그 법인이 선정한 입주자가 그 주택을 인도받고 주민등록을 마쳤을 때에는 그 법인에게도 대항력이 부여된다(같은 법 제3조 2항).

「중소기업기본법」 제2조에 따른 중소기업에 해당하는 법인이 소속 직원의 주거용으로 주택을 임차한 후 그 법인이 선정한 직원이 해당 주택을 인도받고 주민등록을 마쳤을 때에는 그 법인에게도 대항력이 부여된다. 임대차가 끝나기 전에 그 직원이 변경된 경우에는 그 법인이 선정한 새로운 직원이 주택을 인도받고 주민등록을 마친 다음 날부터 제3자에 대하여 대항력이 생긴다(같은 법 제3조 3항). 그리고 「상가건물 임대차보호법」이 적용되는 상가건물의 임대차에 있어서도 등기를 하지 않더라도 임차인이 건물의 인도와 「부가가치세법」 제8조, 「소득세법」 제168조 또는 「법인세법」 제111조에 따른 사업자등록을 신청하면 그 다음 날부터 제3자에 대하여 대항력이 생긴다(같은 법 제3조 1항).

지상권자는 그 권리의 존속기간 및 범위 내에서 그 토지를 임대할 수 있으므로 지상권자가 그 목적물인 대지를 임대하고 그에 따른 임차권설정등기를 신청하는 경우 그 임차권의 존속기간은 지상권의 존속기간 내이어야 하며, 이때 그 임대차의 목적이 지상권의 목적물인 토지의 일부인 때에는 임차권 설정의 범위를 신청정보의 내용으로 하고 그 범위를 표시한 도면을 제공하여야 한다.

농지는 「농지법」 제23조 제1항 각 호에 해당하는 경우를 제외하고는 임대할 수 없으므로 임차권의 목적이 농지인 경우에는 임차권설정등기를 신청할 수 없다. 현행법상 구분지상권은 인정되지만 구분임차권을 인정하는 규정은 없으므로, 송전선 선하부지의 공중공간에 상하의 범위를 정하여 송전선을 소유하기 위하거나, 토지의 지하공간에 상하의 범위를 정하여 송수관을 매설하기 위한 구분임차권등기는 신청할 수 없다(선례 Ⅶ-283, 284).

부동산의 일부가 아닌 공유자의 공유지분에 대하여는 임차권을 설정할 수 없다(선례 Ⅷ-249).

## 1. 당사자의 신청에 의한 임차권설정등기

### (1) 신청정보의 내용

#### 1) 「민법」제621조에 의한 임차권설정등기(이하'임차권설정등기'라 한다)의 경우

법 제74조의 사항을 모두 신청정보의 내용으로 한다. 보증금의 지급만을 내용으로 하는 임대차 즉 '채권적 전세'의 경우에는 차임을 신청정보의 내용으로 하지 않는다.

#### 2) 「주택임대차보호법」제3조의4에 의한 주택임차권설정등기(이하 '주택임차권설정등기'라 한다)의 경우

주택임차인이 「주택임대차보호법」제3조 제1항, 제2항 또는 제3항의 대항요건을 갖추고 「민법」제621조 제1항에 따라 임대인의 협력을 얻어 주택임차권설정등기를 신청하는 때에는, 법 제74조의 사항 외에 주민등록을 마친 날, 임차주택을 점유하기 시작한 날(「주택임대차보호법」제3조 제2항 또는 제3항에 따른 대항력을 취득한 경우에는 지방자치단체장 또는 해당 법인이 선정한 입주자 또는 직원이 주민등록을 마친 날과 그 주택을 점유하기 시작한 날을 말한다. 이하 같다)을 신청정보의 내용으로 제공하고, 주택임차인이 「주택임대차보호법」제3조의2 제2항의 요건(우선변제권)을 갖춘 때에는 임대차계약서(「주택임대차보호법」제3조 제2항 또는 제3항의 경우에는 법인과 임대인 사이의 임대차계약증서를 말한다. 이하 같다)상의 확정일자를 받은 날도 신청정보의 내용으로 하여야 한다.

#### 3) 「상가건물 임대차보호법」제7조에 의한 상가건물임차권설정등기(이하 '상가건물임차권설정등기'라 한다)의 경우

상가건물임차인이 「상가건물 임대차보호법」제3조 제1항의 대항요건을 갖추고 「민법」제621조 제1항에 따라 임대인의 협력을 얻어 상가건물임차권설정등기를 신청하는 때에는, 법 제74조의 사항 외에 사업자등록을 신청한 날, 임차상가건물을 점유하기 시작한 날을 신청정보의 내용으로 제공하고, 상가건물임차인이 「상가건물임대차보호법」제5조 제2항의 요건(우선변제권)을 갖춘 때에는 임대차계약서상의 확정일자를 받은 날도 신청정보의 내용으로 하여야 한다.

### (2) 첨부정보

등기원인을 증명하는 정보로서 임대차계약서(임차인이 「주택임대차보호법」제3조의2 제2항이나 「상가건물임대차보호법」제5조 제2항에서 정한 요건을 갖춘 때에는 공정증서로 작성되거나 확정일자를 받은 임대차계약서)를 제공하여야 하고, 임대차의 목적이 토지 또는 건물의 일부분인 때에는 그 부분을 표시한 지적도 또는 건물의 도면을 제공하여야 한다.

주택임차권설정등기를 신청할 때에는 위에서 정한 정보 외에 임차주택을 점유하기 시작한 날을 증명하는 서면(예 : 임대인이 작성한 점유사실확인서)과 주민등록을 마친 날을 증명하는 서면으로 임차인(「주택임대차보호법」제3조 제2항의 경우에는 지방자치단체장 또는 해당 법인이 선정한 입주자를 말한다)의 주민등록표등(초)본을 제공하여야 한다.

상가건물임차권설정등기를 신청할 때에는 일반적인 정보 외에 임차상가건물을 점유하기 시작한 날을 증명하는 서면(예 : 임대인이 작성한 점유사실확인서)과 사업자등록을 신청한 날을 증명하는 서면을 제공하여야 한다.

## 2. 임차권등기명령을 원인으로 한 임차권등기

임차권등기명령에 의한 주택임차권등기(이하 '주택임차권등기'라 한다)를 하는 경우에는 임대차계약을 체결한 날, 임차보증금액, 임차주택을 점유하기 시작한 날, 주민등록을 마친 날, 임대차계약서상의 확정일자를 받은 날을 등기기록에 기록하고, 등기의 목적을 '주택임차권'이라고 하여야 한다.

이 경우 차임의 약정이 있는 때에는 이를 기록한다.

임차권등기명령에 의한 상가건물임차권등기(이하 '상가건물임차권등기'라 한다)를 하는 경우에는 임대차계약을 체결한 날, 보증금액, 임차상가건물을 점유하기 시작한 날, 사업자등록을 신청한 날, 임대차계약서상의 확정일자를 받은 날을 등기기록에 기록하고, 등기의 목적을 '상가건물임차권'이라고 하여야 한다. 이 경우 차임의 약정이 있는 때에는 이를 기록한다.

주택임차권등기명령의 결정 후 주택의 소유권이 이전된 경우, 등기촉탁정보에 전소유자를 등기의무자로 표시하여 임차권등기의 기입을 촉탁한 때에는 촉탁서상 등기의무자의 표시가 등기기록과 일치하지 아니하므로 등기관은 그 등기촉탁을 각하하여야 한다(선례 Ⅶ-285).

📑 **선 례**

> 주택임차권등기명령의 결정 후 주택의 소유권이 이전된 경우의 임차권등기 여부(소극)
> 주택임차권등기명령의 결정 후 주택의 소유권이 이전된 경우, 등기촉탁서에 전소유자를 등기의무자로 기재하여 임차권등기의 기입을 촉탁한 때에는 촉탁서에 기재된 등기의무자의 표시가 등기부와 부합하지 아니하므로 등기관은 그 등기촉탁을 각하하여야 한다. (2003. 6. 23. 부등 3402-353 질의회답)

「민법」제404조의 대위신청에 의한 임차권등기명령에 따라 임차권등기를 하는 경우에는 법 제28조에 따라 대위자의 성명 또는 명칭, 주소 또는 사무소 소재지 및 대위원인을 기록하여야 한다(임차권등기명령 절차에 관한 규칙 제9조 1항). 그리고 「주택임대차보호법」제3조의3 제9항 또는 「상가건물 임대차보호법」제6조 제9항에 따르면 우선변제권을 취득한 임차인의 보증금반환채권을 계약으로 양수한 금융기관 등이 임차인을 대위하여 임차권등기명령을 신청할 수 있는바, 이에 따라 임차권등기를 하는 경우에도 마찬가지로 법 제28조에 따라 대위자의 성명 또는 명칭, 주소 또는 사무소 소재지 및 대위원인을 기록하여야 한다. 이 경우 대위원인으로 보증금반환채권의 양수 일자와 그 취지를 기록한다(같은 규칙 제9조 2항).

위와 같이 대위신청에 의한 임차권등기명령에 따라 임차권등기를 하였을 때에는 규칙 제53조 제1항 제2호에 따라 피대위자인 임차인에게 등기완료사실의 통지를 하여야 한다.

## 3. 기 타

### (1) 임차권이전 및 임차물전대의 등기

임대차의 존속기간이 만료된 경우와 주택임차권등기 및 상가건물임차권등기가 경료된 경우에는, 그 등기에 기초한 임차권이전등기나 임차물전대등기를 할 수 없다.

### (2) 등록면허세

임차권등기명령에 의한 경우에든 신청에 의한 경우이든 차임이 있는 경우에는 「지방세법」제28조 제1항 제1호 다목에 따라 월 임대차금액의 1천분의2를 등록면허세로 납부하고, 차임이 없는 경우에는 같은 조 같은 항 같은 호 마목에 따른 세액을 납부하여야 한다.

## ♣ 【서식】 임차권 설정등기 신청서

<table>
<tr><td colspan="5" align="center">임차권설정등기신청</td></tr>
<tr><td rowspan="2">접 수</td><td>년 월 일</td><td rowspan="2">처리인</td><td>등기관 확인</td><td>각종 통지</td></tr>
<tr><td>제      호</td><td></td><td></td></tr>
</table>

<table>
<tr><td colspan="4" align="center">① 부동산의 표시</td></tr>
<tr><td colspan="4">
서울특별시 서초구 서초동 100<br>
[도로명주소] 서울특별시 서초구 서초대로 88길 10<br>
시멘트 벽돌조 슬래브지붕 2층 주택<br>
　　1층 100㎡<br>
　　2층 100㎡<br>
<br>
　　　　　　　　　이　　　　　　　　상
</td></tr>
<tr><td colspan="2">② 등기원인과 그 연월일</td><td colspan="2">2024년 1월 22일 임차권설정계약</td></tr>
<tr><td colspan="2">③ 등 기 의 목 적</td><td colspan="2">임차권설정</td></tr>
<tr><td colspan="2">④ 임 차 보 증 금</td><td colspan="2">금 50,000,000 원</td></tr>
<tr><td colspan="2">⑤ 차　　　　　임</td><td colspan="2">금 500,000 원</td></tr>
<tr><td colspan="2">⑥ 차임지급 시기</td><td colspan="2">매월말일</td></tr>
<tr><td colspan="2">⑦ 존 속 기 간</td><td colspan="2">2023년 5월 1일부터 2025년 4월 30일까지</td></tr>
<tr><td colspan="4"></td></tr>
<tr><td>구분</td><td>성 명<br>(상호·명칭)</td><td>주민등록번호<br>(등기용등록번호)</td><td>주 소 (소 재 지)</td></tr>
<tr><td>⑧ 등기의무자</td><td>이 대 백</td><td>XXXXXX-XXXXXXX</td><td>서울특별시 서초구 서초대로 88길 20<br>(서초동)</td></tr>
<tr><td>⑨ 등기권리자</td><td>김 갑 동</td><td>XXXXXX-XXXXXXX</td><td>서울특별시 중구 다동길 96 (다동)</td></tr>
</table>

| ⑩ 등 록 면 허 세 | 금 | ○○○,○○○ | 원 |
|---|---|---|---|
| ⑩ 지 방 교 육 세 | 금 | ○○○,○○○ | 원 |
| ⑩ 농 어 촌 특 별 세 | 금 | ○○○,○○○ | 원 |
| ⑪ 세 액 합 계 | 금 | ○○○,○○○ | 원 |

| ⑫ 등 기 신 청 수 수 료 | 금 | *15,000* 원 |
|---|---|---|
| | 납부번호 : ○○-○○-○○○○○○○○○-○ | |
| | 일괄납부 :      건           원 | |

| ⑬ 등기의무자의 등기필정보 | | |
|---|---|---|
| 부동산고유번호 | 1102-2006-002095 | |
| 성명(명칭) | 일련번호 | 비밀번호 |
| 이대백 | Q77C-LO7I-35J5 | 40-4636 |

| ⑭ 첨 부 서 면 | | |
|---|---|---|
| · 임차권설정계약서 | 1통 | · 인감증명서 또는 본인서명사실 |
| · 등록면허세영수필확인서 | 1통 | 확인서                          1통 |
| · 등기신청수수료 영수필확인서 | 1통 | 〈기타〉 |
| · 도면 | 1통 | |
| · 등기필증 | 1통 | |
| · ~~위임장~~ | ~~통~~ | |
| · 주민등록표등(초)본 | 1통 | |

2024년  1월  22일

⑮  위 신청인     이     대     백     ⑳  (전화 : 200-7766)
                  긴     갑     동     ⑳  (전화 : 212-7711)


(또는)위 대리인                    (전화 :        )


서울중앙 지방법원              등기국 귀중

- 신청서 작성요령 -

* 1. 부동산표시란에 2개 이상의 부동산을 기재하는 경우에는 부동산의 일련번호를 기재하 여야 합니다.
 2. 신청인란등 해당란에 기재할 여백이 없을 경우에는 별지를 이용합니다.
 3. 담당 등기관이 판단하여 위의 첨부서면 외에 추가적인 서면을 요구할 수 있습니다.

## 선 례

임차권설정등기의 차임을 임차인의 연매출의 일정비율로 기재할 수 있는지 여부 (적극)

임대차계약의 내용은 사적자치의 원칙에 의해 당사자들이 자유롭게 정할 수 있으므로 차임에 대해서도 임차인의 연매출의 일정비율로 정하는 계약도 가능하며, 등기부상 차임에 대한 기재를 가변적인 비율(예를 들어, 연 매출이 400억 미만일 경우 : 차임 없음, 연매출이 400억 이상 500억 미만일 경우 : 연매출의 2.0%, 연매출이 500억 이상 600억 미만일 경우 : 연매출의 2.5%, 연매출이 600억 이상 700억 미만일 경우 : 연매출의 3.0%, 연매출이 1,000억원 이상일 경우 : 연매출의 4.2%)로 하더라도 차임등기의 제도적 취지에 반하지 않으므로 이러한 임차권설정등기를 신청할 수 있다(2010.8.27. 부동산등기과 - 1691 질의회답).

## ♣ 【서식】 임차권 설정등기 신청서(구분건물)

| 임차권설정등기신청 | | | | |
|---|---|---|---|---|
| 접 수 | 년 월 일<br>제      호 | 처리인 | 등기관 확인 | 각종 통지 |
|  |  |  |  |  |

| ① 부동산의 표시 |
|---|
| 1동의 건물의 표시<br>　　서울특별시 서초구 서초동 100<br>　　서울특별시 서초구 서초동 101　　샛별아파트 가동<br>　　[도로명주소] 서울특별시 서초구 서초대로 88길 10<br>전유부분의 건물의 표시<br>　　건물의 번호 1-101<br>　　구　　　조 철근콘크리트조<br>　　면　　　적 1층 101호 86.03㎡<br>　　　　　　　이　　　　　　　상 |

| ② 등기원인과 그 연월일 | 2014년 1월 22일 임차권설정계약 |
|---|---|
| ③ 등 기 의 목 적 | 임차권설정 |
| ④ 임 차 보 증 금 | 금 50,000,000 원 |
| ⑤ 차　　　　　임 | 금 500,000 원 |
| ⑥ 차임지급 시기 | 매월말일 |
| ⑦ 존 속 기 간 | 2013년 5월 1일부터 2015년 4월 30일까지 |

| 구분 | 성 명<br>(상호·명칭) | 주민등록번호<br>(등기용등록번호) | 주  소 (소 재 지) |
|---|---|---|---|
| ⑧<br>등<br>기<br>의<br>무<br>자 | 이 대 백 | XXXXXX-XXXXXXX | 서울특별시 서초구 서초대로 88길 20<br>(서초동) |
| ⑨<br>등<br>기<br>권<br>리<br>자 | 김 갑 동 | XXXXXX-XXXXXXX | 서울특별시 서초구 서초대로 88길 10,<br>가동 101호(서초동, 샛별아파트) |

| ⑩ 등 록 면 허 세 | 금 | ○○○,○○○ | 원 |
|---|---|---|---|
| ⑩ 지 방 교 육 세 | 금 | ○○○,○○○ | 원 |
| ⑩ 농 어 촌 특 별 세 | 금 | ○○○,○○○ | 원 |
| ⑪ 세 액 합 계 | 금 | ○○○,○○○ | 원 |

| ⑫ 등 기 신 청 수 수 료 | 금 | *15,000* | 원 |
|---|---|---|---|
| | 납부번호 : ○○-○○-○○○○○○○○-○ | | |
| | 일괄납부 :        건                        원 | | |

**⑬ 등기의무자의 등기필정보**

| 부동산고유번호 | 1102-2006-002095 | |
|---|---|---|
| 성명(명칭) | 일련번호 | 비밀번호 |
| 이대백 | Q77C-LO7I-35J5 | 40-4636 |

**⑭ 첨 부 서 면**

| | | | |
|---|---|---|---|
| · 임차권설정계약서 | 1통 | · 인감증명서 또는 본인서명사실 | |
| · 등록면허세영수필확인서 | 1통 | 확인서 | 1통 |
| · 등기신청수수료 영수필확인서 | 1통 | 〈기 타〉 | |
| · 도면 | 1통 | | |
| · 등기필증 | 1통 | | |
| ~~· 위임장~~ | ~~통~~ | | |
| · 주민등록표등(초)본 | 1통 | | |

2014년  1월  22일

⑮  위 신청인      이      대      백    ㊞  (전화 : 200-7766)
　　　　　　　　긴      감      동    ㊞  (전화 : *211-7711*)

(또는)위 대리인                              (전화 :        )

서울중앙 지방법원                    등기국 귀중

- 신청서 작성요령 -

* 1. 부동산표시란에 2개 이상의 부동산을 기재하는 경우에는 부동산의 일련번호를 기재하여야 합니다.
  2. 신청인란등 해당란에 기재할 여백이 없을 경우에는 별지를 이용합니다.
  3. 담당 등기관이 판단하여 위의 첨부서면 외에 추가적인 서면을 요구할 수 있습니다.

## ♣ 【서식】 주택(상가건물)임차권설정등기신청서

<table>
<tr><td colspan="5" style="text-align:center">주택(상가건물)<br>임차권설정등기신청</td></tr>
<tr><td rowspan="2">접　수</td><td>년　월　일</td><td rowspan="2">처리인</td><td>등기관 확인</td><td>각종 통지</td></tr>
<tr><td>제　　　호</td><td></td><td></td></tr>
</table>

<table>
<tr><td colspan="4" style="text-align:center">① 부동산의 표시</td></tr>
<tr><td colspan="4">
서울특별시 서초구 서초동 100<br>
[도로명주소] 서울특별시 서초구 서초대로 88길 10<br>
시멘트 벽돌조 슬래브지붕 2층 주택<br>
　　1층 100㎡<br>
　　2층 100㎡<br>
　　　　　　　　이　　　　　　　　상
</td></tr>
<tr><td colspan="2">② 등기원인과 그 연월일</td><td colspan="2">2014년 1월 22일 임차권설정계약</td></tr>
<tr><td colspan="2">③ 등 기 의 목 적</td><td colspan="2">임차권설정</td></tr>
<tr><td colspan="2">④ 임 차 보 증 금</td><td colspan="2">금 50,000,000 원</td></tr>
<tr><td colspan="2">⑤ 차　　　　　임</td><td colspan="2">금 500,000 원</td></tr>
<tr><td colspan="2">⑥ 차임지급　시기</td><td colspan="2">매월말일</td></tr>
<tr><td colspan="2">⑦ 존 속 기 간</td><td colspan="2">2014년 1월 2일부터 2016년 1월 1일까지</td></tr>
<tr><td colspan="2">⑧ 주민등록일자</td><td colspan="2">2014년 1월 2일</td></tr>
<tr><td colspan="2">⑨ 점유개시일자</td><td colspan="2">2014년 1월 2일</td></tr>
<tr><td colspan="2">⑩ 확정일자</td><td colspan="2">2014년 1월 2일</td></tr>
<tr><td>구분</td><td>성　명<br>(상호·명칭)</td><td>주민등록번호<br>(등기용등록번호)</td><td>주　　소 (소 재 지)</td></tr>
<tr><td>⑪<br>등기의무자</td><td>이 대 백</td><td>XXXXXX-XXXXXXX</td><td>서울특별시 서초구 서초대로 88길 20<br>(서초동)</td></tr>
<tr><td>⑫<br>등기권리자</td><td>김 갑 동</td><td>XXXXXX-XXXXXXX</td><td>서울특별시 중구 다동길 96 (다동)</td></tr>
</table>

| | |
|---|---|
| ⑬ 등 록 면 허 세 | 금 ○○○,○○○ 원 |
| ⑬ 지 방 교 육 세 | 금 ○○○,○○○ 원 |
| ⑬ 농 어 촌 특 별 세 | 금 ○○○,○○○ 원 |
| ⑭ 세 액 합 계 | 금 ○○○,○○○ 원 |
| ⑮ 등 기 신 청 수 수 료 | 금 15,000 원 |
| | 납부번호 : ○○-○○-○○○○○○○○-○ |
| | 일괄납부 : 건 원 |

⑯ 등기의무자의 등기필정보

| 부동산고유번호 | 1102-2006-002095 | |
|---|---|---|
| 성명(명칭) | 일련번호 | 비밀번호 |
| 이대백 | Q77C-LO7I-35J5 | 40-4636 |

⑰ 첨 부 서 면

| | |
|---|---|
| · 임차권설정계약서 1통 | · 인감증명서 또는 본인서명사실 확인서 1통 |
| · 등록면허세영수필확인서 1통 | 〈기타〉 |
| · 등기신청수수료 영수필확인서 1통 | 점유사실확인서 1통 |
| · 도면 1통 | |
| ~~· 위임장 통~~ | |
| · 등기필증 1통 | |
| · 주민등록표등(초)본 1통 | |

2014년 1월 22일

⑱ 위 신청인 이 대 백 ㊞ (전화 : 200-7766)

김 갑 동 ㊞ (전화 : 212-7711)

(또는)위 대리인 (전화 : )

서울중앙 지방법원 등기국 귀중

- 신청서 작성요령 -

* 1. 부동산표시란에 2개 이상의 부동산을 기재하는 경우에는 부동산의 일련번호를 기재하여야 합니다.
2. 신청인란등 해당란에 기재할 여백이 없을 경우에는 별지를 이용합니다.
3. 담당 등기관이 판단하여 위의 첨부서면 외에 추가적인 서면을 요구할 수 있습니다.

## ♣ 【서식】 주택(상가건물)임차권설정등기신청서(구분건물)

<table>
<tr>
<td colspan="3" align="center">주택(상가건물)<br>임차권설정등기신청</td>
</tr>
<tr>
<td rowspan="2">접　수</td>
<td align="center">년 월 일</td>
<td rowspan="2">처리인</td>
<td>등기관 확인</td>
<td>각종 통지</td>
</tr>
<tr>
<td align="center">제　　호</td>
<td></td>
<td></td>
</tr>
</table>

<table>
<tr><td colspan="4" align="center">① 부동산의 표시</td></tr>
<tr><td colspan="4">
1동의 건물의 표시<br>
　　서울특별시 서초구 서초동 100<br>
　　서울특별시 서초구 서초동 101　　샛별아파트 가동<br>
　　[도로명주소] 서울특별시 서초구 서초대로 88길 10<br>
전유부분의 건물의 표시<br>
　　건물의 번호　1-101<br>
　　구　　　　조　철근콘크리트조<br>
　　면　　　　적　1층 101호 86.03㎡<br>
　　　　　　　　　이　　　　　상
</td></tr>
<tr><td colspan="2">② 등기원인과 그 연월일</td><td colspan="2">2014년 1월 2일 임차권설정계약</td></tr>
<tr><td colspan="2">③ 등 기 의 목 적</td><td colspan="2">임차권설정</td></tr>
<tr><td colspan="2">④ 임 차 보 증 금</td><td colspan="2">금 50,000,000 원</td></tr>
<tr><td colspan="2">⑤ 차　　　　　임</td><td colspan="2">금 500,000 원</td></tr>
<tr><td colspan="2">⑥ 차임지급 시기</td><td colspan="2">매월말일</td></tr>
<tr><td colspan="2">⑦ 존 속 기 간</td><td colspan="2">2014년 1월 2일부터 2016년 1월 1일까지</td></tr>
<tr><td colspan="2">⑧ 주민등록일자</td><td colspan="2">2014년 1월 2일</td></tr>
<tr><td colspan="2">⑨ 점유개시일자</td><td colspan="2">2014년 1월 2일</td></tr>
<tr><td colspan="2">⑩ 확정일자</td><td colspan="2">2014년 1월 2일</td></tr>
<tr>
<td>구분</td>
<td align="center">성　명<br>(상호·명칭)</td>
<td align="center">주민등록번호<br>(등기용등록번호)</td>
<td align="center">주　　소 (소 재 지)</td>
</tr>
<tr>
<td>⑪ 등기의무자</td>
<td align="center">이 대 백</td>
<td align="center">XXXXXX-XXXXXXX</td>
<td>서울특별시 서초구 서초대로 88길 20<br>(서초동)</td>
</tr>
<tr>
<td>⑫ 등기권리자</td>
<td align="center">김 갑 동</td>
<td align="center">XXXXXX-XXXXXXX</td>
<td>서울특별시 서초구 서초대로 88길 10,<br>가동 101호(서초동, 샛별아파트)</td>
</tr>
</table>

| ⑬ 등 록 면 허 세 | 금 | ○○○,○○○ | 원 |
|---|---|---|---|
| ⑬ 지 방 교 육 세 | 금 | ○○○,○○○ | 원 |
| ⑬ 농 어 촌 특 별 세 | 금 | ○○○,○○○ | 원 |
| ⑭ 세 액 합 계 | 금 | ○○○,○○○ | 원 |

| ⑮ 등 기 신 청 수 수 료 | 금 | 15,000 | 원 |
|---|---|---|---|
| | 납부번호 : ○○-○○-○○○○○○○○-○ | | |
| | 일괄납부 :        건             원 | | |

### ⑯ 등기의무자의 등기필정보

| 부동산고유번호 | 1102-2006-002095 | |
|---|---|---|
| 성명(명칭) | 일련번호 | 비밀번호 |
| 이대백 | Q77C-LO7I-35J5 | 40-4636 |

### ⑰ 첨 부 서 면

| | | | |
|---|---|---|---|
| · 임차권설정계약서 | 1통 | · 인감증명서 또는 본인서명사실 | |
| · 등록면허세영수필확인서 | 1통 | 확인서 | 1통 |
| · 등기신청수수료 영수필확인서 | 1통 | 〈기타〉 | |
| · 도면 | 1통 | 점유사실확인서 | 1통 |
| · 등기필증 | 1통 | | |
| · ~~위임장~~ | ~~통~~ | | |
| · 주민등록표등(초)본 | 1통 | | |

2014년  1월  2일

⑱  위 신청인       이    대    백   ㊞   (전화 : 200-7766)
                  긴    갑    동   ㊞   (전화 : 212-7711)

(또는)위 대리인                    (전화 :        )

서울중앙 지방법원                등기국 귀중

- 신청서 작성요령 -

* 1. 부동산표시란에 2개 이상의 부동산을 기재하는 경우에는 부동산의 일련번호를 기재하여야 합니다.
  2. 신청인란등 해당란에 기재할 여백이 없을 경우에는 별지를 이용합니다.
  3. 담당 등기관이 판단하여 위의 첨부서면 외에 추가적인 서면을 요구할 수 있습니다.

## ♣ 【서식】 임차권설정등기(지상권목적)신청서

### 지상권임차권설정등기신청

| 접수 | 년 월 일 제        호 | 처리인 | 등기관 확인 | 각종통지 |
|------|-----------------------|--------|-------------|----------|
|      |                       |        |             |          |

| 부동산의 표시 |
|---------------|
| 서울특별시 서초구 서초동 123-5<br>    임야 350㎡<br><br>                          이            상 |

| 등기원인과 그 연월일 | 2010년 2월 10일 지상권임차권설정계약 |
|----------------------|--------------------------------------|
| 등 기 의 목 적 | 지상권임차권설정 |
| 임 차 보 증 금 | 금 30,000,000원 |
| 차        임 | 월금 100,000원 |
| 차 임 지 급 시 기 | 매월 말일 |
| 존 속 기 간 | 2010년 2월 10일부터 2012년 2월 9일까지 |
| 확 정 일 자 | 2009년 3월 5일 접수 제1234호로 등기한 지상권 |

| 구분 | 성 명<br>(상호·명칭) | 주민등록번호<br>(등기용등록번호) | 주 소(소 재 지) |
|------|---------------------|----------------------------------|-----------------|
| 등기의무자 | 박 영 철 | 570320-1234567 | 서울특별시 서초구 서초동 234 |
| 등기권리자 | 김 수 길 | 580430-1234568 | 서울특별시 서초구 서초동 345 |

| 등 록 면 허 세 | 금 | 000,000원 |
|---|---|---|
| 지 방 교 육 세 | 금 | 000,000원 |
| 농 어 촌 특 별 세 | 금 | 000,000원 |
| 세 액 합 계 | 금 | 000,000,000원 |

| 등 기 신 청 수 수 료 | 금 | 00,000원 |
|---|---|---|
| | 납부번호 : ○○-○○-○○○○○ | |
| | 일괄납부 :          건          원 | |

**등기의무자의 등기필 정보**

| 부동산 고유번호 | 1002-2009-002096 | |
|---|---|---|
| 성명(명칭) | 일련번호 | 비밀번호 |
| | A7B-CD7EF-123G | 50-4637 |

**첨 부 서 면**

| | | | | |
|---|---|---|---|---|
| · 임차권설정계약서 | 1통 | · 주민등록표등(초)본 | 1통 |
| · 등록면허세영수필확인서 | 1통 | · 위임장 | 1통 |
| · 등기신청수수료 영수필확인서 | 1통 | · 도면 | 1통 |
| · 등기필증 | 1통 | 〈기 타〉 | |
| · 인감증명서 | 1통 | | |

20    년   2월    11일

위 신청인    박   영   철    (인)   (전화: 555-1234)

김   수   길    (인)   (전화: 777-2345)

(또는)위 대리인 법무사 김 먼 수   (인)   (전화: 888-3456)
서울특별시 서초구 서초동 456

서울중앙 지방법원          등기국 귀중

- 신청서 작성요령 -

* 1. 부동산표시란에 2개 이상의 부동산을 기재하는 경우에는 부동산의 일련번호를 기재하
여야 합니다.
2. 신청인란등 해당란에 기재할 여백이 없을 경우에는 별지를 이용합니다.
3. 담당 등기관이 판단하여 위의 첨부서면 외에 추가적인 서면을 요구할 수 있습니다.

## ♣ 【서식】 임차권이전등기신청서(양도)

| 임차권이전등기신청 | | | |
|---|---|---|---|

| 접<br><br>수 | 년 월 일 | 처리인 | 등기관 확인 | 각종통지 |
|---|---|---|---|---|
| | 제       호 | | | |

| 부동산의 표시 |
|---|
| 서울특별시 서초구 서초동 123-5<br>시멘트 벽돌조 슬래브지붕 2층 주택<br>    1층 98㎡<br>    2층 98㎡<br><br><br>이              상 |

| 등기원인과 그 연월일 | 2010년 2월 10일 매매 |
|---|---|
| 등 기 의 목 적 | 임차권이전 |
| 이 전 할 임 차 권 | 2009년 3월 5일 접수 제1234호로 등기한 임차권 |

| 구분 | 성   명<br>(상호·명칭) | 주민등록번호<br>(등기용등록번호) | 주   소(소 재 지) |
|---|---|---|---|
| 등<br>기<br>의<br>무<br>자 | 박 영 철 | 570320-1234567 | 서울특별시 서초구 서초동 234 |
| 등<br>기<br>권<br>리<br>자 | 김 수 길 | 580430-1234568 | 서울특별시 서초구 서초동 345 |

| 등 록 면 허 세 | 금 | 원 |
|---|---|---|
| 지 방 교 육 세 | 금 | 원 |
| 농 어 촌 특 별 세 | 금 | 원 |
| 세 액 합 계 | 금 | 원 |
| 등 기 신 청 수 수 료 | 금 | 원 |
| | 납부번호 : ○○-○○-○○○○○ | |
| | 일괄납부 :         건 | |

| 등기의무자의 등기필 정보 | | |
|---|---|---|
| 부동산 고유번호 | 1002-2009-002096 | |
| 성명(명칭) | 일련번호 | 비밀번호 |
| | A7B-CD7EF-123G | 50-4637 |

| 첨 부 서 면 | | | |
|---|---|---|---|
| · 임차권매매계약서 | 1통 | · 주민등록표등(초)본 | 1통 |
| · 등록면허세영수필확인서 | 1통 | · 위임장 | 1통 |
| · 등기신청수수료 영수필확인서 | 1통 | 〈기 타〉 | |
| · 등기필증 | 1통 | | |
| · 인감증명서 | 1통 | | |

20   년   2월   11일

위 신청인    박    영    철    (인)    (전화: 555-1234)
            김    수    길    (인)    (전화: 777-2345)

(또는)위 대리인 법무사 김 먼 수   (인)    (전화: 888-3456)
서울특별시 서초구 서초동 456

서울중앙 지방법원                    등기국 귀중

- 신청서 작성요령 -
* 1. 부동산표시란에 2개 이상의 부동산을 기재하는 경우에는 그 부동산의 일련번호를 기
     재하여야 합니다.
  2. 신청인란 등 해당란에 기재할 여백이 없는 경우에는 별지를 이용합니다.
  3. 등기신청수수료 상당의 등기수입증지를 이 난에 첨부합니다.

## ♣ 【서식】 임차권 말소등기 신청서

| 임차권말소등기신청 | | | | |
|---|---|---|---|---|
| 접 수 | 년 월 일<br>제        호 | 처리인 | 등기관 확인 | 각종 통지 |

| ① 부동산의 표시 |
|---|
| 서울특별시 서초구 서초동 100<br><br>[도로명주소] 서울특별시 서초구 서초대로 88길 10<br><br>시멘트 벽돌조 슬래브지붕 2층주택<br><br>　　　1층 100㎡<br><br>　　　2층 100㎡<br><br><br>　　　　　　　이　　　　　　　상 |

| ② 등기원인과 그 연월일 | 2014년 1월 20일  해지 |
|---|---|
| ③ 등 기 의 목 적 | 임차권등기말소 |
| ④ 말 소 할 등 기 | 2008년 11월 10일 접수 제12345호로 경료된 임차권설정등기 |

| 구분 | 성 명<br>(상호·명칭) | 주민등록번호<br>(등기용등록번호) | 주   소 (소재지) | 지 분<br>(개인별) |
|---|---|---|---|---|
| ⑤ 등기의무자 | 이 대 백 | XXXXXX-XXXXXXX | 서울특별시 서초구 서초대로 88길 20 (서초동) | |
| ⑥ 등기권리자 | 김 갑 동 | XXXXXX-XXXXXXX | 서울특별시 중구 다동길 96 (다동) | |

| | | |
|---|---|---|
| ⑦ 등 록 면 허 세 | 금 3,000 원 | |
| ⑦ 지 방 교 육 세 | 금 600 원 | |
| ⑧ 세 액 합 계 | 금 3,600 원 | |
| ⑨ 등 기 신 청 수 수 료 | 금 3,000 원 | |
| | 납부번호 : ○○-○○-○○○○○○○○-○ | |
| | 일괄납부 : 건 원 | |
| ⑩ 등기의무자의 등기필정보 | | |
| 부동산고유번호 | 1102-2006-002095 | |
| 성명(명칭) | 일련번호 | 비밀번호 |
| 이대백 | Q77C-L07I-35J5 | 40-4636 |
| ⑪ 첨 부 서 면 | | |
| · 등록면허세영수필확인서 1통<br>· 등기신청수수료 영수필확인서 1통<br>· ~~위임장 통~~<br>· 해지증서 1통<br>· 등기필증 1통 | 〈기 타〉 | |

2014년 1월 20일

⑫ 위 신청인 이 대 백 ㊞ (전화 : 200-7766)
김 갑 동 ㊞ (전화 : 200-7155)
(또는)위 대리인 (전화 : )

서울중앙 지방법원 등기국 귀중

- 신청서 작성요령 -

* 1. 부동산표시란에 2개 이상의 부동산을 기재하는 경우에는 부동산의 일련번호를 기재하여야 합니다.
2. 신청인란등 해당란에 기재할 여백이 없을 경우에는 별지를 이용합니다.
3. 담당 등기관이 판단하여 위의 첨부서면 외에 추가적인 서면을 요구할 수 있습니다.

# 제 5 장    담보권에 관한 등기

## Ⅰ. 저당권에 관한 등기

저당권은 채무자 또는 제3자가 제공한 담보물을 인도 받지 않은 채 관념적으로만 이를 지배하고 채무의 변제가 없을 때에는 이를 현금화(경매)하여 우선변제를 받는 전형적인 담보물권이다.

따라서 권리의 일부(지분 또는 그 일부)에 대하여는 설정등기를 할 수 있으나 부동산의 일부(특정부분)에 대하여는 설정등기를 할 수 없다.

농지도 저당권의 목적이 될 수 있으며, 이 경우 허가서 등은 필요하지 않다. 지상권과 전세권도 저당권의 목적이 될 수 있는 것이므로(민법 제371조 1항) 지상권 또는 전세권을 목적으로 저당권설정등기를 할 수 있으며, 이 경우 저당권설정자(지상권자 또는 전세권자)는 저당권자의 동의 없이는 저당권의 목적이 된 지상권 또는 전세권을 소멸시킬 수 없다(민법 제371조 2항).

### 1. 저당권설정등기

#### (1) 필수적 신청정보

##### 1) 채권액

저당권의 피담보채권은 특정채권임을 요하나 반드시 금전채권에 한하지 아니하고, 특정물의 급부나 종류물의 일정량의 급부를 목적으로 하는 채권이라도 좋다. 다만 담보권 실행시에는 금전채권으로 될 수 있어야 한다.

일정한 금액을 목적으로 하지 않는 채권의 담보인 저당권의 설정등기를 신청하는 경우에는 그 채권의 평가액을 신청정보의 내용으로 하여야 한다(규칙 제131조 3항). 채권의 가격은 신청당시 또는 변제기(특약에 의한)의 가격이다.

외화채권인 경우 채권액은 외화로 표시하고(등기예규 제1471호) 등록면허세 과세표준액은 등기신청당시의 공정환율로 환산한 가격으로 한다. 당사자 사이에 채권액 외에 '환율이 변경될 때에는 그 변경된 환율에 의한 원화 환산액으로 한다.'는 특약이 있다 하더라도 이는 등기사항이 아니다(등기예규 제1341호).

### 2) 저당권의 목적이 소유권 외의 권리인 때에는 그 권리의 표시(규칙 제131조 2항)

이때에는 저당권의 목적인 권리에 대한 부기등기의 방법으로 등기한다.

### 3) 채무자 표시

채무자와 저당권설정자가 같은 경우에도 채무자의 표시를 신청정보의 내용으로 하여야 하고 등기기록에도 채무자를 등기하여야 한다(등기예규 제264호). 채무자가 수인의 연대채무자인 경우에도 등기기록에는 단순히 '채무자'라고 기록하여야 한다. 연대보증인은 채무자가 아니므로 신청정보의 내용으로 제공할 필요가 없다.

## (2) 임의적 신청정보

등기원인에 변제기·이자와 그 발생기 또는 지급시기·원본 또는 이자의 지급장소·채무불이행으로 인한 손해배상에 관한 약정·「민법」제358조 단서의 약정·채권의 조건 등에 관한 약정이 있는 경우에는 그 사항을 신청정보의 내용으로 하여야 한다.

여기에서 채권의 조건이라 함은 저당권이 담보하는 채권이 조건부라는 의미이고 저당권 자체가 조건부라는 의미가 아니다. 간단한 차이점을 보면 장래 발생할 채권에 대한 저당권은 바로 저당권본등기를 할 수 있지만 장래 발생할 저당권은 가등기의 대상이 될 뿐 바로 본등기를 할 수 없다. 등기원인에 이와 같은 약정이 있음에도 그 사항을 신청정보의 내용으로 하지 않았을 때에는 법 제29조 제8호(신청정보와 등기원인을 증명하는 정보가 일치하지 아니한 경우)를 적용하여 각하하여야 한다.

법인이 저당권자 또는 근저당권자인 경우에 신청정보에 취급지점 등의 표시가 있는 때에는 등기기록에도 취급지점 등(예 : ○○지점, ◇◇출장소 등)을 기록하여야 한다(등기예규 제1188호).

## 예규　법인이 저당권자 등인 경우의 취급지점 표시에 관한 업무처리지침

(제정 2007.05.10 등기예규 제1188호)

## 1. 목적

이 예규는 법인이 (근)저당권자 또는 가압류, 가처분, 경매개시결정 등의 등기권리자인 경우와 공공기관이 체납처분에 의한 압류등기의 권리자인 경우의 취급지점 등의 표시방법에 관한 사항을 규정함을 목적으로 한다.

## 2. 법인이 저당권자 또는 근저당권자인 경우

가. 법인이 저당권자 또는 근저당권자인 경우 등기신청서에 취급지점 등의 표시가 있는 때에는 등기부에 그 취급지점 등(예 : ㅇㅇ지점, △△출장소, ××간이예금취급소 등)을 기재한다.

나. 취급지점 등의 표시는 별지주) 기록례와 같이 법인의 표시 다음에 줄을 바꾸어 괄호 안에 기재하고 취급지점 등의 소재지는 표시하지 아니한다.

다. 취급지점 등의 명칭은 그 명칭이 등기된 것일 때에는 이에 의하여, 그 명칭이 등기되지 아니한 것일 때에는 당해 법인에서 호칭하는 통상명칭에 의하여 표시한다.

라. 저당권 또는 근저당권 설정계약서 등 원인증서의 기재에 의하여 등기신청서에 기재된 취급지점 등의 거래에 관한 것임이 표현되어 있어야 한다.

마. 지점의 폐합, 신설 등에 따른 관할 변경으로 인하여 취급지점 등의 명칭에 변경이 있는 때의 등기부상의 표시변경절차와 등록세 등은 등기명의인 표시변경등기의 예에 준하여 처리한다.

## 3. 법인이 가압류 등의 등기권리자인 경우

법인이 등기권리자인 가압류, 가처분 또는 경매개시결정 등의 등기에 대한 집행법원의 촉탁이 있는 경우 촉탁서에 그 법인의 취급지점 등의 표시가 있는 때에는 위 2.의 가. 내지 다. 및 마.에 준하여 처리한다.

## 4. 공공기관이 체납처분에 의한 압류등기의 권리자인 경우

체납처분에 의한 압류등기에 관하여 공공기관(국민연금공단, 국민건강보험공단, 근로복지공단 등)의 촉탁이 있는 경우 촉탁서에 그 기관의 분사무소 등의 표시가 있는 때에는 위 2.의 가. 내지 다. 및 마.에 준하여 처리한다.

**부 칙**

(다른 예규의 폐지)상사회사가 저당권자인 경우 취급지점 등의 표시방법( 등기예규 제831호 ), 금융기관이 채권자인 경우 가압류 등의 기입등기시 취급지점 등의 표시방법( 등기예규 제830호 )은 이를 폐지한다.

주 : 위 기록례는 부동산등기기재례집 제186항 참조

───────────────────────────────────────────────

　　취급지점 등의 표시는 법인의 표시 다음에 줄을 바꾸어 괄호 안에 기록하고 취급지점 등의 소재지는 표시하지 않는다. 지점의 폐합·신설 등에 의한 관할 변경으로 인하여 취급지점의 명칭에 변경이 있는 때에는 등기명의인 표시변경등기절차의 예에 준하여 처리한다. 기존의 저당권등기에 취급지점의 표시가 없는 경우에는 그 표시의 추가등기를 할 수 있다. 근저당권자인 상사법인의 취급지점이 변경된 때에는 등기명의인 표시변경등기를 한 후에야 후속등기(근저당권이전등기, 변경등기 등)를 신청할 수 있다. 다만 근저당권말소등기를 신청하는 경우에는 취급지점이 변경된 사실을 증명하는 정보를 제공하여 취급지점의 변경등기 없이 근저당권말소등기를 신청할 수 있다.

## ♣ 【서식】 저당권설정등기신청서

<table>
<tr><td colspan="5" align="center">저당권설정등기신청</td></tr>
<tr><td rowspan="2">접  수</td><td colspan="2">년  월  일</td><td rowspan="2">처리인</td><td>등기관 확인</td><td>각종 통지</td></tr>
<tr><td colspan="2">제        호</td><td></td><td></td></tr>
</table>

<table>
<tr><td colspan="2" align="center">부동산의 표시</td></tr>
<tr><td colspan="2">○○시 ○○구 ○○동 ○○번지<br>위 지상<br>시멘트벽돌조 기와지붕 단층주택  50㎡<br>이            상</td></tr>
<tr><td>등기원인과그연월일</td><td>20○○년 ○월 ○일 저당권설정계약</td></tr>
<tr><td>등 기 의 목 적</td><td>저당권설정</td></tr>
<tr><td>채    권    액</td><td>금 ○○○○○원</td></tr>
<tr><td>변    제    기</td><td>20○○년 ○월 ○일</td></tr>
<tr><td>이        자</td><td>매월 ○푼</td></tr>
<tr><td>이 자 지 급 시 기</td><td>매월 ○일</td></tr>
<tr><td>채    무    자</td><td>○ ○ ○    ○○시 ○○구 ○○동 ○○번지</td></tr>
<tr><td>설 정 할 지 분</td><td>20○○년 ○월 ○일</td></tr>
</table>

<table>
<tr><td>구분</td><td>성    명<br>(상호·명칭)</td><td>주민등록번호<br>(등기용등<br>록번호)</td><td>주  소<br>(소재지)</td><td>지  분<br>(개인별)</td></tr>
<tr><td>등 기 의 무 자</td><td>○ ○ ○</td><td>610120-12<br>34567</td><td>○○시 ○○구 ○○동 ○○번지</td><td></td></tr>
<tr><td>등 기 권 리 자</td><td>○ ○ ○</td><td>510120-12<br>34567</td><td>○○시 ○○구 ○○동 ○○번지</td><td></td></tr>
</table>

| 등 록 면 허 세 | 금 | 원 |
|---|---|---|
| 지 방 교 육 세 | 금 | 원 |
| 세 액 합 계 | 금 | 원 |
| 등 기 신 청 수 수 료 | 금 | 원 |
| | 납부번호 : | |
| | 일괄납부 :        건                원 | |
| 국 민 주 택 채 권 매 입 금 액 | 금 | 원 |
| 국 민 주 택 채 권 발 행 번 호 | | |

등기의무자의 등기필정보

| 부동산고유번호 | 1102-2006-002905 | |
|---|---|---|
| 성명(명칭) | 일련번호 | 비밀번호 |
| ○ ○ ○ | Q77C-LO71-35J5 | 40-4636 |

첨        부        서        면

| | | |
|---|---|---|
| · 저당권설정계약서 | 1통 | 〈기   타〉 |
| · 등록면허세영수필확인서 | 1통 | |
| · 등기신청수수료 영수필확인서 | 1통 | |
| · 인감증명서 | 1통 | |
| · 주민등록등(초)본 | 1통 | |
| · 위임장 | 1통 | |

20○○년 ○월 ○일

위 신청인    ○ ○ ○    ㉕    (전화 :              )

　　　　　　○ ○ ○    ㉕    (전화 :              )

(또는) 위 대리인  ○○법무사 사무소        (전화 :              )

법무사 ○   ○   ○

서울중앙 지방법원　　　　　　　　　　　등기국 귀중

- 신청서 작성요령 -

* 1. 부동산표시란에 2개 이상의 부동산을 기재하는 경우에는 부동산의 일련번호를 기재하여야 합니다.
  2. 신청인란등 해당란에 기재할 여백이 없을 경우에는 별지를 이용합니다.
  3. 담당 등기관이 판단하여 위의 첨부서면 외에 추가적인 서면을 요구할 수 있습니다.

## ♣【서식】저당권설정계약서

# 저당권설정계약서

○○○을 「갑」으로 하고, ○○○을 「을」로 하여 「갑」·「을」사이에 다음과 같이 저당권설정계약을 체결한다.

제1조(금전소비대차)

「을」은 「갑」에게 ○○년 ○월 ○일자 금전소비대차계약에 따라 아래의 채무를 가지고 있음을 확인한다.

〈아    래〉

① 채권액 금○○만원

② 변제기 ○○년 ○월 ○일

③ 이  자 연○할○푼(단, 이자는 매월 ○일에 채권자의 주소지에서 지급한다.)

제2조(저당권설정)

1. 「을」은 제1조의 금전소비대차상의 채무이행을 담보하기 위하여 자신 소유의 말미 부동산에 대하여 「갑」을 저당권자로 하는 순위번호 제1번의 저당권을 설정한다.

2. 저당권설정 등기절차에 필요한 비용을 「을」이 부담한다.

제3조(기한의 이익상실)

「을」이 다음 사유에 해당할 경우, 「을」은 「갑」으로부터 의 통지나 최고없이 기한의 이익을 상실하고, 즉시 저당권을 실행당하더라도 이의를 제기하지 아니한다.

1. 이자지급을 2회 연체한 때

2. 채무자가 다른 채권자로부터 저당부동산에 대하여 가압류, 가처분 또는 강제집행을 받았을 때

제4조(관할법원)

본 건에 관한 다툼이 있는 경우 관할법원은 채권자의 주소를 관할하는 법원으로 한다.

본 계약의 성립을 증명하기 위하여 본 증서 2통을 작성하고, 서명날인 후 각자 1통씩 보관한다.

년 월 일

저당권설정자(을) ○ ○ ○ [인]
시 구 동 번지
저 당 권 자(갑) ○ ○ ○ [인]
시 구 동 번지

부동산의 표시

## ♣ 【서식】 저당권설정등기(구분건물)신청서

| 저당권설정등기(구분건물)신청 | | | | |
|---|---|---|---|---|

| 접 수 | 년 월 일 | 처리인 | 등기관 확인 | 각종 통지 |
|---|---|---|---|---|
| | 제      호 | | | |

| 부동산의 표시 |
|---|
| 1동의 건물의 표시<br>　　　○○시 ○○구 ○○동 ○○번지 ○○아파트 ○동<br>전유부분 건물의 표시<br>　　　301호 철근콘크리트조 3층 100㎡<br>대지권의 표시<br>　　　○○시 ○○구 ○○동 ○○번지 대 15,000㎡<br>　소유권 대지권 15,000분의 100 |

| 등기원인과그연월일 | 20○○년 ○월 ○일 저당권설정계약 |
|---|---|
| 등 기 의 목 적 | 저당권설정 |
| 채      권      액 | 금 ○○○○○원 |
| 변      제      기 | 20○○년 ○월 ○일 |
| 이           자 | 매월 ○푼 |
| 이 자 지 급 시 기 | 매월 ○일 |
| 채      무      자 | ○  ○  ○　　○○시 ○○구 ○○동 ○○번지 |
| 설 정 할 지 분 | |
| | |

| 구분 | 성   명<br>(상호·명칭) | 주민등록번호<br>(등기용등록<br>번호) | 주   소<br>(소재지) | 지   분<br>(개인별) |
|---|---|---|---|---|
| 등기의무자 | ○  ○  ○ | 601010-123<br>4567 | ○○시 ○○구 ○○동 ○○번지 | |
| 등기권리자 | ○  ○  ○ | 500505-123<br>4568 | ○○시 ○○구 ○○동 ○○번지 | |

| 등 록 면 허 세 | 금 | | 원 |
|---|---|---|---|
| 지 방 교 육 세 | 금 | | 원 |
| 세 액 합 계 | 금 | | 원 |
| 등 기 신 청 수 수 료 | 금 | | 원 |
| | 납부번호 : | | |
| | 일괄납부 : | 건 | 원 |
| 국 민 주 택 채 권 매 입 금 액 | 금 | | 원 |
| 국 민 주 택 채 권 발 행 번 호 | | | |

| 등기의무자의 등기필정보 | | |
|---|---|---|
| 부동산고유번호 | 1102-2006-002905 | |
| 성명(명칭) | 일련번호 | 비밀번호 |
| ○ ○ ○ | Q77C-LO71-35J5 | 40-4636 |

| 첨 부 서 면 | | |
|---|---|---|
| · 저당권설정계약서 | 1통 | 〈기 타〉 |
| · 등록세영수필확인서 | 1통 | |
| · 인감증명 | 1통 | |
| · 등기필증 | 1통 | |
| · 주민등록등(초)본 | 1통 | |
| · 위임장 | 1통 | |

20○○년 ○월 ○일

위 신청인    ○ ○ ○    ㊞    (전화 :            )
            ○ ○ ○    ㊞    (전화 :            )

(또는) 위 대리인 ○○법무사 사무소    (전화 :            )

법무사 ○  ○  ○

서울중앙 지방법원                    등기국 귀중

- 신청서 작성요령 -

* 1. 부동산표시란에 2개 이상의 부동산을 기재하는 경우에는 부동산의 일련번호를 기재하여야 합니다.
  2. 신청인란등 해당란에 기재할 여백이 없을 경우에는 별지를 이용합니다.
  3. 담당 등기관이 판단하여 위의 첨부서면 외에 추가적인 서면을 요구할 수 있습니다.

## 【저당권설정계약서】

# 저당권설정계약서

1. 금○○○원정
　　위 금액을 본인이 정히 영수하는 동시에 확실히 차용함에 있어 다음 사항을 약정한다.
1. 원금은 20○○년 ○월 ○일까지 변재한다.
1. 이자는 연 ○할 ○푼으로 한다.
　　본 채무를 담보하기 위하여 본인 소유인 말미 기재 부동산에 대하여 순위 제 ○번의 저당권을 설정하고 다음 사항을 준수한다.
1. 기일 내에 변제치 아니하는 때에는 즉시 저당물건을 경매하여도 이의하지 않는다(예시).
1. 다음의 경우에는 기한의 이익을 상실하고 원리금을 일시에 청구하여도 이의하지 않는다.
　　① 채무자가 다른 채무로 인하여 가압류 가처분 또는 강제집행을 받았을 때
　　② 기타 ○○사항
1. 본건에 관한 소송을 채권자의 주소지를 관할하는 법원으로 한다. 위 약정을 준수하기 위하여 다음에 기명날인한다.

20○○년 ○월 ○일

　　　　　　　　　　　　　　　저당권설정자 ○　○　○　㉑
　　　　　　　　　　　　　　　○○시 ○○구 ○○동 ○○번지
　　　　　　　　　　　　　　　채　무　자 ○　○　○　㉑
　　　　　　　　　　　　　　　○○시 ○○구 ○○동 ○○번지


저당권자 ○　○　○　귀하
　　　　　○○시 ○○구 ○○동 ○-○번지


1. 부동산의 표시
　　○○시 ○○구 ○○동 ○○번지
　　대 150㎡
　　위 지상
　　철근콘크리트조 슬래브지붕 단층주택
　　100㎡

## ♣【서식】저당권설정등기(금전이외의 채권담보)신청서

| 저당권설정등기신청 | | | | |
|---|---|---|---|---|
| 접 수 | 년 월 일<br>제        호 | 처리인 | 등기관 확인 | 각종 통지 |

| 부동산의 표시 |
|---|
| ○○시 ○○구 ○○동 ○○번지<br>*100*㎡<br>위 지상<br>시멘트벽돌조 기와지붕 단층주택 *50*㎡<br>이                상 |

| 등기원인과그연월일 | 20○○년 ○월 ○일 저당권설정계약 |
|---|---|
| 등 기 의 목 적 | 저당권설정 |
| 채 권 액 | 금 ○○○○○원 |
| 채 권 가 격 | 황우 ○○두(두당 ○○킬로그램) |
| 변 제 기 | 20○○년 ○월 ○일 |
| 이 자 | 매월 ○푼 |
| 이 자 지 급 시 기 | 매월 ○일 |
| 채 무 자 | ○ ○ ○    ○○시 ○○구 ○○동 ○○번지 |
| 설 정 할 지 분 | |

| 구분 | 성 명<br>(상호·명칭) | 주민등록번호<br>(등기용등<br>록번호) | 주 소<br>(소재지) | 지 분<br>(개인별) |
|---|---|---|---|---|
| 등기의무자 | ○ ○ ○ | 601010-12<br>34567 | ○○시 ○○구 ○○동 ○○번지 | |
| 등기권리자 | ○ ○ ○ | 500505-12<br>34568 | ○○시 ○○구 ○○동 ○○번지 | |

| 등 록 면 허 세 | 금 | | 원 |
|---|---|---|---|
| 지 방 교 육 세 | 금 | | 원 |
| 세 액 합 계 | 금 | | 원 |
| 등 기 신 청 수 수 료 | 금 | | 원 |
| | 납부번호 : | | |
| | 일괄납부 : | 건 | 원 |
| 국 민 주 택 채 권 매 입 금 액 | 금 | | 원 |
| 국 민 주 택 채 권 발 행 번 호 | | | |

| 등기의무자의 등기필정보 | | |
|---|---|---|
| 부동산고유번호 | 1102-2006-002905 | |
| 성명(명칭) | 일련번호 | 비밀번호 |
| ○ ○ ○ | Q77C-LO71-35J5 | 40-4636 |

| 첨 부 서 면 | | |
|---|---|---|
| · 저당권설정계약서 | 1통 | 〈기 타〉 |
| · 등록세영수필확인서 | 1통 | |
| · 인감증명 | 1통 | |
| · 등기필증 | 1통 | |
| · 주민등록등(초)본 | 1통 | |
| · 위임장 | 1통 | |

20○○년 ○월 ○일

위 신청인   ○ ○ ○  ㉑    (전화 :          )
　　　　　　○ ○ ○  ㉑    (전화 :          )

(또는) 위 대리인  ○○법무사 사무소    (전화 :          )

법무사 ○  ○  ○

서울중앙 지방법원                  등기국 귀중

- 신청서 작성요령 -

* 1. 부동산표시란에 2개 이상의 부동산을 기재하는 경우에는 부동산의 일련번호를 기재하여야 합니다.
  2. 신청인란등 해당란에 기재할 여백이 없을 경우에는 별지를 이용합니다.
  3. 담당 등기관이 판단하여 위의 첨부서면 외에 추가적인 서면을 요구할 수 있습니다.

## ♣ 【서식】 토지저당권설정등기(연대채무자)신청서

<table>
<tr><td colspan="6" align="center">토지저당권설정등기신청</td></tr>
<tr><td rowspan="2">접　수</td><td>년　월　일</td><td rowspan="2">처리인</td><td colspan="2">등기관 확인</td><td>각종 통지</td></tr>
<tr><td>제　　　　호</td><td colspan="2"></td><td></td></tr>
</table>

<table>
<tr><td colspan="4" align="center">부동산의 표시</td></tr>
<tr><td colspan="4">○○시 ○○구 ○○동 ○○번지<br><br>대 180㎡<br><br>위 지상<br><br>　　　이　　　　　　　상</td></tr>
<tr><td>등기원인과그연월일</td><td colspan="3">20○○년 ○월 ○일 저당권설정계약</td></tr>
<tr><td>등 기 의 목 적</td><td colspan="3">저당권설정</td></tr>
<tr><td>채　　권　　액</td><td colspan="3">금 ○○○○○원</td></tr>
<tr><td>변　　제　　기</td><td colspan="3">20○○년 ○월 ○일</td></tr>
<tr><td>이　　　　　자</td><td colspan="3">매월 ○푼</td></tr>
<tr><td>이 자 지 급 시 기</td><td colspan="3">매월 ○일</td></tr>
<tr><td>채　　무　　자</td><td colspan="3">○ ○ ○　　○○시 ○○구 ○○동 ○○번지<br>○ ○ ○　　○○시 ○○구 ○○동 ○○번지</td></tr>
<tr><td>설 정 할 지 분</td><td colspan="3"></td></tr>
<tr><td>구<br>분</td><td>성　명<br>(상호·명칭)</td><td>주민등록번호<br>(등기용등<br>록번호)</td><td>주　소<br>(소재지)</td><td>지　분<br>(개인별)</td></tr>
<tr><td>등기의무자</td><td>○ ○ ○</td><td>601010-12<br>34567</td><td>○○시 ○○구 ○○동 ○○번지</td><td></td></tr>
<tr><td>등기권리자</td><td>○ ○ ○</td><td>500505-12<br>34568</td><td>○○시 ○○구 ○○동 ○○번지</td><td></td></tr>
</table>

| 등 록 면 허 세 | 금 | | 원 |
|---|---|---|---|
| 지 방 교 육 세 | 금 | | 원 |
| 세 액 합 계 | 금 | | 원 |
| 등 기 신 청 수 수 료 | 금 | | 원 |
| | 납부번호 : | | |
| | 일괄납부 : | 건 | 원 |
| 국 민 주 택 채 권 매 입 금 액 | 금 | | 원 |
| 국 민 주 택 채 권 발 행 번 호 | | | |

| 등기의무자의 등기필정보 | | |
|---|---|---|
| 부동산고유번호 | | |
| 성명(명칭) | 일련번호 | 비밀번호 |
| | | |

| 첨 부 서 면 | | |
|---|---|---|
| · 저당권설정계약서 | 1통 | 〈기　타〉 |
| · 등록세영수필확인서 | 1통 | |
| · 인감증명 | 1통 | |
| · 등기필증 | 1통 | |
| · 주민등록등(초)본 | 1통 | |
| · 위임장 | 1통 | |

20○○년 ○월 ○일

위 신청인 　 ○ ○ ○ ㊞ 　 (전화 : 　　　　)

　　　　　 ○ ○ ○ ㊞ 　 (전화 : 　　　　)

(또는) 위 대리인 ○○법무사 사무소 　 (전화 : 　　　　)

법무사 ○ 　 ○ 　 ○

서울중앙 지방법원 　　　　　　　 등기국 귀중

- 신청서 작성요령 -

* 1. 부동산표시란에 2개 이상의 부동산을 기재하는 경우에는 부동산의 일련번호를 기재하여야 합니다.
 2. 신청인란등 해당란에 기재할 여백이 없을 경우에는 별지를 이용합니다.
 3. 담당 등기관이 판단하여 위의 첨부서면 외에 추가적인 서면을 요구할 수 있습니다.

## ♣ 【서식】 토지저당권설정등기(공유지분)신청서

<table>
<tr><td colspan="5" align="center">토지저당권설정등기신청</td></tr>
<tr><td rowspan="2">접　수</td><td>년　월　일</td><td rowspan="2">처리인</td><td>등기관 확인</td><td>각종 통지</td></tr>
<tr><td>제　　　호</td><td></td><td></td></tr>
</table>

<table>
<tr><td colspan="5" align="center">부동산의 표시</td></tr>
<tr><td colspan="5" align="center">○○시 ○○구 ○○동 ○○번지<br><br>대 150㎡<br><br>위 지상<br><br>이　　　　　　상</td></tr>
<tr><td>등기원인과그연월일</td><td colspan="4">20○○년 ○월 ○일 저당권설정계약</td></tr>
<tr><td>등 기 의 목 적</td><td colspan="4">갑구 ○인 ○○○ 지분 전부 저당권설정</td></tr>
<tr><td>채　　권　　액</td><td colspan="4">금 ○○○○○원</td></tr>
<tr><td>변　　제　　기</td><td colspan="4">20○○년 ○월 ○일</td></tr>
<tr><td>이　　　　　자</td><td colspan="4">월 ○푼</td></tr>
<tr><td>이 자 지 급 시 기</td><td colspan="4">매월 ○일</td></tr>
<tr><td>채　　무　　자</td><td colspan="4">○ ○ ○　　○○시 ○○구 ○○동 ○○번지</td></tr>
<tr><td>설 정 할 지 분</td><td colspan="4"></td></tr>
</table>

<table>
<tr><td>구<br>분</td><td>성　　명<br>(상호·명칭)</td><td>주민등록번호<br>(등기용등록번호)</td><td>주　　소<br>(소재지)</td><td>지　분<br>(개인별)</td></tr>
<tr><td>등기의무자</td><td>○ ○ ○</td><td>601010-1234567</td><td>○○시 ○○구 ○○동 ○○번지</td><td></td></tr>
<tr><td>등기권리자</td><td>○ ○ ○</td><td>500505-1023456</td><td>○○시 ○○구 ○○동 ○○번지</td><td></td></tr>
</table>

| 등 록 면 허 세 | 금 | 원 |
|---|---|---|
| 지 방 교 육 세 | 금 | 원 |
| 세 액 합 계 | 금 | 원 |
| 등 기 신 청 수 수 료 | 금 | 원 |
| | 납부번호 : | |
| | 일괄납부 :　　　　건　　　　　　원 | |
| 국 민 주 택 채 권 매 입 금 액 | 금 | 원 |
| 국 민 주 택 채 권 발 행 번 호 | | |

| 등기의무자의 등기필정보 | | |
|---|---|---|
| 부동산고유번호 | | |
| 성명(명칭) | 일련번호 | 비밀번호 |
| | | |

| 첨　　부　　서　　면 | | |
|---|---|---|
| · 저당권설정계약서　　1통 | 〈기 타〉 | |
| · 등록세영수필확인서　1통 | | |
| · 인감증명　　　　　　1통 | | |
| · 등기필증　　　　　　1통 | | |
| · 주민등록등(초)본　　1통 | | |
| · 위임장　　　　　　　1통 | | |

20○○년 ○월 ○일

위 신청인　　○ ○ ○　㊞　　（전화 :　　　　）
　　　　　　　○ ○ ○　㊞　　（전화 :　　　　）

（또는) 위 대리인 ○○법무사 사무소　　（전화 :　　　　）

법무사 ○ ○ ○

서울중앙 지방법원　　　　　　등기국 귀중

- 신청서 작성요령 -

* 1. 부동산표시란에 2개 이상의 부동산을 기재하는 경우에는 부동산의 일련번호를 기재하여야 합니다.
  2. 신청인란등 해당란에 기재할 여백이 없을 경우에는 별지를 이용합니다.
  3. 담당 등기관이 판단하여 위의 첨부서면 외에 추가적인 서면을 요구할 수 있습니다.

## ♣ 【서식】 토지저당권설정등기(공유지분)신청서2

| 토지저당권설정등기신청 | | | | |
|---|---|---|---|---|
| 접　수 | 년　월　일 | 처리인 | 등기관 확인 | 각종 통지 |
| | 제　　　호 | | | |

| 부동산의 표시 | |
|---|---|
| ○○시 ○○구 ○○동 ○○번지<br><br>대 *150*㎡<br><br>위 지상<br><br>　　　　이　　　　　　상 | |
| 등기원인과그연월일 | 20○○년 ○월 ○일 저당권설정계약 |
| 등 기 의 목 적 | 지상권의 저당권설정 |
| 채　　권　　액 | 금 ○○○○○원 |
| 변　제　기 | 20○○년 ○월 ○일 |
| 이　　　　자 | 연 ○할 ○푼 |
| 이 자 지 급 시 기 | 매월 ○일 |
| 채　　무　　자 | ○　○　○　　○○시 ○○구 ○○동 ○○번지 |
| 설 정 할 지 분 | |
| | |

| 구분 | 성　명<br>(상호·명칭) | 주민등록번호<br>(등기용등<br>록번호) | 주　소<br>(소재지) | 지분<br>(개인별) |
|---|---|---|---|---|
| 등기의무자 | ○　○　○ | 601010-12<br>34567 | ○○시 ○○구 ○○동 ○○번지 | |
| 등기권리자 | ○　○　○ | 500202-10<br>23456 | ○○시 ○○구 ○○동 ○○번지 | |

| 등 록 면 허 세 | 금 | | | 원 |
|---|---|---|---|---|
| 지 방 교 육 세 | 금 | | | 원 |
| 세 액 합 계 | 금 | | | 원 |
| 등 기 신 청 수 수 료 | 금 | | | 원 |
| | 납부번호 : | | | |
| | 일괄납부 : | 건 | | 원 |
| 국 민 주 택 채 권 매 입 금 액 | 금 | ○○○ | | 원 |
| 국 민 주 택 채 권 발 행 번 호 | | | | |

| 등기의무자의 등기필정보 | | |
|---|---|---|
| 부동산고유번호 성명(명칭) | | |
| | 일련번호 | 비밀번호 |
| | | |

| 첨 부 서 면 | | |
|---|---|---|
| · 저당권설정계약서 | 1통 | 〈기 타〉 |
| · 등록세영수필확인서 | 1통 | |
| · 인감증명 | 1통 | |
| · 등기필증 | 1통 | |
| · 주민등록등(초)본 | 1통 | |
| · 위임장 | 1통 | |

20○○년 ○월 ○일

위 신청인    ○  ○  ○  ㊞    (전화 :        )
            ○  ○  ○  ㊞    (전화 :        )

(또는) 위 대리인 ○○법무사 사무소    (전화 :        )

법무사 ○  ○  ○

○○ 지방법원                등기국 귀중

- 신청서 작성요령 -

* 1. 부동산표시란에 2개 이상의 부동산을 기재하는 경우에는 부동산의 일련번호를 기재하여야 합니다.
  2. 신청인란등 해당란에 기재할 여백이 없을 경우에는 별지를 이용합니다.
  3. 담당 등기관이 판단하여 위의 첨부서면 외에 추가적인 서면을 요구할 수 있습니다.

## ♣ 【서식】 토지저당권설정등기(소유자상이)신청서

| 토지저당권설정등기신청 | | | | |
|---|---|---|---|---|
| 접 수 | 년 월 일<br>제      호 | 처리인 | 등기관 확인 | 각종 통지 |

| 부동산의 표시 |
|---|
| 1. ○○시 ○○구 ○○동 ○○번지<br>대 150㎡<br>이상 ○○○ 소유<br>2. ○○시 ○○구 ○○동 ○○번지<br>대 180㎡<br>이상 ○○○ 소유<br>이              상 |

| 등기원인과그연월일 | 20○○년 ○월 ○일 저당권설정계약 |
|---|---|
| 등 기 의 목 적 | 저당권설정 |
| 채     권     액 | 금 ○○○○○원 |
| 변     제     기 | 20○○년 ○월 ○일 |
| 이           자 | 매 ○푼 |
| 이 자 지 급 시 기 | 매월 ○일 |
| 채     무     자 | ○  ○  ○    ○○시 ○○구 ○○동 ○○번지 |
| 설  정  할  지  분 | |

| 구분 | 성  명<br>(상호·명칭) | 주민등록번호<br>(등기용등<br>록번호) | 주  소<br>(소재지) | 지  분<br>(개인별) |
|---|---|---|---|---|
| 등기의무자 | ○  ○  ○ | 601010-12<br>34567 | ○○시 ○○구 ○○동 ○○번지 | |
| | ○  ○  ○ | 620505-12<br>34568 | ○○시 ○○구 ○○동 ○○번지 | |
| 등기권리자 | ○  ○  ○ | 500202-10<br>23456 | ○○시 ○○구 ○○동 ○○번지 | |

| 등 록 면 허 세 | 금 | 원 |
|---|---|---|
| 지 방 교 육 세 | 금 | 원 |
| 세 액 합 계 | 금 | 원 |
| 등 기 신 청 수 수 료 | 금 | 원 |
| | 납부번호 : | |
| | 일괄납부 :        건        원 | |
| 국 민 주 택 채 권 매 입 금 액 | 금 | 원 |
| 국 민 주 택 채 권 발 행 번 호 | | |

| 등기의무자의 등기필정보 | | |
|---|---|---|
| 부동산고유번호 | | |
| 성명(명칭) | 일련번호 | 비밀번호 |
| | | |

| 첨 부 서 면 | | |
|---|---|---|
| · 저당권설정계약서 | 1통 | 〈기  타〉 |
| · 등록세영수필확인서 | 1통 | |
| · 인감증명 | 1통 | |
| · 등기필증 | 1통 | |
| · 주민등록등(초)본 | 1통 | |
| · 위임장 | 1통 | |

20○○년 ○월 ○일

위 신청인    ○  ○  ○  ㉑        (전화 :            )

○  ○  ○  ㉑        (전화 :            )

(또는) 위 대리인 ○○법무사 사무소        (전화 :            )

법무사 ○  ○  ○

서울중앙 지방법원                등기국 귀중

- 신청서 작성요령 -

* 1. 부동산표시란에 2개 이상의 부동산을 기재하는 경우에는 부동산의 일련번호를 기재하여야 합니다.
2. 신청인란등 해당란에 기재할 여백이 없을 경우에는 별지를 이용합니다.
3. 담당 등기관이 판단하여 위의 첨부서면 외에 추가적인 서면을 요구할 수 있습니다.

## ♣ 【서식】 지상권담보계약서

# 저당권설정계약서(지상권담보)

| |
|---|
| 수 입<br>인 지<br>㊞ |

1. 금○○○만원정
   ○○시 ○○구 ○○동 ○○번지
   대 ○○○㎡

소유자 ○ ○ ○

위 토지에 대한 20○○년 ○월 ○일 접수 제○○○호로서 설정의 목적 '건물의 소유' 범위 '토지의 전유' 존속기간 '만○○개년' 지료 '○월 금만원' 지료지급시기 '매월말일' 의 지상권

1. 변제기 20○○년 ○월 ○일
1. 이 자 연 ○푼
1. 이자지급시기 매월 말일○

상기 지상권에 제○번의 저당권을 설정하고 전기 금액을 확실히 채용하였으므로 상기 약정 사실을 준수하기 위하여 다음에 기명날인한다.

20○○년 ○월 ○일

채무자 ○ ○ ○ ㊞
○○시 ○○구 ○○동 ○○번지

○ ○ ○ 귀하
○○시 ○○구 ○○동 ○○번지

## <저당권설정계약서>

### 당권설정계약서(토지・입목의 담보)

홍○○을 갑으로 하고, 김○○을 을로 하여 다음과 같이 저당권설정계약을 체결한다.

제1.  피담보채무의 표시
      을의 갑에 대한 다음의 차입금채무
      금     액   ○○○만원
      차 입 일   20○○년 ○월 ○일
      변 제 기   20○○년 ○월 ○일
      이     자
      이자지급기   매월 ○일
      손 해 금
제2.  저당물건의 표시
      1. 토지
         ○○시 ○○구 ○○동 ○○번지
         산림 150㎡
      2. 입목
         입목등기   제○○○호
         산     림   100㎡
         수     종   ○○○
         수     량   ○○○주
         수     령   ○○년생
         조사연도   ○○년
제3   시업(施業)방법
      저당 입목에 대하여 20○○년부터 ○년생마다 ○회 총수의 ○분의 ○을 간
      벌 하기로 한다.
      위와 같이 저당권이 성립되었음을 분명히 하기 위하여 이 계약서 2통을 작
      성하여 갑을 각자 1통씩을 보유하여 후일의 증거로 한다.

                          20○○년 ○월 ○일

                    저 당 권 자  ○  ○  ○   ㉑
                    ○○시 ○○구 ○○동 ○○번지

                    저당권설정자  ○  ○  ○   ㉑
                    ○○시 ○○구 ○○동 ○○번지

## <금전대차저당권설정계약서>

# 금전대차저당권설정계약서

대여인 홍○○을 갑으로 하고 차용인 김○○을 을로 하여 갑·을 양 당사자는 다음과 같이 금전대차계약 및 저당권설정계약을 체결하였다.

제1조    갑은 을에게 다음 조항 이하의 약정으로 금700만원을 대여하고 차용인은 이를 받았다.

제2조    이자는 연 ○할 ○푼을 하고 매월 말일한 당월분을 갑의 주소로 지참하여 지급한다.

제3조    을은 20○○년 ○월 ○일한 제1조의 원금을 변제당시 현재의 갑의 주소로 지참 또는 송금하여 지급한다.

제4조    을은 본건 채무의 지급을 담보하기 위하여 그 소유인 다음의 부동산에 저당권을 설정한다.

1. 소유지   ○○시 ○○구 ○○동
1. 지   번   150번지
1. 지   목   대지
1. 면   적   150㎡

이 계약의 성립을 증명하기 위하여 본 증서 2통을 작성하여 각자 기명날인하고 그 1통을 소지한다.

20○○년 ○월 ○일

대여인(저 당 권 자)  ○  ○  ○   ㉑

○○시 ○○구 ○○동 ○○번지

차용인(저당권설정자)  ○  ○  ○   ㉑

○○시 ○○구 ○○동 ○○번지

## ♣ 【서식】 전세권의 저당권설정등기신청서

| 등 록 면 허 세 | 금 | | 원 |
|---|---|---|---|
| 지 방 교 육 세 | 금 | | 원 |
| 세 액 합 계 | 금 | | 원 |
| 등 기 신 청 수 수 료 | 금 | | 원 |
| | 납부번호 : | | |
| | 일괄납부 : | 건 | 원 |
| 국 민 주 택 채 권 매 입 금 액 | 금 | | 원 |
| 국 민 주 택 채 권 발 행 번 호 | | | |

| 등기의무자의 등기필정보 | | |
|---|---|---|
| 부동산고유번호 | 1102-2006-002905 | |
| 성명(명칭) | 일련번호 | 비밀번호 |
| ○ ○ ○ | Q77C-LO71-35J5 | 40-4636 |

| 첨 부 서 면 | | |
|---|---|---|
| · 저당권설정계약서 | 1통 | 〈기 타〉 |
| · 등록면허세영수필확인서 | 1통 | |
| · 인감증명 | 1통 | |
| · 등기필증 | 1통 | |
| · 주민등록등(초)본 | 1통 | |
| · 위임장 | 1통 | |

20○○년 ○월 ○일

위 신청인    ○ ○ ○ ㊞    (전화 :        )
　　　　　　 ○ ○ ○ ㊞    (전화 :        )

(또는) 위 대리인 ○○법무사 사무소    (전화 :        )

법무사 ○　○　○

서울중앙 지방법원　　　　　　등기국 귀중

- 신청서 작성요령 -

* 1. 부동산표시란에 2개 이상의 부동산을 기재하는 경우에는 부동산의 일련번호를 기재하여야 합니다.
  2. 신청인란등 해당란에 기재할 여백이 없을 경우에는 별지를 이용합니다.
  3. 담당 등기관이 판단하여 위의 첨부서면 외에 추가적인 서면을 요구할 수 있습니다.

## ♣ 【서식】 전세권담보계약서

### 전세권담보차용금증서

1. 금○○○○○원정
1. 부동산의 표시
    ○○시 ○○구 ○○동 ○○번지
    대 ○○○㎡
    위 지상
    목조기와지붕 단층주택
    ○○○㎡
    소유자 ○  ○  ○
    ○○시 ○○구 ○○동 ○○번지

|수 입|
|인 지|
|㊞|

위 부동산에 대하여 20○○년 ○월 ○일 접수 제○○○호로써 설정한 전세금 '○ ○○만원' 전세권의 목적인 범위 '건물전부' 변제기 '20○○년 ○월 ○일' 로 한 전세권에 제○번의 저당권을 설정하고 상기 금액을 확실히 차용하였으므로 이 약 정사항을 준수하기 위하여 다음에 기명날인한다.

20○○년 ○월 ○일

채무자 ○  ○  ○  ㊞
○○시 ○○구 ○○동 ○○번지

○  ○  ○  귀하
○○시 ○○구 ○○동 ○○번지

| 위 임 장 | |
|---|---|
| 부<br>동<br>산<br>의<br>표<br>시 | ○○시 ○○구 ○○동 ○○번지<br><br>대 *150*㎡<br><br>위 지상<br><br>시멘트벽돌조 기와지붕 단층주택<br><br>*100*㎡<br><br><br>이                상 |
| 등 기 원 인 과 그 연 월 일 | 20○○년 ○월 ○일 저당권설정계약 |
| 등 기 의 목 적 | 전세권의 저당권설정 |
| | |
| (신청인) 등기의무자  ○ ○ ○ ㉞<br>　　○○시 ○○구 ○○동 ○○번지<br><br><br>등기권리자  ○ ○ ○ ㉞<br>○○시 ○○구 ○○동 ○○번지 | (대리인) 법무사 ○ ○ ○<br>　　○○시 ○○구 ○○동 ○○번지<br><br><br>위 사람을 대리인으로 정하고 위<br>부동산 등기신청 및 취하에 관한 모든<br>행위를 위임한다.<br>또한 복대리인 선임을 허락한다.<br><br>20○○년 ○월 ○일 |

## ♣【서식】토지 · 건물저당권설정등기(공동담보목록제출)신청서

| 토지·건물저당권설정등기신청 | | | | |
|---|---|---|---|---|

| 접  수 | 년 월 일 | 처리인 | 등기관 확인 | 각종 통지 |
|---|---|---|---|---|
|  | 제      호 |  |  |  |

| 부동산의 표시 | | | | |
|---|---|---|---|---|
| 별지 부동산 담보목록 기재와 같음 | | | | |

| 등기원인과그연월일 | 20○○년 ○월 ○일 저당권설정계약 | | | |
|---|---|---|---|---|
| 등 기 의 목 적 | 저당권설정 | | | |
| 채    권    액 | 금 ○○○○○원 | | | |
| 변    제    기 | 20○○년 ○월 ○일 | | | |
| 이         자 | 매월 ○푼 | | | |
| 이 자 지 급 시 기 | 매월 ○일 | | | |
| 채    무    자 | ○  ○  ○    ○○시 ○○구 ○○동 ○○번지 | | | |
| 설 정 할 지 분 |  | | | |

| 구분 | 성  명<br>(상호·명칭) | 주민등록번호<br>(등기용등록번호) | 주  소<br>(소재지) | 지  분<br>(개인별) |
|---|---|---|---|---|
| 등기의무자 | ○ ○ ○ | 610120-1234567 | ○○시 ○○구 ○○동 ○○번지 |  |
| 등기권리자 | ○ ○ ○ | 510120-1023456 | ○○시 ○○구 ○○동 ○○번지 |  |

| 등 록 면 허 세 | 금 | | 원 |
|---|---|---|---|
| 지 방 교 육 세 | 금 | | 원 |
| 세 액 합 계 | 금 | | 원 |
| 등 기 신 청 수 수 료 | 금 | | 원 |
| | 납부번호 : | | |
| | 일괄납부 : | 건 | 원 |
| 국 민 주 택 채 권 매 입 금 액 | 금 | | 원 |
| 국 민 주 택 채 권 발 행 번 호 | | | |

| 등기의무자의 등기필정보 | | |
|---|---|---|
| 부동산고유번호 | 1102-2006-002905 | |
| 성명(명칭) | 일련번호 | 비밀번호 |
| ○ ○ ○ | Q77C-LO71-35J5 | 40-4636 |

| 첨 부 서 면 | | |
|---|---|---|
| · 저당권설정계약서 | 1통 | 〈기　타〉 |
| · 등록면허세영수필확인서 | 1통 | |
| · 인감증명 | 1통 | |
| · 등기필증 | 1통 | |
| · 주민등록등(초)본 | 1통 | |
| · 위임장 | 1통 | |
| · 부동산공용담보목록 | | |

20○○년 ○월 ○일

위 신청인　　○ ○ ○ ㊞　　　(전화 :　　　　)
　　　　　　　○ ○ ○ ㊞　　　(전화 :　　　　)

(또는) 위 대리인 ○○법무사 사무소　　(전화 :　　　　)

법무사 ○ ○ ○

○○ 지방법원　　　　　　등기소 귀중

---

- 신청서 작성요령 -

* 1. 부동산표시란에 2개 이상의 부동산을 기재하는 경우에는 부동산의 일련번호를 기재하여야 합니다.
  2. 신청인란등 해당란에 기재할 여백이 없을 경우에는 별지를 이용합니다.
  3. 담당 등기관이 판단하여 위의 첨부서면 외에 추가적인 서면을 요구할 수 있습니다.

## 〈부동산공동담보목록〉

# 부동산공동담보목록

| 제 | 호 |
|---|---|

저 당 권 자 ○ ○ ○ ⑩
            ○○시 ○○구 ○○동 ○○번지

저당권설정자 ○ ○ ○ ⑩
            ○○시 ○○구 ○○동 ○○번지

신 청 대 리 인 ○ ○ ○ ⑩
법 무 사 ○○시 ○○구 ○○동 ○○번지

| 신청서 | 20○○년 ○월 ○일 |
|---|---|
| 접 수 | 제            호 |

| 일련<br>번호 | 부동산에 관한 권리의 표시 | 순위<br>번호 |
|---|---|---|
| 1 | ○○시 ○○구 ○○동 ○○번지<br>대 ○○㎡ | |
| 2 | 위 같은 동 ○<br>대 ○㎡ | |
| 3 | 위 같은 동 ○<br>벽돌조 기와지붕 2층 주택<br>1층 ○㎡ 2층 ○㎡ | |
| | ○○지방법원 ○○등기소 관할 | |
| 4 | ○○시 ○○구 ○○동 ○○번지<br>대 ○○㎡ | |
| 5 | 위 같은 동 ○<br>대 ○㎡ | |
| | ○○지방법원 ○○등기소 관할 | |
| 예 비 란 | | |
| 년 월 일 | 접 수 번 호 | 사    유 |
| | | |

## ♣ 【서식】 추가저당권설정등기신청서

| 추가저당권설정등기신청 | | | | |
|---|---|---|---|---|
| 접 수 | 년 월 일 | 처리인 | 등기관 확인 | 각종 통지 |
| | 제      호 | | | |

| 부동산의 표시 |
|---|
| 추가한 부동산<br>　　○○시 ○○구 ○○동 ○○번지<br>　　시멘트벽돌조 기와지붕 단층주택 60㎡<br>전에 등기한 부동산<br>　　○○시 ○○구 ○○동 ○○번지<br>　　대 120㎡<br>　　　　　　　이　　　　　　　상 |

| 등기원인과그연월일 | 20○○년 ○월 ○일 추가저당권설정계약 |
|---|---|
| 등 기 의 목 적 | 추가저당권설정 |
| 채 권 액 | 금 ○○○○○원 |
| 변 제 기 | 20○○년 ○월 ○일 |
| 이 자 | 매월 ○푼 |
| 이 자 지 급 시 기 | 매월 ○일 |
| 채 무 자 | ○ ○ ○　　○○시 ○○구 ○○동 ○○번지 |
| 설 정 할 지 분 | |
| 전에 등기한저당권 | 20○○년 ○월 ○일 접수 제○○○호로 등기한 순위 1번 저당권 |

| 구분 | 성 명<br>(상호·명칭) | 주민등록번호<br>(등기용등록<br>번호) | 주 소<br>(소재지) | 지 분<br>(개인별) |
|---|---|---|---|---|
| 등기의무자 | ○ ○ ○ | 601010-1234567 | ○○시 ○○구 ○○동 ○○번지 | |
| 등기권리자 | ○ ○ ○ | 500505-1234568 | ○○시 ○○구 ○○동 ○○번지 | |

| 등 록 면 허 세 | 금 | | | 원 |
|---|---|---|---|---|
| 지 방 교 육 세 | 금 | | | 원 |
| 세 액 합 계 | 금 | | | 원 |
| 등 기 신 청 수 수 료 | 금 | | | 원 |
| | 납부번호 : | | | |
| | 일괄납부 : | | 건 | 원 |
| 국 민 주 택 채 권 매 입 금 액 | 금 | | | 원 |
| 국 민 주 택 채 권 발 행 번 호 | | | | |

| 등기의무자의 등기필정보 | | |
|---|---|---|
| 부동산고유번호 | 1102-2006-002905 | |
| 성명(명칭) | 일련번호 | 비밀번호 |
| ○ ○ ○ | Q77C-LO71-35J5 | 40-4636 |

| 첨 부 서 면 | | |
|---|---|---|
| · 추가저당권설정계약서 | 1통 | 〈기   타〉 |
| · 등록면허세영수필확인서 | 1통 | |
| · 인감증명 | 1통 | |
| · 등기필증 | 1통 | |
| · 주민등록등(초)본 | 1통 | |
| · 위임장 | 1통 | |

20○○년 ○월 ○일

위 신청인　　○ ○ ○　⑪　　(전화 : 　　　　)

　　　　　　　○ ○ ○　⑪　　(전화 : 　　　　)

(또는) 위 대리인 ○○법무사 사무소　　(전화 : 　　　　)

법무사 ○   ○   ○

○○ 지방법원　　　　　　　　등기소 귀중

---

- 신청서 작성요령 -

* 1. 부동산표시란에 2개 이상의 부동산을 기재하는 경우에는 부동산의 일련번호를 기재하여야 합니다.
  2. 신청인란등 해당란에 기재할 여백이 없을 경우에는 별지를 이용합니다.
  3. 담당 등기관이 판단하여 위의 첨부서면 외에 추가적인 서면을 요구할 수 있습니다.

## ♣ 【서식】 추가담보제공증서

# 추가담보제공증서

1. 20○○년 ○월 ○일자 부동산저당권부 금전소비대차계약에 따라 ○○○이 귀하로부터 금○○○○만원을 변제기 20○○년 ○월 ○일, 이자 월 ○푼, 매월 말일 당월분 후급의 약정으로 받은 대여금 채무의 담보로 그 소유인 토지에 저당권을 설정하여 20○○년 ○월 ○일 ○○지방법원 ○○등기소 접수 제○호로 순위 제○○○번의 저당권설정등기를 경료 하였으나, 금번 귀하의 청구에 따라 연대보증인인 ○○○은 물적보증으로서 아래 자기 소유 부동산을 추가담보로 제공한다.
    ○○시 ○○구 ○○동 ○번지의 지상
    철근콘크리트조 슬래브지붕 단층주택
    건평 ○○㎡
2. 위 담보부동산에 대하여는 귀하가 지정하는 보험회사와 화재보험계약을 체결하고 보험증권은 귀하에게 교부하며 보험금청구권 위에 질권설정의 절차를 경료한다.
3. 귀하의 승인없이 담보물을 타에 양도, 임대하거나 담보에 제공하는 행위를 일절 하지 아니한다.
4. 위 부동산에 대한 저당권설정등기절차를 조속히 완료하여, 그 등기부등본을 귀하에게 제출한다.

   위와 상위없이 이행할 것을 확약함과 동시에 후일을 위하여 본 증서를 작성한다.

20○○년 ○월 ○일

채 무 자 ○ ○ ○ ㊞
○○시 ○○구 ○○동 ○○번지
연 대 보 증 인
추가담보제공자 ○ ○ ○ ㊞
○○시 ○○구 ○○동 ○○번지

○ ○ ○ 귀하
○○시 ○○구 ○○동 ○○번지

## ♣【서식】추가담보계약서

### 건물추가담보계약서

부동산의 표시
○○시 ○○구 ○○동 ○○○-○번지
철근콘크리트조 슬래브지붕 단층주택
○○○㎡
이  상

| 수 입 |
|---|
| 인 지 |
| ㊞ |

　금번 위 건물에 대하여 제○번의 저당권을 설정하고 20○○년 ○월 ○일 귀하로부터 차용한 채권이 금○○○만원, 변제기 20○○년 ○월 ○일, 이자 연 ○푼, 이자 지급시기 매월 ○일로 등기를 한 20○○년 ○월 ○일 신청 접수 제○○○호 저당권설정등기의 추가담보로 한다.

20○○년 ○월 ○일

저당권설정자  ○  ○  ○  ㊞
○○시 ○○구 ○○동 ○○번지

○  ○  ○  귀하
○○시 ○○구 ○○동 ○○번지

| 위 임 장 | | |
|---|---|---|
| 부<br>동<br>산<br>의<br>표<br>시 | 추가한 부동산<br><br>　　　○○시 ○○구 ○○동 ○○번지<br><br>　　　대 100㎡<br><br>　　　위 지상<br><br>　　　시멘트벽돌조 기와지붕 단층주택<br><br>　　　대 50㎡ 전에 등기한 부동산<br><br>　　　○○시 ○○구 ○○동 ○○번지<br><br>　　　대 120㎡<br><br><br>　　　　　이　　　　　　　상 | |
| 등 기 원 인 과 그 연 월 일 | 20○○년 ○월 ○일 추가저당권설정계약 | |
| 등　기　의　목　적 | 추가저당권설정 | |
| | | |
| (신청인) 등기의무자　○ ○ ○ ㊞<br>　　　　○○시 ○○구 ○○동 ○○번지<br><br><br>　　등기권리자　○ ○ ○ ㊞<br>　　○○시 ○○구 ○○동 ○○번지 | (대리인) 법무사 ○ ○ ○<br>　　　　○○시 ○○구 ○○동 ○○번지<br><br><br>위 사람을 대리인으로 정하고 위<br>부동산 등기신청 및 취하에 관한 모든<br>행위를 위임한다.<br>또한 복대리인 선임을 허락한다.<br><br>　　　20○○년 ○월 ○일 | |

## ♣ 【서식】 건물추가저당권설정등기(1개의 부동산에 1개를 추가) 신청서

### 건물추가저당권설정등기신청

| 접　　수 | 년　월　일 | 처리인 | 등기관 확인 | 각종 통지 |
|---|---|---|---|---|
| | 제　　　　호 | | | |

| 부동산의 표시 | |
|---|---|
| 추가한 부동산<br>　　○○시 ○○구 ○○동 ○○번지<br>　　시멘트벽돌조 기와지붕 단층주택<br>　　100㎡<br>전에 등기한 부동산<br>　　○○시 ○○구 ○○동 ○○번지<br>　　대 150㎡<br>　　　　　　이　　　　　　　상 | |

| 등기원인과 그 연월일 | 20○○년 ○월 ○일 추가저당권설정계약 |
|---|---|
| 등 기 의 목 적 | 추가저당권설정 |
| 채　　권　　액 | 금○○○○○원 |
| 변　　제　　기 | 20○○년 ○월 ○일 |
| 이　　　　　자 | 연 ○할 |
| 이 자 지 급 시 기 | 매월 ○일 |
| 채　　무　　자 | ○ ○ ○　○○시 ○○구 ○○동 ○○번지 |
| 설 정 할 지 분 | |
| 전에 등기한 저당권 | 20○○년 ○월 ○일 접수 제○○○호로 등기한 순위 1번 저당권 |

| 구분 | 성　　명<br>(상호·명칭) | 주민등록번호<br>(등기용등록<br>번호) | 주　소<br>(소재지) | 지　분<br>(개인별) |
|---|---|---|---|---|
| 등기의무자 | ○ ○ ○ | 601010-123<br>4567 | ○○시 ○○구 ○○동 ○○번지 | |
| 등기권리자 | ○ ○ ○ | 500202-10<br>23456 | ○○시 ○○구 ○○동 ○○번지 | |

| 등 록 면 허 세 | 금 | | 원 |
|---|---|---|---|
| 지 방 교 육 세 | 금 | | 원 |
| 세 액 합 계 | 금 | | 원 |
| 등 기 신 청 수 수 료 | 금 | | 원 |
| | 납부번호: | | |
| | 일괄납부 : | 건 | 원 |
| 국 민 주 택 채 권 매 입 금 액 | 금 | | 원 |
| 국 민 주 택 채 권 발 행 번 호 | | | |

| 등기의무자의 등기필정보 | | |
|---|---|---|
| 부동산고유번호 | 1102-2006-002905 | |
| 성명(명칭) | 일련번호 | 비밀번호 |
| ○ ○ ○ | Q77C-LO71-35J5 | 40-4636 |

| 첨 부 서 면 | | |
|---|---|---|
| · 추가저당권설정계약서 | 1통 | 〈기 타〉 |
| · 등록면허세영수필확인서 | 1통 | |
| · 인감증명 | 1통 | |
| · 등기필증 | 1통 | |
| · 주민등록등(초)본 | 1통 | |
| · 위임장 | 1통 | |

20○○년 ○월 ○일

위 신청인        ○ ○ ○ ㉘        (전화 :        )
                ○ ○ ○ ㉘        (전화 :        )

(또는) 위 대리인 ○○법무사 사무소        (전화 :        )

법무사 ○  ○  ○

서울중앙 지방법원                    등기국 귀중

- 신청서 작성요령 -

* 1. 부동산표시란에 2개 이상의 부동산을 기재하는 경우에는 부동산의 일련번호를 기재하여야 합니다.
  2. 신청인란등 해당란에 기재할 여백이 없을 경우에는 별지를 이용합니다.
  3. 담당 등기관이 판단하여 위의 첨부서면 외에 추가적인 서면을 요구할 수 있습니다.

## 【추가담보계약서】

### 건물추가담보계약서

수 입
인 지
⑩

부동산의 표시
○○시 ○○구 ○○동 ○○번지
철근콘크리트조 슬래브지붕 단층주택
○○○㎡ 이상

　금번 위 건물에 대하여 제○번의 저당권을 설정하고 20○○년 ○월 ○일 귀하
로부터 차용한 채권이 금○○○만원, 변제기 20○○년 ○월 ○일, 이자 연 ○푼,
이자 지급시기 매월 ○일로 등기를 한 20○○년 ○월 ○일 신청 접수 제○○○
호 저당권설정등기의 추가담보로 한다.

20○○년 ○월 ○일

저당권설정자　○　○　○　⑩
○○시 ○○구 ○○동 ○○번지

○　○　○　귀하
○○시 ○○구 ○○동 ○○번지

## ♣ 【서식】 건물추가저당권설정등기(대지에 구분건물추가)신청서

### 건물추가저당권설정등기신청

| 접　수 | 년　월　일 | 처리인 | 등기관 확인 | 각종 통지 |
|---|---|---|---|---|
| | 제　　　호 | | | |

| 부동산의 표시 | |
|---|---|
| 별지 기재와 같음 | |
| 등기원인과그연월일 | 20○○년 ○월 ○일 추가저당권설정계약 |
| 등 기 의 목 적 | 추가저당권설정 |
| 채　　권　　액 | 금 ○○○○○원 |
| 변　　제　　기 | 20○○년 ○월 ○일 |
| 이　　　　　자 | 연 ○할 |
| 이 자 지 급 시 기 | 매월 ○일 |
| 채　　무　　자 | ○　○　○　　○○시 ○○구 ○○동 ○○번지 |
| 설 정 할 지 분 | |
| 전에등기한저당권 | 20○○년 ○월 ○일 접수 제○○○호로 등기한 순위 1번 저당권 |

| 구분 | 성　명<br>(상호·명칭) | 주민등록번호<br>(등기용등<br>록번호) | 주　소<br>(소재지) | 지　분<br>(개인별) |
|---|---|---|---|---|
| 등기의무자 | ○　○　○ | 601010-12<br>34567 | ○○시 ○○구 ○○동 ○○번지 | |
| 등기권리자 | ○　○　○ | 500202-10<br>23456 | ○○시가행진 ○○구 ○○동 ○○번지 | |

| 등 록 면 허 세 | 금 | | 원 |
|---|---|---|---|
| 지 방 교 육 세 | 금 | | 원 |
| 세 액 합 계 | 금 | | 원 |
| 등 기 신 청 수 수 료 | 금 | | 원 |
| | 납부번호 : | | |
| | 일괄납부 : | 건 | 원 |
| 국 민 주 택 채 권 매 입 금 액 | 금 | | 원 |
| 국 민 주 택 채 권 발 행 번 호 | | | |

| 등기의무자의 등기필정보 | | |
|---|---|---|
| 부동산고유번호 | | |
| 성명(명칭) | 일련번호 | 비밀번호 |
| | | |

| 첨 부 서 면 | | |
|---|---|---|
| · 추가저당권설정계약서 | 1통 | 〈기 타〉 |
| · 등록면허세영수필확인서 | 1통 | |
| · 인감증명 | 1통 | |
| · 등기필증 | 1통 | |
| · 주민등록등(초)본 | 1통 | |
| · 위임장 | 1통 | |

20○○년 ○월 ○일

위 신청인　　　　○　○　○　㉑　　　　(전화 :　　　　　)

　　　　　　　　　○　○　○　㉑　　　　(전화 :　　　　　)

(또는) 위 대리인　○○법무사 사무소　　　(전화 :　　　　　)

법무사 ○　○　○

서울중앙 지방법원　　　　　　　　등기국 귀중

- 신청서 작성요령 -

* 1. 부동산표시란에 2개 이상의 부동산을 기재하는 경우에는 부동산의 일련번호를 기재하여야 합니다.
 2. 신청인란등 해당란에 기재할 여백이 없을 경우에는 별지를 이용합니다.
 3. 담당 등기관이 판단하여 위의 첨부서면 외에 추가적인 서면을 요구할 수 있습니다.

&lt;별 지&gt;

---

# 부동산의 표시

추가한 부동산

1동의 부동산의 표시
  ○○시 ○○구 ○○동 ○○번지
  ○○아파트 ○동

전유부분의 표시
  301호 철근콘크리트조 3층 80㎡

전에 등기한 부동산
  대지권의 표시와 같음

대지권의 표시
  ○○시 ○○구 ○○동 ○○번지
  대 10,000㎡

소유대지권 10,000분의 100

- 이    상 -

---

## &lt;추가담보계약서&gt;

### 건물추가담보계약서

<table>
<tr><td>수 입<br>인 지<br>㊞</td></tr>
</table>

부동산의 표시

○○시 ○○구 ○○동 ○○번지

시멘트벽돌조 기와지붕

100㎡

이  상

 금번 위 건물에 대하여 제○번의 저당권을 설정하고 20○○년 ○월 ○일 귀하로부터 차용한 채권이 금○○○만원, 변제기 20○○년 ○월 ○일, 이자 연 ○푼, 이자 지급시기 매월 ○일로 등기를 한 20○○년 ○월 ○일 신청 접수 제○○○호 저당권 설정등기의 추가담보로 한다.

20○○년 ○월 ○일

저당권설정자  ○  ○  ○  ㊞

○○시 ○○구 ○○동 ○○번지

○  ○  ○  귀하

○○시 ○○구 ○○동 ○○번지

## ♣ 【서식】 토지추가저당권설정등기(공동담보목록에 공동담보목록추가)신청서

### 토지추가저당권설정등기신청

| 접 수 | 년 월 일 제 호 | 처리인 | 등기관 확인 | 각종 통지 |
|---|---|---|---|---|
| | | | | |

| 부동산의 표시 | |
|---|---|
| 별지 부동산 공동담보목록 기재와 같음 | |
| 등기원인과그연월일 | 20○○년 ○월 ○일 추가저당권설정계약 |
| 등 기 의 목 적 | 추가저당권설정 |
| 채 권 액 | 금 ○○○○○원 |
| 변 제 기 | 20○○년 ○월 ○일 |
| 이 자 | 매월 ○일 |
| 이 자 지 급 시 기 | 매월 ○일 |
| 채 무 자 | ○ ○ ○   ○○시 ○○구 ○○동 ○○번지 |
| 설 정 할 지 분 | |
| 전에등기한저당권 | 20○○년 ○월 ○일 접수 제○○○호로 등기한 순위 1번 저당권 |

| 구 분 | 성 명 (상호·명칭) | 주민등록번호 (등기용등록번호) | 주 소 (소재지) | 지 분 (개인별) |
|---|---|---|---|---|
| 등기의무자 | ○ ○ ○ | 601010-1234567 | ○○시 ○○구 ○○동 ○○번지 | |
| 등기권리자 | ○ ○ ○ | 500202-1023456 | ○○시 ○○구 ○○동 ○○번지 | |

| 등 록 면 허 세 | 금 | | 원 |
|---|---|---|---|
| 지 방 교 육 세 | 금 | | 원 |
| 세 액 합 계 | 금 | | 원 |
| 등 기 신 청 수 수 료 | 금 | | 원 |
| | 납부번호 : | | |
| | 일괄납부 : | 건 | 원 |
| 국 민 주 택 채 권 매 입 금 액 | 금 | | 원 |
| 국 민 주 택 채 권 발 행 번 호 | | | |

| 등기의무자의 등기필정보 | | |
|---|---|---|
| 부동산고유번호 | 1102-2006-002905 | |
| 성명(명칭) | 일련번호 | 비밀번호 |
| ○  ○  ○ | Q77C-LO71-35J5 | 40-4636 |

| 첨 부 서 면 | | |
|---|---|---|
| · 추가저당권설정계약서 | 1통 | 〈기  타〉 |
| · 등록면허세영수필확인서 | 1통 | |
| · 인감증명 | 1통 | |
| · 등기필증 | 1통 | |
| · 주민등록등(초)본 | 1통 | |
| · 위임장 | 1통 | |

20○○년 ○월 ○일

위 신청인　　　○　○　○　㉑　　　(전화 :　　　　　)

　　　　　　　○　○　○　㉑　　　(전화 :　　　　　)

(또는) 위 대리인 ○○법무사 사무소　　　(전화 :　　　　　)

법무사 ○　○　○

서울중앙 지방법원　　　　　　　　등기국 귀중

- 신청서 작성요령 -

* 1. 부동산표시란에 2개 이상의 부동산을 기재하는 경우에는 부동산의 일련번호를 기재하여야 합니다.
  2. 신청인란등 해당란에 기재할 여백이 없을 경우에는 별지를 이용합니다.
  3. 담당 등기관이 판단하여 위의 첨부서면 외에 추가적인 서면을 요구할 수 있습니다.

## 【부동산공동담보목록】

## 부동산공동담보목록

| 제    호 |
| --- |

저 당 권 자　○　○　○
　　　　　　○○시 ○○구 ○○동 ○○번지

저당권설정자　○　○　○
　　　　　　○○시 ○○구 ○○동 ○○번지

신 청 대 리 인　○　○　○　㉑
법　무　사　○○시 ○○구 ○○동 ○○번지

| 신청서 | 20○○년 ○월 ○일 |
| --- | --- |
| 접　수 | 제　　　　　　호 |

| 일련<br>번호 | 부동산에 관한 권리의 표시 | 순위<br>번호 |
| --- | --- | --- |
|  | 전에 등기한 부동산의 표시 |  |
|  | 20○○년 공동담보목록 제○호 |  |
|  | 추가할 부동산의 표시 |  |
| 2 | ○○시 ○○구 ○○동 ○○번지<br>대 ○○㎡ |  |
| 3 | 위 같은 동 ○<br>벽돌조 기와지붕 2층 주택<br>1층 ○㎡ 2층 ○㎡ |  |
| 4 | 위 같은 동 ○<br>대 ○㎡ |  |
| 5 | 위 같은 동 ○<br>대 ○㎡ |  |

예　비　란

| 년 월 일 | 접 수 번 호 | 사　　유 |
| --- | --- | --- |
|  |  |  |

| 위 임 장 | |
|---|---|
| 부 동 산 의 표 시 | 별지 부동산 공동담보목록 기재와 같음 |
| 등 기 원 인 과 그 연 월 일 | 20○○년 ○월 ○일 추가저당권설정계약 |
| 등 기 의 목 적 | 추가저당권설정 |
| 전 에 등 기 한 저 당 권 | 20○○년 ○월 ○일 접수 제○○○호로 등기한 순위 1번의 저당권 |

| (신청인) 등기의무자 ○ ○ ○ ㉐<br>○○시 ○○구 ○○동 ○○번지<br><br>등기권리자 ○ ○ ○ ㉐<br>○○시 ○○구 ○○동 ○○번지 | (대리인) 법무사 ○ ○ ○<br>○○시 ○○구 ○○동 ○○번지<br><br>위 사람을 대리인으로 정하고 위 부동산 등기신청 및 취하에 관한 모든 행위를 위임한다.<br>또한 복대리인 선임을 허락한다.<br>20○○년 ○월 ○일 |

## ♣ 【서식】 토지추가저당권설정등기(구분건물에 대지권추가)신청서

<table>
<tr><td colspan="5" align="center">토지추가저당권설정등기신청</td></tr>
<tr>
<td rowspan="2">접　수</td>
<td colspan="1">년　월　일</td>
<td rowspan="2">처리인</td>
<td>등기관 확인</td>
<td>각종 통지</td>
</tr>
<tr>
<td>제　　　　호</td>
<td></td>
<td></td>
</tr>
</table>

<table>
<tr><td colspan="5" align="center">부동산의 표시</td></tr>
<tr><td colspan="5" align="center">별지 기재와 같음</td></tr>
<tr><td>등기원인과그연월일</td><td colspan="4">20○○년 ○월 ○일 추가저당권설정계약</td></tr>
<tr><td>등 기 의 목 적</td><td colspan="4">추가저당권설정</td></tr>
<tr><td>채　　권　　액</td><td colspan="4">금 ○○○○○원</td></tr>
<tr><td>변　　제　　기</td><td colspan="4">20○○년 ○월 ○일</td></tr>
<tr><td>이　　　　자</td><td colspan="4">연 ○할</td></tr>
<tr><td>이 자 지 급 시 기</td><td colspan="4">매월 ○일</td></tr>
<tr><td>채　　무　　자</td><td colspan="4">○ ○ ○　　○○시 ○○구 ○○동 ○○번지</td></tr>
<tr><td>설 정 할 지 분</td><td colspan="4"></td></tr>
<tr><td>전에등기한저당권</td><td colspan="4">20○○년 ○월 ○일 접수 제○○○호로 등기한 순위 1번 저당권</td></tr>
<tr>
<td>구<br>분</td>
<td>성　　명<br>(상호·명칭)</td>
<td>주민등록번호<br>(등기용등<br>록번호)</td>
<td>주　소<br>(소재지)</td>
<td>지　분<br>(개인별)</td>
</tr>
<tr>
<td>등기의무자</td>
<td>○ ○ ○</td>
<td>601010-12<br>34567</td>
<td>○○시 ○○구 ○○동 ○○번지</td>
<td></td>
</tr>
<tr>
<td>등기권리자</td>
<td>○ ○ ○</td>
<td>500202-10<br>23456</td>
<td>○○시 ○○구 ○○동 ○○번지</td>
<td></td>
</tr>
</table>

| 등 록 면 허 세 | 금 | 원 |
|---|---|---|
| 지 방 교 육 세 | 금 | 원 |
| 세 액 합 계 | 금 | 원 |

| 등 기 신 청 수 수 료 | 금 | 원 |
|---|---|---|
| | 납부번호 : | |
| | 일괄납부 :        건 | 원 |

| 국 민 주 택 채 권 매 입 금 액 | 금 | 원 |
|---|---|---|
| 국 민 주 택 채 권 발 행 번 호 | | |

| 등기의무자의 등기필정보 | | |
|---|---|---|
| 부동산고유번호 | | |
| 성명(명칭) | 일련번호 | 비밀번호 |
| | | |

| 첨          부          서          면 | | |
|---|---|---|
| · 추가저당권설정계약서      1통 | 〈기    타〉 | |
| · 등록면허세영수필확인서    1통 | | |
| · 인감증명                  1통 | | |
| · 등기필증                  1통 | | |
| · 주민등록등(초)본          1통 | | |
| · 위임장                    1통 | | |

20○○년 ○월 ○일

위 신청인      ○  ○  ○  ⑳      (전화 :              )
                ○  ○  ○  ⑳      (전화 :              )

(또는) 위 대리인 ○○법무사 사무소      (전화 :              )

법무사 ○   ○   ○

○○ 지방법원                         등기소  귀중

- 신청서 작성요령 -

* 1. 부동산표시란에 2개 이상의 부동산을 기재하는 경우에는 부동산의 일련번호를 기재하
     여야 합니다.
  2. 신청인란등 해당란에 기재할 여백이 없을 경우에는 별지를 이용합니다.
  3. 담당 등기관이 판단하여 위의 첨부서면 외에 추가적인 서면을 요구할 수 있습니다.

&lt;별 지&gt;

# 부동산의 표시

추가한 부동산
　대지권의 표시와 같음

전에 등기한 부동산
　1동의 건물의 표시
　○○시 ○○구 ○○동 ○○번지
　○○아파트 ○동

전유부분의 표시
　301호 철근콘크리트조 3층 80㎡

대지권의 표시
　○○시 ○○구 ○○동 ○○번지
　대 10,000㎡

소유대지권 10,000분의 100

- 이　　상 -

| 위 임 장 | | |
|---|---|---|
| 부동산의표시 | | 별지 기재와 같음 |
| 등 기 원 인 과 그 연 월 일 | | 20○○년 ○월 ○일 추가저당권설정계약 |
| 등 기 의 목 적 | | 추가저당권설정 |
| 전 에 등 기 한 저 당 권 | | 20○○년 ○월 ○일 접수 제○○○호로 등기한 순위 1번의 저당권 |
| (신청인) 등기의무자 ○ ○ ○ ㊞<br>        ○○시 ○○구 ○○동 ○○번지<br><br>    등기권리자 ○ ○ ○ ㊞<br>        ○○시 ○○구 ○○동 ○○번지 | | (대리인) 법무사 ○ ○ ○<br>        ○○시 ○○구 ○○동 ○○번지<br><br>    위 사람을 대리인으로 정하고 위 부동산 등기신청 및 취하에 관한 모든 행위를 위임한다.<br>    또한 복대리인 선임을 허락한다.<br>        20○○년 ○월 ○일 |

## ♣ 【서식】 토지 · 건물추가저당권설정등기신청서

### 토지·건물추가저당권설정등기신청

| 접 수 | 년 월 일 | 처리인 | 등기관 확인 | 각종 통지 |
|---|---|---|---|---|
|  | 제       호 |  |  |  |

| 부동산의 표시 |
|---|
| 별지 부동산 공동담보목록 기재와 같음 |

| 등기원인과그연월일 | 20○○년 ○월 ○일 추가저당권설정계약 |
|---|---|
| 등 기 의 목 적 | 추가저당권설정 |
| 채 권 액 | 금 ○○○○○원 |
| 변 제 기 | 20○○년 ○월 ○일 |
| 이 자 | 연 ○할 |
| 이 자 지 급 시 기 | 매월 ○일 |
| 채 무 자 | ○ ○ ○    ○○시 ○○구 ○○동 ○○번지 |
| 설 정 할 지 분 |  |
| 전에등기한저당권 | 20○○년 ○월 ○일 접수 제○○○호로 등기한 순위 1번 저당권 |

| 구분 | 성 명 (상호·명칭) | 주민등록번호 (등기용등록번호) | 주 소 (소재지) | 지 분 (개인별) |
|---|---|---|---|---|
| 등기의무자 | ○ ○ ○ | 610120-1234567 | ○○시 ○○구 ○○동 ○○번지 |  |
| 등기권리자 | ○ ○ ○ | 500202-1023456 | ○○시 ○○구 ○○동 ○○번지 |  |

| 등 록 면 허 세 | 금 | 원 |
|---|---|---|
| 지 방 교 육 세 | 금 | 원 |
| 세 액 합 계 | 금 | 원 |
| 등 기 신 청 수 수 료 | 금 | 원 |
| | 납부번호 : | |
| | 일괄납부 :         건         원 | |
| 국 민 주 택 채 권 매 입 금 액 | 금 | 원 |
| 국 민 주 택 채 권 발 행 번 호 | | |

| 등기의무자의 등기필정보 | | |
|---|---|---|
| 부동산고유번호 | 1102-2006-002905 | |
| 성명(명칭) | 일련번호 | 비밀번호 |
| ○ ○ ○ | Q77C-LO71-35J5 | 40-4636 |

| 첨 부 서 면 | | |
|---|---|---|
| · 추가저당권설정계약서 | 1통 | 〈기 타〉 |
| · 등록면허세영수필확인서 | 1통 | |
| · 인감증명 | 1통 | |
| · 등기필증 | 1통 | |
| · 주민등록등(초)본 | 1통 | |
| · 위임장 | 1통 | |

20○○년 ○월 ○일


위 신청인     ○  ○  ○   ㊞     (전화 :          )
             ○  ○  ○   ㊞     (전화 :          )


(또는) 위 대리인  ○○법무사 사무소     (전화 :          )


법무사 ○  ○  ○


○○ 지방법원                    등기소 귀중

- 신청서 작성요령 -

* 1. 부동산표시란에 2개 이상의 부동산을 기재하는 경우에는 부동산의 일련번호를 기재하여야 합니다.
  2. 신청인란등 해당란에 기재할 여백이 없을 경우에는 별지를 이용합니다.
  3. 담당 등기관이 판단하여 위의 첨부서면 외에 추가적인 서면을 요구할 수 있습니다.

## <부동산공동담보목록>

### 부동산공동담보목록

제 호

저 당 권 자 ○ ○ ○
○○시 ○○구 ○○동 ○○번지

저당권설정자 ○ ○ ○
○○시 ○○구 ○○동 ○○번지

신 청 대 리 인 ○ ○ ○ [인]
법 무 사 ○○시 ○○구 ○○동 ○○번지

| 신청서 접 수 | 20○○년 ○월 ○일 |
|---|---|
| | 제 호 |

| 일련번호 | 부동산에 관한 권리의 표시 | 순위번호 |
|---|---|---|
| | 전에 등기한 부동산의 표시 | |
| 1 | ○○시 ○○구 ○○동 ○○번지<br>대 ○㎡ | |
| | 추가할 부동산의 표시 | |
| 2 | 위 같은 동 ○<br>대 ○㎡ | |
| 3 | 위 같은 동 ○<br>벽돌조 기와지붕 2층 주택<br>1층 ○㎡2층 ○㎡ | |
| | ○○지방법원 ○○등기소 관할 | |
| 4 | ○○시 ○○구 ○○동 ○○번지<br>대 ○㎡ | |
| 5 | 위 같은 동 ○<br>대 ○㎡ | |
| | ○○지방법원 ○○등기소 관할 | |

| 예 비 란 | | |
|---|---|---|
| 년 월 일 | 접 수 번 호 | 사 유 |
| | | |

## ■을구 예시

### -통상의 저당권설정 244

| 【을   구】 (소유권 이외의 권리에 관한 사항) | | | | |
|---|---|---|---|---|
| 순위번호 | 등기목적 | 접수 | 등기원인 | 권리자 및 기타사항 |
| 1 | 저당권<br>설정 | 2015년 3월<br>5일<br>제3005호 | 2015년 3월<br>4일 설정계약 | 채권액) 금100,000,000원<br>변제기) 2016년 3월 3일<br>이자) 연 6푼<br>원본 및 이자의 지급장소)<br>서울특별시 종로구 원서동 6<br>김○○의 주소지<br>채무자) 김○○<br>서울특별시 종로구 율곡로 16(원서동)<br>저당권자)<br>이☆☆ 750614-1234567<br>서울특별시 종로구 창덕궁길 100(계동) |

-저당권자가 수인인 저당권 245

| 【을    구】 (소유권 이외의 권리에 관한 사항) | | | | |
|---|---|---|---|---|
| 순위번호 | 등기목적 | 접수 | 등기원인 | 권리자 및 기타사항 |
| 1 | 저당권<br>설정 | 2015년 3월 5일<br>제3005호 | 2015년 3월 4일<br>설정계약 | 채권액) 금100,000,000원<br>이자) 연 5푼<br>채무자) 김○○<br>서울특별시 종로구 율곡로 16(원서동)<br><br>저당권자)<br>지분 5분의3<br>이☆☆ 750614-1234567<br>서울특별시 종로구 창덕궁길 100(계동)<br>지분 5분의2<br>강◇◇ 790513-1234567<br>서울특별시 용산구 원효로 10(원효로1가) |

-채무자가 다른 각 별의 채무를 담보하는 경우 246

| 【을   구】 (소유권 이외의 권리에 관한 사항) | | | | |
| --- | --- | --- | --- | --- |
| 순위번호 | 등기목적 | 접수 | 등기원인 | 권리자 및 기타사항 |
| 1 | 저당권<br>설정 | 2015년 3월 5일<br>제3005호 | 2015년 3월 4일<br>설정계약 | 채권액) 금100,000,000원<br>이자) 연 5푼<br>채무자)<br>금60,000,000원<br>정○○<br>서울특별시 종로구 인사동6길 5(인사동)<br><br>금40,000,000원<br>김☆☆ 750614-1234567<br>서울특별시 종로구 율곡로 16(원서동)<br><br>저당권자)<br>이◇◇ 790513-1234567<br>서울특별시 종로구 창덕궁길 100(계동) |

(주) 근저당권의 경우에는 채무자별로 채무액을 기록할 수 없다.

## ⚖ 판 례

채권자 아닌 제3자 명의로 설정된 저당권 또는 채권담보 목적의 가등기의 효력(=제한적 유효). 채권담보의 목적으로 채무자 소유의 부동산을 담보로 제공하여 저당권을 설정하는 경우에는 담보물권의 부종성의 법리에 비추어 원칙적으로 채권과 저당권이 그 주체를 달리할 수 없는 것이지만, 채권자 아닌 제3자의 명의로 저당권등기를 하는 데 대하여 채권자와 채무자 및 제3자 사이에 합의가 있었고, 나아가 제3자에게 그 채권이 실질적으로 귀속되었다고 볼 수 있는 특별한 사정이 있거나, 거래경위에 비추어 제3자의 저당권등기가 한낱 명목에 그치는 것이 아니라 그 제3자도 채무자로부터 유효하게 채권을 변제받을 수 있고 채무자도 채권자나 저당권 명의자인 제3자 중 누구에게든 채무를 유효하게 변제할 수 있는 관계 즉 묵시적으로 채권자와 제3자가 불가분적 채권자의 관계에 있다고 볼 수 있는 경우에는, 그 제3자 명의의 저당권등기도 유효하다고 볼 것인바, 이러한 법리는 저당권의 경우뿐 아니라 채권 담보를 목적으로 가등기를 하는 경우에도 마찬가지로 적용된다고 보아야 할 것이고, 이러한 법리가 부동산실권리자명의등기에관한법률에 규정된 명의신탁약정의 금지에 위반된다고 할 것은 아니다(대법원 2008.11.27. 선고, 2008다62687, 판결).

## 2. 저당권이전 및 변경등기

### (1) 저당권이전등기

저당권이전등기를 신청하는 경우에는 저당권이 채권과 같이 이전한다는 뜻을 신청정보의 내용으로 하여야 한다(규칙 제137조 1항). 그러므로 피담보채권과 분리한 저당권의 순위양도 및 그에 따른 등기는 저당권의 부종성에 의하여 인정되지 않는다(등기예규 223호). 채권일부의 양도 또는 대위변제로 저당권의 일부이전등기를 신청할 때에 양도나 대위변제의 목적인 양도액 또는 변제액을 신청정보의 내용으로 하여야 한다(법 제79조, 규칙 제137조 2항). 저당권으로 담보 되어 있는 채권의 일부가 양도된 경우 저당권의 불가분성으로 인하여 양도인과 양수인은 해당 저당권을 채권액에 대응하는 지분비율로 준공유한다고 할 수 있기 때문에 그 지분의 비율을 명확하게 하기 위하여 양도액을 기록하여야 한다. 일부 대위변제의 경우에도 마찬가지의 이유로 변제액을 신청정보의 내용으로 하여야 한다.

저당권의 이전등기는 양도인과 양수인이 공동으로 신청하여야 한다(등기예규 제616호). 저당권이전등기는 채권양도가 전제가 되므로 그 채권양도에 관하여는 저당권이전등기와는 별도로 대항요건을 갖추어야 하나, 피담보채권양도의 대항요건은 저당권이전등기의 요건은 아니므로, 양도의 통지를 증명하는 서면 또는 채무자의 승낙서 등은 등기신청을 할 때 제공할 필요가 없다(선례 V-104). 저당권의 피담보채권의 일부에 대하여 갑·을 두 사람이 각각 별도로 일정금액씩을 일부 대위변제한 경우에는 당사자가 다르므로 대위변제일자 및 변제금액과 관계없이 저당권일부이전등기는 별개의 신청으로 하여야 할 것이다(선례 V-439).

저당권이 있는 채권에 관하여 전부명령이나 양도명령이 확정된 때 또는 매각명령에 따른 매각을 마친 때에는 법원사무관 등은 신청에 따라 저당권이전등기 등을 촉탁하여야 한다(민사집행규칙 제167조).

갑 회사가 그 일부를 분할하여 을 회사를 설립한 경우, 분할로 인하여 설립되는 을 회사는 분할계획서가 정하는 바에 따라서 분할되는 갑 회사의 권리와 의무를 포괄적으로 승계하는바(상법 제530조의10), 분할계획서에 분할로 인하여 설립되는 회사에 이전될 재산으로 기재된 근저당권에 대하여는 근저당권이전등기를 거치지 아니하고서도 그 권리행사를 할 수 있다.

다만, 분할 후 그 근저당권에 대하여 말소원인이 발생하거나 양도 그 밖의 처분행위를 하기 위해서는 분할을 원인으로 한 근저당권이전등기를 마쳐야만 그에 따른 등기를 할 수 있다(민법 제187조). 회사합병의 경우에도 위와 같다.

한편, 회사분할로 인한 저당권이전등기를 신청하는 경우에 원칙적으로는 이전의 대상이 되는 권리가 구체적으로 특정된 분할계획서를 제공하여야 하나, 만일 분할계획서에 그 권리가 특정되지 않았다면 등기신청의 대상이 되는 저당권이 회사분할로 인하여 이전되는 권리임을 소명하는 해당 회사 작성의 서면을 제공해서도 등기신청이 가능하다(2010. 12. 2. 부동산등기과-2275 질의회답).

저당권이전등기는 언제나 부기등기로 한다(법 제52조 2호). 이 경우 소유권이전등기와는 달리 종전 저당권자의 표시에 관한 사항을 말소하는 표시를 하여야 한다. 다만, 이전되는 지분이 일부일 때에는 말소하는 표시를 하지 않는다(규칙 제112조 3항).

## ♣ 【서식】 저당권이전등기(채권양도)신청서

| 저당권이전등기신청 | | | | |
|---|---|---|---|---|

| 접 수 | 년 월 일 | 처리인 | 등기관 확인 | 각종 통지 |
|---|---|---|---|---|
| | 제        호 | | | |

| 부동산의 표시 |
|---|
| 1. ○○시 ○○구 ○○동 ○○번지<br>　　대 150㎡<br>2. 위 지상<br>　　시멘트벽돌조 기와지붕 단층주택<br>　　70㎡<br><br>　　　　　이　　　　　　　상 |

| 등기원인과그연월일 | 20○○년 ○월 ○일 채권양도 |
|---|---|
| 등 기 의 목 적 | 저당권이전 |
| 이 전 할 저 당 권 | 20○○년 ○월 ○일 접수 제○○○호 저당권설정등기<br>단, 저당권은 채권과 함께 이전함 |

| 구분 | 성 명<br>(상호·명칭) | 주민등록번호<br>(등기용등록<br>번호) | 주 소<br>(소재지) | 지 분<br>(개인별) |
|---|---|---|---|---|
| 등기의무자 | ○ ○ ○ | 610120-12<br>34567 | ○○시 ○○구 ○○동 ○○번지 | |
| 등기권리자 | ○ ○ ○ | 500202-10<br>23456 | ○○시 ○○구 ○○동 ○○번지 | |

| | |
|---|---|
| 등록면허세 | 금 원 |
| 지방교육세 | 금 원 |
| 세액합계 | 금 원 |
| 등기신청수수료 | 금 원 |
| | 납부번호 : |
| | 일괄납부 : 건 원 |
| 국민주택채권매입금액 | 금 원 |
| 국민주택채권발행번호 | |

| 등기의무자의 등기필정보 | | |
|---|---|---|
| 부동산고유번호 | 1102-2006-002905 | |
| 성명(명칭) | 일련번호 | 비밀번호 |
| ○ ○ ○ | Q77C-LO71-35J5 | 40-4636 |

| 첨부서면 | | |
|---|---|---|
| · 저당권양도증서 | 1통 | 〈기 타〉 |
| · 등록면허세영수필확인서 | 1통 | |
| · 인감증명 | 1통 | |
| · 등기필증 | 1통 | |
| · 주민등록등(초)본 | 1통 | |
| · 위임장 | 1통 | |

20○○년 ○월 ○일

위 신청인 ○ ○ ○ [인] (전화 : )
○ ○ ○ [인] (전화 : )

(또는) 위 대리인 ○○법무사 사무소 (전화 : )

법무사 ○ ○ ○

○○지방법원 등기소 귀중

- 신청서 작성요령 -

* 1. 부동산표시란에 2개 이상의 부동산을 기재하는 경우에는 부동산의 일련번호를 기재하여야 합니다.
2. 신청인란등 해당란에 기재할 여백이 없을 경우에는 별지를 이용합니다.
3. 담당 등기관이 판단하여 위의 첨부서면 외에 추가적인 서면을 요구할 수 있습니다.

## ♣ 【서식】 채권 및 담보권양도계약서

# 채권 및 저당권 양도증서

1. 저당권의 표시

   채권액  금○○○○만원정

   이 자  연 ○할

   이자지급시기  매월 ○일

   변제기  20○○년 ○월 ○일

   소유자  ○  ○  ○

   　　　　○○시 ○○구 ○○동 ○○번지

   채무자  ○  ○  ○

   　　　　○○시 ○○구 ○○동 ○○번지

   계약연월일  20○○년 ○월 ○일 접수 제○○○호

> 수 입
> 인 지
> ㊞

 위 채권 및 저당권을 귀하에게 양도함.


　　　　　　　20○○년 ○월 ○일


　　　　　　　　　　　양도인  ○  ○  ○  ㊞

　　　　　　　　　　　○○시 ○○구 ○○동 ○○번지


○  ○  ○  귀하

○○시 ○○구 ○○동 ○○번지  ○  ○  ○  귀하

1. 부동산의 표시

   　○○시 ○○구 ○○동 ○○번지

   　대 ○○○㎡

   　이 상

## ♣【서식】 저당권이전등기(채권의 재양도)신청서

<table>
<tr><td colspan="5" align="center">저당권이전등기신청</td></tr>
<tr>
<td rowspan="2">접  수</td>
<td>년  월  일</td>
<td rowspan="2">처리인</td>
<td>등기관 확인</td>
<td>각종 통지</td>
</tr>
<tr>
<td>제        호</td>
<td></td>
<td></td>
</tr>
</table>

<table>
<tr><td colspan="5" align="center">부동산의 표시</td></tr>
<tr><td colspan="5" align="center">○○시 ○○구 ○○동 ○○번지<br><br>대 150㎡<br><br>이                        상</td></tr>
<tr>
<td colspan="2">등기원인과그연월일</td>
<td colspan="3">20○○년 ○월 ○일 채권양도</td>
</tr>
<tr>
<td colspan="2">등 기 의 목 적</td>
<td colspan="3">저당권이전</td>
</tr>
<tr>
<td colspan="2">이 전 할 저 당 권</td>
<td colspan="3">20○○년 ○월 ○일 접수 제○○○호 저당권설정등기</td>
</tr>
<tr>
<td>구<br>분</td>
<td>성    명<br>(상호·명칭)</td>
<td>주민등록번호<br>(등기용등록<br>번호)</td>
<td>주    소<br>(소재지)</td>
<td>지  분<br>(개인별)</td>
</tr>
<tr>
<td>등기의무자</td>
<td>○  ○  ○</td>
<td>600606-12<br>34567</td>
<td>○○시 ○○구 ○○동 ○○번지</td>
<td></td>
</tr>
<tr>
<td>등기권리자</td>
<td>○  ○  ○</td>
<td>520202-10<br>23456</td>
<td>○○시 ○○구 ○○동 ○○번지</td>
<td></td>
</tr>
</table>

| 등 록 면 허 세 | 금 | 원 |
|---|---|---|
| 지 방 교 육 세 | 금 | 원 |
| 세 액 합 계 | 금 | 원 |
| 등 기 신 청 수 수 료 | 금 | 원 |
| | 납부번호 : | |
| | 일괄납부 :     건     원 | |
| 국 민 주 택 채 권 매 입 금 액 | 금 | 원 |
| 국 민 주 택 채 권 발 행 번 호 | | |

| 등기의무자의 등기필정보 | | |
|---|---|---|
| 부동산고유번호 | 1102-2006-002905 | |
| 성명(명칭) | 일련번호 | 비밀번호 |
| ○ ○ ○ | Q77C-LO71-35J5 | 40-4636 |

| 첨 부 서 면 | | |
|---|---|---|
| · 저당권양도증서 | 1통 | 〈기 타〉 |
| · 등록면허세영수필확인서 | 1통 | |
| · 인감증명 | 1통 | |
| · 등기필증 | 1통 | |
| · 주민등록등(초)본 | 1통 | |
| · 위임장 | 1통 | |

20○○년 ○월 ○일

위 신청인     ○ ○ ○ ㊞     (전화 :     )
            ○ ○ ○ ㊞     (전화 :     )

(또는) 위 대리인 ○○법무사 사무소     (전화 :     )

법무사 ○ ○ ○

○○지방법원     등기소 귀중

- 신청서 작성요령 -

* 1. 부동산표시란에 2개 이상의 부동산을 기재하는 경우에는 부동산의 일련번호를 기재하여야 합니다.
  2. 신청인란등 해당란에 기재할 여백이 없을 경우에는 별지를 이용합니다.
  3. 담당 등기관이 판단하여 위의 첨부서면 외에 추가적인 서면을 요구할 수 있습니다.

## ♣ 【서식】 저당권이전등기(대지권을 등기한 구분건물)신청서

| 저당권이전등기신청 | | | | |
|---|---|---|---|---|
| 접 수 | 년 월 일<br>제        호 | 처리인 | 등기관 확인 | 각종 통지 |

| 부동산의 표시 |
|---|
| 1동의 건물의 표시<br>　　○○시 ○○구 ○○동 ○○번지<br>　　○○빌라 ○동<br>전유부분 건물의 표시<br>　　301호 철근콘크리트 3층<br>　　80㎡<br><br>　　　　　이　　　　　　　　상 |

| 등기원인과그연월일 | 20○○년 ○월 ○일 양도 |
|---|---|
| 등 기 의 목 적 | 저당권이전 |
| 이 전 할 저 당 권 | 20○○년 ○월 ○일 접수 제○○○호 저당권설정등기 |
| 대 지 권 의 표 시 | |

| 구분 | 성 명<br>(상호·명칭) | 주민등록번호<br>(등기용등<br>록번호) | 주 소<br>(소재지) | 지 분<br>(개인별) |
|---|---|---|---|---|
| 등기의무자 | ○ ○ ○ | 610120-12<br>34567 | ○○시 ○○구 ○○동 ○○번지 | |
| 등기권리자 | ○ ○ ○ | 520202-10<br>23456 | ○○시 ○○구 ○○동 ○○번지 | |

| 등 록 면 허 세 | 금 | | 원 |
|---|---|---|---|
| 지 방 교 육 세 | 금 | | 원 |
| 세 액 합 계 | 금 | | 원 |
| 등 기 신 청 수 수 료 | 금 | | 원 |
| | 납부번호 : | | |
| | 일괄납부 : | 건 | 원 |
| 국 민 주 택 채 권 매 입 금 액 | 금 | | 원 |
| 국 민 주 택 채 권 발 행 번 호 | | | |

| 등기의무자의 등기필정보 | | |
|---|---|---|
| 부동산고유번호 | 1102-2006-002905 | |
| 성명(명칭) | 일련번호 | 비밀번호 |
| ○　○　○ | Q77C-LO71-35J5 | 40-4636 |

| 첨　　부　　서　　면 | |
|---|---|
| · 저당권양도증서　　　1통<br>· 등록면허세영수필확인서　1통<br>· 인감증명　　　　　　1통<br>· 등기필증　　　　　　1통<br>· 주민등록등(초)본　　1통<br>· 위임장　　　　　　　1통 | 〈기　타〉 |

20○○년 ○월 ○일

위 신청인　　○　○　○　　㉕　　(전화 :　　　　)
　　　　　　　○　○　○　　㉕　　(전화 :　　　　)

(또는) 위 대리인 ○○법무사 사무소　　(전화 :　　　　)

법무사 ○　○　○

○○지방법원　　　　　등기소 귀중

- 신청서 작성요령 -

* 1. 부동산표시란에 2개 이상의 부동산을 기재하는 경우에는 부동산의 일련번호를 기재하여야 합니다.
  2. 신청인란등 해당란에 기재할 여백이 없을 경우에는 별지를 이용합니다.
  3. 담당 등기관이 판단하여 위의 첨부서면 외에 추가적인 서면을 요구할 수 있습니다.

**&lt;별 지&gt;**

# 대지권의 표시

○○시 ○○구 ○○동 ○○번지

　대 1,000㎡

　소유권대지권 1,000분의 10

- 이    상 -

## ♣ 【서식】 저당권이전등기(상속)신청서

<table>
<tr>
<td rowspan="2" colspan="2" align="center">저당권이전등기신청</td>
</tr>
</table>

| 접　수 | 년　월　일 | 처리인 | 등기관 확인 | 각종 통지 |
|---|---|---|---|---|
| | 제　　　호 | | | |

<table>
<tr><td colspan="5" align="center">부동산의 표시</td></tr>
<tr><td colspan="5" align="center">○○시 ○○구 ○○동 ○○번지<br><br>대 150㎡<br><br><br>이　　　　　　　상</td></tr>
<tr><td colspan="2">등기원인과그연월일</td><td colspan="3">20○○년 ○월 ○일 상속</td></tr>
<tr><td colspan="2">등 기 의 목 적</td><td colspan="3">저당권이전</td></tr>
<tr><td colspan="2">이 전 할 저 당 권</td><td colspan="3">20○○년 ○월 ○일 접수 제○○○호 저당권설정등기</td></tr>
<tr><td>구<br>분</td><td>성　　명<br>(상호·명칭)</td><td>주민등록번호<br>(등기용등록번호)</td><td>주　소<br>(소재지)</td><td>지　분<br>(개인별)</td></tr>
<tr><td>등기의무자</td><td>○　○　○</td><td>610120-1234567</td><td>○○시 ○○구 ○○동 ○○번지</td><td></td></tr>
<tr><td>등기권리자</td><td>○　○　○</td><td>520202-1023456</td><td>○○시 ○○구 ○○동 ○○번지</td><td></td></tr>
</table>

| | | | |
|---|---|---|---|
| 등 록 면 허 세 | 금 원 | | |
| 지 방 교 육 세 | 금 원 | | |
| 세 액 합 계 | 금 원 | | |
| 등 기 신 청 수 수 료 | 금 원 | | |
| | 납부번호 : | | |
| | 일괄납부 : 건 원 | | |
| 국 민 주 택 채 권 매 입 금 액 | 금 원 | | |
| 국 민 주 택 채 권 발 행 번 호 | | | |
| 등기의무자의 등기필정보 | | | |
| 부동산고유번호 | 1102-2006-002905 | | |
| 성명(명칭) | 일련번호 | 비밀번호 | |
| ○ ○ ○ | Q77C-LO71-35J5 | 40-4636 | |
| 첨 부 서 면 | | | |
| · 저당권양도증서 | 1통 | 〈기 타〉 | |
| · 등록면허세영수필확인서 | 1통 | | |
| · 인감증명 | 1통 | | |
| · 등기필증 | 1통 | | |
| · 주민등록등(초)본 | 1통 | | |
| · 위임장 | 1통 | | |

20○○년 ○월 ○일

위 신청인 ○ ○ ○ ㊞ (전화 : )
○ ○ ○ ㊞ (전화 : )

(또는) 위 대리인 ○○법무사 사무소 (전화 : )

법무사 ○ ○ ○

○○지방법원 등기소 귀중

– 신청서 작성요령 –

* 1. 부동산표시란에 2개 이상의 부동산을 기재하는 경우에는 부동산의 일련번호를 기재하여야 합니다.
2. 신청인란등 해당란에 기재할 여백이 없을 경우에는 별지를 이용합니다.
3. 담당 등기관이 판단하여 위의 첨부서면 외에 추가적인 서면을 요구할 수 있습니다.

**〈별 지〉**

# 등기권리자(신청인)

망 김 ○ ○ 상속인
　　○○시 ○○구 ○○동 ○○ 번지


지분 3분의 2  서 ○ ○ ㉑
　　　　　520202-2012345
　　　　　○○시 ○○구 ○○동 ○○번지　　(전화 :　　　　)


지분 3분의 1  김 ○ ○ ㉑
　　　　　700707-1023456
　　　　　○○시 ○○구 ○○동 ○○번지　　(전화 :　　　　)

## ♣ 【서식】 저당권이전등기(회사합병)신청서

<table>
<tr><td colspan="5" align="center">저당권이전등기신청</td></tr>
<tr><td rowspan="2">접　수</td><td>년　월　일</td><td rowspan="2">처리인</td><td>등기관 확인</td><td>각종 통지</td></tr>
<tr><td>제　　　호</td><td></td><td></td></tr>
</table>

<table>
<tr><td colspan="5" align="center">부동산의 표시</td></tr>
<tr><td colspan="5" align="center">○○시 ○○구 ○○동 ○○번지<br><br>대 150㎡<br><br><br>이　　　　　　　　상</td></tr>
<tr><td colspan="2">등기원인과그연월일</td><td colspan="3">20○○년 ○월 ○일 회사합병</td></tr>
<tr><td colspan="2">등 기 의 목 적</td><td colspan="3">저당권이전</td></tr>
<tr><td colspan="2">이 전 할 저 당 권</td><td colspan="3">20○○년 ○월 ○일 접수 제○○○호 저당권설정등기</td></tr>
<tr><td>구 분</td><td>성　명<br>(상호·명칭)</td><td>주민등록번호<br>(등기용등록<br>번호)</td><td>주　소<br>(소재지)</td><td>지　분<br>(개인별<br>)</td></tr>
<tr><td>등기의무자</td><td></td><td></td><td></td><td></td></tr>
<tr><td>등기권리자</td><td></td><td></td><td></td><td></td></tr>
</table>

| 등 록 면 허 세 | 금 | 원 |
|---|---|---|
| 지 방 교 육 세 | 금 | 원 |
| 세 액 합 계 | 금 | 원 |

| 등 기 신 청 수 수 료 | 금 | 원 |
|---|---|---|
| | 납부번호 : | |
| | 일괄납부 :        건        원 | |

| 국 민 주 택 채 권 매 입 금 액 | 금 | 원 |
|---|---|---|
| 국 민 주 택 채 권 발 행 번 호 | | |

| 등기의무자의 등기필정보 | | |
|---|---|---|
| 부동산고유번호 | 1102-2006-002905 | |
| 성명(명칭) | 일련번호 | 비밀번호 |
| ○ ○ ○ | Q77C-LO71-35J5 | 40-4636 |

| 첨 부 서 면 | | |
|---|---|---|
| · 저당권양도증서 | 1통 | 〈기 타〉 |
| · 등록면허세영수필확인서 | 1통 | |
| · 인감증명 | 1통 | |
| · 등기필증 | 1통 | |
| · 주민등록등(초)본 | 1통 | |
| · 위임장 | 1통 | |

20○○년 ○월 ○일

위 신청인       ○  ○  ○  ⑪       (전화 :            )
            ○  ○  ○  ⑪       (전화 :            )

(또는) 위 대리인 ○○법무사 사무소       (전화 :            )

법무사 ○  ○  ○

○○지방법원          등기소 귀중

---

- 신청서 작성요령 -

* 1. 부동산표시란에 2개 이상의 부동산을 기재하는 경우에는 부동산의 일련번호를 기재하 여야 합니다.
  2. 신청인란등 해당란에 기재할 여백이 없을 경우에는 별지를 이용합니다.
  3. 담당 등기관이 판단하여 위의 첨부서면 외에 추가적인 서면을 요구할 수 있습니다.

**<별 지>**

---

## 등기권리자

합병으로 인하여 소멸하는 회사

　○○○주식회사

　○○시 ○○구 ○○동 ○○번지


합병으로 인하여 존속하는 회사

　○○○주식회사

　110011-1234567

　○○시 ○○구 ○○동 ○○번지


대표이사　○　○　○　㊞

　　　　　520202-1023456

　　　　　○○시 ○○구 ○○동 ○○번지　　(전화 :　　　　　)

## ♣ 【서식】 저당권이전등기(대위변제)신청서

<table>
<tr><td colspan="6" align="center">토지저당권이전등기신청</td></tr>
<tr><td rowspan="2">접　수</td><td colspan="2">년　월　일</td><td rowspan="2">처리인</td><td>등기관 확인</td><td>각종 통지</td></tr>
<tr><td colspan="2">제　　　호</td><td></td><td></td></tr>
</table>

<table>
<tr><td colspan="5" align="center">부동산의 표시</td></tr>
<tr><td colspan="5" align="center">○○시 ○○구 ○○동 ○○번지<br><br>대 150㎡<br><br><br>이　　　　　　　상</td></tr>
<tr><td>등기원인과그연월일</td><td colspan="4">20○○년 ○월 ○일 대위변제</td></tr>
<tr><td>등 기 의 목 적</td><td colspan="4">저당권이전</td></tr>
<tr><td>이 전 할 저 당 권</td><td colspan="4">20○○년 ○월 ○일 접수 제○○○호 저당권설정등기</td></tr>
<tr><td></td><td></td><td></td><td></td><td></td></tr>
<tr><td>구분</td><td>성 명<br>(상호·명칭)</td><td>주민등록번호<br>(등기용등<br>록번호)</td><td>주 소<br>(소재지)</td><td>지 분<br>(개인별)</td></tr>
<tr><td>등기의무자</td><td>○ ○ ○</td><td>600606-1234<br>567</td><td>○○시 ○○구 ○○동 ○○번지</td><td></td></tr>
<tr><td>등기권리자</td><td>○ ○ ○</td><td>520202-1023<br>456</td><td>○○시 ○○구 ○○동 ○○번지</td><td></td></tr>
</table>

| 등 록 면 허 세 | 금 | | 원 |
|---|---|---|---|
| 지 방 교 육 세 | 금 | | 원 |
| 세 액 합 계 | 금 | | 원 |
| 등 기 신 청 수 수 료 | 금 | | 원 |
| | 납부번호 : | | |
| | 일괄납부 : | 건 | 원 |
| 국 민 주 택 채 권 매 입 금 액 | 금 | | 원 |
| 국 민 주 택 채 권 발 행 번 호 | | | |

| 등기의무자의 등기필정보 | | |
|---|---|---|
| 부동산고유번호 | 1102-2006-002905 | |
| 성명(명칭) | 일련번호 | 비밀번호 |
| ○　○　○ | Q77C-LO71-35J5 | 40-4636 |

| 첨　　　부　　　서　　　면 | | |
|---|---|---|
| · 저당권양도증서 | 1통 | 〈기　타〉 |
| · 등록면허세영수필확인서 | 1통 | |
| · 인감증명 | 1통 | |
| · 등기필증 | 1통 | |
| · 주민등록등(초)본 | 1통 | |
| · 위임장 | 1통 | |

20○○년 ○월 ○일

위 신청인　　○　○　○　㊞　　(전화 :　　　)
　　　　　　 ○　○　○　㊞　　(전화 :　　　)

(또는) 위 대리인 ○○법무사 사무소　　(전화 :　　　)

법무사 ○　○　○

○○지방법원　　　　등기소 귀중

- 신청서 작성요령 -

* 1. 부동산표시란에 2개 이상의 부동산을 기재하는 경우에는 부동산의 일련번호를 기재하여야 합니다.
  2. 신청인란등 해당란에 기재할 여백이 없을 경우에는 별지를 이용합니다.
  3. 담당 등기관이 판단하여 위의 첨부서면 외에 추가적인 서면을 요구할 수 있습니다.

## 【변제증서】

(       )변제증서

1. 금○○○○○만원정

 채무자 ○○○이 20○○년 ○월 ○일 접수 제○○○호로써 저당채권액 금○○○
만원정의 변제로서 상기 금액을 정히 영수함.


20○○년 ○월 ○일


저 당 권 자 ○  ○  ○  ㊞<br>
○○시 ○○구 ○○동 ○○번지


대위변제자  ○  ○  ○  귀하
　　　　　○○시 ○○구 ○○동 ○○번지

## ♣ 【서식】저당권이전등기(전부명령)촉탁서

### ○○지방법원
### 등기촉탁서

○○지방법원 ○○등기소 등기관 귀하

1. 사 건   xx타기123호 채권전부
1. 부동산의 표시
   ○○시 ○○구 ○○동 ○○번지
   대 ○○㎡
1. 등기권리자   ○   ○   ○
                360728-1386120
                ○○시 ○○구 ○○동 ○○번지
1. 등기의무자   ○   ○   ○
                460513-1497231
                ○○시 ○○구 ○○동 ○○번지
1. 등기원인   20○○년 ○월 ○일 ○○지방법원의 저당권부채권전부명령
1. 목적인 권리   20○○년 ○월 ○일 ○○지방법원 ○○등기소접수 제○○○호로
   등기한 저당권의 피담보채권
1. 등기목적   저당권이전
1. 과세표준   금○○,○○○,○○○원
   등록세 금○○○,○○○원 교육세 금○○,○○○원 합계 금○○○,○○○원
1. 국민주택채권매입금액   금○○○,○○○원
1. 부속서류
   (1) 전부명령정본              1통
   (2) 주민등록증사본            1통
   (3) 촉탁서부본               1통
위 등기를 촉탁합니다.

20○○년 ○월 ○일

판 사   ○   ○   ○   ㊞

## ♣ 【서식】 저당권이전등기(채권일부양도)신청서

<table>
<tr><td colspan="6" align="center">토지저당권(일부)이전등기신청</td></tr>
<tr><td rowspan="2">접　수</td><td colspan="2">년　월　일</td><td rowspan="2">처리인</td><td>등기관 확인</td><td>각종 통지</td></tr>
<tr><td colspan="2">제　　　　호</td><td></td><td></td></tr>
</table>

<table>
<tr><td colspan="6" align="center">부동산의 표시</td></tr>
<tr><td colspan="6" align="center">○○시 ○○구 ○○동 ○○번지<br><br>대 150㎡<br><br>이　　　　　　　　상</td></tr>
<tr><td colspan="2">등기원인과그연월일</td><td colspan="4">20○○년 ○월 ○일 채권일부양도</td></tr>
<tr><td colspan="2">등 기 의 목 적</td><td colspan="4">저당권일부이전</td></tr>
<tr><td colspan="2">이 전 할 저 당 권</td><td colspan="4">20○○년 ○월 ○일 접수 제○○○호 저당권설정등기</td></tr>
<tr><td colspan="2">양　　도　　액</td><td colspan="4">금○○○○○원</td></tr>
<tr><td>구<br>분</td><td>성　　명<br>(상호·명칭)</td><td>주민등록번호<br>(등기용등록<br>번호)</td><td colspan="2">주　소<br>(소재지)</td><td>지　분<br>(개인별<br>)</td></tr>
<tr><td>등기의무자</td><td>○　○　○</td><td>600606-1234<br>567</td><td colspan="2">○○시 ○○구 ○○동 ○○번지</td><td></td></tr>
<tr><td>등기권리자</td><td>○　○　○</td><td>520202-1023<br>456</td><td colspan="2">○○시 ○○구 ○○동 ○○번지</td><td></td></tr>
</table>

| 등 록 면 허 세 | 금 | 원 |
|---|---|---|
| 지 방 교 육 세 | 금 | 원 |
| 세 액 합 계 | 금 | 원 |
| 등 기 신 청 수 수 료 | 금 | 원 |
| | 납부번호 : | |
| | 일괄납부 :          건 | 원 |
| 국 민 주 택 채 권 매 입 금 액 | 금 | 원 |
| 국 민 주 택 채 권 발 행 번 호 | | |

| 등기의무자의 등기필정보 | | |
|---|---|---|
| 부동산고유번호 | | |
| 성명(명칭) | 일련번호 | 비밀번호 |
| | | |

| 첨 부 서 면 | | |
|---|---|---|
| · 저당권양도증서 | 1통 | 〈기  타〉 |
| · 등록면허세영수필확인서 | 1통 | |
| · 인감증명 | 1통 | |
| · 등기필증 | 1통 | |
| · 주민등록등(초)본 | 1통 | |
| · 위임장 | 1통 | |

20○○년 ○월 ○일

위 신청인        ○  ○  ○    ㊞      (전화 :            )

○  ○  ○    ㊞      (전화 :            )

(또는) 위 대리인 ○○법무사 사무소        (전화 :            )

법무사 ○  ○  ○

○○지방법원        등기소 귀중

- 신청서 작성요령 -

* 1. 부동산표시란에 2개 이상의 부동산을 기재하는 경우에는 부동산의 일련번호를 기재하여야 합니다.
  2. 신청인란등 해당란에 기재할 여백이 없을 경우에는 별지를 이용합니다.
  3. 담당 등기관이 판단하여 위의 첨부서면 외에 추가적인 서면을 요구할 수 있습니다.

## ♣ 【서식】 저당권지분이전등기(채권일부재양도)신청서

### 토지저당권지분이전등기신청

| 접 수 | 년 월 일 | 처리인 | 등기관 확인 | 각종 통지 |
|---|---|---|---|---|
| | 제      호 | | | |

| 부동산의 표시 |
|---|
| ○○시 ○○구 ○○동 ○○번지<br>대 150㎡<br><br>이                 상 |

| 등기원인과그연월일 | 20○○년 ○월 ○일 채권양도 |
|---|---|
| 등 기 의 목 적 | 저당권 ○○○ 지분이전 |
| 이 전 할 저 당 권 | 20○○년 ○월 ○일 접수 제○○○호 저당권설정등기 |

| 구분 | 성 명<br>(상호·명칭) | 주민등록번호<br>(등기용등록<br>번호) | 주 소<br>(소재지) | 지 분<br>(개인별) |
|---|---|---|---|---|
| 등기의무자 | ○ ○ ○ | 600606-1234<br>567 | ○○시 ○○구 ○○동 ○○번지 | |
| 등기권리자 | ○ ○ ○ | 520202-1023<br>456 | ○○시 ○○구 ○○동 ○○번지 | |

| 등 록 면 허 세 | 금 | | 원 |
|---|---|---|---|
| 지 방 교 육 세 | 금 | | 원 |
| 세 액 합 계 | 금 | | 원 |
| 등 기 신 청 수 수 료 | 금 | | 원 |
| | 납부번호 : | | |
| | 일괄납부 : | 건 | 원 |
| 국 민 주 택 채 권 매 입 금 액 | 금 | | 원 |
| 국 민 주 택 채 권 발 행 번 호 | | | |

| 등기의무자의 등기필정보 | | |
|---|---|---|
| 부동산고유번호 | | |
| 성명(명칭) | 일련번호 | 비밀번호 |
| | | |

| 첨       부       서       면 | | |
|---|---|---|
| · 저당권양도증서 | 1통 | 〈기  타〉 |
| · 등록세영수필확인서 | 1통 | |
| · 인감증명 | 1통 | |
| · 등기필증 | 1통 | |
| · 주민등록등(초)본 | 1통 | |
| · 위임장 | 1통 | |

20○○년 ○월 ○일

위 신청인     ○ ○ ○ ㊞     (전화 :          )
             ○ ○ ○ ㊞     (전화 :          )

(또는) 위 대리인 ○○법무사 사무소     (전화 :          )

법무사 ○  ○  ○

○○지방법원        등기소 귀중

- 신청서 작성요령 -

* 1. 부동산표시란에 2개 이상의 부동산을 기재하는 경우에는 부동산의 일련번호를 기재하
     여야 합니다.
  2. 신청인란등 해당란에 기재할 여백이 없을 경우에는 별지를 이용합니다.
  3. 담당 등기관이 판단하여 위의 첨부서면 외에 추가적인 서면을 요구할 수 있습니다.

## 을구 예시

### -채권양도 248

| 순위번호 | 등기목적 | 접수 | 등기원인 | 권리자 및 기타사항 |
|---|---|---|---|---|
| | | 【을    구】 (소유권 이외의 권리에 관한 사항) | | |
| 1 | 전세권<br>설정 | 2015년 2월 10일<br>제6100호 | 2015년 2월 9일<br>설정계약 | 채권액) 금50,000,000원<br>이자) 연 6푼<br>채무자) 김○○<br>서울특별시 종로구 율곡로 16(원서동)<br>저당권자)<br>이☆☆ 721205-1234567<br>서울특별시 종로구 인사동6길 5(인사동) |
| 1-1 | 1번<br>저당권<br>이전 | 2015년 10월 5일<br>제43005호 | 2015년 10월 4일<br>채권양도 | 저당권자)<br>강◇◇ 790513-1234567<br>서울특별시 용산구 원효로 10(원효로1가) |

(주) 1번 저당권자를 말소하는 표시를 한다.

### -채권일부양도 249

| 순위번호 | 등기목적 | 접수 | 등기원인 | 권리자 및 기타사항 |
|---|---|---|---|---|
| | | 【을    구】 (소유권 이외의 권리에 관한 사항) | | |
| 1 | 전세권<br>설정 | 2015년 5월 20일<br>제6100호 | 2015년 5월 19일<br>설정계약 | 채권액) 금50,000,000원<br>이자) 연 6푼<br>채무자) 김○○<br>서울특별시 종로구 율곡로 16(원서동)<br>저당권자)<br>이☆☆ 721205-1234567<br>서울특별시 종로구 인사동6길 5(인사동) |
| 1-1 | 1번<br>저당권<br>일부이전 | 2015년 7월 10일<br>제8005호 | 2015년 7월 9일<br>채권일부양도 | 양도액 금20,000,000원<br>저당권자)<br>강◇◇ 790513-1234567<br>서울특별시 용산구 원효로 10(원효로1가) |

-전부대위변제 250

| 【을 구】 (소유권 이외의 권리에 관한 사항) | | | | |
|---|---|---|---|---|
| 순위번호 | 등기목적 | 접수 | 등기원인 | 권리자 및 기타사항 |
| 1 | 전세권<br>설정 | 2015년 3월 10일<br>제6100호 | 2015년 3월 9일<br>설정계약 | 채권액) 금60,000,000원<br>이자) 연 6푼<br>채무자) 김○○<br>서울특별시 종로구 율곡로 16(원서동)<br>~~저당권자)~~<br>~~아☆☆ 721205-1234567~~<br>~~서울특별시 종로구 인사동6길 5(인사동)~~ |
| 1-1 | 1번<br>저당권<br>이전 | 2015년 10월 5일<br>제8005호 | 2015년 10월 4일<br>대위변제 | 저당권자)<br>강◇◇ 790513-1234567<br>서울특별시 용산구 원효로 10(원효로1가) |

-일부대위변제 251

| 【을 구】 (소유권 이외의 권리에 관한 사항) | | | | |
|---|---|---|---|---|
| 순위번호 | 등기목적 | 접수 | 등기원인 | 권리자 및 기타사항 |
| 1 | 전세권<br>설정 | (생략) | (생략) | (생략) |
| 1-1 | 1번<br>저당권<br>일부이전 | 2015년 3월 5일<br>제3005호 | 2015년 3월 4일<br>일부대위변제 | 변제액) 금20,000,000원<br>저당권자)<br>강◇◇ 790513-1234567<br>서울특별시 용산구 원효로 10(원효로1가) |

-상속 252

| 【을   구】 (소유권 이외의 권리에 관한 사항) | | | | |
|---|---|---|---|---|
| 순위번호 | 등기목적 | 접수 | 등기원인 | 권리자 및 기타사항 |
| 1-1 | 1번<br>저당권<br>이전 | 2015년 3월 5일<br>제3005호 | 2015년 2월 4일<br>상속 | 저당권자)<br>지분 2분의1<br>이○○ 750614-1234567<br>서울특별시 종로구 창덕궁길 100(계동)<br><br>지분 2분의1<br>강◇◇ 790513-1234567<br>서울특별시 용산구 원효로 10(원효로1가) |

-공유저당권 지분이전의 경우 253

| 【을   구】 (소유권 이외의 권리에 관한 사항) | | | | |
|---|---|---|---|---|
| 순위번호 | 등기목적 | 접수 | 등기원인 | 권리자 및 기타사항 |
| 1-1 | 1번<br>저당권<br>김○○<br>지분전부<br>이전 | 2015년 3월 5일<br>제3005호 | 2015년 3월 4일<br>채권지분양도(또<br>는 채권지분포기) | 저당권자)<br>지분 3분의1<br>이○○ 750614-1234567<br>서울특별시 종로구 창덕궁길 100(계동) |

## (2) 저당권변경등기

저당권의 변경등기신청에 있어서의 등기권리자와 등기의무자는 그 변경할 내용에 따라 달라진다.

채무자변경으로 인한 저당권변경등기신청은 저당권자가 등기권리자, 저당권설정 자가 등기의무자로서 공동신청을 하여야 하므로 이 경우 등기의무자가 소유권취득 당시 등기소로부터 통지받은 등기필정보를 등기소에 제공하여야 한다(선례 Ⅱ-61).

선 례

　저당권변경의 등기도 권리변경등기의 하나이므로 원칙적으로 부기등기에 의한다. 그러나 등기상의 이해관계인이 있는 경우에 그의 승낙서 또는 그에게 대항할 수 있는 재판등본의 제공이 없는 때에는 주등기에 의한다(즉, 등기상 이해관계인의 등기보다 후순위의 독립등기에 의한다). 여기서 동순위의 다른 담보권자도 등기상 이해관계 있는 제3자에 해당한다. 공유지분상에 저당권의 등기가 있는 부동산에 대하여 공유물분할의 등기를 하는 경우에는 저당권자의 불이익으로 되지 않는 한 공유지분상의 저당권을 공유물분할 후의 단독소유로 된 부동산에 대한 저당권으로 변경하는 신청을 하도록 유도함이 바람직하다.

　공유지분 위에 근저당권이나 가압류 등의 등기가 마쳐진 상태에서 공유물분할이 이루어진 경우, 근저당권이나 가압류 등기는 공유물 분할이 된 뒤에도 종전의 지분 비율대로 분할된 공유물 전부의 위에 전사되어 그대로 존속하고, 공유물분할에 의하여 단독소유로 된 부분에 관하여 그 목적범위가 당연히 집중하는 것은 아니기 때문이다. 특히 구분소유적 공유에 있어서 그 지분상의 저당권은 실질적으로는 설정자가 소유하는 특정부분에 대한 것이므로 등기를 실체관계에 부합시키기 위해서도 위와 같이 변경함이 마땅하다. 이 경우 등기권리자는 물론 저당권자이다.

　공유지분상에 저당권이 설정된 부동산의 공유물분할등기를 함에 있어서, 그 저당권설정자의 부동산 전부에 대하여 저당권의 효력을 미치게 하기 위하여 법 제52조에 의한 저당권변경등기를 하는 경우에는 저당권의 효력이 미치는 목적물의 범위가 확장되므로, 저당권설정등기 후 마쳐진 가압류 또는 압류 등기권자는 그 저당권변경등기에 대하여 이해관계가 있는 제3자에 해당한다.

　따라서 그 가압류 또는 압류권자의 승낙서 또는 그에 대항할 수 있는 재판의 등본을 제공한 경우에는 부기등기 방법으로, 위 서면을 제공하지 아니한 때에는 후

순위의 독립등기 방법으로 저당권변경등기를 하게 된다.

증축한 건물이나 부속건물을 별개 독립한 건물로 보존등기를 하지 않고 건물의 구조나 이용상 기존 건물과 일체성이 인정되어 기존건물에 건물표시변경등기 형식으로 증축등기나 부속건물등기를 하였다면, 그 부분은 기존건물에 부합되는 것으로 보아야 하는 한편 근저당권의 효력은 다른 특별한 규정이나 약정이 없는 한 근저당부동산에 부합된 부분과 종물에도 미치는 것이므로 이 경우 증축된 건물에 근저당권의 효력을 미치게 하는 변경등기는 할 필요가 없을 뿐만 아니라 할 수도 없을 것이다(선례 Ⅳ-460).

## 📑 선 례

증축한 건물이나 부속건물을 별개 독립한 건물로 보존등기를 하지 않고, 건물의 구조나 이용상 기존 건물과 일체성이 인정되어 기존건물에 건물표시변경등기 형식으로 증축등기나 부속건물등기를 하였다면 그 부분은 기존건물에 부합되는 것으로 보아야 하는 한편 근저당권의 효력은 다른 특별한 규정이나 약정이 없는한 근저당부동산에 부합된 부분과 종물에도 미치는 것이므로 이 경우 증축된 건물에 근저당권의 효력을 미치게 하는 변경등기는 할 필요가 없을 뿐만 아니라 할 수도 없을 것이다(1994.2.1. 등기 3402-71 질의회답).

갑·을 공유의 부동산에 저당권설정등기를 한 경우 또는 갑 소유 부동산에 저당권설정등기를 하고 을에게 지분이전을 한 경우에 저당권을 갑 지분에만 존속하게 하기 위해서는 을 지분에 대한 저당권을 포기하면 된다. 이 경우 등기원인을 지분포기, 저당권의 목적을 갑과 을 지분에서 갑 지분으로 변경하는 방법에 의하여 부기등기로 저당권변경등기(권리변경등기)를 하여야 한다(등기예규 제1580호).

공동저당은 수개의 부동산 위에 동일한 채권을 담보하기 위한 저당권을 설정한 경우에 성립하게 되는데, 동일한 채권을 담보한다는 의미는 채권자와 채무자, 채권의 발생원인, 채권액 등이 동일한 것을 의미하고, 또한 공동저당을 이루는 각 부동산에 대한 복수의 저당권은 그 불가분성에 의하여 서로 연대관계를 형성하고 있기 때문에, 공동저당권이 설정된 후에 그 담보 부동산의 일부를 취득한 제3자가 그 취득한 일부 부동산에 대한 피담보채무만을 인수하고 그 채무인수를 원인으로 하여 채무자를 변경하기 위한 저당권변경등기는 공동저당관계가 존속하는 한 할 수 없다(선례 Ⅴ-450).

📑 **선 례**

공동저당은 수개의 부동산 위에 동일한 채권을 담보하기 위한 저당권을 설정한 경우에 성립하게 되는데, 동일한 채권을 담보한다는 의미는 채권자와 채무자, 채권의 발생원인, 채권액 등이 동일한 것을 의미하고, 또한 공동저당을 이루는 각 부동산에 대한 복수의 저당권은 그 불가분성에 의하여 서로 연대관계를 형성하고 있기 때문에, 공동저당권이 설정된 후에 그 담보 부동산의 일부를 취득한 제3자가 그 취득한 일부 부동산에 대한 피담보채무만을 인수하고 그 채무인수를 원인으로 하여 채무자를 변경하기 위한 저당권변경등기는 공동저당관계가 존속되는 한 이를 할 수 없다(1998.6.8. 등기 3402-496 질의회답).

## ♣ 【서식】 저당권변경등기(면책적 채무인수)신청서

<table>
<tr><td colspan="6" align="center">저당권변경등기신청</td></tr>
<tr>
<td rowspan="2">접　수</td>
<td colspan="2">년　월　일</td>
<td rowspan="2">처리인</td>
<td>등기관 확인</td>
<td>각종 통지</td>
</tr>
<tr>
<td colspan="2">제　　　호</td>
<td></td>
<td></td>
</tr>
</table>

<table>
<tr><td colspan="5" align="center">부동산의 표시</td></tr>
<tr><td colspan="5">
1. ○○시 ○○구 ○○동 ○○번지<br>
　　대 150㎡<br>
2. 위 지상<br>
　　시멘트벽돌조 기와지붕 단층주택<br>
　　70㎡<br><br>
　　　　　　이　　　　　　　상
</td></tr>
<tr><td colspan="2">등기원인과그연월일</td><td colspan="3">20○○년 ○월 ○일 채무인수계약</td></tr>
<tr><td colspan="2">등 기 의 목 적</td><td colspan="3">저당권변경</td></tr>
<tr><td colspan="2">변 경 할 사 항</td><td colspan="3">20○○년 ○월 ○일 접수 제○○○호로 등기한 저당권의 등기사항중 '구 채무자 ○○○, ○○시 ○○구 ○○동 ○○번지'로 변경함</td></tr>
<tr><td colspan="5"></td></tr>
<tr>
<td>구분</td>
<td>성　명<br>(상호·명칭)</td>
<td>주민등록번호<br>(등기용등<br>록번호)</td>
<td>주　소<br>(소재지)</td>
<td>지 분<br>(개인별)</td>
</tr>
<tr>
<td>등기의무자</td>
<td>○　○　○</td>
<td>600606-1234567</td>
<td>○○시 ○○구 ○○동 ○○번지</td>
<td></td>
</tr>
<tr>
<td>등기권리자</td>
<td>○　○　○</td>
<td>520202-1023456</td>
<td>○○시 ○○구 ○○동 ○○번지</td>
<td></td>
</tr>
</table>

| 등 록 면 허 세 | 금 | 원 |
|---|---|---|
| 지 방 교 육 세 | 금 | 원 |
| 세 액 합 계 | 금 | 원 |

| 등 기 신 청 수 수 료 | 금 | 원 |
|---|---|---|
| | 납부번호 : | |
| | 일괄납부 :          건          원 | |

| 국 민 주 택 채 권 매 입 금 액 | 금 | 원 |
|---|---|---|
| 국 민 주 택 채 권 발 행 번 호 | | |

등기의무자의 등기필정보

| 부동산고유번호 | | |
|---|---|---|
| 성명(명칭) | 일련번호 | 비밀번호 |
| | | |

첨        부        서        면

| · 면책적 채무인수계약서 | 1통 | 〈기  타〉 |
|---|---|---|
| · 등록면허세영수필확인서 | 1통 | |
| · 인감증명 | 1통 | |
| · 등기필증 | 1통 | |
| · 위임장 | 1통 | |

20○○년 ○월 ○일

위 신청인     ○  ○  ○  ⑨     (전화 :          )
              ○  ○  ○  ⑨     (전화 :          )

(또는) 위 대리인  ○○법무사 사무소     (전화 :          )

법무사 ○   ○   ○

○○지방법원          등기소 귀중

- 신청서 작성요령 -

* 1. 부동산표시란에 2개 이상의 부동산을 기재하는 경우에는 부동산의 일련번호를 기재하여야 합니다.
  2. 신청인란등 해당란에 기재할 여백이 없을 경우에는 별지를 이용합니다.
  3. 담당 등기관이 판단하여 위의 첨부서면 외에 추가적인 서면을 요구할 수 있습니다.

## ♣ 【서식】 면책적 채무인수계약서

<br>

# 면책적 채무인수계약서

채무인수인 ○○○을 갑으로, 채권자 ○○○을 을로 하여 갑·을 양인은 다음과 같이 채무인수계약을 체결한다.

제1조  갑은 을이 채무자 ○○○에 대하여 가지고 있는 아래 채권에 관하여 채무 자의 채무를 인수할 것을 약속하고 을은 이를 승낙하였다.

　　　 을이 채무자 ○○○에 대하여 가지고 있는 20○○년 ○월 ○일 저당권설 정계약에 의한 채권액 금○○○원, 변제기 20○○년 ○월 ○일, 이자 연○ 할, 이자발생기 및 이자지급시기 20○○년 ○월 ○일부터 매월 ○일, 채무 불이행으로 인한 손해배상은 연 ○할로 하는 특약에 따른 말미기재 부동 산에 대한 20○○년 ○월 ○일 접수 12345호로 등기한 저당권의 원금 및 이자 채권

제2조  갑은 을에 대하여 전조와 같은 계약에 따른 채무를 이행하여야 한다.

제3조  을은 채무자 ○○○에 대하여 제1조의 채권 전부를 면제한다.

위 계약의 성립을 증명하기 위하여 본 증서 2통을 작성하여 갑, 을이 각 1통씩 보존한다.

<br>

20○○년 ○월 ○일

채무인수인 ○ ○ ○  ㊞
○○시 ○○구 ○○동 ○○번지
채 권 자 ○ ○ ○  ㊞
○○시 ○○구 ○○동 ○○번지

<br>

부동산의 표시
　○○시 ○○구 ○○동 ○○번지
　대 150㎡
　이　상

## ♣ 【서식】 저당권변경계약서

# 채무자교체로 인한 채무경개계약서

신채무자  ○  ○  ○
　　　　　　○○시 ○○구 ○○동 ○○번지

구채무자  ○  ○  ○
　　　　　　○○시 ○○구 ○○동 ○○번지
　　　　　　저당권자  ○  ○  ○
　　　　　　○○시 ○○구 ○○동 ○○번지

　　위 당사자간 채무자 교체로 인한 채무의 경개를 하기 위하여 다음과 같이 계약을 체결 한다.

1. 20○○년 ○월 ○일 채권자와 구채무자간에 체결한 금전대차 계약에 인하여 채권자는 구채무자에게 있는 원금 ○○○만원, 이자 연 ○할, ○푼, 이자지급기일 매월 말일, 변제기 20○○년 ○월 ○일의 채권을 구채무자의 승낙을 얻어 동일한 조건으로 신채무자가 이를 부담한다.

1. 채권자는 구채무자에게 있는 상기 채권은 구채무자에 대하여 이를 소멸한다.

1. 상기 채무를 담보하기 위하여 20○○년 ○월 ○일 접수 제○○○호로써 등기한 다음 부동산의 저당권은 계속 존속함.

20○○년 ○월 ○일

신채무자  ○  ○  ○  ㊞
저당권자  ○  ○  ○  ㊞
구채무자  ○  ○  ○  ㊞

부동산의 표시
　　○○시 ○○구 ○○동 ○○번지
　　대 ○○○㎡

## ♣ 【서식】 저당권변경등기(중첩적 채무인수)신청서

<table>
<tr><td colspan="6" align="center">저당권변경등기신청</td></tr>
<tr><td rowspan="2">접    수</td><td>년  월  일</td><td rowspan="2">처리인</td><td>등기관 확인</td><td>각종 통지</td></tr>
<tr><td>제          호</td><td></td><td></td></tr>
</table>

<table>
<tr><td colspan="5" align="center">부동산의 표시</td></tr>
<tr><td colspan="5">

1. ○○시 ○○구 ○○동 ○○번지
    대 150㎡
2. 위 지상
    시멘트벽돌조 기와지붕 단층주택
    70㎡

이                상
</td></tr>
<tr><td>등기원인과그연월일</td><td colspan="4">20○○년 ○월 ○일 중첩적 채무인수계약</td></tr>
<tr><td>등 기 의 목 적</td><td colspan="4">저당권변경</td></tr>
<tr><td>변 경 할 사 항</td><td colspan="4">20○○년 ○월 ○일 접수 제○○○호 저당권설정등기 사항에 '채무자 ○○○, ○○시 ○○구 ○○동 ○○번지'를 추가함</td></tr>
<tr><td></td><td colspan="4"></td></tr>
<tr><td>구 분</td><td>성    명<br>(상호·명칭)</td><td>주민등록번호<br>(등기용등<br>록번호)</td><td>주  소<br>(소재지)</td><td>지  분<br>(개인별)</td></tr>
<tr><td>등기의무자</td><td>○  ○  ○</td><td>600606-12<br>34567</td><td>○○시 ○○구 ○○동 ○○번지</td><td></td></tr>
<tr><td>등기권리자</td><td>○  ○  ○</td><td>520202-10<br>23456</td><td>○○시 ○○구 ○○동 ○○번지</td><td></td></tr>
</table>

| 등 록 면 허 세 | 금 | 원 |
|---|---|---|
| 지 방 교 육 세 | 금 | 원 |
| 세 액 합 계 | 금 | 원 |

| 등 기 신 청 수 수 료 | 금 | 원 |
|---|---|---|
| | 납부번호 : | |
| | 일괄납부 :           건           원 | |

| 국 민 주 택 채 권 매 입 금 액 | 금 | 원 |
|---|---|---|
| 국 민 주 택 채 권 발 행 번 호 | | |

| 등기의무자의 등기필정보 ||||
|---|---|---|---|
| 부동산고유번호 | ||||
| 성명(명칭) | 일련번호 || 비밀번호 |
| | | | |

| 첨    부    서    면 |||
|---|---|---|
| · 면책적 채무인수계약서 | 1통 | 〈기   타〉 |
| · 등록면허세영수필확인서 | 1통 | |
| · 인감증명 | 1통 | |
| · 등기필증 | 1통 | |
| · 위임장 | 1통 | |

20○○년 ○월 ○일

위 신청인        ○  ○  ○  ㉑        (전화 :           )

○  ○  ○  ㉑        (전화 :           )

(또는) 위 대리인 ○○법무사 사무소        (전화 :           )

법무사 ○   ○   ○

○○지방법원        등기소 귀중

- 신청서 작성요령 -

* 1. 부동산표시란에 2개 이상의 부동산을 기재하는 경우에는 부동산의 일련번호를 기재하여야 합니다.
  2. 신청인란등 해당란에 기재할 여백이 없을 경우에는 별지를 이용합니다.
  3. 담당 등기관이 판단하여 위의 첨부서면 외에 추가적인 서면을 요구할 수 있습니다.

**【변경계약서】**

## 저당권변경계약서

1. 부동산의 표시
　　○○시 ○○구 ○○동 ○○번지
　　대 ○○○㎡
　　이　상

　위 부동산을 담보로 하고 금○○만원을 대차하여 20○○년 ○월 ○일 접수 제 ○○○호로써 저당권설정등기를 필하였건 바 이에 대하여 당사자간에 합의 하에 따라 이자 연 ○푼을 연 ○할 ○푼으로 변경함.

수 입<br>인 지<br>⑩

20○○년 ○월 ○일

저당권설정자　○　○　○　⑩
○○시 ○○구 ○○동 ○○번지
저당권설정자　○　○　○　⑩
○○시 ○○구 ○○동 ○○번지

## ♣【서식】 저당권변경등기(효력범위변경)신청서

<table>
<tr><td colspan="5" align="center">토지저당권변경등기신청</td></tr>
<tr><td rowspan="2">접 수</td><td>년 월 일</td><td rowspan="2">처리인</td><td>등기관 확인</td><td>각종 통지</td></tr>
<tr><td>제      호</td><td></td><td></td></tr>
</table>

<table>
<tr><td colspan="5" align="center">부동산의 표시</td></tr>
<tr><td colspan="5" align="center">○○시 ○○구 ○○동 ○○번지<br><br>대 150㎡<br><br><br>이              상</td></tr>
<tr><td colspan="2">등기원인과그연월일</td><td colspan="3">20○○년 ○월 ○일 변경계약</td></tr>
<tr><td colspan="2">등 기 의 목 적</td><td colspan="3">저당권변경</td></tr>
<tr><td colspan="2">변 경 할 사 항</td><td colspan="3">20○○년 ○월 ○일 접수 제○○○호로 등기한 저당권의 등기사항중 ○○○의 고유지분을 목적으로 한 저당권의 효력을 토지전부에 미치게 하는 변경등기</td></tr>
<tr><td colspan="2"></td><td colspan="3"></td></tr>
<tr><td>구 분</td><td>성 명<br>(상호·명칭)</td><td>주민등록번호<br>(등기용등<br>록번호)</td><td>주 소<br>(소재지)</td><td>지 분<br>(개인별)</td></tr>
<tr><td>등기의무자</td><td>○ ○ ○</td><td>600606-12<br>34567</td><td>○○시 ○○구 ○○동 ○○번지</td><td></td></tr>
<tr><td>등기권리자</td><td>○ ○ ○</td><td>520202-10<br>23456</td><td>○○시 ○○구 ○○동 ○○번지</td><td></td></tr>
</table>

| 등 록 면 허 세 | 금 | | 원 |
|---|---|---|---|
| 등 록 추 천 세 | 금 | | 원 |
| 세 액 합 계 | 금 | | 원 |
| 등 기 신 청 수 수 료 | 금 | | 원 |
| | 납부번호 : | | |
| | 일괄납부 : 건 | | 원 |
| 국 민 주 택 채 권 매 입 금 액 | 금 | | 원 |
| 국 민 주 택 채 권 발 행 번 호 | | | |

| 등기의무자의 등기필정보 | | |
|---|---|---|
| 부동산고유번호 | | |
| 성명(명칭) | 일련번호 | 비밀번호 |
| | | |

| 첨 부 서 면 | | |
|---|---|---|
| · 변경계약서 | 1통 | 〈기 타〉 |
| · 등록면허세영수필확인서 | 1통 | |
| · 인감증명 | 1통 | |
| · 등기필증 | 1통 | |
| · 위임장 | 1통 | |

20○○년 ○월 ○일

위 신청인    ○  ○  ○  ㊞    (전화 :            )
　　　　　　○  ○  ○  ㊞    (전화 :            )

(또는) 위 대리인 ○○법무사 사무소    (전화 :            )

법무사 ○  ○  ○

○○지방법원        등기소 귀중

- 신청서 작성요령 -

* 1. 부동산표시란에 2개 이상의 부동산을 기재하는 경우에는 부동산의 일련번호를 기재하여야 합니다.
  2. 신청인란등 해당란에 기재할 여백이 없을 경우에는 별지를 이용합니다.
  3. 담당 등기관이 판단하여 위의 첨부서면 외에 추가적인 서면을 요구할 수 있습니다.

## 【저당권변경계약서】

<h1 style="text-align: center;">저당권변경계약서</h1>

1. 부동산의 표시
   ○○시 ○○구 ○○동 ○○번지
   대 ○○○㎡

수 입<br>
인 지<br>
⑪

　서기 20○○년 ○월 ○일 ○○지방법원 ○○등기소 접수 제○○○호 순위 ○번으로 등기한 채권액 금○○○만원정의 공유자 지분 ○분의 ○을 목적으로 하는 저당권은 20○○년 ○월 ○일 ○○지방법원 ○○등기소 접수 제○○○○호로 ○분의 ○을 이전 받아 단독 소유로된 위 부동산 전부에 대하여 그 효력이 미친다는 것을 계약함.

20○○년 ○월 ○일

저당권설정자　○　○　○　⑪
○○시 ○○구 ○○동 ○○번지
저 당 권 자　○　○　○　⑪
○○시 ○○구 ○○동 ○○번지

## ♣ 【서식】 저당권변경등기(채권액감축)신청서

<table>
<tr><td colspan="5" align="center">저당권변경등기신청</td></tr>
<tr>
<td rowspan="2">접　수</td>
<td colspan="2">년　월　일</td>
<td rowspan="2">처리인</td>
<td>등기관 확인</td>
<td>각종 통지</td>
</tr>
<tr>
<td colspan="2">제　　　　호</td>
<td></td>
<td></td>
</tr>
</table>

<table>
<tr><td colspan="5" align="center">부동산의 표시</td></tr>
<tr><td colspan="5">

1. ○○시 ○○구 ○○동 ○○번지

　　대 150㎡

2. 위 지상

　　시멘트벽돌조 기와지붕 단층주택

　　70㎡
</td></tr>
<tr><td>등기원인과그연월일</td><td colspan="4">20○○년 ○월 ○일 변경계약</td></tr>
<tr><td>등 기 의 목 적</td><td colspan="4">저당권변경</td></tr>
<tr><td>변 경 할 사 항</td><td colspan="4">20○○년 ○월 ○일 접수 제○○○호로 등기한 저당권의 등기사항중 채권액 금○○○원을 금○○○원으로 변경함.</td></tr>
<tr><td></td><td colspan="4"></td></tr>
<tr>
<td>구분</td>
<td>성　명<br>(상호·명칭)</td>
<td>주민등록번호<br>(등기용등<br>록번호)</td>
<td>주　소<br>(소재지)</td>
<td>지　분<br>(개인별<br>)</td>
</tr>
<tr>
<td>등기의무자</td>
<td>○　○　○</td>
<td>600606-123<br>4567</td>
<td>○○시 ○○구 ○○동 ○○번지</td>
<td></td>
</tr>
<tr>
<td>등기권리자</td>
<td>○　○　○</td>
<td>520202-102<br>3456</td>
<td>○○시 ○○구 ○○동 ○○번지</td>
<td></td>
</tr>
</table>

| 등 록 면 허 세 | 금 | | 원 |
| 지 방 교 육 세 | 금 | | 원 |
| 세 액 합 계 | 금 | | 원 |
| 등 기 신 청 수 수 료 | 금 | | 원 |
| | 납부번호 : | | |
| | 일괄납부 : | 건 | 원 |
| 국 민 주 택 채 권 매 입 금 액 | 금 | | 원 |
| 국 민 주 택 채 권 발 행 번 호 | | | |

| 등기의무자의 등기필정보 | | |
| 부동산고유번호 | | |
| 성명(명칭) | 일련번호 | 비밀번호 |
| | | |

| 첨 부 서 면 | | |
| · 변경계약서           1통 | 〈기 타〉 | |
| · 등록면허세영수필확인서  1통 | | |
| · 인감증명           1통 | | |
| · 등기필증           1통 | | |
| · 위임장            1통 | | |

20○○년 ○월 ○일

위 신청인    ○  ○  ○  ㊞    (전화 :        )
           ○  ○  ○  ㊞    (전화 :        )

(또는) 위 대리인 ○○법무사 사무소    (전화 :        )

법무사 ○  ○  ○

○○지방법원          등기소 귀중

- 신청서 작성요령 -

* 1. 부동산표시란에 2개 이상의 부동산을 기재하는 경우에는 부동산의 일련번호를 기재하여야 합니다.
  2. 신청인란등 해당란에 기재할 여백이 없을 경우에는 별지를 이용합니다.
  3. 담당 등기관이 판단하여 위의 첨부서면 외에 추가적인 서면을 요구할 수 있습니다.

<table>
<tr><td colspan="3">위 임 장</td></tr>
<tr><td>부동산의표시</td><td colspan="2">1. ○○시 ○○구 ○○동 ○○번지<br>대 150㎡<br>2. 위 지상<br>시멘트벽돌조 기와지붕 단층주택<br>70㎡</td></tr>
<tr><td colspan="2">등기원인과그연월일</td><td>20○○년 ○월 ○일 변경계약</td></tr>
<tr><td colspan="2">등 기 의 목 적</td><td>저당권변경</td></tr>
<tr><td colspan="2">변 경 할 사 항</td><td>20○○년 ○월 ○일 접수 제○○○호로 등기한 저당권의 등기사항중 채권액 금○○○원을 금○○○원으로 변경함.</td></tr>
<tr><td colspan="2">(신청인) 등기의무자 ○ ○ ○ ㊞<br>○○시 ○○구 ○○동 ○○번지<br><br>등기권리자 ○ ○ ○ ㊞<br>○○시 ○○구 ○○동 ○○번지</td><td>(대리인) 법무사 ○ ○ ○<br>○○시 ○○구 ○○동 ○○번지<br><br>위 사람을 대리인으로 정하고 위 부동산 등기신청 및 취하에 관한 모든 행위를 위임한다.<br>또한 복대리인 선임을 허락한다.<br>20○○년 ○월 ○일</td></tr>
</table>

## ♣【서식】저당권변경등기(채무자주소변경)신청서

| | 저당권변경등기신청 | | | |
|---|---|---|---|---|
| 접 수 | 년 월 일<br>제        호 | 처리인 | 등기관 확인 | 각종 통지 |

| 부동산의 표시 | |
|---|---|
| | ○○시 ○○구 ○○동 ○○번지<br><br>대 150㎡<br><br>위 지상<br><br>시멘트벽돌조 기와지붕 단층주택<br><br>70㎡<br><br>이          상 |
| 등기원인과그연월일 | 20○○년 ○월 ○일 전거 |
| 등 기 의 목 적 | 저당권변경 |
| 변 경 할 사 항 | 20○○년 ○월 ○일 접수 제○○○호로 등기한 저당권의 등기사항중 채무자 ○○○의 주소 '○○시 ○○구 ○○동 ○○번지'를 '○○시 ○○구 ○○동 ○○번지'로 변경함. |

| 구분 | 성 명<br>(상호·명칭) | 주민등록번호<br>(등기용등록번호) | 주 소<br>(소재지) | 지 분<br>(개인별) |
|---|---|---|---|---|
| 등기의무자 | ○ ○ ○ | 600606-1234567 | ○○시 ○○구 ○○동 ○○번지 | |
| 등기권리자 | ○ ○ ○ | 520202-1023456 | ○○시 ○○구 ○○동 ○○번지 | |

| | | |
|---|---|---|
| 등 록 면 허 세 | 금 원 | |
| 지 방 교 육 세 | 금 원 | |
| 세 액 합 계 | 금 원 | |
| 등 기 신 청 수 수 료 | 금 원 | |
| | 납부번호 : | |
| | 일괄납부 : 건 원 | |
| 첨 부 서 면 | | |
| · 주민등록표(등)초본 1통<br>· 신청서부본 1통<br>· 인감증명 1통<br>· 등기필증 1통<br>· 위임장 1통 | 〈기 타〉 | |

20○○년 ○월 ○일

위 신청인 ○ ○ ○ ㊞ (전화 : )
○ ○ ○ ㊞ (전화 : )

(또는) 위 대리인 ○○법무사 사무소 (전화 : )

법무사 ○ ○ ○

○○지방법원 등기소 귀중

– 신청서 작성요령 –

* 1. 부동산표시란에 2개 이상의 부동산을 기재하는 경우에는 부동산의 일련번호를 기재하여야 합니다.
2. 신청인란등 해당란에 기재할 여백이 없을 경우에는 별지를 이용합니다.
3. 담당 등기관이 판단하여 위의 첨부서면 외에 추가적인 서면을 요구할 수 있습니다.

## ■ 을구 예시

### -일부변제로 인한 채권액 변경 254

| 【을　구】 (소유권 이외의 권리에 관한 사항) | | | | |
|---|---|---|---|---|
| 순위번호 | 등기목적 | 접수 | 등기원인 | 권리자 및 기타사항 |
| 6-1 | 6번 저당권<br>변경 | 2015년 3월 5일<br>제3005호 | 2015년 3월 4일<br>일부변제 | 채권액) 금20,000,000원 |

(주) 변경 전의 채권액을 말소하는 표시를 한다.

### -이자의 변경(경정) 255

| 【을　구】 (소유권 이외의 권리에 관한 사항) | | | | |
|---|---|---|---|---|
| 순위번호 | 등기목적 | 접수 | 등기원인 | 권리자 및 기타사항 |
| 1-1 | 1번 저당권<br>변경(또는<br>경정) | 2015년 10월 5일<br>제3005호 | 2015년 10월 4일<br>변경계약(또는<br>신청착오) | 이자) 연6푼 3리 |

(주) 1.등기상 이해관계 있는 제3자가 있는 경우에는 그의 승낙을 증명하는 정보 또는 이에 대항할 수 있는
    재판이 있음을 증명하는 정보를 제공한 때에 한하여 부기등기로 한다.
    2.변경(경정)전의 이자를 말소하는 표시를 한다.
    3.새로 이자의 약정을 하고 변경등기를 하는 경우에도 위와 같다.
    4.경정의 경우에는 등기원인의 일자를 기록하지 아니한다.

### -채권액 및 이자의 변경 257

| 【을　구】 (소유권 이외의 권리에 관한 사항) | | | | |
|---|---|---|---|---|
| 순위번호 | 등기목적 | 접수 | 등기원인 | 권리자 및 기타사항 |
| 1-1 | 1번 저당권<br>변경 | 2015년 10월 5<br>일 제3005호 | 2015년 3월 4일<br>변경계약 | 채권액) 금100,000,000원<br>이자) 연4푼 |

(주) 1.등기상 이해관계 있는 제3자가 있는 경우에는 그의 승낙을 증명하는 정보 또는 이에 대항할 수 있는
    재판이 있음을 증명하는 정보를 제공한 때에만 부기등기로 한다.
    2. 변경 전의 채권액 및 이자를 말소하는 표시를 한다.

## ☞ 을구 예시

### -면책적 채무인수 258

| 순위번호 | 등기목적 | 접수 | 등기원인 | 권리자 및 기타사항 |
|---|---|---|---|---|
| | | 【을　구】 (소유권 이외의 권리에 관한 사항) | | |
| 1 | 저당권 설정 | 2015년 4월 9일 제8009호 | 2015년 4월 8일 설정계약 | 채권액) 금100,000,000원 변제기) 2016년 3월 31일 채무자) 김○○ 서울특별시 종로구 율곡로 16(원서동) 저당권자) 이☆☆ 721205-1234567 서울특별시 종로구 인사동6길 5(인사동) |
| 1-1 | 1번 저당권 변경 | 2015년 9월 5일 제13005호 | 2015년 9월 4일 면책적 채무인수 | 채무자) 강◇◇ 서울특별시 용산구 원효로 10(원효로1가) |

(주) 변경 전의 채무자를 말소하는 표시를 한다.

### -중첩적 채무인수 259

| 순위번호 | 등기목적 | 접수 | 등기원인 | 권리자 및 기타사항 |
|---|---|---|---|---|
| | | 【을　구】 (소유권 이외의 권리에 관한 사항) | | |
| 1 | 저당권 설정 | (생략) | (생략) | (생략) |
| 1-1 | 1번 저당권 변경 | 2015년 3월 5일 제3005호 | 2015년 3월 4일 중첩적 채무인수 | 채무자) 김☆☆ 서울특별시 종로구 율곡로 16(원서동) |

(주) 변경 전의 채무자를 말소하는 표시를 하지 아니한다.

## 3. 저당권말소등기

### (1) 말소등기신청의 당사자 등

저당권말소등기신청의 등기권리자는 소유권의 등기명의인(소유권 외의 권리를 목적으로 하는 저당권에 있어서는 그 권리의 등기명의인)이고 등기의무자는 저당권자이다.

그러나 저당권설정등기 이후에 소유권이 제3자에게 이전된 경우에는 그 등기권리자는 소유권의 등기명의인인 제3취득자 또는 저당권설정자이다(등기예규 제1471호). 근저당권이 설정된 후에 그 부동산의 소유권이 제3자에게 이전된 경우에는 현재의 소유자가 자신의 소유권에 기하여 피담보채무의 소멸을 원인으로 그 근저당권설정등기의 말소를 청구할 수 있음은 물론이지만, 근저당권설정자인 종전의 소유자도 근저당권설정계약의 당사자로서 근저당권소멸에 따른 원상회복으로 근저당권자에게 근저당권설정등기의 말소를 구할 수 있는 계약상 권리가 있으므로 이러한 계약상 권리에 터 잡아 근저당권자에게 피담보채무의 소멸을 이유로 하여 그 근저당권설정등기의 말소를 청구할 수 있다고 봄이 상당하고, 목적물의 소유권을 상실하였다는 이유만으로 그러한 권리를 행사할 수 없다고 볼 것은 아니기 때문이다.

그러므로 근저당권이 원인무효인 경우에는 종전 소유명의인은 계약상 권리가 없기 때문에 해당 근저당권설정등기의 말소를 청구할 수 없다고 보아야 할 것이다. 이전등기가 된 저당권의 피담보채권 소멸 등으로 인한 말소신청의 등기의무자는 현재의 저당권의 등기명의인 저당권의 양수인이다. 이 경우 말소할 저당권의 표시로서는 설정등기된 주등기(제○번 저당권등기)를 신청정보의 내용으로 하고 이전등기된 부기등기는 그 표시를 할 필요가 없다.

동일 부동산에 대한 소유권이전청구권보전의 가등기상의 권리자와 저당권자가 동일인이었다가 그 가등기에 기한 소유권이전의 본등기가 마쳐짐으로써 소유권과 저당권이 동일인에게 귀속된 경우에는 그 저당권은 혼동으로 소멸하는 것이나(그 저당권이 제3자의 권리의 목적인 경우는 제외, 혼동이 발생했다고 해서 그 등기를 직권말소할 수 있는 것은 아님), 그 저당권설정등기가 말소되지 아니한 채 제3자 앞으로 다시 소유권이전등기가 마쳐졌다면 현 소유자와 저당권등기의 명의인이 공동으로 또는 그 설정등기의 말소를 명하는 판결에 의하여 현 소유자만으로 그 설정등기의 말소등기를 신청할 수 있다(등기예규 제1471호).

저당권이 이전되어 부기등기를 받은 저당권자가 그 저당권등기의 말소를 신청하는 경우에 제공하여야 할 등기의무자의 등기필정보는 저당권이전등기를 마친 후 통지받은 등기필정보이다. 그러므로 이전되기 전의 저당권자의 등기필정보까지 제공할 필요는 없다(선례 Ⅲ-612).

「한국농어촌공사 및 농지관리기금법」부칙 제9조 제2항은 '등기부 그 밖의 공부에 표시된 농어촌진흥공사, 농지개량조합 및 농지개량조합연합회의 명의는 한국농어촌공사의 명의로 본다.'고 규정하고 있으므로, 한국농어촌공사가 종전의 농어촌진흥공사의 명의로 된 근저당권에 관하여 말소등기를 신청하려고 하는 경우에는 '농어촌진흥공사'등의 명의의 근저당권을 한국농어촌공사로 이전하는 근저당권이전등기를 거치지 않고도 한국농어촌공사가 직접 자신의 명의로 위 근저당권의 말소등기를 신청할 수 있다(선례 Ⅵ-375).

이 경우 등기명의인 표시변경등기도 필요 없다. 갑 법인과 을 법인을 합병하여 병 법인을 신설한 경우, 소멸한 갑 법인 명의로 마쳐져 있는 근저당권설정등기는 병에게 포괄승계 되었으므로 병이 근저당권말소등기신청의 등기의무자가 된다. 이 경우, 그 등기원인(설정계약의 해지)이 합병등기 전에 이미 발생한 것인 때에는 합병으로 인한 근저당권이전등기를 거칠 필요 없이 곧바로 합병을 증명하는 정보를 제공하여 말소등기신청을 하면 되고, 그 등기원인이 합병등기 후에 발생한 것인 때에는 먼저 합병으로 인한 근저당권이전등기를 거친 후 말소등기신청을 하여야 한다(선례 Ⅷ-261).

### 📑 선 례

농업기반공사및농지관리기금법 부칙 제9조제2항 은 '등기부 기타 공부에 표시된 농어촌진흥공사, 농지개량조합 및 농지개량조합연합회의 명의는 농업기반공사의 명의로 본다'라고 규정하고 있으므로, 농업기반공사가 종전의 농어촌진흥공사, 농지개량조합 및 농지개량조합연합회(아래에서는 '농어촌진흥공사 등'이라고 줄임)의 명의로 등기된 근저당권에 관하여 말소등기를 신청하려고 하는 경우에는, '농어촌진흥공사 등' 명의의 근저당권을 농업기반공사로 이전하는 근저당권이전등기절차를 거치지 않고도 농업기반공사가 직접 자신의 명의로 위 근저당권의 말소등기를 신청할 수 있다. (2000. 3. 6. 등기 3402-150 질의회답)

## (2) 저당권자의 표시변경 또는 경정등기의 생략(저당권말소의 경우)

등기의무자인 저당권자의 표시에 변경 또는 경정의 사유가 있어서 저당권말소등기신청을 할 때에 등기의무자의 표시가 등기기록과 부합하지 않는 경우에도 그 변

경 또는 경정의 사유를 증명하는 정보의 제공만으로 표시의 변경 또는 경정의 등
기를 생략할 수 있음은 앞서 본 바와 같다(등기예규 제451호).

　예를 들어 면책적 채무인수로 인한 근저당권변경등기를 신청하는 경우 근저당권
자인 법인의 본점이전 또는 취급지점의 변경등기는 생략할 수 없으나(등기의무자
불일치), 근저당권말소등기는 본점이전 등을 증명하는 정보를 제공하여 등기명의인
표시의 변경등기 없이 신청할 수 있다(선례 Ⅳ-458, 488).

### (3) 등기의 실행

　저당권의 말소등기는 주등기로 한다. 이전의 부기등기가 된 저당권(채무자의 추가를
내용으로 하는 저당권변경의 부기등기가 된 경우도 동일함)도 그 부기등기의 말소등
기를 하는 것이 아니라, 주등기인 저당권설정등기의 말소등기를 하고 그 주등기와 함
께 부기등기를 말소하는 표시를 한다(대법원 1988.3.8, 선고, 87다카2585, 판결).

　공동담보목록(기존의 종이 공동담보목록을 전자문서로 전환한 경우의 공동담보목
록을 말한다)이나 「공장 및 광업재단 저당법」제6조에 의한 기계기구목록이 있는
저당권이 전부 말소된 경우에는 변경내역표에 저당권 전부 말소 또는 공장저당권
말소로 인하여 폐쇄한 뜻과 그 연월일을 기록하여야 한다(등기예규 제1467호).

## ♣ 【서식】 저당권설정등기말소등기(변제)신청서

<table>
<tr><td colspan="5" align="center">저당권설정등기말소등기신청</td></tr>
<tr>
<td rowspan="2">접 수</td>
<td>년 월 일</td>
<td rowspan="2">처리인</td>
<td>등기관 확인</td>
<td>각종 통지</td>
</tr>
<tr>
<td>제        호</td>
<td></td>
<td></td>
</tr>
</table>

<table>
<tr><td colspan="5" align="center">부동산의 표시</td></tr>
<tr>
<td colspan="5">
○○시 ○○구 ○○동 ○○번지<br>
　　대 <i>150</i>㎡<br>
　　위 지상<br>
　　시멘트벽돌조 기와지붕 단층주택<br>
　　<i>70</i>㎡<br>
　　　　　이　　　　　　　　상
</td>
</tr>
<tr>
<td colspan="2">등기원인과그연월일</td>
<td colspan="3">20○○년 ○월 ○일 변제</td>
</tr>
<tr>
<td colspan="2">등 기 의 목 적</td>
<td colspan="3">저당권설정등기말소</td>
</tr>
<tr>
<td colspan="2">말 소 할 등 기</td>
<td colspan="3">20○○년 ○월 ○일 접수 제○○○호로 경료된 저당권설정등기</td>
</tr>
<tr>
<td colspan="5"></td>
</tr>
<tr>
<td>구 분</td>
<td>성 명<br>(상호·명칭)</td>
<td>주민등록번호<br>(등기용등<br>록번호)</td>
<td>주 소<br>(소재지)</td>
<td>지 분<br>(개인별<br>)</td>
</tr>
<tr>
<td>등 기 의 무 자</td>
<td>○ ○ ○</td>
<td>600606-12<br>34567</td>
<td>○○시 ○○구 ○○동 ○○번지</td>
<td></td>
</tr>
<tr>
<td>등 기 권 리 자</td>
<td>○ ○ ○</td>
<td>520202-10<br>23456</td>
<td>○○시 ○○구 ○○동 ○○번지</td>
<td></td>
</tr>
</table>

| 등 록 면 허 세 | 금 | 원 |
|---|---|---|
| 지 방 교 육 세 | 금 | 원 |
| 세 액 합 계 | 금 | 원 |

| 등 기 신 청 수 수 료 | 금 | 원 |
|---|---|---|
| | 납부번호 : | |
| | 일괄납부 :        건        원 | |

| 등기의무자의 등기필정보 |||
|---|---|---|
| 부동산고유번호 | 1102-2006-002905 ||
| 성명(명칭) | 일련번호 | 비밀번호 |
| ○ ○ ○ | Q77C-LO71-35J5 | 40-4636 |

| 첨        부        서        면 ||
|---|---|
| · 해지증서                        1통 | 〈기  타〉 |
| · 등록면허세영수필확인서      1통 | |
| · 등기필증                        1통 | |
| · 위임장                          1통 | |

20○○년 ○월 ○일

위 신청인      ○  ○  ○  ㉑      (전화 :          )

○  ○  ○  ㉑      (전화 :          )

(또는) 위 대리인 ○○법무사 사무소        (전화 :          )

법무사 ○  ○  ○

○○지방법원            등기소 귀중

- 신청서 작성요령 -

* 1. 부동산표시란에 2개 이상의 부동산을 기재하는 경우에는 부동산의 일련번호를 기재하여야 합니다.
 2. 신청인란등 해당란에 기재할 여백이 없을 경우에는 별지를 이용합니다.
 3. 담당 등기관이 판단하여 위의 첨부서면 외에 추가적인 서면을 요구할 수 있습니다.

**【변제증서】**

<h1 style="text-align:center;">변 제 증 서</h1>

┌─────┐
│ 수 입 │
│ 인 지 │
│   ⑩  │
└─────┘

1. 금○○○○○만원정


 위 금액은 20○○년 ○월 ○일 대여하고 20○○년 ○월 ○일 등기 접수 제○○○호로써 저당권을 설정하였던 채권액인 바 그 원금 전부를 정히 영수한다.




20○○년 ○월 ○일


저당권자  ○  ○  ○   ⑩<br>○○시 ○○구 ○○동 ○○번지


○  ○  ○ 귀하
○○시 ○○구 ○○동 ○○번지

1. 부동산의 표시
    ○○시 ○○구 ○○동 ○○번지
    대 ○○○㎡
    이  상

**【위임장】**

| 위 임 장 | |
|---|---|
| ① 부 동 산 의 표 시 | 1. 서울특별시 서초구 서초동 100<br><br>　　　　대　100㎡<br><br><br>2. 서울특별시 서초구 서초동 100<br>　시멘트 벽돌조 슬래브지붕 2층 주택<br>　　　　1층　100㎡<br>　　　　2층　100㎡ |
| ② 등기원인과 그 연월일 | 20○○년　9월　1일 변제 |
| ③ 등기의 목적 | 저당권설정등기 말소 |
| ④ | |

| ⑤ 위 임 인 | ⑥ 대 리 인 |
|---|---|
| 등기의무자 : 이 대 백 ㊞<br>서울특별시 서초구 서초동 200<br><br><br>등기권리자 : 김 갑 동 ㊞<br>　서울특별시 중구 다동 5 | 김 갑 동<br>서울특별시 중구 다동 5<br><br>위 사람을 대리인으로 정하고 위 부동산<br>등기신청 및 취하에 관한 모든 행위를 위<br>임한다. 또한 복대리인 선임을 허락한다.<br><br>⑦ 20○○년　10월　1일 |

## ♣ 【서식】 저당권설정등기말소등기(혼동)신청서

### 저당권설정등기말소등기신청

| 접    수 | 년 월 일 | 처리인 | 등기관 확인 | 각종 통지 |
|---|---|---|---|---|
| | 제        호 | | | |

| 부동산의 표시 |
|---|
| ○○시 ○○구 ○○동 ○○번지<br><br>대 150㎡<br><br>위 지상<br><br>시멘트벽돌조 기와지붕 단층주택<br><br>70㎡<br><br>이                    상 |

| 등기원인과그연월일 | 20○○년 ○월 ○일 혼동 |
|---|---|
| 등 기 의 목 적 | 저당권설정등기말소 |
| 말 소 할 등 기 | 20○○년 ○월 ○일 접수 제○○○호로 경료된 저당권설정등기 |
| | |

| 구 분 | 성 명<br>(상호·명칭) | 주민등록번호<br>(등기용등<br>록번호) | 주 소<br>(소재지) | 지 분<br>(개인별<br>) |
|---|---|---|---|---|
| 등 기 의 무 자 | | | | |
| 등 기 권 리 자 | 저당권자겸<br>소유자<br>○ ○ ○ | 520202-10<br>23456 | ○○시 ○○구 ○○동 ○○번지 | |

| 등 록 면 허 세 | 금 | | 원 |
|---|---|---|---|
| 지 방 교 육 세 | 금 | | 원 |
| 세 액 합 계 | 금 | | 원 |
| 등 기 신 청 수 수 료 | 금 | | 원 |
| | 납부번호 : | | |
| | 일괄납부 : | 건 | 원 |

| 등기의무자의 등기필정보 | | |
|---|---|---|
| 부동산고유번호 | 1102-2006-002905 | |
| 성명(명칭) | 일련번호 | 비밀번호 |
| ○ ○ ○ | Q77C-LO71-35J5 | 40-4636 |

| 첨 부 서 면 | | |
|---|---|---|
| · 신청서부본　　　　　　1통<br>· 등록면허세영수필확인서　1통<br>· 등기필증　　　　　　　1통<br>· 위임장　　　　　　　　1통 | 〈기　타〉 | |

20○○년 ○월 ○일

　　　위 신청인　　　○ ○ ○ ㉑　　　(전화 :　　　　)
　　　　　　　　　　　○ ○ ○ ㉑　　　(전화 :　　　　)

　　　(또는) 위 대리인 ○○법무사 사무소　　　(전화 :　　　　)

　　　　　　　법무사 ○　○　○

　　　○○지방법원　　　　　　등기소 귀중

- 신청서 작성요령 -

* 1. 부동산표시란에 2개 이상의 부동산을 기재하는 경우에는 부동산의 일련번호를 기재하여야 합니다.
  2. 신청인란등 해당란에 기재할 여백이 없을 경우에는 별지를 이용합니다.
  3. 담당 등기관이 판단하여 위의 첨부서면 외에 추가적인 서면을 요구할 수 있습니다.

## ♣ 【서식】 저당권설정등기말소등기(해제)신청서

| 저당권이전등기말소등기신청 |
|---|

| 접 수 | 년 월 일 | 처리인 | 등기관 확인 | 각종 통지 |
|---|---|---|---|---|
| | 제      호 | | | |

| 부동산의 표시 |
|---|
| ○○시 ○○구 ○○동 ○○번지<br><br>대 150㎡<br><br>위 지상<br><br>시멘트벽돌조 기와지붕 단층주택<br><br>70㎡<br><br>이                          상 |

| 등기원인과그연월일 | 20○○년 ○월 ○일 해제 |
|---|---|
| 등 기 의 목 적 | 저당권이전등기말소 |
| 말 소 할 등 기 | 20○○년 ○월 ○일 접수 제○○○호로 경료된 저당권설정등기 |

| 구분 | 성 명<br>(상호·명칭) | 주민등록번호<br>(등기용등록번호) | 주 소<br>(소재지) | 지 분<br>(개인별) |
|---|---|---|---|---|
| 등기의무자 | ○ ○ ○ | 600606-1234567 | | |
| 등기권리자 | ○ ○ ○ | 520202-1023456 | ○○시 ○○구 ○○동 ○○번지 | |

| 등 록 면 허 세 | 금 | | 원 |
|---|---|---|---|
| 지 방 교 육 세 | 금 | | 원 |
| 세 액 합 계 | 금 | | 원 |
| 등 기 신 청 수 수 료 | 금 | | 원 |
| | 납부번호 : | | |
| | 일괄납부 : 건 | | 원 |

| 등기의무자의 등기필정보 | | |
|---|---|---|
| 부동산고유번호 | 1102-2006-002905 | |
| 성명(명칭) | 일련번호 | 비밀번호 |
| ○ ○ ○ | Q77C-LO71-35J5 | 40-4636 |

| 첨 부 서 면 | | |
|---|---|---|
| · 해지증서                1통 | 〈기  타〉 | |
| · 등록면허세영수필확인서     1통 | | |
| · 등기필증               1통 | | |
| · 위임장                 1통 | | |

20○○년 ○월 ○일

위 신청인    ○ ○ ○  ㊞        (전화 :          )
            ○ ○ ○  ㊞        (전화 :          )

(또는) 위 대리인 ○○법무사 사무소        (전화 :          )

법무사 ○  ○  ○

○○지방법원        등기소 귀중

- 신청서 작성요령 -

* 1. 부동산표시란에 2개 이상의 부동산을 기재하는 경우에는 부동산의 일련번호를 기재하여야 합니다.
  2. 신청인란등 해당란에 기재할 여백이 없을 경우에는 별지를 이용합니다.
  3. 담당 등기관이 판단하여 위의 첨부서면 외에 추가적인 서면을 요구할 수 있습니다.

### ☞ 을구 예시

**-변제(저당권설정등기말소) 266**

| 【을　구】 (소유권 이외의 권리에 관한 사항) | | | | |
|---|---|---|---|---|
| 순위번호 | 등기목적 | 접수 | 등기원인 | 권리자 및 기타사항 |
| 2 | 1번<br>저당권설정<br>등기말소 | 2015년 3월 5일<br>제3005호 | 2015년 3월 4일<br>변제 | |

(주) 1번 저당권을 말소하는 표시를 한다.


**-저당권 포기 또는 해제 267**

| 【을　구】 (소유권 이외의 권리에 관한 사항) | | | | |
|---|---|---|---|---|
| 순위번호 | 등기목적 | 접수 | 등기원인 | 권리자 및 기타사항 |
| 2 | 1번<br>저당권설정<br>등기말소 | 2015년 3월 5일<br>제3005호 | 2015년 3월 4일<br>포기 또는<br>해제(합의해제) | |

(주) 1번 저당권을 말소하는 표시를 한다.


### 4. 공동저당

동일한 채권의 담보를 위하여 수개의 부동산에 설정되는 저당권을 공동저당이라고 한다. 공동저당은 복수의 부동산 위에 1개의 저당권이 있는 것이 아니라 각 부동산마다 1개의 저당권이 있고 이들 저당권은 피담보채권을 공통으로 하고 있는 것으로 이해되고 있다.

### (1) 창설적 공동저당

당초부터 수개의 부동산에 관한 권리를 목적으로 설정되는 저당권을 말한다.

#### 1) 신청절차에 관한 특칙

여러 개의 부동산에 관한 권리를 목적으로 하는 저당권설정의 등기를 신청하는 경우에는 각 부동산에 관한 권리의 표시를 신청정보의 내용으로 등기소에 제공하여야 한다(규칙 제133조 1항).

### 2) 등기의 실행에 관한 특칙

등기관이 동일한 채권에 관하여 여러 개의 부동산에 관한 권리를 목적으로 하는 저당권설정의 등기를 할 때에는 각 부동산의 등기기록에 그 부동산에 관한 권리가 다른 부동산에 관한 권리와 함께 저당권의 목적으로 제공된 뜻을 기록하여야 한다(법 제78조 1항). 이 경우 공동담보라는 뜻의 기록은 각 부동산의 등기기록 중 해당 등기의 끝부분에 하여야 한다(규칙 제135조 1항).

담보로 제공되는 부동산이 5개 이상인 경우 등기관은 공동담보목록을 작성하여야 한다(법 제78조 2항). 그런데 이러한 공동담보목록은 모두 전산정보처리조직에 의하여 자동적으로 생성되므로, 당사자가 공동담보목록을 작성하여 등기소에 제공할 필요는 없다. 이러한 공동담보목록에는 신청정보의 접수연월일과 접수번호를 기록하여야 하며, 1년마다 그 번호를 새로 부여하여야 한다(규칙 제133조 2항, 3항). 이렇게 공동담보목록을 작성하는 경우에는 각 부동산의 등기기록에 공동담보목록의 번호를 기록한다(규칙 제135조 2항). 공동담보목록은 등기기록의 일부가 된다(법 제78조 3항).

## (2) 추가적 공동저당

### 1) 신청에 관한 특칙

1개 또는 여러 개의 부동산에 관한 권리를 목적으로 하는 저당권설정의 등기를 한 후 같은 채권에 대하여 다른 1개 또는 여러 개의 부동산에 관한 권리를 목적으로 하는 저당권설정의 등기를 신청하는 경우에는 종전의 등기를 표시하는 사항으로서 공동담보목록의 번호 또는 부동산의 소재지번(건물에 번호가 있는 경우에는 그 번호도 포함한다)을 신청정보의 내용으로 등기소에 제공하여야 한다(규칙 제134조).

추가저당권설정등기를 신청할 경우 등기소에 제공하여야 하는 등기필정보는 추가되는 부동산의 소유권에 관한 등기필정보이다. 따라서 전에 등기한 저당권의 등기필정보를 등기소에 제공할 필요는 없다(선례 Ⅲ-585).

### 2) 등기의 실행에 관한 특칙

등기관이 1개 또는 여러 개의 부동산에 관한 권리를 목적으로 하는 저당권설정의 등기를 한 후 동일한 채권에 대하여 다른 1개 또는 여러 개의 부동산에 관한 권리를 목적으로 하는 저당권설정의 등기를 할 때에는 그 등기와 종전의 등기에 각 부동산에 관한 권리가 함께 저당권의 목적으로 제공된 뜻을 기록하여야 한다(법 제78조 4항).

이 경우 공동담보 목적으로 새로 추가되는 부동산의 등기기록에는 그 등기의 끝부분에 공동담보라는 뜻을 기록하고 종전에 등기한 부동산의 등기기록에는 해당 등기에 부기등기로 그 뜻을 기록하여야 한다(규칙 제135조 3항).

추가 설정하는 부동산과 전에 등기한 부동산을 합하여 5개 이상일 때에는 창설적 공동저당과 마찬가지로 등기관은 공동담보목록을 작성하여야 한다.

### 3) 구분건물의 추가적 공동저당

구분건물과 그 대지권의 어느 일방에만 설정되어 있는 저당권의 추가적 담보로서 다른 일방을 제공하려는 경우에는 구분건물과 대지권을 일체로 하여 그에 관한 추가저당권설정등기를 할 수 있다(등기예규 제1470호).

대지에 대하여 먼저 저당권이 설정되고 대지권등기 후 구분건물에 관하여 동일채권의 담보를 위한 추가저당권을 설정하려는 경우에는 구분건물과 대지권을 일체로 하여 등기신청을 할 수 있다.

이 경우에는 구분건물의 등기기록의 을구에만 기록하고 대지권의 목적인 토지의 등기기록에는 기록을 할 필요가 없다. 즉 대지권의 목적인 토지에 관하여 설정된 종전의 저당권등기에 저당권담보추가의 부기등기는 할 필요가 없다.

위와는 반대로 구분건물에 관하여 먼저 저당권이 설정되고 새로 건물대지권의 목적이 된 토지에 관하여 동일채권이 담보를 위하여 저당권을 추가 설정하려는 경우에는 구분건물과 대지권을 일체로 하여 저당권추가설정을 할 수 있으며 이 경우에도 구분건물의 을구에만 추가 설정등기를 함으로 충분하다.

대지에 대하여 이미 근저당권이 설정되어 있는 상태에서 대지권의 등기를 한 후 동일채권의 담보를 위하여 구분건물과 그 대지권을 일체로 추가근저당권설정등기를 마치고 종전의 근저당권을 포기하여 말소등기가 마쳐진 경우라도, 추가근저당권설정등기의 효력은 구분건물 뿐만 아니라 그 대지권에 대하여도 여전히 유지된다(선례 Ⅶ-271).

### 4) 추가설정의 통지

종전에 등기한 부동산이 다른 등기소의 관할에 속하는 경우에는 지체 없이 그 등기소에 추가설정의 등기를 한 뜻을 통지하고 이 통지를 받은 등기소는 통지사항을 등기하여야 한다(법 제78조 5항).

## (3) 공동담보의 일부 소멸 또는 변경(규칙 제136조)

공동담보인 여러 개의 부동산 중 일부 부동산에 관하여 저당권이 소멸하거나 그 권리의 표시에 변경이 있어 그 등기를 한 때에는 다른 부동산에 관하여 한 공동담보인 뜻의 기록에 그 뜻을 부기(등기관이 직권으로 하게 된다)하고 소멸된 사항 또는 변경 전의 사항을 말소하는 표시를 하여야 한다.

공동담보목록이 작성되어 있는 경우에는 그 목록에 하여야 한다(규칙 제136조 1항, 3항). 공동담보인 부동산이 다른 등기소의 관할에 속하는 것인 때에는 지체 없이 그 등기소에 그 뜻을 통지하고 이 통지를 받은 등기소는 위와 동일한 절차를 이행하여야 한다(규칙 제136조 2항).

## (4) 공동저당 대위(등기예규 제1407호)

### 1) 의의

「민법」제368조 제2항에 따르면 공동저당이 설정되어 있는 경우에 채권자가 그 중 일부 부동산에 관해서만 저당권을 실행하여 채권전부를 변제받은 경우, 후순위저당권자는 공동담보로 제공되어 있는 다른 부동산에 대하여 선순위자를 대위하여 저당권을 행사할 수 있다.

예를 들어 A가 B에 대하여 300만원의 채권이 있는데, 그 채권을 담보하기 위하여 B소유의 X토지(시가 400만원)와 Y토지(시가 200만원)에 공동저당이 1번으로 설정되어 있다고 하고 C가 B에 대하여 200만원의 채권을 가지고 있고 X토지에 2번의 저당권을 가지고 있다고 하자. 이 경우 A가 X, Y토지에 대하여 동시에 경매를 실행하면 A는 X토지로부터 200만원, Y토지로부터 100만원을 배당받을 것이며 C는 X토지로부터 200만원을 배당받을 수 있을 것이다.

그런데 A가 X부동산에 관해서만 먼저 경매를 실행했다고 하자면 A는 X토지로부터 300만원을 배당받고 C는 100만원을 배당받으며 A와 C의 저당권은 모두 말소될 것이다. 이 경우 후순위 저당권자인 C는 Y토지의 A의 저당권을 A가 동시에 경매를 실행했을 때 배당받았을 금액의 한도(100만원)에서 「민법」제368조 제2항에 의하여 대위행사할 수 있다. 위와 같이 「민법」제368조 제2항의 저당권대위가 발생한 경우 법 제80조에 따라 이를 등기할 수 있다.

### 2) 신청절차

가. 신청인

선순위저당권자가 등기의무자가 되고, 차순위저당권자가 등기권리자가 되어 공동으로 신청한다.

나. 신청정보 및 첨부정보

일반적인 신청정보 외에 매각부동산, 매각대금, 선순위저당권자가 변제받은 금액 및 매각 부동산 위에 존재하는 차순위저당권자의 피담보채권에 관한 사항을 신청정보의 내용으로 하여야 한다. 등기의 목적은 '○번 저당권 대위' 등기원인은 '민법 제368조 제2항에 의한 대위'로 그 연월일은 '선순위저당권자에 대한 매각대금의 배당기일'로 한다.

공동저당 대위등기를 신청할 때에는 일반적인 첨부정보 외에 배당표 정보를 첨부정보로서 등기소에 제공해야 하고, 1건당 6,000원의 등록면허세 및 3,000원의 등기신청수수료를 납부하여야 한다. 국민주택채권은 저당권이전등기가 아니므로 매입할 필요가 없다.

다. 등기의 실행

공동저당 대위등기는 부기등기로 한다. 일반적인 등기사항 외에 매각부동산 위에 존재하는 차순위저당권자의 피담보채권에 관한 내용과 매각부동산, 매각대금, 선순위 저당권자가 변제받은 금액을 기록한다.

## ♣【서식】저당권설정등기(여러 개의 저당권)신청서

| 동시신청 | (가) | 저당권설정등기신청 | | |
|---|---|---|---|---|

| 접 수 | 년 월 일 | 처리인 | 등기관 확인 | 각종 통지 |
|---|---|---|---|---|
| | 제    호 | | | |

| 부동산의 표시 | |
|---|---|
| ○○시 ○○구 ○○동 ○○번지<br>대 *150*㎡<br>위 지상<br>시멘트벽돌조 기와지붕 단층주택<br>*60*㎡<br>이                              상 | |
| 등기원인과그연월일 | 20○○년 ○월 ○일 저당권설정계약 |
| 등 기 의 목 적 | 저당권설정 |
| 채    권    액 | 금 ○○○○○원 |
| 변    제    기 | 20○○년 ○월 ○일 |
| 이        자 | 월 ○푼 |
| 이 자 지 급 시 기 | 매월 ○일 |
| 채    무    자 | ○ ○ ○   ○○시 ○○구 ○○동 ○○번지 |
| 설 정 할 지 분 | |

| 구분 | 성 명<br>(상호·명칭) | 주민등록번호<br>(등기용등록번호) | 주 소<br>(소재지) | 지 분<br>(개인별) |
|---|---|---|---|---|
| 등기의무자 | ○ ○ ○ | 601010-1234567 | ○○시 ○○구 ○○동 ○○번지 | |
| 등기권리자 | ○ ○ ○ | 500505-1023456 | ○○시 ○○구 ○○동 ○○번지 | |

| 등 록 면 허 세 | 금 | | 원 |
|---|---|---|---|
| 지 방 교 육 세 | 금 | | 원 |
| 세 액 합 계 | 금 | | 원 |
| 등 기 신 청 수 수 료 | 금 | | 원 |
| | 납부번호 : | | |
| 국 민 주 택 채 권 매 입 금 액 | 금 | | 원 |
| 국 민 주 택 채 권 발 행 번 호 | | | |

### 등기의무자의 등기필정보

| 부동산고유번호 | 1102-2006-002905 | |
|---|---|---|
| 성명(명칭) | 일련번호 | 비밀번호 |
| ○○○ | Q77C-LO71-35J5 | 40-4636 |

### 첨　부　서　면

| | | 〈기　타〉 |
|---|---|---|
| · 저당권설정계약서 | 1통 | |
| · 등록면허세영수필확인서 | 1통 | |
| · 인감증명 | 1통 | |
| · 등기필증 | 1통 | |
| · 주민등록등(초)본 | 1통 | |
| · 위임장 | 1통 | |

20○○년 ○월 ○일

위 신청인　　○　○　○　⑪　　　(전화 :　　　)
　　　　　　　○　○　○　⑪　　　(전화 :　　　)

(또는) 위 대리인 ○○법무사 사무소　　(전화 :　　　)

법무사 ○　○　○

○○지방법원　　　　　　등기소 귀중

- 신청서 작성요령 -

* 1. 부동산표시란에 2개 이상의 부동산을 기재하는 경우에는 부동산의 일련번호를 기재하여야 합니다.
  2. 신청인란등 해당란에 기재할 여백이 없을 경우에는 별지를 이용합니다.
  3. 담당 등기관이 판단하여 위의 첨부서면 외에 추가적인 서면을 요구할 수 있습니다.

## 【위임장】

| | 위    임    장 | |
|---|---|---|
| ① 부 동 산 의 표 시 | 1. 서울특별시 서초구 서초동 100 <br><br>　　　　대　　100㎡ <br><br><br> 2. 서울특별시 서초구 서초동 100 <br>　　시멘트 벽돌조 슬래브지붕 2층 주택 <br>　　　　　1층　100㎡ <br>　　　　　2층　100㎡ | |
| ② 등기원인과 그 연월일 | 20○○년　　9월　1일　저당권 설정계약 | |
| ③ 등기의 목적 | 저당권설정 | |
| ④ | | |
| ⑤ 위  임  인 | | ⑥ 대  리  인 |
| 등기의무자 : 이 대 백　㉘ <br>서울특별시 서초구 서초동 200 <br><br>등기권리자 : 김 갑 동　㉘ <br>서울특별시 중구 다동 5 | | 김 갑 동 <br>서울특별시 중구 다동 5 <br><br>위 사람을 대리인으로 정하고 위 부동산 등기신청 및 취하에 관한 모든 행위를 위임한다. 또한 복대리인 선임을 허락한다. <br><br>⑦ 20○○년　10월　1일 |

## ♣ 【서식】 저당권설정등기(여러 개의 저당권)신청서2

| 동시신청 | (나) | 저당권설정등기신청 | | |
|---|---|---|---|---|

| 접 수 | 년 월 일 | 처리인 | 등기관 확인 | 각종 통지 |
|---|---|---|---|---|
| | 제      호 | | | |

| 부동산의 표시 |
|---|
| ○○시 ○○구 ○○동 ○○번지<br>대 150㎡<br>위 지상<br>시멘트벽돌조 기와지붕 단층주택<br>60㎡<br>이                         상 |

| 등기원인과그연월일 | 20○○년 ○월 ○일 저당권설정계약 |
|---|---|
| 등 기 의 목 적 | 저당권설정 |
| 채 권 액 | 금 ○○○○○원 |
| 변 제 기 | 20○○년 ○월 ○일 |
| 이 자 | 월 ○푼 |
| 이 자 지 급 시 기 | 매월 ○일 |
| 채 무 자 | ○ ○ ○   ○○시 ○○구 ○○동 ○○번지 |
| 설 정 할 지 분 | |

| 구분 | 성 명<br>(상호·명칭) | 주민등록번호<br>(등기용등록번호) | 주 소<br>(소재지) | 지 분<br>(개인별) |
|---|---|---|---|---|
| 등기의무자 | ○ ○ ○ | 601010-1234567 | ○○시 ○○구 ○○동 ○○번지 | |
| 등기권리자 | ○ ○ ○ | 500505-1023456 | ○○시 ○○구 ○○동 ○○번지 | |

| 등 록 면 허 세 | 금 | 원 |
|---|---|---|
| 지 방 교 육 세 | 금 | 원 |
| 세 액 합 계 | 금 | 원 |
| 등 기 신 청 수 수 료 | 금 | 원 |
| | 납부번호 : | |
| | 일괄납부 :          건          원 | |
| 국 민 주 택 채 권 매 입 금 액 | 금 | 원 |
| 국 민 주 택 채 권 발 행 번 호 | | |

| 등기의무자의 등기필정보 | | |
|---|---|---|
| 부동산고유번호 | 1102-2006-002905 | |
| 성명(명칭) | 일련번호 | 비밀번호 |
| ○○○ | Q77C-LO71-35J5 | 40-4636 |

| 첨    부    서    면 | | |
|---|---|---|
| · 저당권설정계약서 | 1통 | 〈기  타〉 |
| · 등록면허세영수필확인서 | 1통 | |
| · 인감증명 | 1통 | |
| · 등기필증 | 1통 | |
| · 주민등록등(초)본 | 1통 | |
| · 위임장 | 1통 | |

20○○년 ○월 ○일

위 신청인        ○  ○  ○  ㊞        (전화 :              )
               ○  ○  ○  ㊞        (전화 :              )

(또는) 위 대리인 ○○법무사 사무소        (전화 :              )

법무사 ○  ○  ○

○○지방법원              등기소 귀중

- 신청서 작성요령 -

* 1. 부동산표시란에 2개 이상의 부동산을 기재하는 경우에는 부동산의 일련번호를 기재하여야 합니다.
2. 신청인란등 해당란에 기재할 여백이 없을 경우에는 별지를 이용합니다.
3. 담당 등기관이 판단하여 위의 첨부서면 외에 추가적인 서면을 요구할 수 있습니다.

## ♣ 【서식】 저당권설정등기(수개의 저당권)신청서

<table>
<tr><td colspan="5" align="center">저당권설정등기신청</td></tr>
<tr><td rowspan="2">접 수</td><td>년 월 일</td><td rowspan="2">처리인</td><td>등기관 확인</td><td>각종 통지</td></tr>
<tr><td>제      호</td><td></td><td></td></tr>
</table>

<table>
<tr><td colspan="5" align="center">부동산의 표시</td></tr>
<tr><td colspan="5">

○○시 ○○구 ○○동 ○○번지

대 100㎡


이                상
</td></tr>
<tr><td>등기원인과그연월일</td><td colspan="4">20○○년 ○월 ○일 저당권설정계약</td></tr>
<tr><td>등 기 의 목 적</td><td colspan="4">저당권설정</td></tr>
<tr><td>채      권      액</td><td colspan="4">금 ○○○○○원</td></tr>
<tr><td>변      제      기</td><td colspan="4">20○○년 ○월 ○일</td></tr>
<tr><td>이           자</td><td colspan="4">월 ○푼</td></tr>
<tr><td>이 자 지 급 시 기</td><td colspan="4">매월 ○일</td></tr>
<tr><td>채      무      자</td><td colspan="4">○ ○ ○   ○○시 ○○구 ○○동 ○○번지</td></tr>
<tr><td>설 정 할 지 분</td><td colspan="4"></td></tr>
<tr><td></td><td></td><td></td><td></td><td></td></tr>
<tr><td>구 분</td><td>성 명<br>(상호·명칭)</td><td>주민등록번호<br>(등기용등록<br>번호)</td><td>주 소<br>(소재지)</td><td>지 분<br>(개인별)</td></tr>
<tr><td>등 기 의 무 자</td><td>○ ○ ○</td><td>601010-123<br>4567</td><td>○○시 ○○구 ○○동 ○○번지</td><td></td></tr>
<tr><td rowspan="2">등 기 권 리 자</td><td>지분 3분의 2<br>○ ○ ○</td><td>500505-123<br>4568</td><td>○○시 ○○구 ○○동 ○○번지</td><td></td></tr>
<tr><td>지분 3분의 1<br>○ ○ ○</td><td>520202-102<br>3467</td><td>○○시 ○○구 ○○동 ○○번지</td><td></td></tr>
</table>

| 등 록 면 허 세 | 금 | | 원 |
|---|---|---|---|
| 지 방 교 육 세 | 금 | | 원 |
| 세 액 합 계 | 금 | | 원 |
| 등 기 신 청 수 수 료 | 금 | | 원 |
| | 납부번호 : | | |
| | 일괄납부 : | 건 | 원 |
| 국 민 주 택 채 권 매 입 금 액 | 금 | | 원 |
| 국 민 주 택 채 권 발 행 번 호 | | | |

| 등기의무자의 등기필정보 | | |
|---|---|---|
| 부동산고유번호 | 1102-2006-002905 | |
| 성명(명칭) | 일련번호 | 비밀번호 |
| ○○○ | Q77C-LO71-35J5 | 40-4636 |

| 첨 부 서 면 | | |
|---|---|---|
| · 저당권설정계약서 | 1통 | 〈기 타〉 |
| · 등록면허세영수필확인서 | 1통 | |
| · 인감증명 | 1통 | |
| · 등기필증 | 1통 | |
| · 주민등록등(초)본 | 1통 | |
| · 위임장 | 1통 | |

20○○년 ○월 ○일

위 신청인        ○  ○  ○  ⑪        (전화 :        )
　　　　　　　　○  ○  ○  ⑪        (전화 :        )

(또는) 위 대리인 ○○법무사 사무소        (전화 :        )

법무사 ○  ○  ○

○○지방법원        등기소 귀중

- 신청서 작성요령 -

* 1. 부동산표시란에 2개 이상의 부동산을 기재하는 경우에는 부동산의 일련번호를 기재하여야 합니다.
  2. 신청인란등 해당란에 기재할 여백이 없을 경우에는 별지를 이용합니다.
  3. 담당 등기관이 판단하여 위의 첨부서면 외에 추가적인 서면을 요구할 수 있습니다.

## 5. 공장저당

「공장 및 광업재단 저당법」은 공장 소유자가 공장에 속하는 토지 또는 건물에 설정한 저당권의 효력은 그 토지 또는 건물에 부합된 물건과 그 토지에 설치된 기계, 기구, 그 밖의 공장의 공용물에 미치고(같은 법 제3조, 제4조), 공장에 속하는 토지나 건물에 대한 저당권설정등기를 신청하려면 그 토지나 건물에 설치된 기계, 기구, 그 밖의 공장의 공용물로서 저당권의 목적이 되는 것의 목록을 제출하여야 한다고 규정하고 있다(같은 법 제6조).

이를 실무상 「공장 및 광업재단 저당법」제6조의 저당권 또는 공장저당권이라고 한다. 공장저당권은 공장에 속하는 일정한 기업용 재산으로 구성되는 일단의 재산에 대하여 공장재단 소유권보존등기를 한 후에 저당권설정등기를 하는 공장재단의 저당권과는 구별된다.

목록에 기재된 기계·기구의 소유자와 토지 또는 건물의 소유자는 일치해야 한다. 만일 토지와 공장건물의 소유자는 상이하고 공장건물의 소유자와 공장에 속하는 기계기구의 소유자가 동일할 경우라면 공장건물만을 「공장 및 광업재단 저당법」제6조에 의한 근저당으로 하고 토지에 대하여는 보통근저당으로 하여 공동담보로 근저당설정등기를 신청할 수 있다(선례 Ⅷ-269).

### (1) 신청절차에 관한 특칙

#### 1) 기계·기구목록의 제공

공장저당권을 신청하기 위해서는 일반 저당권의 신청정보 및 첨부정보 외에 신청인이 서명·날인한 「공장 및 광업재단 저당법」제6조의 기계·기구목록을 작성, 제공하여야 하며, 위 목록은 등기기록의 일부로 보고 그 기록은 등기로 본다(같은 법 제6조 2항, 제36조).

#### 2) 공장증명서의 제공

토지 또는 건물이 「공장 및 광업재단 저당법」제2조의 공장에 속하는 것임을 증명하는 정보(공장증명서)를 첨부정보로서 제공하여야 하는데(공장 및 광업재단 저당등기 규칙 제2조), 이 공장증명서는 채권자(저당권자)명의로 작성한다. 「공장 및 광업재단 저당법」제2조에서 말하는 '공장'이라 함은 영업을 하기 위하여 물품의 제조·가공, 인쇄, 촬영, 방송 또는 전기나 가스의 공급 목적에 사용하는 장소를 말한다.

## (2) 등기실행에 관한 특칙

공장저당권의 등기를 할 때에는 「공장 및 광업재단 저당법」제6조의 목록의 제공이 있는 뜻을 기록하여야 한다. 목록에 기록한 사항에 변경이 발생하였을 때에는 소유자는 지체 없이 공장저당목록의 변경등기를 신청하여야 한다(같은 법 제6조 2항, 제42조 1항).

### 1) 목록기록의 변경등기 신청

종전 목록에 새로운 물건을 추가하는 경우에는 신청인은 새로 추가된 목록에 관한 정보만을 제공하여야 한다. 종전 목록에 기록한 물건의 일부가 멸실하거나 또는 그 물건에 관하여 저당권이 일부 소멸한 경우에는 멸실 또는 분리된 목록에 관한 정보만을 제공하여야 한다. 목록의 일부 멸실 또는 분리에 의한 변경신청의 경우에는 저당권자의 동의가 있음을 증명하는 정보(인감증명 포함) 또는 이에 대항할 수 있는 재판이 있음을 증명하는 정보를 제공하여야 한다(공장 및 광업재단 저당등기 규칙 제29조 1항).

### 2) 목록기록의 변경등기

종전 목록에 새로운 목록추가의 신청이 있는 경우 등기관은 변경내역표에 신청정보의 접수연월일, 접수번호 및 종전 목록에 추가한다는 뜻을 기록하고, 전산정보처리조직을 이용하여 추가목록을 종전 목록에 결합한다.

종전 목록에 기계·기구의 분리 또는 일부 멸실의 신청이 있는 경우 등기관은 변경내역표에 신청정보의 접수연월일, 접수번호 및 종전 목록에서 분리하거나 멸실된 뜻을 기록하고, 전산정보처리조직을 이용하여 분리 또는 멸실목록을 종전 목록에 결합한다.

### 3) 목록변경의 부기등기 금지

목록에 기록된 물건 전부의 설치를 폐지하고 보통저당권으로 변경등기를 하는 경우 외에는 을구의 권리자 및 기타사항란에 부기에 의한 변경등기를 하지 않는다(선례 Ⅷ-268).

### 4) 보통저당권을 「공장 및 광업재단 저당법」에 의한 저당권으로의 변경 등

일반저당권(보통저당권)을 「공장 및 광업재단 저당법」제6조의 공장저당권으로 변경하기 위해서는 그 변경계약서와 목록을 제출하여 저당권변경등기신청을 하여야 하며, 이때 그 등기는 부기등기로 하되 원인은 '○년 ○월 ○일 변경계약'으로 하고 「공장 및 광업재단 저당법」제6조의 목록의 번호를 기록하는 방법으로 한다. 또한 「공장 및 광업재단 저당법」제6조의 목록 폐지에 의하여 「공장 및 광업재단 저당법」에 의한 저당권을 보통저당권으로도 변경할 수 있으며 이때에도 그 등기는 부기등기로 하되 원인은 위에서와 같이 변경계약으로 하고, 주등기에 표시된 「공장 및 광업재단 저당법」제6조 목록을 폐지한 뜻을 기록하여야 한다.

「공장 및 광업재단 저당법」제6조에 의한 목록에 기록된 기계·기구 전부를 새로 다른 기계·기구로 교체한 경우에는, 종전 목록에 관하여는 「공장 및 광업재단 저당법」제6조 목록폐지로 인한 저당권변경등기를 신청하여 「공장 및 광업재단 저당법」에 의한 저당권을 보통저당권으로 변경하고, 새로운 기계·기구에 관하여는 「공장 및 광업재단 저당법」제6조 목록 제공으로 인한 저당권변경등기를 신청하여 다시 그 보통저당권을 「공장 및 광업재단 저당법」에 의한 저당권으로 변경하여야 한다(선례 V-430).

일반저당권을 「공장 및 광업재단 저당법」제6조에 의한 저당권으로 하는 변경등기신청은 등기의무자와 등기권리자의 공동신청에 의하므로 등기의무자인 소유자(저당권설정자)의 등기필정보를 제공하여야 하나, 새로운 기계·기구를 추가하는 목록기록의 변경등기신청은 소유자의 단독신청에 의하므로 등기의무자의 등기필정보를 제공할 필요가 없다(법 제50조 2항).

## 6. 지분의 일부에 대한 저당권설정등기(등기예규 제1356호)

### (1) 등기의 목적인 지분의 특정

어느 공유자의 지분 일부에 대하여 저당권(근저당 포함)의 등기를 한 후 그 공유자의 지분 일부에 대하여 권리이전의 등기를 하거나 다시 저당권의 등기를 하는 경우에는 그 등기의 목적이 이미 선순위 저당권이 설정된 부분인가 아닌가를 명백히 알 수 있도록 신청정보에 표시를 하여야 하고 등기기록에도 등기목적에 구체적으로 그 권리를 특정하여야 한다.

### (2) 지분을 특정하지 아니한 경우의 조치

신청정보에 등기의 목적인 지분을 특정하지 아니한 경우에는 그 흠결을 보정하지 않는 한 법 제29조 제5호(신청정보의 제공이 대법원규칙으로 정한 방식에 맞지 아니한 경우)에 의하여 신청을 각하한다.

### (3) 지분을 특정하지 아니한 것을 간과한 경우의 조치

등기의 목적인 지분을 특정하지 아니한 흠결을 간과하고 등기를 한 경우에는 당사자가 공동으로 그 흠결된 기록을 보충하는 내용의 경정등기신청을 할 수 있다. 이 경우 등기상 이해관계인이 있으면 그 이해관계인의 동의가 있어야 한다.

위의 경정등기신청이 없더라도 그 등기를 직권 말소할 것은 아니며, 그 후 다른 등기를 함에 있어서는 그 보다 앞서 마쳐진 저당권등기의 목적이 아닌 지분을 그 목적으로 하는 것이라고 보고 처리한다. 등기의 목적인 지분을 특정하여 기록을 하지 아니한 채 마쳐진 수개의 저당권등기의 목적인 지분 합계가 저당권설정자의 전체지분을 초과한 경우에는 앞서 설정된 저당권이 하나뿐인 때에는 그 초과부분은 앞서 설정된 저당권의 후순위 저당권으로 볼 여지가 있으므로 이를 그대로 두고 처리하되, 앞서 설정된 저당권이 2개 이상인 때에는 그 초과부분은 앞서 설정된 저당권 중 어느 것의 후순위 저당권인지 등기기록상 판별할 수 없으므로 그 초과부분의 저당권등기는 법 제58조와 제 29조 제2호(사건이 등기할 것이 아닌 경우)에 의하여 등기관이 직권으로 말소한다(일부말소의 경우는 말소의미의 경정).

## 7. 근저당권에 관한 등기(등기예규 제1471호)

### (1) 근저당권설정등기

#### 1) 의의 및 등기사항

계속적인 거래관계로부터 발생하는 다수의 불특정채권을 장래의 결산기에서 일정한 한도까지 담보하려는 저당권을 근저당권이라고 한다.

근저당권은 저당권소멸에 있어서 피담보채권의 부종성이 요구되지 않는 점에서 보통저당권과 다르다. 따라서 근저당권설정등기를 할 때에는 근저당권인 뜻과 채권의 최고액, 채무자의 성명(또는 명칭)과 주소(또는 사무소 소재지)를 등기하여야 한다. 등기원인에 저당부동산에 부합된 물건과 종물에 대하여는 근저당의 효력이 미치지 아니한다는 「민법」 제358조 단서의 약정과 존속기간이 있는 때에는 이에 관한 사항도 신청정보의 내용으로 하여야 한다(법 제75조 2항).

근저당권은 계속적인 거래관계로부터 발생하는 다수의 불특정채권을 장래의 결산기에서 채권최고액까지 담보하는 것이므로, 근저당권설정등기를 신청하는 경우 각 근저당권자의 지분을 등기기록에 기록할 수 없다는 것이 실무이다(선례 Ⅷ-251).

#### 2) 채권최고액과 채무자의 등기방법 등

채권채고액은 반드시 단일하게 기록하여야 하고, 그 근저당권의 채권자 또는 채무자가 수인일지라도 각 채권자 채무자별로 채권액을 구분(예 : 채권최고액 채무자 갑에 대하여 1억원, 채무자 을에 대하여 2억원 또는 채권최고액 3억원 최고액의 내역 채무자 갑에 대하여 1억원, 채무자 을에 대하여 2억원 등)하여 기록할 수는 없다. 근저당권설정등기의 등록면허세의 납부 및 국민주택채권의 매입은 채권최고액을 기준으로 한다. 같은 부동산에 대하여 두 사람 이상을 공동채권자로 하는 하나의 근저당권설정계약을 체결한 경우라 하더라도 각 채권자별로 채권최고액을 구분하여 등기하거나 그 채권자들을 각각 근저당권자로 하는 2개의 동순위의 근저당권설정등기를 신청할 수 없다(선례 Ⅶ-274). 채무자가 수인인 경우 그 수인의 채무자가 연대채무자라 하더라도 등기기록에는 단순히 '채무자'로 기록한다. 또한 '어음할인, 대부, 보증, 그 밖의 원인에 의하여 부담하는 일체의 채무'를 피담보채무로 하는 내용의 근저당권설정계약을 내용으로 한 근저당권설정등기도 가능하다.

### 3) 근저당권분할의 가부

동일한 피담보채권을 담보하기 위하여 수 개의 부동산에 공동근저당권을 설정한 경우에 공동근저당권의 채권최고액을 각 부동산별로 분할하여 각 별개의 근저당권등기가 되도록 함으로써 각 부동산 사이의 공동담보관계를 해소하는 내용의 근저당권변경등기(예 : 구분건물 100세대를 공동담보로 하여 설정된 근저당권의 채권최고액 5,200,000,000원을 각 구분건물별로 52,000,000원으로 분할하여 별개의 근저당권등기가 되도록 하는 내용의 근저당권변경등기)는 인정되지 않는다(선례 Ⅷ-253). 다만 「민간임대주택에 관한 특별법」 제49조 제3항 제1호에 따른 국민주택기금 융자금을 담보하는 근저당권설정등기의 경우 공동담보를 해제하고 채권최고액을 세대별로 감액하는 근저당권변경등기를 할 수 있다. 이는 법률에서 특별규정을 두었기 때문에 가능한 것으로 본다.

이 경우 전세권자, 전세권부근저당권자 및 전세권부채권가압류권자는 등기상 이해관계 있는 제3자에 해당되므로 그 승낙서 또는 이에 대항할 수 있는 재판의 등본을 첨부정보로서 제공하여야 한다(선례 Ⅷ-72).

## ♣【서식】근저당권설정등기신청서

<table>
<tr><td colspan="5" align="center">근저당권설정등기신청</td></tr>
<tr><td rowspan="2">접　수</td><td>년　월　일</td><td rowspan="2">처리인</td><td>등기관 확인</td><td>각종 통지</td></tr>
<tr><td>제　　　호</td><td></td><td></td></tr>
</table>

<table>
<tr><td colspan="4" align="center">① 부동산의 표시</td></tr>
<tr><td colspan="4">

1. 서울특별시 서초구 서초동 200

　　　　대 300m²

2. 서울특별시 서초구 서초동 200

　　[도로명주소] 서울특별시 서초구 서초대로 88길 10

　　시멘트 벽돌조 슬래브지붕 2층 주택

　　　　1층 100m²

　　　　2층 100m²

　　　　　　　　이　　　　　　　　상
</td></tr>
<tr><td colspan="2">② 등기원인과 그 연월일</td><td colspan="2">2024년 1월 22일　근저당권설정계약</td></tr>
<tr><td colspan="2">③ 등 기 의 목 적</td><td colspan="2">근저당권 설정</td></tr>
<tr><td colspan="2">④ 채 권 최 고 액</td><td colspan="2">금 30,000,000 원</td></tr>
<tr><td colspan="2">⑤ 채　　무　　자</td><td colspan="2">이대백 서울특별시 서초구 서초대로 88길 20 (서초동)</td></tr>
<tr><td colspan="2">⑥ 설 정 할 지 분</td><td colspan="2"></td></tr>
<tr><td colspan="4">⑦</td></tr>
<tr><td>구분</td><td>성　　명<br>(상호·명칭)</td><td>주민등록번호<br>(등기용등록번호)</td><td>주　　소 (소 재 지)</td></tr>
<tr><td>⑧<br>등기의무자</td><td>이 대 백</td><td>XXXXXX-XXXXXXX</td><td>서울특별시 서초구 서초대로 88길 20<br>(서초동)</td></tr>
<tr><td>⑨<br>등기권리자</td><td>김 갑 동</td><td>XXXXXX-XXXXXXX</td><td>서울특별시 중구 다동길 96 (다동)</td></tr>
</table>

| ⑩ 등 록 면 허 세 | 금 | ○○○,○○○ | 원 |
|---|---|---|---|
| ⑩ 지 방 교 육 세 | 금 | ○○○,○○○ | 원 |
| ⑩ 농 어 촌 특 별 세 | 금 | ○○○,○○○ | 원 |
| ⑪ 세 액 합 계 | 금 | ○○○,○○○ | 원 |

| ⑫ 등 기 신 청 수 수 료 | 금 | 30,000 | 원 |
|---|---|---|---|
| | 납부번호 : ○○-○○-○○○○○○○○-○ | | |
| | 일괄납부 :    건    원 | | |

| ⑬ 국민주택채권매입금액 | 금 | ○○○,○○○ | 원 |
|---|---|---|---|
| ⑭ 국민주택채권발행번호 | ○ ○ ○ | | |

| ⑮ 등기의무자의 등기필정보 | | |
|---|---|---|
| 부동산고유번호 | 1102-2006-002095 | |
| 성명(명칭) | 일련번호 | 비밀번호 |
| 이대백 | Q77C-LO7I-35J5 | 40-4636 |

| ⑯     첨     부     서     면 | |
|---|---|
| · 근저당권설정계약서        1통 | · 주민등록표등(초)본              1통 |
| · 등록면허세영수필확인서       통 | 〈기 타〉 |
| · 등기신청수수료 영수필확인서   1통 | |
| · 인감증명서 또는 본인서명사실 | |
|   확인서                1통 | |
| · 등기필증               1통 | |

2024년  1월  22일

⑰  위 신청인     이    대    백    ㊞  (전화 : 200-7766)
                긴    갑    동    ㊞  (전화 : 212-7711)

(또는)위 대리인                    (전화 :        )

서울중앙 지방법원          등기국 귀중

- 신청서 작성요령 -

* 1. 부동산표시란에 2개 이상의 부동산을 기재하는 경우에는 부동산의 일련번호를 기재하
     여야 합니다.
  2. 신청인란등 해당란에 기재할 여백이 없을 경우에는 별지를 이용합니다.
  3. 담당 등기관이 판단하여 위의 첨부서면 외에 추가적인 서면을 요구할 수 있습니다.

## 〈별지1〉

<br>

### 부동산의 표시

서울특별시 ○○구 ○○동 ○○번지          대 ○○○㎡
서울특별시 ○○구 ○○동 ○○번지          대 ○○○㎡
서울특별시 ○○구 ○○동 ○○번지          대 ○○○㎡
서울특별시 ○○구 ○○동 ○○번지          대 ○○○㎡
            위 4지상
철근콘크리트조 슬래브지붕 단층공장
    ○,○○○㎡
   이   상

<br>

### 부동산공동담보목록(표지)

채 권 자 겸 근 저 당 권 자   ○   ○   ○
채무자겸근저당권설정자   ○   ○   ○
                위 쌍방대리인
        법 무 사   ○   ○   ○

| 등기부책수 | 등기번호 | 순위번호 | 번호 | 담보의 목적인 권리의 표시 |
|---|---|---|---|---|
| ○ | 7-1 | 1 | 1 | 서울특별시 ○○구 ○○동 ○○번지 대 ○○○㎡ |
| ○ | 7-2 | 2 | 2 | 서울특별시 ○○구 ○○동 ○○번지 대 ○○○㎡ |
| ○ | 7-4 | 1 | 3 | 서울특별시 ○○구 ○○동 ○○번지 대 ○○○㎡ |
| ○ | 7-3 | 2 | 4 | 서울특별시 ○○구 ○○동 ○○번지 대 ○○○㎡ |
| ○ | 7-1 | 3 | 5 | 위 4지상<br>철근콘크리트 슬래브지붕 단층공장 ○,○○○㎡ |

| 예   비   란 | | |
|---|---|---|
| 년 월 일 | 접수번호 | 사     유 |
|  |  |  |
|  |  |  |
|  |  |  |

## <별지 2>

| 공장저당법 제7조에 의한 기계·기구 목록 | | | | | |
|---|---|---|---|---|---|
| 기호 및 번호 | 종 류 | 구조연장 | 개수 또는 연장 | 제작사의 성명 또는 명칭 | 제조연월일 |
| 1 | 환편기 | ø 21 마무리용 95G, Beet | 1 | 국 산 | 20○○년 ○월 ○일 |

**주** 이상의 기계 · 기구 등은 별지표시 부동산에 비치되다.

## <별지 3>

### 부동산의 표시

서울특별시 ○○구 ○○동 ○○번지　　　　　대 ○○○㎡
서울특별시 ○○구 ○○동 ○○번지　　　　　대 ○○○㎡
서울특별시 ○○구 ○○동 ○○번지　　　　　대 ○○○㎡
서울특별시 ○○구 ○○동 ○○번지　　　　　대 ○,○○○㎡

## <공장증명서>

### 공장증명서

부동산의 표시
　서울특별시 ○○구 ○○동 ○○번지　　　　　대 ○○○㎡
　서울특별시 ○○구 ○○동 ○○번지　　　　　대 ○○○㎡
　서울특별시 ○○구 ○○동 ○○번지　　　　　대 ○○○㎡
　서울특별시 ○○구 ○○동 ○○번지　　　　　대 ○○○㎡
　　　　　위 4지상
　철근콘크리트조 슬래브지붕 단층공장
　○,○○○㎡

위 부동산은 근저당권설정자 겸 채무자 ○○○의 소유로서 공장에 속한 사실을 증명함.
　　　　　20○○년 ○월 ○일
　　　　　채권자겸근저당권자　○　○　○　㊞
　　　　　　　　　　서울시 ○○구 ○○동 ○○번지

## &lt;기재례&gt;

(표지)

공장저당법 제7조 목록

| 제    호 |

근 저 당 권 자    ○    ○    ○
채    무    자    ○    ○    ○
근저당권설정자    ○    ○    ○
신 청 대 리 인    ○    ○    ○
법    무    사    ○    ○    ○

| 신청서 | 20○○년 ○월 ○일 |
| 접  수 | 제          호 |

(목록)

| 공장저당법 제7조에 의한 기계·기구 목록 | | | | | |
|---|---|---|---|---|---|
| 기호 및 번호 | 종 류 | 구조연장 | 개수 또는 연장 | 제작사의 성명 또는 명칭 | 제조연월일 |
| 1 | 환편기 | ø 21 마무리용 95G, Beet | 1 | 국 산 | 20○○년 1월 10일 |
|  |  |  |  |  |  |
|  |  |  |  |  |  |

## ♣ 【서식】 근저당권설정계약서

# 근저당권설정계약서

○○○을 갑으로 하고, ○○은행을 을로 하여 양 당사자간에 다음과 같이 근저당권설정계약을 체결한다.

제1조  이 계약에 의한 근저당권은 갑·을 간의 은행거래에서 생기는 채권 및 을이 제3자로부터 취득하는 어음상 또는 수표상의 채권을 담보한다.
제2조  이 근저당권은 전조의 범위의 채권을 금○○○만원의 한도에서 담보한다.
제3조  이 저당권의 채무자를 갑으로 하고 갑은 이 계약에 의한 채무의 담보로서 그 소유인 다음의 토지에 대하여 제1순위의 근저당권을 설정한다.

– 아    래 –

○○시 ○○구 ○○동 ○○번지
대지 100㎡

제4조  갑은 전조에 의한 근저당권설정등기절차를 지체없이 끝내고 그 등기부등본을 을에게 제출한다.
제5조  갑은 을의 승낙없이 근담보물건을 타에 양도, 임대 또는 담보로 제공하는 등 기타 을에게 손해를 끼치는 일체의 행위를 하여서는 안된다.
제6조  이 증서의 작성 및 등기절차, 기타 이 계약의 이행에 관한 일체의 비용은 갑이 부담한다.
제7조  이 계약에 의하여 생기는 권리의무에 관하여 소송을 제기할 경우에는 을의 주소지를 관할하는 법원을 관할법원으로 하기로 합의한다.

20○○년 ○월 ○일

채권자  ○○은행
대리인  ○  ○  ○  ㊞
○○시 ○○구 ○○동 ○○번지
(취급지점 ○○지점)
채무자  ○  ○  ○  ㊞
○○시 ○○구 ○○동 ○○번지

## ♣ 【서식】 근저당권설정계약서2

# 근저당권설정계약서

채 권 자 겸
근 저 당 권 자    ○    ○    ○
채 권 자 겸
근저당권설정자    ○    ○    ○

채 권 최 고 액    금○○○○○원정

위 당사자간에 다음과 같이 근저당권설정계약을 체결한다.

제1조    근저당권설정자는 채무자가 위 금액 범위안에서 채권자에게 대하여 기왕 현재 부담하고 또는 장래 부담하게될 단독 혹은 연대채무나 보증인으로서 기명날인한 차용금증서 각서 지급증서 등의 채무와 발행해서 보증 인수한 모든 어음채무 및 수표금상의 채무 또는 상거래로 인하여 생긴 모든 채무를 담보코저 아래에 쓴 부동산에 순위 제○번의 근저당권을 설정한다.

제2조    장래 거래함에 있어서 채권자 사정에 따라 대여를 중지 또는 한도액을 축소시킬지라도 채무자는 이의하지 않겠다.

제3조    채무자가 약정한 이행의무를 한번이라도 지체하였을때 또는 다른 채권자로부터 가압류 압류경매를 당하든가 파산선고를 당하였을 때는 기한의 이익을 잃고 즉 시 채무금전액을 완제하여야 한다.

제4조    저당물건의 증축, 개축, 수리, 개조 등의 원인으로 형태가 변경된 물건과 부가 종속된 물건도 이 근저당권에 효력이 미친다.

제5조    보증인은 채무자 및 근저당권설정자와 연대하여 이 계약의 책임을 짐은 물론 저권물건의 하자 그외의 사유로 인하여 근저당권의 일부 또는 전부가 무효로 될때에도 연대보증책임을 진다.

제6조    이 근저당권에 관한 소송은 채권자 주소지를 관할하는 법원으로 한다.

위 계약을 확실히 하기 위하여 이 증서를 작성하고 다음에 기명날인한다.

20○○년 ○월 ○일

채 권 자 겸
근 저 당 권 자 ○ ○ ○ ⑩
○○시 ○○구 ○○동 ○○번지
채 무 자 겸
근저당권설정자 ○ ○ ○ ⑩
○○시 ○○구 ○○동 ○○번지

부동산의 표시
　○○시 ○○구 ○○동 ○○번지
　대 ○○㎡
　위 지상
　철근콘크리트조 슬래브지붕 단층주택
　○○○㎡
　이　상

## 【위임장】

<table>
<tr><td colspan="2" style="text-align:center">위　　임　　장</td></tr>
<tr>
<td>①<br>부<br>동<br>산<br>의<br>표<br>시</td>
<td>1. 서울특별시 서초구 서초동 100<br>　　　　대　　100㎡<br><br>2. 서울특별시 서초구 서초동 100<br>　　시멘트 벽돌조 슬래브지붕 2층 주택<br>　　　　1층　100㎡<br>　　　　2층　100㎡</td>
</tr>
<tr>
<td>② 등기원인과 그 연월일</td>
<td>20○○년　　9월　1일　저당권설정계약</td>
</tr>
<tr>
<td>③ 등기의 목적</td>
<td>저당권설정</td>
</tr>
<tr>
<td>④</td>
<td></td>
</tr>
<tr>
<td style="text-align:center">⑤ 위 임 인</td>
<td style="text-align:center">⑥ 대 리 인</td>
</tr>
<tr>
<td>등기의무자 : 이 대 백　㉵<br>서울특별시 서초구 서초동 200<br><br>등기권리자 : 김 갑 동　㉵<br>서울특별시 중구 다동 5</td>
<td>김 갑 동<br>서울특별시 중구 다동 5<br><br>위 사람을 대리인으로 정하고 위 부동산<br>등기신청 및 취하에 관한 모든 행위를 위<br>임한다. 또한 복대리인 선임을 허락한다.<br><br>⑦ 20○○년　10월　1일</td>
</tr>
</table>

## ♣ 【서식】 근저당권설정등기신청서(구분건물)

<table>
<tr><td colspan="5" align="center">근저당권설정등기신청</td></tr>
<tr><td rowspan="2">접 수</td><td colspan="2" align="center">년 월 일</td><td rowspan="2">처리인</td><td>등기관 확인</td><td>각종 통지</td></tr>
<tr><td colspan="2" align="center">제 호</td><td></td><td></td></tr>
</table>

<table>
<tr><td colspan="4" align="center">① 부동산의 표시</td></tr>
<tr><td colspan="4">
1동의 건물의 표시<br>
　　서울특별시 서초구 서초동 100<br>
　　서울특별시 서초구 서초동 101　　샛별아파트 가동<br>
　　[도로명주소] 서울특별시 서초구 서초대로 88길 10<br>
전유부분의 건물의 표시<br>
　　건물의 번호 1-101<br>
　　구　　　조 철근콘크리트조<br>
　　면　　　적 1층 101호 86.03㎡<br>
대지권의 표시<br>
　　토지의 표시<br>
　　　1. 서울특별시 서초구 서초동 100　　　　대 1,400㎡<br>
　　　2. 서울특별시 서초구 서초동 101　　　　대 1,600㎡<br>
　　대지권의 종류 소유권<br>
　　대지권의 비율 1,2 : 3,000분의 500<br>
　　　　　　　　　　이　　　　　　상
</td></tr>
<tr><td colspan="2">② 등기원인과 그 연월일</td><td colspan="2">2024년 1월 22일 근저당권설정계약</td></tr>
<tr><td colspan="2">③ 등 기 의 목 적</td><td colspan="2">근저당권 설정</td></tr>
<tr><td colspan="2">④ 채 권 최 고 액</td><td colspan="2">금 30,000,000원</td></tr>
<tr><td colspan="2">⑤ 채 무 자</td><td colspan="2">이대백 서울특별시 서초구 서초대로 88길 20 (서초동)</td></tr>
<tr><td colspan="2">⑥ 설 정 할 지 분</td><td colspan="2"></td></tr>
<tr><td colspan="4">⑦</td></tr>
<tr><td>구분</td><td>성 명<br>(상호·명칭)</td><td>주민등록번호<br>(등기용등록번호)</td><td>주 소 (소 재 지)</td></tr>
<tr><td>⑧ 등기의무자</td><td>이 대 백</td><td>XXXXXX-XX<br>XXXXX</td><td>서울특별시 서초구 서초대로 88길 20 (서초동)</td></tr>
<tr><td>⑨ 등기권리자</td><td>김 갑 동</td><td>XXXXXX-XX<br>XXXXX</td><td>서울특별시 서초구 서초대로 88길 10, 가동 101호(서초동, 샛별아파트)</td></tr>
</table>

| ⑩ 등 록 면 허 세 | 금 | ○○○,○○○ | 원 |
| --- | --- | --- | --- |
| ⑩ 지 방 교 육 세 | 금 | ○○○,○○○ | 원 |
| ⑪ 세 액 합 계 | 금 | ○○○,○○○ | 원 |
| ⑫ 등 기 신 청 수 수 료 | 금 | *15,000* | 원 |
| | 납부번호 : ○○-○○-○○○○○○○○-○ | | |
| | 일괄납부 : 건 원 | | |
| ⑬ 국민주택채권매입금액 | 금 | ○○○,○○○ | 원 |
| ⑭ 국민주택채권발행번호 | ○ ○ ○ | | |

| ⑮ 등기의무자의 등기필정보 | | |
| --- | --- | --- |
| 부동산고유번호 | 1102-2006-002095 | |
| 성명(명칭) | 일련번호 | 비밀번호 |
| 이대백 | Q77C-LO7I-35J5 | 40-4636 |

| ⑯    첨    부    서    면 | |
| --- | --- |
| · 근저당권설정계약서            1통<br>· 등록면허세영수필확인서         통<br>· 등기신청수수료 영수필확인서      1통<br>· 인감증명서 또는 본인서명사실<br>  확인서                  1통<br>· 등기필증                 1통 | · 주민등록표등(초)본            1통<br>〈기 타〉 |

2024년 1월 22일

⑰ 위 신청인    이    대    백    ㊞ (전화 : *200-7766*)
             긴    갑    동    ㊞ (전화 : *212-7711*)

    (또는)위 대리인              (전화 :        )

        서울중앙 지방법원              등기국 귀중

- 신청서 작성요령 -

* 1. 부동산표시란에 2개 이상의 부동산을 기재하는 경우에는 부동산의 일련번호를 기재하여야 합니다.
  2. 신청인란등 해당란에 기재할 여백이 없을 경우에는 별지를 이용합니다.
  3. 담당 등기관이 판단하여 위의 첨부서면 외에 추가적인 서면을 요구할 수 있습니다.

**【근저당권설정계약서】**

# 근저당권설정계약서

채 권 자 겸
근 저 당 권 자  ○  ○  ○
채 권 자 겸
근저당권설정자  ○  ○  ○

채 권 최 고 액  금○○○○○원정

위 당사자간에 다음과 같이 근저당권설정계약을 체결한다.

제1조  근저당권설정자는 채무자가 위 금액 범위안에서 채권자에게 대하여 기왕 현재 부담하고 또는 장래 부담하게 될 단독 혹은 연대채무나 보증인으로서 기명날인한 차용금증서 각서 지급증서 등의 채무와 발행해서 보증 인수한 모든 어음채무 및 수표금상의 채무 또는 상거래로 인하여 생긴 모든 채무를 담보코저 아래에 쓴 부동산에 순위 제○번의 근저당권을 설정한다.

제2조  장래 거래함에 있어서 채권자 사정에 따라 대여를 중지 또는 한도액을 축소시킬지라도 채무자는 이의하지 않겠다.

제3조  채무자가 약정한 이행의무를 한번이라도 지체하였을 때 또는 다른 채권자로부터 가압류 압류경매를 당하든가 파산선고를 당하였을 때는 기한의 이익을 잃고 즉시 채무금전액을 완제하여야 한다.

제4조  저당물건의 증축, 개축, 수리, 개조 등의 원인으로 형태가 변경된 물건과 부가 종속된 물건도 이 근저당권에 효력이 미친다.

제5조  보증인은 채무자 및 근저당권설정자와 연대하여 이 계약의 책임을 짐은 물론 저당권물건의 하자 그외의 사유로 인하여 근저당권의 일부 또는 전부가 무효로 될 때에도 연대보증책임을 진다.

제6조  이 근저당권에 관한 소송은 채권자 주소지를 관할하는 법원으로 한다.

위 계약을 확실히 하기 위하여 이 증서를 작성하고 다음에 기명날인한다.


20○○년 ○월 ○일


채 권 자 겸
근 저 당 권 자  ○  ○  ○  ⑩
○○시 ○○구 ○○동 ○○번지
채 무 자 겸
근저당권설정자  ○  ○  ○  ⑩
○○시 ○○구 ○○동 ○○번지


1동의 건물의 표시
    ○○시 ○○구 ○○동 ○○번지
    ○○○아파트 가동
 전유부분의 건물의 표시
    건물의 번호   ○-○○호 구조 철근콘크리트조
    면       적   ○층 ○호 ○○㎡
 대지권의 표시
    토지의 표시  1. ○○시 ○○구 ○○동 ○○번지 대 ○○,○○○㎡
    대지권의 종류   소유권
    대지권의 비율  ○○,○○○분의 ○○

## ♣ 【서식】 추가근저당권설정등기신청서

<table>
<tr><td colspan="5" align="center">추가근저당권설정등기신청</td></tr>
<tr><td rowspan="2">접　수</td><td colspan="2">년　월　일</td><td rowspan="2">처리인</td><td>등기관 확인</td><td>각종 통지</td></tr>
<tr><td colspan="2">제　　　　호</td><td></td><td></td></tr>
</table>

<table>
<tr><td colspan="3" align="center">① 부동산의 표시</td></tr>
<tr><td colspan="3">추가할 부동산<br>　1. 서울특별시 서초구 서초동 100<br>　　　　대 300㎡<br>　2. 서울특별시 서초구 서초동 100<br>　　　[도로명주소] 서울특별시 서초구 서초대로 88길 10<br>　　　시멘트 벽돌조 슬래브지붕 2층 주택<br>　　　　1층 100㎡<br>　　　　2층 100㎡<br><br>전에 등기한 부동산 표시<br>　　서울특별시 서초구 서초동 200<br>　　　　대 200㎡<br>　　　　　　　　이　　　　　　　　상</td></tr>
<tr><td>② 등기원인과 그 연월일</td><td colspan="2">2024년 1월 22일 추가설정계약</td></tr>
<tr><td>③ 등 기 의 목 적</td><td colspan="2">근저당권설정</td></tr>
<tr><td>④ 채 권 최 고 액</td><td colspan="2">금 30,000,000 원</td></tr>
<tr><td>⑤ 채 　무 　자</td><td colspan="2">이대백 서울특별시 서초구 서초대로 88길 20 (서초동)</td></tr>
<tr><td>⑥ 전에등기한근저당권</td><td colspan="2">2008년 4월 7일 접수 제135호로 등기한 순위 1번 근저당권</td></tr>
<tr><td>구분</td><td>성　명<br>(상호·명칭)</td><td>주민등록번호<br>(등기용등록번호)　　　주　　소 (소재지)</td></tr>
<tr><td>⑦ 등기의무자</td><td>이 대 백</td><td>XXXXXX-XXXXXXX　서울특별시 서초구 서초대로 88길 20 (서초동)</td></tr>
<tr><td>⑧ 등기권리자</td><td>김 갑 동</td><td>XXXXXX-XXXXXXX　서울특별시 중구 다동길 96 (다동)</td></tr>
</table>

| ⑨ 등 록 면 허 세 | 금 | ○○○,○○○ | 원 |
|---|---|---|---|
| ⑨ 지 방 교 육 세 | 금 | ○○○,○○○ | 원 |
| ⑩ 세  액  합  계 | 금 | ○○○,○○○ | 원 |

| ⑪ 등 기 신 청 수 수 료 | 금 | 30,000 | 원 |
|---|---|---|---|
| | 납부번호 : ○○-○○-○○○○○○○○-○ | | |
| | 일괄납부 :         건           원 | | |

<table>
<tr><td colspan="3" align="center">⑫ 등기의무자의 등기필정보</td></tr>
<tr><td align="center">부동산고유번호</td><td colspan="2" align="center">1102-2006-002095</td></tr>
<tr><td align="center">성명(명칭)</td><td align="center">일련번호</td><td align="center">비밀번호</td></tr>
<tr><td align="center">이대백</td><td align="center">Q77C-LO7I-35J5</td><td align="center">40-4636</td></tr>
</table>

<table>
<tr><td colspan="4" align="center">⑬    첨  부  서  면</td></tr>
<tr><td>· 추가근저당권설정계약서</td><td>1통</td><td>· 주민등록표등(초)본</td><td>1통</td></tr>
<tr><td>· 등록면허세영수필확인서</td><td>통</td><td>· 등기필증</td><td>1통</td></tr>
<tr><td>· 등기신청수수료 영수필확인서</td><td>1통</td><td>〈기 타〉</td><td></td></tr>
<tr><td>· 인감증명서 또는 본인서명사실<br>  확인서</td><td>1통</td><td></td><td></td></tr>
</table>

2024년  1월  22일

　⑭ 위 신청인    이    대    백  ㉙  (전화 : 200-7766)
　　　　　　　　　긴    갑    동  ㉙  (전화 : 212-7711)


　(또는)위 대리인                    (전화 :        )


　　서울중앙 지방법원                    등기국 귀중

- 신청서 작성요령 -

* 1. 부동산표시란에 2개 이상의 부동산을 기재하는 경우에는 부동산의 일련번호를 기재하
　　여야 합니다.
　2. 신청인란등 해당란에 기재할 여백이 없을 경우에는 별지를 이용합니다.
　3. 담당 등기관이 판단하여 위의 첨부서면 외에 추가적인 서면을 요구할 수 있습니다.

## ♣ 【서식】 추가근저당권설정등기신청서(구분건물)

<table>
<tr><td colspan="5" align="center">추가근저당권설정등기신청</td></tr>
<tr><td rowspan="2">접 수</td><td colspan="2" align="center">년 월 일</td><td rowspan="2" align="center">처리인</td><td align="center">등기관 확인</td><td align="center">각종 통지</td></tr>
<tr><td colspan="2" align="center">제      호</td><td></td><td></td></tr>
</table>

<table>
<tr><td colspan="3" align="center">① 부동산의 표시</td></tr>
<tr><td colspan="3">
추가할 부동산<br>
    1동의 건물의 표시<br>
       서울특별시 서초구 서초동 100 샛별아파트 가동<br>
       [도로명주소] 서울특별시 서초구 서초대로 88길 10<br>
    전유부분의 건물의 표시<br>
      건물의 번호  1-101<br>
      구      조  철근콘크리트조<br>
      면      적  1층 101호 91㎡<br>
    대지권의 표시  토지의 표시<br>
      1. 서울특별시 서초구 서초동 100 대 1,800㎡<br>
    대지권의 종류 1. 소유권<br>
    대지권의 비율 1. 800분의 180<br>
<br>
   전에 등기한 부동산 표시<br>
      서울특별시 서초구 서초동 200<br>
          대 200㎡<br>
             이                  상
</td></tr>
<tr><td colspan="2">② 등기원인과 그 연월일</td><td>2024년 1월 22일 추가설정계약</td></tr>
<tr><td colspan="2">③ 등 기 의 목 적</td><td>근저당권설정</td></tr>
<tr><td colspan="2">④ 채 권 최 고 액</td><td>금 30,000,000 원</td></tr>
<tr><td colspan="2">⑤ 채 무 자</td><td>이대백 서울특별시 서초구 서초대로 88길 20 (서초동)</td></tr>
<tr><td colspan="2">⑥ 전에등기한근저당권</td><td>2008년 4월 7일 접수 제 135호로 등기한 순위 1번 근저당권</td></tr>
<tr><td align="center">구분</td><td align="center">성 명<br>(상호·명칭)</td><td align="center">주민등록번호<br>(등기용등록번호)</td><td align="center">주    소 (소 재 지)</td></tr>
<tr><td align="center">⑦<br>등기의무자</td><td align="center">이 대 백</td><td align="center">XXXXXX-XXXXXXX</td><td>서울특별시 서초구 서초대로 88길 20 (서초동)</td></tr>
<tr><td align="center">⑧<br>등기권리자</td><td align="center">김 갑 동</td><td align="center">XXXXXX-XXXXXXX</td><td>서울특별시 서초구 서초대로 88길 10, 가동 101호(서초동, 샛별아파트)</td></tr>
</table>

| ⑨ 등 록 면 허 세 | 금 | ○○○,○○○ | 원 |
|---|---|---|---|
| ⑨ 지 방 교 육 세 | 금 | ○○○,○○○ | 원 |
| ⑩ 세 액 합 계 | 금 | ○○○,○○○ | 원 |
| ⑪ 등 기 신 청 수 수 료 | 금 | | 15,000 원 |
| | 납부번호 : ○○-○○-○○○○○○○○-○ | | |
| | 일괄납부 : | 건 | 원 |

| ⑫ 등기의무자의 등기필정보 | | |
|---|---|---|
| 부동산고유번호 | 1102-2006-002095 | |
| 성명(명칭) | 일련번호 | 비밀번호 |
| 이대백 | Q77C-LO7I-35J5 | 40-4636 |

| ⑬ 첨 부 서 면 | | | |
|---|---|---|---|
| · 추가근저당권설정계약서 | 1통 | · 주민등록표등(초)본 | 1통 |
| · 등록면허세영수필확인서 | 1통 | · 등기필증 | 1통 |
| · 등기신청수수료 영수필확인서 | 1통 | 〈기 타〉 | |
| · 인감증명서 또는 본인서명사실 확인서 | 1통 | | |

2024년  1월  22일

⑭  위 신청인    이    대    백  ⑪  (전화 : 200-7766)
             긴    갑    동  ⑪  (전화 : 212-7711)


(또는)위 대리인                    (전화 :        )


서울중앙 지방법원                    등기국 귀중

- 신청서 작성요령 -

* 1. 부동산표시란에 2개 이상의 부동산을 기재하는 경우에는 부동산의 일련번호를 기재하여야 합니다.
  2. 신청인란등 해당란에 기재할 여백이 없을 경우에는 별지를 이용합니다.
  3. 담당 등기관이 판단하여 위의 첨부서면 외에 추가적인 서면을 요구할 수 있습니다.

## (2) 근저당권이전등기

### 1) 근저당권의 피담보채권이 확정되기 전

근저당권의 피담보채권이 확정되기 전에 근저당권의 기초가 되는 기본계약상의 채권자 지위가 제3자에게 전부 또는 일부 양도된 경우, 그 양도인 및 양수인은 '계약양도'(채권자의 지위가 전부 제3자에게 양도된 경우), '계약의 일부 양도'(채권자의 지위가 일부 제3자에게 양도된 경우) 또는 '계약가입'(양수인이 기본계약에 가입하여 추가로 채권자가 된 경우)을 등기원인으로 하여 근저당권이전등기를 신청할 수 있다.

위 등기를 신청함에 있어서 근저당권설정자가 물상보증인이거나 소유자가 제3취득자인 경우에도 그의 승낙서를 제공할 필요가 없다(대법원 1994.9.27, 선고, 94다23975, 판결). 근저당권의 피담보채권이 확정되기 전에는 그 피담보채권의 양도나 대위변제로 인한 근저당권이전등기는 신청할 수 없다. 그러나 상속이나 회사합병 등 포괄적 승계를 원인으로 한 근저당권이전등기는 물론 가능하다.

### 2) 근저당권의 피담보채권이 확정된 후

근저당권의 피담보채권이 확정된 후에 그 피담보채권이 양도 또는 대위변제된 경우에는 근저당권자 및 그 채권양수인 또는 대위변제자는 채권양도에 의한 저당권이전등기에 준하여 근저당권이전등기를 신청할 수 있다.

이 경우 등기원인은 '확정채권 양도' 또는 '확정채권 대위변제' 등으로 기재한다. 이러한 등기를 신청함에 있어서 근저당권설정자가 물상보증인이거나 소유자가 제3취득자인 경우에도 그의 승낙서를 제공할 필요가 없다.

하나의 근저당권을 여럿이 준공유하는 경우에 근저당권자 중 1인이 확정채권의 전부 또는 일부 양도를 원인으로 근저당권이전등기를 신청하는 경우에는 근저당권의 피담보채권이 확정되었음을 증명하는 정보 또는 나머지 근저당권자 전원의 동의가 있음을 증명하는 정보(동의서와 인감증명서)를 제공하여야 한다(2012. 11. 21. 부동산등기과-2206 질의회답).

## ♣ 【서식】 확정채권양도에 의한 근저당권 이전등기 신청서

| 근저당권이전등기신청 | | | | |
|---|---|---|---|---|
| 접　수 | 년　월　일 | 처리인 | 등기관 확인 | 각종 통지 |
| | 제　　　호 | | | |

| ① 부동산의 표시 |
|---|
| 서울특별시 서초구 서초동 100<br><br>[도로명주소] 서울특별시 서초구 서초대로 88길 10<br><br>시멘트 벽돌조 슬래브지붕 2층 주택<br><br>　　1층 100㎡<br><br>　　2층 100㎡<br><br><br>이　　　　　　　상 |

| ② 등기원인과 그 연월일 | 2024년 1월 22일 확정채권양도 |
|---|---|
| ③ 등 기 의 목 적 | 근저당권이전 |
| ④ 이전할 근저당권 | 2008년 10월 6일 접수 제38271호 순위 제1번으로 등기한 근저당권 설정등기. 단, 근저당권은 채권과 함께 이전함. |

| 구분 | 성　명<br>(상호·명칭) | 주민등록번호<br>(등기용등록번호) | 주　소 (소 재 지) | 지 분<br>(개인별) |
|---|---|---|---|---|
| ⑤<br>등기의무자 | 이 대 백 | XXXXXX-XXXXXXX | 서울특별시 서초구 서초대로 88길 20 (서초동) | |
| ⑥<br>등기권리자 | 김 갑 동 | XXXXXX-XXXXXXX | 서울특별시 중구 다동길 96 (다동) | |

| ⑦ 등 록 면 허 세 | 금 | ○○○,○○○ | 원 |
|---|---|---|---|
| ⑦ 지 방 교 육 세 | 금 | ○○○,○○○ | 원 |
| ⑦ 농 어 촌 특 별 세 | 금 | ○○○,○○○ | 원 |
| ⑧ 세 액 합 계 | 금 | ○○○,○○○ | 원 |

| ⑨ 등 기 신 청 수 수 료 | 금 | 15,000 | 원 |
|---|---|---|---|
| | 납부번호 : ○○-○○-○○○○○○○○○-○ | | |
| | 일괄납부 :        건              원 | | |

| ⑩ 국민주택채권매입금액 | 금 | ○○○,○○○ | 원 |
|---|---|---|---|
| ⑪ 국민주택채권발행번호 | ○ ○ ○ | | |

### ⑫ 등기의무자의 등기필정보

| 부동산고유번호 | 1102-2006-002095 | |
|---|---|---|
| 성명(명칭) | 일련번호 | 비밀번호 |
| 이대백 | Q77C-LO71-35J5 | 40-4636 |

### ⑬ 첨 부 서 면

| | | 〈기 타〉 |
|---|---|---|
| · 채권양도계약서 | 1통 | |
| · 등록면허세영수필확인서 | 1통 | |
| · 등기신청수수료 영수필확인서 | 1통 | |
| · 등기필증 | 1통 | |
| · 주민등록표등(초)본 | 1통 | |

2024년 1월 22일

⑭ 위 신청인        이      대      백      ㉑    (전화 : 200-7766)
                  긴      갑      동      ㉑    (전화 : 300-7766)


(또는)위 대리인                              (전화 :        )


서울중앙 지방법원                         등기국 귀중

---

- 신청서 작성요령 -

* 1. 부동산표시란에 2개 이상의 부동산을 기재하는 경우에는 부동산의 일련번호를 기재하여야 합니다.
  2. 신청인란등 해당란에 기재할 여백이 없을 경우에는 별지를 이용합니다.
  3. 담당 등기관이 판단하여 위의 첨부서면 외에 추가적인 서면을 요구할 수 있습니다.

## ♣ 【서식】 확정채권양도에 의한 근저당권 이전등기 신청서(구분건물)

| 근저당권이전등기신청 | | | | |
|---|---|---|---|---|
| 접   수 | 년 월 일 | 처리인 | 등기관 확인 | 각종 통지 |
| | 제      호 | | | |

| ① 부동산의 표시 |
|---|
| 1동의 건물의 표시<br>　　　서울특별시 서초구 서초동 100<br>　　　서울특별시 서초구 서초동 101　　　샛별아파트 가동<br>　　　[도로명주소] 서울특별시 서초구 서초대로 88길 10<br>전유부분의 건물의 표시<br>　　　건물의 번호 1-101<br>　　　구　　　조 철근콘크리트조<br>　　　면　　　적 1층 101호 86.03㎡<br>대지권의 표시<br>　　　토지의 표시<br>　　　1. 서울특별시 서초구 서초동 100　　　　　대 1,400㎡<br>　　　2. 서울특별시 서초구 서초동 101　　　　　대 1,600㎡<br>　　　대지권의 종류 소유권<br>　　　대지권의 비율 1,2 : 3,000분의 500<br>　　　　　　　　　　이　　　　　상 |

| ② 등기원인과 그 연월일 | 2024년 1월 22일 확정채권양도 |
|---|---|
| ③ 등 기 의 목 적 | 근저당권이전 |
| ④ 이전할 근저당권 | 2008년 10월 6일 접수 제38271호 순위 제1번으로 등기한 근저당권 설정등기. 단, 근저당권은 채권과 함께 이전함. |

| 구분 | 성  명<br>(상호·명칭) | 주민등록번호<br>(등기용등록<br>번호) | 주    소 (소 재 지) | 지  분<br>(개인별) |
|---|---|---|---|---|
| ⑤ 등 기 의 무 자 | 이 대 백 | XXXXXX-XXX<br>XXXX | 서울특별시 서초구 서초대로 88길 20 (서초동) | |
| ⑥ 등 기 권 리 자 | 김 갑 동 | XXXXXX-XXX<br>XXXX | 서울특별시 서초구 서초대로 88길 10, 가동 101호(서초동, 샛별아파트) | |

| ⑦ 등 록 면 허 세 | 금 | ○○○,○○○ | 원 |
|---|---|---|---|
| ⑦ 지 방 교 육 세 | 금 | ○○○,○○○ | 원 |
| ⑦ 농 어 촌 특 별 세 | 금 | ○○○,○○○ | 원 |
| ⑧ 세 액 합 계 | 금 | ○○○,○○○ | 원 |
| ⑨ 등 기 신 청 수 수 료 | 금 | *15,000* | 원 |
| | 납부번호 : ○○-○○-○○○○○○○○○-○ | | |
| | 일괄납부 :        건        원 | | |
| ⑩ 국민주택채권매입금액 | 금 | ○○○,○○○ | 원 |
| ⑪ 국민주택채권발행번호 | ○ ○ ○ | | |

| ⑫ 등기의무자의 등기필정보 | | |
|---|---|---|
| 부동산고유번호 | 1102-2006-002095 | |
| 성명(명칭) | 일련번호 | 비밀번호 |
| 이대백 | Q77C-LO71-35J5 | 40-4636 |

| ⑬ 첨 부 서 면 | |
|---|---|
| · 채권양도계약서          1통<br>· 등록면허세영수필확인서     1통<br>· 등기신청수수료 영수필확인서  1통<br>· 등기필증            1통<br>· 주민등록표등(초)본       1통 | 〈기 타〉 |

2024년  1월  22일

⑭ 위 신청인      이    대    백   ⑪    (전화 : *200-7766*)
                 긴    갑    동   ⑪    (전화 : *211-7711*)

(또는)위 대리인                        (전화 :        )

서울중앙 지방법원              등기국 귀중

- 신청서 작성요령 -

* 1. 부동산표시란에 2개 이상의 부동산을 기재하는 경우에는 부동산의 일련번호를 기재하여야 합니다.
  2. 신청인란등 해당란에 기재할 여백이 없을 경우에는 별지를 이용합니다.
  3. 담당 등기관이 판단하여 위의 첨부서면 외에 추가적인 서면을 요구할 수 있습니다.

## ♣ 【서식】 회사합병에 의한 근저당권 이전등기 신청서

| 근저당권이전등기신청 | | | | |
|---|---|---|---|---|
| 접 수 | 년 월 일 | 처리인 | 등기관 확인 | 각종 통지 |
| | 제         호 | | | |

| ① 부동산의 표시 |
|---|
| 1. 서울특별시 서초구 서초동 100<br><br>　　대 300 ㎡<br><br>2. 서울특별시 서초구 서초동 100<br><br>　[도로명주소] 서울특별시 서초구 서초대로 88길 10<br><br>　시멘트 벽돌조 슬래브지붕 2층 주택<br><br>　　1층 100㎡<br><br>　　2층 100㎡<br><br>　　　　　　　　이　　　　　　　　상 |

| ② 등기원인과 그 연월일 | 2013년 5월 1일  회사합병 |
|---|---|
| ③ 등 기 의 목 적 | 근저당권이전 |
| ④ 이전할근저당권 | 2008년 3월 2일 접수 제 1113호 순위 제1번으로 등기한 근저당권 설정등기 |

| 구분 | 성 명<br>(상호·명칭) | 주민등록번호<br>(등기용등록<br>번호) | 주 소 (소 재 지) | |
|---|---|---|---|---|
| ⑤ 등기의무자 | 주식회사한국00은행 | XXXXXX-XXX<br>XXXX | 서울특별시 서초구 서초대로 88길 20 (서초동) | |
| ⑥ 등기권리자 | 주식회사서울00은행<br><br>대표이사 이도령 | XXXXXX-XXX<br>XXXX | 서울특별시 중구 다동길 96 (다동)<br><br>서울특별시 동작구 여의대방로 150 (대방동) | |

| ⑦ 등 록 면 허 세 | 금 | ○○○,○○○ | 원 |
|---|---|---|---|
| ⑦ 지 방 교 육 세 | 금 | ○○○,○○○ | 원 |
| ⑦ 농 어 촌 특 별 세 | 금 | ○○○,○○○ | 원 |
| ⑧ 세 액 합 계 | 금 | ○○○,○○○ | 원 |

| ⑨ 등 기 신 청 수 수 료 | 금 | 30,000 | 원 |
|---|---|---|---|
| | 납부번호 : ○○-○○-○○○○○○○○-○ | | |
| | 일괄납부 :        건            원 | | |

⑩ 첨 부 서 면

| · 등록면허세영수필확인서       1통 | 〈기 타〉 |
|---|---|
| · 등기신청수수료 영수필확인서     1통 | |
| · 법인등기사항전부(일부)증명서    1통 | |

2014년  1월  22일

⑪  위 신청인      주식회사 서울○○은행      (전화 : 200-7766)
대표이사(지배인) 이도경 ㊞

(또는)위 대리인                 (전화 :        )

서울중앙 지방법원              등기국 귀중

- 신청서 작성요령 -

* 1. 부동산표시란에 2개 이상의 부동산을 기재하는 경우에는 부동산의 일련번호를 기재하여야 합니다.
  2. 신청인란등 해당란에 기재할 여백이 없을 경우에는 별지를 이용합니다.
  3. 담당 등기관이 판단하여 위의 첨부서면 외에 추가적인 서면을 요구할 수 있습니다.

## ♣【서식】회사합병에 의한 근저당권 이전등기 신청서(구분건물)

<table>
<tr><td colspan="5" align="center">근저당권이전등기신청</td></tr>
<tr>
<td rowspan="2">접　수</td>
<td>년 월 일</td>
<td rowspan="2">처리인</td>
<td>등기관 확인</td>
<td>각종 통지</td>
</tr>
<tr>
<td>제　　호</td>
<td></td>
<td></td>
</tr>
<tr>
<td colspan="5" align="center">① 부동산의 표시</td>
</tr>
<tr>
<td colspan="5">
1동의 건물의 표시<br>
　　서울특별시 서초구 서초동 100<br>
　　서울특별시 서초구 서초동 101　　샛별아파트 가동<br>
　　[도로명주소] 서울특별시 서초구 서초대로 88길 10<br>
전유부분의 건물의 표시<br>
　　건물의 번호　1-101<br>
　　구　　　조　철근콘크리트조<br>
　　면　　　적　1층 101호 86.03㎡<br>
대지권의 표시<br>
　　토지의 표시<br>
　　1. 서울특별시 서초구 서초동 100　　　　대 1,400㎡<br>
　　2. 서울특별시 서초구 서초동 101　　　　대 1,600㎡<br>
　　대지권의 종류 소유권<br>
　　대지권의 비율 1,2 : 3,000분의 500<br>
<br>
　　　　　　　　　이　　　　　　　　상
</td>
</tr>
<tr>
<td colspan="2">② 등기원인과 그 연월일</td>
<td colspan="3">2013년 5월 1일 회사합병</td>
</tr>
<tr>
<td colspan="2">③ 등 기 의 목 적</td>
<td colspan="3">근저당권이전</td>
</tr>
<tr>
<td colspan="2">④ 이전할근저당권</td>
<td colspan="3">2008년 3월 2일 접수 제 1113호 순위 제1번으로 등기한 근저당권 설정등기</td>
</tr>
<tr>
<td colspan="2">구분</td>
<td>성　명<br>(상호·명칭)</td>
<td>주민등록번호<br>(등기용등록번호)</td>
<td>주　소 (소 재 지)</td>
<td>지 분<br>(개인별)</td>
</tr>
</table>

<table>
<tr>
<td>⑤ 등기의무자</td>
<td>주식회사한국00은행</td>
<td>XXXXXX-XXXX XXX</td>
<td>서울특별시 서초구 서초대로 88길 20 (서초동)</td>
<td></td>
</tr>
<tr>
<td>⑥ 등기권리자</td>
<td>주식회사서울00은행<br>대표이사 이도령</td>
<td>XXXXXX-XXXX XXX</td>
<td>서울특별시 중구 다동길 96 (다동)<br>서울특별시 동작구 여의대방로 150 (대방동)</td>
<td></td>
</tr>
</table>

| ⑦ 등 록 면 허 세 | 금 | ○○○,○○○ | 원 |
| ⑦ 지 방 교 육 세 | 금 | ○○○,○○○ | 원 |
| ⑦ 농 어 촌 특 별 세 | 금 | ○○○,○○○ | 원 |
| ⑧ 세 액 합 계 | 금 | ○○○,○○○ | 원 |
| ⑨ 등 기 신 청 수 수 료 | 금 | 15,000 | 원 |
| | 납부번호 : ○○-○○-○○○○○○○○-○ | | |
| | 일괄납부 :      건          원 | | |

|  ⑩ 첨 부 서 면 |
| --- |

· 등록면허세영수필확인서        1통
· 등기신청수수료 영수필확인서      1통
· 법인등기사항전부(일부)증명서    1통

2014년  1월  22일

⑪  위 신청인        주식회사 서울○○은행        (전화 : 200-7766)
                    대표이사(지배인) 이도경  ㉑

   (또는)위 대리인                         (전화 :        )

          서울중앙 지방법원                    등기국 귀중

─ 신청서 작성요령 ─

* 1. 부동산표시란에 2개 이상의 부동산을 기재하는 경우에는 부동산의 일련번호를 기재하
     여야 합니다.
  2. 신청인란등 해당란에 기재할 여백이 없을 경우에는 별지를 이용합니다.
  3. 담당 등기관이 판단하여 위의 첨부서면 외에 추가적인 서면을 요구할 수 있습니다.

## ♣【서식】 대위변제로 인한 근저당권이전등기신청서

| 대위변제로인한근저당권이전등기신청 | | | | |
|---|---|---|---|---|
| 접 수 | 년 월 일<br>제       호 | 처리인 | 등기관 확인 | 각종 통지 |

| 부동산의 표시 |
|---|
| ○○시 ○○구 ○○동 ○○번지<br><br>대 ○○㎡<br><br><br>이             상 |

| 등기원인과그연월일 | 20○○년 ○월 ○일 일부대위변제 |
|---|---|
| 등 기 의 목 적 | 근저당권의 일부이전 |
| 이전할 지분근저당<br>대위변제한금액 | 20○○년 ○월 ○일 접수 제○○호 순위 ○번으로 경료한 근저당권 |
| | |

| 구분 | 성 명<br>(상호·명칭) | 주민등록번호<br>(등기용등록번호) | 주 소<br>(소재지) | 지 분<br>(개인별) |
|---|---|---|---|---|
| 등기의무자 | ○ ○ ○ | 610120-1234567 | ○○시 ○○구 ○○동 ○○번지 | |
| 등기권리자 | ○ ○ ○ | 510120-1234567 | ○○시 ○○구 ○○동 ○○번지 | |

| 등 록 면 허 세 | 금 | 원 |
|---|---|---|
| 지 방 교 육 세 | 금 | 원 |
| 세 액 합 계 | 금 | 원 |
| 등 기 신 청 수 수 료 | 금 | 원 |
| | 납부번호 : | |
| | 일괄납부 :        건        원 | |
| 국 민 주 택 채 권 매 입 금 액 | 금 | 원 |
| 국 민 주 택 채 권 발 행 번 호 | | |

| 등기의무자의 등기필정보 | | |
|---|---|---|
| 부동산고유번호 성명(명칭) | 일련번호 | 비밀번호 |
| | | |

| 첨 부 서 면 | | |
|---|---|---|
| · 근저당권설정계약서 | 1통 | 〈기 타〉 |
| · 등록면허세영수필확인서 | 1통 | |
| · 인감증명 | 1통 | |
| · 등기필증 | 1통 | |
| · 주민등록등(초)본 | 1통 | |
| · 위임장 | 1통 | |

20○○년 ○월 ○일

위 신청인    ○  ○  ○   ㊞   (전화 :        )
            ○  ○  ○   ㊞   (전화 :        )

(또는) 위 대리인 ○○법무사 사무소     (전화 :        )

법무사 ○  ○  ○

○○ 지방법원                    등기국 귀중

- 신청서 작성요령 -

* 1. 부동산표시란에 2개 이상의 부동산을 기재하는 경우에는 부동산의 일련번호를 기재하여야 합니다.
  2. 신청인란등 해당란에 기재할 여백이 없을 경우에는 별지를 이용합니다.
  3. 담당 등기관이 판단하여 위의 첨부서면 외에 추가적인 서면을 요구할 수 있습니다.

## <대위변제증서>

# 채권 및 근저당권 일부양도증서

| 수 입 |
|---|
| 인 지 |
| [인] |

본인의 채무자겸 소유자 ○○○에 대하여 20○○년 ○월 ○일 금○○○만원을 대부하고 이를 담보로 하여 채무자 소유인 말미 기재의 부동산 상에 동연 ○월 ○일 접수 제○○○호로써 제○번 근저당권을 취득하였는바 금번 사정에 의하여 위 채권중 금○○○만원정 및 이에 대하여 근저당권 일부를 귀하에게 양도함.

20○○년 ○월 ○일

양도인 ○ ○ ○ [인]

○○시 ○○구 ○○동 ○○번지

○ ○ ○ 귀하

○○시 ○○구 ○○동 ○○번지

1. 부동산의 표시

○○시 ○○구 ○○동 ○○번지

대 ○○○㎡

이 상

## (3) 채무자변경으로 인한 근저당권변경등기

### 1) 근저당권의 피담보채권이 확정되기 전

근저당권의 피담보채권이 확정되기 전에 근저당권의 기초가 되는 기본계약상의 채무자 지위의 전부 또는 일부를 제3자가 계약에 의하여 인수한 경우, 근저당권설정자(등기의무자) 및 근저당권자(등기권리자)는 '계약인수'(제3자가 기본계약을 전부 인수하는 경우), '계약의 일부 인수'(제3자가 수개의 기본계약 중 그 일부를 인수하는 경우), '중첩적 계약 인수'(제3자가 기본계약상의 채무자 지위를 중첩적으로 인수하는 경우)를 등기원인으로 하여 채무자변경을 내용으로 하는 근저당권변경등기를 신청할 수 있다.

### 2) 근저당의 피담보채권이 확정된 후

근저당권의 피담보채권이 확정된 후에 제3자가 그 피담보채무를 면책적 또는 중첩적으로 인수한 경우에는 채무인수로 인한 저당권변경등기에 준하여 채무자변경의 근저당권변경등기를 신청할 수 있다. 이 경우 등기원인은 '확정채무의 면책적 인수' 또는 '확정채무의 중첩적 인수'등으로 기록한다.

### 3) 채무자의 상속 등

근저당권의 채무자가 사망한 후 공동상속인 중 그 1인만이 채무자가 되려는 경우에는, 상속재산분할협의서를 제공하여 '협의분할에 의한 상속'을 등기원인으로 한 채무자변경의 근저당권변경등기를 근저당권자 및 근저당권설정자 또는 소유자(제3취득자, 담보목적물의 공동상속인 등)가 공동으로 신청할 수 있다. 그 상속재산분할협의서에는 해당 근저당권의 채무자가 변경된다는 취지가 포함되어야 한다.

다른 한편 근저당권의 채무자가 사망한 후 상속인 중 1인이 자신을 단독채무자로 하는 채무인수계약을 근저당권자(채권자)와 맺은 경우 근저당권자와 근저당권설정자 또는 소유자(제3취득자, 담보목적물의 공동상속인 등)는 채무자를 그 상속인으로 변경하는 근저당권변경등기를 신청할 수 있을 것이다. 이 경우에는 상속재산협의분할서를 첨부정보로 제공할 필요 없이 근저당권변경계약서를 등기원인을 증명하는 정보로 제공하면 될 것이다(2013. 6. 7. 부동산등기과-1342 질의회답).

♣ 【서식】 계약인수에의한근저당권변경등기신청서

<table>
<tr><td colspan="5" align="center">근저당권변경등기신청</td></tr>
<tr><td rowspan="2">접 수</td><td colspan="2" align="center">년 월 일</td><td rowspan="2">처리인</td><td align="center">등기관 확인</td><td align="center">각종 통지</td></tr>
<tr><td colspan="2" align="center">제      호</td><td></td><td></td></tr>
</table>

<table>
<tr><td colspan="4" align="center">① 부동산의 표시</td></tr>
<tr><td colspan="4">1. 서울특별시 서초구 서초동 100<br><br>　　　　대 300㎡<br><br>2. 서울특별시 서초구 서초동 100<br><br>　　[도로명주소] 서울특별시 서초구 서초대로 88길 10<br><br>　　시멘트 벽돌조 슬래브지붕 2층주택<br><br>　　　　1층 100㎡<br><br>　　　　2층 100㎡<br><br>　　　　　　　　　　　이　　　　　　　상</td></tr>
<tr><td colspan="2">② 등기원인과 그 연월일</td><td colspan="2">2014년 1월 22일 계약인수</td></tr>
<tr><td colspan="2">③ 등 기 의 목 적</td><td colspan="2">근저당권변경</td></tr>
<tr><td colspan="2">④ 변 경 할 사 항</td><td colspan="2">2008년 3월 2일 접수 제1128호로 경료한 등기사항 중 구채무자 "이대백, 서울특별시 서초구 서초대로 88길 20 (서초동)"을 신채무자 "홍길동, 서울특별시 용산구 독서당로 150 (한남동)"으로 변경</td></tr>
<tr><td>구분</td><td align="center">성 명<br>(상호·명칭)</td><td align="center">주민등록번호<br>(등기용등록번호)</td><td align="center">주    소 (소 재 지)</td></tr>
<tr><td>⑤<br>등<br>기<br>의<br>무<br>자</td><td align="center">이 대 백</td><td align="center">XXXXXX-XXXXXXX</td><td>서울특별시 서초구 서초대로 88길 20 (서초동)</td></tr>
<tr><td>⑥<br>등<br>기<br>권<br>리<br>자</td><td align="center">김 갑 동</td><td align="center">XXXXXX-XXXXXXX</td><td>서울특별시 중구 다동길 96 (다동)</td></tr>
</table>

| ⑦ 등 록 면 허 세 | 금 | 12,000 | 원 |
| --- | --- | --- | --- |
| ⑦ 지 방 교 육 세 | 금 | 2,400 | 원 |
| ⑧ 세  액  합  계 | 금 | 14,400 | 원 |

| ⑨ 등 기 신 청 수 수 료 | 금 | 6,000 | 원 |
| --- | --- | --- | --- |
| | 납부번호 : ○○-○○-○○○○○○○○○-○ | | |
| | 일괄납부 :        건        원 | | |

<table>
<tr><td colspan="3" align="center">⑩ 등기의무자의 등기필정보</td></tr>
<tr><td align="center">부동산고유번호</td><td colspan="2" align="center">1102-2006-002095</td></tr>
<tr><td align="center">성명(명칭)</td><td align="center">일련번호</td><td align="center">비밀번호</td></tr>
<tr><td align="center">이대백</td><td align="center">Q77C-LO71-35J5</td><td align="center">40-4636</td></tr>
</table>

| ⑪    첨    부    서    면 | | |
| --- | --- | --- |
| · 변경계약서                1통 | · 인감증명서 또는 본인서명사실 | |
| · 등록면허세영수필확인서      1통 |   확인서 | 1통 |
| · 등기신청수수료 영수필확인서  1통 | · 등기필증 | 1통 |
| | 〈기 타〉 | |


2014년  1월  22일


⑫  위 신청인       이      대      백  ㉑   (전화 : 200-7766)
                긴      갑      동  ㉑   (전화 : 234-1245)


(또는)위 대리인                    (전화 :        )


          서울중앙 지방법원                    등기국 귀중


- 신청서 작성요령 -

* 1. 부동산표시란에 2개 이상의 부동산을 기재하는 경우에는 부동산의 일련번호를 기재하
     여야 합니다.
  2. 신청인란등 해당란에 기재할 여백이 없을 경우에는 별지를 이용합니다.
  3. 담당 등기관이 판단하여 위의 첨부서면 외에 추가적인 서면을 요구할 수 있습니다.

## ♣【서식】계약인수에의한 근저당권 변경등기신청서(구분건물)

<table>
<tr><td colspan="5" align="center">근저당권변경등기신청</td></tr>
<tr>
<td rowspan="2">접 수</td>
<td align="center">년 월 일</td>
<td rowspan="2">처리인</td>
<td align="center">등기관 확인</td>
<td align="center">각종 통지</td>
</tr>
<tr>
<td align="center">제      호</td>
<td></td>
<td></td>
</tr>
</table>

<table>
<tr><td colspan="4" align="center">① 부동산의 표시</td></tr>
<tr><td colspan="4">
1동의 건물의 표시<br>
    서울특별시 서초구 서초동 100<br>
    서울특별시 서초구 서초동 101    샛별아파트 가동<br>
    [도로명주소] 서울특별시 서초구 서초대로 88길 10<br>
전유부분의 건물의 표시<br>
    건물의 번호 1-101<br>
    구      조  철근콘크리트조<br>
    면      적  1층 101호 86.03㎡<br>
대지권의 표시<br>
    토지의 표시<br>
    1. 서울특별시 서초구 서초동 100      대 1,400㎡<br>
    2. 서울특별시 서초구 서초동 101      대 1,600㎡<br>
    대지권의 종류 소유권<br>
    대지권의 비율 1,2 : 3,000분의 500<br>
<br>
              이            상
</td></tr>
<tr><td colspan="2">② 등기원인과 그 연월일</td><td colspan="2">2014년 1월 22일 계약인수</td></tr>
<tr><td colspan="2">③ 등 기 의 목 적</td><td colspan="2">근저당권변경</td></tr>
<tr><td colspan="2">④ 변 경 할 사 항</td><td colspan="2">2008년 3월 2일 접수 제1128호로 경료한 등기사항 중 구채무자 "이대백, 서울특별시 서초구 서초대로 88길 20 (서초동)"을 신채무자 "홍길동, 서울특별시 용산구 독서당로 150 (한남동)"으로 변경</td></tr>
<tr><td>구분</td><td>성 명<br>(상호·명칭)</td><td>주민등록번호<br>(등기용등록번호)</td><td>주   소 (소 재 지)</td></tr>
<tr><td>⑤<br>등기의무자</td><td>이 대 백</td><td>XXXXXX-XXXXXXX</td><td>서울특별시 서초구 서초대로 88길 20 (서초동)</td></tr>
<tr><td>⑥<br>등기권리자</td><td>김 갑 동</td><td>XXXXXX-XXXXXXX</td><td>서울특별시 중구 다동길 96 (다동)</td></tr>
</table>

| ⑦ 등 록 면 허 세 | 금 | 6,000 | 원 |
|---|---|---|---|
| ⑦ 지 방 교 육 세 | 금 | 1,200 | 원 |
| ⑧ 세 액 합 계 | 금 | 7,200 | 원 |

| ⑨ 등 기 신 청 수 수 료 | 금 | 3,000 | 원 |
|---|---|---|---|
| | 납부번호 : ○○-○○-○○○○○○○○○-○ | | |
| | 일괄납부 :       건       원 | | |

| ⑩ 등기의무자의 등기필정보 | | |
|---|---|---|
| 부동산고유번호 | 1102-2006-002095 | |
| 성명(명칭) | 일련번호 | 비밀번호 |
| 이대백 | Q77C-LO71-35J5 | 40-4636 |

| ⑪ 첨 부 서 면 | |
|---|---|
| · 변경계약서                    1통 | · 인감증명서 또는 본인서명사실 |
| · 등록면허세영수필확인서       1통 |   확인서                          1통 |
| · 등기신청수수료 영수필확인서   1통 | · 등기필증                         1통 |
| | 〈기 타〉 |

2014년  1월  22일

⑫  위 신청인      이    대    백    ㉙    (전화 : 200-7766)
                    긴    갑    동    ㉙    (전화 : 211-7711)


(또는)위 대리인                        (전화 :        )


서울중앙 지방법원                        등기국 귀중

- 신청서 작성요령 -

* 1. 부동산표시란에 2개 이상의 부동산을 기재하는 경우에는 부동산의 일련번호를 기재하여야 합니다.
  2. 신청인란등 해당란에 기재할 여백이 없을 경우에는 별지를 이용합니다.
  3. 담당 등기관이 판단하여 위의 첨부서면 외에 추가적인 서면을 요구할 수 있습니다.

## ♣ 【서식】 변경계약에 의한 근저당권 변경등기신청서

<table>
<tr>
<td colspan="5" align="center">근저당권변경등기신청</td>
</tr>
<tr>
<td rowspan="2">접 수</td>
<td align="center">년 월 일</td>
<td rowspan="2">처리인</td>
<td align="center">등기관 확인</td>
<td align="center">각종 통지</td>
</tr>
<tr>
<td align="center">제 호</td>
<td></td>
<td></td>
</tr>
</table>

<table>
<tr>
<td colspan="4" align="center">① 부동산의 표시</td>
</tr>
<tr>
<td colspan="4">
1. 서울특별시 서초구 서초동 100

    대 300㎡

2. 서울특별시 서초구 서초동 100

    [도로명주소] 서울특별시 서초구 서초대로 88길 10

    시멘트 벽돌조 슬래브지붕 2층 주택

       1층 100㎡

       2층 100㎡

이          상
</td>
</tr>
<tr>
<td colspan="2">② 등기원인과 그 연월일</td>
<td colspan="2">2014년 1월 22일 변경계약</td>
</tr>
<tr>
<td colspan="2">③ 등 기 의 목 적</td>
<td colspan="2">근저당권변경</td>
</tr>
<tr>
<td colspan="2">④ 변 경 할 사 항</td>
<td colspan="2">2008년 3월 2일 접수 제1128호로 경료한 등기사항 중 채권최고액 금 "70,000,000원"을 "90,000,000원" 으로 변경</td>
</tr>
<tr>
<td>구분</td>
<td>성 명<br>(상호·명칭)</td>
<td>주민등록번호<br>(등기용등록번호)</td>
<td>주    소 (소 재 지)</td>
</tr>
<tr>
<td>⑤ 등 기 의 무 자</td>
<td>이 대 백</td>
<td>XXXXXX-XXXXXXX</td>
<td>서울특별시 서초구 서초대로 88길 20 (서초동)</td>
</tr>
<tr>
<td>⑥ 등 기 권 리 자</td>
<td>김 갑 동</td>
<td>XXXXXX-XXXXXXX</td>
<td>서울특별시 중구 다동길 96 (다동)</td>
</tr>
</table>

| ⑦ 등 록 면 허 세 | 금 | ○○○,○○○ | 원 |
|---|---|---|---|
| ⑦ 지 방 교 육 세 | 금 | ○○○,○○○ | 원 |
| ⑧ 세 액 합 계 | 금 | ○○○,○○○ | 원 |
| ⑨ 등 기 신 청 수 수 료 | 금 | | 6,000 원 |
| | 납부번호 : ○○-○○-○○○○○○○○-○ | | |
| | 일괄납부 : | 건 | 원 |

| ⑩ 등기의무자의 등기필정보 | | |
|---|---|---|
| 부동산고유번호 | 1102-2006-002095 | |
| 성명(명칭) | 일련번호 | 비밀번호 |
| 이대백 | Q77C-LO7I-35J5 | 40-4636 |

| ⑪ 첨 부 서 면 | |
|---|---|
| · 근저당권변경계약서          1통<br>· 등록면허세영수필확인서        1통<br>· 등기신청수수료 영수필확인서     1통<br>· 등기필증               1통 | · 인감증명서 또는 본인서명사실<br>  확인서                 1통<br>〈기 타〉 |

2014년 1월 22일

⑫ 위 신청인    이   대   백  ㉑  (전화 : 200-7766)
           긴   갑   동  ㉑  (전화 : 201-7711)

(또는)위 대리인              (전화 :        )

서울중앙 지방법원              등기국 귀중

- 신청서 작성요령 -

* 1. 부동산표시란에 2개 이상의 부동산을 기재하는 경우에는 부동산의 일련번호를 기재하여야 합니다.
  2. 신청인란등 해당란에 기재할 여백이 없을 경우에는 별지를 이용합니다.
  3. 담당 등기관이 판단하여 위의 첨부서면 외에 추가적인 서면을 요구할 수 있습니다.

## ♣【서식】 변경계약에 의한 근저당권 변경등기신청서(구분건물)

<table>
<tr>
<th colspan="5">근저당권변경등기신청</th>
</tr>
<tr>
<td rowspan="2">접　수</td>
<td>년　월　일</td>
<td rowspan="2">처리인</td>
<td>등기관 확인</td>
<td>각종 통지</td>
</tr>
<tr>
<td>제　　　　호</td>
<td></td>
<td></td>
</tr>
</table>

| ① 부동산의 표시 |
|---|
| 1동의 건물의 표시<br>　　　서울특별시 서초구 서초동 100<br>　　　서울특별시 서초구 서초동 101　　　샛별아파트 가동<br>　　　[도로명주소] 서울특별시 서초구 서초대로 88길 10<br>전유부분의 건물의 표시<br>　　　건물의 번호 1-101<br>　　　구　　　조 철근콘크리트조<br>　　　면　　　적 1층 101호 86.03㎡<br>대지권의 표시<br>　　　토지의 표시<br>　　　1. 서울특별시 서초구 서초동 100　　　　　　대 1,400㎡<br>　　　2. 서울특별시 서초구 서초동 101　　　　　　대 1,600㎡<br>　　　대지권의 종류 소유권<br>　　　대지권의 비율 1,2 : 3,000분의 500<br><br>　　　　　　　　　　이　　　　　　　　상 |

| ② 등기원인과 그 연월일 | 2014년 1월 22일 변경계약 |
|---|---|
| ③ 등 기 의 목 적 | 근저당권변경 |
| ④ 변 경 할 사 항 | 2008년 3월 2일 접수 제1128호로 경료한 등기사항 중 채권최고액 금 "70,000,000원"을 "90,000,000원"으로 변경 |

| 구분 | 성　명<br>(상호·명칭) | 주민등록번호<br>(등기용등록번호) | 주　　소 (소 재 지) |
|---|---|---|---|
| ⑤<br>등기의무자 | 이 대 백 | XXXXXX-XXXXXXX | 서울특별시 서초구 서초대로 88길 20 (서초동) |
| ⑥<br>등기권리자 | 김 갑 동 | XXXXXX-XXXXXXX | 서울특별시 중구 다동길 96 (다동) |

| ⑦ 등 록 면 허 세 | 금 | ○○○,○○○ 원 |
|---|---|---|
| ⑦ 지 방 교 육 세 | 금 | ○○○,○○○ 원 |
| ⑧ 세 액 합 계 | 금 | ○○○,○○○ 원 |

| ⑨ 등 기 신 청 수 수 료 | 금 | 3,000 원 |
|---|---|---|
| | 납부번호 : ○○-○○-○○○○○○○○○-○ | |
| | 일괄납부 : 건 원 | |

| ⑩ 등기의무자의 등기필정보 | | |
|---|---|---|
| 부동산고유번호 | 1102-2006-002095 | |
| 성명(명칭) | 일련번호 | 비밀번호 |
| 이대백 | Q77C-LO7I-35J5 | 40-4636 |

| ⑪ 첨 부 서 면 | |
|---|---|
| · 변경계약서                   1통 | · 인감증명서 또는 본인서명사실 |
| · 등록면허세영수필확인서         1통 | 확인서                        1통 |
| · 등기신청수수료 영수필확인서    1통 | 〈기 타〉 |
| · 등기필증                     1통 | |

2014년 1월 22일

⑫ 위 신청인    이    대    백    ㊞ (전화 : 200-7766)
               긴    갑    동    ㊞ (전화 : 211-7711)


(또는)위 대리인                    (전화 :        )


서울중앙 지방법원          등기국 귀중

- 신청서 작성요령 -

* 1. 부동산표시란에 2개 이상의 부동산을 기재하는 경우에는 부동산의 일련번호를 기재하여야 합니다.
 2. 신청인란등 해당란에 기재할 여백이 없을 경우에는 별지를 이용합니다.
 3. 담당 등기관이 판단하여 위의 첨부서면 외에 추가적인 서면을 요구할 수 있습니다.

## ♣ 【서식】 확정채무의 면책적 인수에의한 근저당권 변경등기 신청서

| 근저당권변경등기신청 | | | | |
|---|---|---|---|---|
| 접 수 | 년 월 일 | 처리인 | 등기관 확인 | 각종 통지 |
| | 제    호 | | | |

| ① 부동산의 표시 |
|---|
| 1. 서울특별시 서초구 서초동 100<br><br>　　대 300㎡<br><br>2. 서울특별시 서초구 서초동 100<br><br>　　[도로명주소] 서울특별시 서초구 서초대로 88길 10<br><br>　　시멘트 벽돌조 슬래브지붕 2층 주택<br><br>　　　1층 100㎡<br><br>　　　2층 100㎡<br><br>　　　　　　　　　　이　　　　　　상 |

| ② 등기원인과 그 연월일 | 2014년 1월 22일 확정채무의 면책적 인수 |
|---|---|
| ③ 등 기 의 목 적 | 근저당권변경 |
| ④ 변 경 할 사 항 | 2008년 3월 2일 접수 제1128호로 경료한 등기사항 중 구채무자 "이대백, 서울특별시 서초구 서초대로 88길 20 (서초동)"을 신채무자 "홍길동, 서울특별시 용산구 독서당로 150 (한남동)"으로 변경 |

| 구분 | 성 명<br>(상호·명칭) | 주민등록번호<br>(등기용등록번호) | 주   소 (소 재 지) |
|---|---|---|---|
| ⑤ 등기의무자 | 이 대 백 | XXXXXX-XXXXXXX | 서울특별시 서초구 서초대로 88길 20 (서초동) |
| ⑥ 등기권리자 | 김 갑 동 | XXXXXX-XXXXXXX | 서울특별시 중구 다동길 96 (다동) |

| ⑦ 등 록 면 허 세 | 금 | 12,000 원 |
| 의 방 교 육 세 | 금 | 2,400 원 |
| ⑧ 세 액 합 계 | 금 | 14,400 원 |

| ⑨ 등 기 신 청 수 수 료 | 금 | 6,000 원 |
| | 납부번호 : ○○-○○-○○○○○○○○○-○ | |
| | 일괄납부 :        건        원 | |

⑩ 등기의무자의 등기필정보

| 부동산고유번호 | 1102-2006-002095 | |
| 성명(명칭) | 일련번호 | 비밀번호 |
| 이대백 | Q77C-LO71-35J5 | 40-4636 |

⑪ 첨 부 서 면

| · 근저당권변경계약서 | 1통 | · 인감증명서 또는 본인서명사실 | |
| · 등록면허세영수필확인서 | 1통 | 확인서 | 1통 |
| · 등기신청수수료 영수필확인서 | 1통 | 〈기 타〉 | |
| · 등기필증 | 1통 | | |

2014년 1월 22일

⑫ 위 신청인    이    대    백  ⑩  (전화 : 200-7766)
              긴    갑    동  ⑩  (전화 : 300-7711)

(또는)위 대리인            (전화 :        )

서울중앙 지방법원            등기국 귀중

- 신청서 작성요령 -

* 1. 부동산표시란에 2개 이상의 부동산을 기재하는 경우에는 부동산의 일련번호를 기재하여야 합니다.
  2. 신청인란등 해당란에 기재할 여백이 없을 경우에는 별지를 이용합니다.
  3. 담당 등기관이 판단하여 위의 첨부서면 외에 추가적인 서면을 요구할 수 있습니다.

## ♣ 【서식】 확정채무의 면책적 인수에 의한 근저당권 변경등기신청서(구분건물)

<table>
<tr><td colspan="5" align="center">근저당권변경등기신청</td></tr>
<tr>
<td rowspan="2">접 수</td>
<td align="center">년 월 일</td>
<td rowspan="2">처리인</td>
<td align="center">등기관 확인</td>
<td align="center">각종 통지</td>
</tr>
<tr>
<td align="center">제        호</td>
<td></td>
<td></td>
</tr>
</table>

<table>
<tr><td colspan="4" align="center">① 부동산의 표시</td></tr>
<tr><td colspan="4">
1동의 건물의 표시<br>
    서울특별시 서초구 서초동 100<br>
    서울특별시 서초구 서초동 101        샛별아파트 가동<br>
    [도로명주소] 서울특별시 서초구 서초대로 88길 10<br>
전유부분의 건물의 표시<br>
    건물의 번호  1-101<br>
    구        조  철근콘크리트조<br>
    면        적  1층 101호 86.03㎡<br>
대지권의 표시<br>
    토지의 표시<br>
    1. 서울특별시 서초구 서초동 100        대 1,400㎡<br>
    2. 서울특별시 서초구 서초동 101        대 1,600㎡<br>
    대지권의 종류  소유권<br>
    대지권의 비율 1,2 : 3,000분의 500<br>
                 이                상
</td></tr>
<tr><td>② 등기원인과 그 연월일</td><td colspan="3">2014년 1월 22일 확정채무의 면책적 인수</td></tr>
<tr><td>③ 등 기 의 목 적</td><td colspan="3">근저당권변경</td></tr>
<tr><td>④ 변 경 할 사 항</td><td colspan="3">2008년 3월 2일 접수 제1128호로 경료한 등기사항 중 구채무자 "이대백, 서울특별시 서초구 서초대로 88길 20 (서초동)"을 신채무자 "홍길동, 서울특별시 용산구 독서당로 150 (한남동)"으로 변경</td></tr>
<tr><td>구분</td><td>성 명<br>(상호·명칭)</td><td>주민등록번호<br>(등기용등록번호)</td><td>주    소 (소 재 지)</td></tr>
<tr><td>⑤ 등기의무자</td><td>이 대 백</td><td>XXXXXX-XXXXXXX</td><td>서울특별시 서초구 서초대로 88길 20 (서초동)</td></tr>
<tr><td>⑥ 등기권리자</td><td>김 갑 동</td><td>XXXXXX-XXXXXXX</td><td>서울특별시 중구 다동길 96 (다동)</td></tr>
</table>

| ⑦ 등 록 면 허 세 | 금 | 6,000 | 원 |
|---|---|---|---|
| ⑦ 지 방 교 육 세 | 금 | 1,200 | 원 |
| ⑧ 세 액 합 계 | 금 | 7,200 | 원 |

| ⑨ 등 기 신 청 수 수 료 | 금 | 3,000 원 |
|---|---|---|
| | 납부번호 : ○○-○○-○○○○○○○○○-○ | |
| | 일괄납부 :           건           원 | |

| ⑩ 등기의무자의 등기필정보 | | |
|---|---|---|
| 부동산고유번호 | 1102-2006-002095 | |
| 성명(명칭) | 일련번호 | 비밀번호 |
| 이대백 | Q77C-LO71-35J5 | 40-4636 |

| ⑪    첨    부    서    면 | |
|---|---|
| · 변경계약서                        1통 | · 인감증명서 또는 본인서명사실 |
| · 등록면허세영수필확인서      1통 |   확인서                              1통 |
| · 등기신청수수료 영수필확인서  1통 | |
| · 등기필증                          1통 | |

2014년  1월  22일

⑫  위 신청인        이      대      백    ㊞    (전화 : 200-7766)
                          김      갑      동    ㊞    (전화 : 211-7711)

(또는)위 대리인                              (전화 :          )

서울중앙 지방법원                    등기국 귀중

- 신청서 작성요령 -

* 1. 부동산표시란에 2개 이상의 부동산을 기재하는 경우에는 부동산의 일련번호를 기재하여야 합니다.
  2. 신청인란등 해당란에 기재할 여백이 없을 경우에는 별지를 이용합니다.
  3. 담당 등기관이 판단하여 위의 첨부서면 외에 추가적인 서면을 요구할 수 있습니다.

## ♣ 【서식】 근저당권변경등기신청서

<table>
<tr><td colspan="5" align="center">근저당권변경등기신청</td></tr>
<tr>
<td rowspan="2">접수</td>
<td>년 월 일</td>
<td rowspan="2">처리인</td>
<td>등기관 확인</td>
<td>각 종 통 지</td>
</tr>
<tr>
<td>제      호</td>
<td></td>
<td></td>
</tr>
</table>

<table>
<tr><td colspan="5" align="center">부동산의 표시</td></tr>
<tr><td colspan="5" align="center">○○시 ○○구 ○○동 ○○번지<br>대 100㎡<br><br>이                          상</td></tr>
<tr><td colspan="2">등기원인과그연월일</td><td colspan="3">20○○년 ○월 ○일 변경계약</td></tr>
<tr><td colspan="2">등 기 의 목 적</td><td colspan="3">근저당권의 변경</td></tr>
<tr><td colspan="2">변 경 할 사 항</td><td colspan="3">20○○년 ○월 ○일 접수 제○○호 순위 ○번으로 근저당권채권<br>최고액 금○○○원을 금○○○○원으로 변경</td></tr>
<tr>
<td>구 분</td>
<td>성     명<br>(상호·명칭)</td>
<td>주민등록번호<br>(등기용등록번호)</td>
<td>주  소<br>(소재지)</td>
<td>지 분<br>(개인 별)</td>
</tr>
<tr>
<td>등기의무자</td>
<td>○  ○  ○</td>
<td>610120-1234567</td>
<td>○○시 ○○구 ○○동 ○○번지</td>
<td></td>
</tr>
<tr>
<td>등기권리자</td>
<td>○  ○  ○</td>
<td>510120-1023456</td>
<td>○○시 ○○구 ○○동 ○○번지</td>
<td></td>
</tr>
</table>

<table>
<tr><td>등 록 면 허 세</td><td colspan="2">금 원</td></tr>
<tr><td>지 방 교 육 세</td><td colspan="2">금 원</td></tr>
<tr><td>세 액 합 계</td><td colspan="2">금 원</td></tr>
<tr><td rowspan="3">등 기 신 청 수 수 료</td><td colspan="2">금 원</td></tr>
<tr><td colspan="2">납부번호 :</td></tr>
<tr><td colspan="2">일괄납부 : 건 원</td></tr>
<tr><td colspan="3">등기의무자의 등기필정보</td></tr>
<tr><td>부동산고유번호</td><td colspan="2"></td></tr>
<tr><td>성명(명칭)</td><td>일련번호</td><td>비밀번호</td></tr>
<tr><td></td><td></td><td></td></tr>
<tr><td colspan="3">첨 부 서 면</td></tr>
<tr><td colspan="2">· 변경계약서 1통<br>· 등기의무자의 권리에 관한<br>등기필증 1통<br>· 인감증명 1통<br>· 위임장 1통</td><td>〈기 타〉</td></tr>
<tr><td colspan="3">20○○년 ○월 ○일<br><br>위 신청인 ○ ○ ○ ㊞ (전화 : )<br>○ ○ ○ ㊞ (전화 : )<br><br>(또는) 위 대리인 ○○법무사 사무소 (전화 : )<br><br>법무사 ○ ○ ○<br><br>○○지방법원 등기소 귀중</td></tr>
</table>

- 신청서 작성요령 -

* 1. 부동산표시란에 2개 이상의 부동산을 기재하는 경우에는 부동산의 일련번호를 기재하여야 합니다.
2. 신청인란등 해당란에 기재할 여백이 없을 경우에는 별지를 이용합니다.
3. 담당 등기관이 판단하여 위의 첨부서면 외에 추가적인 서면을 요구할 수 있습니다.

### (4) 「금융산업의 구조개선에 관한 법률」에 의한 금융위원회의 계약이전 결정에 따른 근저당권이전

「금융산업의 구조개선에 관한 법률」제14조에 의한 금융위원회의 계약이전결정에 따라 일부 부실금융기관이 퇴출되고, 이들 부실금융기관이 가지고 있는 계약을 우량 금융기관 및 한국자산관리공사가 인수하게 됨에 따라 부실금융기관 명의의 근저당권을 인수금융기관 명의로 이전등기를 할 수 있게 되었다.

#### 1) 등기의 신청

금융위원회의 계약이전결정에 따라 부실금융기관 명의의 근저당권을 인수금융기관 명의로 하기 위해서는 인수금융기관과 부실금융기관(관리인이 대표함)이 공동으로 근저당권이전등기를 신청하여야 한다. 이 경우 이전의 대상이 된 근저당권의 수개의 기본계약 중에 계약이전결정에 따라 이전되는 기본계약과 부실금융기관과 인수금융기관의 계약에 의하여 이전되는 기본계약이 병존하는 경우에는, 계약이전결정을 원인으로 한 근저당권일부이전등기와 계약의 일부양도를 원인으로 한 근저당권일부이전등기를 각각 별건으로 신청하여야 한다.

#### 2) 등기원인 및 그 연월일

등기원인은 '계약이전결정'으로, 그 연월일은 '공고된 날(다만 1998. 9. 14. 개정 전의 법률에 의한 경우에는 계약이전결정일)'을 기록한다. 공고된 날 인수금융기관이 부실금융기관을 승계한 것으로 보기 때문이다(금융산업의 구조개선에 관한 법률 제14조의2 1항).

### (5) 근저당권말소등기 신청

근저당권말소등기신청서는 동일채권을 담보하는 공동저당권의 목적인 부동산 중 일부에 부동산에 대하여 근저당권을 포기할 경우에 등기의무자와 등기권리자가 공동으로 신청하는 근저당권말소등기의 예이다. 이 신청서에는 근저당권설정자(또는 부동산소유자)를 등기권리자, 근저당권자를 등기의무자라고 한다.

## ♣ 【서식】 일부포기에 의한 근저당권 말소등기 신청서

<table>
<tr><td colspan="5" align="center">근저당권말소등기신청</td></tr>
<tr><td rowspan="2">접 수</td><td colspan="2" align="center">년 월 일</td><td rowspan="2">처리인</td><td>등기관 확인</td><td>각종 통지</td></tr>
<tr><td colspan="2" align="center">제        호</td><td></td><td></td></tr>
</table>

<table>
<tr><td colspan="5" align="center">① 부동산의 표시</td></tr>
<tr><td colspan="5">

1. 서울특별시 서초구 서초동 100

    대 300㎡

2. 서울특별시 서초구 서초동 100

    [도로명주소] 서울특별시 서초구 서초대로 88길 10

    시멘트 벽돌조 슬래브지붕 2층 주택

        1층 100㎡

        2층 100㎡

이                  상
</td></tr>
<tr><td colspan="2">② 등기원인과 그 연월일</td><td colspan="3">2014년 1월 22일   일부포기</td></tr>
<tr><td colspan="2">③ 등 기 의 목 적</td><td colspan="3">근저당권등기말소</td></tr>
<tr><td colspan="2">④ 말 소 할 등 기</td><td colspan="3">2008년 3월 2일 접수 제1128호로 경료한 근저당권 설정등기</td></tr>
<tr><td>구분</td><td>성 명<br>(상호·명칭)</td><td>주민등록번호<br>(등기용등록<br>번호)</td><td>주   소 (소 재 지)</td><td>지 분<br>(개인별)</td></tr>
<tr><td>⑤<br>등기의무자</td><td>이 대 백</td><td>XXXXXX-XXX<br>XXXX</td><td>서울특별시 서초구 서초대로 88길 20 (서초동)</td><td></td></tr>
<tr><td>⑥<br>등기권리자</td><td>김 갑 동</td><td>XXXXXX-XXX<br>XXXX</td><td>서울특별시 중구 다동길 96 (다동)</td><td></td></tr>
</table>

| ⑦ 등 록 면 허 세 | 금 | | 12,000 | 원 |
|---|---|---|---|---|
| ⑦ 지 방 교 육 세 | 금 | | 2,400 | 원 |
| ⑧ 세 액 합 계 | 금 | | 14,400 | 원 |
| ⑨ 등 기 신 청 수 수 료 | 금 | | 6,000 | 원 |
| | 납부번호 : ○○-○○-○○○○○○○○○-○ | | | |
| | 일괄납부 :          건          원 | | | |

| ⑩ 등기의무자의 등기필정보 | | |
|---|---|---|
| 부동산 고유번호 | 1102-2006-002095 | |
| 성명(명칭) | 일련번호 | 비밀번호 |
| 이대백 | Q77C-LO71-35J5 | 40-4636 |

| ⑪ 첨 부 서 면 | |
|---|---|
| · 포기증서                               1통 | 〈기 타〉 |
| · 등록면허세영수필확인서        1통 | |
| · 등기신청수수료 영수필확인서  1통 | |
| · 등기필증                               1통 | |

2014년  1월  22일

⑫ 위 신청인      이      대      백    ㉺    (전화 : 200-7766)
                        김      갑      동    ㉺    (전화 : 211-7711)

(또는)위 대리인                                    (전화 :          )

서울중앙 지방법원                            등기국 귀중

---

- 신청서 작성요령 -

* 1. 부동산표시란에 2개 이상의 부동산을 기재하는 경우에는 부동산의 일련번호를 기재하
     여야 합니다.
  2. 신청인란등 해당란에 기재할 여백이 없을 경우에는 별지를 이용합니다.
  3. 담당 등기관이 판단하여 위의 첨부서면 외에 추가적인 서면을 요구할 수 있습니다.

## ♣ 【서식】 일부포기에 의한 근저당권 말소등기 신청서(구분건물)

<table>
<tr><td colspan="5" align="center">근저당권말소등기신청</td></tr>
<tr><td rowspan="2">접　수</td><td>년　월　일</td><td rowspan="2">처리인</td><td>등기관 확인</td><td>각종 통지</td></tr>
<tr><td>제　　　호</td><td></td><td></td></tr>
</table>

<table>
<tr><td colspan="5" align="center">① 부동산의 표시</td></tr>
<tr><td colspan="5">
1동의 건물의 표시<br>
　　　서울특별시 서초구 서초동 100<br>
　　　서울특별시 서초구 서초동 101　　　샛별아파트 가동<br>
　　　[도로명주소] 서울특별시 서초구 서초대로 88길 10<br>
전유부분의 건물의 표시<br>
　　　건물의 번호　1-101<br>
　　　구　　　조　철근콘크리트조<br>
　　　면　　　적　1층 101호 86.03㎡<br>
대지권의 표시<br>
　　　토지의 표시<br>
　　　1. 서울특별시 서초구 서초동 100　　　　　대 1,400㎡<br>
　　　2. 서울특별시 서초구 서초동 101　　　　　대 1,600㎡<br>
　　　대지권의 종류　소유권<br>
　　　대지권의 비율 1,2 : 3,000분의 500<br>
　　　　　　　　　이　　　　　　　　상
</td></tr>
<tr><td colspan="2">② 등기원인과 그 연월일</td><td colspan="3">2014년 1월 22일　일부포기</td></tr>
<tr><td colspan="2">③ 등기의 목적</td><td colspan="3">근저당권등기말소</td></tr>
<tr><td colspan="2">④ 말소할 등기</td><td colspan="3">2008년 3월 2일 접수 제1128호로 경료한 근저당권<br>설정등기</td></tr>
<tr><td>구분</td><td>성　명<br>(상호·명칭)</td><td>주민등록번호<br>(등기용등록<br>번호)</td><td>주　소 (소재지)</td><td>지분<br>(개인별)</td></tr>
<tr><td>⑤<br>등기의무자</td><td>이대백</td><td>XXXXXX-<br>XXXXXXX</td><td>서울특별시 서초구 서초대로<br>88길 20 (서초동)</td><td></td></tr>
<tr><td>⑥<br>등기권리자</td><td>김갑동</td><td>XXXXXX-<br>XXXXXXX</td><td>서울특별시 서초구 서초대로<br>88길 10, 가동 101호(서초동,<br>샛별아파트)</td><td></td></tr>
</table>

| ⑦ 등 록 면 허 세 | 금 | 6,000 | 원 |
|---|---|---|---|
| ⑦ 지 방 교 육 세 | 금 | 1,200 | 원 |
| ⑧ 세 액 합 계 | 금 | 7,200 | 원 |
| ⑨ 등 기 신 청 수 수 료 | 금 | 3,000 | 원 |
| | 납부번호 : ○○-○○-○○○○○○○○○-○ | | |
| | 일괄납부 :           건           원 | | |

| ⑩ 등기의무자의 등기필정보 | | |
|---|---|---|
| 부동산 고유번호 | 1102-2006-002095 | |
| 성명(명칭) | 일련번호 | 비밀번호 |
| 이대백 | Q77C-LO71-35J5 | 40-4636 |

⑪ 첨 부 서 면

| | | 〈기 타〉 |
|---|---|---|
| · 포기증서 | 1통 | |
| · 등록면허세영수필확인서 | 1통 | |
| · 등기신청수수료 영수필확인서 | 1통 | |
| · 등기필증 | 1통 | |

2014년 1월 22일

⑫ 위 신청인   이   대   백   ㉑ (전화 : 200-7766)
            긴   갑   동   ㉑ (전화 : 211-7711)

(또는)위 대리인                (전화 :        )

서울중앙 지방법원              등기국 귀중

---

- 신청서 작성요령 -

* 1. 부동산표시란에 2개 이상의 부동산을 기재하는 경우에는 부동산의 일련번호를 기재하여야 합니다.
  2. 신청인란등 해당란에 기재할 여백이 없을 경우에는 별지를 이용합니다.
  3. 담당 등기관이 판단하여 위의 첨부서면 외에 추가적인 서면을 요구할 수 있습니다.

## ♣ 【서식】 해지에 의한 근저당권 말소등기신청서

<table>
<tr><td colspan="2" style="text-align:center">근저당권말소등기신청</td><td></td><td></td></tr>
<tr><td rowspan="2">접　수</td><td>년 월 일</td><td rowspan="2">처리인</td><td>등기관 확인</td><td>각종 통지</td></tr>
<tr><td>제　　　호</td><td></td><td></td></tr>
</table>

| ① 부동산의 표시 |
| --- |
| 1. 서울특별시 서초구 서초동 100<br>　　　대 300㎡<br>2. 서울특별시 서초구 서초동 100<br>　　[도로명주소] 서울특별시 서초구 서초대로 88길 10<br>　　시멘트 벽돌조 슬래브지붕 2층 주택<br>　　　　1층 100㎡<br>　　　　2층 100㎡<br>　　　　　　　이　　　　　　　상 |

| ② 등기원인과 그 연월일 | 2014년 1월 22일 해지 |
| --- | --- |
| ③ 등 기 의 목 적 | 근저당권등기말소 |
| ④ 말 소 할 등 기 | 2008년 3월 2일 접수 제1128호로 경료된 근저당권 설정등기 |

| 구분 | 성　명<br>(상호·명칭) | 주민등록번호<br>(등기용등록<br>번호) | 주　　소 (소 재 지) | 지　분<br>(개인별) |
| --- | --- | --- | --- | --- |
| ⑤ 등기의무자 | 이 대 백 | XXXXXX-XXX<br>XXXX | 서울특별시 서초구 서초대로<br>88길 20 (서초동) | |
| ⑥ 등기권리자 | 김 갑 동 | XXXXXX-XXX<br>XXXX | 서울특별시 중구 다동길 96<br>(다동) | |

| ⑦ 등 록 면 허 세 | 금 | 6,000 | 원 |
| --- | --- | --- | --- |
| ⑦ 지 방 교 육 세 | 금 | 1,200 | 원 |
| ⑧ 세 액 합 계 | 금 | 7,200 | 원 |
| ⑨ 등 기 신 청 수 수 료 | 금 | 6,000 | 원 |
| | 납부번호 : ○○-○○-○○○○○○○○-○ | | |
| | 일괄납부 :        건              원 | | |

| ⑩ 등기의무자의 등기필정보 | | |
| --- | --- | --- |
| 부동산고유번호 | 1102-2006-002095 | |
| 성명(명칭) | 일련번호 | 비밀번호 |
| 이대백 | Q77C-L07I-35J5 | 40-4636 |

| ⑪  첨  부  서  면 | | |
| --- | --- | --- |
| · 해지증서 | 1통 | 〈기 타〉 |
| · 등록면허세영수필확인서 | 1통 | |
| · 등기신청수수료 영수필확인서 | 1통 | |
| · 등기필증 | 1통 | |

2014년  1월  22일

⑫  위 신청인    이    대    백    ⑩  (전화 : 200-7766)
              긴    갑    동    ⑩  (전화 : 300-1166)

(또는)위 대리인                    (전화 :        )

서울중앙 지방법원              등기국 귀중

- 신청서 작성요령 -

* 1. 부동산표시란에 2개 이상의 부동산을 기재하는 경우에는 부동산의 일련번호를 기재하여야 합니다.
  2. 신청인란등 해당란에 기재할 여백이 없을 경우에는 별지를 이용합니다.
  3. 담당 등기관이 판단하여 위의 첨부서면 외에 추가적인 서면을 요구할 수 있습니다.

**【해지증서】**

해 지 증 서

부동산의 표시

　본인은 위 부동산에 관하여　　　년　월　일 근저당권설정계약을 등기원인으로 하여　　　년 월 일 접수 제　　　호로써 순위번호 제　　　번의 근저당권을 취득하였던바, 이를 해지한다.

년　　월　　일

　　　근저당권자　홍 길 동　㉔
　　　　　주 소 :

　　　소 유 자　김 갑 돌　㉔
　　　　　주 소 :

## ♣ 【서식】 해지에 의한 근저당권 말소등기신청서(구분건물)

| 근저당권말소등기신청 | | | | |
|---|---|---|---|---|
| 접 수 | 년 월 일 | 처리인 | 등기관 확인 | 각종 통지 |
| | 제      호 | | | |

| ① 부동산의 표시 |
|---|
| 1동의 건물의 표시<br> 　　서울특별시 서초구 서초동 100<br> 　　서울특별시 서초구 서초동 101　　샛별아파트 가동<br> 　　[도로명주소] 서울특별시 서초구 서초대로 88길 10<br> 전유부분의 건물의 표시<br> 　　건물의 번호  1-101<br> 　　구　　　조  철근콘크리트조<br> 　　면　　　적  1층 101호 86.03㎡<br> 대지권의 표시<br> 　　토지의 표시<br> 　　1. 서울특별시 서초구 서초동 100　　　　　　대 1,400㎡<br> 　　2. 서울특별시 서초구 서초동 101　　　　　　대 1,600㎡<br> 　　대지권의 종류  소유권<br> 　　대지권의 비율 1,2 : 3,000분의 500<br> 　　　　　　　　　　　이　　　　　상 |

| ② 등기원인과 그 연월일 | 2014년 1월 22일 해지 |
|---|---|
| ③ 등기의 목적 | 근저당권등기말소 |
| ④ 말소할 사항 | 2008년 3월 2일 접수 제1128호로 경료된 근저당권<br>설정등기 |

| 구분 | 성 명<br>(상호·명칭) | 주민등록번호<br>(등기용등록번호) | 주 소 (소 재 지) |
|---|---|---|---|
| ⑤ 등기의무자 | 이 대 백 | XXXXXX-XXXXXXX | 서울특별시 서초구 서초대로 88길 20<br>(서초동) |
| ⑥ 등기권리자 | 김 갑 동 | XXXXXX-XXXXXXX | 서울특별시 서초구 서초대로 88길 10,<br>가동 101호(서초동, 샛별아파트) |

| | | |
|---|---|---|
| ⑦ 등 록 면 허 세 | 금 6,000 원 | |
| ⑦ 지 방 교 육 세 | 금 1,200 원 | |
| ⑧ 세 액 합 계 | 금 7,200 원 | |
| ⑨ 등 기 신 청 수 수 료 | 금 3,000 원 | |
| | 납부번호 : ○○-○○-○○○○○○○○○-○ | |
| | 일괄납부 : 건 원 | |

⑩ 등기의무자의 등기필정보

| 부동산고유번호 | 1102-2006-002095 | |
|---|---|---|
| 성명(명칭) | 일련번호 | 비밀번호 |
| 이대백 | Q77C-L07I-35J5 | 40-4636 |

⑪ 첨 부 서 면

| | | |
|---|---|---|
| · 해지증서 1통<br>· 등록면허세영수필확인서 1통<br>· 등기신청수수료 영수필확인서 1통<br>· 등기필증 1통 | 〈기 타〉 | |

2014년 1월 22일

⑫ 위 신청인 이 대 백 ㊞ (전화 : 200-7766)
김 강 동 ㊞ (전화 : 211-7711)

(또는)위 대리인 (전화 : )

서울중앙 지방법원 등기국 귀중

– 신청서 작성요령 –

* 1. 부동산표시란에 2개 이상의 부동산을 기재하는 경우에는 부동산의 일련번호를 기재하여야 합니다.
2. 신청인란등 해당란에 기재할 여백이 없을 경우에는 별지를 이용합니다.
3. 담당 등기관이 판단하여 위의 첨부서면 외에 추가적인 서면을 요구할 수 있습니다.

## II. 권리질권 및 채권담보권에 관한 등기

저당권으로 담보한 채권을 질권 또는 채권담보권(이하 '질권 등'이라 한다)의 목적으로 한 때에는 그 저당권등기에 질권 등의 부기등기를 하여야 질권 등의 효력이 저당권에도 미친다(민법 제348조, 동산·채권 등의 담보에 관한 법률 제37조). 또한 근저당권에 의하여 담보되는 채권을 질권 등의 목적으로 하는 경우에도 근저당권부질권 또는 근저당권부채권담보권의 부기등기를 신청할 수 있는 데, 이는 그 근저당권이 확정되기 전에도 마찬가지이다(등기예규 제1462호).

### 1. 신청인

질권자 또는 채권담보권자(이하 '질권자 등'이라 한다)가 등기권리자, 저당권자가 등기의무자로서 공동으로 신청한다.

### 2. 신청정보의 내용

질권 등의 목적인 채권을 담보하는 저당권을 표시하는 외에 다음 사항을 신청정보의 내용으로 하여야 한다.
① 채권액 또는 채권최고액
② 채무자의 성명 또는 명칭과 주소 또는 사무소 소재지
③ 변제기와 이자의 약정이 있는 경우는 그 내용

등기원인일자는 채권질권 등의 계약의 성립일 즉, 채권증서가 있는 때에는 그 인도일, 이것이 없는 때에는 계약일을 표시하여야 한다. 법은 저당권부채권에 대한 질권의 등기사항으로서 채권최고액을 규정하고 있으므로, 저당권부채권에 대한 근질권도 등기할 수 있다.

### 3. 질권 등의 이전등기

질권자 등이 그 피담보채권을 제3자에게 양도한 경우에는 질권 등의 이전등기를 신청할 수 있다(2011.5.3. 부동산등기과-870 질의회답). 근저당권부채권에 대하여 질권 등이 설정된 경우에 근저당권을 변경하는 등기를 함에 있어 그 질권자 등은 등기상 이해관계인이 된다. 그러므로 질권자 등의 승낙 없이 근저당권의 채권최고액을 감액하는 변경등기는 할 수 없다.

## ♣【서식】 근저당권부질권 설정등기 신청서

<table>
<tr><td colspan="5" style="text-align:center">근저당권부 권리질권<br>설정등기신청</td></tr>
<tr><td rowspan="2">접　수</td><td>년 월 일</td><td rowspan="2">처리인</td><td>등기관 확인</td><td>각종 통지</td></tr>
<tr><td>제　　　호</td><td></td><td></td></tr>
</table>

| ① 부동산의 표시 |
|---|
| 1. 서울특별시 서초구 서초동 100 |
| 　　대 300㎡ |
| 2. 서울특별시 서초구 서초동 100 |
| 　[도로명주소] 서울특별시 서초구 서초대로 88길 10 |
| 　시멘트 벽돌조 슬래브지붕 2층 주택 |
| 　　　1층 100㎡ |
| 　　　2층 100㎡ |
| 이　　　　　　　상 |

| ② 등기원인과 그 연월일 | 2014년 1월 22일 근저당권부질권설정계약 |
|---|---|
| ③ 등 기 의 목 적 | 근저당권부질권설정 |
| ④ 채　권　액 | 금 50,000,000원 |
| ⑤ 채　무　자 | 이대백 서울특별시 서초구 서초대로 88길 20 (서초동) |
| ⑥ 변　제　기 | 2015년 5월 1일 |
| ⑦ 이　　　자 | 연 2할 |
| ⑧ 근저당권의 표시 | 2009년 9월 15일 제 12345호 순위 3번의 근저당권 |

| 구분 | 성　명<br>(상호·명칭) | 주민등록번호<br>(등기용등록번호) | 주　　소 (소 재 지) |
|---|---|---|---|
| ⑨<br>등<br>기<br>의<br>무<br>자 | 이 대 백 | XXXXXX-XXXXXXX | 서울특별시 서초구 서초대로 88길 20<br>(서초동) |
| ⑩<br>등<br>기<br>권<br>리<br>자 | 김 갑 동 | XXXXXX-XXXXXXX | 서울특별시 중구 다동길 96 (다동) |

| ⑪ 등 록 면 허 세 | 금 | 12,000 | 원 |
|---|---|---|---|
| ⑪ 지 방 교 육 세 | 금 | 2,400 | 원 |
| ⑫ 세 액 합 계 | 금 | 14,400 | 원 |

| ⑬ 등 기 신 청 수 수 료 | 금 | | 30,000 | 원 |
|---|---|---|---|---|
| | 납부번호 : ○○-○○-○○○○○○○○-○ | | | |
| | 일괄납부 : | 건 | | 원 |

| ⑭ 등기의무자의 등기필정보 | | |
|---|---|---|
| 부동산고유번호 | 1102-2006-002095 | |
| 성명(명칭) | 일련번호 | 비밀번호 |
| 이대백 | Q77C-LO7I-35J5 | 40-4636 |

| ⑮    첨    부    서    면 | |
|---|---|
| · 권리질권설정계약서　　　1통<br>· 등록면허세영수필확인서　1통<br>· 등기신청수수료 영수필확인서　1통<br>· 등기필증　　　　　　　　1통<br>· 주민등록표등(초)본　　　1통 | 〈기 타〉 |

2014년  1월  22일

　　⑯ 위 신청인　　　이　　대　　백　㊞　(전화 : 200-7766)
　　　　　　　　　　　긴　　갑　　동　㊞　(전화 : 211-7711)


　　(또는)위 대리인　　　　　　　　　　　(전화 :　　　)


서울중앙 지방법원　　　　　　　　등기국 귀중

---

- 신청서 작성요령 -

* 1. 부동산표시란에 2개 이상의 부동산을 기재하는 경우에는 부동산의 일련번호를 기재하여야 합니다.
  2. 신청인란등 해당란에 기재할 여백이 없을 경우에는 별지를 이용합니다.
  3. 담당 등기관이 판단하여 위의 첨부서면 외에 추가적인 서면을 요구할 수 있습니다.

# 제6장   신탁에 관한 등기

## I. 총설

### 1. 신탁의 의의 등기

신탁이란 위탁자와 수탁자 간의 신임관계에 기하여 위탁자가 수탁자에게 특정의 재산을 이전하거나 담보권의 설정 또는 그 밖의 처분을 하고 수탁자로 하여금 수익자의 이익 또는 특정의 목적을 위하여 그 재산의 관리, 처분, 운용, 개발, 그 밖에 신탁 목적의 달성을 위하여 필요한 행위를 하게 하는 법률관계를 말한다(신탁법 제2조).

「신탁법」제2조에서는 '재산을 이전하거나 담보권의 설정 또는 그 밖의 처분을 하고'라고 하여 재산권이전 외의 방식에 의한 신탁도 허용하고 있다. 이에 따라 권리이전등기 외에 신탁을 원인으로 한 권리의 설정등기도 가능하다(법 제82조 1항).

### 2. 신탁의 설정방법

신탁은 위탁자와 수탁자 간의 계약이나 위탁자의 유언 또는 위탁자의 선언에 의하여 설정된다(신탁법 제3조). 위탁자의 선언에 의한 신탁이란 위탁자가 신탁의 목적, 신탁재산, 수익자 등을 특정하고 자신을 수탁자로 지정하는 것을 말한다. 수탁자는 신탁행위로 달리 정한 바가 없으면 신탁목적의 달성을 위하여 필요한 경우에는 수익자의 동의를 받아 다시 신탁을 설정하는 것도 가능하다(신탁법 제3조 5항).

### 3. 수탁자의 자격

수탁자라 함은 위탁자로부터 재산권의 이전, 담보권의 설정 또는 그 밖의 처분을 받아 특정한 신탁목적에 따라 신탁재산을 관리·처분 등을 하는 자를 말한다. 미성년자, 금치산자(피성년후견인), 한정치산자(피한정후견인) 및 파산선고를 받은 자는 수탁자가 될 수 없으므로(신탁법 제11조), 수탁자는 행위능력자이어야 한다. 따라서 제한능력자와 파산선고를 받은 자는 법정대리인이나 파산관재인의 동의가 있어도 수탁자가 될 수 없다. 수탁자가 법인인 경우 법인의 목적 범위 내에서 수탁자가 될 수 있다. 권리능력 없는 사단이나 재단의 경우에도 단체로서의 실체를 갖추어 등기당사자능력이 인정되는 경우에는 수탁자가 될 수 있다(선례 Ⅱ-586, Ⅳ-607).

## 📑 선 례

① 조합원을 위탁자, 주택조합을 수탁자로 하는 신탁등기의 가부 등
직장주택조합의 조합원들의 소유부동산에 관하여 조합원들을 위탁자로 하고 주택조합을 수탁자로 하는 신탁등기는 할 수 있으나, 그러한 신탁등기를 경료한 후에 위탁자인 조합원의 신규가입이나 탈퇴 또는 사망에 따른 신탁원부의 기재사항의 변경등기는 할 수 없다(1989.1.6. 등기선례 제2-586호).

② 조합설립인가대상이 아닌 "ㅇㅇ시장 재건축조합"의 신탁등기신청가부
소위 "ㅇㅇ시장재건축조합"이 주택건설촉진법의 규정상 조합설립인가 대상이 아니어서 설립인가를 못받았다고 하더라도 민법상 법인 아닌 사단의 실체를 갖추고 있으면 부동산등기법 제30조 에 의하여 등기능력이 있고 신탁법에 의한 수탁능력(신탁법 제10조 참조)도 있을 것이므로 위 "ㅇㅇ시장재건축조합" 명의로 신탁등기를 할 수 있다 (1995.9.5. 등기선례 제4-607호).

「자본시장과 금융투자업에 관한 법률」제12조에 따르면 신탁을 영업으로 하고자 하는 경우에는 금융위원회로부터 인가를 받아야 하므로, 영리회사를 수탁자로 하는 신탁등기를 신청하는 경우에는 그 영리회사가 신탁업의 인가를 받았음을 소명하여야 한다. 따라서 신탁업의 인가를 받지 아니한 영리회사를 수탁자로 하는 신탁등기의 신청은 이를 수리하여서는 아니 된다(등기예규 제1575호).

건설회사가 아파트를 건설하면서 업무편의상 그 사업부지에 대하여 신탁을 받는 행위는 건설사업을 영위하면서 계속하여 반복적으로 신탁을 받을 의사를 가지고 하는 것이므로 비록 부지 소유자들로부터 신탁에 따른 대가를 받지 않았다 하더라도 신탁업을 하는 경우에 해당한다고 할 수 있다.

따라서 건설회사가 신탁업의 인가를 받지 않은 이상 그 건설회사를 수탁자로 하는 신탁등기를 신청할 수 없다(선례 Ⅴ-610).

# II. 신탁설정의 등기

## 1. 신탁등기의 신청절차

### (1) 등기신청인

신탁재산에 속하는 부동산의 신탁등기는 수탁자가 단독으로 신청한다(법 제23조 7항). 그리고 신탁등기의 신청은 해당 부동산에 관한 권리의 설정등기, 보존등기, 이전등기 또는 변경등기의 신청과 동시에 하여야 하며(법 제82조 1항), 이를 1건의 신청정보로 일괄하여 하여야 한다(규칙 제139조 1항). 신탁등기는 수익자나 위탁자가 수탁자를 대위하여 신청할 수도 있다. 다만 이 경우에는 권리의 이전등기 등의 신청과 동시에 하여야 하는 것은 아니다(법 제82조 2항).

### (2) 신청정보

#### 1) 신탁행위에 의한 경우

가. 신탁계약 또는 위탁자의 유언에 의한 신탁의 경우

신탁행위(신탁계약 또는 위탁자의 유언)에 의하여 소유권을 이전하는 경우에 신탁등기의 신청은 신탁을 원인으로 하는 소유권이전등기의 신청과 함께 1건의 신청정보로 일괄하여야 한다. 등기원인이 신탁임에도 신탁등기만을 신청하거나 소유권이전등기만을 신청하는 경우에는 법 제29조 제5호에 의하여 신청을 각하하여야 한다.

신탁을 원인으로 소유권이전등기를 해야 할 경우 신청정보에는 등기목적을 '소유권이전 및 신탁', 등기원인과 그 연월일을 '○년 ○월 ○일 신탁'으로 표시하여야 한다. 등기권리자란 '등기권리자 및 신탁등기신청인'으로 표시한다.

나. 위탁자의 선언에 의한 신탁의 경우

위탁자의 선언에 의한 신탁이란 신탁의 목적, 신탁재산, 수익자 등을 특정하고 자신을 수탁자로 정하는 신탁을 말한다. 이러한 신탁은 공익신탁인 경우를 제외하고는 공정증서를 작성하는 방법으로 하여야 한다.

위탁자의 선언에 의한 신탁의 방법으로 목적신탁(수익자가 없는 신탁)을 하기 위해서는 그 신탁이 공익신탁에 해당하여야 한다.

위탁자의 선언에 의한 신탁의 경우에는 신탁등기와 신탁재산으로 된 뜻의 권리변경등기를 1건의 신청정보로 일괄하여 수탁자가 단독으로 신청한다. 신청정보에는 등기의 목적을 '신탁재산으로 된 뜻의 등기 및 신탁', 등기원인과 그 연월일을 '○년 ○월 ○일 신탁'으로 표시하여야 한다.

## 2) 「신탁법」 제27조에 따라 신탁재산에 속하게 된 경우

신탁재산의 관리·처분·운용·개발·멸실·훼손 그 밖의 사유로 수탁자가 얻은 재산이 있다면 그 재산도 신탁재산에 속하게 된다(신탁법 제27조).

예를 들어 위탁자가 수탁자에게 일정 금원을 신탁하면서 그 금원으로 부동산을 매수하도록 하고 수탁자가 신탁계약에 따라 특정 부동산을 매수한 경우에 그 부동산은 신탁재산에 속하게 된다. 그러므로 해당 부동산에 대하여 매매를 원인으로 수탁자 명의로 소유권이전등기를 할 경우 신탁등기를 할 필요가 있게 된다. 또한 갑 소유의 토지를 을에게 신탁하고 을은 그 토지를 담보로 제공하여 자금을 마련하여 그 토지 위에 건물을 신축한 경우에 그 건물도 신탁재산에 속하게 된다. 그러므로 이 또한 해당 건물에 대하여 수탁자 명의로 소유권보존등기를 할 경우 신탁등기를 할 필요가 있게 된다. 이것이 「신탁법」 제27조에 따른 신탁등기이다.

「신탁법」 제27조에 따른 신탁등기의 신청은 해당 부동산에 관한 소유권이전(보존)등기의 신청과 함께 1건의 신청정보로 일괄하여 하여야 한다.

이 경우 신청정보에는 등기목적을 '소유권이전(보존) 및 신탁재산처분에 의한 신탁'으로 표시하고, 소유권이전등기 및 신탁등기를 신청할 때의 등기권리자란에는 '등기권리자 및 신탁등기신청인'이라고 표시하여야 한다.

다만 제3자와 공동으로 소유권이전등기만을 먼저 신청하여 수탁자 앞으로 소유권이전등기가 이미 마쳐진 경우 또는 수탁자가 신축건물에 대하여 소유권보존등기만을 먼저 신청하여 수탁자 앞으로 소유권보존등기가 이미 마쳐진 경우에 수탁자는 그 후 단독으로 신탁등기만을 신청할 수 있고, 수익자나 위탁자도 수탁자를 대위하여 단독으로 신탁등기만을 신청할 수 있다(법 제82조 2항). 이 경우 신청정보에는 등기의 목적을 '신탁재산처분에 의한 신탁'으로 표시하여야 한다.

## 3) 「신탁법」 제43조에 따라 신탁재산으로 회복 또는 반환되는 경우

수탁자가 그 의무를 위반하여 신탁재산에 손해가 생기거나 신탁재산이 변경된 경우에 위탁자, 수익자 또는 다른 수탁자는 그 수탁자에게 신탁재산의 원상회복을 청구할 수 있고, 수탁자가 일정한 의무를 위반한 경우에는 신탁재산에 손해가 생기지 아니하였더라도 수탁자는 그로 인하여 수탁자나 제3자가 얻은 이득 전부를 신탁재산에 반환하여야 한다(신탁법 제43조).

수탁자의 의무위반으로 신탁부동산이 처분되었다가 원상회복되는 경우 또는 수탁자나 제3자가 얻은 이득 전부가 신탁재산에 반환된 경우에 다시 신탁등기가 이루어져야 한다. 이 경우 그 원상회복 또는 반환에 따른 등기가 소유권이전등기라면 그 등기와 함께 신탁등기를 신청할 때에는 1건의 신청정보로 일괄하여 신청하여야 하며, 신청정보에는 등기의 목적을 '소유권이전 및 신탁재산회복(반환)으로 인한 신탁'이라고 표시하여야 한다.

만일 소유권이전등기가 이미 마쳐진 후 신탁등기만을 신청하는 경우에는 신청정보에 등기의 목적을 '신탁재산회복(반환)으로 인한 신탁'으로 표시하여야 한다.

### 4) 「신탁법」 제3조 제5항의 재신탁의 경우

「신탁법」 제3조 제5항의 재신탁이란 수탁자가 인수한 신탁재산을 스스로 위탁자가 되어 다른 수탁자에게 신탁하여 새로운 신탁을 설정하는 것을 의미한다. 재신탁에 의한 신탁등기는 재신탁을 원인으로 하는 소유권이전등기와 함께 1건의 신청정보로 일괄하여 신청하여야 한다. 신청정보에는 등기의 목적을 '소유권이전 및 신탁', 등기원인과 그 연월일을 '○년 ○월 ○일 재신탁'으로 표시하여야 한다.

### 5) 담보권신탁의 경우

수탁자는 위탁자가 자기 또는 제3자 소유의 부동산에 채권자가 아닌 수탁자를 (근)저당권자로 하여 설정한 (근)저당권을 신탁재산으로 하고 채권자를 수익자로 지정한 담보권신탁등기를 신청할 수 있다. 담보권신탁등기는 신탁을 원인으로 하는 (근)저당권설정등기와 함께 1건의 신청정보로 일괄하여 신청한다. 신청정보에는 등기의 목적을 '(근)저당권설정 및 신탁', 등기원인과 그 연월일을 '○년 ○월 ○일 신탁'으로 표시하여야 한다.

신탁재산에 속하는 (근)저당권에 의하여 담보되는 피담보채권이 여럿이고 각 피담보채권별로 법 제75조에 따른 등기사항이 다른 경우에는 그 등기사항을 각 채권별로 구분하여 신청정보의 내용으로 제공하여야 한다. 신탁재산에 속하는 (근)저당권에 의하여 담보되는 피담보채권이 이전되는 경우에 수탁자는 신탁원부 기록의 변경등기를 신청하여야 한다.

담보권신탁에서는 담보권자와 채권자가 애초 분리되어 있으므로 저당권의 부종성의 원칙이 적용되지 않고, 채권이 양도되었다고 해서 저당권이 이전되는 것은 아니다. 따라서 담보권신탁의 신탁재산에 속하는 저당권의 이전등기를 하는 경우에는 부종성의 원칙을 전제로 하는 법 제79조는 적용되지 아니한다(법 제87조의2 3항).

### 6) 수탁자 또는 위탁자가 여러 명인 경우

수탁자가 여러 명이라면 신탁재산은 그 합유로 되기 때문에(신탁법 제50조 1항), 수탁자가 2인 이상인 경우에는 그 공동수탁자가 합유 관계라는 뜻을 신청정보의 내용으로 제공하여야 한다. 위탁자가 여러 명이라 하더라도 수탁자와 신탁재산인 부동산 및 신탁목적이 동일한 경우에는 1건의 신청정보로 일괄하여 신탁등기를 신청할 수 있다.

## (3) 첨부정보

### 1) 등기원인증명정보

신탁행위에 의한 신탁등기를 신청하는 경우에는 해당 부동산에 관하여 신탁행위가 있었음을 증명하는 정보(신탁계약서, 유언증서 등)를 등기원인증명정보로서 제공하여야 하며, 특히 신탁계약에 의하여 소유권을 이전하는 경우에는 그 등기원인증명정보에 「부동산등기 특별조치법」제3조에 따른 검인을 받아야 한다. 그러나 신탁계약서는 대가성 있는 소유권이전에 관한 증서로 볼 수 없으므로 「인지세법」에서 정하는 인지를 첨부할 필요는 없다(선례 Ⅶ-553).

「신탁법」제27조에 따라 신탁재산에 속하게 되는 경우 및 같은 법 제43조에 따라 신탁재산으로 회복 또는 반환되는 경우에 대하여 신탁등기를 신청하는 경우에도 신탁행위가 있었음을 증명하는 정보를 첨부정보로서 제공하여야 한다.

### 2) 신탁원부 작성을 위한 정보

등기관이 신탁등기를 할 때에는 신탁원부를 작성하여야 한다(법 제81조 1항). 신탁원부에는 아래의 사항을 기록하여야 한다. 다만 ⑤, ⑥, ⑩ 및 ⑪의 사항을 기록할 때에는 수익자의 성명 및 주소를 기록하지 아니할 수 있다.

① 위탁자, 수탁자 및 수익자의 성명 및 주소(법인인 경우에는 그 명칭 및 사무소 소재지를 말한다)

② 수익자를 지정하거나 변경할 수 있는 권한을 갖는 자를 정한 경우에는 그 자의 성명 및 주소(법인인 경우에는 그 명칭 및 사무소 소재지를 말한다)

③ 수익자를 지정하거나 변경할 방법을 정한 경우에는 그 방법

④ 수익권의 발생 또는 소멸에 관한 조건이 있는 경우에는 그 조건

⑤ 신탁관리인이 선임된 경우에는 신탁관리인의 성명 및 주소(법인인 경우에는 그 명칭 및 사무소 소재지를 말한다)

⑥ 수익자가 없는 특정의 목적을 위한 신탁인 경우에는 그 뜻

⑦ 「신탁법」제3조 제5항에 따라 수탁자가 타인에게 신탁을 설정하는 경우에는 그 뜻

⑧ 「신탁법」제59조 제1항에 따른 유언대용신탁인 경우에는 그 뜻

⑨ 「신탁법」제60조에 따른 수익자연속신탁인 경우에는 그 뜻

⑩ 「신탁법」제78조에 따른 수익증권발행신탁인 경우에는 그 뜻

⑪ 「공익신탁법」에 따른 공익신탁인 경우에는 그 뜻

⑫ 「신탁법」제114조 제1항에 따른 유한책임신탁인 경우에는 그 뜻

⑬ 신탁의 목적

⑭ 신탁재산의 관리, 처분, 운용, 개발, 그 밖에 신탁 목적의 달성을 위하여 필요한 방법

⑮ 신탁종료의 사유

⑯ 그 밖의 신탁 조항

신탁등기를 신청할 때에는 위의 신탁원부 작성을 위한 정보를 첨부정보로서 등기소에 제공하여야 한다(규칙 제139조 3항). 이 경우 그 정보는 방문신청이라 하더라도 전자문서로 작성하여 전산정보처리조직을 이용하여 등기소에 송신하는 방법으로 제공하여야 한다(규칙 제139조 4항).

다만 자연인 또는 법인 아닌 사단이나 재단이 직접 등기신청을 하는 경우나 자연인 또는 법인 아닌 사단이나 재단이 자격자대리인이 아닌 사람에게 위임하여 등기신청을 하는 경우 서면으로 작성하여 등기소에 제출할 수 있다(규칙 제139조 4항, 63조 단서).

등기관은 신청인이 신탁원부 작성을 위한 정보를 전자문서로 제공한 경우에는 그 전자문서에 번호를 부여하고 이를 신탁원부로 전산정보처리조직에 등록하여야 한다. 신탁원부 작성을 위한 정보가 서면으로 제출된 경우 등기관은 그 서면을 전자적 이미지정보로 변환하여 그 이미지정보에 번호를 부여하고 이를 신탁원부로서 전산정보처리조직에 등록하여야 한다(규칙 제140조).

### 3) 법무부장관의 인가를 증명하는 정보

신탁은 신탁을 설정할 때 위탁자가 의도하는 신탁의 목적이 공익이냐 또는 사익이냐에 따라 공익신탁과 사익신탁으로 구별된다.

공익신탁이라 함은 「공익신탁법」제2조 제1호에서 정한 공익사업을 목적으로 하는 「신탁법」에 따른 신탁으로서 「공익신탁법」제3조에 따라 법무부장관의 인가를 받은 신탁을 말한다. 공익신탁은 법무부장관의 감독을 받게 된다.

그리고 수탁자가 공익신탁을 인수하는 경우에는 법무부장관의 인가를 받아야 한다(공익신탁법 제3조). 이에 따라 공익사업을 목적으로 하는 신탁의 경우에는 법무부장관의 인가를 증명하는 정보를 첨부정보로서 제공하여야 한다.

### 4) 대위원인을 증명하는 정보 및 신탁재산임을 증명하는 정보

위탁자 또는 수익자가 신탁의 등기를 대위신청할 때에는 대위원인을 증명하는 정보 및 해당 부동산이 신탁재산임을 증명하는 정보를 첨부정보로서 제공하여야 한다.

### 5) 신탁설정에 관한 공정증서

「신탁법」제3조 제1항 제3호에 따라 신탁의 목적, 신탁재산, 수익자 등을 특정하고

자신을 수탁자로 정한 위탁자의 선언에 의한 신탁등기를 신청하는 경우에는 「공익신탁법」에 따른 공익신탁을 제외하고는 신탁설정에 관한 공정증서를 첨부정보로서 제공하여야 한다.

### 6) 수익자의 동의가 있음을 증명하는 정보

「신탁법」제3조 제5항에 따른 재신탁등기를 신청하는 경우에는 수익자의 동의가 있음을 증명하는 정보(인감증명 포함)를 첨부정보로서 제공하여야 한다.

### 7) 유한책임신탁 등의 등기사항증명서

유한책임신탁이란 신탁행위로 수탁자가 신탁재산에 속하는 채무에 대하여 신탁재산만으로 책임지는 신탁을 말한다. 이러한 유한책임신탁을 설정하고자 하는 경우에는 「신탁법」제126조에 따라 유한책임신탁의 등기를 하여야 그 효력이 발생한다.

위와 같이 「신탁법」제114조 제1항에 따른 유한책임신탁 또는 「공익신탁법」에 따른 공익유한책임신탁을 설정하고 그 등기를 한 경우 그 신탁의 목적인 부동산에 대하여 신탁등기를 신청할 때에는 유한책임신탁 또는 공익유한책임신탁의 등기가 되었음을 증명하는 등기사항증명서를 첨부정보로서 제공하여야 한다.

### 8) 지방세 납세증명서

「신탁법」제3조 제1항 제1호 및 제2호에 따라 신탁을 원인으로 하여 소유권이전등기 및 신탁등기를 신청하는 경우와 「신탁법」제3조 제5항에 따라 재신탁을 원인으로 하여 소유권이전등기 및 신탁등기를 신청하는 경우에는 지방세 체납액이 없음을 증명하는 납세증명서를 첨부정보로서 등기소에 제공하여야 한다(지방세기본법 제63조 1항 4호).

### 9) 신탁업의 인가를 받았음을 증명하는 정보

영리법인을 수탁자로 하는 신탁등기를 신청할 때에는 금융위원회로부터 신탁업의 인가를 받았음을 증명하는 정보를 첨부정보로서 제공하여야 한다. 금융위원회의 인가서 또는 그 사본이 이러한 정보에 해당될 것이다. 한편 금융위원회가 신탁업의 인가를 한 경우에는 신탁업 인가의 내용 등을 관보 및 인터넷 홈페이지 등에 공고하여야 하는바(자본시장과 금융투자업에 관한 법률 제13조 6항), 이러한 공고내용을 출력한 서면도 신탁업의 인가를 받았음을 증명하는 정보에 해당한다.

다만, 법인등기기록의 목적란에 신탁업이 기록되어 있다 하더라도 해당 법인등기신청(설립등기나 목적변경등기 신청)을 심사할 때 등기관은 그 법인이 신탁업의 인가를 받았는지에 대하여는 심사를 하지 않으므로(상업등기선례 I-92), 목적란에 신탁업이 기재된 법인등기사항증명서는 신탁업의 인가를 받았음을 증명하는 정보에 해당하지 않는다.

## 2. 신탁등기의 실행절차

### (1) 등기실행의 방법

권리의 이전 또는 보존이나 설정, 변경등기와 함께 동시에 신탁의 등기를 할 때에는 하나의 순위번호를 사용하여야 하며(규칙 제139조 7항), 신탁으로 인한 권리이전 등의 등기를 한 다음 권리자 및 기타사항란에 횡선을 그어 2개의 등기를 구분하여 횡선 아래에 신탁등기의 등기목적과 신탁원부의 번호를 기록한다.

위탁자의 선언에 의한 신탁을 원인으로 신탁재산으로 된 뜻의 등기(권리변경등기)를 할 때에는 주등기로 실행하며, 신탁등기와 함께 하나의 순위번호를 사용하여 실행한다. 재신탁을 원인으로 권리이전등기 및 신탁등기를 할 때에는 원신탁의 신탁등기를 말소하는 표시를 하지 않는다.

### (2) 수탁자인 등기명의인의 표시 방법

신탁행위에 의하여 신탁재산에 속하게 되는 부동산에 대하여 수탁자가 소유권이전등기와 함께 신탁등기를 1건의 신청정보로 일괄하여 신청하는 경우에는 소유권이전등기의 등기명의인은 '수탁자 또는 수탁자(합유)'로 표시하여 등기기록에 기록한다.

「신탁법」제27조에 따라 신탁재산에 속하게 되거나 「신탁법」제43조에 따라 신탁재산으로 회복 또는 반환되는 부동산에 대하여 수탁자가 소유권이전등기와 함께 신탁등기를 1건의 신청정보로 일괄하여 신청하는 경우에는 소유권이전등기의 등기명의인은 '소유자 또는 공유자'로 표시하여 등기기록에 기록하고, 공유자인 경우에는 그 공유지분도 등기기록에 기록한다.

「신탁법」제27조에 따라 신탁재산에 속하게 되거나 「신탁법」제43조에 따라 신탁재산으로 회복 또는 반환되는 부동산에 대하여 수탁자가 소유권이전등기만을 먼저 신청하여 소유권이전등기의 등기명의인이 '소유자 또는 공유자'로 표시된 후 수탁자가 단독으로 또는 위탁자나 수익자가 수탁자를 대위하여 단독으로 신탁등기를 신청하는 경우에는 이미 마쳐진 소유권이전등기의 등기명의인의 표시는 이를 변경하지 아니하고 그대로 둔다.

위의 경우 등기명의인으로 표시된 '소유자 또는 공유자'는 신탁관계에서는 수탁자의 지위를 겸하게 되므로, 그 '소유자 또는 공유자'의 등기신청이 신탁목적에 반하는 것이면 이를 수리하여서는 아니 된다. 위탁자의 선언에 의한 신탁의 경우에는 등기명의인을 '수탁자'로 변경하여 다시 기록한다.

## 3. 신탁가등기

신탁가등기의 신청은 소유권이전등기청구권 보전을 위한 가등기의 신청과 함께 1건의 신청정보로 일괄하여 신청하여야 하며, 신탁원부 작성을 위한 정보도 첨부정보로서 등기소에 제공하여야 한다.

### ▐ 갑구 예시

-수탁자가 1인인 경우 568

| 【갑　구】 (소유권에 관한 사항) | | | | |
|---|---|---|---|---|
| 순위번호 | 등기목적 | 접수 | 등기원인 | 권리자 및 기타사항 |
| 5 | 소유권이전 | 2016년 3월 5일<br>제1028호 | 2016년 3월 6일<br>신탁 | 수탁자 김○○ 601014-1234567<br>서울특별시 서초구 서초대로46길 60,<br>101동 201호(서초동, 서초아파트) |
|  |  |  |  | 신탁<br>신탁원부 제2016-5호 |

(주) 위탁자와 수탁자가 공동으로 신탁등기를 신청하는 경우에는 등기명의인의 표시를 '수탁자 또는 수탁자(합유)'로 기록한다.

### ▐ 갑구 예시

-수탁자가 2인 이상인 경우 569

| 【갑　구】 (소유권에 관한 사항) | | | | |
|---|---|---|---|---|
| 순위번호 | 등기목적 | 접수 | 등기원인 | 권리자 및 기타사항 |
| 5 | 소유권이전 | 2016년 5월 2일<br>제5002호 | 2016년 5월 1일<br>신탁 | 수탁자(합유)<br>김○○ 601014-1234567<br>서울특별시 중구 세종대로 136(태<br>평로1가)<br>강☆☆ 790513-1234567<br>서울특별시 마포구 성암로15길 12<br>(상암동) |
|  |  |  |  | 신탁<br>신탁원부 제2016-5호 |

-신탁등기의 가등기 576

| 【갑 구】 (소유권에 관한 사항) | | | | |
|---|---|---|---|---|
| 순위번호 | 등기목적 | 접수 | 등기원인 | 권리자 및 기타사항 |
| 5 | 소유권이전청<br>구권가등기 | 2015년 12월 10일<br>제10016호 | 2015년 12월1일<br>신탁예약 | 수탁자 김○○ 601014-1234567<br>서울특별시 서초구 반포대로 60<br>(반포동) |
| | | | | 신탁가등기<br>신탁원부 제2015-5호 |

# III. 수탁자변경에 따른 등기

## 1. 수탁자의 경질로 인한 권리이전등기

### (1) 신청인

#### 1) 공동신청

신탁행위로 정한 수탁자의 임무 종료 사유가 발생하거나 수탁자가 신탁행위로 정한 특정한 자격을 상실한 경우 또는 수탁자가 사임한 경우에 수탁자의 임무는 종료된다. 이와 같은 사유로 새로운 수탁자가 선임된 경우에는 새로운 수탁자와 종전의 수탁자가 공동으로 권리이전등기를 신청한다.

#### 2) 단독신청

수탁자가 사망한 경우, 수탁자가 금치산선고(성년후견개시심판)나 한정치산선고(한정후견개시심판)를 받은 경우, 수탁자가 파산선고를 받은 경우 또는 수탁자인 법인이 합병 외의 사유로 해산한 경우에 수탁자의 임무는 종료된다(신탁법 제12조 1항). 또한 수탁자가 해임된 경우에도 수탁자의 임무는 종료된다(신탁법 제16조). 위탁자와 수익자는 합의하여 또는 위탁자가 없으면 수익자 단독으로 언제든지 수탁자를 해임할 수 있다. 다만, 신탁행위로 달리 정한 경우에는 그에 따른다(신탁법 제16조 1항). 이와 같은 사유로 새로운 수탁자가 선임된 경우에는 새로운 수탁자가 단독으로 권리이전등기를 신청한다(법 제83조).

수탁자인 법인이 합병으로 소멸한 경우에 합병으로 설립된 법인이나 합병 후 존속하는 법인이 수탁자의 지위를 승계하므로(신탁법 제12조 5항), 그 존속 또는 설립된 법인이 단독으로 권리이전등기를 신청한다(법 제23조 3항).

수탁자가 법원 또는 법무부장관(「공익신탁법」에 따른 공익신탁인 경우)에 의하여 해임된 경우에는 등기관은 법원 또는 법무부장관의 촉탁에 의하여 신탁원부 기록을 변경한 후 직권으로 등기기록에 해임의 뜻을 기록하여야 하고(이 경우 수탁자를 말소하는 표시를 하지 아니한다), 권리이전등기는 나중에 새로운 수탁자가 선임되면 그 수탁자가 단독으로 신청하여야 한다.

### (2) 신청정보

새로운 수탁자가 취임 또는 선임된 일자를 등기원인일자로 하며, 등기원인은 '수탁자 경질'로 한다. 공동신청의 경우에는 등기의무자인 종전 수탁자의 등기필정보를 제공하여야 한다.

### (3) 첨부정보

종전의 수탁자가 등기의무자, 새로운 수탁자가 등기권리자로서 소유권이전등기를 공동으로 신청할 때에는 종전 수탁의 인감증명, 새로운 수탁자의 주소증명정보와 종전 수탁자의 임무종료 및 새로운 수탁자의 선임을 증명하는 정보 등을 첨부정보로서 제공하여야 한다.

이 경우 수탁자의 임무종료 원인이 신탁행위에서 특별히 정한 사유가 아니라 종전의 수탁자가 위탁자 및 수익자의 승낙을 얻어 사임한 것이라면 수익자 및 위탁자의 승낙이 있음을 증명하는 정보(인감증명 포함)도 첨부정보로서 제공하여야 한다(선례 Ⅶ-401).

선임된 새로운 수탁자가 영리법인인 경우에는 신탁업의 인가를 받았음을 증명하는 정보를 첨부정보로서 제공하여야 한다.

수탁자 경질로 인한 소유권이전등기를 신청하는 경우에는 지방세납세증명서를 첨부정보로서 제공할 필요는 없다. 「공익신탁법」에 따른 공익신탁의 수탁자가 변경된 경우에는 법무부장관의 인가를 증명하는 정보를 첨부정보로서 제공하여야 한다(공익신탁법 제7조 1항 4호).

### (4) 신탁원부의 직권 기록

수탁자의 경질은 신탁원부에 기록된 사항의 변경을 초래하는 것이므로, 등기관이 수탁자의 경질로 인한 권리이전등기를 하였을 때에는 직권으로 신탁원부에 그 내용을 기록하여야 한다.

## ☞갑구 예시

-수탁자 경질에 의한 소유권이전의 경우 578

| 【갑 구】 (소유권에 관한 사항) | | | | |
|---|---|---|---|---|
| 순위번호 | 등기목적 | 접수 | 등기원인 | 권리자 및 기타사항 |
| 2 | 소유권이전 | 2015년 9월 8일 제9008호 | 2015년 9월 7일 신탁 | 수탁자 김○○ 601014-1234567 서울특별시 서초구 서초대로46길 60(서초동) |
| | | | | 신탁 신탁원부 제2015-5호 |
| 3 | 소유권이전 | 2015년 3월 5일 제3005호 | 2015년 3월 4일 수탁자결정 | 수탁자 최☆☆ 690603-1234567 서울특별시 마포구 마포대로11가길 25(염리동) |

## ♣ 【서식】 신탁에 의한 소유권이전등기 신청서

| 소유권이전 및 신탁등기신청 | | | | |
|---|---|---|---|---|
| 접    수 | 년  월  일 | 처리인 | 등기관 확인 | 각종 통지 |
| | 제         호 | | | |

| ① 부동산의 표시 | | | | |
|---|---|---|---|---|
| 서울특별시 서초구 서초동 245-1<br><br>대 300㎡<br><br><br>　　　　　　　　　　　　　　[등록문서번호 : 100번]<br>　　　　이　　　　　　　　상 | | | | |
| ② 등기원인과 그 연월일 | 2024년 1월 22일 신탁 | | | |
| ③ 등 기 의 목 적 | 소유권이전 및 신탁 | | | |
| | | | | |
| 구분 | 성    명<br>(상호·명칭) | 주민등록번호<br>(등기용등록<br>번호) | 주    소 (소 재 지) | 지  분<br>(개인별) |
| ④ 등기의무자 | 이 대 백 | XXXXXX-XXX<br>XXXX | 서울특별시 서초구 서초대로<br>88길 20 (서초동) | |
| ⑤ 등기권리자 | 김 갑 동 | XXXXXX-XXX<br>XXXX | 서울특별시 중구 다동길 96<br>(다동) | |

| ⑥ 등 록 면 허 세 | 금 | 6,000 | 원 |
|---|---|---|---|
| ⑥ 지 방 교 육 세 | 금 | 1,200 | 원 |
| ⑦ 세 액 합 계 | 금 | 7,200 | 원 |

| ⑧ 등 기 신 청 수 수 료 | 금 | 15,000 | 원 |
|---|---|---|---|
| | 납부번호 : ○○-○○-○○○○○○○○-○ | | |
| | 일괄납부 :          건          원 | | |

| ⑨ 등기의무자의 등기필정보 | | |
|---|---|---|
| 부동산고유번호 | 1102-2006-002095 | |
| 성명(명칭) | 일련번호 | 비밀번호 |
| 이대백 | Q77C-LO7I-35J5 | 40-4636 |

| ⑩ 첨 부 서 면 | | | |
|---|---|---|---|
| · 신탁계약서(검인) | 1통 | · 토지 · 임야대장등본 | 1통 |
| · 등록면허세영수필확인서 | 1통 | · 주민등록표등(초)본 | 각1통 |
| · 등기신청수수료 영수필확인서 | 1통 | · 신탁원부 | 1통 |
| · 인감증명서 또는 본인서명사실 | | · 지방세 납세증명서 | 1통 |
| 확인서 | 1통 | · 등기필증 | 1통 |
| | | 〈기 타〉 | |

2024년  1월  22일

⑪  위 신청인      이   대   백   ㊞   (전화 : 200-7766)

김   갑   동   ㊞   (전화 : 200-7766)


(또는)위 대리인                    (전화 :        )




서울중앙 지방법원                    등기국 귀중

- 신청서 작성요령 -

* 1. 부동산표시란에 2개 이상의 부동산을 기재하는 경우에는 부동산의 일련번호를 기재하
여야 합니다.
2. 신청인란등 해당란에 기재할 여백이 없을 경우에는 별지를 이용합니다.
3. 담당 등기관이 판단하여 위의 첨부서면 외에 추가적인 서면을 요구할 수 있습니다.

## 📑 선 례

신탁부동산에 대한 소유권이전등기의 가부

① 지역주택조합의 조합원이 그 지위를 양도(증여)한 경우 시장·군수 또는 구청장이 그 조합원 변경을 인가한 주택조합변경인가필증 및 수익자변경을 증명하는 서면을 첨부하여 수탁자 단독으로 수익자 변경을 원인으로 한 신탁원부기재변경등기를 신청할 수 있으며, 그 후 신탁이 종료된 경우 신탁재산의 귀속을 원인으로 수탁자로부터 변경된 수익자 앞으로 소유권이전등기를 신청할 수 있다.

② 위탁자 겸 수익자인 조합원이 사망한 경우 상속인이 신탁을 해지하여 신탁재산귀속을 원인으로 한 소유권이전등기를 상속인 앞으로 경료한 후 그 상속인이 수탁자인 조합과 새로운 신탁계약을 체결하고 그에 따른 신탁등기를 하거나 신탁이 종료된 후라면 수탁자 명의에서 곧바로 상속을 증명하는 서면을 첨부하여 상속인 앞으로 소유권이전등기를 할 수 있다. (2007.2.14. 등기선례 제200702-8호)

## ♣ 【서식】 신탁에 의한 소유권이전등기 신청서(구분건물)

<table>
<tr><td colspan="2" rowspan="2">접 수</td><td>년 월 일</td><td rowspan="2">처리인</td><td>등기관 확인</td><td>각종 통지</td></tr>
<tr><td>제      호</td><td></td><td></td></tr>
</table>

| | 소유권이전 및 신탁등기신청 |
|---|---|

<table>
<tr><td colspan="5">① 부동산의 표시</td></tr>
<tr><td colspan="5">
1동의 건물의 표시<br>
    서울특별시 서초구 서초동 100<br>
    서울특별시 서초구 서초동 101    샛별아파트 가동<br>
    [도로명주소] 서울특별시 서초구 서초대로 88길 10<br>
전유부분의 건물의 표시<br>
    건물의 번호  1-101<br>
    구        조  철근콘크리트조<br>
    면        적  1층 101호 86.03㎡<br>
대지권의 표시<br>
    토지의 표시<br>
    1. 서울특별시 서초구 서초동 100    대 1,400㎡<br>
    2. 서울특별시 서초구 서초동 101    대 1,600㎡<br>
    대지권의 종류  소유권<br>
    대지권의 비율 1,2 :  3,000분의 500<br>
<br>
                       [등록문서번호 : 100번]<br>
<br>
           이                            상
</td></tr>
<tr><td colspan="2">② 등기원인과 그 연월일</td><td colspan="3">2024년 1월 22일 신탁</td></tr>
<tr><td colspan="2">③ 등 기 의 목 적</td><td colspan="3">소유권이전 및 신탁</td></tr>
</table>

<table>
<tr><td>구분</td><td>성  명<br>(상호·명칭)</td><td>주민등록번호<br>(등기용등록<br>번호)</td><td>주   소 (소 재 지)</td><td>지 분<br>(개인별)</td></tr>
<tr><td>④<br>등<br>기<br>의<br>무<br>자</td><td>이 대 백</td><td>XXXXXX-XXX<br>XXXX</td><td>서울특별시 서초구 서초대로<br>88길 10, 가동 101호(서초동,<br>샛별아파트)</td><td></td></tr>
<tr><td>⑤<br>등<br>기<br>권<br>리<br>자</td><td>김 갑 동</td><td>XXXXXX-XXX<br>XXXX</td><td>서울특별시 중구 다동길 96<br>(다동)</td><td></td></tr>
</table>

| | | | |
|---|---|---|---|
| ⑥ 등 록 면 허 세 | 금 6,000 원 | | |
| ⑥ 지 방 교 육 세 | 금 1,200 원 | | |
| ⑦ 세 액 합 계 | 금 7,200 원 | | |
| ⑧ 등 기 신 청 수 수 료 | 금 15,000 원 | | |
| | 납부번호 : ㅇㅇ-ㅇㅇ-ㅇㅇㅇㅇㅇㅇㅇㅇ-ㅇ | | |
| | 일괄납부 : 건 원 | | |
| ⑨ 등기의무자의 등기필정보 | | | |
| 부동산고유번호 | 1102-2006-002095 | | |
| 성명(명칭) | 일련번호 | 비밀번호 | |
| 이대백 | Q77C-LO7I-35J5 | 40-4636 | |
| ⑩ 첨 부 서 면 | | | |
| · 신탁계약서(검인) 1통<br>· 등록면허세영수필확인서 1통<br>· 등기신청수수료 영수필확인서 1통<br>· 인감증명서 또는 본인서명사실 확인서 통 | · 토지대장등본 2통<br>· 집합건축물대장등본 1통<br>· 주민등록표등(초)본 각1통<br>· 신탁원부 1통<br>· 지방세 납세증명서 1통<br>· 등기필증 1통<br>〈기 타〉 | | |

2024년 1월 22일

⑪ 위 신청인 이 대 백 ㊞ (전화 : 200-7766)

김 강 동 ㊞ (전화 : 200-7766)

(또는)위 대리인 (전화 : )

서울중앙 지방법원 등기국 귀중

- 신청서 작성요령 -

* 1. 부동산표시란에 2개 이상의 부동산을 기재하는 경우에는 부동산의 일련번호를 기재하여야 합니다.
2. 신청인란등 해당란에 기재할 여백이 없을 경우에는 별지를 이용합니다.
3. 담당 등기관이 판단하여 위의 첨부서면 외에 추가적인 서면을 요구할 수 있습니다.

## ♣ 【서식】 신탁원부기록사항의변경등기신청서

| 신탁원부기록변경등기신청 | | | | |
|---|---|---|---|---|
| 접　수 | 년 월 일 | 처리인 | 등기관 확인 | 각종 통지 |
|  | 제　　　호 |  |  |  |

| ① 부동산의 표시 |
|---|
| 서울특별시 서초구 서초동 100 대 300㎡<br><br>[등록문서번호 : 100번]<br><br><br>이　　　　　　　상<br><br><br><br> |

| ② 등기원인과 그 연월일 | 2014년 1월 22일 신탁수익권양도계약 |
|---|---|
| ③ 등 기 의 목 적 | 신탁원부기록의 변경 |
| ④ 변 경 사 항 | 2009년 신탁원부 제101호의 기록사항 중 수익자 "김을동, 서울특별시 중구 마장로길 88 (황학동)"을 "홍길동, 서울특별시 용산구 독서당로 150 (한남동)"으로 변경 |

| 구분 | 성　명<br>(상호·명칭) | 주민등록번호<br>(등기용등록번호) | 주　소 (소재지) |
|---|---|---|---|
| ⑤<br>신<br>청<br>인 | ○○신탁주식회사<br><br>대표이사 이도령 | XXXXXX-XXXXXXX | 서울특별시 서초구 서초대로 88길 20 (서초동)<br>서울특별시 동작구 여의대방로 150 (대방동) |

| ⑥ 등 록 면 허 세 | 금 | 6,000 원 |
|---|---|---|
| ⑥ 지 방 교 육 세 | 금 | 1,200 원 |
| ⑦ 세 액 합 계 | 금 | 7,200 원 |

⑧ 첨 부 서 면

| | |
|---|---|
| · 신탁수익권양도계약서        1통<br>· 등록면허세영수필확인서      1통<br>· 법인등기사항전부(일부)증명서   1통<br>· 변경목록                1통 | 〈기타〉 |

2014년 1월 22일

   ⑨ 위 신청인    ○○신탁주식회사      (전화 : 200-7766)
            대표이사 이도령     ㉑

  (또는)위 대리인                (전화 :       )

서울중앙 지방법원                등기국 귀중

- 신청서 작성요령 -

* 1. 부동산표시란에 2개 이상의 부동산을 기재하는 경우에는 부동산의 일련번호를 기재하여야 합니다.
 2. 신청인란등 해당란에 기재할 여백이 없을 경우에는 별지를 이용합니다.
 3. 담당 등기관이 판단하여 위의 첨부서면 외에 추가적인 서면을 요구할 수 있습니다.

## 2. 여러 명의 수탁자 중 1인의 임무종료로 인한 합유명의인 변경등기

### (1) 신청인

#### 1) 공동신청

수탁자가 여러 명인 경우 등기관은 신탁재산이 합유인 뜻을 등기기록에 기록하여야한다(법 제84조 1항). 그러므로 수인의 수탁자 중 1인이 신탁행위로 정한 수탁자의 임무 종료 사유가 발생하거나 수탁자가 신탁행위로 정한 특정한 자격을 상실한 경우 또는 수탁자가 사임한 경우에는 합유재산 등기에 관한 일반원칙에 따라 나머지 수탁자와임무가 종료된 수탁자가 공동으로 합유명의인 변경등기를 신청한다.

#### 2) 단독신청

수탁자가 사망한 경우, 수탁자가 금치산선고(성년후견개시심판)나 한정치산선고(한정후견개시심판)를 받은 경우, 수탁자가 파산선고를 받은 경우, 수탁자인 법인이 합병 외의 사유로 해산한 경우 또는 수탁자가 해임된 경우에 수탁자의 임무는 종료된다.

여러 명의 수탁자 중 1인이 위와 같은 사유로 임무가 종료된 경우에는 나머지 수탁자가 단독으로 합유명의인 변경등기를 신청한다. 이 경우 나머지 수탁자가 여러 명이면 그 전원이 함께 신청하여야 한다(법 제84조 2항).

수탁자 중 1인인 법인이 합병으로 인하여 소멸되고 신설 또는 존속하는 법인이 수탁자의 지위를 승계한 경우에는 나머지 수탁자와 합병 후 신설 또는 존속하는 신탁회사가 함께 합유명의인 변경등기를 신청하여야 한다. 등기예규 제1575호에 따르면 이 경우를 공동으로 신청하여야 하는 것으로 규정하고 있으나 엄밀한 의미에서 등기의무자와 등기권리자가 공동으로 신청하여야 하는 경우는 아니므로, '나머지 수탁자와 합병후 신설 또는 존속하는 법인이 함께 신청하여야 한다'는 의미로 이해하여야 할 것이다.따라서 이 경우에는 등기의무자의 등기필정보와 인감증명을 제공할 필요는 없다.

#### 3) 등기관의 직권 변경

여러 명의 수탁자 중 1인이 법원 또는 법무부장관에 의하여 해임된 경우에는 등기관은 법원 또는 법무부장관의 촉탁에 의하여 신탁원부 기록을 변경한 후 직권으로 등기기록에 해임의 뜻을 기록하여야 한다. 이 경우 종전 수탁자를 모두 말소하고 해임된수탁자를 제외한 나머지 수탁자만을 다시 기록하여야 한다.

### (2) 신청정보

수탁자의 임무종료일을 등기원인일자로 하며, 등기원인은 임무가 종료된 수탁자의 임무종료원인을 기록한다(예 : ○년 ○월 ○일 수탁자 사망 등). 공동신청의 경우에는 등기의무자인 임무가 종료된 수탁자의 등기필정보를 제공하여야 한다.

### (3) 첨부정보

등기신청인은 임무가 종료된 수탁자의 임무종료를 증명하는 정보를 첨부정보로서 제공하여야 하며, 신탁행위로 정한 업무종료 사유의 발생, 수탁자의 특정한 자격의 상실 또는 수탁자의 사임으로 임무가 종료된 경우에는 임무가 종료된 수탁자의 인감증명도 함께 등기소에 제공하여야 한다. 「공익신탁법」에 따른 공익신탁의 수탁자가 변경된 경우에는 법무부장관의 인가를 증명하는 정보를 첨부정보로서 제공하여야 한다.

### (4) 신탁원부의 직권 기록

수탁자의 경질은 신탁원부에 기록된 사항의 변경을 초래하는 것이므로, 등기관이 수탁자의 경질로 인한 합유명의인 변경등기를 하였을 때에는 직권으로 신탁원부에 그 내용을 기록하여야 한다.

## ♣ 【서식】 합유등기명의인 변경등기(공동신청)

<table>
<tr><td colspan="5" align="center">합유명의인 변경등기신청</td></tr>
<tr><td rowspan="2">접 수</td><td>20 년 월 일</td><td rowspan="2">처리인</td><td>등기관 확인</td><td>각종통지</td></tr>
<tr><td>제        호</td><td></td><td></td></tr>
<tr><td colspan="5" align="center">부동산의 표시</td></tr>
<tr><td colspan="5" align="center">서울특별시 서초구 서초동 100<br>대 1,400㎡<br><br>이                    상</td></tr>
<tr><td colspan="2">등기원인과 그 연 월 일</td><td colspan="3">20○○년 ○월 ○일 수탁자 ○○○사임</td></tr>
<tr><td colspan="2">등 기 의 목 적</td><td colspan="3">합유등기명의인 변경</td></tr>
<tr><td colspan="2">변 경 할 사 항</td><td colspan="3">20○○년 ○월 ○일 접수 제10789호 신탁원부 제1234호 신탁사항의 수탁자(합유) ○○○, ◇◇◇을, 수탁자 □□□로 변경</td></tr>
<tr><td>구 분</td><td>성 명 (상호명칭)</td><td>주민등록번호<br>(등기용등록번호)</td><td>주      소(소재지)</td><td>지 분</td></tr>
<tr><td>등 기<br>의무자</td><td>○○○<br>◇◇◇</td><td>000000-000000<br>000000-000000</td><td>서울 서초구 서초동 111-22<br>서울 서초구 서초동 123-4</td><td></td></tr>
<tr><td>등 기<br>권리자</td><td>□□□</td><td>000000-000000</td><td>서울  서초구  서초동 223-66</td><td></td></tr>
</table>

| 시가표준액 및 국민주택채권매입금액 | | |
|---|---|---|
| 부동산 표시 | 부동산별 시가표준액 | 부동산별 국민주택채권매입금액 |
| 1. 토 지 | 금        원 | 금                원 |
| 2. | 금        원 | 금                원 |
| 국 민 주 택 채 권 매 입 총 액 | | 채권 매입면제(주택법시행령 제95조 제1항관련 별표12의 부표19호 가.) |
| 국 민 주 택 채 권 발 행 번 호 | | |
| 취득세(등록면허세)  금 3,000원 | | 지방교육세    금       원 |
| | | 농어촌특별세    금       원 |
| 세    액    합    계 | | 금      원 |
| 등 기 신 청 수 수 료 | | 금      원 |
| | | 은행수납번호 : |

| 등기의무자의 등기필 정보 | | |
|---|---|---|
| 부동산 고유번호 | 1102-2006-002095 | |
| 성명(명칭) | 일련번호 | 비밀번호 |
| | Q77C-LO7I-35J5 | 40-4636 |

| 첨    부    서    면 | |
|---|---|
| · 수익자의 동의서              1통 | · 취득세(등록면허세)영수필확인서    1통 |
| · 전수탁자의 사임서            1통 | · 위 임 장                          1통 |
| · 신수탁자의 주민등록 등본      1통 | |
| · 신수탁자의 승낙서            1통 | |

20○○년 ○월 ○일

위 신청인                       ㊞ (전 화:          )

(또는) 위 대리인 법무사   정 인 구 ㊞ (전 화:          )

서울 서초구 서초동 223-66

서울중앙 지방법원              서초 등기소   귀 중

- 신청서 작성요령 -

* 1. 부동산표시란에 2개 이상의 부동산을 기재하는 경우에는 부동산의 일련번호를 기재
  하여야 합니다.
 2. 신청인란등 해당란에 기재할 여백이 없을 경우에는 별지를 이용합니다.
 3. 담당 등기관이 판단하여 위의 첨부서면 외에 추가적인 서면을 요구할 수 있습니다.

## ♣ 【서식】 합유등기명의인 변경등기(단독신청)

| 합유명의인 변경등기신청 | | | | |
|---|---|---|---|---|
| 접 수 | 20 년 월 일<br>제      호 | 처 리 인 | 등기관 확인 | 각종통지 |

| 부동산의 표시 |
|---|
| 서울특별시 서초구 서초동 100<br>대 1,400㎡<br><br>이               상 |

| 등기원인과 그 연 월 일 | 20○○년 ○월 ○일 수탁자 ○○○ 사망 |
|---|---|
| 등 기 의 목 적 | 합유등기명의인 변경 |
| 변 경 할 사 항 | 20○○년 ○월 ○일 접수 제10789 호(신탁원부 제1234호) 신탁사항의 수탁자(합유) ○○○, ◇◇◇등, 수탁자 □□□로 변경 |

| 구 분 | 성 명 (상호명칭) | 주민등록번호<br>(등기용등록번호) | 주      소(소재지) | 지 분 |
|---|---|---|---|---|
| 등 기<br>권리자 및<br>신청인 | □ □ □ | 000000 -000000 | 서울 서초구 서초동 223-66 | |

<table>
<tr><td colspan="4">시가표준액 및 국민주택채권매입금액</td></tr>
<tr><td>부동산 표시</td><td>부동산별 시가표준액</td><td colspan="2">부동산별 국민주택채권매입금액</td></tr>
<tr><td>1. 토 지</td><td>금 원</td><td colspan="2">금 원</td></tr>
<tr><td>2.</td><td>금 원</td><td colspan="2">금 원</td></tr>
<tr><td colspan="2">국 민 주 택 채 권 매 입 총 액</td><td colspan="2">채권 매입면제(주택법시행령 제95조 제1항관련 별표12의 부표19호 가.)</td></tr>
<tr><td colspan="2">국 민 주 택 채 권 발 행 번 호</td><td colspan="2"></td></tr>
<tr><td colspan="2" rowspan="2">취득세(등록면허세) 금 3,000원</td><td colspan="2">지방교육세 금 원</td></tr>
<tr><td colspan="2">농어촌특별세 금 원</td></tr>
<tr><td colspan="2">세 액 합 계</td><td colspan="2">금 원</td></tr>
<tr><td colspan="2" rowspan="2">등 기 신 청 수 수 료</td><td colspan="2">금 원</td></tr>
<tr><td colspan="2">은행수납번호 :</td></tr>
<tr><td colspan="4">등기의무자의 등기필 정보</td></tr>
<tr><td>부동산 고유번호</td><td colspan="3">1102-2006-002095</td></tr>
<tr><td>성명(명칭)</td><td colspan="2">일련번호</td><td>비밀번호</td></tr>
<tr><td></td><td colspan="2">Q77C-LO7I-35J5</td><td>40-4636</td></tr>
<tr><td colspan="4">첨 부 서 면</td></tr>
<tr><td colspan="2">· 신탁원부 1통<br>· 전수탁자의 사망진단서 1통<br>· 전수탁자의 제적등본 1통<br>· 신수탁자의 주민등록 등본 1통<br>· 신수탁자의 승낙서 1통</td><td colspan="2">· 토지대장 1통<br>· 건축물대장 1통<br>· 법인등기부등본 1통<br>· 취득세(등록면허세)영수필확인서 1통<br>· 위 임 장 1통</td></tr>
<tr><td colspan="4">20○○년 ○월 ○일<br>위 신청인 ㊞ (전 화: )<br>(또는) 위 대리인 법무사 정 인 구 ㊞ (전 화: )<br>서울 서초구 서초동 223-66<br>서울중앙 지방법원 서초 등기소 귀 중</td></tr>
</table>

- 신청서 작성요령 -

* 1. 부동산표시란에 2개 이상의 부동산을 기재하는 경우에는 부동산의 일련번호를 기재하여야 합니다.
2. 신청인란등 해당란에 기재할 여백이 없을 경우에는 별지를 이용합니다.
3. 담당 등기관이 판단하여 위의 첨부서면 외에 추가적인 서면을 요구할 수 있습니다.

# Ⅳ. 신탁원부 기록의 변경등기

신탁원부의 기록사항이 변경되었을 때에는 수탁자가 그 변경을 증명하는 정보를 첨부정보로서 제공하여 지체 없이 신탁원부 기록의 변경등기를 신청하여야 하는 것이 원칙이다(법 제86조). 다만, 예외적으로 법원이나 주무관청이 신탁원부 기록의 변경등기를 촉탁하여야 하는 경우와 등기관이 직권으로 신탁원부 기록의 변경등기를 하여야 하는 경우도 있다.

## 1. 수탁자가 신청하는 경우

### (1) 변경 사유

위탁자, 수익자 또는 신탁관리인이 변경된 경우나 위탁자, 수익자 및 신탁관리인의 성명(명칭), 주소(사무소 소재지)가 변경된 경우에는 수탁자는 지체 없이 신탁원부 기록의 변경등기를 신청하여야 한다.

수익자를 지정하거나 변경할 수 있는 권한을 갖는 자의 성명(명칭) 및 주소(사무소 소재지), 수익자를 지정하거나 변경할 방법, 수익원의 발생 또는 소멸에 관한 조건, 법 제81조 제1항 제6호에서 제12호까지의 신탁인 뜻, 신탁의 목적, 신탁재산의 관리방법, 신탁종료의 사유, 그 밖의 신탁조항을 변경한 경우에도 수탁자는 지체 없이 신탁원부 기록의 변경등기를 신청하여야 한다.

### (2) 위탁자가 변경된 경우

「신탁법」제10조에 따라 위탁자 지위의 이전이 있는 경우에는 수탁자는 신탁원부 기록의 변경등기를 신청하여야 한다. 이 경우 등기원인은 '위탁자 지위의 이전'으로 하여 신청정보의 내용으로 제공한다. 위탁자 지위의 이전이 신탁행위로 정한 방법에 의한 경우에는 이를 증명하는 정보를 첨부정보로서 제공하여야 하고, 신탁행위로 그 방법이 정하여지지 아니한 경우에는 수탁자와 수익자의 동의가 있음을 증명하는 정보(인감증명 포함)를 첨부정보로서 제공하여야 한다. 이 경우 위탁자가 여러 명일 때에는 다른 위탁자의 동의를 증명하는 정보(인감증명 포함)도 함께 제공하여야 한다.

주택재건축정비사업조합에 토지를 신탁한 조합원(위탁자 겸 수익자)이 사망한 경우에 조합원의 지위를 승계한 상속인이 위탁자 겸 수익자가 되기 위해서는 종전(선례 Ⅷ-279)과 달리 곧바로 상속을 증명하는 정보를 첨부정보로서 제공하여 위탁자 겸 수익자를 상속인으로 변경하는 신탁원부 기록의 변경등기를 신청할 수 있다.

### (3) 수익자가 변경된 경우

수익자는 그 성질이 양도를 허용하지 아니하는 경우를 제외하고는 원칙적으로 수익권을 자유롭게 양도할 수 있다. 이와 같은 수익권 양도에 따라 수익자가 변경된 경우에도 신탁원부 기록의 변경등기를 신청하여야 한다.

그런데 수익자는 신탁재산의 실질적 소유자라 할 것이므로, 수익자의 변경에 따른 신탁원부 기록의 변경등기를 신청할 때에는 종전 수익자의 진정한 의사를 확인할 수 있는 정보를 첨부정보로서 제공하게 할 필요가 있을 것이다.

따라서 신탁수익권 양도에 따른 수익자 변경을 원인으로 신탁원부 기록의 변경등기를 신청할 때에 그 원인을 증명하는 정보로서 제공한 신탁수익권양도계약서에는 종전 수익자의 인감을 날인하게 하고 종전 수익자의 인감증명을 함께 제공하도록 하여야 할 것이다.

다만, 수익자변경권이 위탁자, 수탁자 또는 제3자에게 유보되어 있는 경우에는 수익자 변경을 원인으로 신탁원부 기록의 변경등기를 신청할 때에 수익자변경을 증명하는 정보 외에 종전 수익자의 승낙을 증명하는 정보는 첨부정보로서 제공할 필요가 없다(선례 Ⅶ-401).

### (4) 신탁목적, 신탁재산의 관리방법 등 그 밖의 신탁변경이 있는 경우

신탁은 원칙적으로 위탁자, 수탁자 및 수익자의 합의로 자유롭게 변경할 수 있다. 다만, 신탁행위로 달리 정한 경우에는 그에 따라 신탁을 변경할 수 있다(신탁법 제88조 1항).

위와 같이 위탁자, 수탁자 및 수익자의 합의로 신탁목적, 신탁재산의 관리방법 등 신탁을 변경한 경우에는 이러한 합의가 있었음을 증명하는 정보를 첨부정보로서 제공하여 신탁원부 기록의 변경등기를 신청하여야 한다. 그리고 신탁행위로 정한 방법에 의하여 신탁을 변경한 경우에는 그러한 방법에 의하여 신탁을 변경하였음을 증명하는 정보를 첨부정보로서 제공하여 신탁원부 기록의 변경등기를 신청하여야 한다.

유한책임신탁을 공익유한책임신탁으로 변경하거나 공익유한책임신탁을 유한책임신탁으로 변경하는 경우에는 변경이 되었음을 증명하는 등기사항증명서를 첨부정보로서 제공하여야 한다.

공익신탁을 유한책임신탁으로 변경하는 경우에는 법무부장관의 인가를 증명하는 정보 및 변경이 되었음을 증명하는 등기사항증명서를 첨부정보로 제공하여야 한다(공익신탁법 제7조 1항 6호).

공익신탁의 신탁관리인이 변경된 경우(법무부장관의 촉탁에 의한 경우는 제외)에는 법무부장관의 인가를 증명하는 정보를 첨부정보로서 제공하여야 한다(공익신탁법 제7조 1항 4호).

## ♣ 【서식】 신탁원부 변경등기신청서(유증으로 수익자 변경하는 경우)

| 신탁원부변경등기신청 | | | | |
|---|---|---|---|---|
| 접 수 | 20 년 월 일 | 처 리 인 | 등기관 확인 | 각종통지 |
| | 제        호 | | | |

| 부동산의 표시 |
|---|
| 서울특별시 서초구 서초동 100-5<br><br>대 2400.2㎡<br><br><br>이                        상 |

| 등기원인과 그 연 월 일 | 20○○년 ○월 ○일 신탁원부변경계약 |
|---|---|
| 등기의   목적 | 유증 |
| 변경 할 사항 | 20○○년 ○월 ○일 접수 제1112호 (신탁원부 제1234호) 수익자 홍길동을, 홍정민으로 변경 |

| 구 분 | 성 명 (상호명칭) | 주민등록번호<br>(등기용등록번호) | 주       소(소재지) | 지 분 |
|---|---|---|---|---|
| 수탁자 겸<br>등기신청인 | 동명재건축<br>정비사업조합<br>조합장 김갑수 | 000000<br>-000000 | 서울 서초구 서초동 223-66 | |

| 시가표준액 및 국민주택채권매입금액 | | |
|---|---|---|
| 부동산 표시 | 부동산별 시가표준액 | 부동산별 국민주택채권매입금액 |
| 1. 토 지 | 금          원 | 금                    원 |
| 2. | 금          원 | 금                    원 |
| 국 민 주 택 채 권 매 입 총 액 | | 채권 매입면제(주택법시행령 제95조 제1항관련 별표12의 부표19호 가.) |
| 국 민 주 택 채 권 발 행 번 호 | | |
| 취득세(등록면허세)  금 3,000원 | | 지방교육세    금      600원 |
| | | 농어촌특별세   금        원 |
| 세  액  합  계 | | 금 3,600원 |
| 등 기 신 청 수 수 료 | | 금        원 |
| | | 은행수납번호 : |
| 등기의무자의 등기필 정보 | | |
| 부동산 고유번호 | 1102-2006-002095 | |
| 성명(명칭) | 일련번호 | 비밀번호 |
| | Q77C-LO7I-35J5 | 40-4636 |
| 첨  부  서  면 | | |
| · 신탁원부변경계약서         1통 | · 주민등록등본              1통 | |
| · 가족관계등록부            1통 | · 법인등기부등본            1통 | |
| · 유언증서                1통 | · 취득세(등록면허세)영수필확인서   1통 | |
| · 인감증명서               1통 | · 위 임 장                1통 | |
| · 토지대장                1통 | | |

20○○년 ○월 ○일

위 신청인              ㊞ (전 화:          )

(또는) 위 대리인 법무사    정 인 구  ㊞ (전 화:            )

서울 서초구 서초동 223-66


서울중앙 지방법원              서초 등기소   귀 중

- 신청서 작성요령 -

\* 1. 부동산표시란에 2개 이상의 부동산을 기재하는 경우에는 부동산의 일련번호를 기재
    하여야 합니다.
  2. 신청인란등 해당란에 기재할 여백이 없을 경우에는 별지를 이용합니다.
  3. 담당 등기관이 판단하여 위의 첨부서면 외에 추가적인 서면을 요구할 수 있습니다.

## ♣ 【서식】 유한책임신탁변경등기

<table>
<tr><td colspan="5" align="center">유한책임신탁변경등기신청</td></tr>
<tr><td rowspan="2">접 수</td><td>년    월    일</td><td rowspan="2">처리인</td><td>등기관 확인</td><td>각종통지</td></tr>
<tr><td>제            호</td><td></td><td></td></tr>
</table>

<table>
<tr><td>등 기 의 목 적</td><td>수탁자의 취임·퇴임 등으로 인한 변경등기</td></tr>
<tr><td>등 기 의 사 유</td><td>20○○년 ○월 23일 수탁자 ○○○이 퇴임하고 ◇◇◇이 취임하였으므로 그 등기를 구함.</td></tr>
<tr><td colspan="2" align="center">등   기   할   사   항</td></tr>
<tr><td>취임·퇴임한 수탁자의 성명 또는 상호, 주민등록번호 및 주소</td><td>퇴임수탁자<br>조수철(주민등록번호000000-000000)<br>서울 ○○구 ○○동 123-4<br><br>취임수탁자<br>김철수(주민등록번호000000-000000)<br>서울 ○○구 ○○동 123-4</td></tr>
<tr><td>취임·퇴임한 뜻과 그 연월일</td><td>20○○년 ○월 19일 취임 및 퇴임</td></tr>
<tr><td>기         타</td><td></td></tr>
</table>

| 등록면허세 | 금    23,000 원 | 지방교육세 | 금  4,600원 | 농어촌특별세 | 금       원 |
|---|---|---|---|---|---|
| 세 액 합 계 | 금  27,600 원 | | 등기신청수수료 | 금  6,000 원 | |
| 등기신청수수료 은행수납번호 | | | | | |
| 과세표준액 | 금       원 | | | | |

첨    부    서    면

| | |
|---|---|
| · 해당 등기사항의 변경을 증명하는 서면                              통 | · 인감신고서                              통 |
| · 주민등록표등(초)본(수탁자가 개인인 경우)                            통 | · 등록면허세영수필확인서                    통 |
| · 법인등기사항증명서(수탁자가 법인인 경우)                            통 | · 위임장(대리인이 신청할 경우)            통  〈기 타〉 |

년    월    일

신청인          성명 또는 상호                    (인)      (전화 :              )
                주  소

대리인          성 명    법무사 ○○○          (인)      (전화 :              )
                주  소

            ○○ 지방법원                    등기소 귀중

📑 **선 례**

위탁자 겸 수익자로부터 위임받은 제3자가 신탁목적이나 수익자를 변경하는 계약을 체결한 경우 이를 첨부하여 신탁원부 기재사항을 변경하는 등기를 신청할 수 있는지 여부(적극) 등

① 갑을 위탁자 겸 수익자, 을을 수탁자로 하는 관리신탁계약에 의해 신탁등기가 경료된 부동산에 대하여 갑으로부터 신탁계약해지권, 신탁목적, 수익자 등의 변경에 관한 일체의 권한을 위임받은 병이 신탁목적을 관리신탁에서 처분신탁으로 변경하거나, 수익자를 제3자로 변경하는 계약을 체결한 경우, 위 변경을 증명하는 서면을 첨부하여 수탁자 을이 단독으로 신탁원부 기재사항을 변경하는 등기를 신청할 수 있다.

② 병이 신탁계약을 해지하여 신탁재산이 위탁자나 수익자에게 귀속되었을 경우에는 그에 따른 소유권이전등기와 신탁등기의 말소를 동일한 신청서에 신청할 수 있다(2004.1.12. 등기선례 제7-396호).

## 2. 법원 또는 법무부장관의 촉탁에 의한 경우

### (1) 법원의 촉탁에 의한 경우

법원이 수탁자를 해임하는 재판을 한 경우, 신탁관리인을 선임하거나 해임하는 재판을 한 경우, 신탁 변경의 재판을 한 경우에 법원은 지체 없이 신탁원부 기록의 변경등기를 촉탁하여야 하고(법 제85조 1항), 등기관은 이러한 법원의 촉탁에 따라 신탁원부 기록을 변경하여야 한다.

법원이 신탁재산관리인을 선임하거나 그 밖의 필요한 처분을 명한 경우, 신탁재산관리인의 사임결정 또는 해임결정을 한 경우 또는 신탁재산관리인의 임무가 종료된 경우에도 법원은 지체 없이 그 뜻의 등기를 촉탁하여야 하고(신탁법 제20조 1,2항), 등기관은 이러한 법원의 촉탁에 따라 신탁원부 기록을 변경하여야 한다. 법원이 위와 같은 신탁원부 기록의 변경등기를 촉탁할 때에는 법원의 재판서를 첨부정보로서 제공하여야 한다.

### (2) 법무부장관의 촉탁에 의한 경우

「공익신탁법」에 따른 공익신탁에 대하여 법무부장관이 수탁자를 직권으로 해임한 경우, 신탁관리인을 직권으로 선임하거나 해임한 경우, 신탁내용의 변경을 명한 경우에 법무부장관은 지체 없이 신탁원부 기록의 변경등기를 촉탁하여야 하고(법 제85조 2항), 등기관은 이러한 법무부장관의 촉탁에 따라 신탁원부 기록을 변경하여

야 한다. 법무부장관이 위와 같은 신탁원부 기록의 변경등기를 촉탁할 때에는 법
무부장관의 해임 등을 증명하는 정보를 첨부정보로서 제공하여야 한다.

### (3) 수탁자 해임의 부기등기

수탁자를 해임한 법원 또는 법무부장관의 촉탁에 따라 신탁원부 기록을 변경한
경우에는 등기관은 직권으로 등기기록에 그 뜻을 부기하여야 한다(법 제85조 3항).

## 3. 등기관의 직권에 의한 경우

등기관이 신탁재산에 속하는 부동산에 관한 권리에 대하여 수탁자의 변경으로 인한
이전등기, 여러 명의 수탁자 중 1인의 임무 종료로 인한 변경등기 또는 수탁자인 등기
명의인의 성명 및 주소(법인인 경우에는 그 명칭 및 사무소 소재지)에 관한 변경등기나
경정등기를 한 경우 직권으로 그 부동산에 관한 신탁원부 기록에 변경등기를 하여야 한
다(법 제85조의2).

# V. 신탁등기의 말소등기

수탁자가 신탁재산을 제3자에게 처분한 경우, 신탁이 종료되어 신탁재산이 귀속
권리자에게 귀속된 경우 또는 수탁자가 신탁재산을 자신의 고유재산으로 한 경우
에는 해당 부동산은 더 이상 신탁재산이 아닌 것으로 되어 신탁에 의한 구속 상태
에서 벗어나게 되므로 신탁재산이라는 뜻의 등기인 신탁등기를 말소할 필요가 있
다. 이러한 신탁등기의 말소등기는 수탁자가 단독으로 신청할 수 있다(법 제87조
3항). 또한 수익자나 위탁자도 수탁자를 대위하여 신탁등기의 말소등기를 신청할
수 있다(법 제87조 4항).

## 1. 신탁재산을 처분한 경우

### (1) 등기신청의 방식

수탁자가 신탁재산을 제3자에게 처분한 경우에는 그에 따른 권리이전등기와 신
탁등기의 말소등기는 동시에 신청하여야 하며(법 제87조 1항), 1건의 신청정보로
일괄하여 신청하여야 한다(규칙 제144조 1항).

따라서 등기원인이 신탁재산의 처분임에도 신탁등기의 말소등기 또는 권리이전등 기 중 어느 하나만을 신청하는 경우에는 등기관은 이를 수리하여서는 아니 된다. 신탁재산의 일부를 처분한 경우에는 권리일부이전등기와 신탁등기의 변경등기를 신청하여야 하며, 이러한 등기도 역시 동시에 1건의 신청정보로 일괄하여 신청하 여야 한다.

재신탁의 수탁자가 신탁재산을 제3자에게 처분한 경우에는 그 처분에 따른 권리 이전등기와 함께 재신탁의 신탁등기의 말소등기뿐만 아니라 원신탁의 신탁등기의 말소등기도 동시에 1건의 신청정보로 일괄하여 신청하여야 한다.

## (2) 신청정보

수탁자가 신탁재산을 제3자에게 처분하여 소유권이전등기를 해야 할 경우 신청 정보에는 등기목적을 '소유권이전 및 신탁등기의 말소', 등기원인과 그 연월일을 '○년 ○월 ○일 매매 및 신탁재산의 처분'으로 표시하여야 한다. 일부를 처분한 경우에는 등기목적을 '소유권일부이전 및 신탁등기의 변경'으로 표시하여야 한다. 등기의무자란은 '등기의무자 및 신탁등기의 말소(변경)등기 신청인'으로 표시한다.

## (3) 첨부정보 관련

수탁자가 신탁재산을 처분할 때에는 위탁자 또는 수익자의 동의가 있어야 하는 것으로 수탁자의 처분권한을 신탁행위로 제한하여 이러한 내용이 신탁원부에 기록 되어 있는 경우에 수탁자가 신탁재산을 제3자에게 처분하여 이를 원인으로 권리이 전등기와 신탁등기의 말소등기를 신청할 때에는 위탁자 또는 수익자의 동의가 있 음을 증명하는 정보를 첨부정보로서 제공하여야 한다. 그리고 위탁자 또는 수익자 의 인감증명도 함께 첨부정보로서 제공하여야 한다(규칙 제60조 1항 7호).

신탁원부에 기록된 사항도 등기로 보게 되므로(법 제81조 3항), 신탁원부에 수탁 자가 신탁재산을 처분함에 있어 위탁자 또는 수익자의 동의가 있어야 한다는 내용 의 기록이 있다면, 이는 등기관의 심사범위에 포함된다고 할 것이므로, 규칙 제46 조 제1항 제2호에 따라 위탁자 또는 수익자의 동의가 있음을 증명하는 정보를 첨 부정보로서 제공하여야 할 것이다.

공익신탁의 신탁재산을 처분하는 경우에는 법무부장관의 승인을 증명하는 정보를 첨부정보로서 제공하여야 한다(공익신탁법 제11조 6항). 다만 공익사업 수행을 위한 필수적인 재산이 아님을 소명한 경우에는 이를 제공할 필요가 없다.

### (4) 등기실행의 방법

신탁재산이 처분되어 등기관이 권리이전등기와 신탁등기의 말소등기를 할 때에는 하나의 순위번호를 사용하고, 종전의 신탁등기를 말소하는 표시를 하여야 한다(규칙 제144조 2항).

신탁재산의 일부가 처분되어 등기관이 권리일부이전등기와 함께 신탁등기의 변경등기를 할 때에도 하나의 순위번호를 사용하고, 처분 후의 수탁자의 지분을 기록하여야 한다(규칙 제142조).

### (5) 판결에 의한 신청의 경우

신탁된 재산의 수탁자에 대하여 제3자가 판결을 얻은 경우, 예를 들어 갑이 을에게 신탁한 부동산에 대하여 병이 을을 상대로 취득시효 완성을 원인으로 한 소유권이전등기절차의 이행을 명하는 확정판결을 받은 경우에는 병은 이 확정판결에 의하여 단독으로 소유권이전등기를 신청할 수 있다. 그런데 이 경우에 신탁등기의 말소등기도 동시에 신청하여야 하는바, 신탁등기의 말소등기는 수탁자가 단독으로 신청하는 것이므로 병은 이러한 수탁자를 대위하여 그 등기를 신청하면 될 것이다.

### (6) 수탁자의 처분행위가 원인무효인 경우

신탁재산의 처분을 원인으로 소유권이전등기 및 신탁등기의 말소등기가 마쳐졌으나, 이러한 처분행위가 원인무효임을 이유로 소유권이전등기의 말소등기를 신청할 때에 수탁자는 말소된 신탁등기의 회복등기를 동시에 신청하여야 할 것이다.

## 2. 신탁이 종료된 경우

### (1) 신탁이 종료된 경우의 귀속권리자

신탁이 설정된 후에는 신탁재산의 실질적, 경제적 소유권은 수익자에게 이전되는 것이므로, 신탁종료 시 신탁의 잔여재산은 원칙적으로 수익자(잔여재산수익자를 별도로 정한 경우에는 그 잔여재산수익자)에게 귀속하는 것으로 하고 있다. 다만, 신탁행위로 귀속권리자를 정한 때에는 그 귀속권리자에게 귀속한다(신탁법 제101조 1항).

수익자와 귀속권리자로 지정된 자가 신탁의 잔여재산에 대한 권리를 포기한 경우에 잔여재산은 위탁자와 그 상속인에게 귀속한다(신탁법 제101조 2항).

위와 같이 잔여재산의 귀속이 정하여지지 아니하는 경우에는 국가에 귀속한다(신탁법 제101조 5항). 신탁선언에 의하여 설정된 자기신탁이 집행면탈 등 위법한 목적으로 설정되어 법원의 결정으로써 취소된 경우, 해당 신탁의 재산은 위탁자의 책임재산이 되도록 하기 위하여 설정자인 위탁자에게 귀속하는 것으로 하고 있다(신탁법 제101조 3항).

공익신탁의 인가가 취소되거나 공익신탁이 종료된 경우에 그 잔여재산은 다른 공익신탁 또는 「공익법인의 설립·운영에 관한 법률」에 따른 공익법인이나 국가 또는 지방자치단체에게 귀속된다(공익신탁법 제24조 1항).

## (2) 등기신청의 방식

신탁이 종료되어 신탁재산이 귀속권리자에게 귀속하는 경우에는 그에 따른 권리이전등기와 신탁등기의 말소등기의 신청방식은 수탁자가 신탁재산을 제3자에게 처분한 경우와 같다.

## (3) 첨부정보 관련

토지거래계약허가구역 내의 토지에 관하여 신탁종료로 인하여 소유권이전 및 신탁등기의 말소등기를 신청하는 경우 그 등기권리자가 위탁자 이외의 수익자나 제3자이고 신탁재산의 귀속이 대가에 의한 것인 때에는 토지거래계약허가증을 첨부정보로서 제공하여야 한다(2011. 1. 4. 부동산등기과-6 질의회답).

신탁을 원인으로 소유권이전등기 및 신탁등기가 마쳐진 부동산에 대하여 피보전권리를 사해신탁을 원인으로 한 소유권이전등기말소청구권(신탁법 제8조) 등으로 하여 처분금지가처분등기가 마쳐진 경우, 신탁의 해지로 신탁등기의 말소와 함께 신탁재산을 귀속권리자에게 이전함에 있어 가처분권자의 승낙서 또는 이에 대항할 수 있는 재판의 등본은 첨부정보로서 제공할 필요가 없다. 이 경우 신탁의 해지에 따른 권리귀속은 일반절차에 따라 소유권이 전등기의 형식으로 이루어지므로, 가처분의 목적이 된 수탁자 명의의 소유권이전등기 및 가처분등기가 말소되는 것은 아니기 때문이다.

「공익신탁법」제24조 제3항에 따라 선임된 보관수탁관리인이 신탁재산을 증여하고 이를 원인으로 소유권이전등기 및 신탁등기의 말소등기를 신청하는 경우에는 보관수탁관리인의 선임을 증명하는 정보 및 법무부장관의 승인을 증명하는 정보를 첨부정보로서 제공하여야 한다.

## (4) 등기실행의 방법

신탁이 종료되어 등기관이 권리의 이전 또는 말소등기와 함께 신탁등기의 말소등 기를 할 때에는 하나의 순위번호를 사용하고, 종전의 신탁등기를 말소하는 표시를 하여야 한다(규칙 제144조 2항).

신탁재산의 일부가 종료되어 등기관이 권리일부이전등기와 함께 신탁등기의 변경 등기를 할 때에도 하나의 순위번호를 사용하고, 종료 후의 수탁자의 지분을 기록 하여야 한다(규칙 제142조).

## 3. 신탁재산이 수탁자의 고유재산으로 된 경우

수탁자는 신탁행위로 허용한 경우, 수익자에게 그 행위에 관련된 사실을 고지하고 수 익자의 승인을 받은 경우 또는 법원의 허가를 받은 경우(수탁자가 법원에 허가를 신청 할 때에는 동시에 수익자에게 그 사실을 통지하여야 한다)에는 신탁재산을 자신의 고유 재산으로 할 수 있다(신탁법 제34조 2항).

## (1) 등기신청의 방식

수탁자가 신탁재산을 자신의 고유재산으로 한 경우에는 권리변경등기인 수탁자의 고유재산으로 된 뜻의 등기를 신청하여야 하며, 이러한 권리변경등기는 수탁자가 단독으로 신청할 수 있다(법 제84조의2 2호 가목).

수탁자가 수탁자의 고유재산으로 된 뜻의 등기를 신청할 때에는 신탁등기의 말소 등기도 동시에 신청하여야 하며(법 제87조 1항), 1건의 신청정보로 일괄하여 신청 하여야 한다(규칙 제144조 1항).

## (2) 신청정보

수탁자가 수탁자의 고유재산으로 된 뜻의 등기와 신탁등기의 말소등기를 신청할 때에 등기목적은 '수탁자의 고유재산으로 된 뜻의 등기 및 신탁등기의 말소'로, 등 기원인과 그 연월일은 '○년 ○월 ○일 신탁재산의 고유재산 전환'으로 한다.

## (3) 첨부정보

수탁자가 수탁자의 고유재산으로 된 뜻의 등기와 신탁등기의 말소등기를 신청할 때에 수익자의 승인을 받았음을 증명하는 정보(인감증명 포함) 또는 법원의 허가 및 수익자에게 통지한 사실을 증명하는 정보를 첨부정보로서 제공하여야 한다. 다만, 신탁재산의 고유재산 전환을 신탁행위로 허용한 경우에는 별도의 첨부정보를 제공할 필요가 없다. 신탁원부를 확인함으로써 이를 알 수 있기 때문이다.

### (4) 등기실행의 방법

등기관이 수탁자의 고유재산으로 된 뜻의 등기를 할 때에는 이를 주등기로 하여야 한다(규칙 제143조). 수탁자의 고유재산으로 된 뜻의 등기와 함께 신탁등기의 말소등기를 할 때에는 하나의 순위번호를 사용하고, 종전의 신탁등기를 말소하는 표시를 하여야 한다(규칙 제144조 2항).

## ♣ 【서식】 신탁재산귀속에 의한 소유권이전 말소등기 신청서

### 소유권이전 및 신탁등기말소신청

| 접 수 | 년 월 일 | 처리인 | 등기관 확인 | 각종 통지 |
|---|---|---|---|---|
| | 제      호 | | | |

| ① 부동산의 표시 |
|---|
| 1. 서울특별시 서초구 서초동 100<br><br>　　　대 300㎡<br><br>2. 서울특별시 서초구 서초동 100<br><br>　　[도로명주소] 서울특별시 서초구 서초대로 88길 10<br><br>　　시멘트 벽돌조 슬래브지붕 2층 주택<br><br>　　　1층 100㎡<br><br>　　　2층 100㎡<br><br>　　　　　　　　　　이　　　　　　　상 |

| ② 등기원인과 그 연월일 | 2024년 1월 22일 신탁재산귀속 |
|---|---|
| ③ 등 기 의 목 적 | 소유권이전 및 신탁등기말소 |

| 구분 | 성 명<br>(상호·명칭) | 주민등록번호<br>(등기용등록<br>번호) | 주 소 (소 재 지) | 지 분<br>(개인별) |
|---|---|---|---|---|
| ④ 등기의무자 | 김 갑 동 | XXXXXX-XXX<br>XXXX | 서울특별시 중구 다동길 96<br>(다동) | |
| ⑤ 등기권리자 | 이 대 백 | XXXXXX-XXX<br>XXXX | 서울특별시 서초구 서초대로<br>88길 20 (서초동) | |

| ⑥ 등 록 면 허 세 | 금 | 3,000 | 원 |
|---|---|---|---|
| ⑥ 지 방 교 육 세 | 금 | 600 | 원 |
| ⑦ 세 액 합 계 | 금 | 3,600 | 원 |
| ⑧ 등 기 신 청 수 수 료 | 금 | 30,000 | 원 |
| | 납부번호 : ○○-○○-○○○○○○○○○-○ | | |
| | 일괄납부 : 건            원 | | |

| ⑨ 등기의무자의 등기필정보 | | |
|---|---|---|
| 부동산고유번호 | 1102-2006-002095 | |
| 성명(명칭) | 일련번호 | 비밀번호 |
| 이대백 | Q77C-LO7I-35J5 | 40-4636 |

⑩    첨    부    서    면

| | | | |
|---|---|---|---|
| · 신탁재산귀속증서(검인) | 1통 | · 인감증명서 또는 본인서명사실 | |
| · 등록면허세영수필확인서 | 1통 | 확인서 | 1통 |
| · 등기신청수수료 영수필확인서 | 1통 | · 토지 · 건축물대장등본 | 각1통 |
| · 등기필증 | 1통 | · 주민등록표등(초)본 | 각1통 |
| | | 〈기 타〉 | |

2024년  1월  22일

⑪  위 신청인        이  대  백  ㊞  (전화 : 200-7766)

            긴  갑  동  ㊞  (전화 : 200-7766)


    (또는)위 대리인                (전화 :        )


        서울중앙 지방법원            등기국 귀중

---

- 신청서 작성요령 -

* 1. 부동산표시란에 2개 이상의 부동산을 기재하는 경우에는 부동산의 일련번호를 기재하
    여야 합니다.
  2. 신청인란등 해당란에 기재할 여백이 없을 경우에는 별지를 이용합니다.
  3. 담당 등기관이 판단하여 위의 첨부서면 외에 추가적인 서면을 요구할 수 있습니다.

### 📑 선 례

부동산에 관한 신탁이 종료되어 신탁재산의 귀속권리자와 수탁자가 공동으로 신탁재산귀속을 원인으로 한 소유권이전 및 신탁말소등기를 신청하는 경우에는 수탁자가 전에 등기권리자로서 소유권이전 및 신탁등기를 마친 후 교부받은 등기필증을 제출하여야 하며, 그 후 신탁재산의 귀속권리자가 그 부동산을 제3자에게 처분하여 소유권이전등기를 신청하는 경우에는 위 소유권이전 및 신탁말소등기를 마친 후 교부받은 등기필증을 제출하여야 한다 (2010.4.20. 부동산등기과 - 808 질의회답).

## VI. 신탁의 합병과 분할에 따른 등기

신탁의 합병이란 수탁자가 자신이 관리하는 복수의 신탁을 하나의 신탁으로 만드는 것을 말한다(신탁법 제90조). 그리고 신탁의 분할 또는 분할합병이란 신탁의 합병과 반대로 하나의 신탁을 2개 이상으로 나누어 새로운 신탁을 설정하거나 기존의 다른 신탁과 합병하여 별도의 신탁으로 운영하는 것을 의미한다(신탁법 제94조).

수탁자가 신탁의 합병, 분할 또는 분할합병을 하기 위해서는 합병(분할, 분할합병)계획서를 작성하고, 이에 대한 위탁자와 수익자의 승인을 받아야 한다. 그리고 이러한 합병(분할, 분할합병)계획서를 공고하고, 채권자보호절차를 밟아야 한다(신탁법 제91조, 제92조 제95조, 제96조).

### 1. 신청인

신탁의 합병·분할('분할합병'을 포함한다. 이하 같다)로 인하여 하나의 신탁재산에 속하는 부동산이 관한 권리가 다른 신탁의 신탁재산에 귀속되는 경우에 수탁자는 신탁합병(신탁분할)으로 인하여 다른 신탁의 목적으로 된 뜻의 등기인 권리변경등기를 신청하여야 한다. 이러한 권리변경등기는 수탁자가 단독으로 신청할 수 있다(법 제84조의2 3호).

### 2. 등기신청의 방식

신탁의 합병·분할로 인하여 하나의 신탁재산에 속하는 부동산에 관한 권리가 다른 신탁의 신탁재산에 귀속되는 경우에는 신탁등기의 말소등기 및 새로운 신탁등기의 신청은 신탁의 합병·분할로 인한 권리변경등기의 신청과 동시에 1건의 신청정보로 일괄하여야 한다(법 제82조의2 1항).

「신탁법」제34조 제1항 제3호 및 같은 조 제2항에 따라 여러 개의 신탁을 인수한 수탁자가 하나의 신탁재산에 속하는 부동산에 관한 권리를 다른 신탁의 신탁재산에 귀속시키는 경우에 신탁등기의 말소등기 및 새로운 신탁등기의 신청도 권리변경등기의 신청과 동시에 1건의 신청정보로 일괄하여야 한다(법 제82조의2 2항). 한편 「공익신탁법」제21조에 따르면 공익신탁의 분할 또는 분할합병은 허용되지 아니하므로, 이를 원인으로 한 권리변경등기와 함께 신탁등기의 말소등기 및 새로운 신탁등기의 신청이 있는 경우에 등기관은 이를 수리하여서는 아니 된다.

## 3. 첨부정보

신탁의 합병에 따라 수탁자가 권리변경등기(신탁합병으로 인하여 다른 신탁의 목적으로 된 뜻의 등기)와 함께 신탁등기의 말소등기 및 새로운 신탁등기를 신청할 때에는 위탁자와 수익자로부터 합병계획서의 승인을 받았음을 증명하는 정보(인감증명 포함), 합병계획서의 공고 및 채권자보호절차를 거쳤음을 증명하는 정보를 첨부정보로서 제공하여야 한다.

신탁의 분할에 따라 수탁자가 권리변경등기(신탁분할로 인하여 다른 신탁의 목적으로 된 뜻의 등기)와 함께 신탁등기의 말소등기 및 새로운 신탁등기를 신청할 때에는 위탁자와 수익자로부터 분할계획서의 승인을 받았음을 증명하는 정보(인감증명 포함), 분할계획서의 공고 및 채권자보호절차를 거쳤음을 증명하는 정보를 첨부정보로써 제공하여야 한다.

「공익신탁법」제20조 제1항에 따라 공익신탁의 합병이 있는 경우에 이를 원인으로 권리변경등기와 함께 신탁등기의 말소등기 및 새로운 신탁등기를 신청할 때에는 법무부장관의 인가를 증명하는 정보를 첨부정보로서 제공하여야 한다.

## 4. 등기실행의 방법

등기관이 신탁합병(신탁분할)으로 인하여 다른 신탁의 목적으로 된 뜻의 등기를 할 때에는 이를 주등기로 하여야 한다. 권리변경등기(신탁합병·분할로 인하여 다른 신탁의 목적으로 된 뜻의 등기)와 함께 신탁등기의 말소등기 및 새로운 신탁등기를 할 때에는 하나의 순위번호를 사용하고, 종전의 신탁등기를 말소하는 표시를 하여야 한다.

## Ⅶ. 신탁등기와 다른 등기와의 관계

### 1. 신탁목적에 반하는 등기신청

신탁등기가 마쳐진 부동산에 대하여 수탁자를 등기의무자로 하는 등기의 신청이 있는 경우에 등기관은 그 등기목적이 신탁목적에 반하지 아니하는가를 심사하여 신탁목적에 반하는 등기신청은 수리하여서는 안 된다.

신탁목적에 반하지 아니한 이상 위탁자의 동의는 필요 없다. 따라서 신탁등기가 마쳐진 토지에 대하여 수탁자를 등기의무자로 하는 임차권설정등기의 신청이 있는 경우 등기관은 그 등기신청이 신탁목적에 반하는지 여부를 심사하여 반하지 않는 경우에만 그 신청을 수리할 수 있으며, 반하는 경우에는 위탁자의 동의가 있다 하더라도 수리할 수 없다(선례 Ⅶ-279).

### 2. 처분제한등기 등

등기관은 수탁자를 등기의무자로 하는 처분제한의 등기, 강제경매개시결정등기, 임의경매개시결정등기 등의 촉탁은 수리하고, 위탁자를 등기의무자로 하는 위와 같은 등기의 촉탁은 수리하여서는 안 된다. 다만 신탁 전에 설정된 담보 물권에 의한 임의경매등기 또는 신탁 전의 가압류등기에 기한 강제경매등기의 촉탁은 위탁자를 등기의무자로 한 경우에는 이를 수리하여야 한다.

부동산에 대하여 신탁에 의한 소유권이전등기가 마쳐진 후에는 위탁자에 대한 파산선고의 등기촉탁이 있더라도 이를 수리할 수 없으며(선례 Ⅶ-444), 위탁자가 신탁대상인 재산을 취득함으로써 발생한 조세(취득세)채권이라고 하더라도 「신탁법」상 신탁이 이루어지기 전에 압류를 하지 않은 이상, 그 조세채권이 「신탁법」제22조 제1항 소정의 '신탁 전의 원인으로 발생한 권리'에 해당된다고 볼 수 없으므로, 부동산의 양수인이 수탁자 명의로 소유권이전등기를 마친 후에는 양수인에 대한 조세채권에 의하여 수탁자 명의로 신탁등기가 마쳐진 부동산에 대한 압류등기를 촉탁할 수는 없을 것이다(선례 Ⅴ-684).

📑 **선 례**

위탁자가 신탁대상인 재산을 취득함으로써 발생한 조세(취득세)채권이라고 하더라도 신탁법상의 신탁이 이루어지기 전에 압류를 하지 않은 이상, 그 조세채권이 신탁법 제21조 제1항 소정의 "신탁 전의 원인으로 발생한 권리"에 해당된다고 볼 수 없으므로, 부동산의 양수인이 수탁자 명의로 신탁을 등기원인으로 한 소유권이전등기를 마친 후에는 양수인에 대한 조세채권(취득세)에 기하여 수탁자 명의로 신탁등기가 경료된 부동산에 대한 압류등기를 촉탁할 수는 없을 것이다(1997.11.12. 등기 3402-865 질의회답).

「신탁법」제22조 제1항에 의한 강제집행 등이 허용되는지 여부는 신탁재산에 대한 강제집행여부를 결정하는 단계에서 집행법원이 심사하여야 할 사항이므로, 수탁자를 등기의무자로 하는 강제경매개시결정의 기입등기 등의 촉탁이 있다면 등기관은 그 촉탁을 수리하여야 할 것이다(선례 VI-470).

📑 **선 례**

수탁부동산에 대하여 근저당권설정등기를 신청할 수 있는지 여부 등
① 신탁목적에 반하지 않는다면 신탁등기가 경료된 부동산에 대하여 수탁자를 근저당권설정자로 한 근저당권설정등기를 신청할 수 있을 것이나, 구체적인 경우에 있어 위 등기신청이 신탁목적에 반하는지 여부는 등기관이 신탁원부 및 신탁계약서 등에 의하여 개별적으로 판단하여야 할 것이다.
② 신탁법 제21조 제1항 의 규정에 의한 강제집행 등이 허용되는지 여부는 신탁재산에 대한 강제집행여부를 결정하는 단계에서 집행법원이 심사하여야 할 사항이므로, 수탁자를 등기의무자로 하는 강제경매기입등기 등의 촉탁이 있다면 등기관은 이를 수리하여야 할 것이다(2000.7.28. 등기 3402-526 질의회답).

## 3. 합필등기

신탁등기가 마쳐진 토지에 대하여 원칙적으로 합필등기를 할 수 없다. 신탁도 일종의 처분제한이라고 볼 수 있기 때문이다. 다만 다음의 어느 하나에 해당하는 경우로서 신탁목적이 동일한 경우에 한해서는 신탁된 토지 상호간의 합필등기를 할 수 있는데 이는 주택사업의 원활한 추진을 위한 공익적 필요와 합필등기를 허용한다 하더라도 거래의 혼란이나 공시의 혼란을 초래하지 않기 때문이다.
① 「주택법」제16조에 따라 주택건설사업계획의 승인을 얻어 공동주택을 건설하는 경

우(2003년 7월 1일 이전에 구「주택건설촉진법」에 따라 승인을 받은 주택재건축사
업을 포함한다.)

② 「건축법」제11조에 따른 건축허가를 받아 주택 외의 시설과 주택을 동일 건축물로
하여 「주택법」제16조 제1항에서 정한 호수(공동주택 30세대) 이상으로 건설·공급
하는 경우로서 「주택법」제38조 제1항 제1호의 입주자모집공고 승인을 받은 경우

## 4. 분필등기

신탁등기가 마쳐진 토지가 분할되어 그에 따른 등기신청이 있는 경우 등기관은 분할
된 토지에 대하여 분할 전 토지에 대한 신탁원부와 같은 내용의 신탁원부를 작성하여야
한다. 다만, 분할된 토지에 대한 신탁등기의 말소등기가 동시에 신청된 경우에는 신탁원
부를 따로 작성할 필요가 없다.

## ♣ 【서식】 토지합필등기신청서

<table>
<tr><td colspan="5" align="center">토지합필등기신청</td></tr>
<tr><td rowspan="2">접 수</td><td>년 월 일</td><td rowspan="2">처리인</td><td>등기관 확인</td><td>각종 통지</td></tr>
<tr><td>제      호</td><td></td><td></td></tr>
<tr><td colspan="5" align="center">① 부동산의 표시</td></tr>
<tr><td colspan="5">
합필 전의 표시    서울특별시 서초구 서초동 100<br><br>대 70㎡<br><br><br>
합필의 표시      서울특별시 서초구 서초동 100 - 1<br><br>대 30㎡<br><br><br>
합필 후의 표시    서울특별시 서초구 서초동 100<br><br>대 100㎡<br><br><br><br>
이                상<br><br><br>
</td></tr>
<tr><td colspan="2">② 등기원인과 그 연월일</td><td colspan="3">2024년 1월 22일   합병</td></tr>
<tr><td colspan="2">③ 등 기 의 목 적</td><td colspan="3">토지표시변경</td></tr>
<tr><td>구분</td><td>성    명<br>(상호·명칭)</td><td colspan="1">주민등록번호<br>(등기용등록<br>번호)</td><td colspan="2">주    소 (소 재 지)</td></tr>
<tr><td>④<br>신<br>청<br>인</td><td>이 대 백</td><td>XXXXXX-XXXX<br>XXX</td><td colspan="2">서울특별시 서초구 서초대로 88길 20<br>(서초동)</td></tr>
</table>

| | |
|---|---|
| ⑤ 등 록 면 허 세 | 금 12,000 원 |
| ⑤ 지 방 교 육 세 | 금 2,400 원 |
| ⑥ 세 액 합 계 | 금 14,400 원 |
| ⑦ 첨 부 서 면 | |
| · 토지 · 임야대장등본 2통<br>· 등록면허세영수필확인서 1통 | 〈기 타〉 |

2024년 1월 22일

⑧ 위 신청인 이 대 백 ㊞ (전화 : 200-7766)

(또는)위 대리인 (전화 : )

서울중앙 지방법원 등기국 귀중

– 신청서 작성요령 –

* 1. 부동산표시란에 2개 이상의 부동산을 기재하는 경우에는 부동산의 일련번호를 기재하여야 합니다.
2. 신청인란등 해당란에 기재할 여백이 없을 경우에는 별지를 이용합니다.
3. 담당 등기관이 판단하여 위의 첨부서면 외에 추가적인 서면을 요구할 수 있습니다.

## ♣ 【서식】 토지분필등기신청서

<table>
<tr><th colspan="2" rowspan="2">토지분필등기신청</th><th rowspan="2">처리인</th><th>등기관 확인</th><th>각종 통지</th></tr>
<tr><td></td><td></td></tr>
</table>

| 접 수 | 년 월 일 | 처리인 | 등기관 확인 | 각종 통지 |
|---|---|---|---|---|
| | 제        호 | | | |

| ① 부동산의 표시 |
|---|
| 분할 전의 표시    서울특별시 서초구 서초동 200<br><br>          대 150㎡<br><br><br>분할의 표시       서울특별시 서초구 서초동 200 - 1<br><br>          대 50㎡<br><br><br>분할 후의 표시      서울특별시 서초구 서초동 200<br><br>          대 100㎡<br><br><br><br>          이           상 |

| ② 등기원인과 그 연월일 | 2024년 1월 22일 분할 |
|---|---|
| ③ 등 기 의 목 적 | 토지표시변경 |

| ④ | | | |
|---|---|---|---|
| 구분 | 성 명<br>(상호·명칭) | 주민등록번호<br>(등기용등록<br>번호) | 주    소 (소 재 지) |
| ⑤<br>신<br>청<br>인 | 이 대 백 | XXXXXX-XXX<br>XXXX | 서울특별시 서초구 서초대로 88길 20<br>(서초동) |

| ⑥ 등 록 면 허 세 | 금 | 6,000 원 |
|---|---|---|
| ⑥ 지 방 교 육 세 | 금 | 1,200 원 |
| ⑦ 세 액 합 계 | 금 | 7,200 원 |

⑧ 첨 부 서 면

| · 토지 · 임야대장등본    2통<br>· 등록면허세영수필확인서    1통 | 〈기 타〉 |
|---|---|

2024년  1월  22일

⑨ 위 신청인          이    대    백    ⑩    (전화 : 200-7766)

(또는)위 대리인                    (전화 :          )

서울중앙 지방법원                    등기국 귀중

───────────────────────────

- 신청서 작성요령 -

* 1. 부동산표시란에 2개 이상의 부동산을 기재하는 경우에는 부동산의 일련번호를 기재하
    여야 합니다.
  2. 신청인란등 해당란에 기재할 여백이 없을 경우에는 별지를 이용합니다.
  3. 담당 등기관이 판단하여 위의 첨부서면 외에 추가적인 서면을 요구할 수 있습니다.

## ♣ 【서식】 토지분필등기(지상권존속)신청서

<table>
<tr><td colspan="5" align="center">토지분필등기신청</td></tr>
<tr>
<td rowspan="2">접　수</td>
<td>년　월　일</td>
<td rowspan="2">처리인</td>
<td>등기관 확인</td>
<td>각종 통지</td>
</tr>
<tr>
<td>제　　　호</td>
<td></td>
<td></td>
</tr>
</table>

<table>
<tr><td colspan="5" align="center">부동산의 표시</td></tr>
<tr><td colspan="5">

분할 전의 표시

　　　○○시 ○○구 ○○동 ○○번지

　　대 150㎡

분할의 표시

　　　○○시 ○○구 ○○동 ○-1번지

　　대 50㎡

분할 후의 표시

　　　○○시 ○○구 ○○동 ○○번지

　　대 100㎡

　　　　이　　　　　　　　상
</td></tr>
<tr>
<td colspan="2">등기원인과그연월일</td>
<td colspan="3">20○○년 ○월 ○일 분할</td>
</tr>
<tr>
<td colspan="2">등 기 의 목 적</td>
<td colspan="3">토지 표시변경</td>
</tr>
<tr>
<td colspan="2">지상권이존속하는<br>토지표시</td>
<td colspan="3">○○시 ○○구 ○○동 ○-1번지 대 50㎡</td>
</tr>
<tr>
<td>구<br>분</td>
<td>성　　명<br>(상호·명칭)</td>
<td>주민등록번호<br>(등기용등록번호)</td>
<td>주　소<br>(소재지)</td>
<td>지　분<br>(개인별)</td>
</tr>
<tr>
<td>신<br>청<br>인</td>
<td>○　○　○</td>
<td>600606-1234567</td>
<td>○○시 ○○구 ○○동<br>○○번지</td>
<td></td>
</tr>
</table>

| 등 록 면 허 세 | 금 | | 원 |
|---|---|---|---|
| 지 방 교 육 세 | 금 | | 원 |
| 세 액 합 계 | 금 | | 원 |
| 등 기 신 청 수 수 료 | 금 | | 원 |
| | 납부번호 : | | |
| | 일괄납부 : | 건 | 원 |

| 등기의무자의 등기필 정보 | | |
|---|---|---|
| 부동산고유번호 | 1002-2009-002096 | |
| 성명(명칭) | 일련번호 | 비밀번호 |
| 박영철 | A7B-CD7EF-123G | 50-4637 |

**첨 부 서 면**

| | | | |
|---|---|---|---|
| · 토지대장등본 | 1통 | · 위임장 | 1통 |
| · 등록면허세영수필확인서 | 1통 | 〈기 타〉 | |
| · 등기신청수수료 영수필확인서 | 1통 | | |
| · 지상권존속증명서 | 1통 | | |
| · 인감증명 | 1통 | | |

20 년 2월 11일

위 신청인       박  영  철    (인)    (전화: 555-1234)

(인)    (전화:        )

(또는)위 대리인 법무사 김 면 수    (인)    (전화: 888-3456)

서울특별시 서초구 서초동 456

서울중앙 지방법원                        등기국 귀중

- 신청서 작성요령 -

* 1. 부동산표시란에 2개 이상의 부동산을 기재하는 경우에는 부동산의 일련번호를 기재하여야 합니다.
  2. 신청인란등 해당란에 기재할 여백이 없을 경우에는 별지를 이용합니다.
  3. 담당 등기관이 판단하여 위의 첨부서면 외에 추가적인 서면을 요구할 수 있습니다.

## ♣ 【서식】 토지분필등기(지상권소멸)신청서

<table>
<tr><td colspan="6" align="center">토지분필등기신청</td></tr>
<tr>
<td rowspan="2">접 수</td>
<td>년 월 일</td>
<td rowspan="2">처리인</td>
<td>등기관 확인</td>
<td>각종 통지</td>
</tr>
<tr>
<td>제      호</td>
<td></td>
<td></td>
</tr>
</table>

<table>
<tr><td colspan="5" align="center">부동산의 표시</td></tr>
<tr><td colspan="5">

분할 전의 표시

　　　○○시 ○○구 ○○동 ○○번지

　　　대 150㎡

분할의 표시

　　　○○시 ○○구 ○○동 ○-1번지

　　　대 50㎡

분할 후의 표시

　　　○○시 ○○구 ○○동 ○○번지

　　　대 100㎡

　　　　　이　　　　　　　상
</td></tr>
<tr>
<td colspan="2">등기원인과그연월일</td>
<td colspan="3">20○○년 ○월 ○일 분할</td>
</tr>
<tr>
<td colspan="2">등 기 의 목 적</td>
<td colspan="3">토지 표시변경</td>
</tr>
<tr>
<td colspan="2">지상권이소멸하는<br>토지표시</td>
<td colspan="3">○○시 ○○구 ○○동 ○-1번지 대 50㎡</td>
</tr>
<tr>
<td>구<br>분</td>
<td>성      명<br>(상호·명칭)</td>
<td>주민등록번호<br>(등기용등록번호)</td>
<td>주  소<br>(소재지)</td>
<td>지  분<br>(개인별)</td>
</tr>
<tr>
<td>신<br>청<br>인</td>
<td>○　○　○</td>
<td>600606-1234567</td>
<td>○○시 ○○구 ○○동 ○○번지</td>
<td></td>
</tr>
</table>

| 등 록 면 허 세 | 금 | | 원 |
|---|---|---|---|
| 지 방 교 육 세 | 금 | | 원 |
| 세 액 합 계 | 금 | | 원 |
| 등 기 신 청 수 수 료 | 금 | | 원 |
| | 납부번호 : | | |
| | 일괄납부 : | 건 | 원 |

| 등기의무자의 등기필 정보 | | |
|---|---|---|
| 부동산고유번호 | 1002-2009-002096 | |
| 성명(명칭) | 일련번호 | 비밀번호 |
| 박영철 | A7B-CD7EF-123G | 50-4637 |

<table>
<tr><td colspan="2" align="center">첨 부 서 면</td></tr>
<tr>
<td>
· 토지대장등본      1통<br>
· 등록면허세영수필확인서  1통<br>
· 등기신청수수료 영수필확인서  1통<br>
· 근저당권소멸승낙서    1통<br>
· 위임장            1통
</td>
<td>〈기 타〉</td>
</tr>
</table>

20 년    2월    11일

위 신청인      박    영    철    (인)    (전화: 555-1234)

(인)    (전화:         )

(또는)위 대리인 법무사 김 면 수    (인)    (전화: 888-3456)

서울특별시 서초구 서초동 456

서울중앙 지방법원                    등기국 귀중

- 신청서 작성요령 -

* 1. 부동산표시란에 2개 이상의 부동산을 기재하는 경우에는 부동산의 일련번호를 기재
     하여야 합니다.
  2. 신청인란등 해당란에 기재할 여백이 없을 경우에는 별지를 이용합니다.
  3. 담당 등기관이 판단하여 위의 첨부서면 외에 추가적인 서면을 요구할 수 있습니다.

## ♣ 【서식】 토지분필등기말소등기(신청착오)신청서

<table>
<tr><td colspan="5" align="center">토지분필등기말소등기신청</td></tr>
<tr><td rowspan="2">접수</td><td>년　월　일</td><td rowspan="2">처리인</td><td>등기관 확인</td><td>각종통지</td></tr>
<tr><td>제　　　호</td><td></td><td></td></tr>
</table>

<table>
<tr><td colspan="4" align="center">부동산의 표시</td></tr>
<tr><td colspan="4">

말소전의 표시
　서울특별시 서초구 서초동 123
　　대 200㎡

　서울특별시 서초구 서초동 123-1
　　대 150㎡

말소후의 표시
　서울특별시 서초구 서초동 123
　　대 350㎡

　　　　　　　　이　　　　　　　　상
</td></tr>
<tr><td colspan="2">등기원인과 그 연월일</td><td colspan="2">2000 년 0 월 0 일 분필등기착오</td></tr>
<tr><td colspan="2">등 기 의 목 적</td><td colspan="2">분필등기말소</td></tr>
<tr><td>구분</td><td>성 명<br>(상호·명칭)</td><td>주민등록번호<br>(등기용등록번호)</td><td>주　소(소 재 지)</td></tr>
<tr><td>신<br>청<br>인</td><td>박 영 철</td><td>000000-000000</td><td>서울특별시 서초구 서초동 234</td></tr>
</table>

| 등 록 면 허 세 | 금 | 원 |
|---|---|---|
| 지 방 교 육 세 | 금 | 원 |
| 세 액 합 계 | 금 | 원 |
| 등 기 신 청 수 수 료 | 금 | 원 |
| | 납부번호 : | |
| | 일괄납부 :        건        원 | |

| 등기의무자의 등기필 정보 |||
|---|---|---|
| 부동산고유번호 | 1002-2009-002096 ||
| 성명(명칭) | 일련번호 | 비밀번호 |
| 박영철 | A7B-CD7EF-123G | 50-4637 |

| 첨 부 서 면 ||
|---|---|
| · 토지대장등본          1통<br>· 등록면허세영수필확인서     1통<br>· 등기신청수수료 영수필확인서  1통<br>· 위임장             1통 | 〈기 타〉 |

20  년   2월    11일

위 신청인     박   영   철   (인)   (전화: 555-1234)

(인)   (전화:        )

(또는)위 대리인 법무사 김 면 수   (인)   (전화: 888-3456)

서울특별시 서초구 서초동 456

서울중앙 지방법원                 등기국 귀중

- 신청서 작성요령 -

* 1. 부동산표시란에 2개 이상의 부동산을 기재하는 경우에는 부동산의 일련번호를 기재
   하여야 합니다.
  2. 신청인란등 해당란에 기재할 여백이 없을 경우에는 별지를 이용합니다.
  3. 담당 등기관이 판단하여 위의 첨부서면 외에 추가적인 서면을 요구할 수 있습니다.

# 위 임 장

| 부<br>동<br>산<br>의<br>표<br>시 | 말소전의 표시<br>　　서울특별시 서초구 서초동 123<br>　　　　　대 200㎡<br><br>　　서울특별시 서초구 서초동 123-1<br>　　　　　대 150㎡<br><br>말소후의 표시<br>　　서울특별시 서초구 서초동 123<br>　　　　　대 350㎡<br><br>　　　　　이　　　　　　　상 |
|---|---|
| 등기원인과 그 연월일 | 200 년  0 월 0 일 분필등기착오 |
| 등 기 의  목 적 | 분필등기말소 |

| 위 임 인 | 대 리 인 |
|---|---|
| 신청인 박 영 철　(인)<br>　　서울특별시 서초구 서초동 234 | 법무사 김 연 수　(인)<br>　　　서울특별시 서초구 서초동 456<br><br>　위 사람을 대리인으로 정하고 위 부동산 등기신청 및 취하에 관한 모든 행위를 위임한다.<br>　또한 복대리인 선임을 허락한다.<br><br>　　　　200 년  0 월 0 일 |

**선 례**

지적법상의 토지분할절차를 거치지 아니한 채 실행된 분필등기의 효력 및 경정등기절차

토지등기부에는 분필등기가 되어 있더라도 지적법상의 토지분할절차를 거치지 아니하여 토지대장에는 분할등록이 되어 있지 않은 경우에는 토지분할의 효과가 발생할 수는 없는 것이므로 결국 그러한 분필등기는 무효라고 할 것인바, 그러한 분필등기 후에 소유권이전등기가 되어 있는 경우에 토지등기부를 토지대장과 일치시키기 위해서는 위 소유권이전등기 및 토지분필등기를 차례로 말소하여야 할 것이다(2001.1.19. 등기 3402-47 질의회답).

# 제 7 장 　 가등기

## Ⅰ. 총설

### 1. 가등기의 의의

가등기는 법 제3조에 해당하는 권리의 설정, 이전, 변경 또는 소멸의 청구권을 보전하거나 그 청구권이 시기부 또는 정지조건부일 경우나 그 밖에 장래에 확정될 것일 때에 하는 예비등기를 말한다(법 제88조). 이러한 가등기는 장차 본등기를 할 수 있을 때에 그 본등기의 순위를 미리 확보해 두도록 함으로써 채권자를 보호하는데 그 목적이 있다.

### 2. 가등기를 할 수 있는 권리

가등기는 본등기를 전제로 하는 예비등기이므로 본등기를 할 수 있는 권리에 대해서만 허용된다. 그러한 권리에는 소유권, 지상권, 지역권, 전세권, 저당권, 권리질권, 채권담보권, 임차권 등을 들 수 있다.

#### (1) 채권적 청구권

가등기는 장차 본등기를 하여 법 제3조에서 정한 권리를 취득하는 것을 목적으로 하는 등기이다. 그러므로 법 제3조에서 정한 권리의 변동을 목적으로 하는 청구권 즉 채권적 청구권만이 가등기의 대상이다. 그러므로 이미 물권변동이 있은 다음 그 물권에 기한 청구권, 즉 물권적 청구권을 보전하기 위한 가등기 또는 소유권보존등기를 위한 가등기는 할 수 없다.

#### (2) 이미 발생한 권리의 설정, 이전, 변경 또는 소멸의 청구권

가등기는 이미 발생한 권리의 설정이나 이전 등을 위한 청구권 보전을 위해서 하는 등기이다. 따라서 권리변동과 무관한 부동산표시나 등기명의인표시의 변경등기 등을 위한 가등기는 할 수 없다. 법은 소멸의 청구권 즉 말소등기청구권 보전을 위한 가등기도 가능한 것으로 규정하고 있다. 그러나 말소등기는 채권적 청구권에 기한 것이 거의 없고 대부분 물권적 청구권에 기한 것이므로 등기실무상 행해지는 예는 잘 보이지 않는다.

### (3) 시기부 또는 정지조건부의 청구권

시기부 또는 정지조건부의 청구권이란 권리의 설정, 이전, 변경 또는 소멸의 청구권발생이 시기부 또는 정지조건부인 것을 말한다. 시기부 청구권이란 청구권의 효력이 장래일정기일에 발생하는 것을 말하고 정지조건부 청구권이란 청구권의 효력이 일정한 조건에 걸려 있는 것을 말한다.

### (4) 장래에 확정될 청구권

청구권이 장래에 확정될 것이라 함은 장래 청구권이 발생할 가능성이 있는 모든 경우를 의미하는 것이 아니고 장래 청구권을 발생하게 할 기본적인 법률관계는 이미 성립되어 있는 경우를 말한다.

## 3. 가등기의 효력

가등기에 의한 본등기를 한 경우 본등기의 순위는 가등기의 순위에 따른다(법 제91조). 이를 가등기의 순위보전의 효력이라고 한다. 가등기는 오로지 순위보전의 효력이 있을 뿐이므로 그 가등기에 의한 본등기가 이루어지기 전에는 물권변동의 효력이 없으며 가등기 의무자의 처분권을 제한하는 효력도 없다.

# II. 가등기절차

## 1. 신청절차

### (1) 신청인

가등기의 신청은 일반원칙에 따라 가등기권리자의 가등기의무자의 공동신청에 의하는 것이 원칙이다. 하지만 법에서는 가등기가 종국등기가 아니라 예비등기이기 때문에 신청절차를 간소화하여 가등기의무자의 승낙이 있거나 가등기를 명하는 법원의 가처분명령이 있을 때에는 단독으로 가등기를 신청할 수 있게 하고 있다(법 제89조). 가등기가처분은 가등기권리자가 가등기의무자의 협력을 얻지 못하여 가등기를 할 수 없는 경우에 관할 지방법원에 가등기 원인사실을 소명하여 가등기를 명하는 가처분명령을 신청하고, 이에 따라 관할법원에서 가처분명령을 하는 것을 말한다(법 제90조).

가등기가처분은 분쟁을 요건으로 하지 않고 대립당사자의 존재를 전제로 하지 않는다는 점에서 「민사집행법」상 가처분과는 성격이 다르다. 그러므로 가등기가처분명령이 있다하더라도 법원의 촉탁으로 가등기를 할 수 없고, 가등기가처분명령에 대해서는 「민사집행법」에 따른 불복을 할 수 없어 그 가등기를 말소하기 위해서는 가등기말소의 소를 제기하여야 한다. 가등기가처분명령의 신청을 기각한 결정에 대해서는 즉시항고를 할 수 있으며 이때에는 「비송사건절차법」을 준용한다(법 제90조 2항, 3항).

### (2) 등기필정보와 첨부정보

가등기권리자가 단독으로 가등기를 신청하는 경우에는 가등기의무자의 승낙이나 가처분명령이 있음을 증명하는 정보를 첨부정보로서 등기소에 제공하여야 한다(규칙 제145조). 그런데 이와 같이 가등기를 가등기권리자가 단독으로 신청하는 경우라면 가등기의무자의 등기필정보는 제공할 필요가 없다.

가등기의무자의 승낙을 얻어 가등기를 신청할 때에는 가등기의무자의 인감증명을 제공하여야 하나, 가등기가처분명령에 의하여 가등기를 신청할 때에는 가등기의무자의 인감증명을 제공할 필요가 없다.

가등기는 소유권을 종국적으로 취득하는 것이 아니므로 농지에 대한 소유권이전등기청구권가등기를 신청할 때에 농지취득자격증명은 제공할 필요가 없다. 반면 토지거래허가는 매매예약의 경우에도 필요하므로 토지에 대한 소유권이전등기청구권가등기를 신청할 때에는 토지거래계약허가를 받았음을 증명하는 정보를 제공하여야 한다.

### (3) 가등기권리자가 여러 사람인 경우

여러 사람이 가등기를 할 권리를 공유하고 있는 때에는 각자의 지분을 신청정보의 내용으로 하여야 하고 등기를 할 때에도 그 지분을 기록하여야 한다.

여러 사람 공유의 부동산에 관하여 여러 사람 이름으로 가등기를 신청할 때에는 여러 사람의 공유자가 여러 사람에게 지분의 전부 또는 일부를 이전하는 경우와 같이 등기권리자별 또는 등기의무자별로 신청을 하여야 한다.

## 2. 가등기상 권리의 이전등기

가등기상 권리를 제3자에게 양도하는 경우에 양도인과 양수인은 공동신청으로 그 가등기상 권리의 이전등기를 신청할 수 있고, 그 이전등기는 가등기에 대한 부기등기의 형식으로 한다.

가등기상 권리의 이전등기 신청은 가등기된 권리 중 일부지분에 관해서도 할 수 있다. 이 경우 이전되는 지분을 신청정보의 내용으로 하여야 하고 등기기록에도 그 지분을 기록하여야 한다.

여러 사람 이름으로 가등기가 되어 있으나 각자의 지분이 기록되지 아니한 경우 그 지분은 균등한 것으로 취급한다. 일부의 가등기권자가 균등하게 산정한 지분과 다른 가등기지분을 주장하여 그 가등기에 대한 이전등기를 신청하고자 할 경우에는 먼저 가등기지분을 기록하는 의미의 경정등기를 신청하여야 한다. 이 경우 그 경정등기신청은 가등기권자 전원이 공동으로 하여야 하고 실제의 지분비율을 증명하는 정보와 실제의 지분이 균등하게 산정한 지분보다 적은 가등기권자의 인감증명을 첨부정보로서 등기소에 제공하여야 한다.

## ♣【서식】소유권이전청구권가등기신청서

<table>
<tr><th colspan="5">소유권이전청구권가등기신청</th></tr>
<tr><td rowspan="2">접 수</td><td>년 월 일</td><td rowspan="2">처리인</td><td>등기관 확인</td><td>각종 통지</td></tr>
<tr><td>제      호</td><td></td><td></td></tr>
</table>

<table>
<tr><td colspan="5">① 부동산의 표시</td></tr>
<tr><td colspan="5">서울특별시 서초구 서초동 100<br><br>　　대300㎡<br><br><br><br>　　　　　이　　　　　상<br><br></td></tr>
<tr><td colspan="2">② 등기원인과 그연월일</td><td colspan="3">2024년 1월 22일 매매예약</td></tr>
<tr><td colspan="2">③ 등 기 의 목 적</td><td colspan="3">소유권이전청구권가등기</td></tr>
<tr><td colspan="2">④ 가등기할 지 분</td><td colspan="3"></td></tr>
<tr><td colspan="5"></td></tr>
<tr><td>구분</td><td>성    명<br>(상호·명칭)</td><td>주민등록번호<br>(등기용등<br>록번호)</td><td>주    소 (소 재 지)</td><td>지    분<br>(개인별)</td></tr>
<tr><td>⑤ 등기의무자</td><td>이 대 백</td><td>XXXXXX-XXX<br>XXXX</td><td>서울특별시 서초구 서초대로 88길 20 (서초동)</td><td></td></tr>
<tr><td>⑥ 등기권리자</td><td>김 갑 동</td><td>XXXXXX-XXX<br>XXXX</td><td>서울특별시 중구 다동길 96 (다동)</td><td></td></tr>
</table>

| ⑦ 등 록 면 허 세 | 금 | ○○○,○○○ | 원 |
|---|---|---|---|
| ⑦ 지 방 교 육 세 | 금 | ○○○,○○○ | 원 |
| ⑦ 농 어 촌 특 별 세 | 금 | ○○○,○○○ | 원 |
| ⑧ 세 액 합 계 | 금 | ○○○,○○○ | 원 |

| ⑨ 등 기 신 청 수 수 료 | 금 | 15,000 | 원 |
|---|---|---|---|
| | 납부번호 : ○○-○○-○○○○○○○○-○ | | |
| | 일괄납부 :        건        원 | | |

| ⑩ 등기의무자의 등기필정보 | | |
|---|---|---|
| 부동산 고유번호 | 1102-2006-002095 | |
| 성명(명칭) | 일련번호 | 비밀번호 |
| 이대백 | Q77C-LO71-35J5 | 40-4636 |

| ⑪ 첨 부 서 면 | | | |
|---|---|---|---|
| · 매매예약서 | 1통 | · 인감증명서 또는 본인서명사실 | |
| · 등록면허세영수필확인서 | 1통 |   확인서 | 1통 |
| · 등기신청수수료 영수필확인서 | 1통 | · 등기필증 | 1통 |
| · 주민등록표등(초)본 | 1통 | 〈기 타〉 | |

2024년 1월 22일

⑫ 위 신청인    이  대  백  ⑩    (전화 : 200-7766)
　　　　　　　 긴  갑  동  ⑩    (전화 : 200-7766)

(또는)위 대리인                (전화 :        )


서울중앙 지방법원                          등기국 귀중

---

- 신청서 작성요령 -

* 1. 부동산표시란에 2개 이상의 부동산을 기재하는 경우에는 부동산의 일련번호를 기재하여야 합니다.
  2. 신청인란등 해당란에 기재할 여백이 없을 경우에는 별지를 이용합니다.
  3. 담당 등기관이 판단하여 위의 첨부서면 외에 추가적인 서면을 요구할 수 있습니다.

## ♣ 【서식】 매매예약서

# 매 매 예 약 서

예약당사자의 표시
    매도예약자  (갑)
    매수예약자  (을)

부동산의 표시

매도 예약자 ○○○를 (갑)이라 하고, 매수예약자 ○○○를 (을)이라 하며, 아래와 같이 매매예약을 체결한다.

### - 아      래 -

제1조 (갑)은 (을)에게 (갑)소유인 위 부동산을 금＿＿＿＿＿＿＿원에 매도할 것을 예약하며 (을)은 이를 승낙한다.

제2조 (을)은 (갑)에게 이 예약의 증거금으로 금＿＿＿＿＿＿＿원을 지급하고, (갑)은 이를 정히 영수한다.

제3조 이 매매예약의 예약권리자는 (을)이고 매매완결일자는 20○○. ○. ○.로 하되, 위 완결일자가 경과하였을 경우에는 (을)의 매매완결의 의사표시가 없어도 당연히 매매가 완결된 것으로 본다.

제4조 제3조에 의하여 매매가 완결되었을 때에는 (갑), (을)간에 위 부동산에 대한 매매계약이 성립되고, (갑)은 (을)로부터 제1조의 대금 중 제2조의 증거금을 공제한 나머지 대금을 수령함과 동시에 (을)에게 위 부동산에 관하여 매매로 인한 소유권이전등기절차를 이행하며, 위 부동산을 인도하여야 한다.

제5조 (갑)은 예약체결과 동시에 위 부동산에 대하여 (을)에게 소유권이전등기청구권 보전을 위한 가등기절차를 이행하며, 등기신청에 따른 제반 비용은 (을)이 부담한다.

제6조 (기타사항)

　이 예약을 증명하기 위하여 계약서 2통을 작성하고 (갑), (을) 쌍방이 기명날인한 후 각자 1통씩 보관한다.


20○○년　　○월　　○일


매도예약자 (갑) ○ ○ ○ ⑩

매수예약자 (을) ○ ○ ○ ⑩

## ♣ 【서식】 소유권이전청구권가등기신청서(구분건물)

### 소유권이전청구권가등기신청

| 접 수 | 년 월 일 | 처리인 | 등기관 확인 | 각종 통지 |
|---|---|---|---|---|
| | 제        호 | | | |

| ① 부동산의 표시 |
|---|
| 1동의 건물의 표시<br>　　　서울특별시 서초구 서초동 100<br>　　　서울특별시 서초구 서초동 101　　　샛별아파트 가동<br>　　　[도로명주소] 서울특별시 서초구 서초대로 88길 10<br>전유부분의 건물의 표시<br>　　　건물의 번호　1-101<br>　　　구　　　조　철근콘크리트조<br>　　　면　　　적　1층 101호 86.03㎡<br>대지권의 표시<br>　　　토지의 표시<br>　　　1. 서울특별시 서초구 서초동 100　　　　　대 1,400㎡<br>　　　2. 서울특별시 서초구 서초동 101　　　　　대 1,600㎡<br>　　　대지권의 종류　소유권<br>　　　대지권의 비율 1,2 : 3,000분의 500<br>　　　　　　　　　　이　　　　　　　상 |

| ② 등기원인과 그 연월일 | 2024년 1월 22일 매매예약 |
|---|---|
| ③ 등 기 의 목 적 | 소유권이전청구권가등기 |
| ④ 가등기할 지분 | |

| 구분 | 성 명<br>(상호·명칭) | 주민등록번호<br>(등기용등록번호) | 주    소 (소 재 지) | 지 분<br>(개인별) |
|---|---|---|---|---|
| ⑤ 등기의무자 | 이 대 백 | XXXXXX-XXXXXXX | 서울특별시 서초구 서초대로 88길 20 (서초동) | |
| ⑥ 등기권리자 | 김 갑 동 | XXXXXX-XXXXXXX | 서울특별시 서초구 서초대로 88길 10, 가동 101호(서초동, 샛별아파트) | |

| ⑦ 등 록 면 허 세 | 금 | ○○○,○○○ | 원 |
|---|---|---|---|
| ⑦ 지 방 교 육 세 | 금 | ○○○,○○○ | 원 |
| ⑦ 농 어 촌 특 별 세 | 금 | ○○○,○○○ | 원 |
| ⑧ 세 액 합 계 | 금 | ○○○,○○○ | 원 |
| ⑨ 등 기 신 청 수 수 료 | 금 | 15,000 | 원 |
| | 납부번호 : ○○-○○-○○○○○○○○-○ | | |
| | 일괄납부 :          건               원 | | |

⑩ 등기의무자의 등기필정보

| 부동산 고유번호 | 1102-2006-002095 | |
|---|---|---|
| 성명(명칭) | 일련번호 | 비밀번호 |
| 이대백 | Q77C-LO71-35J5 | 40-4636 |

⑪ 첨 부 서 면

| | | | |
|---|---|---|---|
| · 매매예약서 | 1통 | · 인감증명서 또는 본인서명사실 | |
| · 등록면허세영수필확인서 | 1통 | 확인서 | 1통 |
| · 등기신청수수료 영수필확인서 | 1통 | · 등기필증 | 1통 |
| · 주민등록표등(초)본 | 1통 | 〈기 타〉 | |

2024년 1월 22일

⑫ 위 신청인       이    대    백    ㉜  (전화 : 200-7766)
                  김    갑    동    ㉜  (전화 : 211-7711)

  (또는)위 대리인                        (전화 :          )


       서울중앙 지방법원                    등기국 귀중


- 신청서 작성요령 -

* 1. 부동산표시란에 2개 이상의 부동산을 기재하는 경우에는 부동산의 일련번호를 기재하여야 합니다.
  2. 신청인란등 해당란에 기재할 여백이 없을 경우에는 별지를 이용합니다.
  3. 담당 등기관이 판단하여 위의 첨부서면 외에 추가적인 서면을 요구할 수 있습니다.

## ♣ 【서식】소유권이전청구권가등기신청서(매매예약)

**소유권이전청구권가등기신청**

| 접수 | 년 월 일 | 처리인 | 등기관 확인 | 각종통지 |
|---|---|---|---|---|
| | 제      호 | | | |

**부동산의 표시**

1. 서울특별시 ○○구 ○○동 123-5
   　　대 ○○○㎡
2. 서울특별시 ○○구 ○○동 123-5
   시멘트 벽돌조 슬래브지붕 단층 주택
   　　○○㎡

　　이　　　　　상

| 등기원인과 그 연월일 | 20 년 0 월 0 일 매매예약 |
|---|---|
| 등 기 의 목 적 | 소유권이전청구권가등기 |
| 가 등 기 할 지 분 | |
| | |

| 구분 | 성 명<br>(상호·명칭) | 주민등록번호<br>(등기용등록번호) | 주 소(소 재 지) | 지 분<br>(개인별) |
|---|---|---|---|---|
| 등기의무자 | ○ ○ ○ | 000000-000000 | 서울특별시 ○○구 ○○동 234 | |
| 등기권리자 | ○ ○ ○ | 000000-000000 | 서울특별시 ○○구 ○○동 345 | |

| 등 록 면 허 세 | 금 | | 원 |
|---|---|---|---|
| 지 방 교 육 세 | 금 | | 원 |
| 농 어 촌 특 별 세 | 금 | | 원 |
| 세 액 합 계 | 금 | | 원 |
| 등 기 신 청 수 수 료 | 금 | | 원 |
| | 납부번호 : ○○-○○-○○○○○ | | |
| | 일괄납부 : 건 원 | | |

| 등기의무자의 등기필 정보 | | |
|---|---|---|
| 부동산 고유번호 | 1002-2009-002096 | |
| 성명(명칭) | 일련번호 | 비밀번호 |
| | A7B-CD7EF-123G | 50-4637 |

**첨 부 서 면**

| · 매매예약서 | 1통 | · 주민등록표등(초)본 | 1통 |
|---|---|---|---|
| · 등록면허세영수필확인서 | 1통 | 〈기  타〉 | |
| · 등기신청수수료 영수필확인서 | 1통 | | |
| · 등기필증 | 1통 | | |
| · 인감증명서 | 1통 | | |

20    년    2월    11일

위 신청인         ○      ○      ○      (인)    (전화: 555-1234)

                 ○      ○      ○      (인)    (전화: 777-1234)

(또는)위 대리인  법무사 ○  ○  ○   (인)    (전화: 666-1234)

서울특별시 ○○구 ○○동 456

서울중앙 지방법원                    등기국 귀중

---

- 신청서 작성요령 -

* 1. 부동산표시란에 2개 이상의 부동산을 기재하는 경우에는 부동산의 일련번호를 기재
   하여야 합니다.
  2. 신청인란등 해당란에 기재할 여백이 없을 경우에는 별지를 이용합니다.
  3. 담당 등기관이 판단하여 위의 첨부서면 외에 추가적인 서면을 요구할 수 있습니다.

## ♣【서식】전세권설정청구권가등기신청서(설정예약)

<table>
<tr><td colspan="5" align="center">전세권설정청구권가등기신청</td></tr>
<tr><td rowspan="2">접수</td><td>년 월 일</td><td rowspan="2">처리인</td><td>등기관 확인</td><td>각종통지</td></tr>
<tr><td>제        호</td><td></td><td></td></tr>
</table>

<table>
<tr><td colspan="4" align="center">부동산의 표시</td></tr>
<tr><td colspan="4">

서울특별시 ○○구 ○○동 123-5<br>
시멘트 벽돌조 슬래브지붕 단층 주택<br>
○○○㎡<br>
이                상

</td></tr>
<tr><td>등기원인과 그 연월일</td><td colspan="3">20   년 0 월 0 일 설정예약</td></tr>
<tr><td>등 기 의 목 적</td><td colspan="3">전세권설정청구권가등기</td></tr>
<tr><td>전 세 금</td><td colspan="3">금 100,000,000원</td></tr>
<tr><td>전세권의 목적과 범위</td><td colspan="3">주택의 전부</td></tr>
<tr><td>존 속 기 간</td><td colspan="3">20   년 0 월 0 일부터 20   년 0 월 0 일까지</td></tr>
<tr><td colspan="4"></td></tr>
<tr><td>구분</td><td>성 명<br>(상호·명칭)</td><td>주민등록번호<br>(등기용등록번호)</td><td>주 소(소 재 지)</td></tr>
<tr><td>등기의무자</td><td>○ ○ ○</td><td>000000-000000</td><td>서울특별시 ○○구 ○○동 234</td></tr>
<tr><td>등기권리자</td><td>○ ○ ○</td><td>000000-000000</td><td>서울특별시 ○○구 ○○동 345</td></tr>
</table>

| 등 록 면 허 세 | 금 | 원 |
|---|---|---|
| 지 방 교 육 세 | 금 | 원 |
| 농 어 촌 특 별 세 | 금 | 원 |
| 세 액 합 계 | 금 | 원 |
| 등 기 신 청 수 수 료 | 금 | 원 |
| | 납부번호 : ○○-○○-○○○○○ | |
| | 일괄납부 :        건 | 원 |

| 등기의무자의 등기필 정보 | | |
|---|---|---|
| 부동산 고유번호 | 1002-2009-002096 | |
| 성명(명칭) | 일련번호 | 비밀번호 |
| 박영철 | A7B-CD7EF-123G | 50-4637 |

**첨 부 서 면**

| · 전세권설정예약서 | 1통 | · 주민등록표등(초)본 | 1통 |
|---|---|---|---|
| · 등록면허세영수필확인서 | 1통 | 〈기  타〉 | |
| · 등기신청수수료 영수필확인서 | 1통 | | |
| · 등기필증 | 1통 | | |
| · 인감증명서 | 1통 | | |

20  년   2월   11일

위 신청인      ○      ○      ○      (인)    (전화: 555-1234)

○      ○      ○      (인)    (전화: 777-1234)

(또는)위 대리인  법무사  ○  ○  ○    (인)    (전화: 666-1234)

서울특별시 ○○구 ○○동 456

서울중앙 지방법원                    등기국 귀중

- 신청서 작성요령 -

* 1. 부동산표시란에 2개 이상의 부동산을 기재하는 경우에는 부동산의 일련번호를 기재
하여야 합니다.
 2. 신청인란등 해당란에 기재할 여백이 없을 경우에는 별지를 이용합니다.
 3. 담당 등기관이 판단하여 위의 첨부서면 외에 추가적인 서면을 요구할 수 있습니다.

# Ⅲ. 가등기에 의한 본등기

## 1. 신청인

### (1) 당사자

#### 1) 가등기 후 제3자에게 소유권이 이전된 경우

소유권이전청구권가등기 후 그 본등기 전에 제3자에게 소유권이 이전된 경우 본등기신청의 등기의무자는 가등기를 할 때의 소유자이다.

#### 2) 당사자가 사망한 경우

가등기를 마친 후에 가등기당사자가 사망한 경우에는 그 자의 지위가 가등기상의 권리자이든 의무자이든 관계없이 그 상속인은 상속등기를 거치지 아니하고 상속을 증명하는 정보를 제공하여 가등기의무자 또는 가등기권리자로서 공동으로 본등기를 신청할 수 있다.

### (2) 등기원인증명정보 및 등기필정보

매매예약을 원인으로 한 가등기에 의한 본등기를 신청하는 경우 본등기의 원인일자는 매매예약완결의 의사표시를 한 날이 되고 매매계약서를 등기원인을 증명하는 정보로 제공하여야 한다.

형식상 매매예약을 등기원인으로 하여 가등기가 마쳐져 있으나, 실제로는 매매예약완결권을 행사할 필요 없이 가등기권리자가 요구하면 언제든지 본등기를 하여 주기로 약정한 경우에는, 매매예약완결권을 행사하지 않고서도 본등기를 신청할 수 있으며, 이때에는 별도로 매매계약서를 제공할 필요가 없다.

가등기에 의한 본등기를 신청할 때에는 가등기를 할 때 통지받은 가등기권자의 등기필정보가 아닌 가등기의무자의 등기필정보를 제공하여야 한다.

### (3) 가등기된 권리 중 일부지분에 대한 본등기의 신청

가등기에 의한 본등기 신청은 가등기된 권리 중 일부지분에 관해서도 할 수 있다. 이 경우 본등기 될 지분을 신청정보의 내용으로 하여야 하고 등기기록에도 그 지분을 기록하여야 한다.

### (4) 공동가등기권자가 있는 경우

하나의 가등기에 관하여 여러 사람의 가등기권자가 있는 경우에, 가등기권자 모두가 공동의 이름으로 본등기를 신청하거나, 그 중 일부의 가등기권자가 자기의 가등기지분에 관하여 본등기를 신청할 수 있다. 그러나 일부의 가등기권자가 공유물보존행위에 준하여 가등기 전부에 관한 본등기를 신청할 수는 없다.

공동가등기권자의 지분이 기록되어 있지 아니한 때에는 그 지분은 균등한 것으로 보아 본등기를 허용하고, 일부의 가등기권자가 균등하게 산정한 지분과 다른 가등기지분을 주장하여 그 가등기에 의한 본등기를 신청하고자 할 경우에는 먼저 가등기지분을 기록하는 의미의 경정등기를 신청하여야 한다. 이 경우 그 경정등기신청은 가등기권자 전원이 공동으로 하여야 하고 가등기권자의 실제의 지분비율을 증명하는 정보와 실제의 지분이 균등하게 산정한 지분보다 적은 가등기권자의 인감증명을 제공하여야 한다.

두 사람의 가등기권자 중 한 사람이 가등기상 권리를 다른 가등기권자에게 양도한 경우, 양수한 가등기권자 한 사람의 이름으로 본등기를 신청하기 위해서는, 먼저 가등기상 권리의 양도를 원인으로 한 지분이전의 부기등기를 마쳐야 한다.

## (5) 판결에 의한 본등기의 신청

### 1) 등기원인일자

가등기상 권리가 매매예약에 의한 소유권이전청구일 경우, 판결주문에 매매예약 완결일자가 있으면 그 일자를 등기원인일자로 하여야 하고, 판결주문에 매매예약 완결일자가 기록되어 있지 아니한 때에는 등기원인은 확정판결로, 등기원인일자는 그 확정판결의 선고연월일로 하여야 한다.

### 2) 판결에 기록되어 있는 등기원인일자가 등기기록과 다른 경우

등기기록상 가등기 원인일자와 본등기를 명한 판결주문의 가등기 원인일자가 서로 다르다 하더라도 판결이유에 의하여 매매의 동일성이 인정된다면 그 판결에 의하여 가등기에 의한 본등기를 신청할 수 있다.

### 3) 판결주문에 가등기에 의한 본등기라는 취지의 기록이 없는 경우

판결의 주문에 피고에게 소유권이전청구권 가등기에 의한 본등기 절차의 이행을 명하지 않고 매매로 인한 소유권이전등기절차의 이행을 명한 경우라도, 판결이유에 의하여 피고의 소유권이전등기절차의 이행이 가등기에 의한 본등기 절차의 이행임이 명백한 때에는, 그 판결을 등기원인증명정보로 하여 가등기에 의한 본등기를 신청할 수 있다.

## (6) 다른 원인으로 소유권이전등기를 한 경우

소유권이전청구권 가등기권자가 가등기에 의한 본등기를 하지 않고 다른 원인에 의한 소유권이전등기를 한 후에는 다시 그 가등기에 의한 본등기를 할 수 없다. 다만, 가등기 후 위 소유권이전등기 전에 제3자 앞으로 처분제한의 등기가 되어 있거나 중간처분의 등기가 된 경우에는 그러하지 아니하다.

## 2. 가등기에 의해 보전되는 권리를 침해하는 등기의 직권말소

가등기에 의한 본등기를 하면 본등기의 순위는 가등기의 순위에 따르기 때문에 가등기 이후에 된 등기는 본등기보다 후순위가 된다(법 제91조).

이 경우 후순위 등기의 말소절차가 문제되는바, 법은 등기관이 가등기에 의한 본등기를 하면 가등기 이후에 된 등기로서 가등기에 의하여 보전되는 권리를 침해하는 등기는 등기관이 직권으로 말소하는 것으로 규정하고 있다(법 제92조). 즉, 등기관이 가등기에 의한 본등기를 하였을 때에는 가등기 이후에 된 등기로서 가등기에 의하여 보전되는 권리를 침해하는 등기를 직권으로 말소하고, 그 등기를 말소했을 때에는 지체 없이 그 사실을 말소된 권리의 등기명의인에게 통지하여야 한다(법 제92조 1항, 2항).

다만 가등기 후 본등기 전에 마쳐진 등기가 체납처분으로 인한 압류등기인 경우에는 직권말소대상통지를 한 후 이의신청이 있으면 그 이의에 이유가 있는지 여부를 검토한 후 직권말소 여부를 결정한다. 이는 소유권이전청구권보전가등기의 실질이 담보가등기인 경우 그 담보가등기에 의한 본등기로 인하여 담보가등기보다 우선하는 압류등기가 말소되는 것을 방지하기 위한 것이다. 그러므로 가등기 후에 이루어진 등기가 압류등기 외의 등기인 경우에는 이러한 절차를 밟을 필요가 없다.

등기관이 가등기에 의한 본등기를 한 다음 가등기 후 본등기 전에 마쳐진 등기를 직권으로 말소할 때에는 가등기에 의한 본등기로 인하여 그 등기를 말소한다는 뜻을 기록하여야 한다(규칙 제149조).

### (1) 소유권이전등기청구권보전 가등기에 의하여 소유권이전의 본등기를 한 경우

등기관이 소유권이전등기청구권보전 가등기에 의하여 소유권이전의 본등기를 한 경우에는 가등기 후 본등기 전에 마쳐진 등기 중 앞에서 본 체납처분에 따른 압류등기와 아래의 등기를 제외하고는 모두 직권으로 말소한다(규칙 제147조).

① 해당 가등기상 권리를 목적으로 하는 가압류등기나 가처분등기

② 가등기 전에 마쳐진 가압류에 의한 강제경매개시결정등기

③ 가등기 전에 마쳐진 담보가등기, 전세권 및 저당권에 의한 임의경매개시결정등기

④ 가등기권자에게 대항할 수 있는 주택임차권등기, 주택임차권설정등기, 상가건물임차권등기, 상가건물임차권설정등기(이하 '주택임차권등기등'이라 한다)

## (2) 용익권설정등기청구권보전 가등기에 의하여 용익권설정의 본등기를 한 경우

### 1) 직권말소의 대상이 되는 등기

등기관이 지상권·전세권·임차권설정등기청구권보전 가등기에 의하여 본등기를 한 경우 가등기 후 본등기 전에 동일한 부분에 마쳐진 아래의 등기는 직권으로 말소한다(규칙 제148조 1항).

① 지상권설정등기

② 지역권설정등기

③ 전세권설정등기

④ 임차권설정등기

⑤ 주택임차권등기등. 다만 가등기권자에게 대항할 수 있는 임차인 명의의 등기는 말소할 수 없다. 이 경우 가등기에 의한 본등기의 신청을 하려면 먼저 대항력 있는 주택임차권등기등을 말소하여야 한다.

### 2) 직권말소의 대상이 되지 않는 등기

등기관이 지상권·전세권·임차권설정등기청구권보전 가등기에 의하여 본등기를 한 경우 가등기 후 본등기 전에 마쳐진 아래의 등기는 직권말소의 대상이 되지 않는다(규칙 제148조 2항).

① 소유권이전등기 및 소유권이전청구권보전 가등기

② 가압류 및 가처분 등 처분제한의 등기

③ 체납처분으로 인한 압류등기

④ 저당권설정등기

⑤ 가등기가 되어 있지 않은 부분에 대한 지상권·전세권·임차권설정등기와 주택임차권등기등

## (3) 저당권설정등기청구권보전 가등기에 의하여 본등기를 한 경우

저당권설정등기청구권보전 가등기에 의하여 본등기를 한 경우에는 가등기 후 본등기 전에 마쳐진 등기는 직권으로 말소할 수 없다.

## (4) 기타

### 1) 가등기의무자가 사망 후 상속등기가 이루어진 경우

가등기의무자가 가등기 후 사망하여 상속인이 그 지위를 승계한 경우, 본등기 당시에 가등기의무자에 관한 상속등기가 이미 마쳐져 있는 때에는 그 상속등기도 직권으로 말소한다.

### 2) 가등기권리자 중 일부의 자의 지분만에 말소원인이 있는 경우

가등기권리자 중 일부의 자의 지분만에 말소원인이 있는 경우에는 먼저 그 가등기의 일부 지분을 말소하는 의미의 경정등기를 부기등기로 한 다음 나머지 지분에 대하여 본등기를 할 수 있다. 이 경우 가등기 후 본등기 전에 이루어진 제3취득자의 소유권이전등기 등에 대해서는 본등기 범위 내에서 직권으로 일부말소 의미의 경정등기를 한다.

## ♣ 【서식】 소유권이전본등기신청서

| | | | 소유권이전본등기신청 | | |
|---|---|---|---|---|---|
| 접　수 | 년　월　일 | 처리인 | 등기관 확인 | 각종 통지 | |
| | 제　　　호 | | | | |

| ① 부동산의 표시(거래신고일련번호/거래가액) |
|---|
| 1. 서울특별시 서초구 서초동 100<br><br>　　대 300㎡<br><br>2. 서울특별시 서초구 서초동 100<br><br>　　[도로명주소] 서울특별시 서초구 서초대로 88길 10<br><br>　　시멘트 벽돌조 슬래브지붕 2층 주택<br><br>　　　1층 100㎡<br><br>　　　2층 100㎡<br><br>　거래신고일련번호 : 12345-2006-4-1234560　　거래가액 : 500,000,000원<br>　　　　　　　　　　　　　이　　　　　상 |

| ② 등기원인과 그 연월일 | 2014년 1월 22일 매매 |
|---|---|
| ③ 등 기 의 목 적 | 소유권이전 |
| ④ 가등기의 표시 | 2008년 8월 1일 접수 제 21110 호로 등기된 소유권이전<br>청구권 가등기 |
| ⑤ 이 전 할 지 분 | |

| 구분 | 성　명<br>(상호·명칭) | 주민등록번호<br>(등기용등록<br>번호) | 주　　소 (소 재 지) | 지　분<br>(개인별) |
|---|---|---|---|---|
| ⑥ 등기의무자 | 이 대 백 | XXXXXX-XXX<br>XXXX | 서울특별시  서초구  서초대로<br>88길 20 (서초동) | |
| ⑦ 등기권리자 | 김 갑 동 | XXXXXX-XXX<br>XXXX | 서울특별시 중구 다동길 96<br>(다동) | |

| ⑧ 시가표준액 및 국민주택채권매입금액 | | |
| --- | --- | --- |
| 부동산 표시 | 부동산별 시가표준액 | 부동산별 국민주택채권매입금액 |
| 1. 주　택 | 금 ○○,○○○,○○○원 | 금　○○○,○○○　원 |
| 2. | 금　　　　　　　원 | 금　　　　　　　원 |
| ⑧ 국 민 주 택 채 권 매 입 총 액 | | 금　○○○,○○○　원 |
| ⑧ 국 민 주 택 채 권 발 행 번 호 | | ○ ○ ○ |
| ⑨ 취득세(등록면허세) 금○○○,○○○원 | ⑨ 지 방 교 육 세 금 ○○,○○○원 | |
| | ⑨ 농어촌특별세 금 ○○,○○○원 | |
| ⑩ 세 　 액 　 합 　 계 | 금　　　　○○○,○○○　원 | |
| ⑪ 등 기 신 청 수 수 료 | 금　　　　30,000　원 | |
| | 납부번호 : ○○-○○-○○○○○○○○○-○ | |
| | 일괄납부 :　　　　건　　　　　원 | |

| ⑫ 등기의무자의 등기필정보 | | |
| --- | --- | --- |
| 부동산고유번호 | 1102-2006-002095 | |
| 성명(명칭) | 일련번호 | 비밀번호 |
| 이대백 | Q77C-LO71-35J5 | 40-4636 |

| ⑬　　첨 　부 　서 　면 | |
| --- | --- |
| · 매매계약서　　　　　　　　1통 | · 인감증명서 또는 본인서명사실 |
| · 등기필증　　　　　　　　　1통 | 　확인서　　　　　　　　　　1통 |
| · 토지 · 건축물대장등본　　각1통 | · 주민등록표등(초)본　　　각1통 |
| · 취득세(등록면허세)영수필확인서　1통 | · 부동산거래계약신고필증　　1통 |
| · 등기신청수수료 영수필확인서　1통 | · 매매목록　　　　　　　　　통 |
| | 〈기 타〉 |

2014년  1월  22일

　　⑭ 위 신청인　　이　　대　　백　㉔ (전화 : 200-7766)
　　　　　　　　　　긴　　갑　　동　㉔ (전화 : 300-7766)

　(또는)위 대리인　　　　　　　　　(전화 :　　　　)

　　　　　서울중앙 지방법원　　　　　　등기국 귀중

- 신청서 작성요령 -

* 1. 부동산표시란에 2개 이상의 부동산을 기재하는 경우에는 부동산의 일련번호를 기재하
　　여야 합니다.
　2. 신청인란등 해당란에 기재할 여백이 없을 경우에는 별지를 이용합니다.
　3. 담당 등기관이 판단하여 위의 첨부서면 외에 추가적인 서면을 요구할 수 있습니다.

## ♣ 【서식】 소유권이전본등기신청서(구분건물)

<table>
<tr><td colspan="6" align="center">소유권이전본등기신청</td></tr>
<tr>
<td rowspan="2">접　수</td>
<td align="center">년 월 일</td>
<td rowspan="2" align="center">처리인</td>
<td align="center">등기관 확인</td>
<td align="center">각종 통지</td>
</tr>
<tr>
<td align="center">제　　　호</td>
<td></td>
<td></td>
</tr>
</table>

| |
|---|
| ① 부동산의 표시(거래신고일련번호/거래가액) |

1동의 건물의 표시
　　서울특별시 서초구 서초동 100
　　서울특별시 서초구 서초동 101　　샛별아파트 가동
　　[도로명주소] 서울특별시 서초구 서초대로 88길 10
전유부분의 건물의 표시
　　건물의 번호 1-101
　　구　　　조 철근콘크리트조
　　면　　　적 1층 101호 86.03㎡
대지권의 표시
　　토지의 표시
　　1. 서울특별시 서초구 서초동 100　　　　　　대 1,400㎡
　　2. 서울특별시 서초구 서초동 101　　　　　　대 1,600㎡
　　대지권의 종류 소유권
　　대지권의 비율 1,2 : 3,000분의 500
거래신고일련번호 : 12345-2006-4-1234560　　거래가액 : 1,000,000,000원
　　　　　　　　　　　이　　상

| ② 등기원인과 그 연월일 | 2014년 1월 22일 매매 |
|---|---|
| ③ 등 기 의 목 적 | 소유권이전 |
| ④ 가등기의 표시 | 2008년 8월 1일 접수 제 21110 호로 등기된 소유권이전청구권 가등기 |
| ⑤ 이 전 할 지 분 | |

| 구분 | 성　명<br>(상호·명칭) | 주민등록번호<br>(등기용등록번호) | 주　소 (소재지) | 지 분<br>(개인별) |
|---|---|---|---|---|
| ⑥ 등기의무자 | 이 대 백 | XXXXXX-XXXXXXX | 서울특별시 서초구 서초대로 88길 20 (서초동) | |
| ⑦ 등기권리자 | 김 갑 동 | XXXXXX-XXXXXXX | 서울특별시 서초구 서초대로 88길 10, 가동 101호(서초동, 샛별아파트) | |

| ⑧ 시가표준액 및 국민주택채권매입금액 | | |
|---|---|---|
| 부동산 표시 | 부동산별 시가표준액 | 부동산별 국민주택채권매입금액 |
| 1. 주　　택 | 금 ○○,○○○,○○○원 | 금　○○○,○○○　원 |
| 2. | 금　　　　　　원 | 금　　　　　　원 |
| 3. | 금　　　　　　원 | 금　　　　　　원 |
| ⑧ 국 민 주 택 채 권 매 입 총 액 | | 금　○○○,○○○　원 |
| ⑧ 국 민 주 택 채 권 발 행 번 호 | | ○　○　○ |
| ⑨ 취득세(등록면허세) 금○○○,○○○원 | ⑨ 지방교육세 금 ○○,○○○원 | |
| | ⑨ 농어촌특별세 금 ○○,○○○원 | |
| ⑩ 세　　액　　합　　계 | 금　　　　　　○○○,○○○　원 | |
| ⑪ 등 기 신 청 수 수 료 | 금　　　　　　15,000　원 | |
| | 납부번호 : ○○-○○-○○○○○○○○○-○ | |
| | 일괄납부 :　　　　건　　　　　　원 | |
| ⑫ 등기의무자의 등기필정보 | | |
| 부동산고유번호 | 1102-2006-002095 | |
| 성명(명칭) | 일련번호 | 비밀번호 |
| 이대백 | Q77C-LO71-35J5 | 40-4636 |

| ⑬ 첨　부　서　면 | |
|---|---|
| · 취득세(등록면허세)영수필확인서　1통 | · 인감증명서 또는 본인서명사실 |
| · 등기신청수수료 영수필확인서　　1통 | 　확인서　　　　　　　　　　　1통 |
| · 토지 · 임야대장등본　　　　　　2통 | · 등기필증　　　　　　　　　　1통 |
| · 집합건축물대장등본　　　　　　1통 | · 매매계약서　　　　　　　　　1통 |
| · 주민등록표등(초)본　　　　　각1통 | · 부동산거래계약신고필증　　　1통 |
| | 〈기 타〉 |

2014년 1월 22일

　　⑭ 위 신청인　이　대　백　㉑　(전화 : 200-7766)

　　　　　　　　　　긴　갑　동　㉑　(전화 : 300-7766)

　(또는)위 대리인　　　　　　　　(전화 :　　　　)

　　　서울중앙 지방법원　　　　　　등기국 귀중

- 신청서 작성요령 -

* 1. 부동산표시란에 2개 이상의 부동산을 기재하는 경우에는 부동산의 일련번호를 기재하여야 합니다.
　2. 신청인란등 해당란에 기재할 여백이 없을 경우에는 별지를 이용합니다.
　3. 담당 등기관이 판단하여 위의 첨부서면 외에 추가적인 서면을 요구할 수 있습니다.

## ♣ 【서식】 소유권이전담보가등기에 기한 본등기신청서(대물반환)

<table>
<tr>
<td colspan="5" align="center">소유권이전본등기신청</td>
</tr>
<tr>
<td rowspan="2">접수</td>
<td>년 월 일</td>
<td rowspan="2">처리인</td>
<td>등기관 확인</td>
<td>각종통지</td>
</tr>
<tr>
<td>제        호</td>
<td></td>
<td></td>
</tr>
</table>

<table>
<tr>
<td colspan="5" align="center">부동산의 표시</td>
</tr>
<tr>
<td colspan="5">

서울특별시 서초구 서초동 123-5<br>
　　대 ○○○<br><br>
　　　　　　　이　　　　　　상
</td>
</tr>
<tr>
<td colspan="2">등기원인과 그 연월일</td>
<td colspan="3">20    년 0 월 0 일 대물반환</td>
</tr>
<tr>
<td colspan="2">청산금 통지서 도달일</td>
<td colspan="3">20    년 0 월 0 일</td>
</tr>
<tr>
<td colspan="2">등 기 의 목 적</td>
<td colspan="3">소유권이전</td>
</tr>
<tr>
<td colspan="2">가 등 기 의 표 시</td>
<td colspan="3">20    년 0 월 0 일 접수 제12호로 등기된 소유권이전담보가등기</td>
</tr>
<tr>
<td colspan="2">이 전 할 지 분</td>
<td colspan="3"></td>
</tr>
<tr>
<td colspan="5"></td>
</tr>
<tr>
<td>구분</td>
<td>성  명<br>(상호·명칭)</td>
<td>주민등록번호<br>(등기용등록번호)</td>
<td>주  소(소 재 지)</td>
<td>지 분<br>(개인별)</td>
</tr>
<tr>
<td>등<br>기<br>의<br>무<br>자</td>
<td>○ ○ ○</td>
<td>000000-000000</td>
<td>서울특별시 서초구 서초동 234</td>
<td></td>
</tr>
<tr>
<td>등<br>기<br>권<br>리<br>자</td>
<td>○ ○ ○</td>
<td>000000-000000</td>
<td>서울특별시 서초구 서초동 345</td>
<td></td>
</tr>
</table>

| 시가표준액 및 국민주택채권매입금액 | | |
|---|---|---|
| 부동산 표시 | 부동산별 시가표준액 | 부동산별 국민주택채권매입금액 |
| 1. 토 지 | 금          원 | 금          원 |
| 2. | 금          원 | 금          원 |
| 3. | 금          원 | 금          원 |
| 국 민 주 택 채 권 매 입 총 액 | 금          원 | |
| 국 민 주 택 채 권 발 행 번 호 | 000 | |

| 취득세(등록면허세)  금 000,000원 | 지 방 교 육 세 금          원 |
|---|---|
| | 농어촌특별세 금          원 |

| 세  액  합  계 | 금          원 |
|---|---|
| 등 기 신 청 수 수 료 | 금          원 |
| | 납부번호 : ○○-○○-○○○○○○○○-○ |
| | 일괄납부 :      건          원 |

| 등기의무자의 등기필 정보 | | |
|---|---|---|
| 부동산 고유번호 | 1002-2009-002096 | |
| 성명(명칭) | 일련번호 | 비밀번호 |
| | A7B-CD7EF-123G | 50-4637 |

**첨 부 서 면**

| | | | |
|---|---|---|---|
| · 대물반환계약증서 | 1통 | · 청산금평가통지서도달증명사본 | 1통 |
| · 취득세(등록면허세)영수필확인서 | 1통 | · 청산금지급증명서 | 1통 |
| · 등기신청수수료 영수필확인서 | 1통 | · 주민등록표등(초)본 | 1통 |
| · 인감증명서 | 1통 | · 위임장 | 1통 |
| · 토지대장등본 | 1통 | 〈기 타〉 | |
| · 토지가격확인원 | 1통 | | |

20   년   2월    11일

위 신청인    ○    ○    ○    (인)    (전화: 555-1234)
             ○    ○    ○    (인)    (전화: 777-2345)
(또는)위 대리인 법무사 ○ ○ ○    (인)    (전화: 888-3456)
서울특별시 서초구 서초동 456

서울중앙 지방법원                등기국 귀중

- 신청서 작성요령 -
* 1. 부동산표시란에 2개 이상의 부동산을 기재하는 경우에는 부동산의 일련번호를 기재하여
     야 합니다.
  2. 신청인란등 해당란에 기재할 여백이 없을 경우에는 별지를 이용합니다.
  3. 담당 등기관이 판단하여 위의 첨부서면 외에 추가적인 서면을 요구할 수 있습니다.

# 위 임 장

| 부<br>동<br>산<br>의<br><br>표<br>시 | 서울특별시 서초구 서초동 123-5<br>　　　대 350㎡<br><br><br><br>　　　　　　　　이　　　　　　　　상 |
|---|---|
| 등기원인과 그 연월일 | 20　　년　0 월 0 일 대물반환 |
| 청산금 통지서 도달일 | 20　　년　0 월 0 일 |
| 등 기 의 목 적 | 소유권이전 |
| 가 등 기 의 표 시 | 20　　년 0월 0일 접수 제12호로 등기된 소유권이전담보가등기 |
| 이 전 할 지 분 | |
| | |

| 위 임 인 | 대 리 인 |
|---|---|
| 등기의무자 ○ ○ ○ 　(인)<br>　　서울특별시 서초구 서초동 234<br><br>등기권리자 ○ ○ ○ 　(인)<br>　　서울특별시 서초구 서초동 345 | 법무사 ○ ○ ○ 　(인)<br>　　서울특별시 서초구 서초동 456<br><br>　위 사람을 대리인으로 정하고 위 부동산 등기신청 및 취하에 관한 모든 행위를 위임한다.<br>　또한 복대리인 선임을 허락한다.<br><br>　　　　　20 년 0 월 0 일 |

## ♣ 【서식】 소유권이전(매매)본등기신청서

<table>
<tr><td colspan="5" align="center">소유권이전본등기신청</td></tr>
<tr><td rowspan="2">접수</td><td colspan="2" align="center">년 월 일</td><td rowspan="2">처리인</td><td align="center">등기관 확인</td><td align="center">각종통지</td></tr>
<tr><td colspan="2">제        호</td><td></td><td></td></tr>
</table>

<table>
<tr><td colspan="2" align="center">부동산의 표시(거래신고일련번호/거래가액)</td></tr>
<tr><td colspan="2">

서울특별시 서초구 서초동 123-5

　　　대 350㎡


거래신고일련번호 : 12345-2006-4-1234560　　　거래가액 : 000,000,000원


이　　　　　　　　상

</td></tr>
<tr><td>등기원인과 그 연월일</td><td>20　년 0월 0일 매매</td></tr>
<tr><td>등 기 의 목 적</td><td>소유권이전</td></tr>
<tr><td>가 등 기 의 표 시</td><td>20　년 0월 0일 접수 제1234호로 등기된 소유권이전청구권 가등기</td></tr>
</table>

<table>
<tr><td>구분</td><td>성 명<br>(상호·명칭)</td><td>주민등록번호<br>(등기용등록번호)</td><td>주 소(소 재 지)</td><td>지 분<br>(개인별)</td></tr>
<tr><td>등기의무자</td><td>○ ○ ○</td><td>000000-000000</td><td>서울특별시 서초구 서초동 234</td><td></td></tr>
<tr><td>등기권리자</td><td>○ ○ ○</td><td>000000-000000</td><td>서울특별시 서초구 서초동 345</td><td></td></tr>
</table>

| 시가표준액 및 국민주택채권매입금액 | | |
|---|---|---|
| 부동산 표시 | 부동산별 시가표준액 | 부동산별 국민주택채권매입금액 |
| 1. 토 지 | 금              원 | 금              원 |
| 2. | 금              원 | 금              원 |
| 3. | 금              원 | 금              원 |
| 국 민 주 택 채 권 매 입 총 액 | 금              원 | |
| 국 민 주 택 채 권 발 행 번 호 | 000 | |

| 취득세(등록면허세)  금 000,000원 | 지 방 교 육 세  금         원 |
|---|---|
| | 농어촌특별세  금         원 |

| 세  액  합  계 | 금              원 |
|---|---|
| 등 기 신 청 수 수 료 | 금              원 |
| | 납부번호 : ○○-○○-○○○○○○○○-○ |
| | 일괄납부 :        건         원 |

| 등기의무자의 등기필 정보 | | |
|---|---|---|
| 부동산 고유번호 | 1002-2009-002096 | |
| 성명(명칭) | 일련번호 | 비밀번호 |
| | A7B-CD7EF-123G | 50-4637 |

**첨 부 서 면**

| | | | |
|---|---|---|---|
| · 매매계약서 | 1통 | · 부동산거래계약신고필증 | 1통 |
| · 등기필증 | 1통 | · 토지가격확인원 | 1통 |
| · 취득세(등록면허세)영수필확인서 | 1통 | · 주민등록표등(초)본 | 1통 |
| · 등기신청수수료 영수필확인서 | 1통 | · 위임장 | 1통 |
| · 인감증명서 | 1통 | 〈기 타〉 | |
| · 토지대장등본 | 1통 | | |

20    년  2월  11일

위 신청인    ○    ○    ○    (인)    (전화: 555-1234)
　　　　　　 ○    ○    ○    (인)    (전화: 777-2345)
(또는)위 대리인  법무사 ○ ○ ○   (인)    (전화: 888-3456)
서울특별시 서초구 서초동 456

서울중앙 지방법원                    등기국 귀중

- 신청서 작성요령 -

* 1. 부동산표시란에 2개 이상의 부동산을 기재하는 경우에는 부동산의 일련번호를 기재하여야 합니다.
  2. 신청인란등 해당란에 기재할 여백이 없을 경우에는 별지를 이용합니다.
  3. 담당 등기관이 판단하여 위의 첨부서면 외에 추가적인 서면을 요구할 수 있습니다.

# 위 임 장

| 부 동 산 의 표 시 | 서울특별시 서초구 서초동 123-5<br>대 350㎡<br><br>거래신고일련번호 : 12345-2006-4-1234560    거래가액 : 00,000,000원<br><br><br>이          상 |
|---|---|
| 등기원인과 그 연월일 | 20   년 0 월 0 일 매매 |
| 등 기 의 목 적 | 소유권이전 |
| 가 등 기 의 표 시 | 20   년 0월 0일 접수 제1234호로 등기된 소유권이전청구권 가등기 |
| 이 전 할 지 분 | |

| 위 임 인 | 대 리 인 |
|---|---|
| 등기의무자    이 철 수(인)<br>    서울특별시 서초구 서초동 234<br><br>등기권리자    김 수 길(인)<br>    서울특별시 서초구 서초동 345 | 법무사 김 먼 수   (인)<br>    서울특별시 서초구 서초동 456<br><br> 위 사람을 대리인으로 정하고 위 부동산등기신청 및 취하에 관한 모든 행위를 위임한다.<br> 또한 복대리인 선임을 허락한다.<br><br>    20   년 0 월 0 일 |

## IV. 가등기의 말소절차

### 1. 공동신청

일반원칙에 따라 등기권리자와 등기의무자의 공동신청에 의하여 말소할 수 있음은 물론이다. 이 경우의 등기의무자는 물론 가등기명의인이고 등기권리자는 가등기의무자 또는 제3취득자이다.

가등기에 기한 본등기가 마쳐진 이후에는 그 가등기만의 말소등기는 신청할 수 없고, 가등기의 말소등기절차를 이행하라는 판결로는 본등기의 말소등기를 신청할 수 없으며 본등기의 말소절차를 이행하라는 판결로 가등기의 말소를 신청할 수 없다(선례 IV-586). 따라서 가등기에 의한 본등기 후에 소유권이전의 본등기를 말소한다는 취지의 화해를 한 경우 그 화해조서에 의하여 가등기까지 말소할 수는 없다.

갑 명의의 소유권이전청구권가등기에 대하여 채권자를 을과 병으로 하고 피보전권리를 사해행위취소를 원인으로 한 가등기의 말소청구권으로 하는 가처분등기가 마쳐진 후 을이 갑을 상대로 한 가등기말소청구소송에서 갑이 청구를 인낙한 경우, 을이 위 인낙조서에 의하여 단독으로 가등기의 말소등기를 신청하기 위해서는 가등기의 말소에 대하여 등기상 이해관계 있는 제3자인 병의 승낙이 있음을 증명하는 정보나 이에 대항할 수 있는 재판이 있음을 증명하는 정보를 제공하여야 하고 이 경우 가처분등기는 등기관이 직권으로 말소한다(선례 VII-377).

가등기권리자가 소재불명이 된 경우 현 소유자가 가등기를 말소하기 위해서는 가등기권리자를 상대로 하여 말소절차의 이행을 명하는 확정판결을 받거나 법 제56조에 따라 공시최고신청을 하여 제권판결을 받아 단독으로 말소등기를 신청할 수 있다(선례 VIII-280).

### 2. 단독신청의 특칙

#### (1) 가등기명의인의 단독신청(법 제93조 1항)

가등기명의인은 단독으로 가등기의 말소를 신청할 수 있다. 소유권에 관한 가등기명의인이 가등기의 말소등기를 신청할 때에는 가등기명의인이 인감증명도 제공하여야 한다(규칙 제60조 2호). 가등기명의인이 가등기의 말소를 단독으로 신청하는 경우에는 가등기명의인의 등기필정보(가등기에 관한 등기필정보)를 제공하여야 한다(등기예규 제1408호).

### (2) 가등기의무자 또는 등기상 이해관계인의 단독신청(법 제93조 2항)

가등기의무자 또는 가등기에 관하여 등기상 이해관계 있는 자는 가등기명의인의 승낙을 받아 단독으로 가등기의 말소를 신청할 수 있다(등기예규 제1408호). 이 경우 가등기명의인의 승낙이나 이에 대항할 수 있는 재판이 있음을 증명하는 정보를 첨부정보로서 등기소에 제공하여야 한다. 가등기명의인의 승낙서를 제공한 경우에는 그 자의 인감증명 또는 공인인증서정보도 함께 제공하여야 한다.

가등기에 관한 등기상 이해관계인이라 함은 가등기에 의한 본등기로 인하여 자기의 권리가 부정되거나 등기상 불이익을 입을 위험이 있는 자를 말한다. 따라서 가등기보다 선순위로 등기된 권리의 등기명의인은 여기에서의 등기상 이해관계인이 아니다. 반면 가등기 후에 마쳐진 압류등기의 압류권자는 등기상의 이해관계인이라 할 수 있으므로 압류권자는 공매처분으로 인한 소유권이전등기 촉탁을 할 때에 가등기권자의 승낙이나 이에 대항할 수 있는 재판이 있음을 증명하는 정보를 제공하여 그 가등기 말소등기의 촉탁을 할 수 있다(선례 IV-587).

사실상 이해관계에 있다 하더라도 등기되지 아니한 자는 등기상 이해관계인이 아니다. 예를 들면 가등기권리자와 명의신탁관계에 있는 제3자는 등기상의 이해관계인이라 할 수 없으므로 가등기말소신청을 할 수 없다(선례 V-588).

## 3. 가등기명의인의 표시변경 또는 경정등기의 생략

가등기의 말소를 신청하는 경우에는 가등기명의인의 표시에 변경 또는 경정의 사유가 있는 때라도 그 변경 또는 경정을 증명하는 정보를 첨부정보로서 등기소에 제공한 경우에는 가등기명의인표시의 변경등기 또는 경정등기를 생략할 수 있다.

또한 가등기명의인이 사망한 후에 상속인이 가등기의 말소를 신청하는 경우에도 상속등기를 거칠 필요 없이 상속인임을 증명하는 정보와 인감증명 또는 공인인증서정보 등을 제공하여 가등기의 말소를 신청할 수 있다.

## 4. 가등기가처분에 의한 가등기의 말소절차

가등기가처분명령에 의하여 이루어진 가등기는 통상의 가등기 말소절차에 따라야 하며, 「민사집행법」에 정한 가처분 이의의 방법으로 가등기의 말소를 구할 수 없다.

## 5. 가등기권자가 다른 원인으로 소유권이전등기를 한 경우

가등기권자가 가등기에 의하지 않고 다른 원인으로 소유권이전등기를 하였을 경우 그 부동산의 소유권이 제3자에게 이전되기 전에는 가등기권자의 단독신청으로 혼동을 등기원인으로 하여 가등기를 말소할 수 있다. 그러나 그 부동산의 소유권이 제3자에게 이전된 후에는(혼동을 원인으로 한 가등기권자의 단독신청이 아닌) 통상의 가등기 말소절차에 따라 가등기를 말소한다.

또한, 가등기에 의하여 보전된 소유권이전등기청구권의 채권자가 그 채무자를 상속하여 채권과 채무가 동일인에 속하여 혼동이 발생하였다고 하더라도 이는 법 제29조 제1호 또는 제2호에 해당한다고 할 수 없기 때문에, 혼동을 원인으로 한 말소등기신청이 없는 한 등기관이 그 가등기를 직권으로 말소할 수 없으며, 매매예약완결권이 제척기간의 도과로 소멸한 경우에도 마찬가지이다(선례 Ⅶ-378).

## ♣ 【서식】 소유권이전청구권가등기말소등기신청

| 가등기말소등기신청 | | | | |
|---|---|---|---|---|
| 접 수 | 년 월 일<br>제          호 | 처리인 | 등기관 확인 | 각종 통지 |

| ① 부동산의 표시 |
|---|
| 1. 서울특별시 서초구 서초동 100<br><br>　　　대 300m²<br><br>2. 서울특별시 서초구 서초동 100<br><br>　[도로명주소] 서울특별시 서초구 서초대로 88길 10<br><br>　시멘트 벽돌조 슬래브지붕 2층 주택<br><br>　　　1층 100m²<br><br>　　　2층 100m²<br><br>　　　　　이　　　　　　　　상 |

| ② 등기원인과 그 연월일 | 2014년 1월 22일 해제 |
|---|---|
| ③ 등 기 의 목 적 | 소유권이전 청구권 가등기말소 |
| ④ 말 소 할 등 기 | 2008년 8월 1일 접수 제12345호로 경료한 소유권이전청구권 가등기 |

| 구분 | 성 명<br>(상호·명칭) | 주민등록번호<br>(등기용등록<br>번호) | 주　소 (소 재 지) | 지 분<br>(개인별) |
|---|---|---|---|---|
| ⑤ 등기의무자 | 이 대 백 | XXXXXX-XXXX<br>XXX | 서울특별시 서초구 서초대로 88길 20 (서초동) | |
| ⑥ 등기권리자 | 김 갑 동 | XXXXXX-XXXX<br>XXX | 서울특별시 중구 다동길 96 (다동) | |

| ⑦ 등 록 면 허 세 | 금 | 12,000 | 원 |
|---|---|---|---|
| ⑦ 지 방 교 육 세 | 금 | 2,400 | 원 |
| ⑧ 세 액 합 계 | 금 | 14,400 | 원 |

| ⑨ 등 기 신 청 수 수 료 | 금                                     6,000      원 |
|---|---|
| | 납부번호 : ○○-○○-○○○○○○○○-○ |
| | 일괄납부 :          건                 원 |

<table>
<tr><td colspan="3" align="center">⑩ 등기의무자의 등기필정보</td></tr>
<tr><td align="center">부동산고유번호</td><td colspan="2" align="center">1102-2006-002095</td></tr>
<tr><td align="center">성명(명칭)</td><td align="center">일련번호</td><td align="center">비밀번호</td></tr>
<tr><td align="center">이대백</td><td align="center">Q77C-L07I-35J5</td><td align="center">40-4636</td></tr>
</table>

| ⑪       첨       부       서       면 | | |
|---|---|---|
| · 해제증서 | 1통 | · 등기필증                    1통 |
| · 등록면허세영수필확인서 | 1통 | · 인감증명서 또는 본인서명사실 |
| · 등기신청수수료 영수필확인서 | 1통 | 확인서                         1통 |
| | | <기타> |

2014년  1월  22일

⑫  위 신청인      이      대      백  ⑨  (전화 : 200-7766)
                  김      갑      동  ⑨  (전화 : 300-7766)


(또는)위 대리인                        (전화 :          )


서울중앙 지방법원                    등기국 귀중

---

- 신청서 작성요령 -

* 1. 부동산표시란에 2개 이상의 부동산을 기재하는 경우에는 부동산의 일련번호를 기재하
여야 합니다.
  2. 신청인란등 해당란에 기재할 여백이 없을 경우에는 별지를 이용합니다.
  3. 담당 등기관이 판단하여 위의 첨부서면 외에 추가적인 서면을 요구할 수 있습니다.

## ♣ 【서식】 소유권이전청구권말소등기신청서(구분건물)

| 가등기말소등기신청 | | | | |
|---|---|---|---|---|
| 접 수 | 년 월 일 제      호 | 처리인 | 등기관 확인 | 각종 통지 |

| ① 부동산의 표시 |
|---|
| 1동의 건물의 표시<br>　　서울특별시 서초구 서초동 100<br>　　서울특별시 서초구 서초동 101　　샛별아파트 가동<br>　　[도로명주소] 서울특별시 서초구 서초대로 88길 10<br>전유부분의 건물의 표시<br>　　건물의 번호 1-101<br>　　구　　　조 철근콘크리트조<br>　　면　　　적 1층 101호 86.03㎡<br>대지권의 표시<br>　　토지의 표시<br>　　　1. 서울특별시 서초구 서초동 100　　　　　　대 1,400㎡<br>　　　2. 서울특별시 서초구 서초동 101　　　　　　대 1,600㎡<br>　　대지권의 종류 소유권<br>　　대지권의 비율 1,2 : 3,000분의 500<br>　　　　　　　　　　　　　이　　　　　상 |

| ② 등기원인과 그 연월일 | 2014년 1월 22일 해제 |
|---|---|
| ③ 등 기 의 목 적 | 소유권이전 청구권 가등기말소 |
| ④ 말 소 할 등 기 | 2008년 8월 1일 접수 제12345호로 경료한 소유권이전청구권 가등기 |

| 구분 | 성 명<br>(상호·명칭) | 주민등록번호<br>(등기용등록<br>번호) | 주　소 (소재지) | 지 분<br>(개인별) |
|---|---|---|---|---|
| ⑤ 등기의무자 | 이 대 백 | XXXXXX-XXXX XXX | 서울특별시 서초구 서초대로 88길 20 (서초동) | |
| ⑥ 등기권리자 | 김 갑 동 | XXXXXX-XXXX XXX | 서울특별시 서초구 서초대로 88길 10, 가동 101호(서초동, 샛별아파트) | |

| ⑦ 등 록 면 허 세 | 금 | 6,000 | 원 |
|---|---|---|---|
| ⑦ 지 방 교 육 세 | 금 | 1,200 | 원 |
| ⑧ 세 액 합 계 | 금 | 7,200 | 원 |

| ⑨ 등 기 신 청 수 수 료 | 금 | 3,000 | 원 |
|---|---|---|---|
| | 납부번호 : ○○-○○-○○○○○○○○-○ | | |
| | 일괄납부 : | 건 | 원 |

| ⑩ 등기의무자의 등기필정보 | | |
|---|---|---|
| 부동산고유번호 | 1102-2006-002095 | |
| 성명(명칭) | 일련번호 | 비밀번호 |
| 이대백 | Q77C-L07I-35J5 | 40-4636 |

| ⑪ 첨 부 서 면 | | | |
|---|---|---|---|
| · 해제증서 | 1통 | · 등기필증 | 1통 |
| · 등록면허세영수필확인서 | 1통 | · 인감증명서 또는 | |
| · 등기신청수수료 영수필확인서 | 1통 | · 본인서명사실확인서 | 1통 |
| | | <기    타> | |

2014년 1월 22일

⑫  위 신청인    이    대    백    ㊞   (전화 : 200-7766)
　　　　　　　　긴    감    동    ㊞   (전화 : 211-7711)


(또는)위 대리인                      (전화 :        )


서울중앙 지방법원                    등기국 귀중

---

- 신청서 작성요령 -

* 1. 부동산표시란에 2개 이상의 부동산을 기재하는 경우에는 부동산의 일련번호를 기재하여야 합니다.
  2. 신청인란등 해당란에 기재할 여백이 없을 경우에는 별지를 이용합니다.
  3. 담당 등기관이 판단하여 위의 첨부서면 외에 추가적인 서면을 요구할 수 있습니다.

## ♣ 【서식】 근저당권이전청구권가등기신청서(채권양도예약)

<table>
<tr><th colspan="5">근저당권이전청구권가등기신청</th></tr>
<tr><td rowspan="2">접 수</td><td>년 월 일</td><td rowspan="2">처리인</td><td>등기관 확인</td><td>각종통지</td></tr>
<tr><td>제      호</td><td></td><td></td></tr>
</table>

<table>
<tr><td colspan="5" align="center">부동산의 표시</td></tr>
<tr><td colspan="5" align="center">서울특별시 서초구 서초동 123-5<br>대 350㎡<br><br><br>이            상</td></tr>
<tr><td>등기원인과 그 연월일</td><td colspan="4">20    년 0 월 0 일 채권양도예약</td></tr>
<tr><td>등 기 의 목 적</td><td colspan="4">근저당권이전청구권가등기</td></tr>
<tr><td>이 전 할 근 저 당 권</td><td colspan="4">2010년 11월 10일 접수 제12345호로 한 근저당권등기</td></tr>
<tr><td>구분</td><td>성    명<br>(상호·명칭)</td><td>주민등록번호<br>(등기용등록번호)</td><td>주  소(소 재 지)</td><td>지  분<br>(개인별)</td></tr>
<tr><td>등기의무자</td><td>○ ○ ○</td><td>000000-000000</td><td>서울특별시 서초구 서초동 234</td><td></td></tr>
<tr><td>등기권리자</td><td>○ ○ ○</td><td>000000-000000</td><td>서울특별시 서초구 서초동 345</td><td></td></tr>
</table>

| 등 록 면 허 세 | 금 | 000,000원 |
|---|---|---|
| 지 방 교 육 세 | 금 | 000,000원 |
| 농 어 촌 특 별 세 | 금 | 000,000원 |
| 세 액 합 계 | 금 | 000,000,000원 |

| 등 기 신 청 수 수 료 | 금 | 00,000원 |
|---|---|---|
| | 납부번호 : ○○-○○-○○○○○ | |
| | 일괄납부 : 건      원 | |

**등기의무자의 등기필 정보**

| 부동산 고유번호 | 1002-2009-002096 | |
|---|---|---|
| 성명(명칭) | 일련번호 | 비밀번호 |
| 박영철 | A7B-CD7EF-123G | 50-4637 |

**첨 부 서 면**

| | | | |
|---|---|---|---|
| · 채권양도예약증서 | 1통 | · 위임장 | 1통 |
| · 등록면허세영수필확인서 | 1통 | 〈기 타〉 | |
| · 등기신청수수료 영수필확인서 | 1통 | | |
| · 인감증명서 | 1통 | | |
| · 주민등록표등(초)본 | 1통 | | |

20  년  2월   11일

위 신청인    ○    ○    ○    (인)    (전화: 555-1234)

○    ○    ○    (인)    (전화: 777-2345)

(또는)위 대리인  법무사 ○ ○ ○    (인)    (전화: 888-3456)

서울특별시 서초구 서초동 456

서울중앙 지방법원            등기국 귀중

---

- 신청서 작성요령 -

* 1. 부동산표시란에 2개 이상의 부동산을 기재하는 경우에는 부동산의 일련번호를 기재
하여야 합니다.
2. 신청인란등 해당란에 기재할 여백이 없을 경우에는 별지를 이용합니다.
3. 담당 등기관이 판단하여 위의 첨부서면 외에 추가적인 서면을 요구할 수 있습니다.

위  임  장

| 부<br>동<br>산<br>의<br><br>표<br>시 | 서울특별시 서초구 서초동 123-5<br>　　　　대 350㎡<br><br><br>　　　　　　　　이　　　　　　　　상 |
|---|---|
| 등기원인과 그 연월일 | 20　년 0 월 0 일 확정채권양도예약 |
| 등 기 의 목 적 | 근저당권이전청구권가등기 |
| 이 전 할 근 저 당 권 | 2010년 11월 10일 접수 제12345호로 한 근저당권등기 |

| 위 임 인 | 대 리 인 |
|---|---|
| 등기의무자 ○ ○ ○  (인)<br>　　　서울특별시 서초구 서초동 234<br><br>등기권리자 ○ ○ ○  (인)<br>　　　서울특별시 서초구 서초동 345 | 법무사 ○ ○ ○  (인)<br>　　　서울특별시 서초구 서초동 456<br><br>　위 사람을 대리인으로 정하고 위 부동산 등기신청 및 취하에 관한 모든 행위를 위임한다.<br>　또한 복대리인 선임을 허락한다.<br><br>　　　　　20 년 0 월 0 일 |

# V. 담보가등기에 관한 특칙(가등기담보 등에 관한 법률)

## 1. 신청절차의 특칙

소유권이전담보가등기·저당권이전담보가등기 등과 같이 본등기 될 권리의 이전담보가 등기인 뜻을 신청정보의 내용으로 하여야 한다. 법 제90조의 가처분명령에 의하여 가등기신청을 할 때에도 등기원인이 대물반환의 예약인 경우에는 마찬가지이다. 담보가등기의 경우에는 저당권설정등기의 세율에 의한 등록면허세를 납부하여야 한다. 그러나 국민주택채권의 매입에 관하여는 특별한 규정이 없으므로 매입할 필요가 없다. 등기원인 증명정보로는 대물반환예약서 등을 제공하고 등기원인은 'O년 O월 O일 대물반환예약' 등과 같이 한다.

## 2. 본등기절차에 관한 특칙

### (1) 신청정보

본등기신청을 할 때에는 본등기 할 담보가등기와 「가등기담보 등에 관한 법률」제3조에서 정하고 있는 청산금평가통지서가 채무자 등에게 도달한 날을 신청정보의 내용으로 하여야 한다.

### (2) 첨부정보

통상적인 첨부정보 외에 청산금평가통지서 또는 청산금이 없다는 뜻의 통지서가 도달하였음을 증명하는 정보와 청산기간(청산금평가통지서의 도달일로부터 2월) 경과 후에 청산금을 채무자에게 지급 또는 공탁하였음을 증명하는 정보(다만, 청산금이 없는 경우는 제외한다)를 제공하여야 한다. 그러나 판결에 의하여 본등기를 신청할 경우에는 이를 제공할 필요가 없다. 그리고 목적 부동산의 예약 당시의 가액이 피담보채무의 원금에도 미치지 못하는 사건에 있어서는 청산금평가통지를 할 필요가 없다(대법원 1991.11.22. 선고, 91다30019, 판결).

### (3) 본등기신청의 각하

위 가, 나에서 열거한 요건을 갖추지 아니하였거나 청산금평가통지서가 채무자 등에게 도달한 날로부터 2월이 경과하기 전의 본등기신청이 있는 경우 등기관은 그 신청을 각하하여야 한다.

## ♣ 【서식】 소유권이전담보가등기신청서(대물반환예약)

<table>
<tr><td colspan="5" align="center">소유권이전담보가등기신청</td></tr>
<tr><td rowspan="2">접수</td><td>년 월 일</td><td rowspan="2">처리인</td><td>등기관 확인</td><td>각종통지</td></tr>
<tr><td>제        호</td><td></td><td></td></tr>
</table>

<table>
<tr><td colspan="5" align="center">부동산의 표시</td></tr>
<tr><td colspan="5">

1. 서울특별시 서초구 서초동 123-5
      대 350㎡
2. 서울특별시 서초구 서초동 123-5
      시멘트 벽돌조 슬래브지붕 단층 주택
      98㎡

이                    상
</td></tr>
<tr><td colspan="2">등기원인과 그 연월일</td><td colspan="3">20   년 0 월 0 일 대물반환예약</td></tr>
<tr><td colspan="2">등 기 의 목 적</td><td colspan="3">소유권이전담보가등기</td></tr>
<tr><td colspan="2">가 등 기 할 지 분</td><td colspan="3"></td></tr>
<tr><td colspan="5"></td></tr>
<tr><td>구분</td><td>성 명<br>(상호·명칭)</td><td>주민등록번호<br>(등기용등록번호)</td><td>주 소(소 재 지)</td><td>지 분<br>(개인별)</td></tr>
<tr><td>등기의무자</td><td>박 영 철</td><td>000000-000000</td><td>서울특별시 서초구 서초동 234</td><td></td></tr>
<tr><td>등기권리자</td><td>김 수 길</td><td>000000-000000</td><td>서울특별시 서초구 서초동 345</td><td></td></tr>
</table>

| 등 록 면 허 세 | 금 | 000,000 원 |
| 지 방 교 육 세 | 금 | 000,000 원 |
| 세 액 합 계 | 금 | 000,000 원 |
| 등 기 신 청 수 수 료 | 금 | 원 |
| | 납부번호 : | |
| | 일괄납부 : 건 | 원 |

**등기의무자의 등기필 정보**

| 부동산고유번호 | 1002-2009-002096 | |
| 성명(명칭) | 일련번호 | 비밀번호 |
| ○ ○ ○ | A7B-CD7EF-123G | 50-4637 |

**첨 부 서 면**

· 대물반환예약서　　　1통　　〈기 타〉
· 등록면허세영수필확인서　1통
· 등기신청수수료 영수필확인서　1통
· 인감증명서　　　　　1통
· 주민등록표등(초)본　　1통
· 위임장　　　　　　　1통

20 년 2월 11일

위 신청인　　박　영　철　(인)　(전화: 555-1234)
　　　　　　김　수　길　(인)　(전화: 777-2345)

(또는)위 대리인 법무사 김 민 수　(인)　(전화: 888-3456)
서울특별시 서초구 서초동 456

서울중앙 지방법원　　　　　등기국 귀중

─ 신청서 작성요령 ─

* 1. 부동산표시란에 2개 이상의 부동산을 기재하는 경우에는 부동산의 일련번호를 기재
  하여야 합니다.
  2. 신청인란등 해당란에 기재할 여백이 없을 경우에는 별지를 이용합니다.
  3. 담당 등기관이 판단하여 위의 첨부서면 외에 추가적인 서면을 요구할 수 있습니다.

**【위임장】**

<table>
<tr>
<td colspan="2" align="center">위　임　장</td>
</tr>
<tr>
<td>부<br>동<br>산<br>의<br><br>표<br>시</td>
<td>1. 서울특별시 서초구 서초동 123-5<br>　　　　대 350㎡<br>2. 서울특별시 서초구 서초동 123-5<br>　　시멘트 벽돌조 슬래브지붕 단층 주택<br>　　　　98㎡<br><br>　　　　　이　　　　　　　상</td>
</tr>
<tr>
<td>등기원인과 그 연월일</td>
<td>20　년 0 월 0 일 대물반환예약</td>
</tr>
<tr>
<td>등 기 의　목 적</td>
<td>소유권이전담보가등기</td>
</tr>
<tr>
<td>가 등 기 할　지 분</td>
<td></td>
</tr>
<tr>
<td></td>
<td></td>
</tr>
<tr>
<td align="center">위 임 인</td>
<td align="center">대 리 인</td>
</tr>
<tr>
<td>등기의무자 박 영 철　(인)<br>　　서울특별시 서초구 서초동 234<br><br>등기권리자 김 수 길　(인)<br>　　서울특별시 서초구 서초동 345</td>
<td>법무사 김 민 수　(인)<br>　　서울특별시 서초구 서초동 456<br><br>　위 사람을 대리인으로 정하고 위 부<br>동산 등기신청 및 취하에 관한 모든<br>행위를 위임한다.<br>　또한 복대리인 선임을 허락한다.<br><br>　　　　20 년 0 월 0 일</td>
</tr>
</table>

# 제8장  관공서의 촉탁에 의한 등기

## I. 총설

### 1. 의의

촉탁에 따른 등기절차는 법률에 다른 규정이 없는 한 신청에 따른 등기에 관한 규정을 준용한다(법 제22조 2항). 등기촉탁을 할 수 있는 관공서는 원칙적으로 국가 및 지방자치단체이다(법 제98조). 국가 또는 지방자치단체가 아닌 공사 등은 등기촉탁에 관한 특별규정이 있는 경우에 한하여 등기촉탁을 할 수 있다.

그러므로 한국토지주택공사(한국토지주택공사법 제19조 1항), 한국자산관리공사(국세징수법 제79조), 한국농어촌공사(한국농어촌공사 및 농지관리기금법 제10조 1항 13호, 제41조), 한국도로공사(도로법 제23조, 제112조), 한국수자원공사(한국수자원공사법 제9조, 제24조의2) 등은 등기촉탁을 할 수 있다.

반면 「지방공기업법」제49조에 따른 지방자치단체의 조례에 의해 설립된 지방공사는 지방자치단체와는 별개의 법인이므로 그 사업과 관련된 등기를 촉탁할 수 없다(등기예규 제1517호). 한국철도시설공단의 경우에는 토지보상법이 정한 절차에 따라 국토교통부장관을 대행하여 국 명의로 부동산을 취득하기 위해서는 등기촉탁을 할 수 있으나, 자기 명의의 등기를 하기 위해서는 촉탁을 할 수가 없다(2011. 6. 27. 부동산등기과-1216 질의회답).

국유 부동산 중 일반재산에 대하여 매각의 권한을 위임받은 지방자치단체장은 일반재산임을 소명하는 서면과 권한위임의 근거 규정을 명시하여 지방자치단체장 명의로 소유권이전등기를 신청(촉탁)할 수 있다(등기예규 제1414호). 교육비특별회계소관의 공유재산에 관하여는 교육감이 소관청이 되므로 그 등기촉탁은 교육감이 하게 되며(공유재산 및 물품관리법 제9조 2항), 조례에 의하여 위 재산의 취득·처분의 권한이 소관청으로부터 해당 교육장에게 위임되었다면 그 위임된 권한에는 등기촉탁의 권한도 포함되었다고 보아야 할 것이므로, 위임사실을 소명하는 정보를 제공하고 그 권한위임의 근거규정을 명시하여 해당 교육장이 부동산의 소유권변동에 관한 등기촉탁을 할 수 있다.

## 2. 촉탁의 방법

### (1) 서면촉탁

관공서가 촉탁정보 및 첨부정보를 적은 서면을 제출하는 방법으로 등기촉탁을 하는 경우에는 우편으로 그 촉탁서를 제출할 수 있으며(규칙 제155조 1항), 등기촉탁을 하는 관공서의 소속 공무원이 등기소에 출석하여 촉탁서를 제출할 때에는 그 소속 공무원임을 확인 할 수 있는 신분증명서를 제시하여야 한다(규칙 제155조 2항). 이 경우 위임장을 따로 제출할 필요는 없다.

관공서가 서면으로 등기촉탁을 할 때에 그 촉탁서의 제출을 법무사에게 위임할 수도 있는바, 이 경우에는 촉탁서에 촉탁서 제출을 위임받았음을 증명하는 서면을 첨부하여야 한다(2011. 11. 23. 부동산등기과-2226 질의회답).

### (2) 전자촉탁

#### 1) 전자촉탁이 가능한 등기유형과 첨부정보

가. 전자촉탁할 수 있는 등기유형

관공서가 촉탁정보와 첨부정보를 전산정보처리조직을 이용하여 등기소에 송신하는 방법으로 등기촉탁(이하 '전자촉탁'이라 한다)을 할 수 있는 등기유형은 다음과 같다.
① 토지표시의 변경등기
② 토지분필등기
③ 토지합필등기
④ 토지멸실등기
⑤ 행정구역·지번·도로명주소·면적단위의 변경을 원인으로 한 건물표시의 변경등기
⑥ 체납처분에 의한 압류등기 및 그 등기의 말소등기
⑦ 공매공고 등기 및 그 등기의 말소등기
⑧ 국 소유 부동산의 소유권보존등기
⑨ 국이 등기권리자인 소유권이전등기
⑩ 국 소유 부동산의 명의인표시 변경등기
⑪ 관리청명칭 첨기등기
⑫ 관리청명칭 변경등기

나. 첨부정보의 제한

다만, 위 (가)의 등기유형이라 하더라도 다음의 구분에 따른 첨부정보 외에 다른 첨부정보가 필요한 경우에는 전자촉탁을 할 수 없다.
① 토지표시의 변경등기, 토지분필등기, 토지합필등기, 토지멸실등기 : 토지(임야)대장 정보

② 행정구역·지번·도로명주소·면적단위의 변경을 원인으로 한 건물표시의 변경등기
: 건축물대장 정보
③ 체납처분에 의한 압류등기 : 압류조서 정보
④ 압류등기의 말소등기 : 압류해제조서 정보
⑤ 공매공고 등기 : 공매공고를 증명하는 정보
⑥ 공매공고 등기의 말소등기 : 「국세징수법」제71조의2 각 호에 해당함을 증명하는 정보
⑦ 국 소유 부동산의 소유권보존등기, 국이 등기권리자인 소유권이전등기 : 관리청
지정서, 토지(임야)대장 정보
⑧ 국 소유 부동산의 명의인표시 변경등기, 관리청명칭 첨기등기 : 관리청지정서
⑨ 관리청명칭 변경등기 : 용도폐지공문, 재산인수인계서, 관리전환협의서, 관리전
환결정서, 관리청결정서

## 2) 전자촉탁의 방법

전자촉탁을 하고자 하는 관공서의 담당자는, 위 (1)의 (가)에 열거된 등기유형중 ①
부터 ⑥까지의 등기유형에 대하여는 행정정보공유센터를 통하여, ⑦부터 ⑫까지의 등
기유형에 대하여는 인터넷등기소에 접속하여 등기촉탁정보와 그 첨부정보를 각각 전송
하여야 한다. 다만 ⑥의 등기유형에 대하여는 인터넷등기소에 접속하여 등기촉탁정보
와 그 첨부정보를 전송할 수 있다.

촉탁정보와 그 첨부정보를 전송할 때에는 촉탁담당자에게 부여된 전자서명정보를
함께 전송하여야 한다.

다량의 부동산에 관한 등기촉탁으로서 전산정보처리조직에 의한 송부가 불가능한
경우이거나 전산정보처리조직에 장애가 발생하여 전자촉탁을 할 수 없는 경우에는 우
편 등의 방법으로 촉탁하여야 한다.

## 3) 보정사유가 있는 경우

관공서의 전자촉탁에 대하여 보정사유가 있는 경우 등기관은 보정사유를 등록한 후
전자우편, 구두, 전화 그 밖의 방법으로 그 사유를 촉탁관서에 통지하여야 한다. 다만,
위 (1)의 (가)에 열거된 등기유형 중 ①부터 ⑤까지의 등기유형에 대하여는 보정사유가
있더라도 등기관은 보정명령 없이 그 촉탁을 각하한다. 전자촉탁의 보정은 전산정보처
리조직을 이용하여 보정정보를 등기소에 송부하는 방법으로 하여야 한다.

## 4) 취하

전자촉탁한 등기사건에 대하여 취하를 하고자 하는 경우에는 전산정보처리조직을
이용하여 취하정보를 등기소에 송부하여야 한다.

### 3. 촉탁등기의 유형

관공서가 등기를 촉탁하는 경우는 두 가지 유형으로 나눌 수 있다. 그 하나는 관공서가 사법상의 권리관계의 주체로서 등기를 촉탁하는 경우이며(법 제98조), 다른 하나는 관공서가 사인인 당사자의 권리관계에 개입·봉사하는 공권력행사의 주체로서 등기를 촉탁하는 경우(법 제97조)이다. 체납처분의 등기는 이 두 가지 유형의 중간형이라고 말할 수 있으나, 공권력행사의 특색이 짙으므로 이에 포함시키기로 한다.

## II. 권리관계의 당사자로서 촉탁하는 등기

### 1. 관공서가 등기를 촉탁할 수 있는 경우

국가 또는 지방자치단체도 일반 사인과 마찬가지로 부동산에 관한 권리를 취득하거나 처분할 수 있다. 국가 등이 권리를 취득한 때, 즉 등기권리자가 된 때에는 등기의무자의 승낙을 얻어 해당 등기를 등기소에 촉탁하여야 한다(법 제98조 1항). 국가 등이 등기의무자인 때에는 등기권리자의 청구에 따라 지체 없이 해당 등기를 등기소에 촉탁하여야 한다(법 제98조 2항).

### 2. 첨부정보 등

관공서가 등기의무자로서 등기권리자의 청구에 의하여 등기를 촉탁하거나 부동산에 관한 권리를 취득하여 등기권리자로서 그 등기를 촉탁하는 경우에는 등기의무자의 등기필정보를 제공할 필요가 없다. 관공서가 촉탁에 의하지 아니하고 법무사 또는 변호사에게 위임하여 등기를 신청하는 경우에도 같다. 등기의무자의 승낙을 얻어 등기권리자로서 촉탁을 하는 경우에는 그 승낙이 있음을 증명하는 정보와 등기의무자의 인감증명을 첨부정보로서 등기소에 제공하는 것이 일반적인 등기실무이다.

관공서가 등기권리자를 위하여 등기를 촉탁하는 경우에는 우표를 첨부한 등기필정보통지서 송부용 우편봉투를 제출하여야 하며(규칙 제107조 1항), 등기관은 그 제출된 우편봉투에 의하여 등기필정보통지서를 촉탁관서에 우송하여야 한다.

한편 관공서가 등기촉탁을 할 때에는 등기기록과 대장상 부동산의 표시가 일치하지 않더라도 등기관은 이를 이유로 촉탁을 각하할 수 없다. 법 제29조 제11호(신청정보 또는 등기기록의 부동산의 표시가 토지대장·임야대장 또는 건축물대장과 일치하지 아니한 경우)는 등기신청을 하는 경우에만 적용되는 규정이기 때문이다.

## 3. 본래 단독신청이 가능한 등기의 촉탁

소유권보존등기, 부동산표시 또는 등기명의인표시의 변경등기와 같이 단독신청이 가능한 등기는 당연히 그 신청권이 있는 관공서가 촉탁할 수 있다.

지방자치단체의 등기명의인표시변경등기와 관련하여 「지방자치법」제5조에 따라 관할구역이 변경되어 승계되는 재산에 대하여는 '승계'를 등기원인으로 하여 승계되는 지방자치단체 명의로 소유권이전등기를 마쳐야 하는데, 만약 관리청변경등기촉탁을 하고 등기관이 각하를 하지 않고 관리청변경등기를 하였을 경우 그 등기는 사건이 등기할 것이 아닌 경우에 해당하여 직권말소의 대상이 된다(선례 Ⅶ-445).

# Ⅲ. 공권력 행사의 주체로서 촉탁하는 등기

## 1. 체납처분에 관한 등기

체납처분으로서 부동산을 압류한 때에는 압류조서를 제공하여 압류등기를, 또 이미 다른 기관이 압류하고 있는 부동산에 관하여는 참가압류의 등기를 촉탁하고, 압류를 해제한 때에는 압류해제조서를 제공하여 압류의 말소등기를 촉탁한다.

압류의 등기를 촉탁하는 경우에는 등기명의인 또는 상속인, 그 밖의 포괄승계인을 갈음하여 부동산의 표시, 등기명의인의 표시의 변경, 경정 또는 상속, 그 밖의 포괄승계로 인한 권리이전등기를 함께 촉탁할 수 있다(법 제96조).

미등기 부동산을 압류하기 위해서는 먼저 또는 동시에 소유권보존등기를 촉탁하여야 한다(국세징수법 제45조 3항). 따라서 미등기 부동산에 대하여 소유권보존등기를 촉탁하지 않고 압류등기만을 촉탁한 경우 등기관은 그 촉탁을 각하하여야 한다.

관공서는 압류등기를 촉탁하기 위하여 통상의 채권자와 마찬가지로 체납자를 대위하여 체납자 앞으로의 소유권이전등기촉탁을 할 수 있다. 이 경우에는 등기원인증명정보의 첨부나 취득세 등의 납부 및 국민주택채권의 매입은 일반의 등기절차와 다르지 않다. 그러므로 촉탁정보에 대위원인으로서 '○년 ○월 ○일 체납처분에 의한 압류'라고 표시하고 대위원인을 증명하는 정보로 압류조서를 제공하여야 한다.

압류등기를 할 때에는 처분청을 기록하여야 하고, 체납처분에 의한 압류등기의 촉탁정보에 압류부서의 문서번호가 표시된 경우에는 그 압류등기를 할 때 그 원인 다음에 압류부서의 문서번호를 괄호 안에 기록한다(등기예규 제809호).

## 2. 공매와 관련한 등기

### (1) 공매공고등기

세무서장이 공매공고를 한 경우에는 즉시 등기소에 공매공고의 등기를 촉탁하여야 한다(국세징수법 제67조의2). 이 경우 한국자산관리공사가 세무서장을 대행하여 등기를 촉탁할 수도 있다. 개별 법률에서 「국세징수법」의 공매공고 등기 절차 등의 규정을 준용하는 경우에는 해당 기관이 촉탁을 할 수 있다.

공매공고 등기를 촉탁할 때에는 공매를 집행하는 압류등기 또는 납세담보제공계약을 원인으로 한 저당권등기의 접수일자 및 접수번호와 공매공고일을 촉탁정보의 내용으로 등기소에 제공하여야 하며, 등기원인은 압류 부동산인 경우에는 '공매공고'로, 납세담보로 제공된 부동산인 경우에는 '납세담보물의 공매공고'로 그 연월일은 '공매공고일'로 표시한다. 이 경우 첨부정보로는 공매공고를 증명하는 정보를 등기소에 제공하여야 한다.

공매공고 등기는 공매를 집행하는 압류등기의 부기등기로 하고, 납세담보로 제공된 부동산에 대한 공매공고 등기는 갑구에 주등기로 실행한다.

공매공고등기 후 공매가 취소되거나 중지된 경우 또는 「국세징수법」 제78조 제1항 제1호에 따라 매각결정을 취소한 경우 세무서장은 공매공고등기의 말소등기를 등기소에 촉탁하여야 한다. 이 경우 등기원인은 '공매취소 공고', '공매중지' 또는 '매각결정 취소'로 하고, 공매의 취소나 중지 또는 매각결정의 취소를 증명하는 정보를 첨부정보로서 제공하여야 한다.

공매공고 등기 및 그 등기의 말소등기를 촉탁할 경우 등록면허세를 납부하지 아니한다. 그리고 이 등기의 촉탁을 세무서장이나 세무서장을 대행하는 한국자산관리공사가 하는 경우에는 등기촉탁수수료를 납부하지 않는다.

### (2) 공매처분으로 인한 등기

관공서가 공매처분을 한 경우에 등기권리자의 청구를 받으면 지체 없이 공매처분으로 인한 권리이전의 등기, 공매처분으로 인하여 소멸한 권리등기의 말소 및 체납처분에 의한 압류등기의 말소를 촉탁하여야 한다(법 제97조). 「국세징수법」 제79조에 따르면 공매처분에 따른 권리이전등기의 경우 체납자가 권리이전등기의 절차를 밟지 아니한 때 세무서장이 대신하여 권리이전등기 등을 촉탁할 수 있다.

세무서장이 공매처분으로 인한 권리의 이전등기를 촉탁할 때에는 공매부동산의 매수인의 등기청구서와 매각결정통지서(또는 그 등본)나 배분계산서의 등본을 제공하여야 한다(국세징수법 제61조, 제79조, 같은 법 시행령 제77조).

공매처분으로 인하여 소멸한 권리 등기의 말소등기는 공매처분을 한 관공서의 촉탁이 있어야만 할 수 있으므로, 근저당권설정등기, 지상권설정등기, 가압류등기, 체납처분에 의한 압류등기가 순차 마쳐진 토지에 대한 공매절차에서 매각결정이 되고, 이어 공매처분으로 인한 소유권이전등기시 근저당권설정등기와 압류등기는 말소등기가 되었으나 지상권설정등기와 가압류등기가 말소되지 않고 현존해 있다면, 매수인은 해당 세무서장에게 추가로 위 등기의 말소등기촉탁신청을 할 수 있을 것이며, 그에 따른 세무서장의 말소촉탁에 의하여 등기관이 위 등기를 말소할 수 있을 것이다(선례 Ⅶ-442).

체납처분에 의한 압류등기에 앞서 처분금지가처분의 등기가 마쳐져 있는 부동산에 관하여, 그 체납처분권자가 공매처분으로 인한 소유권이전등기의 촉탁과 함께 위 가처분등기의 말소등기를 촉탁한 경우에, 소유권이전등기의 촉탁은 다른 사유가 없는 한 이를 수리할 것이나, 가처분등기의 말소등기촉탁은 이를 수리할 것이 아니다(등기예규 제688호).

## 3. 경매에 관한 등기

### (1) 경매개시결정의 등기

#### 1) 경매개시결정등기의 실행

법원이 경매개시결정을 한 때에는 결정정본을 첨부정보로서 등기소에 제공하여 경매개시결정등기의 촉탁을 하고 등기관은 이 촉탁에 의하여 그 경매개시결정등기를 하여야 한다. 체납처분에 의한 압류등기가 있는 부동산에 대하여도 경매개시결정의 등기를 할 수 있고, 경매개시결정의 등기가 있는 부동산에 관하여도 중복하여 경매개시결정의 등기를 할 수 있다. 이는 제1의 신청이 강제경매신청이고 제2의 신청이 담보권의 실행을 위한 경매 신청인 경우나 그 반대의 경우에도 동일하다.

담보권의 실행을 위한 경매에 있어서는 경매개시결정에 기록된 소유자로부터 제3자에게로 소유권이전등기가 이루어져 변동사항이 생긴 경우라 하더라도 경매개시결정의 등기를 기입하여야 한다(등기예규 제1342호). 그리고 가압류등기 후에 소유권이전등기가 된 경우 강제경매개시결정 등기촉탁정보에 등기의무자를 가압류 당시의 소유명의인으로 표시하여도 그 등기를 수리하여야 한다(등기예규 제1352호). 토지에 대한 저당권자가 그 설정된 토지와 그 지상건물을 일괄경매에 붙인 때에는 법원은 그 건물에 대하여도 압류를 명하여야 하고 경매개시결정등기의 촉탁을 하여야 한다(민법 제365조, 민사집행법 제83조 1항, 4항).

강제경매개시결정의 등기촉탁정보의 등기목적란에 그 등기권리자가 가압류의 피보전채권자라는 취지의 기록(○번 가압류의 본압류로의 이행)이 있는 때에는, 그 등기의 목적 아래에 '○번 가압류의 본압류로의 이행'이라고 기록하여, 해당 경매개시결정의 등기가 가압류채권자의 경매신청에 의한 그 기입등기의 촉탁에 따른 것임을 표시하여야 한다. 마찬가지로 그 등기권리자가 가압류의 피보전채권의 승계인이라는 취지의 기록(○번 가압류 채권의 승계)이 있는 때에는, 그 등기의 목적 아래에 '○번 가압류 채권의 승계'라고 기록하여야 한다.

### 2) 등기사항증명서의 송부

등기관은 경매개시결정등기의 촉탁에 의하여 경매개시결정사유를 등기기록에 기입한 뒤 그 등기사항증명서를 경매법원에 보내야 하는데(민사집행법 제95조), 등기완료 후 촉탁정보에 표시된 등기사항증명서 작성 연월일 이후 변동사항이 있는지 여부에 관한 정보를 전송함으로써 등기사항증명서의 송부를 갈음하는 것이 등기실무이다.

경매개시결정등기 기입 후의 권리변동사항 중 경매절차진행에 장애가 될 사실, 예를 들어 강제경매에 있어서는 경매개시결정기입등기 전에 소유권이전청구권 가등기가 되어 경매개시결정기입등기 후 본등기가 된 경우, 담보권의 실행을 위한 경매에 있어서는 경매신청의 근원인 저당권설정등기 전에 소유권이전청구권 가등기가 된 것이 경매개시결정등기 기입 후 본등기가 된 경우에는 그 등기사항증명서를 경매법원에 송부하여야 한다(등기예규 제1345호).

### (2) 경매개시결정등기의 말소(민사집행법 제141조, 제268조)

경매절차가 매각허가결정 없이 종료된 때에는 경매개시결정의 등기는 촉탁에 의하여 말소한다. 경매개시결정등기의 말소를 촉탁할 때에는 취소결정정본이나 취하서 또는 그 등본을 제공하여야 한다. 만일 경매신청이 취하되었으나 말소등기촉탁을 누락하고 보존기간의 경과로 인하여 경매기록을 폐기한 때에는, 집행사건부 등 관계 자료에 의하여 경매신청이 취하되어 매각허가결정 없이 완결된 사실이 인정되는 경우에 집행법원은 취하증명을 작성하여 경매개시결정등기의 말소를 직권으로 촉탁할 수 있다(선례 Ⅶ-440).

경매절차에서 매각대금이 완납된 경우 경매개시결정기입등기의 말소등기는 집행법원의 촉탁에 의하여 매각을 원인으로 한 소유권이전등기와 함께 이루어져야 하는 것이므로, 매각으로 인한 이전등기를 하지 않고서는 매각을 원인으로 경매개시결정기입등기만을 말소할 수는 없다(선례 Ⅲ-637).

### 📑 선 례

수탁부동산에 대하여 근저당권설정등기를 신청할 수 있는지 여부 등

① 경매신청의 원인이 된 근저당권설정등기가 말소된 경우 그 임의경매신청등기의 말소방법 등
 - 임의경매사건기록이 이미 보존기간의 종료로 폐기되어 직접 확인할 수 없는 사건에 대하여 경매신청인 또는 이해관계인이 집행법원에 경매신청등기의 말소촉탁을 신청한 경우, 집행법원은 집행사건부 등 관계자료에 의하여 경매신청이 취하되어 매각허가결정 없이 완결된 사실이 명백하다면 취하증명을 작성 첨부하여 임의경매신청등기의 말소등기를 직권으로 촉탁할 수 있다.
 - 또한 채무자가 피담보채권을 변제하여 근저당권설정등기를 말소한 경우에는 이해관계인은 그 근저당권등기가 말소된 등기부등본을 첨부하여 경매개시결정에 대한 이의신청을 할 수 있다(2003.7.5. 부등 3402-374 질의회답).

② 경락을 원인으로 한 소유권이전등기를 경료하지 아니하고 경매기입등기만을 말소할 수 있는지 여부 등
경매절차에서 경락대금이 완납된 경우 경매신청기입등기의 말소등기는 집행법원의 촉탁에 의하여 경락을 원인으로 한 소유권이전등기와 함께 이루어져야 하는 것이므로, 임의경매절차에서 경락대금이 납부된 후 경료된 소유권이전등기를 말소함과 동시에 경락이전등기를 하지 아니하고서는 임의경매신청기입등기만을 말소할 방법은 없다.(1990.12.21. 등기선례 제3-777호)

### (3) 매각으로 인한 등기(민사집행법 제144조, 제268조)

#### 1) 촉탁할 등기

　① 매수인 앞으로 소유권을 이전하는 등기
　② 매수인이 인수하지 아니한 부동산의 부담에 관한 기업의 말소하는 등기
　③ 경매개시결정등기를 말소하는 등기

#### 2) 촉탁할 시기

　매수인이 소유권을 취득하는 시기는 강제경매나 임의경매를 구분하지 않고 매각대금을 다 낸 때이므로(민사집행법 제135조, 제268조), 매각으로 인한 등기의 촉탁도 매각대금의 완납이 있는 때에 하여야 한다(민사집행법 제144조). 현실적으로 등기를 촉탁하기 위해서는 매수인이 취득세 등을 납부하고 등기촉탁에 필요한 정보를 집행법원에 제출하여야 한다(민사집행법 제144조 3항).

### 3) 촉탁의 방법 등

가. 일괄촉탁

매각을 원인으로 한 등기는 등기목적이 다르다 하더라도 1개의 촉탁으로 일괄하여야 한다. 다만, 부담기입의 말소등기의 촉탁이 누락된 채 매수인 명의로의 권리이전등기를 촉탁한 경우에도 등기관은 그 촉탁을 수리하고 경매법원에 그 뜻을 통지하여야 한다. 1개의 촉탁으로 일괄해서 하더라도 촉탁수수료 등의 산정을 위한 건수를 계산할 때에는 등기의 목적에 따라 건수를 계산하여야 한다. 촉탁정보에 등기원인은 '강제(임의)경매로 인한 매각'으로, 등기원인일자는 '매각대금 완납일'로 표시한다. 또한, 매각으로 인한 소유권이전등기를 촉탁하는 경우에는 경매 진행 중에 토지가 분할된 후 분필등기를 하지 않아 매각으로 인한 등기기록상의 토지표시가 토지대장상의 표시와 일치하지 않더라도 등기관은 그 등기촉탁을 수리하여야 한다.

나. 등기당사자의 표시

매각으로 인한 소유권이전등기의 등기의무자는 경매신청 당시의 소유권의 등기명의인(압류의 효력발생 당시의 소유권의 등기명의인)을 표시하여야 한다. 경매개시결정등기 이후에 제3자에게 소유권이전등기가 된 경우에도 같다. 다만, 경매개시결정등기 이후에 상속등기를 한 때에는 상속인을 표시한다.

등기권리자로는 매수인을 표시한다. 그러므로 매각대금 완납 후 매수인으로부터 해당 부동산을 양도받았다 하여 매수인이 아닌 양수인을 등기권리자로 표시하여 등기촉탁을 할 수는 없다. 다만, 소유권이전의 효력이 발생하기 전에, 즉 매각대금완납 전에 매수인이 사망한 때에는 등기권리자의 표시를 '매수인 ○○○의 상속인 ○○○'라고 표시하여 등기촉탁을 하여야 한다.

다. 첨부정보

매각허가결정정본과 등기권리자의 주소(사무소 소재지)와 주민등록번호(등기용등록번호)를 증명하는 정보와 등기권리자가 납부한 취득세·등록면허세 영수필확인서 등을 제공한다.

### 4) 제3취득자가 매수인이 된 경우의 소유권이전등기 촉탁

가. 경매개시결정등기 전에 소유권을 취득한 자가 매수인인 경우

경매개시결정등기 전에 소유권이전등기를 받은 제3취득자가 매수인이 된 경우에는 경매개시결정등기의 말소촉탁 및 매수인이 인수하지 않는 부담기입의 말소촉탁만 하고 소유권이전등기촉탁은 하지 않는다. 이는 매수인이 취득세 등을 이중

부담하는 불이익을 방지하기 위한 것이다.

공유부동산에 대한 경매개시결정등기가 마쳐지고, 경매절차에서 일부 공유자가 매수인이 된 경우에도 같은 이유로, 경매개시결정등기의 말소촉탁 및 매수인이 인수하지 않는 부담기입의 말소촉탁을 하되 소유권이전등기촉탁은 위 매수인의 지분을 제외한 나머지 지분에 대한 공유지분이전등기 촉탁을 한다.

경매개시결정 전에 소유권을 취득한 그 매수인이 그 부동산을 처분하는 경우에는 종전 소유권이전등기시 통지받은 등기필정보를 등기소에 제공하여야 한다. 매각으로 인하여 소유권을 취득한 때에는 등기필정보를 통지 받지 않기 때문이다.

나. 경매개시결정등기 후에 소유권을 취득한 자가 매수인인 경우

경매개시결정등기(국세체납처분에 의한 압류등기, 매각에 의하여 소멸되는 가압류등기 등과 같이 압류의 효력이 발생하는 등기)후에 소유권이전등기를 받은 제3취득자가 매수인이 된 경우에는, 경매개시결정등기와 제3취득자 명의의 소유권등기의 말소촉탁과 동시에 매각을 원인으로 한 소유권이전등기 촉탁을 하여야 한다. 이 경우 제3취득자의 등기는 압류의 효력에 저촉되기 때문이다.

**5) 부담기입으로서 말소의 대상이 되는 등기**

원칙적으로 강제경매에 있어서는 경매개시결정등기 이후의 등기, 담보권실행을 위한 경매에 있어서는 저당권설정등기 이후의 등기가 말소의 대상이 되지만, 경매로 인하여 선순위의 저당권이 소멸하는 때에는 그 저당권 등기 이후의 등기도 말소의 대상이 된다.

① 저당권등기·가등기담보권-선후를 불문하고 말소의 대상이 된다.

② 가압류·체납처분의 등기-선후를 불문하고 말소의 대상이 된다. 가압류등기 후 가압류부동산의 소유권이 제3자에게 이전된 경우, 제3취득자의 채권자가 신청한 경매절차에서 전 소유자에 대한 가압류채권자는 배당에 가입할 수 있으므로, 그 가압류등기는 말소촉탁의 대상이 될 수 있다. 그러나 집행법원이 종전 소유자를 채무자로 하는 가압류등기의 부담을 매수인이 인수하는 것을 전제로 하여 위 가압류채권자를 배당절차에서 배제하고 매각절차를 진행하였다면 그 가압류등기는 말소촉탁의 대상이 될 수 없다(대법원 2007.4.13. 선고, 2005다8682, 판결).

③ 저당권설정등기 후 또는 강제경매개시결정등기 후의 용익물권에 관한 등기는 말소된다.

④ 저당권설정등기 후 또는 강제경매개시결정등기 후의 가처분등기는 말소된다.

⑤ 경매개시결정등기 후의 소유권이전등기와 가등기는 말소된다. 다만, 압류의 효력발생 전에 마쳐진 소유권이전청구권 가등기라도 그보다 선순위로서 매각에 의하여 소멸되는 담보권, 가압류의 등기가 존재하는 경우에는 역시 말소등기의 대상이 된다.

⑥ 구법에 의하여 마쳐진 예고등기는 권리에 관한 공시를 목적으로 하는 등기가 아니므로 부동산상의 부담으로 되지 아니하여 말소의 대상이 되지 않는다.

⑦ 주택에 대한 임차권은 임차주택에 대하여 「민사집행법」상의 경매가 행하여진 경우에는 그 임차주택의 매각에 의하여 소멸하므로(주택임대차보호법 제3조의5 본문) 원칙적으로 말소의 대상이 된다. 그러나 보증금이 전액 변제되지 아니한 대항력 있는 임차권은 그 임차주택의 매각에 의하여 소멸되지 않으므로(같은 법 제3조의5 단서) 말소촉탁의 대상이 되지 않는다.

⑧ 매수인이 인수하지 아니하는 부담의 기입이 부기등기로 되어 있는 경우, 집행법원은 주등기의 말소만 촉탁하면 되고 부기등기에 대하여는 별도로 말소 촉탁을 할 필요가 없다(선례 Ⅶ-436).

## 6) 전유부분의 매각과 건물대지의 소유권이전등기

구분건물의 전유부분에만 설정된 근저당권의 실행으로 매각된 경우 건물대지에 대한 매수인 앞으로의 소유권이전등기 등은 다음 절차에 의한다.

가. 매각허가 결정(경정결정 포함)에 대지에 대한 표시가 있는 경우

① 대지권등기가 마쳐지지 않은 경우

첫째, 전유부분에 대하여만 매각을 원인으로 한 소유권이전등기 촉탁이 있는 경우에는 통상의 절차에 따른다.

둘째, 대지부분에 대하여 경매법원의 촉탁이 있는 경우 다음과 같이 처리한다.

- 전유부분 소유자와 토지의 소유자가 일치하는 경우 : 등기촉탁정보 및 매각허가결정의 토지의 표시가 등기기록과 동일하고, 등기의무자가 토지등기기록의 소유자와 동일한 때에는 토지에 대하여 경매개시결정등기가 마쳐지지 않았다 하더라도 토지 부분에 대한 소유권이전등기촉탁을 수리한다. 그리고 이 경우 토지 부분에 이루어진 부담기입등기 또한 경매법원의 말소등기 촉탁이 있으면 이를 또한 수리한다. 등기원인은 전유부분의 등기와 동일하게 '○년 ○월 ○일 매각'으로 기록한다.

- 전유부분 소유자와 토지의 소유자가 다른 경우 : 전유부분과 토지부분에 대하여 동시에 소유권이전등기를 촉탁하였으나 등기촉탁정보의 등기의무자와 토지 등기기록의 소유자가 다를 경우에는 전유부분에 대한 촉탁을 수리하고 토지부분에 대한 촉탁은 법 제29조 제7호(신청정보의 등기의무자의 표시가 등기기록과 일치하지 아니한 경우)를 적용하여 각하한다. 나중에라도 토지부분에 순차 이전등기가 마쳐져 등기의무자가 일치된 후에 경매법원의 소유권이전등기 촉탁이 있으면 그 촉탁을 수리한다. 이 경우 등기실행절차는 위 ①과 같다.

② 대지권등기가 마쳐진 경우

- 경매절차 진행 중 또는 대금납부 후에 대지권 등기가 마쳐진 경우, 경매법원으로부터 대지권까지 포함한 소유권이전등기촉탁이 있으면 그 촉탁을 수리한다.
- 등기촉탁정보와 매각허가결정(경정결정)의 부동산표시는 등기기록과 일치하여야 한다. 단, 토지의 이전할 지분이 대지권 비율과 같으면 일치한 것으로 본다.
- 등기실행과 관련하여 등기원인은 '○년 ○월 ○일 매각(대지권 포함)'으로 기록한다.
- 토지 부분에 마쳐진 부담기입등기에 대한 경매법원의 말소등기 촉탁이 있는 경우 그 촉탁을 수리한다.

나. 매각허가 결정에 대지에 대한 표시가 없는 경우
① 대지권등기가 마쳐지지 않은 경우
매각허가 결정에 전유부분만 표시된 경우 형식적 심사권밖에 없는 등기관은 토지까지 경매되었는지 여부를 판단할 수 없으므로 전유부분에 대하여는 통상의 절차에 의하여 이를 수리하고 토지부분에 대한 등기 촉탁은 법 제29조 제8호(신청정보와 등기원인을 증명하는 정보가 일치하지 아니한 경우)를 적용하여 각하한다.
② 대지권등기가 마쳐진 경우
대지권등기가 마쳐진 후에는 전유부분 만에 대한 소유권이전등기는 할 수 없으므로 전유부분 만에 대하여 매수인 앞으로 소유권이전등기를 실행하기 위해서는 대지권변경(대지권말소)등기 절차를 선행하여야 하며, 이러한 절차가 선행되지 않은 상태에서 매수인 앞으로 소유권이전등기 촉탁이 있는 경우에는 이를 전부 각하하여야 한다.
③ 토지 소유권이전등기
토지 부분에 대한 소유권이전등기는 경매법원의 촉탁에 의할 수 없고 통상의 절차에 의하여야 한다. 이 경우 전유부분 취득을 원인으로 한 소유권이전등기 신청(공동신청)이 있는 경우의 등기기록에는 '○년 ○월 ○일 건물 ○동 ○호 전유부분 취득'으로 기록하여야 한다.
토지등기 위에 등기된 부담기입등기는 경매법원의 촉탁에 의할 수 없고(애초부터 매각 대상이 아니었으므로) 통상의 절차에 의하여 말소하여야 한다.

# 4. 가압류·가처분에 관한 등기

## (1) 총설

### 1) 의의

부동산에 관한 가압류·가처분의 등기는 등기기록에 가압류재판에 관한 사항이나 양도 또는 처분이 금지된 사실을 기입하는 것으로(민사집행법 제293조, 제305조), 대표적인 처분제한의 등기이다.

## 2) 처분제한등기의 허부

권리의 일부에 대하여는 처분제한의 등기를 할 수 있으나, 부동산의 일부에 대하여는 그 등기를 할 수 없다. 이 경우 처분제한등기를 하기 위해서는 목적부분을 분할하여야 한다. 다만, 그 부동산에 대하여 바로 분할등기가 될 수 있다는 등 특별한 사정이 없으면 그 1필지 전부에 대하여 가처분결정을 하여야 할 것이다(대법원 1975.5.27, 선고, 75다190, 판결; 등기예규 제881호).

등기관에 대하여 등기를 금지하는 가처분결정 또는 그에 따른 가처분등기는 할 수 없다. 가등기상의 권리 자체의 처분을 금지하는 가처분은 등기할 수 있으나, 가등기의 본등기를 금지하는 가처분은 가등기상의 권리 자체의 처분의 제한에 해당되지 아니하므로 그러한 내용의 가처분등기는 할 수 없다(대법원 1978.10.14, 자, 78마282, 결정; 등기예규 제881호). 이전등기청구권은 그 청구권이 가등기된 때에 한하여 부기등기의 방법에 의하여 가압류등기를 할 수 있다(등기예규 제1344호).

## 3) 신청에 의한 처분제한권자의 등기명의인표시변경등기

법원의 촉탁에 의하여 가압류등기, 가처분등기 및 주택임차권등기, 상가건물임차권등기가 마쳐진 후 등기명의인의 주소, 성명 및 주민등록번호의 변경으로 인한 등기명의인의 표시변경등기는 그 등기명의인이 신청할 수 있다(등기예규 제1064호).

## 4) 허무인명의의 등기가 마쳐진 경우의 가처분

등기기록상 진실한 소유자의 소유권에 방해가 되는 부실등기가 존재하는 경우에 그 등기명의인이 허무인 또는 실체가 없는 단체인 때에는 소유자는 그와 같은 허무인 또는 실체가 없는 단체 명의로 실제 등기행위를 한 사람에 대하여 허무인 또는 실체가 없는 단체 명의의 등기의 말소를 구할 수 있다. 이 경우 소유자는 말소청구권을 보전하기 위하여 실제 등기행위를 한 사람을 상대로 처분금지가처분을 할 수도 있는데, 이때에는 가처분결정의 채무자와 등기기록상의 등기의무자가 형식적으로 불일치하더라도 등기관은 그 가처분등기의 촉탁을 수리하여야 할 것이다(대법원 2008.7.11, 자, 2008마615, 결정 참조).

## 5) 처분제한의 등기와 대위등기

처분제한의 등기를 촉탁하면서 상속등기를 대위로 촉탁하는 것은 법령상 근거가 없으므로 허용되지 않는다. 그러므로 이때에는 처분제한의 등기촉탁 이전에 채권자가 먼저 대위에 의하여 상속등기를 하여야 한다. 처분제한권자의 대위에 의하여 상속등기를 할 경우 대위원인은 '○년 ○월 ○일 ○○지방법원의 가압류(또는 가처분)결정'이라고 기록하고 대위원인을 증명하는 정보로 가압류(또는 가처분)결정정본 또는 그 등본을 제공한다(등기예규 제1432호).

## 예규 채권자대위에 의한 등기절차에 관한 사무처리지침

(개정 2011.10.12 등기예규 제1432호)

### 1. 목적

이 예규는 채권자(특정의 등기청구권을 가진 채권자 및 금전채권자 포함)가 「민법」 제404조 및 「부동산등기법」 제28조 의 규정에 의한 대위등기절차 등을 규정함을 목적으로 한다.

### 2. 대위원인의 기재

신청서에는 대위권의 발생원인, 즉 보전하여야 하는 채권이 발생된 법률관계를 간략히 기재한다.
예시 : 매매인 경우에는 "○년 ○월 ○일 매매에 의한 소유권이전등기청구권", 대여금채권인 경우에는 "○년 ○월 ○일 소비대차의 대여금반환청구권"등

### 3. 대위원인을 증명하는 서면의 첨부

대위의 기초인 권리가 특정채권인 때에는 당해 권리의 발생원인인 법률관계의 존재를 증명하는 서면(예: 매매계약서 등)을, 금전채권인 때에는 당해 금전채권증서(예: 금전소비대차계약서 등)를 첨부하여야 한다. 이 때의 매매계약서 등은 공정증서가 아닌 사서증서라도 무방하다.

### 4. 등기완료통지 등

가. 채권자가 채무자를 대위하여 등기를 신청하는 경우 채무자로부터 채권자 자신으로의 등기를 동시에 신청하지 않더라도 이를 수리한다.

나. 채권자대위에 의한 등기신청이 있는 경우에 등기를 함에는 사항란에 채권자의 성명 또는 명칭, 주소 또는 사무소 소재지와 대위원인을 기재하여야 한다(「부동산등기법」 제28조제2항).

다. 등기관이 등기를 완료한 때에는 대위신청인 및 피대위자에게 등기완료통지를 하여야 한다(「부동산등기규칙」 제53조제1항)

### 5. 기타

가. 가압류등기촉탁과 채권자의 대위에 의한 상속등기

(1) 상속등기를 하지 아니한 부동산에 대하여 가압류결정이 있을 때 가압류채권자는 그 기입등기 촉탁 이전에 먼저 대위에 의하여 상속등기를 함으로써 등기의무자의 표시가 등기기록과 부합하도록 하여야 한다.

　(2) 대위원인 : "ㅇ년 ㅇ월 ㅇ일 ㅇㅇ지방법원의 가압류 결정"이라고 기재한다.
　(3) 대위원인증서 : 가압류결정의 정본 또는 그 등본을 첨부한다.

나. 근저당권자의 대위에 의한 상속등기
　(1) 근저당권설정자가 사망한 경우에 근저당권자가 임의경매신청을 하기 위하여 근저당권의 목적인 부동산에 대하여 대위에 의한 상속등기를 신청하는 때에는 다음의 예에 의한다.
　(2) 대위원인 : "ㅇ년 ㅇ월 ㅇ일 설정된 근저당권의 실행을 위한 경매에 필요함"이라고 기재한다.
　(3) 대위원인증서 : 당해 부동산의 등기사항증명서를 첨부한다. 다만, 등기신청서 첨부서류란에 "대위원인을 증명하는 서면은 ㅇ년 ㅇ월 ㅇ일 접수번호 제ㅇㅇ호로 본 부동산에 근저당권설정등기가 경료되었기에 생략"이라고 기재하고 첨부하지 않아도 된다.

다만, 피상속인과의 원인행위에 의한 권리 이전·설정의 등기청구권을 보전하기 위하여 상속인들을 상대로 처분금지가처분신청을 하여 집행법원이 이를 인용하고, 피상속인명의의 부동산에 대하여 상속관계를 표시하여(등기의무자를 '망 ○○○의 상속인 ○○○'등으로 표시함) 가처분기입등기의 촉탁을 한 경우에는 상속등기를 거침이 없이 가처분기입등기를 할 수 있다.

채권자가 채무자를 대위하여 제3채무자에게 한 처분금지가처분은 채권자 자신의 채무자에 대한 청구권보전을 위하여 제3채무자가 채무자 이외의 다른 사람에게 소유권이전 등 처분행위를 못하도록 하는 데 그 목적이 있으므로, 실질적인 가처분권리자인 채무자에 대한 처분의 금지가 포함되는 것은 아니다. 예를 들어 부동산의 매수인 을의 채권자 병이 매도인이자 등기기록상 소유명의인인 갑을 상대로 을을 대위하여 처분금지가처분신청을 하여 가처분등기가 되어 있는 경우, 제3채무자인 매도인 갑이 채무자인 매수인 을 명의로 소유권이전등기를 해 주었고 이에 터 잡아 다른 등기가 마쳐진 경우 을 명의의 등기나 그 등기에 터 잡은 등기는 병의 가처분에 위배되는 것이 아니다.

건물의 증축 또는 부속건물을 신축하고 아직 그 표시변경등기를 하지 아니한 건물에 대하여 집행법원에서 처분제한의 등기를 촉탁하면서 건축물대장과 도면을 제공하여 표시변경등기촉탁을 하더라도, 건물표시변경은 촉탁으로 할 수 있는 것이 아니기 때문에 채권자가 미리 대위로 표시변경을 하지 않는 한 그 촉탁을 수리할 수 없다(등기예규 제441호).

### 6) 가처분권자 지위의 승계

가처분등기가 완료된 후 그 가처분의 피보전권리를 양수한 경우에는 양수인이 그 가처분의 효력을 원용할 수 있다. 예를 들어 갑과 을이 매매계약을 체결한 후 분쟁이 발생하여 을이 갑 소유의 부동산에 가처분을 한 후 그 지위를 반대급부의 이행 전에 병에게 이전하고, 나중에 병이 갑을 상대로 한 소유권이전등기소송에서 승소하였다면, 병은 을의 가처분의 효력을 원용하여 소유권이전등기를 신청할 때에 가처분 이후의 등기의 말소를 동시에 신청할 수 있다(2009. 12. 10. 부동산등기과-2582 질의회답).

## (2) 처분제한의 등기의 절차

처분제한을 한 집행법원은 가압류 또는 가처분의 재판의 정본을 제공하여 그 등기를 촉탁한다.

### 1) 가압류등기

등기기록에 기록할 등기원인과 그 연월일로서는 '○년 ○월 ○일 ○○법원의 가압류결정'이라고 표시하고, 그 가압류 청구금액을 기록한다.

## 2) 가처분등기

가처분집행법원의 가처분기입등기촉탁에 의하여 부동산처분금지가처분등기를 하는 경우에는 다음 예시와 같이 가처분의 피보전권리와 금지사항을 기록하여야 한다. 가처분의 피보전권리는 반드시 등기할 수 있는 권리에 제한되는 것은 아니다. 실무에 따르면 토지거래허가절차이행청구권(2010.6.18. 부동산등기과-1211 질의회답)이나 건물철거청구권 또는 사해행위취소에 따른 원상회복청구권도 가처분의 피보전권리가 될 수 있다. 가처분의 피보전권리가 소유권 외의 권리설정등기청구권으로서 소유명의인을 가처분채무자로 하는 경우에는 그 가처분등기를 등기기록 중 갑구에 한다.

## (3) 가처분에 저촉되는 등기 및 가처분등기의 말소 등

법은 피보전권리의 종류와 관계없이 통일적으로 등기업무를 처리하고자 해당 가처분등기 및 가처분에 저촉되는 등기의 말소절차에 관한 규정을 두고 있다(법 제94조).

## 1) 가처분에 저촉되는 등기의 말소

가처분에 저촉되는 등기의 말소는 아래의 절차에 따른다. 가처분권리자가 승소판결에 의하지 않고 가처분채무자와 공동으로 신청하면서 그 신청이 가처분채권에 의한 것이라는 것을 소명한 경우에도 마찬가지이다. 가처분의 효력으로서 가처분등기 이후의 등기의 말소를 신청하는 경우 등기원인은 '가처분에 의한 실효'라고 표시하여야 한다(규칙 제154조).

### 가. 피보전권리가 소유권이전등기청구권 또는 소유권말소등기청구권인 경우

소유권이전등기청구권 또는 소유권말소등기청구권을 보전하기 위한 가처분등기가 마쳐진 후 그 가처분채권자가 가처분채무자를 등기의무자로 하여 소유권이전등기 또는 소유권말소등기를 신청하는 경우 가처분권자는 가처분등기 이후에 이루어진 등기로서 가처분채권자의 권리를 침해하는 등기의 말소를 단독으로 신청할 수 있다. 그러므로 가처분채권자의 권리를 침해한다고 볼 수 없는 아래의 등기에 대해서는 말소를 신청할 수 없다(규칙 제152조).
① 가처분등기 전에 마쳐진 가압류에 의한 강제경매개시결정등기
② 가처분등기 전에 마쳐진 담보가등기, 전세권 및 저당권에 의한 임의경매개시결정등기
③ 가처분채권자에게 대항할 수 있는 주택권임차권등기 등

한편 가처분채권자가 가처분에 의하여 소유권등기의 말소를 신청하고자 하는데, 그 소유권등기에 기초하여 위 ①, ②, ③의 등기가 되어 있는 경우에는 그 권리자의 승낙이나 이에 대항할 수 있는 재판이 있음을 증명하는 정보를 첨부정보로서 등기소에 제공하여야 한다(규칙 제152조 2항). 그러한 정보(승낙서 등)의 제공이 없으면

가처분권자는 소유권등기에 대한 말소를 신청할 수 없으며, 만일 제공이 있는 경우에는 등기관은 그 소유권등기를 말소하면서 위 ①, ②, ③에 해당하는 등기를 직권으로 말소한다(법 제57조).

나. 피보전권리가 용익권설정등기 청구권인 경우

지상권·전세권·임차권설정등기 청구권을 보전하기 위한 가처분등기가 마쳐진 후 그 가처분채권자가 가처분채무자를 등기의무자로 하여 지상권·전세권·임차권설정등기를 신청하는 경우에는 가처분권자를 침해하는 등기로서 가처분등기 이후에 마쳐진 제3자 명의의 지상권·전세권·지역권·임차권설정등기(동일한 부분에 마쳐진 등기에 한한다)의 말소를 단독으로 신청할 수 있다(규칙 제153조 1항).

다. 피보전권리가 지역권 또는 저당권 설정등기청구권인 경우

지역권 또는 저당권 설정등기청구권을 보전하기 위한 가처분등기가 마쳐진 후 그 가처분채권자가 가처분채무자를 등기의무자로 하여 지역권 또는 저당권 설정등기를 신청하는 경우에는 그 가처분등기 이후에 마쳐진 제3자 명의의 등기의 말소를 신청할 수 없다(규칙 제153조 2항). 이 경우 제3자는 가처분의 상대적 효력으로 인하여 가처분채권자보다 후순위가 될 뿐 권리를 상실하는 것은 아니기 때문이다.

라. 등기명의인에의 통지

등기관이 가처분채권자의 단독신청으로 가처분등기 이후의 등기를 말소하였을 때에는 지체 없이 그 사실을 말소된 권리의 등기명의인에게 통지하여야 한다(법 제94조 3항).

## 2) 해당 가처분등기의 말소

등기관이 가처분채권자의 등기신청으로 가처분등기 이후의 등기를 말소할 때에는 직권으로 해당 가처분등기를 말소하여야 한다(법 제94조 2항).

## 3) 가처분등기 이후 몰수보전등기가 마쳐진 경우

처분금지가처분등기 후에 '몰수보전등기'가 마쳐지고 가처분권리자가 본안에서 승소하여 그 승소판결에 의한 등기를 신청하는 경우 몰수보전등기는 가처분권리자의 신청에 의하여 말소할 수 없다(등기예규 제1375호).

---

**예 규** 공무원범죄에 관한 몰수특례법 등의 시행에 따른 등기사무처리지침

(개정 2011.10.11 등기예규 제1375호)

## 1. 몰수보전등기

  가. 부동산에 대한 몰수보전등기
  (1) 부동산에 관한 몰수보전등기는 검사가 몰수보전명령의 등본을 첨부하여 이를 촉탁한다.
  (2) 위 촉탁서에는 등기목적으로서 "몰수보전"을, 등기원인으로서 몰수보전명령을 발한 법원, 사건번호 및 그 년월일을, 등기권리자로서 "국"을 각 기재하여야 한다.
  (3) 등기관은 몰수보전등기를 한 후 그 등기사항증명서를 당해 몰수보전등기를 촉탁한 검사에게 송부하여야 한다. 이 경우 등기예규 제1373호 에 따라 이를 처리할 수 있다.
  (4) 몰수보전등기가 경료된 후에 몰수보전의 대상이 된 권리에 대한 이전등기 등의 신청이 있는 경우 등기관은 이를 수리하여야 한다.
  (5) 몰수보전명령이 취소되었을 경우 검사는 취소결정의 등본을 첨부하여 "취소결정"을 등기원인으로 하여 몰수보전등기의 말소등기를 촉탁하여야 한다.
  (6) 검사는 공무원범죄에 관한 몰수특례법(이하"법"이라 한다) 제33조제1항 에 의하여 몰수보전명령이 실효된 경우 그 재판의 등본 및 확정증명을 첨부하여 몰수보전등기의 말소등기를 촉탁하여야 하고, 법 제33조제2항 에 의하여 몰수보전명령이 실효된 경우에는 그 재판이 확정된 날로부터 30일 후에 그 재판의 등본, 확정증명 및 공소를 제기하지 아니한 사실을 증명하는 서면을 첨부하여 몰수보전등기의 말소등기를 촉탁하여야 한다. 이 경우 등기원인 "○년 ○월 ○일 실효"로 하되 그 일자는 전자의 경우는 재판이 확정된 날, 후자의 경우에는 확정된 날로부터 30일이 경과한 다음 날로 한다.

  나. 채권에 대한 몰수보전등기
  (1) 저당권부채권에 대한 몰수보전명령이 있으면 검사는 몰수보전명령을 발한 법원에 그 등기를 신청할 수 있고, 법원은 저당권부채권의 압류등기촉탁의 예에 의하여 그 등기를 촉탁한다. 가등기에 의하여 담보되는 채권에 대하여 몰수보전명령이 발하여진 경우도 이와 같다.
  (2) 금전의 지급을 목적으로 하는 저당권부채권에 대하여 몰수보전이 된 후 채무자가 채권금액을 공탁한 경우( 법 제30조제4항 참조)「공무원범죄의 몰수보전 등에 관한 규칙」제9조 에 의하여 공탁사실의 통지를 받은 법원은 그 몰수보전등기의 말소를 촉탁하여야 한다.
  (3) 위 가. 의 (2) ,(3) ,(4) ,(5) ,(6) 은 저당권부채권에 대한 몰수보전등기를 하는 경우에 이를 준용한다. 다만(5) ,(6) 중 "검사"는 "몰수보전명령을 발한 법원"으로 본다.

  다. 등기된 임차권, 환매권, 가등기된 소유권이전청구권 등에 대한 몰수보전등기는 부동산에 대한 몰수보전등기의 예에 따라 이를 처리한다.

라. 강제집행등과의 관계
  (1) 몰수보전등기보다 강제경매개시결정등기, 근저당권 등 담보물권의 설정등기, 압류등기, 가압
     류등기 등이 먼저 경료되고 그 후 집행법원으로부터 매각으로 인한 이전등기 및 몰수보전등
     기의 말소등기촉탁이 있는 경우 등기관은 그 등기를 한 후 몰수보전등기가 말소되었다는 뜻
     을 등기예규 제1368호 의 규정에 준하여 몰수보전등기를 촉탁한 법원 또는 검사에게 통지하
     여야 한다. 몰수보전등기보다 체납처분에 의한 압류등기가 먼저 경료되고 그 후 공매된 경우
     도 이와 같다.
  (2) 몰수보전등기가 경료된 후에 강제경매개시결정등기, 근저당권등 담보물권의 설정등기, 압류등
     기, 가압류등기, 체납처분에 의한 압류등기 등이 경료된 경우에는 법 제35조 에 의하여 그로
     인한 경매 또는 공매절차가 진행될 수 없으므로, 그와 달리 경매 또는 공매절차가 진행되어
     경락 또는 공매로 인한 이전등기의 촉탁이 있더라도 이를 수리하여서는 아니된다.
마. 삭제(2005. 08. 19. 제1108호)
바. 처분금지가처분등기와의 관계
   처분금지가처분등기 후에 몰수보전등기가 경료되고 가처분권리자가 본안에서 승소하여 그 승
   소판결에 의한 등기를 신청하는 경우 몰수보전등기는 등기관이 직권으로 또는 가처분권리자의
   신청에 의하여 말소하여서는 아니된다.


## 2. 부대보전등기

가. 부대보전등기는 검사가 부대보전명령의 등본을 첨부하여 이를 촉탁하되, 몰수보전등기의 촉탁
   과 동시에 또는 몰수보전등기가 경료된 후에 하여야 한다.
나. 부대보전등기가 경료된 후에 부대보전의 대상이 된 권리의 이전등기 등의 신청이 있는 경우
   등기관은 이를 수리하여야 한다.
다. 부대보전명령이 취소되었을 경우에는 몰수보전명령이 취소되었을 경우에 준하여 그 말소등기
   를 하되, 몰수보전명령이 취소되거나 실효되어 몰수보전등기를 말소한 경우에는 등기관이 직권
   으로 부대보전등기를 말소하여야 하며 그 등기원인은 "○년 ○월 ○일 실효"로 하되 그 일자
   는 몰수보전명령이 효력을 잃은 때로 한다.
라. 부대보전등기는 특별한 규정이 있거나 그 성질에 반하지 않는 한 몰수보전등기의 예에 따라
   이를 처리한다.


## 3. 추징보전등기

가. 추징보전등기는 법원이 검사의 신청에 의하여 등기목적을 "가압류"로 하여 촉탁하되, 검사의
   집행명령등본을 첨부하여야 하며, 등기원인으로서는 "○년 ○월 ○일 ○○지방법원의 추징보
   전명령에 기한 검사의 명령"으로 한다.

나. 등기관은 추징보전등기를 한 후 그 등기사항증명서를 당해 추징보전등기를 촉탁한 법원에게 송부하여야 한다. 이 경우 등기예규 제1373호 에 따라 이를 처리할 수 있다.

다. 추징보전에 대한 여러 가지 등기는 특별한 규정이 없는 한 가압류등기의 예에 따라 이를 처리한다.

## 4. 몰수

가. 몰수의 등기는 검사가 몰수재판의 등본을 첨부하여 이전등기의 형식으로 촉탁한다.

나. 몰수보전의 등기가 경료된 권리에 대하여 몰수의 등기촉탁이 있는 경우 등기관은 몰수보전등기에 저촉되는 등기를 직권으로 말소한다.

다. 몰수한 재산에 지상권 등의 권리의 등기가 있는 경우 몰수재판에서 그 권리를 존속시킨다는 취지의 선고가 없는 때에는 등기관은 그 등기를 직권으로 말소한다. 처분제한등기, 가등기 등도 이와 같다.

라. 몰수보전, 부대보전의 등기가 있는 부동산에 대하여 몰수의 등기를 한 경우 등기관은 그 몰수보전, 부대보전의 각 등기를 직권으로 말소한다.

5. 「마약류 불법거래 방지에 관한 특례법」, 「불법정치자금 등의 몰수에 관한 특례법」 및 「범죄수익은닉의 규제 및 처벌 등에 관한 법률」에 따른 몰수보전등기, 부대보전등기, 추징보전등기 및 몰수등기의 사무처리에 관하여서도 이 지침이 정하는 바에 의한다.

6. 등기기록례주)는 다음과 같다.

주 : 위 기록례는 부동산등기기재례집 참조

### 4) 가처분에 따른 소유권 외의 권리 설정등기의 방법

가처분의 피보전권리가 소유권 외의 권리의 설정등기청구권인 경우 등기관이 그 가처분권리에 의하여 소유권 외의 권리의 설정등기를 할 때에는 그 등기가 가처분에 기초한 것이라는 뜻을 기록하여야 한다(법 제95조).

처분금지가처분 효력의 객관적 범위에 관하여, 현재 우리나라의 통설 및 판례는 가처분위반행위의 효력은 가처분채권자의 피보전권리의 실현에 필요한 범위 내에서만 부정 또는 제한된다는 실체적 효력설의 입장이다. 따라서 제한물권 또는 임차권의 설정등기청구권을 피보전권리로 하는 처분금지가처분에 있어 그 피보전권리 실현의 등기를 하는 경우 가처분 이후의 다른 등기가 당연히 그 효력을 잃고 말소되는 것은 아니고, 다만 피보전권리 실현의 등기의 부담을 용인하는 것에 불과하게 된다.

그런데 그 피보전권리 실현의 등기인 제한물권 또는 임차권의 설정등기를 할때에 그 등기를 가처분 이후의 다른 제한물권 또는 임차권의 설정등기보다 앞서는 순위번호로서 이를 등기기록상 나타낼 수 있는 방법이 없다. 그래서 불가피하게 후순위번호로 등기할 수밖에 없다. 이렇게 되면 등기기록상으로 뒤에 등기된 권리가 앞에 등기된 권리보다 우선하는 경우가 발생하여 그 공시에 혼란을 가져 올 우려가 있다고 할 것이다. 이러한 혼란을 막기 위하여 그 피보전권리 실현의 등기를 할 때에 '○년 ○월 ○일 접수 제○호 처분금지가처분에 기초한 것'이라는 뜻을 기록하도록 한다.

### 5) 가처분등기 등을 말소한 경우의 집행법원 등에의 통지

등기관이 가처분권리자의 단독신청 또는 직권으로 가압류, 가처분, 주택임차권등기를 말소한 때에는 지체 없이 그 뜻을 집행법원에 통지하여야 하며(등기예규 제1368호), 또 같은 절차에 의하여 경매개시결정등기를 말소한 때에는 그 등기사항증명서를 경매법원에 송부하여야 한다.

# 예 규  가압류등기 등이 말소된 경우의 집행법원에 통지

(개정 2011.10.11 등기예규 제1368호)

가압류등기, 가처분등기, 경매개시결정등기, 주택임차권등기 및 상가건물임차권등기가 집행법원의 말소촉탁 이외의 사유(본등기, 매각, 공매, 「부동산등기법」제99조제4항 , 동 규칙 제116조제2항 규정의 경우 등)로 말소된 경우 등기관은 지체없이 그 뜻을 아래양식에 의하여 집행법원에 통지하여야 한다.

---

**통 지 서**

귀 법원 ○○ 카(타경) ○○○ (부동산가압류·가처분·경매개시결정·
주택임차권등기명령·상가건물임차권등기명령) 사건의 결정에 의하여 이루어진
별지목록 부동산에 대한
(부동산가압류·가처분·경매개시결정·주택임차권·상가건물임차권) 등기가   년   월
일   ○○을 원인으로 말소되었음을 통지합니다.

년    월    일

○    ○  지방법원   ○    ○ 등기소

등기관    ○    ○    ○ (인)

○    ○ 지 방 법 원     귀중

---

**(4) 채권자가 다수인 가압류·가처분등기 및 경매개시결정등기 또는 그 등기의 변경등기 촉탁이 있는 경우의 처리 방법**

**1) 가압류·가처분등기 또는 경매개시결정등기의 촉탁이 있는 경우**

촉탁에 의하여 가압류등기 등을 하는 경우, 다수의 채권자 전부를 등기기록에 채권자로 기록하여야 하며, 채권자 ○○○ 외 ○○인과 같이 채권자 일부만을 기록하여서는 안 된다.

채권자가 선정당사자인 경우에도 선정자목록에 의하여 채권자 전부를 등기기록에 채권자로 기록하여야 하며, 등기촉탁정보에 채권자로 선정당사자만 표시되어 있고 선정자 목록이 없는 경우에는 결정서에 첨부되어 있는 선정자 목록의 사본을 만들어 등기촉탁정보와 함께 보존한다.

**2) 착오로 마쳐진 가압류·가처분 등기 또는 경매개시결정등기를 발견한 경우**

등기관이 가압류·가처분등기 또는 경매개시결정등기에 채권자 ○○○ 외 ○○인으로 기록되어 있는 등기를 발견한 경우에는 경정등기를 하여야 한다. 만일 그러한 경정등기를 함에 있어 그 등기촉탁정보가 보존기간의 경과로 폐기되어 다수의 채권자를 알 수 없게 된 경우에는 촉탁법원에 등기촉탁정보 및 결정서사본을 모사전송 등의 방법으로 송부 받은 다음 경정등기를 하여야 한다.

**3) 일부 채권자의 해제신청에 의한 변경등기 촉탁이 있는 경우**

일부 채권자의 해제신청에 의한 변경등기의 촉탁이 있는 경우 등기관은 채권자 해제를 원인으로 한 변경등기를 한다. 이 경우 등기촉탁정보에 가압류의 청구금액이나 가처분할 지분의 변경이 포함되어 있을 때에는 청구금액 또는 가처분할 지분의 변경등기도 하여야 한다.

채권자 ○○○ 외 ○○인으로 등기된 가압류·가처분등기 또는 경매개시결정등기에 대하여 일부 채권자의 해제로 인한 변경등기 촉탁이 있는 경우에는 앞서 본 바에 의하여 경정등기를 한 다음 촉탁에 의한 변경등기를 하여야 한다. 그러나 채권자 ○○○ 외 ○○인으로 되어 있는 등기에 대한 전부말소 촉탁이 있는 경우에는 그러한 경정등기를 거침이 없이 말소한다.

채권자가 다수인 가압류·가처분등기 또는 경매개시결정등기에 대하여 '해제신청을 한 채권자'를 등기의무자로 하고, 등기원인 '일부해제', 등기목적 '○년 ○월 ○일 접수 제○○호로 등기된 ○○○말소'로 표시한 등기촉탁이 있는 경우, 비록 그 등기촉탁이 일부채권자의 해제신청에 의한 채권자변경등기촉탁의 취지라 하더라도 그 촉탁정보에 표시된 등기목적에 따라 이를 해당 등기촉탁정보에 표시된 등기 전부의 말소를 촉탁한 것으로 보아야 할 것이므로 등기관은 그러한 등기촉탁에 대하여는 법 제29조 제7호(신청정보의 등기의무자의 표시가 등기기록과 일치하지 아니한 경우)에 의하여 각하하여야 한다.

### (5) 가압류·가처분등기의 말소절차

가압류·가처분 집행의 취소결정을 한 때, 가압류·가처분의 취하 또는 그 집행취소신청이 있는 때에 법원은 그 재판서 또는 취하서 등 그 사실을 증명하는 정보를 제공하여 처분제한등기의 말소촉탁을 하고 등기관은 이 촉탁에 따라 그 등기를 말소한다.

가압류 또는 가처분을 한 법원의 말소등기촉탁 외의 사유(본등기·경매절차에 따른 매각·공매의 경우 등)로 가압류 또는 가처분등기를 말소한 때에는 등기관은 지체 없이 그 뜻을 집행법원에 통지하여야 한다(등기예규 제1368호).

가압류등기 후 소유권이 제3자에게 이전된 경우에 전 소유자를 등기권리자로 하는 가압류말소등기촉탁은 이를 수리하여야 한다. 마찬가지로 갑 명의의 부동산을 채권자 을이 가압류한 후 소유권이 병에게 이전된 경우에 가압류권자 을이 집행권원을 얻어 강제경매를 신청하는 경우에 경매개시결정등기 촉탁정보 상에 등기의무자를 갑으로 표시하여도 그 등기는 수리하여야 할 것이다(등기예규 제1352호).

미등기 토지의 가압류촉탁에 의하여 등기관이 직권으로 소유권보존등기를 한 경우에 후일 신청인이 가압류취하 또는 집행법원이 가압류를 취소한 경우에도 가압류말소촉탁만 할 것이지 피신청인 명의의 소유권보존등기의 말소를 촉탁할 것은 아니다. 가압류가 본압류로 이행되어 강제경매절차가 진행 중에 있는 상태에서 가압류등기만에 관해서 말소촉탁을 한 경우 등기관은 그 촉탁을 법 제29조 제2호를 적용하여 각하하여야 한다(2012.10.19. 부동산등기과-2012 질의회답).


## 5. 강제관리에 관한 등기

강제관리는 부동산 자체에서 발생하는 천연과실과 법정과실을 개별적으로 압류하지 아니하고, 관리인을 두어 관리인으로 하여금 이를 수익케 하여 이것으로써 채무변제를 꾀하는 방법이다.

법원이 강제관리의 개시결정을 한 때에는 강제관리개시결정정본을 제공하여 직권으로 그 개시결정의 등기를 촉탁하게 된다. 등기관이 촉탁에 의하여 등기를 한 때에는 촉탁법원에 등기사항증명서(통지서로 대용)를 송부하여야 하는 점, 동일 부동산에 관하여 중복하여 강제관리의 등기를 할 수 있는 점은 경매의 경우와 같다(민사집행법 제163조).

법원이 강제관리개시결정을 취소한 때에는 그 취소결정의 정본을 제공하여 강제관리개시결정등기의 말소를 촉탁하게 된다.

강제관리개시결정등기나 그 등기의 말소등기를 할 경우 등기기록상의 등기원인과 그 연월일은 '○년 ○월 ○일 ○○법원의 강제관리개시결정' 또는 '○년 ○월 ○일 강제관리 취소결정'이라고 기록한다.

## 6. 채무자 회생 및 파산에 관한 등기

「채무자 회생 및 파산에 관한 법률」(이하 '채무자회생법'이라 한다)에 따르면 도산절차는 크게 청산형인 파산절차와 재건형인 회생절차 두 가지로 나눌 수 있다.

회생절차는 재정적 어려움으로 인하여 파탄에 직면한 채무자에 대하여 채권자·주주 등 이해관계인의 법률관계를 조정하여 채무자 또는 그 사업의 효율적인 회생을 도모하는 제도로 재건형 도산절차이다. 회생절차개시결정이 있으면 채무자의 업무수행과 재산의 관리 및 처분을 하는 권한은 관리인에게 전속한다(채무자회생법 제56조 1항).

파산절차는 채무자가 지급을 할 수 없는 때에 파산을 선고하여 파산재단에 속하는 재산의 신속한 환가 및 배당을 목적으로 하고 있는 제도로 청산형 도산절차이다. 파산선고가 있으면 파산자가 가진 모든 재산은 파산재단이 되며 파산재단을 관리 및 처분하는 권한은 파산관재인에게 속한다(채무자회생법 제384조). 이하에서 등기절차에 관하여 살펴본다.

### (1) 채무자 회생 및 파산에 관한 등기 일반

회생 및 파산 절차에서의 각 진행 경과에 따른 등기는 모든 채무자의 부동산에 대하여 하는 것은 아니다. 보전처분 및 부인의 등기는 모든 채무자의 개별 부동산에 대하여 그 등기를 하지만, 나머지 절차등기는 채무자가 법인이 아닌 경우에만 개별 부동산에 등기를 하고, 채무자가 법인인 경우에는 개별 부동산에 등기를 하지 않는다. 다만, 개인회생절차의 경우에는 채무자가 법인이 아니지만 개인회생절차개시결정, 변제계획의 인가결정 등 절차에 따른 등기를 하지 않는다.

법원사무관등이 회생절차, 파산절차, 개인회생절차, 국제도산절차와 관련하여 보전처분의 등기 등을 촉탁하는 경우에 등록면허세 및 등기신청수수료가 면제된다(채무자회생법 제25조 4항, 등기사항증명서 등 수수료규칙 제5조의2 2항 3호). 부인의 등기는 법원의 촉탁이 아니라 관리인 등의 신청에 의한 등기이지만, 등록면허세가 면제된다(채무자회생법 제26조 2항). 그러나 등기신청수수료는 별도의 면제 규정이 없으므로 면제되지 않는다.

## (2) 회생절차와 관련한 등기

### 1) 촉탁에 의한 등기

가. 촉탁의 주체

채무자회생법에서는 회생절차와 관련한 대부분의 등기는 회생법원의 법원사무관등의 명의로 촉탁하도록 하고 예외적인 경우에만 회생법원의 명의로 촉탁하게 하였다. 회생법원의 명의로 촉탁하는 경우로는, 1)부인등기의 말소촉탁(채무자회생법 제26조 4항), 2)회생계획의 수행 또는 채무자회생법에 의하여 회생절차상의 이해관계인(채무자·채권자·담보권자·주주·지분권자와 신회사)을 등기권리자로 하는 등기의 촉탁(채무자회생법 제24조 2항) 등이 있다.

등기권리자가 위와 같은 이해관계인이 아닌 경우에는 그 등기는 법원의 촉탁에 의하지 않고 일반적인 경우와 마찬가지로 관리인과 그 제3자의 공동신청에 의한다(채무자회생법 제24조 2항 단서). 예를 들어, 회생계획에 따라 신회사를 설립하여 채무자회사 명의의 부동산을 신회사로 이전하거나, 회생채권자를 등기권리자로 하여 근저당권설정등기를 하는 경우 등, 그 등기는 회생법원의 촉탁에 의한다.

회생법원의 명의로 촉탁하여야 하는 등기를 법원사무관등의 명의로 촉탁한 경우 그 촉탁을 수리할 것인지 문제이다. 채무자회생법에서 법원사무관이 아닌 회생법원을 촉탁의 주체로 규정한 것은 고도의 판단이 필요하다고 본 것이므로 이러한 촉탁은 각하하여야 할 것이다. 다만, 반대의 경우에는 수리하여도 무방하다고 할 것이다.

나. 촉탁의 대상

촉탁에 의한 등기의 대상은 채무자의 등기된 부동산 또는 권리인데, 채무자가 법인인지 여부에 따라 달라진다. 즉 1)채무자가 법인인 경우에는 보전처분의 등기만 촉탁할 수 있고, 2)법인이 아닌 경우(자연인 또는 법인이 아닌 사단·재단)에는 보전처분 및 회생절차의 각 단계에 따른 기입등기가 촉탁의 대상이 된다(등기예규 제1516호).

다. 촉탁사항 이외의 등기사항에 관한 신청권자

위에서 본 촉탁사항 이외의 사항은 신청에 의하되, 채무자는 재산의 관리처분권을 상실하였으므로, 1)회생법원이 보전처분 외에 보전관리인에 의한 관리를 명한 때(채무자회생법 제43조 3항)에는 보전관리인의 신청으로, 2)회생절차개시결정이 있는 때에는 채무자의 업무의 수행과 재산의 관리 및 처분을 하는 권한은 관리인에게 전속하고(채무자회생법 제56조 1항), 관리인이 선임되지 아니한 경우에는 채무자의 대표자가 관리인으로 의제되므로(채무자회생법 제74조 4항), 관리인 또는 관리인으로 의제되는 자의 신청에 의하여 등기하여야 한다. 위의 신청이란 일반원칙에 따른 공동신청을 의미한다.

## 2) 보전처분에 관한 등기

가. 보전처분의 기입등기

① 법원사무관 등의 촉탁

채무자 또는 채무자의 이사 등의 부동산에 관한 권리(소유권과 담보물권, 용익
물권, 임차권 등 소유권 외의 권리 및 가등기상의 권리와 환매권을 포함)에 관
한 보전처분의 기입등기는 법원사무관 등의 촉탁으로 한다(채무자회생법 제24
조 1항). 보전처분의 기입등기 등의 촉탁정보에는 등기의 목적을 '보전처분'으
로, 등기의 원인을 '○○지방법원의 재산보전처분' 또는 '○○지방법원의 임원재
산보전처분'으로, 그 일자는 '보전처분 등의 결정을 한 연월일'로 각 표시하고,
결정서의 등본 또는 초본을 제공하여야 한다.

② 등기의 실행

보전처분에 따른 금지사항이 지정되어 촉탁된 경우에는 등기관은 해당 금지사
항(예 : 양도, 저당권 또는 임차권의 설정 그 밖에 일체의 처분행위의 금지)을
기입하여야 한다. 보전처분의 등기는 주등기로 하되, 소유권 외의 권리의 등기
에 대한 보전처분의 경우는 권리의 등기에 부기등기로 한다.

나. 보전처분 등기의 변경 및 말소

보전처분 등기의 변경 또는 말소 역시 법원사무관 등의 촉탁에 의한다. 즉 1)보전
처분이 변경 또는 취소되거나, 2)보전처분 이후 회생절차개시신청의 기각결정, 취
하 등의 사유로 보전처분이 그 효력을 상실한 경우, 3)회생절차종결결정이 있는 경
우, 4)관리인이 법원의 허가를 얻어 임의 매각한 경우에는 법원사무관 등의 촉탁에
의하여 보전처분 등기를 변경 또는 말소한다. 이 경우 결정문의 등본(또는 초본)이
나 취하서 등을 제공하여야 한다.

다. 보전처분등기와 다른 등기의 관계

① 보전처분등기 후의 다른 등기

보전처분의 등기가 마쳐진 이후에 다른 등기신청(예 : 채무자와 매수인의 소유권
이전등기신청, 근저당권설정등기신청)이 있는 경우 등기관은 그 신청을 수리하여
야 한다. 보전처분에 저촉되는 등기라고 해서 절대적 무효가 아니라 회생절차개
시결정이 있을 때에 채무자에 대하여 유효를 주장할 수 없는 데에 그치는 상대적
무효이고, 회생절차가 폐지되면 보전처분에 위반한 등기도 완전히 유효한 것으로
되기 때문이다.

또한, 보전관리명령이 있는 경우에는 보전관리인이 법원의 허가서를 제공하여
소유권이전등기 등을 신청할 수 있는데 이 경우에는 유효한 등기가 된다.

② 보전처분등기에 앞서는 가등기에 기한 본등기 등

보전처분의 등기가 마쳐지기 전에 가등기가 먼저 되어 있는 경우 그 가등기에
기한 본등기를 할 수 있다. 등기관이 본등기를 하고 보전처분의 등기를 직권으

로 말소하였을 경우 그 사실을 지체 없이 보전처분을 촉탁한 법원에 통지하여
야 한다(법 제92조). 보전처분에 앞선 가처분등기가 있는 경우에 가처분권리자
가 승소한 경우 보전처분의 등기는 가처분등기에 저촉되는 등기가 되므로, 가
처분채권자의 신청으로 말소한다(법 제94조).

③ 보전처분 이후의 등기의 말소 여부

예를 들어, 채무자 갑 → 보전처분 →을(소유권이전등기)의 등기가 마쳐진 상태
에서, 보전처분이 취소되거나 또는 보전처분 이후 개시신청의 기각결정 등으로
인하여 보전처분이 효력을 상실한 경우, 법원사무관 등은 보전처분등기의 말소
를 촉탁한다. 이에 따라 보전처분등기가 말소되면 을 명의의 소유권이전등기는
확정적으로 유효한 등기가 된다.

회생절차종결 결정이 있는 경우, 보전처분 및 그에 저촉되는 등기는 회생계획
의 인가로 이미 효력을 상실하였으므로, 법원사무관 등은 회생절차종결등기와
함께 보전처분 및 그에 저촉되는 등기의 말소촉탁을 하여야 한다. 즉 위 예에
서 보전처분의 등기와 을 명의의 소유권이전등기는 법원사무관 등의 촉탁에 의
하여 말소된다.

반면에, 회생절차의 진행 중에 관리인이 법원의 허가를 얻어 해당 부동산을 매
각한 경우, 관리인은 법원의 허가서를 제공하여 먼저 단독으로 보전처분에 위
배된 등기의 말소를 신청하고 이어 매수인과 공동으로 소유권이전등기를 신청
한다. 보전처분등기는 위 소유권이전등기와 말소등기가 마쳐진 후에 관리인의
신청에 의하여 회생법원의 촉탁으로 말소한다.

## 3) 회생절차개시결정 이후의 등기

### 가. 총설

앞에서 본 바와 같이, 회생절차에 관한 등기는 채무자가 법인이 아닌 경우에만 채
무자 소유의 개별 부동산에 각 절차단계별로 기입등기를 하고, 채무자가 법인인 경
우에는 그러한 등기를 하지 않는다. 따라서 법인인 채무자 명의의 부동산에 대해서
회생절차개시결정, 회생계획인가, 회생절차종결의 등기촉탁이 있는 경우, 이는 사
건이 등기할 것이 아닌 경우에 해당하므로 등기관은 법 제29조 제2호에 의하여 각
하하여야 한다.

### 나. 회생절차개시결정 등기

① 등기절차

회생절차개시결정의 등기는 법원사무관 등이 촉탁정보에 등기의 목적(회생절차
개시), 등기의 원인(○○지방법원의 회생절차개시결정·사건번호) 및 그 일자(회
생절차개시결정의 연월일), 결정을 한 법원을 표시하고, 결정서의 등본 또는 초
본을 제공하여 촉탁하여야 한다.

회생절차개시결정의 등기는 그 등기 이전에 가압류, 가처분, 강제집행 또는 담

보권실행을 위한 경매, 체납처분에 의한 압류등기, 가등기, 파산선고의 기입등기 등이 되어 있는 경우에도 할 수 있다.

② 회생절차개시결정 등기 후의 다른 등기

- 파산선고 기입등기 등

회생절차개시결정의 등기가 된 채무자의 부동산 또는 권리에 관하여 파산선고의 등기, 또 다른 회생절차개시의 등기의 촉탁이 있는 경우 등기관은 그 촉탁을 각하하여야 한다(채무자회생법 제58조 1항). 회생절차는 파산절차에 우선하므로 회생절차개시결정의 등기가 된 때에는 파산선고의 기입등기를 할 수 없지만, 반대로 파산선고의 등기가 된 경우에 회생절차 개시결정의 등기는 할 수 있다.

- 회생법원의 촉탁에 의한 등기

법원은 회생계획의 수행이나 채무자회생법에 의하여, 회생절차가 종료되기 전에, 회생절차상의 이해관계인(채무자·채권자·담보권자·주주·지분권자와 신회사)을 권리자로 하는 등기된 권리의 득실이나 변경이 생긴 경우에는 직권으로 지체 없이 그 등기를 촉탁하여야 한다(채무자회생법 제24조 2항).

- 회생절차개시결정의 등기보다 먼저 된 가등기에 의한 본등기

회생절차개시결정의 기입등기보다 가등기가 먼저 마쳐졌다면 그 가등기에 기한 본등기는 관리인이 가등기권리자의 공동신청으로 할 수 있다. 이 경우 법원의 허가서를 제공하여야 한다.

다. 회생절차개시 취소의 등기

① 의의

회생절차개시결정의 취소란 즉시항고 등에 의하여 회생절차개시결정이 취소되는 것을 말한다. 취소결정이 확정되면 회생절차는 종국적으로 소멸하지만 그 때까지 관리인이 한 적법한 행위는 그 효력을 유지한다.

② 등기절차

회생절차개시 취소의 등기도 법원사무관 등이 촉탁하고, 그 촉탁방법은 회생절차개시의 등기와 같다. 회생절차개시취소등기의 촉탁만 있는 경우에는 회생절차개시등기는 말소하지 않는다. 그러나 취소결정등기의 기입촉탁과 함께 회생절차개시등기의 말소촉탁이 있으면 그에 따라 말소한다.

라. 회생계획인가의 등기

① 등기절차

회생계획인가의 등기 역시 법원사무관 등이 촉탁하며, 첨부정보 등은 개시결정의 기입등기와 같다. 회생절차개시결정의 등기가 되어 있지 아니한 부동산에 관하여 회생계획인가의 등기촉탁이 있는 경우 등기관은 그 촉탁을 각하하여야 한다. 절차 단계상 개시결정의 등기 없이 인가의 등기를 할 수 없기 때문이다. 회생계획의 변경인가는 등기사항이 아니므로 설령 회생법원이 회생계획의 변경인가에 따른 등기를 촉탁하여도 법 제29조 제2호를 적용하여 각하하여야 한다.

② 회생계획인가의 기입등기와 파산등기의 말소

회생계획인가의 등기 전에 같은 부동산에 파산등기가 되어 있는 경우 등기관은 회생계획인가등기를 한 후 파산등기를 직권으로 말소하여야 한다. 이는 회생계획의 인가로 파산절차가 실효되기 때문이다. 반대로 인가취소의 등기를 하는 경우 직권으로 말소한 파산등기를 회복하여야 한다.

마. 회생계획불인가의 등기

① 회생계획불인가의 의의 및 효과

회생계획불인가의 결정은 법원이 관계인집회에서 가결된 회생계획안에 대하여 법적인 효력을 부여하는 것을 거절함으로써 회생절차를 종료시키는 결정이다.

회생계획불인가의 결정이 확정되면(인가결정이 즉시항고에 의하여 취소확정된 경우 포함) 회생절차는 종국적으로 종료하고, 파산절차가 개시되거나 중단되었던 강제집행 등이 속행되며, 채무자는 그 재산의 관리처분권을 회복한다. 다만 그 때까지 관리인이 한 행위는 그 효력을 유지한다.

② 등기절차

회생계획불인가의 등기도 법원사무관 등이 촉탁하고, 그 촉탁방법은 회생절차개시의 등기와 같다. 회생절차개시등기는 말소하지 않는다. 회생절차가 개시되었으나 불인가결정으로 종료되었음을 공시할 필요가 있기 때문이다. 다만, 회생계획불인가의 등기와 함께 회생절차개시등기의 말소도 촉탁된 경우에는 그에 따라 말소한다.

회생계획불인가 결정이 확정된 때, 법원이 직권으로 파산선고를 하고 회생계획불인가 등의 등기와 파산등기를 동일한 촉탁정보에 의하여 촉탁한 경우, 등기관은 동일한 순위번호로 등기를 하되, 먼저 회생계획불인가 등의 등기를 한 후 파산등기를 하여야 한다. 회생계획불인가의 등기가 마쳐진 후 그 등기의 말소절차는 회생절차종결등기의 말소절차와 같다.

바. 회생절차폐지의 등기

① 회생절차폐지의 의의

회생절차의 폐지란 회생절차가 개시된 후에 해당 절차가 그 목적을 달성하지 못한 채 법원이 그 절차를 중도에 종료시키는 것을 말한다. 법원은 회생계획안을 제출하지 않거나, 회생계획안이 부결되거나, 인가된 이후에도 그 실행의 가망이 없는 경우에 회생절차의 폐지결정을 한다.

② 등기절차

회생계획불인가의 등기와 같다. 회생절차폐지의 등기가 마쳐진 후 그 등기의 말소 절차는 회생절차종결등기의 말소절차와 같다.

사. 회생절차종결의 등기

① 의의

회생절차가 순조롭게 진행되어 목적이 달성된 경우 법원은 회생절차종결결정을
한다. 이로써 회생절차는 종결되고 채무자는 관리처분권을 회복한다.
② 등기절차
- 회생절차종결등기
  회생법원의 법원사무관 등은 회생절차종결결정이 나면 즉시 직권으로 관할등기소 등
  기관에게 회생절차종결등기를 촉탁하여야 한다. 촉탁정보에는 등기의 목적(회생절차
  종결), 등기의 원인 및 그 일자(회생절차종결의 결정이 있는 날), 결정을 한 법원을
  표시하고, 결정서의 등본을 제공하여야 한다.
  회생절차개시 및 회생계획인가의 각 기입등기가 되어 있지 아니한 부동산 등의 권리
  에 대한 회생절차종결등기의 촉탁은 등기관이 각하하여야 한다. 다만 부인의 등기가
  된 경우는 회생절차종결등기에 의하여 부인의 효력을 확정하여야 하므로, 회생절차
  개시 및 인가의 등기가 마쳐져 있지 않아도 회생절차종결등기를 하여야 한다.
- 보전처분등기, 회생절차개시결정등기 등의 말소
  법원사무관 등은 위 회생절차종결등기와 함께 회생절차종결결정을 원인으로 하여
  보전처분등기, 회생절차개시등기, 회생계획인가등기의 말소등기를 촉탁하여야 한
  다. 이 경우 등기의 목적은 '○번 ○○등기말소'이고, 등기의 원인은 '회생절차종
  결'이며, 그 원인일자는 '회생절차종결의 결정이 있는 날'이다.
  등기관은 회생절차종결등기의 촉탁만 있고 보전처분등기 등의 말소촉탁은 없는
  경우에는 보전처분등기 등을 말소하여서는 안 된다. 만약 회생절차종결의 등기를
  촉탁할 때에 회생절차와 관련된 등기에 대한 말소촉탁이 누락된 경우, 회생절차
  종결의 등기가 마쳐진 이후에도 그 말소촉탁을 할 수 있다. 이 경우 등기의 목적
  은 '○번 ○○등기말소'이고, 등기원인 및 그 원인일자는 기록하지 않으며 결정
  서의 등본은 제공할 필요가 없다.
- 보전처분에 저촉되는 등기의 말소
  보전처분등기 이후에 마쳐진 등기는 회생계획인가로 채무자에 대하여 확정적으로
  무효가 되었으므로 회생법원은 이러한 등기의 말소를 촉탁하여야 한다.
- 회생절차종결등기의 말소
  회생절차종결의 등기가 되고 다른 등기가 모두 말소된 이후에 회생절차종결 등
  기의 말소촉탁이 있는 경우 등기관은 이를 수리하여야 한다. 이 경우 등기의 목
  적은 '○번 회생절차종결등기말소'이고, 등기원인 및 그 원인일자는 기록하지 않
  으며 결정서의 등본은 제공할 필요가 없다.

## 4) 권리변동(임의매각 등)의 등기

가. 총설
회생계획에서는 채무자 소유의 부동산 그 밖의 자산의 매각을 통하여 얻은 재원으
로 공익채권, 회생담보권 등의 변제에 사용하거나 운영자금으로 사용하도록 규정하

는 것이 일반적이다. 또한 채무자는 법원의 허가를 얻어 금원을 차입하고 근저당권설정등기를 해주기도 한다. 이러한 경우의 소유권이전등기 또는 근저당권설정등기는 관리인과 매수인(근저당권자)의 공동신청에 의한다.

유의할 점은, 회생계획의 수행이나 채무자회생법에 의하여, 회생절차가 종료되기 전에 등기된 부동산 등에 대한 권리의 득실이나 변경이 생겨 그러한 등기를 할 때, 회생절차상의 이해관계인(채무자·채권자·담보권자·주주·자본권자와 신회사)이 등기권리자인 경우에는 법원의 촉탁에 의하여야 한다. 만약 이 경우에도 관리인과 그 상대방이 공동신청을 하였다면 그 신청은 각하하여야 한다(채무자회생법 제24조 2항 단서).

나. 등기절차

① 신청인

회생절차개시결정이 있는 때에는 채무자의 업무의 수행과 재산의 관리 및 처분을 하는 권한은 관리인에게 전속하고(채무자회생법 제56조 1항), 관리인이 선임되지 아니한 경우에는 채무자의 대표자가 관리인으로 간주되므로(채무자회생법 제74조 4항), 개시결정 기입등기 후의 채무자 소유 부동산에 관한 등기신청권자는 관리인 또는 관리인으로 간주되는 자이다(표시방법 : 등기의무자 ○○○ 관리인 ○○○ 또는 채무자겸관리인 ○○○). 그러나 권리의무의 귀속주체는 여전히 채무자 본인이므로, 신청정보에 채무자를 등기의무자로 표시하여야 한다.

② 첨부정보

관리인이 회생계획에 따라 채무자의 명의의 부동산 등을 처분하고 그에 따른 등기를 상대방과 공동으로 신청하는 경우에는 회생계획인가결정의 등본 또는 초본을, 회생계획에 의하지 아니하고 처분한 경우에는 법원의 허가서 또는 법원의 허가를 요하지 아니한다는 뜻의 증명을 제공하여야 한다. 이 경우 등기신청의 진정성이 담보되므로 등기의무자의 등기필정보는 제공할 필요가 없으나 관리인의 자격을 증명하는 정보(채무자가 법인인 경우에는 법인등기사항증명서, 개인인 경우에는 결정문 등본 등)와 관리인의 인감증명은 제공하여야 한다.

다. 보전처분등기 등의 말소촉탁

관리인이 회생계획의 수행으로 또는 법원의 허가를 얻어 부동산을 매각하고 그에 따른 소유권이전등기를 마친 경우, 법원사무관 등은 직권으로 '매각'을 원인으로 하여 보전처분등기, 회생절차개시등기, 회생계획인가의 등기의 말소를 촉탁하여야 한다. 이 때 회생계획의 인가에 의하여 소멸한 근저당권등기 등의 말소촉탁도 하여야 한다. 말소대상인 등기의 판단은 회생법원이 하므로, 등기관은 촉탁에 따라 등기를 실행하면 된다.

다만 회생절차의 진행 중 관리인이 법원의 허가를 얻어 부동산을 임의매각한 경우에는 보전처분에 저촉되는 등기의 말소는 관리인이 위 소유권이전등기와 동시에 단독으로 신청하여야 하므로 말소촉탁의 대상이 되지 아니한다.

예를 들어, '채무자 갑 →을(근저당권설정등기) → 보전처분 → 병(보전처분에 저촉되는 이전등기) → 회생절차개시등기 → 회생계획인가등기'와 같이 등기가 된 상태라면, 관리인이 매수인 정과 공동으로 소유권이전등기의 신청을 하기에 앞서 단독으로 병 명의의 소유권이전등기의 말소신청을 하여야 한다. 한편 을 명의의 근저당권설정등기, 보전처분등기, 회생절차개시등기, 회생계획인가등기는 촉탁에 의하여 말소된다.

## 5) 회생절차와 강제집행 등에 관한 등기

회생절차는 회생계획에 따른 채무의 변제와 채무자의 경제적 재건을 목표로 하므로 회생채권 또는 회생담보권에 기한 개별집행은 원칙적으로 금지된다. 이하에서는 회생절차의 개시신청 이후부터 각 단계별로 집행에 관한 등기(가압류, 가처분, 강제경매, 담보권실행경매)의 효력 및 그에 관한 처리를 알아보기로 한다.

### 가. 개시신청 단계

#### ① 절차진행의 자유

회생절차의 개시신청은 법원의 재판이 아니므로 회생절차개시신청 그 자체만으로는 채무자에 대한 채권자 또는 담보권자의 권리행사를 제약하지 않는다. 따라서 채무자의 부동산에 대한 가압류·가처분 등 보전처분 및 강제집행, 담보권실행을 위한 경매신청절차에 아무런 영향이 없다.

#### ② 절차중지명령

개시신청으로부터 개시결정 때까지는 상당한 시일이 소요되고, 보전처분의 등기가 마쳐진다 하더라도 강제집행 등에는 영향이 없으므로, 개시결정이 나기 전에 강제집행 등의 절차가 진행되면 회생절차가 개시되어도 그 때는 이미 채무자의 재산이 흩어져 회생의 목적을 달성할 수 없게 된다. 이러한 경우에 대비하여, 회생법원은 회생절차개시의 신청에 대한 결정이 있을 때까지, 회생채권 또는 회생담보권에 기한 강제집행 등과 체납처분의 중지를 명할 수 있다(채무자회생법 제44조 1항, 제45조 1항). 다만 위 절차중지명령은 촉탁사항이 아니므로 등기절차와는 관련이 없다.

#### ③ 절차의 취소명령과 강제집행 등에 관한 등기의 말소촉탁

회생법원은 채무자의 회생 등을 위하여 특히 필요하다고 인정하는 때에는 위 중지된 강제집행 등의 취소를 명할 수 있다(채무자회생법 제44조 4항, 제45조 5항). 이 경우 집행법원이나 법원사무관 등은 취소결정문을 제공하여 강제집행 등에 관한 등기의 말소를 촉탁하여야 한다.

### 나. 보전처분등기 단계

보전처분의 기입등기는 그 등기 전에 가압류, 가처분, 강제집행 또는 담보권실행을 위한 경매, 체납처분에 의한 압류등기 등 처분제한 등기 및 가등기(이하 '가압류

등'이라 한다)가 되어 있는 경우에도 할 수 있다. 가압류 등의 효력과 회생절차상 보전처분의 효력은 서로 배척하는 것이 아니기 때문이다. 위 가압류 등은 법원의 중지명령이나 취소명령의 대상이 될 뿐이다.

보전처분은 채무자에 대하여 일정한 행위의 제한을 가하는 것이고 제3자의 권리행사를 금지하는 것은 아니므로, 보전처분등기가 마쳐진 채무자의 부동산 등에 대하여 가압류, 가처분 등 보전처분, 강제집행 또는 담보권실행을 위한 경매, 체납처분에 의한 압류 등의 기입촉탁이 있는 경우에도 이를 수리하여야 한다.

보전처분의 등기 후에 경매개시결정등기(강제경매·임의경매)가 실행되고 그에 따른 매각의 촉탁이 있는 경우에도 등기관은 이를 수리하여 등기를 실행하면 된다. 다만 이 경우 매각으로 인한 소유권이전등기는 보전처분에 저촉되는 등기가 되어 매수인은 회생절차와의 관계에서 권리취득을 주장할 수 없고, 향후 회생계획에 특별한 언급이 없으면 회생계획 인가로 실효되어 말소촉탁의 대상이 된다.

그러나 보전처분등기 전에 등기된 근저당권에 기한 임의경매개시결정의 등기가 보전처분등기 이후에 된 때, 보전처분의 등기 전에 강제경매개시결정의 등기(보전처분등기 전에 가압류등기가 되고 보전처분등기 후에 경매개시결정등기가 된 경우도 포함)가 된 때에는 매수인의 명의의 소유권이전등기의 촉탁을 할 때 보전처분에 관한 등기의 말소도 같이 촉탁하여야 한다.

다. 개시결정등기 단계

① 강제집행 등의 신청 금지 및 당연 중지

채무자에 대하여 회생절차가 개시된 경우, 회생채권(담보권)은 회생절차에 의해서만 행사할 수 있으므로, 회생채권(담보권)에 기한 강제집행 등을 할 수 없고, 이미 행한 절차는 중지된다(채무자회생법 제58조). 따라서 가압류·가처분, 강제경매·임의경매개시 등의 신청을 받은 법원은 채무자에 대하여 회생절차가시결정이 있는지 여부를 살펴서, 회생절차 개시결정이 된 경우라면 그 신청을 배척하고 강제집행 등에 관한 등기를 촉탁하지 않는다.

② 환취권 및 공익채권에 기한 강제집행 등의 허용

회생절차개시결정에 의하여 금지되는 것은 회생채권(담보권)에 기한 강제집행 등이므로, 회생채권(담보권)이 아닌 권리에 기한 강제집행 등은 할 수 있다. 환취권 및 공익채권에 기한 강제집행 등이 그러하다.

환취권이란 채무자 아닌 제3자 소유의 재산이 채무자 재산에 혼입되어 있을 때 그 제3자가 해당 재산에 관하여 권리를 주장하는 것을 말한다. 공익채권이란 회생계획의 수행에 필요한 비용청구권과 같이 주로 회생절차개시 후의 원인에 기하여 생긴 청구권 등을 말한다(채무자회생법 제179조). 공익채권을 가진 자는 가압류 또는 확정판결 그 밖의 집행권원을 얻은 후 강제경매를 신청할 수 있으므로, 그에 따른 등기촉탁이 있게 된다. 그런데 이 촉탁정보에는 그 피보전권리(또는 집행권원)가 공익채권인지 여부에 대한 내용이 표시되지 않는다.

그러므로 형식적 심사권밖에 없는 등기관으로서는 가압류 등의 등기촉탁이 있는 경우 그 촉탁이 회생채권·담보권에 기한 것이어서 각하하여야 할 것인지, 환취권·공익채권에 기한 것이어서 예외적으로 수리하여야 할 것인지를 판단하는 것이 불가능하다. 따라서 실체적 심사권이 있는 집행법원의 판단을 존중할 수밖에 없을 것이고 결국 회생절차개시결정의 등기 이후에 강제집행 등에 관한 등기의 촉탁이 있으면 등기관은 그에 따라 등기를 실행하여야 한다.

③ 중지중인 절차의 속행

법원은 회생에 지장이 없다고 인정하는 때에는 관리인의 신청에 의하여 또는 직권으로 중지한 절차의 속행을 명할 수 있다(채무자회생법 제58조 5항). 절차의 중지나 속행은 등기사항이 아니므로 촉탁의 대상이 되지 않는다. 회생법원의 절차 속행명령에 의하여 대상 부동산이 매각되어 그에 따른 소유권이전등기의 촉탁을 하기 위해서는 처분의 속행을 명한 결정문 등을 제공하여야 한다.

④ 중지중인 절차의 취소

법원은 회생을 위하여 필요하다고 인정하는 때에는 관리인의 신청에 의하여 또는 직권으로 중지한 절차의 취소를 명할 수 있다(채무자회생법 제58조 5항). 취소의 대상인 절차는 개시 전 법원의 중지명령에 의하여 중지된 것과 개시결정으로 당연중지된 것을 모두 포함한다. 취소명령이 있으면 그 대상이 된 절차는 소급하여 효력을 잃고, 압류 등의 효력도 소멸한다. 이 경우 집행법원이나 법원사무관 등은 취소결정문을 제공하여 강제집행 등의 등기의 말소를 촉탁하여야 한다.

라. 회생계획인가등기 단계

① 중지중인 절차의 실효

회생계획인가의 결정이 있으면 개시결정으로 중지한 파산절차, 강제집행, 가압류, 가처분, 담보권실행 등을 위한 경매절차는 그 효력을 잃는다(채무자회생법 제256조). 회생계획인가의 결정을 한 법원은 그 기입등기와 함께 위 각 절차에 따른 등기의 말소를 함께 촉탁할 수 있다. 이 경우 등기원인은 '회생계획의 인가'이다. 위 강제집행 등의 등기의 말소촉탁은 회생법원뿐만 아니라 가압류 등을 한 집행법원도 할 수 있다.

② 강제집행 등의 신청금지

회생계획인가결정이 내려지면 회생채권자·담보권자는 회생계획에 따른 변제가 제대로 되지 않더라도 회생절차가 계속되고 있는 한 강제집행 등을 신청할 수 없다(개별적 권리행사의 금지).

③ 그 밖의 권리에 관한 등기

신고되지 않은 담보권이나 신고가 되었더라도 회생계획에서 존속규정을 두지 않은 담보권은 인가결정과 함께 소멸한다. 이 경우, 등기는 당사자의 공동신청으로 말소할 수도 있지만, 등기의무자(회생담보권자)가 이에 협조하지 않는 경우에는 법원의 촉탁에 의하여 말소된다.

그러나 회생계획이 인가된 경우에도 회생절차개시결정의 등기 이전에 등기된 가등기(담보가등기 제외) 및 용익물권에 관한 등기, 「국세징수법」 또는 그 예에 의한 체납처분 및 조세채무담보를 위하여 제공된 부동산 등의 처분에 따른 등기는 말소의 대상이 되지 않는다. 이러한 등기는 채무자에게 대항할 수 있기 때문이다.

### 마. 회생절차종료 단계

#### ① 인가결정 전에 절차가 종료한 경우

회생계획의 인가결정 전에 절차가 종료한 경우(개시결정의 취소결정, 회생계획에 대한 불인가결정, 인가전의 폐지 결정)에는 개시결정에 의하여 중지된 강제집행 등은 중지 상태를 벗어나 당연히 속행되며, 새로운 집행을 자유로이 할 수 있다. 따라서 위에서 본 회생절차개시결정취소등기 등이 마쳐진 경우에 집행법원으로부터 강제집행 등에 관한 등기의 촉탁(예 : 매각에 따른 소유권이전등기의 촉탁)이 있으면, 등기관은 이를 수리하여야 한다.

#### ② 인가결정 후에 절차가 종료한 경우

회생계획의 인가결정 후에 절차가 종료한 경우(항고심에서의 인가결정 취소결정, 인가 후의 폐지결정, 종결결정)에는 회생계획의 인가결정에 의하여 실효되어 말소된 강제집행 등의 절차는 회복되지 아니하므로 속행의 문제는 발생하지 않는다. 필요한 경우 다시 새로운 절차를 개시할 수 있을 뿐이다.

## 6) 부인의 등기

### 가. 총설

#### ① 의의

부인권의 행사에 의하여 채무자의 재산은 등기 없이도 당연히 채무자에게 복귀하지만, 한편으로는 부인의 효과는 채무자와 부인의 상대방 사이에서만 발생하므로, 만약 이를 등기하지 않으면 선의의 제3자에게 대항할 수 없게 된다. 부인권 행사에 의하여 생기는 이러한 특수한 법률관계를 공시하기 위한 것이 부인의 등기이다.

예를 들면 채무자 갑이 회생절차의 개시 전에 을에게 소유권이전등기를 마쳐준 경우, 관리인이 그 행위를 부인하였다면 을이 갑에게 소유권을 이전하여야 할 의무가 발생하는 것이 아니라 물권적으로 갑의 소유가 된다. 그런데 부인등기를 하기 전에 을로부터 병에게 소유권이전등기가 마쳐지면 갑은 병에 대하여 소유권을 주장하지 못하게 된다(다만 병에게 다시 부인원인이 있으면 별도의 부인권 행사는 가능하다). 이러한 결과를 방지하기 위한 것이 부인의 등기이다.

#### ② 법적 성질

부인등기에 의하여 부인된 등기는 확정적 무효가 아니라 나중에 회생절차개시가 취소·폐지되어 부인의 효력이 소멸하면 유효한 등기로 된다. 따라서 실무상 부인등기는 말소등기와는 다른 채무자회생법상의 특수등기(잠정적 말소등기)라고 할 수 있다.

③ 부인의 대상

등기와 관련된 부인의 대상으로는 등기원인행위의 부인과 등기의 부인이 있다. 등기원인행위의 부인이란 양도행위나 근저당권설정행위의 부인과 같이 등기원인 자체를 부인하는 것을 말한다(채무자회생법 제100조). 이에 반하여, 등기의 부인은 등기원인에는 부인사유가 없으나 그 등기가 지급정지 등이 있은 후 완료된 경우의 부인을 말한다(채무자회생법 제103조 1항). 등기의 부인은 채무자회생법 제103조의 요건을 충족한 경우에만 적용되므로 채무자회생법 제100조의 부인대상은 될 수 없다. 다만, 양쪽 다 부인등기의 효력은 같다.

지급정지 등의 사유가 있기 전에 가등기를 한 후 이에 의하여 본등기를 한 때에는 부인의 대상이 되지 않는다(채무자회생법 제103조 1항 단서). 가등기가 된 경우에는 채무자의 재산에 포함되지 않을 가능성을 이미 공시하고 있기 때문에 본등기가 되더라도 일반 채권자에게 예상치 못한 손해를 주지 않기 때문이다.

다만 위에서 본 부인의 대상인지 여부는 등기관의 심사범위에 속하지 않고 회생법원의 판단에 의하므로 등기관으로서는 부인의 요건이나 대상 여부를 고려할 필요가 없다.

④ 부인등기의 효력

부인등기는 회생절차 내에서 소유권이 물권적으로 채무자에게 상대적으로 복귀하는 것을 공시하는 특수한 등기이다. 어떤 등기가 부인된 후에는 그 등기에 기한 등기는 할 수 없다. 예를 들어 갑에서 을로의 소유권이전등기가 부인되어 그 부인등기가 마쳐진 경우에는 을을 등기의무자로 한 등기신청은 수리할 수 없다. 등기기록의 형식상 을이 소유명의인이지만 실제로는 갑의 소유이므로 신청정보에 표시한 등기의무자의 표시가 등기기록과 일치하지 않는 경우에 해당하는 것으로 보기 때문이다. 반대로 진정한 소유자인 갑을 등기의무자로 한 등기의 신청은 수리할 수 있다.

나. 부인등기의 절차

① 신청인 및 신청방법

부인등기는 관리인이 단독으로 신청한다. 이 신청에는 부인소송과 관련된 청구를 인용하는 판결등본 및 확정증명 또는 부인의 청구를 인용하는 결정등본 및 확정증명을 제공하여야 한다. 이 경우 판결(결정)의 주문은 부인등기절차의 이행을 명하는 형태라야 한다. 등기원인의 부인의 경우에는 '○○등기의 원인의 부인등기절차를 이행하라', 등기 자체의 부인의 경우에는 '○○등기의 부인등기절차를 이행하라'가 된다.

② 신청정보의 내용

등기원인행위의 부인등기는 등기목적을 '○번 등기원인의 채무자 회생 및 파산에 관한 법률에 의한 부인'으로, 등기원인을 '○년 ○월 ○일 판결(또는 결정)'으로 각 표시하되, 그 일자는 판결 또는 결정의 확정일로 한다.

등기의 부인등기는 등기목적을 '○번 등기의 채무자 회생 및 파산에 관한 법률에 의한 부인'으로 표시하는 것 외에는 등기원인의 부인등기와 같다.

③ 첨부정보

등기원인을 증명하는 정보로 부인소송과 관련된 청구를 인용하는 판결 또는 부인의 청구를 인용하는 결정을 인가하는 판결의 판결서 등본 및 그 확정증명서 또는 부인의 청구를 인용하는 결정서 등본 및 그 확정증명서를 제공하여야 한다.

또한 부인등기의 신청은 부인권자가 단독으로 행하는 것이므로, 신청인이 관리인임을 소명하는 정보도 등기소에 제공하여야 한다.

다. 부인등기와 다른 등기의 관계

① 부인등기 후의 다른 등기의 신청

부인등기가 마쳐진 이후에는 등기기록상 명의인이 그 부동산 또는 그 부동산 위의 권리를 관리, 처분할 수 있는 권리를 상실하였다는 사실이 공시되었으므로, 부인된 등기의 명의인을 등기의무자로 하는 등기신청이 있는 경우, 등기관은 이를 각하하여야 한다(법 제29조 7호).

② 부인등기 후의 회생절차에 관한 등기

부인등기가 마쳐진 이후에 회생절차에 관한 등기의 촉탁이 있는 경우 등기관은 이를 수리하여야 한다. 그런데 부인의 대상인 등기가 회생절차의 개시 전에 마쳐진 소유권이전등기인 경우에는 부인등기의 신청 당시에 회생절차개시결정의 기입등기가 되어 있지 않을 수 있다. 이러한 경우에도 부인의 효과가 소멸 또는 확정되었다는 것을 공시하기 위하여 법원사무관 등은 회생절차개시, 개시결정취소, 회생절차폐지, 회생계획불인가, 회생계획인가, 또는 회생절차종결의 등기를 촉탁하여야 한다(채무자회생법 제26조 3항). 등기관은 회생절차개시결정의 기입등기가 없는 경우에도 위 촉탁을 수리하여 그에 따른 등기를 하여야 한다.

라. 부인등기의 말소

① 촉탁에 의한 말소

부인등기의 말소는 회생법원의 촉탁에 의한다. 종전에는 말소등기를 신청에 의할 것인가 촉탁에 의할 것인가에 관하여 명문의 규정이 없어서 논란이 있었지만 채무자회생법에서는 회생법원의 촉탁에 의하여 말소하도록 규정하였다(채무자회생법 제26조 4항). 일반적으로 신청에 의한 등기는 그 말소도 신청에 의하여야 하므로, 관리인의 단독신청에 의하여 마쳐진 부인등기의 경우 그 말소도 신청에 의하여야 하지만, 부인등기의 경우 그 법적 판단이 곤란한 경우가 있으므로 법원의 촉탁에 의하는 것으로 규정한 것이다.

② 말소사유

부인등기가 말소되는 경우는 부인의 효과를 실효시키면서 말소하는 경우와 부인의 효과가 확정되면서 말소되는 경우가 있다.

- 부인의 효과를 실효시키는 말소

회생절차개시결정을 취소하는 결정의 확정, 회생계획불인가결정의 확정, 회생계획의 인가 전 회생절차폐지결정의 확정이 있는 경우에는 부인의 효과는 상실되므로 부인등기도 말소촉탁의 대상이 된다. 따라서 채무자와 등기명의인의 권리변동(즉 부인의 대상이 된 등기)이 확정적으로 유효한 것으로 된다.

- 부인의 효력을 인정하면서 절차가 종료된 경우

회생계획인가결정 후에 회생절차가 순조롭게 수행되어 종결되거나, 인가 후 회생절차 폐지결정이 확정된 경우 및 회생절차에서 해당 부동산이 매각되어 부인의 효과가 확정된 경우에는 부인등기와 부인의 대상이 된 등기, 부인된 등기 후에 마쳐진 등기로서 회생채권자에게 대항할 수 없는 등기를 모두 말소하게 된다.

그 말소방법에 관하여 채무자회생법에서는 관리인이 부인의 등기가 된 재산을 임의 매각한 경우에 그 임의 매각을 등기원인으로 하는 등기가 된 때에는 법원은 이해관계인의 신청에 의하여 부인의 등기, 부인된 행위를 원인으로 하는 등기, 부인된 등기 및 위 각 등기의 뒤에 되어 있는 등기로서 회생채권자 또는 파산채권자에게 대항할 수 없는 것의 말소를 촉탁하여야 한다고 규정하고 있다(채무자회생법 제26조 4항). 이 규정은 회생절차의 종결 등의 경우에도 유추적용된다고 본다.

## (3) 파산절차에 관한 등기

### 1) 파산절차 관련 등기

파산절차에 관한 등기에는 파산선고의 등기, 파산취소의 등기, 파산폐지의 등기, 파산종결의 등기가 있는데, 그 등기절차는 회생절차에 관한 등기와 거의 같다. 즉 원칙적으로 파산법원 또는 법원사무관 등의 촉탁에 의하여 등기가 이루어지고, 예외적으로 촉탁하여야 할 등기사항 이외의 등기사항에 관하여는 파산관재인과 그 상대방의 공동신청에 의한다.

### 2) 보전처분의 등기

회생절차에서 회생절차개시결정이 나기 전에 채무자에 의한 재산의 처분을 막기 위하여 보전처분 제도를 두고 있듯이, 파산절차에서도 파산선고 전에 채무자의 처분을 막기 위한 보전처분 제도가 있으며 양자의 목적이나 효력 등은 같다. 따라서 보전처분

등기에 관하여는 회생절차에서 설명한 내용이 그대로 파산절차에 적용된다(파산선고가 회생절차개시결정에 해당한다).

### 3) 부인의 등기

부인의 등기 역시 회생절차에서 설명한 내용과 같다(파산관재인이 회생절차의 관리인에 해당한다). 파산선고 취소결정이 확정되거나, 임의매각 등에 의하여 제3자에게 이전등기를 하지 아니한 채 파산폐지결정이 확정된 때 또는 파산종결결정이 있는 때에는 부인의 효과가 상실되므로, 법원의 촉탁에 의하여 부인등기를 말소할 수 있다.

### 4) 파산선고 후의 등기

가. 총설

파산절차에 관한 등기절차도 회생절차와 마찬가지로 채무자가 법인이 아닌 경우에만 개별 부동산에 대하여 등기를 하고, 채무자가 법인인 경우에는 그 등기를 하지 않는다. 또한 파산등기가 되어 있지 아니한 부동산 등의 권리에 파산취소, 파산폐지, 파산종결 등의 등기촉탁이 있는 경우 등기관은 이를 각하하여야 한다.

나. 파산등기

① 의의

파산선고가 있으면 그 선고 때부터 파산재단의 관리처분권은 파산관재인에게 전속하고 파산자의 관리처분권한은 박탈되는 효력이 발행한다. 파산등기는 처분제한등기의 일종이지만 파산선고의 사실을 공시하는 것에 불과하므로(보고적 등기), 파산의 효과는 파산등기 여부와는 관계없이 파산선고시에 발생한다.

② 등기절차

파산선고 기입등기는 법원사무관 등이 촉탁정보에 등기의 목적(파산선고), 등기의 원인(○○지방법원의 파산선고결정·사건번호) 및 그 일자(파산선고의 연월일), 결정을 한 법원을 표시하고 결정서의 등본 또는 초본을 제공하여 촉탁하여야 한다.

파산선고의 기입등기는 다른 법령 등에 따라 직권으로 등기관이 말소할 수 있는 경우를 제외하고 법원사무관 등의 촉탁에 의해 말소하여야 한다. 파산선고의 등기는 그 등기 이전에 가압류, 가처분, 강제집행 또는 담보권실행을 위한 경매, 체납처분에 의한 압류등기, 가등기가 되어 있는 경우에도 할 수 있다.

다. 파산취소의 등기

① 파산취소의 의의

파산취소는 파산결정에 대한 불복신청에 의하여 파산선고가 취소되는 것을 말한다. 즉 파산결정에 대하여 이해관계인은 즉시항고를 할 수 있다(채무자회생법 제13조, 제316조).

② 파산취소의 효과

파산취소결정은 소급하여 파산의 효과를 소멸시키므로 채무자는 처음부터 파산선고를 받지 아니한 것이 된다. 그러나 파산관재인이 이미 재단의 관리처분권에 기하여 한 행위의 효력은 그대로 유지된다.

또한 파산의 취소에 의하여 부인권은 발생하지 않았던 것이 되며, 채무자가 파산선고 후에 한 파산재단 소속의 재산에 관한 법률행위는 파산채권자에게 대항할 수 있게 된다.

③ 등기절차

법원사무관 등은 파산취소의 등기를 촉탁하는 경우, 결정서의 등본 또는 초본을 제공하여야 한다. 등기의 목적은 '파산취소', 등기의 원인은 '파산취소', 원인일자는 '파산취소가 확정된 날'이다.

파산이 취소되면 파산선고는 소급하여 실효한다. 파산법원의 법원사무관 등은 통상 파산취소 등기와 파산선고 등기의 말소등기를 동시에 촉탁하는데, 이 경우 등기관은 촉탁에 따른 등기를 실행한다.

라. 파산폐지의 등기

① 파산폐지의 의의

파산의 폐지란 법원의 결정에 의하여 파산절차가 그 목적을 달성하지 못한 채 장래를 향하여 중지하는 것을 말한다. 여기에는 총채권자의 동의에 의하여 폐지되는 경우(동의폐지)와 비용부족으로 인하여 폐지되는 경우가 있다.

② 효과

파산폐지결정이 확정되면 파산절차는 종료한다. 파산폐지는 파산선고의 효력을 소급하여 소멸시키는 효력은 없고, 파산선고의 효력이 장래를 향하여 소멸한다는 점에서 그 효력이 소급되는 파산의 취소와 다르다. 파산폐지에 의하여 채무자는 파산재단에 속한 재산의 관리처분권을 회복하고, 파산채권자도 개별적 권리행사의 제한으로부터 해방된다.

③ 등기절차

법원사무관 등이 파산폐지의 등기를 촉탁하는 경우, 결정서의 등본 또는 초본을 제공하여야 한다. 등기의 목적 및 등기원인은 '파산폐지', 원인일자는 '파산폐지가 확정된 날'이다. 법원사무관 등은 파산폐지등기가 마쳐진 후 이해관계인(부동산의 신소유자, 용익물권자, 담보물권자 등)의 신청이 있으면 관할등기소 등기관에게 지체 없이 파산폐지등기의 말소를 촉탁하여야 한다. 실무상 파산폐지의 기입등기와 파산선고 기입등기의 말소등기를 함께 촉탁하는 경우가 대부분이다.

또한 파산폐지등기가 마쳐진 날부터 3월이 경과한 이후에는 이해관계인의 신청이 없는 경우에도 직권으로 관할등기소 등기관에게 파산폐지등기의 말소를 촉탁할 수 있다. 파산폐지등기의 말소를 촉탁하는 경우, 등기의 목적은 '○번 ○○등기말소'이고, 등기원인 및 그 원인일자는 표시하지 않는다. 파산폐지결정의

확정에 의하여 파산의 효력은 장래를 향하여 소멸하므로, 파산선고 후 폐지 전
에 이루어진 파산관재인의 행위는 효력을 유지한다.

마. 파산종결의 등기

최후배당이 종결되면 실질적으로 파산절차는 종결되고 법원은 파산종결의 결정을
한다. 이에 따라 법원사무관 등은 파산종결의 등기를 촉탁한다. 파산종결의 등기를
촉탁할 때에는 결정서의 등본 또는 초본을 첨부정보로서 제공하고, 등기목적은 '파
산종결'로, 그 원인일자는 '파산종결이 결정된 날'로 한다. 파산종결의 등기가 마쳐
진 후 그 등기의 말소 절차는 파산폐지등기의 말소 절차와 같다.

### 5) 임의 매각에 따른 등기

가. 의의

실무상 파산재단에 속한 부동산은 주로 파산관재인이 법원(감사위원)의 허가를 얻
어 제3자에게 임의 매각하는 방법으로 환가하고 있는데, 이 경우에는 등기의 일반
원칙에 따라 파산관재인과 매수인이 공동으로 소유권이전등기를 신청하여야 한다.
파산선고 전에 된 가등기에 기한 본등기도 파산관재인이 신청하여야 한다.

나. 등기절차

파산재단을 관리 및 처분하는 권한은 파산관재인에게 속하므로(채무자회생법 제384
조), 파산선고 이후 파산재단과 관련된 등기사항은 파산관재인의 신청(상대방과 공동
신청의 원칙)에 의하여 등기하여야 한다(예 : 등기의무자 ○○○ 파산관재인 ○○○).
등기신청을 할 때에는 법원의 허가서 등본 또는 감사위원의 동의서 등본과 파산관
재인임을 증명하는 정보, 파산관재인의 인감증명을 제공하여야 한다. 다만, 등기의
무자의 등기필정보는 제공할 필요가 없다.
파산관재인이 위와 같이 파산선고 등기가 마쳐진 부동산을 처분하고 제3자 명의의
소유권이전등기를 한 경우에는 법원사무관 등은 파산관재인의 신청에 의하여 관할
등기소 등기관에게 '매각'을 원인으로 하여 파산선고 등기의 말소를 촉탁하여야 하
고, 등기관은 이를 수리하여야 한다. 보전처분에 저촉되는 등기가 있는 경우 그 등
기의 말소방법은 회생절차에서 임의 매각된 경우와 같다. 즉 파산관재인이 매수인
과 공동으로 소유권이전등기를 신청하기에 앞서 보전처분에 저촉되는 등기의 말소
를 단독으로 신청할 수 있다.

### 6) 권리포기에 따른 등기

파산재단으로 편입된 채무자의 재산을 유지하는 것이 오히려 파산채권자에게 불리
한 경우(예 : 세금이 예상환가액보다 더 큰 경우), 파산관재인은 그 재산에 관한 권리
를 포기할 수 있고, 이에 따라 그 재산에 대한 채무자의 관리처분권이 부활한다.
파산법원의 법원사무관 등은 파산관재인이 파산등기가 되어 있는 부동산 등에 대한

권리를 파산재단으로부터 포기하고 파산등기의 말소의 촉탁을 신청하는 경우, 그 등기를 촉탁하여야 하고, 등기를 촉탁할 때에는 권리포기허가서의 등본을 제공하여야 한다. 이 때 파산선고의 기입등기도 같이 말소촉탁 하여야 한다.

### 7) 파산절차와 강제집행 등과의 관계

#### 가. 파산절차와 임의경매

담보권실행을 위한 경매는 파산선고가 있어도 실효하지 않고, 채무자의 지위가 파산관재인에게로 승계되어 계속 진행된다. 따라서 담보권실행을 위한 경매절차에 의한 등기의 촉탁이 있는 경우에는 파산선고 여부와 관계없이 등기관은 이를 수리하여야 한다. 또한 파산선고 이후에도 담보권실행을 위한 경매를 할 수 있다. 담보권자는 회생절차와는 달리 파산절차의 구속을 받지 않고 그 권리를 실행하여 우선변제를 받을 수 있는 권리(별제권)가 있기 때문이다.

#### 나. 파산절차와 가압류, 강제경매

「민사집행법」상의 보전처분인 가압류와 강제경매에 관한 등기의 효력은 파산선고, 파산취소, 파산폐지 등에 따라 그 효력이 달라진다.

① 파산선고 전에 행하여진 절차의 효력

파산선고에 의하여 파산선고 전에 파산채권에 기하여 파산재단 소속의 재산에 대하여 한 강제경매개시결정의 등기나 「민사집행법」상의 보전처분(가압류·가처분)의 등기는 파산재단에 대하여는 그 효력을 잃는다(채무자회생법 제348조 1항). 이 경우 파산관재인은 강제경매개시결정, 가압류·가처분등기와 같은 집행의 외관을 없애기 위하여 집행법원에 집행취소신청을 하고, 이에 따라 집행법원이 그 등기의 말소를 촉탁한다.

② 파산선고 후 가압류 등에 관한 등기의 촉탁이 있는 경우

파산재단을 구성하고 있는 부동산에 대하여 개별집행을 할 수 없으므로 원칙적으로 가압류나 강제경매개시결정의 등기를 할 수 없다. 그런데 파산채권에 기한 가압류 등만 금지되므로 재단채권에 기한 가압류 등은 예외적으로 가능하다. 그러나 형식적 심사권밖에 없는 등기관으로서는 가압류 등의 등기촉탁이 있는 경우 예외적으로 수리하여야 하는 사유에 해당되는지 판단하는 것이 불가능하므로, 재단채권에 기한 가압류인지 여부는 실체적 심사권을 가진 집행법원의 판단에 맡기고 촉탁에 따른 등기를 실행하면 된다.

③ 파산취소와 가압류등기 등

파산선고 전에 개시된 파산재단 소속 재산에 대한 가압류등기, 강제경매개시결정등기는 파산선고에 의하여 효력을 잃었지만 그 실효는 파산절차 내에서만 인정되므로, 그 등기가 말소되지 않은 상태에서 파산의 취소에 의하여 선고시의 상태를 기준으로 하여 효력을 회복하였다면 그 절차를 속행할 수 있다.

따라서 등기관은 파산취소의 등기 후에 새로운 가압류등기가 촉탁되거나, 기존의 강제집행 등에 관한 등기가 진행되어 그에 따른 등기의 촉탁 또는 신청이 있는 경우에는, 그에 따른 등기를 할 수 있다.

④ 파산폐지와 가압류등기 등

파산폐지에 의하여 파산채권자는 자유로이 그 권리를 행사할 수 있게 된다. 파산선고 전에 개시되었지만 파산선고에 의하여 실효된 가압류 등이 파산폐지에 의하여 부활하는가 하는 문제가 있지만 등기관으로서는 기존의 가압류등기 등이 말소되지 않은 상태라면 그에 따른 후속등기를 실행하고, 이미 말소되었다면 그 후속등기를 각하하면 될 것이다.

한편, 파산종결이 있으면 파산채권자는 파산절차에 의하여만 권리를 행사하여야 한다는 구속에서 벗어나 자유로이 그 권리를 행사할 수 있으며, 강제집행 등에 관한 등기의 처리는 파산폐지와 같다.

다. 파산절차와 가처분

① 파산등기 이전에 된 가처분등기

다음의 두 경우로 나누어 처리하여야 한다.

- A 소유권등기 → 채권자 B 처분금지가처분 → C 소유권이전등기 → C에 대한 파산등기의 경우, 파산선고는 C에 대한 것이므로 B가 본안에서 승소한 경우 C 명의의 소유권이전등기와 파산등기는 가처분에 저촉되는 등기가 된다.

- A 소유권등기 → 채권자 B 처분금지가처분 → A에 대한 파산등기의 경우, 이 때에는 파산선고에 의하여 B의 처분금지가처분은 효력을 잃으므로 B의 가처분등기는 파산채권자에게 대항할 수 없다.

② 파산등기 후 가처분등기의 촉탁

파산선고 후에 처분금지 가처분등기의 촉탁이 있는 경우, 그 피보전권리가 소유권말소등기청구권인 때에는 이를 수리하여야 한다. 이러한 가처분은 환취권에 기한 것이기 때문이다. 다만 파산관재인이 선의의 제3자인 경우에는 환취권을 행사할 수 없으므로 가처분 대상이 아니다. 또한 피보전권리가 소유권이전등기청구권인 때에도 그 원인이 진정명의회복을 위한 것인 경우에는 그 가처분을 수리하여야 한다.

결국 가처분의 발령 여부도 실체적 심사를 담당하는 집행법원의 판단사항이므로 등기관은 촉탁에 따라 처리하면 된다.

라. 파산절차와 체납처분

파산선고 전에 파산재단에 속하는 재산에 대하여 「국세징수법」 또는 「지방세법」에 의하여 징수할 수 있는 청구권에 기한 체납처분을 한 때에는 파산선고는 그 처분의 속행을 방해하지 않으므로(채무자회생법 제349조 1항), 그에 기한 등기를 촉탁하면 등기관은 이를 수리하여야 한다. 그러므로 파산선고 후 파산등기 전에 체납처분이 있었다면 그 절차는 등기할 수 없다고 해야 한다. 그런데 등기관으로서는 체납처분과 파산선고 사이의 선후를 판단하기 곤란하므로 파산등기를 기준으로 그 등기가 마쳐진 후에 체납처분의 등기촉탁이 있으면 그 촉탁을 각하하여야 할 것이다.

### 마. 파산절차와 가등기

파산선고 전에 등기된 가등기는 파산등기에 의하여 영향을 받지 않으므로 통상과 같이 가등기에 기한 본등기를 할 수 있다. 이 경우 본등기의 신청은 파산관재인과 가등기권리자가 공동으로 하여야 한다. 파산등기 이후에 파산관재인이 가등기를 해주고 그에 기한 본등기를 신청하는 경우도 통상의 절차와 같다.

문제는 파산선고 후 파산등기 전에 가등기를 한 경우에 그에 기한 본등기를 할 수 있는가이다. 예컨대, 8월 1일에 파산선고, 8월 2일에 가등기, 8월 5일에 파산등기가 마쳐진 경우에 위 가등기에 기한 본등기를 할 수 있는지가 문제이다. 파산선고 후에 한 가등기는 등기권리자가 파산선고의 사실을 알지 못한 경우에는 유효하고, 가등기권리자가 악의인 경우에는 무효이지만(채무자회생법 제331조 1항 단서), 등기관으로서는 가등기권리자의 선·악의를 알 수 없으므로 일단 유효한 등기로서 그 본등기를 수리하면 될 것이다.

## (4) 개인회생절차와 관련한 등기

### 1) 총설

개인회생절차에 관한 등기도 법원 또는 법원사무관 등의 촉탁에 의하여 이루어진다. 개인회생절차에서는 채무자 명의의 부동산에 대해 보전처분의 등기와 부인등기만을 할 수 있는데, 실무상 이들 등기가 촉탁되는 경우는 드물다.

절차의 단계별 기입등기(개인회생절차개시결정, 변제계획의 인가결정, 개인회생절차 폐지결정 등)는 등기할 사항이 아니므로, 법원사무관 등으로부터 이러한 등기촉탁이 있는 경우, 등기관은 법 제29조 제2호에 의하여 각하하여야 한다.

### 2) 보전처분의 등기

회생절차에서 설명한 내용과 같다. 다만, 법원사무관 등은 보전처분의 등기가 된 후에 변제계획인가결정이 있는 경우 그 결정문 등본을 제공하여 보전처분등기의 말소를 촉탁하여야 한다.

### 3) 부인의 등기

부인의 등기는 채무자가 부인소송의 확정판결정본을 제공하여 단독으로 신청하며, 그 밖에 부인등기의 효력 등은 회생절차와 같다. 개인채무자회생절차가 취소·폐지·종결된 경우에는 법원의 촉탁에 의하여 부인등기를 말소하게 된다.

## 4) 개인회생절차와 다른 등기와의 관계

### 가. 회생절차 또는 파산절차의 중지·금지

개인회생절차개시의 결정이 있는 때에는 채무자에 대하여 속행 중인 회생절차 또는 파산절차는 중지되고 새로이 회생절차 또는 파산절차를 개시하는 것도 금지된다(채무자회생법 제600조 1항 1호). 개인회생절차는 회생절차 및 파산절차에 우선하기 때문이다. 이후 변제계획인가결정이 있는 때에는 중지된 회생절차 또는 파산절차는 소급하여 그 효력을 잃는다. 법원사무관 등은 변제계획인가결정서 등본을 제공하여 회생절차 또는 파산절차에 관한 등기의 말소를 촉탁하여야 한다.

### 나. 개인회생채권에 기한 강제경매, 가압류 등

채권자목록에 기재된 개인회생채권에 기하여 개인회생재단에 속하는 재산에 대하여 이미 계속 중인 강제집행·가압류·가처분은 당연히 중지되고, 새로이 강제집행 등을 하는 것도 금지된다(채무자회생법 제600조 1항 2호). 개시결정에 의하여 중지된 강제집행 등은 그 후 변제계획인가결정이 있는 때에는 변제계획 등에서 달리 정하지 않는 한 그 효력을 상실한다(채무자회생법 제615조 3항). 다만 변제계획불인가결정이나 개인회생절차폐지결정이 확정되면 위 중지된 강제집행 등의 절차를 속행할 수 있다.

그러나 개인회생채권이 아닌 개인회생재단채권에 기한 가압류나 강제경매와 환취권(채무자회생법 제585조)에 기한 가처분 등은 허용된다. 이 경우에도 회생절차개시결정 후에 공익채권 등에 기한 강제집행과 마찬가지로, 허용되는 강제집행 내지 보전처분인지 여부는 집행법원이 전적으로 판단하므로 등기관은 촉탁에 따른 등기를 실행하면 된다.

한편, 채무자가 채권자목록에 기재하지 않은 개인회생채권자는 개시결정 후에도 자유롭게 강제집행 등을 할 수 있다. 이때에도 등기관은 그러한 채권이 채권자목록에 기재되었는지 여부를 알 수 없으므로 촉탁에 따른 등기를 실행할 수밖에 없을 것이다.

### 다. 담보권실행경매의 중지·금지

개인회생절차에서 담보권은 별제권으로 인정되므로 담보권은 개인회생절차에 의하지 아니하고 행사할 수 있다(채무자회생법 제586조, 제412조). 다만 파산절차와는 달리 개인회생절차개시의 결정이 있는 때에는 변제계획의 인가결정일 또는 개인회생절차 폐지결정의 확정일 중 먼저 도래하는 날까지 개인회생재단에 속하는 재산에 대한 담보권의 설정이나 담보권의 실행 등을 위한 경매는 일시적으로 중지 또는 금지된다(채무자회생법 제600조 2항).

### 라. 체납처분의 중지·금지

채권자목록에 기재된 조세채권에 기하여 이루어지는 「국세징수법」 등에 의한 체납처분 등도 중지 또는 금지된다. 다만, 변제계획의 인가결정이 있더라도 체납처분 등의 효력은 상실되지 않고 그대로 존속한다(채무자회생법 제615조 3항).

마. 중지된 절차·처분의 속행 또는 취소

법원은 상당한 이유가 있는 때에는 이해관계인의 신청에 의하거나 직권으로 위 중지된 절차 또는 처분의 속행 또는 취소를 명할 수 있다(채무자회생법 제600조 3항). 이 경우 법원사무관 등은 취소결정서등본을 제공하여 그에 관한 등기의 말소를 촉탁할 수 있다.

## (5) 국제도산에 관한 등기

### 1) 의의

국제도산이란 파산재단 또는 채권자·채무자의 관계에서 외국적 요소를 포함하는 도산사건을 말한다.

### 2) 등기절차

국제도산절차에 관한 등기도 법원사무관 등의 촉탁에 의하는 것을 원칙으로 하며, 촉탁하여야 할 등기사항 이외의 등기사항에 관하여는 국제도산관리인의 신청에 의하여 등기하여야 한다. 국제도산관리인이란 외국도산절차의 지원을 위하여 법원이 채무자의 재산에 대한 환가 및 배당 또는 채무자의 업무 및 재산에 관한 관리처분권한을 부여한 자를 말한다. 회생절차에서의 관리인 및 파산절차에서의 파산관재인에 관한 채무자회생법의 규정은 국제도산관리인에 관하여 준용된다(채무자회생법 제637조 1항, 3항).

국제도산관리인이 대한민국 내에 있는 채무자의 재산을 처분하는 경우 법원의 허가를 받아야 한다(채무자회생법 제637조 2항). 따라서 국제도산관리인이 채무자 소유의 부동산을 처분하고 그에 따른 등기를 신청하는 경우, 국제도산관리인과 상대방의 공동신청으로 하고, 신청정보에는 국제도산관리인으로 선임되었음을 증명하는 정보와 법원의 허가서를 제공하여야 한다.

한편, 법원은 외국도산절차의 승인신청 후 그 결정이 있을 때까지 또는 외국도산절차를 승인함과 동시에 또는 승인한 후 채무자의 변제금지 또는 채무자 재산의 처분금지 결정을 할 수 있으며(채무자회생법 제635조 1항, 제636조 1항), 이러한 결정이 있으면 법원사무관 등은 채무자에 속하는 권리에 관하여 변제금지 또는 처분금지의 등기를 촉탁하여야 하고, 등기관은 이에 따라 등기를 실행하여야 한다.

# 제 9 장　　기 타

## Ⅰ. 부동산등기실명제와 등기제도

### 1. 명의신탁의 의의

　　명의신탁약정이란 부동산에 관한 소유권 그 밖의 물권(이하 '부동산에 관한 물권'이라 한다)을 보유한 자 또는 사실상 취득하거나 취득하려고 하는 자(이하 '실권리자'라 한다)가 타인과의 사이에서 대내적으로는 실권리자가 부동산에 관한 물권을 보유하거나 보유하기로 하고, 그에 관한 등기(가등기를 포함한다)는 그 타인의 명의로 하기로 하는 약정(위임, 위탁매매의 형식에 의하거나 추인에 의한 경우를 포함한다)을 의미한다[부동산 실권리자명의 등기에 관한 법률(이하 '부동산실명법'이라 한다) 제2조 제1호 본문].

　　이러한 명의신탁의 약정에는 등기를 신청할 때 등기권리자 명의를 실권리자 명의로 하지 않고 타인명의로 하는 등기명의신탁과 부동산매매계약 등을 체결할 때 매수인 등의 명의를 돈을 내는 사람의 명의로 하지 않고 타인명의로 하는 계약명의신탁이 있는데, 등기명의신탁은 다시 A소유 부동산을 B가 매수하면서 C의 명의를 빌려 등기하기로 약정하는 3자간의 등기명의신탁과 A가 소유하던 부동산을 B의 명의로 가장하여 매매·증여하여 명의를 신탁하는 2자간의 등기명의신탁으로 나눌 수 있다.

### 2. 명의신탁약정 및 명의신탁등기의 효력

#### (1) 부동산실명법 시행 이전

　　명의신탁은 이론상은 상대방과 통정한 허위표시로서 무효라는 견해가 있으나, 사회질서에 위반되지 않는 한 계약은 자유이고 재산권은 보장되어야 하므로 명의신탁은 유효라는 것이 판례의 오랜 일관된 결과이다. 그러나 명의신탁이 탈세, 투기, 탈법의 수단으로 악용되어 1990. 9. 2. 시행된 「부동산등기 특별조치법」에서는 일정한 목적으로 하는 명의신탁등기는 형사처벌을 하도록 하여 금지하였으나(같은 법 제8조), 이러한 금지규정은 단속규정에 불과하므로 명의신탁의 사법적 효력까지 부인되는 효력규정은 아니라고 보고 있다(대법원 1993.1.26, 선고, 92다39112, 판결).

## ⚖ 판 례

가. 주택건설촉진법상 국민주택에 관하여는 분양한 때로부터 일정한 기간동안 전매행위가 금지되어 있기는 하나 이는 매수인이 국민주택사업주체인 분양자에게 전매사실로써 대항할 수 없다는 것이지 전매당사자 사이의 전매계약의 사법상 효력까지 무효로 한다는 취지는 아니다.

나. 부동산등기특별조치법상 조세포탈과 부동산투기 등을 방지하기 위하여 위 법률 제2조 제2항 및 제8조 제1호에서 등기하지 아니하고 제3자에게 전매하는 행위를 일정 목적범위 내에서 형사처벌하도록 되어 있으나 이로써 순차매도한 당사자 사이의 중간생략등기합의에 관한 사법상 효력까지 무효로 한다는 취지는 아니다(대법원 1993.1.26, 선고, 92다39112, 판결).

### (2) 부동산실명법 아래에서의 효력

부동산실명법이 시행된 1995. 7. 1. 부터는 명의신탁약정뿐만 아니라 명의신탁약정에 따라 행하여진 명의신탁등기도 무효이다(같은 법 제4조 1항, 2항). 그러나 이러한 명의신탁약정 및 명의신탁등기의 무효는 제3자에게 대항하지 못한다(같은 법 제4조 3항). 여기서는 제3자는 그가 악의이든 선의이든 이를 묻지 않는다. 이 규정은 이 법 시행 전에 명의신탁약정을 하고 이 법 시행 후에 이에 의한 등기를 한 경우에도 적용한다. 명의신탁금지 규정은 효력규정이므로, 무효인 명의신탁약정 및 명의신탁등기에 기하여는 어떠한 부동산물권변동도 일어날 수 없다. 다만 명의신탁자가 은닉한 계약명의신탁은 상대방이 선의인 한(즉 계약에서 명의수탁자가 그 일방당사자가 되고 그 타방당사자는 명의신탁약정이 있다는 사실을 알지 못한 경우) 이를 유효로 하고 있다(같은 법 제4조 2항 단서).

### (3) 기존의 명의신탁등기의 효력

부동산실명법 시행 전에 이미 한 명의신탁은 법 시행일로부터 1년간의 유예기간인 1996. 6. 30.까지 실명등기를 하지 않으면 무효이다(같은 법 제12조 1항).

### (4) 명의신탁이 무효로 된 경우 명의신탁자의 권리보호

부동산실명법이 규정하는 명의신탁약정은 부동산에 관한 물권의 실권리자가 타인과의 사이에서 대내적으로 실권리자가 부동산에 관한 물권을 보유하거나 보유하기로 하고 그에 관한 등기는 그 타인의 명의로 하기로 하는 약정을 말하는 것일 뿐이므로, 그 자체로 선량한 풍속 그 밖의 사회질서에 위반하는 경우에 해당한다고 단정할 수 없을 뿐만 아니라, 위 법률은 원칙적으로 명의신탁약정과 그 등기에 기한 물권변동만을 무효로 하고 명의신탁자가 다른 법률관계에 기하여 등기회복 등의 권리행사를 하는 것까지 금지하지는 않는 대신, 명의신탁자에 대하여 행정적 제재나 형벌을 부과함으로써 사적자치 및 재산권보장의 본질을 침해하지 않도록 규정하고 있으므로, 위 법률이 비록 부동산등기제도를 악용한 투기·탈세·탈법행위 등 반사회적 행위를 방지하는 것 등을 목적으로 제정되었다고 하더라도, 무효인 명의신탁약정에 기하여 타인 명의의 등기가 마쳐졌다는 이유만으로 그것이 당연히 불법원인급여에 해당한다고 볼 수 없다(대법원 2003.11.27, 선고, 2003다41722, 판결).

## ⚖ 판 례

[1] 부당이득의 반환청구가 금지되는 사유로 민법 제746조가 규정하는 불법원인이라 함은 그 원인되는 행위가 선량한 풍속 기타 사회질서에 위반하는 경우를 말하는 것으로서, 법률의 금지에 위반하는 경우라 할지라도 그것이 선량한 풍속 기타 사회질서에 위반하지 않는 경우에는 이에 해당하지 않는다.

[2] 부동산실권리자명의등기에관한법률이 규정하는 명의신탁약정은 부동산에 관한 물권의 실권리자가 타인과의 사이에서 대내적으로는 실권리자가 부동산에 관한 물권을 보유하거나 보유하기로 하고 그에 관한 등기는 그 타인의 명의로 하기로 하는 약정을 말하는 것일 뿐이므로, 그 자체로 선량한 풍속 기타 사회질서에 위반하는 경우에 해당한다고 단정할 수 없을 뿐만 아니라, 위 법률은 원칙적으로 명의신탁약정과 그 등기에 기한 물권변동만을 무효로 하고 명의신탁자가 다른 법률관계에 기하여 등기회복 등의 권리행사를 하는 것까지 금지하지는 않는 대신, 명의신탁자에 대하여 행정적 제재나 형벌을 부과함으로써 사적자치 및 재산권보장의 본질을 침해하지 않도록 규정하고 있으므로, 위 법률이 비록 부동산등기제도를 악용한 투기·탈세·탈법행위 등 반사회적 행위를 방지하는 것 등을 목적으로 제정되었다고 하더라도, 무효인 명의신탁약정에 기하여 타인 명의의 등기가 마쳐졌다는 이유만으로 그것이 당연히 불법원인급여에 해당한다고 볼 수 없다(대법원 2003.11.27, 선고, 2003다41722, 판결).

2자간 등기명의신탁에 있어서 원칙적으로 명의신탁의 명의신탁자는 명의수탁자를 상대로 원인무효를 이유로 그 등기의 말소를 구하여야 하는 것이기는 하나, 자기 명의로 소유권을 표상하는 등기가 되어 있었거나 법률에 의하여 소유권을 취득한 진정한 소유자는 그 등기명의를 회복하기 위한 방법으로 그 소유권에 기하여 현재의 원인무효인 등기명의인을 상대로 진정한 등기명의의 회복을 원인으로 한 소유권이전등기절차의 이행을 구할 수도 있으므로, 명의신탁대상 부동산에 관하여 자기 명의로 소유권이전등기를 마친 적이 있었던 명의신탁자로서는 명의수탁자를 상대로 진정명의회복을 원인으로 한 이전등기를 구할 수도 있다(대법원 2002.9.6, 선고, 2002다35157, 판결).

## ⚖ 판 례

[1] 1995. 3. 30. 법률 제4944호로 공포되어 1995. 7. 1.부터 시행된 부동산실권리자명의등기에관한법률 제4조, 제11조, 제12조 등에 의하면, 부동산실명법 시행 전에 명의신탁약정에 의하여 부동산에 관한 물권을 명의수탁자의 명의로 등기하거나 하도록 한 명의신탁자는 법 시행일로부터 1년의 기간 이내에 실명등기를 하여야 하고, 그 기간 이내에 실명등기 또는 매각처분 등을 하지 아니하면 그 이후에는 명의신탁약정은 무효가 되고, 명의신탁약정에 따라 행하여진 등기에 의한 부동산의 물권변동도 무효가 된다고 규정하고 있으므로, 원칙적으로 일반 명의신탁의 명의신탁자는 명의수탁자를 상대로 원인무효를 이유로 그 등기의 말소를 구하여야 하는 것이기는 하나, 자기 명의로 소유권을 표상하는 등기가 되어 있었거나 법률에 의하여 소유권을 취득한 진정한 소유자는 그 등기명의를 회복하기 위한 방법으로 그 소유권에 기하여 현재의 원인무효인 등기명의인을 상대로 진정한 등기명의의 회복을 원인으로 한 소유권이전등기절차의 이행을 구할 수도 있으므로, 명의신탁대상 부동산에 관하여 자기 명의로 소유권이전등기를 경료한 적이 있었던 명의신탁자로서는 명의수탁자를 상대로 진정명의회복을 원인으로 한 이전등기를 구할 수도 있다.

[2] 부동산실권리자명의등기에관한법률 소정의 유예기간 내에 실명등기 등을 하지 아니한 경우에는 종전의 명의신탁약정에 따라 행하여진 등기가 원인무효로서 말소되어야 하므로 명의신탁자가 명의수탁자를 상대로 원인무효를 이유로 위 등기의 말소를 구하거나 진정명의 회복을 원인으로 한 이전등기를 구할 수 있는바, 재외동포의출입국과법적지위에관한법률 제11조 제2항에서, "국내거소신고를 한 외국국적동포가 부동산실권리자명의등기에관한법률 시행 전에 명의신탁약정에 의하여 명의수탁자 명의로 등기하거나 등기하도록 한 부동산에 관한 물권을 이 법 시행 후 1년 이내에 부동산실권리자명의등기에관한법률 제11조 제1항 및 제2항의 규정에 의하여 실명으로 등기하거나 매각처분 등을 한 경우에는 동법 제12조 제1항 및 제2항의 규정을 적용하지 아니한다." 고 규정하고 있다 할지라도, 이는 국내거소신고를 한 외국국적동포가 한 명의신탁의 경우에 한하여 부동산실권리자명의등기에관한법률 소정의 유예기간을 연장하여 주고, 재외동포의출입국과법적지위에관한법률 소정

의 유예기간 이후에 가서야 그 명의신탁계약 및 그에 기한 명의수탁자 명의의 등기가 원인무효가 된다는 것을 정하고 있는 것일 뿐, 재외동포의출입국과법적지위에관한법률 소정의 유예기간 후에는 명의신탁자가 명의수탁자를 상대로 등기말소청구의 소나 진정명의회복을 위한 이전등기청구의 소를 제기할 수 없음을 정하고 있는 규정은 아니다(대법원 2002.9.6, 선고, 2002다35157, 판결).

3자간 등기명의신탁에 있어서는 명의수탁자가 부동산실명법에서 정한 유예기간 경과 후에 자의로 명의신탁자에게 바로 소유권이전등기를 경료해 준 경우, 같은 법에서 정한 유예기간의 경과로 기존 명의신탁약정과 그에 의한 명의수탁자 명의의 등기가 모두 무효로 되고, 명의신탁자는 명의신탁약정의 당사자로서 같은 법 제4조 제3항의 제3자에 해당하지 아니하므로 명의신탁자 명의의 소유권이전등기도 무효가 된다 할 것이지만, 한편 같은 법은 매도인과 명의신탁자 사이의 매매계약의 효력을 부정하는 규정을 두고 있지 아니하여 유예기간 경과 후로도 매도인과 명의신탁자 사이의 매매계약은 여전히 유효하므로, 명의신탁자는 매도인에 대하여 매매계약에 기한 소유권이전등기를 청구할 수 있고, 그 소유권이전등기청구권을 보전하기 위하여 매도인을 대위하여 명의수탁자에게 무효인 그 명의 등기의 말소를 구할 수도 있으므로, 명의수탁자가 명의신탁자 앞으로 바로 마쳐 준 소유권이전등기는 결국 실체관계에 부합하는 등기로서 유효하다(대법원 2004.6.25, 선고, 2004다6764, 판결).

## ⚖ 판 례

명의신탁자가 소유자로부터 부동산을 양도받으면서 명의수탁자와 사이에 명의신탁약정을 하여 소유자로부터 바로 명의수탁자 명의로 소유권이전등기를 하는 이른바 3자간 등기명의신탁에 있어서, 명의수탁자가 부동산실권리자명의등기에관한법률에서 정한 유예기간 경과 후에 자의로 명의신탁자에게 바로 소유권이전등기를 경료해 준 경우, 같은 법에서 정한 유예기간의 경과로 기존 명의신탁약정과 그에 의한 명의수탁자 명의의 등기가 모두 무효로 되고, 명의신탁자는 명의신탁약정의 당사자로서 같은 법 제4조 제3항의 제3자에 해당하지 아니하므로 명의신탁자 명의의 소유권이전등기도 무효가 된다 할 것이지만, 한편 같은 법은 매도인과 명의신탁자 사이의 매매계약의 효력을 부정하는 규정을 두고 있지 아니하여 유예기간 경과 후로도 매도인과 명의신탁자 사이의 매매계약은 여전히 유효하므로, 명의신탁자는 매도인에 대하여 매매계약에 기한 소유권이전등기를 청구할 수 있고, 그 소유권이전등기청구권을 보전하기 위하여 매도인을 대위하여 명의수탁자에게 무효인 그 명의 등기의 말소를 구할 수도 있으므로, 명의수탁자가 명의신탁자 앞으로 바로 경료해 준 소유권이전등기는 결국 실체관계에 부합하는 등

기로서 유효하다(대법원 2004.6.25, 선고, 2004다6764, 판결)

계약명의신탁에 있어서 매도인이 선의인 경우에는 명의신탁약정의 무효에도 불구하고 그 명의수탁자는 해당 부동산의 완전한 소유권을 취득하게 되고, 다만 명의수탁자는 명의신탁자에 대하여 부당이득반환의무를 부담하게 될 뿐이다.

위 부당이득과 관련하여 명의신탁약정에 따른 등기가 부동산실명법 시행 전에 이루어진 경우에는 해당 부동산 자체를 반환하여야 하며(소유권이전등기), 그 등기가 부동산실명법 시행 후에 이루어진 경우에는 명의신탁자로부터 제공받은 부동산의 매수자금을 반환하여야 한다.

## ⚖ 판 례

[1] 부동산경매절차에서 부동산을 매수하려는 사람이 매수대금을 자신이 부담하면서 다른 사람의 명의로 매각허가결정을 받기로 그 다른 사람과 약정함에 따라 매각허가가 이루어진 경우, 그 경매절차에서 매수인의 지위에 서게 되는 사람은 어디까지나 그 명의인이므로, 경매 목적 부동산의 소유권은 매수대금을 실질적으로 부담한 사람이 누구인가와 상관없이 그 명의인이 취득한다. 이 경우 매수대금을 부담한 사람과 이름을 빌려 준 사람 사이에는 명의신탁관계가 성립한다.

[2] 부동산 실권리자명의 등기에 관한 법률 시행 전에 명의수탁자가 명의신탁 약정에 따라 부동산에 관한 소유명의를 취득한 경우 위 법률의 시행 후 같은 법 제11조 소정의 유예기간이 경과하기 전까지는 명의신탁자는 언제라도 명의신탁 약정을 해지하고 당해 부동산에 관한 소유권을 취득할 수 있었던 것인데 실명화 등의 조치 없이 위 유예기간이 경과함으로써 같은 법 제12조 제1항, 제4조에 의해 명의신탁 약정은 무효로 되는 한편, 명의수탁자가 당해 부동산에 관한 완전한 소유권을 취득하게 되어 결국 명의수탁자는 당해 부동산 자체를 부당이득하게 되고, 같은 법 제3조 및 제4조가 명의신탁자에게 소유권이 귀속되는 것을 막는 취지의 규정은 아니므로 명의수탁자는 명의신탁자에게 자신이 취득한 당해 부동산을 부당이득으로 반환할 의무가 있다(대법원 2008.11.27, 선고, 2008다62687, 판결).

## 3. 실권리자명의 등기의 의무와 예외적인 특례인정

### (1) 실권리자명의 등기의 의무

누구든지 부동산에 관한 물권을 명의신탁약정에 의하여 명의수탁자의 명의로 등기를 하여서는 아니 된다(같은 법 제3조 1항).

### (2) 명의신탁약정에서 제외되는 경우

#### 1) 양도담보와 가등기담보(채무의 변제를 담보하기 위하여 채권자가 부동산에 관한 물권을 이전받거나 가등기하는 경우)

양도담보를 원인으로 하여 부동산에 관한 물권의 이전등기신청을 하는 경우에는 채무자·채권금액 및 채무변제를 위한 담보라는 것을 증명하는 정보를 등기소에 제공하여야 한다(같은 법 제3조 2항).

#### 2) 특정부분의 구분소유적 공유관계(상호 명의신탁)

부동산의 위치와 면적을 특정하여 2인 이상이 구분소유하기로 하는 약정을 하고 그에 대한 등기는 그 면적에 상응하는 공유지분으로 소유권이전등기를 한 경우에는 부동산실명법 소정의 명의신탁 약정에 의한 등기에 해당하지 않는다.

#### 3) 「신탁법」 또는 「자본시장과 금융투자업에 관한 법률」에 의한 신탁재산인 사실을 등기한 경우

「신탁법」 또는 「자본시장과 금융투자업에 관한 법률」에 의한 신탁재산인 사실을 등기한 경우 그 신탁은 명의신탁에서 제외된다.

### (3) 명의신탁의 특례가 인정되는 경우

1) 종중이 보유한 부동산에 관한 물권을 종중(종중과 그 대표자를 같이 표시하여 등기한 경우를 포함한다) 외의 자의 명의로 등기한 경우, 2) 배우자 명의로 부동산에 관한 물권을 등기한 경우와 3) 종교단체의 명의로 그 산하 조직이 보유한 부동산에 관한 물권을 등기한 경우로서 조세 포탈, 강제집행의 면탈 또는 법령상 제한의 회피를 목적으로 하지 아니하는 경우에는 그 약정과 명의신탁등기는 무효로 되지 않는다(같은 법 제8조).

그러므로 배우자 명의로 된 부동산에 관하여 명의신탁 해지를 원인으로 한 소유권이전등기를 할 수 있음은 물론 명의신탁해지약정 예약을 등기원인으로 한 소유권이전청구권가등기도 할 수 있다. 이 경우 부동산실명법 제8조에 따른 '조세포탈, 강제집행의 면탈 또는 법령상 제한의 회피를 목적으로 하지 아니하는 경우'에 해당함을 증명하는 서면을 첨부정보로서 제공할 필요는 없다(2012.11.30. 부동산등기과 -2262 질의회답).

## ⚖ 판 례

[1] 부동산 실권리자명의 등기에 관한 법률 제2조 제3호, 제3조 제1항, 제7조 제2항의 조항들에 의하면, 위 법률 제3조 제1항이 적용되기 위해서는 부동산 물권에 관한 등기가 '명의신탁약정'에 의하여 '명의수탁자'의 명의로 이루어져야 하고, 부동산 물권에 관한 등기가 이루어졌다고 하더라도 그것이 '명의신탁약정'에 의하여 이루어진 것이 아니거나 '명의수탁자'의 명의로 이루어진 것이 아니라면 위 조항의 구성요건을 충족할 수 없다.

[2] 소유자인 甲으로부터 부동산을 명의신탁해 달라는 부탁을 받은 피고인이 乙 몰래 乙 명의로 위 부동산에 관한 소유권이전등기를 경료한 경우, 乙 명의의 소유권이전등기는 아무런 원인관계 없이 제3자의 명의로 이루어진 등기로서 '명의신탁약정'에 의하여 '명의수탁자'의 명의로 이루어진 등기가 아니므로, 부동산 실권리자명의 등기에 관한 법률 제3조 제1항, 제7조 제2항 위반죄를 구성하지 않는다고 본 사례.

[3] 부동산 명의수탁자를 처벌하는 규정인 부동산 실권리자명의 등기에 관한 법률 제7조 제2항 위반죄의 간접정범으로 공소가 제기된 경우, 공소장의 변경 없이 부동산 명의신탁행위의 방조범을 처벌하는 규정인 위 법률 제7조 제3항 위반죄가 성립되는지 여부를 심리하여 판단하는 것은 피고인의 방어권 행사에 실질적 불이익을 초래할 염려가 없다고 보기 어려울 뿐만 아니라, 이를 심리하여 처벌하지 아니하는 것이 현저히 정의와 형평에 반하여 위법하다고 볼 수도 없다(대법원 2007.10.25, 선고, 2007도4663, 판결)

## 4. 기존 명의신탁약정에 의한 등기의 실명등기

### (1) 실명등기의 의무 부과

부동산실명법 시행 이전에 명의신탁약정에 의하여 부동산에 대한 물권을 명의수탁자의 명의로 등기하거나, 하도록 한 명의신탁자(기존 명의신탁자)는 이 법 시행일로부터 1년(유예기간) 이내에 명의신탁자 명의로 등기(실명등기 : 소유권이전등기 또는 명의수탁자 명의등기의 말소등기)를 하여야 한다(같은 법 제11조 1항 본문). 이 경우 1년 이내의 유예기간은, 실권리자의 귀책사유 없이 다른 법률의 규정에 의하여 실명등기 또는 매각처분을 할 수 없는 경우에는 그 사유가 소멸한 때부터 기산한다(같은 법 제11조 3항). 이 법 시행 전 또는 유예기간 중에 부동산물권에 관한 쟁송이 제기된 경우에는 당해 쟁송에 관한 확정판결이 있는 날로부터 기산하여 1년 이내에 하여야 한다(같은 법 제11조 4항). 여기에서 말하는 '부동산물권에 관한 쟁송'이란 명의신탁자가 당사자로서 해당부동산에 관하여 자신이 실권리자임을 주장하여 이를 공적으로 확인 받기 위한 쟁송을 의미하므로, 명의신탁자가 행정관청을 상대로 제기한 부동산실명법의 위반으로 인한 과징금부과처분취소소송 등은 이에 포함되지 아니한다(선례 Ⅶ-416).

### 📑 선 례

부동산실권리자명의등기에관한법률 제11조 제4항 에 의하면, 같은 법 시행전 또는 유예기간중에 부동산물권에 관한 쟁송이 법원에 제기된 경우에는 당해 쟁송에 관한 확정판결(이와 동일한 효력이 있는 경우를 포함한다)이 있은 날로부터 1년 이내에 실명등기를 신청할 수 있는바, 위 조항에서 말하는 '부동산물권에 관한 쟁송'이란 명의신탁자가 당사자로서 해당 부동산에 관하여 자신이 실권리자임을 주장하여 이를 공적으로 확인받기 위한 쟁송을 의미하므로, 명의신탁자가 행정관청을 상대로 하여 제기한 부동산실권리자명의등기에관한법률의 위반으로 인한 과징금부과처분취소판결이 확정된 경우에는 같은 법 제11조 제4항에 의하여 명의신탁해지를 등기원인으로 하는 소유권이전등기를 신청할 수 없다(제정 2003.12.10. 등기선례 제7-416호).

결국 유예기간이 경과한 날로부터 명의신탁계약은 무효가 되고 명의신탁약정에 따라 행하여진 등기에 의한 물권변동도 무효가 되므로, 유예기간이 경과한 후 명의신탁약정의 해지를 원인으로 한 명의신탁자의 소유권이전등기신청은 그 신청취지 자체에 의하여 법률상 허용될 수 없음이 명백한 경우로서 법 제29조 제2호의 '사건이 등기할 것이 아닌 경우'에 해당하므로 등기관은 이를 각하하여야 할 것이다(대법원 1997.5.1, 자, 97마384, 결정).

명의신탁해지를 원인으로 하여 소유권이전등기절차이행을 명하는 판결에 의한 등기신청이 있는 경우에 그 명의신탁이 부동산실명법에서 정한 명의신탁 약정의 범위에서 제외되는 경우(같은 법 제2조 제1호 나목의 이른바 상호명의신탁) 또는 특례(같은 법 제8조, 제11조 1항 단서)에 해당하지 않으면서 판결문상의 사건번호로 보아 위 법률 소정의 유예기간(1995. 7. 1. - 1996. 6. 30.)이 지난 후에 소를 제기하였음을 알 수 있거나(같은 법 제11조 4항), 판결주문 또는 이유 중의 판단으로 볼 때 명의신탁의 약정일이 위 법률의 시행일(1995. 7. 1.) 이후인 경우에는 등기관은 이를 각하하여야 한다(선례 VIII-361).

### 📄 선 례

명의신탁 해지를 원인으로 하여 소유권이전등기절차이행을 명하는 판결에 의한 등기신청이 있는 경우에 그 명의신탁이 「부동산 실권리자명의 등기에 관한 법률」에서 정한 명의신탁 약정의 범위에서 제외되는 경우(동법 제2조 1호  단서 나.호의 이른바 상호명의신탁) 또는 특례(동법 제8조 , 제11조 1항  단서)에 해당하지 않으면서 판결문상의 사건번호로 보아 위 법률 소정의 유예기간(1995. 7. 1. - 1996. 6. 30.)이 지난 후에 소를 제기하였음을 알 수 있거나(동법 제11조 4항  참조), 판결 주문 또는 이유중의 판단으로 볼 때 명의신탁의 약정일이 위 법률의 시행일(1995. 7. 1.) 이후인 경우에는 등기관은 이를 각하하여야 한다 (제정 05.02.15 등기선례 제8-361호).

### (2) 실명등기를 한 것으로 의제하는 경우(같은 법 제11조 2항)

기존 명의신탁자가 당해 부동산에 관한 물권에 관하여 매매 그 밖의 처분행위를 하고 유예기간 내에 그 처분행위로 인하여 취득자에게 직접 등기를 이전한 경우에는 실명등기를 한 것으로 본다. 또한 기존 명의신탁자가 유예기간 이내에 다른 법률의 규정에 의하여 해당 부동산의 소재지를 관할하는 특별자치도지사·시장·군수 또는 구청장에게 매각을 위탁하거나, 대통령령이 정하는 바에 의하여 「한국자산관리공사의 설립에 관한 법률」에 의하여 설립된 한국자산관리공사에 매각을 의뢰한 경우에는 실명등기를 한 것으로 본다. 다만 매각위탁 또는 매각의뢰를 철회한 경우에는 그렇지 않다.

### (3) 기존 명의신탁등기의 실명등기에 대한 특례(같은 법 제11조 1항 단서)

다음의 경우에는 기존의 명의신탁등기가 된 경우에도 그 실명등기를 하지 않아도 된다.

① 공용징수·판결·경매 그 밖의 법률의 규정에 의하여 명의수탁자로부터 제3자에게 부동산에 관한 물권이 이전된 경우(상속은 제외)

② 종교단체, 향교 등이 조세포탈, 강제집행의 면탈을 목적으로 하지 아니하고 명의신탁한 부동산으로서 대통령령이 정하는 부동산의 경우

### (4) 실명등기의무 위반의 효력

기존의 명의신탁자가 실명등기의 유예기간 내에 실명등기 또는 매각처분 등을 하지 아니한 경우에는 그 기간이 경과한 날 이후의 명의신탁약정 및 명의신탁등기 효력은

무효로 한다(같은 법 제12조 1항). 그리고 1995. 6. 30. 이전에 명의신탁약정에 의한 등기를 한 사실이 없으면서 실명등기를 가장하여 등기를 한 때에는 5년 이하의 징역 또는 2억원 이하의 벌금에 처한다(같은 법 제12조 3항). 명의신탁에 의한 소유권보존등기가 무효가 된 때에는 명의신탁자는 과징금 등 법 소정의 제재를 받은 후 명의수탁자가 명의의 소유권보존등기를 말소하고, 명의신탁자가 자신의 명의로 소유권보존등기를 할 수 있다(선례 Ⅴ-638).

## 📑 선 례

부동산실권리자명의등기에관한법률 시행(1995. 7. 1.)이전에 명의신탁에 의한 소유권보존등기가 경료된 건물에 관하여, 명의신탁자가 명의수탁자를 상대로 위 법 시행일 이전에 명의신탁해지를 원인으로 한 소유권이전등기 소송을 제기하여 승소판결을 받아 그 판결이 확정되었으나 그 확정판결이 있은 날부터 1년 이내에 실명등기를 하지 않은 경우에는, 위 판결에 의한 소유권이전등기신청은 이를 할 수 없다. 따라서 이 경우 위 명의신탁에 의한 소유권보존등기는 무효가 되므로, 명의신탁자는 과징금 등 위 법 소정의 제재를 받은 후 명의수탁자 명의의 소유권보존등기를 말소하고 명의신탁자 자신의 명의로 등기할 수 있을 것이다(제정 98.07.11 등기선례 제5-638호).

## ■ 명의신탁 과징금의 부과대상

Q  갑이 을에게 부동산을 명의신탁하고, 이것이 다시 병, 정 등으로 이전된 경우각각에게 이전된 것이 모두 명의신탁 과징금의 부과대상이 될 수 있을까요?

A  부동산실명법에서는 누구든지 부동산에 관한 물권을 명의신탁약정에 의하여 명의수탁자의 명의로 등기하여서는 아니 된다고 규정(제3조 제1항)하고 있고, 제3조 제1항을 위반한 명의신탁자에게 과징금을 부과하도록 규정(제5조 제1항)하고 있습니다.

부동산실명법 제2조 제2호는 '명의신탁자란 명의신탁약정에 의하여 자신의 부동산에 관한 물권을 타인의 명의로 등기하게 하는 실권리자'라고 규정하고 있으며, 이때 실권리자란 '부동산에 관한 소유권이나 그 밖의 물권을 보유한 자 또는 사실상 취득하거나 취득하려고 하는 자'를 말합니다. 이때 명의신탁약정은 '부동산에 관한 소유권이나 그 밖의 물권을 보유한 자 또는 사실상 취득하거나 취득하려고 하는 자가 타인과의 사이에서 대내적으로는 실권리자가 부동산에 관한 물권을 보유하거나 보유하기로 하고 그에 관한 등기(가등기를 포함한다. 이하 같다)는 그 타인의 명의로 하기로 하는 약정'을 말합니다(제2조 제1호).

이 사안과 사실관계 및 이익상황이 일치하는 것은 아니지만, 대법원 판결(대법원 1991.5.10. 선고 90다20039 판결 등)을 검토하여 보면 이 사안과 같은 경우에도 명의신탁이 이루어진 것으로 보아야 할 것으로 판단되며, 다만 이 경우 제재의 대상이 되는 명의신탁자는 실제 권리자인 갑이므로 병, 정으로 부동산 등기가 이전되는 것이 갑과의 합의하에 이루어진 것이어야 할 것입니다. 즉 갑과 을에게 명의신탁한 것과 마찬가지로 평가 될 수 있도록 병, 정으로 등기가 이전되는 것이 갑과 명의신탁 약정하에 이루어진 것이어야 합니다.

이 경우 과징금부과 및 고발의 대상이 되는 명의신탁자는 부동산에 관한 실제 권리자인 갑이고, 또한 각각의 소유권이전등기 경료가 별개의 행위이므로 각각의 법위반행위에 관하여 각각 과징금을 부과하여야 할 것입니다(출처 : 법무부 법률자료집).

## ■ 위임장 등을 위조한 위조자가 과징금 부과대상이 될 수 있는가?

Q  위조자가 위임장 등을 위조하여 실권리자 소유의 부동산을 타인에게 이전하면서 내부
적으로는 부동산을 보유하기로 약정한 경우 과징금 부과대상이 될 수 있을까요?

A  부동산실명법 제2조 제1호는 명의신탁약정을 '실권리자(부동산에 관한 소유권 기타 물
권을 보유한 자 또는 사실상 취득하거나 취득하려고 하는 자)가 타인과의 사이에서 대
내적으로 실권리자가 부동산에 관한 물권을 보유하거나 보유하기로 하고 그에 관한 등
기를 그 타인의 명의로 하기로 하는 약정'이라고 규정하고, 제2조 제2호는 '명의신탁자
란 명의신탁약정에 의하여 자신의 부동산에 관한 물권을 타인의 명의로 등기하게 하는
실권리자'라고 규정하여 실권리자만이 명의신탁 약정의 주체가 될 수 있도록 규정하고
있습니다.
사안의 경우, 질의서에 첨부된 공소장 사본에 의하면, 갑은 자신의 어머니로서 본건 부
동산의 실소유자인 을의 위임장을 위조하여 위 을로부터 병에게 그 등기 명의를 이전
하면서 위 병과의 사이에 내부적으로 본건 부동산의 소유권을 자신이 보유하기로 하였
다는 것입니다. 그렇다면 갑은 부동산실명법 제5조 제1항 제1호의 명의신탁자라고 보
기 어렵고 따라서 과징금 부과처분 대상이 되지 않는다고 할 것입니다(출처 : 법무부
법률자료집).

## ■ 타인명의를 무단으로 사용하여 등기한 경우 과징금을 부과할 수 있는지?

Q  명의신탁약정이 없이 타인명의(명의수탁자)를 무단으로 사용하여 등기한 경우, 명의신탁으로 보아 과징금을 부과할 수 있나요?

A  부동산실명법 제3조는 '누구든지 부동산에 관한 물권을 명의신탁약정에 의하여 명의수탁자의 명의로 등기하여서는 아니 된다'고 규정합니다.
부동산실명법 제2조 제1호에 따르면 '명의신탁약정'이라 함은 부동산에 관한 소유권 기타 물권을 보유한 자 또는 사실상 취득하거나 취득하려고 하는 자가 타인과의 사이에서 대내적으로는 실권리자가 부동산에 관한 물권을 보유하거나 보유하기로 하고 그에 관한 등기는 그 타인의 명의로 하기로 하는 약정을 의미합니다. 따라서 명의신탁등기에 해당하기 위해서는 명의신탁자와 명의수탁자 간에 명의신탁약정이 있어야 하며, 명의신탁의 약정 없이 명의신탁자에 의한 타인명의 무단도용에 의해 당해 부동산의 소유권이 타인에게 이전된 것만으로는 명의신탁등기라고 할 수 없습니다.
즉, 명의도용에 의해 명의신탁위반이 된 경우는 과징금 부과의 예외를 인정하는 문제가 아니라, 명의신탁으로 볼 수 없는 경우입니다. 그러나 애초에는 명의도용에 의한 타인명의 등기만 있었을 뿐 명의신탁약정이 없었더라도, 이후에 그러한 사실을 상호 인용하고 장기간 타인명의로 등기한 채 두었다면 그 상호 인용한 때부터는 명의신탁등기라고 할 수 있습니다. 또한 외국에 거주하는 타인의 명의를 도용한 경우라도 명의신탁자와 명의수탁자는 자매 사이로서 명의사용에 관한 상호 의사연락 내지 양해가 있을 수 있으며, 만약 그러한 사실을 인정할 수 있다면 부동산실명법이 금지하는 명의신탁등기에 해당할 수 있습니다.
따라서 명의신탁자와 명의수탁자들 사이에 명의신탁의 약정이 있었다고 볼 수 있는지에 대한 부동산실명법 제9조의 조사가 필요할 것이고, 이를 기초로 하여 명의신탁약정이 있었는지 여부에 대한 행정청의 판단이 필요할 것입니다(출처 : 법무부 법률자료집).

## ■ 부동산실명법상 과징금 부과대상이 되는지 여부

Q  양도인이 제3자와 공유하고 있는 임야를 매도하여 등기를 마친 후 측량하는 과정에서 양도인 소유 지분이 실제 계약한 면적보다 적은 것으로 판명되어, 이를 해결하기 위한 방편으로 양수인이 일정한 금원을 양도인에게 교부하기로 한 경우에도 부동산실명법에 의하여 과징금의 부과대상이 되나요?

A  부동산실명법 제5조 제1항 각호에서는 이 법에 의한 과징금의 대상이 되는 명의신탁자의 범위를 규정하고 있고, 이에 따르면 '명의신탁약정'이 있는 경우 부동산실명법에 따른 과징금 대상이 되는 것인데, 이 사안에서는 이러한 명의신탁약정이 있었다고 보기 어렵습니다. 즉, 부동산실명법 제2조 제1호에서는 '명의신탁약정'에 대하여 부동산에 관한 소유권 등을 보유한 자가 타인과의 사이에서 대내적으로는 실권리자가 부동산에 관한 물권을 보유하기로 하고 그에 관한 등기는 그 타인의 명의로 하기로 하는 약정이라고 정의하고 있는 바, 이 사안에서는 착오로 자기 토지 지분 이상을 매매하였고 그에 기하여 등기가 이루어진 것이므로 명의신탁을 하기로 하는 약정이 있었다고 판단하기 어려우므로, 부동산실명법상 과징금 부과대상이 된다고 할 수 없습니다(출처 : 법무부 법률자료집).

## ■ 부동산실명법상 명의신탁의 개시시점을 언제로 보아야 하는지?

Q 법인이 건축부지 조성목적으로 부동산을 취득하고 법인명의의 가등기를 한 후에 대표이사 명의로 명의신탁등기를 한 경우 부동산실명법상 명의신탁의 개시시점을 언제로 보아야 하는지요?

A 부동산실명법 제3조는 '누구든지 부동산에 관한 물권을 명의신탁약정에 의하여 명의수탁자의 명의로 등기하여서는 아니 된다'고 규정하였습니다.
부동산실명법 제2조 제1호에 따르면 '명의신탁약정'이라 함은 부동산에 관한 소유권 기타 물권을 보유한 자 또는 사실상 취득하거나 취득하려고 하는 자가 타인과의 사이에서 대내적으로 실권리자가 부동산에 관한 물권을 보유하거나 보유하기로 하고 그에 관한 등기는 그 타인의 명의로 하기로 하는 약정을 의미합니다. 따라서 법인이 부동산에 관한 물권을 사실상 취득하려고 하는 자, 즉 실권리자인 한, 법인 자신의 명의로 가등기 한 것은 명의신탁약정에 따른 명의신탁등기라고 할 수는 없습니다(출처 : 법무부 법률자료집).

## ■ 명의신탁자를 법인 및 실질적 대표자 중 누구로 볼 것인지 여부

Q 건설공사 도급인(개인)이 공사 수급인(법인)에게 도급인 소유의 부동산을 공사대금 명목으로 대물변제 하였으나, 수급법인의 실질적 대표자가 법인 명의가 아닌 형식적 대표자 개인 명의로 소유권이전 등기한 후 이를 다시 제3자에게 매각한 경우 명의신탁에 해당하는지 여부 및 명의신탁자를 법인 및 실질적 대표자 중 누구로 볼 것인지 여부

A 부동산실명법 제2조 제1호는 명의신탁약정을 '부동산에 관한 소유권 기타 물권을 보유한 자 또는 사실상 취득하거나 취득하려고 하는 자가 타인과의 사이에서 대내적으로 실권리자가 부동산에 관한 물권을 보유하거나 보유하기로 하고 그에 관한 등기는 그 타인의 명의로 하기로 하는 약정'이라고 규정하고 있습니다. 즉 어떤 부동산에 대하여 실질적 권리자는 갑임에도 등기 또는 가등기는 을 명의로 되어 있는 경우에 명의신탁이 성립합니다. 본건의 경우, 수급인측이 도급인으로부터 부동산소유권을 이전받게 된 실질적 원인은 공사대금 채권에 기인한 것이므로 법원이 아닌 법인의 형식적 대표자 명의로 소유권이전등기를 경료한 경우 명의신탁에 해당하고, 법인재산은 법인 명의로 등기되어야 하므로 설사 법인의 실질적 대표자가 대물변제의 실질적인 수혜자라 하더라도 그를 명의신탁자라고 볼 수 없고 법인을 명의신탁자로 보아야 할 것입니다(출처 : 법무부 법률자료집).

## ■ 토지를 명의신탁자의 명의로 실명전환하지 않고 곧바로 제3자에게 무상증여한 행위가 과징금 부과대상인지 여부

Q  부동산실명법 제3조 및 제5조와 관련하여, 명의수탁자의 명의로 되어 있는 토지를 명의신탁자의 명의로 실명전환하지 않고 곧바로 제3자에게 무상증여한 행위가 과징금 부과대상인지 여부

A  부동산실명법 제3조는 '누구든지 부동산에 관한 물권을 명의신탁약정에 의하여 명의수탁자의 명의로 등기하여서는 아니 된다'고 규정하고, 이러한 내용을 위반한 명의신탁자에게 과징금을 부과하여야 하는데(동법 제5조), 이때 '명의신탁약정'이라 함은 부동산에 관한 소유권이나 그 밖의 물권을 보유하는 자 또는 사실상 취득하거나 취득하려고 하는 자가 타인과의 사이에서 대내적으로는 실권리자가 부동산에 관한 물권을 보유하거나 보유하기로 하고 그에 관한 등기는 그 타인의 명의로 하기로 하는 약정을 의미합니다(제2조 제1호). 본 사안은 양자간의 등기명의신탁으로 갑과 을 사이의 명의신탁약정과 그 약정에 따라 행해진 등기에 의한 물권변동은 무효이며, 이러한 무효는 제3자에게는 대항하지 못합니다(제4조 제3항). 그리고 여기에서 명의신탁자로부터 부동산에 관한 물권을 취득하기 위해 증여받고 단지 등기명의만을 명의수탁자로부터 경료받은 자는 위의 제3자에 해당되지 아니하나, 이러한 등기는 실체관계에 부합하여 유효한 것으로 볼 수 있습니다(대법원 2004.8.30. 선고 2002다48771 판결) 따라서 이 사안에서는 신탁자가 제3자에게 증여한 행위는 부동산실명법상 명의신탁약정이 있었다고 볼 수 없을 것이므로(다만, 이로 인한 조세부담 등을 감수하여야 하는 것은 별개임), 부동산실명법 위반으로 인한 과징금 부과대상이 되지 않을 것으로 판단됩니다. 다만, 만약 갑의 병회사에 대한 무상증여행위가 명의신탁약정에 따라 이루어진 것이라면, 관련 이전등기 또한 과징금 부과대상이 됩니다(출처 : 법무부 법률자료집).

■ **이전등기를 해주지 아니하여 판결을 통해 갑 명의로 등기를 한 경우 부동산실명법 위반으로 과징금을 부과할 수 있는지 여부**

Q  농지취득에 제한이 있는 법인 갑이 개인 을과의 사이에, 우선 을이 병 명의의 토지를 매수하여 등기하고 갑이 을에게 토지대금을 지급하면 그 소유권을 이전해 주기로 하는 내용의 약정을 체결하였으나 을이 이전등기를 해주지 아니하여 판결을 통해 갑 명의로 등기를 한 경우 부동산실명법 위반으로 과징금을 부과할 수 있는지 여부

A  부동산실명법상 '명의신탁약정'이라 함은 부동산에 관한 소유권 기타 물권을 보유한 자 또는 사실상 취득하거나 취득하려고 하는 자가 타인과의 사이에서 대내적으로는 실권리자가 부동산에 관한 물권을 보유하거나 보유하기로 하고 그에 관한 등기는 그 타인의 명의로 하는 약정을 의미합니다(제2조 제1호). 통상의 명의신탁약정의 경우에는 신탁자가 해당 부동산의 취득에 필요한 일체의 자금을 부담하고 명의수탁자는 자신의 명의사용을 허락하여 그 명의로 등기를 경료하는 과정을 거치지만 본 사안에서는 당해 부동산 취득자금을 수탁혐의자인 을이 모두 부담하고 그 등기 또한 을 명의로 경료되었으므로 명의신탁 약정이 있었는지 여부가 불명확한 것으로 판단됩니다. 물론 을이 자신의 자금으로 매매대금을 우선 지급하였다 할지라도 갑과 을 사이에서 을이 부담한 매매대금을 갑이 보전해 주기로 하는 약정이 있었음을 인정할 만한 자료가 있다면 명의신탁약정을 인정할 수 있을 것입니다.

그러므로 본 사안이 명의신탁에 해당되는지 여부를 판단하기 위하여 ① 갑과 을을 상대로 본건 매매계약 체결 경위, ② 을이 우선 부담한 매매대금을 보전해 주거나 대납해 주기로 하는 약정의 존재 여부, ③ 을이 병에게 매매대금으로 지급한 자금의 원 출처, ④ 을이 갑으로부터 매매대금을 지급받았음에도 등기를 이전해 주지 아니한 이유 등을 추가로 확인하여 갑과 을 사이에 명의신탁 약정이 있었는지 여부를 명확히 한 후 과징금 부과 여부를 판단하여야 할 것입니다(출처 : 법무부 법률자료집).

## ⚖️ 판 례

[1] 명의신탁관계의 성립에 명의수탁자 앞으로의 새로운 소유권이전등기가 행하여지는 것이 반드시 필요한 것은 아니므로, 명의신탁자와 명의수탁자 사이에 명의신탁약정을 종료하기로 하고 제3자와 명의수탁자 사이에 새로운 명의신탁약정을 함으로써 애초의 명의신탁 부동산에 관하여 제3자와 명의수탁자 사이에 명의신탁관계가 성립할 수 있고, 이러한 경우 제3자는 새로운 명의신탁관계가 성립한 때로부터 명의신탁자로서 부동산 실권리자명의 등기에 관한 법률 제5조 제1항 제1호에 의한 과징금 부과의 대상이 될 수 있다.

[2] 명의신탁약정에 의하여 자신의 부동산을 대표이사인 甲 명의로 이전등기한 A 회사가, 역시 대표이사가 甲인 B 회사와 '사업포괄양도·양수계약'을 체결하였고, 그 후 B 회사는 토지의 매매잔대금을 지급하는 등 그 부동산의 실질적인 소유자로 행세한 경우, 위 양도·양수계약의 체결로써 명의신탁 부동산에 관하여 A 회사와 甲 사이의 명의신탁약정은 종료되고 B 회사와 甲 사이에 새로운 명의신탁관계가 성립된 것으로 볼 여지가 있다고 한 사례(대법원 2010.3.11, 선고, 2009두18622, 판결)

## 5. 장기 미등기에 대한 벌칙

부동산실명법은 일정한 경우 소유권이전등기를 신청할 의무를 규정하고 있다. 「부동산등기 특별조치법」의 규정(같은 법 제2조 1항, 제11조, 부칙 제2조)에 의하여 소유권이전등기를 60일 이내에 신청하지 아니하여 과태료의 부과대상이 되는 자로서 3년 이내에 소유권이전등기를 신청하지 아니하는 등기권리자('장기미등기자'라 한다)는 명의신탁등기를 한 자와 같이 과징금과 이행강제금을 부과하고 형사처벌을 하도록 규정하고 있다(같은 법 제10조). 이 법 시행 전에 계약의 반대급부이행일(편무계약의 경우 계약효력 발생일)이 경과한 때에는 위 3년의 기간은 이 법 시행일(1995. 7. 1.)부터 기산한다(같은 법 부칙 제3조).

장기미등기의 경우에는 마치 양도인에게 명의신탁한 것처럼 되나 3년이 경과하여도 무효로는 되지 않는다. 과징금을 부과하는 경우에는 「부동산등기 특별조치법」에 의하여 이미 부과된 과태료는 이를 차감하여야 한다.

■ **상속인이 장기간 소유권이전등기를 하지 않고 있는 경우 상속인에게 부동산실명법 제10조에 따라 과징금을 부과할 수 있는지 여부**

Q 부동산 매매계약을 체결한 매수인이 잔금을 납부하고 이전등기를 하지 않은 채 사망하였는데, 그 상속인도 장기간 소유권이전등기를 하지 않고 있는 경우 상속인에게 부동산실명법 제10조에 따라 과징금을 부과할 수 있는지 여부

A 부동산실명법 제10조 제1항은 '「부동산등기특별조치법」제2조 제1항·제11조 및 법률 제4244호 동법 부칙 제2조의 적용을 받는 자로서 계약당사자가 서로 대가적인 채무를 부담하는 경우에는 반대급부의 이행이 사실상 완료된 날로부터 3년 이내에 소유권이전등기를 신청하지 아니한 등기권리자에 대하여 과징금을 부과한다'고 규정하고 있습니다. 따라서 장기미등기자에 해당하려면 특조법 제2조 제1항의 '부동산의 소유권이전을 내용으로 하는 계약을 체결한 자'이어야 합니다. 부동산 매매계약을 체결한 매수인은 '부동산의 소유권이전을 내용으로 하는 계약을 체결한 자'에 해당하고, 매수인의 상속인은 민법상 상속의 효과에 의해 피상속인의 권리·의무를 포괄적으로 승계하므로 매수인의 계약상 지위도 승계하게 됩니다.

다만 부동산실명법 제10조의 과징금은 법 위반행위를 한 자에 대한 대인책임의 성질을 가지므로, 매수인이 사망하기 전에 이루어진 부동산실명법 위반행위에 대해 과징금 부과처분이 있기 전까지는 단순한 사실행위만 존재하고 그 과징금과 관련하여 상속인에게 승계 대상이 되는 어떠한 의무가 있다고 할 수 없습니다. 따라서 상속인의 이전등기의무의 기산점은 매수인이 반대급부 이행을 완료한 날이 아니라 상속인이 등기할 수 있는 날이고, 상속인이 이전등기할 수 있는 날로부터 3년 이내에 이전등기를 신청하지 않으면 부동산실명법 제10조의 장기미등기자 요건에 해당하게 될 것입니다(출처 : 법무부 법률자료집).

## ■ 장기미등기에 해당되는지 여부

Q   2006.6.14. 협의이혼으로 인한 재산분할 협의 후 2010.5.7. 소유권이전등기를 경료한
경우 부동산실명법 제10조에서 규정하고 있는 장기미등기에 해당되는지 여부

A   부동산실명법 제10조 제1항은 '부동산등기특별조치법 제2조 제1항·제11조 및 법률 제
4244호 동법 부칙 제2조의 적용을 받는 자로서 계약당사자가 서로 대가적인 채무를
부담하는 경우에는 반대급부의 이행이 사실상 완료된 날로부터 3년 이내에 소유권이전
등기를 신청하지 아니한 등기권리자에 대하여 과징금을 부과한다'고 규정하고 있습니
다. 부동산등기특별조치법 제2조 제1항은 '부동산의 소유권 이전을 내용으로 하는 계약
을 체결한 자는 60일 이내에 소유권이전등기를 신청하여야 한다'고 규정합니다. 재산분
할은 부부 공동재산의 청산으로, 재산분할에 의한 자산 이전은 공유물의 분할 내지 잠
재화되어 있던 지분권을 현재화하는 것으로 볼 수 있습니다(헌법재판소 1997.10.30. 선
고 96헌바14 전원재판부 결정 참조).
즉 재산분할 협의의 본질은 공유물의 분할약정으로, 실질적으로는 '소유권(지분) 이전을
내용으로 하는 계약'을 체결한 것과 동일한 것으로 판단되므로 재산분할 약정을 체결
하고 협의이혼을 한 2006.6.14.부터 3년 이내에 소유권이전등기를 신청해야 한다고 할
것입니다. 다만, 귀 기관에서는 관련자들을 상대로 재산분할 협의 후 4년 동안이나 소
유권이전등기를 신청하지 않은 이유를 추가로 조사하여 그 등기 해태에 정당한 사유가
있었는지 여부를 확인한 후에 과징금 부과 여부를 결정하는 것이 상당하다고 판단됩니
다(부동산실명법 제10조 제1항 단서)(출처 : 법무부 법률자료집).

■ **민사집행법의 규정에 의한 경락의 경우 부동산실명법 제10조, 부동산등기특별조치법 제2조 및 제11조가 적용되는지 여부**

Q 민사집행법(구 민사소송법)의 규정에 의한 경락의 경우에 부동산실명법 제10조, 「부동산등기특별조치법」제2조 및 제11조가 적용되는지 여부

A 부동산에 관한 법률행위로 인한 부동산물권의 득실변경은 등기하여야 효력이 발생하지만(민법 제186조), 상속, 공용징수, 판결, 경매 기타 법률의 규정에 의한 부동산 물권의 취득은 등기를 요하지 아니하고(민법 제187조), 법률상 당연히 물권이 이전합니다. 다만 이 경우에도 등기하지 아니하면 이를 사후에 처분할 수 없을 뿐입니다. 민사집행법에 의한 경매절차를 통해 경락받은 경우 매수인(경락인)은 매각대금을 다 낸 때에 매각의 목적인 권리를 취득하고(민사집행법 제135조), 별도의 등기를 요하지 않으므로, 불가피하게 등기상의 권리자와 실제 권리자가 다르게 되지만, 이미 그 실제 소유자가 경매과정을 통해 드러났고, 법원의 매각허가결정의 선고를 통해 등기와 같은 공시의 효과까지 있다고 할 수 있으므로 통상 은밀하게 이루어지는 명의신탁의 경우와는 다르다고 할 수 있습니다. 따라서 명의신탁의 경우에 적용될 수 있는 부동산실명법은 경매절차를 통해 물권을 취득한 경우에는 적용되지 않고, 또한 경매절차를 통해 물권을 취득한 자는 이를 등기하지 않으면 단지 처분할 수 없을 뿐이고 물권을 보유하는 기간 동안 등기를 하여야 할 의무를 부담하지 않으므로, 부동산실명법 제10조의 장기미등기자라고 할 수도 없어 과징금의 부과대상이 아닙니다.

또한 부동산 소유권 이전계약을 체결한 자의 등기신청의무를 규정하고 이를 해태한 경우 과태료를 부과할 수 있도록 하고 있는 부동산등기특별조치법은 경매의 경우에는 적용되지 않습니다(출처 : 법무부 법률자료집).

## ■ 등기의무 기산점이 계약서상 잔금지급일인지 아니면 실제 잔금지급일인지 여부

Q  부동산실명법에 의한 장기미등기자에 해당하는지 여부와 관련하여 등기의무 기산점이 계약서상의 잔금지급일인지 아니면 실제 잔금지급일인지 여부

A  부동산실명법 제10조 제1항은 '계약당사자가 서로 대가적인 채무를 부담하는 경우에는 반대급부의 이행이 사실상 완료된 날, 계약당사자의 일방만이 채무를 부담하는 경우에는 그 계약의 효력이 발생한 날을 기준으로 3년 이내에 소유권이전등기를 신청하지 아니한 등기권리자(장기미등기자)에 대하여 부동산평가액의 100분의 30에 해당하는 금액의 범위 안에서 과징금을 부과하도록 규정'하고 있습니다. 동 조항에 의하면 매매계약의 경우에는 '반대급부의 이행이 사실상 완료된 날'이 등기의무 기산점이 될 것인데, 여기서 반대급부의 이행이 사실상 완료된 날이라 함은 '실제로 잔금이 지급되고 등기서류를 수령한 날'을 의미하는 것으로 해석하여야 할 것이므로, 반드시 계약서상의 잔금지급일과 일치하는 것은 아니라고 할 것입니다. 그런데, 본 사안의 경우 첨부된 자료만으로는 계약서상의 잔금지급일에 실제로 등기서류를 수령하면서 잔금이 지급되었는지, 아니면 계약서상의 잔금지급일은 편의상 소급하여 기재한 것에 불과하고 실제 잔금지급일은 따로 있는지 여부 자체가 불분명합니다(당사자들도 이에 대하여 다투고 있는 것으로 보이므로 당사자들의 주장과 관련 자료들을 더 면밀히 검토하여 사실관계를 확정할 필요가 있습니다).

만일 첫 번째 경우와 같이 계약서상의 잔금지급일에 실제로 등기서류를 수령하면서 잔금이 지급되었다면, 계약서상의 잔금지급일인 2002.1.30.이 등기의무 기산점이 될 것이고, 그때부터 3년이 경과한 2005.8.9.에야 소유권이전등기를 경료하였으므로 장기미등기자에 해당하여 과징금 부과의 대상이 될 것이고, 반면 두 번째 경우와 같이 계약서상의 잔금지급일은 편의상 소급하여 기재한 것에 불과하고 실제 잔금지급일은 계약일자인 2005.8.5.이라면, 2005.8.5.이 등기의무 기산점이 될 것이므로 그로부터 3년이 경과하지 아니하여 장기미등기자에 해당하지 아니하고 과징금 부과의 대상도 되지 아니한다고 할 것입니다(출처 : 법무부 법률자료집).

## ■ 장기미등기 위반 과징금의 부과대상자인지 여부

Q  공유물분할 이후 장기간 각각의 소유로 이전등기하지 않은 등기권리자 갑외 3인이 부동산실명법 제10조에 따른 장기미등기 위반 과징금의 부과대상인지 여부

A  부동산실명법 제10조 제1항에 의하면'부동산등기 특별조치법(이하 부동산특조법) 제2조 제1항, 제11조 및 법률 제4244호 동법 부칙 제2조의 적용을 받는 자로서' 부동산을 매수한 등기권리자는 계약당사자가 대가적인 채무를 부담하는 경우에는 반대급부의 이행이 사실상 완료된 날부터 계약당사자 어느 한 쪽만이 채무를 부담하는 경우에는 그 계약의 효력이 발생한 날부터 3년 이내에 소유권이전등기를 신청하여야 하며, 이러한 등기의무를 해태한 등기권리자에게는 과징금이 부과됩니다. 그리고 '부동산특조법 제2조 제1항, 제11조 및 법률 제4244호 동법 부칙 제2조의 적용을 받는 자'는 '부동산의 소유권이전을 내용으로 하는 계약을 체결한 자'로 한정되어 있습니다. 그리고 이러한 부동산의 소유권이전을 내용으로 하는 계약에는 공유물분할계약도 포함된다고 할 것이므로 본 건의 갑외 3인은 기본적으로 부동산실명법 제10조 제1항의 적용대상이라고 할 것입니다.

다만 당사자간 공유물분할계약에 대가관계가 있었는지 여부에 따라 등기의무 해태기간의 기산일이 달라지며, 또한 등기를 신청하지 못할 정당한 사유가 있는 경우 등에는 장기미등기책임이 면제되므로, 부동산실명법 위반 과징금의 부과권한을 보유하고 있는 귀 청은 이러한 관련 사항들을 종합적으로 확인·검토하여 갑외 3인에 대한 장기미등기 위반 과징금의 부과여부를 결정하여야 할 것입니다(출처 : 법무부 법률자료집).

## ■ 소유권보존등기를 장기간 경료하지 않은 자에 대해 과징금을 부과할 수 있는지

Q 소유권보존등기를 장기간 경료하지 않은 자에 대해 부동산실명법 제10조에 따른 과징금을 부과할 수 있는지 여부

A 부동산실명법 제10조 제1항은 '「부동산등기 특별조치법」제2조 제1항, 제11조 및 법률 제4244호 부동산등기특별조치법 부칙 제2조를 적용받는 자로서 그 계약이 대가적인 채무를 부담하는 경우에는 반대급부의 이행이 사실상 완료된 날 또는 일방만이 채무를 부담하는 경우에는 그 계약의 효력이 발생한 날부터 3년 이내에 소유권이전등기 신청을 하지 않은 등기권리자'에 대해 과징금을 부과하도록 규정하고 있습니다. 한편 「부동산등기 특별조치법」제2조 제1항의 적용을 받는 자는 '부동산의 소유권이전을 내용으로 하는 계약을 체결한 자'를 말합니다.

따라서 장기간 소유권보존등기를 이행하지 않은 자에 대해서는 부동산실명법 제10조에 따른 과징금을 부과할 수 없다고 할 것입니다(출처 : 법무부 법률자료집).

## ⚖ 판 례

[1] 부동산의 소유권을 이전받을 것을 내용으로 하는 계약을 체결한 자가 부동산등기 특별조치법 제2조 제1항 각 호에 정하여진 날 이전에 그 부동산에 관하여 다시 제 3자와 소유권이전을 내용으로 하는 계약을 체결한 경우, 소정 기간 내에 먼저 체결 된 계약에 따른 소유권이전등기를 신청하여야 한다고 규정한 같은 법 제2조 제3항 은 부동산 소유권이전을 내용으로 하는 계약 자체가 유효함을 전제로 한 규정이다.

[2] 농지법 제8조 제1항 소정의 농지취득 자격증명은 농지를 취득하는 자가 그 소유권 에 관한 등기를 신청할 때에 첨부하여야 할 서류로서(농지법 제8조 제4항), 농지를 취득하는 자에게 농지취득의 자격이 있다는 것을 증명하는 것일 뿐 농지취득의 원 인이 되는 법률행위의 효력을 발생시키는 요건은 아니다.

[3] 농지취득 자격증명을 발급받지 못하여 소유권이전등기를 신청할 수 없는데도 불구 하고, 농지 취득자가 순전히 전매이익을 취득할 목적으로 매수한 농지를 제3자에게 전매하였다면, 부동산등기 특별조치법 제2조 위반죄가 성립한다고 한 사례.

[4] 부동산등기 특별조치법 제2조 제1항, 제3항 소정의 소유권이전등기를 신청하지 아 니한 자로서 부동산등기 특별조치법 위반의 범죄주체가 되는 '소유권이전을 내용으 로 하는 계약을 체결한 자'는 매매·교환·증여 등 소유권이전을 내용으로 하는 계약 의 당사자를 가리키는바, 어떤 사람이 타인을 통하여 부동산을 매수함에 있어 매수 인 명의를 그 타인 명의로 하기로 하였다면, 이와 같은 매수인 명의의 신탁관계는 그들 사이의 내부적인 관계에 불과한 것이어서 대외적으로는 그 타인을 매매당사자 로 보아야 하므로, 달리 특별한 사정이 없는 한 그 본인은 소유권이전을 내용으로 하는 계약을 체결한 자라고 볼 수 없다. 반면에, 계약의 일방 당사자가 타인의 이 름을 임의로 사용하여 법률행위를 한 경우에는 누가 그 계약의 당사자인가를 먼저 확정하여야 할 것인데, 행위자 또는 명의자 가운데 누구를 당사자로 할 것인지에 관하여 행위자와 상대방의 의사가 일치한 경우에는 그 일치한 의사대로 행위자의 행위 또는 명의인의 행위로서 확정하여야 할 것이지만, 그러한 일치하는 의사를 확 정할 수 없을 경우에는 그 계약의 성질, 내용, 목적, 체결 경위 등 그 계약 체결을 전후한 구체적인 제반 사정을 토대로 상대방이 합리적인 사람이라면 행위자와 명의 자 중 누구를 계약 당사자로 이해할 것인가에 의하여 당사자를 결정하고, 이에 터 잡아 계약의 성립 여부와 효력을 판단하여야 한다.

[5] 부동산등기 특별조치법 제8조는 "조세부과를 면하려 하거나 다른 시점간의 가격변 동에 따른 이득을 얻으려 하거나 소유권 등 권리변동을 규제하는 법령의 제한을 회 피할 목적으로 제2조 제3항의 규정에 위반한 자는 처벌한다"고 규정하고 있고, 같 은 법 제10조는 "법인의 대표자 또는 법인이나 개인의 대리인·사용인 기타 종업원 이 그 법인 또는 개인의 업무에 관하여 제8조의 위반행위를 한 때에는 행위자를 벌 하는 외에 그 법인 또는 개인에 대하여도 각 해당 조의 벌금형을 과한다"고 규정하 고 있는바, 위 규정의 취지에 비추어 보면 개인의 대리인이 개인의 업무에 관하여 법 제8조의 위반행위를 한 경우에는 그 행위자인 대리인은 당연히 처벌된다(대법원 2008.3.27, 선고, 2007도7393, 판결).

## 6. 명의신탁해지를 원인으로 명의신탁자 명의로 하는 등기의 인정 여부

### (1) 원칙

부동산실명법상 명의신탁약정은 원칙적으로 무효이므로, 명의신탁해지를 원인으로 하여 명의신탁자 명의로 하기 위한 소유권이전등기 또는 소유권이전등기의 말소등기의 신청은 이를 수리하여서는 안 된다.

### (2) 예외적 인정

다만, 부동산실명법에서 명의신탁등기를 예외적으로 인정하고 있는 경우, 즉 종중, 배우자 및 종교단체에 대한 특례에 해당되는 경우(같은 법 제8조)와 종교단체·향교 등의 명의신탁부동산에 대한 예외에 해당되는 경우(같은 법 제11조 1항 단서) 및 위 부동산실명법 시행 전에 명의수탁자 명의로 등기된 부동산에 대하여 위 법 시행일로부터 1년(같은 법 제11조 제3항 또는 제4항이 정하는 사유가 있는 때에는 각 사유가 소멸 또는 발생한 때로부터 1년) 이내에 실명등기를 하는 경우에는 예외적으로 명의신탁해지를 원인으로 한 소유권이전등기 또는 소유권이전등기의 말소등기신청을 수리하여 한다.

종중이 보유한 부동산에 관한 물권은 조세포탈, 강제집행면탈, 그 밖의 탈법행위를 위한 목적인 경우를 제외하고는 부동산실명법상의 유예기간을 도과한 후에도 종중 이외의 자의 명의로 명의신탁과 명의신탁해지를 원인으로 하는 소유권이전등기를 신청할 수 있으며(선례 Ⅴ-622), 이때 '조세포탈, 강제집행의 면탈 또는 법령상 제한의 회피를 목적으로 하지 아니하는 경우'에 해당함을 증명하는 정보를 제공할 필요는 없다(Ⅴ-637). 배우자 명의로 부동산에 관한 소유권등기를 한 경우에도 조세포탈, 강제집행면탈 또는 법령상 제한의 회피를 목적으로 하는 경우가 아닌 한 부동산실명법상의 유예기간과 관계없이 명의신탁해지를 원인으로 하는 소유권이전등기를 신청할 수 있다(선례 Ⅶ-411).

### 📑 선 례

① 종중 소유 부동산에 대하여 명의신탁해지를 원인으로 한 소유권이전등기 가부 등

　가. 실제로는 A종중 소유이나 종중원인 갑에게 명의신탁한 부동산에 관하여 A종중이 명의신탁해지를 원인으로 한 소유권이전등기를 경료한 후 B종중이 A종중에서 분리되어 신설된 경우 후에 분리 신설된 B종중이 전부터 A종중 명의로 된 부동산을 A종중에게 명의신탁하였다는 것은 논리상 불가능하므로 명의신탁해지를 원인으로 한 B종중 명의로의 소유권이전등기는 불가능하다.

　나. 종중이 보유한 부동산에 관한 물권은 조세를 포탈하거나 강제집행을 면하기 위한 것이거나 법령상 제한을 회피하기 위한 목적으로 한 경우를 제외하고는 부동산실권리자명의등기에관한법률상의 유예기간(95. 7. 1. - 96. 6. 30.) 도과 후에도 종중 외의 자의 명의로 명의신탁과 명의신탁해지를 원인으로 한 소유권이전등기를 신청할 수 있다(제정 96.12.06 등기선례 제5-622호).

② 종중 명의로의 명의신탁해지를 원인으로 하는 소유권이전등기신청시 제출서면

　종중원의 공유로 명의신탁한 종중 부동산을 명의신탁해지를 원인으로 종중 명의로의 소유권이전등기신청을 하는 경우에는 부동산실권리자명의등기에관한법률 제8조 의 규정에 의한 "조세포탈, 강제집행의 면탈 또는 법령상 제한의 회피를 목적으로 하지 아니하는 경우"에 해당함을 증명하는 서면을 제출할 필요는 없다(제정 98.07.01 등기선례 제5-637호).

③ 배우자 명의로의 명의신탁과 명의신탁해지를 원인으로 한 소유권이전등기가 가능한지 여부(적극)

　배우자 명의로 부동산에 관한 소유권등기를 한 경우에는 조세포탈, 강제집행의 면탈 또는 법령상 제한의 회피를 목적으로 하는 경우가 아닌 한 부동산실권리자명의등기에관한법률상의 유예기간과 관계없이 명의신탁해지를 원인으로 하는 소유권이전등기를 신청할 수 있다(제정 03.06.16 등기선례 제7-411호).

## Ⅱ. 환지에 관한 등기

　사업시행자가 환지계획에 따라 종전의 토지를 갈음하여 새로운 토지(환지)를 교부하거나, 종전의 토지와 새로운 토지에 관한 권리 사이의 과부족분을 금전으로 청산할 것을 결정하는 형성적 행정처분을 환지처분이라 한다. 환지처분은 협의로는 실제로 환지를 지정하는 처분만을 의미하나, 광의로는 이밖에 환지불지정처분, 입체환지처분, 보류지·체비지 지정처분, 창설환지처분 등을 포함한다.

　환지처분에 따른 환지등기가 이루어지는 경우로는 「농어촌정비법」에 의한 농업

생산기반정비등기(농어촌정비법 제42조), 「도시개발법」에 의한 도시개발등기(도시개발법 제43조) 등이 있는데, 이에 관하여 「농업생산기반정비등기규칙」이 제정되어 있다. 환지등기와 관련한 구체적인 등기절차에 관하여는 「환지등기절차 등에 관한 업무처리지침」에 의한다.

## 1. 환지처분에 관한 일반론

「농어촌정비법」에 의한 농업생산기반정비사업은 환지계획의 수립(같은 법 제25조), 공사의 준공, 환지계획의 인가 및 고시(같은 법 제26조), 환지처분에 의한 등기의 촉탁(같은 법 제42조) 등의 순서로 진행되고, 「도시개발법」에 의한 도시개발사업은 환지계획의 작성(같은 법 제28조), 환지계획의 인가(같은 법 제29조), 공사의 완료 및 환지처분의 공고(같은 법 제40조), 환지처분에 관한 등기의 촉탁(같은 법 제43조)의 순서로 진행된다.

농업생산기반정비사업의 경우에는 환지계획인가의 고시를 한 때에, 도시개발사업의 경우에는 환지처분의 공고를 한 때에 환지처분이 이루어진다. 환지처분이 있는 때에는 환지처분에 의하여 교부되는 환지는 이를 종전토지로 보며, 환지를 정하지 않은 종전토지에 존재하는 권리는 소멸된 것으로 본다. 그러므로 종전의 토지에 존재하던 등기는 환지처분이 공고되었다고 하여 무효의 등기가 되거나 말소되는 것이 아니라 환지계획에서 정하여진 환지에 존속하게 되고, 현금청산 대상인 분양을 하지 아니하기로 정한 종전 토지 및 건축물에 존속하던 등기는 소멸하게 된다(선례 Ⅳ-493, 593).

### 📋 선 례

예고등기가 경료된 후 소를 제기한 자에 대하여 패소를 선고한 재판이 확정되었을 경우 제1심 법원은 재판의 등·초본을 첨부하여 그 예고등기의 말소를 촉탁하여야 하는 바, 위 재판의 확정후 예고등기가 경료된 토지가 농지개량사업으로 인하여 환지가 되었을 경우에는 환지후의 토지에 대하여 위 예고등기의 말소를 촉탁하여야 한다(제정 94.10.05 등기선례 제4-593호).

농림축산식품부장관 또는 시·도지사는 농업생산기반정비사업의 사업시행자의 환지계획인가신청에 대하여 이를 인가한 때에는 지체 없이 그 사실을 고시하고, 시장·군수·구청장과 등기소에 알려야 한다(농어촌정비법 제26조 6항). 도시개발사업의 경우 도시개발사업의 시행자는 환지처분의 공고가 있은 때에는 공고 후 14일 이내에 이를 관할등기소에 통지하여야 한다(도시개발법 제43조 1항).

환지처분이 있는 경우에는 환지처분에 관한 등기가 있기까지는 다른 등기를 하지 못하는바, 이는 환지처분이 있더라도 환지처분에 관한 등기를 하기까지는 상당한 시일을 요하고, 환지등기의 촉탁은 사업지역 내의 토지 전부에 대하여 일괄하여 1개의 촉탁으로 하거나, 또는 환지처분에 관련된 수개의 등기를 동시에 신청하여야 하는데, 그 동안 다른 등기를 인정한다면 환지처분상의 부동산의 표시 또는 권리 등이 등기기록상의 표시와 일치하지 않는 경우가 생기게 되어 환지등기에 지장이 있기 때문이다.

## 2. 사업시행을 위한 대위등기의 촉탁

### (1) 대위등기를 할 수 있는 사항

「농어촌정비법」제25조 제1항의 사업시행자나 「도시개발법」제28조 제1항의 도시개발사업의 시행자(이하 모두 '시행자'라 한다)는 사업시행인가 후에 사업시행을 위하여 「농어촌정비법」제26조의 환지계획인가의 고시 또는 「도시개발법」제40조의 환지처분의 공고(이하 모두 '환지계획인가의 고시 등'이라 한다) 전이라도 종전 토지에 관한 아래의 등기를 각 해당등기의 신청권자를 대위하여 촉탁할 수 있다.

① 토지 표시의 변경 및 경정 등기
② 등기명의인 표시의 변경 및 경정 등기
③ 상속을 원인으로 한 소유권이전등기

### (2) 일괄촉탁

위 (1)의 대위등기를 촉탁하는 경우에는 등기원인 또는 등기의 목적이 동일하지 아니한 경우라도 일괄하여 1개의 촉탁으로 할 수 있다.

### (3) 첨부정보

시행자가 위 (1)의 대위등기를 촉탁할 때에는 등기촉탁정보와 함께 첨부정보로서 등기원인을 증명하는 정보, 사업시행인가가 있었음을 증명하는 정보를 등기소에 제공하여야 한다.

## 3. 환지계획인가의 고시 등을 통지받은 경우의 처리

### (1) 문서건명부에 기재

등기관이 환지계획인가의 고시 등의 통지를 받은 때에는 기타 문서 접수장에 기록하고 통지서의 여백에 도달 연·월·일·시 및 문서 접수번호를 기록하여야 한다.

### (2) 환지계획인가의 고시 등의 기록

등기관은 위(1)의 절차를 마친 후 지체 없이 해당 사업지역 내의 토지의 등기기록에 아래 예시와 같은 내용을 표제부 상단에 기록하고 등기사항증명서 발급 시 그 내용이 표시되도록 하고, 환지등기 완료 후에는 즉시 삭제하여야 한다.

---

- 아  래 -

부전지 : 2016년 7월 1일 환지계획인가고시

※ 주 : 「도시개발법」에 의한 환지처분의 공고를 통지받은 때에는 '환지계획인가고시' 대신 '환지처분공고'라고 기록한다.

---

### (3) 다른 등기의 정지

#### 1) 다른 등기가 정지되는 시점

환지계획인가의 고시 등이 있은 후에는 종전 토지에 관한 등기를 할 수 없다.

#### 2) 정지되는 다른 등기

소유권이전등기, 근저당권설정등기, 가압류등기, 경매개시결정등기(정지되는 시점 이전에 설정된 근저당권에 기한 경우도 마찬가지임) 등 권리에 관한 등기뿐만 아니라 표시에 관한 등기도 할 수 없다.

#### 3) 다른 등기가 마쳐진 경우

환지계획인가의 고시 등이 있었음에도 불구하고, 종전 토지에 관한 등기가 마쳐진 경우, 등기관은 그 등기를 법 제58조를 적용하여 직권으로 말소한다.

## 4. 환지처분의 공고 등에 따른 등기의 촉탁

시행자는 아래의 절차에 따라 「농어촌정비법」제42조 제1항 또는 「도시개발법」제43조 제1항에 따른 환지등기를 촉탁하여야 한다.

### (1) 촉탁정보에 표시하여야 할 사항

#### 1) 일반적인 표시사항

① 종전 토지 및 환지의 표시(입체환지의 경우에는 건물의 표시도 하여야 함)와 환지를 교부받은 자의 성명, 주민등록번호 및 주소(법인의 경우에는 그 명칭, 부동산등기용등록번호 및 주사무소의 소재지)

② 농업생산기반정비사업 또는 도시개발사업으로 인하여 등기를 촉탁한다는 뜻

③ 촉탁의 연월일

#### 2) 특별히 표시하여야 할 사항

아래의 사항에 해당하는 경우에는 촉탁정보에 그 뜻을 표시하여야 한다.

① 종전 토지 수개에 대하여 1개 또는 수개의 환지를 교부한 경우 그 수개의 종전 토지 중 미등기인 것이 있는 때

② 「농어촌정비법」제34조 제1항에 의한 창설환지를 교부한 때 또는 「도시개발법」제34조 제1항에 의한 체비지 또는 보류지를 정한 때

③ 종전 토지에 환지를 교부하지 아니한 때

### (2) 첨부정보 등

#### 1) 첨부정보

① 환지계획서 및 환지계획인가서 등본

② 환지계획인가의 고시 등이 있었음을 증명하는 서면

③ 농업기반등정비확정도

※ 주 : 「도시개발법」에 의한 환지등기 촉탁의 경우에는 '농업기반등정비확정도' 대신 '도시개발정비도'를 제공하여야 함

#### 2) 환지등기에 필요한 첨부정보가 아닌 토지대장정보만을 제공하여 환지등기촉탁을 한 경우

환지등기 촉탁서에 위 1)의 정보를 제공하지 않고 토지대장정보만을 제공하여 환지등

기 촉탁을 한 경우, 등기관은 그 토지대장에 '환지' 또는 '구획정리 완료'등의 사실이 기록되어 있다 하더라도 그 등기촉탁을 수리하여서는 안 된다.

### 3) 첨부정보의 생략

시행자가 환지계획인가의 고시 등의 사실을 등기소에 통지하면서 위 1)의 정보를 제공한 때에는 그 정보를 제공하지 않고 환지등기를 촉탁할 수 있다.

## (3) 환지등기의 동시촉탁

### 1) 동시촉탁의 원칙

환지에 대하여 권리의 설정 또는 이전 등의 등기를 하여야 하는 때 그 밖에 특별한 사유가 있는 때를 제외하고는 환지등기 촉탁은 사업지역 내의 토지 전부에 관하여 동시에 하여야 한다. 단, 사업지역을 수 개의 구로 나눈 경우에는 각 구마다 등기촉탁을 할 수 있다.

### 2) 촉탁이 누락된 경우

환지 토지에 관한 등기촉탁이 누락된 경우, 사업시행자는 누락된 환지에 대하여 다시 환지등기를 촉탁할 수 있다.

## 5. 환지등기를 할 수 없는 경우

### (1) 소유자가 동일 또는 중복되는 여러 필지의 종전 토지에 대하여 여러 필지의 환지를 교부한 경우

예시1)의 경우 현재의 등기기록례에 의해서는 종전토지와 환지 사이의 견련관계를 명확하게 해 줄 수 없기 때문에 환지등기를 할 수 없는 경우에 해당하고, 예시2)의 경우에는 부동산표시변경등기에 불과한 환지등기로 인하여 권리의 변경이 초래되는 결과가 되었기 때문에 환지등기를 할 수 없는 예에 해당한다.

예시1) : 갑 단독 소유인 3필지의 토지에 관하여 2필지의 환지를 교부한 경우임

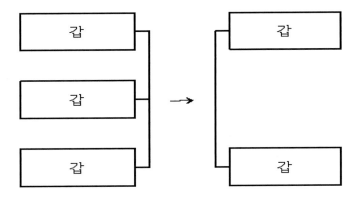

예시2) : 갑이 종전 토지 2필지 이상에 소유자로 등기되어 있는 경우임

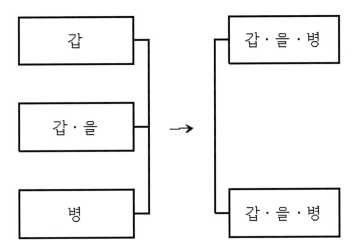

## (2) 공유토지에 관하여 각 단독소유로 환지를 교부한 경우

환지란 종전 토지의 권리관계가 환지에 그대로 존속하는 것이 원칙인데, 예시의 경우 종전 토지의 권리관계와 환지의 권리관계가 서로 다르므로 환지등기를 할 수 없는 경우에 해당한다.

예시) : 갑과 을이 공유하고 있는 1필지의 토지에 관하여 갑과 을을 각 단독소유
로 하는 2필지의 환지를 교부한 경우임.

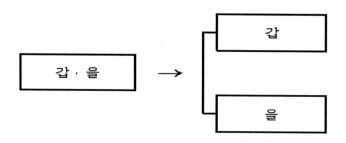

### (3) 종전 토지 중 일부를 다른 토지에 합쳐서 환지를 교부한 경우

예시는 분합필등기에 해당하는 것으로 환지등기라 할 수 없다.

예시) : 종전 토지 4개에 관하여 3개의 환지를 교부하면서 종전 토지를 분필하여
다른 토지에 합필하는 형태로 환지를 교부한 경우임

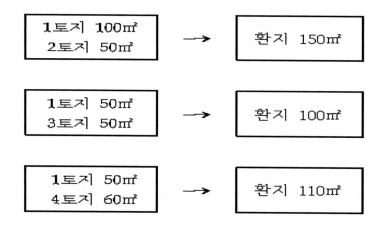

## 6. 합필환지와 합동환지의 경우의 처리

### (1) 합필환지

#### 1) 합필환지의 정의

합필환지란 소유자가 동일한 여러 필지의 토지에 관하여 1필지의 환지를 교부한 경우를 말한다.

#### 2) 종전 토지 중 일부의 토지에 소유권 외의 권리가 등기되어 있는 경우

① 종전 토지의 등기가 근저당권설정등기나 가압류등기 등과 같이 지분 위에 존속할 수 있는 등기인 경우, 시행자는 촉탁정보에 환지 중 얼마의 지분이 그 등기의 목적이라는 것을 구체적으로 표시하여야 하고, 등기관은 이를 환지의 등기기록에 기록하여야 한다. 예컨대, 근저당권설정등기가 되어 있는 종전 토지 1토지와 소유권 외의 권리가 등기되어 있지 않은 2토지에 대하여 1필지를 환지로 지정한 경우, 시행자는 환지등기 촉탁정보에 위 1토지의 근저당권이 환지의 몇 분의 몇 지분 위에 존속한다는 뜻을 표시하여야 하고, 등기관은 환지등기를 실행하면서 해당 근저당권설정등기를 위 몇 분의 몇 지분에 대한 근저당권설정등기로 변경하여야 한다.

② 종전 토지의 등기가 지상권설정등기나 전세권설정등기 등과 같이 토지의 특정 부분에 존속할 수 있는 경우, 시행자는 환지의 어느 부분에 그 권리가 존속한다는 것을 촉탁정보에 표시하여야 하고, 등기관은 이를 환지의 등기기록에 기록하여야 한다.

### (2) 합동환지

#### 1) 합동환지의 정의

합동환지란 소유자가 각각 다른 여러 필지의 종전 토지에 관하여 1필지 또는 여러 필지의 환지를 교부한 경우를 말한다.

#### 2) 공유지분의 표시방법

합동환지의 경우 등기촉탁정보에 종전 토지 소유자들의 환지에 관한 공유관계의 지분 비율을 표시하여야 하고, 등기관은 환지등기를 완료한 후 그 지분비율을 공유자 지분으로 하는 변경등기를 하여야 한다.

### 3) 종전 토지에 소유권 외의 권리가 등기되어 있는 경우

종전 토지의 소유권 외의 권리에 관한 등기는 위 2)의 등기에 따른 환지의 공유자 지분에 존속하는 것으로 변경등기를 하여야 한다. 단, 그 등기가 표창하고 있는 권리가 지상권이나 전세권 등과 같이 토지의 지분에 존속할 수 없는 등기인 경우, 시행자는 촉탁정보에 환지의 어느 부분에 그 권리가 존속한다는 것을 표시하여야 하고, 등기관은 이를 환지의 등기기록에 기록하여야 한다.

## 7. 창설환지에 관한 등기절차 등

### (1) 창설환지, 체비지, 보류지에 관한 소유권보존등기절차

「농어촌정비법」제34조에 의한 창설환지의 소유권보존등기 또는 「도시개발법」제34조 제1항의 체비지나 보류지에 관한 소유권보존등기도 환지등기 절차에 의하여야 하고, 이 경우 등기관은 등기기록의 표제부에 「농어촌정비법」에 의한 환지 또는 「도시개발법」에 의한 체비지나 보류지임을 표시하여야 한다. 다만 보류지 중 그에 대응하는 종전 토지가 있고 나중에 환지계획의 변경 등을 통하여 환지를 교부받을 자가 정해지는 경우(당해 토지에 분쟁이 발생하여 시행자가 환지를 교부받을 자를 정하지 못하고 우선 보류지로 정하고 있는 경우 등)에는 통상의 환지등기 절차에 의하여 처리하여야 한다.

### (2) 미등기 토지에 관하여 환지를 교부한 경우

미등기 상태의 종전 토지에 관하여 환지를 교부한 경우, 시행자는 환지등기절차에 의하여 그 환지에 관한 소유권보존등기를 촉탁할 수 있다.

## 8. 국공유지인 토지의 폐지 또는 보존등기의 경우

### (1) 국공유지 폐지의 경우

「농어촌정비법」제112조 제1항에 의하여 국공유지인 토지의 전부 또는 일부를 시행자 등에게 양도하고 그 용도를 폐지한 경우에 해당관서는 지체 없이 그 토지에 대한 등기의 말소를 촉탁하여야 하고, 이 경우 등기관은 종전 토지에 관하여 환지를 교부하지 아니한 경우의 등기절차(멸실로 간주하여 등기기록을 폐쇄함)에 준하여 처리한다.

### (2) 국공유지 보존등기의 경우

「농어촌정비법」제112조 제2항에 의하여 국가 또는 지방자치단체에 무상으로 증여된 토지가 있는 경우 해당관서는 지체 없이 그 토지에 관한 소유권보존등기를 촉탁하여야 하고, 이 경우 등기관은 창설환지의 등기절차에 준하여 그 토지에 대한 소유권보존등기를 하여야 한다.

## 9. 등기완료통지와 등기필정보

### (1) 등기완료 또는 등기필정보의 통지

환지등기를 마친 등기관은 시행자에게 등기완료의 통지를 하여야 하고, 환지절차에 의해 소유권보존등기를 하는 경우에는 시행자에게 등기필정보통지서도 함께 내어주고 시행자는 그 등기필정보통지서를 환지 소유자에게 교부하여야 한다.

### (2) 환지에 관한 등기신청시 제공하여야 할 등기필정보

환지를 교부받은 자가 등기의무자로서 등기신청을 할 때에는 종전 토지에 관하여 소유자로서 통지받은 등기필정보를 제공하여야 한다. 다만 창설환지나 체비지 등 환지등기절차에 따라 소유권보존등기가 이루어진 경우에는 그 등기에 관한 등기필정보를 제공하여야 한다.

## 10. 종전 토지에 관하여 매매 등 계약을 체결한 경우

종전 토지에 관하여 매매 등 계약을 체결하고 아직 그 계약에 따른 등기 전에 환지등기가 마쳐진 경우에는 신청인이 환지에 관한 등기신청을 하면서 종전 토지에 관한 계약서를 등기원인증명정보로 제공하였다 하더라도 등기관은 그 등기신청을 수리하여야 한다.

## III. 도시 및 주거환경정비에 관한 등기

### 1. 총설

### (1) 의의

'정비사업'이라 함은 도시정비법에서 정한 절차에 따라 도시기능을 회복하기 위하여 정비구역 또는 가로구역에서 정비기반시설을 정비하거나 주택 등 건축물을 개량하거나 건설하는 주택재개발사업, 주택재건축사업, 도시환경정비사업 등을 말한다.

도시정비법에 따르면 정비사업의 일반적인 절차는 아래와 같다.

1) 정비기본계획 수립(특별·광역시장 등)
2) 정비계획수립·구역지정신청(시장·군수, 구청장)
3) 정비구역 지정/고시(시·도지사)
4) 추진위 구성·승인
5) 안전진단, 재건축의 경우
6) 조합설립 신청·인가
7) 매도청구소송, 재건축의 경우
8) 사업시행인가 신청·인가
9) 조합원(종전건물·토지의 소유자 등) 분양신청
10) 관리처분계획 수립(조합)
11) 관리처분계획 조합원 총회(조합)
12) 관리처분계획인가/고시(시장·군수)
13) 종전건축물 철거
14) 착공신고
15) 입주자모집승인/일반분양
16) 사업시행
17) 준공인가/고시
18) 이전고시(건축물·토지에 대한 권리확정)
19) 등기신청

## (2) 정비사업에 의한 권리의 변환 : 이전고시

### 1) 의의

정비사업을 시행함에 있어서는 종전건축물의 멸실과 새로운 건축물의 축조가 있게 되고, 종전 토지를 사업의 목적에 맞게 정비하여 토지를 새로이 조성하게 된다(예컨대 사업시행자의 기부체납·정비구역안의 도로의 위치변경 등). 이 경우 정비사업의 시행자는 분양 받을 자에게 관리처분계획에 따라 새로운 건물과 토지에 대한 소유권을 이전하고 이를 지방자치단체의 공보에 고시(이하 '이전고시'라 한다)하도록 하고 있다(도시정비법 제54조). 이러한 이전고시로 새로운 대지·건축물에 대한 권리는 분양받을 자에게 이전되고, 그에 따라 1)종전토지에 관한 등기의 말소등기, 2)새로운 대지와 건축물에 대한 소유권보존등기 등을 실행하게 된다(도시 및 주거환경정비등기 처리규칙 제5조).

### 2) 법적 성질 : 공용환권

이전고시는 사업시행이 완료된 이후에 정비사업으로 조성된 대지 및 건축물 등의 소유권을 분양받을 자에게 이전하는 행정처분으로서, 종전의 토지 또는 건축물에 대한 소유권 등의 권리를 강제적으로 변환시키는 물적 공용부담인 공용환권에 해당한다. 즉 이전고시가 있으면 종전의 토지 또는 건축물에 관하여 존재하던 권리관계는 정비사업 후에 분양받은 대지 또는 건축물에 대한 권리관계로 권리 변환되고, 양자는 동일성을 유지하게 된다(대법원 1995. 6. 30. 선고 95다10570 판결).

도시정비법은 이전고시에 의하여 취득하는 대지 또는 건축물은 환지로 본다고 규정하고 있다(도시정비법 제55조 2항). 이전고시에 따른 등기는 공권력의 주체로서 시행자 또는 시행자의 위임을 받은 대리인에 한하여 신청할 수 있으며, 조합원 개인이나 그 밖에 시행자가 아닌 다른 자로부터 위임을 받은 대리인 등은 그 등기를 신청할 수 없다(선례 Ⅵ-532).

### 📑 선 례

도시재개발사업은 재개발구역 내의 토지 건물에 대하여 합리적이고 효율적인 고도이용과 도시기능의 회복을 위하여 행하는 공권적 처분인 공용환권(분양처분)에 의하여 이루어지는 것으로서, 이에 따른 도시재개발사업의 분양처분에 따른 등기는 공권력의 주체로서의 시행자 또는 시행자의 위임을 받은 대리인에 한하여 이를 신청 할 수 있으며, 조합원 개인이나 기타 시행자가 아닌 다른 자로부터 위임을 받은 대리인 등은 그 등기를 신청할 수 없다(제정 00.07.19 등기선례 제6-532호).

또한 이전고시에 따른 새로운 건물·토지에 대한 소유권보존등기는 시행자가 이전고시가 있은 후 해당 건물 및 토지를 취득한 자를 위하여 신청하므로 「부동산등기 특별조치법」제2조의 소유권보존등기 신청의무가 없다(선례 V-814).

### 📖 선 례

도시재개발사업의 시행에 의한 분양처분에 따라 분양받은 대지 및 건축시설에 대한 소유권보존등기는 사업시행자가 분양처분의 고시가 있은 후 당해 대지 및 건축시설을 취득한 자를 위하여 신청하므로, 부동산등기특별조치법 제2조  규정의 소유권보존등기 신청의무가 없다(제정 96.09.02 등기선례 제5-814호).

### 3) 이전고시를 위한 절차 : 관리처분계획

이전고시는 관리처분계획에 따라야 한다. 관리처분계획이란 정비사업구역 안에 있는 종전 토지 또는 건물의 소유권과 근저당권 등 소유권 외의 권리를 새로운 대지와 건축물에 관한 권리로 변환시켜 배분하는 일련의 계획을 말한다. 즉 이전고시의 내용을 미리 정하는 계획이며, 시장·군수의 인가를 필요로 한다(도시정비법 제48조 1항). 관리처분계획에는 1)종전 토지 등 소유자(조합원분) 및 조합원 외의 자(일반분양분)에게 분양될 토지·건물, 2)정비사업비의 추산액 및 그에 다른 조합원의 부담액, 3) 새로운 대지·건축물에 존속하게 되는 소유권 외의 권리의 내용 등을 정하게 된다(도시정비법 제48조). 이는 정비사업을 시행함에 있어 가장 큰 이해관계를 가지는 중요한 절차이다.

사업시행자는 위와 같이 관리처분계획에서 정해진 바에 따라 건물을 축조하여 공급하여야 하고(도시정비법 제50조 1항), 이전고시 역시 관리처분계획에 따르게 된다(도시정비법 제54조 1항). 따라서 이전고시에 의한 등기를 하기 위해서는 관리처분계획서 및 그 인가서를 첨부하여야 한다.

### 4) 이전고시의 효과

토지 또는 건물을 분양받은 자는 이전고시가 있은 다음 날에 그 대지 또는 건축물에 대한 소유권을 취득한다. 이전고시에 의한 이러한 물권변동은 법률의 규정에 의한 물권변동이므로 등기가 없어도 새로운 대지 및 건축물의 소유권을 취득한다고 할 것이다. 이외에 이전고시의 효과와 관련한 내용을 보면 다음과 같다.

① 대지 또는 건축물을 분양받을 자에게 이전고시에 따른 소유권을 이전한 경우 종전의 토지 또는 건축물에 설정된 지상권·전세권·근저당권·임차권·가압류 등 등기된 권리 및 「주택임대차보호법」제3조 제1항의 요건을 갖춘 임차권은 소유권을 이전받은 대지 또는 건축시설에 설정된 것으로 본다(도시정비법 제55조 1항).

② 사업시행자는 이전의 고시가 있은 때에는 지체 없이 그 사실을 관할 등기소에 통지하여야 하고 이전고시가 있은 후에는 종전 토지에 관한 등기를 할 수 없다 (도시정비법 제56조 3항).

③ 이전고시에 의하여 취득하는 대지 또는 건축물 중 토지등소유자에게 분양하는 대지 또는 건축물은 「도시개발법」 제40조에 의하여 행하여진 환지로 보며, 도시정비법 제48조 제3항에 의한 보류지와 일반에게 분양하는 대지 또는 건축물은 「도시개발법」 제34조에 의한 보류지 또는 체비지로 본다.

## 2. 정비사업의 시행에 따른 등기

### (1) 총설

이전고시에 따라 토지와 건물을 분양받은 자들이 새로운 대지·건축물에 관하여 소유권을 취득하게 되면 사업시행자는 1)종전토지에 관한 멸실등기, 2)정비사업으로 조성된 대지와 축조된 건축물에 관한 소유권보존등기, 3)종전건물·토지에 관한 지상권·전세권·임차권·저당권·가등기·환매특약이나 권리소멸의 약정·처분제한의 등기(이하 '담보권 등에 관한 권리의 등기'라 한다)로서 분양받은 대지와 건축물에 존속하게 되는 등기를 촉탁 또는 신청하여야 한다(도시 및 주거환경정비등기 처리규칙 제5조). 위 1) 2) 3)의 등기를 신청함에 있어서는 1개의 건축물 및 그 대지인 토지를 1개의 단위로 하여 동시에 신청하여야 한다[1필의 토지 위에 수개의 건축시설이 있는 경우에는 그 건축시설 전부와 그 대지를 1개의 단위로 하여, 수필의 토지를 공동대지로 하여 그 위에 수개의 건축시설이 있는 경우에는 그 건축시설 및 대지전부를 1개 단위로 하여 동시에 하여야 한다. 그러나 도시정비법 제54조 제1항 단서의 규정에 의하여 시행자가 사업에 관한 공사의 완공 부분만에 관하여 이전고시를 한 때에는 제1항의 등기 중 건물에 관한 등기신청은 그 부분만에 관하여 할 수 있다(도시 및 주거환경정비등기 처리규칙 제5조 2항)].

그리고 정비사업의 편의를 위하여 1)시행자는 사업시행을 위한 대위등기를 신청할 수 있으며(도시 및 주거환경정비등기 처리규칙 제2조), 2)시행자가 이전고시를 한 때에는 지체 없이 그 사실을 관할 등기소에 통지하여 이전고시 후 타등기를 정지할 수 있도록 하고 있다.

## (2) 정비사업의 시행을 위한 대위등기의 촉탁

사업시행자는 도시정비법에 의한 사업시행인가 후에는 그 사업시행을 위하여 이전고시가 있기 전이라도 종전토지에 관한 1)부동산의 표시변경 및 경정등기, 2)등기명의인의 표시변경 및 경정등기, 3)소유권보존등기, 4)상속을 원인으로 한 소유권이전등기를 각 해당등기의 신청권자를 대위하여 신청할 수 있다.

위와 같은 대위등기를 신청하는 경우에는 등기신청정보와 함께 첨부정보로서 등기원인을 증명하는 정보, 사업시행인가가 있었음을 증명하는 정보를 등기소에 제공하여야 한다.

## (3) 다른 등기의 정지

### 1) 이전고시의 통지

이전고시가 있게 되면 종전 토지 또는 건물에 대한 소유권 등의 권리는 새로운 대지 또는 건축물에 대한 소유권 등의 권리로 변환되므로, 즉시 이에 따른 등기를 신청하여야 할 것이다. 다만, 앞서 환지계획인가의 고시 등의 통지에서와 같이 이전고시가 있은 후 이에 따른 등기가 신청될 때까지는 시간적 간격이 있을 수 있다. 따라서 사업시행자는 이전고시의 사실을 등기소에 통지하여 다른 등기가 되지 않도록 하여야 한다(도시정비법 제56조 3항, 도시 및 주거환경정비등기 처리규칙 제5조 1항).

### 2) 이전고시의 기재

등기관이 시행자로부터 이전고시의 통지를 받은 때에는 문서건명부에 기재하고 통지서의 여백에 도달 연월일시 및 문서 접수번호를 기재하여야 한다. 등기관은 기타 문서접수장에 기재를 마친 후에는 지체 없이 해당 사업지역 내의 토지의 등기기록에 아래의 예시와 같은 내용을 표제부 상단에 기록하고 등기사항증명서 발급시 그 내용이 표시되도록 한다. 그리고 이러한 기록은 정비사업 등기를 완료한 후 즉시 삭제하여야 한다.

### 3) 다른 등기의 정지

가. 정지되는 다른 등기

등기관은 이전고시에 따른 부전지 표시가 된 후에는 종전 토지에 대한 1)소유권이전등기, 2)근저당권설정등기, 3)가압류등기, 4)경매개시결정등기(정지되는 시점 이전에 설정된 근저당권에 기한 경우도 마찬가지임) 등 권리에 관한 등기신청뿐만 아니라 표시에 관한 등기신청도 수리할 수 없다(도시정비법 제56조 3항). 종전 토지에 이와 같은 신청이 있는 경우 등기관은 법 제29조 제2호에 따라 각하하여야 한다(대법원

1983.12.27, 선고, 81다1039, 판결).

나. 다른 등기가 마쳐진 경우

이전고시가 있었음에도 불구하고 종전 토지에 관한 등기가 마쳐진 경우, 등기관은 그 등기를 법 제58조에 따라 직권으로 말소하여야 한다.

## (4) 이전고시에 따른 등기

이전고시에 따라 새로 조성된 대지와 건축시설에 관한 등기를 할 때 등기관은 신청정보에 표시된 등기명의인과 관리처분계획서 등에 나타난 권리자가 일치하는지 여부를 심사하면 충분하므로, 폐쇄된 종전 토지 및 건물의 등기기록상 명의인과 일치하는지 여부는 등기관이 심사할 필요가 없다(2012.7.17. 부동산등기과-1391 질의회답).

### 1) 신청인

공권력의 주체로서의 시행자 또는 시행자의 위임을 받은 대리인에 한하여 이를 신청할 수 있으며, 조합원 개인이나 그 밖에 시행자가 아닌 다른 자로부터 위임을 받은 대리인 등은 그 등기를 신청할 수 없다(선례 VI-532).

### 📑 선 례

도시재개발사업은 재개발구역 내의 토지 건물에 대하여 합리적이고 효율적인 고도이용과 도시기능의 회복을 위하여 행하는 공권적 처분인 공용환권(분양처분)에 의하여 이루어지는 것으로서, 이에 따른 도시재개발사업의 분양처분에 따른 등기는 공권력의 주체로서의 시행자 또는 시행자의 위임을 받은 대리인에 한하여 이를 신청 할 수 있으며, 조합원 개인이나 기타 시행자가 아닌 다른 자로부터 위임을 받은 대리인 등은 그 등기를 신청할 수 없다(제정 07.07.19 등기선례 제6-532호).

### 2) 종전 건물 및 토지에 관한 말소등기

이전고시에 따라 분양받은 자들이 새로운 대지·건축물에 관하여 소유권을 취득하는 경우, 사업시행자는 종전 건물 및 토지에 관한 말소등기를 신청하여야 한다. 등기를 신청할 때에는 1)관리처분계획서 및 인가서, 2)이전고시증명정보, 3)신청인이 조합인 경우에는 대표자 자격을 증명하는 정보를 첨부정보로서 등기소에 제공하여야 한다. 다만, 이와 같은 첨부정보가 이미 시행자로부터 등기소에 제공된 경우에는 그 제공을 요하지 않는다. 그리고 말소등기에 따른 등록면허세와 등기신청수수료를 납부하여야 한다.

종전 등기기록을 폐쇄하는 때에는 표제부에 정비사업시행으로 인하여 말소한 뜻을 기록하고 부동산의 표시를 말소하는 표시를 하고 그 등기기록을 폐쇄하여야 한다(도시 및 주거환경정비등기 처리규칙 제6조).

### 3) 새로이 축조된 건축물에 관한 등기

가. 등기신청

이전고시에 따라 수분양자들이 새로운 건축물에 관하여 소유권을 취득하였고, 사업시행자는 이에 관하여 소유권보존등기 및 담보권 등에 권리의 등기를 신청하여야 한다. 건축물(구분건물인 경우에는 1동의 건물에 속하는 구분건물 전부)에 관하여 1개의 신청으로 일괄하여 하여야 한다(같은 규칙 제10조 1항). 따라서 이전고시에 의한 소유권보존등기의 경우에는 1동의 건물에 속하는 구분건물 중의 일부 만에 관한 소유권보존등기는 허용되지 않는다(선례 Ⅶ-459).

### 선 례

① 정비사업의 시행으로 축조된 건축시설에 관한 소유권보존등기는 도시및주거환경정비법 제54조 제2항 , 제55조 및 제56조 의 규정에 의한 소유권이전고시에 따른 등기로서, 도시및주거환경정비등기처리규칙 제5조 및 제10조 의 규정에 의하여 건축시설(구분건물인 경우에는 1동의 건물에 속하는 구분건물 전부)에 관하여 동일한 신청서로 동시에 신청하여야 하므로, 부동산등기법 제131조의2 가 적용되는 1동의 건물에 속하는 구분건물 중의 일부만에 관하여 소유권보존등기를 신청할 수 있는 경우에 해당하지 않는다.

② 이전고시에 따른 소유권보존등기를 신청할 경우에는 소유자의 주소를 증명하는 서면을 첨부할 필요가 없다(2003.12.15. 부등 3402-690 질의회답).

같은 이유로 축조된 건축물에 대하여 아직 등기가 이루어지지 아니한 상태에서 집행법원으로부터 처분제한의 등기촉탁이 있는 경우 등기관은 이 처분제한의 등기를 하기 위한 전제로서 당해 건축물에 관한 소유권보존등기를 직권으로 할 수 없다(선례 Ⅷ-291).

## 📑 선 례

「도시 및 주거환경정비법」에 의하여 정비사업의 시행인가를 받아 축조된 건축물에 관한 등기는 사업시행자가 동법 제54조 제2항 의 규정에 의한 이전의 고시가 있은 때에 동일한 신청서로 동시에 신청(촉탁)하여야 하므로, 위와 같이 축조된 건축물에 대하여 아직 등기가 이루어지지 아니한 상태에서 집행법원으로부터 처분제한의 등기촉탁이 있는 경우 등기관은 이 처분제한의 등기를 하기 위한 전제로써 당해 건축물에 관한 소유권보존등기를 직권으로 경료할 수 없다(제정 06.07.13 등기선례 제8-291호).

담보권 등에 관한 권리의 등기로서 새로운 건물과 토지에 존속하게 되는 등기는 종전 건물과 토지의 등기기록으로부터 이기되는 등기가 아니라, 시행자가 종전 건물과 토지에 관한 등기의 말소등기 및 새로운 대지와 건축물에 관한 소유권보존등기와 함께 신청하는 등기이므로 시행자가 이를 신청하지 않은 경우에는 등기되지 않는다(선례 Ⅵ-527).

나. 신청정보에 표시되어야 할 사항

- 신청정보에는 건축물별로 소유권보존등기, 담보권 등에 관한 권리의 등기의 순서로 등기사항을 표시하여야 하며, 정비사업시행으로 인하여 등기를 신청한다는 뜻을 표시하여야 한다.

- 담보권 등에 관한 사항을 표시하는 경우에는 동일한 건축물에 관한 권리를 목적으로 하는 2개 이상의 담보권 등에 관한 권리의 등기에 있어서는 등기순위가 중요하므로 등기할 순서에 따라 등기사항을 표시하여야 한다. 이러한 경우에 등기관은 신청정보에 표시된 순서에 따라 별개의 접수번호를 부여하여 순위관계를 명확히 하여야 함을 주의하여야 한다(도시 및 주거환경정비등기 처리규칙 제17조).
한편 담보권 등에 관한 사항 중 등기원인을 표시하는 때에는 아래의 예시와 같이 정비사업시행으로 인하여 등기를 신청한다는 뜻과 함께 종전의 등기원인일자를 함께 표시하여야 한다.

---

<예시>

'2010년 5월 1일  설정계약 및 2016년 2월 10일 정비사업에 의한 분양'

- 위에서 살펴본 사항과 함께 담보권 등이 존속하는 대상 부동산을 명확하게 하기 위하여 구분소유의 경우에 아래의 사항을 표시하여야 한다(도시 및 주거환경정비등기 처리규칙 제10조 3항).

  ㉠ 구분소유자의 대지소유권에 대한 공유지분 비율
  ㉡ 구분건물의 경우, 담보권 등에 관한 권리가 해당 구분소유자의 대지소유권에 대한 공유지분에도 존속하는지 여부의 표시

---

다. 이전고시를 받은 자보다 선순위의 가등기 등이 있는 경우

건축물에 이전고시를 받은 자보다 선순위의 가등기 또는 처분제한의 등기가 있는 경우, 이러한 등기는 이전고시를 받은 자보다 선순위의 가등기 또는 처분제한의 등기가 있는 경우, 이러한 등기는 이전고시를 받은 자보다 우월한 효력이 있다. 예컨대 등기기록상 선순위 가등기 → 이전고시를 받은 자 명의의 소유권이전등기가 순차로 마쳐진 경우, 가등기에 기한 본등기가 실행되면 이전고시를 받은 자의 등기는 직권말소가 되고 본등기를 마친 자가 유효한 소유명의인이 된다.

위와 같은 경우에는 권리관계의 명확한 공시를 위하여 이전고시를 받는 자만을 위한 소유권보존등기는 할 수 없다. 따라서 1)선순위 가등기 또는 처분제한 등기, 2)선순위 가등기 등의 목적이 된 등기, 3)이전고시를 받은 자 명의의 등기를 함께 하여야 한다. 신청정보에는 선순위의 가등기 또는 처분제한의 목적이 된 소유권보존(이전)등기, 선순위의 가등기 또는 처분제한의 등기, 이전고시를 받은 자 명의의 소유권이전등기의 순서로 등기사항을 표시하여야 한다(도시 및 주거환경정비등기 처리규칙 제10조 4항).

라. 첨부정보

등기를 신청하기 위해서는 1)관리처분계획서 및 인가서, 2)이전고시증명정보, 3)신청인이 조합인 경우에는 대표자 자격을 증명하는 정보, 4)도면을 제공하여야 한다. 다만, 이와 같은 첨부정보가 이미 시행자로부터 등기소에 제출된 경우에는 이를 제공할 필요가 없다(도시 및 주거환경정비등기 처리규칙 제15조). 그리고 보존등기되는 각 건물의 개수에 해당하는 등기신청수수료를 납부하여야 하므로 집합건물의 경우에는 전유부분의 개수에 해당하는 등기신청수수료를 납부하여야 한다.

마. 등기방법

등기관은 보존등기시 등기부의 표제부(구분건물의 경우에는 1동의 건물의 표제부)에 정비사업시행으로 인하여 등기하였다는 뜻을 기록하여야 한다(도시 및 주거환경정비등기 처리규칙 제11조). 구분건물에 관하여 대지권의 목적인 대지와 함께 보존등기를 하는 경우, 등기관은 건물등기부에 대지권의 등기를 하여야 한다.

## 4) 새로 조성된 대지에 관한 등기

### 가. 등기신청

이전고시에 의하여 분양받은 자들이 새로운 대지에 관하여 소유권을 취득함에 따라 사업시행자는 대지에 관하여 소유권보존등기를 신청하여야 한다. 위의 새로이 축조된 건물에서 본 바와 같이 대지에 관한 소유권보존등기 및 담보권 등에 관한 권리의 등기를 신청하는 때에는 1필지의 토지에 관하여 동일한 신청으로 하여야 한다. 신청정보에는 소유권보존등기, 담보권 등에 관한 권리의 등기의 순서로 등기사항을 표시하여야 하며, 정비사업시행으로 인하여 등기를 신청한다는 뜻을 표시하여야 한다. 이전고시를 받은 자보다 선순위의 가등기, 가처분 등이 있는 경우에는 위 새로이 축조된 건물의 경우와 동일하게 처리한다.

### 나. 첨부정보

등기를 신청하기 위해서는 1)관리처분계획서 및 인가서, 2)이전고시증명정보, 3)신청인이 조합인 경우에는 대표자 자격을 증명하는 정보를 제공하여야 한다. 이와 같은 첨부정보가 이미 시행자로부터 등기소에 제출된 경우에는 이를 제공할 필요가 없다. 그리고 등기신청수수료는 부동산의 개수를 기준으로 납부하면 되므로 1필지의 토지에 대한 소유권보존등기는 1건의 수수료를 납부한다.

### 다. 등기방법 : 도시 및 주거환경정비등기 처리규칙 제13조, 제14조

① 토지에 대한 보존등기

등기관은 보존등기시 등기부의 표제부에 정비사업시행으로 인하여 등기하였다는 뜻을 기록하여야 한다.

② 구분건물 대지권의 목적인 경우

- 해당 토지가 구분건물의 대지권의 목적인 경우, 등기관은 건물등기기록에 대지권의 등기를 하여야 하고, 토지등기기록에는 대지권이라는 뜻의 등기를 하여야 한다.

- 토지등기기록에 대지만을 목적으로 하는 담보권 등에 관한 권리의 등기가 있을 때에는 건물등기기록에 토지등기기록에 별도의 등기가 있다는 뜻을 기록하여야 한다.

- 대지권의 목적인 공유지분에 대한 담보권 등 권리가 전유부분에 관한 것과 동일한 경우, 등기관은 토지등기기록에는 이를 기록하지 아니한다.

# Ⅳ. 공무원범죄에 관한 몰수 특례법 등에 따른 등기

## 1. 총설

### (1) 의의

특정공무원범죄를 범한 사람이 그 범죄행위를 통해서 취득한 불법수익 등을 철저히 추적·환수하기 위해서 몰수 등에 관한 특례를 규정함으로써 공직사회의 부정부패 요인을 근원적으로 제거하고 깨끗한 공직 풍토를 조성함을 목적으로 「공무원범죄에 관한 몰수 특례법」(이하 '공무원범죄몰수법'이라 한다)이 1995. 1. 5. 법률 4934호로 제정·시행되고 있다. 또한 공무원범죄몰수법 상의 몰수보전명령 및 추징보전명령 등에 따른 부동산등기사무처리의 기준과 기록례를 정하기 위하여 「공무원범죄에 관한 몰수 특례법 등의 시행에 따른 등기사무처리지침」(등기예규 제1375호)이 제정되었다.

이후 「마약류 불법거래 방지에 관한 특례법」, 「불법정치자금 등의 몰수에 관한 특례법」, 「범죄수익은닉의 규제 및 처벌 등에 관한 법률」에서도 마약류 불법거래 등으로 취득한 불법수익 등에 대해 공무원범죄몰수법과 유사한 규정을 두어 이를 환수토록 하고 있다. 이러한 법률들에 따른 몰수보존등기, 부대보전등기, 추징보전등기 및 몰수등기의 사무처리에 관하여서도 위 등기예규가 적용된다.

### (2) 등기의 유형

공무원범죄몰수법에 의한 등기는 몰수보전등기·부대보전등기·추징보전등기·몰수의 등기로 나눌 수 있는데, 이러한 등기는 원칙적으로 검사가 촉탁하게 된다.

몰수란 불법재산이 범인에게 귀속한 경우에 이를 환수하는 것으로(공무원범죄몰수법 제5조), 몰수의 재판에 따른 이전등기를 몰수의 등기라 하고, 이를 보전하기 위한 등기를 몰수보전등기라 한다.

또한 지상권·저당권 또는 그 밖의 권리가 그 위에 존재하는 재산에 대하여 몰수보전명령을 한 경우 또는 하려는 경우 그 권리가 몰수에 의하여 소멸된다고 볼 만한 상당한 이유가 있고, 그 재산을 몰수하기 위하여 필요하다고 인정할 때 또는 그 권리가 가장된 것이라고 볼 만한 상당한 이유가 있다고 인정할 때 법원의 부대보전명령에 의하여 그 권리의 처분을 금지할 수 있는데, 이 명령에 의한 등기를 부대보전등기라 한다. 즉 재산의 몰수에 의하여 소멸되어야 할 권리가 선의의 제3자에게 이전된 경우에는 이를 소멸시킬 수 없기 때문에 그 처분을 금지하기 위한 것이다(공무원범죄몰수법 제5조 2항).

추징보전등기란 추징하여야 할 경우에 해당한다고 판단할 만한 상당한 이유가 있고, 추징재판을 집행할 수 없게 될 염려가 있거나 집행이 현저히 곤란할 염려가 있다고 인정될 때에 피고인에 대하여 재산의 처분을 금지하기 위하여 촉탁하는 등기를 말한다.

## 2. 등기절차

### (1) 몰수보전등기

#### 1) 부동산에 대한 경우

가. 몰수보전등기의 촉탁 및 실행 등

부동산에 관한 법원의 몰수보전명령 집행은 몰수보전등기를 하는 방법에 의하며, 등기는 검사가 몰수보전명령의 등본을 첨부하여 촉탁한다. 촉탁서에는 등기목적으로서 '몰수보전'을, 등기원인으로서 몰수보전명령을 발한 법원, 사건번호 및 그 연월일을, 등기권리자로서 '국'을 각 기재하여야 한다.

등기관은 몰수보전등기를 한 후 그 등기사항증명서를 몰수보전등기를 촉탁한 검사에게 송부하여야 한다. 등기사항증명서의 송부는 「경매개시결정등기 후의 등기사항증명서 송부에 갈음할 통지서」(등기예규 제1373호)에 따라 처리할 수 있다.

## 예규 경매개시결정등기 후의 등기사항증명서 송부에 갈음할 통지서

(2011.10.11 등기예규 제1373호)

### 1. 목적

이 예규는 민사집행법 제95조 에 의하여 등기관이 경매개시결정의 등기를 완료한 후에 하는 등기사항증명서의 송부에 갈음할 통지에 관한 절차를 규정함을 목적으로 한다.

### 2. 서면촉탁의 경우

집행법원으로부터 서면에 의하여 경매개시결정의 등기를 촉탁받은 등기관은 등기 완료 후에 촉탁서에 기재된 등기사항증명서 발급 연월일 이후 변동사항이 없는 경우에는 별지와 같이 경매개시결정서에 통지의 고무인을 찍어 등기관이 날인 송부함으로써 등기사항증명서 송부에 갈음한다.

### 3. 전자촉탁의 경우

집행법원으로부터 전산정보처리조직에 의하여 경매개시결정의 등기를 촉탁받아 등기관이 그 등기를 완료한 경우에는 촉탁서에 기재된 등기사항증명서 발급 연월일 이후 변동사항이 있는지 여부에 관한 정보를 전송함으로써 등기사항증명서의 송부에 갈음한다.

부 칙(2011. 10. 11. 제1373호)
이 예규는 2011년 10월 13일부터 시행한다.

한편 몰수보전등기가 마쳐진 후에도 몰수보전의 대상이 된 권리에 대한 이전등기 등의 신청이 있는 경우 등기관은 이를 수리하여야 한다.

## 나. 몰수보전등기의 말소

몰수보전명령이 취소되거나 실효된 경우에는 검사는 몰수보전등기의 말소등기를 촉탁하여야 한다. 몰수보전명령이 취소된 경우에는 취소결정의 등본을 첨부하여 '취소결정'을 등기원인으로 하여 그 말소등기를 촉탁한다.

공무원범죄몰수법 제33조 제1항(몰수선고가 없는 재판이 확정된 때)에 의하여 몰수보전명령이 실효된 경우에는 그 재판의 등본 및 확정증명을 첨부하고, 공무원범죄몰수법 제33조 제2항[「형사소송법」제327조 제2호(공소제기의 절차가 법률의 규정에 위반하여 무효인 때)에 따른 공소기각의 판결이 있고 그 판결이 확정된 날부터 30일 내에 공소가 제기되지 아니할 때]에 의하여 몰수보전명령이 실효된 경우에는 그 재판이 확정된 날부터 30일 후에 그 재판의 등본, 확정증명 및 공소를 제기하지 아니한 사실을 증명하는 서면을 첨부하여 몰수보전등기의 말소등기를 촉탁한다. 이 경우 등기원인은 '○년 ○월 ○일 실효'로 하되 그 일자는 공무원범죄몰수법 제33조 제1항의 경우는 재판이 확정된 날, 같은 법 제33조 제2항의 경우에는 확정된 날부터 30일이 경과한 다음 날로 한다.

## 2) 저당권부 채권 등에 대한 경우

### 가. 몰수보전등기의 촉탁 및 실행 등

저당권부 채권 또는 가등기에 의하여 담보되는 채권에 대한 몰수보전명령이 있으면 검사는 몰수보전명령을 발한 법원에 그 등기의 촉탁을 신청할 수 있고, 법원은 저당권부채권의 압류등기 촉탁의 예에 의하여 그 등기를 촉탁한다. 그 등기의 실해은 위 부동산에 관한 경우의 규정을 준용한다. 등기된 임차권, 환매권, 가등기된 소유권이전청구권 등에 대한 몰수보전등기는 부동산에 대한 몰수보전등기의 예에 따라 처리한다.

### 나. 몰수보전등기의 말소

몰수보전명령이 취소되거나 실효된 경우에 몰수보전명령을 발한 법원은 위 1) (나)의 절차에 의하여 그 말소등기를 촉탁한다. 또한 금전의 지급을 목적으로 하는 저당권부 채권에 대하여 몰수보전이 된 후 채무자가 채권금액을 공탁한 경우 공탁사실의 통지를 받은 법원은 그 몰수보전등기의 말소를 촉탁하여야 한다.

## 3) 강제집행 등과의 관계

### 가. 몰수보전등기보다 선행하는 강제경매개시결정등기 등이 있는 경우

몰수보전등기보다 강제경매개시결정등기, 근저당권 등 담보물권의 설정등기, 압류등기, 가압류등기 등이 먼저 이루어지고 그 후 집행법원으로부터 매각으로 인한 이전등기 및 몰수보전등기의 말소등기촉탁이 있는 경우 등기관은 그 등기를 한 후 몰수보전등기가 말소되었다는 뜻을 「가압류등기 등이 말소된 경우의 집행법원에 통지」 (등기예규 제1368호)의 규정에 준하여 몰수보전등기를 촉탁한 법원 또는 검사에게 통지하여야 한다. 몰수보전등기보다 체납처분에 의한 압류등기가 먼저 이루어지고 그 후 공매된 경우도 같다.

## 예 규   가압류등기 등이 말소된 경우의 집행법원에 통지

(개정 2011.10.11 등기예규 제1368호)

가압류등기, 가처분등기, 경매개시결정등기, 주택임차권등기 및 상가건물임차권등기가 집행법원의 말소촉탁 이외의 사유(본등기, 매각, 공매, 「부동산등기법」제99조제4항 , 동 규칙 제116조제2항 규정의 경우 등)로 말소된 경우 등기관은 지체없이 그 뜻을 아래양식에 의하여 집행법원에 통지하여야 한다.

---

### 통 지 서

귀 법원 ○○ 카(타경) ○○○ (부동산가압류·가처분·경매개시결정·주택임차권등기명령·상가건물임차권등기명령) 사건의 결정에 의하여 이루어진 별지목록 부동산에 대한 (부동산가압류·가처분·경매개시결정·주택임차권·상가건물임차권) 등기가   년   월   일 ○○을 원인으로 말소되었음을 통지합니다.

년   월   일

○   ○ 지방법원   ○   ○ 등기소

등기관   ○   ○   ○ (인)

○   ○ 지 방 법 원     귀중

나. 몰수보전등기보다 후행하는 강제경매개시결정등기 등이 있는 경우

　　위 (가)와 달리 몰수보전등기 후에 강제경매개시결정등기 등이 이루어진 경우에는 공무원범죄몰수법 제35조에 의하여 그로 인한 경매 또는 공매 절차가 진행될 수 없으므로 경매 또는 공매 절차가 진행되어 매각 또는 공매로 인한 이전등기의 촉탁이 있더라도 이를 수리하여서는 아니 된다.

### 4) 처분금지가처분등기와의 관계

　　처분금지가처분등기 후에 몰수보전등기가 이루어지고 가처분권리자가 본안에서 승소한 경우 가처분권리자는 그 승소판결에 의한 등기는 신청할 수 있다. 그러나 몰수보전등기는 등기관의 직권으로 또는 가처분권리자의 신청에 의하여 말소하여서는 안 되고, 전술한 1) (나) 몰수보전등기의 말소의 예에 따라 말소하여야 한다. 공무원범죄몰수법은 부동산에 대하여 등기청구권을 보전하기 위한 처분금지가처분의 등기가 된 후 몰수보전등기가 된 경우에 그 가처분채권자가 보전하려는 등기청구권에 따른 등기를 할 때에는 몰수보전등기에 의한 처분의 제한은 그 가처분등기에 의한 권리의 취득 또는 소멸에 영향을 미치지 아니한다고 하여(공무원범죄몰수법 제27조 6항), 마치 가처분등기가 몰수보전등기에 우선하는 것처럼 보인다. 그러나 가처분등기는 법원의 촉탁에 의해 말소되는 것이 원칙이라는 점과 범죄행위로 취득한 불법수익을 환수한다는 공무원범죄몰수법의 입법목적에 비추어 몰수보전등기가 가처분등기에 우선하는 것으로 해석하는 것이 타당하다.

## (2) 부대보전등기

　　부대보전등기는 특별한 규정이 있거나 그 성질에 반하지 않는 한 몰수보전등기의 예에 따라 처리한다.

　　부대보전등기는 검사가 부대보전명령의 등본을 첨부하여 촉탁하되, 몰수보전등기의 촉탁과 동시에 또는 몰수보전등기가 마쳐진 후에 하여야 한다.

　　부대보전등기가 마쳐진 후에 부대보전의 대상이 된 권리의 이전등기 등의 신청이 있는 경우에도 등기관은 이를 수리하여야 한다.

　　부대보전명령이 취소되었을 경우에는 몰수보전명령이 취소되었을 경우에 준하여 그 말소등기를 하되, 몰수보전명령이 취소되거나 실효되어 몰수보전등기를 말소한 경우에는 등기관이 직권으로 부대보전등기를 말소하여야 하며 그 등기원인은 '○년 ○월 ○일 실효'로 하되 그 일자는 몰수보전명령이 효력을 잃은 때로 한다.

### (3) 추징보전등기

추징보전명령은 검사의 명령에 따라 집행하며, 이 경우 검사의 명령은 「민사집행법」에 따른 가압류명령과 동일한 효력을 가진다(공무원범죄몰수법 제44조 1항).

추징보전등기는 법원이 검사의 신청에 의하여 등기목적은 '가압류'로, 등기원인은 '○년 ○월 ○일 ○○지방법원의 추징보전명령에 기한 검사의 명령'으로 하여 촉탁한다. 이 때 검사의 집행명령 등본을 첨부한다. 추징보전에 대한 다른 등기도 특별한 규정이 없는 한 가압류등기의 예에 따라 처리한다.

등기관은 추징보전등기를 한 후 그 등기사항증명서를 해당 추징보전등기를 촉탁한 법원에 송부하여야 하나, 「경매개시결정등기 후의 등기사항증명서 송부에 갈음할 통지서」(등기예규 제1373호)에 따라 처리할 수 있다.

### (4) 몰수의 등기

몰수의 등기는 검사가 몰수재판의 등본을 첨부하여 이전등기의 형식으로 촉탁하며, 몰수보전의 등기가 마쳐진 권리에 대하여 몰수의 등기촉탁이 있는 경우 등기관은 몰수보전등기에 저촉되는 등기를 직권으로 말소한다. 예컨대 몰수한 재산에 지상권 등의 권리의 등기가 있는 경우 그 권리를 공무원범죄몰수법 제5조 제2항에 의하여 존속시켜야 한다고 판단될 때에는 법원은 몰수를 선고하는 동시에 그 취지를 선고하여야 하는데, 이러한 선고가 없는 때에는 등기관이 그 등기를 직권으로 말소하여야 하는 것이다.

또한 몰수보전, 부대보전의 등기가 있는 부동산에 대하여 몰수의 등기를 한 경우 등기관은 그 몰수보전, 부대보전의 등기를 직권으로 말소한다.

## 예 규  경매개시결정등기 후의 등기사항증명서 송부에 갈음할 통지서

(2011.10.11 등기예규 제1373호)

### 1. 목적

이 예규는 민사집행법 제95조 에 의하여 등기관이 경매개시결정의 등기를 완료한 후에 하는 등기사항증명서의 송부에 갈음할 통지에 관한 절차를 규정함을 목적으로 한다.

### 2. 서면촉탁의 경우

집행법원으로부터 서면에 의하여 경매개시결정의 등기를 촉탁받은 등기관은 등기 완료 후에 촉탁서에 기재된 등기사항증명서 발급 연월일 이후 변동사항이 없는 경우에는 별지와 같이 경매개시결정서에 통지의 고무인을 찍어 등기관이 날인 송부함으로써 등기사항증명서 송부에 갈음한다.

### 3. 전자촉탁의 경우

집행법원으로부터 전산정보처리조직에 의하여 경매개시결정의 등기를 촉탁받아 등기관이 그 등기를 완료한 경우에는 촉탁서에 기재된 등기사항증명서 발급 연월일 이후 변동사항이 있는지 여부에 관한 정보를 전송함으로써 등기사항증명서의 송부에 갈음한다.

부 칙(2011.10.11. 제1373호)

이 예규는 2011년 10월 13일부터 시행한다.

## ▪갑구 예시

### - 소유권의 경우 759

| 【갑　구】 (소유권에 관한 사항) | | | | |
|---|---|---|---|---|
| 순위번호 | 등기목적 | 접수 | 등기원인 | 권리자 및 기타사항 |
| 5 | 몰수보존 | 2015년 12월 12일 제10000호 | 2015년 12월 8일 서울중앙지방법원의 몰수보전명령(2015 초기20) | 권리자 국 |

### - 지상권의 경우 760

| 【갑　구】 (소유권 이외의 권리에 관한 사항) | | | | |
|---|---|---|---|---|
| 순위번호 | 등기목적 | 접수 | 등기원인 | 권리자 및 기타사항 |
| 3-1 | 3번 지상권 몰수보존 | 2015년 12월 12일 제10000호 | 2015년 12월 8일 서울중앙지방법원의 몰수보전명령(2015 초기21) | 권리자 국 |

### - 저당권부채권의 경우 761

| 【갑　구】 (소유권 이외의 권리에 관한 사항) | | | | |
|---|---|---|---|---|
| 순위번호 | 등기목적 | 접수 | 등기원인 | 권리자 및 기타사항 |
| 4-1 | 4번 저당권 부채권 몰수보존 | 2015년 12월 12일 제10000호 | 2015년 12월 8일 서울중앙지방법원의 몰수보전명령(2015 초기22) | 권리자 국 |

# Ⅴ. 공유토지분할에 관한 특례법에 따른 등기

## 1. 의의

「공유토지분할에 관한 특례법」에 따른 공유물분할은 공유토지를 현재의 점유상태를 기준으로 분할할 수 있게 함으로써 토지에 대한 소유권행사와 토지의 이용에 따르는 이용불편을 해소하고 토지관리제도의 적정을 도모하려는 데 그 목적이 있다.

## 2. 분할개시등기

이 법에 따른 공유물분할은 공유자 총수 5분의 1 이상 또는 공유자 20명 이상의 동의로 지적소관청에 분할을 신청함으로써 개시된다(같은 법 제14조 1항). 소관청에서는 공유토지분할위원회에 그 신청을 회부하여야 하며 위원회의 분할개시결정이 있는 때에는 소관청은 지체 없이 관할 등기소에 분할개시결정서등본 또는 분할개시의 확정판결등본(또는 정본)을 첨부하여 분할개시등기를 촉탁하여야 하고, 등기관은 분할개시등기를 마쳤을 때에는 촉탁 지적소관청에 그 사실을 지체 없이 통지하여야 한다(공유토지분할에 관한 특례법 시행에 따른 등기처리규칙 제2조).

분할개시결정에는 다른 등기 정지의 효력이 없으므로, 분할개시등기를 한 공유토지에 대하여 다른 등기신청이 있는 때에는 이를 수리하여야 한다(등기예규 제1461호). 분할개시등기의 말소등기를 촉탁할 때에는 분할신청의 취하서, 분할개시결정의 취소결정등본, 분할개시결정을 취소하는 확정판결등본 또는 정본, 공유자 전원의 합의서 중 하나를 첨부정보로 제공하여야 한다(같은 규칙 제3조).

## 3. 분할등기의 촉탁

소관청이 작성한 분할조서가 확정되면 공유토지는 분할조서의 내용대로 분할되며 공유지분 위에 존속하는 소유권 외의 권리는 그 공유자가 분할취득하는 토지부분 위에 집중하여 존속한다(같은 법 제34조 1항).

이 법에 따른 분할의 확정으로 소관청이 지적공부를 정리한 때에는 지체 없이 관할 등기소에 분할에 따른 등기를 촉탁하여야 한다. 분할등기의 촉탁은 분할대상 토지의 전부에 대하여 같은 촉탁서로 하여야 하며(등기예규 제1461호), 촉탁서에는 분할조서등본 및 토지대장정보 또는 임야대장정보를 첨부정보로 제공하여야 한다(같은 법 제37조, 같은 규칙 제4조).

## 예규 | 공유토지분할에 관한 특례법 시행에 따른 등기사무처리지침

(제정 2012.05.11 등기예규 제1461호)

### 제1조 (목적)

이 예규는「공유토지분할에 관한 특례법」(이하 "특례법"이라 한다)에 따른 등기사무 처리절차에 관하여 규정함을 목적으로 한다.

### 제2조 (분할개시등기 후 다른 등기신청)

① 특례법에 따른 분할개시결정에는 다른 등기 정지의 효력이 없으므로, 분할개시등기를 한 공유토지에 대하여 다른 등기신청이 있는 때에는 이를 수리하여야 한다.

② 제1항의 등기신청에 따라 일부 공유자가 변경된 경우에는 분할등기촉탁서에 새로운 공유자를 표시하여야 한다.

### 제3조 (서로 인접한 공유토지에 대한 등기촉탁)

서로 인접한 여러 필지의 공유토지로서 각 필지의 공유자가 같은 일단의 토지도 특례법에 따른 분할의 대상이 되는 것이므로, 이러한 일단의 토지에 관한 분할개시등기의 촉탁이 있는 경우에는 한 필지의 공유토지의 분할절차에 준하여 처리한다.

### 제4조 (구분건물의 대지권에 대한 등기촉탁)

① 한 필지의 공유토지 중 그 일부 지분은 구분건물의 대지권으로서 구분건물 소유자에게, 나머지 지분은 그 밖의 자에게 속하는 경우에 그 토지에 관한 분할개시등기의 촉탁이 있는 때에는 이를 수리하여야 한다.

② 제1항에 따라 분할개시등기 또는 분할등기를 할 때에는 「집합건물의 소유 및 관리에 관한 법률」 제20조제2항 단서에 정한 규약(분리처분가능 규약)을 제공할 필요가 없다.

### 제5조 (분할등기촉탁)

분할등기의 촉탁은 분할대상토지의 전부에 대하여 같은 촉탁서로 하여야 한다.

### 제6조 (등기필정보의 제공)

분할등기가 마쳐진 후 해당 토지의 소유권을 분할취득한 자가 등기의무자가 되어 그 부동산에 대하여 다른 등기를 신청할 때에는 분할 전 공유지분을 취득할 당시에 통지받은 등기필정보를 신청정보로 등기소에 제공하여야 한다.

## 제7조 (기록례)

특례법에 따른 등기기록례는 별지주)와 같다.
주 : 위 기록례는 부동산등기기재례집 참조.


부 칙
**제1조 (시행일)** 이 예규는 2012. 5. 23.부터 시행한다.
**제2조 (다른 예규의 폐지)** 「공유토지분할에 관한 특례법 시행에 따른 등기사무처리지침」( 등기예규 제1369호 )은 이를 폐지한다.

## 4. 분할등기의 방법

분할등기의 촉탁이 있는 경우 등기관은 아래의 방법으로 등기를 한 다음 지체 없이 촉탁 지적소관청에 그 사실을 통지하여야 한다(같은 규칙 제10조).

### (1) 새 등기기록의 개설

지적소관청으로부터 이 법 제37조 제1항에 따른 분할등기의 촉탁이 있는 경우 등기관은 분할 후 토지마다 따로 새 등기기록을 개설하고 그 표제부에 분할 후의 토지 표시를 기록한 다음, 이 법 제37조 제1항에 따른 분할등기의 촉탁으로 인하여 종전 등기기록으로부터 옮겨 기록한 뜻을 기록하여야 한다(같은 규칙 제5조).

등기관이 특례법에 따른 분할등기를 마친 경우에는 분할 전의 등기기록을 폐쇄하여야 한다(같은 규칙 제9조).

### (2) 갑구의 이기

새 등기기록의 갑구에는 당해 토지를 분할취득한 공유자의 공유지분에 관한 소유권의 등기를 옮겨 기록하되, 그 공유자가 당초 취득한 공유지분을 그대로 가지고 있는 경우에는 그 등기만을 옮겨 기록하며, 소유권 또는 공유지분의 일부를 이전한 경우에는 그 이전등기도 함께 옮겨 기록한다(같은 규칙 제6조 1항). 당해 토지를 분할취득한 공유자의 공유지분을 목적으로 한 가등기 또는 처분제한등기가 있는 경우 그 가등기 또는 처분제한등기도 함께 옮겨 기록하며, 분할취득한 공유자의 공유지분에 관한 소유권등기보다 선순위의 가등기가 있는 경우에는 그 가등기 및 그 가등기의 목적이 된 소유권 또는 공유지분에 관한 등기도 함께 옮겨 기록한다(같은 규칙 제6조 2항, 3항). 갑구에 등기사항을 모두 옮겨 기록한 다음에는 옮겨 기록한 공유자의 공유지분에 관한 소유권의 등기를 그 공유자의 단독소유로 변경등기를 한다(같은 규칙 제7조).

### (3) 을구의 이기

분할 대상 토지 전부에 관하여 마쳐진 소유권 외의 권리에 대한 등기는 같은 규칙 제5조에 따라 개설된 새 등기기록마다 이를 옮겨 기록하며 그 권리가 저당권 또는 전세권일 경우에는 공동담보 또는 공동전세의 목적인 뜻을 기록하여야 한다. 분할 전 토지의 일부 공유지분에 대하여 마쳐진 소유권 외의 권리에 대한 등기는 그 공유자가 분할취득하는 토지의 등기기록에만 이를 옮겨 기록한다.

## 5. 분할등기 후 등기신청

　분할등기 후 해당 토지의 소유권을 분할취득한 자가 등기의무자가 되어 그 부동산에 대하여 다른 등기를 신청할 때에는 분할 전 공유지분을 취득할 당시에 통지받은 등기필정보를 신청정보로 등기소에 제공하여야 한다(등기예규 제1461호).

　분할취득한 공유자의 공유지분을 목적으로 한 가등기를 옮겨 기록한 경우 그 가등기에 의한 본등기의 신청은 그 공유자가 분할확정으로 취득한 소유권을 목적으로 하여야 한다(같은 규칙 제11조).

# 제 10 장    재건축·재개발에 관한 등기

## 1. 재개발·재건축에 관한 일반사항

### (1) 재개발.재건축이란

주거환경개선사업이란 도시저소득 주민이 집단거주하는 지역으로서 정비기반시설이 극히 열악하고 노후 · 불량건축물이 과도하게 밀집한 지역의 주거환경을 개선하거나 단독주택 및 다세대주택이 밀집한 지역에서 정비기반시설과 공동이용시설 확충을 통하여 주거환경을 보전 · 정비 · 개량하기 위한 사업을 말하며, 재개발사업이란 정비기반시설이 열악하고 노후 · 불량건축물이 밀집한 지역에서 주거환경을 개선하거나 상업지역 · 공업지역 등에서 도시기능의 회복 및 상권활성화 등을 위하여 도시환경을 개선하기 위한 사업을 말한다(「도시 및 주거환경정비법」제2조, 이하"도정법"이라 한다).

재개발·재건축사업은 모두 노후.불량건축물을 대상으로 주거환경을 개선하기 위한 사업이라는 점에서 동일하다. 다만, 재개발사업은 도로.상하수도.공원 등 사회기반시설의 정비를 전반적으로 포함하는 사업으로서, 건축물의 낙후를 주된 사유로 하는 재건축사업 보다 공공적인 측면이 강조된다는 점에서 차이가 있다.

### (2) 재개발.재건축사업의 절차

도정법은 구 도시개발법 위주의 규정에 재건축사업과 관련한 규정을 편입시키는 형식으로 재개발.재건축사업을 통합적으로 규율하고 있다. 이와 같은 도정법에 의하면 재개발사업은 구.도시재개발법에 의한 절차와 큰 차이가 없다.

다만, 재건축축사업은 종전의 사적인 사업에서 재개발과 같이 공적인 사업으로 변경됨에 따라 종전과는 다른 특징을 가지게 되었다. 즉, ① 재건축을  위해서는 정비계획의 수립(시장.군수) 및 정비구역으로 지정(시.도지사)을 받아야 하고(도정법 제4조), ② 재건축조합은 종전의 민법상 법인 아닌 사단에서 재개발조합과 같이 공법상 법인으로서의 지위를 가지게 되었다(도정법 제18조). 또한, ③ 재건축을 위하여 공용환권의 방법을 이용하게 되었다(도정법 제54조).

위에서 살펴본 바와 같이 도정법은 재개발.재건축사업을 통합하여 규율함에 따라 양자는 기본적으로는 동일한 절차에 따르고 있는바, 그 내용을 정리하면 아래의 표와 같다.

## ※ 정비사업의 절차

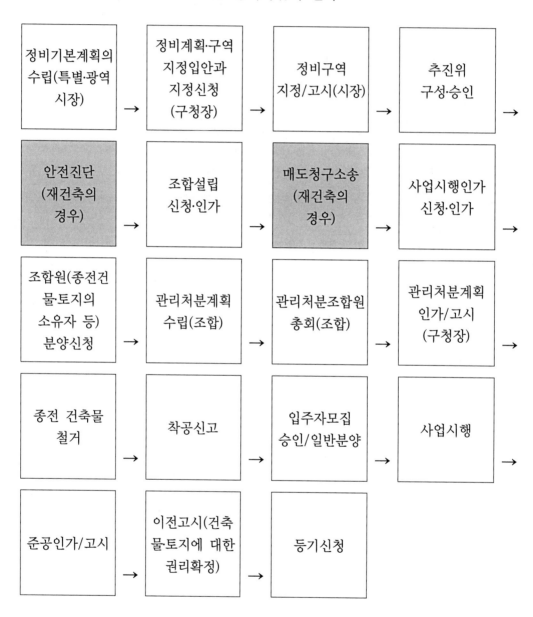

## (3) 재개발.재건축사업에 의한 권리의 변환 : 이전고시

### 1) 총 설

재개발.재건축사업을 시행함에 있어서 종전 건축물의 멸실과 새로운 건축물의 축조가 있게 되고, 종전 토지를 사업의 목적에 맞게 정비하여 토지를 새로이 조성하게 된다(예컨대 시행자의 기부채납.정비구역 안의 도로의 위치변경 등). 이 경우 정비사업의 시행자는 분양받을 자에게 관리처분계획에 따라 새로운 건물과 토지에 대한 소유권을 이전하고 이를 지방자치단체의 공보에 고시(이하"이전고시")하도록 하고 있다(도정법 제86조). 이러한 이전고시로 새로운 대지.건축물에 대한 권리는 분양받을 자에게 이전되고, 그에 따라 ① 종전 토지에 관한 등기의 말소등기, ② 새로운 대지와 건축물에 대한 소유권보존등기 등을 실행하게 된다(「도시 및 주거환경정비등기 처리규칙」제5조, 이하 "도시정비등기규칙"). 이와 같이 정비사업과 관련한 등기절차는 이전고시를 중심으로 이루어진다.

### 2) 법적 성질 : 공용환권

도정법상의 이전고시는 사업시행이 완료된 이후에 정비사업으로 조성된 대지 및 건축물 등의 소유권을 분양받을 자에게 이전하는 행정처분으로, 종전의 토지 또는 건축물에 대한 소유권 등의 권리를 정비사업으로 조성된 대지 및 건축물에 대한 권리로 강제적으로 변환시키는 공용환권에 해당한다. 즉, 공용환권인 이전고시가 있으면 종전의 토지 또는 건축물에 관하여 존재하던 권리관계는 정비사업 후에 분양받은 대지 또는 건축물에 대한 권리관계로 권리변환되고, 양자는 동일성을 유지하게 된다(대판 1995. 6. 30. 95다10570).

이전고시는 관리처분계획에 따라야 하는바, 관리처분계획이란 이전고시 이전에 정비사업구역안에 있는 종전 토지 또는 건물의 소유권과 근저당권 등 소유권 이외의 권리를 새로운 대지와 건축물에 관한 권리로 변환시켜 배분하는 일련의 계획을 말한다. 즉, 이전고시의 내용을 미리 정하는 계획이며 시장.군수에게 보고를 필요로 한다(도정법 제86조).

관리처분계획에는 ① 종전 토지 등 소유자(조합원분) 및 조합원 외의 자(일반분양분)에게 분양될 토지.건물, ② 정비사업비의 추산액 및 그에 따른 조합원의 부담액, ③ 새로운 대지.건축물에 존속하게 되는 소유권 이외의 권리의 내용 등을 정하게 된다(도정법 제74조 참조). 이는 정비사업을 시행함에 있어 가장 큰 이해관계를 가지는 중요한 절차이다.

### 3) 관리처분계획에 따른 이전고시

시행자는 위와 같이 관리처분계획에서 정해진 바에 따라 건물을 축조하여 공급하여야 하고(도정법 제79조 1항), 이전고시 역시 관리처분계획에 따르게 된다(도정법 제86조 1항). 따라서 이전고시에 따른 등기신청에는 관리처분계획서 및 그 인가서를 첨부서면으로 하고 있다.

다만, 관리처분계획은 이전고시로 인한 공용환권 이전의 단계로서 조합원은 사업의 완료 후 새로운 대지 또는 건축물을 분양받을 권리를 가질 뿐이므로, 이전고시가 있기 전에는 소유권을 취득할 수 없으며, 다른 등기정지의 효과도 없다.

## (4) 이전고시의 효과

### 1) 소유권의 이전

공용환권의 성질을 갖는 이전고시의 효과에 의하여, 종전의 토지 또는 건축물에 관하여 존재하던 권리관계는 분양받는 대지 또는 건축 시설에 그 동일성을 유지하면서 이행된다(대판 1995. 6. 30. 95다10570). 따라서 토지 또는 건물을 분양받은 자는 그 대지 또는 건축물에 대한 소유권을 취득한다.

그런데 도정법은 사업시행자는 공사완료의 고시 후에 지체없이 관리처분계획에 따라 대지 또는 건축물의 소유권을 이전하여야 한다(동법 제86조 1항)고만 하고, 소유권의 귀속시기에 대해서는 분명히 규정하고 있지 않다. 그러나 구.도시재개발법상 분양처분에 관한 규정과 이전고시에 따라 취득하는 대지 또는 건축물은 도시개발법상 환지로 보는 규정에 비추어, 이전고시에 의한 소유권 취득시기는 이전고시가 있은 다음 날로 보아야 할 것이다. 이전고시에 의한 이러한 물권변동은 법률의 규정에 의한 물권변동이므로 등기가 없어도 새로운 대지 및 건축물의 소유권을 취득한다.

### 2) 소유권 이외의 권리의 이행

대지 또는 건축물을 분양받을 자에게 이전고시에 따른 소유권을 이전한 경우 종전의 토지 또는 건축물에 설정된 지상권.전세권.근저당권.임차권.가압류 등 등기된 권리 및 주택임대차보호법 제3조 1항의 요건을 갖춘 임차인은 소유권을 이전받은 대지 또는 건축시설에 설정된 것으로 본다.

### 3) 등기절차 관련 효과

사업시행자는 이전의 고시가 있은 때에는 지체없이 그 사실을 관할 등기소에 통지하여야 하고 이전고시가 있은 후에는 종전 토지에 관한 등기를 할 수 없다(예규 제1229호).

이전고시에 의하여 취득하는 대지 또는 건축물중 토지등소유자에게 분양하는 대지 또는 건축물은 도시개발법 제39조의 규정에 의하여 행하여진 환지로 보며, 도정법 제48조 3항의 규정에 의한 보류지와 일반에게 분양하는 대지 또는 건축물은 도시개발법 제34조의 규정에 의한 보류지 또는 체비지로 본다.

### ※구.도시재개발법상 분양처분과 도정법상 이전고시 규정의 비교

| 구.도시재개발법 | 도정법 |
|---|---|
| - 시행자는 공사완료의 공고가 있을때에는 지체없이 확정측량을 하고 토지의 분할절차를 거쳐 관리처분계획대로 분양처분을 하여야 한다(제38조 3항).<br>- 위에 따라 시행자가 분양처분을 하고자 할 때에는 관리처분계획에서 정한 사항을 분양받을 자에게 통지하고 그 내용을 고시한 후 이를 시장.군수 또는 구청장에게 보고하여야 한다(제38조 4항).<br>- 대지 또는 건축시설을 분양받은 자는 제38조 4항의 규정에 의한 분양처분의 고시가 있은 날의 다음날에 그 대지 또는 건축시설에 대한 소유권을 취득한다(제39조 1항). | - 시행자는 공사완료의 고시가 있는 때에는 지체없이 대지확정측량을 하고 토지의 분할절차를 거쳐 관리처분계획에 정한 사항을 분양을 받을 자에게 통지하고 대지 또는 건축물의 소유권을 이전하여야 한다(제54조 1항).<br>- 시행자는 위와 같이 대지 및 건축물의 소유권을 이전한 때에는 그 내용을 당해 지방자치단체의 공보에 고시한 후 이를 시장.군수에게 보고하여야 한다(제54조 2항) |

## 2. 재개발·재건축사업의 시행에 따른 등기

### (1) 총 설

#### 1) 재개발.재건축사업의 시행과 관련한 등기

재개발.재건축사업의 시행과 관련한 등기는 종전 건축물과 토지에 갈음하여 새로운 건축물과 토지가 축조.조성됨에 따른 멸실등기와 소유권보존등기를 주된 내용으로 한다. 즉, 이전고시에 따른 공용환권으로 분양받은 자들이 새로운 대지.건축물에 관하여 소유권을 취득하게 되면 시행자는 ① 종전 토지에 관한 멸실등기, ② 정비사업으로 조성된 대지와 축조된 건축물에 관한 소유권보존등기, ③ 종전 건물.토지에 관한 지상권.전세권.임차권.저당권.가등기.환매특약이나 권리소멸의 약정.처분제한의 등기(이하"담보권등에 관한 권리의 등기")로서 분양받은 대지와 건축물에 존속하게 되는 등기를 촉탁 또는 신청(이하 "신청")하여야 한다(도시정비등기규칙 제5조). 이와 같은 ①.②.③의 등기를 신청함에 있어서는 1개의 건축물 및 그 대지인 토지를 1개의 단위로 하여 동시에 신청하여야 한다.

그리고 정비사업의 편의를 위하여 ① 시행자는 사업시행을 위한 대위등기를 신청할 수 있으며(도시정비등기규칙 제2조), ② 시행자가 이전고시를 한 때에는 지체없이 그 사실을 관할 등기소에 통지하여 이전고시 후 다른 등기를 정지할 수 있도록 하고 있다(예규 제1229호).

### 2) 종전 건물에 관한 멸실등기

도정법 시행 이전의 구.도시재개발등기처리규칙 제5조는 종전 건물에 대한 말소등기는 분양처분의 고시(도정법상 이전고시)를 한 후 토지에 관한 말소등기 등과 함께 동시에 신청하여야 하는 것으로 규정하였다. 그러나, 실제로는 관리처분계획의 인가 후 조합원이 이주하고 건물의 철거가 완료되면 조합에서 건축물멸실신고를 하고(건축법 제36조) 통상의 멸실등기절차에 따라 처리되는 경우도 있었다.

위와 같이 종전 건물의 멸실등기와 관련하여 실무상 혼란이 있었으므로 현행 도시정비등기규칙에서는 이전고시에 따라 토지의 멸실등기 등과 함께 종전 건물에 대한 멸실등기를 동시에 하여야 한다는 규정을 삭제하였다. 다만, 위 규정이 삭제되었다고 하여 이전고시 후 종전 건물에 대한 멸실등기를 동시에 할 수 없다는 것은 아니다. 따라서 종전 건물에 대한 멸실등기는 ① 건물이 철거되면 건축물대장등본을 첨부하여 통상의 절차에 따른 방법으로 할 수 있으며, ② 후술하는 이전고시 후에 토지의 멸실등기 등과 함께 동시에 신청할 수도 있다.

♣ 【서식】 신탁원부 변경등기신청(환지로 인한 토지표시변경)

## 토지소유권이전 및 신탁 등기신청

| 접수 | 년 월 일 | 처리인 | 등기관 확인 | 각종 통지 |
|---|---|---|---|---|
| | 제    호 | | | |

| 부동산의 표시 |
|---|
| ○○시 ○○구 ○○동 ○○번지<br><br>대 4,224㎡<br><br><br><br>이                      상 |

| 등기원인과그연월일 | |
|---|---|
| 등 기 의 목 적 | |
| | |

| 구  분 | 성  명(명칭) | 주민등록번호 | 주  소 | 지분 |
|---|---|---|---|---|
| 위탁자겸<br>등기의무자 | ○ ○ ○ | 123456-1234567 | ○○시 ○○구 ○○동<br>○○번지 | |
| 수탁자겸<br>등기권리자 | ○○○○○신<br>탁주식회사<br>대표이사<br>○○○ | 123456-1234567 | ○○시 ○○구 ○○동<br>○○번지<br><br>○○시 ○○구 ○○동<br>○○번지 | |

| 시가표준액 및 국민주택채권매입금액 | |
|---|---|
| 국민주택채권 매입 총액 | 채권매입면제 |
| 과 세 표 준 액 | 금 ○○○ 원정 |
| 등 록 면 허 세 | 금 ○○○ 원정 |
| 지 방 교 육 세 | 금 ○○○ 원정 |
| 세 액 합 계 | 금 ○○○ 원정 |
| 등 기 신 청 수 수 료 | 면 제 |

| 등기의무자의 등기필정보 | | |
|---|---|---|
| 부동산고유번호 | | |
| 성명(명칭) | 일련번호 | 비밀번호 |
| | | |

| 첨 부 서 면 | | | |
|---|---|---|---|
| · 위임장 | 1통 | · 법인(조합)등기부등본 | 1통 |
| · 신탁계약서 | 1통 | · 신탁원부 | 1통 |
| · 인감증명서 | 1통 | · 등기필증 | 1통 |
| · 토지 및 건축물대장 | 1통 | · 설립인가필증 | 1통 |
| · 주민등록등본 | 1통 | | |

20○○년 ○월 ○일

위 대리인 법무사 ○ ○ ○ [인]

○○시 ○○구 ○○동 ○○번지

○ ○ 지방법원 ○ ○ 등기소 귀중

- 신청서 작성요령 -

* 1. 부동산표시란에 2개 이상의 부동산을 기재하는 경우에는 부동산의 일련번호를 기재하여야 합니다.
2. 신청인란등 해당란에 기재할 여백이 없을 경우에는 별지를 이용합니다.
3. 담당 등기관이 판단하여 위의 첨부서면 외에 추가적인 서면을 요구할 수 있습니다.

◎ 등기신청서 기재요령

※ 부동산의 표시란이나 등기의무자란, 등기권리자란 등이 부족할 경우에는 별지를 사용
하고,  별지를 포함하여 신청서가 여러 장인 때에는 간인을 하여야 한다.

① 부동산표시란 : 신탁목적물을 기재하되, 등기부상 부동산의 표시와 일치하여야 한다.

② 등기원인 그 연월일란 : 등기원인은 "환지"로, 연월일은 변경일으르 기재한다.

③ 등기의 목적란 : "토지표시변경"으로 기재한다.

④ 등기의무자란 : 수탁자단독으로 신청하므로 등기의무자란은 생략한다.

⑤ 등기권리자란 : 수탁자를 기재하는 란으로, 성명, 주민등록번호, 주소를 기재하되,
등기부상 소유자 표시와 일치하여야 한다.

⑥ 등록면허세·지방교육세란 : 등록면허세영수필확인서및통지서에 의하여 기재한다.

⑦ 세액합계란 : 등록면허세액과 지방교육세액의 합계를 기재한다.

⑧ 등기신청수수료란 : 면제

⑨ 첨부서면란 : 등기신청서에 첨부한 서면을 각 기재한다.

⑩ 신청인등란 : 법인이 등기의무자인 때에는 등기소의 증명을 얻은 그 대표자의 인
감, 비법인 사단이나 재단인 경우에는 대표자(관리인)의 개인인감을 날인한다.

◎ 등기신청서에 첨부할 서면 등

① 위임장 : 등기신청을 법무사 등 대리인에게 위임하는 경우에 첨부한다.

② 신청서부본 : 대장소관청통지용 및 과세자료송부용(등기권리자와 등기의무자의 주
민등록등본, 토지·건축물대장등본의 사본 및 검인계약서의 사본 각 1통 포함)으로
신청서와 같은 내용의 부본 각 1통씩 첨부(다만, 과세자료송부용은 전산화가 안된
등기에 한하여 첨부).

③ 등기필증 : 등기의무자의 소유권에 관한 등기필증으로서 등기의무자가 소유권취득
시 등기소로부터 교부받은 등기필증을 첨부한다. 다만, 등기필증을 멸실하여 첨부
할 수 없는 경우에는 부동산등기법 제49조에 의하여 확인서면이나 확인조서 또는
공증서면 중 하나를 첨부.

④ 신탁계약서 : 계약으로 인한 소유권이전등기를 신청하는 경우에는 등기원인을 증명
하는 서면으로 계약서를 첨부하여야 하고, 부동산소재지를 관할하는 시장, 구청장,
군수로부터 검인을 받아야 한다.

⑤ 신탁원부 : 매 부동산마다 별개의 신탁원부를 제출하여야 한다.

⑥ 등록면허세영수필확인서 및 통지서 : 시장, 구청장, 군수 등으로부터 등록면허세납부서를 발급받아 세금을 납부한 후 그 확인서 및 통지서를 신청서 좌측 상단 여백에 첨부한다.

⑦ 토지·집합건축물대장등본 : 등기신청대상 토지대장등본, 집합건축물대장등본(각, 발행일로부터 3월 이내)을 첨부한다.

⑧ 인감증명서 : 소유권의 등기명의인이 등기의무자(위탁자)로서 등기를 신청할 때에는 그 인감증명서(발행일로부터 6월 이내)를 첨부한다.

⑨ 주민등록등(초)본 : 등기의무자 및 등기권리자의 주민등록등(초)본을 첨부한다.

⑩ 등기권리자 또는 의무자가 비법인 사단 또는 재단인 경우에는 정관 기타의 규약, 대표자나 관리인임을 증명하는 서면, 등기권리자인 경우에는 부동산등기용등록번호를 증명하는 서면, 대표자나 관리인의 주민등록등본 등을 첨부한다.

⑪ 제3자의 동의, 허가 또는 승낙을 증명하는 서면, 즉 부동산이 농지인 경우에는 농지취득자격증명(시·읍·면사무소 발급), 토지거래허가구역인 경우에는 토지거래허가증(시·군·구청 발급) 등을 첨부하여야 한다.

## ♣ 【서식】 부동산 신탁계약서(재건축)

# 신 탁 계 약 서

위탁자(이하 '조합원' 일 한다)와 수탁자(이하 '조합' 이라 한다)는 위탁자의 소유인 별지기재부동산 위에 주탁건설촉진법에 의한 재건축을 하기 위하여 아래와 같이 신탁계약을 체결한다.

제1조(신탁의 목적)

주탁건설촉진법령과 수탁자의 정관이 정하는 바에 따라 기존의 노후주택을 철거하고, 그 대지 위에 새로운 주택을 건설하여 조합원에 공급하여 쾌적한 주거환경을 조성함을 목적으로 한다.

제2조(신탁의 공시)

① 조합원은 별지기재 토지를 신탁하고 을은 이를 인수한다.

② 본 계약체결 후 조합원은 지체없이 신탁에 필요한 소유권이전등기 서류를 조합에 이행한다.

제3조(신탁재산의 관리방법)

조합은 선량한 관리자의 주의로써 주택건설사업을 수행하는 범위 내에서 신탁재산을 관리, 운용, 처분하여야 한다.

제4조(신탁재산의 관리 등)

조합이 재건축사업을 위한 다음 각항의 등기를 할 경우에는 민법 제276조 제1항과 부동산등기법시행규칙 제56조 제3호의 규정에 의한 조합원 총회의 결의는 별도로 받지 아니한다.

1. 조합원 소유의 부동산을 조합명의로 신탁을 원인으로 하는 소유권이전등기

2. 사업종료 또는 조합원 자격상실, 신탁해지 등 신탁종료의 사유에 따른 소유권이전등기

3. 사업지구변경 또는 기타 토지 매입 등 사업지구승인 면적의 부동산매입에 따른 소유권이전등기

4. 사업수행상 교환, 합병, 분할, 공유물분할, 기부체납 등에 의하여 발생되는 소유권이전등기

5. 일반분양자에게 분양에 의하여 행하는 소유권이전등기

6. 시공회사에 건축비 담보를 위하여 제한물권 또는 담보가등기를 설정하는 행위

제5조(신탁재산의 처분제한 등)

조합이 신탁재산에 다음 각항의 등기를 할 경우에는 조합원 총회에서 참석조합원의 1/2이상의 동의를 받아야 한다.

1. 신탁재산을 증여, 대물변제, 소유권 포기, 공유지분 포기, 양도담도하는 행위

2. 신탁재산에 제한물권을 설정하는 행위, 다만 시공회사에 건축비를 담보하기 위한 설정은 그러하지 아니하다.

3. 시공회사 또는 조합원 이외의 자에 대한 채무인수행위

제6조(신탁재산에 속하는 금전운용방법)

① 신탁재산에 속하는 금전은 조합이 다른 신탁재산에 속하는 금전과 혼합하여 관리한다.

② 금융기관에 일반예금으로 예치하여 조합운영비로 사용을 하며 투자의 수단으로 예금하거나 채권 증권의 매입 등은 할 수 없다.

③ 조합은 매 정기총회에 금전사용사항을 조합원에 보고하고 적정여부를 승인을 받아야 한다.

제7조(신탁재산)

조합은 명목여하를 불구하고 조합의 개인명의로 재산을 취득할 수 없으며 조합이 취득한 일체의 재산은 신탁재산으로 한다.

1. 재건축사업시행구역 안의 모든 토지와 건물

2. 사업의 시행상 필요하다고 인정되어 인근토지가 추가로 편입되는 토지 또는 건물

3. 조합이 매도청구권 행사에 의하여 취득한 재산

4. 조합원이 납부한 부과금 또는 부담금

5. 건축물 및 부대·복리시설의 분양수입금

6. 국민주택기금 또는 금융기관 융자금

7. 시공회사가 조달하는 차입금

8. 대여금의 이자 및 과태료 등 수입금

9. 조합재산의 사용수익 또는 처분에 의한 수익금

10. 기타 재건축 사업과 관련하여 취득한 일체의 재산

제8조(신탁기간)

신탁기간은 주택건설촉진법 제33조의2의 규정에 의한 사용검사를 받은 날까지로 한다. 다만 사용검사일에 분양되지 아니한 건축물과 그 부속토지가 있는 경우는 그 건축물과 부속토지에 대하여는 분양을 완료한 날까지로 한다.

제9조(수익권)

① 신탁재산에 대한 수익자는 위탁자로 한다. 다만 위탁자가 조합원 자격을 상실하는 경우는 그 조합원의 지위를 승계받은 자에게 수익권이 승계된다.

② 위탁자가 조합원 자격을 상실하는 경우로서 그 지위를 승계받는 자가 없는 경우에는 위탁자가 수익권을 갖는다.

③ 수익자는 조합의 승낙없이 수익권을 양도, 승계, 질권설정을 할 수 없다.

제10조(수익자의 자격상실)

① 조합원이 사업시행구역 안의 소유주택 등 조합원이 될 권리를 양도하였을 때에는 수익자의 자격을 상실한다.

② 조합원이 그 권리를 양도하거나 주소를 변경하였을 경우에는 그 양수자 또는 변경당사자는 그 행위의 종료일로부터 14일 이내에 조합에 변경내용을 신고하여야 한다. 이 경우 신고하지 아니하여 발생하는 불이익 등에 대하여 조합원은 조합에 이의를 제기할 수 없다.

③ 관계법령·규정 및 규약에서 정하는 조합원의 자격에 해당되지 않게 된 자는 수익자의 자격을 자동 상실한다.

④ 조합원이 정관에서 정하는 조합원의 의무사항을 이행치 않을 경우 총회에서

출석조합원 1/2이상의 찬성으로 제명되는 경우 수익권은 상실된다.

제11조(신탁의 해지)

① 신탁계약은 해지할 수 없다.

② 천재지변, 경제사정의 특별한 변화 등에 의하여 절대적으로 신탁의 목적을 달성할 수 없다고 판단되는 경우 양 당사자는 신탁을 해지할 수 있다.

③ 신탁을 해지하고자 하는 경우에는 상대방의 승낙을 얻어야 한다.

제12조(신탁의 종료)

다음 각호의 경우에는 신탁은 종료한다.

① 신탁의 목적을 달성할 수 없는 경우

② 주택건설사업의 완료에 의하여 사용검사를 얻는 때 다만 사용검사일까지 분양되지 아니한 건축물과 그 부속토지가 있는 경우는 그 건축물과 부속토지에 대하여는 분양을 완료한 날까지로 한다.

③ 제10조에 의하여 신탁이 해지된 때

④ 조합원 과반수 이상의 동의를 종료한 때

⑤ 조합의 해산 또는 인가취소

제13조(신탁재산의 귀속)

신탁이 종료되는 경우는 토지에 대하여는 집합건물소유및관리등에관한법률 제12조에 따라 건물 전용면적의 비율에 의한 토지지분이 다음 각호의 순위로 귀속된다. 다만 신탁목적을 달성하지 못하거나 조합의 인가취소로 신탁이 종료되는 경우는 당초 신탁한 위탁자에게 토지지분이 귀속된다.

건물에 대하여는 조합원총회에서 추첨 등을 통하여 배정된 1주택 또는 복리시설을 다음 각호의 순위로 귀속된다. 다만 철거하지 않는 사이에 신탁목적을 달성하지 못하거나 조합의 인가취소로 신탁이 종료되는 경우는 당초 신탁한 위탁자에 건물이 귀속된다.

부동산 이외의 금전은 조합총회에서 결산승인이 되고 남은 금전이 있는 경우 다음각호의 순위로 지급한다.

① 조합원인 위탁자

② 위탁자가 조합원의 자격을 상실한 경우는 그 지위를 승계받고 주무관청의 승인과 조합의 동의를 받은 자

③ 제2항 승계자가 없는 경우 주택건설촉진법시행령 제42조에 따라 충원되는 자

④ 위탁자가 사망한 경우는 그 법정 상속인

제14조(신탁재산의 귀속절차)

① 조합에 대한 각종 납부금을 납부하여야 하는 경우 그 납부금을 이행한 후 소유권이전을 받을 수 있다.

② 조합이 조합원을 대신하여 부담한 비용이 있는 경우 그 비용을 납부하여야만 소유권이전등기를 요구할 수 있다.

③ 조합원이 채권자로부터 등기청구권에 대하여 압류, 가압류, 가처분 등 등기절차를 금하는 법원의 명령이 있는 경우는 조합원은 먼저 해제를 받은 후 소유권이전등기를 요구하여야 한다.

제15조(신탁서류의 열람)

① 조합은 재건축사업을 완료하였을 때에는 신탁사무에 관한 서류를 조합원에 열람을 제공하여야 한다.

② 신탁중에 조합원이 신탁사무에 관한 서류의 열람을 요구하는 경우는 이행하여야 하며, 등사를 요구하는 경우 이에 응하여야 한다.

제16조(신탁조항의 효력)

본 신탁조항과 주무관청으로부터 인가를 받은 조합정관과 배치되는 내용이 있을 경우 조합정관이 우선한다.

제17조(재판관할)

조합과 조합원(수익자)간에 법률분쟁이 발생할 시는 신탁재산 소재지를 관할하는 법원으로 한다.

제18조(다른 규정의 준용)

이 신탁조항에서 정하고 있지 않는 사항은 조합정관을 적용하고 그 정관에도 없는 경우에는 관련법령, 관련기관의 유권해석에 따른다.

이 계약을 증명하기 위하여 본 계약서 2부를 작성하여 각 기명날인 후 각자 1부씩 보관한다.


2○○○년   ○월   ○일


(갑) 위탁자 ○ ○ ○ ㊞

　　　　주민등록번호 :

　　　　주　　　소 : ○○시 ○○구 ○○동 ○○번지


(을) 수탁자 ○○○○ 재건축조합 ○○○-○○○○

　　　　　○○시 ○○구 ○○동 ○○번지

　　　　대표자 ○ ○ ○ ㊞


## <부동산의 표시>

○○시 ○○구 ○○동 ○○번지 대 3,039.4㎡
  - 이상 이전할 지분 3,039.4분지 46.23 ○○○ 지분전부 -

♣ 【서식】 부동산 신탁계약서(주택분양)

# 신 탁 계 약 서(주택분양)

위탁자 겸 수익자 (주)○○○(이하 '갑' 이라 함)와 수탁자 주식회사 ○○부동산 신탁(이하 '을' 이라 함)은 수익자 및 우선수익자를 위하여 아래와 같이 신탁계약을 체결한다.

제1조(신탁부동산)

신탁부동산은 '갑' 이 주택건설촉진법 제33조의 규정에 의하여 사업계획승인을 얻어 주택건설사업을 하고자 하는 별지 〈부동산의 표시〉 기재의 토지(이하 '토지신탁' 이라 함)를 말한다.

제2조(신탁목적)

이 신탁의 목적은 토지위에 사업계획승인내용에 따라 주택 및 부대복리시설(이하 '주택' 이라 함)을 건설하여 수분양자에게 분양계약을 이행하는 데에 있다.

제3조(신탁 및 신탁공시)

① '갑' 은 '토지' 를 '을' 에게 신탁하고, '을' 은 이를 인수한다.

② '갑' 과 '을' 은 신탁계약을 체결한 후 지체 없이 토지에 대하여 신탁을 원인으로 한 소유권이전등기 및 신탁등기를 하여야 한다. 이 경우에 발생되는 비용은 '갑이 부담한다.'

제4조(하자담보책임 등)

① '갑' 은 신탁기간 중 또는 신탁종료 후 그 신탁한 토지의 하자 및 그 하자가 있음을 원인으로 하여 발생된 손해에 대하여 책임을 진다.

② '을' 은 선량한 관리자의 주의로써 신탁부동산에 대하여 발생된 하자 및 그 하자가 있음을 원인으로 '갑' 또는 수익자와 제3자에게 발생된 손해 등에 대하여 책임을 지지 아니한다.

③ 제6조에 의해 '을' 이 승계사업자가 된 경우에는 공동주택관리령 제17조에 의한 주택에 대한 하자보수책임을 부담한다.

제5조(주택의 건설 및 분양)

① '갑' 은 사업주체로서 '주택을 건설' 을 건설·분양한다.

② '을' 은 제3조 제2항의 신탁공시의 확인 후 지체 없이 주택공급에 관한 규칙 제7조에 의한 대지의 사용승낙서를 '갑' 에게 교부하여야 하며, '갑' 은 제1항의 분양 전에 반드시 주택사업공제조합(이하 '조합' 이라 한다)의 분양보증을 받아야 한다.

제6조(사업주체의 변경)

① '갑' 이 부도·파산 등으로 분양계약의 이행이 불가능하다고 '을' 이 인정하여 사업주체변경의 신청을 한 경우 '갑' 은 이에 이의를 제기할 수 없다. 다만, 사업주체변경 이후에도 '갑' 은 본 계약서상의 위탁자 겸 수익자의 지위를 잃지 아니한다.

② '을' 은 제1항의 사업주체변경 후 신탁사무로서 주택의 건설 및 분양에 관한 사무를 처리하며, 이 경우 신탁사무로서 건설된 주택은 '을' 명의로 소유권보존등기 및 신탁등기를 필한 때에 신탁재산을 구성한다.

제7조(신탁부동산의 관리·운용 및 처분)

① 제5조의 경우 '을' 은 다음 방법으로 신탁부동산을 관리·운용한다.

　1. 신탁부동산의 등기부상 소유권의 관리

　2. 신탁부동산에 대하여 적정한 방법, 시기 및 범위 등을 정하여 수선 보존, 개량을 위한 필요행위

② 제6조의 경우 '을' 은 다음 각호의 방법에 의하여 신탁부동산을 관리운용 및 처분한다.

　1. 사업주체로서의 주택건설 및 그에 따른 부대사무

　2. 신탁부동산에 대하여 주택공급에관한규칙 제7조의 규정에 의하여 입주자 모집 승인상의 분양금액 및 조건으로의 분양(처분)

　3. 신탁부동산에 대하여 적정한 방법, 시기 및 범위 등을 정하여 수선, 보존,

개량을 위한 필요행위

4. 건물에 대하여는 적정가액의 손해보험의 가입, 이 경우 차입금 기타 채무의 담보로서 보험금 청구권에 질권, 근질권을 설정할 수 있다.

5. 신탁부동산의 수선, 보존, 개량 등의 관리사무를 '을' 이 선정하는 제3자에게 위임. 이 경우 '갑' 에게 등 위임사실을 통보하여야 한다.

6. '을' 또는 제5호의 관리사무 수임자는 관리사무를 수행하기 위하여 필요한 경우에 '을' 의 승낙을 받아 신탁부동산의 일부를 무상으로 사용할 수 있다.

제8조(선량한 관리자의 주의의무)

'을' 은 주택건설공사, 신탁부동산의 관리·운용 기타 신탁사무에 대하여 선량한 관리자의 주의로써 처리한 경우에는 '갑' 및 우선수익자에게 손해가 발생되더라도 그 책임을 지지 아니한다.

제9조(소송의무의 면책)

'을' 은 '갑' 의 요청으로 이를 승낙한 경우를 제외하고는 신탁재산에 관한 소송행위를 할 의무를 지지 아니한다. 다만, '을' 이 신탁계약 수행과 관련하여 소송행위를 할 필요가 있다고 판단될 경우에는 그러하지 아니하다.

제10조(신탁원본)

신탁원본은 다음 각호와 같다.

1. 신탁부동산 및 신탁대금

2. 신탁부동산의 분양대금

3. 신탁부동산의 물상대위로 취득한 재산

4. 차입금 채무 및 신탁부동산의 분양(처분)과 관련하여 취득한 보증금 등의 상환채무

5. 기타 각호에 준하는 재산 및 채무

제11조(신탁수익)

신탁부동산에서 발생한 분양대금, 보증금 및 신탁재산에 속하는 금전의 운용수익 및 이에 준하는 것을 수탁수익으로 한다.

제12조(수익자)

① 이 신탁계약에 있어서의 원본수익자는 '갑' 및 '갑' 의 분양계약이행을 보증
한 조합으로 하되 '을' 은 '병' 을 금 ○○○원을 한도로 하여 우선 수익자
로 지정하기로 한다.

② 제1항의 원본수익자 중 '갑' 이 조합의 업무거래정지처분을 받거나 조합에
대한 채무를 불이행할 경우에는 그 한도에서 '갑' 은 원본수익권을 상실한
다.

③ 제2항의 사유발생시에는 지체없이 그 사실을 '을' 에게 통지한다.

제13조(수익권)

① 수익자는 신탁계약에서 정한 방법으로 계산한 신탁수익을 취득한다.

② 수익자는 신탁계약 종료시 정한 방법에 따라 신탁재산을 교부받는다.

제14조(수익권증서)

① '을' 은 신탁계약의 수익권을 표시하기 위하여 수익권증서를 작성하여 수익
자 및 우선수익자에게 교부한다. 다만, 수익권증서를 작성하지 아니하기로
따로 합의한 경우에는 그러하지 아니한다.

② 제1항의 수익권증서는 그 지분비율을 표시하여 분할, 작성할 수 있다.

제15조(수익권의 양도, 승계, 질권설정)

① 수익자는 '을' 이 승낙없이 수익권을 양도, 승계, 질권설정 할 수 없다.

② 수익권을 양수하거나 승계한 자는 그 지분비율에 해당하는 수익자의 권리·의
무를 승계한다.

③ 수익자의 변경절차에 필요한 비용은 수익자가 이를 부담한다.

제16조(신탁재산에 속하는 금전운용방법)

① 신탁재산에 속하는 금전은 운영방법을 같이하는 다른 신탁재산에 속하는 금전
과 합동 또는 단독으로 금융기간에의 예치, 국·공채, 회사채의 인수 또는 매입
기타 재정경제부장관의 인가를 받은 유가증권의 인수 또는 운용할 수 있다.

② 제1항의 운용에 의하여 취득한 신탁재산에 대하여는 신탁등기·등록 또는 신
탁재산의 표시나 기재를 생략할 수 있다.

③ 제3항의 경우 '을'은 그 처리결과를 '갑'에게 통보한다.

제17조(제비용의 지급)

① 다음 각호의 비용은 '갑'이 부담하되 '갑'의 부도·파산 등으로 분양계약의 이행이 불가능하다고 '조합' 또는 '을'이 인정하여 '을'이 제6조의 규정에 의한 사업주체로서 제7조 제2항의 규정에 의하여 신탁부동산을 관리·운용 및 처분할 경우에는 수익자(우선수익자는 제외한다. 이하같다)가 부담한다.

　　1. 신탁재산에 대한 제세공과금(신탁사업시행과 관련된 부가가치세, 건물의 보존등기에 다른 취득세, 등록세 및 공과금 등) 및 등기비용

　　2. 설계·감리비용 및 공사대금

　　3. 하자보수 보증수수료

　　4. 차입금, 임대보증금 등의 상환금 및 그 이자

　　5. 신탁부동산의 수선, 보존, 개량비용 및 화재보험료

　　6. 분양(처분) 사무처리에 필요한 비용

　　7. 기타 전 각호에 준하는 비용

② '을'은 제1항의 비용을 신탁재산에서 지급하고. 지급할 수 없는 경우에는 수익자에게 청구, 수령하여 지급할 수 있으며, 필요한 경우에는 미리 수익자에게 상당한 금액을 예탁하게 할 수 있다.

③ '을'이 신탁사무 처리과정에서 과실없이 받은 손해에 대하여도 비용으로 간주하여 제2항과 같이 처리한다.

④ '을'은 전 각항의 제비용을 대지급한 경우에는 당해 대지급금 및 이에 대한 본 사업자금의 이자율에 의한 이자를 신탁재산에서 받고, 받을 수 없는 경우에는 수익자에게 청구할 수 있다.

제18조(신탁재산 환가에 의한 제비용의 충당)

신탁재산에 속하는 금전으로 차입금 및 그 이자의 상환, 신탁사무 처리상 '을'이 과실없이 받은 손해 기타 신탁사무 처리를 위한 제비용 및 '을'의 대지급금을 충당하기에 부족한 경우에는 수익자에게 청구하고 그래도 부족한 경우에는 '을'이 상당하다고 인정하는 방법 및 가액으로써 신탁재산의 일부

또는 전부를 매각하여 그 지급에 충당할 수 있다.

제19조(신탁계산 및 수익교부)

① 신탁재산에 대한 계산기일은 매년 12월 말일과 신탁종료시로 하고, '을'은 당해 계산기간의 수지계산서를 작성하여 수익자에게 제출한다.

② 제1항의 수지계산에 있어서는 제11조의 신탁수입을 '수입'으로 하고 제17조의 제비용을 '지출'로 하며, '수입'에서 '지출'을 차감한 잔액을 순수익(또는 순손실)으로 한다.

③ 순손실이 발생하여 다음 계산기에 이월된 경우에는 다음 계산기 이후의 순수익에서 보전한다.

④ 순수익(전 계산기로부터 이월 결손이 있는 경우에는 이를 보전한 후의 순수익)은 다음 각호의 방법에 의하여 처리한다.

   1. 순수익중 신탁재산에서 지출된 다음 금액은 각 계산기의 익일에 신탁원본으로 편입한다.

      가. 신탁부동산과 '을'이 정한 필요 운전자금 합계액에 상당하는 차입금, 임대보증금의 합계액에서 당기지출을 차감한 금액(다만, 상환준비금에서 지출한 금액은 제외한다)

      나. 당기에 있어서 신탁부동산의 자본적 지출에 의한 수선, 보존, 개량비용 기타 신탁부동산에 의한 자본적 지출액(다만, 수선충당금에서 지출한 금액은 제외한다)

   2. 순수익에서 제1호에 의한 신탁원본산입액을 공제한 잔액은 각 계산기의 익영업일로부터 1월 내에 영수증과 상환 또는 '을'이 따로 정한 방법에 의하여 금전으로 수익자에게 교부한다.

제20조(신탁보수)

① 이 신탁계약에 따른 '을'의 보수는 관리업무보수 및 분양업무보수로 구분하여 다음 각호와 같이 수익자가 지급하기로 한다.

   1. 관리업무보수는 수탁재산가액(주택공급에관한규칙 제7조의 규정에 의한 입주자모집 승인신청서상 감정평가액의 평균액으로 한다)의 0.15% 및 우

선수익자에 대한 수익권 증서발급액의 0.2%를 적용하고, 지급시기는 수탁재산가액에 대한 보수는 신탁계약체결시에 전액을 수익권증서발금액에 대한 보수는 수익권증서 발급과 동시에 전액을 지급하기로 한다. 다만, '갑'이 수분양자와 주택공급계약을 체결하기 전에 주택분양보증신청을 해제할 때에는 관리업무보수 중 신탁계약 및 신탁등기에 따른 제비용을 제외한 금액을 '갑'에게 환급하여야 한다.

2. 분양업무보수는 투입공사비의 1.0%를 적용하고 지급시기는 매월 실 공사비 투입액을 기준으로 익월 10일에 신탁재산에서 지급하기로 한다.

② 경제사정의 급격한 변동이 발생하거나 신탁사무처리에 현저한 노력이 필요한 경우, 기타 상당한 사유가 발생한 경우에는 '을'은 수익자와 협의하여 전 각항의 신탁보수를 변경하거나 별도로 받을 수 있다.

제21조(신탁기간)

신탁기간은 신탁계약체결일로부터 5년까지로 한다. 다만, 수익자는 단독 또는 공동으로 '을'과 협의로 신탁기간 만료 30일 전까지 신탁기간을 연장할 수 있다.

제22조(신탁계약의 해지)

① 신탁계약은 해지할 수 없다.

② 제1항의 규정에 불구하고 부득이한 사유가 있는 경우 수익자는 단독 또는 공동으로 '을'과 협의하여 신탁계약으 해지할 수 있다. 이 경우 '을'은 수익자에 대하여 해지로 인하여 발생된 손해의 배상을 청구할 수 있다.

③ 제1항의 규정에 불구하고 '을'은 천재지변, 경제사정의 변화 기타 부득이한 사유가 발생하여 신탁목적을 달성할 수 없거나 신탁사무 수행이 불가능 또는 현저히 곤란할 경우에는 수익자와 협의하여 신탁계약을 해지할 수 있다. 다만, '을'에게 과실이 없는 경우 '을'은 해지로 인하여 발생된 손해에 대하여 그 책임을 지지 아니한다.

제23조(신탁종료)

신탁계약은 다음 각호의 경우에 종료한다.

1. 신탁의 목적을 달성한 경우
2. 신탁의 목적을 달성할 수 없는 경우
3. 신탁기간이 만료된 경우
4. 제22조에 의해 계약이 해지된 경우

제24조(신탁종료시 신탁재산의 교부)

신탁계약이 종료된 경우에는 '을'은 최종계산에 관하여 수익자의 승인을 얻은 후 수익권증서와 상환으로 신탁재산을 다음 각호의 방법에 따라 수익자에게 교부한다.

1. 신탁부동산에 대하여 '을'은 신탁등기의 말소 및 수분양자에게 소유권이전등기를 행한 후, 분양수익을 수익자에게 인도한다.
2. 신탁부동산 이외의 신탁재산에 대하여는 '을'이 정하는 방법에 의하여 금전으로 환가하여 교부한다. 다만, '을'이 상당하다고 인정할 경우에는 그 재산의 일부 또는 전부를 현존하는 상태대로 교부할 수 있다.
3. 차입금 및 임대보증금 등의 상환채무, 기타 채무에 대하여는 다음과 같이 취급한다.
   가. 임대보증금 등의 상환채무는 임차인의 동의를 얻어 수익자가 승계하고 '을'은 그 책임을 면한다.
   나. '을'은 차입금 기타 채무의 상환에 충당하기 위한 자금을 확보하기 위하여 신탁재산에 속하는 금전의 교부를 유보할 수 있으며, 이 유보금으로도 부족할 경우에는 '을'은 그 부족금액을 수익자에게 예탁하도록 하여야 한다. 다만, '을'은 채권자의 동의를 얻어 수익자에게 차입금 및 기타의 채무를 승계시키고 자기책임을 면할 수 있다.

제25조(단순처리)

신탁계약에 의한 수지계산, 신탁종료시 교부할 원본계산, 기타 각종 계산에 있어서 10만원 미만의 단수가 발생한 경우에는 그 단수금액은 절사한다.

제26조(인감의 신고)

① '갑'은 위탁자, 수익자 및 그 대리인 기타 신탁계약 관계자의 인감을 미

리 '을'에게 신고하여야 한다.

② '을'이 영수증 기타 서류에 날인한 인영을 상당한 주의를 기울여 제1항의 신고인감과 대조 후 틀림없다고 인정하여 원본 또는 수익을 교부하거나 기타 업무를 처리한 경우에는 '을'은 인장도용, 위조 기타 일체의 사정에 불구하고 이로 인하여 발생된 손해에 대하여 그 책임을 지지 아니한다.

제27조(통지사항)

수익자 또는 그 상속인은 다음 각호의 지체없이 그 사유를 서면으로 '을'에게 제출하고 소정의 절차를 취한다. 이 절차가 지체되어 발생된 손해에 대하여 '을'은 그 책임을 지지 아니한다.

1. 신탁계약서 및 이에 관련된 문서, 수익권증서 또는 신고 인장의 상실
2. 수익자 또는 그 대표자나 대리인, 기타 신탁계약 관계자의 주소, 성명, 명칭, 조직 행위능력의 변경 또는 사망
3. 대표자, 대리인, 또는 수익자의 변경
4. 기타 신탁계약에 관하여 변경된 자로부터 통지를 필요로 하는 사항이 발생된 경우

제28조(계약의 변경)

'을'은 수익자의 동의를 얻어 신탁계약의 일부를 변경할 수 있다.

제29조(계약비용의 부담)

신탁계약 체결에 필요한 일체의 비용은 '갑'이 부담한다.

제30조(계약외 사항의 처리)

신탁계약에서 정하지 아니한 사항에 대하여는 '갑', '을' 및 수익자가 협의하여 처리한다.

제31조(관할법원)

본 계약에 따른 거래에 관한 소송은 '을'의 본점소재지를 관할하는 지방법원으로 한다.

  이 계약을 증명하기 위하여 본 계약서 3부를 작성하여  '갑' ,  '을' 이 기명날인 후 각각 1부씩 보관한다.


                    20○○년  ○월  ○일



(갑) 위탁자 겸 수익자  ○ ○ ○ ㊞
                주민등록번호 :
                주      소 : ○○시 ○○구 ○○동 ○○번지
(을) 수탁자 ○○부동산신탁 주식회사
        ○○시 ○○구 ○○동 ○○번지
        110111-0013456
        대표이사 ○ ○ ○ ㊞


## <부동산의 표시>

 1. ○○시 ○○구 ○○동 ○○번지 대 33,039.4㎡
    - 이    상 -

## ♣ 【서식】 신탁원부

<br>

# 신 탁 원 부

신탁원부  제○○○호

위 탁 자 : ○ ○ ○
수 탁 자 : ○○○○○신탁 주식회사
신청대리인 : 법무사 ○ ○ ○ ㉑

| 신청서접수 | ○○년 ○월 ○일 |
| --- | --- |
| | 제○○○호 |

법 무 사  ○  ○  ○

<br>

| 1 | 위탁자의 성명과 주소 | ○ ○ ○<br>○○시 ○○구 ○○동 ○○번지 |
| --- | --- | --- |
| 2 | 수탁자의 성명과 주소 | ○○○○○신탁 주식회사<br>○○시 ○○구 ○○동 ○○번지 |
| 3 | 수익자의 성명과 주소 | ○ ○ ○<br>○○시 ○○구 ○○동 ○○번지 |
| 4 | 신탁관리인의 성명과 주소 | 없 음 |
| 5 | 신탁조항 | 아래와 같음 |

5. 신탁조항

○○○(이하 '위탁자'라 함)는 별지 기재의 부동산(이하 '신탁부동산'이라 함)을 ○○○신탁주식회사(이하 '수탁자'라 함)에 신탁하고 수탁자는 이를 인수함에 있어 다음과 같이 부동산 신탁(이하 '신탁계약'이라 함)사항을 정한다.

제1조(신탁목적)

이 신탁의 목적은 수탁자가 신탁부동산에 대하여 처분 업무 등을 수행하는데 있다.

제2조(신탁부동산의 인수)

① 위탁자는 신탁계약 체결 즉시 신탁부동산을 수탁자에게 인도하고 수탁자는 이를 인수하며, 신탁을 원인으로 한 소유권이전등기 및 신탁등기를 한다.

② 위탁자는 권리증, 인감증명, 위임장 등 신탁등기에 필요한 제반서류를 수탁자에게 제공하여야 한다.

③ 제1항의 등기에 필요한 제비용은 위탁자가 부담한다.

제3조(신탁기간)

① 신탁계약기간은 ○○년 ○월 ○일부터 신탁재산을 처분하여 소유권이전등기가 종료된 때까지는 한다.

② 신탁부동산의 일부를 처분한 경우에는 그 부분에 대하여 소유권이전등기를 종료한 때에 그 부분에 한하여 신탁이 일부 종료된 것으로 본다.

제4조(수익자 지정)

위탁자는 수탁자의 승낙을 얻어 수익자를 새로 지정하거나 변경할 수 있다. 이 권리는 위탁자에게 전속되며 상속되지 아니한다.

제5조(필요자금의 차입 및 담보제공)

수탁자는 신탁사무처리에 필요한 자금을 신탁재산 및 수익자의 부담으로 재무부장관이 정하는 방법으로 차입하고, 차입금의 담보로서 신탁부동산에 근저당권을 설정할 수 있는 것으로 한다.

제6조(신탁부동산의 처분 및 운용)

수탁자는 신탁부동산을 적정하다고 인정하는 처분가격·처분방법 및 처분조건으로 처분하고, 처분시까지의 관리사무를 약정할 경우에는 임대업무 및 임대를 위한 유지관리사무를 수탁자가 직접 하거나 수탁자가 선임하는 제3자에게 위탁할 수 있다.

제7조(선관의무 및 하자담보책임)

① 수탁자는 신탁부동산의 임대사무, 유지관리 및 기타 신탁사무에 대하여 선량한 관리자의 주의의무를 가지며, 위탁자 및 수익자는 신탁부동산의 하자에 의한 책임을 부담한다.

② 수탁자가 선량한 관리자로서 주의의무를 다한 경우에는 위탁자 또는 수익자에게 손해가 발생되더라도 수탁자는 그 책임을 지지 아니한다.

제8조(신탁의 원본)

신탁의 원본은 신탁부동산과 신탁부동산에 관하여 취득한 입주보증금, 신탁부동산의 대위재산 및 제5조의 차입금과 기타 이에 준하는 것으로 한다.

제9조(신탁의 수익)

신탁의 수익은 신탁부동산의 매각대금, 신탁부동산으로부터 발생하는 임대료 및 신탁재산에 속하는 금전의 운용에 의해 발생한 이익, 기타 이에 준하는 것으로 한다.

제10조(수익권증서)

수탁자는 수익자의 청구가 있는 경우에는 신탁수익권을 증명하기 위하여 수익권증서를 수익자에게 교부할 수 있으며, 이 경우 수익권증서는 지분비율을 표시하여 분할하여 작성할 수 있다.

제11조(신탁재산에 속하는 금전의 운용방법)

① 신탁재산에 속하는 금전은 운영방법을 같이하는 다른 신탁재산과 합동 또는 단독으로 재정경제부장관이 정하는 방법으로 수탁자가 운용하기로 한다.

② 신탁부동산의 임대에 따라 받은 입주보증금 등은 제1항의 운용방법을 따르는 이에 차입금 및 보증금 등의 변제에 충당할 수 있다.

제12조(비용의 부담)

① 신탁재산에 관한 재세공과금, 유지관리비 및 금융비용 등 기타 신탁사무의

처리에 필요한 제비용 및 신탁사무처리에 있어서의 수탁자의 부과성 손해는 수익자의 부담으로 한다.

② 신탁재산에 속하는 금전이 제1항의 제비용 등의 비율에 부족하고 수익자로부터 그 부족금액을 받을 수 없을 경우에는 수탁자가 상당하고 인정한 방법으로 신탁재산의 일부 또는 전부를 매각해서 그 지불에 충당할 수 있다.

③ 수익자가 제1항의 비용 등을 지급시기에 납부하지 않는 경우에는 수탁자가 대신 납부할 수 있으며, 이 경우에는 금융기관 변제이율에 의한 지체상금을 수탁자에게 지급하여야 한다.

④ 수탁자는 제3항의 대납금과 지체상금을 수익자에게 지급할 금전 또는 재산 중에서 이를 공제, 수취할 수 있다.

제13조(신탁의 계산 및 수익의 교부)

① 신탁계산에 관한 계산기일은 매년 12우러 31일 및 신탁종료일로 하고, 수탁자는 당해기의 수시계산서를 작성해서 수익자에 통보하고 신탁수익은 금저으로 교부한다.

② 계산기 이전에 위탁자와 수익자가 합의하는 경우에는 신탁재산에 의하여 발생된 수익과 비용 및 신탁보수를 매분기 별로 가정산할 수 있다.

제14조(신탁보수)

① 신탁보수는 재정경제부장관이 정하는 보수요율의 범위 내에서 수탁자가 정하는 방법 및 시기에 신탁재산으로 충당하거나 수익자에게 이를 청구할 수 있다.

② 수탁자가 입주지의 알선을 행할 때에는 별도로 부동산 임대수수료 상당액을 반송할 수 있다.

③ 일반경제정세의 심한 변동 또는 신탁사무의 현저한 기타 상당한 사유가 발생된 때에는 수탁자는 수익자와 협의로 신탁보수를 조정할 수 있다.

제15조(신탁해지 및 책임부담)

① 수익자는 천재지변 기타 부득이한 사정이 있는 경우를 제외하고는 원칙적으로 신탁해지를 할 수 없으며, 수탁자가 신탁해지를 승낙한 경우에도 신탁해

지에 의한 수탁자의 손해를 수익자가 부담하여야 한다.

② 제1항의 규정에 불구하고 경제정세의 변화 기타 상당한 사유에 의하여 신탁의 목적달성 또는 신탁사무 수행이 불가능하거나 현저히 곤란한 때에는 수탁자는 위탁자 및 수익자와 협의하여 신탁을 해지할 수 있으며, 이 경우 수탁자는 그 책임을 부담하지 아니한다.

③ 제2항의 해지에 있어 수탁자는 제비용 및 신탁보수와 손해가 발생한 경우에는 배상금을 신탁부동산으로부터 공제한다.

제16조(신탁의 종료 및 원본 교부 등)

① 이 신탁은 신탁기간만료시 또는 신탁해지에 의하여 종료하며, 신탁종료시 수탁자는 최종계산에 관하여 수익자의 동의를 받도록 한다. 다만, 수익자에게 이미 통지한 사항은 수익자가 동의한 것으로 간주하여 최종 계산서에 이를 생략할 수 있다.

② 신탁의 원본은 제1항의 동의를 받은 후 신탁종료일의 영업익일 이후 수익자에게 수탁자가 정하는 방법으로 신탁계약서 또는 수익권증서와 상환으로 교부한다.

제17조(인감의 대조 및 책임)

수탁자는 수익자가 제출한 청구서류에 찍힌 인영(또는 서명)을 기히 계출된 인영(또는 서명)과 상당한 주의로써 대조하고 틀림이 없다고 인정되어 신탁원본 또는 신탁수익의 교부 기타 신탁사무를 처리한 때에는 청구서 및 인감에 관한 위조, 변조, 도용 기타 어떠한 사고로 말미암아 손해가 발행하여도 수탁자는 그 책임을 지지 아니한다.

제18조(신고사항)

① 위탁자, 수익자 또는 이들의 상속인은 다음 각호의 경우에는 지체없이 그 사실을 서면에 의하여 신고하여야 한다.

  1. 신탁계약서, 수익권증서 및 신고인감의 분실

  2. 위탁자, 수익자 및 이들의 대리인 기타 신탁관계인의 사망 또는 주소·성명·행위능력 등의 변경 및 신고인감의 변경

3. 기타 신탁계약에 관하여 변경을 인정하는 사항의 발생

② 제1항의 신고가 지체됨으로써 발생하는 손해에 대하여는 수탁자는 그 책임을 지지 아니한다.

③ 제1항의 신고를 게을리 하여 수탁자에게 손해가 발생한 경우에는 위탁자와 수익자는 연대하여 그 손해를 배상하기로 한다.

제19조(소송 및 관할법원)

① 수탁자는 수익자로부터 소송수속신청을 승낙하여 이에 응하거나 수탁자 스스로의 판단으로 소송수속을 할 수 있다.

② 이 신탁계약에 관해서 다툼이 발생한 경우에는 ○○지방법원을 그 관할법원으로 한다.

제20조(기타사항)

이 약관에서 정하지 아니한 사항에 대하여는 위탁자와 수탁자가 따로 체결하는 계약에 의하기로 한다.

## <부동산의 표시>

1. ○○시 ○○구 ○○동 ○○번지 대 3,039.4㎡

### 3) 첨부서류

등기권리증(분실자는 확인서면으로 대체), 주민등록등본 1부(최근 3개월 이내의 것), 인감도장, 인감증명서 1부(최근 3개월 이내의 것), 신탁원부, 등기원인증서, 주무관청의 허가서(공익신탁의 경우), 신탁재산임을 증명하는 서면(계약서) 등을 첨부해야 한다.

재건축사업의 시행 등으로 이미 건물이 멸실된 상태에서 토지에 대해서만 소유권이전등기를 신청하는 경우에는 그 토지의 등기부상 보유기간이 3년 이상인 경우에도 부동산양도신고확인서를 첨부해야 한다(2000.8.21. 등기 3402-577 질의회답).

### 4) 등록세 등(조합원이 재건축조합으로 소유권이전등기 및 신탁등기하는 경우)

| 등기의 목적 | 소유권이전등기 | 신탁등기 |
|---|---|---|
| 등록면허세 | 신탁법에 의한 신탁으로서 신탁등기가 병행되는 것으로서 위탁자로부터 수탁자에게 이전하는 경우의 재산권 취득의 등기.등록의 경우에는 부과하지 않음(지세법 제128조 1호 가목) | 매 1건당 6,000원의 등록면허세와 그 100분의 20(1200원)을 지방교육세를 납부한다. |
| 등기신청 수수료 | 1. 하나의 신청서로써 1필지의 토지를 이전하는 경우 : 14,000원<br>2. 전자표준양식(e-form)으로 신청하는 경우 : 10,000원 | 면제 |
| 국민주택채권 | . | 신탁 또는 신탁종료에 따라 소유권이전등기를 하는 경우 매입하지 않음 |
| 취득세 | . | 비과세 |
| 인지세 | . | 없음 |
| 농어촌특별세 | . | 비과세 |

## (2) 재개발.재건축사업의 시행을 위한 대위등기의 효력

### 1) 대위등기를 할 수 있는 사항

시행자는 도정법에 의한 사업시행인가 후에는 그 사업시행을 위하여 이전고시가 있기 전이라도 종전 토지에 관한 ① 부동산의 표시변경 및 경정등기, ② 등기명의인의 표시변경 및 경정등기, ③ 소유권보존등기, ④ 상속을 원인으로 한 소유권이전등기를 각 해당등기의 신청권자를 대위하여 신청할 수 있다.

한편, 시행자가 위 ①.②의 등기를 신청하는 경우에는 등기의 목적, 등기의 원인 등이 상이한 수 건의 등기를 하나의 신청서로 일괄하여 신청할 수 있다(도시정비등기규칙 제2조.제3조).

### 2) 첨부서면 등

위와 같은 대위등기를 신청하는 경우에는 등기원인을 증명하는 서면, 사업시행인가가 있었음을 증명하는 서면을 첨부하여야 한다. 등기관은 대위등기를 완료한 때에는 등기필증을 시행자에게 교부하여야 하나, 등기권리자에게 법 제68조 1항에 따른 대위등기필 통지를 할 필요는 없다.

사업시행자가 소유권보존등기, 상속을 원인으로 한 소유권이전등기를 대위한 경우에는 지체없이 교부받은 등기필증을 해당부동산의 등기권리자에게 교부하여야 한다(도시정비등기규칙 제4조).

## (3) 다른 등기의 정지(예규 제1229호)

### 1) 이전고시의 통지

이전고시가 있게 되면 종전 토지 또는 건물에 대한 소유권 등의 권리는 새로운 대지 또는 건축물에 대한 소유권 등의 권리로 변환되므로, 즉시 그에 따른 등기를 신청하여야 한다. 다만, 앞서 환지계획인가의 고시등의 통지에서 살펴본 바와 같이 이전고시가 있은 후 그에 따른 등기가 신청될 때까지는 시간적 간격이 있을 수 있다. 따라서 시행자는 이전고시의 사실을 등기소에 통지하여 다른 등기가 경료되지 않도록 하여야 한다(도정법 제86조 2항, 도시정비등기규칙 제5조 1항).

### 2) 이전고시의 기재

등기관이 시행자로부터 이전고시의 통지를 받은 때에는 문서건명부에 기재하고 통지서의 여백에 도달 연월일시 및 문서 접수번호를 기재하여야 한다. 등기관은 문서건명부에 기재를 마친 후에는 지체없이 해당 사업지역 내의 토지의 등기부레 아래의 예시와 같은 내용을 표제부 상단에 기재하고 등기부등본 발급시 그 내용이 표시되도록 한다. 그리고 이러한 기재는 정비사업 등기를 완료한 후 즉시 삭제하여야 한다.

```
                         〈예시〉
         부전지 : 20○○년 ○월 ○일 이전고시
```

### 3) 다른 등기의 정지

가. 정지되는 다른 등기

등기관은 이전고시에 따른 부전지 표시가 된 후에는 종전 토지에 대한 ① 소유권이전등기, ② 근저당권설정등기, ③ 가압류등기, ④ 경매신청등기(정지되는 시점 이전에 설정된 근저당권에 기한 경우도 마찬가지임) 등 권리에 관한 등기신청뿐만 아니라 표시에 관한 등기신청이나 예고등기촉탁을 수리할 수 없다. 종전 토지에 이와 같은 신청이 있는 경우 등기관은 법 제55조 2호에 따라 각하하여야 한다(대판 1983. 12. 27. 81다1039).

나. 다른 등기가 마쳐진 경우

이전고시가 있었음에도 불구하고 종전 토지에 관한 등기가 마쳐진 경우, 등기관은 그 등기를 부동산등기법 제175조 내지 제177조에 따라 직권으로 말소하여야 한다.

## (4) 이전고시에 따른 등기

### 1) 신청인

이전고시에 따른 등기는 공권력의 주체로서 시행자 또는 시행자의 위임을 받은 대리인에 한하여 이를 신청할 수 있으며, 조합원 개인이나 기타 시행자가 아닌 다른 자로부터 위임을 받은 대리인 등은 그 등기를 신청할 수 없다(2000.7.19. 등기 3402-504 질의회답).

이전고시에 따라 새로운 건물.토지에 대한 소유권보존등기는 시행자가 이전고시가 있은 후 당해 건물 및 토지를 취득한 자를 위하여 신청하는 것이므로 부동산등기특별조치법 제2조의 소유권보존등기 신청의무가 없다(1996.9.2. 등기 3402-690 질의회답).

### 2) 종전 토지에 관한 멸실등기

가. 등기신청

분양받은 자들이 이전고시에 따라 새로운 대지.건축물에 관하여 소유권을 취득하는 경우, 시행자는 종전 토지에 관한 멸실등기를 신청하여야 한다. 이 경우 아래의 양식과 같은 동일한 신청서로 하여야 하고(예규 1229호), 정비사업시행으로 인하여 등기를 신청한다는 취지를 기재하여야 한다.

나. 첨부서면

신청서에는 ①관리처분계획서 및 인가서, ②이전고시증명서면, ③신청인이 조합인 경우에는 대표자 자격증명서, ④토지대장등본, ⑤신청서부본을 첨부하여야 한다. 다만, 이와 같은 첨부서면이 이미 시행자로부터 등기소에 제출된 경우에는 그 첨부를 요하지 않는다. 그리고 멸실등기에 따른 등록세와 등기신청수수료를 납부하여야 한다.

다. 등기방법

종전 등기부를 폐쇄하는 때에는 표제부에 정비사업시행으로 인하여 말소한 취지를 기록하고 부동산의 표시를 말소하는 기호를 기록하고 그 등기부를 폐쇄하여야 한다(도시정비등기규칙 제6조).

| 종전 토지의 표시 | 소유자의 표시 |
|---|---|
| ○○시 ○○구<br>○○동 ○번지<br>○○○㎡ | ○○○<br>*123456-1234567*<br>○○시 ○○구 ○○동 *123번지* |
|  |  |
|  |  |
| 등기원인과 그 연월일 | 20○○년 ○월 ○일 정비사업시행 |
| 등기의 목적 | 종전 토지에 관한 등기의 말소 |
| 정비사업으로 인하여 위 등기를 신청함<br><br>20○○년 ○월 ○일<br><br>정비사업시행자 ○○정비조합<br>조합장 ○○○(인)<br><br>○○**지방법원** ○○등기소 **귀중** | 첨 부 서 류<br><br>관리처분계획서　　　　　통<br>관리처분인가서　　　　　통<br>이전고시증명서면　　　　통<br>대표자자격증명서　　　　통<br>토지대장등본　　　　　　통<br>신청서부본　　　　　　　통 |

## 3) 종전 건물에 관한 멸실등기

　　종전 건물에 관한 멸실등기를 신청하는 경우에도 토지에 관한 멸실등기와 같이 동일한 신청서로 하여야 한다. 첨부서면 및 등기방법은 토지의 경우와 동일하므로 따로 설명하지 않는다.

## 4) 새로이 축조된 건축물에 관한 등기

### 가. 등기신청

　　① 분양받은 자들이 이전고시에 따라 분양받은 자들이 새로운 건축물에 관하여 소유권을 취득하는 경우 시행자는 이에 관하여 소유권보존등기 및 담보권 등에 관한 권리의 등기를 신청하여야 한다. 이 경우 아래의 양식과 같이 건축물(구분건물인 경우에는 1동의 건물에 속하는 구분건물 전부)에 관하여 동일한 신청서로 하여야 한다(도시정비등기규칙 제10조 1항). 따라서 이전고시에 의한 소유권보존등기의 경우에는 1동의 건물에 속하는 구분건물 중의 일부만에 관한 소유권보존등기(법 제131조의2)는 허용되지 않는다(선례 Ⅶ-459).

　　② 한편, 담보권 등에 관한 권리의 등기로서 새로운 건물과 토지에 존속하게 되는 등기는 종전 건물과 토지의 등기부로부터 이기되는 등기가 아니라, 시행자가 종전 건물과 토지에 관한 등기의 말소등기 및 새로운 대지와 건축물에 관한 소유권보존등기와 함께 신청하는 등기이다. 따라서 시행자가 이를 신청하지 않은 경우에는 등기되지 않는다(1999. 4. 16. 등기 3402-411 질의회답, 선례 Ⅵ-535).

　　③ 위와 같은 등기신청이 있는 경우 신청서에 접수번호를 부여함에 있어서 등기사항마다 신청서에 기재한 순서에 따라 별개의 접수번호를 부여하여야 한다(도시정비등기규칙 제17조).

### 나. 신청서에 기재하여야 하는 사항

#### ① 일반적인 경우

　　신청서에는 위의 양식과 같이 건축물별로 소유권보존등기, 담보권 등에 관한 권리의 등기의 순서로 등기사항을 기재하여야 하며, 정비사업시행으로 인하여 등기를 신청한다는 취지를 기재하여야 한다.

　　담보권 등에 관한 권리의 등기를 기재함에 있어 동일한 건축물에 관한 권리를 목적으로 하는 2개 이상의 담보권 등에 관한 권리의 등기를 하는 경우에는 등기순위가 중요하므로 등기할 순서에 따라 등기사항을 기재하여야 한다. 이러한 경우에 등기관은 신청서에 기재된 순서에 따라 별개의 접수번호를 부여하여 순위관계를 명확히 하여야 함을 주의하여야 한다(도시정비등기규칙 제17조).

　　한편, 담보권 등에 관한 사항 중 등기원인을 기재하는 때에는 다음의 예시와 같이 정비사업시행으로 인하여 등기를 신청한다는 취지와 함께 종전의 등기원인일자를 함께 병기하여야 한다.

| 1동의 건물의 표시 | 별지와 같음 | | | |
|---|---|---|---|---|
| 접수 ╲ 등기의 목적 | 소유권 보존 | | | |
| 제 호 년 월 일 | 전유부분의 건물의 표시 | | 소유자의 표시 | 대지권의 표시 |
| | 호 수 | 구조 및 면적(주) | | |
| | | | | |
| | | | | |
| | | | | |

| 접수 ╲ 등기의 목적 | 저당권 설정 | |
|---|---|---|
| 제 호 년 월 일 | 등기원인 및 그 연월일 | 20○○년 ○월 ○일 설정계약 및 20○○년 ○월 ○일 정비사업에 의한 분양 |
| | 권 리 의 목 적 | |
| | 채 권 액 및 변 제 기 | |
| | 이 자 및 지 급 시 기 | |
| | 채 무 자 | |
| | 저 당 권 자 | |
| | 대지소유권의 공유지분 | |
| | 대지소유권의 공유지분에 대한 존속여부 | 존속, 불존속 |
| | 공 동 담 보 | |
| | | |

정비사업으로 인하여 위 등기를 신청함

20○○년 ○월 ○일

정비사업시행자 ○○정비조합
조합장 ○ ○ ○ (인)

○○지방법원 ○○등기소 귀중

| 첨 부 서 류 | |
|---|---|
| 관리처분계획서 | 통 |
| 관리처분인가서 | 통 |
| 이전고시증명서면 | 통 |
| 대표자자격증명서 | 통 |
| 토지대장등본 | 통 |
| 도면 | 통 |
| 신청서부본 | 통 |

---

〈예 시〉

"20○○년 ○월 ○일 설정계약 및 20○○년 ○월 ○일 정비사업에 의한 분양"

---

위에서 살펴본 사항과 함께 담보권 등이 존속하는 대상 부동산을 명확하게 하기 위하여 구분소유의 경우에 아래의 사항을 기재하여야 한다(도시정비등기규칙 제10조 3항).

ⅰ) 구분소유자의 대지소유권에 대한 공유지분 비율

ⅱ) 구분건물의 경우, 담보권등에 관한 권리가 해당 구분소유자의 대지소유권에 대한 공유지분에도 존속하는지 여부의 표시

② 이전고시를 받은 자보다 선순위의 가등기 등이 있는 경우

건축물에 이전고시를 받은 자보다 선순위의 가등기 또는 처분제한의 등기가 있는 경우, 이러한 등기는 이전고시를 받은 자보다 우월한 효력이 있다. 예컨대 등기부상 선순위 가등기 → 이전고시를 받은 자 명의의소유권이전등기가 순차로 경료된 경우, 가등기에 기한 본등기가 실행되면 이전고시를 받은 자의 등기는 직권말소가 되고 본등기를 경료한 자가 유효한 소유명의인이 된다.

따라서 위와 같은 경우에는 권리관계의 명확한 공시를 위하여 이전고시를 받는 자만을 위한 소유권보존등기를 할 수 없다. 즉, (ⅰ) 선순위 가등기와 처분제한 등기, (ⅱ) 선순위 가등기 등의 목적이 된 등기, (ⅲ) 이전고시를 받은 자 명의의 등기를 함께 등기하여야 하므로, 신청서에는 (ⅰ) 선순위의 가등기 또는 처분제한의 목적이 된 소유권보존(이전)등기 → (ⅱ) 그 선순위의 가등기 또는 처분제한의 등기 → (ⅲ) 이전고시를 받은 자 명의의 소유권이전등기의 순서로 등기사항을 기재하여야 한다(도시정비등기규칙 제10조 4항).

다. 첨부서면

① 신청서에는 ⓐ관리처분계획서 및 인가서, ⓑ이전고시증명서면, ⓒ신청인이 조합인 경우에는 대표자자격증명서, ⓓ건축물대장등본, ⓔ도면, ⓕ등기권리자에게 개별적으로 등기필증을 교부하기 위하여 등기권리자별로 작성한 신청서 부본을 제출하여야 한다. 다만, 이와 같은 첨부서면이 이미 시행자로부터 등기소에 제출된 경우에는 그 첨부를 요하지 않는다(도시정비등기규칙 제15조). 그리고 보존등기는 각 건물의 개수에 해당하는 등기신청수수료를 납부하여야 하므로 집합건물의 경우에는 전유부분의 개수에 해당하는 등기신청수수료를 납부하여야 한다.

② 도정법에 의한 주택재개발사업의 시행으로 인하여 당해 사업의 대상이 되는 부동산의 소유자(상속인을 포함)가 관리처분계획에 의하여 취득하는 건축물에 대하여는 등록면허세를 부과하지 아니한다(지세법 제127조의2, 제109조 3항). 다만, 조합원의 지위를 승계한 자를 명의인으로 하는 경우에는 등록면허세를 납부하여야 한다(선례 Ⅲ-823). 위 재개발사업의 경우와 달리 재건축사업의 경우에는 등록면허세를 면제하는 법령의 규정이 없으므로 등록면허세를 납부하여야 한다.

라. 등기방법

등기관은 보존등기시 등기부의 표제부(구분건물의 경우에는 1동의 건물의 표제부)에 정비사업시행으로 인하여 등기하였다는 취지를 기록하여야 한다(도시정비등기규칙 제11조). 구분건물에 관하여 대지권의 목적인 대지와 함께 보존등기를 하는 경우, 등기관은 건물등기부에 대지권의 등기를 경료한다.

마. 등기완료후

① 등기필증의 교부

등기관은 새로운 건축물에 대한 소유권보존등기를 완료한 때에는 등기필증을 신청인에게 교부하고 신청인은 지체 없이 이를 각 등기권리자에게 교부하여야 한다(도시정비등기규칙 제18조).

② 제출서면의 보존

새로운 건축물에 대한 소유권보존등기신청시에 제출하여야 하는 서류 중 시행자가 미리 등기소에 제출되었기 때문에 첨부가 생략된 서면은 이를 신청서에 합철하여 보존한다(도시정비등기규칙 제20조).

## 5) 새로이 조성된 대지에 관한 등기

가. 등기신청

이전고시에 의하여 분양받은 자들이 새로운 대지에 관하여 소유권을 취득함에 따라 시행자는 대지에 관하여 소유권보존등기를 신청하여야 한다. 이 경우 아래의 양식과 같이 1필의 토지에 관하여 동일한 신청서로 하여야 한다(도시정비등기규칙 제12조 1항). 위의 새로이 신축된 건물에서 본 바와 같이 대지에 관한 소유권보존등기 및 담보권 등에 관한 권리의 등기를 신청하는 때에는 1필의 토지에 관하여 동일한 신청서로 하여야 한다.

한편, 담보권 등에 관한 권리의 등기로서 대지에 존속하게 되는 등기에 관한 사항은 새로이 축조된 건축물에 관한 등기에서 설명한 내용과 동일하다. 위와 같은 신청이 있는 경우 신청서에 접수번호를 부여함에 있어서는 등기사항마다 신청서에 기재한 순서에 따라 별개의 접수번호를 부여하여야 한다(도시정비등기규칙 제17조).

나. 신청서에 기재하여야 하는 사항

① 일반적인 기재사항

신청서에는 소유권보존등기, 담보권 등에 관한 권리의 등기의 순서로 등기사항을 기재하여야 하며, 정비사업시행으로 인하여 등기를 신청한다는 취지를 기재하여야 한다. 그리고 동일한 대지에 관한 권리를 목적으로 하는 2개 이상의 담보권 등에 관한 권리의 등기에 있어서는 새로이 축조된 건물에 관한 등기에서 설명한 바와 같이 등기할 순서에 따라 등기사항을 기재하여야 한다.

② 이전고시를 받은 자보다 선순위의 가등기 등이 있는 경우

이전고시를 받은 자보다 선순위의 가등기.가처분 등이 있는 경우에는 위 새로이 축조된 건물의 경우와 동일하게 처리한다.

| 대지의 표시 | | |
|---|---|---|

| 접수 / 등기의 목적 | 소유권 보존 | |
|---|---|---|
| 년 월 일 제 호 | 공 유 지 분 | 공유자의 표시 |
| | | |

| 접수 / 등기의 목적 | 저당권 설정 | |
|---|---|---|
| 년 월 일 제 호 | 등기원인 및 그 연월일 | 20○○년 ○월 ○일 설정계약 및 20○○년 ○월 ○일 정비사업에 의한 분양 |
| | 권 리 의 목 적 | |
| | 채 권 액 및 변 제 기 | |
| | 이 자 및 지 급 시 기 | |
| | 채 무 자 | |
| | 공 동 담 보 | 별지와 같음 |
| | | |

정비사업으로 인하여 위 등기를 신청함

20○○년 ○월 ○일

정비사업시행자 ○○정비조합
조합장 ○ ○ ○ (인)

○○지방법원 ○○등기소 귀중

| 첨 부 서 류 | |
|---|---|
| 관리처분계획서 | 통 |
| 관리처분인가서 | 통 |
| 이전고시증명서면 | 통 |
| 대표자자격증명서 | 통 |
| 토지대장등본 | 통 |
| 신청서부본 | 통 |

다. 첨부서면
① 신청서에는 ⓐ관리처분계획서 및 인가서, ⓑ이전고시증명서면, ⓒ신청인이 조합인
경우에는 대표자자격증명서, ⓓ토지대장등본, ⓔ등기권리자에게 개별적으로 등기
필증을 교부하기 위하여 등기권리자별로 작성한 신청서 부본을 첨부하여야 한다.
다만, 이와 같은 첨부서면이 이미 시행자로부터 등기소에 제출된 경우에는 그 첨
부를 요하지 않는다. 그리고 등기신청수수료는 부동산의 개수를 기준으로 납부하
면 되므로 1필지의 토지에 대한 소유권보존등기는 1건의 수수료를 납부한다.
② 도정법상 재개발사업에 의하여 취득하는 토지에 대한 등록면허세는 위의 건축
물에서 설명한 내용과 동일하므로 따로 설명하지 않는다. 그리고 시행자가 취
득하는 체비지 또는 보류지에 대하여 등록면허세의 납부가 면제된다(지세법 제
127조의2, 제100조 3항).
재건축사업의 경우에는 등록면허세를 면제하는 법령의 규정이 없으므로 등록면
허세를 납부하여야 한다.
③ 재개발.재건축조합이 사업이 완료되어 조합원명의로 대지를 보존등기하는 경우에는
국민주택채권의 매입의무가 면제된다. 다만, 종전보다 대지의 면적이 증가하는 경
우에 증가부분에 대해서는 국민주택채권을 매입하여야 한다(주택법시행규칙 별표8).
한편, 재개발.재건축조합이 사업종료에 따라 일반분양자에게 소유권이전등기를
해주기 위하여 조합명의로 소유권보존등기를 하고자 할 때 ⓐ재개발조합이 매
입한 토지를 재개발조합명의로 보존등기하는 경우에는 주택채권의 매입의무가
면제되나, ⓑ조합원 소유토지를 재개발조합 명의로 보존등기하는 경우에는 채
권을 매입하여야 한다.

라. 등기방법(도시정비등기규칙 제13조.제14조)
① 토지에 대한 보존등기
등기관은 보존등기시 등기부의 표제부에 정비사업으로 인하여 등기하였다는 취
지를 기록하여야 한다.
② 구분건물의 대지권의 목적인 경우
㉮ 해당토지가 구분건물의 대지권의 목적인 경우, 등기관은 건물등기부에 대지권
의 등기를 하여야 하고, 토지등기부에는 대지권의 취지를 등기하여야 한다.
㉯ 토지등기부에 대지만을 목적으로 하는 담보권 등에 관한 권리의 등기가 있는
때에는 건물등기부에 부동산등기규칙 제75조의4 1항의 규정에 따른 토지등기
부에 별도의 등기가 있다는 취지를 기록하여야 한다.
㉰ 대지권의 목적인 공유지분에 대한 담보권 등 권리가 전유부분에 관한 것과
동일한 경우, 등기관은 토지등기부에는 이를 기록하지 않는다.

## 6) 도정법에 의한 재건축과 신탁등기의 문제

도정법의 시행으로 재건축사업도 종전의 재개발사업과 같이 관리처분계획인가 및 이
전고시절차를 거치므로 신탁등기를 할 필요성은 없어졌다고 볼 수 있다. 다만, 다수 조

합원들의 재산권을 일체로서 관리.처분하는데 용이한 점 등을 이유로 현재도 관행적으로 신탁등기가 이루어지고 있으나 아래와 같은 이유로 허용해서는 안될 것으로 보인다.

① 조합을 수탁자로 한 신탁이 있게 되며 대내외적으로 소유권이 수탁자에게 완전히 이전되는바(대판 2002. 4. 12. 2000다70460), 공법인인 재건축조합이 수탁받은 부동산에 대하여 이전고시를 하는 것은 자기 소유재산에 대하여 공권적 처분을 하게 되어 모순이다.

② 도정법의 시행으로 재건축사업은 종전의 사법관계에서 재개발사업과 같이 공법관계로 바뀌었고 그 절차도 재개발과 동일한 규율을 받게 되었는데, 재개발절차에서는 이용되지 않는 신탁등기를 재건축사업에서만 허용할 이유는 없다. 그리고 도시정비등기규칙에서 정하는 등기절차는 공법적 절차로서 강행법규적 성격이 있으므로 재건축에 따른 등기는 위 규칙에 따라야 하고 이와 다른 신탁에 의한 방법은 허용할 수 없다고 할 것이다.

③ 부동산이 신탁된 경우에는 등기부상 현재 유효한 소유명의인은 수탁자이므로 이전고시에 따른 새로운 토지 등의 소유권보존등기시 등기명의인은 수탁자가 되어야 한다. 그러나 통상 재건축사업은 일반분양분을 제외하고는 조합원의 명의로 보존등기를 하여야 하므로, 신탁을 해지하여 소유권을 다시 위탁자 앞으로 귀속시키는 번잡한 절차를 거치게 된다.

이와 같이 신탁으로 인한 번거로운 절차는 토지등기부를 복잡하게 하고 부동산 등기시스템에 과부하를 주는 문제가 있다.

## <별 지> 제1-1호 양식

<table>
<tr><th colspan="5" style="text-align:center">표시변경 대위 등기신청</th></tr>
<tr><td rowspan="2">접 수</td><td>년  월  일</td><td rowspan="2">처리인</td><td>등기관 확인</td><td>각종 통지</td></tr>
<tr><td>제      호</td><td></td><td></td></tr>
</table>

<table>
<tr><th>부동산의 표시</th><th>등기원인 및<br>그 연월일</th><th>등기의 목적</th><th>변경사항</th><th>소유자의 주소</th></tr>
<tr><td></td><td>년  월  일<br>지목변경</td><td>지목변경</td><td></td><td></td></tr>
<tr><td></td><td>년  월  일<br>합  병</td><td>합  필</td><td></td><td></td></tr>
<tr><td></td><td>년  월  일<br>분  할</td><td>분  필</td><td></td><td></td></tr>
<tr><td></td><td>년  월  일<br>전  거</td><td>등기명의인<br>표시변경</td><td></td><td></td></tr>
<tr><td style="text-align:center">대 위 원 인</td><td colspan="4">「도시 및 주거환경정비 등기처리규칙」제2조</td></tr>
</table>

<table>
<tr><td colspan="2" style="text-align:center">위 등기를 대위하여 신청함</td><td colspan="2" style="text-align:center">첨    부    서    류</td></tr>
<tr><td colspan="2" rowspan="9"></td><td>사업시행인가서</td><td>1통</td></tr>
<tr><td>신청서부본</td><td>1통</td></tr>
<tr><td>토지대장등본</td><td>1통</td></tr>
<tr><td>주민등록표등본</td><td>1통</td></tr>
<tr><td>대표자자격증명서</td><td>1통</td></tr>
</table>

위 등기를 대위하여 신청함

년    월    일

정비사업시행자 ○○ 정비사업조합

위 조합장 ○○○ (인)

○○ 지방법원 ○○등기소    귀중

## <별 지> 제1-2호 양식

<table>
<tr><td colspan="5" align="center">상속에 의한 토지소유권이전 대위<br>등기신청</td></tr>
<tr><td rowspan="2" align="center">접 수</td><td align="center">년 월 일</td><td rowspan="2" align="center">처리인</td><td align="center">등기관 확인</td><td align="center">각종 통지</td></tr>
<tr><td align="center">제    호</td><td></td><td></td></tr>
</table>

<table>
<tr><td colspan="2" align="center">부 동 산 의 표 시</td><td align="center">소 유 자 의 표 시</td></tr>
<tr><td colspan="2"></td><td></td></tr>
<tr><td>등기원인과 그 연월일</td><td colspan="2" align="center">년    월    일            상속</td></tr>
<tr><td>등 기 의    목 적</td><td colspan="2" align="center">소유권이전</td></tr>
<tr><td>대    위    원    인</td><td colspan="2">「도시 및 주거환경정비 등기처리규칙」제2조</td></tr>
</table>

<table>
<tr><td rowspan="6" align="center">위 등기를 대위하여 신청함<br><br>년    월    일<br><br>정비사업시행자 ○○ 정비사업조합<br><br>위 조합장 ○○○ (인)<br><br>○○ 지방법원 ○○등기소    귀중</td><td colspan="2" align="center">첨    부    서    류</td></tr>
<tr><td>사업시행인가서</td><td align="right">1통</td></tr>
<tr><td>대표자자격증명서</td><td align="right">1통</td></tr>
<tr><td>가족관계등록사항별증명서</td><td align="right">1통</td></tr>
<tr><td>주민등록표등본</td><td align="right">1통</td></tr>
<tr><td>토지대장등본</td><td align="right">1통</td></tr>
<tr><td>신청서부본</td><td align="right">1통</td></tr>
</table>

## \<별 지\> 제1-3호 양식

| 접 수 | 년 월 일 | 처리인 | 등기관 확인 | 각종 통지 |
|---|---|---|---|---|
| | 제    호 | | | |

**소유권보존 대위 등기신청**

| 부 동 산 의 표 시 | 소 유 자 의 표 시 |
|---|---|
| | |

| 등 기 의  목 적 | 소유권보존 |
|---|---|
| 대  위  원  인 | 「도시 및 주거환경정비 등기처리규칙」제2조 |
| 신  청  조  항 | 「부동산등기법」제130조 제1호 |

| 위 등기를 대위하여 신청함<br><br>년    월    일<br><br>정비사업시행자 ○○ 정비사업조합<br><br>위 조합장 ○○○ (인)<br><br>○○ 지방법원 ○○등기소    귀중 | 첨  부  서  류 | |
|---|---|---|
| | 사업시행인가서 | 1통 |
| | 신청서부본 | 1통 |
| | 토지대장등본 | 1통 |
| | 주민등록표등본 | 1통 |

## <별 지> 제2호 양식

### 종전 건물에 관한 등기의 말소등기 신청서

| 접 수 | 년 월 일 | 처리인 | 등기관 확인 | 각종 통지 |
|---|---|---|---|---|
| | 제    호 | | | |

| 종전 건물의 표시 | 소유자의 표시 |
|---|---|
| | |
| | |
| | |

| 등기원인과 그 연월일 | 년   월   일   정비사업시행 |
|---|---|
| 등 기 의    목 적 | 종전 건물에 관한 등기의 말소 |

정비사업으로 인하여 위 등기를 신청함

년   월   일

정비사업시행자 ○○ 정비사업조합

위 조합장 ○○○ (인)

○○ 지방법원 ○○등기소    귀중

| 첨    부    서    류 | |
|---|---|
| 사업시행인가서 | 1통 |
| 대표자자격증명서 | 1통 |
| 건축물대장등본 | 1통 |
| 신청서부본 | 1통 |

## <별 지> 제3호 양식

| 종전 토지에 관한 등기의 말소등기 신청서 | | | | |
|---|---|---|---|---|
| 접 수 | 년 월 일 | 처리인 | 등기관 확인 | 각종 통지 |
| | 제    호 | | | |

| 종전 토지의 표시 | 소유자의 표시 |
|---|---|
| | |
| | |
| | |
| | |
| | |
| 등기원인과 그 연월일 | 년    월    일  정비사업시행 |
| 등 기 의    목 적 | 종전 토지에 관한 등기의 말소 |

| 정비사업으로 인하여 위 등기를 신청함<br><br>년    월    일<br><br>정비사업시행자 ○○ 정비사업조합<br><br>위 조합장 ○○○ (인)<br><br>○○ 지방법원 ○○등기소    귀중 | 첨    부    서    류 | |
|---|---|---|
| | 관리처분계획서 | 1통 |
| | 관리처분인가서 | 1통 |
| | 이전고시증명서면 | 1통 |
| | 대표자자격증명서 | 1통 |
| | 토지대장등본 | 1통 |
| | 신청서부본 | 1통 |

## 3. 조합의 설립

### (1) 총 설

　시장.군수 또는 주택공사 등이 아닌 자가 정비사업을 시행하고자 하는 경우에는 토지등소유자로 구성된 조합을 설립하여야 하고, 주택재개발사업은 주택재개발조합이, 주택재건축사업은 주택재건축조합이 시행하거나 각 조합이 도시 및 주거환경정비법 제8조 1항, 2항에 규정된 주택공사등과 공동으로 시행할 수 있으므로, 각 조합의 설립은 주택재개발사업이나 주택재건축사업의 출발점이다.

### (2) 조합설립추진위원회

#### 1) 추진위원회 지위 및 법적성격

① 조합설립추진위원회란 정비사업 초기단계의 제반업무를 준비하기 위하여 구성되는 단체를 말한다. 즉 준비단계에서 사업을 추진하고자 하는 토지.건물등의 결성하는 단체로 조합의 설립인가가 이루어지면 추진위원회는 그 목적이 달성됨과 동시에 해산하게 되는 한시적 기구로 추진위원회가 한 행위의 효력은 조합에 포괄승계된다.

② 추진위원회는 단순한 민법상의 조합이 아닌 추진위원장 등 대표기관이 구성되고, 운영규정을 마련하여 신고하여야 하는 등 사단성을 갖는다. 따라서 소송상의 당사자 능력이 인정된다. 하지만 법인설립등기를 하는 것은 아니므로 비법인사단의 성격을 갖는다.

#### 2) 추진위원회의 구성

① 재건축사업을 시행하기 위하여 조합을 설립하고자 하는 경우에는 토지.건물등 소유자 과반수의 동의를 얻어 위원장을 포함한 5인 이상의 위원으로 추진위원회를 구성하여 국토해양부령이 정하는 방법 및 절차에 따라 시장.군수 또는 구청장의 승인을 얻어야 한다.

② 주택재건축중 중 집합건물법의 적용을 받는 집합건물의 경우 관리단은 도시정비법상의 추진위원회와는 별개의 개념이며, 그 인적 구성원이 일치할 필요는 없다.

③ 도시 및 주거환경정비법은 정비사업을 시행하기 위한 조합설립추진위원회에 관하여 규정하면서 이 추진위원회의 설립도 시장.군수의 승인을 얻도록 했다. 하지만 추진위원회가 승인을 얻지 않은 상태에서 조합설립행위를 했다고 해도 조합설립인가의 거부사유가 되지는 않는다.

### 3) 설립추진위원회 위원의 선임과 해임

가. 자격과 당연퇴임

①미성년자.금치산자 또는 한정치산자, ②파산선고를 받은 자로서 복권되지 아니한 자, ③금고 이상의 실형의 선고를 받고 그 집행이 종료되거나 집행이 면제된 날부터 2년이 경과되지 아니한 자, ④금고 이상의 형의 집행유예를 받고 그 유예기간 중에 있는 자는 추진위원회의 위원이 될 수 없고, 추진위원회의 위원이 위에 해당하게 되거나 선임 당시 그에 해당하는 자임이 밝혀진 때에는 당연 퇴임한다. 다만, 거래의 안전을 위하여 퇴임된 위원이 퇴임전에 관여한 행위는 그 효력이 인정된다.

나. 해 임

추진위원회의 해임에 대해서는 조합임원의 해임에 관한 도시 및 주거환경정비법 제23조 4항이 적용되지 않고, 도시 및 주거환경정비법 제15조 6항.7항에서 별도로 규정하고 있다. 토지, 건물등의 소유자는 3분의 1이상의 연서로 추진위원회에 추진위원회위원의 교체 및 해임을 요구할 수 있고, 이 경우 추진위원회의 교체.해임절차 등에 관한 구체적인 사항은 운영규정이 정하는 바에 의한다(도정법 제15조 6항.7항).

## (3) 재건축조합의 설립

### 1) 주택재건축조합

집합건물의 소유 및 관리에 관한 법률 제47조 2항은 재건축결의는 구분소유자 및 의결권의 각 4/5 이상의 다수에 의한 결의에 의한다고 규정하고 있다.

한편_구 도정법 제16조는 "주택재건축사업의 추진위원회가 조합을 설립하고자 하는 때에는 집합건물법 제47조 1항 및 2항의 규정에 불구하고 주택단지안의 공동주택의 각 동(복리시설의 경우에는 주택단지안의 복리시설 전체를 하나의 동으로 본다)별 구분소유자 및 의결권의 각 3분의 2이상의 동의와 주택단지안의 전체 구분소유자 및 의결권의 4분의 3 이상의 동의를 얻어 정관 및 국토교통부령이 정하는 서류를 첨부하여 시장.군수의 인가를 받아야 한다. 인가받은 사항을 변경하고자 하는 경우에도 마찬가지이다. 다만, 위 규정에 불구하고 주택단지가 아닌 지역이 정비구역에 포함된 때에는 주택단지가 아닌 지역안의 토지 또는 건축물 소유자의 4분의 3 이상 및 토지면적의 3분의 2 이상의 토지소유자의 동의를 얻어야 한다"고 규정하고 있다.

위 규정상의 주택단지란 주택 및 부대.복리시설을 건설하거나 대지로 조성되는 일단의 토지를 말한다(도시정비법시행령 제5조).

① 주택법 제16조의 규정에 의한 사업계획승인을 얻어 주택과 부대.복리시설을 건설한 일단의 토지

② 위 ①의 규정에 의한 일단의 토지 중 도시계획시설인 도로 그 밖에 이와 유사한

시설로 분리되어 각각 관리되고 있는 각각의 토지

③ 위 ①의 규정에 의한 일단의 토지 중 2이상이 공동으로 관리되고 있는 경우 그 전체 토지

④ 법 제41조의 규정에 의하여 분할된 토지 또는 분할되어 나가는 토지

## 2) 토지소유자등의 동의

### 가. 설립에 필요한 동의

구 도시정비법 제16조 2항은, "주택재건축사업의 추진위원회가 조합을 설립하고자 할 때에는 집합건물의 소유 및 관리에 관한 법률 제47조 1항 및 2항의 규정에 불구하고 주택단지안의 공동주택의 각 동(복리시설의 경우에는 주택단지안의 복리시설 전체를 하나의 동으로 본다)별 구분소유자 및 의결권의 3분의 2 이상의 동의(공동주택의 각 동별 세대수가 5 이하인 경우는 제외)와 주택단지안의 전체구분소유자 및 의결권의 각 4분의 3 이상의 동의를 얻어 정관 및 국토해양부령이 정하는 서류를 첨부하여 시장.군수의 인가를 받아야 한다. 인가받은 사항을 변경하고자 하는 때에도 또한 같다. 다만, 제1항 단서의 규정에 의한 경미한 사항을 변경하고자 하는 때에는 조합원의 동의없이 시장.군수에게 신고하고 변경할 수 있다"고 규정하고 있고, 제3항은 "제2항의 규정에 불구하고 주택단지가 아닌 지역에 정비구역에 포함된 때에는 주택단지가 아닌 지역안의 토지 또는 건축물 소유자의 4분의 3 이상 및 토지면적의 3분의 2 이상의 토지소유자의 동의를 얻어야 한다"고 규정하고 있다.

구 법 제16조 1항 내지 3항의 규정에 의한 토지.건축물등 소유자의 동의는 ① 건설되는 건축물의 설계의 개요, ② 건축물의 철거 및 신축에 소요되는 비용의 개략적인 금액, ③ 제2호의 비용의 분담에 관한 사항(제1호의 설계개요가 변경되는 경우 비용의 분담기준을 포함한다), ④ 사업완료후의 소유권의 귀속에 관한 사항, ⑤ 조합정관이 기재된 동의서에 동의를 받는 방법에 의한다(시행령 제26조).

### 나. 동의자수 산정방법 등

토지등소유자의 동의는 아래의 기준에 의하여 산정한다.

① 주택재건축사업의 경우 소유권 또는 구분소유권이 수인이 공유에 속하는 때에는 그 수인을 대표하는 1인을 토지등소유자로 산정(시행령 제28조 제1항 제2호).

② 추진위원회 또는 조합의 설립에 동의한 자로부터 토지 또는 건축물을 취득한 자는 추진위원회 또는 조합의 설립에 동의한 것으로 본다(시행령 제28조 제1항 제3호).

③ 토지등기부등본.건물등기부등본.토지대장 및 건축물관리대장에 소유자로 등재될 당시 주민등록번호의 기재가 없고, 기재된 주소가 현재 주소와 상이한 경우로서 소재가 확인되지 않는 자는 토지등소유자의 수에서 제외(시행령 제28조 제1항 제4호).

④ 추진위원회의 승인신청 전 또는 조합설립의 인가신청 전에 동의를 철회하는 자는 토지등소유자의 동의자수에서 제외할 것. 다만, 제26조 제1항 각호의 사항의 변경

이 없는 경우에는 조합설립의 인가를 위한 동의자의 수에서 이를 제외하지 않는다. 토지등소유자의 동의(동의의 철회를 포함)는 인감도장을 사용한 서면동의의 방법에 의하며, 이 경우 인감증명서를 첨부하여야 한다.

### (4) 재건축조합의 법적 성격

#### 1) 비영리·공익법인으로서의 조합

재건축조합은 일정 구역 내의 토지등소유자들을 위하여 주택개량 등 정비사업을 시행한다는 점에서 비영리법인으로서의 성격을 가지고 있다. 또 공공사업인 정비사업을 시행한다는 점에서 공익법인으로서의 성격을 가지고 있다고 할 수 있으며, 일정 구역 내의 토지등소유자를 그 구성원으로 한다는 점에서 사단법인으로서의 성격을 가지고 있다고 할 수 있다. 재건축조합은 사업시행과 관련한 일련의 절차가 도시정비법에 의하여 규율되며, 정비사업과 관련하여 조합원들에게 행정처분을 할 수 있을 뿐만 아니라 토지 등을 수용 또는 사용할 수 있는 등 공공기능을 수행하며, 불량주택을 개량하여 주택을 건설·공급 및 관리함으로써 도시환경개선과 주거환경의 질을 높이는데 이바지함을 목적으로 하므로, 이와 같은 점에서 비영리성과 공익성을 가지고 있다.

#### 2) 공법상 사단으로서의 조합

공법상 사단(공공조합)은 특정한 행정 목적을 위하여 결성된 일정한 자격을 가진 자를 구성원으로 하여 구성되는 공법상 법인을 말하는데, 사업의 공공성으로 성격상 강제가입제를 취하고, 그 외에도 설립 및 인가·설립위원의 임명 등 설립 및 해산의 통제, 경비의 강제징수 등 강제적 권능, 의결등의 취소·임원의 징계 등 특별한 행정적 감독 등을 그 특징으로 하고 있다.

재건축조합은 정비사업을 계획적으로 정비하기 위한 정비사업의 시행을 목적으로 결성된 토지등소유자의 단체를 말하는데 이는 법인으로 하고 그 명칭의 사용이 제한되며, 조합원은 조합에 당연 가입되고), 부과금 및 연체료 등의 징수를 관할 시장.군수에게 위탁하고, 토지 등을 수용 또는 사용할 수 있으며, 관리처분계획을 수립(법 제76조)하여 사업이 종료된 후 이전고시(법 제84조)와 청산금을 부과하고, 자료의 제출.임원의 개선 등 행정청에 의한 감독을 받고, 조합의 임직원은 형법상 뇌물죄의 적용에 있어 공무원으로 의제되는(법 제134조) 등의 규정을 종합하여 볼 때 위에서 살펴본 공법상의 사단(공공조합)에 해당한다.

재건축조합의 설립목적 및 위급업무의 성질, 권한 및 의무, 정비사업의 성질 및 내용, 관리처분계획의 수립절차 및 그 내용 등에 비추어, 재건축조합은 조합원에 대한 법률관계에서 특수한 존립목적을 부여받은 특수한 행정주체로서 관할 행정관청의 감독하에 그 존립목적인 특정한 공공사무를 행하고 있다고 볼 수 있고, 적어도 그 범위 내에서는 공법상의 권리.의무관계에 있다고 할 것이다(대판 1996.2.15. 94다31235). 이처럼 재건축조합이 정비사업에 관한한 조합원과의 관계에서 특수한 행정주체로서의 성격을 가지기는 하지만 이는 어디까지나 재건축조합의 공익적 성격을 감안하여 특별한 취급을 한다.

재건축조합은 일정 구역 내의 토지등소유자를 구성원으로 하는 인적결합체로서 그들 내부관계를 규율할 자치법규와 구성원의 총의를 반영하는 의결기구를 두는 등 민법상 사단법인으로서의 성격을 가지고 있으므로, 도시정비법이 위와 같은 특수한 취급을 위하여 특별히 규정한 사항을 제외하고는 조합원 내부관계에 대해서는 민법 규정이 준용된다(법 제27조).

### 3) 사업시행자.행정주체로서의 조합

재건축조합은 재개발, 재건축, 도시환경정비사업의 원칙적 시행자로서 정비사업과 관련된 일체의 권리.의무에 관하여 그 주체가 된다(주거환경개선사업의 경우는 주택공사등이 직접 시행하므로 조합이 결성되지 않는다). 사업시행자로서 각종 행정계획의 입안권도 가지고 있는데 사업시행계획과 관리처분계획이 그러하다.

사업시행계획이 인가되면 다른 법률에 의한 인.허가 등이 의제되고 사업시행을 위한 각종 임시조치 등의 대상으로 되는 등 토지등소유자 및 이해관계인에게 직접적이고 구체적인 효과를 발생시키므로 그 행정처분성이 인정된다.

관리처분계획은 정비구역 안에 있는 종전의 토지 또는 건축물의 소유권과 소유권 이외의 권리를 정비사업으로 새로이 조성된 토지와 축조된 건축시설에 관한 권리로 일정한 기준아래 변환시켜 배분하는 일련의 계획으로 토지등소유자에게 직접적이고 구체적인 영향을 주므로 행정처분이 인정되어 행정소송의 대상이 된다.

## 4. 조합원

### (1) 조합원의 자격

주택재개발조합의 조합원은 정비사업구역내에 토지.건축물등을 소유하고 있는 토지등소유자로 하되, 토지 또는 건축물의 소유권과 지상권이 수인의 공유에 속하는 때에는 그 수인을 대표하는 1인을 조합원으로 본다(법 제39조 1항). 주택재개발조합은 정비사업구역내의 토지등소유자 전원이 조합원이 되는 조합원 강제가입주의를 취하고 있는 것이다.

　　반면, 주택재건축조합은 정비사업구역내에 토지등을 소유하고 있는 토지등소유자 중 주택재건축사업에 동의한 자만이 조합원이 된다(법 제39조 1항). 즉 주택재건축 조합은 임의가입주의를 채택하고 있다.

　　주택재개발조합은 정비구역안에 소재한 토지 또는 건축물의 소유자뿐 아니라 그 지상권자도 조합원이 될 수 있다.

　　그러나 주택재건축조합의 경우에는 정비구역안에 소재한 건축물 및 그 부속토지의 소유자(다만 정비구역이 아닌 구역안에 소재한 대통령령이 정하는 주택 및 그 부속토지의 소유자와 부대.복리시설 및 그 부속토지의 소유자도 조합원이 될 수 있다)만이 조합원이 될 수 있고, 지상권자는 조합원이 될 수 없다.

　　한편, 조합원의 자격에 관한 일반규정인 법 제39조 제1항은 조합원의 자격유지조건이기도 한데, 관리처분의 효력발생시까지 그 소유권을 유지하여야 한다고 본다.

## (2) 공유자들 또는 다주택소유자의 지위

### 1) 공유자

　　주택재개발조합.주택재건축조합이 정비사업구역내의 토지 또는 건축물의 소유권과 지상권이 수인의 공유에 속하는 때에는 그 수인을 대표하는 1인을 조합원으로 보는 점은 동일하다(법 제19조 1항). 이 규정은 공유자들은 모두 조합원으로 보되, 그 중 1인을 대표자로 취급한다는 의미가 아니라, 오로지 공유자들의 대표 1인만을 조합원으로 취급한다는 의미이다. 여기서 공유자를 대표하는 1이을 조합원으로 보는 것은 오로지 절차적 편의를 위한 것이다.

　　한편, 공급되는 주택은 공유자들에게 1주택만을 공급하여야 하는데, 이 점은 절차적 편의보다는 투기수요의 억제라는 사회정책적 고려 때문이다. 즉 조합은 기존의 건축물을 철거하기 전에 도시정비법 제46조의 규정에 의한 분양신청의 현황을 기출 도시정비법 제48조 제1항 각호의 사항이 포함된 관리처분계획을 수립함에 있어서 2인 이상이 1주택을 공유한 경우에는 1주택만 공급한다.

　　절차상 공유자들 중 1인만을 조합원으로 취급하기 때문에 대부분의 규약에서는 공유자 중 1인을 공유자대표조합원으로 신고 또는 등록하여야 한다고 규정하고 있다.

　　만일 공유자들이 전부 또는 일부가 재건축에 반대한다면 그들 중 찬성하는 자만이 조합원이 되는 것이 아니라 모두가 조합원이 아닌 것이다. 따라서 규약을 준수할 의무도 없고, 단지 매도청구의 대상이 될 뿐이다.

　　1개의 건물 또는 토지에 대하여 등기상 공유지분으로 소유하면서 공유자들이 2이상의 칸을 나누거나 위치를 특정하여 각 점유자들이 구조상.이용상 독립성을 가지고 사용하고 있는 경우도 있다.

이들은 절차상 공유자 전원이 1조합원으로 취급받는다는 견해도 있지만, 이들의 점유부분이 실질적으로 구조상.이용상 독립성을 가지고 있다고 하더라도 법률적으로는 1개의 구분소유권에 대한 공유자로 취급될 수 없을 것이다. 따라서 공유자들이 그 중 1인을 공유자대표조합원으로 선정하여 등록하면 그 1인만을 조합원으로 취급하면 되고, 구분소유권도 1개의 소유권으로 취급하면 족하다.

### 2) 다주택소유자

다주택소유자가 조합원이 되는 데는 장애가 없으나, 조합원으로서의 구체적인 지위가 어떻게 되는가가 문제된다.

도시 및 주거환경정비법 제76조 제1항 제6호는 관리처분계획을 수립함에 있어서 분양대상자에 관한 수립기준으로 1세대가 1 이상의 주택을 소유한 경우 1주택을 공급하되, 다만 ① 투기과열지구안에 위치하지 아니한 주택재건축사업의 토지등소유자, ② 근로자(공무원인 근로자를 포함)숙소.기숙사 용도로 주택을 소유하고 있는 토지등소유자, ③ 국가, 지방자치단체 및 주택공사등에 대하여는 소유한 주택수만큼 공급할 수 있도록 기준을 정하고 있다. 따라서 투기과열지구안에 위치한 주택재건축사업의 경우에는 1세대마다 하나의 주택을 공급할 수 있을 뿐이고, 다만 투기과열지구 안에 위치하지 아니한 주택재건축의 경우에는 각 세대가 여러채의 주택을 소유하고 있는 경우 소유한 주택수에 해당하는 주택을 공급할 수 있지만 이는 당해 재건축조합의 규약으로 정할 일이다.

### (3) 조합원의 교체(변경)와 제한

원칙적으로 조합원의 변경은 가능하다. 그런데 조합원의 교체는 도시정비법상 상당한 제한이 있다. 도시 및 주거환경정비법시행령 제37조 2항은 "조합의 설립인가 후 양도.증여.판결 등으로 인하여 조합원의 권리가 이전된 때에는 조합원의 권리를 취득한 자를 조합원으로 본다."고 규정하고 있다.

그러나 도시정비법 제39조 2항 본문에서는 정비사업구역내의 토지등소유자라고 할지라도 같은 항 단서에 해당하는 예외적인 경우를 제외하면 주택법 제41조 1항의 규정에 의한 투기과열지구로 지정된 지역 안에서의 주택재건축사업의 경우 조합설립인가 후 당해 정비사업의 건축물 또는 토지를 양수(매매.증여 그 밖의 권리의 변동을 수반하는 일체의 행위를 포함하되, 상속.이혼으로 인한 양도.양수의 경우를 제외)한 자는 조합원이 될 수 없다고 규정하여, 재건축조합의 경우에 조합원의 교체에 제한을 두고 있다.

다만, 분양받은 신건축물 등의 소유권을 양도한 경우에 도시 및 주거환경정비법 제56조 3항의 제한을 받는 것은 당연하다. 따라서 재건축조합의 조합원의 교체에 대하여 시행령 제30조 2항을 적용함에 있어서는 이점을 유의하여야 한다.

그러나 조합설립인가후라도 양도자가 도시 및 주거환경정비법 제19조 제2항 단서 각호의 1에 해당하는 경우 그 양도자로부터 그 건축물 또는 토지를 양수한 자는 그렇지 아니하다. 조합원 교체에 관한 사항은 정관에 기재되어야 한다.

조합원지위가 타인에게 양도되는 경우 그 양수인은 조합원으로서의 지위를 확보하기 위하여 일단 조합원명의변경절차를 마쳐야 하는데, 양도인이 그 절차에 협력하지 아니할 경우 재건축추진 단계에 따라서, 조합 앞으로 신탁등기가 경료되지 아니한 경우에도 주택이나 대지에 대한 양수인 명의로의 소유권이전등기를 구하거나 양도인을 상대로 조합원명의변경절차이행의 소를 제기하여야 할 것이다.

### (4) 조합원의 제명.탈퇴

법 제20조 제1항 제3호는 조합원의 제명.탈퇴 및 교체에 관한 사항이 정관에 포함되어야 한다고 규정하고 있다. 이는 곧 조합원의 제명.탈퇴가 가능함을 전제로 한 것이다.

그러나 재개발조합의 경우에는 조합가입이 강제되므로, 제명이나 탈퇴는 이를 인정할 수 없다고 할 것이고, 설령 이를 인정한다고 하더라도 그 조합원의 소유 토지 등이 재개발사업으로부터 완전히 배제되는 것은 아니라, 그 조합원은 현금청산의 대상이 될 뿐이라고 해석할 것이다.

재건축조합의 경우에는 제명이나 탈퇴가 불가능한 것으로 규정할 경우 일단은 그 효력을 인정할 수 있을 것인데, 여기서 탈퇴는 조합원 소유의 재산을 타인에게 양도함으로서 발생하는 조합원의 교체를 제외한 개념으로 이해되어야 한다. 다만 조합원의 교체가 제한되는 예외적인 경우에는 결국 탈퇴를 인정하지 아니하면 이는 결국 당해 정비사업지역내의 재산권처분을 금지하는 결과가 되므로, 사유재산권의 본질을 침해하는 정도에 이르는 경우에는 그 효력이 제한될 경우도 있을 것이다.

정관에 이러한 탈퇴에 관한 규정이 없는 경우, 일반적인 비법인사단과 달리 주촉법상의 재건축조합은 조합의 본질상 부득이한 사유가 없는 한 조합원의 임의탈퇴가 허용되지 아니한다고 본다.

조합가입이 임의적인 재건축조합의 경우 재건축참가동의는 의사표시의 하자의 일

바논에 따른 취소.무효주장은 가능하다고 할 것이다. 그러나 위의 요건에 해당하는 경우가 아니면, 재건축결의절차에서 한 의사표시이든 최고절차에서 한 의사표시이든 일단 재건축에 찬성의 의사표시를 한 자는 그 의사표시를 임의로 철회할 수 없다. 다만 시행령 제28조 제1항 제5호는 조합설립동의자수의 산정에 있어서 추진위원회의 승인신청 전 또는 조합설립의 인가신청 전에 동의를 철회하는 자는 토지등소유자의 동의자수에서 제외하되, 다만, 제26조 제1항 각호의 사항의 변경이 없는 경우에는 조합설립의 인가를 위한 동의자의 수에서 이를 제외하지 않는다고 규정하고 있다.

제명.탈퇴는 조합원으로서의 지위를 박탈 또는 상실하게 되지만 조합원으로서의 지위상실에 소급효를 인정할 아무런 근거가 없다. 따라서 조합원지위상실의 효과는 장래에 대해서만 효력이 있다. 따라서 이미 이루어진 신탁등기도 유효하며, 다만 신탁재산반환의 문제로서 원물인 구건축물의 소유권을 반환하던가, 현금청산의 방법으로 반환하는지가 문제된다.

## 5. 조합임원

### (1) 임원의 선임

조합은 조합장 1인, 이사, 감사의 임원을 둔다(법 제41조 1항). 조합에 두는 이사의 수는 3인 이상으로 하고, 감사의 수는 1인 이상 3인 이하로 한다(토지등소유자의 수가 100인을 초과하는 경우에는 이사를 5인 이상 범위안에서 정관으로 정한다). 추진위원회 또는 조합은 총회 의결을 거쳐 추진위원회 위원 또는 조합임원의 선출에 관한 선거관리를 「선거관리위원회법」 제3조에 따라 선거관리위원회에 위탁할 수 있다.

### (2) 임원의 직무(법 제42조)

조합장은 조합을 대표하고, 그 사무를 총괄하며, 총회 또는 제25조의 규정에 의한 대의원회의 의장이 된다. 조합장 또는 이사의 자기를 위한 조합과의 계약이나 소송에 관하여는 감사가 조합을 대표한다. 조합임원은 같은 목적의 정비사업을 하는 다른 조합의 임원 또는 직원을 겸할 수 없다.

### (3) 임원의 결격사유 및 해임(법 제43조)

### 1) 결격사유와 퇴임

미성년자, 금치산자 또는 한정치산자, 파산선고를 받은 자로서 복권되지 아니한 자, 금고 이상의 실형의 선고를 받고 그 집행이 종료되거나 집행이 면제된 날부터 2년이 경과되지 아니한 자, 금고 이상의 형의 집행유예를 받고 그 유예기간 중에 있는 자는 조합의 임원이 될 수 없고, 조합임원이 이에 해당하게 되거나 선임 당시 그에 해당되는 자임이 판명된 때에는 당연 퇴임한다. 그러나 퇴임전에 한 행위는 그 효력을 유지한다.

### 2) 조합임원의 해임

조합임원의 해임은 조합원 10분의 1이상의 발의로 소집된 총회에서 조합원 과반수의 출석과 출석조합원 과반수의 동의를 얻어 할 수 있다. 이 경우 요구자 대표로 선출된 자가 해임 총회의 소집 및 진행을 할 때에는 조합장의 권한을 대행한다.

이와 같은 규정이 아니더라도 단체의 임원을 임기전에 해임시키기 위해서는 해임의 결권이 있고, 해임의결권은 법령이나 정관에 규정이 없더라도 인정될 수 있는 것이다.

도시 및 주거환경정비법에서는 재개발조합이나 재건축조합은 법인이고 재개발조합이나 재건축조합에 관해서는 도시 및 주거환경정비법에 규정된 것을 제외하고는 민법 중 사단법인에 관한 규정을 적용한다.

## (4) 임원의 지위

조합과 그 기관인 임원의 법률관계는 법인과 기관인 이사의 법률관계와 같이 위임자와 수임자의 법률관계이다. 임기만료되거나 사임한 임원이라도 그 임무를 수행함이 부적당하다고 인정할 만한 특별한 사정이 없는 한 후임자가 선임될 때까지 직무를 계속 수행할 수 있는 것도 법인과 달리 볼 필요가 없다.

## (5) 조합임원에 대한 직무집행정지가처분 및 직무대행자선임

법령이나 규약상의 결격사유가 발생한 경우 당연 퇴임하는 것으로 규정되었는데 당연퇴임사유가 발생한 경우 또는 법령이나 규약에 규정된 방식(절차)에 따라 해임 의결되었는데도 불구하고 해당 임원이 여전히 퇴직 또는 해임결의의 효력을 다투면서 임원으로서의 직무를 집행하고 있고, 그로 인하여 조합에 손해를 가할 우려가 있는 경우에는 본안소송전이라도 미리 직무집행정지가처분, 나아가 직무대행자 선임신청을 할 수 있음은 당연하다.

해임결의가 있었는데도 불구하고 그 결의의 효력을 다투면서 직무집행을 하거나 임원선임결의가 무효임을 이유로 직무집행가처분을 할 수 있음은 당연하다. 이때

주의할 점은 우선 가처분은 법인이 아니라 직무집행에서 배제하려는 임원을 가처분의 대상으로 삼아야 한다는 점이다.

　반면에 조합임원에 대한 직무집행정지가처분 및 직무대행자선임 신청이 받아 들여진 경우 그 가처분에 대한 본안판결 선고시 또는 확정시까지 직무집행이 정지된 임원의 직무를 수행할 자는 직무대행자이고, 특히 조합장의 직무집행이 정지되고 직무대행자가 선임된 경우 그 직무집행이 정지된 대표자선출결의의 무효, 부존재확인 소송에서 조합을 대표할 자도 역시 지무대행자로 선임된 자이다.

## 6. 조합설립의 동의 및 재건축결의

　구 도시 및 주거환경정비법 제16조 2항은"주택재건축사업의 추진위원회가 조합을 설립하고자 하는 때에는 집합건물의 소유 및 관리에 관한 법률 제47조 제1항 및 제2항의 규정에 불구하고 주택단지안의 공동주택의 각 동(복리시설의 경우에는 주택단지안의 복리시설 전체를 하나의 동으로 본다)별 구분소유자 및 의결권의 각 2/3 이상의 도의와 주택단지안의 전체 구분소유자 및 의결권의 각 3/4 이상의 동의를 얻어 정관 및 국토해양부령이 정하는 서류를 첨부하여 시장.군수의 인가를 받아야 한다. 인가받은 사항을 변경하고자 하는 때에도 또한 같다. 다만, 제1항 단서의 규정에 의한 경미한 사항을 변경하고자 하는 때에는 조합원의 동의없이 시장.군수에게 신고하고 변경할 수 있다"고 규정하고 있고, 도시 및 주거환경정비법시행령 제26조 2항의 규정에 의한 토지등소유자의 동의는 ① 건설되는 건축물의 설계의 개요, ② 건축물의 철거 및 신축에 소요되는 비용의 개략적인 금액, ③ 제2호의 비용의 분담에 관한 사항, ④ 사업완료후의 소유권의 귀속에 관한 사항, ⑤ 조합정관 등이 기재된 동의서에 동의를 받는 방법에 의한다고 규정하고 있다.

　도시 및 주거환경정비법 제2조 제2호 다목에서 정비사업의 하나인 주택재건축사업에 관하여 "정비기반시설은 양호하나 노후.불량건축물이 밀집한 지역에서 주거환경을 개선하기 위하여 시행하는 사업"이라고 정의하고 있는데, 여기서 노후.불량건축물의 개념에 대해서는 도시 및 주거환경정비법 제2조 3호, 도시 및 주거환경정비법시행령 2조에서 정의하고 있다

　한편, 주택재건축사업은 주거환경개선사업.주택재개발사업 또는 도시환경정비사업과는 달리 정비구역 안에서 시행할 수도 있고, 정비구역이 아닌 구역에서도 시행이 가능한데(도시 및 주거환경정비법 제2조 제2호), 정비구역 안에서 시행하고자 할 경우에는 시장.군수의 정비계획 수립 및 정비구역지정신청에 따른 시.도지사의 정비구역지정 또는

변경이 있어야 한다(도시 및 주거환경정비법 제4조 1.2항).

## 7. 재건축결의의 하자

재건축의 실질적 요건을 흠결한 경우에는 비록 절차적 요건을 갖추고 있더라도 그 재건결의는 무효로 보아야 할 것이다. 도시 및 주거환경정비법 제12조 1항은, 주택재건축사업을 시행하고자 하는 자는 시장.군수에게 당해 건축물에 대한 안전진단을 신청하여야 한다고 규정하고, 제2항 내지 제10항에서 안전진단에 관한 상세한 규정을 두고있는데, 집합건물법의 소유 및 관리에 관한 법률 제48조 소정의 매도청구권을 행사하기 위한 요건으로 위 안전진단이 필요하다고 볼 근거가 없으므로, 안전진단을 실시하지 않고 재건축결의를 했다고 해서 재건축결의가 무효라고 볼 수는 없다.

## 8. 관리처분

### (1) 관리처분계획

구 도시 및 주거환경정비법 제48조 제4항은"정비사업의 기행으로 조성된 대지 및 건축물은 관리처분계획에 의하여 이를 처분 또는 관리하여야 한다"고 규정하고 있는 바와 같이, 관리처분은 관리처분계획에서 정한 대로 대지 또는 건축물의 소유권을 처분 또는 관리하고, 청산하는 처분을 말하고, 관리처분계획은 이러한 관리처분을 정한 계획을 말한다. 즉 관리처분계획이란 정비사업(주거환경개선사업은 제외)이 완료된 후에 행할 환권처분을 미리 정하는 계획을 말하는 것으로서, 곧 정비사업의 시행으로 조성되는 대지 및 설치되는 건축시설 등에 대한 사업완료 후의 분양처분을 미리 정하는 계획이다. 도시정비법상 공용환권은 분양신청과 관리처분계획에 따른 환권처분에 의하여 행하여진다.

즉 주택재개발사업은 정비구역안에서 법 제48조의 규정에 의하여 인가받은 관리처분계획에 따라 주택 및 부대.복리시설을 건설하여 공급하는 방법에 의한다.

정비사업의 시행으로 인한 대지 및 건축시설은 관리처분계획에 의하여 처분 또는 관리하여야 하므로, 관리처분계획은 정비사업에 있어서 이해관계인의 관심이 집중되는 중심적 위치를 차지하게 된다.

환권처분(분양처분)의 내용은 관리처분계획으로 정하여 지는 바, 관리처분계획은 토지 등 소유자의 권리.의무에 직접적인 구속력을 미치는 것이므로 행정쟁송상의 처분에 해당하고, 또한 환권처분의 기준을 제시하고 환권처분은 관리처분계획에 구속되어 행해지므로, 관리처분계획은 구속적 행정계획으로 볼 수 있다.

## (2) 분양공고 및 분양신청

사업시행자는 제50조 제9항의 규정에 따른 사업시행계획인가의 고시가 있은 날(사업시행계획인가 이후 시공자를 선정한 경우에는 시공자와 계약을 체결한 날)부터 120일 이내에 다음 각 호의 사항을 토지등소유자에게 통지하고, 분양의 대상이 되는 대지 또는 건축물의 내역 등 대통령령으로 정하는 사항을 해당 지역에서 발간되는 일간신문에 공고하여야 한다. 다만, 토지등소유자 1인이 시행하는 재개발사업의 경우에는 그러하지 아니하다.

1. 분양대상자별 종전의 토지 또는 건축물의 명세 및 사업시행계획인가의 고시가 있은 날을 기준으로 한 가격(사업시행계획인가 전에 제81조제3항에 따라 철거된 건축물은 시장 ·군수등에게 허가를 받은 날을 기준으로 한 가격)
2. 분양대상자별 분담금의 추산액
3. 분양신청기간
4. 그 밖에 대통령령으로 정하는 사항다.

## (3) 관리처분계획의 성립, 내용, 인가, 기준(법 제74조)

관리처분계획은 조합총회의 의결을 거쳐야 한다. 그러므로 조합총회의 결의에 의해 관리처분계획이 성립한다.

사업시행자(주거환경대선사업 제외)는 분양신청기간이 종료된 때에는 기존의 건축물을 철거하기 전에 분양신청의 현황을 기초로 ①분양설계, ②분양대상자의 주소 및 성별, ③분양대상자별 분양예정인 대지 또는 건물로의 수사액, ④분양대상자별 종전의 토지 또는 건축물의 명세 및 사업시행, ⑤정비사업비의 추산액 및 그에 따른 조합원 부담규모 및 부담시기, ⑥분양대상자의 종전의 토지 또는 건축물에 관한 소유권외의 권리명세 등이 포함된 관리처분계획을 수립하여 시장.군수의 인가를 받아야 하며, 관리처분계획을 변경, 중지하는 경우에도 같다.

행정청의 관리처분계획의 인가는 사업시행자의 관리처분계획의 효력을 완성시키는 보충행위 인가를 받지 못한 경우에는 법률행위로 효력이 없다. 관리처분계획을 수립함에 있어서 그 기준은 도시정비법 제74조 제1항의 기준에 따른다.

# 지역·직장주택조합 표준규약

## 목    차

**제6장 사업시행**
제40조(시행방법)
제41조(사업시행기간)
제42조(업무대행자의 선정)
제43조(시공자의 선정 및 사업시행계약)
제44조(공동사업주체인 시공자의 의무)
제45조(기성금 지급)
제46조(부동산의 신탁)
제47조(부기등기)
제48조(조합주택의 공급)
제49조(일반분양)
제50조(입주자로 선정된 지위의 전매 등)

**제7장 완료조치**
제51조(입주 등)
제52조(조합의 해산)
제53조(청산인의 임무)
제54조(채무변제 및 잔여재산의 처분)
제55조(관련서류의 이관)

**제8장 보  칙**
제56조(다른 규정의 적용)
제57조(규약의 해석)
제58조(소송 관할)

**부  칙**
〈참고사항〉

【 표준규약의 활용방법 】

　지역·직장주택조합은 주택법령의 규정에 해당되는 다수의 무주택자(주거전용면적 60제곱미터 이하 주택소유자 포함)가 조합을 설립하여 사업부지를 확보하고 주택법령에 따라 사업부지를 관할하는 시장·군수·구청장으로부터 조합설립인가를 득한 후 시공자와 함께 주택건설사업을 시행하는 제도이다.

　표준규약은 주택건설사업에 경험이 없는 지역·직장주택조합 및 조합원이 규약을 작성함에 있어 그 사업의 구체적인 추진절차와 조합원의 권리·의무관계, 주택조합 운영방법, 사업시행 방법, 분쟁해결 방법 등 주택조합의 규약에 반영되어야 할 방법을 예시하는 하나의 가이드라인으로 법적 구속력은 없다.

　표준규약은 주택조합·시공사사업부지의 특징과 여건 등에 따라 각자의 실정에 맞도록 추가삭제·수정할 수 있다. 그러나 조합원의 권익과 관계되는 사항에 대한 규정완화 등은 치밀한 검토와 전체적인 합의절차 등을 거쳐 신중하게 정하는 것이 바람직하며 관계법령에 위반되어서는 아니 된다. 표준규약에서 사용된 용어 또는 기호의 정의는 다음과 같다.

【주】: 표준규약에 직접 규정한 사유와 관계법령의 근거 및 해당 조항이 지니는 의의와 성격을 설명하였고, 실제 규약 작성시 주의해야 할 내용·기준·범위 및 출처 등을 설명한 것임
　　○ : 표준규약에 직접 규정하기 어려운 사항으로 명칭 및 사업부지의 위치, 대표자 성명, 구체적인 수치 등을 주택조합에서 기재해야 할 사항임

【 내 용 】

## 제1장　총 칙
제1조(명칭)
　본 조합의 명칭은 ○○○지역(직장)주택조합(이하 "조합"이라 한다)이라 한다.

【주】주택법에 따라 지역주택조합, 직장주택조합의 명칭 사용.

제2조(목적)

본 규약은 주택법의 규정에 의한 지역(직장)주택조합 사업에 관한 필요한 사항을 규정하여 조합원의 권익을 보호하고 사업추진이 원활히 이루어지도록 함으로써 조합원 주거생활의 안정을 도모함을 목적으로 한다.

제3조(사무소)

조합의 주된 사무소는 ○○(시·도) ○○(시·군구) ○○(읍·면) ○○(로·길) ○○○에 둔다.

제4조(사업시행지역의 위치 및 면적)

조합의 주택건설대지는 ○○(시·도) ○○(시·군구) ○○(읍·면) ○○(로·길) ○○○번지 외 ○○필지로서 사업부지의 총면적은 ○○○○㎡으로 한다. 단, 본 사업의 시행상 필요할 경우 대지의 총면적이 다소 증감할 수 있다.

조합은 당해 주택건설대지가 이미 인가를 받은 다른 주택조합의 주택건설대지와 중복되지 아니하도록 한다.

【주】주택법 시행령 제37조의 내용을 반영하여 주택조합의 설립인가시 필수적으로 조합의 주택건설대지를 특정하도록 함. 다만, 진입로부지 매수, 사업부지 감소 등 사업시행상 필요하여 사업부지의 면적변경(증감)이 있을 수 있음

【주】주택법 시행령 제37조 (주택조합의 설립인가등) 참조 : 주택조합설립인가·변경인가 또는 해산인가를 받고자 하는 자는 인가신청서에 필요 서류를 첨부하여 조합주택건설대지를 관할하는 시장·군수구청장에게 제출하여야함

제5조(조합규약의 변경)

조합규약은 조합원 총회에서 제24조에 따른 총회의 의결 방법에 따라 변경한다.

【주】조합규약의 변경은 주택법 시행규칙 제17조 제4항에 따라 총회의 의결사항에 해당함

제6조(조합원의 권리·의무에 관한 사항의 고지 등)

① 조합은 조합원의 권리·의무에 관한 사항(변동사항을 포함한다. 이하 같다)을 조합원에게 성실히 고지하여야 한다.

② 조합이 제1항에 따라 조합원의 권리·의무에 관한 사항을 고지하는 때에는 이 규약에서 따로 정하는 것을 제외하고는 다음 각 호에 따른다.

  1. 관련 조합원에게 등기우편으로 통지하여야 한다. 등기우편이 주소불명 등의 사유로 반송된 경우에는 제2호의 조치로 통지에 갈음한다.

  2. 조합 사무실 또는 인터넷(조합 홈페이지 등)에 3월 이상 비치하거나 게재하는 등 조치를 하여 관련 조합원이 이를 열람할 수 있도록 하여야 한다.

    【주】 조합이 조합원의 권리·의무에 관한 사항을 사전에 성실히 고지하도록 하여 조합원의 권익을 보장하도록 하고 집행부의 독단적인 조합운영을 차단할 수 있도록 함

제7조(용어의 정의)

이 규약에서 사용하는 용어의 의미는 다음과 같다.

1. 조합운영비 : 조합사무실의 운영, 임직원의 급여, 기타 경비에 사용하기 위하여 조합원들이 납입하는 금액

2. 토지매입비 : 사업대상 토지구입을 위해 조합원이 납입하는 금액

3. 건축비 : 건축을 위한 직·간접 공사비로 조합원이 납입하는 금액

4. 부담금(조합비) : 조합운영비, 토지 매입비, 건축비 등 조합의 사업추진을 위해 조합원이 조합에 납입하는 일체의 금액

5. 1차 조합원 : 조합설립인가 당시의 조합원 또는 이들의 지위를 승계한 자

6. 2차 조합원 : 조합설립인가 후 추가모집승인을 받아 조합에 가입한 조합원

  【주】 조합의 사업형태에 따라 조합원들이 조합에 납입하는 금액의 성격을 명확히 할 필요가 있음. 조합운영비 등을 별도로 징구하지 않는 조합이 있을 수 있으며, 조합의 형편에 따라 필요한 사항을 정하면 될 것임

  【주】 소수의 조합원으로 조합설립인가를 받은 후 대규모로 조합원을 추가모집할 경우에는 설립인가 당시 조합원과 추가모집된 조합원 사이의 이해

관계의 충돌을 방지하고 추가모집 조합원의 임원 피선출권등 권익을 보장할 필요도 있으므로 그러한 경우를 대비하여 1차, 2차 조합원의 용어를 구분한 것이나, 조합실정에 따라서는 불필요한 규정이 될 수도 있음

## 제2장 조합원

제8조(조합원의 자격)

조합원의 자격요건은 주택법령에 정한 조합원의 자격요건을 말하며, 다음 각 호와 같다.

1. 지역주택조합의 경우

   가. 주택조합설립인가신청일부터 당해 조합주택의 입주가능일까지 주택을 소유하지 아니하거나 주거전용면적 85제곱미터 이하의 주택 1채를 소유한 세대주인 자. 다만, 주택조합의 조합원이 근무·질병치료·유학·결혼 등 부득이한 사유로 인하여 세대주자격을 일시적으로 상실한 경우로서 시장·군수 또는 구청장이 인정하는 경우에는 조합원자격이 있는 것으로 본다.

   나. 주택조합설립인가신청일 현재 법 제2조 제11호 가목의 지역(주택조합설립인가지역)에 6개월 이상 거주하여 온 자

2. 직장주택조합의 경우

   가. 주택조합설립인가신청일부터 당해 조합주택의 입주가능일까지 주택을 소유하지 아니하거나 주거전용면적 85미터 이하의 주택 1채를 소유한 세대주인 자. 다만, 주택조합의 조합원이 근무·질병치료·유학·결혼 등 부득이한 사유로 인하여 세대주자격을 일시적으로 상실한 경우로서 시장·군수 또는 구청장이 인정하는 경우에는 조합원자격이 있는 것으로 본다.

   나. 주택조합설립인가신청일 현재  ○○시·도 ○○시·군구 안에 소재하는 동일한 국가기관 · 지방자치단체 또는 법인에 근무하는 자

   【주】조합원자격의 규정은 주택법 제32조제5항 및 주택법 시행령 제38조 등에 규정된 중요한 사항이므로 주택법령 등에서 정하는 구체적인 사항을 추가토록 하고, 동일지역의 범위는 동일한 특별시, 광역시, 시 또

는 군(광역시의 관할구역에 있는 군을 제외한다) 이어야 함

【주】조합원 자격의 지속적인 유지여부는 전산검색에 의하여 확인될 것이고, 추후 2차조합원 및 조합원 변경의 요건 역시 1차조합원과 동일한 조건을 유지하도록 명확하게 제시되어야 할 것임

제9조(조합가입)

① 규약 제8조 (조합원 자격)에 해당하는 자로서 조합에 가입하고자 하는 자는 소정 양식의 가입신청서 및 사업시행에 필요한 서류를 제출하여 조합장의 허가를 얻어야 한다.

② 조합원은 조합이 사업시행에 필요한 서류를 요구할 경우에 이를 제출할 의무가 있으며, 조합은 요구서류에 대한 용도와 수량을 명확히 하여야 한다.

③ 조합원의 자격이나 권한, 입주자로 선정된 지위 등을 양도·상속·증여 및 판결 등으로 이전받은 자는 조합원의 권리와 의무 및 종전의 조합원이 행하였거나 조합이 종전의 조합원에게 행한 처분, 청산시 권리·의무에 관한 범위 등을 포괄 승계한다.

【주】조합원 지위 이전시 권리관계를 명확하게 함으로써 업무의 혼란을 줄이기 위함

제10조(조합원의 권리와 의무)

① 조합원은 다음 각 호의 권리를 갖는다

1. 사업계획으로 정한 조합주택의 공급청구권

2. 총회의 출석권·발언권 및 의결권

3. 임원과 대의원의 선출권 및 피선출권, 피선출권은 조합원에 한하며 조합원 이외의 자는 임원 및 대의원으로 선출될 수 없다.

【주】임원과 대의원의 피선출권을 조합원에 한하도록 하여 자격시비를 방지하고자 함

② 조합원은 다음 각 호의 의무가 있다.

1. 부담금(조합운영비, 토지매입비, 건축비 등) 등의 납부의무

2. 관계법령 및 규약, 총회 등의 의결사항 준수의무

　　【주】조합원에게 금전적 부담이 되는 사항을 보다 명확히 규정하기 위한 것으로 조합에 따라 보다 구체적으로 명시할 수도 있음

③ 조합원의 의결권은 평등하며, 권한의 대리행사는 원칙적으로 인정하지 않는다. 다만, 조합원이 유고로 권한을 행사할 수 없는 경우에는 성년자를 대리인으로 정하여 위임장을 제출하고 그 권한을 대리로 행사할 수 있다.

　　【주】조합원의 부재, 유고 등으로 조합원의 권한을 대리로 행사하는 경우에 자격 등에 관한 분쟁이 많은 점을 감안한 것임

④ 조합원이 주소 또는 인감을 변경하였을 경우에는 즉시 조합에 통지하여야 하며, 통지하지 아니하여 발생되는 불이익에 대하여 조합에 이의를 제기할 수 없다.

제11조(조합원 지위의 양도)

① 조합원이 그 권리를 양도할 때에는 관계법령에 적합하여야 하며, 관할 시·군·구청에서 양도계약서에 검인을 받아 조합에서 권리의무승계계약서를 작성하여야 한다. 양도 즉시 검인 및 권리의무승계계약서를 작성하지 아니한 경우 이로 인한 불이익에 대하여 해당조합원은 조합에 이의를 제기할 수 없다.

② 조합은 검인받은 양도계약서 사본을 제출받아 권리의무승계계약서에 첨부하여 보관하고 조속히 조합설립인가권자에게 조합원변경인가를 신청하여야 한다. 양도자는 변경인가를 받을 때까지 조합원자격을 유지하여야 하며, 양수자는 변경인가를 받아야 조합원이 될 수 있다.

　　【주】전매 등으로 조합원의 권리가 양도되는 경우가 많으나 관계법령에 위배되는 전매가 있을 수 있으므로 이를 방지하고, 아울러 조합이 조속히 조합원 변경인가를 처리할 수 있도록 하여 사업추진에 지장을 초래하는 것을 방지하고자 함

③ 제1항에 따른 양도계약서 및 권리의무승계계약서에는 인감도장으로 날인하여야 하고, 인감증명서를 첨부하여야 한다.

　　【주】조합원 지위의 양도에 관한 사항은 조합원의 재산상 매우 중요한 사

항이므로 조합원의 권익보호를 위하여 조합원 본인의 인감을 날인토록 하는 것임. 다만, 인감날인 및 인감증명서의 첨부는 조합원의 지위를 양도하는 경우 이외에도 조합원의 권리행사에 매우 중요한 다른 규정에서도 총회의 의결을 거쳐 포함시킬 수 있을 것임

제12조(조합원의 탈퇴·자격상실·제명)
① 조합원은 임의로 조합을 탈퇴할 수 없다. 다만, 부득이한 사유가 발생하여 조합원이 조합을 탈퇴하고자 할 때에는 15일 이전에 그 뜻을 조합장에게 서면으로 통고하여야 하며, 조합장은 총회 또는 대의원회의 의결로써 탈퇴 여부를 결정하여야 한다.
　【주】 조합원의 개인적 사정에 따라 빈번하게 탈퇴가 이루어진다면 사업추진에 지장이 많으므로 원칙적으로 임의탈퇴는 불허하되, 총회 등의 의결에 따르도록 한 것이며 총회 또는 대의원회의 의결 여부는 조합원 수, 단지 규모, 탈퇴가 조합에 미치는 영향 등을 감안하여 결정하면 될 것임.
② 관계법령 및 이 규약에서 정하는 조합원 자격에 해당하지 않게 된 자의 조합원 자격은 자동 상실된다.
　【주】 관계법령 및 규약에서 정하는 조합원 자격에 해당하지 않게 된 경우 조합원의 자격이 조합내부의 별도 절차(총회 또는 대의원회 의결 등)나 행정절차(변경인가 등)를 받을 때까지 지속되는지 여부에 대한 논란을 방지하고자 함
③ 조합원이 다음 각 호에 해당하는 경우 등 조합원으로서의 의무를 이행하지 아니하여 조합에 손해를 입힌 경우에는 대의원회 또는 총회의 의결에 따라 조합원을 제명할 수 있다. 이 경우 제명 전에 해당조합원에 대해 소명기회를 부여하여야 하되, 소명기회를 부여하였음에도 이에 응하지 아니한 경우에는 소명기회를 부여한 것으로 본다.
1. 부담금 등을 지정일까지 2회 이상 계속 납부하지 않을 경우
2. 조합의 목적에 위배되는 행위를 하여 사업추진에 막대한 피해를 초래하였을 경우
　【주】 소수의 조합원이 의무를 불이행하여 조합에 피해를 주는 경우에는

해당조합원을 제명할 수 있도록 하되, 조합이 이를 남용할 소지도 있으므로 소명기회를 부여토록 한 것임

④ 탈퇴, 조합원자격의 상실, 제명 등으로 조합원의 지위를 상실한 자에 대하여는 조합원이 납입한 제 납입금에서 소정의 공동부담금을 공제한 잔액을 환급청구일로부터 30일 이내에 지급하되, 총회의 의결로서 공제할 공동부담금 및 환급시기를 따로 정할 수 있다.

【주】 조합원의 지위를 상실한 경우에는 조속하게 납입금을 반환하도록 하여 분쟁을 방지하고자 함. 다만, 주택조합의 사정에 따라서는 자금능력의 부족으로 조속한 환급이 불가능한 경우가 있고, 이러한 경우에도 조속한 상환을 강제한다면 잔존 조합원의 피해가 클 것이므로 예외적으로 총회의 의결로서 환급시기를 사업완료 후 등으로 조정할 수 있도록 규정한 것임

제13조(조합원의 추가모집·교체)

조합은 다음 각 호의 1에 해당하는 경우에 조합원의 추가모집이나 교체를 할 수 있으며 주택법 등 관계법령에 적합하여야 하고, 이에 위배되어 조합원을 추가모집하거나 교체할 수 없다.

1. 조합원의 사망

2. 법 제16조에 따른 주택건설사업계획의 승인이후에 입주자로 선정된 지위(당해 주택에 입주할 수 있는 권리·자격 또는 지위 등을 말한다)가 양도·증여 또는 판결 등으로 변경된 경우. 다만, 법 제41조의2제1항제1호에 따라 전매가 금지되는 경우를 제외한다.

3. 조합원 탈퇴 등으로 조합원이 20인 미만이 되는 경우

4. 조합원이 무자격자로 판명되어 자격을 상실하는 경우

【주】 주택법 시행령 제39조에 따라 조합원의 추가모집이나 교체에 관하여 일정한 제한을 가하고 있으므로 이를 규약에 반영할 필요가 있음

【주】 주택법 시행령 제39조제1항에 따르면, 지역조합 또는 직장조합은 그 설립인가를 받은 후에는 당해 조합의 구성원을 교체하거나 신규로 가입하

게 할 수 없음. 다만, 조합원수가 설립인가 당시의 사업계획서상 주택건설예정세대수를 초과하지 아니하는 범위 안에서 시장 등으로부터 국토교통부령이 정하는 바에 따라 조합원 추가모집의 승인을 받은 경우와 기타 사유로 결원이 발생한 범위 안에서 충원하는 경우에는 그러하지 않음

【주】 주택법 시행령 제39조제2항 : 제1항 단서의 규정에 의하여 조합원으로 추가모집되는 자와 동항 각호의 사유로 충원되는 자에 대한 제38조제1항 제1호 및 제2호에 규정된 조합원 자격요건 충족여부의 판단은 당해 주택조합의 설립인가신청일을 기준으로 한다. 다만, 제1항제1호의 사유로 인하여 조합원의 지위를 상속받은 자는 제38조제1항제1호 및 제2호에 규정된 조합원 자격요건을 필요로 하지 않음

【주】 주택법 시행령 제39조제3항 : 제1항 단서에 따른 조합원 추가모집의 승인과 조합원 추가모집에 따른 주택조합의 변경인가신청은 사업계획승인 신청일까지 하여야 함

【주】 주택법 제32조제5항 단서 : 다만, 제41조제1항에 따른 투기과열지구에서 제1항에 따라 설립인가를 받은 지역주택조합이 구성원을 선정하는 경우에는 신청서의 접수 순서에 따라 조합원의 지위를 인정하여서는 아니된다.

【주】 주택법 제41조의2제1항제1호 : ① 사업주체가 건설·공급하는 주택 또는 주택의 입주자로 선정된 지위(입주자로 선정되어 그 주택에 입주할 수 있는 권리·자격·지위 등을 말한다. 이하 같다)로서 다음 각 호의 어느 하나에 해당하는 경우에는 10년 이내의 범위에서 대통령령으로 정하는 기간이 지나기 전에는 그 주택 또는 지위를 전매(매매·증여나 그 밖에 권리의 변동을 수반하는 모든 행위를 포함하되, 상속의 경우는 제외한다. 이하 같다)하거나 이의 전매를 알선할 수 없다. 이 경우 전매제한기간은 주택의 수급 상황 및 투기 우려 등을 고려하여 대통령령으로 지역별로 달리 정할 수 있다.

1. 투기과열지구에서 건설·공급되는 주택의 입주자로 선정된 지위

제14조(추가모집 조합원의 권리보호)

　조합이 조합원을 추가모집한 경우 추가모집된 조합원(2차 조합원)이 조합설립 인가 당시의 조합원(1차조합원) 숫자를 상회할 경우 조합임원에 대하여 다시 총회를 소집하여 신임여부를 확인하여야 한다. 또한 추가모집 조합원수에 비례 하여 신임이사를 충원할 수 있다.

　【주】소수의 조합원으로 조합설립인가를 받은 후 대규모로 추가조합원 모집을 할 경우에는 추가모집 조합원의 임원 피선출권등 권익을 보장할 필요도 있음

　【주】2차 조합원은 최초 설립인가된 조합에서 제시한 사업계획을 인정한 상태 에서 가입한 것임. 2차 조합원이 다수라 할지라도 기존의 임원 및 대의원 등은 사업의 연속성 유지를 위하여 지위를 그대로 유지토록 하고 추가로 임원 또는 대의원수를 확보하면 될 것임

## 제3장 임원

제15조 (임원의 수와 피선출권)

　본 조합에는 조합장 1인과 ○인 이내의 이사 및 2인 이내의 감사를 둔다. 조 합원이 아닌 자는 임원으로 선출될 수 없다.

　【주】조합의 대표로서 조합장 1인을 두고, 조합의 실정에 맞게 적정한 수의 이사를 두도록 함. 주택조합의 특성상 조합원이 아닌 자의 임원 피선출권 을 금지하여야 함

제16조(임원의 선출)

　임원은 총회에서 재적조합원 과반수의 출석과 출석 조합원 과반수의 찬성으로 선출한다. 다만, 1차 투표에서 정족수에 미달되어 선출이 불가능한 경우에는 다득표자 2인을 상대로 2차 투표를 실시하고, 2차투표에서도 정족수에 미달된 경우 3차 투표를 통해 최다득표수로 선출할 수 있다.

　【주】조합 임원의 선임과 해임은 주택법 시행규칙 제17조제5항에 따라 총회의 의결사항임

제17조(임원의 임기)

임원의 임기는 선임된 날부터 다음 각 호의 경우를 제외하고는 사업종료시까지로 한다.

1. 자진사퇴한 경우

2. 제18조의 제1항의 규정에 의한 결격사유가 발생한 경우

3. 총회의 의결에 의해 해임되는 경우

【주】 임원의 임기는 원칙적으로 사업종료시까지로 정하여 사업추진의 일관성을 도모하고자 하는 것이며, 임원이 직무를 유기하거나 권한을 남용하여 사업추진에 지장이나 손해를 준 경우 조합원 총회의 의결로 해임할 수 있도록 하여 조합원의 권익을 보호하도록 함


제18조(임원의 결격사유 및 자격상실 등)

① 다음 각호의 자는 조합의 임원 및 대의원에 선임될 수 없다.

1. 미성년자·금치산자·한정치산자 또는 파산자로서 복권되지 아니한 자

2. 법원의 판결 또는 법률에 의하여 자격이 상실되거나 정지된 자

3. 금고이상의 형의 선고를 받고 그 집행이 종료되거나 집행을 받지 아니하기로 확정된 후 5년이 경과되지 아니한 자

4. 금고이상의 형의 선고를 받고 그 집행유예의 기간이 완료된 날부터 2년이 경과되지 아니한 자 또는 선고유예를 받고 그 선고 유예기간 중에 있는 자

5. 본 주택조합의 시공사 또는 업무대행사의 임직원

② 임원 및 대의원으로 선임된 후 그 직무와 관련한 형사사건으로 기소될 경우에는 확정판결이 있을 때까지 이사회 또는 대의원회 의결에 따라 직무수행 자격을 정지시킬 수 있으며, 그 사건으로 벌금이상의 형의 선고를 받은 임원 및 대의원은 그 날부터 자격을 상실한다. 자격을 상실한 경우 즉시 새로운 임원 및 대의원을 선출하여 관할관청의 변경인가를 받아야 한다.

【주】 당해 주택조합의 시공사, 업무대행사, 행정용역사의 임직원이 조합임원이 될 경우 조합원의 권익보다는 시공사 등의 이익을 추구할 가능성이 있으므로 시공사 등의 임직원에 대하여 조합임원의 자격을 제한하고자 한 것임

【주】조합임원의 선임과 해임은 총회의 의결사항이고 직무와 관련된 사건으로 기소된 후 확정판결까지의 기간이 장기화될 경우 해당 임원의 자격시비 등으로 조합 업무추진에 지장이 많음을 감안한 것임

제19조(임원의 직무 등)

① 조합장은 조합을 대표하고 조합의 사무를 총괄하며 총회와 대의원회 및 이사회의 의장이 된다.

② 이사는 이사회에 부의된 사항을 심의·의결하며 이 규약 또는 업무규정이 정하는 바에 의하여 조합의 사무를 분담한다.

③ 감사는 조합의 업무 및 재산상태와 회계에 관하여 감사하며 정기총회에 감사결과보고서를 제출하여야 한다. 이 경우 조합원 1/10이상의 요청이 있을 때에는 공인회계사에게 회계감사를 의뢰하여 공인회계사가 작성한 감사보고서를 제출하여야 한다. 이 경우 회계감사비용은 공인회계사 회계감사를 요청한 조합원이 부담하여야 한다.

【주】조합회계 등 감사의 업무에 관하여 의혹이 있을 경우 공인회계사에게 회계감사를 의뢰토록 하여 의혹을 해소할 수 있도록 한 것으로 요청정족수는 조합의 규모 등에 따라 1/20, 1/5, 1/3 등으로 적정하게 조정할 수 있음. 소수 조합원에 의한 공인회계사에 의한 회계감사가 남용되는 것을 방지하기 위하여 감사비용은 감사를 요청한 조합원이 부담하도록 하는 것이 바람직하나, 조합의 사정에 따라서는 조합이 부담하는 것으로 정하여도 무방할 것임

④ 감사는 조합의 재산관리 또는 업무집행이 공정하지 못하거나 부정이 있음을 발견하였을 때에는 대의원회 또는 총회에 보고하여야 하며, 조합장에게 보고를 위한 회의를 소집할 것을 요구할 수 있다. 이 경우 감사의 회의소집요구에도 불구하고 조합장이 회의를 소집하지 아니하는 경우에는 감사가 직접 회의를 소집할 수 있다. 회의소집 절차와 의결방법 등은 제22조 제6항 및 제7항, 제24조, 제27조, 제28조의 규정을 준용한다.

【주】부정이 있을 경우, 감사에게 총회 또는 대의원회의의 소집요구권 및 소집권을 부여함으로써 부정에 대한 신속한 조치를 기할 수 있도록 한 것임

⑤ 조합장이 자기를 위한 조합과의 계약이나 소송에 관련되었을 경우에는 감사가 조합을 대표한다.

⑥ 조합장이 유고로 인하여 그 직무를 수행할 수 없을 때에는 이사 중에서 연장자순에 의하여 그 직무를 대행한다.

　【주】부조합장이 있는 경우 부조합장, 상근이사 중 연장자순 등으로 조합여건에 맞게 조정할 수 있음

⑦ 조합은 그 사무를 집행하기 위하여 필요하다고 인정하는 때에는 조합의 인사규정이 정하는 바에 따라 상근하는 임원 또는 유급직원을 들 수 있다.

　【주】상근임원의 종류 및 상근임원의 업무범위·권한·의무, 유급 직원의 수 및 직함, 업무내용 등을 별도의 인사규정을 마련하여 운영하도록 한 것이나, 조합의 규모나 성격에 따라 별도의 인사규정이 없이 규약에 직접 정할 수도 있을 것임

⑧ 조합에 상근하는 임직원은 같은 목적의 사업을 시행하는 다른 조합 또는 시공사 및 유사단체의 임직원을 겸할 수 없다.

제20조(임원의 사임 및 해임 등)

① 임원이 자의로 사임하는 경우에는 서면에 의한 사임서를 제출하여야 한다. 조합장 및 감사의 경우에는 사임서가 총회, 대의원회 또는 이사회에 제출되어 수리된 때, 나머지 임원의 경우에는 사임서가 조합장에게 제출되어 수리된 때에 사임의 효력이 발생한다. 사임의 효력이 발생한 때에는 사임서를 수리한 기관(조합장의 경우에는 총회, 대의원회 또는 이사회, 기타 임원의 경우에는 조합장)의 동의가 없는 한 임의로 사임을 철회할 수 없다.

　【주】임원을 사임하는 경우에 사임의 효력발생시기가 불투명하고, 사임 이후에 사임의사를 철회하는 경우에도 임원 자격유무를 둘러싸고 분쟁이 발생하는 경우가 많으므로 사임의 효력발생시기 및 철회가 가능한지 여부를 명확하게 규정하여 혼선을 방지하고자 한 것임

② 임원은 그 선임 절차에 따라 해임할 수 있다. 이 때 감사는 임원에 대한 해임사유에 대하여 총회에 보고할 수 있으며, 감사의 해임일 경우 조합장이

해임사유에 대하여 총회에 보고할 수 있다.

> 【주】조합장을 비롯한 임원의 해임은 선임과 같은 절차로 행하여지도록 한 것임. 조합임원의 선임 및 해임은 주택법 시행규칙 제17조 제4항에 따라 총회의결사항임

③ 제1항 및 제2항에 따라 임원이 사임하거나 해임되는 경우에 임원 선임절차에 따라 즉시 새로운 임원을 선출하여야 하며 새로운 임원이 선임, 취임할 때까지는 종전의 임원이 직무를 수행한다.

④ 제3항의 경우 사임하거나 해임되는 임원이 새로운 임원이 선임, 취임할 때까지 직무를 수행하는 것이 적합하지 아니하다고 인정될 때에는 이사회 또는 대의원회의 의결에 따라 그의 직무수행을 정지하고 조합장이 임원의 직무를 수행할 자를 임시로 선임할 수 있다. 다만, 조합장이 사임 또는 해임되거나 제18조제2항에 따른 직무수행자격의 정지기간 동안에는 감사가 임원의 직무를 수행할 자를 임시로 선임할 수 있다.

> 【주】임원이 직무태만, 부정 등으로 해임되는 경우에는 새로운 임원이 선출될 때까지 업무를 수행하는 것이 적정하지 못한 경우가 있을 것이므로 업무공백이나 부작용이 없도록 업무수행을 대신할 자를 임시로 선임할 수 있도록 한 것임

제21조(임직원의 보수 등)

① 조합은 상근임원 또는 비상근 임원에 대하여 별도로 정하는 보수규정에 따라 보수를 지급할 수 있으며, 임원이 그 직무를 수행함으로써 발생되는 경비를 지급할 수 있다.

> 【주】직장주택조합이나 지역주택조합의 경우에 상근하는 임원이 없는 조합이 많으나 비상근 임원이라 하더라도 조합의 업무를 위하여 많은 시간을 투여하고, 비용을 지출하는 경우도 많이 있으므로 조합의 사정에 따라 상근, 비상근 임원에 대하여 보수 및 경비를 지급할 수 있을 것임

② 유급직원에 대하여 조합이 정하는 별도의 보수규정에 따라 보수를 지급하여야 한다.

> 【주】임원 및 유급직원에 대한 보수는 사업비에 영향을 미치므로 별도의

보수규정을 마련하여 운영토록 한 것이나, 조합의 규모에 따라 규약에 보수에 관한 사항 등을 직접 규정할 수도 있음

③ 유급직원은 조합의 인사규정(또는 규약의 인사에 관한 규정 제○조 제○항) 이 정하는 바에 따라 조합장이 임명한다. 이 경우 임명결과에 대해 사후에 총회 또는 대의원회의 인준을 받아야 하며 인준을 받지 못하면 즉시 해임하 여야 한다.

## 제4장 총회, 대의원회, 이사회

제22조(총회의 설치)

① 조합에는 조합원 전원으로 구성되는 총회를 둔다.

② 총회는 창립총회, 정기총회, 임시총회로 구분하며 조합장이 소집한다. 다만, 창 립총회는 주택조합추진위원회 위원장 또는 그 직무를 대행하는 자가 소집한다.

③ 정기총회는 매년 1회 12월 중에 개최한다. 다만, 부득이한 사정이 있는 경 우에는 대의원회 또는 이사회 의결로 일시를 변경할 수 있다. 회계연도내에 임시총회가 개최된 경우에는 대의원회 또는 이사회 의결로 정기총회를 생략 할 수 있다.

【주】 정기총회는 매년 일정한 시기에 개최하는 것이 바람직하나 조합의 사 정에 따라 탄력적으로 운영할 수 있도록 총회개최 시기의 변경을 가능 케 한 것임. 총회에는 비용이 소요되므로 사업일정에 따라 임시총회를 개최한 경우에는 정기총회를 생략할 수 있도록 한 것이나 조합실정에 따라 달리 정할 수도 있을 것임

④ 임시총회는 다음 각 호의 경우에 개최한다.

1. 조합장이 필요하다고 인정하는 경우

2. 재적조합원 1/5 이상이나 재적대의원 2/3 이상 또는 감사 전원으로부터 안 건을 명시하여 서면에 의한 임시총회의 소집요구가 있을 경우

⑤ 제4항 제2호의 경우 조합장은 필요성 유무에 불구하고 1개월 이내에 임시총 회를 개최하여야 한다. 이 경우 7일 이내에 조합장이 총회소집요구에 응하

지 않을 경우에는 총회소집을 요구한 조합원, 대의원, 감사는 법원의 총회소집허가를 얻어 총회를 소집할 수 있다. 총회소집을 요구한 조합원, 대의원, 감사가 법원에 총회소집 허가 신청을 한 뒤에는 조합장은 같은 안건을 목적으로 한 총회를 소집할 수 없다.

【주】일정비율 이상의 조합원, 대의원 또는 감사에게 총회소집요구권을 부여함으로써 조합원의 권익을 보호하도록 함. 이때, 총회소집요구 정족수는 조합원 수, 조합의 규모 등에 따라 적절히 정할 수 있을 것임

【주】조합원, 대의원 또는 감사에게 총회소집권을 부여한 것은 민법의 사단법인에 관한 규정중 소수조합원의 권리를 원용한 것이므로 이에 따라 법원의 허가를 얻어 총회를 소집할 수 있도록 정한 것임. 법원의 허가를 얻도록 한 것은 소수조합원에 의한 총회소집권 남용을 방지하고, 총회소집절차가 법령 및 규약에 부합하도록 하기 위한 것임

【주】총회소집을 요구한 조합원, 대의원, 감사가 법원에 총회소집 허가신청을 한 뒤에 조합장이 같은 안건을 목적으로 한 총회를 소집하는 것을 허용한다면 조합장이 총회개최시기를 고의로 지연시키는 것을 방조하는 것이므로 소수조합원 등에 의한 총회소집 요구의 실효성을 높이기 위하여 법원에 총회소집허가신청을 한 뒤에는 조합장이 같은 안건을 목적으로 하는 총회를 소집하는 것을 제한하고자 하는 것임

⑥ 제2항부터 제4항까지에 따라 총회를 개최하는 경우에는 총회의 목적·안건·일시·장소 등에 관하여 미리 이사회의 의결을 거쳐야 한다.

⑦ 제2항부터 제5항까지에 따라 총회를 개최하는 경우에는 회의개최 14일전부터 회의목적·안건·일시·장소 등을 조합사무소의 게시판에 게시하거나, 인터넷홈페이지 등을 통하여 공고하여야 하며, 각 조합원에게는 회의개최 10일전까지 등기우편으로 이를 발송, 통지하여야 한다. 다만, 긴급을 요하여 이사회의 의결로서 정한 경우에는 위 공고기간을 단축할 수 있으나, 최소한 7일 이상의 공고기간은 부여하여야 한다.

제23조(총회의 의결사항)

① 다음 각호의 사항은 총회의 의결을 거쳐 결정한다.

1. 조합 규약의 변경

2. 자금의 차입과 그 방법·이율 및 상환방법

3. 예산으로 정한 사항 외에 조합원에 부담이 될 계약

4. 시공자의 선정·변경 및 공사계약의 체결

5. 조합임원의 선임 및 해임

6. 사업시행계획의 결정 및 변경. 단, 법령에 의한 변경 및 인·허가과정에서 변경된 경우는 제외한다.

7. 사업비의 조합원별 분담내역

8. 조합해산의 결의 및 해산시 회계보고

9. 업무대행자 선정에 관한 사항

10. 예산 및 결산의 승인

11. 기타 주택법령 및 이 규약 또는 조합설립 인가조건에서 총회의 의결을 요하는 사항

【주】 주택법 시행규칙 제17조제5항의 내용을 반영하여 반드시 총회의 의결을 거쳐야 할 내용을 명시한 것으로, 사업시행에 있어서 핵심적인 사항에 대하여는 가급적 총회에서 조합원 스스로가 결정하도록 하여야 할 것임

② 제1항에 따른 총회의 의결사항에 대하여는 구체적 안건에 관하여 총회의 의결을 거쳐서 대의원회, 이사회, 조합장 등에게 위임하기 전에는 다른 조직이나 기관으로 하여금 총회의 권한을 대행하게 할 수 없다.

【주】 총회의 의결을 거치지 않고 다른 조직이나 기관이 총회의 권한을 대행할 수 없다는 취지를 명시하여 조합원들의 권익을 보호하되, 구체적 안건에 관하여 위임할 필요성이 있는 경우에 총회의 의결로써 대의원회, 이사회, 조합장 등에게 위임할 수 있도록 함

【주】 주택법 시행령 제37조제6항에 따르면 공동사업주체인 등록사업자가 조합업무(조합가입의 알선은 제외)를 대행할 수 있도록 규정하고 있으며, 업무대행자의 선임은 조합원총회에서 결정하는 것이 바람직할 것으

로 보아 제1항제9호를 둔 것임. 한편, 주택법 제97조제7호에 따르면 조합원이 아닌 자로서 주택조합의 가입을 알선하면서 주택가격외의 수수료를 그 밖의 명목으로 받은 자는 처벌대상임

제24조(총회의 의결방법)

① 총회는 이 규약에 달리 정함이 없는 한 재적조합원 과반수의 출석으로 개의하고 출석조합원의 과반수 찬성으로 의결한다.

② 제1항에 불구하고 다음 각 호에 관한 사항은 재적조합원 2/3 이상의 출석과 출석조합원 2/3 이상의 찬성으로 의결한다.

1. 사업종료의 경우를 제외하고 조합해산을 의결하는 경우

2. 조합규약의 변경

【주】조합의 존폐에 관계되는 중요사항의 경우 의결정족수를 강화할 수 있으며, 의결요건의 강화 정도 및 구체적인 내용은 조합의 실정에 따라 달리 정할 수 있을 것임

③ 조합원은 서면이나 대리인을 통하여 의결권을 행사할 수 있다. 이 경우 제1항 및 제2항에 따른 출석으로 본다.

④ 조합원은 제3항에 따라 서면으로 의결권을 행사하는 때에는 안건내용에 대한 의사를 표시하여 총회 전일까지 조합에 도착되도록 제출하여야 한다.

⑤ 조합원은 제3항에 따라 대리인으로 하여금 의결권을 행사하는 때에는 성년자를 대리인으로 정하여 조합에 위임장을 제출하여야 한다.

⑥ 총회소집 결과 정족수가 미달되는 때에는 재소집하여야 하며, 재소집의 경우에도 정족수에 미달되는 때에는 다시 소집하여야 한다. 이 경우에는 제27조 및 제28조에 정한 대의원회에서 의결한다.

【주】총회를 소집하여도 조합원들의 무관심으로 인하여 정족수가 충족되지 않는 경우에는 조합운영을 위하여 현실적으로 참석자만으로 총회를 운영할 수 있도록 한 것임

⑦ 조합원의 4/5 이상에 의한 서면에 의한 합의(서면의결)가 있는 때에는 총회의 의결이 있는 것으로 본다.

【주】안건에 대하여 조합원들 사이에 이견이 없으나 현실적인 여건으로 인하여 총회출석이 어려운 경우도 많기 때문에 조합원 4/5 이상의 절대다수의 서면에 의한 합의로써 총회의결을 갈음할 수 있도록 하여 조합운영의 편의를 도모한 것임.「집합건물의 소유 및 관리에 관한 법률」(집합건물의소유및관리에관한법률 제41조는 '집합건물의 관리단집회에서 결의할 것으로 정한 사항에 대하여 구분소유자 및 의결권의 각 4/5이상의 서면에 의한 합의가 있는 때에는 관리단집회의 결의가 있는 것으로 본다'고 정하고 있는데, 위 법률규정을 원용한 것임

제25조(대의원회의 설치)

① 조합에는 대의원회를 둘 수 있다.

② 대의원회는 조합원  ○명당 1인을 기준으로 선출하며, 대의원의 총수는 ○명 이상 ○명 이내로 한다.

【주】소규모 주택조합의 경우에는 총회, 이사회 이외에 별도의 대의원회가 불필요하지만, 대규모 주택조합의 경우에는 대의원회가 필요할 수 있으므로 조합의 실정(예 : 조합원 20명당 대의원 1명)에 따라 대의원회 구성여부를 자율적으로 결정하면 될 것임

제26조(대의원회의 직무)

대의원회는 다음 각호의 사항을 심의·의결한다.

1. 총회 부의안건의 사전심의 및 총회로부터 위임받은 사항
2. 예산 및 결산안의 심의
3. 비위방지 등을 위한 감사요청권 등 기타 규약으로 정하는 사항

【주】감사는 부정 등을 발견했을 때는 대의원회 또는 총회에 보고하여야 하고(제19조제4항) 이사회는 감사요청권이 있음(제33조)

제27조(대의원회의 소집)

① 대의원회는 의장이 필요하다고 인정하는 때에 소집한다. 다만, 대의원 1/3

이상이 회의목적 사항을 제시하고 대의원회의 소집을 요구하는 때에는 의장
은 즉시 대의원회를 소집하여야 한다. 이 경우 의장이 대의원회의를 소집하
지 않을 경우에는 회의소집을 요구하는 대의원 공동명의로 소집할 수 있다.

② 대의원회의 소집은 회의개최 7일전까지 회의목적·안건·일시·장소 등을 조합사
무소의 게시판에 게시하거나, 인터넷홈페이지 등을 통하여 공고하여야 하며
각 대의원에게는 등기우편으로 이를 발송, 통지하여야 한다.　다만, 긴급을
요하여 이사회의 의결로써 정한 경우에는 그러하지 아니하다.

제28조(대의원회의 의결방법)

① 대의원회는 재적대의원 과반수의 출석으로 개의하고 출석대의원 과반수 찬
성으로 의결한다.

② 제24조 제4항 및 제5항(서면 및 대리인에 의한 의결권행사) 규정은 대의원
회에 준용한다.

제29조(이사회의 설치)

① 조합에는 조합의 사무를 집행하기 위하여 조합장과 이사로 구성하는 이사회를
둔다.

② 이사회는 조합장이 소집하며, 조합장은 이사회의 의장이 된다.

제30조(이사회의 사무)

이사회는 다음 각호의 사무를 집행한다.

1. 조합의 예산 및 통상사무의 집행
2. 총회에 상정할 안건의 심의·결정
3. 업무규정 등 조합내부 규정의 제정 및 개정
4. 기타 조합의 운영 및 사업시행에 관하여 필요한 사항
5. 총회에서 위임한 사항

제31조(이사회의 소집)

① 이사회는 조합장이 필요하다고 인정할 경우에 수시로 개최할 수 있다.

② 이사회의 소집은 회의 개최 1주일전에 전 임원에게 서면으로 통지하여야 한다. 단 긴급을 요할 시에는 그러하지 아니하다.

제32조(이사회의 의결 방법)

이사회는 구성원 과반수의 출석으로 개의하고 출석 구성원 과반수의 찬성으로 의결한다.

제33조 (감사의 이사회 출석권한 및 감사요청)

① 감사는 이사회에 출석하여 의견을 진술할 수 있다. 다만, 의결권은 가지지 아니한다.

② 이사회 및 대의원회는 조합운영상 필요하다고 인정될 때에는 감사에게 조합의 회계 및 업무에 대한 감사를 실시하도록 요청할 수 있다.

【주】 이사회의 어용화를 방지하기 위하여 대의원회에도 감사요청권한을 부여한 것임

제34조(회의록 작성 및 관리)

① 조합은 총회·대의원회·이사회의 회의록을 작성하여 보관하여야 한다.

② 회의록에는 다음 각 호의 사항을 기재하여 조합장 및 출석한 이사, 대의원, 감사가 기명날인하여 조합사무소에 비치하거나 조합 인터넷홈페이지에 게시하여 조합원이 열람할 수 있도록 하여야 한다.

1. 회의의 일시 및 장소
2. 출석자의 수
3. 회의 안건
4. 의사진행과정 및 의결사항

【주】 총회·대의원회·이사회의 회의내용 및 결과에 대해 모든 조합원이 수시로 확인할 수 있도록 함으로써 집행부의 조합운영에 투명성과 공정성을 기하도록 한 것임

## 제5장 조합회계

제35조(조합의 회계)

① 조합의 회계연도는 매년 1월 1일(설립인가를 받은 당해연도는 인가일)부터 12월말일 까지로 한다.

② 조합의 예산회계는 기업회계의 원칙에 따르되 조합은 필요하다고 인정하는 경우 별도의 회계규정을 정하여 운영할 수 있다.

제36조(재원)

조합의 운영 및 사업시행을 위한 자금은 다음에 의하여 조달한다.

1. 조합원이 납부하는 부담금
2. 주택법에 근거한 융자금
3. 조합 또는 시공자가 조달하는 차입금
4. 대여금의 이자 및 연체료 등 수입금
5. 건축물 및 부대·복리시설의 분양 수입금
6. 기타 조합재산의 사용수익 또는 처분에 의한 수익금

【주】대여금의 이자율, 연체료 이자율 등은 시공사와 공사계약서에서 정한 금융기관의 이자율을 적용할 수 있을 것임

제37조(부담금의 부과 및 징수)

① 조합원 부담금(조합운영비, 토지구입비, 건축비 등)은 공급받을 주택의 위치(동·호수), 면적, 이용상황, 환경 등 제반여건을 종합적으로 고려하여 공평하게 부과하여야 한다. 조합원이 분양받을 조합주택의 동, 층, 호수별로 가격차이가 있을 경우 그 가격 또는 가격산출의 방법을 동·호수 추첨, 지정 전에 공개하여야 한다.

【주】아파트의 동, 층, 호수별로 가격차이가 발생하므로 개별가격 산정을 동·호수 추첨, 지정 전·후로 하여 전문업체에 위탁하여 부담금에 차등을 두는 것이 합리적임

② 조합은 납부기한내에 부담금을 납부하지 아니한 조합원에 대하여는 ○○은
행에서 적용하는 연체금리의 범위 내에서 연체이자를 부과할 수 있다.
　【주】 사업추진을 위한 경비 등 부담금의 납부 및 이의 연체에 대한 조합의
　　　처분 등에 대한 규정을 두어 조합원이 이를 숙지토록 하고, 일부 미납
　　　자로 인한 다수 조합원의 피해를 방지할 수 있도록 한 것임

제38조(자금의 운영 및 관리)
① 조합원의 부담금은 본 조합주택의 사업목적 이외에는 사용할 수 없다.
② 조합의 사업비는 조합이 지정한 금융기관에 예치하되, 시공사와의 공사계약
에 따라 시공사와 공동명의의 계좌를 사용할 수 있다.

제39조(조합의 회계감사)
① 감사는 조합의 업무 및 재산상태와 회계에 관하여 감사하며, 정기총회에 감
사결과 보고서를 제출하여야 한다.
② 조합은 주택법령에 의거 다음 각 호의 1에 해당하는 기간에 대하여 그 다음
날부터 30일 이내에 「주식회사의 외부감사에 관한 법률」 제3조에 따른 감
사인의 회계감사를 받아야 하며, 회계감사 결과는 총회 또는 조합원에게 서
면으로 보고하고, 3월 이상 조합사무실에 비치하거나 인터넷에 게시하는 등
조합원들이 열람할 수 있도록 하여야 한다.
　1. 법 제16조에 따른 주택건설사업계획승인을 얻은 날부터 3월이 경과한 날
　2. 법 제29조에 따른 사용검사 또는 임시사용승인을 신청한 날
③ 제2항에 따른 회계감사는 법 제16조에 따른 사업계획승인을 얻은 사업별로
실시하여야 한다.
④ 제2항에 따른 회계감사에 대하여는 「주식회사의 외부감사에 관한 법률」 제
5조에 따른 회계감사기준을 적용한다.
⑤ 제2항의 규정에 의한 회계감사를 실시한 자는 회계감사 종료일부터 15일이내
에 회계감사결과를 시장·군수·구청장과 당해 주택조합에 통보하여야 한다.
⑥ 시장·군수·구청장은 제5항에 따라 통보받은 회계감사결과의 내용을 검토하

여 위법 또는 부당한 사항이 있다고 인정되는 때에는 그 내용을 당해 주택
조합에 통보하고 그 시정을 요구할 수 있다.

【주】 주택법 제34조제3항을 규약에 명시하여 조합원이나 임직원이 이를
명확히 숙지토록 한 것임

【주】 주택법 제34조제3항 : 주택조합은 대통령령이 정하는 바에 따라 회계
감사를 받아야 하며, 그 감사결과를 관할 시장·군수·구청장에게 보고하
고, 인터넷에 게재하는 등 당해 조합원이 열람할 수 있도록 하여야 한다.

【주】 주택법 시행령 제42조제1항 : 주택조합은 법 제34조제3항의 규정에 의
하여 다음 각호의 1에 해당하는 날부터 30일 이내에 「주식회사의 외부감
사에 관한 법률」 제3조의 규정에 의한 감사인의 회계감사를 받아야 한다.

## 제6장 사업시행

제40조(시행방법)

① 조합원이 토지매입자금과 건축비 등을 부담하고, 주택법령에 의한 주택건설
사업자를 시공자로 하여 공동주택과 상가 등 복리시설을 건립한다. 이 경우
조합과 시공능력이 있는 주택건설사업자를 공동사업주체로 한다.

② 인·허가등 각종 행정절차, 설계·시공업체의 선정방법, 관리처분계획의 수립 등
전문지식이 요구되는 업무에 대해서는 전문기관 등에 자문을 구할 수 있다.

③ 조합은 주택건설사업자와 대지 및 주택(상가 등 복리시설 포함)의 사용·처
분, 사업비의 부담, 공사기간 그 밖에 사업추진상 각종의 책임 등에 관하여
법령이 정하는 범위 안에서 약정을 체결하여야 한다.

【주】 주택법 시행령 제12조제4호는 위 사항에 관한 약정을 체결하여 사업
계획승인 신청을 하도록 하고 있어, 이를 명확히 규정한 것으로 개별
조합의 여건에 따라 관련 사항을 보다 구체화 할 수도 있음

④ 신축주택은 조합원에게 우선 공급하며, 남는 잔여주택 및 상가 등 복리시설
은 주택법령에 따라 일반에게 분양한다.

⑤ 조합은 공동사업주체인 시공자와 별도로 정하는 약정에 따라 잔여주택 등을

분양하여 상환하거나 대물로 지급할 것 등을 조건으로 시공자에게 소요사업
비의 일부를 직접 조달하도록 할 수 있다.

【주】 토지매입비 등을 시공자로부터 대여받아 사업을 추진하는 경우가 있
으므로 그 근거를 명확히 하고자 한 것임

## 제41조(사업시행기간)

사업시행기간은 조합추진위원회를 구성한 날부터 주택법령에 의한 사용검사를
받고 청산업무가 종료되는 날까지로 한다.

## 제42조(업무대행자의 선정)

조합은 조합의 업무를 공동사업 주체인 등록사업자에게 대행토록 할 수 있다.

【주】 주택법 시행령 제37조제6항 : 주택조합은 법 제10조제2항에 따라 공동으로
사업을 시행하는 등록사업자에게 주택조합의 업무(주택조합에의 가입을 알선
하는 업무를 제외한다)를 대행하게 할 수 있음

## 제43조(시공자의 선정 및 사업시행계약)

① 시공자는 주택법에 의한 공동사업주체의 요건을 갖추어야 하며, 총회의 의
결을 거쳐 선정하여야 한다.

② 조합은 주택법에 의한 시공능력 있는 등록사업자와 공동으로 사업을 시행할 수 있다.

【주】 주택조합이 그 구성원의 주택을 건설하는 경우에는 대통령령으로 정
하는 바에 따라 등록사업자와 공동으로 사업을 시행할 수 있으며,  이
경우 주택조합과 등록사업자를 공동사업주체로 봄(주택법 제10조제2항)

【주】 시공자의 선정·변경 및 공사계약의 체결은 주택법 시행규칙 제17조제
5항에 따라 총회의 의결사항에 해당됨

③ 조합은 총회의 의결을 거쳐 시공자와 공사 및 관련사업비의 부담 등 사업시
행의 전반에 관한 내용에 관하여 공사도급계약을 체결하여야 한다. 공사도
급계약을 변경할 경우에도 같다. 다만, 조합원의 금전적 부담을 수반하지
않는 경미한 사항의 변경은 그러하지 아니하다.

【주】조합과 시공자간의 계약은 조합원의 권익보호 및 사업추진에 매우 중요한 사항이므로 조합과 시공자는 미리 공사 및 관련사업비의 부담 등 사업시행 전반에 대한 내용을 협의한 후 총회의 인준을 받아 계약을 체결토록 한 것임. 다만,  경미한 사항의 경우에도 총회의 의결로 하는 경우 사업추진에 지장을 줄 수도 있으므로 금전적 부담이 수반되지 않는 경미한 사항 등은 총회의 의결 없이도 변경 가능하도록 한 것임

④ 조합은 시공자와 체결한 계약서를 조합사무실에 비치하여야 하며, 조합원이 이의 열람 또는 복사를 원할 경우 이에 응하여야 한다.

제44조(공동사업주체인 시공자의 의무)

① 시공자는 주택조합사업이 효율적으로 이루어지도록 선량한 관리자의 주의의무를 다하여야 한다.

② 조합은 사업의 효율적 추진을 위해 필요하다고 판단할 경우 인·허가 등 각종 행정절차 이행을 위한 업무에 대하여 시공자의 협조를 요청할 수 있으며 시공자는 이에 적극 협력하여야 한다.

③ 공동사업주체인 시공자는 시공자로서의 책임뿐만 아니라 자신의 귀책사유로 사업추진이 불가능하게 되거나 지연됨으로 인하여 조합원에게 가한 손해를 배상할 책임이 있다.

【주】주택법 제32조제2항의 내용을 규약에 반영시켜 공동사업주체인 시공자의 책임을 환기하고 시공자가 선량한 관리자의 주의의무를 다하도록 함

제45조(기성금 지급)

공사 기성금의 지급은 시공자와의 공사계약서에 정한 바에 따른다.

【주】주택조합에 대한 시공보증제도가 도입되어 시공자가 부도 등으로 시공책임을 이행할 수 없게 되는 경우에 공사이행의 책임을 지도록 하고 있으나, 구체적인 시공보증계약의 내용에 따라 지체상금 등은 시공보증의 대상에서 제외될 수도 있으며, 모든 손해의 전보가 이루어진다고 단정할 수 없으므로 가급적 기성율에 따라 공사대금을 지급하는 것이 바람직

제46조(부동산의 신탁)

① 조합원은 사업의 원활한 추진을 위하여 사업부지를 조합에 신탁등기 하여야 한다.

② 조합은 수탁받은 재산권을 사업시행 목적에 적합하게 행사하여야 하며, 사업이 종료되면 즉시 신탁을 해제하여 당해 조합원에게 재산권을 반환하여야 한다.

③ 다음 각 호의 등기를 하는 경우에는 민법 제276조 제1항과 부동산등기법 시행규칙 제56조제3호에 의한 조합원 총회의 의결은 별도로 받지 아니한다.

  1. 조합이 사업부지를 매입하는 경우 및 신탁을 원인으로 하는 등기

  2. 사업종료 또는 조합원 자격상실에 따른 신탁해지 등을 원인으로 하는 소유권 이전등기, 신탁원부 변경등기

  3. 사업지구 변경 또는 기타 토지의 매입 등 사업지구 승인면적 외의 부동산 매입에 따른 소유권 이전등기

  4. 교환, 합병, 분할, 공유물 분할, 기부체납 등에 의하여 발생되는 각종 등기

  5. 상가분양, 유치원매각, 학교부지매각 등에 따른 처분등기

  【주】 사업의 효율적 추진을 위하여 신탁등기에 관한 근거규정을 마련할 필요가 있음. 또한 효율적인 사업추진을 위하여 사업추진을 위한 등기의 경우에는 별도의 조합원 총회의 의결없이 신탁등기 등이 가능하도록 한 것임

제47조(부기등기)

  조합은 토지를 취득한 후 사업부지에 대하여 사업계획승인신청과 동시에 주택법에 의한 부기등기를 할 수 있으며, 일반분양한 주택에 대하여 소유권보존등기와 동시에 부기등기를 할 수 있다.

  【주】 부기등기는 선분양제도하에서 입주예정자(일반분양자)들을 보호하기 위한 제도이므로 주택조합원이 주택조합에 대지를 신탁한 경우 부기등기를 하지 아니하여도 무방함(주택법 제40조, 주택법 시행령 제45조제3항제1호 다목). 그러나, 주택법 시행령 제45조제3항제1호 다목의 규정은 부기등기를 하지 아니할 수 있다는 취지이지 부기등기를 금지하는 취지는 아니므로 경

우에 따라서는 부기등기를 할 수도 있을 것임

**제48조(조합주택의 공급)**

① 조합원에게 공급하는 주택의 규모는 조합의 사업계획 및 사업계획승인의 내용에 따라 평형별로 확정한다.

② 신축주택의 평형별 배정은 조합원이 납입한 부담금을 기준으로 결정한다.

③ 조합원의 동·호수 결정은 조합이 결정한 지정시기에 공정한 추첨 방법에 의하여 결정한다. 세부적인 추첨 방법은 별도로 정할 수 있다.

【주】 추첨시기 및 방법은 사업진행의 정도에 따라 조합원 총회 또는 이사회에서 결정할 수 있을 것임. (예 : 입주일 3개월전 등)

④ 동·호수에 따라 분양가격(조합원 부담금)의 차등을 둘 수 있으며, 이 때에는 추첨 전에 분양가 또는 분양가 산정의 방법을 공개하여야 한다.

【주】 동·호수에 따라 시가에 차이가 있는 경우에 이를 반영할 필요가 있으므로 그 경우에는 추첨 전에 분양가 또는 분양가산정방법을 공개하도록 하여 조합원들 사이의 분쟁을 예방할 필요가 있음. 분양가 산정이 완료되지 않은 경우에는 부동산전문회사(부동산투자자문회사, 감정평가회사) 등에 의뢰한 평가결과에 따른다는 정도의 내용을 공개하고, 추후 평가결과에 따라 정산할 수 있을 것임

**제49조(일반분양)**

① 조합원에게 분양하고 남는 주택이 30세대 이상인 경우에는 주택법령에 따라 일반에게 공개분양하여야 한다.

② 잔여주택이 30세대 미만인 경우와 상가 등 복리시설에 대하여는 조합원총회 또는 이사회의 의결에 따라 임의 분양할 수 있다.

**제50조(입주자로 선정된 지위의 전매 등)**

① 본 조합에서 공급하는 주택의 입주자로 선정된 지위는 주택법령 등 관계규정이 정하는 전매금지기간을 경과하지 아니한 때에 타인에게 전매(양도·증여)할

수 없다.

② 조합원이 사업계획승인 후 제1항의 규정에도 불구하고 불법적으로 전매하였을 때에는 조합은 이사회의 의결로 해당 조합원을 제명할 수 있다.

【주】 주택법 제41조의2제1항제1호 및 제3항, 같은 법 시행령 제39조제1항제2호

> 투기과열지구안에서 사업주체가 건설·공급하는 주택 또는 주택의 입주자로 선정된 지위에 대하여는 주택건설사업계획의 승인 이후에도 10년 이내의 범위에서 대통령령으로 정하는 기간이 지나기 전에는 이를 전매(매매·증여 등 일체의 행위를 포함하되, 상속·저당의 경우는 제외)할 수 없으며, 이의 전매를 알선하여서도 아니된다. 이를 위반하여 전매가 이루어진 경우에 사업주체가 이미 납부된 입주금에 대하여 은행의 1년 만기 정기예금 평균이자율을 합산한 금액을 그 매수인에게 지급한 경우에는 그 지급한 날에 사업주체가 취득한 것으로 본다.

## 제7장 완료조치

제51조(입주 등)

① 조합원은 공사완료 30일 이전에 등록사업자가 통보한 입주자사전점검일에 공사 목적물을 사전점검 할 수 있다.

② 조합은 공사를 완료하고 사용검사필증을 교부받은 때에는 등록사업자와 협의하여 조합원에게 입주일자를 통지하여야 한다.

③ 조합원은 제2항의 규정에 따라 지정된 입주일자에 입주하는 경우, 잔금납부와 조합원 부담금, 연체료 등을 완납하여야 한다. 이를 완납하지 아니한 자에게는 입주를 허용하여서는 아니 된다.

④ 조합이 제2항에 따라 입주통지를 한 때에는 지체 없이 소유자별로 등기신청을 할 수 있도록 필요한 조치를 하여야 하며, 사업부지 및 건축시설 중 일반에게 분양한 것에 대하여는 조합명의로 등기한 후 이전등기절차를 이행하여야 한다.

【주】입주자 사전점검 내용은 별도로 주택조합에서 마련하고, 사업의 특성
을 고려하여 골조공사가 완료된 이후 조합원의 현장방문과 선택형 내부
구조변경 및 마감재 등을 선택하게 할 수 있을 것임

【주】입주기간을 시공자가 일방적으로 지정할 경우 입주자의 입주시기, 잔금
납부 등의 문제가 발생할 수 있어 이를 조합과 협의하여 입주기간을 지
정토록 한 규정이며 통상 30일 동안으로 한다.

제52조(조합의 해산)

① 조합은 입주 및 등기절차가 완료된 후 지체없이 총회를 소집하여 조합의 해
산을 결의해야 한다.

② 조합이 해산을 결의한 때에는 해산 당시의 조합장이 청산인이 된다.

③ 조합이 해산하는 경우 청산에 관한 업무와 채권의 추심 및 채무의 변제 등
에 관하여 필요한 사항은 민법의 관계규정에 따른다.

④ 조합이 해산하는 경우, 다음 각 호의 서류를 첨부하여 관할 행정관청의 해
산인가를 받아야 한다.

1. 주택조합 해산인가신청서

2. 조합원의 동의를 얻은 정산서

3. 기타 해산인가에 필요한 서류

【주】주택법 시행령 제37조의 내용을 규정한 것임

제53조(청산인의 임무)

청산인은 다음 각호의 업무를 성실히 수행하여야 한다.

1. 조합 청산사무의 종결

2. 채권의 추심 및 채무의 변제

3. 잔여재산의 처분

4. 기타 청산에 필요한 사항

제54조 (채무변제 및 잔여재산의 처분)

청산 종결후 조합의 채무 및 잔여재산이 있을 때에는 해산당시의 조합원에게 조합원의 권리(통상적으로는 부담금의 액수가 될 것임)에 비례하여 공정하게 배분하여야 한다.

## 제55조 (관련서류의 이관)

조합은 사업을 완료하였을 때에는 다음 각 호의 서류를 당해 공동주택을 관리하는 관리주체에 이관하여 이를 보관하도록 하여야 한다. 다만, 관할 행정기관이 관련서류의 이관을 요청하는 때에는 그 요청에 따라야 한다.

1. 조합설립인가 및 사업계획승인에 관한 서류
2. 조합의 규약 또는 내부규정에 관한 서류
3. 조합주택의 공급내역 및 청산에 관한 명세서류
4. 기타 주택의 관리를 위하여 필요하다고 인정되는 서류

## 제8장 보  칙

## 제56조(다른 규정의 적용)

① 이 규약에서 정하는 사항 외에 조합의 운영과 사업시행 등에 관하여 필요한 사항은 관계법령 및 관련 행정기관의 지침, 지시 또는 유권해석 등에 따른다.

② 이 규약에서 정한 사항이 법령 등의 개정으로 인하여 관계법령에 위배될 경우에는 관계법령에 따른다.

## 제57조(규약의 해석)

이 규약의 해석에 대하여 이견이 있을 경우 1차적으로 이사회에서 해석하고, 그래도 이견이 있는 경우 대의원회에서 해석한다.

## 제58조(소송 관할)

조합과 조합원 사이에 법률상 다툼이 있는 경우 소송관할은 조합소재지 관할법

　원으로 한다.


부　칙

이 규약은 조합설립인가를 받은 날부터 시행한다.


부　칙

이 규약은 ○○○○년 ○○월 ○○일부터 시행한다.

## ♣【서식】정비사업조합설립등기신청서

<table>
<tr><td colspan="5" align="center">정비사업조합설립등기신청</td></tr>
<tr><td rowspan="2">접수</td><td colspan="2">년    월    일</td><td rowspan="2">처리인</td><td>등기관 확인</td><td>각종 통지</td></tr>
<tr><td colspan="2">제            호</td><td></td><td></td></tr>
<tr><td align="center">등 기 의 목 적</td><td colspan="4">정비사업조합법인설립등기</td></tr>
<tr><td align="center">등 기 의 사 유</td><td colspan="4">정비사업조합법인을 설립하기 위하여 정관을 작성하고 조합원을 모집하여 200○년 2월 28일 창립총회를 마치고 200○년 2월 10일 주무관청의 인가를 받았으므로 다음의 등기를 구함.</td></tr>
<tr><td align="center">허가서도착연월일</td><td colspan="4">200○년 8월 21일</td></tr>
<tr><td colspan="5" align="center">등 기 할 사 항</td></tr>
<tr><td align="center">명        칭</td><td colspan="4">○○주택 재건축정비사업조합</td></tr>
<tr><td align="center">주 사 무 소</td><td colspan="4">서울 강동구 ○○동 1687-1</td></tr>
<tr><td align="center">이사감사의 성명 및 주민등록번호와 주소</td><td colspan="4">별지와 같음</td></tr>
<tr><td align="center">이사의 대표권에 대한 제한규정</td><td colspan="4">이사 정○○ 외에는 대표권이 없음</td></tr>
<tr><td align="center">목        적</td><td colspan="4">주택법령과 조합규약이 정하는 바에 따라 서울 강동구 ○○동 103-5 필지상의 ○○주택의 재건축사업시행구역안의 주택 등을 건설하여 조합원의 주거안정 및 주거환경 수준의 향상을 도모하고, 도시의 건전한 발전에 이바지 함을 목적으로 한다.</td></tr>
<tr><td align="center">설립허가년월일</td><td colspan="4">200○ 년 5월 8일</td></tr>
<tr><td align="center">출자의 방법</td><td colspan="4">사업시행 구역내의 조합원이 소유한 토지를 현물로 출자</td></tr>
<tr><td align="center">기        타</td><td colspan="4"></td></tr>
</table>

| 과 세 표 준 액 | 금         원 | 등 록 면 허 세 | 금 75,000원 |
|---|---|---|---|
| 지 방 교 육 세 | 금 15,000원 | 세 액 합 계 | 금 90,000원 |
| 등기신청수수료 | 금 30,000원 | | |

첨　부　서　면

| · 정 관 | 1통 | · 주민등록초본 | 5통 |
|---|---|---|---|
| · 창립총회의사록 | 1통 | · 대표자인감신고서 | 1통 |
| · 이사회의사록 | 1통 | · 등록면허세영수필확인서 및 통지서 | 1통 |
| · 주무관청의 인가서 | 1통 | · 위임장 | 1통 |
| · 임원취임승낙서 | 5통 | 〈기 타〉 | |

년　　　월　　　일

신 청 인 명　　칭 : ○○주택 재건축정비사업조합

　　　　　　주사무소 : 서울 강동구 ○○동 1687-1

대 표 자 성　　명 : 조합장 정○○　　　　　　(인)

　　　　　　　　　　　　　　　　　　　　　전화

　　　　　주　　소 : 서울 강동구 ○○동 105-3

대 리 인 성　　명 : 법무사 변 ○ ○　　　　　(인)

　　　　　　　　　　　　　　　　　　　　　전화

　　　　　주　　소 : 서울 강동구 ○○동 1123-3

　　　서울동부지방법원　　　　　강동등기소 귀중

- 신청서 작성요령 -

* 1. 부동산표시란에 2개 이상의 부동산을 기재하는 경우에는 부동산의 일련번호를 기재하
여야 합니다.
　2. 신청인란등 해당란에 기재할 여백이 없을 경우에는 별지를 이용합니다.
　3. 담당 등기관이 판단하여 위의 첨부서면 외에 추가적인 서면을 요구할 수 있습니다.

## ♣ 【서식】 창립총회의사록

# 창 립 총 회 의 사 록

일  시 : 20○○년 ○월 ○일 월요일 오후 3시

장  소 : ○○시 ○○구 ○○동 345

참석자 : 총 조합원 52명 참석 조합원 43명(서면참석 6명)


임시의장 김○○는 의장석에 등단하여 적법하게 회의가 소집되었음을 알리고 개회를 선언하다.


제1안건 : 재건축 조합설립의 건

　　　　임시의장은 당 조합의 사업개요를 설명하고 재건축정비사업조합의 설립 필요성을 제안한 바, 참석 조합원 동의로 조합설립을 가결한다.

제2안건 : 정관 승인의 건

　　　　임시의장은 당 조합의 사업추진을 위한 조합정관 초안을 설명하고 심의를 구한 바, 참석 조합원의 심의·토의를 거쳐 원안대로 승인·가결한다.

제3안건 : 조합장 및 임원선임의 건

　　　　임시의장은 정관에 의하여 당 조합의 조합장 및 임원을 선임할 것을 제안한바 후보자 추천을 받아 선임투표를 한 결과 다음과 같이 조합장 및 임원이 선임 가결되다.

　　　　조합장 이사 : ○○○(123456-1234567)

　　　　　　　　　　○○시 ○○구 ○○동 123

　　　　이  사 : ○○○(123456-1234567)

　　　　　　　　　　○○시 ○○구 ○○동 456

이    사 : ○○○(123456-1234567)
          ○○시 ○○구 ○○동 789
이    사 : ○○○(123456-1234567)
          ○○시 ○○구 ○○동 987
감    사 : ○○○(123456-1234567)
          ○○시 ○○구 ○○동 654

이상 선임된 임원들을 즉석에서 선임에 동의하다.

제4안건 : 사업계획 승인의 건

　　　선임된 의장 정○○는 의장석에 다시 등단하여 선임 인사를 한 후 당조
　　　합의 재건축 사업계획안을 설명하고 이에 대한 토의를 제안한 바, 참
　　　석 조합원들의 토의를 거쳐 사업계획안을 승인·가결하다.


이상 금일 창립총회의 의안 심의를 끝내고 임원으로 선임된 조합장 및 이사가
서명 날인한다.


이상으로 창립총회 의안 심의를 마치고 의장은 폐회를 선언하다.



20○○년  ○월  ○일



○○재건축 정비사업조합
조합장    1. 이사 : ○○○ (인)
          2. 이사 : ○○○ (인)
          3. 이사 : ○○○ (인)
          4. 이사 : ○○○ (인)
          5. 이사 : ○○○ (인)

## ♣ 【서식】인증서

인     증

위 ○○주택 재건축정비사업조합회 20○○년 ○월 ○일자 창립총회 의사록에 대하여 위원 ○○○, ○○○, ○○○ 등의 대리인 ○○○는 본직의 면전에서 위 의사록의 내용이 진실에 부합한다고 진술하고, 그 기명날인이 본인의 것임을 확인하였다.

본직은 위 진술과 아래 기재 자료에 의하여 그 결과의 절차와 내용이 진실에 부합함을 확인하였다.

20○○년 ○월 ○일 이 사무소에서 위 인증한다.

아     래

1. 진술서
2. 법인등기부등본
3. 정관
4. 주민등록증
5. 위임장
6. 인감증명서

공증인가 법무사 ○○법률사무소

♣ 【서식】 취임승낙서

# 취 임 승 낙 서

　20○○년 ○월 ○일 창립총회에서 본인이 귀 조합의 대표자(조합장)으로 선임
되었으므로 그 취임을 승낙함.

<br>
<br>
<br>

20○○년 ○월 ○일

<br>
<br>

대표자(조합장) ○ ○ ○

○○시 ○○구 ○○동 123

<br>
<br>

○ ○ 재건축정비사업조합 대표자(조합장)　　귀하

♣ 【서식】 취임승낙서2

<br>

# 취 임 승 낙 서

　20○○년 ○월 ○일 창립총회에서 본인이 귀 조합의 감사로 선임되었으므로 그 취임을 승낙함.

<br>

<br>

20○○년 ○월 ○일

<br>

감 사 ○ ○ ○
　　　　○○시 ○○구 ○○동 123

<br>

○ ○ 재건축정비사업조합 대표자(조합장)　　귀하

♣ 【서식】 주택조합설립인가필증

---

**주택조합설립인가필증**

  주택법 제32조 및 같은 법 시행규칙 제17조의 규정에 의하여 다음과 같이 주택조합의 설립을 인가합니다.

| 인가번호 | 재건축 20○○-1234 | | |
|---|---|---|---|
| 조 합 명 | ○○재건축정비사업조합 | | |
| 대 표 자 | | | |
| 사무소소재지 | | | |
| 조 합 원 수 | | | |

인가사항에 변경이 있는 때에는 인가필증을 다시 교부 받아야 합니다.

20○○년 ○월 ○일

○ ○ 구 청

## ◎ 인가조건

가) 조합설립인가시 제출된 사업계획은 신청구비서류로서 조합설립인가에 한하며, 추후 별도로 사업계획승인에 관련된 제법령 등 규정에 의거 승인을 득하여야 함
아울러 본 조합설립 인가일로부터 2년 이내에 주택건설사업승인 신청이 없을 때에는 인가사항을 취소함

나) 본 조합은 사업을 추진함에 있어 아래의 해당하는 날부터 20일 이내에 관련규정에 정한 감사인의 회계감사를 필할 것
 - 주택건설사업계획승인일로부터 3월이 경과한 날
 - 사용검시 또는 임시사용승인을 신청한 날

다) 세입자 문제는 건물 소유자와 세입자간의 협의에 의하여 자체적으로 해결토록 하고, 강제이주로 인한 민원이 야기되지 않도록 할 것. 또한 사업계획승인 전에 건물을 철거하는 일이 없도록 할 것

라) 조합설립인가 후 관계규정 및 인가조건 등을 위반하거나 기타 사업추진에 따른 물의가 발생되어 공익을 저해할 경우에는 조합설립인가를 취소할 수 있음을 유의하기 바람

## ♣ 【서식】 인감신고서

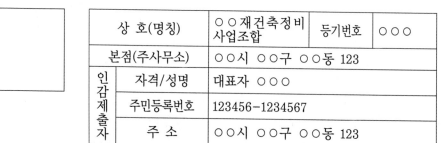

# 인감·개인(改印)신고서

(신고하는 인감날인란)(인감제출자에 관한 사항)

| | 상 호(명칭) | ○○재건축정비<br>사업조합 | 등기번호 | ○○○ |
|---|---|---|---|---|
| | 본점(주사무소) | ○○시 ○○구 ○○동 123 | | |
| 인감제출자 | 자격/성명 | 대표자 ○○○ | | |
| | 주민등록번호 | 123456-1234567 | | |
| | 주 소 | ○○시 ○○구 ○○동 123 | | |

☐ 위와 같이 인감을 신고합니다.
☐ 위와 같이 개인(改印)하였음을 신고합니다.
　　　　　　　　　20○○년 ○월 ○일　　　　(개인인감 날인란)
　　　신고인 본 인 성 명 　○ ○ ○ (인)
　　　　　　　대리인 성 명 　○ ○ ○ (인)
　　　　　　　　　○ ○ 지방법원 ○○등기소 귀중

주 1. 개인인감 날인란에는「인감증명법」에 의하여 신고한 인감을 날인하고
　　 그 인감증명서(발행일로부터 3개월 이내의 것)를 첨부하여야 합니다.
　　 개인(改印)신고의 경우, 개인인감을 날인하는 대신에 등기소에 신고한
　　 유효한 종전 인감을 날인하여도 됩니다.
　 2. 인감·개인신고서에는 신고하는 인감을 날인한 인감대지를 첨부하여야
　　 합니다.
　 3. 지배인이 인감을 신고하는 경우에는 인감제출자의 주소란에 지배인을
　　 둔 장소를 기재하고,「상업등기규칙」제36조제4항의 보증서면(영업주가
　　 등기소에 신고한 인감날인)을 첨부하여야 한다.

# 위 임 장

성 명 : ○ ○ ○　　주민등록번호(123456-1234567)

주 소 : ○○시 ○○구 ○○동 456-789

　　　　위의 사람에게, 위 인감신고 또는 개인신고에 관한 일체의 권한을 위임함.
　　　　　　　20○○년 ○월 ○일

　　　　　　　　　　　　인감(개인) 신고인 성명 ○ ○ ○　 (인)

♣ 【서식】 인감대지

# 인 감 대 지

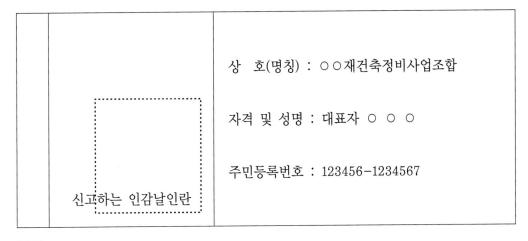

| | |
|---|---|
| 신고하는 인감날인란 | 상　호(명칭) : ○○재건축정비사업조합<br><br>자격 및 성명 : 대표자 ○ ○ ○<br><br>주민등록번호 : 123456-1234567 |

주 인감대지 위와 같이 만들어 3장을 제출한다.

## ♣ 【서식】 기입확인표(설립)

| 등기번호 | |
|---|---|
| 등록번호 | |

**기입확인표(설립)**

| 명칭 ○○동 ○○주택재건축정비사업조합 | .  .  . 변경 |
|---|---|
| | .  .  . 등기 |
| 주사무소 ○○시 ○○구 ○○동 123 | .  .  . 변경 |
| | .  .  . 등기 |

### 목    적

  주택법령과 조합규약이 정하는 바에 따라 ○○시 ○○구 ○○동 123 필지상의 ○○주택의 재건축사업시행구역안의 주택 등을 건설하여 조합원의 주거안정 및 주거환경 수준의 향상을 도모하고, 도시의 건전한 발전에 이바지 함을 목적으로 한다.

### 임원에 관한 사항

조합장 이사 ○○○(○○시 ○○구 ○○동 123)
대표권제한규정 조합장인 이사 ○○○ 이외에는 대표권이 없음
이사 ○○○
이사 ○○○
이사 ○○○
감사 ○○○

| 기타사항 | |
|---|---|
| 1. 설립인가 연월일 : 20○○년 ○월 ○일(변경인가 연월일 20○○년 ○월 ○일) | |
| 법인성립 연월일 | 20○○년 ○월 ○일 |
| 등기용지의 개설 사유 및 연월일<br>설립 | 20○○년 ○월 ○일 |
| 인감<br>성명 : 조합장 이사 ○○○(주민등록번호 : 123456-1234567) | |
| 등기부등본에 출력되지 않는내용<br>검색용 상호 : ○○주택재건축정비사업조합<br>마지막 등기일자 : 20○○년 ○월 ○일 | |

# 주택재건축정비사업조합표준정관의 성격과 활용방법

□ 표준정관의 성격과 목적
- 본 표준정관은 도시및주거환경정비법령의 규정에 의한 노후·불량건축물 등의 소유자가 주택재건축정비사업조합을 설립하여 사업을 시행하는 경우에 조합 정관에 규정하여야 할 사항과 정관 작성상 유의할 점등을 조합설립인가권자 및 조합설립추진위원회, 관련주민들에게 제공하여 주택재건축정비사업조합이 적법타당하고 민주적, 합리적으로 운영될 수 있도록 함은 물론 재건축이 효율적, 경제적으로 추진될 수 있도록 하는 데 있음

□ 표준정관의 활용방법
- 본 표준정관(안)은 하나의 예시로 법적 구속력은 없으며 조합의 특징과 여건 에 따라 관련 조항을 추가, 삭제, 수정하여 달리 규정할 수도 있으나, 조합 원의 권익과 관계되는 사항에 대한 규정완화 등은 치밀한 검토와 전체적인 합의절차 등을 거쳐 신중하게 하는 것이 바람직하며 관계법령에 위반되게 하 여서는 아니 됨
  ※ 본 표준정관에서 사용하는 용어 또는 기호의 정의는 다음과 같음
  "【주】" : 표준정관에 직접 규정하되, 해당 조항이 지니는 의의와 성격, 실제 정관제정이나 개정시 주의해야 할 점, 내용기준범위등을 설 명한 것임

☞ 본 표준정관은 국토교통부 홈페이지(www.molit.go.kr→실국별홈페이지(주택 도시국)→공개자료실)에서 검색해볼 수 있음

# 주택재건축정비사업조합 표준정관

## 제1장  총 칙

### 제1조(명칭)

① 본 조합의 명칭은 ○○○ 주택재건축정비사업조합(이하 "조합"이라 한다)이라 한다.

② 본 조합이 시행하는 주택재건축사업의 명칭은  ○○○ 주택재건축사업(이하 "사업"이라 한다)이라 한다.

### 제2조(목적)

조합은 도시및주거환경정비법(이하 "법"이라 한다)과 이 정관이 정하는 바에 따라 제3조의 사업시행구역(이하 "사업시행구역"이라 한다)안의 건축물을 철거하고 그 토지 위에 새로운 건축물을 건설하여 도시 및 주거환경을 개선하고 조합원의 주거안정 및 주거생활의 질적 향상에 이바지함을 목적으로 한다.

### 제3조(사업시행구역)

조합의 사업시행구역은 ○○ (시·도) ○○ (시·군구) ○○ (읍·면) ○○ (리·동) ○○번지 외 ○○필지(상의 ○○아파트 단지)로서 토지의 총면적은 ○○㎡(○○평)으로 한다. 다만, 사업시행상 불가피하다고 인정되어 관계법령 및 이 정관이 정하는 바에 따라 추가로 편입되는 토지 등이 있을 경우에는 사업시행구역과 토지의 총면적이 변경된 것으로 본다.

【주】 도시및주거환경정비법 제6조제3항에 근거하여 지형여건, 주변 환경으로 보아 사업시행상 불가피하다고 인정할 경우 인근의 단독·다세대주택 등을 일부 포함할 수 있음을 감안한 것임

### 제4조(사무소)

① 조합의 주된 사무소는 ○○ (시·도) ○○ (시·군구) ○○ (읍·면) ○○ (리·동)

○○ 번지 ○○호에 둔다.

② 조합사무소를 이전하는 경우 이사회 의결을 거쳐 이전할 수 있으며, 조합원에게 통지한다.

제5조(시행방법)

① 조합원은 소유한 토지 및 건축물을 조합에 현물로 출자하고, 조합은 법 제48조 규정에 의하여 인가받은 관리처분계획에 따라 공동주택 및 부대·복리시설을 건설하여 공급한다.

② 조합은 사업시행을 위하여 필요한 경우 정비사업비 일부를 금융기관으로 부터 대여받아 사업을 시행할 수 있다.

③ 조합은 인·허가 등 행정업무지원, 사업성검토, 설계자·시공자 등의 선정에 관한 업무의 대행, 관리처분계획의 수립 및 분양업무 등을 대행하는 정비사업전문관리업자를 선정 또는 변경할 수 있다.

【주】 도시및주거환경정비법 제14조 및 제69조의 규정에 의하여 정비사업전문관리업자를 선정하고 관련 업무를 대행할 수 있음.

④ 조합은 조합원의 2분의1 이상 동의를 얻어 관할시장·군수 또는 자치구의 구청장(이하 "시장·군수"라 한다) 또는 법 제2조제10호의 규정에 의한 주택공사등과 공동으로 사업을 시행할 수 있다.

제6조(사업기간)

사업기간은 조합설립인가일부터 법 제57조에서 규정한 청산업무가 종료되는 날까지로 한다.

제7조(권리·의무에 관한 사항의 고지·공고방법)

① 조합은 조합원의 권리·의무에 관한 사항을 조합원에게 성실히 고지·공고하여야 한다.

② 제1항의 고지·공고방법은 이 정관에서 따로 정하는 경우를 제외하고는 다음 각호의 방법에 따른다.

1. 관련 조합원에게 등기우편으로 개별 고지하여야 하며, 등기우편이 주소불

명, 수취거절 등의 사유로 반송되는 경우에는 1회에 한하여 일반우편으로 추가 발송한다.

2. 조합원이 쉽게 접할 수 있는 일정한 장소의 게시판(이하 "게시판"이라 한다)에 14일 이상 공고하고 게시판에 게시한 날부터 3월 이상 조합사무소에 관련서류와 도면 등을 비치하여 조합원이 열람할 수 있도록 한다.

3. 인터넷 홈페이지가 있는 경우 홈페이지에도 공개하여야 한다. 다만, 특정인의 권리에 관계되거나 외부에 공개하는 것이 곤란한 경우에는 그 요지만을 공개할 수 있다.

【주】조합이 조합원의 권리·의무 변동에 관한 사항을 사전에 성실히 고지토록 하여 조합원이 권리·의무에 관한 사항을 제대로 알고 사업추진에 협조할 수 있도록 하고, 집행부의 권한남용이나 조합과 조합원 간의 분쟁을 방지하기 위한 것으로 조합여건에 따라 조합사무소의 게시기간, 열람기간, 등기우편 발송횟수, 통지갈음 여부 등 구체적인 내용은 달리 정할 수 있음

4. 제1호의 등기우편이 발송되고, 제2호의 게시판에 공고가 있는 날부터 고지·공고된 것으로 본다.


제8조(정관의 변경)

① 정관을 변경하고자 할 때에는 조합원 3분의 1 이상 또는 대의원 3분의 2 이상 또는 조합장의 발의가 있어야 한다

② 정관의 변경에는 조합원 3분의 2 이상의 동의를 얻어 시장·군수의 인가를 받아야 한다. 다만, 도시및주거환경정비법시행령(이하 "영"이라 한다) 제32조의 경미한 변경에 해당하는 경우에는 조합원 과반수 출석과 출석조합원 과반수 찬성으로 변경한다.

【주】 도시및주거환경정비법 제20조제3항 정관의 변경관련 규정을 정리한 것임.

# 제2장  조 합 원

제9조(조합원의 자격 등)

① 조합원은 법 제2조제9호나목의 규정에 의한 토지등소유자(이하 "토지등소유자"라 한다)로서 조합설립에 동의한 자로 한다. 다만, 조합설립에 동의하지 아니한 자는 제42조의 규정에 의한 분양신청기한까지 다음 각호의 사항이 기재된 별지 1의 동의서를 조합에 제출하여 조합원이 될 수 있다.

【주】 조합설립당시 재건축에 동의하지는 않았으나 여건변동 등으로 참여를 원할 경우 분양신청기간 종료전까지는 조합원이 될 수 있도록 하여 기존 건축물의 소유자의 권익을 가급적 보호하도록 한 것임.

   1. 건설되는 건축물의 설계의 개요

   2. 건물의 철거 및 건축물의 신축에 소요되는 비용의 개략적인 금액

   3. 제2호의 비용의 분담에 관한 사항

   4. 사업완료후의 (구분)소유권의 귀속에 관한 사항

   5. 조합정관(안)

【주】 도시및주거환경정비법 시행령 제26조제1항에서 규정하고 있는 조합원 동의서 내용을 조합정관에 포함하므로서 소송 등 민원을 예방코자 함

② 1세대 또는 동일인이 2개 이상의 주택등을 소유하는 경우에는 그 주택등의 수에 관계없이 1인의 조합원으로 본다

③ 하나의 (구분)소유권이 수인의 공유에 속하는 때에는 그 수인을 대표하는 1인을 조합원으로 본다. 이 경우 그 수인은 대표자 1인을 대표조합원으로 지정하고 별지 2의 대표조합원선임동의서를 작성하여 조합에 신고하여야 하며, 조합원으로서의 법률행위는 그 대표조합원이 행한다.

④ 토지를 소유하고 있지 아니한 건축물의 소유자는 자신의 부담으로 그 건축물의 부속토지를 확보하는 조건으로 조합원의 될 수 있다.

【주】 조합원은 주택, 상가 등의 건물과 그에 부속되는 토지에 대한 소유권을 모두 가지고 있어야 하므로, 이를 명확히 알 수 있도록 한 것임. 또

한 국공유지를 점유한 주택을 소유한 자로서, 그 토지의 소유권을 자신의 부담으로 확보할 조건으로 조합원이 될 수 있음.

⑤ 양도·상속·증여 및 판결 등으로 조합원의 권리가 이전된 때에는 조합원의 권리를 취득한 자로 조합원이 변경된 것으로 보며, 권리를 양수받은 자는 조합원의 권리와 의무 및 종전의 권리자가 행하였거나 조합이 종전의 권리자에게 행한 처분, 청산시 권리·의무에 관한 범위 등을 포괄승계한다.


제10조(조합원의 권리·의무)

① 조합원은 다음 각호의 권리와 의무를 갖는다.

1. 토지 또는 건축물의 분양청구권

2. 총회의 출석권·발언권 및 의결권

3. 임원의 선임권 및 피선임권.

4. 대의원의 선출권 및 피선출권

5. 정비사업비, 청산금, 부과금과 이에 대한 연체료 및 지연손실금(이주지연, 계약지연, 조합원 분쟁으로 인한 지연 등을 포함함)등의 비용납부의무

   【주】조합원에게 금전적 부담이 되는 사항을 보다 명확히 규정하기 위한 것으로 조합에 따라 보다 구체적으로 명시할 수도 있음

6. 사업시행계획에 의한 철거 및 이주 의무

7. 그 밖에 관계법령 및 이 정관, 총회 등의 의결사항 준수의무

② 조합원의 권한은 평등하며 권한의 대리행사는 원칙적으로 인정하지 아니하되, 다음 각호에 해당하는 경우에는 권한을 대리할 수 있다. 이 경우 조합원의 자격은 변동되지 아니한다.

1. 조합원이 권한을 행사할 수 없어 배우자·직계존비속·형제자매 중에서 성년자를 대리인으로 정하여 위임장을 제출하는 경우

2. 해외거주자가 대리인을 지정한 경우

   【주】조합원의 부재, 유고 등으로 조합원의 권한을 대리로 행사하는 경우에 자격 등에 대한 분쟁이 많은 점을 감안한 것임

③ 조합원이 그 권리를 양도하거나 주소 또는 인감을 변경하였을 경우에는 그 양수자 또는 변경 당사자는 그 행위의 종료일부터 14일이내에 조합에 그 변경내용을 신고하여야 한다. 이 경우 신고하지 아니하여 발생되는 불이익 등에 대하여 해당 조합원은 조합에 이의를 제기할 수 없다.

【주】 전매 등으로 조합원의 권리가 양도되는 경우가 많으나 제때에 신고가 되지 않아 조합원과 조합사이에 마찰이 생기고 사업추진에 지장을 초래하는 경우가 많은 점을 감안한 것임.

④ 조합원은 조합이 사업시행에 필요한 서류를 요구하는 경우 이를 제출할 의무가 있으며 조합의 승낙이 없는 한 이를 회수할 수 없다. 이 경우 조합은 요구서류에 대한 용도와 수량을 명확히 하여야 하며, 조합의 승낙이 없는 한 회수할 수 없다는 것을 미리 고지하여야 한다.

【주】 조합에서 인감증명 등 사업시행에 필요한 서류를 불필요하게 많이 제출받아 이를 악용하는 경우가 있고, 조합원은 기제출한 서류를 반환해 줄 것을 요구하여 사업에 지장을 주고 있는 경우 등이 많아 이를 방지하기 위한 것임

제11조(조합원 자격의 상실)

① 조합원이 건축물의 소유권이나 입주자로 선정된 지위등을 양도하였을 때에는 조합원의 자격을 즉시 상실한다.

② 관계법령 및 이 정관에서 정하는 바에 따라 조합원의 자격에 해당하지 않게 된 자의 조합원자격은 자동 상실된다.

【주】 조합원이 권리나 지위 등을 양도하였을 경우 또는 관계법령 및 정관에서 정하는 조합원에 해당하지 않게 된 경우에 조합원의 자격이 조합내부의 별도 절차(총회, 대의원회 의결등)나 행정절차(변경신고, 인가등)를 받을 때까지 지속되는지 여부에 대한 논란이 많은 점을 감안한 것임

③ 조합원으로서 고의 또는 중대한 과실 및 의무불이행 등으로 조합에 대하여 막대한 손해를 입힌 경우에는 총회의 의결에 따라 조합원을 제명할 수 있

다. 이 경우 제명전에 해당 조합원에 대해 청문등 소명기회를 부여하여야 하며, 청문등 소명기회를 부여하였음에도 이에 응하지 아니한 경우에는 소명기회를 부여한 것으로 본다.

【주】소수의 조합원이 의무 등을 불이행하여 피해를 주고 있는 사례가 많아 이를 최소화하기 위한 것이나, 조합이 이를 남용할 소지도 있으므로 청문 등 소명기회를 부여토록 한 것이다.

④ 조합원은 임의로 조합을 탈퇴할 수 없다. 다만, 부득이한 사유가 발생한 경우 총회 또는 대의원회의 의결에 따라 탈퇴할 수 있다.

【주】조합원에게 부득이한 사유가 생겼을 경우 탈퇴를 인정하되 개인사정에 따라 빈번하게 탈퇴가 이루어진다면 사업추진에 지장이 많으므로 총회 또는 대의원회의 의결에 따르도록 한 것이며, 총회에서 의결할 것인지 대의원회에서 의결할 것인지는 당해 조합의 조합원수, 단지 규모, 탈퇴가 조합에 미치는 영향 등을 감안하여 결정하면 될 것임

### 제3장 시공자, 설계자 및 정비사업전문관리업자의 선정

제12조(시공자의 선정 및 계약)

① 시공자의 선정은 일반경쟁입찰 또는 지명경쟁입찰방법으로 하되, 1회 이상 일간신문에 입찰공고를 하고, 현장설명회를 개최한 후 참여제안서를 제출받아 총회에서 선정한다. 다만, 미응찰 등의 이유로 3회 이상 유찰된 경우에는 총회의 의결을 거쳐 국가를당사자로하는계약에관한법률시행령 제27조의 규정을 준용하여 수의계약할 수 있다. 선정된 시공자를 변경하는 경우도 같다

② 조합은 제1항의 규정에 의하여 선정된 시공자와 그 업무범위 및 관련사업비의 부담 등 사업시행 전반에 대한 내용을 협의한 후 미리 총회의 인준을 받아 별도의 계약을 체결하여야 하며, 그 계약내용에 따라 상호간의 권리와 의무가 부여된다. 계약내용을 변경하는 경우도 같다. 다만, 금전적인 부담이 수반되지 아니하는 사항의 변경은 대의원회(대의원회가 없는 경우 이

사회)의 인준을 받는다.

【주】조합과 시공자간의 계약은 조합원의 권익보호 및 사업추진에 매우 중요한 사항이므로 미리 총회의 인준을 받고 계약을 체결토록 한 것이나, 경미한 사항의 경우에도 총회의 의결로 하는 경우 사업추진에 지장을 줄 수도 있으므로 금전적 부담이 수반되지 않는 경미한 사항 등은 대의원회 또는 이사회의결 등으로 할 수 있을 것임

③ 조합은 제2항의 규정에 의하여 시공자와 체결한 계약서를 조합해산일까지 조합사무소에 비치하여야 하며, 조합원의 열람 또는 복사요구에 응하여야 한다. 이 경우 복사에 드는 비용은 복사를 원하는 조합원이 부담한다.

④ 제2항의 계약내용에는 토지 및 건축물의 사용·처분, 공사비 및 부대비용 등 사업비의 부담, 시공보증, 시공상의 책임, 공사기간, 하자보수 책임등에 관한 사항을 포함하여야 한다.

제13조(설계자의 선정 및 계약)

① 설계자는 건축사법 제23조의 규정에 적합하여야 하며 총회의 의결을 거쳐 선정 또는 변경하여야 한다.

② 제12조제1항 내지 제3항의 규정은 설계자의 선정 및 계약에 관하여 이를 준용한다. 이 경우 "시공자"는 각각 "설계자"로 본다.

제14조(정비사업전문관리업자의 선정 및 계약)

제12조제1항 내지 제3항의 규정은 정비사업전문관리업자의 선정 및 계약에 관하여 이를 준용한다. 이 경우 "시공자"는 각각 "정비사업전문관리업자"로 본다.

【주】정비사업전문관리업자가 추진위원회에서 선정된 경우는 삭제

# 제4장  임원 등

제15조(임원)

① 조합에는 다음 각호의 임원을 둔다.

1. 조합장

2. 이사 _인

3. 감사 _인

【주】조합장 1인과 3인이상 5인 이하(토지등소유자가 100인을 초과하는 때에는 5인 이상 10인 이하)의 이사와 1인 이상 3인 이하의 감사를 둔다.

② 조합임원은 총회에서 조합원 과반수 출석과 출석 조합원 3분의 2 이상의 동의를 얻어 조합원(조합설립인가일 기준으로 사업시행구역안에 1년 이상 거주하고 있는 자에 한한다)중에서 선임한다. 다만, 임기중 궐위된 경우에는 조합원중에서 대의원회가 이를 보궐선임한다.

【주】도시및주거환경정비법 제21조제3항에서 규정한 조합임원선임관련 내용을 정리한 것임.

③ 임원의 임기는 선임된 날부터 2년까지로 하되, 총회의 의결을 거쳐 연임할 수 있다.

【주】소규모 주택단지 등 사업이 단기간내에 완료될 수 있다고 판단하는 경우 3년으로 정할 수 있을 것임

④ 제2항 단서의 규정에 따라 보궐선임된 임원의 임기는 전임자의 잔임기간으로 한다.

⑤ 임기가 만료된 임원은 그 후임자가 선임될 때까지 그 직무를 수행한다.

제16조(임원의 직무 등)

① 조합장은 조합을 대표하고 조합의 사무를 총괄하며 총회와 대의원회 및 이사회의 의장이 된다.

② 이사는 조합장을 보좌하고, 이사회에 부의된 사항을 심의·의결하며 이 정관이 정하는 바에 의하여 조합의 사무를 분장한다.

③ 감사는 조합의 사무 및 재산상태와 회계에 관하여 감사하며 정기 총회에 감사결과보고서를 제출하여야 하며, 조합원 5분의1 이상의 요청이 있을 때

에는 공인회계사에게 회계감사를 의뢰하여 공인회계사가 작성한 감사보고
서를 총회 또는 대의원회에 제출하여야 한다.

【주】 조합회계 등 감사의 업무에 관하여 의혹이 있을 경우 공인회계사에
게 회계감사를 의뢰토록 하여 의혹을 해소할 수 있도록 한 것으로 요
청정족수는 조합의 규모 등에 따라 적정하게 조정할 수 있음.

④ 감사는 조합의 재산관리 또는 조합의 업무집행이 공정하지 못하거나 부정
이 있음을 발견하였을 때에는 대의원회 또는 총회에 보고하여야 하며, 조
합장은 보고를 위한 대의원회 또는 총회를 소집하여야 한다. 이 경우 감사
의 요구에도 조합장이 소집하지 아니하는 경우에는 감사가 직접 대의원회
를 소집할 수 있으며 대의원회 의결에 의하여 총회를 소집할 수 있다. 회의
소집 절차와 의결방법 등은 제20조제6항 및 제22조, 제24조제7항 및 제26
조의 규정을 준용한다.

【주】 부정이 있을 경우, 감사에게 대의원회 또는 총회의 소집권 및 소집요
구권을 부여함으로써 부정에 대한 신속한 조치를 기할 수 있도록 한
것임

⑤ 조합장 또는 이사가 자기를 위한 조합과의 계약이나 소송에 관련되었을 경
우에는 감사가 조합을 대표한다.

⑥ 조합장이 유고 등으로 인하여 그 직무를 수행할 수 없을 때에는 (상근)이사
중에서 연장자순에 의하여 그 직무를 대행한다.

【주】 부조합장이 있는 경우 부조합장, 상근이사 중 연장자순 등으로 조합여건
에 맞게 조정할 수 있음

⑦ 조합은 그 사무를 집행하기 위하여 필요하다고 인정하는 때에는 조합의 인
사규정이 정하는 바에 따라 상근하는 임원 또는 유급직원을 둘 수 있다. 이
경우 조합의 인사규정은 미리 총회의 의결을 받아야 한다.

【주】 상근임원의 종류 및 상근임원의 업무범위·권한·의무, 유급 직원의 수
및 직함, 업무내용 등을 별도의 인사규정을 마련하여 운영하도록 한 것
이나, 조합의 규모나 성격에 따라 별도의 인사규정이 없이 정관에 직접

정할 수도 있을 것임

⑧ 조합 임원은 같은 목적의 사업을 시행하는 다른 조합·추진위원회 또는 당해 사업과 관련된 시공자·설계자·정비사업전문관리업자 등 관련단체의 임원·위원 또는 직원을 겸할 수 없다.

제17조(임원의 결격사유 및 자격상실 등)

① 다음 각호의 자는 조합의 임원에 선임될 수 없다.

　　1. 미성년자 ·금치산자·한정치산자

　　2. 파산자로서 복권되지 아니한 자

　　3. 금고이상의 실형의 선고를 받고 그 집행이 종료(종료된 것으로 보는 경우를 포함한다)되거나 집행이 면제된 날부터 2년이 경과되지 아니한자

　　4. 금고이상의 형의 집행유예를 받고 그 유예기간중에 있는 자

　　5. 법 또는 관련법률에 의한 징계에 의하여 면직의 처분을 받은 때로부터 2년이 경과되지 아니한 자

② 임원이 제1항 각호의 1에 해당하게 되거나 선임당시 그에 해당하는 자이었음이 판명된 때에는 당연 퇴임한다

③ 제2항의 규정에 의하여 퇴임된 임원이 퇴임전에 관여한 행위는 그 효력을 잃지 아니한다.

　　【주】 도시및주거환경정비법 제23조 규정에 의하여 임원의 퇴임전에 행위에 대한 효력을 인정하므로서, 업무의 영속성을 유지가능토록 함.

④ 임원으로 선임된 후 그 직무와 관련한 형사사건으로 기소된 경우에는 기소내용이 통지된 날부터 14일 이내에 조합원에게 그 내용을 고지하여야 하며, 그 내용에 따라 확정판결이 있을 때까지 제18조제4항의 절차에 따라 그 자격을 정지할 수 있다. 또한, 임원이 그 사건으로 받은 확정판결내용이 법 제85조 및 제86조 벌칙규정에 의한 벌금형에 해당하는 경우에는 총회에서 신임여부를 의결하여 자격상실여부를 결정한다.

　　【주】 직무와 관련된 사건으로 기소된 후 확정판결까지의 기간이 장기화 될

경우 해당 임원의 자격시비 등으로 조합 업무추진에 지장이 많음을 감안한 것임

제18조(임원의 해임 등)

① 임원이 직무유기 및 태만 또는 관계법령 및 이 정관에 위반하여 조합에 부당한 손실을 초래한 경우에는 해임할 수 있다. 다만, 제17조제2항의 규정에 의하여 당연 퇴임한 임원에 대해서는 해임절차 없이 선고받은 날부터 그 자격을 상실한다.

② 임원이 자의로 사임하거나 제1항의 규정에 의하여 해임되는 경우에 는 지체없이 새로운 임원을 선출하여야 한다. 이 경우 새로 선임된 임원의 자격은 시장·군수의 조합설립변경인가 및 법인의 임원변경등기를 하여야 대외적으로 효력이 발생한다.

③ 임원의 해임은 조합원 10분의 1 이상 또는 대의원 3분의 2 이상의 발의로 소집된 총회에서 조합원 2분의 1 이상의 출석과 출석조합원 3분의 2 이상의 동의를 얻어 해임할 수 있으며 이 경우 발의자 대표의 임시사회로 선출된 자가 그 의장이 된다.

④ 제2항의 규정에 의하여 사임하거나 또는 해임되는 임원의 새로운 임원이 선임, 취임할 때까지 직무를 수행하는 것이 적합하지 아니하다고 인정될 때에는 이사회 또는 대의원회 의결에 따라 그의 직무수행을 정지하고 조합장이 임원의 직무를 수행할 자를 임시로 선임할 수 있다. 다만, 조합장이 사임하거나 해임되는 경우에는 감사가 직무를 수행할 자를 임시로 선임할 수 있다.

【주】 임원이 직무태만, 부정 등으로 해임되는 경우에는 새로운 임원이 선출될 때까지 업무를 수행하는 것이 적정하지 못한 경우가 대부분이므로 업무공백이나 부작용이 없도록 업무수행을 대신할 자를 임시로 선임할 수 있도록 한 것임

제19조(임직원의 보수 등)

① 조합은 상근임원 외의 임원에 대하여는 보수를 지급하지 아니한다. 다만, 임원의 직무수행으로 발생되는 경비는 지급할 수 있다.

② 조합은 상근하는 임원 및 유급직원에 대하여 조합이 정하는 별도의 보수규정에 따라 보수를 지급하여야 한다. 이 경우 보수규정은 미리 총회의 인준을 받아야 한다.

【주】 상근하는 임원 및 유급직원에 대한 보수는 사업비에 영향을 미치므로 별도의 보수규정을 마련하여 운영토록 하고 총회인준을 받도록 한 것이나, 조합의 규모에 따라 정관에 보수에 관한 사항 등을 직접 규정할 수도 있음

③ 유급직원은 조합의 인사규정이 정하는 바에 따라 조합장이 임명한다. 이 경우 임명결과에 대하여 사후에 대의원회의 인준을 받아야 하며 인준을 받지 못하면 즉시 해임하여야 한다.

【주】 유급직원은 조합사무를 실무적으로 수행하므로 조합장이 관련규정에 따라 임명토록 한 것이며, 사후에 대의원회의 인준(또는 총회인준으로 조정가능)을 받도록 한 것임

## 제5장 기 관

제20조(총회의 설치)

① 조합에는 조합원 전원으로 구성하는 총회를 둔다.

② 총회는 정기총회·임시총회로 구분하며 조합장이 소집한다.

③ 정기총회는 매년 1회, 회계연도 종료일부터 2월 이내에 개최한다. 다만, 부득이한 사정이 있는 경우에는 3월 범위내에서 사유와 기간을 명시하여 일시를 변경할 수 있다.

【주】 조합의 내부 사정에 따라 정기총회 일시를 탄력적으로 운영할 수 있

도록 한 것이나, 총회소집을 무기한 연기하거나 지체할 수 있도록 하는 것은 바람직하지 못하므로 3월 범위내로 한 것임

④ 임시총회는 조합장이 필요하다고 인정하는 경우에 개최한다. 다만, 다음 각 호의 1에 해당하는 때에는 조합장은 해당일로부터 2월 이내에 총회를 개최하여야 한다.

1. 조합원 5분의 1 이상이 총회의 목적사항을 제시하여 청구하는 때

2. 대의원 3분의 2 이상으로부터 개최요구가 있는 때

⑤ 제4항의 각호의 규정에 의한 청구 또는 요구가 있는 경우로서 조합장이 2월 이내에 정당한 이유없이 총회를 소집하지 아니하는 때에는 감사가 지체없이 총회를 소집하여야 하며, 감사가 소집하지 아니하는 때에는 제4항 각호의 규정에 의하여 소집을 청구한 자의 대표가 시장·군수의 승인을 얻어 이를 소집한다.

【주】일정 비율 이상의 조합원, 대의원 또는 감사에게 총회소집요구권을 부여함으로써 조합원의 권익을 보호하도록 함. 이때, 총회소집요구 정족수는 조합원수, 조합의 규모 등에 따라 적절히 정할 수 있을 것임

⑥ 제2항 내지 제5항의 규정에 의하여 총회를 개최하거나 일시를 변경하는 경우에는 총회의 목적·안건·일시·장소·변경사유 등에 관하여 미리 이사회의 의결을 거쳐야 한다. 다만, 제5항의 규정에 의한 조합장이 아닌 공동명의로 총회를 소집하는 경우에는 그러하지 아니하다.

⑥ 제2항 내지 제5항의 규정에 의하여 총회를 소집하는 경우에는 회의개최 14일전부터 회의목적·안건·일시 및 장소 등을 게시판에 게시하여야 하며 각 조합원에게는 회의개최 7일전까지 등기우편으로 이를 발송, 통지하여야 한다.

⑦ 총회는 제6항에 의하여 통지한 안건에 대해서만 의결할 수 있다.

제21조(총회의 의결사항)

다음 각호의 사항은 총회의 의결을 거쳐 결정한다.

1. 정관의 변경

2. 자금의 차입과 그 방법·이율 및 상환방법

3. 법 제61조의 규정에 의한 부과금의 금액 및 징수방법

4. 정비사업비의 사용계획 등 예산안

5. 예산으로 정한 사항외에 조합원의 부담이 될 계약

6. 철거업자·시공자·설계자의 선정 및 변경

7. 정비사업전문관리업자의 선정 및 변경

8. 조합임원 및 대의원의 선임 및 해임(임기중 궐위된 자를 보궐선임하는 경우 제외한다)

9. 정비사업비의 조합원별 분담내역

10. 법 제48조의 규정에 의한 관리처분계획의 수립 및 변경(동법 제48조제1항 단서의 규정에 의한 경미한 변경을 제외한다)

11. 법 제57조의 규정에 의한 청산금의 징수·지급(분할징수·분할지급을 포함한다)과 조합 해산시의 회계보고

12. 조합의 합병 또는 해산(사업완료로 인한 해산은 제외한다)

13. 그 밖에 이 정관에서 총회의 의결 또는 인준을 거치도록 한 사항

【주】조합원의 재산권과 관련된 정관 조문, 계약관계 및 관리처분계획 등 재건축사업의 시행에 있어서 핵심적인 사항에 대해서는 가급적 총회에서 조합원 스스로가 결정하도록 하여야 할 것이며, 그 밖의 조합원에게 경제적으로 부담되는 사항 등 주요 사항을 조합특성에 맞게 정할 수 있음.

제22조(총회의 의결방법)

① 총회는 법, 이 정관에서 특별히 정한 경우를 제외하고는 조합원 과반수 출석으로 개의하고 출석조합원의 과반수 찬성으로 의결한다.

② 제1항의 규정에 불구하고 다음 각호에 관한 사항은 조합원 과반수 출석과 출석조합원 3분의 2 이상의 찬성으로 의결한다.

1. 정관 제○조, 제○조제○항의 개정 및 폐지에 관한 사항

2........................

3......................
　【주】조합원의 재산권·비용부담에 관한 사항 등 조합원의 권익과 직결되는
　　　중요한 사항을 발췌하여 개의요건 및 의결정족수를 강화할 수 있도록
　　　한 것으로 중요한 정관의 개폐, 그 밖에 중요한 사항을 구체적으로 명
　　　시할 수 있음
③ 조합원은 서면 또는 제10조제2항 각호에 해당하는 대리인을 통하여 의결권
　을 행사할 수 있다. 서면행사하는 경우에는 제1항 및 제2항의 규정에 의한
　출석으로 본다.
④ 조합원은 제3항의 규정에 의하여 출석을 서면으로 하는 때에는 안건내용에
　대한 의사를 표시하여 총회 전일까지 조합에 도착되도록 하여야 한다.
⑤ 조합원은 제3항의 규정에 의하여 출석을 대리인으로 하고자 하는 경우에는
　인감 또는 조합에 등록된 사용인감으로 대리인계를 작성하여 조합에 제출
　하여야 한다.
⑥ 총회 소집결과 정족수에 미달되는 때에는 재소집하여야 하며, 재소집의 경우
　에도 정족수에 미달되는 때에는 대의원회로 총회를 갈음할 수 있다(단, 제21
　조제1호·제2호·제5호·제6호·제8호·제10호 및 제12호에 관한 사항은 그러하지
　아니하다).
　【주】대의원회가 총회를 대신하여 의결할 경우에도 특례를 두어, 조합원의
　　　권익을 보호하도록 한 것으로, 조합원의 권익에 직결되는 사항에 대해
　　　서는 대의원회가 총회를 대신할 수 없도록 하여 조합원 스스로가 총회
　　　에 참석하여 의결권을 행사하여야 할 것임.


제23조(총회운영 등)
① 총회는 이 정관 및 의사진행의 일반적인 규칙에 따라 운영한다.
② 의장은 총회의 안건의 내용등을 고려하여 다음 각호에 해당하는 자등 조합
　원이 아닌 자를 총회에 참석하여 발언하도록 할 수 있다.
　1. 조합직원

2. 정비사업전문관리업자·시공자 또는 설계자

3. 그 밖에 의장이 총회운영을 위하여 필요하다고 인정하는 자

③ 의장은 총회의 질서를 유지하고 의사를 정리하며, 고의로 의사진행을 방해하는 발언·행동 등으로 총회질서를 문란하게 하는 자에 대하여 그 발언의 정지·제한 또는 퇴장을 명할 수 있다.

④ 제1항과 제3항의 의사규칙은 대의원회에서 정하여 운영할 수 있다

제24조(대의원회의 설치)

① 조합에는 대의원회를 둔다.

【주】조합원이 100인 이상인 경우만 해당됨

② 대의원의 수는 __인  이상 __인 이하로 하되, 동별(街區별)로 최소__인의 대의원을 선출하여야 한다.

【주】대의원 수는 동별 또는 단지규모 등을 고려하여 조합원의 10분의 1 이상으로 하되, 조합원의 10분의 1 이 200인을 넘는 경우에는 200인의 대의원으로 구성한다. 동별로 고루 선출하되, 단독주택지의 경우에는 가구별로 균형있게 선출함

③ 대의원은 조합원중에서 선출하며, 조합장이 아닌 조합임원은 대의원이 될 수 없다.

【주】도시및주거환경정비법 제25조제3항에 규정된 내용으로서 대의원회에서 의결함에 있어 순수 대의원회의 의견을 충분히 반영하기 위한 것임

④ 대의원의 선출 또는 궐위된 대의원의 보선은 조합창립총회일 현재 사업시행구역안에 1년 이상 거주하고 있는 조합원 중에서 선출한다. 다만, 궐위된 대의원의 보선은 대의원 5인 이상의 추천을 받아 대의원회에서 선출한다.

【주】대의원은 원칙적으로 조합원이 직접 선출하여야 할 것이나, 조합원의 이주로 인하여 소집이 어려울 경우에는 보선에 한해 대의원회에서 선출할 수 있도록 한 것이며, 대의원자격요건으로 거주기간을 조합여건에 따라 정할 수 있음.

⑤ 대의원회는 조합장이 필요하다고 인정하는 때에 소집한다. 다만, 다음 각호의 1에 해당하는 때에는 조합장은 해당일부터 14일 이내에 대의원회를 소집하여야 한다.

 1. 조합원 10분의 1 이상이 총회의 목적사항을 제시하여 소집을 청구하는 때

 2. 대의원의 3분의 1 이상이 회의의 목적사항을 제시하여 청구하는 때

⑥ 제5항 각호의 1에 의한 소집청구가 있는 경우로서 조합장이 14일 이내에 정당한 이유없이 대의원회를 소집하지 아니한 때에는 감사가 지체없이 이를 소집하여야 하며, 감사가 소집하지 아니하는 때에는 제5항 각호의 규정에 의하여 소집을 청구한 자의 대표가 이를 소집한다. 이 경우 미리 시장·군수의 승인을 얻어야 한다.

　【주】일정수 이상의 대의원이 대의원회의 소집을 요구하였으나 의장(조합장)이 이에 불응할 경우에 대비하여 보완한 것임

⑦ 대의원회 소집은 회의개최 7일전에 회의목적·안건·일시 및 장소를 기재한 통지서를 대의원에게 송부하고, 게시판에 게시하여야 한다. 다만, 사업추진상 시급히 대의원회 의결을 요하는 사안이 발생하는 경우에는 회의 개최 3일전에 통지하고 대의원회에서 안건상정여부를 묻고 의결할 수 있다.


제25조(대의원회 의결사항)

① 대의원회는 다음 각호의 사항을 의결한다.

 1. 궐위된 임원 및 대의원의 보궐선임

 2. 예산 및 결산의 승인에 관한 방법

 3. 총회 부의안건의 사전심의 및 총회로부터 위임받은 사항

 4. 총회의결로 정한 예산의 범위내에서의 용역계약 등

　【주】사업추진상 불가피하게 발생하는 계약(세무사, 법무사, 회계사, 교통영향평가 및 감정평가업체 등)에 대하여 대의원회에서 결정 가능토록 함.

② 대의원회는 제24조제7항의 규정에 의하여 통지한 사항에 관하여만 의결할

수 있다. 다만, 통지후 시급히 의결할 사항이 발생한 경우, 의장의 발의와
출석대의원 과반수 이상 동의를 얻어 안건으로 채택한 경우에는 그 사항을
의결할 수 있다.

③ 대의원 자신과 관련된 사항에 대하여는 그 대의원은 의결권을 행사할 수 없
다.

제26조(대의원회 의결방법)

① 대의원회는 법 및 이 정관에서 특별히 정한 경우를 제외하고는 대의원 과
반수 출석으로 개의하고 출석대의원 과반수의 찬성으로 의결한다. 다만, 제
22조제6항의 규정에 의하여 총회의 의결을 대신하는 의결사항은 대의원 3
분의 2 이상의 출석과 출석대의원 3분의 2 이상의 동의를 얻어야 한다.

　【주】총회의 의결을 대신하는 사항에 대해서는 출석 및 의결 정족수를 강
　　　화하여 조합운영을 보다 신중하게 하도록 한  것임

② 대의원은 서면으로 대의원회에 출석하거나 의결권을 행사할 수 있다. 이
경우 제1항의 규정에 의한 출석으로 본다.

제27조(이사회의 설치)

① 조합에는 조합의 사무를 집행하기 위하여 조합장과 이사로 구성하는 이사
회를 둔다.

② 이사회는 조합장이 소집하며, 조합장은 이사회의 의장이 된다.

제28조(이사회의 사무)

이사회는 다음 각호의 사무를 집행한다.

1. 조합의 예산 및 통상업무의 집행에 관한 사항

2. 총회 및 대의원회의 상정안건의 심의·결정에 관한 사항

3. 업무규정 등 조합 내부규정의 제정 및 개정안 작성에 관한 사항

4. 그 밖에 조합의 운영 및 사업시행에 관하여 필요한 사항

　【주】별도의 조항으로 전문적이고 효율적인 조합운영을 위하여 이사회 보좌

기관으로서 자문 또는 고문기관을 둘 수 있음.

제29조(이사회의 의결방법)

① 이사회는 대리인 참석이 불가하며, 구성원 과반수 출석으로 개의하고 출석 구성원 과반수 찬성으로 의결한다.

② 구성원 자신과 관련된 사항에 대하여는 그 구성원은 의결권을 행사할 수 없다.

제30조(감사의 이사회 출석권한 및 감사요청)

① 감사는 이사회에 출석하여 의견을 진술할 수 있다. 다만, 의결권은 가지지 아니한다.

② 이사회는 조합운영상 필요하다고 인정될 때에는 감사에게 조합의 업무에 대하여 감사를 실시하도록 요청할 수 있다.

제31조(의사록의 작성 및 관리)

총회·대의원회 및 이사회의 의사록의 작성기준 및 관리 등은 다음 각호와 같다. 다만, 속기사의 속기록일 경우에는 제1호의 규정을 적용하지 아니한다.

1. 의사록에는 의사의 경과, 요령 및 결과를 기재하고 의장 및 출석한 이사가 기명날인하여야 한다.

2. 의사록은 조합사무소에 비치하여 조합원이 항시 열람할 수 있도록 하여야 한다.

3. 임원의 선임 또는 대의원의 선출과 관련된 총회의 의사록을 관할 시장·군수에게 송부하고자 할 때에는 임원 또는 대의원 명부와 그 피선자격을 증명하는 서류를 첨부하여야 한다.

## 제6장  재  정

제32조(조합의 회계)

① 조합의 회계는 매년 1월1일(설립인가를 받은 당해년도는 인가일)부터 12월 말일 까지로 한다.

② 조합의 예산회계는 기업회계의 원칙에 따르되 조합은 필요하다고 인정하는 때에는 다음 사항에 관하여 별도의 회계규정을 정하여 운영할 수 있다. 이 경우 회계규정을 정할 때는 미리 총회의 인준을 받아야 한다.

1. 예산의 편성과 집행기준에 관한 사항

2. 세입·세출예산서 및 결산보고서의 작성에 관한 사항

3. 수입의 관리·징수방법 및 수납기관 등에 관한 사항

4. 지출의 관리 및 지급 등에 관한 사항

5. 계약 및 채무관리에 관한 사항

6. 그 밖에 회계문서와 장부에 관한 사항

③ 조합은 매 회계년도 종료일부터 30일내에 결산보고서를 작성한 후 감사의 의견서를 첨부하여 대의원회에 제출하여 의결을 거쳐야 하며, 대의원회 의결을 거친 결산보고서를 총회 또는 조합원에게 서면으로 보고하고 조합사무소에 이를 3월 이상 비치하여 조합원들이 열람할 수 있도록 하여야 한다.

④ 조합은 다음 각호의 1에 해당하는 시기에 주식회사의외부감사에관한법률 제3조 규정에 의한 감사인의 회계감사를 받아야 한다.

1. 추진위원회에서 조합으로 인계되기 전까지 납부 또는 지출된 금액이 3억 5천만원 이상인 경우

2. 사업시행인가고시일전까지 납부 또는 지출된 금액이 7억원 이상인 경우에 고시일부터 20일 이내

3. 준공인가신청일까지 납부 또는 지출된 금액이 14억원 이상인 경우에 준공검사의 신청일부터 7일 이내

　　【주】도시및주거환경정비법 제76조의 규정에 의한 회계감사를 실시함에 있어 동법 시행령 제67조제1항의 규정에 의한 시기별로 회계감사를 받아야 한다.

⑤ 제4항의 규정에도 불구하고 비용의 납부 및 지출내역에 대하여 조합원 5분

의 4 이상 동의할 경우 회계감사를 받지 아니할 수 있다.

⑥ 조합은 제4항의 규정에 의하여 실시한 회계감사 결과를 회계감사종료일로부터 15일 이내에 시장·군수에게 보고하고, 조합사무소에 이를 비치하여 조합원들이 열람할 수 있도록 하여야 한다.

제33조(재원)

조합의 운영 및 사업시행을 위한 자금은 다음 각호에 의하여 조달한다.

1. 조합원이 현물로 출자한 토지 및 건축물
2. 조합원이 납부하는 정비사업비 등 부과금
3. 건축물 및 부대·복리시설의 분양 수입금
4. 조합이 금융기관 및 시공자 등으로부터 조달하는 차입금
5. 대여금의 이자 및 연체료 등 수입금
6. 청산금
7. 그 밖에 조합재산의 사용수익 또는 처분에 의한 수익금

제34조(정비사업비의 부과 및 징수)

① 조합은 사업시행에 필요한 비용을 충당하기 위하여 조합원에게 공사비 등 주택사업에 소요되는 비용(이하 "정비사업비"라 한다)을 부과징수 할 수 있다.

② 제1항의 규정에 의한 정비사업비는 총회의결을 거쳐 부과할 수 있으며, 추후 사업시행구역안의 토지 및 건축물 등의 위치·면적·이용상황·환경 등 제반여건을 종합적으로 고려하여 관리처분계획에 따라 공평하게 금액을 조정하여야 한다.

③ 조합은 납부기한내에 정비사업비를 납부하지 아니한 조합원에 대하여는 금융기관에서 적용하는 연체금리의 범위내에서 과태료를 부과할 수 있으며 법 제61조제4항의 규정에 따라 시장·군수에게 정비사업비의 징수를 위탁할 수 있다.

【주】사업추진을 위한 경비 등 정비사업비의 납부 및 이의 연체에 대한

조합의 처분 등에 대한 규정을 두어 조합원이 이를 숙지토록 하고, 일부 미납자로 인한 다수 조합원의 피해를 방지할 수 있도록 한 것임

## 제7장 사 업 시 행

제35조(이주대책)

① 사업시행으로 주택이 철거되는 조합원은 사업을 시행하는 동안 자신의 부담으로 이주하여야 한다.

② 조합은 이주비의 지원을 희망하는 조합원에게 조합이 직접 금융기관과 약정을 체결하거나, 시공자와 약정을 체결하여 지원하도록 알선할 수 있다. 이 경우 이주비를 지원받은 조합원은 사업시행구역안의 소유토지 및 건축물을 담보로 제공하여야 한다.

【주】 이주비에 있어 차입대상에 따라 조정가능함.

③ 제2항의 규정에 의하여 이주비를 지원받은 조합원 또는 그 권리를 승계한 조합원은 지원받은 이주비를 주택등에 입주시까지 시공자(또는 금융기관)에게 환불하여야 한다.

④ 조합원은 조합이 정하여 통지하는 이주기한 내에 당해 건축물에서 퇴거하여야 하며, 세입자 또는 임시거주자 등이 있을 때에는 당해 조합원의 책임으로 함께 퇴거하도록 조치하여야 한다.

⑤ 조합원은 본인 또는 세입자 등이 당해 건축물에서 퇴거하지 아니하여 기존주택 등의 철거 등 사업시행에 지장을 초래하는 때에는 그에 따라 발생되는 모든 손해에 대하여 변상할 책임을 진다.

⑥ 제5항의 규정에 의하여 조합원이 변상할 손해금액과 징수방법등은 대의원회에서 정하여 총회의 승인을 얻어 당해 조합원에게 부과하며, 이를 기한 내에 납부하지 아니한 때에는 당해 조합원의 권리물건을 환가처분하여 그 금액으로 충당할 수 있다.

【주】 소수 조합원의 의무불이행으로 사업지연 등 다수 조합원의 피해를

초래한 경우에는 변상책임이 있음을 미리 모든 조합원이 숙지토록 하여 분쟁을 예방하고 사업수행에 원활을 기하기 위한 것임

제36조(지장물 철거 등)

① 조합은 관리처분계획인가 후, 사업시행구역안의 건축물을 철거할 수 있다.

② 조합은 제1항의 규정에 의하여 건축물을 철거하고자 하는 때에는 30일 이상의 기간을 정하여 구체적인 철거계획에 관한 내용을 미리 조합원 등에게 통지하여야 한다.

③ 사업시행구역안의 통신시설·전기시설·급수시설·도시가스시설등 공급시설에 대하여는 당해 시설물 관리권자와 협의하여 철거기간이나 방법 등을 따로 정할 수 있다.

④ 조합원의 이주후 건축법 제27조의 규정에 의한 철거 및 멸실신고는 조합이 일괄 위임받아 처리하도록 한다.

【주】 철거 및 멸실신고 절차를 조합이 일괄처리함으로서 사업기간의 단축 등의 효과가 나타날 수 있음

제37조(보상의 예외 등)

사업시행구역안의 철거되는 일체의 지장물중 등기 또는 행정기관의 공부에 등재되지 아니한 지장물은 보상대상이 될 수 없다.

제38조(지상권 등 계약의 해지)

① 조합은 사업의 시행으로 인하여 지상권·전세권 또는 임차권의 설정목적을 달성할 수 없는 권리자가 계약상 금전의 반환청구권을 조합에 행사할 경우 조합은 당해 금전을 지급할 수 있다.

② 조합은 제1항에 의하여 금전을 지급하였을 경우 당해 조합원에게 이를 구상할 수 있으며 구상이 되지 아니 한 때에는 당해 조합원에게 귀속될 건축물을 압류할 수 있으며 이 경우 압류한 권리는 저당권과 동일한 효력을 가

진다.

③ 조합설립인가일 이후에 체결되는 지상권·전세권설정계약 또는 임대차계약의 계약기간에 대하여는 민법 제280조·제281조 및 제312조제2항, 주택임대차보호법 제4조제1항, 상가건물임대차보호법 제9조제1항의 규정은 이를 적용하지 아니한다.

제39조(매도청구 등)

① 조합은 주택재건축사업을 시행함에 있어 법 제17조의 규정에 의한 조합 설립의 동의를 하지 아니한 자(건축물 또는 토지만 소유한 자를 포함한다)와 정관에 의하여 제명 및 탈퇴한 조합원의 토지 및 건축물에 대하여는 집합건물의소유및관리에관한법률 제48조의 규정을 준용하여 매도청구를 할 수 있다. 이 경우 재건축의결은 조합 설립의 동의로 보며, (구분)소유권 및 토지사용권은 사업시행구역안의 매도청구의 대상이 되는 토지 또는 건축물의 소유권과 그 밖의 권리로 본다.

② 제1항에 의한 매도청구시 매도청구의 소에 관한 조합측 당사자는 조합장에게 있다.

제40조(소유자의 확인이 곤란한 건축물 등에 대한 처분)

① 조합은 사업을 시행함에 있어 조합설립인가일 현재 토지 또는 건축물의 소유자의 소재확인이 현저히 곤란한 경우 전국적으로 배포되는 2 이상의 일간신문에 2회이상 공고하고, 그 공고한 날부터 30일 이상이 지난 때에는 그 소유자의 소재확인이 현저히 곤란한 토지 또는 건축물의 감정평가액에 해당하는 금액을 법원에 공탁하고 사업을 시행할 수 있다. 이 경우 그 감정평가액은 시장·군수가 추천하는 지가공시및토지등의평가에관한법률에 의한 감정평가업자(이하 "감정평가업자"라 한다) 2인 이상이 평가한 금액을 산술평균하여 산정한다.

② 사업을 시행함에 있어 조합설립인가일 현재 조합원 전체의 공동소유인 토지 또는 건축물에 대하여는 조합소유의 토지 또는 주택 등으로 보며 이를

관리처분계획에 명시한다.

## 제8장   관리처분계획

제41조(분양통지 및 공고 등)

조합은 사업시행인가의 고시가 있은 날부터 21일 이내에 다음 각호의 사항을 토지등소유자에게 통지하고, 해당지역에서 발간되는 (2 또는 1)이상의 일간신문에 공고하여야 한다. 이 경우 제9호의 사항은 통지하지 아니하고, 제3호 및 제6호의 사항은 공고하지 아니한다.

1. 사업시행인가의 내용

2. 사업의 종류·명칭 및 정비구역의 위치·면적

3. 분양신청서

4. 분양신청기간 및 장소

5. 분양대상 토지 또는 건축물의 내역

6. 개략적인 부담금 내역

7. 분양신청자격

8. 분양신청방법

9. 토지등소유자외의 권리자의 권리신고방법

10. 분양을 신청하지 아니한 자에 대한 조치

11. 그 밖에 시·도조례가 정하는 사항

【주】 분양신청·계약 및 이와 관련한 조합원의 권리·의무 등을 제8조에 따라 철저히 고지·공고하도록 하되, 분양신청을 하지 않을 경우 청산토록 법에 명시하고 있는 바, 조합은 선의 피해자가 없도록 하기 위해 추가적인 통지방법을 강구 할 수 있음

제42조(분양신청 등)

① 제41조제4호의 분양신청기간은 그 통지한 날부터 30일 이상 60일 이내로

한다. 다만, 조합은 관리처분계획의 수립에 지장이 없다고 판단되는 경우에는 분양신청기간을 20일 범위 이내에서 연장할 수 있다.

② 토지 또는 건축물을 분양받고자 하는 조합원은 분양신청서에 소유권의 내역을 명시하고, 그 소유의 토지 및 건축물에 관한 등기부등본 등 그 권리를 입증할 수 있는 증명서류를 조합에 제출하여야 한다.

③ 제1항 및 제2항의 규정에 의한 분양신청서를 우편으로 제출하고자 할 경우에는 그 신청서가 분양신청기간내에 발송된 것임을 증명할 수 있도록 등기우편 등으로 제출하여야 한다.

④ 조합은 조합원이 다음 각호의 1에 해당하는 경우에는 그 해당하게 된 날부터 150일 이내에 건축물 또는 그 밖의 권리에 대하여 현금으로 청산 한다. 그 금액은 시장·군수가 추천하는 감정평가업자 2 이상이 평가한 금액을 산술평균하여 산정한다.

1. 분양신청을 하지 아니한 자

2. 분양신청을 철회한 자

3. 인가된 관리처분계획에 의하여 분양대상에서 제외된 자

　　【주】도시및주거환경정비법 제47조 및 시행령 제48조에 근거하여 주택재건축사업에 동의하고도 분양신청을 하지 않아 원활한 사업진행에 차질을 빚을 경우에 대비한 것으로, 조합원의 권리·의무와 직결되는 중요한 사항이므로 이를 이행치 않을 경우의 불이익 등에 대해 충분히 설명, 고지하여야 할 것임

⑤ 조합원은 관리처분계획인가 후 ○일 이내에 분양계약체결을 하여야 하며 분양계약체결을 하지 않는 경우 제4항의 규정을 준용한다.

　　【주】관리처분계획인가후 조합은 분양계약체결 장기화를 방지하기 위해 계약체결과 관련하여 일정기간을 정할 수 있음.

제43조(보류지)

분양대상의 누락, 착오 등의 사유로 인한 관리처분계획의 변경과 소송 등의

사유로 향후 추가분양이 예상되는 경우 공급 주택과 부대복리시설의 __를 보류지로 정할 수 있다.

제44조(관리처분계획의 기준)

조합원의 소유재산에 관한 관리처분계획은 분양신청 및 공사비가 확정된 후 건축물철거전에 수립하며 다음 각호의 기준에 따라 수립하여야 한다.

1. 조합원이 출자한 종전의 토지 및 건축물의 가격/면적을 기준으로 새로이 건설되는 주택 등을 분양함을 원칙으로 한다.

2. 사업시행후 분양받을 건축물의 면적은 분양면적(전용면적+공유면적)을 기준으로 하며, 토지는 분양받은 건축물의 전유면적비례에 따라 공유지분으로 분양한다.

3. 조합원에게 분양하는 주택의 규모는 건축계획을 작성하여 사업시행인가를 받은 후 평형별로 확정한다.

4. 조합원에 대한 신축건축물의 평형별 배정에 있어 조합원 소유 종전건축물의 가격·면적·유형·규모 등에 따라 우선순위를 정할 수 있다 .

   【주】일정평형에 신청이 몰릴 경우 다툼이 예상되는 바, 이에 대한 기준을 미리 설정할 수 있으며, 면적으로 결정이 불합리한 경우에는 금액으로 순위를 정할 수 있다.

5. 조합원이 출자한 종전의 토지 및 건축물의 면적을 기준으로 산정한 주택의 분양대상면적과 사업시행후 조합원이 분양받을 주택의 규모에 차이가 있을 때에는 당해 사업계획서에 의하여 산정하는 단위면적당 가격을 기준으로 환산한 금액의 부과 및 지급은 제52조 및 제53조의 규정을 준용한다.

6. 사업시행구역안에 건립하는 상가등 부대·복리시설은 조합이 시공자와 협의하여 별도로 정하는 약정에 따라 공동주택과 구분하여 관리처분계획을 수립할 수 있다.

7. 조합원에게 공급하고 남는 잔여주택이 20세대 이상인 경우에는 일반에게 분양하며, 그 잔여주택의 공급시기와 절차 및 방법 등에 대하여는 주택공급

에관한규칙이 정하는 바에 따라야 한다. 잔여주택이 20세대 미만인 경우에는 그러하지 아니하다.

【주】주택공급에관한규칙에 따라 일반분양하는 경우는 잔여주택이 20세대 이상일 때임을 설명한 것임

8. 1세대가 2 이상의 주택을 소유한 경우에는 소유한 주택수에 따라 주택을 공급할 수 있다.

【주】주택분양을 신청하는 조합원 수가 많을 것으로 예상되는 경우 등은 공급주택의 수를 ＿이하로 제한할 수도 있을 것임

※ 투기과열지구로 지정된 경우에는 2주택까지 가능

9. 부대·복리시설(부속토지를 포함한다. 이하 이 호에서 같다)의 소유자에게는 부대·복리시설을 공급한다. 다만, 다음 각목의 1에 해당하는 경우에는 부대·복리시설의 소유자에게 1주택을 공급할 수 있다.

가. 새로운 부대·복리시설을 공급받지 아니하는 경우로서 종전의 부대·복리시설의 가액이 분양주택의 최소분양단위규모 추산액에 총회에서 정하는 비율(정하지 아니한 경우에는 1로 한다)을 곱한 가액 이상일 것

나. 종전 부대·복리시설의 가액에서 새로이 공급받는 부대·복리시설의 추산액을 차감한 금액이 분양주택의 최소분양단위규모 추산액에 총회에서 정하는 비율을 곱한 가액 이상일 것

다. 새로이 공급받는 부대·복리시설의 추산액이 분양주택의 최소분양단위규모 추산액 이상일 것

라. 조합원 전원이 동의한 경우

10. 종전의 주택 및 부대복리시설(부속되는 토지를 포함한다)의 평가는 감정평가업자 2인 이상이 평가한 금액을 산술평가한 금액으로 한다.

【주】동별 입지상 주거환경이 크지 않고, 유사한 주택구조 또는 층별시세차가 크지 않는 경우 등 감정평가를 실시할 필요가 크지 않은 경우에는 면적기준으로 가치평가 하는 것으로 규정할 수 있음

11. 분양예정인 주택 및 부대복리시설(부속되는 토지를 포함한다)의 평가는

감정평가업자 2인 이상이 평가한 금액을 산술평가한 금액으로 한다.

【주】감정평가업자를 선정할 때 재개발사업과 같이 시장·군수의 추천을
받는 것으로도 규정할 수 있음

12. 임대사업자에 대한 주택공급은 정비구역공람·공고일(정비구역외 주택재건
축사업은 추진위원회승인일) 당시 사업자등록을 한 자로 한정하며, 당해
정비구역내 소유한 기존 주택수만큼 공급할 수 있다.

13. 그 밖에 관리처분계획을 수립하기 위하여 필요한 세부적인 사항은 관계
규정 등에 따라 조합장이 정하여 대의원회의 의결을 거쳐 시행한다.

제45조(분양받을 권리의 양도 등)

① 조합원은 조합원의 자격이나 권한, 입주자로 선정된 지위 등을 양도한 경
우에는 조합에 변동 신고를 하여야 하며, 양수자에게는 조합원의 권리와
의무, 자신이 행하였거나 조합이 자신에게 행한 처분·절차, 청산시 권리의
무에 범위 등이 포괄승계됨을 명확히 하여 양도하여야 한다.

② 제1항의 규정에 의하여 사업시행구역안의 토지 또는 건축물에 대한 권리를
양도받은 자는 확정일자가 있는 증서를 첨부하여 조합에 통지하여야 하며,
조합에 통지한 이후가 아니면 조합에 대항할 수 없다.

③ 조합은 조합원의 변동이 있는 경우 변경의 내용을 증명하는 서류를 첨부하
여 시장·군수에 신고하여야 한다.

【주】조합설립인가 당시의 제출서류에 변동이 있을 때에는 반드시 변경인
가를 받아야 하는 점을 감안하여, 이를 정확히 숙지토록 하기 위하여
동 내용을 추가로 규정한 것임

제46조(관리처분계획의 공람 등)

① 조합은 관리처분계획의 인가를 받기전에 관계서류의 사본을 30일 이상 조
합원에게 공람하고 다음 각호의 사항을 각 조합원에게 통지하여야 한다.

1. 관리처분계획의 개요

2. 주택 및 토지지분면적 등 분양대상 물건의 명세

3. 그 밖에 조합원의 권리·의무와 이의신청 등에 관한 사항

② 조합원은 제1항의 규정에 의한 통지를 받은 때에는 조합에서 정하는 기간 안에 관리처분계획에 관한 이의신청을 조합에 할 수 있다.

③ 조합은 제2항의 규정에 의하여 제출된 조합원의 이의신청내용을 검토하여 합당하다고 인정되는 경우에는 관리처분계획의 수정 등 필요한 조치를 취하고, 그 조치 결과를 공람·공고 마감일부터 10일 안에 당해 조합원에게 통지하여야 하며, 이의신청이 이유없다고 인정되는 경우에도 그 사유를 명시하여 당해 조합원에게 통지하여야 한다.

【주】 관리처분계획의 수립에 있어서 합당한 의견일 경우에는 조합원의 의사가 최대한 반영될 수 있도록 한 것임

④ 조합은 제3항의 규정에 따라 관리처분계획을 수정한 때에는 총회의 의결을 거쳐 확정한 후 그 내용을 각 조합원에게 통지하여야 한다.

⑤ 조합원의 동호수추첨은 ○○은행 전산추첨을 원칙으로 경찰관입회하에 공정하게 실시하여야 하며 추첨결과는 시장·군수에게 통보하여야 한다.


제47조(관리처분계획의 통지 등)

① 조합은 관리처분계획고시가 있은 때에는 지체없이 다음 각호의 사항을 분양신청을 한 각 조합원에게 통지하여야 한다.

1. 사업의 명칭

2. 사업시행구역의 면적

3. 조합의 명칭 및 주된 사무소의 소재지

4. 관리처분계획인가일

5. 분양대상자별로 기존의 토지 또는 건축물의 명세 및 가격과 분양예정인 토지 또는 건축물의 명세 및 추산가액

② 관리처분계획의 인가고시가 있은 때에는 종전의 건축물의 소유자·지상권자 전세권자·임차권자 등 권리자는 법 제54조의 규정에 의한 이전의 고시가 있

은 날(이하 "이전고시일"이라 한다)까지 종전의 토지 또는 건축물에 대하여 이를 사용하거나 수익할 수 없다. 다만, 조합의 동의를 얻은 경우에는 그러하지 아니한다.

## 제9장  완료조치

제48조(준공인가 및 입주통지 등)

① 조합은 관할 시장·군수로부터 준공인가증을 교부 받은 때에는 지체없이 조합원에게 입주하도록 통지하여야 한다.

② 조합은 제1항의 규정에 의하여 입주통지를 한 때에는 통지된 날부터 1월 이내에 소유자별로 통지내용에 따라 등기신청을 할 수 있도록 필요한 조치를 하여야 하며, 토지 및 건축물중 일반분양분에 대해서는 조합명의로 등기한 후 매입자가 이전등기절차를 이행하도록 하여야 한다.

제49조(이전고시 등)

① 조합은 공사의 완료고시가 있은 때에는 지체없이 토지확정측량을 하고 토지의 분할절차를 거쳐 조합원과 일반분양자에게 이전하여야 한다. 다만, 사업의 효율적인 추진을 하는데 필요한 경우에는 당해사업에 관한 공사가 전부 완료되기전에 완공된 부분에 대하여 준공인가를 받아 토지 및 건축물별로 이를 분양받을 자에게 이전할 수 있다.

② 조합은 제1항의 규정에 의하여 건축물을 이전하고자 하는 때에는 조합원과 일반분양자에게 통지하고 그 내용을 당해 지방자치단체의 공보에 고시한 후 이를 시장·군수에게 보고하여야 한다.

제50조(토지 및 건축물에 대한 권리의 확정)

조합원은 이전고시가 있은 날의 다음 날에 분양대상 건축물에 대한 소유권을 취득한다. 이 경우 종전의 토지 또는 건축물에 관한 지상권·전세권·저당권 또는 등기된 임차권과 주택임대차보호법 제3조제1항의 요건을 갖춘 임차권은 분양 받은 토지 또는 건축물에 설정된 것으로 본다.

## 제51조(등기절차 등)

조합은 제49조제2항의 규정에 의한 이전의 고시가 있은 때에는 지체없이 토지 및 건축물에 관한 등기를 지방법원지원 또는 등기소에 촉탁 또는 신청하여야 한다,

## 제52조(청산금 등)

① 토지 또는 건축물을 분양받은 자가 종전에 소유하고 있던 토지 또는 건축 물의 가격과 분양받은 토지 또는 건축물의 가격사이에 차이가 있는 경우에 는 조합은 이전고시일 후에 그 차액에 상당하는 금액(이하 "청산금"이라 한다)을 분양받은 자로부터 징수하거나 분양받은 자에게 지급하여야 한다. 다만, 분할징수 및 분할지급에 대하여 총회의 의결을 거쳐 따로 정한 경우 에는 관리처분계획인가후부터 이전고시일까지 일정기간별로 분할징수하거 나 분할지급할 수 있다.

② 제1항의 규정을 적용함에 있어서 종전에 소유하고 있던 토지 또는 건축물 의 가격과 분양받은 토지 또는 건축물의 가격은 감정평가업자 2인 이상이 평가한 금액을 산술평균하여 산정한다.

③ 제2항의 분양받은 토지 또는 건축물의 가격산정에 있어 다음 각호의 비용을 가산한다. 다만, 법 제63조의 규정에 의한 보조금은 이를 공제하여야 한다.

1. 조사측량설계 및 감리에 소요된 비용

2. 공사비

3. 정비사업의 관리에 소요된 등기비용·인건비·통신비·사무용품비·이자 그 밖 에 필요한 경비

4. 법 제63조의 규정에 의한 융자금이 있는 경우에는 그 이자에 해당하는 금액

5. 정비기반시설 및 공동이용시설의 설치에 소요된 비용(법 제63조제1항의

규정에 의하여 시장·군수가 부담한 비용을 제외한다)

6. 안전진단의 실시, 정비사업전문관리업자의 선정, 회계감사, 감정평가비용

7. 그 밖에 정비사업추진과 관련하여 지출한 비용으로서 총회에서 포함하기로 정한 것

제53조(청산금의 징수방법)

① 청산금을 납부하지 않은 조합원이 있을 경우 조합은 청산금 납부요청을 2회 이상 최고하고 최고최종일로부터 1월이내 시장·군수에게 청산금과 연체료의 징수를 위탁한다.

② 청산금을 지급받을 조합원이 이를 받을 수 없거나 거부한 때에는 조합은 그 청산금을 공탁한다.

③ 청산금을 지급받을 권리 또는 이를 징수할 권리는 이전고시일 다음 날부터 5년간 이를 행사하지 아니하면 소멸한다.

제54조(조합의 해산)

① 조합은 준공인가를 받은 날로부터 1년 이내에 이전고시 및  건축물 등에 대한 등기절차를 완료하고 총회를 소집하여 해산 의결을 하여야 한다.

② 조합이 해산의결을 한 때에는 해산의결 당시의 임원이 청산인이 된다.

③ 조합이 해산하는 경우에 청산에 관한 업무와 채권의 추심 및 채무의 변제 등에 관하여 필요한 사항은 민법의 관계규정에 따른다.

제55조(청산인의 임무)

청산인은 다음 각호의 업무를 성실히 수행하여야 한다.

1. 현존하는 조합의 사무종결

2. 채권의 추심 및 채무의 변제

3. 잔여재산의 처분

4. 그 밖에 청산에 필요한 사항

제56조(채무변제 및 잔여재산의 처분)

청산 종결후 조합의 채무 및 잔여재산이 있을 때에는 해산당시의 조합원에게 분양받은 토지 또는 건축물의 부담비용 등을 종합적으로 고려하여 형평이 유지되도록 공정하게 배분하여야 한다.

【주】잔여재산뿐 아니라 채무에 대해서도 규정하여 청산시의 혼란을 줄이도록 한 것임

제57조(관계서류의 이관)

조합은 사업을 완료하거나 폐지한 때에는 시·도조례가 정하는 바에 따라 관계서류를 시장·군수에게 인계하여야 한다.

## 제10장  보  칙

제58조(관련자료의 공개와 보존)

① 조합은 사업시행에 관하여 다음 각호의 서류 및 관련자료를 인터넷 등을 통하여 공개하여야 하며, 조합원의 공람요청이 있는 경우에는 이를 공람시켜 주어야 한다. 다만, 개인비밀의 보호, 자료의 특성상 인터넷 등에 공개하기 어려운 사항은 개략적인 내용만 공개할 수 있다.

1. 정관
2. 설계자·시공자 및 정비사업전문관리업자의 선정계약서
3. 총회의사록
4. 추진위원회, 조합의 이사회 및 대의원회 의사록
5. 사업시행계획서
6. 관리처분계획서
7. 당해 사업의 시행에 관한 행정기관의 문서
8. 회계감사결과

② 조합 또는 정비사업전문관리업자는 총회 또는 중요한 회의가 있은 때에는 속기록·녹음 또는 영상자료를 만들어 이를 청산시까지 보관하여야 한다.

③ 조합원이 제1항 각호의 사항을 열람하고자 하는 때에는 서면으로 열람을 요청하여야 하며, 조합은 특별한 사유가 없는 한 이에 응하여야 한다.

## 제59조(약정의 효력)

조합이 사업시행에 관하여 시공자 및 설계자, 정비사업전문관리업자와 체결한 약정은 관계법령 및 이 정관이 정하는 범위안에서 조합원에게 효력을 갖는다.

## 제60조(주택재건축정비사업조합 설립추진위원회 행위의 효력)

조합설립인가일 전에 조합의 설립과 사업시행에 관하여 추진위원회가 행한 행위는 관계법령 및 이 정관이 정하는 범위 안에서 조합이 이를 승계한 것으로 본다.

## 제61조(정관의 해석)

이 정관의 해석에 대하여 이견이 있을 경우 일차적으로 이사회에서 해석하고, 그래도 이견이 있을 경우는 대의원회에서 해석한다.

【주】 이 정관의 해석상 다툼이 있을 경우를 대비하여 해석에 관한 권한을 미리 규정한 것으로, 이사회, 대의원회의 해석에도 이견이 있을 경우는 관할 행정기관의 해석이나 법원의 판결에 따를 수 밖에 없을 것임

## 제62조(소송 관할 법원)

조합과 조합원간에 법률상 다툼이 있는 경우 소송관할 법원은 조합소재지 관할 법원으로 한다.

## 제63조(민법의 준용 등)

① 조합에 관하여는 도시및주거환경정비법에 규정된 것을 제외하고는 민법 중 사단법인에 관한 규정을 준용한다.

② 법, 민법, 이 정관에서 정하는 사항 외에 조합의 운영과 사업시행 등에 관

하여 필요한 사항은 관계법령 및 관련행정기관의 지침·지시 또는 유권해석
등에 따른다. 다만, 이 정관이 법령의 개정으로 변경하여야 할 경우 정관의
개정절차에 관계없이 변경되는 것으로 본다. 그러나 관계법령의 내용이 임
의규정인 경우에는 그러하지 아니하다.

### 부    칙

이 정관은 ○○지방법원에 ○○주택재건축정비사업조합으로 등기를 받은 날부
터 시행한다.

## <별지 1 : 주택재건축정비사업조합가입동의서>

### 주택재건축정비사업조합가입동의서

1. 주택(상가) 구분소유자 인적사항

| 성     명 | | 주민등록번호 | − |
|---|---|---|---|
| 주민등록상현주소 | | 전화번호 | (    )    − |

2. 소유주택(상가) 구분소유권 현황

| 소유권위치 | 번지          아파트<br>동          호,          상가          동          호 | | |
|---|---|---|---|
| 등기상 건축물지분 | ㎡ | 등기상 토지지분 | ㎡ |

3. 조합설립 및 정비사업 내용 동의

가. 신축건축물의 설계개요

| 토지면적<br>(공부상면적) | 건축연면적 | 규     모 | 기     타 |
|---|---|---|---|
| ㎡ | ㎡ | | |

나. 건축물철거 및 신축비용 개산액

| 철 거 비 | 신 축 비 | 기타사업비용 | 합     계 |
|---|---|---|---|
| | | | |

다. 나목의 비용의 분담사항

(1) 조합정관에 따라 경비를 부과하고 징수하며, 관리처분계획인가후 분할징수지급하고, 조합청산시 청산금을 최종 확정함

(2) 조합원의 소유자산의 가치를 조합정관이 정하는 바에 따라 산정하여 형평의 원칙에 의거 조합정관에서 규정한 관리처분기준에 따라 비용 및 수익을 균등하게 부담 · 배분함

(3) 시공자에 지급할 공사금액 및 사업 관련 제반비용은 주택 및 부대복리시설의 일반분양 수입금과 조합원총회에서 결의되거나 서면동의한 조합원분담금으로 우선 충당하고, 부족금이 발생할 경우 조합정관 및 관리처분기준에 따라 공평하게 분담함

라. 신축건축물 구분소유권의 귀속에 관한 사항

(1) 조합정관의 관리처분기준에 따르며, 주택을 소유한 조합원의 신축 건축물에 대한 분양평형 결정은 조합원 분양신청 및 종전권리가액의 다액순에 의하고 동·호수 결정은 조합정관 제__조의 규정에 의한 전산추첨 등에 의한다. 단 경합이 있는 경우에는 조합정관 및 관리처분기준에 의한 방법에 따름

(2) 상가 등 복리시설의 소유자는 조합정관 및 관리처분기준에 의하여 종전 토지 및 건축물의 가치를 고려하여 새로이 설치되는 복리시설을 공급받되, 동·호수 결정은 관리처분계획이 정하는 바에 따른다. 단, 복리시설을 설치하지 아니하는 경우 또는 조합정관 제__조에 해당하는 경우 주택을 공급받을 수 있음

(3) 사업시행 후 분양받을 주택 등의 면적은 분양면적(전용면적+공용면적)을 기준으로 하며, 토지는 분양받은 주택 등의 면적비례에 따라 공유지분으로 분양함

(4) 조합원에게 우선분양하고 남는 잔여주택 및 상가 등 복리시설은 관계법령과 조합정관이 정하는 바에 따라 일반분양함

(5) 토지는 사업완료 후 지분등기하며 건축물은 입주조합원 각자 보존등기함

## 4. 조합장 선정동의

본 조합의 대표자(조합장)는 조합원총회에서 조합정관에 따라 선출된 자를 조합장으로 하는데 동의함

## 5. 조합정관 승인 동의

조합정관안에 동의하고 그 조합정관을 신의성실의 원칙에 의거 준수하며 조합정관이 정하는 바에 따라 조합정관이 변경되는 경우 이의 없이 따를 것에 동의함

  * 조합정관 간인은 임원 및 감사 날인으로 대체하는 것에 동의함.

6. 사업계획 동의

  00 주택재건축정비사업조합에서 작성한 사업계획서(안)(추후 사업계획에 따라 변경될 수 있음)을 충분히 숙지하고 사업계획서(안)와 같이 주택재건축사업을 하기로 동의함

7. 동의내용

  위와 같이 본인은 00주택재건축사업시행구역안의 토지등소유자로서 제3호 내지 제6호의 사항을 숙지하고 동의하고 00주택재건축정비사업조합에 가입하고자 합니다. 아울러 제3호의 "조합설립 및 정비사업 내용 동의"는 사업시행인가내용, 시공자 등과의 계약내용 및 제 사업비 지출내용에 따라 변경될 수 있으며, 동내용이 변경되거나 이에 따라 조합원 청산금 등의 조정이 필요할 경우 추후 조합원 총회에서 의결된 내용으로 변경키로 하고 조합원 총회에서 결정된 내용에 대하여 별도 동의서 제출없이 본 동의서로 갈음하는 것에 동의합니다.

  ※ 첨부 : 조합원 인감증명서 1통.
      (사용용도: 조합설립, 조합정관, 사업계획동의용)


            년        월        일


                위 동의자 :                (인) 인감날인



○○ 주택재건축정비사업조합 귀중

## 〈별지 2 : 대표조합원 선임동의서〉

대표조합원 선임동의서


□ 소유권 현황

| 소유권위치 | | | 번지 | 아파트 | |
|---|---|---|---|---|---|
| | 동        호,        상가 | | | 동        호 | |
| 등기상<br>건축물지분(면적) | | m² | 등기상 토지지분(면적) | | m² |


　상기 소유 물건의 공동소유자는 ○○○을 대표조합원으로 선임하고 ○○주택재건축정비사업조합과 관련한 소유자로서의 법률행위는 대표소유자가 행하는데 동의합니다.


년　　　월　　　일


　○ 대표자(선임수락자)
　　성　　　　명 :　　　　　(인)　날인
　　주민등록번호 :
　　전 화 번 호 :
　○ 위임자(동의자)
　　① 성　　　　명 :　　　　　(인)인감날인
　　　주민등록번호 :
　　　전 화 번 호 :
　　② 성　　　　명 :　　　　　(인)인감날인
　　　주민등록번호 :
　　　전 화 번 호 :
　　③ 성　　　　명 :　　　　　(인)인감날인
　　　주민등록번호 :
　　　전 화 번 호 :


첨부 : 대표자 및 위임자 인감증서 각1부


○○주택재건축정비사업조합 귀중

# 주택재개발정비사업조합 표준정관의 성격과 활용방법

□ 표준정관의 성격과 목적
- 본 표준정관은 도시및주거환경정비법령의 규정에 의한 노후·불량건축물 등의 소유자가 주택재개발정비사업조합을 설립하여 주택재개발사업을 시행하는 경우에 조합정관에 규정하여야 할 사항과 정관 작성상 유의할 점등을 조합 설립인가권자 및 조합설립추진위원회, 관련주민들에게 제공하여 주택재개발정비사업조합이 적법타당하고 민주적, 합리적으로 운영될 수 있도록 함은 물론 주택재개발이 효율적, 경제적으로 추진될 수 있도록 하는 데 있음

□ 표준정관의 활용방법
- 본 표준정관(안)은 하나의 예시로 법적 구속력은 없으며 조합의 특징과 여건에 따라 관련 조항을 추가, 삭제, 수정하여 달리 규정할 수도 있으나, 조합원의 권익과 관계되는 사항에 대한 규정완화 등은  치밀한 검토와 전체적인 합의절차 등을 거쳐 신중하게 하는 것이 바람직하며 관계법령에 위반되게 하여서는 아니됨
  ※ 본 표준정관에서 사용하는 용어 또는 기호의 정의는 다음과 같음
  "【주】"표준정관에 직접 규정하되, 해당 조항이 지니는 의의와 성격, 실제 정관 제정이나 개정시 주의해야 할 점, 내용·기준·범위등을 설명한 것임

☞ 본 표준정관은 국토교통부 홈페이지(http://www.molit.go.kr)에서 검색해볼 수 있음

# 주택재개발정비사업조합표준정관

## 제1장   총 칙

### 제1조(명칭)

① 본 조합의 명칭은 ○○○ 주택재개발정비사업조합(이하 "조합"이라 한다)이라 한다.

② 본 조합이 시행하는 주택재개발사업의 명칭은 ○○○ 주택재개발사업(이하 "사업"이라 한다)이라 한다.

### 제2조(목적)

조합은 도시및주거환경정비법(이하 "법"이라 한다)과 이 정관이 정하는 바에 따라 제3조의 사업시행구역(이하 "사업시행구역"이라 한다)안의 건축물을 철거하고 그 대지 위에 새로운 건축물을 건설하여 도시 및 주거환경을 개선하고 조합원의 주거안정 및 주거생활의 질적 향상에 이바지함을 목적으로 한다.

### 제3조(사업시행구역)

조합의 사업시행구역은 ○○ (시·도) ○○ (시·군·구) ○○ (읍·면) ○○ (리·동) ○○번지 외 ○○필지로서 대지의 총면적은 ○○㎡(○○평)으로 한다. 다만, 사업시행상 불가피하다고 인정되어 관계법령 및 이 정관이 정하는 바에 따라 추가로 편입되는 토지 등이 있을 경우에는 사업시행구역과 대지의 총면적이 변경된 것으로 본다.

### 제4조(사무소)

① 조합의 주된 사무소는 ○○ (시·도) ○○ (시·군·구) ○○ (읍·면) ○○ (리·동) ○○번지 ○○호에 둔다.

② 조합사무소를 이전하는 경우 이사회 의결을 거쳐 이전할 수 있으며, 조합원에게 통지한다.

제5조(시행방법)

① 조합원은 소유한 토지, 건축물 또는 지상권을 조합에 현물로 출자하고, 조합은 법 제48조 규정에 의하여 인가받은 관리처분계획에 따라 주택 및 부대·복리시설을 건설하여 공급하거나, 법 제43조제2항의 규정에 의하여 환지로 공급한다.

② 조합은 사업시행을 위하여 필요한 경우 정비사업비 일부를 금융기관으로 부터 대여받아 사업을 시행할 수 있다.

③ 조합은 인·허가 등 행정업무지원, 사업성검토, 설계자·시공자의 선정에 관한 업무의 대행, 관리처분계획의 수립 및 분양업무 등을 대행하는 정비사업전문관리업자를 선정 또는 변경할 수 있다.

【주】 도시및주거환경정비법 제14조 및 제69조의 규정에 의하여 정비사업전문관리업자를 선정하고 관련 업무를 대행할 수 있음.

④ 조합은 조합원의 2분의1 이상 동의를 얻어 관할시장·군수 또는 자치구의 구청장(이하 "시장·군수"라 한다) 또는 법 제2조제10호의 규정에 의한 주택공사 등과 공동으로 사업을 시행할 수 있다.

제6조(사업기간)

사업기간은 조합설립인가일부터 법 제57조에서 규정한 청산업무가 종료되는 날까지로 한다.

제7조(권리·의무에 관한 사항의 고지·공고 방법)

① 조합은 조합원의 권리·의무에 관한 사항(변동사항을 포함한다. 이하 같다)을 조합원 및 이해관계인에게 성실히 고지·공고하여야 한다.

【주】 주택재개발사업은 공익사업을위한토지등의취득및보상에관한법률을 준용토록 하고 있는 바, 이 법률에 의해 근저당설정자 등 이해관계인에 고지하여야 함.

② 제1항의 고지·공고방법은 이 정관에서 따로 정하는 경우를 제외하고는 다음 각호의 방법에 따른다.

1. 관련 조합원에게 등기우편으로 개별 고지하여야 하며, 등기우편이 주소불명, 수

취거절 등의 사유로 반송되는 경우에는 1회에 한하여 일반우편으로 추가 발송한다.

2. 조합원이 쉽게 접할 수 있는 일정한 장소의 게시판(이하 "게시판"이라 한다)에 14일 이상 공고하고 게시판에 게시한 날부터 3월 이상 조합사무소에 관련서류와 도면 등을 비치하여 조합원이 열람할 수 있도록 한다.

3. 인터넷 홈페이지가 있는 경우 이에 게시하여야 한다. 다만, 특정인의 권리에 관계되거나 외부에 공개하는 것이 곤란한 경우에는 그 요지만을 게시할 수 있다.

4. 제1호의 등기우편이 발송되고 제2호의 게시판에 공고가 있는 날부터 고지·공고된 것으로 본다.

　【주】 조합이 조합원의 권리·의무 변동에 관한 사항을 사전에 성실히 고지토록 하여 조합원이 권리·의무에 관한 사항을 제대로 알고 사업추진에 협조할 수 있도록 하고, 집행부의 권한남용이나 조합과 조합원간의 분쟁을 방지하기 위한 것으로 조합여건에 따라 조합사무소의 게시기간, 열람기간, 등기우편 발송횟수, 통지갈음 여부 등 구체적인 내용은 달리 정할 수 있음

제8조(정관의 변경)

① 정관을 변경하고자 할 때에는 조합원 3분의 1 이상 또는 대의원 3분의 2 이상 또는 조합장의 발의가 있어야 한다.

② 정관의 변경에는 조합원 3분의 2 이상의 동의를 얻어 시장·군수의 인가를 받아야 한다. 다만, 도시및주거환경정비법시행령(이하 "영"이라 한다) 제32조의 경미한 변경에 해당하는 경우에는 조합원 과반수 출석과 출석조합원 과반수 찬성으로 변경한다.

　【주】 도시및주거환경정비법 제20조제3항 정관의 변경관련 규정을 정리한 것임.

## 제2장  조 합 원

제9조(조합원의 자격 등)

① 조합원은 사업시행구역안의 토지 또는 건축물의 소유자 또는 그 지상권자(이하 "
토지등소유자"라 한다)로 한다.

【주】 도시및주거환경정비법 제69조의 규정에 의하여 사업시행방식이 전환된 경
우에는 토지등소유자에 당해 정비구역안에 환지예정지를 지정을 받은 자를
포함하고 당해 환지예정지의 소유자를 제외한다.

② 제1항의 규정에 의한 소유권, 지상권등의 권리는 민법에서 규정한 권리를 말한
다. 다만, 건축물이 무허가인 경우에는 법에 의하여 제정된 시·도조례(이하 "시·
도조례"라 한다)에서 정하는 기존무허가 건축물로서 자기소유임을 입증하는 경
우에 한하여 그 무허가건축물 소유자를 조합원으로 인정한다.

【주】 기존 (무허가)건축물을 규정함에 있어 특정시점에 건축대장에 등재된 건축
물 등 시·도조례가 정하는 바에 따름.

③ 1세대 또는 동일인이 2개 이상의 토지 또는 건축물의 소유권 또는 지상권을 소
유하는 경우에는 그 수에 관계없이 1인의 조합원으로 본다

④ 토지 또는 건축물의 소유권과 지상권이 수인의 공유에 속하는 때에는 그 수인을
대표하는 1인을 조합원으로 본다. 이 경우 그 수인은 대표자 1인을 대표조합원으
로 지정하고 별지의 대표조합원선임동의서를 작성하여 조합에 신고하여야 하며,
조합원으로서의 법률행위는 그 대표조합원이 행한다.

⑤ 양도·상속·증여 및 판결 등으로 조합원의 권리가 이전된 때에는 조합원의 권리를
취득한 자로 조합원이 변경된 것으로 보며, 권리를 양수받은 자는 조합원의 권
리와 의무 및 종전의 권리자가 행하였거나 조합이 종전의 권리자에게 행한 처분,
청산시 권리·의무에 관한 범위 등을 포괄승계한다.

제10조(조합원의 권리·의무)

① 조합원은 다음 각호의 권리와 의무를 갖는다.

1. 건축물의 분양청구권

2. 총회의 출석권·발언권 및 의결권

3. 임원의 선임권 및 피선임권.

4. 대의원의 선출권 및 피선출권

5. 손실보상 청구권

6. 정비사업비, 청산금, 부과금과 이에 대한 연체료 및 지연손실금(이주지연, 계약지연, 조합원 분쟁으로 인한 지연 등을 포함함)등의 비용납부의무

   【주】조합원에게 금전적 부담이 되는 사항을 보다 명확히 규정하기 위한 것으로 조합에 따라 보다 구체적으로 명시할 수도 있음

7. 사업시행계획에 의한 철거 및 이주 의무

8. 그 밖에 관계법령 및 이 정관, 총회 등의 의결사항 준수의무

② 조합원의 권한은 평등하며 권한의 대리행사는 원칙적으로 인정하지 아니하되, 다음 각호에 해당하는 경우에는 권한을 대리할 수 있다. 이 경우 조합원의 자격은 변동되지 아니한다.

1. 조합원이 권한을 행사할 수 없어 배우자·직계존비속·형제자매 중에서 성년자를 대리인으로 정하여 위임장을 제출하는 경우

2. 해외거주자가 대리인을 지정한 경우

   【주】조합원의 부재, 유고 등으로 조합원의 권한을 대리로 행사하는 경우에 자격 등에 대한 분쟁이 많은 점을 감안한 것임

③ 조합원이 그 권리를 양도하거나 주소 또는 인감을 변경하였을 경우에는 그 양수자 또는 변경 당사자는 그 행위의 종료일부터 14일이내에 조합에 그 변경내용을 신고하여야 한다. 이 경우 신고하지 아니하여 발생되는 불이익 등에 대하여 해당 조합원은 조합에 이의를 제기할 수 없다.

   【주】전매 등으로 조합원의 권리가 양도되는 경우가 많으나 제때에 신고가 되지 않아 조합원과 조합사이에 마찰이 생기고 사업추진에 지장을 초래하는 경우가 많은 점을 감안한 것임.

④ 조합원은 조합이 사업시행에 필요한 서류를 요구하는 경우 이를 제출할 의무가 있으며 조합의 승낙이 없는 한 이를 회수할 수 없다. 이 경우 조합은 요구서류에 대한 용도와 수량을 명확히 하여야 하며, 조합의 승낙이 없는 한 회수할 수 없다는

것을 미리 고지하여야 한다.

【주】조합에서 인감증명 등 사업시행에 필요한 서류를 불필요하게 많이 제출받아 이를 악용하는 경우가 있고, 조합원은 기제출한 서류를 반환해 줄 것을 요구하여 사업에 지장을 주고 있는 경우 등이 많아 이를 방지하기 위한 것임

제11조(조합원 자격의 상실)

① 조합원이 건축물의 소유권이나 입주자로 선정된 지위등을 양도하였을 때에는 조합원의 자격을 즉시 상실한다.

② 제44조제1항의 분양신청기한내에 분양신청을 아니한 자는 조합원자격이 상실된다.

## 제3장 시공자, 설계자 및 정비사업전문관리업자의 선정

제12조(시공자의 선정 및 계약)

① 시공자의 선정은 일반경쟁입찰 또는 지명경쟁입찰방법으로 하되, 1회 이상 일간신문에 입찰공고를 하고, 현장설명회를 개최한 후 참여제안서를 제출받아 총회에서 선정한다. 다만, 미응찰 등의 이유로 3회 이상 유찰된 경우에는 총회의 의결을 거쳐 국가를당사자로하는계약에관한법률시행령 제27조의 규정을 준용하여 수의계약할 수 있다. 선정된 시공자를 변경하는 경우도 같다.

② 시공자의 업무범위 및 관련사업비의 부담 등 사업시행 전반에 대한 내용을 협의한 후 미리 총회의 인준을 받아 별도의 계약을 체결하여야 하며, 그 계약내용에 따라 상호간의 권리와 의무가 부여된다. 계약내용을 변경하는 경우도 같다. 다만, 금전적인 부담이 수반되지 아니하는 사항의 변경은 대의원회(대의원회가 없는 경우 이사회)의 인준을 받는다.

【주】조합과 시공자간의 계약은 조합원의 권익보호 및 사업추진에 매우 중요한 사항이므로 미리 총회의 인준을 받고 계약을 체결토록 한 것이나, 경미한 사항의 경우에도 총회의 의결로 하는 경우 사업추진에 지장을 줄 수도 있으므로 금전적 부담이 수반되지 않는 경미한 사항 등은 대의원회 의결 등으로 할 수도 있을 것임

③ 조합은 제2항의 규정에 의하여 시공자와 체결한 계약서를 조합해산일까지 조합사무소에 비치하여야 하며, 조합원이 열람 또는 복사요구에 응하여야 한다. 이 경우 복사에 드는 비용은 복사를 원하는 조합원이 부담한다.

④ 제2항의 계약내용에는 대지 및 건축물의 사용·처분, 공사비 및 부대비용 등 사업비의 부담, 시공보증, 시공상의 책임, 공사기간, 하자보수 책임등에 관한 사항을 포함하여야 한다.

## 제13조(설계자의 선정 및 계약)

① 설계자는 건축사법 제23조의 규정에 적합하여야 하며 총회의 의결을 거쳐 선정 또는 변경하여야 한다.

② 제12조제1항 내지 제3항의 규정은 설계자의 선정 및 계약에 관하여 이를 준용한다. 이 경우 "시공자"는 각각 "설계자"로 본다.

## 제14조(정비사업전문관리업자의 선정 및 계약)

제12조제1항 내지 제3항의 규정은 정비사업전문관리업자의 선정 및 계약에 관하여 이를 준용한다. 이 경우 "시공자"는 각각 "정비사업전문관리업자"로 본다.

【주】정비사업전문관리업자가 추진위원회에서 선정된 경우는 삭제

# 제4장   임원 등

## 제15조(임원)

① 조합에는 다음 각호의 임원을 둔다.

1. 조합장
2. 이사 _인
3. 감사 _인

【주】조합장 1인과 3인이상 5인 이하(토지등소유자가 100인을 초과하는 때에는 5인 이상 10인 이하)의 이사와 1인 이상 3인 이하의 감사를 둔다.

② 조합임원은 총회에서 조합원 과반수 출석과 출석 조합원 3분의 2 이상의 동의를 얻어 조합원(조합설립인가일 현재 사업시행구역안에 1년 이상 거주고 있는 자에 한한다)중에서 선임한다. 다만, 임기중 궐위된 경우에는 조합원중에서 대의원회가 이를 보궐선임한다.

【주】 도시및주거환경정비법 제21조제3항에서 규정한 조합임원선임관련 내용을 정리한 것임.

③ 임원의 임기는 선임된 날부터 2년까지로 하되, 총회의 의결을 거쳐 연임할 수 있다.

【주】 소규모 주택단지 등 사업이 단기간내에 완료될 수 있다고 판단하는 경우 3년으로 정할 수 있을 것임

④ 제2항 단서의 규정에 따라 보궐선임된 임원의 임기는 전임자의 잔임기간으로 한다.

⑤ 임기가 만료된 임원은 그 후임자가 선임될 때까지 그 직무를 수행한다.

제16조(임원의 직무 등)

① 조합장은 조합을 대표하고 조합의 사무를 총괄하며 총회와 대의원회 및 이사회의 의장이 된다.

② 이사는 조합장을 보좌하고, 이사회에 부의된 사항을 심의·의결하며 이 정관이 정하는 바에 의하여 조합의 사무를 분장한다.

③ 감사는 조합의 사무 및 재산상태와 회계에 관하여 감사하며 정기 총회에 감사결과보고서를 제출하여야 하며, 조합원 5분의1 이상의 요청이 있을 때에는 공인회계사에게 회계감사를 의뢰하여 공인회계사가 작성한 감사보고서를 총회 또는 대의원회에 제출하여야 한다.

【주】 조합회계 등 감사의 업무에 관하여 의혹이 있을 경우 공인회계사에게 회계감사를 의뢰토록 하여 의혹을 해소할 수 있도록 한 것으로 요청정족수는 조합의 규모 등에 따라 적정하게 조정할 수 있음.

④ 감사는 조합의 재산관리 또는 조합의 업무집행이 공정하지 못하거나 부정이 있음을 발견하였을 때에는 대의원회 또는 총회에 보고하여야 하며, 조합장은 보고를 위한 대의원회 또는 총회를 소집하여야 한다. 이 경우 감사의 요구에도 조합장이 소집하지 아니하는 경우에는 감사가 직접 대의원회를 소집할 수 있으며 대의원

회 의결에 의하여 총회를 소집할 수 있다. 회의소집 절차와 의결방법 등은 제20조제6항 및 제22조, 제24조제7항 및 제26조의 규정을 준용한다.

【주】 부정이 있을 경우, 감사에게 대의원회 또는 총회의 소집권 및 소집요구권을 부여함으로써 부정에 대한 신속한 조치를 기할 수 있도록 한 것임

⑤ 조합장 또는 이사가 자기를 위한 조합과의 계약이나 소송에 관련되었을 경우에는 감사가 조합을 대표한다.

⑥ 조합장이 유고등으로 인하여 그 직무를 수행할 수 없을 때에는 (상근)이사 중에서 연장자순에 의하여 그 직무를 대행한다.

【주】 부조합장이 있는 경우 부조합장, 상근이사 중 연장자순 등으로 조합여건에 맞게 조정할 수 있음

⑦ 조합은 그 사무를 집행하기 위하여 필요하다고 인정하는 때에는 조합의 인사규정이 정하는 바에 따라 상근하는 임원 또는 유급직원을 둘 수 있다. 이 경우 조합의 인사규정은 미리 총회의 인준을 받아야 한다.

【주】 상근임원의 종류 및 상근임원의 업무범위·권한·의무, 유급 직원의 수 및 직함, 업무내용 등을 별도의 인사규정을 마련하여 운영하도록 한 것이나, 조합의 규모나 성격에 따라 별도의 인사규정이 없이 정관에 직접 정할 수도 있을 것임

⑧ 조합 임원은 같은 목적의 사업을 시행하는 다른 조합·추진위원회 또는 당해 사업과 관련한 시공자·설계자·정비사업전문관리업자 등 관련단체의 임원·위원 또는 직원을 겸할 수 없다.

제17조(임원의 결격사유 및 자격상실 등)

① 다음 각호의 자는 조합의 임원에 선임될 수 없다.

1. 미성년자·금치산자·한정치산자

2. 파산자로서 복권되지 아니한 자

3. 금고이상의 실형의 선고를 받고 그 집행이 종료(종료된 것으로 보는 경우를 포함한다)되거나 집행이 면제된 날부터 2년이 경과되지 아니한자

4. 금고이상의 형의 집행유예를 받고 그 유예기간중에 있는 자

5. 법 또는 관련법률에 의한 징계에 의하여 면직의 처분을 받은 때로부터 2년이 경과되지 아니한 자

② 임원이 제1항 각호의 1에 해당하게 되거나 선임당시 그에 해당하는 자이었음이 판명된 때에는 당연 퇴임한다

③ 제2항의 규정에 의하여 퇴직된 임원이 퇴직전에 관여한 행위는 그 효력을 잃지 아니한다.

【주】 도시및주거환경정비법 제23조 규정에 의하여 임원의 퇴임전에 행위에 대한 효력을 인정하므로서, 업무의 영속성을 유지가능토록 함.

④ 임원으로 선임된 후 그 직무와 관련한 형사사건으로 기소된 경우에는 기소내용이 통지된 날부터 14일 이내에 조합원에게 그 내용을 고지하여야 하며, 그 내용에 따라 확정판결이 있을 때까지 제18조제4항의 절차에 따라 그 자격을 정지할 수 있다. 또한, 임원이 그 사건으로 받은 확정판결내용이 법 제85조·제86조 벌칙규정에 의한 벌금형에 해당하는 경우에는 총회에서 신임여부를 의결하여 자격상실여부를 결정한다.

【주】 직무와 관련된 사건으로 기소된 후 확정판결까지의 기간이 장기화 될 경우 해당 임원의 자격시비 등으로 조합 업무추진에 지장이 많음을 감안한 것임

제18조(임원의 해임 등)

① 임원이 직무유기 및 태만 또는 관계법령 및 이 정관에 위반하여 조합에 부당한 손실을 초래한 경우에는 해임할 수 있다. 다만, 제17조제2항의 규정에 의하여 당연 퇴임한 임원에 대해서는 해임 절차없이 선고받은 날부터 그 자격을 상실한다.

② 임원이 자의로 사임하거나 제1항의 규정에 의하여 해임되는 경우에 는 지체없이 새로운 임원을 선출하여야 한다. 이 경우 새로 선임된 임원의 자격은 시장·군수의 조합설립변경인가 및 법인의 임원변경등기를 하여야 대외적으로 효력이 발생한다.

③ 임원의 해임은 조합원 10분의 1 이상 또는 대의원 3분의 2 이상의 발의로 소집된 총회에서 조합원 과반수 출석과 출석조합원 3분의 2 이상의 동의를 얻어 해임할 수 있으며 이 경우 발의자 대표의 임시사회로 선출된 자가 그 의장이 된다.

④ 제2항의 규정에 의하여 사임하거나 또는 해임되는 임원이 새로운 임원이 선임,

취임할 때까지 직무를 수행하는 것이 적합하지 아니하다고 인정될 때에는 이사회 또는 대의원회의 의결에 따라 그의 직무수행을 정지하고 조합장이 임원의 직무를 수행할 자를 임시로 선임할 수 있다. 다만, 조합장이 사임하거나 해임되는 경우에는 감사가 직무를 수행할 자를 임시로 선임할 수 있다.

【주】 임원이 직무태만, 부정 등으로 해임되는 경우에는 새로운 임원이 선출될 때까지 업무를 수행하는 것이 적정하지 못한 경우가 대부분이므로 업무공백이나 부작용이 없도록 업무수행을 대신할 자를 임시로 선임할 수 있도록 한 것임

제19조(임직원의 보수 등)

① 조합은 상근임원 외의 임원에 대하여는 보수를 지급하지 아니한다. 다만, 임원의 직무수행으로 발생되는 경비는 지급할 수 있다.

② 조합은 상근하는 임원 및 유급직원에 대하여 조합이 정하는 별도의 보수규정에 따라 보수를 지급하여야 한다. 이 경우 보수규정은 미리 총회의 인준을 받아야 한다.

【주】 상근하는 임원 및 유급직원에 대한 보수는 사업비에 영향을 미치므로 별도의 보수규정을 마련하여 운영토록 하고 총회인준을 받도록 한 것이나, 조합의 규모에 따라 정관에 보수에 관한 사항 등을 직접 규정할 수도 있음

③ 유급직원은 조합의 업무규정이 정하는 바에 따라 조합장이 임명한다. 이 경우 임명결과에 대하여 사후에 대의원회의 인준을 받아야 하며 인준을 받지 못하면 즉시 해임하여야 한다.

【주】 유급직원은 조합사무를 실무적으로 수행하므로 조합장이 관련규정에 따라 임명토록 한 것이며, 사후에 대의원회의 인준(또는 총회인준으로 조정가능)을 받도록 한 것임

# 제5장 기 관

제20조(총회의 설치)

① 조합에는 조합원 전원으로 구성하는 총회를 둔다.

② 총회는 정기총회·임시총회로 구분하며 조합장이 소집한다.

③ 정기총회는 매년 1회, 회계연도 종료일부터 2월 이내에 개최한다. 다만, 부득이한 사정이 있는 경우에는 3월 범위내에서 사유와 기간을 명시하여 일시를 변경할 수 있다.

【주】조합의 내부 사정에 따라 정기총회 일시를 탄력적으로 운영할 수 있도록 한 것이나, 총회소집을 무기한 연기하거나 지체할 수 있도록 하는 것은 바람직하지 못하므로 3월 범위내로 한 것임

④ 임시총회는 조합장이 필요하다고 인정하는 경우에 개최한다. 다만, 다음 각호의 1에 해당하는 때에는 조합장은 해당일로부터 2월 이내에 총회를 개최하여야 한다.

1. 조합원 5분의 1 이상이 총회의 목적사항을 제시하여 청구하는 때

2. 대의원 3분의 2 이상으로부터 개최요구가 있는 때

⑤ 제4항의 각호의 규정에 의한 청구 또는 요구가 있는 경우로서 조합장이 2월 이내에 정당한 이유없이 총회를 소집하지 아니하는 때에는 감사가 지체없이 총회를 소집하여야 하며, 감사가 소집하지 아니하는 때에는 제4항 각호의 규정에 의하여 소집을 청구한 자의 대표가 시장·군수의 승인을 얻어 이를 소집한다.

【주】일정 비율 이상의 조합원, 대의원 또는 감사에게 총회소집요구권을 부여함으로써 조합원의 권익을 보호하도록 함. 이때, 총회소집요구 정족수는 조합원수, 조합의 규모 등에 따라 적절히 정할 수 있을 것임

⑥ 제2항 내지 제5항의 규정에 의하여 총회를 개최하거나 일시를 변경하는 경우에는 총회의 목적·안건·일시·장소·변경사유 등에 관하여 미리 이사회의 의결을 거쳐야 한다. 다만, 제5항의 규정에 의한 조합장이 아닌 공동명의로 총회를 소집하는 경우에는 그러하지 아니하다.

⑦ 제2항 내지 제5항의 규정에 의하여 총회를 소집하는 경우에는 회의개최 14일전부터 회의목적·안건·일시 및 장소 등을 게시판에 게시하여야 하며 각 조합원에게는 회의개최 7일전까지 등기우편으로 이를 발송, 통지하여야 한다.

⑧ 총회는 제6항에 의하여 통지한 안건에 대해서만 의결할 수 있다.


제21조(총회의 의결사항)

다음 각호의 사항은 총회의 의결을 거쳐 결정한다.

1. 정관의 변경
2. 자금의 차입과 그 방법·이율 및 상환방법
3. 법 제61조의 규정에 의한 부과금의 금액 및 징수방법
4. 정비사업비의 사용계획 등 예산안
5. 예산으로 정한 사항외에 조합원의 부담이 될 계약
6. 철거업자·시공자·설계자의 선정 및 변경
7. 정비사업전문관리업자의 선정 및 변경
8. 조합임원 및 대의원의 선임 및 해임(임기중 궐위된 자를 보궐선임하는 경우 제외한다)
9. 정비사업비의 조합원별 분담내역
10. 법 제48조의 규정에 의한 관리처분계획의 수립 및 변경(동법 제48조제1항 단서의 규정에 의한 경미한 변경을 제외한다)
11. 법 제57조의 규정에 의한 청산금의 징수·지급(분할징수·분할지급을 포함한다)과 조합 해산시의 회계보고
12. 조합의 합병 또는 해산(사업완료로 인한 해산은 제외한다)
13. 그 밖에 이 정관에서 총회의 의결 또는 인준을 거치도록 한 사항

【주】 조합원의 재산권과 관련된 정관 조문, 계약관계 및 관리처분계획 등 재개발사업의 시행에 있어서 핵심적인 사항에 대해서는 가급적 총회에서 조합원 스스로가 결정하도록 하여야 할 것이며, 그 밖의 조합원에게 경제적으로 부담되는 사항 등 주요 사항을 조합특성에 맞게 정할 수 있음.


제22조(총회의 의결방법)

① 총회는 법, 이 정관에서 특별히 정한 경우를 제외하고는 조합원 과반수 출석으로 개의하고 출석조합원의 과반수 찬성으로 의결한다.

② 제1항의 규정에 불구하고 다음 각호에 관한 사항은 조합원 과반수 출석과 출석조합원 3분의 2 이상의 찬성으로 의결한다.

1. 정관 제○조, 제○조제○항의 개정 및 폐지에 관한 사항
2........................

3.........................

【주】조합원의 재산권·비용부담에 관한 사항 등 조합원의 권익과 직결되는 중요한 사항을 발췌하여 개의요건 및 의결정족수를 강화할 수 있도록 한 것으로 중요한 정관의 개폐, 그 밖에 중요한 사항을 구체적으로 명시할 수 있음

③ 조합원은 서면 또는 제10조제2항 각호에 해당하는 대리인을 통하여 의결권을 행사할 수 있다. 서면행사하는 경우에는 제1항 및 제2항의 규정에 의한 출석으로 본다.

④ 조합원은 제3항의 규정에 의하여 출석을 서면으로 하는 때에는 안건내용에 대한 의사를 표시하여 총회 전일까지 조합에 도착되도록 하여야 한다.

⑤ 조합원은 제3항의 규정에 의하여 출석을 대리인으로 하고자 하는 경우에는 인감 또는 조합에 등록된 사용인감으로 대리인계를 작성하여 조합에 제출하여야 한다.

⑥ 총회 소집결과 정족수에 미달되는 때에는 재소집하여야 하며, 재소집의 경우에도 정족수에 미달되는 때에는 대의원회로 총회를 갈음할 수 있다(단, 제21조제1호·제2호·제5호·제6호·8호·제10호 및 제12호에 관한 사항은 그러하지 아니하다).

【주】대의원회가 총회를 대신하여 의결할 경우에도 특례를 두어, 조합원의 권익을 보호하도록 한 것으로, 조합원의 권익에 직결되는 사항에 대해서는 대의원회가 총회를 대신할 수 없도록 하여 조합원 스스로가 총회에 참석하여 의결권을 행사하여야 할 것임.

제23조(총회운영 등)

① 총회는 이 정관 및 의사진행의 일반적인 규칙에 따라 운영한다.

② 의장은 총회의 안건의 내용등을 고려하여 다음 각호에 해당하는 자등 조합원이 아닌 자를 총회에 참석하여 발언하도록 할 수 있다.

　1. 조합직원

　2. 정비사업전문관리업자·시공자 또는 설계자

　3. 그 밖에 의장이 총회운영을 위하여 필요하다고 인정하는 자

③ 의장은 총회의 질서를 유지하고 의사를 정리하며, 고의로 의사진행을 방해하는 발언·행동 등으로 총회질서를 문란하게 하는 자에 대하여 그 발언의 정지·제한 또는 퇴장을 명할 수 있다.

④ 제1항과 제3항의 의사규칙은 대의원회에서 정하여 운영할 수 있다

제24조(대의원회의 설치)

① 조합에는 대의원회를 둔다.

【주】조합원이 100인 이상인 경우만 해당됨

② 대의원의 수는 __인  이상 __인 이하로 하되, 동별로 최소__인의 대의원을 선출하여야 한다.

【주】대의원 수는 동별 또는 단지규모 등을 고려하여 조합원의 10분의 1 이상으로 하되, 조합원의 10분의 1 이 200인을 넘는 경우에는 200인의 대의원으로 구성한다

③ 대의원은 조합원중에서 선출하며, 조합장이 아닌 조합임원은 대의원이 될 수 없다.

【주】도시및주거환경정비법 제25조제3항에 규정된 내용으로서 대의원회에서 의결함에 있어 순수 대의원회의 의견을 충분히 반영하기 위한 것임

④ 대의원의 선출 또는 궐위된 대의원의 보선은 조합창립총회일 현재 사업시행구역안에 1년 이상 거주하고 있는 조합원 중에서 선출한다. 다만, 궐위된 대의원의 보선은 대의원 5인 이상의 추천을 받아 대의원회에서 선출한다.

【주】대의원은 원칙적으로 조합원이 직접 선출하여야 할 것이나, 조합원의 이주로 인하여 소집이 어려울 경우에는 보선에 한해 대의원회에서 선출할 수 있도록 한 것이며, 대의원자격요건으로 거주기간을 조합여건에 따라 정할 수 있음.

⑤ 대의원회는 조합장이 필요하다고 인정하는 때에 소집한다. 다만, 다음 각호의 1에 해당하는 때에는 조합장은 해당일부터 14일 이내에 대의원회를 소집하여야 한다.

1. 조합원 10분의 1 이상이 총회의 목적사항을 제시하여 소집을 청구하는 때

2. 대의원의 3분의 1 이상이 회의의 목적사항을 제시하여 소집을 청구하는 때

⑥ 제5항 각호의 1에 의한 소집청구가 있는 경우로서 조합장이 14일 이내에 정당한 이유없이 대의원회를 소집하지 아니한 때에는 감사가 지체없이 이를 소집하여야 하며, 감사가 소집하지 아니하는 때에는 제5항 각호의 규정에 의하여 소집을 청구한 자의 대표가 이를 소집한다. 이 경우 미리 시장·군수의 승인을 얻어야 한다.

【주】일정수 이상의 대의원이 대의원회의 소집을 요구하였으나 의장(조합장)이

이에 불응할 경우에 대비하여 보완한 것임

⑦ 대의원회의 소집은 회의개최 7일전에 회의목적·안건·일시 및 장소를 기재한 통지서를 대의원에게 송부하고, 게시판에 게시하여야 한다. 다만, 사업추진상 시급히 대의원회 의결을 요하는 사안이 발생하는 경우에는 회의 개최 3일 전에 통지하고 대의원회에서 안건상정여부를 묻고 의결할 수 있다.

제25조(대의원회 의결사항)

① 대의원회는 다음 각호의 사항을 의결한다.

 1. 궐위된 임원 및 대의원의 보궐선임

 2. 예산 및 결산의 승인에 관한 방법

 3. 총회 부의안건의 사전심의 및 총회로부터 위임받은 사항

 4. 총회의결로 정한 예산의 범위내에서의 용역계약 등

  【주】 사업추진상 불가피하게 발생하는 계약(세무사, 법무사, 회계사, 교통영향평가 및 감정평가업체 등)에 대하여 대의원회에서 결정 가능토록 함.

② 대의원회는 제24조제7항의 규정에 의하여 통지한 사항에 관하여만 의결할 수 있다. 다만, 통지후 시급히 의결할 사항이 발생한 경우, 의장의 발의와 출석대의원 과반수 이상 동의를 얻어 안건으로 채택한 경우에는 그 사항을 의결할 수 있다.

③ 대의원 자신과 관련된 사항에 대하여는 그 대의원은 의결권을 행사할 수 없다.

제26조(대의원회 의결방법)

① 대의원회는 법 및 이 정관에서 특별히 정한 경우를 제외하고는 대의원 과반수 출석으로 개의하고 출석대의원 과반수의 찬성으로 의결한다. 다만, 제22조제6항의 규정에 의하여 총회의 의결을 대신하는 의결사항은 재적대의원 3분의 2 이상의 출석과 출석대의원 3분의 2 이상의 동의를 얻어야 한다.

【주】 총회의 의결을 대신하는 사항에 대해서는 출석 및 의결 정족수를 강화하여 조합운영을 보다 신중하게 하도록 한 것임

② 대의원은 서면으로 대의원회에 출석하거나 의결권을 행사할 수 있다. 이 경우 제1항의 규정에 의한 출석으로 본다.

제27조(이사회의 설치)

① 조합에는 조합의 사무를 집행하기 위하여 조합장과 이사로 구성하는 이사회를 둔다.

② 이사회는 조합장이 소집하며, 조합장은 이사회의 의장이 된다.

## 제28조(이사회의 사무)

이사회는 다음 각호의 사무를 집행한다.

1. 조합의 예산 및 통상업무의 집행에 관한 사항
2. 총회 및 대의원회의 상정안건의 심의·결정에 관한 사항
3. 업무규정 등 조합 내부규정의 제정 및 개정안 작성에 관한 사항
4. 그 밖에 조합의 운영 및 사업시행에 관하여 필요한 사항

【주】 별도의 조항으로 전문적이고 효율적인 조합운영을 위하여 이사회 보좌기관으로서 자문 또는 고문기관을 둘 수 있음.

## 제29조(이사회의 의결방법)

① 이사회는 대리인 참석이 불가하며, 구성원 과반수 출석으로 개의하고 출석 구성원 과반수 찬성으로 의결한다.

② 구성원 자신과 관련된 사항에 대하여는 그 구성원은 의결권을 행사할 수 없다.

## 제30조(감사의 이사회 출석권한 및 감사요청)

① 감사는 이사회에 출석하여 의견을 진술할 수 있다. 다만, 의결권은 가지지 아니한다.

② 이사회는 조합운영상 필요하다고 인정될 때에는 감사에게 조합의 업무에 대하여 감사를 실시하도록 요청할 수 있다.

## 제31조(의사록의 작성 및 관리)

총회·대의원회 및 이사회의 의사록의 작성기준 및 관리 등은 다음 각호와 같다.

1. 의사록에는 의사의 경과, 요령 및 결과를 기재하고 의장 및 출석한 이사가 기명날인하여야 한다. 다만, 속기사의 속기록일 경우에는 제1호의 규정을 적용하지 아니한다.

2. 의사록은 조합사무소에 비치하여 조합원이 항시 열람할 수 있도록 하여야 한다.

3. 임원의 선임 또는 대의원의 선출과 관련된 총회의 의사록을 관할 시장·군수에게 송부하고자 할 때에는 임원 또는 대의원 명부와 그 피선자격을 증명하는 서류를 첨부하여야 한다.

# 제6장 재 정

제32조(조합의 회계)

① 조합의 회계는 매년 1월1일(설립인가를 받은 당해년도는 인가일)부터 12월 말일까지로 한다.

② 조합의 예산회계는 기업회계의 원칙에 따르되 조합은 필요하다고 인정하는 때에는 다음 사항에 관하여 별도의 회계규정을 정하여 운영할 수 있다. 이 경우 회계규정을 정할 때는 미리 총회의 인준을 받아야 한다.

1. 예산의 편성과 집행기준에 관한 사항

2. 세입·세출예산서 및 결산보고서의 작성에 관한 사항

3. 수입의 관리·징수방법 및 수납기관 등에 관한 사항

4. 지출의 관리 및 지급 등에 관한 사항

5. 계약 및 채무관리에 관한 사항

6. 그 밖에 회계문서와 장부에 관한 사항

③ 조합은 매 회계년도 종료일부터 30일내에 결산보고서를 작성한 후 감사의 의견서를 첨부하여 대의원회에 제출하여 의결을 거쳐야 하며, 대의원회 의결을 거친 결산보고서를 총회 또는 조합원에게 서면으로 보고하고 조합사무소에 이를 3월 이상 비치하여 조합원들이 열람할 수 있도록 하여야 한다.

④ 조합은 다음 각호의 1에 해당하는 시기에 주식회사의외부감사에관한법률 제3조 규정에 의한 감사인의 회계감사를 받아야 한다.

1. 추진위원회에서 조합으로 인계되기 전까지 납부 또는 지출된 금액이 3억 5천만원 이상인 경우

2. 사업시행인가고시일전까지 납부 또는 지출된 금액이 7억원 이상인 경우에 고

시일부터 20일 이내

3. 준공인가신청일까지 납부 또는 지출된 금액이 14억원 이상인 경우에 준공검사의 신청일부터 7일 이내

　　【주】도시및주거환경정비법 제76조의 규정에 의한 회계감사를 실시함에 있어 동법 시행령 제67조제1항의 규정에 의한 시기별로 회계감사를 받아야 한다.

⑤ 제4항의 규정에도 불구하고 비용의 납부 및 지출내역에 대하여 조합원 5분의 4 이상 동의할 경우 회계감사를 받지 아니할 수 있다.

⑥ 조합은 제4항의 규정에 의하여 실시한 회계감사 결과를 회계감사종료일로부터 15일이내에 시장·군수에게 보고하고, 조합사무소에 이를 비치하여 조합원들이 열람할 수 있도록 하여야 한다.

⑦ 조합은 사업시행상 조력을 얻기 위하여 용역업자와 계약을 체결하고자 하는 경우에는 국가를당사자로하는계약에관한법률의 내용을 준용하여 처리한다.

제33조(재원)

조합의 운영 및 사업시행을 위한 자금은 다음 각호에 의하여 조달한다.

1. 조합원이 현물로 출자한 대지 및 건축물
2. 조합원이 납부하는 정비사업비 등 부과금
3. 건축물 및 부대·복리시설의 분양 수입금
4. 조합이 금융기관 및 시공자 등으로부터 조달하는 차입금
5. 대여금의 이자 및 연체료 등 수입금
6. 청산금
7. 그 밖에 조합재산의 사용수익 또는 처분에 의한 수익금

제34조(정비사업비의 부과 및 징수)

① 조합은 사업시행에 필요한 비용을 충당하기 위하여 조합원에게 공사비 등 주택사업에 소요되는 비용(이하 "정비사업비"라 한다)을 부과징수 할 수 있다.

② 제1항의 규정에 의한 정비사업비는 총회의결을 거쳐 부과할 수 있으며, 추후 사업시행구역안의 토지 및 건축물 등의 위치·면적·이용상황·환경 등 제반여건을 종합적으로 고려하여 관리처분계획에 따라 공평하게 금액을 조정하여야 한다.

③ 조합은 납부기한내에 정비사업비를 납부하지 아니한 조합원에 대하여는 금융기관에서 적용하는 연체금리의 범위내에서 과태료를 부과할 수 있으며 법 제61조 제4항의 규정에 따라 시장·군수에게 정비사업비의 징수를 위탁할 수 있다.

【주】 사업추진을 위한 경비 등 정비사업비의 납부 및 이의 연체에 대한 조합의 처분 등에 대한 규정을 두어 조합원이 이를 숙지토록 하고, 일부 미납자로 인한 다수 조합원의 피해를 방지할 수 있도록 한 것임

## 제7장  사 업 시 행

제35조(이주대책)

① 사업시행구역안의 거주자중 사업시행으로 주택이 철거되는 조합원에게 사업시행 기간동안 임시수용시설에 수용하거나 주택자금을 융자알선한다.

【주】 임시수용시설의 설치내용 및 방법, 수용대상, 관리방법 등과 융자알선의 시기 및 방법, 융자조건, 상환방법 등을 규정한다.

② 조합은 이주비의 지원을 희망하는 조합원에게 조합이 직접 금융기관과 약정을 체결하거나, 시공자와 약정을 체결하여 지원하도록 알선할 수 있다. 이 경우 이주비를 지원받는 조합원은 사업시행구역안의 소유토지 및 건축물을 담보로 제공하여야 한다.

【주】 이주비에 있어 차입대상에 따라 조문 조정 필요

③ 사업시행으로 철거되는 주택의 세입자는 해당 시·도조례에서 정하는 바에 따라 임대주택을 공급하거나, 공익사업을위한토지의취득및손실보상에관한법률 시행규칙 제54조제2항 및 제55조제2항 규정의 기준에 해당하는 세입자에 대하여는 동 규칙이 정한 바에 따라 주거이전비를 지급한다.

【주】 주거이전비의 지급시기 및 방법, 주거이전비의 전부 또는 일부 및 일정 비율 등을 정하고자 할 경우 임대자인 해당 조합원과 협의하여 그 규모 및 방법을 별도로 규정한다.

제36조(지장물 철거 등)

① 조합은 관리처분계획인가 후, 사업시행구역안의 건축물 또는 공작물등을 철거할 수 있다.

② 조합은 제1항의 규정에 의하여 건축물을 철거하고자 하는 때에는 30일 이상의 기간을 정하여 구체적인 철거계획에 관한 내용을 미리 조합원 등에게 통지하여야 한다.

③ 사업시행구역안의 통신시설·전기시설·급수시설·도시가스시설등 공급시설에 대하여는 당해 시설물 관리권자와 협의하여 철거기간이나 방법 등을 따로 정할 수 있다.

④ 조합원의 이주후 건축법 제27조 규정에 의한 철거 및 멸실신고는 조합이 일괄 위임받아 처리하도록 한다.

【주】 철거 및 멸실신고 절차를 조합이 일괄처리함으로서 사업기간의 단축 등의 효과가 나타날 수 있음

⑤ 제2항의 규정에 의하여 철거기간중 철거하지 아니한 자는 행정대집행관련 법령에 따라 강제 철거할 수 있다.

제37조(손실보상)

① 사업시행에 따른 손실보상에 관하여는 도시및주거환경정비법령 및 공익사업을위한토지등의취득및보상에관한법률을 준용한다.

② 조합 또는 손실을 받은 자는 손실보상의 협의가 성립되지 아니하거나 협의할 수 없는 경우에는 조합이 공익사업을위한토지등의취득및보상에관한법률 제49조의 규정에 의하여 설치되는 관할 토지수용위원회에 재결을 신청한다.

제38조(토지등의 수용 또는 사용)

조합은 법 제2조제1호의 규정에 의한 정비구역(이하 "정비구역"이라 한다)안에서 사업을 시행하기 위하여 필요한 경우에는 공익사업을위한토지등의취득및보상에관한법률 제3조의 규정에 의한 토지물건 또는 그 밖의 권리를 수용 또는 사용할 수 있다.

제39조(재개발임대주택의 부지 등)

① 조합은 제40조의 규정에 해당하는 세입자에게 공급될 재개발임대주택(이하 "임대주택"이라 한다)의 건립에 필요한 임대주택부지를 당해 사업시행구역내 구획할 수 있으며, 관할 시·도지사의 요청에 따라 처분할 수 있다.

② 제1항의 임대주택부지의 확보는 당해 사업시행구역내 국공유지중 점유연고권자에게 매각하고 남은 면적으로 충당한다. 임대주택 부지면적이 부족한 경우에는 시·도조례가 정하는바에 따라 산정한 부지가격으로 관할 시·도지사에게 매각한다.

③ 조합은 제2항의 규정에 의한 임대주택부지의 확보, 임대주택 대지조성계획 등을 법 제30조의 규정에 의한 사업시행계획서의 내용에 포함하여야 하며, 임대주택부지의 대지조성비 및 제2항의 매각시기·방법등을 법 제28조의 규정에 의한 사업시행인가 신청 내용에 포함하여야 한다.

【주】 제40조·제41조는 시·도조례에서 임대주택 건설을 의무화하고 있는 경우와 조합이 자발적으로 임대주택건설을 결정하는 경우에 규정할 수 있으며, 당해 시·도의 조례내용을 검토하여 보완을 검토하여야 할 것임

제40조(재개발임대주택의 입주자격 등)

① 임대주택을 건설하는 경우 당해 임대주택의 입주자격은 다음 각호와 같다.

　1. 당해 정비구역안에 거주하는 세입자로서, 정비구역지정에 대한 공람·공고일 3월전부터 사업시행으로 인한 이주시까지 당해 정비구역에 주민등록을 등재하고 실제로 거주하고 있는 자

　2. 토지등소유자로서 주택의 분양에 관한 권리를 포기하는 자

　3. 국토의계획및이용에관한법률에 의한 도시계획사업으로 인하여 주거지를 상실하여 이주하게 되는 자로서 당해 시장·군수가 인정하는 자

　4. 그 밖에 시·도조례가 정하는 자

② 주택의 규모 및 규모별 입주자선정방법 등에 대하여는 시·도조례가 정하는 바에 따른다.

③ 제1항 및 제2항의 규정에 의한 임대주택 공급은 관리처분계획인가로서 확정한다.

【주】 임대주택의 공급은 도시및주거환경정비법 제50조제3항 및 동법 시행령 제54조제2항과 시행령 별표 3의 규정에 따른다.

제41조(지상권 등 계약의 해지)

① 조합은 사업의 시행으로 인하여 지상권·전세권 또는 임차권의 설정목적을 달성할 수 없는 권리자가 계약상 금전의 반환청구권을 조합에 행사할 경우 조합은 당해 금전을 지급할 수 있다.

② 조합은 제1항의 공탁금에 대한 금전을 지급하였을 경우 조합원에게 이를 구상할 수 있으며 구상이 되지 아니 한 때에는 당해 조합원에게 귀속될 건축물을 압류할 수 있으며 이 경우 압류한 권리는 저당권과 동일한 효력을 가진다.

③ 조합설립인가일 이후에 체결되는 지상권·전세권설정 계약 또는 임대차계약의 계약기간에 대하여는 민법 제280조·제281조 및 제312조제2항, 주택임대차보호법 제4조제1항, 상가건물임대차보호법 제9조제1항의 규정은 이를 적용하지 아니한다.

제42조(소유자의 확인이 곤란한 건축물 등에 대한 처분)

조합은 사업을 시행함에 있어 조합설립인가일 현재 토지 또는 건축물의 소유자의 소재확인이 현저히 곤란한 경우 전국적으로 배포되는 2 이상의 일간신문에 2회이상 공고하고, 그 공고한 날부터 30일이상이 지난 때에는 그 소유자의 소재확인이 현저히 곤란한 토지 또는 건축물의 감정평가액에 해당하는 금액을 법원에 공탁하고 사업을 시행할 수 있다. 이 경우 그 공탁금은 시장·군수가 추천하는 지가공시및토지등의평가에관한법률에 의한 감정평가업자(이하 "감정평가업자"라 한다) 2인 이상이 평가한 금액을 산술평균하여 산정한다.

## 제8장  관리처분계획

제43조(분양통지 및 공고 등)

조합은 사업시행인가의 고시가 있은 날부터 21일 이내에 다음 각호의 사항을 토지등소유자에게 통지하고, 해당지역에서 발간되는 (2 또는 1)이상의 일간신문에 공고하여야 한다. 이 경우 제9호의 사항은 통지하지 아니하고, 제3호 및 제6호의 사항은 공고하지 아니한다.

1. 사업시행인가의 내용

2. 사업의 종류·명칭 및 정비구역의 위치·면적

3. 분양신청서

4. 분양신청기간 및 장소

5. 분양대상 대지 또는 건축물의 내역

6. 개략적인 부담금 내역

7. 분양신청자격

8. 분양신청방법

9. 토지등소유자외의 권리자의 권리신고방법

10. 분양을 신청하지 아니한 자에 대한 조치

11. 그 밖에 시·도조례가 정하는 사항

    【주】분양신청·계약 및 이와 관련한 조합원의 권리·의무 등을 제8조에 따라 철저히 고지·공고하도록 하되, 분양신청을 하지 않을 경우 청산토록 법에 명시하고 있는 바, 조합은 선의 피해자가 없도록 하기 위해 추가적인 통지방법을 강구 할 수 있음

제44조(분양신청 등)

① 제43조제4호의 분양신청기간은 그 통지한 날부터 30일 이상 60일 이내로 한다. 다만, 조합은 관리처분계획의 수립에 지장이 없다고 판단되는 경우에는 분양신청기간을 20일 범위 이내에서 연장할 수 있다.

② 토지 또는 건축물을 분양받고자 하는 조합원은 분양신청서에 소유권의 내역을 명시하고, 그 소유의 토지 및 건축물에 관한 등기부등본 등 그 권리를 입증할 수 있는 증명서류를 조합에 제출하여야 한다.

③ 제1항 및 제2항의 규정에 의한 분양신청서를 우편으로 제출하고자 할 경우에는 그 신청서가 분양신청기간내에 발송된 것임을 증명할 수 있도록 등기우편 등으로 제출하여야 한다.

④ 조합은 조합원이 다음 각호의 1에 해당하는 경우에는 그 해당하게 된 날부터 150일 이내에 건축물 또는 그 밖의 권리에 대하여 현금으로 청산 한다. 그 금액

은 시장·군수가 추천하는 감정평가업자 2 이상이 평가한 금액을 산술평균하여 산
정한다.

1. 분양신청을 하지 아니한 자
2. 분양신청을 철회한 자
3. 인가된 관리처분계획에 의하여 분양대상에서 제외된 자

    【주】도시및주거환경정비법 제47조 및 시행령 제48조에 근거하여 주택재개발
        사업시 분양신청을 하지 않아 원활한 사업진행에 차질을 빚을 경우에 대
        비한 것으로, 조합원의 권리·의무와 직결되는 중요한 사항이므로 이를 이
        행치 않을 경우의 불이익 등에 대해 충분히 설명, 고지하여야 할 것임

⑤ 조합원은 관리처분계획인가 후 ○일 이내에 분양계약체결을 하여야 하며 분양계
    약체결을 하지 않는 경우 제4항의 규정을 준용한다.

    【주】관리처분계획인가후 조합은 분양계약체결 장기화를 방지하기 위해 계약체
        결과 관련하여 일정기간을 정할 수 있음.


제45조(관리처분계획의 기준)

조합원의 소유재산에 관한 관리처분계획은 분양신청 및 공사비가 확정된 후 건축물
의 철거전에 수립하며 다음 각호의 기준에 따라 수립하여 시장·군수에게 인가를 받
아야 한다.

1. 종전토지의 소유면적은 관리처분계획 기준일 현재 지적법 제2조제1호 규정에 의
    한 소유토지별 지적공부에 의한다. 다만, 사업시행구역안의  국·공유지 점유자는
    관계법령과 이 정관이 정하는 바에 따라 점유연고권이 인정되어 그 경계를 실시
    한 지적측량성과를 기준으로 한다.
2. 종전건축물의 소유면적은 관리처분계획 기준일 현재 소유 건축물별 건축물대장을
    기준으로 한다. 다만, 건축물 관리대장에 등재되어있지 아니한 종전 건축물에 대
    하여는 재산세과세대장 또는 측량성과를 기준으로 할 수 있다. 이 경우 위법하게
    건축된 부분의 면적(무허가 건축물의 경우에는 기존 무허가 건축물에 추가된 면
    적을 말한다)은 제외한다.
3. 분양설계의 기준이 될 종전토지등의 소유권은 관리처분계획 기준일 현재 부동산

등기부에 의하며, 무허가건축물일 경우에는 관할 동장이 발행한 무허가건물확인 원 또는 소유자임을 입증하는 자료를 기준으로 한다. 다만, 권리자의 변동이 있 을 때에는 변동된 부동산등기부 및 무허가건물확인원에 의한다.

제46조(국·공유지의 점유연고권 인정기준 등)
① 법 제66조의 규정에 의하여 사업시행구역안의 국·공유지의 매각의 방법 등에 대하 여는 시·도조례에 의한다.
② 국공유지의 매수 및 사용에 관하여 필요한 사항은 도시및주거환경정비법령에서 규 정한 것을 제외하고는 국유재산법·지방재정법 등 관련법령이 정하는 바에 의한다.

제47조(토지 등의 평가 등)
① 분양대상자별 분양예정인 대지 또는 건축물의 추산액은 시·도의 조례가 정하는 바에 의하여 산정하되, 시장·군수가 추천하는 2인 이상의 감정평가업자의 감정의 견을 참작한다.
② 분양대상자별 종전의 토지 또는 건축물의 가격은 시장·군수가 추천하는 감정평가 업자 2인 이상이 사업시행인가의 고시가 있는 날을 기준으로 평가한 금액을 산 술평균하여 산정한다.
③ 제1호 및 제2호의 규정에 불구하고 관리처분계획을 변경·중지 또는 폐지하고자 하 는 경우에는 분양예정인 대지 또는 건축물의 추산액과 종전의 토지 또는 건축물의 가격은 사업시행자 및 토지등의소유자 전원이 합의하여 이를 산정할 수 있다.

제48(조합원 분양)
주택 및 부대복리시설의 분양대상자와 분양기준은 법 및 시·도의 조례가 정하는 기 준에 적합한 범위안에서 총회의 의결로 결정한다.

제49조(일반분양)
① 대지 및 건축물중 제48조의 조합원 분양분과 제50조 규정에 의한 보류지를 제외 한 잔여대지 및 건축물은 이를 체비지(건축물을 포함한다)로 정하여야 한다.

② 체비지중 공동주택은 주택공급에관한규칙이 정하는바에 따라 일반에게 분양 하여야 하며, 그 공급가격은 제47조제1항의 규정에 의하여 산정된 가격을 참작하여 따로 정할 수 있다.

③ 체비지중 분양대상 부대·복리시설은 제47조의 가격을 기준으로 주택공급에관한규칙이 정하는 바에 따라 공개경쟁에 의하여 분양하여야 한다.

제50조(보류지)

① 분양대상의 누락, 착오 등의 사유로 인한 관리처분계획의 변경과 소송 등의 사유로 향후 추가분양이 예상되거나 법 제64조제2항의 규정에 의한 우선매수청구권자가 있는 경우 공급하는 주택의 총세대수의 _퍼센트이내와 공급하는 부대복리시설면적의 _퍼센트 이내는 보류지(건축물을 포함한다)로 정할 수 있다.

② 보류지의 분양대상자가 제51조의 우선매수청구권자와 제48조의 분양대상자가 아닌 경우에는 총회의 의결을 거쳐야 한다.

③ 보류지의 분양가격은 제47조제1항의 규정을 준용한다.

④ 제1항 내지 제3항 규정에 따라 보류지를 처분한 후 잔여 보류지가 있는 경우에는 제49조제2항 및 제3항의 규정에 따라 처분하여야 한다.

제51조(우선매수청구권에 의한 분양)

① 조합은 법 제64조제2항의 규정에 의한 정비기반시설의 설치를 위하여 토지 또는 건축물이 수용되어 우선매수청구권이 있는 자가 있을 때에는 영 제61조제1항 각호의 사항을 공고하여야 한다.

② 제1항의 규정에 의한 공고 후 14일 내에 우선매수청구자가 있는 경우에는 영 제61조의 절차를 거쳐 분양하고자 하는 대지 또는 건축물을 타에 우선하여 분양할 수 있다.

제52조(분양받을 권리의 양도 등)

① 조합원은 조합원의 자격이나 권한, 입주자로 선정된 지위 등을 양도한 경우에는 조합에 변동 신고를 하여야 하며, 양수자에게는 조합원의 권리와 의무, 자신이

행하였거나 조합이 자신에게 행한 처분·절차, 청산시 권리의무에 관한 범위 등이 포괄승계됨을 명확히 하여 양도하여야 한다.

② 제1항의 규정에 의하여 사업시행구역안의 토지 또는 건축물에 대한 권리를 양도받은 자는 확정일자가 있는 증서를 첨부하여 조합에 통지하여야 하며, 조합에 통지한 이후가 아니면 조합에 대항할 수 없다.

③ 조합은 조합원의 변동이 있는 경우 변경의 내용을 증명하는 서류를 첨부하여 시장·군수의 조합원 변경인가를 받아야 한다.

【주】조합설립인가 당시의 제출서류에 변동이 있을 때에는 반드시 변경인가를 받아야 하는 점을 감안하여, 이를 정확히 숙지토록 하기 위하여 동 내용을 추가로 규정한 것임

제53조(관리처분계획의 공람 등)

① 조합은 관리처분계획의 인가를 받기전에 관계서류의 사본을 30일 이상 조합원에게 공람하고 다음 각호의 사항을 각 조합원에게 통지하여야 한다.

　　1. 관리처분계획의 개요

　　2. 주택 및 대지지분면적 등 분양대상 물건의 명세

　　3. 그 밖에 조합원의 권리·의무와 이의신청 등에 관한 사항

② 조합원은 제1항의 규정에 의한 통지를 받은 때에는 조합에서 정하는 기간안에 관리처분계획에 관한 이의신청을 조합에 할 수 있다.

③ 조합은 제2항의 규정에 의하여 제출된 조합원의 이의신청내용을 검토하여 합당하다고 인정되는 경우에는 관리처분계획의 수정 등 필요한 조치를 취하고, 그 조치 결과를 공람·공고 마감일부터 10일 안에 당해 조합원에게 통지하여야 하며, 이의신청이 이유없다고 인정되는 경우에도 그 사유를 명시하여 당해 조합원에게 통지하여야 한다.

【주】관리처분계획의 수립에 있어서 합당한 의견일 경우에는 조합원의 의사가 최대한 반영될 수 있도록 한 것임

④ 조합은 제3항의 규정에 따라 관리처분계획을 수정한 때에는 총회의 의결을 거쳐 확정한 후 그 내용을 각 조합원에게 통지하여야 한다.

⑤ 조합원의 동호수추첨은 OO은행 전산추첨을 원칙으로 경찰관입회하에 공정하게 실시하여야 하며 추첨결과는 시장·군수에게 통보하여야 한다.

제54조(관리처분계획의 통지 등)

① 조합은 관리처분계획인가의 고시가 있은 때에는 지체없이 다음 각호의 사항을 분양신청을 한 각 조합원에게 통지하여야 한다.

1. 사업의 명칭
2. 사업시행구역의 면적
3. 조합의 명칭 및 주된 사무소의 소재지
4. 관리처분계획인가일
5. 분양대상자별로 기존의 토지 또는 건축물의 명세 및 가격과 분양예정인 토지 또는 건축물의 명세 및 추산가액

② 관리처분계획의 인가고시가 있은 때에는 종전의 건축물의 소유자·지상권자·전세권자·임차권자 등 권리자는 법 제54조 규정에 의한 이전의 고시가 있은 날(이하 "이전고시일"이라 한다)까지 종전의 토지 또는 건축물에 대하여 이를 사용하거나 수익할 수 없다. 다만, 조합의 동의를 얻은 경우에는 그러하지 아니한다.

## 제9장  완료조치

제55조(준공인가 및 입주통지 등)

① 조합은 관할 시장·군수로부터 준공인가증을 교부 받은 때에는 지체없이 조합원에게 입주하도록 통지하여야 한다.

② 조합은 제1항의 규정에 의하여 입주통지를 한 때에는 통지된 날부터 1월 이내에 소유자별로 통지내용에 따라 등기신청을 할 수 있도록 필요한 조치를 하여야 하며, 대지 및 건축물중 일반분양분에 대해서는 조합명의로 등기한 후 매입자가 이전등기절차를 이행하도록 하여야 한다.

제56조(이전고시 등)

① 조합은 공사의 완료고시가 있은 때에는 지체없이 대지확정측량을 하고 토지의 분

할절차를 거쳐 조합원과 일반분양자에게 이전하여야 한다. 다만, 사업의 효율적인 추진을 하는데 필요한 경우에는 당해사업에 관한 공사가 전부 완료되기전에 완공된 부분에 대하여 준공인가를 받아 대지 및 건축물별로 이를 분양받을 자에게 이전할 수 있다.

② 조합은 제1항의 규정에 의하여 건축물을 이전하고자 하는 때에는 조합원과 일반분양자에게 통지하고 그 내용을 당해 지방자치단체의 공보에 고시한 후 이를 시장·군수에게 보고하여야 한다.

## 제57조(대지 및 건축물에 대한 권리의 확정)

조합원은 이전고시가 있은 날의 다음 날에 분양대상 건축물에 대한 소유권을 취득한다. 이 경우 종전의 토지 또는 건축물에 관한 지상권·전세권·저당권 또는 등기된 임차권과 주택임대차보호법 제3조제1항의 요건을 갖춘 임차권은 분양받은 대지 또는 건축물에 설정된 것으로 본다.

## 제58조(등기절차 등)

조합은 제56조제2항의 규정에 의한 이전의 고시가 있은 때에는 지체없이 대지 및 건축물에 관한 등기를 지방법원지원 또는 등기소에 촉탁 또는 신청하여야 한다.

## 제59조(청산금 등)

① 대지 또는 건축물을 분양받은 자가 종전에 소유하고 있던 토지 또는 건축물의 가격과 분양받은 대지 또는 건축물의 가격사이에 차이가 있는 경우에는 조합은 이전고시일 후에 그 차액에 상당하는 금액(이하 "청산금"이라 한다)을 분양받은 자로부터 징수하거나 분양받은 자에게 지급하여야 한다. 다만, 분할징수 및 분할지급에 대하여 총회의 의결을 거쳐 따로 정한 경우에는 관리처분계획인가후부터 이전고시일 까지 일정기간별로 분할징수하거나 분할지급할 수 있다.

② 제1항의 규정을 적용함에 있어서 종전에 소유하고 있던 토지 또는 건축물의 가격과 분양받은 대지 또는 건축물의 가격은 시장·군수가 추천하는 감정평가업자 2인 이상이 평가한 금액을 산술평균하여 산정한다.

③ 제2항의 분양받은 대지 또는 건축물의 가격의 평가에 있어 다음 각호의 비용을

가산한다. 다만, 법 제63조의 규정에 의한 보조금은 이를 공제한다.

1. 조사측량설계 및 감리에 소요된 비용

2. 공사비

3. 정비사업의 관리에 소요된 등기비용·인건비·통신비·사무용품비·이자 그 밖에 필요한 경비

4. 법 제63조의 규정에 의한 융자금이 있는 경우에는 그 이자에 해당하는 금액

5. 정비기반시설 및 공동이용시설의 설치에 소요된 비용(법 제63조제1항의 규정에 의하여 시장·군수가 부담한 비용을 제외한다)

6. 정비사업전문관리업자의 선정, 회계감사, 감정평가비용

7. 그 밖에 정비사업추진과 관련하여 지출한 비용으로서 총회에서 포함하기로 정한 것

제60조(청산금의 징수방법)

① 청산금을 납부하지 않은 조합원이 있을 경우 조합은 청산금 납부요청을 2회이상 최고하고 최고최종일로부터 1월이내 시장·군수에게 청산금과 연체료의 징수를 위탁한다.

② 청산금을 지급받을 조합원이 이를 받을 수 없거나 거부한 때에는 조합은 그 청산금을 공탁한다.

③ 청산금을 지급받을 권리 또는 이를 징수할 권리는 이전고시일 다음 날부터 5년간 이를 행사하지 아니하면 소멸한다.

제61조(조합의 해산)

① 조합은 준공인가를 받은 날로부터 1년 이내에 이전고시 및 건축물 등에 대한 등기절차를 완료하고 총회를 소집하여 해산 의결을 하여야 한다.

② 조합이 해산의결을 한 때에는 해산의결 당시의 임원이 청산인이 된다.

③ 조합이 해산하는 경우에 청산에 관한 업무와 채권의 추심 및 채무의 변제 등에 관하여 필요한 사항은 민법의 관계규정에 따른다.

제62조(청산인의 임무)

청산인은 다음 각호의 업무를 성실히 수행하여야 한다.

1. 현존하는 조합의 사무종결

2. 채권의 추심 및 채무의 변제

3. 잔여재산의 처분

4. 그 밖에 청산에 필요한 사항

제63조(채무변제 및 잔여재산의 처분)

청산 종결후 조합의 채무 및 잔여재산이 있을 때에는 해산당시의 조합원에게 분양받은 토지 또는 건축물의 부담비용 등을 종합적으로 고려하여 형평이 유지되도록 공정하게 배분하여야 한다.

【주】잔여재산뿐 아니라 채무에 대해서도 규정하여 청산시의 혼란을 줄이도록 한 것임

제64조(관계서류의 이관)

조합은 사업을 완료하거나 폐지한 때에는 시·도조례가 정하는 바에 따라 관계서류를 시장·군수에게 인계하여야 한다.

## 제10장   보  칙

제65조(관련자료의 공개와 보존)

① 조합은 사업시행에 관하여 다음 각호의 서류 및 관련자료를 인터넷 등을 통하여 공개하여야 하며, 조합원의 공람요청이 있는 경우에는 이를 공람시켜 주어야 한다. 다만, 개인비밀의 보호, 자료의 특성상 인터넷 등에 공개하기 어려운 사항은 개략적인 내용만 공개할 수 있다.

1. 정관

2. 설계자·시공자 및 정비사업전문관리업자의 선정계약서

3. 총회의사록

4. 추진위원회, 조합의 이사회 및 대의원회 의사록

5. 사업시행계획서

6. 관리처분계획서

7. 당해 사업의 시행에 관한 행정기관의 문서

8. 회계감사결과

② 조합 또는 정비사업전문관리업자는 총회 또는 중요한 회의가 있은 때에는 속기록녹음 또는 영상자료를 만들어 이를 청산시까지 보관하여야 한다.

③ 조합원이 제1항 각호의 사항을 열람하고자 하는 때에는 서면으로 열람을 요청하여야 하며, 조합은 특별한 사유가 없는 한 이에 응하여야 한다.

## 제66조(약정의 효력)

조합이 사업시행에 관하여 시공자 및 설계자, 정비사업전문관리업자와 체결한 약정은 관계법령 및 이 정관이 정하는 범위안에서 조합원에게 효력을 갖는다.

## 제67조(주택재개발정비사업조합설립추진위원회 행위의 효력)

조합설립인가일 전에 조합의 설립과 사업시행에 관하여 추진위원회가 행한 행위는 관계법령 및 이 정관이 정하는 범위 안에서 조합이 이를 승계한 것으로 본다.

## 제68조(정관의 해석)

이 정관의 해석에 대하여 이견이 있을 경우 일차적으로 이사회에서 해석하고, 그래도 이견이 있을 경우는 대의원회에서 해석한다.

【주】이 정관의 해석상 다툼이 있을 경우를 대비하여 해석에 관한 권한을 미리 규정한 것으로, 이사회, 대의원회의 해석에도 이견이 있을 경우는 관할 행정기관의 해석이나 법원의 판결에 따를 수밖에 없을 것임

## 제69조(소송 관할 법원)

조합과 조합원간에 법률상 다툼이 있는 경우 소송관할 법원은 조합소재지 관할 법원으로 한다.

제70조(민법의 준용 등)

① 조합에 관하여는 법에 규정된 것을 제외하고는 민법 중 사단법인에 관한 규정을 준용한다.

② 법, 민법, 이 정관에서 정하는 사항 외에 조합의 운영과 사업시행 등에 관하여 필요한 사항은 관계법령 및 관련행정기관의 지침·지시 또는 유권해석 등에 따른다. 다만, 이 정관이 법령의 개정으로 변경하여야 할 경우 정관의 개정절차에 관계없이 변경되는 것으로 본다. 그러나 관계법령의 내용이 임의규정인 경우에는 그러하지 아니하다.

## 부    칙

이 정관은 ○○지방법원에 ○○주택재개발정비사업조합으로 등기를 받은 날부터 시행한다.

.0

**〈별지 : 대표조합원 선임동의서〉**

<u>대표조합원 선임동의서</u>

□ 소유권 현황

| 권리<br>내역 | 토 지 | ④ 소 재 지 (공유여부) | ⑤ 면적(㎡) |
|---|---|---|---|
| | | (계        필지) | |
| | | (          ) | |
| | | (          ) | |
| | | (          ) | |
| 권리<br>내역 | 건축물 | ⑥ 소 재 지 (허가유무) | ⑦ 동 수 |
| | | (          ) | |
| | | (          ) | |
| | | (          ) | |

　　상기 소유 물건의 공동소유자는 ○○○을 대표조합원으로 선임하고 ○○주택재개발 정비사업조합과 관련한 소유자로서의 법률행위는 대표소유자가 행하는데 동의합니다.


　　　　　　　　　　년　　　　월　　　　일


　　　　　　　　　○ 대표자(선임수락자)

　　　　　　　　　　성　　　　명 :　　　　　　　(인) 날인

　　　　　　　　　　주민등록번호 :

　　　　　　　　　　전 화 번 호 :

○ 위임자(동의자)

① 성          명 :                    (인)인감날인

　　주민등록번호                                  :


　　전 화 번 호 :

② 성          명 :                    (인)인감날인

　　주민등록번호                                  :


　　전 화 번 호 :

③ 성          명 :                    (인)인감날인

　　주민등록번호                                  :


　　전 화 번 호 :


첨부 : 대표자 및 위임자 인감증서 각1부




○○주택재개발정비사업조합 귀중

# 제 11 장  종중·교회·사찰 등기 및 외국인등기

## 1. 비법인 사단(등기예규 제1143호)

　법인 아닌 사단이라 함은 일정한 목적을 가진 다수인의 결합체로서 업무집행기관들에 관한 정함이 있고 또 대표자 등의 정함이 있는 법인 아닌 단체를 말한다. 비법인사단은 구성원의 개인성과는 별개로 권리의무의 주체가 될 수 있는 독자적 존재로서의 단체적 조직을 가지는 특성이 있다 하겠는데 민법상 조합의 명칭을 가지고 있는 단체라 하더라도 고유의 목적을 가지고 사단적 성격을 가지는 규약을 만들어 이에 근거하여 의사결정기관 및 집행기관인 대표자를 두는 등의 조직을 갖추고 있고, 기관의 의결이나 업무집행방법이 다수결의 원칙에 의하여 행해지며, 구성원의 가입, 탈퇴 등으로 인한 변경에 관계없이 단체 그 자체가 존속되고, 그 조직에 의하여 대표의 방법, 총회나 이사회 등의 운영, 자본의 구성, 재산의 관리 기타 단체로서의 주요사항이 확정되어 있는 경우에는 비법인사단으로서의 실체를 가진다.

　법인 아닌 사단이 등기신청을 하기 위해서는 신청서에 법인 아닌 사단의 대표자 또는 관리인의 성명, 주소 및 주민등록번호를 기재하여야 하고, 등기권리자일 경우에는 법인 아닌 사단의 부동산등기용등록번호를 기재하여야 한다. 법인 아닌 사단이 등기신청을 하기 위해서는 다음의 서면을 등기신청서에 첨부하여야 한다.

① 정관 기타의 규약

　　정관 기타의 규약에는 단체의 목적, 명칭, 사무소의 소재지, 자산에 관한 규정, 대표자 또는 관리인의 임면에 관한 규정, 사원자격의 득실에 관한 규정이 기재되어야 한다.

② 대표자 또는 관리인을 증명하는 서면

　　법인 아닌 사단의 대표자 또는 관리인을 증명하는 서면으로는, 위 가.의 규정에 의한 정관 기타의 규약에서 정한 방법에 의하여 대표자 또는 관리인으로 선임되었음을 증명하는 서면(예컨대 정관 기타의 규약에서 대표자 또는 관리인의 선임을 사원총회의 결의에 의한다고 규정되어 있는 경우에는 사원총회의 결의서)을 제출하여야 한다. 부동산등기용등록번호대장이나 기타단체등록증명서는 위 대표자 또는 관리인을 증명하는 서면으로 제출할 수 없다.

③ 결의서

법인 아닌 사단이 등기의무자로서 등기신청을 할 경우에는 민법 제276조 제1항의 규정에 의한 결의서를 등기신청서에 첨부하여야 한다( 부동산등기규칙 제56조 제3호). 다만, 정관 기타의 규약으로 그 소유 부동산을 처분하는데 있어서 위 결의를 필요로 하지 않는다고 정하고 있을 경우에는 그러하지 아니하다.

④ 인감증명

위 ②, ③의 규정에 의한 서면에는 그 사실을 확인하는데 상당하다고 인정되는 2인 이상의 성년자가 사실과 상위 없다는 취지와 성명을 기재하고 인감을 날인하여야 하며, 날인한 인감에 관한 인감증명을 제출하여야 한다. 다만 변호사 또는 법무사가 등기신청을 대리하는 경우에는 변호사 또는 법무사가 위 각 서면에 사실과 상위 없다는 취지를 기재하고 기명날인함으로써 이에 갈음할 수 있다.

⑤ 기타 서면

대표자 또는 관리인의 주민등록표등본을 등기신청서에 첨부하여야 하고( 부동산등기규칙 제56조 제4호), 법인 아닌 사단이 등기권리자인 경우에는 부동산등기용등록번호를 증명하는 서면을 첨부하여야 한다.

법인 아닌 사단이나 재단에는 임시이사의 선임에 관한 규정인 민법 제63조의 규정이 준용되지 않는다. 법인 아닌 사단이나 재단이 (근)저당권설정등기신청서에 채무자로 기재되어 있는 경우, 등기부에 그 사단 또는 재단의 부동산등기용등록번호나 대표자에 관한 사항은 기록할 필요가 없다.


## 2. 종중에 관한 등기

### (1) 총 설

종중은 법인설립등기를 하지 않으면 권리능력이 없는 사단으로 인정된다. 이는 형식상의 법인격을 갖고 있지 않다는 점에서 사단법인과는 다르지만 조합에 관한 규정이 적용되지 않고 사단법인에 관한 규정을 유추적용해야 한다고 보는 것이 통설이다. 그러나 종중의 재산소유관계는 일반적으로 민법 제275조에 따라 종중의 종원이 집합체로서 총유(總有)한다고 보아야 하는데 이는 설립등기된 사단법인의 경우 법인명의로 단독소유한다는 것과 비교해볼 때 차이가 있다. 종중은 법인으로서의 설립등기를 하지 않아도 부동산등기능력이 인정되어 종중자체의 명의로 소유권을 취득할 수 있다(부동산등기법 제30조). 이렇듯 종중에 등기능력이 인정되어 있음에도 불구하고 실질적으로는 종가의 자손이나 종원의 개인명의로 등기하는 것이 일반적 관행이다. 개인명의로 등기된 종중재산을 양수한 제3자는 명의신탁이론에 의해 선의든 악의든 적법하게 소유권을 취득한다는 것이 판례의 견해이다.

## ■ 종중총회 구성원인 종원의 범위확정과 그 소집통지방법

Q  종중은 공동선조의 후손을 종원으로 하여 구성된다고 하는데, 종중총회의 소집통지대상
이 되는 종원의 범위확정과 그 소집통지의 방법은 어떻게 정해지는 것인지?

A  종중 구성원의 자격에 대하여 판례는 "종중이란 공동선조의 분묘수호와 제사 및 종원
상호간의 친목 등을 목적으로 하여 구성되는 자연발생적인 종족집단이므로, 종중의 이
러한 목적과 본질에 비추어 볼 때 공동선조와 성과 본을 같이 하는 후손은 성별의 구
별 없이 성년이 되면 당연히 그 구성원이 된다고 보는 것이 조리에 합당하다고 할 것
이다."라고 하였다(대법원 2005.7.21. 선고 2002다1178 전원합의체 판결).

그리고 종중총회의 소집통지대상이 되는 종원의 범위확정방법과 그 소집통지방법 및
일부 종중원에 대한 소집통지를 결여한 종중총회결의의 효력에 관하여 판례는 "종중
총회는 특별한 사정이 없는 한 족보에 의하여 소집통지대상이 되는 종중원의 범위를
확정한 후 국내에 거주하고 소재가 분명하여 통지가 가능한 모든 종중원에게 개별적으
로 소집통지를 함으로써 각자가 회의와 토의 및 의결에 참가할 수 있는 기회를 주어야
하고, 일부 종중원에게 소집통지를 결여한 채 개최된 종중총회의 결의는 효력이 없으
나, 그 소집통지의 방법은 반드시 직접 서면으로 하여야만 하는 것은 아니고 구두 또
는 전화로 하여도 되고 다른 종중원이나 세대주를 통하여 하여도 무방하다."라고 하
였다(대법원 2000.2.25. 선고 99다20155 판결, 2001.6.29. 선고 99다32257 판결).

또한, "종중의 종원에 관한 세보가 발간되었다면 그 세보의 기재가 잘못 되었다는 등
의 특별한 사정이 없는 한 그 세보에 의하여 종중회의의 소집통지 대상이 되는 종원의
범위를 확정함이 상당하다."라고 하였지만(대법원 1999.5.25. 선고 98다60668 판결,
2000.2.25. 선고 99다20155 판결), "세보에 기재되지 아니한 종원이 있으면 이 역시
포함시켜 총회의 소집통지대상이 되는 종원의 범위를 확정한 후 소재가 분명하여 연락
가능한 종원에게 개별적으로 소집통지를 하여야 한다."라고 하였다(대법원 2000.7.6.
선고 2000다17582 판결).

그러나 종중총회 소집권자가 지파 또는 거주지별 대표자에게 총회소집을 알리는 것만
으로 총회소집이 적법하게 통지되었다고 볼 수 있는지에 관하여는 "종중총회의 소집
통지는 이에 관한 종중의 규약이나 관례가 없는 경우, 소집권자가 총회에 참석할 자격
이 있는 종원 중 국내에 거주하고, 소재가 분명하여 연락통지가 가능한 종원에게 적당
한 방법으로 통지하여야 하고, 소집권자가 지파 또는 거주지별 대표자에게 총회소집을
알리는 것만으로는 총회소집이 적법하게 통지되었다고 볼 수 없다."라고 하였다(대법
원 1994.6.14. 선고 93다45244 판결).

## (2) 등기신청(부동산등기법 제40조 1항)

등기를 신청할 때에는 아래의 서면을 제출해야 한다.

① 신청서

② 등기원인을 증명하는 서면

③ 등기의무자의 권리에 관한 등기필증

④ 등기원인에 대하여 제3자의 허가, 동의 또는 승낙이 필요할 때에는 이를 증명하는 서면

⑤ 대리인이 등기를 신청할 때에는 그 권한을 증명하는 서면

⑥ 소유권의 보존 또는 이전의 등기를 신청하는 경우에는 신청인의 주소를 증명하는 서면(※ 종중의 대표자나 관리인의 성명과 주소를 적는 것 외에 그의 주민등록번호를 함께 적어야 한다)

⑦ 법인이 등기권리자인 경우에는 법인등기부 등본 또는 초본, 법인 아닌 사단이나 재단(외국법인으로서 국내에서 법인등기를 마치지 아니한 사단이나 재단을 포함한다. 이하 같다) 또는 외국인이 등기권리자인 경우에는 제41조의2에서 규정하는 부동산등기용 등록번호를 증명하는 서면

⑧ 소유권의 이전등기를 신청하는 경우에는 토지대장.임야대장.건축물대장의 등본, 그 밖에 부동산의 표시를 증명하는 서면

⑨ 매매에 관한 거래계약서를 등기원인을 증명하는 서면으로 하여 소유권이전등기를 신청하는 경우에는 대법원규칙으로 정하는 거래신고필증과 매매목록

## ■ 종중부동산의 명의수탁자가 이를 임의처분한 경우 횡령죄 여부

Q  A종중은 5대조를 비롯한 선조들의 묘가 설치된 임야 1필지를 소유하고 있는데, 이는 1914년 토지사정 당시 저희 증조부외 3인 공동명의로 되어 있었습니다. 그 후 등기명 의인들은 모두 사망하였고 1980년 「부동산소유권이전등기등에관한특별조치법」에 근거 하여 종중원이 모여 선출한 대표자 3인 명의로 이전등기를 하였다. 그러나 등기명의인 3명이 서로 짜고 제3자에게 위 임야를 매도하였다. 이 경우 이들을 고소하고 아울러 위 임야를 다시 찾을 수 있는지?

A  「부동산 실권리자명의 등기에 관한 법률」(약칭 부동산실명법)의 시행일인 1995년 7월 1일 이후에는 모든 부동산에 관한 물권은 명의신탁을 이용하여 다른 사람의 이름으로 등기할 수 없고, 반드시 실권리자의 명의로만 등기하도록 의무화하였다. 즉,「부동산실 명법」제4조에 의하면, 명의신탁을 하는 경우 명의신탁자와 명의수탁자간의 명의신탁을 하기로 한 약정은 무효가 되고, 그 명의신탁약정에 따라 행하여진 등기도 무효가 된다. 그리고 같은 법 시행 이전에 명의신탁 한 경우에는 같은 법 제11조가 정하는 바에 따 라 실명등기 등을 하여야 하였으며, 그 유예기간은 1996년 6월 30일까지였고, 다만 그 이전에 소송이 법원에 제기된 경우에는 확정판결이 있는 날로부터 1년 이내에 실명등 기 등을 하여야 한다.
그러나 같은 법 제8조 제1호는 조세포탈, 강제집행의 면탈 또는 법령상 제한의 회피를 목적으로 하지 아니하는 경우로서 종중이 보유한 부동산에 관한 물권을 종중(종중과 그 대표자를 같이 표시하여 등기한 경우를 포함) 외의 자의 명의로 등기한 경우에는 위와 같은 제한을 받지 않도록 예외를 규정하고 있다. 그리고 횡령죄에 관하여「형법」 제355조 제1항은 "타인의 재물을 보관하는 자가 그 재물을 횡령하거나 그 반환을 거 부한 때에는 5년 이하의 징역 또는 1,500만원 이하의 벌금에 처한다."라고 규정하고 있다.따라서 위 사안에서 임야의 등기명의인들은 종중소유 임야의 명의수탁자로서 명의 신탁인 종중의 재산을 보관하는 자의 지위에 있는 자들이므로, 그들이 위 임야를 임 의로 처분한 행위는 「형법」제355조 제1항의 횡령죄에 해당한다고 할 것입니다. 판례도 "부동산을 소유자로부터 명의수탁 받은 자가 이를 임의로 처분하였다면 명의신탁자에 대한 횡령죄가 성립한다."라고 하였다(대법원 2000.2.22. 선고 99도5227 판결).
그러나 명의신탁관계에 기한 등기명의인은 대외적으로는 정당한 소유자로 인정되므로, 등기명의인 3명과 매매계약을 체결하여 임야를 매수한 제3자는 특별한 경우를 제외하 고는 적법하게 소유권을 취득하게 될 것이다.
따라서 A 종중 명의로 위 임야를 다시 찾기는 어려울 것으로 보이고, 임야를 불법으로 매매한 대표자 3명에 대하여는 민사상 채무불이행 또는 불법행위에 기한 손해배상책임 을 물어야 한다.

## ■ 부동산등기법등록규정에 의한 대표자 표시의 효력

**Q** 甲은 「부동산등기법」제41조의2의 등록규정에 따라 乙종중의 대표자로 기재되어 등록이 되었습니다. 이와 같이 甲이 위 등록규정에 의한 乙종중의 대표자로 표시되어 있는 경우 그것만으로 대표자로 표시된 자가 적법한 대표자가 될 수 있는 것인지?

**A** 종중대표자와 종중재산의 관리처분권 및 종중대표자의 선임에 관한 일반관례에 관하여 판례는 "종중을 대표하고 종중회의를 소집하는 권한은 관습상 종중원 중 연고항존자 (즉, 항렬이 가장 높고 나이가 많은 자)에 해당하는 종장에게 있으나, 다만 종중규약 또는 당해 종중의 관습이나 일반관례에 의하여 별도로 종중대표자를 선임한 경우에는 이러한 종중대표자만이 종중대표권을 가지며 특히 종중재산에 관하여는 종장에게 아무런 권한이 없고 오로지 종중대표자만이 종중을 대표하여 그 관리처분권을 갖고, 일반관례에 의하면 종중대표자는 적법한 종중대표자 또는 종중원 중에서 연고항존자에 해당하는 종장이나 종장으로부터 소집을 위임받은 자 등 적법한 소집권자가 국내에 거주하고 소재가 분명한 소집가능한 성년남자인 모든 종중원들에게 소집통지를 하여 출석한 종중원으로 구성된 종중회의에서 과반수 결의로 선임하여야 한다."라고 하였다(대법원 1983.12.13. 선고 83다카1463 판결, 1999.4.13. 선고 98다50722 판결).

그런데 「부동산등기법」제41조의2, 법인아닌사단·재단및외국인의부동산등기용등록번호부여절차에관한규정에 의한 등록을 함에 있어서 특정인을 대표자로 표시한 것만으로 그 대표자로 표시된 자가 적법한 대표자라고 볼 수 있는지에 관하여 판례는 "부동산등기법 제41조의2, 법인아닌사단·재단및외국인의부동산등기용등록번호부여절차에관한규정에 의한 등록을 함에 있어서 특정인을 대표자로 표시하였다고 하더라도 그것만으로 대표자로 표시된 자가 적법한 대표자라고 볼 수 없다."라고 하였다(대법원 1999.7.27. 선고 99다9523 판결).

따라서 위 사안에서도 같은 법 제41조의2 법인아닌사단·재단및외국인의부동산등기용등록번호부여절차에관한규정에 의한 등록을 함에 있어서 甲을 대표자로 표시하였다고 하더라도 그것만으로 甲이 乙종중의 적법한 대표자라고 할 수는 없다.

## ■ 종중총회 결의 없이 종중대표자가 행한 종중재산 처분행위의 효력

Q   甲은 乙종중의 임야를 乙종중의 대표자 丙으로부터 매수하였다. 그런데 乙종중의 재산
처분행위는 乙종중총회의 결의사항으로 정해져 있었음에도 불구하고 丙은 총회의 결의
를 구하지 않고, 이사회의 결의만 받은 후 위 임야를 매도한 경우 甲으로서는 위 임야
의 소유권을 취득할 수 없는지?

A   종중이란 공동선조의 후손들에 의하여 선조의 분묘수호 및 봉제사와 후손 상호간의 친목을 목적으로
형성되는 자연발생적인 종족단체로서 선조의 사망과 동시에 후손에 의하여 성립하는 것이며, 종중의
규약이나 관습에 따라 선출된 대표자 등에 의하여 대표되는 정도로 조직을 갖추고 지속적인 활동을
하고 있다면 비법인사단으로서의 단체성이 인정된다(대법원 1994.9.30. 선고 93다27703 판결).
그리고 종중이 비법인사단으로 성립된 경우에는 종중의 재산소유형태를 제외하고는 「민법」의 사단
법인에 관한 규정이 준용될 것인데, 같은 법 제275조 제1항은 "법인이 아닌 사단의 사원이 집합
체로서 물건을 소유할 때에는 총유로 한다."라고 규정하고 있으며, 같은 법 제276조에 의하면
"①총유물의 관리 및 처분은 사원총회의 결의에 의한다. ②각 사원은 정관 기타의 계약에 좇아
총유물을 사용, 수익할 수 있다."라고 규정하고 있다. 그런데 위 사안에서는 丙이 乙종중총회의
결의를 얻지 않고 위 임야를 甲에게 매도하였으므로 그 매도행위의 효력이 문제된다.
이에 관하여 판례는 "종중 소유의 재산은 종중원의 총유에 속하는 것이므로 그 관리 및 처분에
관하여 먼저 종중규약에 정하는 바가 있으면 이에 따라야 하고, 그 점에 관한 종중규약이 없으면
종중총회의 결의에 의하여야 하므로 비록 종중대표자에 의한 종중재산의 처분이라고 하더라도 그
러한 절차를 거치지 아니한 채 한 행위는 무효이다."라고 하면서, "종중 회칙상 종중재산은 종중
총회의 결의를 거쳐야만 처분할 수 있음에도 종중재산의 처분에 관한 적법한 총회결의나 이사회위
임결의 또는 그와 같은 내용의 종중회칙의 변경 없이 종중회장이 종중이사회를 개최하여 임의로
이사회를 구성하고 종중재산의 처분을 이사회결의만으로 가능하도록 임의로 정관을 변경하여 이에
따라 개최한 이사회에서 종중재산의 처분을 결의한 후 종중재산을 처분한 경우, 그 종중재산의 처
분은 무효이다."라고 하였다(대법원 2000.10.27. 선고 2000다22881 판결).
따라서 위 사안의 경우 甲은 위 임야의 소유권을 취득할 수 없다. 다만, 이러한 소유권이전등기
말소청구를 제기할 수 있는 주체에 관하여, 과거에는 종중의 대표자나, 종중의 위임을 받은 종원
이 독자적으로 이러한 소송을 제기할 수 있었으나, 최근의 판례에 의하면 ① 종중의 명의로 종중
총회의 결의를 거쳐서 하거나, ② 종중의 구성원 전원이 당사자가 되어 필수적 공동소송의 형태로
하여야 하는데(대법원 2005. 9. 15. 선고 2004다44971 판결), 위 두 번째 방법은 종중의 구성원
중 한 사람이라도 누락되면 부적법한 소송이 되기 때문에 종중 총회의 결의를 거쳐 종중 자체의
명의로 소송을 제기한다.

## ■ 종중이 임대차를 점유매개관계로 하여 간접점유를 취득할 수 있는지?

Q 甲종중은 20년 전 戊로부터 임야 5,000평을 매수하여 그 일부인 토지 200평에 대하여 종원 丙에게 무상 경작을 허락하여 丙이 15년간 경작하였고, 이후 丙은 甲종중의 승낙도 없이 丁에게 유상 임대하여 丁이 5년간 경작하였다. 그런데 최근 알고 보니 위 토지 200평은 戊가 당시 이웃주민 乙의 소유임을 알고서도 임의로 개간하여 밭으로 경작하다가 위 임야와 함께 매도한 사실이 밝혀졌다. 이 경우 甲종중은 위 토지 200평에 대하여 丁이 점유한 기간을 포함한 20년 이상의 점유취득시효완성을 주장하려고 하는데, 과연 丁의 점유를 甲종중의 간접점유로 인정받을 수 있는지?

A 부동산의 점유취득시효에 관하여 「민법」 제245조 제1항은 "20년간 소유의 의사로 평온, 공연하게 부동산을 점유하는 자는 등기함으로써 그 소유권을 취득한다."라고 규정하고 있고, 간접점유에 관하여 같은 법 제194조는 "지상권, 전세권, 질권, 사용대차, 임대차, 임치 기타의 관계로 타인으로 하여금 물건을 점유하게 한 자는 간접으로 점유권이 있다."라고 규정하고 있다.

그리고 부동산의 점유취득시효에 있어서 점유는 직접점유에 한하지 않고 간접점유를 포함합니다. 판례도 "제3자를 점유매개자로 하여 농지를 간접적으로 점유하여 온 자는 비록 그가 농민이 아니라고 하더라도 농지를 시효취득할 수 있다."라고 하였다(대법원 1998.2.24. 선고 97다49053 판결). 그런데 위 사안에서는 甲종중이 丁에게 위 토지 200여평을 임대한 것이 아니고, 甲종중의 승낙을 얻어 위 토지를 사용하던 丙이 甲종중의 승낙없이 丁에게 임대하여 사용토록 한 경우에도 丁의 점유기간을 甲종중의 간접점유기간으로 볼 수 있을 것인지 문제된다.

이에 관하여 판례는 "종중은 공동선조의 봉제사, 분묘의 수호 및 종원 상호간의 친목도모를 목적으로 하는 종족의 자연적 집단으로서 민법상 인격 없는 사단이므로, 종중이 어떤 부동산에 관하여 임대차를 점유매개관계로 하여 간접점유를 취득하였다고 하기 위해서는 그 임대차관계를 성립시킨 자가 사실상으로나마 종중의 대표기관 내지는 집행기관이거나 그 대리인이어야 하고, 종원이 단지 종중과 무관하게 사인(私人)의 자격에서 임대한 것에 불과하다면 그 간접점유의 귀속주체는 어디까지나 그 개인일 뿐 종중이 그를 통하여 당해 부동산을 간접점유 하였다고 볼 수 없다."라고 하였다(대법원 1999.2.23. 선고 98다50593 판결).

따라서 위 사안에서 甲종중은 종원 丙에게 대리권을 수여하였다거나 丁에 대한 임대에 관하여 동의 또는 승낙을 한 바 없으므로, 丁이 위 토지 200여평을 점유한 5년간을 甲종중이 간접점유한 기간으로 포함하여 부동산점유취득시효를 주장할 수는 없다.

## ■ 분묘 수호를 위하여 종중 명의로 농지를 구입할 수 있는지?

Q   A종중은 선산에 20여분의 조상을 모시고 있으나 분묘를 관리할 위토(位土)는 한 평도 없는 상태이므로, 위토로 사용하기 위하여 인근에 있는 밭이나 논을 구입하고자 하는 경우 종중명의로 구입할 수 있는지?

A   농지취득에 관하여「농지법」제6조 제1항은 "농지는 자기가 농업경영에 이용하거나 이용할 자가 아니면 소유하지 못한다."라고 규정하고 있으며, 같은 법 제6조 제2항에서 제1항에 대한 예외를 규정하고 있으나 거기에 종중명의 위토로 사용하려는 경우는 예외사항으로 규정된 바가 없을 뿐만 아니라, 같은 법 제6조 제4항에 의하면 "이 법에서 허용된 경우를 제외하고는 농지의 소유에 관한 특례를 정할 수 없다."라고 규정하고 있다.

판례도 "농지개혁법(1994.12.22. 농지법 제정으로 폐지)상 농지를 매수할 수 있는 자의 자격은 매매 당시 기성농가이거나 농가가 아니더라도 농지를 자경 또는 자영할 목적이 있는 자임을 요하고, 동 법 소정의 농가라 함은 자연인에 한하는 것이므로 법인격 없는 사단인 사찰은 농지를 취득할 수 없다."라고 하였다(대법원 1976.5.11. 선고 75다1427 판결, 1992.4.10. 선고 91다34127 판결). 또한, 종중의 농지취득에 관하여 등기예규는 "종중은 원칙적으로 농지를 취득할 수 없으므로 위토를 목적으로 새로이 농지를 취득하는 것도 허용되지 아니하며, 다만 농지개혁 당시 위토대장에 등재된 기존 위토인 농지에 한하여 당해 농지가 위토대장에 등재되어 있음을 확인하는 내용의 위토대장 소관청 발급의 증명서를 첨부하여 종중 명의로의 소유권이전등기를 신청할 수 있다."라고 하였다(2007.4.3. 등기예규 제1177호「농지의 소유권이전등기에 관한 사무처리지침」제4항).

그리고 등기선례는 "종중은 원칙적으로 농지를 취득할 수 없으므로, 지목이 농지이나 토지의 현상이 농작물의 경작 또는 다년생식물의 재배지로 이용되지 않음이 관할관청이 발급하는 서면에 의하여 증명되는 경우 등 농지법 기타 법령에서 인정되는 경우를 제외하고는 종중이 지목이 '전' 또는 '답'인 토지를 취득하여 그 명의로 소유권이전등기를 경료 받을 수는 없다. 종중원 명의로 소유권등기가 경료되어 있는 부동산에 대하여는 부동산실권리자명의등기에관한법률상의 유예기간과 관계없이 종중명의로 명의신탁해지를 원인으로 하는 소유권이전등기를 경료받을 수 있는 것이나, 그 목적 부동산이 농지인 때에는 당해 농지가 농지개혁 당시 위토대장에 등재된 기존 위토임을 확인하는 위토대장 소관청 발급의 증명서를 첨부하거나, 위의 요건을 갖춘 경우에 한하여 종중명의로 등기를 할 수 있다."라고 하였다(1999.2.8. 등기선례6-475, 1999.4.30. 등기선례6-23).

그러므로 종중은 원칙적으로 농지를 취득할 수 없으나, 기존 위토인 농지에 한하여 위토대장소관청 발급의 증명서를 첨부하거나, 농작물의 경작 등으로 이용되지 않음이 관할관청이 발급하는 서면에 의하여 증명되는 경우 등에 한하여 종중명의로 등기를 할 수 있다. 따라서 위 사안의 경우 A 종중은 위토로 이용하기 위하여 농지를 종중명의로 구입하려는 것이므로 이는 종중명의로 등기할 수 없다.

## ♣【서식】 신탁재산귀속에 의한 소유권이전 말소등기 신청서

### 소유권이전 및 신탁등기말소신청

| 접  수 | 년 월 일 | 처리인 | 등기관 확인 | 각종 통지 |
|---|---|---|---|---|
| | 제      호 | | | |

| ① 부동산의 표시 |
|---|

1. 서울특별시 서초구 서초동 100

　　　　대 300㎡

2. 서울특별시 서초구 서초동 100

　　[도로명주소] 서울특별시 서초구 서초대로 88길 10

　　시멘트 벽돌조 슬래브지붕 2층 주택

　　　　1층 100㎡

　　　　2층 100㎡

　　　　　　　　이　　　　　　　　상

| ② 등기원인과 그 연월일 | 2024년 1월 22일 신탁재산귀속 |
|---|---|
| ③ 등 기 의 목 적 | 소유권이전 및 신탁등기말소 |

| 구분 | 성  명<br>(상호·명칭) | 주민등록번호<br>(등기용등록<br>번호) | 주    소 (소 재 지) | 지  분<br>(개인별) |
|---|---|---|---|---|
| ④ 등기의무자 | 김 갑 동 | XXXXXX-XXXX XXX | 서울특별시 중구 다동길 96<br>(다동) | |
| ⑤ 등기권리자 | 이 대 백 | XXXXXX-XXXX XXX | 서울특별시 서초구 서초대로 88길 20 (서초동) | |

| ⑥ 등 록 면 허 세 | 금 | 3,000 | 원 |
| ⑥ 지 방 교 육 세 | 금 | 600 | 원 |
| ⑦ 세 액 합 계 | 금 | 3,600 | 원 |
| ⑧ 등 기 신 청 수 수 료 | 금 | 30,000 | 원 |
| | 납부번호 : ○○-○○-○○○○○○○○-○ | | |
| | 일괄납부 : 건 원 | | |

### ⑨ 등기의무자의 등기필정보

| 부동산고유번호 | 1102-2006-002095 | |
| 성명(명칭) | 일련번호 | 비밀번호 |
| 이대백 | Q77C-LO7I-35J5 | 40-4636 |

### ⑩ 첨 부 서 면

| | | | |
|---|---|---|---|
| · 신탁재산귀속증서(검인) | 1통 | · 인감증명서 또는 본인서명사실 | |
| · 등록면허세영수필확인서 | 1통 | 확인서 | 1통 |
| · 등기신청수수료 영수필확인서 | 1통 | · 토지·건축물대장등본 각1통 | |
| · 등기필증 | 1통 | · 주민등록표등(초)본 | 각1통 |
| | | 〈기 타〉 | |

2024년 1월 22일

⑪ 위 신청인     이 대 백 ㊞  (전화 : 200-7766)
　　　　　　　김 갑 동 ㊞  (전화 : 200-7766)

(또는)위 대리인                (전화 :        )

서울중앙 지방법원          등기국 귀중

- 신청서 작성요령 -

* 1. 부동산표시란에 2개 이상의 부동산을 기재하는 경우에는 부동산의 일련번호를 기재하여야 합니다.
  2. 신청인란등 해당란에 기재할 여백이 없을 경우에는 별지를 이용합니다.
  3. 담당 등기관이 판단하여 위의 첨부서면 외에 추가적인 서면을 요구할 수 있습니다.

## 1) 등기신청방법

### 가. 공동신청
위탁자와 수탁자가 본인임을 확인할 수 있는 주민등록증 등을 가지고 직접 등기소에 출석하여 공동으로 신청함이 원칙이다.

### 나. 단독신청
판결에 의한 등기신청인 경우에는 승소한 등기권리자 또는 등기의무자가 단독으로 신청할 수 있다.

### 다. 대리인에 의한 신청
등기신청은 반드시 신청인 본인이 하여야 하는 것은 아니고 대리인이 하여도 된다. 등기권리자 또는 등기의무자 일방이 상대방의 대리인이 되거나 쌍방이 제3자에게 위임하여 등기신청을 할 수 있으나, 변호사 또는 법무사가 아닌 자는 신청서의 작성이나 그 서류의 제출대행을 업(業)으로 할 수 없다.

## 2) 등기신청서 기재요령

신청서는 한글과 아라비아 숫자로 기재한다. 부동산의 표시란이나 등기의무자란, 등기권리자란 등이 부족할 경우에는 별지를 사용하고, 별지를 포함하여 신청서가 여러 장인 때에는 각 장 사이에 간인을 하여야 한다.

### 가. 부동산의 표시란
상속부동산을 기재하되, 등기부상 부동산의 표시와 일치하여야 한다.
① 1동의 건물의 표시
1동의 건물 전체의 소재, 지번, 종류와 구조 및 면적을 기재한다. 다만, 1동의 건물의 번호가 있는 경우(예 : 가동, 나동, 다동 등)에 이를 기재한 때에는 1동의 건물의 구조와 면적을 기재하지 않는다.
② 전유분의 건물의 표시
건물의 번호, 구조, 면적을 기재한다.
③ 대지권의 표시
대지권의 목적인 토지의 표시, 대지권의 종류, 비율을 기재한다.
㉠ 대지권의 목적인 토지의 표시는 토지의 소재와 지번, 지목, 면적을,
㉡ 대지권의 종류는 소유권, 지상권, 전세권, 임차권 등 권리의 종류에 따라 기재하며,
㉢ 대지권의 비율은 대권의 목적인 토지에 대한 지분비율을 기재한다.
④ 만일 등기부와 토지.집합건축물대장의 부동산표시가 다른 때에는 먼저 부동산표시변경(또는 경정)등기를 하여야 한다.

### 나. 등기원인과 그 연월일
등기원인은 "신탁재산귀속"으로, 연월일은 신탁계약서상 계약일을 기재한다.

다. 등기의 목적란

신탁으로 인한 소유권이전등기와 신탁등기를 동일 신청서로 신청하므로 "소유권이전 및 신탁등기말소"으로 기재한다.

라. 등기의무자란

수탁자의 성명, 주민등록번호, 주소를 기재하되, 등기부상 소유자 표시와 일치하여야 한다. 그러나 위탁자가 법인인 경우에는 상호(명칭), 본점(주사무소 소재지), 등기용등록번호를 기재하고, 법인 아닌 사단이나 재단인 경우에는 상호(명칭), 본점(주사무소소재지), 등기용등록번호 및 대표자(관리인)의 성명, 주민등록번호, 주소를 각 기재한다.

마. 등기권리자란

위탁자를 기재하는 란으로, 그 기재방법은 등기의무자란과 같다.

바. 등록면허세 . 지방교육세란

신탁말소등기에 부동산 1개당 등록면허세 6,000원, 지방교육세 1,200원으로 계산하여 기재한다. 단, 신탁재산이 위탁자가 아닌 제3자에게 속하게 되는 경우 소유권이전에 관한 등록면허세를 납부하여야 하고 국민주택채권도 매입하여야 한다.

사. 세액합계란

등록면허세액과 지방교육세액의 합계를 기재한다.

아. 등기신청수수료란

소유권이전등기에 대한 수수료 14,000원을 납부한다(등기수입증지는 등기과.소 및 지정금융기관에서 판매). 다만, 등기신청수수료가 10만원 이상인 경우 지정금융기관에 현금으로 납부할 수 있으며, 현금납부 후 교부받은 '영수필확인서'와 '영수필통지서'를 등기신청서에 첨부하면 된다. 신탁등기 말소에 대해서는 등기신청수수료를 납부하지 않는다.

자. 등기의무자의 등기필정보란

① 전자신청 지정등기소에서 소유권 취득에 관한 등기를 완료하고 등기필정보를 교부 받은 경우, 그 등기필정보 상에 기재된 부동산고유번호, 성명, 일련번호, 비밀번호를 각 기재(등기필정보를 제출하는 것이 아님)한다. 다만 교부받은 등기필정보를 멸실한 경우에는 부동산등기법 제49조에 의하여 확인서면이나 확인조서 또는 공증서면 중 하나를 첨부한다.

② 등기신청서에 등기필증이나 확인서면 등을 첨부한 경우 이란은 기재할 필요가 없다.

차. 첨부서면란

등기신청서에 첨부한 서면을 각 기재한다.

카. 신청인등란

① 등기의무자와 등기권리자의 성명 및 전화번호를 기재하고, 각자의 인장을 날인하되, 등기의무자는 그의 인감을 날인한다. 그러나 신청인이 법인 또는 법인 아닌 사단이나 재단인 경우에는 상호(명칭)와 대표자(관리인)의 자격 및 성명을 기재하고, 법인이 등기의무자인 때에는 등기소의 증명을 얻은 그 대표자의 인감, 법인 아닌 사단이나 재단인 경우에는 대표자(관리인)의 개인인감을 날인한다.

② 대리인이 등기신청을 하는 경우에는 그 대리인의 성명 및 전화번호를 기재하고 그의 인장을 날인 또는 서명을 한다.

## 3) 등기신청서에 첨부할 서면

<신청인>

① 위임장

등기신청을 법무사 등 대리인에게 위임하는 경우에 첨부한다.

② 등기필증

등기의무자(수탁자)의 소유권에 관한 등기필증으로서 등기의무자가 "소유권이전 및 신탁등기" 완료 후 등기소로부터 교부받은 등기필증을 첨부한다. 단 전자신청 지정등기소에 등기를 완료하고 등기필정보를 교부받은 경우에, 그 등기필정보 상에 기재된 부동산고유번호, 성명, 일련번호, 비밀번호를 각 기재(등기필정보를 제출하는 것이 아님)한다. 다만, 등기필증(등기필정보)을 멸실하여 첨부(기재)할 수 없는 경우에는 부동산등기법 제49조에 의하여 확인서면이나 확인조서 또는 공증서면 중 하나를 첨부한다.

③ 신탁재산귀속서

등기원인을 증명하는 서면으로 신탁재산귀속증서를 제출하여야 한다.

<시, 구, 군청, 동사무소>

① 검 인

위 신탁계약서에 부동산소재지를 관할하는 시장, 구청장, 군수 또는 군수로부터 위임을 받은 자(읍·면·동장)로부터 검인을 받아야 한다.

② 등록세영수필확인서

시장, 구청장, 군수 등으로부터 등록세납부서(OCR용지)를 발급받아 납세지를 관할하는 해당금융기관에 세금을 납부한 후 등록세영수필확인서와 영수증을 교부받아 영수증은 본인이 보관하고, '등록세영수필확인서'만 신청서의 등록세액표시란의 좌측상단 여백에 첨부한다.

③ 토지.건축물대장등본

등기신청대상 부동산의 종류에 따라 토지(임야)대장등본, 건축물대장등본(각, 발행일로부터 3월 이내)을 첨부한다.

④ 인감증명서

소유권의 등기명의인이 등기의무자(수탁자)로서 등기를 신청할 때에는 그 인감증명서(발행일로부터 3월 이내)를 첨부한다.

⑤ 주민등록표등(초)본

등기의무자 및 등기권리자의 주민등록표등본 또는 초본(각, 발행일로부터 3월 이내)을 첨부한다.

<등기과.소>

법인등기사항전부(일부)증명서

신청일이 법인인 경우에는 법인등기사항전부증명서 또는 법인등기사항일부증명서(각, 발행일로부터 3월 이내)를 첨부한다.

<기    타>

① 신청인이 재외국민이나 외국인 또는 법인아닌 사단 또는 재단인 경우에는 신청서의 기재사항과 첨부서면이 다르거나 추가될 수 있으므로,【별표5】,【별표6】을 참고하고 기타 궁금한 사항은 전문가나 민원담당자에게 문의 요망.

② 제3자의 동의, 허가 또는 승낙을 증명하는 서면, 즉 부동산이 농지인 경우에는 농지취득자격증명(시, 읍, 면사무소 발급) 등을 첨부하여야 한다.

## 4) 등기신청서류 편철순서

신청서, 등록세영수필확인서, 등기수입증지, 위임장, 주민등록등(초)본, 집합건축물대장등본, 건물도면, 신청서부본 등의 순서로 편철한다.

## ♣【서식】등기명의인표시변경등기신청서

<table>
<tr><td colspan="5" align="center">등기명의인표시변경등기신청</td></tr>
<tr><td rowspan="2">접　수</td><td>년　월　일</td><td rowspan="2">처리인</td><td>등기관 확인</td><td>각종 통지</td></tr>
<tr><td>제　　　호</td><td></td><td></td></tr>
</table>

<table>
<tr><td colspan="2" align="center">담보권설정자에 관한 사항</td></tr>
<tr><td>등기고유번호 :　　　　－</td><td></td></tr>
<tr><td colspan="2" height="200"></td></tr>
<tr><td>등 기 일 련 번 호</td><td></td></tr>
<tr><td>등기원인과 그 연월일</td><td>년　　　월　　　일</td></tr>
<tr><td>등 기 의 목 적</td><td>등기명의인 표시변경</td></tr>
<tr><td>변 경 할 사 항</td><td></td></tr>
</table>

<table>
<tr><td>구분</td><td>상　　　호<br>(성명/명칭)</td><td>법인등록번호<br>(주민등록번호)</td><td>본점(주소/주사무소)</td></tr>
<tr><td>신<br><br>청<br><br>인</td><td></td><td></td><td></td></tr>
</table>

| | | |
|---|---|---|
| 등 록 면 허 세 | 금 원 | |
| 지 방 교 육 세 | 금 원 | |
| 세 액 합 계 | 금 원 | |
| 등기신청 수수료 | 금 원 | |
| | 납부번호 : | |
| 첨 부 서 면 | | |
| · 주민등록표등(초)본 통<br>· 등록면허세영수필확인서 통<br>· 등기신청수수료영수필확인서 통<br>· 위임장 통 | 〈기 타〉 | |
| 년 월 일<br><br>위 신청인 ㊞ (전화 : )<br><br>(또는)위 대리인 (전화 : )<br><br>○○ 지방법원 등기국 귀중 | | |

- 신청서 작성요령 -

* 1. 부동산표시란에 2개 이상의 부동산을 기재하는 경우에는 부동산의 일련번호를 기재하여야 합니다.
2. 신청인란등 해당란에 기재할 여백이 없을 경우에는 별지를 이용합니다.
3. 담당 등기관이 판단하여 위의 첨부서면 외에 추가적인 서면을 요구할 수 있습니다.

■ **종중이 종원에게 명의신탁 하였다가 종중명의로 소유권이전등기한 경우**

Q  종중이 명의신탁 약정에 의하여 그 소유 부동산을 종원에게 명의신탁 하였다가 종중명의로 소유권이전등기를 되돌린 경우가 부동산실명법 제8조의 특례에 해당하는지요?

A  부동산실명법 제8조는 종중이 보유한 부동산에 관한 물권을 종중외의 자의 명의로 등기한 경우라 할지라도 ①조세포탈, ②강제집행의 면탈, ③법령상 제한을 회피할 목적이 없었던 경우에 대하여는 부동산실명법 제4조 내지 제7조 및 제12조 제1항, 제2항의 규정을 적용하지 아니하도록 규정하고 있습니다. 위와 같은 목적이 없었음에 대해서는 이를 주장하고자 하는 자의 적극적인 소명이 있어야 하며, 질의서의 내용만으로는 종중 이외의 자의 명의로 등기한 것이 조세를 포탈하기 위한 것이었는지, 강제집행을 피하고자 한 것인지에 대하여 명확히 판단하기 어렵습니다.

다만, 질의서에 따르면 해당 부동산 중 A 토지는 취득할 당시에 지목이 「전」으로서 농지법상 종중명의로 소유권이전등기를 할 수 없는 등의 법령상의 제한이 있었던 것으로 보입니다. 따라서 위와 같은 법령상의 제한을 피하고자 종중외의 자의 명의로 명의신탁등기 한 것이라면 부동산실명법 제8조의 특례를 적용받을 수 없을 것입니다(출처 : 법무부 법률자료집).

## ■ 종중이 명의수탁자를 변경하여 등기하는 경우

Q 종중 A가 명의수탁자를 변경하여 등기하는 경우 부동산실명법 제8조에 따른 특례를 적용할 수 있는지 여부

A 부동산실명법 제8조는 종중이 보유한 부동산에 관한 물권을 종중 외의 자의 명의로 등기한 경우라 할지라도 조세 포탈, 강제집행의 면탈 또는 법령상 제한의 회피를 목적으로 하지 아니하는 경우에는 부동산실명법 제4조부터 제7조까지 및 제12조 제1항·제2항의 규정을 적용하지 않도록 하고 있습니다. 위와 같은 목적이 없었음에 대해서는 이를 주장하고자 하는 자의 적극적인 소명이 있어야 하나, 질의의 내용만으로는 종중원 5인 명의로 등기한 것이 조세를 포탈하기 위한 것이었는지, 강제집행을 면탈하기 위한 것인지에 대하여 명확히 판단하기 어렵습니다.

다만 질의에 따르면 해당 사건 토지는 농지로서 농지법상 종중 명의로 소유권이전등기를 할 수 없는 등의 법령상의 제한이 있다고 판단되므로, 만약 본 건의 종중이 농지법상의 제한을 회피하고자 하는 목적으로 종중 이외 종중원 5인 명의로 명의신탁등기를 한 것이라면 부동산실명법 제8조의 특례를 적용받을 수 없을 것입니다. 본 건의 종중에 대하여 부동산실명법 제8조가 적용될 수 없다면 명의신탁자의 실명전환 등기의무(제6조 제1항), 부동산실명법 시행 전 기존 명의신탁약정에 따른 등기의 실명등기의무(제11조) 등의 규정이 적용되므로, 단순히 명의수탁자인 종중원 일부만을 변경등기하는 것은 새로운 명의신탁행위로서 부동산실명법 위반 과징금이 별도로 부과되어야 할 것입니다(출처 : 법무부 법률자료집).

## ■ 부동산실명법 제8조에 따른 배우자에 대한 특례

Q  A에 대하여 부동산실명법 제8조에 따른 배우자에 대한 특례를 인정할 수 있는지 여부

A  부동산실명법 제8조는 배우자 명의로 부동산에 관한 물권을 등기한 경우 조세 포탈, 강제집행의 면탈 또는 법령상 제한의 회피 목적이 없는 경우에 한하여 과징금 부과의 면제 특례를 인정하고 있습니다.

배우자 특례 조항은 조세 포탈, 강제집행의 면탈 또는 법령상 제한의 회피를 목적으로 배우자의 명의로 명의신탁약정 및 명의신탁등기를 한 경우에 대해서 적용되지 않으므로, 명의신탁이 아닌 다른 위법 행위를 통하여 조세 포탈 등과 같은 목적을 이룬 경우에 대해서는 배우자 특례 조항의 적용이 가능하다고 할 것입니다. 사안의 경우 세무서는 양도소득세 포탈 사실을 근거로 A를 부동산실명법 위반 혐의자로 통보한 것으로 보이나, A의 양도소득세 포탈은 허위의 매매대금을 기재한 이중계약서에 따른 것으로서, 배우자인 B와의 명의신탁으로 인한 것으로는 볼 수 없으므로 양도소득세 포탈을 이유로 부동산실명법 제8조에 따른 배우자 특례 조항의 적용이 배제된다고 보기는 어렵습니다. 현재 질의서에 나타난 사정으로는 A가 캐나다영주권자 신분이어서 소유권이전등기가 어렵다는 정도이나 A가 영주권자 신분이라는 이유만으로 소유권 취득의 법령상 제한이 당연히 발생한다고 보기도 어렵습니다.

다만, 조세를 포탈하거나 법령의 제한을 회피할 목적이 있었는지 여부는 구체적, 개별적 사안에 나타난 여러 가지 자료들을 종합하여 객관적으로 판단하여야 할 것이므로, 귀 청에서는 당사자들의 적극적 소명자료는 물론 부동산실명법 제9조에 따른 조사권을 통해 배우자 간 명의신탁에 의한 다른 위법 목적 유무에 관한 충분한 증거자료를 확보하여 배우자 특례 조항의 적용 여부를 결정하여야 할 것입니다(출처 : 법무부 법률자료집)

■ **부동산실명법 시행 이전에 배우자 명의로 등기를 경료한 경우**

Q  부동산실명법 시행 이전에 구 농지계획법 등 관련 법령상 제한으로 인해 토지를 취득할 수 없어 배우자 B 명의로 등기를 경료한 A에 대해 부동산실명법 제8조의 특례조항이 적용될 수 있는지 및 부동산실명법 시행일부터 1년의 유예기간이 경과하는 시점에서 법령상 제한을 회피할 목적이 있었는지 여부에 대한 판단

A  부동산실명법 제8조는 배우자 명의로 부동산에 관한 물권을 등기한 경우라 할지라도 조세 포탈, 강제집행의 면탈 또는 법령상 제한의 회피를 목적으로 하지 아니하는 경우에는 부동산실명법 제4조부터 제7조까지 및 제12조 제1항·제2항의 규정을 적용하지 않도록 하는 특례조항을 두고 있습니다.

한편 부동산실명법 제11조 제1항은 부동산실명법 시행일('95.7.1.)전에 명의신탁약정에 따라 명의신탁등기를 한  경우, 부동산실명법 시행일부터 1년('95.7.1.~96.6.30.)의 유예기간 이내에 실명등기를 하지 않은 경우 부동산실명법 위반 과징금을 부과하도록 규정하고 있습니다. 따라서 부동산실명법 제8조 및 제 11조 제1항, 제12조에 비추어 부동산실명법 시행일 전에 배우자 명의로 부동산에 관한 물권을 명의신탁등기한 명의신탁자에게 조세 포탈, 강제집행의 면탈 또는 법령상 제한을 회피할 목적이 없다면 1년의 유예기간 이내에 실명등기 등을 하지 않았다고 하더라도 과징금을 부과할 수 없습니다.

귀 청에서 질의한 본 건에 관한 최근 대법원 판례에 따르면 배우자 명의로 등기한 기존 명의신탁자가 조세 포탈, 강제집행의 면탈 또는 법령상 제한을 회피할 목적을 가지고 있는지 여부는 부동산실명법 시행일부터 1년의 유예기간이 경과하는 시점을 기준으로 판단하여야 할 것입니다(대판 2012. 3. 29. 선고 2011두29915 참조). 본 건의 경우 사건 부동산 취득 당시에 법령상 제한이었던 농지개혁법은 폐지되었으나, 부동산실명법 시행일로부터 1년의 유예기간이 경과하는 시점에서는 농지법 제6조(농지의 소유제한) 및 제8조(농지취득자격증명의 발급) 등에 따른 법령상 제한이 규정되어 있었으므로, A가 이러한 법령을 회피하고자 하는 목적이 있었는지 여부가 확인되어야 합니다.

A는 부동산실명법 시행일부터 1년의 유예기간이 경과하는 시점에서 농지를 취득하기 위한 권리행사를 하지 않았고, 농지의 위탁경영을 할 수 있는 사항들을 규정한 농지법 제9조에도 해당되지 않으므로 법령상 제한을 회피할 목적이 있었다는 것이 강하게 추정됩니다.

또한 A의 주장처럼 부동산실명법 시행일부터 1년의 유예기간이 경과하는  시점에서 농지를 취득할 수 있는 조건이 충분했다면, 오히려 자신의 명의로 실명등기를 하였어야 했음에도 불구하고 명의신탁등기 상태를 유지하였다는 것도 석연치 않은 점이라고 할 것입니다. 다만 A에게 법령상 제한을 회피할 목적이 있었는지를 확정하는 것은 부동산실명법상 과징금 부과권한을 보유하고 있는 행정청의 권한이므로 귀 청은 충분한 사실관계 조사를 통하여 1년의 유예기간이 경과하는 시점을 기준으로 당시 A에게 법령상 제한을 회피할 목적이 있었는지를 신중히 검토, 확인하여야 할 것입니다(출처 : 법무부 법률자료집)

## ■ 부동산실명법상 명의신탁금지에 대한 예외에 해당하는지 여부

Q 부동산실명법상 종중의 부동산에 대하여는 명의신탁금지에 대한 예외를 인정하고 있는 취지에 비추어 조세포탈, 강제집행면탈 또는 법령상 제한의 회피 등 목적 없이 마을의 재산을 개인에게 명의신탁한 경우에도 예외를 인정할 수 있는지 여부

A ◆ 종중의 경우 특례를 인정한 입법취지

종중이라 함은 「공동선조의 분묘수호·제사·종원 상호간의 친목을 목적으로 하여 구성되는 종족의 자연적 집단」으로서 공동선조와 성과 본을 같이 하는 후손은 성별의 구별없이 성년이 되면 종원이 되고 임의로 탈퇴하지 못하며 법적으로는 권리능력없는 사단으로 보유재산은 종중의 총유에 속합니다.

종중 소유 부동산의 경우, 종중명의로 등기를 하는 것이 이론상 불가능한 것은 아니나 ((구)부동산등기법 제30조 종중, 문중 기타 대표자나 관리인이 있는 법인 아닌 사단이나 재단에 속하는 부동산의 등기에 관하여는 그 사단이나 재단을 등기권리자나 의무자로 하고, 그 사단이나 재단의 명의로 그 대표자 또는 관리인이 등기를 신청할 수 있도록 함) 현실적으로는 매우 어렵고 번거로운 절차를 거쳐야 합니다. 즉, 부동산등기법에 의한 실명등기를 위하여는 종중총회를 결의로 정관작성후 대표자를 선출하여야 하고, 종중총회를 하려면 적법한 소집권자가 종중원에게 총회소집통지를 하여야 하지만, 대종중의 경우 종원의 수가 수천 내지 수만이고 전국에 산재하여 있어 파악조차 불가능한 실정입니다.

이러한 상황에서 명의신탁된 종중 소유 부동산에 대한 실명등기를 강제할 경우, 유예기간 내에 수많은 종중들이 위아 같은 절차를 거쳐야 할 뿐 아니라, 명의신탁 여부에 관하여 명의자와 종중 간에 잠재되어 있던 분쟁이 표면화하여 소송폭주 사태가 야기될 우려가 있습니다. 위와 같은 문제점을 고려하여 종중 부동산의 경우 실명등기에 대한 예외를 인정한 것입니다.

◆ 본건 마을부락 소유 부동산의 경우

본건 마을부락도 권리능력 없는 사단으로서, 그 재산은 부락민 전체의 총유에 속합니다. 따라서 본건 마을부락의 경우에도 부동산등기법 제30조에 따라 부락이 등기권리자 또는 등기의무자가 될 수 있으며, 마을부락의 대표자나 관리인이 등기를 신청하면 됩니다. 그런데 위 부락의 경우 주민이 100여 세대에 불과하여 대표자 선출이 용이한데다 명의신탁 여부에 관한 분쟁의 소지도 없는 것으로 보여 종중의 경우와는 달리 취급해야 할 것입니다.

또한 부동산실명법은 제8조에서 실명등기에 대한 예외사유로서 종중이 보유한 부동산, 배우자 명의의 부동산 및 종교단체 명의 부동산으로 한정하여 규정하고 있고, 한편 동법 제11조 및 시행령 제5조에서는 기존 명의신탁약정에 의한 실명등기의무에 대한 예

외사유로서 '종단, 교단, 유지재단 또는 이와 유사한 연합종교단체 및 개별단체, 소속 종교단체, 향교재단법인 및 개별향교와 문화재로 지정된 서원' 소유의 명의신탁된 부동 산이라고 규정하여 그 대상을 한정하고 있는 점에 비추어 볼 때에도, 본건과 같은 마을부락도 예외 사유에 해당한다고 유추해석 할 여자가 없습니다.

따라서 위 부락은 명의수탁자 명의로 등기한 부동산을 유예기간(95.7.1.~96.6.30.)내에 실명등기하거나 매각처분하지 않은 경우에 해당되어(법 제11조, 제12조, 제5조) 과징금 이 부과되어야 할 것입니다(출처 : 법무부 법률자료집).

## 3. 교회 및 사찰의 등기

　교회 및 사찰도 역시 법인설립등기를 하지 않으면 종중의 경우와 마찬가지로 권리능력이 없는 사단으로 인정된다. 교회 및 사찰은 법인으로서 설립등기를 하지 않아도 부동산등기능력이 인정되어 교회 및 사찰의 명의로 소유권을 취득할 수 있다(부동산등기법 제30조). 목사나 주지 등 개인명의로 등기된 교회 및 사찰재산을 양수한 제3자는 선. 악의를 가리지 않고 소유권을 취득한다.

### (1) 등기신청

　　교회 및 사찰이 비법인 등기를 신청할 때에는 아래의 서면을 제출해야 한다.

① 신청서

② 등기원인을 증명하는 서면

③ 등기의무자의 권리에 관한 등기필증

④ 등기원인에 대하여 제3자의 허가, 동의 또는 승낙이 필요할 때에는 이를 증명하는 서면

⑤ 대리인이 등기를 신청할 때에는 그 권한을 증명하는 서면

⑥ 소유권의 보존 또는 이전의 등기를 신청하는 경우에는 신청인의 주소를 증명하는 서면(※교회.사찰의 대표자(목사.주지)나 관리인의 성명과 주소를 적는 것 외에 그의 주민등록번호를 함께 적어야 한다)

⑦ 법인이 등기권리자인 경우에는 법인등기부 등본 또는 초본, 법인 아닌 사단이나 재단(외국법인으로서 국내에서 법인등기를 마치지 아니한 사단이나 재단을 포함한다. 이하 같다) 또는 외국인이 등기권리자인 경우에는 제41조의2에서 규정하는 부동산등기용 등록번호를 증명하는 서면'으로 수정

⑧ 소유권의 이전등기를 신청하는 경우에는 토지대장.임야대장.건축물대장의 등본, 그 밖에 부동산의 표시를 증명하는 서면

⑨ 매매에 관한 거래계약서를 등기원인을 증명하는 서면으로 하여 소유권이전등기를 신청하는 경우에는 대법원규칙으로 정하는 거래신고필증과 매매목록

## (2) 교회부동산등기

① 교회매매(집합건물)

| 매매시 교회에서 준비할 서류(매수자) | 매매시 매도자가 준비할 서류 |
|---|---|
| 1. 소속증명<br>2. 대표자증명<br>3. 재직증명<br>4. 직인증명<br>5. 부동산거래증명서<br>6. 대표자인감증명<br>7. 주민등록초본<br>8. 위임장<br>9. 집합건물 등기부등본<br>10. 위임자의 대표자및매도자 무보수증명<br>11. 매매계약서<br>12. 부동산거래신고필증<br>13. 회의록<br>14. 정관<br>15. 고유번호 사본<br>16. 소유권이전등기신청서<br>17. 시가표준액및국민주택채권매입금액, 등록세영수필확인서<br>18. 등기권리증(토지및건물)<br>19. 부동산등기용등록번호증명서<br>20. 교회직인<br>21. 대표자직인(목사님인감도장) | 1. 주민등록초본2통<br>2. 등기권리증(토지,건물 각1부)<br>3. 도장(인감도장)<br>4. 인감증명2통(부동산매도용, 기재사항란:교회주소, 교회이름, 부동산등기등록번호)<br>5. 영수증 |

② 교회부동산소유권이전 서류

ⓐ 소유권 이전등기 신청서

ⓑ 시가표준액 및 국민주택채권 매입금액

ⓒ 등록면허세 영수필 확인서

ⓓ 위임장(매도인 및 대표자 각1장)

ⓔ 무보수 확인증(대리인이 갈 때)

ⓕ 주민등록 초본(대표자, 매도인)

ⓖ 인감증명(대표자, 매도인)

ⓗ 부동산 등기용 등록번호등록증명서

ⓘ 회의록

ⓙ 소속증명, 대표자증명, 재직증명, 직인증명

ⓚ 부동산매매계약서

ⓛ 부동산거래계약신고필증

ⓜ 등기권리증(매도인에게받음:토지와 건물 각각1부)

ⓝ 정관

## 1) 등기신청방법

가. 공동신청

매매계약서에 의한 등기신청인 경우에는 매도인과 매수인이 본인임을 확인할 수 있는 주민등록증 등을 가지고 직접 등기소에 출석하여 공동으로 신청함이 원칙이다.

나. 단독신청

판결에 의한 등기신청인 경우에는 승소한 등기권리자 또는 등기의무자가 단독으로 신청할 수 있다.

다. 대리인에 의한 신청

등기신청은 반드시 신청인 본인이 하여야 하는 것은 아니고 대리인이 하여도 된다. 등기권리자 또는 등기의무자 일방이 상대방의 대리인이 되거나 쌍방이 제3자에게 위임하여 등기신청을 할 수 있으나, 변호사 또는 법무사가 아닌 자는 신청서의 작성이나 그 서류의 제출대행을 업(業)으로 할 수 없다.

## 2) 등기신청서 기재요령

신청서에는 한글과 아라비아 숫자로 기재한다. 부동산의 표시란이나 신청인란 등이 부족할 경우에는 별지를 사용하고, 별지를 포함하여 신청서가 여러 장인 때에는 각 장 사이에 간인을 하여야 한다.

### 가. 부동산의 표시란

매매목적물을 기재하되, 등기부상 부동산의 표시와 일치하여야 한다. 부동산이 토지인 경우에는 토지의 소재와 지번, 지목, 면적을 기재하고, 건물인 경우에는 건물의 소재와 지번, 구조, 면적, 건물의 종류, 건물의 번호가 있는 때에는 그 번호, 부속건물이 있는 때에는 그 종류, 구조와 면적을 기재하면 된다. 부동산거래계약신고필증에 기재된 거래신고일련번호와 거래가액을 기재한다.

만일 등기부와 토지.건축물대장의 부동산표시가 다른 때에는 먼저 부동산표시변경(또는 경정)등기를 하여야 한다.

### 나. 등기원인과 그 연월일

등기원인은"매매"로, 연월일은 매매계약서상 계약일을 기재한다.

### 다. 등기의 목적란

소유권 전부이전의 경우에는"소유권이전"으로, 소유권 일부이전의 경우에는 "소유권 일부이전"으로 기재한다.

### 라. 이전할 지분란

소유권 일부이전의 경우에만 그 지분을 기재한다.

(예) "○○○지분 전부" 또는"○번 ○○○지분 ○분의 ○중 일부(○분의 ○)"

### 마. 등기의무자란

매도인의 성명, 주민등록번호, 주소를 기재하되, 등기부상 소유자 표시와 일치하여야 한다. 그러나 매도인이 법인인 경우에는 상호(명칭), 본점(주사무소 소재지), 등기용등록번호를 기재하고, 법인아닌 사단이나 재단인 경우에는 상호(명칭), 본점(주사무소소재지), 등기용등록번호 및 대표자(관리인)의 성명, 주민등록번호, 주소를 각 기재한다.

### 바. 등기권리자란

매수인을 기재하는 란으로, 그 기재방법은 등기의무자란과 같다.

### 사. 시가표준액 및 국민주택채권매입금액, 국민주택채권매입총액란, 국민주택채권발행번호란

① 부동산별 시가표준액이란 등록세납부(OCR용지)에 기재된 시가표준액을 기재하고

부동산별 국민주택채권매입금액란에는 시가표준액의 일정비율에 해당하는 국민주
택채권매입금액을 기재한다.

② 부동산이 2개 이상인 경우에는 각 부동산별로 시가표준액 및 국민주택채권매입금
액을 기재한 다음 국민주택채권 매입총액을 기재한다.

③ 국민주택채권발행번호란에는 국민주택채권 매입시 국민주택채권사무취급기관(국민
은행, 농협, 우리은행)에서 고지하는 채권발행번호를 기재하며, 하나의 신청사건에
하나의 채권발행번호를 기재하는 것이 원칙이며, 동일한 채권발행번호를 수 개 신
청사건에 중복 기재할 수 없다.

아. 등록면허세, 지방교육세란

등록면허세영수필확인서에 의하여 기재한다.

자. 세액합계란

등록면허세액과 지방교육세액의 합계를 기재한다.

차. 등기신청수수료란

전유부분 1개당 14,000원의 등기수입증지금액을 기재한다(등기수입증지는 등기과.
소 및 지정금융기관에서 판매). 다만, 등기신청수수료가 10만원 이상인 경우 지정
금융기관에 현금으로 납부할 수 있으며, 현금납부 후 교부받은'영수필확인서'와'영
수필통지서'를 등기신청서에 첨부하면 된다.

카. 등기의무자 등기필정보란

① 전자신청 지정등기소에서 소유권 취득에 관한 등기를 완료하고 등기필정보를
교부받은 경우, 그 등기필정보 상에 기재된 부동산고유번호, 성명, 일련번호,
비밀번호를 각 기재(등기필정보를 제출하는 것이 아님)한다. 다만 교부받은 등
기필정보를 멸실한 경우에는 부동산등기법 제49조에 의하여 확인서면이나 확인
조서 또는 공증서면 중 하나를 첨부한다.

② 등기신청서에 등기필증이나 확인서면 등을 첨부한 경우 이란은 기재할 필요가 없다.

타. 첨부서면란

등기신청서에 첨부한 서면을 각 기재한다.

파. 신청인등란

① 등기의무자와 등기권리자의 성명 및 전화번호를 기재하고, 각자의 인장을 날인
하되, 등기의무자는 그의 인감을 날인한다. 그러나 신청인이 법인 또는 법인아
닌 사단이나 재단인 경우에는 상호(명칭)와 대표자(관리인)의 자격 및 성명을
기재하고, 법인이 등기의무자인 때에는 등기소의 증명을 얻은 그 대표자의 인
감, 법인아닌 사단이나 재단인 경우에는 대표자(관리인)의 개인인감을 날인한다.

② 대리인이 등기신청을 하는 경우에는 그 대리인의 성명 및 전화번호를 기재하고 대리인의 인장을 날인 또는 서명을 한다.

## 3) 등기신청서에 첨부할 서면

<신청인>

① 위임장

등기신청을 법무사 등 대리인에게 위임하는 경우에 첨부한다.

② 등기필증

등기의무자의 소유권에 관한 등기필증으로서 등기의무자가 소유권 취득시 등기소로부터 교부받은 등기필증을 첨부한다. 단 전자신청 지정등기소에서 등기를 완료하고 등기필정보를 교부받은 경우에, 그 등기필정보 상에 기재된 부동산고유번호, 성명, 일련번호, 비밀번호를 각 기재(등기필정보를 제출하는 것이 아님)한다. 다만, 등기필증(등기필정보)을 멸실하여 첨부(기재)할 수 없는 경우에는 부동산등기법 제49조에 의하여 확인서면이나 확인조서 또는 공증서면 중 하나를 첨부한다.

③ 매매계약서

계약으로 인한 소유권이전등기를 신청하는 경우에는 그 계약서에 기재된 거래금액이 1,000만원을 초과하는 경우에는 일정액의 정부수입인지를 붙여야 한다. 단, 계약서에 기재된 거래금액이 1억원 이하인 주택의 경우 정부수입인지를 붙이지 않아도 된다.

④ 매매목록

거래신고의 대상이 되는 부동산이 2개 이상인 경우에 작성하고, 그 매매목록에는 거래가액과 목적부동산을 기재한다. 단, 거래되는 부동산이 1개라 하더라도 여러 사람의 매도인과 여러 사람의 매수인 사이의 매매계약인 경우에는 매매목록을 작성한다.

<시·구·군청, 동사무소>
① 부동산거래계약신고필증

2006. 1. 1. 이후 작성된 매매계약서를 등기원인증서로 하여 소유권이전등기를 신청하는 경우에는 관할 관청이 발급한 거래신고필증을 첨부한다.

② 등록면허세영수필확인서

시장, 구청장, 군수 등으로부터 등록면허세납부서를 발급받아 납세지를 관할하는 해당금융기관에 세금을 납부한 후 등록면허세영수필확인서와 영수증을 교부받아 영수증은 본인이 보관하고, '등록면허세영수필확인서'만 신청서의 등록면허세액 표시란의 좌측상단 여백에 첨부한다.

③ 토지.건축물대장등본

등기신청대상 부동산의 종류에 따라 토지(임야)대장등본, 건축물대장등본(각, 발행일로부터 3월 이내)을 첨부한다.

④ 인감증명서

부동산매수자란에 매수인의 성명(법인은 법인명), 주민등록번호(부동산등기용등록번호) 및 주소가 기재되어 있는 매도인의 부동산매도용 인감증명서(발행일로부터 3월 이내)를 첨부한다.

⑤ 주민등록표등(초)본

등기의무자 및 등기권리자의 주민등록표등본 또는 초본(각, 발행일로부터 3월 이내)을 첨부한다.

<등기과(소)>
① 법인등기사항전부(일부)증명서

신청인이 법인인 경우에는 법인등기사항전부증명서 또는 법인등기사항일부증명서(각, 발행일로부터 3월 이내)를 첨부한다.

## 4) 기 타

① 신청인이 재외국민이나 외국인 또는 법인아닌 사단 또는 재단인 경우에는 신청서의 기재사항과 첨부서면이 다르거나 추가될 수 있으므로,【별표5】,【별표6】을 참고하고 기타 궁금한 사항은 전문가나 민원담당자에게 문의 요망.

② 제3자의 동의, 허가 또는 승낙을 증명하는 서면, 즉 부동산이 농지인 경우에는 농지취득자격증명(시, 읍, 면사무소 발급), 토지거래허가구역인 경우에는 토지거래허가증(시, 군, 구청 발급) 등을 첨부하여야 한다.

■ **교회가 노인의료복지시설 인가를 받을 목적으로, 부동산을 목사명의로 소유권이전등기를 한 경우**

Q  A 교회가 노인의료복지시설 인가를 받을 목적으로 본 건 부동산을 대표목사 B명의로 소유권이전등기를 마친 경우 부동산실명법 위반 여부

A  부동산실명법은 누구든지 부동산에 관한 물권을 명의신탁약정에 의하여 명의수탁자의 명의로 등기하여서는 아니 된다고 규정(제3조 제1항)하고 있고, 제3조 제1항을 위반한 명의신탁자에게 과징금을 부과하도록 하고 있습니다(제5조 제1항). 부동산실명법 제2조 제2호는 '명의신탁자란 명의신탁약정에 의하여 자신의 부동산에 관한 물권을 타인의 명의로 등기하게 하는 실권리자'라고 규정하고 있으며, 이때 실권리자란 '부동산에 관한 소유권이나 그 밖의 물권을 보유한 자 또는 사실상 취득하거나 취득하려고 하는 자'를 말합니다(제2조 제1호). 이러한 명의신탁약정은 묵시적으로 이루어진 것도 해당한다는 것이 판례의 태도입니다(대판 1990. 11. 13. 선고 89다카12602 등).

한편 부동산실명법 제8조 제3호는 종교단체의 명의로 그 산하 조직이 보유한 부동산에 관한 물권을 등기한 경우로서 조세 포탈, 강제집행의 면탈 또는 법령상 제한의 회피를 목적으로 하지 아니하는 경우에는 동법 제4조부터 제7조까지 및 제12조 제1항부터 제3항까지를 적용하지 아니한다고 규정하여 종교단체 명의신탁에 대한 책임을 면제하는 특례를 인정하고 있으나, 본 건은 교회 재산을 대표목사의 명의로 등기한 경우이므로 위 특례조항이 적용되지 않습니다.

이러한 부동산실명법 제8조 제3호 이외에 교회의 부동산실명법 제3조 제1항 위반 명의신탁행위에 대한 법적 책임을 면제하는 명문의 규정이 부동산실명법에는 별도로 없으며, 실제로 비법인사단인 교회가 부동산실명법을 위반한 경우 과징금이 부과되어 왔습니다. 본 건의 경우 A 교회는 노인의료복지시설 인가를 받기 위한 의도로 가장증여하였다고 주장하고 있으나, 오히려 이러한 주장이 사건 부동산의 실권리자가 갑이 아니라는 점을 더욱 명백하게 하고 있는 점, 부동산실명법은 목적을 불문하고 명의신탁행위에 대한 법적 책임을 부과하고 있다는 점 등을 고려할 때 A교회의 명의신탁 위반 혐의가 강하게 추정됩니다.

다만 구체적 사안의 부동산실명법 위반 과징금 부과여부에 관한 판단은 처분청인 지방자치단체에서 결정할 사안이므로, 귀 청은 충분한 조사를 통하여 구체적인 사실관계 등을 신중히 검토한 후 과징금 부과여부를 결정하여야 할 것입니다(출처 : 법무부 법률자료집)

♣ 【서식】 소유권이전등기말소등기신청서

<table>
<tr><td colspan="5" align="center">토지소유권이전등기말소등기신청</td></tr>
<tr><td rowspan="2">접수</td><td colspan="2" align="center">년 월 일</td><td rowspan="2">처리인</td><td align="center">등기관 확인</td><td align="center">각종 통지</td></tr>
<tr><td colspan="2" align="center">제        호</td><td></td><td></td></tr>
</table>

<table>
<tr><td colspan="5" align="center">부동산의 표시</td></tr>
<tr><td colspan="5">

서울특별시 서초구 서초동 123-5
　　　대 350㎡



이　　　　　　　　상


</td></tr>
<tr><td colspan="2">등기원인과 그 연월일</td><td colspan="3">200 년  0월 0일 합의해제</td></tr>
<tr><td colspan="2">등 기 의  목 적</td><td colspan="3">소유권이전등기말소</td></tr>
<tr><td colspan="2">말 소 할  등 기</td><td colspan="3">200 년 0월 0일 접수 제1234호로 경료한 소유권이전등기</td></tr>
<tr><td>구분</td><td>성  명<br>(상호·명칭)</td><td>주민등록번호<br>(등기용등록번호)</td><td>주  소(소 재 지)</td><td>지 분<br>(개인별)</td></tr>
<tr><td>등기의무자</td><td>박 영 철</td><td>000000-000000</td><td>서울특별시 서초구 서초동 234</td><td></td></tr>
<tr><td>등기권리자</td><td>김 수 길</td><td>000000-000000</td><td>서울특별시 서초구 서초동 345</td><td></td></tr>
</table>

| 등 록 면 허 세 | 금 | | 원 |
|---|---|---|---|
| 지 방 교 육 세 | 금 | | 원 |
| 세 액 합 계 | 금 | | 원 |
| 등 기 신 청 수 수 료 | 금 | | 원 |
| | 납부번호 : | | |
| | 일괄납부 : | 건 | 원 |

<table>
<tr><td colspan="3" align="center">등기의무자의 등기필 정보</td></tr>
<tr><td>부동산고유번호</td><td colspan="2" align="center">1002-2009-002096</td></tr>
<tr><td align="center">성명(명칭)</td><td align="center">일련번호</td><td align="center">비밀번호</td></tr>
<tr><td align="center">박영철</td><td align="center">A7B-CD7EF-123G</td><td align="center">50-4637</td></tr>
</table>

**첨 부 서 면**

| | | 〈기 타〉 |
|---|---|---|
| · 해제증서 | 1통 | |
| · 등록면허세영수필확인서 | 1통 | |
| · 등기신청수수료 영수필확인서 | 1통 | |
| · 위임장 | 1통 | |

20 년  2월  11일

위 신청인　　　박　　영　　철　　(인)　　(전화: 555-1234)

　　　　　　　　김　　수　　길　　(인)　　(전화: 777-2345)

(또는)위 대리인 법무사 김 면 수　　(인)　　(전화: 888-3456)

서울특별시 서초구 서초동 456

서울중앙 지방법원　　　　　　　　　등기국 귀중

---

- 신청서 작성요령 -

* 1. 부동산표시란에 2개 이상의 부동산을 기재하는 경우에는 부동산의 일련번호를 기재
　하여야 합니다.
　2. 신청인란등 해당란에 기재할 여백이 없을 경우에는 별지를 이용합니다.
　3. 담당 등기관이 판단하여 위의 첨부서면 외에 추가적인 서면을 요구할 수 있습니다.

# 위 임 장

| 부동산의 표시 | 서울특별시 서초구 서초동 123-5<br>　　　　대 350㎡<br><br>　　　　　　　　이　　　　　상 |
|---|---|
| 등기원인과 그 연월일 | 200 년  0월 0일 합의해제 |
| 등 기 의 목 적 | 소유권이전등기말소 |
| 말 소 할 등 기 | 200 년 0월 0일 접수 제1234호로 등기한 소유권이전등기 |
|  |  |

| 위 임 인 | 대 리 인 |
|---|---|
| 등기의무자 박 영 철  (인)<br>　　서울특별시 서초구 서초동 234<br><br>등기권리자 김 수 길  (인)<br>　　서울특별시 서초구 서초동 345 | 법무사 김 민 수  (인)<br>　　서울특별시 서초구 서초동 456<br><br>　위 사람을 대리인으로 정하고 위 부동산 등기신청 및 취하에 관한 모든 행위를 위임한다.<br>　또한 복대리인 선임을 허락한다.<br><br>　　　　20 년  0월  0일 |

## (3) 사찰의 등기

사찰의 등기는 교회의 등기와 마찬가지로 법인으로 등기되어있지 않은 경우에는 비법인 사단으로서의 등기절차에 따르면 된다. 단, 사찰의 경우는 학교법인, 사회복지법인등과 마찬가지로 소유권이전 등에 주무관청(문화체육관광부)의 허가가 필요하므로 이점에 유의하여야 한다.

### 1) 등기신청방법

가. 공동신청

매매계약서에 의한 등기신청인 경우에는 매도인과 매수인이 본인임을 확인할 수 있는 주민등록증 등을 가지고 직접 등기소에 출석하여 공동으로 신청함이 원칙이다.

나. 단독신청

판결에 의한 등기신청인 경우에는 승소한 등기권리자 또는 등기의무자가 단독으로 신청할 수 있다.

다. 대리인에 의한 신청

등기신청은 반드시 신청인 본인이 하여야 하는 것은 아니고 대리인이 하여도 된다. 등기권리자 또는 등기의무자 일방이 상대방의 대리인이 되거나 쌍방이 제3자에게 위임하여 등기신청을 할 수 있으나, 변호사 또는 법무사가 아닌 자는 신청서의 작성이나 그 서류의 제출대행을 업(業)으로 할 수 없다.

### 2) 등기신청서 기재요령

신청서에는 한글과 아라비아 숫자로 기재한다. 부동산의 표시란이나 신청인란 등이 부족할 경우에는 별지를 사용하고, 별지를 포함하여 신청서가 여러 장인 때에는 각 장 사이에 간인을 하여야 한다.

가. 부동산의 표시란

매매목적물을 기재하되, 등기부상 부동산의 표시와 일치하여야 한다. 부동산이 토지인 경우에는 토지의 소재와 지번, 지목, 면적을 기재하고, 건물인 경우에는 건물의 소재와 지번, 구조, 면적, 건물의 종류, 건물의 번호가 있는 때에는 그 번호, 부속건물이 있는 때에는 그 종류, 구조와 면적을 기재하면 된다. 부동산거래계약신고필증에 기재된 거래신고일련번호와 거래가액을 기재한다.

만일 등기부와 토지.건축물대장의 부동산표시가 다른 때에는 먼저 부동산표시변경(또는 경정)등기를 하여야 한다.

**나. 등기원인과 그 연월일**

등기원인은 "매매"로, 연월일은 매매계약서상 계약일을 기재한다.

**다. 등기의 목적란**

소유권 전부이전의 경우에는 "소유권이전"으로, 소유권 일부이전의 경우에는 "소유권
일부이전"으로 기재한다.

**라. 이전할 지분란**

소유권 일부이전의 경우에만 그 지분을 기재한다.

(예) "○○○지분 전부" 또는 "○번 ○○○지분 ○분의 ○중 일부(○분의 ○)"

**마. 등기의무자란**

매도인의 성명, 주민등록번호, 주소를 기재하되, 등기부상 소유자 표시와 일치하여
야 한다. 그러나 매도인이 법인인 경우에는 상호(명칭), 본점(주사무소 소재지), 등
기용등록번호를 기재하고, 법인아닌 사단이나 재단인 경우에는 상호(명칭), 본점(주
사무소소재지), 등기용등록번호 및 대표자(관리인)의 성명, 주민등록번호, 주소를 각
기재한다.

**바. 등기권리자란**

매수인을 기재하는 란으로, 그 기재방법은 등기의무자란과 같다.

**사. 시가표준액 및 국민주택채권매입금액, 국민주택채권매입총액란, 국민주택채권발
행번호란**

① 부동산별 시가표준액이란 등록세납부(OCR용지)에 기재된 시가표준액을 기재하
고 부동산별 국민주택채권매입금액란에는 시가표준액의 일정비율에 해당하는
국민주택채권매입금액을 기재한다.

② 부동산이 2개 이상인 경우에는 각 부동산별로 시가표준액 및 국민주택채권매입
금액을 기재한 다음 국민주택채권 매입총액을 기재한다.

③ 국민주택채권발행번호란에는 국민주택채권 매입시 국민주택채권사무취급기관(국
민은행, 농협, 우리은행)에서 고지하는 채권발행번호를 기재하며, 하나의 신청사
건에 하나의 채권발행번호를 기재하는 것이 원칙이며, 동일한 채권발행번호를
수 개 신청사건에 중복 기재할 수 없다.

**아. 등록면허세 . 지방교육세란**

등록면허세영수필확인서에 의하여 기재한다.

**자. 세액합계란**

등록면허세액과 지방교육세액의 합계를 기재한다.

차. 등기신청수수료란

전유부분 1개당 14,000원의 등기수입증지금액을 기재한다(등기수입증지는 등기과.
소 및 지정금융기관에서 판매). 다만, 등기신청수수료가 10만원 이상인 경우 지정
금융기관에 현금으로 납부할 수 있으며, 현금납부 후 교부받은 '영수필확인서'와 '영
수필통지서'를 등기신청서에 첨부하면 된다.

카. 등기의무자 등기필정보란

① 전자신청 지정등기소에서 소유권 취득에 관한 등기를 완료하고 등기필정보를
교부받은 경우, 그 등기필정보 상에 기재된 부동산고유번호, 성명, 일련번호,
비밀번호를 각 기재(등기필정보를 제출하는 것이 아님)한다. 다만 교부받은 등
기필정보를 멸실한 경우에는 부동산등기법 제49조에 의하여 확인서면이나 확인
조서 또는 공증서면 중 하나를 첨부한다.

② 등기신청서에 등기필증이나 확인서면 등을 첨부한 경우 이란은 기재할 필요가 없다.

타. 첨부서면란

등기신청서에 첨부한 서면을 각 기재한다.

파. 신청인등란

① 등기의무자와 등기권리자의 성명 및 전화번호를 기재하고, 각자의 인장을 날인
하되, 등기의무자는 그의 인감을 날인한다. 그러나 신청인이 법인 또는 법인아
닌 사단이나 재단인 경우에는 상호(명칭)와 대표자(관리인)의 자격 및 성명을
기재하고, 법인이 등기의무자인 때에는 등기소의 증명을 얻은 그 대표자의 인
감, 법인아닌 사단이나 재단인 경우에는 대표자(관리인)의 개인인감을 날인한다.

② 대리인이 등기신청을 하는 경우에는 그 대리인의 성명 및 전화번호를 기재하고
대리인의 인장을 날인 또는 서명을 한다.

## 3) 등기신청서에 첨부할 서면

<신청인>

① 위임장

등기신청을 법무사 등 대리인에게 위임하는 경우에 첨부한다.

② 등기필증

등기의무자의 소유권에 관한 등기필증으로서 등기의무자가 소유권 취득시 등기
소로부터 교부받은 등기필증을 첨부한다. 단 전자신청 지정등기소에서 등기를 완
료하고 등기필정보를 교부받은 경우에, 그 등기필정보 상에 기재된 부동산고유번
호, 성명, 일련번호, 비밀번호를 각 기재(등기필정보를 제출하는 것이 아님)한다.
다만, 등기필증(등기필정보)을 멸실하여 첨부(기재)할 수 없는 경우에는 부동산등기

법 제49조에 의하여 확인서면이나 확인조서 또는 공증서면 중 하나를 첨부한다.

③ 매매계약서

계약으로 인한 소유권이전등기를 신청하는 경우에는 그 계약서에 기재된 거래금액이 1,000만원을 초과하는 경우에는 일정액의 정부수입인지를 붙여야 한다. 단, 계약서에 기재된 거래금액이 1억원 이하인 주택의 경우 정부수입인지를 붙이지 않아도 된다.

④ 매매목록

거래신고의 대상이 되는 부동산이 2개 이상인 경우에 작성하고, 그 매매목록에는 거래가액과 목적부동산을 기재한다. 단, 거래되는 부동산이 1개라 하더라도 여러 사람의 매도인과 여러 사람의 매수인 사이의 매매계약인 경우에는 매매목록을 작성한다.

<시·구·군청, 동사무소>

① 부동산거래계약신고필증

2006. 1. 1. 이후 작성된 매매계약서를 등기원인증서로 하여 소유권이전등기를 신청하는 경우에는 관할 관청이 발급한 거래신고필증을 첨부한다.

② 등록면허세영수필확인서

시장, 구청장, 군수 등으로부터 등록면허세납부서를 발급받아 납세지를 관할하는 해당금융기관에 세금을 납부한 후 등록면허세영수필확인서와 영수증을 교부받아 영수증은 본인이 보관하고, '등록면허세영수필확인서'만 신청서의 등록면허세액 표시란의 좌측상단 여백에 첨부한다.

③ 토지, 건축물대장등본

등기신청대상 부동산의 종류에 따라 토지(임야)대장등본, 건축물대장등본(각, 발행일로부터 3월 이내)을 처부한다.

④ 인감증명서

부동산매수자란에 매수인의 성명(법인은 법인명), 주민등록번호(부동산등기용등록번호) 및 주소가 기재되어 있는 매도인의 부동산매도용 인감증명서(발행일로부터 3월 이내)를 첨부한다.

⑤ 주민등록표등(초)본

등기의무자 및 등기권리자의 주민등록표등본 또는 초본(각, 발행일로부터 3월 이내)을 첨부한다.

<등기과(소)>

① 법인등기사항전부(일부)증명서

　　신청인이 법인인 경우에는 법인등기사항전부증명서 또는 법인등기사항일부증명서 (각, 발행일로부터 3월 이내)를 첨부한다.

## 4) 기 타

① 신청인이 재외국민이나 외국인 또는 법인아닌 사단 또는 재단인 경우에는 신청서의 기재사항과 첨부서면이 다르거나 추가될 수 있으므로,【별표5】,【별표6】을 참고하고 기타 궁금한 사항은 전문가나 민원담당자에게 문의 요망.

② 제3자의 동의, 허가 또는 승낙을 증명하는 서면, 즉 부동산이 농지인 경우에는 농지취득자격증명(시, 읍, 면사무소 발급), 토지거래허가구역인 경우에는 토지거래허가증(시, 군, 구청 발급) 등을 첨부하여야 한다.

## 4. 외국인등기

### (1) 외국인의 소유권이전

외국인이라 함은 대한민국의 국적을 보유하고 있지 아니한 자를 말한다. 외국국 적을 취득함으로써 대한민국 국적을 상실하였으나 가족관계등록부상 국적상실로 인한 제적처리가 되어 있지 않은 자도 외국국적취득자이다.

### 1) 외국인의 국내 부동산 처분

가. 외국국적 취득자가 입국하지 않고 국내부동산을 처분하는 경우 신청서에 첨부 할 서면(일반적으로 등기신청에 필요한 서면은 제외)

　② 인감증명

인감증명의 날인제도가 없는 외국국적 취득자는 위임장에 한 서명에 관하여 본 인이 직접 작성하였다는 취지의 본국(국적취득국) 관공서의 증명이나 이에 관한 공증이 있어야 하고, 인감증명의 날인제도가 있는 외국(일본 등)국적 취득자는 위임장에 날인한 인감과 동일한 인감에 관하여 그 관공서가 발행한 인감증명이 있어야 한다.

　③ 주소를 증명하는 서면

본국 관공서의 주소증명서 또는 거주사실증명서(일본, 독일, 프랑스, 대만 등의 경 우)나, 주소증명을 발급하는 기관이 없는 경우(미국, 영국 등의 경우)에는 주소를 공 증한 공증증서를 첨부해야 한다.

주소증명서를 발급하는 기관이 없는 경우에도 이를 대신할 수 있는 증명서(운전면허 증 또는 신분증 등)를 본국 관공서에서 발급하고 있는 경우, 관할등기소의 등기관에 게 그 증명서 및 원본과 동일하다는 취지를 기재한 사본을 제출하여 본인임을 확인 받은 때 또는 그 증명서의 사본에 원본과 동일하다는 취지를 기재하고 그에 대하여 본국 관공서의 증명이나 공증인의 공증 또는 외국주재 한국대사관이나 영사관의 확 인을 받은 때에는 그 증명서의 사본으로 주소를 증명하는 서면에 갈음할 수 있다.

　④ 외국국적 취득으로 성명이 변경된 경우

변경 전의 성명(등기부상 성명)과 변경 후의 성명이 동일인이라는 본국관공서의 증명 또는 공증이 있어야 한다.

　⑤ 번역문

신청서에 첨부된 서류가 외국어로 되어 있으면 모두 번역문을 첨부하여야 한다.

나. 외국국적 취득자가 입국하여 국내부동산을 처분하는 경우

　　첨부서면은 국내거주 내국인의 경우와 같으나, 다만 주소증명은 외국인등록사실증명 또는 국내거소신고를 한 외국국적 동포의 경우에는 국내거소신고사실증명(재외동포의 출입국과 법적 지위에 관한 법률 제7조 제5항의 규정에 의한 국내거소신고사실증명을 말한다)으로도 가능하고, 날인제도가 없는 외국인의 인감증명에 관하여는 신청서 또는 위임장 등에 한 서명이 본인의 것임을 증명하는 주한 본국 대사관이나 영사관의 확인서면으로도 가능하다.

　　다만 외국인은 우리나라 체류지 관할 동사무소에 인감신고를 한 후 그 증명을 받아 제출할 수도 있다.

다. 수임인이 신청하는 경우

　　① 수임인은 그가 본인(외국인)의 대리인임을 현명하고 대리인 자격으로 직접 신청하거나 법무사 등에게 그 신청을 위임할 수 있는데, 이 때에는 인감증명을 제출하여야 한다.

　　② 원인증서도 수임인이 본인을 위한 것임을 표시하고 대리인 자격으로 작성한다.

## 2) 외국인의 국내부동산 취득

가. 외국인부동산등기용등록번호를 부여받아야 한다. 다만, 국내거소신고를 한 외국국적동포의 경우에는 국내거소신고번호(재외동포의출입국과법적지위에관한법률 제7조 제1항)로 이에 갈음할 수 있다.

　　외국인의 등록번호부여신청은 체류지 출입국관리사무소장 또는 출입국관리사무소출장소장에게 한다. 다만 국내에 체류지가 없는 경우에는 대법원 소재지 출입국관리사무소장 또는 출입국관리사무소출장소장에게 이를 한다.

나. 계약에 의하여 토지를 취득하는 때에는 외국인토지법 제4조 제2항 각호의1(재외동포의출입국과법적지위에관한법률에 의하여 국내거소신고를 한 외국국적 동포에 대하여는 같은 항 1호)에 해당하는 때에는 시장, 군수, 구청장의 토지취득허가증을 첨부하여야 한다. 다만, 위 각호의 1에 해당하지 않는 때에는 이를 소명하기 위하여 등기신청서에 토지이용계획확인서를 첨부하여야 한다.

다. 주소증명은 위 처분시 첨부할 서면의 경우와 같다.

## 3) 상 속

가. 외국국적 취득자도 국내부동산에 대한 재산상속을 할 수 있다(피상속인 사망 전후 불문, 외국귀화상속인도 포함). 다만 상속재산이 토지인 경우 외국인토지법 제5조의 규정에 의하여 신고하여야 하나 신고필증은 첨부할 필요가 없다.

나. 등기권리자로서 신청하는 경우이므로 외국인 부동산등기용등록번호를 부여받아야 한다.

상속등기신청시 공동상속인 중 국적을 상실한 자가 있으면 그 자에 대하여도 부동산등기용등록번호를 부여받아야 하지만, 그 상속인이 행방불명되어 부여받을 수 없는 경우에는 이를 소명하여 부동산등기용등록번호 없이 다른 상속인 등이 상속등기를 신청할 수 있다.

다. 주소증명은 위 처분시 첨부할 서면의 경우와 같다.

## (2) 재외국민의 소유권이전

재외국민이란 대한민국에 현재하지 아니한 자로서 국외로 이주하여 주민등록이 말소되거나 처음부터 주민등록이 없는 자를 뜻하며, 해외여행자는 이에 포함되지 않는다. 또한 국외이주신고만 하고 아직 국내에 거주하고 있는 자는 재외국민이라고 볼 수 없다.

### 1) 재외국민의 국내 부동산 처분

가. 재외국민이 귀국하지 않고 국내 부동산을 처분할 경우 신청서에 첨부할 서면 (일반적인 첨부서면은 제외)

① 처분위임장

위 외국인의 경우와 같다. 다만 그 위임장에는 외국주재 한국대사관이나 영사관의 확인 또는 공증을 받을 필요가 없다.

② 인감증명

㉠ 인감증명의 제출 : 위 위임장에 찍힌 인영이 본인의 것임을 증명하기 위하여 본인의 인감증명을 제출하여야 한다. 재외국민이 인감증명을 제출할 경우에는 반드시 인감증명법에 의한 우리나라의 인감증명을 제출하여야 한다. 따라서 예컨대 재일동포인 재외국민이 부동산등기를 신청할 경우 일본국 관공서가 발행한 인감을 제출할 수는 없다.

㉡ 인감신고 : 인감신고는 주소지에, 주소가 없는 경우에는 국내 최종 주소지 또는 등록기준지지를 관할하는 증명청에 신고하여야 한다(인감증명법 제3조 제2항). 인감신고는 신고인이 출두하여 신고함을 원칙으로 하되 부득이한 경우에 서면에 의한 신고가 가능하다. 서면에 의한 신고는 증명청에 인감을 신고한 성년 1인 이상의 연서가 있는 신고서에 의하여 할 수 있다.

㉢ 인감증명신청 : 재외국민이 직접 증명청에 출석하지 않고 주거지 관할 재외공관의 확인을 받은 위임장을 첨부하여 대리인에 의하여 신청할 수 있고(대리인의 주민등록증도 제출하여야 함), 인감신고를 한 소관증명청 이외의 다른 증명청에 대하여도 인감증명을 신청할 수 있다. 또한 재외국민이 부동산매도용으로 인감증명을 신청하는 경우에는 인감증명서의 비고란에 이전할 부동산명과 그 주소지를 기재하여야 한다.

ⓔ 세무서장 경유 : 재외국민이 부동산 권리이전에 관한 인감증명을 신청할 경우에는 증명청의 소재지를 관할하는 세무서장을 경유해야 한다. 미성년자가 재외국민인 경우에는 그 법정대리인의 인감을 제출해야 하는데, 그 법정대리인이 국내거주자라 하더라도 세무서를 경유한 인감증명을 첨부하여야 한다.

③ 주소를 증명하는 서면

국외주재 본국 대사관에서 발행하는 재외국민 거주사실증명 또는 재외국민등록표등본을 첨부하여야 한다. 다만 주재국에 본국 대사관 등이 없어 그와 같은 증명을 발급받을 수 없을 때에는 주소를 공증한 서면으로 갈음할 수 있다. 재외국민 또는 국외이주자가 국외이주를 하였으나 국내의 주민등록표가 정리되기 전까지는 그 주민등록 등.초본을 제출할 수 있다고 하겠다.

나. 수임인이 신청하는 경우

외국인의 경우와 같다.

## 2) 재외국민의 국내부동산 처분

가. 주소를 증명하는 서면

위 처분에 관하여 설명한 바와 같다.

나. 부동산등기용등록번호

재외국민이 등기권리자(취득.상속 등)로서 신청하는 때에 주민등록번호가 없는 경우에는 대법원소재지 관할등기소(현재 서울지방법원 등기과)에서 부동산등기용등록번호를 부여받아야 한다(법 제41조의2 제1항). 재외국민은 재외동포의출입국과법적지위에관한법률에 의한 국내거소신고번호를 부여받은 때에도 이로써 부동산등기용등록번호에 갈음할 수 없다.

종전에 주민등록번호를 부여받은 재외국민은 새로이 부동산등기용등록번호를 부여받지 않는다. 따라서 해외이주 등으로 주민등록이 말소된 경우, 그 주민등록번호 자체는 유효하므로 말소된 주민등록을 첨부하여도 될 것이다.

## 3) 상속에 있어서의 특례

협의분할에 의한 상속등기를 신청하는 경우에 분할협의서에 날인한 상속인은 전원이 인감증명을 첨부하여야 한다. 이것은 재외국민도 마찬가지이나, 재외국민의 상속재산 협의분할시 인감증명은 상속재산 협의분할서상의 서명 또는 날인이 본인의 것임을 증명하는 재외공관의 확인서 또는 이에 관한 공정증서로 대신할 수 있다. 재외국민이 입국할 수 없는 때에는 국내에 거주하는 공동상속인에게도 그 분할협의를 위임할 수 있다.

### (3) 외국인의 부동산등기용등록번호의 발급(부동산등기법 제40조.제41조)

#### 1) 부여권자

① 주민등록이 말소된 재외국민(영주권자)은 대법원소재지 관할등기소 등기관임

② 법인아닌 사단이나 재단인 경우에는 주된 사무소 소재지의 시장.군수.구청장이 (90일미만 국내체류자는 비거주외국인으로 분류)

③ 외국인투자기업 및 외국기업국내지점은 법인등록번호로 대체(동법 제41조의2, 상법상 국내에서 영업소설치 등기를 하지 않은 외국법인은 비거주외국법인으로 본다)

④ 비거주 외국인 개인인 경우 서울출입국관리사무소에서 부여(동법 제41조의2)

⑤ 거주외국인은 체류지를 관할하는 출입국관리소장 또는 그 출장소장이 외국인등록을 받은때 부여(외국인등록표 등본으로 대체), 등록하지 않은 경우 신청에 의해서 부여(동법 제41조의2)

⑥ 비거주 외국법인은 시, 군, 구청 지적과에서 부여

#### 2) 등기번호 신청시 구비서류

① 재외국민은 신청서에 성명, 생년월일, 등록기준지와 성별, 신청연월일을 기재하고 재외국인등록법에 의한 재외국민등록표등본을 첨부하여 신청

② 비거주 외국인 개인 : 토지취득신고증, 여권(또는 국적증서) 사본 각1부(대리인신고시에는 대리인 신분증과 위임장, 서명인증서)

③ 비거주 외국법인 : 당해국가(주한대사관등 포함)에서 발행한 법인등록 증명서면, 관리인임을 증명하는 서면, 관리인 주소지 증명서면

**(4) 외국인 및 재외국민의 국내 부동산 처분 등에 따른 등기신청 절차(등기예규 제1393호)**

| ◨ **외 국 인** (대한민국 국적을 보유하고 있지 아니한 자 ) | | |
|---|---|---|
| **구 분** | | **필 요 서 면** (일반적으로 등기신청서에 필요한 서면은 제외함) |
| 처<br>분 | 입<br>국<br>하<br>지<br>않<br>은<br>경<br>우 | **1. 처분위임장**<br>□ 처분대상의 부동산과 수임인이 구체적으로 특정되도록 기재<br>　위임하는 법률행위의 종류와 위임취지를 기재(예: 처분권한 일체를 수여한다 등)<br>　본국(국적취득국)에 인감증명제도가 있는 경우 그 인감을 날인하고, 인감증명 제도가 없는 경우 본인의 서명을 함<br><br>**2. 인감증명**<br>□ 본국에 인감증명 날인제도가 있는 경우(예: 일본 등)<br>　위임장에 날인한 인감에 대하여 본국 관공서가 발행한 인감증명을 첨부<br>□ 본국에 인감증명 날인제도가 없는 경우(예: 미국 등)<br>　위임장에 한 서명에 관하여 본인이 직접 작성하였다는 취지의 본국 관공서의 증명이나 이에 대한 공증을 첨부<br><br>**3. 주소를 증명하는 서면**<br>□ 본국에 주소증명서 등을 발급하는 기관이 있는 경우(예: 일본 등)<br>　본국 관공서의 주소증명서 또는 거주사실증명서를 첨부<br>□ 본국에 주소증명서 등을 발급하는 기관이 없는 경우(예: 미국 등)<br>　주소를 공증한 서면을 첨부<br>□ 본국에 주소증명서를 발급하는 기관은 없으나, 그 주소증명서를 대신할 수 있는 증명서(운전면허증 또는 신분증 등)를 본국 관공서에서 발급하는 경우<br>　관할등기소 등기관에게 그 증명서 및 그 사본(원본과 동일하다는 취지를 기재)을 제출하여 원본과 동일함을 확인받거나, 또는 그 증명서 사본(원본과 동일하다는 취지를 기재)에 본국 관공서의 증명이나 공증인의 공증 또는 외국주재 한국 대(영)사관의 확인을 받아  주소증명서 대신 |

제출할 수 있음

### 4. 외국국적 취득으로 성명이 변경된 경우

☐ 변경 전·후의 성명이 동일인이라는 본국 관공서의 증명 또는 공증을 첨부

### 5. 번역문

☐ 신청서에 첨부된 서류가 외국어로 되어 있으면 모두 번역문을 첨부

| ■ 외 국 인 ( 대한민국 국적을 보유하고 있지 아니한 자 ) | |
|---|---|
| 구 분 | 필 요 서 면 (일반적으로 등기신청서에 필요한 서면은 제외함) |

처분 입국

### 1. 인감증명

☐ 본국에 인감증명 날인제도가 있는 경우(예: 일본 등)

위임장 등에 날인한 인감에 대한 본국 관공서가 발행한 인감증명 제출

☐ 본국에 인감증명 날인제도가 없는 경우(예: 미국 등)

위임장 등에 한 서명이 본인의 서명임을 증명하는 본국 관공서의 증명이나 이에 대한 공증서면 또는 주한 본국 대(영)사관의 확인서면으로도 가능

☐ 『출입국관리법』에 의하여 외국인등록을 한 자는『인감증명법』에 의한 인감증명을 발급받아 제출할 수 있음

☐ 국내거소신고를 한 외국국적동포의 경우『인감증명법』에 의한 인감을 발급받아 제출할 수 있음

### 2. 주소를 증명하는 서면

☐ 외국인등록사실증명 또는 국내거소신고를 한 외국국적동포의 경우에는 국내거소신고사실증명으로도 가능

☐ 따라서 앞서 기술한 주소증명서면을 제출하거나 위의 외국인등록사실증명 또는 국내거소신고사실증명을 제출해도 됨

### 3. 외국국적 취득으로 성명이 변경된 경우의 첨부서면 및 번역문을 첨부해야 경우는 앞에서 기술한 것과 같음

| | |
|---|---|
| 취<br>득 | **1. 외국인 부동산등기용 등록번호를 부여받아야 함**<br>☐ 등록번호 부여신청은 체류지 출입국관리소장 또는 출입국관리사무소 출장소장<br>(국내에 체류지가 없을 경우 대법원 소재지를 체류지로 본다)에게 함<br>☐ 국내 거소신고를 한 외국국적동포의 경우에는 국내거소신고번호로 대신할 수 있음<br><br>**2. 계약을 원인으로 토지를 취득하는 경우**<br>☐ 『외국인토지법』의 규정에 의한 허가구역내의 부동산에 해당하는 때에는<br>시장·군수·구청장의 "토지취득허가증"을 첨부해야 하며, 이에 해당하<br>지 않을 때에는 "토지이용계획확인원"을 첨부함<br>☐ 『국토의 계획 및 이용에 관한 법률』 제118조에 따라 "토지거래계약허가<br>증"을 첨부한 경우에는 "토지취득허가증"은 첨부하지 않음<br><br>**3. 주소를 증명하는 서면은 처분시 첨부할 서면과 같음** |

☐ **수임인의 신청**

수임인은 그가 본인(외국인)의 대리인임을 현명하고 대리인 자격으로 직접 신청
하거나 법무사 등에게 그 신청을 위임할 수 있음. 이 때 수임인의 인감증명을 제
출해야함. 원인증서도 수임인이 본인을 위한 것임을 표시하고 대리인 자격으로
작성함

■ **재외국민** (대한민국의 국민으로서 외국의 영주권(영주권)을 취득한 자 또는 영주할 목적으로
외국에 거주하고 있는 자)

| 구 분 | | 필 요 서 면 (일반적으로 등기신청서에 필요한 서면은 제외함) |
|---|---|---|
| 처<br>분 | 입<br>국<br>하<br>지<br>않<br>은<br>경<br>우 | **1. 처분위임장**<br>☐ 처분대상의 부동산과 수임인이 구체적으로 특정되어야 함<br>☐ 위임하고자 하는 법률행위의 종류와 위임취지가 기재되어야 함(예: 처<br>분권한 일체를 수여한다 등)<br>☐ 우리나라에서 발급받은 본인의 인감을 날인 함<br><br>**2. 인감증명**<br>☐ 인감증명의 제출<br>위임장에 찍힌 인영이 본인의 것임을 증명하기 위하여 본인의 인감증명 |

|  | (우리 나라의 인감증명)을 제출하여야 하며, 이때 등기원인이 매매인 경우에는 부동산매수자란에 매수자의 성명·주소(법인인 경우에는 법인명과 주된 사무소의 소재지) 및 주민등록번호를 기재한 부동산매도용 인감증명서를 제출함(인감증명법 시행령 제13조 제3항 참조)<br><br>**3. 주소를 증명하는 서면**<br>　☐ 외국주재 대한민국 대(영)사관에서 발행하는 재외국민 거주사실증명 또는 재외국민 등록부등본을 첨부해야 함<br>　☐ 다만 주재국에 대사관 등이 없어 그와 같은 증명을 발부 받을 수 없을 때에는 주소를 공증한 서면으로 대신할 수 있음 |
|:---:|:---|
| 입<br><br>국 | 첨부서면은 위의 경우와 같다. 다만, 주소를 증명하는 서면으로(주민등록등·초본)도 가능<br>　☐ 국내거소신고사실증명은 2016년 6월 30일까지 제출 가능<br>　☐ 주민등록등·초본은 「주민등록법」제10조의2제1항에 따른 재외국민신고를 한 경우에 한하여 제출 가능 |
| 취<br><br>득 | **1. 주소를 증명하는 서면(처분시와 같음)**<br>　☐ 외국주재 대한민국 대(영)사관에서 발행하는 재외국민 거주사실증명 또는 재외국민 등록부등본을 첨부<br>　☐ 다만 주재국에 대사관 등이 없어 그와 같은 증명을 발부 받을 수 없을 때에는 주소를 공증한 서면으로 대신할 수 있음<br><br>**2. 부동산등기용등록번호**<br>　☐ 등기권리자(취득·상속 등)로서 신청하는 때에 주민등록번호가 없는 경우에 대법원소재 관할 등기소(현재 서울중앙지방법원 등기국)에서 부동산등기용등록번호를 부여받아야 함<br>　☐ 국내거소신고번호로 부동산등기용 등록번호를 갈음할 수 없음<br>　☐ 종전에 주민등록번호를 부여받은 경우 및 「주민등록법」제10조의2제1항에 따른 재외국민신고를 하여 주민등록번호를 부여받은 경우에는 새로이 부동산등기용 등록번호를 부여받지 않음 |

**3. 상속에 있어서의 특례**

재외국민의 상속재산의 협의분할시 인감증명은 상속재산 협의분할서상의 서명 또는 날인이 본인의 것임을 증명하는 재외공관의 확인서 또는 이에 관한 공정증서로 대신할 수 있음

□ **수임인의 신청**

수임인은 그가 본인(재외국민)의 대리인임을 현명하고 대리인 자격으로 직접 신청하거나 법무사 등에게 그 신청을 위임할 수 있음. 이 때 수임인의 인감증명을 제출해야함. 원인증서도 수임인이 본인을 위한 것임을 표시하고 대리인 자격으로 작성

## ♣【서식】재외국민국내거소신고증
### (앞　쪽)

재외국민국내거소신고증

사　진
20mmX28mm

○　○　○

123456-1234567

○○시 ○○구 ○○동 ○○번지

거주국 : ○○○○

20○○. ○. ○.

○○출입국관리사무소장　㊞

80mm x 54mm

(PVC 0.76mmT)

**(뒤 쪽)**

| | | | | |
|---|---|---|---|---|
| 신고사항변경·추가란 | | | | |
| 일 자 | 구 분 | 내 용 | 처리기관 | 확인자 |
| | | | | |
| | | | | |
| | | | | |
| | | | | |
| | | | | |
| | | | | |
| | | | | |
| | | | | |

※ 이 신고증은 재외동포의출입국과법적지위에관한법률 제9조에 으하여 법령에 규정된 각종 절차와 거래관계 등에 있어서 주민등록증·외국인등록증에 갈음할 수 있습니다.

# 제3편
# 촉탁에 의한 등기절차

# I. 관공서가 권리관계의 당사자로서 촉탁하는 등기

관공서가 권리관계의 주체인 경우에는 사인과 동등한 자격에서 등기제도를 이용하는 것이나, 허위의 등기신청을 할 염려가 없는 점에서 일방적인 촉탁이라는 편의를 주고 있다. 따라서 촉탁은 신청과 실질적인 차이가 없으므로 관공서가 촉탁에 의하지 않고 공동으로 신청하는 경우에는 이를 거부할 이유가 없다.

## 1. 등기권리자로서 촉탁하는 경우

등기촉탁에 필요한 서면은 ①촉탁서, ②등기원인증서, ③등기의무자의 승낙서(인감증명 첨부)이다. 토지수용의 등기.가등기 토지가 하천부지로 된 경우의 말소등기 등에 관하여는 특칙이 있다.

관공서가 등기의무자와 공동신청을 하는 경우에는 등기의무자의 권리에 관한 등기필증의 첨부를 요구하지 아니하는 것이 등기의 실무관행이라는 점은 기술한 바와 같다. 즉 관공서가 부동산에 관한 권리를 취득하여 등기권리자로서 그 등기를 촉탁할 때에는 등기의무자의 권리에 관한 등기필증을 첨부할 필요가 없다. 이 경우 관공서가 법무사에게 위임하여 등기를 신청하는 때에도 같다.

## 2. 등기의무자로서 촉탁하는 경우

등기촉탁에 필요한 서면은 ①촉탁서, ②등기원인증서, ③등기권리자의 등기청구서이다. 이 경우에도 등기의무자의 권리에 관한 등기필증은 첨부할 필요가 없다.

## 3. 본래 단독신청이 가능한 등기의 촉탁

소유권보존등기.부동산의 표시 또는 등기명의인의 표시의 변경 등의 등기는 그 관공서가 촉탁한다. 국유부동산의 소유권보존등기를 촉탁하는 경우에도 종전 법 제135조가 삭제되었으므로 이제는 소유권을 증명하는 서면과 부동산의 표시를 증명하는 서면을 제출하여야 한다. 법률개정으로 관리청이 변경된 국유부동산의 관리청 명칭 변경등기는 새로이 관리청이 된 행정부처가 지체없이 등기명의인 표시변경등기를 촉탁하여야 한다.

이 관리청이 된 행정부처가 지체없이 등기명의인 표시변경등기를 촉탁하여야 한다. 국유재산에 대하여 관리청의 변경이 있는 경우에는 그 등기신청서에 관리청이 변경된 사실을 증명하는 서면(관리청협의서 또는 관리청재정서 등) 등을 첨부하여 등기명의인표시변경등기를 촉탁하여야 한다. 지방자치법 제5조에 의하여 관할구역이 변경되어 승계되는 재산에 대하여는「승계」를 등기원인으로 하여 승계되는 지방자치단체 명의로 소유권이전등기를 경료하여야 한다.

# II. 관공서가 공권력행사의 주체로서 촉탁하는 등기

## 1. 체납처분에 관한 등기

### (1) 압류등기 등의 촉탁

#### 1) 압류조서의 첨부

체납처분으로서 부동산을 압류한 때에는 압류조서를 첨부하여 압류등기를, 또 이미 다른 기관이 압류하고 있는 부동산에 관하여는 참가압류의 등기를 촉탁하고, 압류를 해제한 때에는 압류해제조서를 첨부하여 압류의 말소등기를 촉탁한다.

#### 2) 권리이전등기 등의 대위촉탁

가. 대위촉탁할 수 있는 등기

체납분으로 인한 압류의 등기를 촉탁하는 경우에는 등기명의인 또는 상속인에 갈음하여 부동산의 표시.등기명의인의 표시의 변경.경정 또는 상속으로 인한 권리이전의 등기를 대위촉탁할 수 있으며(법 제32조), 또 미등기 부동산을 압류한 때에는 소유권보존등기를 대위촉탁할 수 있다.

그러나 국세징수법 제45조 제2항 소정의 변경등기에 준하여 체납처분자 명의로 소유권이전등기를 대위촉탁할 수는 없다.

나. 대위등기절차

대위등기절차에 관하여는 채권자대위에 관한 규정이 준용된다. 따라서 촉탁서에는 대위원인으로서「연월일 체납처분에 의한 압류」라고 기재하고, 대위원인을 증명하는 서면으로 압류조서를 첨부하여야 한다.

#### 3) 압류등기의 기재

압류등기의 기재에는 처분청을 표시하여야 한다.

## (2) 공매처분으로 인한 권리이전등기 촉탁

### 1) 공매처분으로 인하여 소멸한 권리등기의 말소 등도 함께 촉탁

공매처분을 한 관공서가 공매처분으로 인한 권리이전등기를 촉탁함에 있어서는 공매처분으로 인하여 소멸한 권리등기의 말소와 체납처분에 관한 압류등기의 말소도 함께 촉탁하여야 한다(법 제97조). 한국자산관리공사가 세무서장을 대행하여 공매한 경우에는 한국자산관리공사도 세무서장을 대행하여 촉탁할 수 있다.

### 2) 첨부서면

촉탁서에는 공매부동산의 매수인의 등기청구서와 매각결정통지서(또는 그 등본)나 배분계산서의 등본을 첨부하여야 한다. 또 말소할 등기가 있는 때에는 이 서면 외에 재산압류통지서의 등본을 첨부하여야 한다(국세징수법 제61조, 제79조, 동법시행령 제77조).

공매처분으로 인하여 소멸한 권리등기의 말소등기는 공매처분을 한 관공서의 촉탁이 있어야만 할 수 있으므로 근저당권설정등기.지상권설정등기.가압류등기.체납처분에 의한 압류등기가 순차 경료된 토지에 대한 경매절차에서 매각결정이 되고, 이어 공매처분으로 인한 소유권이전등기시 근저당권설정등기와 압류등기는 말소등기가 경료되었으나 지상권설정등기와 가압류등기 등이 말소되지 않고 현존해 있다면, 매수인은 해당 세무서장에게 추가로 위 등기의 말소등기 촉탁신청을 할 수 있으며, 그에 따른 세무서장의 말소촉탁에 의하여 등기관이 위 등기를 말소할 수 있을 것이다.

### 3) 촉탁에 의한 압류등기의 말소

압류등기는 종전에는 공매처분으로 인한 소유권이전등기시에 등기관이 직권으로 말소하였으나 개정법은 촉탁으로 말소하도록 규정하고 있기 때문에 종전과 같이 직권 말소할 수는 없다(법 제34조 제3호).

## 2. 경매에 관한 등기

## (1) 민사집행법상 경매의 종류

민사집행법상 경매는 확정판결 등 집행권원에 기초하여 하는 강제경매와 질권.저당권 등 담보권에 기초하여 하는 담보권실행경매로 나뉜다.

### 1) 강제경매

채권자가 채무자에 대하여 가지는 확정판결 등 집행권원(종전에는 이를 채무명의라 하였다)에 기초하여 채무자 소유의 일반재산을 강제집행의 일환으로 매각하는 것을 강제경매라 한다.

### 2) 담보권 실행을 위한 경매

질권, 저당권 등 담보물권이 가지는 우선변제권을 실현하기 위해 제공된 담보물에 대해 경매가 이루어지는 것을 담보권실행을 위한 경매라고 한다. 강제경매에 대응하여 강학상 임의경매라고도 한다. 강제경매에서는 집행할 수 있는 일정한 집행권원이 있어야 하지만, 담보권실행경매에서는 담보권에 내재하는 환가권에 기초하여 경매신청권이 인정되는 것이므로 따로 집행권원이 필요없고 경매신청시 담보권의 존재를 증명하는 서류를 제출하면 된다(민사집행법 제264조 제1항).

## (2) 경매개시결정의 등기

### 1) 경매개시결정등기의 실행

법원이 경매개시결정을 한 때에는 촉탁서에 그 결정정본을 첨부하여 경매개시결정등기의 촉탁을 하고 등기관은 이 촉탁에 의하여 그 등기를 실행하여야 한다.

#### 가. 강제경매

체납처분에 의한 압류등기가 있는 부동산에 대하여도 경매개시결정의 등기를 할 수 있고, 경매개시결정의 등기가 있는 부동산에 관하여도 중복하여 경매개시결정의 등기를 할 수 있다. 이는 제1의 신청이 강제경매신청이고 제2의 신청이 담보권의 실행을 위한 경매신청인 경우나 그 반대의 경우에도 동일하다.

#### 나. 담보권실행경매

담보권의 실행을 위한 경매에 있어서는 경매개시결정에 기재된 소유자로부터 저당권설정등기 후에 제3자에게로 소유권이전등기가 이루어져 변동사항이 생긴 경우라 하더라도 경매개시결정의 등기를 기입하여야 한다.

토지에 대한 저당권자가 그 설정된 토지와 그 지상건물을 일괄경매에 붙인 때에는 법원은 그 건물에 대하여도 압류를 명하여야 하고 경매개시결정등기의 촉탁을 하여야 한다(민법 제365조, 민사집행법 제83조 제1항, 제4항).

### 2) 등기부등본의 송부

등기관은 경매개시결정등기의 촉탁에 의하여 경매개시결정사유를 등기부에 기입한 뒤 그 등기부의 등본을 경매법원에 보내야 하는 것이나(민사집행법 제95조), 실무상으로는 등본송부에 갈음하여 통지서를 송부하고 있다(등기예규 제60호).

### 3) 경매개시결정등기의 말소

경매신청이 매각허가 없이 마쳐진 때에는 경매개시결정의 등기는 촉탁에 의하여 말소한다. 촉탁서에는 취소결정정본이나 취하서 또는 그 등본을 첨부하여야 한다.

## (3) 매각으로 인한 등기

경매절차에서 매수인은 매각대금을 다 낸 때에 매각의 목적인 권리를 취득한다(민사집행법 제135조). 매각대금이 지급되면 법원의 촉탁에 의해 매수인 앞으로 소유권이전등기가 되지만(동법 제144조), 매수인이 부동산소유권을 취득하는 시기는 그 등기가 된 때가 아니라 매각대금을 완납한 때이다.

### 1) 촉탁할 등기

① 매수인 앞으로 소유권을 이전하는 등기
② 매수인이 인수하지 아니한 부동산의 부담에 관한 기입을 말소하는 등기
③ 경매개시결정등기를 말소하는 등기

### 2) 촉탁할 시기

매수인이 소유권을 취득하는 시기는 강제경매나 임의경매를 구분하지 않고 매각대금을 다 낸 때이므로(민사집행법 제135조, 제268조), 매각으로 인한 등기의 촉탁도 매각대금의 완납이 있는 때에 하여야 한다(민사집행법 제144조). 현실적으로 등기를 촉탁하기 위하여는 매수인이 등록세 등을 납부하고 등기촉탁에 필요한 구비서류를 제출하여야 한다(민사집행법 제144조).

### 3) 촉탁서의 기재사항 등

가. 등기원인, 등기원인일자 등
촉탁서상의 등기원인은"강제(임의)경매로 인한 매각"으로, 등기원인일자는"매각대금 완납일"을 기재한다. 또한, 매각으로 인한 소유권이전등기를 촉탁하는 경우에는 경매 진행 중에 토지가 분할된 후 분필등기를 하지 않아 매각으로 인한 등기부상의 토지표시가 토지대장상의 표시와 일치하지 않더라도 등기관은 그 등기촉탁을 수리하여야 한다.

나. 등기의무자의 표시
매각으로 인한 소유권이전등기의 등기의무자는 경매신청 당시의 소유권의 등기명의인(압류의 효력발생 당시의 소유권의 등기명의인)을 표시하여야 한다. 경매개시결정 이후에 제3자에게 소유권이전등기가 된 경우에도 같다. 다만, 경매개시결정등기 이후에 상속등기를 한 때에는 상속인을 표시한다.

다. 등기권리자의 표시

　　매수인을 표시한다. 다만 소유권이전의 효력이 발생하기 전에, 즉 매각대금완납 전에 매수인이 사망한 때에는 상속인을 표시하는 것이 경매의 실무이다.

## 4) 제3취득자가 매수인이 된 경우의 소유권이전등기 촉탁

　　담보권실행을 위한 경매의 경우 경매개시결정기입등기가 경료되기 전에 소유권을 이전받은 제3취득자가 매수인이 된 경우에는 그 명의로의 이전등기는 촉탁하지 아니하며, 다만 매수인이 인수하지 아니한 부동산상의 부담기입의 말소등기와 경매개시결정등기의 말소만을 촉탁한다. 여기에서 제3취득자란 경매개시결정등기 당시의 등기명의인만을 뜻한다.

## 5) 부담기입으로서 말소의 대상이 되는 등기

　　원칙적으로 강제경매에 있어서는 경매신청 이후의 등기, 담보권실행을 위한 경매에 있어서는 저당권설정등기 이후의 등기가 말소의 대상이 되는 것이나, 경매로 인하여 선순위의 저당권이 소멸하는 때에는 그 저당권 등기 이후의 등기는 말소의 대상이 된다.

① 저당권등기.가등기담보권 : 선후를 불문하고 말소의 대상이 된다.

② 가압류.체납처분의 등기 : 선후를 불문하고 말소의 대상이 된다.

③ 저당권설정등기 후 또는 강제경매신청등기 후의 용익물권에 관한 등기는 말소된다.

④ 저당권설정등기 후 또는 강제경매신청등기 후의 가처분등기는 말소된다.

⑤ 경매개시결정등기 후의 소유권이전등기와 가등기는 말소된다. 다만, 압류의 효력발생 전에 경료된 소유권이전청구권가등기라도 그보다 선순위로서 매각에 의하여 소멸되는 담보권, 가압류의 등기가 존재하는 경우에는 역시 말소등기의 대상이 된다.

⑥ 예고등기는 권리에 관한 공시를 목적으로 하는 등기가 아니므로 부동산상의 부담으로 되지 아니하여 어떤 경우에도 말소의 대상이 되지 아니한다.

⑦ 주택에 대한 임차권은 임차주택에 대하여 민사집행법상의 경매가 행하여진 경우에는 그 임차주택의 매각에 의하여 소멸하므로 원칙적으로 말소의 대상이 된다. 그러나 보증금이 전액 변제되지 아니한 대항력 있는 임차권은 그 임차주택의 매각에 의하여 소멸되지 않으므로 말소촉탁의 대상이 되지 않는다.

## 3. 가압류·가처분에 관한 등기

### (1) 가압류·가처분의 의의

#### 1) 가압류

가압류는 금전채권이나 금전으로 환산할 수 있는 채권의 집행을 보전하기 위하여 채무자의 일반재산을 현상태로 유지시키는 것을 목적으로 하여 행해지는 보전처분이다(민사집행법 제276조).

#### 2) 가처분

가처분에는 특정물에 대한 청구권을 가지는 채권자가 장래의 집행보전을 위하여 채무자의 처분을 금하고, 그 보전에 필요한 조치를 취하는 것을 내용으로 하는「계쟁물에 대한 가처분」과, 권리관계에 다툼이 있는 경우에 채권자의 현저한 손해를 방지하거나 기타의 이유로 잠정적으로 법률관계에 관하여「임시에 지위를 정하는 가처분」두가지 종류가 있다(민사집행법 제300조).

### (2) 처분제한의 등기

부동산에 대한 가압류·가처분의 집행은 등기부에 그 재판이나 금지를 기입해서 이를 하는 것이므로, 대표적인 처분제한의 등기이다.

① 권리의 일부에 대하여는 처분제한의 등기를 할 수 있으나, 부동산의 일부에 대하여는 그 등기를 할 수 없으므로 이 경우에는 그 재판서를 대위원인을 증명하는 서면으로 하여 목적부분을 분할한 후 그 등기를 하여야 한다. 다만 그 부동산에 대하여 바로 분할등기가 될 수 있다는 등 특별한 사정이 없으면 그 1필지 전부에 대하여 가처분을 할 수는 있다고 할 것이다.

② 등기관에 대하여 등기를 금지하는 가처분 또는 그에 따른 가처분등기를 할 수 없다. 가등기상의 권리 자체의 처분을 금지하는 가처분은 법 제2조의 처분의 제한에 해당되어 등기할 사항이나, 반면에 가등기의 본등기를 금지하는 가처분은 가등기상의 권리 자체의 처분의 제한에 해당되지 아니하므로, 그러한 본등기를 금지하는 내용의 가처분등기는 수리될 수 없다(대결 1978.10.14, 78마282).

③ 등기이전청구권이 등기된 때(법 제3조의 규정에 의하여 그 청구권이 가등기된 때)에는 부기등기의 방법에 의하여 가압류등기를 할 수 있다.

### 3) 처분제한의 등기와 대위등기

① 처분제한의 등기를 촉탁하면서 상속등기를 대위로 촉탁할 수는 없으며, 이 때에는 처분제한의 등기촉탁 이전에 채권자가 먼저 대위에 의하여 상속등기를 하여 등기 의무자를 부합하도록 한 다음 촉탁을 하도록 하여야 한다. 따라서, 그 상속등기를 하기 전에 처분제한의 등기촉탁이 있으면 등기관으로서는 각하 할 수밖에 없다.

위 대위에 의한 상속등기시 대위원인은 "○년 ○월 ○일 ○○지방법원의 가압류 (또는 가처분)결정"이라고 기재하고 대위원인은 가압류(또는 가처분)결정정본 또는 그 등본을 첨부한다.

② 다만, 피상속인과의 원인행위에 의한 권리의 이전.설정의 등기청구권을 보전하기 위하여 상속인들을 상대로 처분금지가처분신청을 하여 집행법원이 이를 인용하고, 피상속인 명의의 부동산에 대하여 상속관계를 표시하여(등기의무자를 "망○ ○○의 상속인○○○" 등으로 표시함) 가처분기입등기의 촉탁을 한 경우에는 상속등기를 거침이 없이 가처분기입등기를 할 수 있다.

③ 건물의 증축 또는 부속건물을 신축하고 아직 그 표시변경등기를 하지 아니한 건물에 대하여 집행법원에서 처분제한의 등기를 촉탁하면서 가옥대장과 도면을 첨부하여 표시변경등기촉탁을 하더라도, 건물표시변경은 촉탁으로 할 수 있는 것이 아니기 때문에 채권자가 미리 대위로 표시변경을 하지 아니하는 한 이를 수리할 수 없다.

채권자가 채무자를 대위하여 제3채무자에게 한 처분금지가처분은 채권자 자신의 채무자에 대한 청구권보전을 위하여 제3채무자가 채무자 이외의 다른 사람에게 소유권이전 등 처분행위를 못하도록 하는데 그 목적이 있으므로, 실질적인 가처분 권리자인 채무자에 대한 처분의 금지가 포함되는 것은 아니다. 따라서 그 후 제3채무자인 매도인으로부터 채무자인 매수인 명의로 소유권이전등기가 마쳐졌고 이에 터잡아 다른 등기가 마쳐졌다 하여도 그 등기는 위 처분금지가처분에 위배되는 것은 아니다.

### (3) 가압류.가처분의 등기절차

처분제한을 한 집행법원은 가압류 또는 가처분의 재판(결정 또는 판결)의 정본을 첨부하여 그 등기를 촉탁한다. 이 촉탁이 있는 때에는 등기관은 등기를 완료한 후 재판의 정본으로써 등기필증을 작성하여 집행법원에 송부하여야 한다.

등기부에 기재할 등기원인과 그 연월일로서 '연월일 ○○법원의 가압류(또는 가처분) 결정 (또는 판결)'이라고 표시한다.

### (4) 가압류·가처분등기의 말소절차

가압류·가처분 집행의 취소결정을 한 때, 가압류.가처분의 취하 또는 그 집행취소 신청이 있는 때에는 법원은 그 재판서 또는 취하서 등을 첨부하여 처분제한 등기의 말소촉탁을 하고 등기관은 이 촉탁에 의하여 그 등기를 말소한다.

가압류 또는 가처분을 한 법원의 말소등기촉탁 이외의 사유(본등기.경락.공매 등)로 가압류 또는 가처분등기를 말소한 때에는 등기관은 지체없이 그 뜻을 집행법원에 통지하여야 한다.

채무자가 가집행선고부 가처분취소판결을 받아 그 가처분등기를 말소하기 위하여는 집행법원에 위 판결의 정본을 제출하여 가처분말소등기촉탁신청을 하여야 한다. 미등기토지의 가압류촉탁에 의하여 등기관이 직권으로 소유권보존등기를 한 경우에 후일 신청인이 가압류취하 또는 집행법원이 가압류를 취소한 경우에도 가압류말소촉탁만 할 것이지 피신청인 명의의 소유권보존등기의 말소를 촉탁할 것은 아니다.

■ **명의신탁자가 부동산실명법 위반 과징금을 체납한 경우, 명의수탁자 명의로 등
기된 명의신탁 대상 부동산을 압류할 수 있는지 여부**

Q   명의신탁자가 부동산실명법 위반 과징금을 체납한 경우, 명의수탁자 명의로 등기된 명
의신탁 대상 부동산을 압류할 수 있는지 여부

A   명의신탁자가 부동산실명법 위반으로 부과된 과징금을 납부기한까지 내지 아니하면 지
방세외수입법에 따라 징수하며(부동산실명법 제5조 제6항) 따라서 명의신탁자의 일반재
산에 대하여 압류 등의 체납처분을 거쳐 과징금을 징수 할 수 있습니다. 부동산실명법
제4조 제1항 및 제2항에 의하면, 명의신탁약정은 무효이며, 명의신탁등기로 이루어진
부동산에 관한 물권변동은 무효이므로 명의신탁 대상 부동산의 소유권은 여전히 명의
신탁자에게 있습니다.

하지만 명의수탁자 명의로 남아있는 명의신탁 대상 부동산에 대해서는 그 명의가 명의
수탁자로 되어 있는 이상 이에 대한 압류등기를 촉탁할 수는 없다는 것이 법원의 실무
례입니다(등기선례 Ⅵ—483). 따라서 부동산이 명의수탁자의 명의로 등기가 경료되어
있는 경우에는 명의신탁자 명의로 등기를 되돌린 후에 부동산을 압류할 수 있습니다.
과징금을 부과한 행정청은 명의신탁자가 명의수탁자에 대하여 주장할 수 있는 소유권
이전등기청구권을 대위행사 하는 방법을 통하여 해당 명의신탁 부동산을 명의신탁자
명의로 회복한 후 압류하여야 할 것입니다(출처 : 법무부 법률자료집).

## ■ 부동산실명법 위반 부동산 중 현재 명의신탁자의 자녀 소유로 되어 있는 부동산에 대하여 압류가 가능한지 여부

Q  명의신탁자에게 부과된 과징금 채권을 확보하기 위하여 부동산실명법 위반 부동산 중 현재 명의신탁자의 자녀 소유로 되어 있는 부동산에 대하여 압류가 가능한지 여부

A  부동산실명법 제5조 제6항은 과징금을 납부기한 내에 납부하지 아니한 때에는 지방세외수입법에 의하여 징수하도록 규정하고 있고, 지방세외수입법 제9조 제1항은 납세의무자가 세금을 체납한 경우에는 납세의무자의 재산을 압류할 수 있다고 규정하고 있습니다.
   본 질의에는 부동산실명법 위반 토지 중 일부가 명의신탁자의 자녀 소유로 되어 있는 점과 관련된 사실관계는 명확히 드러나 있지 아니합니다. 다만 명의신탁약정 및 명의신탁약정에 따라 행하여진 등기에 의한 부동산에 관한 물권변동은 원칙적으로 무효이나(부동산실명법 제4조 제1항 및 제2항), 위 무효를 제3자에게 대항할 수 없도록 규정되어 있으므로(제3항), 본 질의의 취지에 비추어 본 사안에서의 자녀 명의 소유 부분의 토지는 위 제3항 등에 의해 유효하게 소유권이 이전된 것을 전제하고 있는 것으로 판단됩니다. 따라서 본 사안에서의 과징금 납부 의무자는 명의신탁자 본인이라고 할 것이며, 과징금 채권 확보를 위한 압류는 명의신탁자 본인의 재산에 대하여만 가능할 뿐 유효하게 이전된 제3자 소유 부동산에 대하여는 불가합니다

   ※ 국세징수에 관한 관련 판례
   체납처분으로서의 압류의 요건을 규정하고 있는 국세징수법 제24조 각항의 규정을 보면 어느 경우에나 압류의 대상을 납세자의 재산에 국한하고 있으므로, 납세자가 아닌 제3자의 재산을 대상으로 한 압류처분은 그 처분의 내용이 법률상 실현될 수 없는 것이어서 당연 무효이다(대법원 1996.10.15. 선고 96다17424 판결)(출처 : 법무부 법률자료집).

## ■ 상속인이 명의신탁자의 과징금 납부 의무를 승계하는지 여부 등

Q  ① 명의신탁자에게 과징금을 부과처분한 이후에 해당 명의신탁자가 사망한 경우, 상속인이 과징금 납부 의무를 승계하는지 여부와 승계시 거쳐야 하는 행정절차

② 사망한 명의신탁자의 재산을 조회한 결과 본인의 재산이 전혀 없고 명의신탁한 재산만 있는 상황에서 상속인이 상속을 포기할 경우 과징금의 결손처분이 가능한지 여부

A  ◆질의 ①에 대하여

명의신탁자가 사망하기 전에 이미 과징금이 부과되었고, 상속인이 피상속인인 명의신탁자의 재산을 상속하게 된 경우 과징금 납부의무는 대체적 급부가 가능한 의무이므로 그 상속인에게 포괄승계되므로(대법원 1999.5.14. 선고 99두35 판결), 이러한 과징금 납부의무의 승계를 인정하는 별도의 행정절차를 거칠 필요가 없습니다.

◆질의 ②에 대하여

부동산실명법 제5조 제6항은 '과징금을 납부기한 내에 납부하지 아니한 때에는 지방세외수입금법에 따라 징수한다.'고 규정하고 있으며, 세외수입금법 제19조, 「지방세기본법」제96조 및 동법 시행령 제84조에서는 체납자의 재산이 없다는 것이 판명된 때에 행정청은 결손처분을 할 수 있음을 명시하고 있습니다. 지방세기본법 시행령 제84조 제2항은 '시장·군수가 제1항 제1호의 규정에 의하여 결손처분을 하고자 할 때에는 체납자와 관계가 있다고 인정되는 행정기관에 조회하여 그 행방 또는 재산의 유무를 확인하여야 한다'고 규정하여 결손처분시의 절차적 요건을 규정하고 있습니다.

위 시안의 경우 A의 재산이 남아 있지 않고 A가 명의신탁한 재산에 대해서도 압류가 불가능하다면, A의 체납 과징금을 징수하는 것은 A의 상속인이 상속을 승인하거나 한정승인하여 과징금 납부의무를 포괄승계하는 경우에만 가능하다고 할 것입니다. 따라서 위 사안의 경우에 상속인(선순위 상속인이 상속포기를 하는 경우 후순위 상속인이 상속하게 되므로, 후순위 상속인을 모두 포함 해야 함)이 상속포기를 할 경우, A에 대하여 체납처분을 집행하는 것이 더 이상 불가능하다고 볼 수 있으므로 결손처분도 가능할 것으로 판단됩니다.

다만 행정청은 「지방세기본법」 시행령 제84조 제2항에 따라 행정기관에 체납자와 관련된 행정기관에 체납자의 재산 유무에 대한 조사·확인절차를 충분히 거쳐, 과징금 체납자의 재산이 없다는 것이 명확히 판명된 경우에만 결손처분을 하여야 할 것입니다(출처 : 법무부 법률자료집).

## ■ 상속인이 명의신탁자의 과징금 납부 의무를 승계하는지 여부 등

Q 부동산실명법을 위반한 명의신탁자에 부과된 과징금이 한정승인을 한 상속인에게 상속 된 경우 과징금의 결손처분 방식에 관한 질의

A 부동산실명법 제5조 제6항은 '과징금을 납부기한 내에 납부하지 아니한 때에는 세외수 입금법에 따라 징수한다.'고 규정하고 있으며, 현재는 세외수입금법 제19조, 「지방세기 본법」제96조에서 결손처분에 관한 규정을 두고 있습니다.
상속인이 한정승인을 하는 경우라 하더라도 피상속인의 권리의무는 포괄적으로 상속인 에게 상속됩니다. 다만 책임의 범위가 적극재산의 한도 내로 감소될 뿐입니다. 따라서 본 사안과 같이 과징금의 상속인이 한정승인 하더라도 상속은 그대로 이루어지는 것이 므로 과징금을 결손처분 하는 경우 상속 재산유무의 조사·확인, 압류 등의 절차를 거쳐 야 할 것입니다(출처 : 법무부 법률자료집).

## ■ 부동산실명법 위반 과징금 체납액에 대한 결손처분 및 이를 위한 금융자산 조회 가능 여부

**Q** 부동산실명법 위반 과징금 체납액에 대한 결손처분 및 이를 위한 금융자산 조회 가능 여부

**A** ◆과징금 체납액에 대한 결손처분의 가능 여부

부동산실명법 제5조 제6항·제7항 및 동법 시행령 제3조 제5항에 따르면 '과징금을 납부기한 내에 납부하지 아니한 때에는 세외수입금법에 따라 징수하고, 부과 및 징수 등에 관하여 필요한 사항은 지방세입징수의 예에 의하도록 규정'하고 있습니다. 「지방세기본법」 제96조는 납세의무자에게 일정한 사유가 있는 경우에는 결손처분을 할 수 있도록 규정하고 있습니다. 따라서 동 규정들에 의해 과징금 체납액에 대하여도 일정 요건을 갖춘 경우 결손처분이 가능하다고 할 것입니다.

◆금융거래정보 조회 가능 여부

「금융실명거래 및 비밀보장에 관한 법률」(이하 '금융실명법')제4조 제2호엥 의하면, 예외적으로 조세에 관한 법률에 의하여 제출의무가 있는 과세자료 등의 제공과 소관관서의 장이 상속·증여재산의 확인, 조세탈루의 혐의를 인정할 만한 명백한 자료의 확인, 체납자의 재산조회, 국세징수법 제14조 제1항 각호의 1에 해당하는 사유로 조세에 관한 법률에 의한 질문·조사를 위하여 필요로 하는 거래정보 등의 제공을 요구할 수 있습니다. 따라서 금융실명법에 의하면 금융자산 조회 요구는 '조세에 관한 법률' 즉 국세·지방세·관세 등 조세의 경우에 한하여 가능하다고 할 것입니다. 본 사안의 경우와 같은 과태료·공과금 및 과징금 등은 조세가 아니므로, 결국 명의인의 동의 없이 금융거래정보 등을 요구하여 제공받을 수 없다고 판단됩니다(출처 : 법무부 법률자료집).

■ **압류할 재산이 선순위 저당권자 및 채권금액 과다로 공매실익이 없음이 확인된 경우 결손처분이 가능한지 여부**

Q  부동산실명법 위반 과징금 체납으로 인하여 압류할 재산이 선순위 저당권자 및 채권금액 과다로 공매실익이 없음이 확인된 경우 결손처분이 가능한지 여부

A  부동산실명법 제5조 제6항·제7항 및 동법 시행령 제3조 제5항에 따르면 과징금을 납부기한 내에 납부하지 아니한 때에는 지방세외수입금법에 따라 징수하고, 부과 및 징수 등에 관하여 필요한 사항은 지방세입징수의 예에 의하도록 규정하고 있습니다. 한편 「지방세기본법」제96조는 납세자에게 ①체납처분이 종결되고 체납액에 충당된 배분금액이 그 체납액보다 적을 때, ②체납처분을 중지하였을 때, ③지방세징수권의 소멸시효가 완성되었을 때, ④체납자가 행방불명이거나 재산이 없다는 것이 판명되어 징수할 수 없다고 인정될 때, ⑤「채무자 회생 및 파산에 관한 법률」제251조에 따라 체납한 회사가 납부의무를 면제 받게 된 경우에 한정하여 결손처분을 할 수 있도록 규정하고 있습니다. 동 조항들은 징수절차에 관한 것으로서 부동산실명법 제5조 제6항, 세외수입금법 제19조에 따라 부동산실명법 위반 과징금 체납액에 대하여도 준용된다고 할 것이므로, 「지방세기본법」 및 동법 시행령상의 요건 중 어느 하나에 해당하는 과징금 체납자에 대해서도 결손처분이 가능할 것입니다.
본 건의 경우 단지 압류물건에 대해 한국자산관리공사에 공매실익여부를 의뢰한 결과를 회신 받은 것에 불과하여 아직 체납처분이 종결된 것으로 볼 수 없다는 점, 체납자의 재산의 유무에 대한 확인을 통하여 체납자가 압류된 부동산 이외의 재산이 없는 것으로 판명된 것이 아니라는 점 등에 비추어 「지방세기본법」제96조 제1항 각 호에서 규정하고 있는 결손처분 사유를 충족하였다고 보기는 어렵습니다.
특히 「지방세기본법」제94조에 따라 체납처분의 중지를 하여야 하는 사유(동법 제96조 제1항 제2호)에 해당한다고 보아 결손처분 여부를 검토할 수 있는 가능성이 있으나, 이 경우에도 체납자의 총재산에 대한 정확한 파악이 이루어져야 할 것이므로, 단순히 한국자산관리공사의 공매실익여부에 대한 판단에만 의존하여 결손처분을 결정할 것은 아니라고 할 것입니다(출처 : 법무부 법률자료집).

## ■ 고액의 과징금을 일시에 납부하는 것이 어려울 경우, 과징금을 분납할 수 있는지

Q  부동산실명법상 과징금이 부과되는 경우 고액의 과징금을 일시에 납부하는 것은 경제
   상황과 개개인의 형편에 비추어 어려울 수 있는데, 이러한 경우 과징금을 분납할 수
   있는지 여부

A  2007년 12월 부동산실명법 해석사례집은 과징금의 분납가능여부에 대해, 이를 법률상
   규정한 바가 없고 과징금은 법령위반행위에 대한 징벌적 성격을 가지므로 원칙적으로
   분납할 수 없다고 회신하였으나, 구체적인 상황에 탄력적으로 대응하기 위해 예외적으
   로 분납이 가능하도록 허용할 필요가 있습니다. 즉 질의하신 바와 같이 근래 국가 전
   반에 걸쳐 경제적 어려움이 있고 과징금이 통상 고액이라 이를 예외 없이 일시에 납부
   하여야 하는 것은 과도한 부담이 될 수 있으며, 또한 납부의무자도 전액 납부의사를
   명확히 하고 있는 상황에서 그 분납의 필요성은 매우 크다고 할 수 있습니다.

   따라서 원칙적으로 과징금은 일시에 납부하여야 하는 것이지만, 예외적으로 납부의무자
   의 경제적 어려움이 크고 납부의무자의 납부의무가 명확하며 행정청 스스로 분납을 허
   용해야 할 필요성 등을 고려하여 지방세입 징수의 예에 준하여 과징금의 분납을 허용
   하는 것이 타당하다고 판단됩니다.

   ※ 부동산실명법상 과징금 부과징수 절차에 있어 납부기간, 납부방식 등에 관한 규정
      이 미흡하여 과징금 납부기한 연장, 분할납부 등에 관한 조항을 신설하는 개정안이
      2015.12.9. 국회를 통과하였음(공포 후 1년이 경과한 날부터 시행 예정)(출처 : 법
      무부 법률자료집)

■ **부동산실명법 제5조의 과징금과 제6조의 이행강제금을 체납하는 경우에 가산 금을 부과할 수 있는지 여부**

Q 부동산실명법 제5조의 과징금과 제6조의 이행강제금을 체납하는 경우에 가산금을 부과할 수 있는지 여부

A 부동산실명법 제5조 제6항은 '제1항에 따른 과징금을 납부기한 내에 납부하지 아니한 때에는 지방세외수입금의 징수에 관한 법률에 따라 징수한다.'고 규정하고 있으며, 제6조 제3항은 '제5조 제4항 내지 제7항의 규정은 이행강제금에 관하여 이를 준용한다.'고 규정하고 있습니다.

지방세외수입금법 제2조 제6호는 가산금에 관하여 '지방세외수입금을 납부기한까지 납부하지 아니할 때에 지방세외수입관계법에 따라 지방세외수입금에 가산하여 징수하는 금액과 납부기한이 지난 후 일정기한까지 납부하지 아니할 때에 그 금액에 다시 가산하여 징수하는 금액'이라고 규정할 뿐 가산금 징수와 관련한 직접적인 규정을 두고 있지 않습니다. 따라서 부동산실명법상 과징금과 이행강제금에 대하여 가산금을 부과할 수 없을 것으로 해석됩니다(출처 : 법무부 법률자료집).

## 4. 강제관리에 관한 등기

### (1) 강제관리의 의의

강제관리는 부동산 자체에서 발생하는 천연과실과 법정과실을 개별적으로 압류하지 아니하고, 관리인을 두어 관리인으로 하여금 이를 수익케 하여 이것으로써 채무변제를 꾀하는 방법이다.

### (2) 강제관리개시결정의 등기촉탁

법원이 강제관리의 개시결정을 한 때에는 직권으로써 그 개시결정의 등기를 촉탁하게 된다. 이 촉탁에 의하여 등기를 한 때에는 촉탁법원에 등기부의 등본(통지서로 대용)을 송부하여야 하는 점.동일부동산에 관하여 중복하여 강제관리의 등기를 할 수 있는 점은 경매의 경우와 같다.

### (3) 강제관리개시결정등기의 말소 촉탁

법원이 강제관리개시결정을 취소한 때에는 이를 원인으로 하여 강제관리개시결정 등기의 말소를 촉탁하게 된다.

그러나 경매의 경우와는 달리 강제관리신청의 취하가 있더라도 이를 원인으로 하여 그 등기의 말소촉탁을 할 수는 없고, 취하에 기하여 그 개시결정을 취소한 연후라야 말소촉탁을 할 수 있다 할 것이다. 촉탁서에는 강제관리개시결정 또는 그 취소결정의 정본을 첨부하여야 한다.

등기부상의 등기원인과 그 연월일은'연월일 ○○법원의 강제관리개시결정'또는'연월일 강제관리취소결정'이라고 기재할 것이다.

# III. 채무자 회생 및 파산에 관한 등기

## 1. 채무자 회생 및 파산에 관한 법률의 제정

종전의 회사정리법, 화의법, 파산법이 하나로 통합되고 개인회생절차.국제도산절차가 새로 도입되어 채무자 회생 및 파산에 관한 법률(이하 '법'이라 한다)이 제정되어 2006. 4. 1.부터 시행되었다. 이에 따라 종전의 회사정리절차 또는 회의절차와 관련된 등기처리지침 등이 폐지되고 새로운 통합도산법의 부동산등기절차를 규정하는 「채무자 회생 및 파산에 관한 법률」에 따른 부동산 등의 등기사무처리지침(등기예규 제1125호)이 제정되었다.

## (1) 도산절차의 구분

도산절차는 크게 청산형인 파산절차와 재건형인 회생절차 두 가지로 나눌 수 있다.

### 1) 회생절차

회생절차는 재정적 어려움으로 인하여 파탄에 직면한 채무자에 대하여 채권자.주주 등 이해관계인의 법률관계를 조정하여 채무자 또는 그 사업의 효율적인 회생을 도모하는 제도로 재건형 도산절차이다. 회생절차개시결정이 있으면 채무자의 업무수행과 재산의 관리 및 처분을 하는 권한은 관리인에게 전속한다(법 제56조 제1항).

### 2) 파산절차

파산절차는 채무자가 지급을 할 수 없는 때에 법원은 신청에 의하여 결정으로써 파산을 선고하여 파산재단에 속하는 재산의 신속한 환가 및 배당을 목적으로 하고 있는 제도로 청산형 도산절차이다. 파산선고가 있으면 파산자가 가진 모든 재산은 파산재단이 되며 파산재단을 관리처분하는 권한은 파산관재인에게 전속한다(법 제384조).

## (2) 채무자가 법인인 경우의 개별 부동산에 대한 등기촉탁제도의 폐지

등기업무와 관련하여 주의하여야 할 사항은 채무자가 법인인 경우에는 개별 부동산에 대한 등기촉탁제도가 폐지되었다는 점이다. 즉, 파산절차 또는 회생절차와 관련된 법원의 결정이 있는 경우 채무자가 법인이 아닌 때에는 채무자의 재산에 대하여 법원사무관등의 촉탁에 의하여 파산선고나 회생절차개시결정 등의 등기를 하여야 하나(법 제24조 제3항, 제27조), 채무자가 법인인 경우에는 법원사무관등의 촉탁에 의하여 법인등기부에 파산선고나 회생절차개시결정 등의 등기를 하면 족하고 채무자의 개별 재산에 대하여 별도의 파산등기나 회생절차개시결정 등의 등기는 촉탁하지 않는다.

# 2. 통칙

## (1) 촉탁에 의한 등기

회생절차.파산절차.개인회생절차.국제도산절차와 관련하여, 법 제24조 및 동 규칙 제10조의 규정에 의한 법원 또는 법원사무관 등의 촉탁이 있는 때에는 관할등기소의 등기관은 이를 수리하여 그에 따른 등기를 하여야 한다. 당사자는 등기를 신청할 수 없다.

## (2) 촉탁등기사항 이외의 등기사항에 대한 등기신청권자

### 1) 보전관리명령이 있는 때 : 보전관리인

법 제43조 제3항의 규정에 의한 보전관리명령이 있는 때에는 회생절차개시 전까지 채무자의 업무수행, 재산의 관리 및 처분을 하는 권한은 보전관리인에게 전속하므로(법 제85조), 법원사무관 등이 촉탁하여야 할 등기사항 이외의 등기사항에 관하여는 보전관리인의 신청에 의하여 등기하여야 한다.

### 2) 회생절차개시결정이 있는 때 : 관리인 또는 관리인으로 간주되는 자

회생절차개시결정이 있는 때에는 채무자의 업무의 수행과 재산의 관리 및 처분을 하는 권한은 관리인에게 전속하고(법 제56조 제1항), 관리인이 선임되지 아니한 경우에는 채무자의 대표자가 관리인으로 간주되므로(법 제74조 제4항), 법원사무관 등이 촉탁하여야 할 등기사항 이외의 등기사항에 관하여는 관리인 또는 법 제74조 제4항에 의하여 관리인으로 간주되는 자의 신청에 의하여 등기하여야 한다.

### 3) 파산관리인

파산재단을 관리 및 처분하는 권한은 파산관재인에게 속하므로(법 제384조), 법원사무관 등이 촉탁하여야 할 등기사항 이외의 등기사항에 관하여는 파산관재인의 신청에 의하여 등기하여야 한다.

### 4) 채무자

개인회생재단을 관리하고 처분할 권한은 인가된 변제계획에서 다르게 정한 경우를 제외하고는 개인회생채무자에 속하므로(법 제580조), 법원사무관 등이 촉탁하여야 할 등기사항 이외의 등기사항에 관하여는 채무자의 신청에 의하여 등기하여야 한다.

### 5) 국제도산인

국제도산절차에서 국제도산관리인이 선임된 경우, 채무자의 업무의 수행 및 재산에 대한 관리 및 처분을 하는 권한은 국제도산관리인에게 전속하므로(법 제637조), 법원사무관 등이 촉탁하여야 할 등기사항 이외의 등기사항에 관하여는 국제도산인의 신청에 의하여 등기하여야 한다.

## (3) 등록세 등

① 법원사무관 등이 회생절차.파산절차.개인회생절차.국제도산절차와 관련하여 법 제24조, 제25조 제2항, 제3항에 의한 등기를 촉탁하는 경우 등록세 및 등기신청수수료가 면제된다.

② 법 제26조의 규정에 의한 부인의 등기는 당사자의 신청에 의한 것이라도 등록세가 면제된다.

③ 제1항, 제2항의 규정에 의한 등기를 제외하고는 촉탁에 의한 등기라고 하더라도 다른 법령에 특별한 규정이 없으면 등록세는 면제되지 아니한다.

### (4) 미등기 부동산에 대한 보존등기 등

법원사무관 등이 회생절차.파산절차.개인회생절차.국제도산절차와 관련하여 미등기 부동산에 대하여 법 제24조의 등기를 촉탁하는 경우 등기관은 이를 수리하여 직권으로 소유권보존등기를 한 다음 촉탁에 따른 등기를 하여야 한다.

### (5) 회생법원의 중지명령 등에 따른 처분제한등기 등의 말소

① 회생법원이 법 제44조 제4항, 제45조 제5항의 규정에 의하여 회생채권 또는 회생담보권에 기한 강제집행, 가압류, 가처분 또는 담보권실행을 위한 경매절차(이하"회생채권 또는 회생담보권에 기한 강제집행 등"이라 한다)의 취소를 명하고, 그에 기한 말소등기를 촉탁한 경우에는 등기관은 이를 수리하여 그 등기를 말소하여야 한다.

② 회생법원이 법 제58조 제5항의 규정에 의하여 회생채권 또는 회생담보권에 기한 강제집행 등의 취소 또는 체납처분의 취소를 명하고, 그에 기한 말소등기를 촉탁한 경우에는 등기관은 이를 수리하여 그 등기를 말소하여야 한다.

③ 개인회생법원이 법 제593조 제5항의 규정에 의하여 개인회생채권에 기한 강제집행, 가압류, 가처분 또는 담보권실행을 위한 경매절차의 취소를 명하고, 그에 기한 말소등기를 촉탁한 경우에는 등기관은 이를 수리하여 그 등기를 말소하여야 한다.

④ 제1항 내지 제3항의 규정에도 불구하고 집행법원이 제1항 내지 제3항의 등기를 말소촉탁한 경우에 등기관은 이를 수리하여 그 등기를 말소하여야 한다.

## 3. 보전처분에 관한 등기

### (1) 보전처분 등의 등기촉탁

#### 1) 채무자 등의 부동산 등에 관한 보전처분에 기입등기

법 제43조 제1항, 제114조 제1항, 제323조, 제351조에 의하여 채무자 또는 채무자의 발기인, 이사(상법 제401조의2제1항의 규정에 의하여 이사로 보는 자를 포함한다). 감사.검사인 또는 청산인(이하"이사 등"이라 한다)의 부동산 등의 권리(부동산, 선박, 입목, 공장재단, 광업재단 등에 대한 소유권과 담보물권, 용익물권, 임차권 등 소유권 이외의 권리 및 가등기상의 권리와 환매권을 포함한다. 이하 같다)에 관한 보전처분의 기입등기는 법원사무관 등의 촉탁으로 한다.

### 2) 등기목적.등기원인 등의 기재방법

보전처분의 기입등기 등의 촉탁서에는 등기의 목적을 "보전처분"으로, 등기의 원인을"○○지방법원의 재산보전처분"또는는"○○지방법원의 임원재산보전처분"으로, 그 일자는"보전처분 등의 결정을 한 연월일"로, 보전처분 등의 결정을 한 법원을 각 기재하고, 결정서의 등본 또는 초본과 촉탁서 부본을 첨부하여야 한다.

### 3) 보전처분에 따른 금지사항의 기입

보전처분에 따른 금지사항이 지정되어 촉탁된 경우에는 등기관은 해당 금지사항(예를 들어, 양도, 저당권 또는 임차권의 설정 기타 일체의 처분행위의 금지)을 기입하여야 한다.

## (2) 보전처분과 다른 등기와의 관계

① 보전처분의 기입등기는 그 등기 이전에 가압류, 가처분, 강제집행 또는 담보권 실행을 위한 경매, 체납처분에 의한 압류등기 등 처분제한 등기 및 가등기(이하"가압류 등"이라 한다)가 되어 있는 경우에도 할 수 있다.

② 보전처분은 채무자 등에 대하여 일정한 행위의 제한을 가하는 것이고 제3자의 권리행사를 금지하는 것은 아니므로, 보전처분등기가 경료된 채무자의 부동산 등에 대하여 가압류, 가처분 등 보전처분, 강제집행 또는 담보권실행을 위한 경매, 체납처분에 의한 압류 등의 기입등기촉탁이 있는 경우에도 이를 수리하여야 한다.

## (3) 보전처분 등의 등기의 말소

① 보전처분이 변경 또는 취소되거나, 보전처분 이후 회생절차개시신청, 파산신청 또는 개인회생절차개시신청의 기각결정, 취하 또는 취하허가 기타 사유로 보전처분이 그 효력을 상실한 경우, 법원사무관 등의 촉탁으로 보전처분 등기 등을 변경 또는 말소한다.

② 보전처분 변경이나 말소등기의 촉탁서에는 결정문의 등본(또는 초본)이나 취하서 등의 소명자료를 첨부하여야 한다.

③ 법원사무관 등은 회생절차개시결정의 기입등기 또는 파산등기를 촉탁하는 경우 당해 사건의 보전처분 등의 등기를 동시에 말소촉탁하여야 한다.

④ 제3항의 경우 법원사무관 등이 당해 사건의 보전처분 등의 등기에 대한 말소촉탁을 하지 아니한 경우, 등기관이 직권으로 보전처분 등의 등기를 말소할 수 있고, 이 경우 직권말소의 통지를 생략할 수 있다.

## (4) 부인의 등기신청

### 1) 등기신청사유 및 신청권자

등기의 원인인 행위가 부인되거나 등기가 부인된 때에는 관리인, 파산관재인 또는 개인회생절차에서의 부인권자(법 제584조)는 단독으로 부인의 등기를 신청하여야 한다.

### 2) 첨부서면

① 부인의 등기의 신청서에는 등기원인을 증명하는 서면으로 부인소송과 관련된 청구를 인용하는 판결 또는 부인의 청구를 인용하는 결정을 인가하는 판결의 판결서 등본 및 그 확정증명서 또는 부인의 청구를 인용하는 결정서 등본 및 그 확정증명서를 첨부하여야 한다.

② 부인의 등기의 신청은 부인권자가 단독으로 행하는 것이므로, 신청인이 관리인, 파산관재인, 개인회생절차에서의 부인권자라는 사실을 소명하는 자료를 함께 제출하여야 한다.

### 3) 등기목적, 등기원인 등의 기재방법

① 등기원인 행위의 부인등기는, 등기목적을 "○번 등기원인의 채무자회생및파산에관한 법률에 의한 부인"으로, 등기원인을 "○년 ○월 ○일 판결(또는 결정)"으로 각 기재하되, 그 일자는 판결 또는 결정의 확정일로 한다.

② 등기의 부인등기는, 등기목적을 "○번 등기의 채무자회생및파산에관한법률에 의한 부인"으로, 등기원인을 "○년 ○월 ○일 판결(또는 결정)"으로 각 기재하되, 그 일자는 판결 또는 결정의 확정일로 한다.

## (5) 부인등기와 다른 등기와의 관계

① 부인의 소가 제기되어 수소법원이 예고등기를 촉탁한 경우, 등기관은 이를 각하하여야 한다.

② 부인등기가 마쳐진 이후에는 당해 부동산 또는 당해 부동산 위의 권리는 채무

자의 재산, 개인회생재단 또는 파산재단에 속하고, 등기부상 명의인이 그 부동산 또는 그 부동산 위의 권리를 관리, 처분할 수 있는 권리를 상실하였다는 사실이 공시되었으므로, 부인된 등기의 명의인을 등기의무자로 하고, 등기권리자를 채무자가 아닌 제3자로 하는 등기신청이 있는 경우, 등기관은 이를 각하하여야 한다.

③ 부인등기가 마쳐진 이후에는 당해 부동산 또는 당해 부동산 위에 권리는 채무자의 재산, 개인회생재단 또는 파산재단에 속한다는 사실이 공시되었으므로, 법원사무관 등은 법 제26조 제3항, 제23조 제1항 제1호 내지 제3호, 제5호의 규정에 의하여 회생절차개시, 회생절차개시결정 취소, 회생절차폐지, 또는 회생계획불인가, 회생계획의 인가, 회생절차의 종결결정, 파산선고, 파산취소, 파산폐지, 파산종결의 등기를 촉탁하여야 하고, 등기관은 이를 수리하여야 한다.

## (6) 부인등기 등의 말소

부인등기가 마쳐진 이후에는 당해 부동산 또는 당해 부동산 위의 권리는 채무자의 재산 또는 파산재단에 속한다는 사실이 공시되었으므로, 관리인 또는 파산관재인이 부인의 등기가 된 재산을 임의매각하거나 민사집행법에 의하여 매각하고 제3자에게 이전등기를 한 때에는, 법원은 법 제26조 제4항에 의하여 부인의 등기, 부인된 행위를 원인으로 하는 등기, 부인된 등기 및 위 각 등기의 뒤에 되어 있는 등기로서 회생채권자 또는 파산채권자에게 대항할 수 없는 것의 말소를 촉탁하여야 하고, 등기관은 이를 수리하여야 한다.


## 4. 회생절차에 관한 등기

## (1) 회생절차개시결정 등의 등기

① 회생절차개시결정의 등기는 법원사무관 등이 촉탁서에 등기의 목적, 등기의 원인 및 그 일자, 결정을 한 법원을 기재하고, 결정서의 등본 또는 초본과 촉탁서 부본을 첨부하여 촉탁하여야 한다.

② 회생절차개시결정의 등기는 그 등기 이전에 가압류, 가처분, 강제집행 또는 담보권실행을 위한 경매, 체납처분에 의한 압류등기, 가등기, 파산선고의 기입등기 등이 되어 있는 경우에도 할 수도 있다.

③ 회생절차개시결정의 등기가 된 채무자의 부동산 등의 권리에 관하여 파산선고의 등기, 회생절차개시의 등기의 촉탁이 있는 경우 등기관은 이를 각하하여야 한다.

④ 회생절차개시결정의 기입등기가 된 채무자의 부동산 등의 권리에 관하여 회생채권 또는 회생담보권에 기한 강제집행 등에 의한 등기의 촉탁이 있는 경우 등기관은 이를 각하하여야 한다. 다만, 법원이 법 제58조 제5항에 의하여 처분의 속행을 명한 결정문 등을 첨부하여 촉탁한 경우, 환취권 및 공익채권에 기한 경우에는 이를 수리하여야 한다.

⑤ 회생절차개시결정이 있는 때에는 채무자의 업무의 수행과 재산의 관리 및 처분을 하는 권한은 관리인에게 전속하고(법 제56조 제1항), 관리인이 선임되지 아니한 경우에는 채무자의 대표자가 관리인으로 간주되므로(법 제74조 제4항), 등기신청권자는 관리인 또는 법 제74조 제4항에 의하여 관리인으로 간주되는 자이지만(표시방법 : ○○○ 관리인 ○○○), 권리의무의 귀속주체는 채무자 본인이다.

⑥ 관리인이 회생계획에 따라 채무자 명의의 부동산 등을 처분하고 그에 따른 등기를 신청하는 경우에는 회생계획인가결정의 등본 또는 초본을, 회생계획에 의하지 아니하고 처분한 경우에는 법원의 허가서 또는 법원의 허가를 요하지 아니한다는 뜻의 증명서를 그 신청서에 첨부하여야 한다.

⑦ 채무자 명의의 부동산 등을 처분하고 제3자 명의의 소유권이전등기를 경료한 경우에는, 법원사무관 등은 직권으로 관할등기소 등기관에게 "매각"을 원인으로 하여 보전처분등기, 회생절차개시등기, 회생계획인가의 등기의 각 말소를 촉탁하여야 하고, 등기관은 이를 수리하여야 한다.

⑧ 회생계획의 수행이나 법의 규정에 의하여 회생절차가 종료되기 전에 등기된 부동산 등에 대한 권리의 득실이나 변경이 생겨 채무자.채권자.담보권자.주주.지분권자와 신회사를 권리자로 하는 법원의 등기촉탁이 있는 경우, 등기관은 이를 수리하여야 한다.

⑨ 회생절차개시취소의 등기는 법원사무관 등이 결정서의 등본 또는 초본과 촉탁서 부본을 첨부하여 촉탁하여야 하고, 이 경우 회생절차개시등기를 말소하지 않도록 주의하여야 한다.

## (2) 회생계획인가의 등기

① 회생계획인가의 등기는 법원사무관 등이 촉탁서에 등기의 목적, 등기의 원인 및 그 일자, 결정을 한 법원을 기재하고, 결정서의 등본 또는 초본과 촉탁서 부본을 첨부하여 촉탁하여야 한다.

② 회생절차개시결정의 등기가 되어 있지 아니한 부동산에 관하여 회생계획인가의 등기 촉탁이 있는 경우, 부인의 등기가 된 경우를 제외하고는 등기관은 이를 각하하여야 한다.

③ 회생계획인가의 등기 전에 같은 부동산에 파산등기가 되어 있는 경우 등기관은 회생계획인가등기를 한 후 파산등기를 직권으로 말소하여야 하고, 그 인가취소의 등기를 하는 경우 직권으로 말소한 파산등기를 회복하여야 한다.

④ 회생계획인가의 결정이 있은 때에는 법 제58조제2항의 규정에 의하여 중지한 파산절차, 강제집행, 가압류, 가처분, 담보권실행 등을 위한 경매절차는 그 효력을 잃게 되므로(법 제256조), 회생계획인가의 결정을 한 법원은 그 기입등기와 함께 위 각 절차에 따른 등기의 말소를 함께 촉탁할 수 있으며, 가압류 등을 한 집행법원의 말소촉탁에 의하여 말소할 수도 있다. 등기관은 당해 부동산에 회생계획인가의 등기가 되어 있는지 여부와 관계없이 그 촉탁을 수리하여야 한다. 다만, 회생계획이 인가된 경우에도 회생절차개시결정의 등기 이전에 등기된 가등기(담보가등기 제외) 및 용익물권에 관한 등기, 국세징수법 또는 그 예에 의한 체납처분 및 조세채무담보를 위하여 제공된 부동산 등의 처분에 따른 등기는 말소의 대상이 되지 않는다.

⑤ 회생계획인가의 등기가 된 후, 동 계획의 변경인가에 따른 등기의 촉탁은 이를 수리하여서는 안 되며, 부동산등기법 제55조 제2호에 의하여 각하하여야 한다.

### (3) 회생절차에 있어서 부인등기 등의 말소

① 부인등기가 마쳐진 후 회생계획 인가결정 전에 다음 각 호의 사유로 회생절차가 종료된 경우에는 부인의 효과는 상실되므로, 등기상 이해관계 있는 제3자가 있는 경우를 제외하고는, 부인의 등기는 법원의 촉탁에 의하여 이를 말소할 수 있다.
  ㉠ 회생절차개시결정을 취소하는 결정이 확정된 때
  ㉡ 회생계획불인가결정이 확정된 때
  ㉢ 회생계획인가결정 전에 회생절차폐지결정이 확정된 때

② 부인등기가 마쳐지고 회생계획인가 결정 이후에 회생절차가 종결되거나 회생절차 폐지결정이 확정된 경우에는 부인의 효과는 확정되므로, 법원사무관 등은 회생절차 종결 또는 회생절차폐지의 기입등기를 촉탁하여야 하고(법 제26조 제1항, 제3항, 제23조 1항 ⅱ.ⅲ), 등기관은 이를 수리하여야 한다.

### (4) 회생계획불인가, 회생절차폐지의 등기

① 법원사무관 등이 회생계획불인가나 회생절차폐지의 등기(이하 "회생계획불인가의 등기 등"이라 한다)를 촉탁하는 경우 촉탁서에 등기의 목적, 등기의 원인 및 그 일자, 결정을 한 법원을 기재하고, 결정서의 등본 또는 초본과 촉탁서 부본을 첨부하여 촉탁하여야 한다.

② 회생계획불인가 또는 회생절차폐지의 결정이 확정된 때, 법원이 직권으로 파산선고를 하고 회생계획불인가 등의 등기와 파산등기를 동일한 촉탁서에 의하여 촉탁한 경우, 등기관은 동일한 순위번호로 등기를 하되, 회생계획불인가 등의 등기를 한 후 파산등기를 하여야 한다.

③ 등기관은 회생계획불인가 등의 등기를 할 때에 회생절차개시결정의 등기를 말소하지 않도록 주의하여야 한다.

### (5) 회생절차종결의 등기

① 회생법원의 법원사무관 등은 회생절차종결결정 즉시 직권으로 관할등기소 등기관에게 회생절차종결결정을 원인으로 하여 보전처분등기, 회생절차개시등기, 회생계획인가등기의 말소 및 회생절차종결등기를 촉탁하여야 하고, 촉탁서에는 등기의 목적, 등기의 원인 및 그 일자, 결정을 한 법원을 기재하고, 결정서의 등본 또는 초본과 촉탁서 부본을 첨부하여야 한다.

② 회생절차개시 및 회생계획인가의 각 기입등기가 되어 있지 아니한 부동산 등기의 권리에 대한 회생절차종결등기의 촉탁은, 부인의 등기가 된 경우를 제외하고는 등기관은 이를 각하하여야 한다.

③ 회생절차종결의 등기와 동시에 회생절차와 관련된 등기에 대한 말소를 촉탁하는 경우에 등기관은 이를 수리하여야 한다. 이 경우 등기의 목적은 "○번 ○○등기말소"이고, 등기의 원인은 "회생절차종결"이며, 그 원인일자는 "회생절차종결의 결정이 있는 날"이다.

④ 회생법원의 법원사무관 등은 회생절차종결등기가 경료된 후 채무자 또는 이해관계인(부동산의 신소유자, 용익물권자, 담보물권자 등)의 신청이 있으면 관할등기소 등기관에게 지체없이 회생절차종결등기의 말소를 촉탁하여야 한다.

⑤ 회생법원의 법원사무관 등은 회생절차종결등기가 마쳐진 날로부터 3월이 경과한 이후에는 채무자 또는 이해관계인의 신청이 없는 경우에도 직권으로 관할등기소등기관에게 회생절차종결등기의 말소를 촉탁할 수 있다.

⑥ 회생절차종결의 등기가 된 이후에 회생절차와 관련된 등기, 회생절차종결의 등기에 대한 말소촉탁이 있는 경우 등기관은 이를 수리하여야 한다. 이 경우 등기의 목적은"○번 ○○등기말소"이고, 등기원인 및 그 원인일자는 기재하지 않는다. 위 촉탁서에는 결정서의 등본은 첨부할 필요가 없지만 촉탁서의 부본을 첨부하여야 한다.

⑦ 회생절차종결의 등기가 되고 다른 등기가 모두 말소된 이후에 회생절차종결등기의 말소촉탁이 있는 경우 등기관은 이를 수리하여야 한다. 이 경우 등기의 목적은"○번 회생절차종결등기말소"이고, 등기원인 및 그 원인일자는 기재하지 않는다. 위 촉탁서에는 결정서의 등본을 첨부할 필요가 없지만, 촉탁서의 부본을 첨부하여야 한다.

⑧ 회생절차종결의 등기를 하거나 회생절차종결등기의 말소등기를 하는 경우에도, 그 등기의 촉탁서에 동시에 별도의 말소등기촉탁을 하지 아니한 때에는 부동산 등에 이미 경료된 보전처분, 회생절차개시 및 회생계획인가의 각 등기를 말소하여서는 안 된다.

## 5. 채무자가 법인인 경우의 특례

법인인 채무자 명의의 부동산 등의 권리에 대해서 회생절차개시결정, 회생계획인가, 회생절차종결의 등기촉탁이 있는 경우, 등기관은 부동산등기법 제55조 제2호에 의하여 이를 각하하여야 한다(법 제24조 제1호).

## ■ 항소가 진행 중인 경우, 부동산실명법 제6조의 이행강제금을 부과할 수 있는지?

Q 명의신탁자가 2007. 8. 과징금부과 받고 2007. 11. 행정소송을 제기하여 2008. 5. 원고청구기각 판결을 받았으나 항소하여, 현재 항소가 진행 중에 있는 사안에서, ①부동산실명법 제6조의 이행강제금을 부과할 수 있는지 여부 (※ 법인인 명의신탁자가 농업법인이 아니어서 농지법에 저촉됨으로 인해 토지거래계약허가를 받을 수 없자 그 이사 명의로 신탁등기) ②이행강제금 부과시점이 언제인지?

A ◆질의 ①에 대하여

부동산실명법 제6조 제1항 단서의 '자신의 명의로 등기할 수 없는 정당한 사유'란 ①명의신탁자의 책임으로 돌릴 수 없는, ②법령상 또는 사실상의 장애로 인하여, ③그에게 등기신청의무의 이행을 기대하는 것이 무리라고 볼 만한 사정이 있는 경우를 의미합니다. 본 사안에 대하여 이행강제금을 부과할 수 있는지 여부는 본 사안의 아래 두 가지 사항이 부동산실명법 제6조 제1항 단서의 '자신의 명의로 등기할 수 없는 정당한 사유'에 해당한다고 볼 수 있는지 여부에 달려있다고 하겠습니다. 즉 ①토지거래허가구역에서 허가를 받지 못한 점, ②소송이 진행되고 있는 중인 점.

먼저 「국토의 계획 및 이용에 관한 법률」제118조 제6항에 의하면 허가를 받지 아니하고 체결한 토지거래계약은 그 효력이 발생하지 아니하고 허가 받기 전의 상태에서는 거래계약의 채권적 효력도 전혀 발생하지 아니하여 무효이므로 권리의 이전 또는 설정에 관한 어떠한 내용의 청구도 할 수 없습니다(대법원 2000.1.28. 선고 99다40524 판결)

명의신탁자가 실명등기하기 위해서는 관계 관청의 허가가 필요로 하고 허가를 받지 못한 경우라면 그 토지거래계약은 유동적 무효이어서 허가를 받을 때까지 명의신탁자에게 자신의 명의로 등기할 수 없다는 사실은 부동산실명법 제6조 제1항 단서에 해당할 수 있습니다.

다만 토지거래허가를 받을 수 없다는 사정을 명의신탁자가 이미 알고 있었고 이를 회피할 목적으로 수탁자의 명의로 등기한 것이라면, 토지거래허가구역에서 명의신탁자가 본건 부동산을 자신의 명의로 등기하지 못하는 것은 자신의 귀책사유에 의한 것이고 이와 같은 경우까지 명의신탁자에게 정당한 사유가 있었다고 해석하기 어렵습니다. 그러나 소송이 진행되는 기간은 제6조 제1항의 자신의 명의로 등기할 수 없는 별도의 정당한 사유에 해당합니다.

◆질의 ②에 대하여

소송이 진행 중인 본건 명의신탁자의 경우 과징금 부과시를 기산점으로 하여 소송제기시부터 판결 확정시까지의 기간을 제외하고 1년이 경과한 때에 부동산평가액의 10%를, 다시 1년이 경과한 경우에는 부동산평가액의 20%에 해당하는 금액을 각각 이행강제금으로 부과하는 것이 타당합니다(출처 : 법무부 법률자료집).

## ■ 과징금을 부과받은 자가 제3자에게 소유권이전등기를 한 경우, 이행강제금을 부과할 수 있는지?

Q 부동산실명법 제5조 제1항에 따른 과징금을 부과받은 명의신탁자 A가 본인명의로 실명등기를 하지 않고 1년 이내에 제3자인 B와 C에게 소유권이전등기를 한 경우 이행강제금을 부과할 수 있는지 여부

A 부동산실명법은 명의신탁등기에 의하여 과징금을 부과 받은 자가 과징금 부과일로부터 1년이 경과하도록 당해 부동산에 관한 물권을 자신의 명의로 등기하지 아니한 때에는 이행강제금을 부과하도록 규정하고 있습니다.

이는 명의신탁자가 명의신탁부동산에 대한 실명등기 이행의무를 불이행할 경우 이행강제금을 부과하도록 함으로써 실명등기를 간접적으로 강제하여 부동산에 관한 소유권 기타 물권을 실체 권리관계에 부합하도록 하기 위한 부동산실명법의 취지에 따른 것입니다. 따라서 이행강제금은 과징금을 부과받고도 실명등기를 하지 않은 자에게 부과되는 것이므로, 가령 과징금을 부과받은 자가 일정기간 실명등기를 경료하지 않은 상황에서 해당 명의신탁 부동산을 타인에게 양도하는 약정을 체결하였다는 이유만으로는 이행강제금의 부과 대상에서 제외될 수는 없다고 할 것입니다.

사안의 경우 명의신탁자 A는 해당 명의신탁 부동산에 대하여 단순히 양도약정만을 체결한 것이 아니라 매매를 원인으로 제3자인 B와 C의 명의로 소유권이전등기를 경료하였으며, 이는 실체적 권리관계에 부합하는 등기로서 B, C의 선악을 불문하고 유효한 등기이므로 이행강제금 부과대상에서 제외됩니다(출처 : 법무부 법률자료집).

■ **이행강제금 부과기준인 '매도인의 선의'에 대한 구체적 판단 방법**

Q  부동산실명법 제6조 소정 이행강제금을 부과하기 위한 기준 관련, 질의 ①이행강제금 부과기준인 '매도인(원소유주)의 선의'에 대한 구체적 판단 방법, 질의 ②매도인 자신으로부터 받은 확인서로써 매도인의 선의 여부를 판단하여도 되는지 여부

A  ◆질의 ①에 대하여

　　이행강제금 부과기준인 '매도인(원소유주)의 선의'에 대한 판단은 사건기록, 진술서 외에도 제반 사정을 종합하여 합리적이고 객관적으로 이루어져야 할 것이며, 개별 사안에 따라 그 구체적인 방법은 다를 수 있을 것입니다.

　　다만, 부동산실명법의 입법목적 및 거래의 안전을 감안할 때, 부동산의 매도인이 '명의신탁자(실권리자)와 명의수탁자(매수인) 사이에 명의신탁약정이 있다는 사실을 알았다'는 의미는 '단순히 매수인의 배후에 실권리자가 있다는 사실을 안 정도로는 부족하고, 명의신탁약정에 적극적으로 가담하여 매매계약을 체결함으로써 명의신탁에 대한 공범으로 형사처벌(부동산실명법 제7조 제2항 및 제3항)을 받을 정도의 요건을 갖춘 경우'로 한정하여 해석하는 것이 상당합니다.

　　이는 명의신탁 부동산의 임의적 처분시 횡령, 배임죄가 성립하기 위한 요건에 대한 대법원의 판례(대법원 1983.10.25. 선고 83도2027)의 입장을 원용한 해석이라 할 수 있습니다. 따라서 처분 행정청에서는 매도인의 명의신탁 적극 가담여부 및 그 것이 형사처벌에 이를 정도인지 여부 등을 토대로 매도인의 선의를 판단하면 될 것입니다.

　　◆질의 ②에 대하여

　　매도인 자신이 작성한 확인서는 행정청이 매도인의 선의 여부를 판단함에 있어 하나의 자료로 삼을 수는 있을 것이나, 이행강제금 부과를 회피하기 위한 허위진술의 가능성을 감안하여야 할 것입니다(출처 : 법무부 법률자료집).

■ **동일한 부동산에 대하여 순차로 복수의 명의신탁약정을 한 경우에 각 명의신탁 약정마다 과징금을 부과하여야 하는지 여부**

Q  동일한 부동산에 대하여 순차로 복수의 명의신탁약정을 한 경우에 각 명의신탁약정마다 과징금을 부과하여야 하는지 여부(질의 내용①) 및 신탁자가 징역으로 수감된 기간을 실명등기의무 위반 경과기간에 산정하여야 하는지 여부(질의 내용②)

※ 사실관계: A는 자신의 X부동산을 2001년 9월 27일부터 2003년 10월 14일까지 B를 수탁자로 하여 명의신탁함. 이후 A는 X부동산을 2003년 10월 14일부터 2008년 2월 12일까지 C를 수탁자로 하여 명의신탁함. A와 B 사이의 명의신탁약정에 대해서는 2005년 8월 9일 과징금이 부과됨. A는 2005년 6월 23일부터 2008년 2월 12일까지 징역으로 수감됨. 동대문 세무서는 2009년 2월 2일 A와 C 사이의 명의신탁약정 사실을 경기도에 통보함

A  ◆질의 내용①에 관하여

부동산실명법 제3조 제1항은 '누구든지 부동산에 관한 물권을 명의신탁약정에 의하여 명의수탁자의 명의로 등기하여서는 아니 된다.'고 규정하고 있으며, 제5조 제1항 제1호는 부동산실명법 제3조 제1항의 규정을 위반한 명의신탁자에게 과징금을 부과하도록 규정하고 있습니다.

이와 같이 과징금은 명의신탁약정에 기초하여 명의수탁자의 명의로 등기한 것에 대해서 부과되기 때문에, A가 B를 명의수탁자로 하였다가 다시 C를 명의수탁자로 하였다면, 그 각각의 경우에 명의신탁약정과 이에 기한 등기가 이루어진 것이기 때문에, 그 각각에 대하여 과징금을 부과할 수 있을 것입니다.

◆질의 내용②에 관하여

부동산실명법 제6조 제1항은 과징금을 부과받은 자는 지체 없이 당해 부동산에 관한 물권을 자신의 명의로 등기하여야 한다고 규정하고 있으며, 이를 위반한 경우에는 부동산실명법 제6조 제2항에 의해 이행강제금을 부과하도록 규정하고 있습니다. 그러나 제6조 제1항 단서는 '자신의 명의로 등기할 수 없는 정당한 사유가 있는 경우에는 그 사유가 소멸된 후 지체 없이 자신의 명의로 등기하여야 한다'고 규정하고 있습니다.

여기서의 '자신의 명의로 등기할 수 없는 정당한 사유'란 신탁자의 책임으로 돌릴 수 없는 법률상 또는 사실상의 장애로 인하여 신탁자의 명의로 실명등기 하는 것이 무리라고 볼 수 있는 사정을 의미하는데, 소유권을 회복하는 등기 역시 명의인과 공동으로 신청하여야 한다는 점에 비추어 보면 수감기간 중 과징금 부과처분을 받은 본건과 같은 경우를 이러한 사실상의 장애에 해당한다고 볼 여지가 큽니다.

즉 부동산실명법위반으로 과징금 부과처분을 받은 경우, 과징금 부과 여부에 대하여 행정심판 등을 통하여 다투거나, 다툼이 없다면 원소유자 명의 등기를 회복할 것이고, 상

대방이 등기회복에 응하지 아니한다면 소송에 의하여 등기를 회복할 수 있을 것이나, 수감 상태에 있는 사람에게 이와 같은 소송행위 등을 강제하는 것은 지나치게 가혹한 것으로 보입니다.

따라서 본 사안에서 A와 B 사이의 명의신탁약정에 대하여 2005년 8월 9일 A에게 과징금이 부과되었다 할지라도, 이에 대한 실명법 제6조 제2항에 정한 이행강제금의 요건기간은 과징금 부과일부터가 아니라, A의 수감이 종료된 2008년 2월 12일부터 기산하는 것이 합리적 해석일 것으로 판단됩니다(출처 : 법무부 법률자료집).

## ■ 동일한 부동산에 대하여 순차로 복수의 명의신탁약정을 한 경우에 각 명의신탁 약정마다 과징금을 부과하여야 하는지 여부

Q 부동산실명법 제6조 제2항은 '과징금 부과일'부터 1년이 지난 때에도 실명등기가 미경료된 경우 이행강제금을 부과하도록 규정하고 있는 바, 만약 A가 과징금 부과처분에 대해서 행정심판 및 행정소송 등을 제기하였다면 '과징금 부과일'을 판결확정일로 보아 이행강제금의 성립 여부를 판단하여야 하는지 여부

A 부동산실명법 제5조 제1항 제1호에 따른 과징금을 부과 받은 자는 지체 없이 해당 부동산에 관한 물권을 자신의 명의로 등기하여야 하며, 자신의 명의로 등기할 수 없는 정당한 사유 없이 이를 위반하여 과징금 부과일부터 1년이 지난 때에는 이행강제금이 부과됩니다(제6조 제2항). 여기서 '과징금 부과일'은 문언 그대로 행정청이 과징금 부과처분을 한 날을 의미한다고 보아야 합니다.

행정행위는 성립요건과 효력발생요건을 구비하면 그에 따른 법률상 효력이 발생하게 되는 것으로서, 판결확정일까지 행정행위의 효력이 유동적 무효상태에 있는 것이 아닙니다. 따라서 당사자가 과징금 부과처분에 대해서 행정심판 또는 행정소송을 제기하였다고 하더라도 해당 처분에 대한 취소 등의 판결이 확정되기 전까지 행정행위의 효력은 일단 유효합니다.

과세처분이 당연무효라고 볼 수 없는 한 과세처분에 취소할 수 있는 위법사유가 있다 하더라도 그 과세처분은 행정행위의 공정력 또는 집행력에 의하여 그것이 적법하게 취소되기 전까지는 유효하다 할 것이므로, 민 사소송절차에서 그 과세처분의 효력을 부인할 수 없습니다(대판 1999.8.20. 99다20179).

또한 부동산실명법 제6조 제2항은 과징금 부과처분에 대해서 행정심판이나 행정소송이 제기된 경우 예외적으로 해당 심판의 재결일이나 판결확정일을 과징금 부과일로 본다는 별도의 단서규정을 두고 있지 않습니다.

다만 과징금 부과처분에 대해 행정심판 및 행정소송을 제기하였고, 해당 심판 또는 소송이 계속되는 동안은 과징금의 부과처분이 취소될 가능성을 배제할 수 없으므로, 해당 진행기간은 부동산실명법 제6조 제1항 단서의 '자신의 명의로 등기할 수 없는 정당한 사유가 있는 경우'로 보는 것이 타당합니다.

따라서 본 건의 A에 대해 이행강제금 부과여부를 판담함에 있어서는 행정청의 과징금 부과일('10.08.11.)부터 1년이 경과하였는지 여부를 확인하여야 하며, 이때 등기할 수 없는 정당한 사유가 있는 경우로 인정될 수 있는 행정심판 및 행정소송 제기기간은 제외하여야 할 것입니다(출처 : 법무부 법률자료집).

## ■ 동일한 부동산에 대하여 순차로 복수의 명의신탁약정을 한 경우에 각 명의신탁 약정마다 과징금을 부과하여야 하는지 여부

Q  A에 대하여 이행강제금 부과처분을 할 수 있는지 여부(질의 ①), 이행강제금 부과 전 이의신청기간을 부여하는 시점이 언제인지 여부(질의 ②)

A  ◆질의 ①에 대하여

부동산실명법 제5조 제1항 제1호에 따른 과징금을 부과 받은 자는 지체 없이 해당 부동산에 관한 물권을 자신의 명의로 등기하여야 하며, 자신의 명의로 등기할 수 없는 정당한 사유 없이 이를 위반하여 과징금 부과일부터 1년이 지난 때에는 이행강제금이 부과됩니다. 부동산실명법상 이행강제금은 명의신탁자에 대해 명의신탁부동산에 관한 실명등기의무의 이행을 강제하도록 하는 수단이면서 또한 과징금부과일부터 일정기간 동안 실명등기 이행의무를 해태한 것에 대한 제재적 성격을 동시에 가지고 있다고 할 것입니다. 부동산실명법 제6조 제2항은 이행강제금의 부과를 행정청의 기속행위로 규정하고 있고, 부동산실명법상 이행강제금 부과대상인 위반행위 확정 이후에 실명등기가 경료되었다는 사유로 이행강제금을 면제하는 규정도 존재하지 않으며, 다만 해석상 과징금 규정의 준용에 따라 조세포탈이나 법령제한 회피 목적이 없는 경우 감경할 수 있을 뿐입니다.

따라서 자신의 명의로 등기할 수 없는 정당한 사유 없이 과징금부과일부터 1년이 경과한 때에는 부동산평가액의 100분의 10에 해당하는 이행강제금이 부과되어야 하며, 이행강제금 부과처분 사전예고 이후 본 처분을 하기 전에 실명등기 의무를 이행하였다고 하여 이행강제금 부과처분이 불가능한 것이 아닙니다.

판례도 이행강제금은 행정관청의 시정명령 위반행위에 대하여 과하는 제재이므로 일단 그 위반행위가 이루어지면 이행강제금 부과대상이 되는 것이고, 그 후에 이를 시정하였다 하여 이행강제금 부과대상에서 당연히 벗어나는 것은 아니라고 판시한 바 있습니다 (대법원 2007.7.13. 자 2007마637 결정).

본 건의 경우 비록 A가 행정청이 이행강제금 부과처분을 하기 전에 자신의 명의로 등기를 경료하였다고 하여도, 과징금부과일부터 1년 동안 실명등기를 하지 않은 위반행위가 인정되므로, A에 대해 이행강제금 부과처분이 이루어져야 할 것입니다.

◆질의 ②에 대하여

행정절차법 제22조 제3항에 따르면 행정청은 당사자에게 의무를 과하거나 권익을 제한하는 처분을 함에 있어서 당사자에게 의견 제출의 기회를 주어야 하는 의무가 있습니다. 행정청은 당사자가 의견을 제출할 수 있다는 뜻과 의견을 제출하지 아니하는 경우의 처리방법, 의견제출기관의 명칭과 주소, 의견제출기한 등을 미리 당사자에게 통지하여야 합니다(제21조 제1항). 귀 청에서 이행강제금 부과 이전에 부여하고 있는 이의신청 기간은 행정절차법 제22조 제3항에 따른 의견제출기한을 의미합니다.

따라서 이행강제금의 부과대상이 되는 위반행위가 확정되면 상당한 기간을 고려하여 처분의 사전통지를 하여야 하고, 아직 과징금부과일부터 1년이 경과되지 않아 위반행위가 확정되지 않은 시점에서 이러한 사전통지를 하는 것은 타당하지 않다고 판단됩니다. 따라서 본 건의 경우 과징금부과일부터 1년이 되는 날인 '11.08.24.에 A의 실명등기 이행여부 등을 확인 후 이행강제금 부과처분 사전통지(의견제출기한 부여를 포함)를 한 다음 이행강제금 처분을 부과하여야 할 것입니다(출처 : 법무부 법률자료집).

## 6. 파산절차에 관한 등기

### (1) 파산의 등기

① 파산선고 기입등기는 법원사무관 등이 촉탁서에 등기의 목적, 등기의 원인 및 그 일자, 결정을 한 법원을 기재하고, 결정서의 등본 또는 초본과 촉탁서 부본을 첨부하여 촉탁하여야 한다.

② 제1항의 경우 등기의 목적은 "파산선고"이고, 등기원인은 "○○지방법원의 파산선고결정"이며, 그 원인일자는 "파산선고의 연월일"이다.

③ 파산선고의 등기는 그 등기 이전에 가압류, 가처분, 강제집행 또는 담보권실행을 위한 경매, 체납처분에 의한 압류등기, 가등기가 되어 있는 경우에도 할 수 있다.

④ 파산선고의 기입등기는 다른 법령 또는 이 예규에 따라 직권으로 등기관이 말소할 수 있는 경우를 제외하고 법원사무관 등의 촉탁에 의해 말소하여야 한다.

### (2) 파산등기 이후의 등기신청

① 파산재단을 관리 및 처분하는 권한은 파산관재인에게 속하므로(법 제384조), 파산선고 이후 파산재단과 관련된 등기사항은 파산관계인의 신청에 의하여 등기하여야 한다(표시방법 : ○○○ 파산관재인 ○○○).

② 파산선고의 등기 후에는 파산재단에 속하는 재산에 대하여 국세징수법 또는 지방세법에 의하여 징수할 수 있는 청구권(국세징수의 예에 의하여 징수할 수 있는 청구권을 포함한다)에 기한 체납처분을 할 수 없으므로(법 제349조 제2항), 파산등기 후에 국세징수법 또는 지방세법에 의하여 징수할 수 있는 청구권에 기한 체납처분의 등기촉탁이 있으면 등기관은 이를 각하하여야 한다.

③ 파산선고의 등기가 된 채무자의 부동산 등의 권리에 관하여 파산채권에 기한 강제집행, 가압류, 가처분 등기의 촉탁이 있는 경우 등기관은 이를 각하하여야 하고, 담보권실행을 위한 경매절차에 의한 등기의 촉탁이 있는 경우 등기관은 이를 수리하여야 한다.

### (3) 임의매각에 따른 등기신청

① 파산관재인이 법 제492조의 규정에 따라 부동산에 관한 물권이나 등기하여야 하는 국내선박 및 외국선박을 매각하고, 이에 대한 등기를 신청하기 위하여는 법원의 허가서 등본 또는 감사위원의 동의서 등본을 첨부하여야 한다.

② 파산등기가 되어 있는 부동산 등의 권리 중 일부가 임의매각된 경우에 등기관은 파산등기가 나머지 지분에 관하여 존속하는 것으로 직권으로 변경하여야 한다(등기목적 :"○번 파산선고"를 "○○지분의 파산선고"로 하는 변경).

③ 파산관재인이 제1항의 규정에 의하여 파산선고를 받은 채무자 명의의 부동산 등을 처분하고 제3자 명의의 소유권이전등기를 경료한 경우에는, 법원사무관 등은 파산관재인의 신청에 의하여 관할등기소 등기관에게 "매각"을 원인으로 하여 파산선고 등기의 말소를 촉탁하여야 하고, 등기관은 이를 수리하여야 한다.

④ 파산관재인이 제1항 내지 제3항에 의해 소유권이전등기를 신청하는 경우에는 등기필증은 첨부할 필요가 없다.

### (4) 권리포기에 따른 등기신청

법원사무관 등은 파산관재인이 파산등기가 되어 있는 부동산 등에 대한 권리를 파산재단으로부터 포기하고 파산등기의 말소를 촉탁하는 경우 권리포기허가서의 등본을 첨부하여야 한다.

### (5) 파산절차에 있어서 부인등기 등의 말소

부인등기가 마쳐진 이후 파산선고 취소결정이 확정되거나, 법 제26조 제4항에 의한 임의매각 등에 의하여 제3자에게 이전등기를 하지 아니한 채 파산폐지결정이 확정된 때 또는 파산종결결정이 있는 때에는 부인의 효과는 상실되므로, 등기상 이해관계 있는 제3자가 있는 경우를 제외하고는, 부인의 등기는 법원의 촉탁에 의하여 이를 말소할 수 있다.

### (6) 파산취소 등의 등기

① 법원사무관 등은 파산취소의 등기를 촉탁하는 경우, 결정서의 등본 또는 초본과 촉탁서 부본을 첨부하여야 한다.

② 등기의 목적은 "파산취소", 등기의 원인은 "파산취소", 원인일자는 "파산취소가 확정된 날"이다.

③ 파산취소의 등기는 법원사무관 등의 촉탁에 의하여 말소하여야 한다.

### (7) 파산폐지 등의 등기

① 법원사무관 등이 파산폐지의 등기를 촉탁하는 경우, 결정서의 등본 또는 초본과 촉탁서 부본을 첨부하여야 한다.

② 등기의 목적은 "파산폐지", 등기의 원인은 "파산폐지", 원인일자는 "파산폐지가

확정된 날"이다.

③ 법원사무관 등은 파산폐지등기가 경료된 후 이해관계인(부동산의 신소유자, 용익물권자, 담보물권자 등)의 신청이 있으면 관할등기소 등기관에게 지체없이 파산폐지등기의 말소를 촉탁하여야 한다.

④ 법원사무관 등은 파산폐지등기가 마쳐진 날로부터 3월이 경과한 이후에는 이해관계인의 신청이 없는 경우에도 직권으로 관할등기소 등기관에게 파산폐지등기의 말소를 촉탁할 수 있다.

⑤ 제3항, 제4항의 경우 등기의 목적은"○번 ○○등기말소"이고, 등기원인 및 그 원인일자는 기재하지 않는다. 위 촉탁서에는 결정서의 등본은 첨부할 필요가 없지만 촉탁서의 부본을 첨부하여야 한다.

## (8) 기 타

파산등기가 되어 있지 아니한 부동산 등의 권리에 파산취소, 파산폐지, 파산종결 등의 등기촉탁이 있는 경우 등기관은 부동산등기법 제55조 제5호에 의하여 이를 각하하여야 한다.

## (9) 채무자가 법인인 경우의 특례

법인인 채무자 명의의 부동산 등의 권리에 대해서 파산선고의 등기 등의 촉탁이 있는 경우, 등기관은 부동산등기법 제55조 제2호를 적용하여 이를 각하하여야 한다(법 제24조 제3항).

## 7. 개인회생절차에 관한 등기

### (1) 보전처분 및 부인의 등기촉탁

① 개인회생절차에서 채무자 명의의 부동산 등의 권리에 대해서 법원사무관 등으로부터 법 제24조 제6항에 의한 보전처분 및 그 취소 또는 변경의 등기의 촉탁이 있는 경우에는 등기관은 이를 수리하여야 한다.

② 개인회생절차에서 채무자 명의의 부동산 등의 권리에 대해서 법 제26조 제1항, 제584조에 의한 부인등기의 신청 및 그 말소 촉탁이 있는 경우 등기관은 이를 수리하여야 한다.

### (2) 개인회생절차개시결정 등의 등기촉탁의 각하

개인회생절차에서 개인회생절차개시결정, 변제계획의 인가결정, 개인회생절차폐지결정 등은 등기할 사항이 아니므로, 법원사무관 등으로부터 이러한 등기촉탁이 있는 경우, 등기관은 부동산등기법 제55조 제2호에 의하여 이를 각하하여야 한다.

## 8. 국제도산에 관한 등기

법원은 외국도산절차의 승인신청 후 그 결정이 있을 때까지 또는 외국도산절차를 승임함과 동시에 또는 승인한 후 채무자의 변제금지 또는 채무자 재산의 처분금지 결정을 할 수 있으므로(법 제635조 제1항, 제636조 제1항 ⅰ-ⅲ), 등기관은 법원사무관 등의 촉탁에 의하여 채무자에 속하는 권리에 관하여 변제금지 또는 처분금지의 등기를 하여야 한다.

부 록

# 부동산등기법

[시행 2020.8.5] [법률 제16912호, 2020.2.4, 일부개정]

## 제1장 총칙

**제1조(목적)** 이 법은 부동산등기(不動産登記)에 관한 사항을 규정함을 목적으로 한다.

**제2조(정의)** 이 법에서 사용하는 용어의 뜻은 다음과 같다.

1. "등기부"란 전산정보처리조직에 의하여 입력·처리된 등기정보자료를 대법원규칙으로 정하는 바에 따라 편성한 것을 말한다.
2. "등기부부본자료"(登記簿副本資料)란 등기부와 동일한 내용으로 보조기억장치에 기록된 자료를 말한다.
3. "등기기록"이란 1필의 토지 또는 1개의 건물에 관한 등기정보자료를 말한다.
4. "등기필정보"(登記畢情報)란 등기부에 새로운 권리자가 기록되는 경우에 그 권리자를 확인하기 위하여 제11조제1항에 따른 등기관이 작성한 정보를 말한다.

**제3조(등기할 수 있는 권리 등)** 등기는 부동산의 표시(表示)와 다음 각 호의 어느 하나에 해당하는 권리의 보존, 이전, 설정, 변경, 처분의 제한 또는 소멸에 대하여 한다.

1. 소유권(所有權)
2. 지상권(地上權)
3. 지역권(地役權)
4. 전세권(傳貰權)
5. 저당권(抵當權)
6. 권리질권(權利質權)
7. 채권담보권(債權擔保權)
8. 임차권(賃借權)

**제4조(권리의 순위)** ① 같은 부동산에 관하여 등기한 권리의 순위는 법률에 다른 규정이 없으면 등기한 순서에 따른다.

② 등기의 순서는 등기기록 중 같은 구(區)에서 한 등기 상호간에는 순위번호에 따

르고, 다른 구에서 한 등기 상호간에는 접수번호에 따른다.

**제5조(부기등기의 순위)** 부기등기(附記登記)의 순위는 주등기(主登記)의 순위에 따른다. 다만, 같은 주등기에 관한 부기등기 상호간의 순위는 그 등기 순서에 따른다.

**제6조(등기신청의 접수시기 및 등기의 효력발생시기)** ① 등기신청은 대법원규칙으로 정하는 등기신청정보가 전산정보처리조직에 저장된 때 접수된 것으로 본다.
② 제11조제1항에 따른 등기관이 등기를 마친 경우 그 등기는 접수한 때부터 효력을 발생한다.

## 제2장 등기소와 등기관

**제7조(관할 등기소)** ① 등기사무는 부동산의 소재지를 관할하는 지방법원, 그 지원(支院) 또는 등기소(이하 "등기소"라 한다)에서 담당한다.
② 부동산이 여러 등기소의 관할구역에 걸쳐 있을 때에는 대법원규칙으로 정하는 바에 따라 각 등기소를 관할하는 상급법원의 장이 관할 등기소를 지정한다.

**제8조(관할의 위임)** 대법원장은 어느 등기소의 관할에 속하는 사무를 다른 등기소에 위임하게 할 수 있다.

**제9조(관할의 변경)** 어느 부동산의 소재지가 다른 등기소의 관할로 바뀌었을 때에는 종전의 관할 등기소는 전산정보처리조직을 이용하여 그 부동산에 관한 등기기록의 처리권한을 다른 등기소로 넘겨주는 조치를 하여야 한다.

**제10조(등기사무의 정지)** 대법원장은 등기소에서 등기사무를 정지하여야 하는 사유가 발생하면 기간을 정하여 등기사무의 정지를 명령할 수 있다.

**제11조(등기사무의 처리)** ① 등기사무는 등기소에 근무하는 법원서기관·등기사무관·

등기주사 또는 등기주사보(법원사무관・법원주사 또는 법원주사보 중 2001년 12월 31일 이전에 시행한 채용시험에 합격하여 임용된 사람을 포함한다) 중에서 지방법원장(등기소의 사무를 지원장이 관장하는 경우에는 지원장을 말한다. 이하 같다)이 지정하는 자[이하 "등기관"(登記官)이라 한다]가 처리한다.

② 등기관은 등기사무를 전산정보처리조직을 이용하여 등기부에 등기사항을 기록하는 방식으로 처리하여야 한다.

③ 등기관은 접수번호의 순서에 따라 등기사무를 처리하여야 한다.

④ 등기관이 등기사무를 처리한 때에는 등기사무를 처리한 등기관이 누구인지 알 수 있는 조치를 하여야 한다.

**제12조(등기관의 업무처리의 제한)** ① 등기관은 자기, 배우자 또는 4촌 이내의 친족(이하 "배우자등"이라 한다)이 등기신청인인 때에는 그 등기소에서 소유권등기를 한 성년자로서 등기관의 배우자등이 아닌 자 2명 이상의 참여가 없으면 등기를 할 수 없다. 배우자등의 관계가 끝난 후에도 같다.

② 등기관은 제1항의 경우에 조서를 작성하여 참여인과 같이 기명날인 또는 서명을 하여야 한다.

**제13조(재정보증)** 법원행정처장은 등기관의 재정보증(財政保證)에 관한 사항을 정하여 운용할 수 있다.

## 제3장 등기부 등

**제14조(등기부의 종류 등)** ① 등기부는 토지등기부(土地登記簿)와 건물등기부(建物登記簿)로 구분한다.

② 등기부는 영구(永久)히 보존하여야 한다.

③ 등기부는 대법원규칙으로 정하는 장소에 보관・관리하여야 하며, 전쟁・천재지변이나 그 밖에 이에 준하는 사태를 피하기 위한 경우 외에는 그 장소 밖으로 옮기지 못한다.

④ 등기부의 부속서류는 전쟁・천재지변이나 그 밖에 이에 준하는 사태를 피하기 위한 경우 외에는 등기소 밖으로 옮기지 못한다. 다만, 신청서나 그 밖의 부속서류에 대하여는 법원의 명령 또는 촉탁(囑託)이 있거나 법관이 발부한 영장에 의하

여 압수하는 경우에는 그러하지 아니하다.

**제15조(물적 편성주의)** ① 등기부를 편성할 때에는 1필의 토지 또는 1개의 건물에 대하여 1개의 등기기록을 둔다. 다만, 1동의 건물을 구분한 건물에 있어서는 1동의 건물에 속하는 전부에 대하여 1개의 등기기록을 사용한다.

② 등기기록에는 부동산의 표시에 관한 사항을 기록하는 표제부와 소유권에 관한 사항을 기록하는 갑구(甲區) 및 소유권 외의 권리에 관한 사항을 기록하는 을구(乙區)를 둔다.

**제16조(등기부부본자료의 작성)** 등기관이 등기를 마쳤을 때에는 등기부부본자료를 작성하여야 한다.

**제17조(등기부의 손상과 복구)** ① 등기부의 전부 또는 일부가 손상되거나 손상될 염려가 있을 때에는 대법원장은 대법원규칙으로 정하는 바에 따라 등기부의 복구·손상방지 등 필요한 처분을 명령할 수 있다.

② 대법원장은 대법원규칙으로 정하는 바에 따라 제1항의 처분명령에 관한 권한을 법원행정처장 또는 지방법원장에게 위임할 수 있다.

**제18조(부속서류의 손상 등 방지처분)** ① 등기부의 부속서류가 손상·멸실(滅失)의 염려가 있을 때에는 대법원장은 그 방지를 위하여 필요한 처분을 명령할 수 있다.

② 제1항에 따른 처분명령에는 제17조제2항을 준용한다.

**제19조(등기사항의 열람과 증명)** ① 누구든지 수수료를 내고 대법원규칙으로 정하는 바에 따라 등기기록에 기록되어 있는 사항의 전부 또는 일부의 열람(閱覽)과 이를 증명하는 등기사항증명서의 발급을 청구할 수 있다. 다만, 등기기록의 부속서류에 대하여는 이해관계 있는 부분만 열람을 청구할 수 있다.

② 제1항에 따른 등기기록의 열람 및 등기사항증명서의 발급 청구는 관할 등기소가 아닌 등기소에 대하여도 할 수 있다.

③ 제1항에 따른 수수료의 금액과 면제의 범위는 대법원규칙으로 정한다.

**제20조(등기기록의 폐쇄)** ① 등기관이 등기기록에 등기된 사항을 새로운 등기기록에 옮겨 기록한 때에는 종전 등기기록을 폐쇄(閉鎖)하여야 한다.

② 폐쇄한 등기기록은 영구히 보존하여야 한다.

③ 폐쇄한 등기기록에 관하여는 제19조를 준용한다.

**제21조(중복등기기록의 정리)** ① 등기관이 같은 토지에 관하여 중복하여 마쳐진 등기기록을 발견한 경우에는 대법원규칙으로 정하는 바에 따라 중복등기기록 중 어느 하나의 등기기록을 폐쇄하여야 한다.

② 제1항에 따라 폐쇄된 등기기록의 소유권의 등기명의인 또는 등기상 이해관계인은 대법원규칙으로 정하는 바에 따라 그 토지가 폐쇄된 등기기록의 소유권의 등기명의인의 소유임을 증명하여 폐쇄된 등기기록의 부활을 신청할 수 있다.

# 제4장 등기절차

## 제1절 총칙

**제22조(신청주의)** ① 등기는 당사자의 신청 또는 관공서의 촉탁에 따라 한다. 다만, 법률에 다른 규정이 있는 경우에는 그러하지 아니하다.

② 촉탁에 따른 등기절차는 법률에 다른 규정이 없는 경우에는 신청에 따른 등기에 관한 규정을 준용한다.

③ 등기를 하려고 하는 자는 대법원규칙으로 정하는 바에 따라 수수료를 내야 한다.

**제23조(등기신청인)** ① 등기는 법률에 다른 규정이 없는 경우에는 등기권리자(登記權利者)와 등기의무자(登記義務者)가 공동으로 신청한다.

② 소유권보존등기(所有權保存登記) 또는 소유권보존등기의 말소등기(抹消登記)는 등기명의인으로 될 자 또는 등기명의인이 단독으로 신청한다.

③ 상속, 법인의 합병, 그 밖에 대법원규칙으로 정하는 포괄승계에 따른 등기는 등기권리자가 단독으로 신청한다.

④ 등기절차의 이행 또는 인수를 명하는 판결에 의한 등기는 승소한 등기권리자 또는 등기의무자가 단독으로 신청하고, 공유물을 분할하는 판결에 의한 등기는 등기권리자 또는 등기의무자가 단독으로 신청한다.〈개정 2020.2.4.〉

⑤ 부동산표시의 변경이나 경정(更正)의 등기는 소유권의 등기명의인이 단독으로 신청한다.

⑥ 등기명의인표시의 변경이나 경정의 등기는 해당 권리의 등기명의인이 단독으로 신청한다.

⑦ 신탁재산에 속하는 부동산의 신탁등기는 수탁자(受託者)가 단독으로 신청한다. 〈신설 2013.5.28.〉

⑧ 수탁자가 「신탁법」 제3조제5항에 따라 타인에게 신탁재산에 대하여 신탁을 설정하는 경우 해당 신탁재산에 속하는 부동산에 관한 권리이전등기에 대하여는 새로운 신탁의 수탁자를 등기권리자로 하고 원래 신탁의 수탁자를 등기의무자로 한다. 이 경우 해당 신탁재산에 속하는 부동산의 신탁등기는 제7항에 따라 새로운 신탁의 수탁자가 단독으로 신청한다. 〈신설 2013.5.28.〉

**제24조(등기신청의 방법)** ① 등기는 다음 각 호의 어느 하나에 해당하는 방법으로 신청한다. 〈개정 2016.2.3.〉

1. 신청인 또는 그 대리인(代理人)이 등기소에 출석하여 신청정보 및 첨부정보를 적은 서면을 제출하는 방법. 다만, 대리인이 변호사[법무법인, 법무법인(유한) 및 법무조합을 포함한다. 이하 같다]나 법무사[법무사법인 및 법무사법인(유한)을 포함한다. 이하 같다]인 경우에는 대법원규칙으로 정하는 사무원을 등기소에 출석하게 하여 그 서면을 제출할 수 있다.

2. 대법원규칙으로 정하는 바에 따라 전산정보처리조직을 이용하여 신청정보 및 첨부정보를 보내는 방법(법원행정처장이 지정하는 등기유형으로 한정한다)

② 신청인이 제공하여야 하는 신청정보 및 첨부정보는 대법원규칙으로 정한다.

**제25조(신청정보의 제공방법)** 등기의 신청은 1건당 1개의 부동산에 관한 신청정보를 제공하는 방법으로 하여야 한다. 다만, 등기목적과 등기원인이 동일하거나 그 밖에 대법원규칙으로 정하는 경우에는 같은 등기소의 관할 내에 있는 여러 개의 부동산에 관한 신청정보를 일괄하여 제공하는 방법으로 할 수 있다.

**제26조(법인 아닌 사단 등의 등기신청)** ① 종중(宗中), 문중(門中), 그 밖에 대표자나 관리인이 있는 법인 아닌 사단(社團)이나 재단(財團)에 속하는 부동산의 등기에 관하여는 그 사단이나 재단을 등기권리자 또는 등기의무자로 한다.

② 제1항의 등기는 그 사단이나 재단의 명의로 그 대표자나 관리인이 신청한다.

**제27조(포괄승계인에 의한 등기신청)** 등기원인이 발생한 후에 등기권리자 또는 등기의 무자에 대하여 상속이나 그 밖의 포괄승계가 있는 경우에는 상속인이나 그 밖의 포괄승계인이 그 등기를 신청할 수 있다.

**제28조(채권자대위권에 의한 등기신청)** ① 채권자는 「민법」 제404조에 따라 채무자를 대위(代位)하여 등기를 신청할 수 있다.

② 등기관이 제1항 또는 다른 법령에 따른 대위신청에 의하여 등기를 할 때에는 대위자의 성명 또는 명칭, 주소 또는 사무소 소재지 및 대위원인을 기록하여야 한다.

**제29조(신청의 각하)** 등기관은 다음 각 호의 어느 하나에 해당하는 경우에만 이유를 적은 결정으로 신청을 각하(却下)하여야 한다. 다만, 신청의 잘못된 부분이 보정(補正)될 수 있는 경우로서 신청인이 등기관이 보정을 명한 날의 다음 날까지 그 잘못된 부분을 보정하였을 때에는 그러하지 아니하다.

1. 사건이 그 등기소의 관할이 아닌 경우
2. 사건이 등기할 것이 아닌 경우
3. 신청할 권한이 없는 자가 신청한 경우
4. 제24조제1항제1호에 따라 등기를 신청할 때에 당사자나 그 대리인이 출석하지 아니한 경우
5. 신청정보의 제공이 대법원규칙으로 정한 방식에 맞지 아니한 경우
6. 신청정보의 부동산 또는 등기의 목적인 권리의 표시가 등기기록과 일치하지 아니한 경우
7. 신청정보의 등기의무자의 표시가 등기기록과 일치하지 아니한 경우. 다만, 제27조에 따라 포괄승계인이 등기신청을 하는 경우는 제외한다.
8. 신청정보와 등기원인을 증명하는 정보가 일치하지 아니한 경우
9. 등기에 필요한 첨부정보를 제공하지 아니한 경우
10. 취득세(「지방세법」 제20조의2에 따라 분할납부하는 경우에는 등기하기 이전에 분할납부하여야 할 금액을 말한다), 등록면허세(등록에 대한 등록면허세만 해당한다) 또는 수수료를 내지 아니하거나 등기신청과 관련하여 다른 법률에 따라 부과된 의무를 이행하지 아니한 경우
11. 신청정보 또는 등기기록의 부동산의 표시가 토지대장·임야대장 또는 건축물대장과 일

치하지 아니한 경우

**제30조(등기완료의 통지)** 등기관이 등기를 마쳤을 때에는 대법원규칙으로 정하는 바에 따라 신청인 등에게 그 사실을 알려야 한다.

**제31조(행정구역의 변경)** 행정구역 또는 그 명칭이 변경되었을 때에는 등기기록에 기록된 행정구역 또는 그 명칭에 대하여 변경등기가 있는 것으로 본다.

**제32조(등기의 경정)** ① 등기관이 등기를 마친 후 그 등기에 착오(錯誤)나 빠진 부분이 있음을 발견하였을 때에는 지체 없이 그 사실을 등기권리자와 등기의무자에게 알려야 하고, 등기권리자와 등기의무자가 없는 경우에는 등기명의인에게 알려야 한다. 다만, 등기권리자, 등기의무자 또는 등기명의인이 각 2인 이상인 경우에는 그 중 1인에게 통지하면 된다.
② 등기관이 등기의 착오나 빠진 부분이 등기관의 잘못으로 인한 것임을 발견한 경우에는 지체 없이 그 등기를 직권으로 경정하여야 한다. 다만, 등기상 이해관계 있는 제3자가 있는 경우에는 제3자의 승낙이 있어야 한다.
③ 등기관이 제2항에 따라 경정등기를 하였을 때에는 그 사실을 등기권리자, 등기의무자 또는 등기명의인에게 알려야 한다. 이 경우 제1항 단서를 준용한다.
④ 채권자대위권에 의하여 등기가 마쳐진 때에는 제1항 및 제3항의 통지를 그 채권자에게도 하여야 한다. 이 경우 제1항 단서를 준용한다.

**제33조(새 등기기록에의 이기)** 등기기록에 기록된 사항이 많아 취급하기에 불편하게 되는 등 합리적 사유로 등기기록을 옮겨 기록할 필요가 있는 경우에 등기관은 현재 효력이 있는 등기만을 새로운 등기기록에 옮겨 기록할 수 있다.

## 제2절 표시에 관한 등기

### 제1관 토지의 표시에 관한 등기

**제34조(등기사항)** 등기관은 토지 등기기록의 표제부에 다음 각 호의 사항을 기록하여야 한다.

1. 표시번호
2. 접수연월일
3. 소재와 지번(地番)
4. 지목(地目)
5. 면적
6. 등기원인

**제35조(변경등기의 신청)** 토지의 분할, 합병이 있는 경우와 제34조의 등기사항에 변경이 있는 경우에는 그 토지 소유권의 등기명의인은 그 사실이 있는 때부터 1개월 이내에 그 등기를 신청하여야 한다.

**제36조(직권에 의한 표시변경등기)** ① 등기관이 지적(地籍)소관청으로부터 「공간정보의 구축 및 관리 등에 관한 법률」 제88조제3항의 통지를 받은 경우에 제35조의 기간 이내에 등기명의인으로부터 등기신청이 없을 때에는 그 통지서의 기재내용에 따른 변경의 등기를 직권으로 하여야 한다. 〈개정 2014.6.3.〉

② 제1항의 등기를 하였을 때에는 등기관은 지체 없이 그 사실을 지적소관청과 소유권의 등기명의인에게 알려야 한다. 다만, 등기명의인이 2인 이상인 경우에는 그 중 1인에게 통지하면 된다.

**제37조(합필 제한)** ① ① 합필(合筆)하려는 토지에 다음 각 호의 등기 외의 권리에 관한 등기가 있는 경우에는 합필의 등기를 할 수 없다. 〈개정 2020.2.4.〉

1. 소유권·지상권·전세권·임차권 및 승역지(承役地: 편익제공지)에 하는 지역권의 등기
2. 합필하려는 모든 토지에 있는 등기원인 및 그 연월일과 접수번호가 동일한 저당권에 관한 등기

3. 합필하려는 모든 토지에 있는 제81조제1항 각 호의 등기사항이 동일한 신탁등기

② 등기관이 제1항을 위반한 등기의 신청을 각하하면 지체 없이 그 사유를 지적소관청에 알려야 한다.

**제38조(합필의 특례)** ① 「공간정보의 구축 및 관리 등에 관한 법률」에 따른 토지합병 절차를 마친 후 합필등기(合筆登記)를 하기 전에 합병된 토지 중 어느 토지에 관하여 소유권이전등기가 된 경우라 하더라도 이해관계인의 승낙이 있으면 해당 토지의 소유권의 등기명의인들은 합필 후의 토지를 공유(共有)로 하는 합필등기를 신청할 수 있다. 〈개정 2014.6.3.〉

② 「공간정보의 구축 및 관리 등에 관한 법률」에 따른 토지합병절차를 마친 후 합필 등기를 하기 전에 합병된 토지 중 어느 토지에 관하여 제37조제1항에서 정한 합 필등기의 제한 사유에 해당하는 권리에 관한 등기가 된 경우라 하더라도 이해관 계인의 승낙이 있으면 해당 토지의 소유권의 등기명의인은 그 권리의 목적물을 합필 후의 토지에 관한 지분으로 하는 합필등기를 신청할 수 있다. 다만, 요역지 (要役地: 편익필요지)에 하는 지역권의 등기가 있는 경우에는 합필 후의 토지 전 체를 위한 지역권으로 하는 합필등기를 신청하여야 한다. 〈개정 2014.6.3.〉

**제39조(멸실등기의 신청)** 토지가 멸실된 경우에는 그 토지 소유권의 등기명의인은 그 사실이 있는 때부터 1개월 이내에 그 등기를 신청하여야 한다.

### 제2관 건물의 표시에 관한 등기

**제40조(등기사항)** ① 등기관은 건물 등기기록의 표제부에 다음 각 호의 사항을 기록하 여야 한다.

1. 표시번호
2. 접수연월일
3. 소재, 지번 및 건물번호. 다만, 같은 지번 위에 1개의 건물만 있는 경우에는 건물번호는 기록하지 아니한다.
4. 건물의 종류, 구조와 면적. 부속건물이 있는 경우에는 부속건물의 종류, 구조 와 면적도 함께 기록한다.
5. 등기원인
6. 도면의 번호[같은 지번 위에 여러 개의 건물이 있는 경우와 「집합건물의 소

유 및 관리에 관한 법률」 제2조제1호의 구분소유권(區分所有權)의 목적이 되
는 건물(이하 "구분건물"이라 한다)인 경우로 한정한다]

② 등기할 건물이 구분건물(區分建物)인 경우에 등기관은 제1항제3호의 소재, 지번 및
건물번호 대신 1동 건물의 등기기록의 표제부에는 소재와 지번, 건물명칭 및 번호
를 기록하고 전유부분의 등기기록의 표제부에는 건물번호를 기록하여야 한다.

③ 구분건물에 「집합건물의 소유 및 관리에 관한 법률」 제2조제6호의 대지사용권(垈
地使用權)으로서 건물과 분리하여 처분할 수 없는 것[이하 "대지권"(垈地權)이라
한다]이 있는 경우에는 등기관은 제2항에 따라 기록하여야 할 사항 외에 1동 건물
의 등기기록의 표제부에 대지권의 목적인 토지의 표시에 관한 사항을 기록하고 전
유부분의 등기기록의 표제부에는 대지권의 표시에 관한 사항을 기록하여야 한다.

④ 등기관이 제3항에 따라 대지권등기를 하였을 때에는 직권으로 대지권의 목적인
토지의 등기기록에 소유권, 지상권, 전세권 또는 임차권이 대지권이라는 뜻을 기
록하여야 한다.

**제41조(변경등기의 신청)** ① 건물의 분할, 구분, 합병이 있는 경우와 제40조의 등기사
항에 변경이 있는 경우에는 그 건물 소유권의 등기명의인은 그 사실이 있는 때부터
1개월 이내에 그 등기를 신청하여야 한다.

② 구분건물로서 표시등기만 있는 건물에 관하여는 제65조 각 호의 어느 하나에 해
당하는 자가 제1항의 등기를 신청하여야 한다.

③ 구분건물로서 그 대지권의 변경이나 소멸이 있는 경우에는 구분건물의 소유권의
등기명의인은 1동의 건물에 속하는 다른 구분건물의 소유권의 등기명의인을 대위
하여 그 등기를 신청할 수 있다.

④ 건물이 구분건물인 경우에 그 건물의 등기기록 중 1동 표제부에 기록하는 등기사
항에 관한 변경등기는 그 구분건물과 같은 1동의 건물에 속하는 다른 구분건물에
대하여도 변경등기로서의 효력이 있다.

**제42조(합병 제한)** ① 합병하려는 건물에 다음 각 호의 등기 외의 권리에 관한 등기가
있는 경우에는 합병의 등기를 할 수 없다. 〈개정 2020.2.4.〉

1. 소유권·전세권 및 임차권의 등기
2. 합병하려는 모든 건물에 있는 등기원인 및 그 연월일과 접수번호가 동일한
   저당권에 관한 등기

3. 합병하려는 모든 건물에 있는 제81조제1항 각 호의 등기사항이 동일한 신탁등기

② 등기관이 제1항을 위반한 등기의 신청을 각하하면 지체 없이 그 사유를 건축물대장 소관청에 알려야 한다.

**제43조(멸실등기의 신청)** ① 건물이 멸실된 경우에는 그 건물 소유권의 등기명의인은 그 사실이 있는 때부터 1개월 이내에 그 등기를 신청하여야 한다. 이 경우 제41조제2항을 준용한다.

② 제1항의 경우 그 소유권의 등기명의인이 1개월 이내에 멸실등기를 신청하지 아니하면 그 건물대지의 소유자가 건물 소유권의 등기명의인을 대위하여 그 등기를 신청할 수 있다.

③ 구분건물로서 그 건물이 속하는 1동 전부가 멸실된 경우에는 그 구분건물의 소유권의 등기명의인은 1동의 건물에 속하는 다른 구분건물의 소유권의 등기명의인을 대위하여 1동 전부에 대한 멸실등기를 신청할 수 있다.

**제44조(건물의 부존재)** ① 존재하지 아니하는 건물에 대한 등기가 있을 때에는 그 소유권의 등기명의인은 지체 없이 그 건물의 멸실등기를 신청하여야 한다.

② 그 건물 소유권의 등기명의인이 제1항에 따라 등기를 신청하지 아니하는 경우에는 제43조제2항을 준용한다.

③ 존재하지 아니하는 건물이 구분건물인 경우에는 제43조제3항을 준용한다.

**제45조(등기상 이해관계인이 있는 건물의 멸실)** ① 소유권 외의 권리가 등기되어 있는 건물에 대한 멸실등기의 신청이 있는 경우에 등기관은 그 권리의 등기명의인에게 1개월 이내의 기간을 정하여 그 기간까지 이의(異議)를 진술하지 아니하면 멸실등기를 한다는 뜻을 알려야 한다. 다만, 건축물대장에 건물멸실의 뜻이 기록되어 있거나 소유권 외의 권리의 등기명의인이 멸실등기에 동의한 경우에는 그러하지 아니하다.

② 제1항 본문의 경우에는 제58조제2항부터 제4항까지를 준용한다.

**제46조(구분건물의 표시에 관한 등기)** ① 1동의 건물에 속하는 구분건물 중 일부만에 관하여 소유권보존등기를 신청하는 경우에는 나머지 구분건물의 표시에 관한 등기를 동시에 신청하여야 한다.

② 제1항의 경우에 구분건물의 소유자는 1동에 속하는 다른 구분건물의 소유자를 대위하여 그 건물의 표시에 관한 등기를 신청할 수 있다.

③ 구분건물이 아닌 건물로 등기된 건물에 접속하여 구분건물을 신축한 경우에 그 신축건물의 소유권보존등기를 신청할 때에는 구분건물이 아닌 건물을 구분건물로 변경하는 건물의 표시변경등기를 동시에 신청하여야 한다. 이 경우 제2항을 준용한다.

**제47조(규약상 공용부분의 등기와 규약폐지에 따른 등기)** ① 「집합건물의 소유 및 관리에 관한 법률」 제3조제4항에 따른 공용부분(共用部分)이라는 뜻의 등기는 소유권의 등기명의인이 신청하여야 한다. 이 경우 공용부분인 건물에 소유권 외의 권리에 관한 등기가 있을 때에는 그 권리의 등기명의인의 승낙이 있어야 한다.

② 공용부분이라는 뜻을 정한 규약을 폐지한 경우에 공용부분의 취득자는 지체 없이 소유권보존등기를 신청하여야 한다.

## 제3절 권리에 관한 등기

### 제1관 통칙

**제48조(등기사항)** ① 등기관이 갑구 또는 을구에 권리에 관한 등기를 할 때에는 다음 각 호의 사항을 기록하여야 한다.

1. 순위번호
2. 등기목적
3. 접수연월일 및 접수번호
4. 등기원인 및 그 연월일
5. 권리자

② 제1항제5호의 권리자에 관한 사항을 기록할 때에는 권리자의 성명 또는 명칭 외에 주민등록번호 또는 부동산등기용등록번호와 주소 또는 사무소 소재지를 함께 기록하여야 한다.

③ 제26조에 따라 법인 아닌 사단이나 재단 명의의 등기를 할 때에는 그 대표자나 관리인의 성명, 주소 및 주민등록번호를 함께 기록하여야 한다.

④ 제1항제5호의 권리자가 2인 이상인 경우에는 권리자별 지분을 기록하여야 하고 등기할 권리가 합유(合有)인 때에는 그 뜻을 기록하여야 한다.

**제49조(등록번호의 부여절차)** ① 제48조제2항에 따른 부동산등기용등록번호(이하 "등록번호"라 한다)는 다음 각 호의 방법에 따라 부여한다. 〈개정 2013.3.23., 2014.3.18., 2015.7.24.〉

1. 국가·지방자치단체·국제기관 및 외국정부의 등록번호는 국토교통부장관이 지정·고시한다.

2. 주민등록번호가 없는 재외국민의 등록번호는 대법원 소재지 관할 등기소의 등기관이 부여하고, 법인의 등록번호는 주된 사무소(회사의 경우에는 본점, 외국법인의 경우에는 국내에 최초로 설치 등기를 한 영업소나 사무소를 말한다) 소재지 관할 등기소의 등기관이 부여한다.

3. 법인 아닌 사단이나 재단 및 국내에 영업소나 사무소의 설치 등기를 하지 아니한 외국법인의 등록번호는 시장(「제주특별자치도 설치 및 국제자유도시 조성을 위한 특별법」 제10조제2항에 따른 행정시의 시장을 포함하며, 「지방자치법」 제3조제3항에 따라 자치구가 아닌 구를 두는 시의 시장은 제외한다), 군수 또는 구청장(자치구가 아닌 구의 구청장을 포함한다)이 부여한다.

4. 외국인의 등록번호는 체류지(국내에 체류지가 없는 경우에는 대법원 소재지에 체류지가 있는 것으로 본다)를 관할하는 지방출입국·외국인관서의 장이 부여한다.

② 제1항제2호에 따른 등록번호의 부여절차는 대법원규칙으로 정하고, 제1항제3호와 제4호에 따른 등록번호의 부여절차는 대통령령으로 정한다.

**제50조(등기필정보)** ① 등기관이 새로운 권리에 관한 등기를 마쳤을 때에는 등기필정보를 작성하여 등기권리자에게 통지하여야 한다. 다만, 다음 각 호의 어느 하나에 해당하는 경우에는 그러하지 아니하다.

1. 등기권리자가 등기필정보의 통지를 원하지 아니하는 경우
2. 국가 또는 지방자치단체가 등기권리자인 경우
3. 제1호 및 제2호에서 규정한 경우 외에 대법원규칙으로 정하는 경우

② 등기권리자와 등기의무자가 공동으로 권리에 관한 등기를 신청하는 경우에 신청인은 그 신청정보와 함께 제1항에 따라 통지받은 등기의무자의 등기필정보를 등기소에 제공하여야 한다. 승소한 등기의무자가 단독으로 권리에 관한 등기를 신청하는 경우에도 또한 같다.

**제51조(등기필정보가 없는 경우)** 제50조제2항의 경우에 등기의무자의 등기필정보가 없을 때에는 등기의무자 또는 그 법정대리인(이하 "등기의무자등"이라 한다)이 등기소에 출석하여 등기관으로부터 등기의무자등임을 확인받아야 한다. 다만, 등기신청인의 대리인(변호사나 법무사만을 말한다)이 등기의무자등으로부터 위임받았음을 확인한 경우 또는 신청서(위임에 의한 대리인이 신청하는 경우에는 그 권한을 증명하는 서면을 말한다) 중 등기의무자등의 작성부분에 관하여 공증(公證)을 받은 경우에는 그러하지 아니하다.

**제52조(부기로 하는 등기)** 등기관이 다음 각 호의 등기를 할 때에는 부기로 하여야 한다. 다만, 제5호의 등기는 등기상 이해관계 있는 제3자의 승낙이 없는 경우에는 그러하지 아니하다.
1. 등기명의인표시의 변경이나 경정의 등기
2. 소유권 외의 권리의 이전등기
3. 소유권 외의 권리를 목적으로 하는 권리에 관한 등기
4. 소유권 외의 권리에 대한 처분제한 등기
5. 권리의 변경이나 경정의 등기
6. 제53조의 환매특약등기
7. 제54조의 권리소멸약정등기
8. 제67조제1항 후단의 공유물 분할금지의 약정등기
9. 그 밖에 대법원규칙으로 정하는 등기

**제53조(환매특약의 등기)** 등기관이 환매특약의 등기를 할 때에는 다음 각 호의 사항을 기록하여야 한다. 다만, 제3호는 등기원인에 그 사항이 정하여져 있는 경우에만 기록한다.
1. 매수인이 지급한 대금
2. 매매비용
3. 환매기간

**제54조(권리소멸약정의 등기)** 등기원인에 권리의 소멸에 관한 약정이 있을 경우 신청인은 그 약정에 관한 등기를 신청할 수 있다.

**제55조(사망 등으로 인한 권리의 소멸과 말소등기)** 등기명의인인 사람의 사망 또는 법인의 해산으로 권리가 소멸한다는 약정이 등기되어 있는 경우에 사람의 사망 또는 법인의 해산으로 그 권리가 소멸하였을 때에는, 등기권리자는 그 사실을 증명하여 단독으로 해당 등기의 말소를 신청할 수 있다.

**제56조(등기의무자의 소재불명과 말소등기)** ① 등기권리자가 등기의무자의 소재불명으로 인하여 공동으로 등기의 말소를 신청할 수 없을 때에는「민사소송법」에 따라 공시최고(公示催告)를 신청할 수 있다.

② 제1항의 경우에 제권판결(除權判決)이 있으면 등기권리자가 그 사실을 증명하여 단독으로 등기의 말소를 신청할 수 있다.

**제57조(이해관계 있는 제3자가 있는 등기의 말소)** ① 등기의 말소를 신청하는 경우에 그 말소에 대하여 등기상 이해관계 있는 제3자가 있을 때에는 제3자의 승낙이 있어야 한다.

② 제1항에 따라 등기를 말소할 때에는 등기상 이해관계 있는 제3자 명의의 등기는 등기관이 직권으로 말소한다.

**제58조(직권에 의한 등기의 말소)** ① 등기관이 등기를 마친 후 그 등기가 제29조제1호 또는 제2호에 해당된 것임을 발견하였을 때에는 등기권리자, 등기의무자와 등기상 이해관계 있는 제3자에게 1개월 이내의 기간을 정하여 그 기간에 이의를 진술하지 아니하면 등기를 말소한다는 뜻을 통지하여야 한다.

② 제1항의 경우 통지를 받을 자의 주소 또는 거소(居所)를 알 수 없으면 제1항의 통지를 갈음하여 제1항의 기간 동안 등기소 게시장에 이를 게시하거나 대법원규칙으로 정하는 바에 따라 공고하여야 한다.

③ 등기관은 제1항의 말소에 관하여 이의를 진술한 자가 있으면 그 이의에 대한 결정을 하여야 한다.

④ 등기관은 제1항의 기간 이내에 이의를 진술한 자가 없거나 이의를 각하한 경우에는 제1항의 등기를 직권으로 말소하여야 한다.

**제59조(말소등기의 회복)** 말소된 등기의 회복(回復)을 신청하는 경우에 등기상 이해관계 있는 제3자가 있을 때에는 그 제3자의 승낙이 있어야 한다.

**제60조(대지사용권의 취득)** ① 구분건물을 신축한 자가 「집합건물의 소유 및 관리에 관한 법률」 제2조제6호의 대지사용권을 가지고 있는 경우에 대지권에 관한 등기를 하지 아니하고 구분건물에 관하여만 소유권이전등기를 마쳤을 때에는 현재의 구분건물의 소유명의인과 공동으로 대지사용권에 관한 이전등기를 신청할 수 있다.
② 구분건물을 신축하여 양도한 자가 그 건물의 대지사용권을 나중에 취득하여 이전하기로 약정한 경우에는 제1항을 준용한다.
③ 제1항 및 제2항에 따른 등기는 대지권에 관한 등기와 동시에 신청하여야 한다.

**제61조(구분건물의 등기기록에 대지권등기가 되어 있는 경우)** ① 대지권을 등기한 후에 한 건물의 권리에 관한 등기는 대지권에 대하여 동일한 등기로서 효력이 있다. 다만, 그 등기에 건물만에 관한 것이라는 뜻의 부기가 되어 있을 때에는 그러하지 아니하다.
② 제1항에 따라 대지권에 대한 등기로서의 효력이 있는 등기와 대지권의 목적인 토지의 등기기록 중 해당 구에 한 등기의 순서는 접수번호에 따른다.
③ 대지권이 등기된 구분건물의 등기기록에는 건물만에 관한 소유권이전등기 또는 저당권설정등기, 그 밖에 이와 관련이 있는 등기를 할 수 없다.
④ 토지의 소유권이 대지권인 경우에 대지권이라는 뜻의 등기가 되어 있는 토지의 등기기록에는 소유권이전등기, 저당권설정등기, 그 밖에 이와 관련이 있는 등기를 할 수 없다.
⑤ 지상권, 전세권 또는 임차권이 대지권인 경우에는 제4항을 준용한다.

**제62조(소유권변경 사실의 통지)** 등기관이 다음 각 호의 등기를 하였을 때에는 지체 없이 그 사실을 토지의 경우에는 지적소관청에, 건물의 경우에는 건축물대장 소관청에 각각 알려야 한다.
1. 소유권의 보존 또는 이전
2. 소유권의 등기명의인표시의 변경 또는 경정
3. 소유권의 변경 또는 경정

4. 소유권의 말소 또는 말소회복

**제63조(과세자료의 제공)** 등기관이 소유권의 보존 또는 이전의 등기[가등기(假登記)를 포함한다]를 하였을 때에는 대법원규칙으로 정하는 바에 따라 지체 없이 그 사실을 부동산 소재지 관할 세무서장에게 통지하여야 한다.

### 제2관 소유권에 관한 등기

**제64조(소유권보존등기의 등기사항)** 등기관이 소유권보존등기를 할 때에는 제48조제1항제4호에도 불구하고 등기원인과 그 연월일을 기록하지 아니한다.

**제65조(소유권보존등기의 신청인)** 미등기의 토지 또는 건물에 관한 소유권보존등기는 다음 각 호의 어느 하나에 해당하는 자가 신청할 수 있다.
1. 토지대장, 임야대장 또는 건축물대장에 최초의 소유자로 등록되어 있는 자 또는 그 상속인, 그 밖의 포괄승계인
2. 확정판결에 의하여 자기의 소유권을 증명하는 자
3. 수용(收用)으로 인하여 소유권을 취득하였음을 증명하는 자
4. 특별자치도지사, 시장, 군수 또는 구청장(자치구의 구청장을 말한다)의 확인에 의하여 자기의 소유권을 증명하는 자(건물의 경우로 한정한다)

**제66조(미등기부동산의 처분제한의 등기와 직권보존)** ① 등기관이 미등기부동산에 대하여 법원의 촉탁에 따라 소유권의 처분제한의 등기를 할 때에는 직권으로 소유권보존등기를 하고, 처분제한의 등기를 명하는 법원의 재판에 따라 소유권의 등기를 한다는 뜻을 기록하여야 한다.
② 등기관이 제1항에 따라 건물에 대한 소유권보존등기를 하는 경우에는 제65조를 적용하지 아니한다. 다만, 그 건물이 「건축법」상 사용승인을 받아야 할 건물임에도 사용승인을 받지 아니하였다면 그 사실을 표제부에 기록하여야 한다.
③ 제2항 단서에 따라 등기된 건물에 대하여 「건축법」상 사용승인이 이루어진 경우에는 그 건물 소유권의 등기명의인은 1개월 이내에 제2항 단서의 기록에 대한 말소등기를 신청하여야 한다.

**제67조(소유권의 일부이전)** ① 등기관이 소유권의 일부에 관한 이전등기를 할 때에는 이전되는 지분을 기록하여야 한다. 이 경우 등기원인에 「민법」 제268조제1항 단서의 약정이 있을 때에는 그 약정에 관한 사항도 기록하여야 한다.

② 제1항 후단의 약정의 변경등기는 공유자 전원이 공동으로 신청하여야 한다.

**제68조(거래가액의 등기)** 등기관이 「부동산 거래신고 등에 관한 법률」 제3조제1항에서 정하는 계약을 등기원인으로 한 소유권이전등기를 하는 경우에는 대법원규칙으로 정하는 바에 따라 거래가액을 기록한다. 〈개정 2015.7.24., 2016.1.19.〉

### 제3관 용익권(用益權)에 관한 등기

**제69조(지상권의 등기사항)** 등기관이 지상권설정의 등기를 할 때에는 제48조에서 규정한 사항 외에 다음 각 호의 사항을 기록하여야 한다. 다만, 제3호부터 제5호까지는 등기원인에 그 약정이 있는 경우에만 기록한다.

1. 지상권설정의 목적
2. 범위
3. 존속기간
4. 지료와 지급시기
5. 「민법」 제289조의2제1항 후단의 약정
6. 지상권설정의 범위가 토지의 일부인 경우에는 그 부분을 표시한 도면의 번호

**제70조(지역권의 등기사항)** 등기관이 승역지의 등기기록에 지역권설정의 등기를 할 때에는 제48조제1항제1호부터 제4호까지에서 규정한 사항 외에 다음 각 호의 사항을 기록하여야 한다. 다만, 제4호는 등기원인에 그 약정이 있는 경우에만 기록한다.

1. 지역권설정의 목적
2. 범위
3. 요역지
4. 「민법」 제292조제1항 단서, 제297조제1항 단서 또는 제298조의 약정
5. 승역지의 일부에 지역권설정의 등기를 할 때에는 그 부분을 표시한 도면의 번호

**제71조(요역지지역권의 등기사항)** ① 등기관이 승역지에 지역권설정의 등기를 하였을 때에는 직권으로 요역지의 등기기록에 다음 각 호의 사항을 기록하여야 한다.

    1. 순위번호

    2. 등기목적

    3. 승역지

    4. 지역권설정의 목적

    5. 범위

    6. 등기연월일

② 등기관은 요역지가 다른 등기소의 관할에 속하는 때에는 지체 없이 그 등기소에 승역지, 요역지, 지역권설정의 목적과 범위, 신청서의 접수연월일을 통지하여야 한다.

③ 제2항의 통지를 받은 등기소의 등기관은 지체 없이 요역지인 부동산의 등기기록에 제1항제1호부터 제5호까지의 사항, 그 통지의 접수연월일 및 그 접수번호를 기록하여야 한다.

④ 등기관이 지역권의 변경등기 또는 말소등기를 할 때에는 제2항 및 제3항을 준용한다.

**제72조(전세권 등의 등기사항)** ① 등기관이 전세권설정이나 전전세(轉傳貰)의 등기를 할 때에는 제48조에서 규정한 사항 외에 다음 각 호의 사항을 기록하여야 한다. 다만, 제3호부터 제5호까지는 등기원인에 그 약정이 있는 경우에만 기록한다.

    1. 전세금 또는 전전세금

    2. 범위

    3. 존속기간

    4. 위약금 또는 배상금

    5. 「민법」 제306조 단서의 약정

    6. 전세권설정이나 전전세의 범위가 부동산의 일부인 경우에는 그 부분을 표시한 도면의 번호

② 여러 개의 부동산에 관한 권리를 목적으로 하는 전세권설정의 등기를 하는 경우에는 제78조를 준용한다.

**제73조(전세금반환채권의 일부양도에 따른 전세권 일부이전등기)** ① 등기관이 전세금반환채권의 일부 양도를 원인으로 한 전세권 일부이전등기를 할 때에는 양도액을 기록한다.

② 제1항의 전세권 일부이전등기의 신청은 전세권의 존속기간의 만료 전에는 할 수

없다. 다만, 존속기간 만료 전이라도 해당 전세권이 소멸하였음을 증명하여 신청하는 경우에는 그러하지 아니하다.

**제74조(임차권 등의 등기사항)** 등기관이 임차권 설정 또는 임차물 전대(轉貸)의 등기를 할 때에는 제48조에서 규정한 사항 외에 다음 각 호의 사항을 기록하여야 한다. 다만, 제3호부터 제6호까지는 등기원인에 그 사항이 있는 경우에만 기록한다. 〈개정 2020. 2. 4.〉

1. 차임(借賃)
2. 범위
3. 차임지급시기
4. 존속기간. 다만, 처분능력 또는 처분권한 없는 임대인에 의한 「민법」 제619조의 단기임대차인 경우에는 그 뜻도 기록한다.
5. 임차보증금
6. 임차권의 양도 또는 임차물의 전대에 대한 임대인의 동의
7. 임차권설정 또는 임차물전대의 범위가 부동산의 일부인 때에는 그 부분을 표시한 도면의 번호다.

### 제4관 담보권에 관한 등기

**제75조(저당권의 등기사항)** ① 등기관이 저당권설정의 등기를 할 때에는 제48조에서 규정한 사항 외에 다음 각 호의 사항을 기록하여야 한다. 다만, 제3호부터 제8호까지는 등기원인에 그 약정이 있는 경우에만 기록한다.

1. 채권액
2. 채무자의 성명 또는 명칭과 주소 또는 사무소 소재지
3. 변제기(辨濟期)
4. 이자 및 그 발생기·지급시기
5. 원본(元本) 또는 이자의 지급장소
6. 채무불이행(債務不履行)으로 인한 손해배상에 관한 약정
7. 「민법」 제358조 단서의 약정
8. 채권의 조건

② 등기관은 제1항의 저당권의 내용이 근저당권(根抵當權)인 경우에는 제48조에서 규정한 사항 외에 다음 각 호의 사항을 기록하여야 한다. 다만, 제3호 및 제4호

는 등기원인에 그 약정이 있는 경우에만 기록한다.

1. 채권의 최고액
2. 채무자의 성명 또는 명칭과 주소 또는 사무소 소재지
3. 「민법」 제358조 단서의 약정
4. 존속기간

**제76조(저당권부채권에 대한 질권 등의 등기사항)** ① 등기관이 「민법」 제348조에 따라 저당권부채권(抵當權附債權)에 대한 질권의 등기를 할 때에는 제48조에서 규정한 사항 외에 다음 각 호의 사항을 기록하여야 한다.

1. 채권액 또는 채권최고액
2. 채무자의 성명 또는 명칭과 주소 또는 사무소 소재지
3. 변제기와 이자의 약정이 있는 경우에는 그 내용

② 등기관이 「동산·채권 등의 담보에 관한 법률」 제37조에서 준용하는 「민법」 제348조에 따른 채권담보권의 등기를 할 때에는 제48조에서 정한 사항 외에 다음 각 호의 사항을 기록하여야 한다.

1. 채권액 또는 채권최고액
2. 채무자의 성명 또는 명칭과 주소 또는 사무소 소재지
3. 변제기와 이자의 약정이 있는 경우에는 그 내용

**제77조(피담보채권이 금액을 목적으로 하지 아니하는 경우)** 등기관이 일정한 금액을 목적으로 하지 아니하는 채권을 담보하기 위한 저당권설정의 등기를 할 때에는 그 채권의 평가액을 기록하여야 한다.

**제78조(공동저당의 등기)** ① 등기관이 동일한 채권에 관하여 여러 개의 부동산에 관한 권리를 목적으로 하는 저당권설정의 등기를 할 때에는 각 부동산의 등기기록에 그 부동산에 관한 권리가 다른 부동산에 관한 권리와 함께 저당권의 목적으로 제공된 뜻을 기록하여야 한다.

② 등기관은 제1항의 경우에 부동산이 5개 이상일 때에는 공동담보목록을 작성하여야 한다.

③ 제2항의 공동담보목록은 등기기록의 일부로 본다.

④ 등기관이 1개 또는 여러 개의 부동산에 관한 권리를 목적으로 하는 저당권설정의 등기를 한 후 동일한 채권에 대하여 다른 1개 또는 여러 개의 부동산에 관한 권리를 목적으로 하는 저당권설정의 등기를 할 때에는 그 등기와 종전의 등기에 각 부동산에 관한 권리가 함께 저당권의 목적으로 제공된 뜻을 기록하여야 한다. 이 경우 제2항 및 제3항을 준용한다.

⑤ 제4항의 경우 종전에 등기한 부동산이 다른 등기소의 관할에 속할 때에는 제71조제2항 및 제3항을 준용한다.

**제79조(채권일부의 양도 또는 대위변제로 인한 저당권 일부이전등기의 등기사항)** 등기관이 채권의 일부에 대한 양도 또는 대위변제(代位辨濟)로 인한 저당권 일부이전등기를 할 때에는 제48조에서 규정한 사항 외에 양도액 또는 변제액을 기록하여야 한다.

**제80조(공동저당의 대위등기)** ① 등기관이 「민법」 제368조제2항 후단의 대위등기를 할 때에는 제48조에서 규정한 사항 외에 다음 각 호의 사항을 기록하여야 한다.

1. 매각 부동산(소유권 외의 권리가 저당권의 목적일 때에는 그 권리를 말한다)
2. 매각대금
3. 선순위 저당권자가 변제받은 금액

② 제1항의 등기에는 제75조를 준용한다.

### 제5관 신탁에 관한 등기

제81조(신탁등기의 등기사항) ① 등기관이 신탁등기를 할 때에는 다음 각 호의 사항을 기록한 신탁원부(信託原簿)를 작성하고, 등기기록에는 제48조에서 규정한 사항 외에 그 신탁원부의 번호를 기록하여야 한다. 〈개정 2014.3.18.〉

1. 위탁자(委託者), 수탁자 및 수익자(受益者)의 성명 및 주소(법인인 경우에는 그 명칭 및 사무소 소재지를 말한다)
2. 수익자를 지정하거나 변경할 수 있는 권한을 갖는 자를 정한 경우에는 그 자의 성명 및 주소(법인인 경우에는 그 명칭 및 사무소 소재지를 말한다)
3. 수익자를 지정하거나 변경할 방법을 정한 경우에는 그 방법
4. 수익권의 발생 또는 소멸에 관한 조건이 있는 경우에는 그 조건

  5. 신탁관리인이 선임된 경우에는 신탁관리인의 성명 및 주소(법인인 경우에는
     그 명칭 및 사무소 소재지를 말한다)
  6. 수익자가 없는 특정의 목적을 위한 신탁인 경우에는 그 뜻
  7. 「신탁법」 제3조제5항에 따라 수탁자가 타인에게 신탁을 설정하는 경우에는
     그 뜻
  8. 「신탁법」 제59조제1항에 따른 유언대용신탁인 경우에는 그 뜻
  9. 「신탁법」 제60조에 따른 수익자연속신탁인 경우에는 그 뜻
  10. 「신탁법」 제78조에 따른 수익증권발행신탁인 경우에는 그 뜻
  11. 「공익신탁법」에 따른 공익신탁인 경우에는 그 뜻
  12. 「신탁법」 제114조제1항에 따른 유한책임신탁인 경우에는 그 뜻
  13. 신탁의 목적
  14. 신탁재산의 관리, 처분, 운용, 개발, 그 밖에 신탁 목적의 달성을 위하여
     필요한 방법
  15. 신탁종료의 사유
  16. 그 밖의 신탁 조항
  ② 제1항제5호, 제6호, 제10호 및 제11호의 사항에 관하여 등기를 할 때에는 수익자
  의 성명 및 주소를 기재하지 아니할 수 있다.
  ③ 제1항의 신탁원부는 등기기록의 일부로 본다.
  [전문개정 2013.5.28.]


**제82조(신탁등기의 신청방법)** ① 신탁등기의 신청은 해당 부동산에 관한 권리의 설정
등기, 보존등기, 이전등기 또는 변경등기의 신청과 동시에 하여야 한다.
  ② 수익자나 위탁자는 수탁자를 대위하여 신탁등기를 신청할 수 있다. 이 경우 제1
  항은 적용하지 아니한다.
  ③ 제2항에 따른 대위등기의 신청에 관하여는 제28조제2항을 준용한다.
  [전문개정 2013.5.28.]


**제82조의2(신탁의 합병·분할 등에 따른 신탁등기의 신청)** ① 신탁의 합병 또는 분할
로 인하여 하나의 신탁재산에 속하는 부동산에 관한 권리가 다른 신탁의 신탁재산에
귀속되는 경우 신탁등기의 말소등기 및 새로운 신탁등기의 신청은 신탁의 합병 또는
분할로 인한 권리변경등기의 신청과 동시에 하여야 한다.

② 「신탁법」 제34조제1항제3호 및 같은 조 제2항에 따라 여러 개의 신탁을 인수한 수탁자가 하나의 신탁재산에 속하는 부동산에 관한 권리를 다른 신탁의 신탁재산에 귀속시키는 경우 신탁등기의 신청방법에 관하여는 제1항을 준용한다.
[본조신설 2013. 5. 28.]

**제83조(수탁자의 임무 종료에 의한 등기)** 다음 각 호의 어느 하나에 해당하여 수탁자의 임무가 종료된 경우 신수탁자는 단독으로 신탁재산에 속하는 부동산에 관한 권리이전등기를 신청할 수 있다. 〈개정 2014.3.18.〉
1. 「신탁법」 제12조제1항 각 호의 어느 하나에 해당하여 수탁자의 임무가 종료된 경우
2. 「신탁법」 제16조제1항에 따라 수탁자를 해임한 경우
3. 「신탁법」 제16조제3항에 따라 법원이 수탁자를 해임한 경우
4. 「공익신탁법」 제27조에 따라 법무부장관이 직권으로 공익신탁의 수탁자를 해임한 경우
[전문개정 2013.5.28.]

**제84조(수탁자가 여러 명인 경우)** ① 수탁자가 여러 명인 경우 등기관은 신탁재산이 합유인 뜻을 기록하여야 한다.
② 여러 명의 수탁자 중 1인이 제83조 각 호의 어느 하나의 사유로 그 임무가 종료된 경우 다른 수탁자는 단독으로 권리변경등기를 신청할 수 있다. 이 경우 다른 수탁자가 여러 명일 때에는 그 전원이 공동으로 신청하여야 한다.
[전문개정 2013.5.28.]

**제84조의2(신탁재산에 관한 등기신청의 특례)** 다음 각 호의 어느 하나에 해당하는 경우 수탁자는 단독으로 해당 신탁재산에 속하는 부동산에 관한 권리변경등기를 신청할 수 있다.
1. 「신탁법」 제3조제1항제3호에 따라 신탁을 설정하는 경우
2. 「신탁법」 제34조제2항 각 호의 어느 하나에 해당하여 다음 각 목의 어느 하나의 행위를 하는 것이 허용된 경우
   가. 수탁자가 신탁재산에 속하는 부동산에 관한 권리를 고유재산에 귀속시키는 행위
   나. 수탁자가 고유재산에 속하는 부동산에 관한 권리를 신탁재산에 귀속시키는 행위
   다. 여러 개의 신탁을 인수한 수탁자가 하나의 신탁재산에 속하는 부동산에 관한

권리를 다른 신탁의 신탁재산에 귀속시키는 행위

3. 「신탁법」제90조 또는 제94조에 따라 수탁자가 신탁을 합병, 분할 또는 분할합
병하는 경우

[본조신설 2013.5.28.]

**제85조(촉탁에 의한 신탁변경등기)** ① 법원은 다음 각 호의 어느 하나에 해당하는 재
판을 한 경우 지체 없이 신탁원부 기록의 변경등기를 등기소에 촉탁하여야 한다.

1. 수탁자 해임의 재판
2. 신탁관리인의 선임 또는 해임의 재판
3. 신탁 변경의 재판

② 법무부장관은 다음 각 호의 어느 하나에 해당하는 경우 지체 없이 신탁원부 기록
의 변경등기를 등기소에 촉탁하여야 한다. 〈개정 2014.3.18.〉

1. 수탁자를 직권으로 해임한 경우
2. 신탁관리인을 직권으로 선임하거나 해임한 경우
3. 신탁내용의 변경을 명한 경우

③ 등기관이 제1항제1호 및 제2항제1호에 따라 법원 또는 주무관청의 촉탁에 의하여
수탁자 해임에 관한 신탁원부 기록의 변경등기를 하였을 때에는 직권으로 등기
기록에 수탁자 해임의 뜻을 부기하여야 한다.

[전문개정 2013.5.28.]

**제85조의2(직권에 의한 신탁변경등기)** 등기관이 신탁재산에 속하는 부동산에 관한 권
리에 대하여 다음 각 호의 어느 하나에 해당하는 등기를 할 경우 직권으로 그 부동
산에 관한 신탁원부 기록의 변경등기를 하여야 한다.

1. 수탁자의 변경으로 인한 이전등기
2. 여러 명의 수탁자 중 1인의 임무 종료로 인한 변경등기
3. 수탁자인 등기명의인의 성명 및 주소(법인인 경우에는 그 명칭 및 사무소 소재지
를 말한다)에 관한 변경등기 또는 경정등기

[본조신설 2013.5.28.]

**제86조(신탁변경등기의 신청)** 수탁자는 제85조 및 제85조의2에 해당하는 경우를 제외

하고 제81조제1항 각 호의 사항이 변경되었을 때에는 지체 없이 신탁원부 기록의 변경등기를 신청하여야 한다. 〈개정 2013.5.28.〉

**제87조(신탁등기의 말소)** ① 신탁재산에 속한 권리가 이전, 변경 또는 소멸됨에 따라 신탁재산에 속하지 아니하게 된 경우 신탁등기의 말소신청은 신탁된 권리의 이전등기, 변경등기 또는 말소등기의 신청과 동시에 하여야 한다.

② 신탁종료로 인하여 신탁재산에 속한 권리가 이전 또는 소멸된 경우에는 제1항을 준용한다.

③ 신탁등기의 말소등기는 수탁자가 단독으로 신청할 수 있다.

④ 신탁등기의 말소등기의 신청에 관하여는 제82조제2항 및 제3항을 준용한다.

[전문개정 2013.5.28.]

**제87조의2(담보권신탁에 관한 특례)** ① 위탁자가 자기 또는 제3자 소유의 부동산에 채권자가 아닌 수탁자를 저당권자로 하여 설정한 저당권을 신탁재산으로 하고 채권자를 수익자로 지정한 신탁의 경우 등기관은 그 저당권에 의하여 담보되는 피담보채권이 여럿이고 각 피담보채권별로 제75조에 따른 등기사항이 다를 때에는 제75조에 따른 등기사항을 각 채권별로 구분하여 기록하여야 한다.

② 제1항에 따른 신탁의 신탁재산에 속하는 저당권에 의하여 담보되는 피담보채권이 이전되는 경우 수탁자는 신탁원부 기록의 변경등기를 신청하여야 한다.

③ 제1항에 따른 신탁의 신탁재산에 속하는 저당권의 이전등기를 하는 경우에는 제79조를 적용하지 아니한다.

[본조신설 2013.5.28.]

**제87조의3(신탁재산관리인이 선임된 신탁의 등기)** 「신탁법」 제17조제1항 또는 제18조제1항에 따라 신탁재산관리인이 선임된 신탁의 경우 제23조제7항·제8항, 제81조, 제82조, 제82조의2, 제84조제1항, 제84조의2, 제85조제1항·제2항, 제85조의2제3호, 제86조, 제87조 및 제87조의2를 적용할 때에는 "수탁자"는 "신탁재산관리인"으로 본다.

[본조신설 2013.5.28.]

## 제6관 가등기

**제88조(가등기의 대상)** 가등기는 제3조 각 호의 어느 하나에 해당하는 권리의 설정, 이전, 변경 또는 소멸의 청구권(請求權)을 보전(保全)하려는 때에 한다. 그 청구권이 시기부(始期附) 또는 정지조건부(停止條件附)일 경우나 그 밖에 장래에 확정될 것인 경우에도 같다.

**제89조(가등기의 신청방법)** 가등기권리자는 제23조제1항에도 불구하고 가등기의무자의 승낙이 있거나 가등기를 명하는 법원의 가처분명령(假處分命令)이 있을 때에는 단독으로 가등기를 신청할 수 있다.

**제90조(가등기를 명하는 가처분명령)** ① 제89조의 가등기를 명하는 가처분명령은 부동산의 소재지를 관할하는 지방법원이 가등기권리자의 신청으로 가등기 원인사실의 소명이 있는 경우에 할 수 있다.
② 제1항의 신청을 각하한 결정에 대하여는 즉시항고(卽時抗告)를 할 수 있다.
③ 제2항의 즉시항고에 관하여는 「비송사건절차법」을 준용한다.

**제91조(가등기에 의한 본등기의 순위)** 가등기에 의한 본등기(本登記)를 한 경우 본등기의 순위는 가등기의 순위에 따른다.

**제92조(가등기에 의하여 보전되는 권리를 침해하는 가등기 이후 등기의 직권말소)** ① 등기관은 가등기에 의한 본등기를 하였을 때에는 대법원규칙으로 정하는 바에 따라 가등기 이후에 된 등기로서 가등기에 의하여 보전되는 권리를 침해하는 등기를 직권으로 말소하여야 한다.
② 등기관이 제1항에 따라 가등기 이후의 등기를 말소하였을 때에는 지체 없이 그 사실을 말소된 권리의 등기명의인에게 통지하여야 한다.

**제93조(가등기의 말소)** ① 가등기명의인은 제23조제1항에도 불구하고 단독으로 가등기의 말소를 신청할 수 있다.

② 가등기의무자 또는 가등기에 관하여 등기상 이해관계 있는 자는 제23조제1항에도 불구하고 가등기명의인의 승낙을 받아 단독으로 가등기의 말소를 신청할 수 있다.

## 제7관 가처분에 관한 등기

**제94조(가처분등기 이후의 등기 등의 말소)** ① 「민사집행법」 제305조제3항에 따라 권리의 이전, 말소 또는 설정등기청구권을 보전하기 위한 처분금지가처분등기가 된 후 가처분채권자가 가처분채무자를 등기의무자로 하여 권리의 이전, 말소 또는 설정의 등기를 신청하는 경우에는, 대법원규칙으로 정하는 바에 따라 그 가처분등기 이후에 된 등기로서 가처분채권자의 권리를 침해하는 등기의 말소를 단독으로 신청할 수 있다.

② 등기관이 제1항의 신청에 따라 가처분등기 이후의 등기를 말소할 때에는 직권으로 그 가처분등기도 말소하여야 한다. 가처분등기 이후의 등기가 없는 경우로서 가처분채무자를 등기의무자로 하는 권리의 이전, 말소 또는 설정의 등기만을 할 때에도 또한 같다. 〈개정 2020. 2. 4.〉

③ 등기관이 제1항의 신청에 따라 가처분등기 이후의 등기를 말소하였을 때에는 지체 없이 그 사실을 말소된 권리의 등기명의인에게 통지하여야 한다.

[제목개정 2020. 2. 4.]

## 제8관 관공서가 촉탁하는 등기 등

**제96조(관공서가 등기명의인 등을 갈음하여 촉탁할 수 있는 등기)** 관공서가 체납처분(滯納處分)으로 인한 압류등기(押留登記)를 촉탁하는 경우에는 등기명의인 또는 상속인, 그 밖의 포괄승계인을 갈음하여 부동산의 표시, 등기명의인의 표시의 변경, 경정 또는 상속, 그 밖의 포괄승계로 인한 권리이전(權利移轉)의 등기를 함께 촉탁할 수 있다.

**제97조(공매처분으로 인한 등기의 촉탁)** 관공서가 공매처분(公賣處分)을 한 경우에 등기권리자의 청구를 받으면 지체 없이 다음 각 호의 등기를 등기소에 촉탁하여야 한다. 〈개정 2020.2.4.〉

1. 공매처분으로 인한 권리이전의 등기
2. 공매처분으로 인하여 소멸한 권리등기(權利登記)의 말소

3. 체납처분에 관한 압류등기 및 공매공고등기의 말소

**제98조(관공서의 촉탁에 따른 등기)** ① 국가 또는 지방자치단체가 등기권리자인 경우에는 국가 또는 지방자치단체는 등기의무자의 승낙을 받아 해당 등기를 지체 없이 등기소에 촉탁하여야 한다.

② 국가 또는 지방자치단체가 등기의무자인 경우에는 국가 또는 지방자치단체는 등기권리자의 청구에 따라 지체 없이 해당 등기를 등기소에 촉탁하여야 한다.

**제99조(수용으로 인한 등기)** ① 수용으로 인한 소유권이전등기는 제23조제1항에도 불구하고 등기권리자가 단독으로 신청할 수 있다.

② 등기권리자는 제1항의 신청을 하는 경우에 등기명의인이나 상속인, 그 밖의 포괄승계인을 갈음하여 부동산의 표시 또는 등기명의인의 표시의 변경, 경정 또는 상속, 그 밖의 포괄승계로 인한 소유권이전의 등기를 신청할 수 있다.

③ 국가 또는 지방자치단체가 제1항의 등기권리자인 경우에는 국가 또는 지방자치단체는 지체 없이 제1항과 제2항의 등기를 등기소에 촉탁하여야 한다.

④ 등기관이 제1항과 제3항에 따라 수용으로 인한 소유권이전등기를 하는 경우 그 부동산의 등기기록 중 소유권, 소유권 외의 권리, 그 밖의 처분제한에 관한 등기가 있으면 그 등기를 직권으로 말소하여야 한다. 다만, 그 부동산을 위하여 존재하는 지역권의 등기 또는 토지수용위원회의 재결(裁決)로써 존속(存續)이 인정된 권리의 등기는 그러하지 아니하다.

⑤ 부동산에 관한 소유권 외의 권리의 수용으로 인한 권리이전등기에 관하여는 제1항부터 제4항까지의 규정을 준용한다.

# 제5장 이의

**제100조(이의신청과 그 관할)** 등기관의 결정 또는 처분에 이의가 있는 자는 관할 지방법원에 이의신청을 할 수 있다.

**제101조(이의절차)** 이의의 신청은 대법원규칙으로 정하는 바에 따라 등기소에 이의신

청서를 제출하는 방법으로 한다.

**제102조(새로운 사실에 의한 이의 금지)** 새로운 사실이나 새로운 증거방법을 근거로 이의신청을 할 수는 없다.

**제103조(등기관의 조치)** ① 등기관은 이의가 이유 있다고 인정하면 그에 해당하는 처분을 하여야 한다.
  ② 등기관은 이의가 이유 없다고 인정하면 이의신청일부터 3일 이내에 의견을 붙여 이의신청서를 관할 지방법원에 보내야 한다.
  ③ 등기를 마친 후에 이의신청이 있는 경우에는 3일 이내에 의견을 붙여 이의신청서를 관할 지방법원에 보내고 등기상 이해관계 있는 자에게 이의신청 사실을 알려야 한다.

**제104조(집행 부정지)** 이의에는 집행정지(執行停止)의 효력이 없다.

**제105조(이의에 대한 결정과 항고)** ① 관할 지방법원은 이의에 대하여 이유를 붙여 결정을 하여야 한다. 이 경우 이의가 이유 있다고 인정하면 등기관에게 그에 해당하는 처분을 명령하고 그 뜻을 이의신청인과 등기상 이해관계 있는 자에게 알려야 한다.
  ② 제1항의 결정에 대하여는 「비송사건절차법」에 따라 항고할 수 있다.

**제106조(처분 전의 가등기 및 부기등기의 명령)** 관할 지방법원은 이의신청에 대하여 결정하기 전에 등기관에게 가등기 또는 이의가 있다는 뜻의 부기등기를 명령할 수 있다.

**제107조(관할 법원의 명령에 따른 등기)** 등기관이 관할 지방법원의 명령에 따라 등기를 할 때에는 명령을 한 지방법원, 명령의 연월일 및 명령에 따라 등기를 한다는 뜻을 기록하여야 한다. 〈개정 2020.2.4.〉

**제108조(송달)** 송달에 대하여는 「민사소송법」을 준용하고, 이의의 비용에 대하여는 「비송사건절차법」을 준용한다.

## 제6장 보칙

**제109조(등기사무의 처리에 필요한 전산정보자료의 제공 요청)** 법원행정처장은 「전자정부법」 제2조제2호에 따른 행정기관 및 같은 조 제3호에 따른 공공기관(이하 "행정기관등"이라 한다)의 장에게 등기사무의 처리에 필요한 전산정보자료의 제공을 요청할 수 있다.[전문개정 2020. 2. 4.]

**제109조의2(등기정보자료의 제공 등)** ① 행정기관등의 장은 소관 업무의 처리를 위하여 필요한 경우에 관계 중앙행정기관의 장의 심사를 거치고 법원행정처장의 승인을 받아 등기정보자료의 제공을 요청할 수 있다. 다만, 중앙행정기관의 장은 법원행정처장과 협의를 하여 협의가 성립되는 때에 등기정보자료의 제공을 요청할 수 있다.

② 행정기관등의 장이 아닌 자는 수수료를 내고 대법원규칙으로 정하는 바에 따라 등기정보자료를 제공받을 수 있다. 다만, 등기명의인별로 작성되어 있거나 그 밖에 등기명의인을 알아볼 수 있는 사항을 담고 있는 등기정보자료는 다른 법률에 특별한 규정이 있는 경우를 제외하고는 해당 등기명의인이나 그 포괄승계인만이 제공받을 수 있다.

③ 제1항 및 제2항에 따른 등기정보자료의 제공 절차, 제2항에 따른 수수료의 금액 및 그 면제 범위는 대법원규칙으로 정한다.

[본조신설 2020. 2. 4.]

**제110조(등기필정보의 안전확보)** ① 등기관은 취급하는 등기필정보의 누설·멸실 또는 훼손의 방지와 그 밖에 등기필정보의 안전관리를 위하여 필요하고도 적절한 조치를 마련하여야 한다.

② 등기관과 그 밖에 등기소에서 부동산등기사무에 종사하는 사람이나 그 직에 있었던 사람은 그 직무로 인하여 알게 된 등기필정보의 작성이나 관리에 관한 비밀을 누설하여서는 아니 된다.

③ 누구든지 부실등기를 하도록 등기의 신청이나 촉탁에 제공할 목적으로 등기필정보를 취득하거나 그 사정을 알면서 등기필정보를 제공하여서는 아니 된다.

**제111조(벌칙)** 다음 각 호의 어느 하나에 해당하는 사람은 2년 이하의 징역 또는 1천만원 이하의 벌금에 처한다.

1. 제110조제2항을 위반하여 등기필정보의 작성이나 관리에 관한 비밀을 누설한 사람
2. 제110조제3항을 위반하여 등기필정보를 취득한 사람 또는 그 사정을 알면서 등기필정보를 제공한 사람
3. 부정하게 취득한 등기필정보를 제2호의 목적으로 보관한 사람

**제112조** 삭제 〈2107.10.13.〉

**제113조(대법원규칙에의 위임)** 이 법 시행에 필요한 사항은 대법원규칙으로 정한다.

## 부칙

〈제16912호, 2020.2.4.〉

**제1조(시행일)** 이 법은 공포 후 6개월이 경과한 날부터 시행한다.

**제2조(임차권 등의 등기사항에 관한 적용례)** 제74조의 개정규정은 이 법 시행 이후 접수되는 임차권 등의 등기부터 적용한다.

**제3조(법원의 명령에 따른 등기에 관한 적용례)** 제107조의 개정규정은 이 법 시행 이후 접수되는 등기부터 적용한다.

**제3조(다른 법률의 개정)** ① ~ ⑦ (생략)

# 부동산등기규칙

[시행 2022. 7. 1.] [대법원규칙 제3043호, 2022. 2. 25., 일부개정]

## 제1장 총칙

**제1조(목적)** 이 규칙은 「부동산등기법」(이하 "법"이라 한다)에서 위임한 사항과 그 시행에 필요한 사항을 규정함을 목적으로 한다.

**제2조(부기등기의 번호 기록)** 등기관이 부기등기를 할 때에는 그 부기등기가 어느 등기에 기초한 것인지 알 수 있도록 주등기 또는 부기등기의 순위번호에 가지번호를 붙여서 하여야 한다.

**제3조(등기신청의 접수시기)** ① 법 제6조제1항에서 "대법원규칙으로 정하는 등기신청정보"란 해당 부동산이 다른 부동산과 구별될 수 있게 하는 정보를 말한다.
　② 같은 토지 위에 있는 여러 개의 구분건물에 대한 등기를 동시에 신청하는 경우에는 그 건물의 소재 및 지번에 관한 정보가 전산정보처리조직에 저장된 때 등기신청이 접수된 것으로 본다.

**제4조(등기관이 등기를 마친 시기)** 법 제6조제2항에서 "등기관이 등기를 마친 경우"란 법 제11조제4항에 따라 등기사무를 처리한 등기관이 누구인지 알 수 있는 조치를 하였을 때를 말한다.

## 제2장 등기소와 등기관

**제5조(관할등기소의 지정)** ① 부동산이 여러 등기소의 관할구역에 걸쳐 있는 경우 그 부동산에 대한 최초의 등기신청을 하고자 하는 자는 각 등기소를 관할하는 상급법원의 장에게 관할등기소의 지정을 신청하여야 한다.
　② 제1항의 신청은 해당 부동산의 소재지를 관할하는 등기소 중 어느 한 등기소에 신청서를 제출하는 방법으로 한다.

③ 제2항에 따른 신청서를 받은 등기소는 그 신청서를 지체없이 상급법원의 장에게 송부하여야 하고, 상급법원의 장은 부동산의 소재지를 관할하는 등기소 중 어느 한 등기소를 관할등기소로 지정하여야 한다.

④ 관할등기소의 지정을 신청한 자가 제3항에 따라 지정된 관할등기소에 등기신청을 할 때에는 관할등기소의 지정이 있었음을 증명하는 정보를 첨부정보로서 등기소에 제공하여야 한다.

⑤ 등기관이 제4항에 따라 등기를 하였을 때에는 지체없이 그 사실을 다른 등기소에 통지하여야 한다.

⑥ 제5항에 따른 통지를 받은 등기소는 전산정보처리조직으로 관리되고 있는 관할지정에 의한 등기부목록에 통지받은 사항을 기록하여야 한다.

⑦ 단지를 구성하는 여러 동의 건물 중 일부 건물의 대지가 다른 등기소의 관할에 속하는 경우에는 제1항부터 제6항까지의 규정을 준용한다.

**제6조(관할의 변경)** ① 부동산의 소재지가 다른 등기소의 관할로 바뀌었을 때에는 종전의 관할등기소는 전산정보처리조직을 이용하여 그 부동산에 관한 등기기록과 신탁원부, 공동담보(전세)목록, 도면 및 매매목록의 처리권한을 다른 등기소로 넘겨주는 조치를 하여야 한다.

② 제1항에 따라 처리권한을 넘겨받은 등기소는 해당 등기기록의 표제부에 관할이 변경된 뜻을 기록하여야 한다.

**제7조(등기관의 식별부호의 기록)** 법 제11조제4항의 등기사무를 처리한 등기관이 누구인지 알 수 있도록 하는 조치는 각 등기관이 미리 부여받은 식별부호를 기록하는 방법으로 한다.

**제8조(참여조서의 작성방법)** 등기관이 법 제12조제2항의 조서(이하 "참여조서"라 한다)를 작성할 때에는 그 조서에 다음 각 호의 사항을 적어야 한다.
1. 신청인의 성명과 주소
2. 업무처리가 제한되는 사유
3. 등기할 부동산의 표시 및 등기의 목적
4. 신청정보의 접수연월일과 접수번호

5. 참여인의 성명, 주소 및 주민등록번호

6. 참여인이 그 등기소에서 등기를 한 부동산의 표시


**제9조(등기정보중앙관리소와 전산운영책임관)** ① 전산정보처리조직에 의한 등기사무처리의 지원, 등기부의 보관·관리 및 등기정보의 효율적인 활용을 위하여 법원행정처에 등기정보중앙관리소(이하 "중앙관리소"라 한다)를 둔다.

② 법원행정처장은 중앙관리소에 전산운영책임관을 두어 전산정보처리조직을 종합적으로 관리·운영하여야 한다.

③ 법원행정처장은 중앙관리소의 출입자 및 전산정보처리조직 사용자의 신원을 관리하는 등 필요한 보안조치를 하여야 한다.


# 제3장 등기부 등

## 제1절 등기부 및 부속서류

**제10조(등기부의 보관·관리)** ① 법 제14조제3항에서 규정한 등기부의 보관·관리 장소는 중앙관리소로 한다.

② 폐쇄등기부에 대하여도 제1항을 준용한다.


**제11조(신청서나 그 밖의 부속서류의 이동 등)** ① 등기관이 전쟁·천재지변 그 밖에 이에 준하는 사태를 피하기 위하여 신청서나 그 밖의 부속서류를 등기소 밖으로 옮긴 경우에는 지체없이 그 사실을 지방법원장(등기소의 사무를 지원장이 관장하는 경우에는 지원장을 말한다. 제58조를 제외하고는 이하 같다)에게 보고하여야 한다.

② 등기관이 법원으로부터 신청서나 그 밖의 부속서류의 송부명령 또는 촉탁을 받았을 때에는 그 명령 또는 촉탁과 관계가 있는 부분만 법원에 송부하여야 한다.

③ 제2항의 서류가 전자문서(「전자서명법」 제2조제1호의 전자문서를 말한다. 이하 같다)로 작성된 경우에는 해당 문서를 출력한 후 인증하여 송부하거나 전자문서로 송부한다. 〈개정 2020. 11. 26.〉


**제12조(부동산고유번호)** ① 등기기록을 개설할 때에는 1필의 토지 또는 1개의 건물마다 부동산고유번호를 부여하고 이를 등기기록에 기록하여야 한다.

② 구분건물에 대하여는 전유부분마다 부동산고유번호를 부여한다.

**제13조(등기기록의 양식)** ① 토지등기기록의 표제부에는 표시번호란, 접수란, 소재지번란, 지목란, 면적란, 등기원인 및 기타사항란을 두고, 건물등기기록의 표제부에는 표시번호란, 접수란, 소재지번 및 건물번호란, 건물내역란, 등기원인 및 기타사항란을 둔다.
② 갑구와 을구에는 순위번호란, 등기목적란, 접수란, 등기원인란, 권리자 및 기타사항란을 둔다.
③ 토지등기기록은 별지 제1호 양식, 건물등기기록은 별지 제2호 양식에 따른다.

**제14조(구분건물등기기록의 양식)** ① 법 제15조제1항 단서에 해당하는 구분건물등기기록에는 1동의 건물에 대한 표제부를 두고 전유부분마다 표제부, 갑구, 을구를 둔다.
② 제1항의 등기기록 중 1동의 건물의 표제부에는 표시번호란, 접수란, 소재지번·건물명칭 및 번호란, 건물내역란, 등기원인 및 기타사항란을 두고, 전유부분의 표제부에는 표시번호란, 접수란, 건물번호란, 건물내역란, 등기원인 및 기타사항란을 둔다. 다만, 구분한 각 건물 중 대지권이 있는 건물이 있는 경우에는 1동의 건물의 표제부에는 대지권의 목적인 토지의 표시를 위한 표시번호란, 소재지번란, 지목란, 면적란, 등기원인 및 기타사항란을 두고, 전유부분의 표제부에는 대지권의 표시를 위한 표시번호란, 대지권종류란, 대지권비율란, 등기원인 및 기타사항란을 둔다.
③ 구분건물등기기록은 별지 제3호 양식에 따른다.

**제15조(등기부부본자료의 보관 등)** ① 법 제16조의 등기부부본자료는 전산정보처리조직으로 작성하여야 한다.
② 등기부부본자료는 법원행정처장이 지정하는 장소에 보관하여야 한다.
③ 등기부부본자료는 등기부와 동일하게 관리하여야 한다.

**제16조(등기부 복구 등의 처분명령에 관한 권한 위임)** ① 대법원장은 법 제17조에 따라 등기부의 손상방지 또는 손상된 등기부의 복구 등의 처분명령에 관한 권한을 법

원행정처장에게 위임한다.

② 대법원장은 법 제18조에 따라 전자문서로 작성된 등기부 부속서류의 멸실방지 등의 처분명령에 관한 권한은 법원행정처장에게, 신청서나 그 밖의 부속서류의 멸실방지 등의 처분명령에 관한 권한은 지방법원장에게 위임한다.

**제17조(등기부의 손상과 복구)** ① 등기부의 전부 또는 일부가 손상되거나 손상될 염려가 있을 때에는 전산운영책임관은 지체없이 그 상황을 조사한 후 처리방법을 법원행정처장에게 보고하여야 한다.

② 등기부의 전부 또는 일부가 손상된 경우에 전산운영책임관은 제15조의 등기부부본자료에 의하여 그 등기부를 복구하여야 한다.

③ 제2항에 따라 등기부를 복구한 경우에 전산운영책임관은 지체없이 그 경과를 법원행정처장에게 보고하여야 한다.

**제18조(신탁원부 등의 보존)** 신탁원부, 공동담보(전세)목록, 도면 및 매매목록은 보조기억장치(자기디스크, 자기테이프 그 밖에 이와 유사한 방법으로 일정한 등기사항을 기록·보관할 수 있는 전자적 정보저장매체를 말한다. 이하 같다)에 저장하여 보존하여야 한다. 다만, 제63조 단서에 따라 서면으로 작성되어 등기소에 제출된 도면은 이를 전자적 이미지정보로 변환하여 그 이미지정보를 보조기억장치에 저장하여 보존하여야 한다.

**제19조(신청정보 등의 보존)** ① 법 제24조제1항제2호에 따라 등기가 이루어진 경우 그 신청정보 및 첨부정보는 보조기억장치에 저장하여 보존하여야 한다.

② 법 제24조제1항제2호에 따른 등기신청이 취하된 경우 그 취하정보는 보조기억장치에 저장하여 보존하여야 한다.

**제20조(신탁원부 등의 보존기간)** ① 제18조 및 제19조에 따라 보조기억장치에 저장한 정보는 다음 각 호의 구분에 따른 기간 동안 보존하여야 한다.

  1. 신탁원부 : 영구
  2. 공동담보(전세)목록 : 영구

3. 도면 : 영구

4. 매매목록 : 영구

5. 신청정보 및 첨부정보와 취하정보 : 5년

② 제1항제5호의 보존기간은 해당 연도의 다음해부터 기산한다.

③ 보존기간이 만료된 제1항제5호의 정보는 법원행정처장의 인가를 받아 보존기간이 만료되는 해의 다음해 3월말까지 삭제한다.

## 제2절 등기에 관한 장부

**제21조(장부의 비치)** ① 등기소에는 다음 각 호의 장부를 갖추어 두어야 한다.

1. 부동산등기신청서 접수장

2. 기타 문서 접수장

3. 결정원본 편철장

4. 이의신청서류 편철장

5. 사용자등록신청서류 등 편철장

6. 신청서 기타 부속서류 편철장

7. 신청서 기타 부속서류 송부부

8. 각종 통지부

9. 열람신청서류 편철장

10. 제증명신청서류 편철장

11. 그 밖에 대법원예규로 정하는 장부

② 제1항의 장부는 매년 별책으로 하여야 한다. 다만, 필요에 따라 분책할 수 있다.

③ 제1항의 장부는 전자적으로 작성할 수 있다.

**제22조(접수장)** ① 부동산등기신청서 접수장에는 다음 각 호의 사항을 적어야 한다.

1. 접수연월일과 접수번호

2. 등기의 목적

3. 신청인의 성명 또는 명칭

4. 부동산의 개수

5. 등기신청수수료

6. 취득세 또는 등록면허세와 국민주택채권매입금액

② 제1항제1호의 접수번호는 1년마다 새로 부여하여야 한다.

③ 등기권리자 또는 등기의무자가 여러 명인 경우 부동산등기신청서 접수장에 신청인의 성명 또는 명칭을 적을 때에는 신청인 중 1명의 성명 또는 명칭과 나머지 인원을 적는 방법으로 할 수 있다.

④ 등기신청 외의 등기사무에 관한 문서를 접수할 때에는 기타문서 접수장에 등재한다.

**제23조(신청서 기타 부속서류 편철장)** 신청서, 촉탁서, 통지서, 허가서, 참여조서, 확인조서, 취하서 그 밖의 부속서류는 접수번호의 순서에 따라 신청서 기타 부속서류 편철장에 편철하여야 한다.

**제24조(각종 통지부)** 각종 통지부에는 법 및 이 규칙에서 정하고 있는 통지사항, 통지를 받을 자 및 통지서를 발송하는 연월일을 적어야 한다.

**제25조(장부의 보존기간)** ① 등기소에 갖추어 두어야 할 장부의 보존기간은 다음 각 호와 같다.

1. 부동산등기신청서 접수장 : 5년
2. 기타 문서 접수장 : 10년
3. 결정원본 편철장 : 10년
4. 이의신청서류 편철장 : 10년
5. 사용자등록신청서류 등 편철장 : 10년
6. 신청서 기타 부속서류 편철장 : 5년
7. 신청서 기타 부속서류 송부부 : 신청서 그 밖의 부속서류가 반환된 날부터 5년
8. 각종 통지부 : 1년
9. 열람신청서류 편철장 : 1년
10. 제증명신청서류 편철장 : 1년

② 장부의 보존기간은 해당 연도의 다음해부터 기산한다.

③ 보존기간이 만료된 장부 또는 서류는 지방법원장의 인가를 받아 보존기간이 만료되는 해의 다음해 3월말까지 폐기한다.

## 제3절 등기사항의 증명과 열람

**제26조(등기사항증명 등의 신청)** ① 등기소를 방문하여 등기사항의 전부 또는 일부에 대한 증명서(이하 "등기사항증명서"라 한다)를 발급받거나 등기기록 또는 신청서나 그 밖의 부속서류를 열람하고자 하는 사람은 신청서를 제출하여야 한다.

② 대리인이 신청서나 그 밖의 부속서류의 열람을 신청할 때에는 신청서에 그 권한을 증명하는 서면을 첨부하여야 한다.

③ 전자문서로 작성된 신청서나 그 밖의 부속서류의 열람 신청은 관할 등기소가 아닌 다른 등기소에서도 할 수 있다.

**제27조(무인발급기에 의한 등기사항증명)** ① 법원행정처장은 신청인이 발급에 필요한 정보를 스스로 입력하여 등기사항증명서를 발급받을 수 있게 하는 장치(이하 "무인발급기"라 한다)를 이용하여 등기사항증명서의 발급업무를 처리하게 할 수 있다.

② 무인발급기는 등기소 이외의 장소에도 설치할 수 있다.

③ 제2항에 따른 설치장소는 법원행정처장이 정한다.

④ 법원행정처장의 지정을 받은 국가기관이나 지방자치단체 그 밖의 자는 그가 관리하는 장소에 무인발급기를 설치하여 등기사항증명서를 발급할 수 있다.

⑤ 무인발급기 설치·관리의 절차 및 비용의 부담 등 필요한 사항은 대법원예규로 정한다.

**제28조(인터넷에 의한 등기사항증명 등)** ① 등기사항증명서의 발급 또는 등기기록의 열람업무는 법원행정처장이 정하는 바에 따라 인터넷을 이용하여 처리할 수 있다.

② 제1항에 따른 업무는 중앙관리소에서 처리하며, 전산운영책임관이 그 업무를 담당한다.

③ 제1항에 따른 발급과 열람의 범위, 절차 및 방법 등 필요한 사항은 대법원예규로 정한다.

**제29조(등기사항증명서의 종류)** 등기사항증명서의 종류는 다음 각 호로 한다. 다만, 폐쇄한 등기기록 및 대법원예규로 정하는 등기기록에 대하여는 제1호로 한정한다. 〈개정 2014. 11. 27.〉

1. 등기사항전부증명서(말소사항 포함)

2. 등기사항전부증명서(현재 유효사항)

3. 등기사항일부증명서(특정인 지분)

4. 등기사항일부증명서(현재 소유현황)

5. 등기사항일부증명서(지분취득 이력)

6. 그 밖에 대법원예규로 정하는 증명서

**제30조(등기사항증명서의 발급방법)** ① 등기사항증명서를 발급할 때에는 등기사항증명서의 종류를 명시하고, 등기기록의 내용과 다름이 없음을 증명하는 내용의 증명문을 기록하며, 발급연월일과 중앙관리소 전산운영책임관의 직명을 적은 후 전자이미지관인을 기록하여야 한다. 이 경우 등기사항증명서가 여러 장으로 이루어진 경우에는 연속성을 확인할 수 있는 조치를 하여 발급하고, 그 등기기록 중 갑구 또는 을구의 기록이 없을 때에는 증명문에 그 뜻을 기록하여야 한다.

② 신탁원부, 공동담보(전세)목록, 도면 또는 매매목록은 그 사항의 증명도 함께 신청하는 뜻의 표시가 있는 경우에만 등기사항증명서에 이를 포함하여 발급한다.

③ 구분건물에 대한 등기사항증명서의 발급에 관하여는 1동의 건물의 표제부와 해당 전유부분에 관한 등기기록을 1개의 등기기록으로 본다.

④ 등기신청이 접수된 부동산에 관하여는 등기관이 그 등기를 마칠 때까지 등기사항증명서를 발급하지 못한다. 다만, 그 부동산에 등기신청사건이 접수되어 처리 중에 있다는 뜻을 등기사항증명서에 표시하여 발급할 수 있다.

**제31조(열람의 방법)** ① 등기기록의 열람은 등기기록에 기록된 등기사항을 전자적 방법으로 그 내용을 보게 하거나 그 내용을 기록한 서면을 교부하는 방법으로 한다. 이 경우 제30조제2항 및 제3항을 준용한다.

② 신청서나 그 밖의 부속서류의 열람은 등기관 또는 그가 지정하는 직원이 보는 앞에서 하여야 한다. 다만, 신청서나 그 밖의 부속서류가 전자문서로 작성된 경우에는 제1항 전단의 방법에 따른다. 〈개정 2018. 8. 31.〉

**제32조(등기사항 등의 공시제한)** ① 등기사항증명서를 발급하거나 등기기록을 열람하게 할 때에는 등기명의인의 표시에 관한 사항 중 주민등록번호 또는 부동산등기용등록번호의 일부를 공시하지 아니할 수 있으며, 그 범위와 방법 및 절차는 대법원예규로 정한다.

② 법원행정처장은 등기기록의 분량과 내용에 비추어 무인발급기나 인터넷에 의한 열람 또는 발급이 적합하지 않다고 인정되는 때에는 이를 제한할 수 있다.

## 제4절 중복등기기록의 정리

**제33조(중복등기기록의 정리)** ① 법 제21조에 따른 중복등기기록의 정리는 제34조부터 제41조까지의 규정에서 정한 절차에 따른다.

② 제1항에 따른 중복등기기록의 정리는 실체의 권리관계에 영향을 미치지 아니한다.

**제34조(소유권의 등기명의인이 같은 경우의 정리)** 중복등기기록의 최종 소유권의 등기명의인이 같은 경우에는 나중에 개설된 등기기록(이하 "후등기기록"이라 한다)을 폐쇄한다. 다만, 후등기기록에 소유권 외의 권리 등에 관한 등기가 있고 먼저 개설된 등기기록(이하 "선등기기록"이라 한다)에는 그와 같은 등기가 없는 경우에는 선등기기록을 폐쇄한다.

**제35조(소유권의 등기명의인이 다른 경우의 정리)** 중복등기기록 중 어느 한 등기기록의 최종 소유권의 등기명의인이 다른 등기기록의 최종 소유권의 등기명의인으로부터 직접 또는 전전하여 소유권을 이전받은 경우로서, 다른 등기기록이 후등기기록이거나 소유권 외의 권리 등에 관한 등기가 없는 선등기기록일 때에는 그 다른 등기기록을 폐쇄한다.

**제36조(소유권의 등기명의인이 다른 경우의 정리)** ① 중복등기기록의 최종 소유권의 등기명의인이 다른 경우로서 어느 한 등기기록에만 원시취득사유 또는 분배농지의 상환완료를 등기원인으로 한 소유권이전등기가 있을 때에는 그 등기기록을 제외한 나머지 등기기록을 폐쇄한다.

② 소유권보존등기가 원시취득사유 또는 분배농지의 상환완료에 따른 것임을 당사자

가 소명하는 경우에도 제1항과 같다.

③ 제1항 및 제2항의 경우에는 법 제58조에 따른 직권에 의한 등기의 말소 절차를 이행한다.

**제37조(소유권의 등기명의인이 다른 경우의 정리)** ① 중복등기기록의 최종 소유권의 등기명의인이 다른 경우로서 제35조와 제36조에 해당하지 아니할 때에는 각 등기기록의 최종 소유권의 등기명의인과 등기상 이해관계인에 대하여 1개월 이상의 기간을 정하여 그 기간 내에 이의를 진술하지 아니하면 그 등기기록을 폐쇄할 수 있다는 뜻을 통지하여야 한다.

② 제1항의 통지를 받고 어느 등기기록의 최종 소유권의 등기명의인과 등기상 이해관계인이 이의를 진술하지 아니하였을 때에는 그 등기기록을 폐쇄한다. 다만, 모든 중복등기기록의 최종 소유권의 등기명의인과 등기상 이해관계인이 이의를 진술하지 아니하였을 때에는 그러하지 아니하다.

③ 제1항과 제2항에 따라 등기기록을 정리할 수 있는 경우 외에는 대장과 일치하지 않는 등기기록을 폐쇄한다.

④ 제1항부터 제3항까지 규정에 따른 정리를 한 경우 등기관은 그 뜻을 폐쇄된 등기기록의 최종 소유권의 등기명의인과 등기상 이해관계인에게 통지하여야 한다.

**제38조(지방법원장의 허가가 필요한 중복등기기록 정리)** 등기관이 제36조와 제37조에 따라 중복등기기록을 정리하려고 하는 경우에는 지방법원장의 허가를 받아야 한다.

**제39조(당사자의 신청에 의한 정리)** ① 중복등기기록 중 어느 한 등기기록의 최종 소유권의 등기명의인은 자기 명의의 등기기록을 폐쇄하여 중복등기기록을 정리하도록 신청할 수 있다. 다만, 등기상 이해관계인이 있을 때에는 그 승낙이 있음을 증명하는 정보를 첨부정보로서 등기소에 제공하여야 한다.

② 등기관은 제1항에 따른 중복등기기록의 정리신청이 있는 경우에는 제34조부터 제37조까지의 규정에도 불구하고 그 신청에 따라 등기기록을 폐쇄하여야 한다.

**제40조(중복등기기록의 해소를 위한 직권분필)** ① 등기된 토지의 일부에 관하여 별개

의 등기기록이 개설되어 있는 경우에 등기관은 직권으로 분필등기를 한 후 이 절에서 정하는 절차에 따라 정리를 하여야 한다.

② 제1항에 따른 분필등기를 하는데 필요할 때에는 등기관은 지적소관청에 지적공부의 내용이나 토지의 분할, 합병 과정에 대한 사실조회를 하거나 등기명의인에게 해당 토지에 대한 지적공부 등본 등을 제출하게 할 수 있다.

**제41조(폐쇄된 등기기록의 부활)** ① 이 절에서 정하는 절차에 따라 폐쇄된 등기기록의 소유권의 등기명의인 또는 등기상 이해관계인은 폐쇄되지 아니한 등기기록의 최종 소유권의 등기명의인과 등기상 이해관계인을 상대로 하여 그 토지가 폐쇄된 등기기록의 소유권의 등기명의인의 소유임을 확정하는 판결(판결과 동일한 효력이 있는 조서를 포함한다)이 있음을 증명하는 정보를 등기소에 제공하여 폐쇄된 등기기록의 부활을 신청할 수 있다.

② 제1항에 따른 신청이 있을 때에는 폐쇄된 등기기록을 부활하고 다른 등기기록을 폐쇄하여야 한다.

# 제4장 등기절차
## 제1절 총칙
### 제1관 통칙

**제42조(포괄승계에 따른 등기)** 법 제23조제3항에서 "그 밖에 대법원규칙으로 정하는 포괄승계"란 다음 각 호의 경우를 말한다.
1. 법인의 분할로 인하여 분할 전 법인이 소멸하는 경우
2. 법령에 따라 법인이나 단체의 권리·의무를 포괄승계하는 경우

**제43조(신청정보의 내용)** ① 등기를 신청하는 경우에는 다음 각 호의 사항을 신청정보의 내용으로 등기소에 제공하여야 한다.
1. 다음 각 목의 구분에 따른 부동산의 표시에 관한 사항
  가. 토지 : 법 제34조제3호부터 제5호까지의 규정에서 정하고 있는 사항
  나. 건물 : 법 제40조제1항제3호와 제4호에서 정하고 있는 사항
  다. 구분건물 : 1동의 건물의 표시로서 소재지번·건물명칭 및 번호·구조·종류·면적, 전유부분의 건물의 표시로서 건물번호·구조·면적, 대지권이

있는 경우 그 권리의 표시. 다만, 1동의 건물의 구조·종류·면적은 건물의 표시에 관한 등기나 소유권보존등기를 신청하는 경우로 한정한다.

2. 신청인의 성명(또는 명칭), 주소(또는 사무소 소재지) 및 주민등록번호(또는 부동산등기용등록번호)

3. 신청인이 법인인 경우에는 그 대표자의 성명과 주소

4. 대리인에 의하여 등기를 신청하는 경우에는 그 성명과 주소

5. 등기원인과 그 연월일

6. 등기의 목적

7. 등기필정보. 다만, 공동신청 또는 승소한 등기의무자의 단독신청에 의하여 권리에 관한 등기를 신청하는 경우로 한정한다.

8. 등기소의 표시

9. 신청연월일

② 법 제26조의 법인 아닌 사단이나 재단이 신청인인 경우에는 그 대표자나 관리인의 성명, 주소 및 주민등록번호를 신청정보의 내용으로 등기소에 제공하여야 한다.

**제44조(취득세 등을 납부하는 경우의 신청정보)** ① 등기를 신청하는 경우에는 제43조에서 규정하는 사항 외에 취득세나 등록면허세 등 등기와 관련하여 납부하여야 할 세액 및 과세표준액을 신청정보의 내용으로 등기소에 제공하여야 한다.

② 다른 법률에 의하여 부과된 의무사항이 있을 때에도 제1항을 준용한다.

**제45조(여러 개의 부동산에 관한 등록면허세 등의 납부)** ① 「지방세법」 제28조제1항제1호다목 및 라목에 따라 등록면허세를 납부할 경우에 등기원인 및 등기목적이 동일한 것으로서 여러 개의 등기소의 관할에 걸쳐 있는 여러 개의 부동산에 관한 권리의 등기를 신청할 때에는 최초의 등기를 신청하면서 등록면허세의 전액을 납부하여야 한다.

② 제1항에 따른 등기신청을 받은 등기관은 신청인이 등록면허세의 전액을 납부한 사실에 관한 정보를 전산정보처리조직에 의하여 작성하여야 한다.

③ 신청인이 다른 등기소에 등기를 신청할 때에는 최초의 등기를 신청하면서 등록면허세의 전액을 납부한 사실, 최초의 등기를 신청한 등기소의 표시와 그 신청정보의 접수연월일 및 접수번호를 신청정보의 내용으로 등기소에 제공하여야 한다.

④ 제3항에 따른 등기신청을 받은 다른 등기소의 등기관은 전산정보처리조직을 이용하여 신청인이 최초의 등기를 신청하면서 등록면허세의 전액을 납부한 사실을 확인하여야 한다.

⑤ 등록면허세 외의 등기신청과 관련하여 납부하여야 할 세액 및 다른 법률에 의하여 부과된 의무사항에 관하여는 제1항부터 제4항까지의 규정을 준용한다.

**제46조(첨부정보)** ① 등기를 신청하는 경우에는 다음 각 호의 정보를 그 신청정보와 함께 첨부정보로서 등기소에 제공하여야 한다. 〈개정 2022. 2. 25.〉

1. 등기원인을 증명하는 정보

2. 등기원인에 대하여 제3자의 허가, 동의 또는 승낙이 필요한 경우에는 이를 증명하는 정보

3. 등기상 이해관계 있는 제3자의 승낙이 필요한 경우에는 이를 증명하는 정보 또는 이에 대항할 수 있는 재판이 있음을 증명하는 정보

4. 신청인이 법인인 경우에는 그 대표자의 자격을 증명하는 정보

5. 대리인에 의하여 등기를 신청하는 경우에는 그 권한을 증명하는 정보

6. 등기권리자(새로 등기명의인이 되는 경우로 한정한다)의 주소(또는 사무소 소재지) 및 주민등록번호(또는 부동산등기용등록번호)를 증명하는 정보. 다만, 소유권이전등기를 신청하는 경우에는 등기의무자의 주소(또는 사무소 소재지)를 증명하는 정보도 제공하여야 한다.

7. 소유권이전등기를 신청하는 경우에는 토지대장·임야대장·건축물대장 정보나 그 밖에 부동산의 표시를 증명하는 정보

8. 변호사나 법무사[법무법인, 법무법인(유한), 법무조합 또는 법무사법인, 법무사법인(유한)을 포함한다. 이하 "자격자대리인"이라 한다]가 다음 각 목의 등기를 신청하는 경우, 자격자대리인(법인의 경우에는 담당 변호사·법무사를 의미한다)이 주민등록증·인감증명서·본인서명사실확인서 등 법령에 따라 작성된 증명서의 제출이나 제시, 그 밖에 이에 준하는 확실한 방법으로 위임인이 등기의무자인지 여부를 확인하고 자필서명한 정보

가. 공동으로 신청하는 권리에 관한 등기

나. 승소한 등기의무자가 단독으로 신청하는 권리에 관한 등기

② 구분건물에 대하여 대지권의 등기를 신청할 때 다음 각 호의 어느 하나에 해당되는 경우에는 해당 규약이나 공정증서를 첨부정보로서 등기소에 제공하여야 한다.

1. 대지권의 목적인 토지가 「집합건물의 소유 및 관리에 관한 법률」 제4조에 따른 건물의 대지인 경우
2. 각 구분소유자가 가지는 대지권의 비율이 「집합건물의 소유 및 관리에 관한 법률」 제21조제1항 단서 및 제2항에 따른 비율인 경우
3. 건물의 소유자가 그 건물이 속하는 1동의 건물이 있는 「집합건물의 소유 및 관리에 관한 법률」 제2조제5호에 따른 건물의 대지에 대하여 가지는 대지사용권이 대지권이 아닌 경우

③ 등기원인을 증명하는 정보가 집행력 있는 판결인 경우에는 제1항제2호의 정보를 제공할 필요가 없다. 다만, 등기원인에 대하여 행정관청의 허가, 동의 또는 승낙을 받을 것이 요구되는 때에는 그러하지 아니하다.

④ 법 제60조제1항 및 제2항의 등기를 신청할 때에는 제1항제1호 및 제6호를 적용하지 아니한다.

⑤ 첨부정보가 「상업등기법」 제15조에 따른 등기사항증명정보로서 그 등기를 관할하는 등기소와 부동산 소재지를 관할하는 등기소가 동일한 경우에는 그 제공을 생략할 수 있다. 〈개정 2014. 10. 2.〉

⑥ 제1항 및 그 밖의 법령에 따라 등기소에 제공하여야 하는 첨부정보 중 법원행정처장이 지정하는 첨부정보는 「전자정부법」 제36조제1항에 따른 행정정보 공동이용을 통하여 등기관이 확인하고 신청인에게는 그 제공을 면제한다. 다만, 그 첨부정보가 개인정보를 포함하고 있는 경우에는 그 정보주체의 동의가 있음을 증명하는 정보를 등기소에 제공한 경우에만 그 제공을 면제한다.

⑦ 제6항은 법원행정처장이 지정하는 등기소에 한정하여 적용할 수 있다.

⑧ 첨부정보가 외국어로 작성된 경우에는 그 번역문을 붙여야 한다.

⑨ 첨부정보가 외국 공문서이거나 외국 공증인이 공증한 문서(이하 "외국 공문서 등"이라 한다)인 경우에는 「재외공관 공증법」 제30조제1항에 따라 공증담당영사로부터 문서의 확인을 받거나 「외국공문서에 대한 인증의 요구를 폐지하는 협약」에서 정하는 바에 따른 아포스티유(Apostille)를 붙여야 한다. 다만, 외국 공문서 등의 발행국이 대한민국과 수교하지 아니한 국가이면서 위 협약의 가입국이 아닌 경우와 같이 부득이한 사유로 문서의 확인을 받거나 아포스티유를 붙이는 것이 곤란한 경우에는 그러하지 아니하다. 〈신설 2017. 5. 25.〉

**제47조(일괄신청과 동시신청)** ① 법 제25조 단서에 따라 다음 각 호의 경우에는 1건의

신청정보로 일괄하여 신청하거나 촉탁할 수 있다.

1. 같은 채권의 담보를 위하여 소유자가 다른 여러 개의 부동산에 대한 저당권설정등기를 신청하는 경우
2. 법 제97조 각 호의 등기를 촉탁하는 경우
3. 「민사집행법」 제144조제1항 각 호의 등기를 촉탁하는 경우

② 같은 등기소에 동시에 여러 건의 등기신청을 하는 경우에 첨부정보의 내용이 같은 것이 있을 때에는 먼저 접수되는 신청에만 그 첨부정보를 제공하고, 다른 신청에는 먼저 접수된 신청에 그 첨부정보를 제공하였다는 뜻을 신청정보의 내용으로 등기소에 제공하는 것으로 그 첨부정보의 제공을 갈음할 수 있다.

**제48조(법인 아닌 사단이나 재단의 등기신청)** 법 제26조의 종중, 문중, 그 밖에 대표자나 관리인이 있는 법인 아닌 사단이나 재단이 등기를 신청하는 경우에는 다음 각 호의 정보를 첨부정보로서 등기소에 제공하여야 한다.

1. 정관이나 그 밖의 규약
2. 대표자나 관리인임을 증명하는 정보. 다만, 등기되어 있는 대표자나 관리인이 신청하는 경우에는 그러하지 아니하다.
3. 「민법」 제276조제1항의 결의가 있음을 증명하는 정보(법인 아닌 사단이 등기의무자인 경우로 한정한다)
4. 대표자나 관리인의 주소 및 주민등록번호를 증명하는 정보

**제49조(포괄승계인에 의한 등기신청)** 법 제27조에 따라 상속인 그 밖의 포괄승계인이 등기를 신청하는 경우에는 가족관계등록에 관한 정보 또는 법인등기사항에 관한 정보 등 상속 그 밖의 포괄승계가 있었다는 사실을 증명하는 정보를 첨부정보로서 등기소에 제공하여야 한다.

**제50조(대위에 의한 등기신청)** 법 제28조에 따라 등기를 신청하는 경우에는 다음 각 호의 사항을 신청정보의 내용으로 등기소에 제공하고, 대위원인을 증명하는 정보를 첨부정보로서 등기소에 제공하여야 한다.

1. 피대위자의 성명(또는 명칭), 주소(또는 사무소 소재지) 및 주민등록번호(또는 부동산등기용등록번호)

2. 신청인이 대위자라는 뜻
3. 대위자의 성명(또는 명칭)과 주소(또는 사무소 소재지)
4. 대위원인

**제51조(등기신청의 취하)** ① 등기신청의 취하는 등기관이 등기를 마치기 전까지 할 수 있다.
② 제1항의 취하는 다음 각 호의 구분에 따른 방법으로 하여야 한다.
    1. 법 제24조제1항제1호에 따른 등기신청(이하 "방문신청"이라 한다) : 신청인 또는 그 대리인이 등기소에 출석하여 취하서를 제출하는 방법
    2. 법 제24조제1항제2호에 따른 등기신청(이하 "전자신청"이라 한다) : 전산정보처리조직을 이용하여 취하정보를 전자문서로 등기소에 송신하는 방법

**제52조(사건이 등기할 것이 아닌 경우)** 법 제29조제2호에서 "사건이 등기할 것이 아닌 경우"란 다음 각 호의 어느 하나에 해당하는 경우를 말한다.
1. 등기능력 없는 물건 또는 권리에 대한 등기를 신청한 경우
2. 법령에 근거가 없는 특약사항의 등기를 신청한 경우
3. 구분건물의 전유부분과 대지사용권의 분리처분 금지에 위반한 등기를 신청한 경우
4. 농지를 전세권설정의 목적으로 하는 등기를 신청한 경우
5. 저당권을 피담보채권과 분리하여 양도하거나, 피담보채권과 분리하여 다른 채권의 담보로 하는 등기를 신청한 경우
6. 일부지분에 대한 소유권보존등기를 신청한 경우
7. 공동상속인 중 일부가 자신의 상속지분만에 대한 상속등기를 신청한 경우
8. 관공서 또는 법원의 촉탁으로 실행되어야 할 등기를 신청한 경우
9. 이미 보존등기된 부동산에 대하여 다시 보존등기를 신청한 경우
10. 그 밖에 신청취지 자체에 의하여 법률상 허용될 수 없음이 명백한 등기를 신청한 경우

**제53조(등기완료통지)** ① 법 제30조에 따른 등기완료통지는 신청인 및 다음 각 호의 어느 하나에 해당하는 자에게 하여야 한다.
    1. 법 제23조제4항에 따른 승소한 등기의무자의 등기신청에 있어서 등기권리자
    2. 법 제28조에 따른 대위자의 등기신청에서 피대위자
    3. 법 제51조에 따른 등기신청에서 등기의무자

　　4. 법 제66조에 따른 직권 소유권보존등기에서 등기명의인

　　5. 관공서가 촉탁하는 등기에서 관공서

　② 제1항의 통지는 대법원예규로 정하는 방법으로 한다.


**제54조(행정구역 등 변경의 직권등기)** 행정구역 또는 그 명칭이 변경된 경우에 등기관은 직권으로 부동산의 표시변경등기 또는 등기명의인의 주소변경등기를 할 수 있다.


**제55조(새 등기기록에의 이기)** ① 등기관이 법 제33조에 따라 등기를 새로운 등기기록에 옮겨 기록한 경우에는 옮겨 기록한 등기의 끝부분에 같은 규정에 따라 등기를 옮겨 기록한 뜻과 그 연월일을 기록하고, 종전 등기기록을 폐쇄하여야 한다.

　② 등기기록을 폐쇄할 때에는 표제부의 등기를 말소하는 표시를 하고, 등기원인 및 기타사항란에 폐쇄의 뜻과 그 연월일을 기록하여야 한다.

　③ 이 규칙이나 그 밖의 다른 법령에 따라 등기기록을 폐쇄하는 경우에는 제2항을 준용한다.


### 제2관 방문신청

**제56조(방문신청의 방법)** ① 방문신청을 하는 경우에는 등기신청서에 제43조 및 그 밖의 법령에 따라 신청정보의 내용으로 등기소에 제공하여야 하는 정보를 적고 신청인 또는 그 대리인이 기명날인하거나 서명하여야 한다.

　② 신청서가 여러 장일 때에는 신청인 또는 그 대리인이 간인을 하여야 하고, 등기권리자 또는 등기의무자가 여러 명일 때에는 그 중 1명이 간인하는 방법으로 한다. 다만, 신청서에 서명을 하였을 때에는 각 장마다 연결되는 서명을 함으로써 간인을 대신한다.

　③ 제1항의 경우에는 그 등기신청서에 제46조 및 그 밖의 법령에 따라 첨부정보로서 등기소에 제공하여야 하는 정보를 담고 있는 서면을 첨부하여야 한다.


**제57조(신청서 등의 문자)** ① 신청서나 그 밖의 등기에 관한 서면을 작성할 때에는 자획(字劃)을 분명히 하여야 한다.

　② 제1항의 서면에 적은 문자의 정정, 삽입 또는 삭제를 한 경우에는 그 글자 수를 난

외(欄外)에 적으며 문자의 앞뒤에 괄호를 붙이고 이에 날인 또는 서명하여야 한다. 이 경우 삭제한 문자는 해독할 수 있게 글자체를 남겨두어야 한다.

**제58조(등기소에 출석하여 등기신청서를 제출할 수 있는 자격자대리인의 사무원)** ① 법 제24조제1항제1호 단서에 따라 등기소에 출석하여 등기신청서를 제출할 수 있는 자격자대리인의 사무원은 자격자대리인의 사무소 소재지를 관할하는 지방법원장이 허가하는 1명으로 한다. 다만, 법무법인·법무법인(유한)·법무조합 또는 법무사법인·법무사법인(유한)의 경우에는 그 구성원 및 구성원이 아닌 변호사나 법무사 수만큼의 사무원을 허가할 수 있다. 〈개정 2016. 6. 27., 2022. 2. 25.〉

② 자격자대리인이 제1항의 허가를 받으려면 지방법원장에게 허가신청서를 제출하여야 한다.

③ 지방법원장이 제1항의 허가를 하였을 때에는 해당 자격자대리인에게 등기소 출입증을 발급하여야 한다.

④ 지방법원장은 상당하다고 인정되는 경우 제1항의 허가를 취소할 수 있다.

**제59조(첨부서면의 원본 환부의 청구)** 신청서에 첨부한 서류의 원본의 환부를 청구하는 경우에 신청인은 그 원본과 같다는 뜻을 적은 사본을 첨부하여야 하고, 등기관이 서류의 원본을 환부할 때에는 그 사본에 원본 환부의 뜻을 적고 기명날인하여야 한다. 다만, 다음 각 호의 서류에 대하여는 환부를 청구할 수 없다. 〈개정 2022. 2. 25.〉

1. 등기신청위임장, 제46조제1항제8호, 제111조제2항의 확인정보를 담고 있는 서면 등 해당 등기신청만을 위하여 작성한 서류

2. 인감증명, 법인등기사항증명서, 주민등록표등본·초본, 가족관계등록사항별증명서 및 건축물대장·토지대장·임야대장 등본 등 별도의 방법으로 다시 취득할 수 있는 서류

**제60조(인감증명의 제출)** ① 방문신청을 하는 경우에는 다음 각 호의 인감증명을 제출하여야 한다. 이 경우 해당 신청서(위임에 의한 대리인이 신청하는 경우에는 위임장을 말한다)나 첨부서면에는 그 인감을 날인하여야 한다. 〈개정 2018. 8. 31.〉

1. 소유권의 등기명의인이 등기의무자로서 등기를 신청하는 경우 등기의무자의 인감증명

2. 소유권에 관한 가등기명의인이 가등기의 말소등기를 신청하는 경우 가등기명
의인의 인감증명

3. 소유권 외의 권리의 등기명의인이 등기의무자로서 법 제51조에 따라 등기를
신청하는 경우 등기의무자의 인감증명

4. 제81조제1항에 따라 토지소유자들의 확인서를 첨부하여 토지합필등기를 신청
하는 경우 그 토지소유자들의 인감증명

5. 제74조에 따라 권리자의 확인서를 첨부하여 토지분필등기를 신청하는 경우
그 권리자의 인감증명

6. 협의분할에 의한 상속등기를 신청하는 경우 상속인 전원의 인감증명

7. 등기신청서에 제3자의 동의 또는 승낙을 증명하는 서면을 첨부하는 경우 그
제3자의 인감증명

8. 법인 아닌 사단이나 재단의 등기신청에서 대법원예규로 정한 경우

② 제1항제1호부터 제3호까지 및 제6호에 따라 인감증명을 제출하여야 하는 자가 다른 사람에게 권리의 처분권한을 수여한 경우에는 그 대리인의 인감증명을 함께 제출하여야 한다. 〈신설 2018. 8. 31.〉

③ 제1항에 따라 인감증명을 제출하여야 하는 자가 국가 또는 지방자치단체인 경우에는 인감증명을 제출할 필요가 없다. 〈개정 2018. 8. 31.〉

④ 제1항제4호부터 제7호까지의 규정에 해당하는 서면이 공정증서이거나 당사자가 서명 또는 날인하였다는 뜻의 공증인의 인증을 받은 서면인 경우에는 인감증명을 제출할 필요가 없다. 〈개정 2018. 8. 31.〉

**제61조(법인 등의 인감증명의 제출)** ① 제60조에 따라 인감증명을 제출하여야 하는 자가 법인 또는 국내에 영업소나 사무소의 설치등기를 한 외국법인인 경우에는 등기소의 증명을 얻은 그 대표자의 인감증명을, 법인 아닌 사단이나 재단인 경우에는 그 대표자나 관리인의 인감증명을 제출하여야 한다.

② 법정대리인이 제60조제1항제1호부터 제3호까지의 규정에 해당하는 등기신청을 하거나, 제4호부터 제7호까지의 서류를 작성하는 경우에는 법정대리인의 인감증명을 제출하여야 한다.

③ 제60조에 따라 인감증명을 제출하여야 하는 자가 재외국민인 경우에는 위임장이나 첨부서면에 본인이 서명 또는 날인하였다는 뜻의 「재외공관 공증법」에 따른 인증을 받음으로써 인감증명의 제출을 갈음할 수 있다. 〈신설 2018. 8. 31.〉

④ 제60조에 따라 인감증명을 제출하여야 하는 자가 외국인인 경우에는 「인감증명법」에 따른 인감증명 또는 본국의 관공서가 발행한 인감증명을 제출하여야 한다. 다만, 본국에 인감증명제도가 없고 또한 「인감증명법」에 따른 인감증명을 받을 수 없는 자는 신청서나 위임장 또는 첨부서면에 본인이 서명 또는 날인하였다는 뜻의 본국 관공서의 증명이나 본국 또는 대한민국 공증인의 인증(「재외공관 공증법」에 따른 인증을 포함한다)을 받음으로써 인감증명의 제출을 갈음할 수 있다. 〈개정 2018. 8. 31.〉

**제62조(인감증명 등의 유효기간)** 등기신청서에 첨부하는 인감증명, 법인등기사항증명서, 주민등록표등본·초본, 가족관계등록사항별증명서 및 건축물대장·토지대장·임야대장 등본은 발행일부터 3개월 이내의 것이어야 한다.

**제63조(도면의 제출방법)** 방문신청을 하는 경우라도 등기소에 제공하여야 하는 도면은 전자문서로 작성하여야 하며, 그 제공은 전산정보처리조직을 이용하여 등기소에 송신하는 방법으로 하여야 한다. 다만, 다음 각 호의 어느 하나에 해당하는 경우에는 그 도면을 서면으로 작성하여 등기소에 제출할 수 있다.
1. 자연인 또는 법인 아닌 사단이나 재단이 직접 등기신청을 하는 경우
2. 자연인 또는 법인 아닌 사단이나 재단이 자격자대리인이 아닌 사람에게 위임하여 등기신청을 하는 경우

**제64조(전자표준양식에 의한 신청)** 방문신청을 하고자 하는 신청인은 신청서를 등기소에 제출하기 전에 전산정보처리조직에 신청정보를 입력하고, 그 입력한 신청정보를 서면으로 출력하여 등기소에 제출하는 방법으로 할 수 있다.

**제65조(등기신청서의 접수)** ① 등기신청서를 받은 등기관은 전산정보처리조직에 접수연월일, 접수번호, 등기의 목적, 신청인의 성명 또는 명칭, 부동산의 표시, 등기신청수수료, 취득세 또는 등록면허세, 국민주택채권매입금액 및 그 밖에 대법원예규로 정하는 사항을 입력한 후 신청서에 접수번호표를 붙여야 한다.
② 같은 부동산에 관하여 동시에 여러 개의 등기신청이 있는 경우에는 같은 접수번호를 부여하여야 한다.

③ 등기관이 신청서를 접수하였을 때에는 신청인의 청구에 따라 그 신청서의 접수증을 발급하여야 한다.

**제66조(등기원인증서의 반환)** ① 신청서에 첨부된 제46조제1항제1호의 정보를 담고 있는 서면이 법률행위의 성립을 증명하는 서면이거나 그 밖에 대법원예규로 정하는 서면일 때에는 등기관이 등기를 마친 후에 이를 신청인에게 돌려주어야 한다.

② 신청인이 제1항의 서면을 등기를 마친 때부터 3개월 이내에 수령하지 아니할 경우에는 이를 폐기할 수 있다.

## 제3관 전자신청

**제67조(전자신청의 방법)** ① 전자신청은 당사자가 직접 하거나 자격자대리인이 당사자를 대리하여 한다. 다만, 법인 아닌 사단이나 재단은 전자신청을 할 수 없으며, 외국인의 경우에는 다음 각 호의 어느 하나에 해당하는 요건을 갖추어야 한다.

1. 「출입국관리법」 제31조에 따른 외국인등록
2. 「재외동포의 출입국과 법적 지위에 관한 법률」 제6조, 제7조에 따른 국내거소신고

② 제1항에 따라 전자신청을 하는 경우에는 제43조 및 그 밖의 법령에 따라 신청정보의 내용으로 등기소에 제공하여야 하는 정보를 전자문서로 등기소에 송신하여야 한다. 이 경우 사용자등록번호도 함께 송신하여야 한다.

③ 제2항의 경우에는 제46조 및 그 밖의 법령에 따라 첨부정보로서 등기소에 제공하여야 하는 정보를 전자문서로 등기소에 송신하거나 대법원예규로 정하는 바에 따라 등기소에 제공하여야 한다.

④ 제2항과 제3항에 따라 전자문서를 송신할 때에는 다음 각 호의 구분에 따른 신청인 또는 문서작성자의 전자서명정보(이하 "인증서등"이라 한다)를 함께 송신하여야 한다. 〈개정 2020. 11. 26., 2021. 5. 27.〉

1. 개인: 「전자서명법」 제2조제6호에 따른 인증서(서명자의 실지명의를 확인할 수 있는 것으로서 법원행정처장이 지정·공고하는 인증서를 말한다)
2. 법인 : 「상업등기법」의 전자증명서
3. 관공서 : 대법원예규로 정하는 전자인증서

⑤ 제4항제1호의 공고는 인터넷등기소에 하여야 한다. 〈신설 2021. 5. 27.〉

**제68조(사용자등록)** ① 전자신청을 하기 위해서는 그 등기신청을 하는 당사자 또는 등기신청을 대리할 수 있는 자격자대리인이 최초의 등기신청 전에 사용자등록을 하여야 한다.

② 사용자등록을 신청하는 당사자 또는 자격자대리인은 등기소에 출석하여 대법원예규로 정하는 사항을 적은 신청서를 제출하여야 한다.

③ 제2항의 사용자등록 신청서에는 「인감증명법」에 따라 신고한 인감을 날인하고, 그 인감증명과 함께 주소를 증명하는 서면을 첨부하여야 한다.

④ 신청인이 자격자대리인인 경우에는 제3항의 서면 외에 그 자격을 증명하는 서면의 사본도 첨부하여야 한다.

⑤ 법인이 「상업등기규칙」 제46조에 따라 전자증명서의 이용등록을 한 경우에는 사용자등록을 한 것으로 본다. 〈개정 2014. 10. 2.〉


**제69조(사용자등록의 유효기간)** ① 사용자등록의 유효기간은 3년으로 한다.

② 제1항의 유효기간이 지난 경우에는 사용자등록을 다시 하여야 한다.

③ 사용자등록의 유효기간 만료일 3개월 전부터 만료일까지는 그 유효기간의 연장을 신청할 수 있으며, 그 연장기간은 3년으로 한다.

④ 제3항의 유효기간 연장은 전자문서로 신청할 수 있다.


**제70조(사용자등록의 효력정지 등)** ① 사용자등록을 한 사람은 사용자등록의 효력정지, 효력회복 또는 해지를 신청할 수 있다.

② 제1항에 따른 사용자등록의 효력정지 및 해지의 신청은 전자문서로 할 수 있다.

③ 등기소를 방문하여 제1항에 따른 사용자등록의 효력정지, 효력회복 또는 해지를 신청하는 경우에는 신청서에 기명날인 또는 서명을 하여야 한다.


**제71조(사용자등록정보 변경 등)** ① 사용자등록 후 사용자등록정보가 변경된 경우에는 대법원예규로 정하는 바에 따라 그 변경된 사항을 등록하여야 한다.

② 사용자등록번호를 분실하였을 때에는 제68조에 따라 사용자등록을 다시 하여야 한다.

## 제2절 표시에 관한 등기

### 제1관 토지의 표시에 관한 등기

**제72조(토지표시변경등기의 신청)** ① 법 제35조에 따라 토지의 표시변경등기를 신청하는 경우에는 그 토지의 변경 전과 변경 후의 표시에 관한 정보를 신청정보의 내용으로 등기소에 제공하여야 한다.

② 제1항의 경우에는 그 변경을 증명하는 토지대장 정보나 임야대장 정보를 첨부정보로서 등기소에 제공하여야 한다.

**제73조(토지표시변경등기)** 법 제34조의 토지표시에 관한 사항을 변경하는 등기를 할 때에는 종전의 표시에 관한 등기를 말소하는 표시를 하여야 한다.

**제74조(토지분필등기의 신청)** 1필의 토지의 일부에 지상권·전세권·임차권이나 승역지(承役地 : 편익제공지)의 일부에 관하여 하는 지역권의 등기가 있는 경우에 분필등기를 신청할 때에는 권리가 존속할 토지의 표시에 관한 정보를 신청정보의 내용으로 등기소에 제공하고, 이에 관한 권리자의 확인이 있음을 증명하는 정보를 첨부정보로서 등기소에 제공하여야 한다. 이 경우 그 권리가 토지의 일부에 존속할 때에는 그 토지부분에 관한 정보도 신청정보의 내용으로 등기소에 제공하고, 그 부분을 표시한 지적도를 첨부정보로서 등기소에 제공하여야 한다.

**제75조(토지분필등기)** ① 갑 토지를 분할하여 그 일부를 을 토지로 한 경우에 등기관이 분필등기를 할 때에는 을 토지에 관하여 등기기록을 개설하고, 그 등기기록 중 표제부에 토지의 표시와 분할로 인하여 갑 토지의 등기기록에서 옮겨 기록한 뜻을 기록하여야 한다.

② 제1항의 절차를 마치면 갑 토지의 등기기록 중 표제부에 남은 부분의 표시를 하고, 분할로 인하여 다른 부분을 을 토지의 등기기록에 옮겨 기록한 뜻을 기록하며, 종전의 표시에 관한 등기를 말소하는 표시를 하여야 한다.

제76조(토지분필등기) ① 제75조제1항의 경우에는 을 토지의 등기기록 중 해당 구에 갑 토지의 등기기록에서 소유권과 그 밖의 권리에 관한 등기를 전사(轉寫)하고, 분할

로 인하여 갑 토지의 등기기록에서 전사한 뜻, 신청정보의 접수연월일과 접수번호를 기록하여야 한다. 이 경우 소유권 외의 권리에 관한 등기에는 갑 토지가 함께 그 권리의 목적이라는 뜻도 기록하여야 한다.

② 갑 토지의 등기기록에서 을 토지의 등기기록에 소유권 외의 권리에 관한 등기를 전사하였을 때에는 갑 토지의 등기기록 중 그 권리에 관한 등기에 을 토지가 함께 그 권리의 목적이라는 뜻을 기록하여야 한다.

③ 소유권 외의 권리의 등기명의인이 을 토지에 관하여 그 권리의 소멸을 승낙한 것을 증명하는 정보 또는 이에 대항할 수 있는 재판이 있음을 증명하는 정보를 첨부정보로서 등기소에 제공한 경우에는 갑 토지의 등기기록 중 그 권리에 관한 등기에 을 토지에 대하여 그 권리가 소멸한 뜻을 기록하여야 한다.

④ 소유권 외의 권리의 등기명의인이 갑 토지에 관하여 그 권리의 소멸을 승낙한 것을 증명하는 정보 또는 이에 대항할 수 있는 재판이 있음을 증명하는 정보를 첨부정보로서 등기소에 제공한 경우에는 을 토지의 등기기록 중 해당 구에 그 권리에 관한 등기를 전사하고, 신청정보의 접수연월일과 접수번호를 기록하여야 한다. 이 경우 갑 토지의 등기기록 중 그 권리에 관한 등기에는 갑 토지에 대하여 그 권리가 소멸한 뜻을 기록하고 그 등기를 말소하는 표시를 하여야 한다.

⑤ 제3항 및 제4항의 권리를 목적으로 하는 제3자의 권리에 관한 등기가 있는 경우에는 그 자의 승낙이 있음을 증명하는 정보 또는 이에 대항할 수 있는 재판이 있음을 증명하는 정보를 첨부정보로서 등기소에 제공하여야 한다.

⑥ 제5항의 정보를 등기소에 제공한 경우 그 제3자의 권리에 관한 등기에 관하여는 제3항 및 제4항을 준용한다.


**제77조(토지분필등기)** ① 제74조의 경우에 갑 토지에만 해당 권리가 존속할 때에는 제76조제3항을 준용하고, 을 토지에만 해당 권리가 존속할 때에는 제76조제4항을 준용한다.

② 제74조 후단의 경우 분필등기를 할 때에는 갑 토지 또는 을 토지의 등기기록 중 지상권·지역권·전세권 또는 임차권의 등기에 그 권리가 존속할 부분을 기록하여야 한다.


**제78조(토지의 분필·합필등기)** ① 갑 토지의 일부를 분할하여 이를 을 토지에 합병한

경우에 등기관이 분필 및 합필의 등기를 할 때에는 을 토지의 등기기록 중 표제부에 합병 후의 토지의 표시와 일부합병으로 인하여 갑 토지의 등기기록에서 옮겨 기록한 뜻을 기록하고, 종전의 표시에 관한 등기를 말소하는 표시를 하여야 한다.

② 제1항의 경우에는 을 토지의 등기기록 중 갑구에 갑 토지의 등기기록에서 소유권의 등기(법 제37조제1항제3호의 경우에는 신탁등기를 포함한다. 이하 이 조부터 제80조까지에서 같다)를 전사하고, 일부합병으로 인하여 갑 토지의 등기기록에서 전사한 뜻, 신청정보의 접수연월일과 접수번호를 기록하여야 한다. 〈개정 2020. 6. 26.〉

③ 갑 토지의 등기기록에 지상권·지역권·전세권 또는 임차권의 등기가 있을 때에는 을 토지의 등기기록 중 을구에 그 권리에 관한 등기를 전사하고, 일부합병으로 인하여 갑 토지의 등기기록에서 전사한 뜻, 합병한 부분만이 갑 토지와 함께 그 권리의 목적이라는 뜻, 신청정보의 접수연월일과 접수번호를 기록하여야 한다.

④ 소유권·지상권·지역권 또는 임차권의 등기를 전사하는 경우에 등기원인과 그 연월일, 등기목적과 접수번호가 같을 때에는 전사를 갈음하여 을 토지의 등기기록에 갑 토지에 대하여 같은 사항의 등기가 있다는 뜻을 기록하여야 한다.

⑤ 제1항의 경우에 모든 토지에 관하여 등기원인과 그 연월일, 등기목적과 접수번호가 같은 저당권이나 전세권의 등기가 있을 때에는 을 토지의 등기기록 중 그 등기에 해당 등기가 합병 후의 토지 전부에 관한 것이라는 뜻을 기록하여야 한다.

⑥ 제1항의 경우에는 제75조제2항, 제76조제2항부터 제6항까지 및 제77조를 준용한다.

**제79조(토지합필등기)** ① 갑 토지를 을 토지에 합병한 경우에 등기관이 합필등기를 할 때에는 을 토지의 등기기록 중 표제부에 합병 후의 토지의 표시와 합병으로 인하여 갑 토지의 등기기록에서 옮겨 기록한 뜻을 기록하고 종전의 표시에 관한 등기를 말소하는 표시를 하여야 한다.

② 제1항의 절차를 마치면 갑 토지의 등기기록 중 표제부에 합병으로 인하여 을 토지의 등기기록에 옮겨 기록한 뜻을 기록하고, 갑 토지의 등기기록 중 표제부의 등기를 말소하는 표시를 한 후 그 등기기록을 폐쇄하여야 한다.

**제80조(토지합필등기)** ① 제79조의 경우에 을 토지의 등기기록 중 갑구에 갑 토지의 등기기록에서 소유권의 등기를 옮겨 기록하고, 합병으로 인하여 갑 토지의 등기기록에서 옮겨 기록한 뜻, 신청정보의 접수연월일과 접수번호를 기록하여야 한다.

② 갑 토지의 등기기록에 지상권·지역권·전세권 또는 임차권의 등기가 있을 때에는 을 토지의 등기기록 중 을구에 그 권리의 등기를 옮겨 기록하고, 합병으로 인하여 갑 토지의 등기기록에서 옮겨 기록한 뜻, 갑 토지이었던 부분만이 그 권리의 목적이라는 뜻, 신청정보의 접수연월일과 접수번호를 기록하여야 한다.

③ 제1항과 제2항의 경우에는 제78조제4항을 준용하고, 모든 토지에 관하여 등기원인과 그 연월일, 등기목적과 접수번호가 같은 저당권이나 전세권의 등기가 있는 경우에는 제78조제5항을 준용한다.

**제81조(토지합필의 특례에 따른 등기신청)** ① 법 제38조에 따른 합필등기를 신청하는 경우에는 종전 토지의 소유권이 합병 후의 토지에서 차지하는 지분을 신청정보의 내용으로 등기소에 제공하고, 이에 관한 토지소유자들의 확인이 있음을 증명하는 정보를 첨부정보로서 등기소에 제공하여야 한다.

② 제1항의 경우에 이해관계인이 있을 때에는 그 이해관계인의 승낙이 있음을 증명하는 정보를 첨부정보로서 등기소에 제공하여야 한다.

**제82조(토지합필의 특례에 따른 등기)** ① 법 제38조에 따라 합필의 등기를 할 때에는 제79조 및 제80조에 따른 등기를 마친 후 종전 토지의 소유권의 등기를 공유지분으로 변경하는 등기를 부기로 하여야 하고, 종전 등기의 권리자에 관한 사항을 말소하는 표시를 하여야 한다.

② 제1항의 경우에 이해관계인이 있을 때에는 그 이해관계인 명의의 등기를 제1항의 공유지분 위에 존속하는 것으로 변경하는 등기를 부기로 하여야 한다.

**제83조(토지멸실등기의 신청)** 법 제39조에 따라 토지멸실등기를 신청하는 경우에는 그 멸실을 증명하는 토지대장 정보나 임야대장 정보를 첨부정보로서 등기소에 제공하여야 한다.

**제84조(토지멸실등기)** ① 등기관이 토지의 멸실등기를 할 때에는 등기기록 중 표제부에 멸실의 뜻과 그 원인을 기록하고 표제부의 등기를 말소하는 표시를 한 후 그 등기기록을 폐쇄하여야 한다.

② 제1항의 경우에 멸실등기한 토지가 다른 부동산과 함께 소유권 외의 권리의 목적일 때에는 그 다른 부동산의 등기기록 중 해당 구에 멸실등기한 토지의 표시를 하고, 그 토지가 멸실인 뜻을 기록하며, 그 토지와 함께 소유권 외의 권리의 목적이라는 뜻을 기록한 등기 중 멸실등기한 토지의 표시에 관한 사항을 말소하는 표시를 하여야 한다.

③ 제2항에 따른 등기는 공동전세목록이나 공동담보목록이 있는 경우에는 그 목록에 하여야 한다.

④ 제2항의 경우에 그 다른 부동산의 소재지가 다른 등기소 관할일 때에는 등기관은 지체없이 그 등기소에 부동산 및 멸실등기한 토지의 표시와 신청정보의 접수연월일을 통지하여야 한다.

⑤ 제4항에 따른 통지를 받은 등기소의 등기관은 지체없이 제2항 또는 제3항의 절차를 마쳐야 한다.

**제85조** 삭제 〈2018. 12. 4.〉

### 제2관 건물의 표시에 관한 등기

**제86조(건물표시변경등기의 신청)** ① 법 제41조에 따라 건물의 표시변경등기를 신청하는 경우에는 그 건물의 변경 전과 변경 후의 표시에 관한 정보를 신청정보의 내용으로 등기소에 제공하여야 한다.

② 대지권의 변경·경정 또는 소멸의 등기를 신청하는 경우에는 그에 관한 규약이나 공정증서 또는 이를 증명하는 정보를 첨부정보로서 등기소에 제공하여야 한다.

③ 제2항의 경우 외에는 그 변경을 증명하는 건축물대장 정보를 첨부정보로서 등기소에 제공하여야 한다.

**제87조(건물표시변경등기)** ① 법 제40조의 건물표시에 관한 사항을 변경하는 등기를 할 때에는 종전의 표시에 관한 등기를 말소하는 표시를 하여야 한다.

② 신축건물을 다른 건물의 부속건물로 하는 등기를 할 때에는 주된 건물의 등기기록 중 표제부에 부속건물 신축을 원인으로 한 건물표시변경등기를 하고, 종전의 표시에 관한 등기를 말소하는 표시를 하여야 한다.

**제88조(대지권의 등기)** ① 건물의 등기기록에 대지권의 등기를 할 때에는 1동의 건물의 표제부 중 대지권의 목적인 토지의 표시란에 표시번호, 대지권의 목적인 토지의 일련번호·소재지번·지목·면적과 등기연월일을, 전유부분의 표제부 중 대지권의 표시란에 표시번호, 대지권의 목적인 토지의 일련번호, 대지권의 종류, 대지권의 비율, 등기원인 및 그 연월일과 등기연월일을 각각 기록하여야 한다. 다만, 부속건물만이 구분건물인 경우에는 그 부속건물에 대한 대지권의 표시는 표제부 중 건물내역란에 부속건물의 표시에 이어서 하여야 한다.

② 부속건물에 대한 대지권의 표시를 할 때에는 대지권의 표시의 끝부분에 그 대지권이 부속건물에 대한 대지권이라는 뜻을 기록하여야 한다.

**제89조(대지권이라는 뜻의 등기)** ① 대지권의 목적인 토지의 등기기록에 법 제40조제4항의 대지권이라는 뜻의 등기를 할 때에는 해당 구에 어느 권리가 대지권이라는 뜻과 그 대지권을 등기한 1동의 건물을 표시할 수 있는 사항 및 그 등기연월일을 기록하여야 한다.

② 대지권의 목적인 토지가 다른 등기소의 관할에 속하는 경우에는 그 등기소에 지체 없이 제1항에 따라 등기할 사항을 통지하여야 한다.

③ 제2항의 통지를 받은 등기소의 등기관은 대지권의 목적인 토지의 등기기록 중 해당 구에 통지받은 사항을 기록하여야 한다.

**제90조(별도의 등기가 있다는 뜻의 기록)** ① 제89조에 따라 대지권의 목적인 토지의 등기기록에 대지권이라는 뜻의 등기를 한 경우로서 그 토지 등기기록에 소유권보존등기나 소유권이전등기 외의 소유권에 관한 등기 또는 소유권 외의 권리에 관한 등기가 있을 때에는 등기관은 그 건물의 등기기록 중 전유부분 표제부에 토지 등기기록에 별도의 등기가 있다는 뜻을 기록하여야 한다. 다만, 그 등기가 소유권 이외의 대지권의 등기인 경우 또는 제92조제2항에 따라 말소하여야 하는 저당권의 등기인 경우에는 그러하지 아니하다.

② 토지 등기기록에 대지권이라는 뜻의 등기를 한 후에 그 토지 등기기록에 관하여만 새로운 등기를 한 경우에는 제1항을 준용한다.

③ 토지 등기기록에 별도의 등기가 있다는 뜻의 기록의 전제가 된 등기가 말소되었을 때에는 등기관은 그 뜻의 기록도 말소하여야 한다.

**제91조(대지권의 변경 등)** ① 대지권의 변경, 경정 또는 소멸의 등기를 할 때에는 제 87조제1항을 준용한다.

② 대지권의 변경 또는 경정으로 인하여 건물 등기기록에 대지권의 등기를 한 경우에는 그 권리의 목적인 토지의 등기기록 중 해당 구에 대지권이라는 뜻의 등기를 하여야 한다. 이 경우 제89조 및 제90조를 준용한다.

③ 제1항의 등기 중 대지권인 권리가 대지권이 아닌 것으로 변경되거나 대지권인 권리 자체가 소멸하여 대지권 소멸의 등기를 한 경우에는 대지권의 목적인 토지의 등기 기록 중 해당 구에 그 뜻을 기록하고 대지권이라는 뜻의 등기를 말소하여야 한다.

**제92조(대지권의 변경 등)** ① 제91조제2항의 등기를 하는 경우에 건물에 관하여 소유 권보존등기와 소유권이전등기 외의 소유권에 관한 등기 또는 소유권 외의 권리에 관한 등기가 있을 때에는 그 등기에 건물만에 관한 것이라는 뜻을 기록하여야 한다. 다만, 그 등기가 저당권에 관한 등기로서 대지권에 대한 등기와 등기원인, 그 연월 일과 접수번호가 같은 것일 때에는 그러하지 아니하다.

② 제1항 단서의 경우에는 대지권에 대한 저당권의 등기를 말소하여야 한다.

③ 제2항에 따라 말소등기를 할 때에는 같은 항에 따라 말소한다는 뜻과 그 등기연월 일을 기록하여야 한다.

**제93조(대지권의 변경 등)** ① 대지권인 권리가 대지권이 아닌 것으로 변경되어 제91조 제3항의 등기를 한 경우에는 그 토지의 등기기록 중 해당 구에 대지권인 권리와 그 권리자를 표시하고, 같은 항의 등기를 함에 따라 등기하였다는 뜻과 그 연월일을 기록하여야 한다.

② 제1항의 등기를 하는 경우에 대지권을 등기한 건물 등기기록에 법 제61조제1항에 따라 대지권에 대한 등기로서의 효력이 있는 등기 중 대지권의 이전등기 외의 등기가 있을 때에는 그 건물의 등기기록으로부터 제1항의 토지 등기기록 중 해당 구에 이를 전사하여야 한다.

③ 제1항의 토지 등기기록 중 해당 구에 제2항에 따라 전사하여야 할 등기보다 나중에 된 등기가 있을 때에는 제2항에 따라 전사할 등기를 전사한 후 그 전사한 등기와 나중에 된 등기에 대하여 권리의 순서에 따라 순위번호를 경정하여야 한다.

④ 제2항 및 제3항의 절차를 취하는 경우에는 제76조를 준용한다.

⑤ 등기관이 제1항의 등기를 한 경우에 대지권의 목적인 토지가 다른 등기소 관할일 때에는 지체없이 그 등기소에 그 등기를 하였다는 사실과 제1항이나 제2항에 따라 기록하거나 전사할 사항을 통지하여야 한다.

⑥ 제5항의 통지를 받은 등기소의 등기관은 제1항부터 제4항까지의 절차를 취하여야 한다.

**제94조(대지권의 변경 등)** ① 대지권이 아닌 것을 대지권으로 한 등기를 경정하여 제91조제3항의 등기를 한 경우에 대지권을 등기한 건물 등기기록에 법 제61조제1항에 따라 대지권의 이전등기로서의 효력이 있는 등기가 있을 때에는 그 건물의 등기기록으로부터 토지의 등기기록 중 해당 구에 그 등기를 전부 전사하여야 한다.

② 제1항의 경우에는 제93조제2항부터 제6항까지의 규정을 준용한다.

**제95조(건물분할 또는 건물구분등기의 신청)** 건물의 일부에 전세권이나 임차권의 등기가 있는 경우에 그 건물의 분할이나 구분의 등기를 신청할 때에는 제74조를 준용한다.

**제96조(건물분할등기)** ① 갑 건물로부터 그 부속건물을 분할하여 이를 을 건물로 한 경우에 등기관이 분할등기를 할 때에는 을 건물에 관하여 등기기록을 개설하고, 그 등기기록 중 표제부에 건물의 표시와 분할로 인하여 갑 건물의 등기기록에서 옮겨 기록한 뜻을 기록하여야 한다.

② 제1항의 절차를 마치면 갑 건물의 등기기록 중 표제부에 남은 부분의 표시를 하고, 분할로 인하여 다른 부분을 을 건물의 등기기록에 옮겨 기록한 뜻을 기록하며, 종전의 표시에 관한 등기를 말소하는 표시를 하여야 한다.

③ 제1항의 경우에는 제76조 및 제77조를 준용한다.

**제97조(건물구분등기)** ① 구분건물이 아닌 갑 건물을 구분하여 갑 건물과 을 건물로 한 경우에 등기관이 구분등기를 할 때에는 구분 후의 갑 건물과 을 건물에 대하여 등기기록을 개설하고, 각 등기기록 중 표제부에 건물의 표시와 구분으로 인하여 종전의 갑 건물의 등기기록에서 옮겨 기록한 뜻을 기록하여야 한다.

② 제1항의 절차를 마치면 종전의 갑 건물의 등기기록 중 표제부에 구분으로 인하여 개설한 갑 건물과 을 건물의 등기기록에 옮겨 기록한 뜻을 기록하고, 표제부의 등

기를 말소하는 표시를 한 후 그 등기기록을 폐쇄하여야 한다.

③ 제1항의 경우에는 개설한 갑 건물과 을 건물의 등기기록 중 해당 구에 종전의 갑 건물의 등기기록에서 소유권과 그 밖의 권리에 관한 등기를 옮겨 기록하고, 구분으로 인하여 종전의 갑 건물의 등기기록에서 옮겨 기록한 뜻, 신청정보의 접수연월일과 접수번호를 기록하여야 하며, 소유권 외의 권리에 관한 등기에는 다른 등기기록에 옮겨 기록한 건물이 함께 그 권리의 목적이라는 뜻도 기록하여야 한다. 이 경우 제76조제3항부터 제6항까지의 규정을 준용한다.

④ 구분건물인 갑 건물을 구분하여 갑 건물과 을 건물로 한 경우에는 등기기록 중 을 건물의 표제부에 건물의 표시와 구분으로 인하여 갑 건물의 등기기록에서 옮겨 기록한 뜻을 기록하여야 한다.

⑤ 제4항의 절차를 마치면 갑 건물의 등기기록 중 표제부에 남은 부분의 표시를 하고, 구분으로 인하여 다른 부분을 을 건물의 등기기록에 옮겨 기록한 뜻을 기록하며, 종전의 표시에 관한 등기를 말소하는 표시를 하여야 한다.

⑥ 제4항의 경우에는 제76조 및 제77조를 준용한다.

**제98조(건물의 분할합병등기)** ① 갑 건물로부터 그 부속건물을 분할하여 을 건물의 부속건물로 한 경우에 등기관이 분할 및 합병의 등기를 할 때에는 을 건물의 등기기록 중 표제부에 합병 후의 건물의 표시와 일부합병으로 인하여 갑 건물의 등기기록에서 옮겨 기록한 뜻을 기록하고, 종전의 표시에 관한 등기를 말소하는 표시를 하여야 한다.

② 제1항의 경우에는 제96조제2항 및 제78조제2항부터 제6항(제6항 중 제75조제2항을 준용하는 부분은 제외한다)까지의 규정을 준용한다.

**제99조(건물의 구분합병등기)** ① 갑 건물을 구분하여 을 건물 또는 그 부속건물에 합병한 경우에 등기관이 구분 및 합병의 등기를 할 때에는 제98조제1항을 준용한다.

② 제1항의 경우에는 제97조제5항 및 제78조제2항부터 제6항(제6항 중 제75조제2항을 준용하는 부분은 제외한다)까지의 규정을 준용한다.

**제100조(건물합병등기)** ① 갑 건물을 을 건물 또는 그 부속건물에 합병하거나 을 건물의 부속건물로 한 경우에 등기관이 합병등기를 할 때에는 제79조 및 제80조를 준용한다. 다만, 갑 건물이 구분건물로서 같은 등기기록에 을 건물 외에 다른

건물의 등기가 있을 때에는 그 등기기록을 폐쇄하지 아니한다.

② 합병으로 인하여 을 건물이 구분건물이 아닌 것으로 된 경우에 그 등기를 할 때에는 합병 후의 건물에 대하여 등기기록을 개설하고, 그 등기기록의 표제부에 합병 후의 건물의 표시와 합병으로 인하여 갑 건물과 을 건물의 등기기록에서 옮겨 기록한 뜻을 기록하여야 한다.

③ 제2항의 절차를 마치면 갑 건물과 을 건물의 등기기록 중 표제부에 합병으로 인하여 개설한 등기기록에 옮겨 기록한 뜻을 기록하고, 갑 건물과 을 건물의 등기기록 중 표제부의 등기를 말소하는 표시를 한 후 그 등기기록을 폐쇄하여야 한다.

④ 제2항의 경우에는 제80조를 준용한다.

⑤ 대지권을 등기한 건물이 합병으로 인하여 구분건물이 아닌 것으로 된 경우에 제2항의 등기를 할 때에는 제93조를 준용한다.

**제101조(건물구분등기 또는 건물합병등기의 준용)** 구분건물이 아닌 건물이 건물구분 외의 사유로 구분건물로 된 경우에는 제97조를 준용하고, 구분건물이 건물합병 외의 사유로 구분건물이 아닌 건물로 된 경우에는 제100조제2항부터 제5항까지의 규정을 준용한다.

**제102조(건물멸실등기의 신청)** 법 제43조 및 법 제44조에 따라 건물멸실등기를 신청하는 경우에는 그 멸실이나 부존재를 증명하는 건축물대장 정보나 그 밖의 정보를 첨부정보로서 등기소에 제공하여야 한다.

**제103조(건물멸실등기)** ① 등기관이 건물의 멸실등기를 할 때에는 등기기록 중 표제부에 멸실의 뜻과 그 원인 또는 부존재의 뜻을 기록하고 표제부의 등기를 말소하는 표시를 한 후 그 등기기록을 폐쇄하여야 한다. 다만, 멸실한 건물이 구분건물인 경우에는 그 등기기록을 폐쇄하지 아니한다.

② 대지권을 등기한 건물의 멸실등기로 인하여 그 등기기록을 폐쇄한 경우에는 제93조를 준용한다.

③ 제1항의 경우에는 제84조제2항부터 제5항까지의 규정을 준용한다.

**제104조(공용부분이라는 뜻의 등기)** ① 법 제47조제1항에 따라 소유권의 등기명의인이 공용부분이라는 뜻의 등기를 신청하는 경우에는 그 뜻을 정한 규약이나 공정증서를 첨부정보로서 등기소에 제공하여야 한다. 이 경우 그 건물에 소유권의 등기 외의 권리에 관한 등기가 있을 때에는 그 등기명의인의 승낙이 있음을 증명하는 정보 또는 이에 대항할 수 있는 재판이 있음을 증명하는 정보를 첨부정보로서 등기소에 제공하여야 한다.

② 제1항의 경우에 그 공용부분이 다른 등기기록에 등기된 건물의 구분소유자가 공용하는 것일 때에는 그 뜻과 그 구분소유자가 소유하는 건물의 번호를 신청정보의 내용으로 등기소에 제공하여야 한다. 다만, 다른 등기기록에 등기된 건물의 구분소유자 전원이 공용하는 것일 때에는 그 1동 건물의 번호만을 신청정보의 내용으로 등기소에 제공한다.

③ 제1항의 등기신청이 있는 경우에 등기관이 그 등기를 할 때에는 그 등기기록 중 표제부에 공용부분이라는 뜻을 기록하고 각 구의 소유권과 그 밖의 권리에 관한 등기를 말소하는 표시를 하여야 한다. 이 경우 제2항에 따른 사항이 신청정보의 내용 중에 포함되어 있을 때에는 그 사항도 기록하여야 한다.

④ 공용부분이라는 뜻을 정한 규약을 폐지함에 따라 공용부분의 취득자가 법 제47조제2항에 따라 소유권보존등기를 신청하는 경우에는 규약의 폐지를 증명하는 정보를 첨부정보로서 등기소에 제공하여야 한다.

⑤ 등기관이 제4항에 따라 소유권보존등기를 하였을 때에는 공용부분이라는 뜻의 등기를 말소하는 표시를 하여야 한다.

⑥ 「집합건물의 소유 및 관리에 관한 법률」 제52조에 따른 단지공용부분이라는 뜻의 등기에는 제1항부터 제5항까지의 규정을 준용한다.

## 제3절 권리에 관한 등기

### 제1관 통칙

**제105조(등기할 권리자가 2인 이상인 경우)** ① 등기할 권리자가 2인 이상일 때에는 그 지분을 신청정보의 내용으로 등기소에 제공하여야 한다.

② 제1항의 경우에 등기할 권리가 합유일 때에는 합유라는 뜻을 신청정보의 내용으로 등기소에 제공하여야 한다.

**제106조(등기필정보의 작성방법)** ① 법 제50조제1항의 등기필정보는 아라비아 숫자와 그 밖의 부호의 조합으로 이루어진 일련번호와 비밀번호로 구성한다.

② 제1항의 등기필정보는 부동산 및 등기명의인별로 작성한다. 다만, 대법원예규로 정하는 바에 따라 등기명의인별로 작성할 수 있다.

**제107조(등기필정보의 통지방법)** ① 등기필정보는 다음 각 호의 구분에 따른 방법으로 통지한다.

    1. 방문신청의 경우 : 등기필정보를 적은 서면(이하 "등기필정보통지서"라 한다)을 교부하는 방법. 다만, 신청인이 등기신청서와 함께 대법원예규에 따라 등기필정보통지서 송부용 우편봉투를 제출한 경우에는 등기필정보통지서를 우편으로 송부한다.

    2. 전자신청의 경우 : 전산정보처리조직을 이용하여 송신하는 방법

② 제1항제2호에도 불구하고, 관공서가 등기권리자를 위하여 등기를 촉탁한 경우 그 관공서의 신청으로 등기필정보통지서를 교부 할 수 있다.

③ 제1항에 따라 등기필정보를 통지할 때에는 그 통지를 받아야 할 사람 외의 사람에게 등기필정보가 알려지지 않도록 하여야 한다.

**제108조(등기필정보 통지의 상대방)** ① 등기관은 등기를 마치면 등기필정보를 등기명의인이 된 신청인에게 통지한다. 다만, 관공서가 등기권리자를 위하여 등기를 촉탁한 경우에는 대법원예규로 정하는 바에 따라 그 관공서 또는 등기권리자에게 등기필정보를 통지한다.

② 법정대리인이 등기를 신청한 경우에는 그 법정대리인에게, 법인의 대표자나 지배인이 신청한 경우에는 그 대표자나 지배인에게, 법인 아닌 사단이나 재단의 대표자나 관리인이 신청한 경우에는 그 대표자나 관리인에게 등기필정보를 통지한다.

**제109조(등기필정보를 작성 또는 통지할 필요가 없는 경우)** ① 법 제50조제1항제1호의 경우에는 등기신청할 때에 그 뜻을 신청정보의 내용으로 하여야 한다.

② 법 제50조제1항제3호에서 "대법원규칙으로 정하는 경우"란 다음 각 호의 어느 하나에 해당하는 경우를 말한다.

    1. 등기필정보를 전산정보처리조직으로 통지받아야 할 자가 수신이 가능한 때부

터 3개월 이내에 전산정보처리조직을 이용하여 수신하지 않은 경우

2. 등기필정보통지서를 수령할 자가 등기를 마친 때부터 3개월 이내에 그 서면을 수령하지 않은 경우

3. 법 제23조제4항에 따라 승소한 등기의무자가 등기신청을 한 경우

4. 법 제28조에 따라 등기권리자를 대위하여 등기신청을 한 경우

5. 법 제66조제1항에 따라 등기관이 직권으로 소유권보존등기를 한 경우

**제110조(등기필정보의 실효신고)** ① 등기명의인 또는 그 상속인 그 밖의 포괄승계인은 등기필정보의 실효신고를 할 수 있다.

② 제1항의 신고는 다음 각 호의 방법으로 한다.

1. 전산정보처리조직을 이용하여 신고정보를 제공하는 방법

2. 신고정보를 적은 서면을 제출하는 방법

③ 제2항에 따라 등기필정보의 실효신고를 할 때에는 대법원예규로 정하는 바에 따라 본인확인절차를 거쳐야 한다.

④ 제2항제2호의 신고를 대리인이 하는 경우에는 신고서에 본인의 인감증명을 첨부하여야 한다.

⑤ 등기관은 등기필정보의 실효신고가 있는 경우에 해당 등기필정보를 실효시키는 조치를 하여야 한다.

**제111조(등기필정보를 제공할 수 없는 경우)** ① 법 제51조 본문의 경우에 등기관은 주민등록증, 외국인등록증, 국내거소신고증, 여권 또는 운전면허증(이하 "주민등록증등"이라 한다)에 의하여 본인 여부를 확인하고 조서를 작성하여 이에 기명날인하여야 한다. 이 경우 주민등록증등의 사본을 조서에 첨부하여야 한다.

② 법 제51조 단서에 따라 자격자대리인이 등기의무자 또는 그 법정대리인으로부터 위임받았음을 확인한 경우에는 그 확인한 사실을 증명하는 정보(이하 "확인정보"라 한다)를 첨부정보로서 등기소에 제공하여야 한다.

③ 자격자대리인이 제2항의 확인정보를 등기소에 제공하는 경우에는 제1항을 준용한다.

**제112조(권리의 변경 등의 등기)** ① 등기관이 권리의 변경이나 경정의 등기를 할 때에는 변경이나 경정 전의 등기사항을 말소하는 표시를 하여야 한다. 다만, 등

기상 이해관계 있는 제3자의 승낙이 없어 변경이나 경정을 주등기로 할 때에는 그러하지 아니하다.

② 등기관이 등기명의인표시의 변경이나 경정의 등기를 할 때에는 제1항 본문을 준용한다.

③ 등기관이 소유권 외의 권리의 이전등기를 할 때에는 종전 권리자의 표시에 관한 사항을 말소하는 표시를 하여야 한다. 다만, 이전되는 지분이 일부일 때에는 그러하지 아니하다.

**제113조(환매특약등기의 신청)** 환매특약의 등기를 신청하는 경우에는 법 제53조의 등기사항을 신청정보의 내용으로 등기소에 제공하여야 한다.

**제114조(환매특약등기 등의 말소)** ① 환매에 따른 권리취득의 등기를 하였을 때에는 법 제53조의 환매특약의 등기를 말소하여야 한다.

② 권리의 소멸에 관한 약정의 등기에 관하여는 제1항을 준용한다.

**제115조(토지 일부에 대한 등기의 말소 등을 위한 분필)** ① 제76조제1항의 경우에 토지 중 일부에 대한 등기의 말소 또는 회복을 위하여 분필의 등기를 할 때에는 그 등기의 말소 또는 회복에 필요한 범위에서 해당 부분에 대한 소유권과 그 밖의 권리에 관한 등기를 모두 전사하여야 한다.

② 제1항에 따라 분필된 토지의 등기기록에 해당 등기사항을 전사한 경우에는 분필 전 토지의 등기기록에 있는 그 등기사항에 대하여는 그 뜻을 기록하고 이를 말소하여야 한다.

**제116조(등기의 말소)** ① 등기를 말소할 때에는 말소의 등기를 한 후 해당 등기를 말소하는 표시를 하여야 한다.

② 제1항의 경우에 말소할 권리를 목적으로 하는 제3자의 권리에 관한 등기가 있을 때에는 등기기록 중 해당 구에 그 제3자의 권리의 표시를 하고 어느 권리의 등기를 말소함으로 인하여 말소한다는 뜻을 기록하여야 한다.

**제117조(직권에 의한 등기의 말소)** ① 법 제58조제1항의 통지는 등기를 마친 사건의

표시와 사건이 등기소의 관할에 속하지 아니한 사실 또는 등기할 것이 아닌 사실을 적은 통지서로 한다.

② 법 제58조제2항에 따른 공고는 대법원 인터넷등기소에 게시하는 방법에 의한다.

③ 법 제58조제4항에 따라 말소등기를 할 때에는 그 사유와 등기연월일을 기록하여야 한다.

**제118조(말소회복등기)** 법 제59조의 말소된 등기에 대한 회복 신청을 받아 등기관이 등기를 회복할 때에는 회복의 등기를 한 후 다시 말소된 등기와 같은 등기를 하여야 한다. 다만, 등기전체가 아닌 일부 등기사항만 말소된 것일 때에는 부기에 의하여 말소된 등기사항만 다시 등기한다.

**제119조(대지권이 있는 건물에 관한 등기)** ① 대지권을 등기한 건물에 관하여 등기를 신청하는 경우에는 대지권의 표시에 관한 사항을 신청정보의 내용으로 등기소에 제공하여야 한다. 다만, 건물만에 관한 등기를 신청하는 경우에는 그러하지 아니하다.

② 제1항 단서에 따라 건물만에 관한 등기를 할 때에는 그 등기에 건물만에 관한 것이라는 뜻을 기록하여야 한다.

**제120조(소유권변경사실 통지 및 과세자료의 제공)** 법 제62조의 소유권변경사실의 통지나 법 제63조의 과세자료의 제공은 전산정보처리조직을 이용하여 할 수 있다.

### 제2관 소유권에 관한 등기

**제121조(소유권보존등기의 신청)** ① 법 제65조에 따라 소유권보존등기를 신청하는 경우에는 법 제65조 각 호의 어느 하나에 따라 등기를 신청한다는 뜻을 신청정보의 내용으로 등기소에 제공하여야 한다. 이 경우 제43조제1항제5호에도 불구하고 등기원인과 그 연월일은 신청정보의 내용으로 등기소에 제공할 필요가 없다.

② 제1항의 경우에 토지의 표시를 증명하는 토지대장 정보나 임야대장 정보 또는 건물의 표시를 증명하는 건축물대장 정보나 그 밖의 정보를 첨부정보로서 등기소에 제공하여야 한다.

③ 건물의 소유권보존등기를 신청하는 경우에 그 대지 위에 여러 개의 건물이 있을

때에는 그 대지 위에 있는 건물의 소재도를 첨부정보로서 등기소에 제공하여야 한다. 다만, 건물의 표시를 증명하는 정보로서 건축물대장 정보를 등기소에 제공한 경우에는 그러하지 아니하다.

④ 구분건물에 대한 소유권보존등기를 신청하는 경우에는 1동의 건물의 소재도, 각 층의 평면도와 전유부분의 평면도를 첨부정보로서 등기소에 제공하여야 한다. 이 경우 제3항 단서를 준용한다.

**제122조(주소변경의 직권등기)** 등기관이 소유권이전등기를 할 때에 등기명의인의 주소변경으로 신청정보 상의 등기의무자의 표시가 등기기록과 일치하지 아니하는 경우라도 첨부정보로서 제공된 주소를 증명하는 정보에 등기의무자의 등기기록 상의 주소가 신청정보 상의 주소로 변경된 사실이 명백히 나타나면 직권으로 등기명의인표시의 변경등기를 하여야 한다.

**제123조(소유권의 일부이전등기 신청)** 소유권의 일부에 대한 이전등기를 신청하는 경우에는 이전되는 지분을 신청정보의 내용으로 등기소에 제공하여야 한다. 이 경우 등기원인에 「민법」 제268조제1항 단서의 약정이 있을 때에는 그 약정에 관한 사항도 신청정보의 내용으로 등기소에 제공하여야 한다.

**제124조(거래가액과 매매목록)** ① 법 제68조의 거래가액이란 「부동산 거래신고 등에 관한 법률」 제3조에 따라 신고한 금액을 말한다. 〈개정 2016. 12. 29.〉

② 「부동산 거래신고 등에 관한 법률」 제3조제1항에서 정하는 계약을 등기원인으로 하는 소유권이전등기를 신청하는 경우에는 거래가액을 신청정보의 내용으로 등기소에 제공하고, 시장·군수 또는 구청장으로부터 제공받은 거래계약신고필증정보를 첨부정보로서 등기소에 제공하여야 한다. 이 경우 거래부동산이 2개 이상인 경우 또는 거래부동산이 1개라 하더라도 여러 명의 매도인과 여러 명의 매수인 사이의 매매계약인 경우에는 매매목록도 첨부정보로서 등기소에 제공하여야 한다. 〈개정 2016. 12. 29.〉

**제125조(거래가액의 등기방법)** 등기관이 거래가액을 등기할 때에는 다음 각 호의 구분

에 따른 방법으로 한다.

1. 매매목록의 제공이 필요 없는 경우 : 등기기록 중 갑구의 권리자 및 기타사항란에 거래가액을 기록하는 방법
2. 매매목록이 제공된 경우 : 거래가액과 부동산의 표시를 기록한 매매목록을 전자적으로 작성하여 번호를 부여하고 등기기록 중 갑구의 권리자 및 기타사항란에 그 매매목록의 번호를 기록하는 방법

### 제3관 용익권에 관한 등기

**제126조(지상권설정등기의 신청)** ① 지상권설정의 등기를 신청하는 경우에는 법 제69조제1호부터 제5호까지의 등기사항을 신청정보의 내용으로 등기소에 제공하여야 한다.

② 지상권설정의 범위가 부동산의 일부인 경우에는 그 부분을 표시한 지적도를 첨부정보로서 등기소에 제공하여야 한다.

**제127조(지역권설정등기의 신청)** ① 지역권설정의 등기를 신청하는 경우에는 법 제70조제1호부터 제4호까지의 등기사항을 신청정보의 내용으로 등기소에 제공하여야 한다.

② 지역권 설정의 범위가 승역지의 일부인 경우에는 제126조제2항을 준용한다.

**제128조(전세권설정등기의 신청)** ① 전세권설정 또는 전전세(轉傳貰)의 등기를 신청하는 경우에는 법 제72조제1항제1호부터 제5호까지의 등기사항을 신청정보의 내용으로 등기소에 제공하여야 한다.

② 전세권설정 또는 전전세의 범위가 부동산의 일부인 경우에는 그 부분을 표시한 지적도나 건물도면을 첨부정보로서 등기소에 제공하여야 한다.

③ 여러 개의 부동산에 관한 전세권의 등기에는 제133조부터 제136조까지의 규정을 준용한다.

**제129조(전세금반환채권의 일부 양도에 따른 등기신청)** ① 전세금반환채권의 일부양도를 원인으로 한 전세권의 일부이전등기를 신청하는 경우에는 양도액을 신청정보의 내용으로 등기소에 제공하여야 한다.

② 전세권의 존속기간 만료 전에 제1항의 등기를 신청하는 경우에는 전세권이 소멸하였음을 증명하는 정보를 첨부정보로서 등기소에 제공하여야 한다.

**제130조(임차권설정등기의 신청)** ① 임차권설정 또는 임차물 전대의 등기를 신청하는 경우에는 법 제74조제1호부터 제6호까지의 등기사항을 신청정보의 내용으로 등기소에 제공하여야 한다. 〈개정 2020. 6. 26.〉
② 임차권설정 또는 임차물 전대의 범위가 부동산의 일부인 경우에는 제128조제2항을 준용한다.
③ 임차권의 양도 또는 임차물의 전대에 대한 임대인의 동의가 있다는 뜻의 등기가 없는 경우에 임차권의 이전 또는 임차물의 전대의 등기를 신청할 때에는 임대인의 동의가 있음을 증명하는 정보를 첨부정보로서 등기소에 제공하여야 한다.

### 제4관 담보권에 관한 등기

**제131조(저당권설정등기의 신청)** ① 저당권 또는 근저당권(이하 "저당권"이라 한다) 설정의 등기를 신청하는 경우에는 법 제75조의 등기사항을 신청정보의 내용으로 등기소에 제공하여야 한다.
② 저당권설정의 등기를 신청하는 경우에 그 권리의 목적이 소유권 외의 권리일 때에는 그 권리의 표시에 관한 사항을 신청정보의 내용으로 등기소에 제공하여야 한다.
③ 일정한 금액을 목적으로 하지 않는 채권을 담보하기 위한 저당권설정등기를 신청하는 경우에는 그 채권의 평가액을 신청정보의 내용으로 등기소에 제공하여야 한다.

**제132조(저당권에 대한 권리질권등기 등의 신청)** ① 저당권에 대한 권리질권의 등기를 신청하는 경우에는 질권의 목적인 채권을 담보하는 저당권의 표시에 관한 사항과 법 제76조제1항의 등기사항을 신청정보의 내용으로 등기소에 제공하여야 한다.
② 저당권에 대한 채권담보권의 등기를 신청하는 경우에는 담보권의 목적인 채권을 담보하는 저당권의 표시에 관한 사항과 법 제76조제2항의 등기사항을 신청정보의 내용으로 등기소에 제공하여야 한다.

**제133조(공동담보)** ① 여러 개의 부동산에 관한 권리를 목적으로 하는 저당권설정의

등기를 신청하는 경우에는 각 부동산에 관한 권리의 표시를 신청정보의 내용으로 등기소에 제공하여야 한다.

② 법 제78조제2항의 공동담보목록은 전자적으로 작성하여야 하며, 1년마다 그 번호를 새로 부여하여야 한다.

③ 공동담보목록에는 신청정보의 접수연월일과 접수번호를 기록하여야 한다.

**제134조(추가공동담보)** 1개 또는 여러 개의 부동산에 관한 권리를 목적으로 하는 저당권설정의 등기를 한 후 같은 채권에 대하여 다른 1개 또는 여러 개의 부동산에 관한 권리를 목적으로 하는 저당권설정의 등기를 신청하는 경우에는 종전의 등기를 표시하는 사항으로서 공동담보목록의 번호 또는 부동산의 소재지번(건물에 번호가 있는 경우에는 그 번호도 포함한다)을 신청정보의 내용으로 등기소에 제공하여야 한다.

**제135조(공동담보라는 뜻의 기록)** ① 법 제78조제1항에 따른 공동담보라는 뜻의 기록은 각 부동산의 등기기록 중 해당 등기의 끝부분에 하여야 한다.

② 법 제78조제2항의 경우에는 각 부동산의 등기기록에 공동담보목록의 번호를 기록한다.

③ 법 제78조제4항의 경우 공동담보 목적으로 새로 추가되는 부동산의 등기기록에는 그 등기의 끝부분에 공동담보라는 뜻을 기록하고 종전에 등기한 부동산의 등기기록에는 해당 등기에 부기등기로 그 뜻을 기록하여야 한다.

**제136조(공동담보의 일부의 소멸 또는 변경)** ① 여러 개의 부동산에 관한 권리가 저당권의 목적인 경우에 그 중 일부의 부동산에 관한 권리를 목적으로 한 저당권의 등기를 말소할 때에는 다른 부동산에 관한 권리에 대하여 법 제78조제1항 및 제4항에 따라 한 등기에 그 뜻을 기록하고 소멸된 사항을 말소하는 표시를 하여야 한다. 일부의 부동산에 관한 권리의 표시에 대하여 변경의 등기를 한 경우에도 또한 같다.

② 제1항의 경우 다른 부동산의 전부 또는 일부가 다른 등기소 관할일 때에는 법 제71조제2항 및 제3항을 준용한다.

③ 제1항에 따라 등기를 할 때 공동담보목록이 있으면 그 목록에 하여야 한다.

**제137조(저당권 이전등기의 신청)** ① 저당권의 이전등기를 신청하는 경우에는 저당권

이 채권과 같이 이전한다는 뜻을 신청정보의 내용으로 등기소에 제공하여야 한다.

② 채권일부의 양도나 대위변제로 인한 저당권의 이전등기를 신청하는 경우에는 양도나 대위변제의 목적인 채권액을 신청정보의 내용으로 등기소에 제공하여야 한다.

**제138조(공동저당 대위등기의 신청)** 공동저당 대위등기를 신청하는 경우에는 법 제80조의 등기사항을 신청정보의 내용으로 등기소에 제공하고, 배당표 정보를 첨부정보로서 등기소에 제공하여야 한다.

### 제5관 신탁에 관한 등기

**제139조(신탁등기)** ① 신탁등기의 신청은 해당 신탁으로 인한 권리의 이전 또는 보존이나 설정등기의 신청과 함께 1건의 신청정보로 일괄하여 하여야 한다.

② 「신탁법」 제27조에 따라 신탁재산에 속하는 부동산 또는 같은 법 제43조에 따라 신탁재산으로 회복 또는 반환되는 부동산의 취득등기와 신탁등기를 동시에 신청하는 경우에는 제1항을 준용한다. 〈개정 2013. 8. 12.〉

③ 신탁등기를 신청하는 경우에는 법 제81조제1항 각 호의 사항을 첨부정보로서 등기소에 제공하여야 한다.

④ 제3항의 첨부정보를 등기소에 제공할 때에는 방문신청을 하는 경우라도 이를 전자문서로 작성하여 전산정보처리조직을 이용하여 등기소에 송신하는 방법으로 하여야 한다. 다만, 제63조 각 호의 어느 하나에 해당하는 경우에는 이를 서면으로 작성하여 등기소에 제출할 수 있다.

⑤ 제4항 본문의 경우에는 신청인 또는 그 대리인의 인증서등을 함께 송신하여야 한다. 〈개정 2020. 11. 26.〉

⑥ 제4항 단서에 따른 서면에는 신청인 또는 그 대리인이 기명날인하거나 서명하여야 한다.

⑦ 등기관이 제1항 및 제2항에 따라 권리의 이전 또는 보존이나 설정등기와 함께 신탁등기를 할 때에는 하나의 순위번호를 사용하여야 한다.

**제139조의2(위탁자의 신탁선언에 의한 신탁 등의 등기신청)** ① 「신탁법」 제3조제1항 제3호에 따른 신탁등기를 신청하는 경우에는 공익신탁을 제외하고는 신탁설정에 관한 공정증서를 첨부정보로서 등기소에 제공하여야 한다.

② 「신탁법」 제3조제5항에 따른 신탁등기를 신청하는 경우에는 수익자의 동의가 있

음을 증명하는 정보를 첨부정보로서 등기소에 제공하여야 한다.
③ 「신탁법」 제114조제1항에 따른 유한책임신탁의 목적인 부동산에 대하여 신탁등
기를 신청하는 경우에는 유한책임신탁등기가 되었음을 증명하는 정보를 첨부정보
로서 등기소에 제공하여야 한다.

[본조신설 2013. 8. 12.]

**제139조의3(위탁자의 지위이전에 따른 신탁변경등기의 신청)** 위탁자의 지위이전에 따
른 신탁원부 기록의 변경등기를 신청하는 경우에 위탁자의 지위이전의 방법이 신탁
행위로 정하여진 때에는 이를 증명하는 정보, 신탁행위로 정하여지지 아니한 때에는
수탁자와 수익자의 동의가 있음을 증명하는 정보를 첨부정보로서 등기소에 제공하여
야 한다. 이 경우 위탁자가 여럿일 때에는 다른 위탁자의 동의를 증명하는 정보도
첨부정보로서 제공하여야 한다.

[본조신설 2013. 8. 12.]

**제140조(신탁원부의 작성)** ① 등기관은 제139조제4항 본문에 따라 등기소에 제공된 전
자문서에 번호를 부여하고 이를 신탁원부로서 전산정보처리조직에 등록하여야 한다.
② 등기관은 제139조제4항 단서에 따라 서면이 제출된 경우에는 그 서면을 전자적 이
미지정보로 변환하여 그 이미지정보에 번호를 부여하고 이를 신탁원부로서 전산정
보처리조직에 등록하여야 한다.
③ 제1항 및 제2항의 신탁원부에는 1년마다 그 번호를 새로 부여하여야 한다.

**제140조의2(신탁의 합병·분할 등에 따른 신탁등기의 신청)** ① 신탁의 합병등기를 신
청하는 경우에는 위탁자와 수익자로부터 합병계획서의 승인을 받았음을 증명하는 정
보(다만, 합병계획서 승인에 관하여 신탁행위로 달리 정한 경우에는 그에 따른 것임
을 증명하는 정보), 합병계획서의 공고 및 채권자보호절차를 거쳤음을 증명하는 정
보를 첨부정보로서 등기소에 제공하여야 한다.
② 신탁의 분할등기를 신청하는 경우에는 위탁자와 수익자로부터 분할계획서의 승인
을 받았음을 증명하는 정보(다만, 분할계획서 승인에 관하여 신탁행위로 달리 정한
경우에는 그에 따른 것임을 증명하는 정보), 분할계획서의 공고 및 채권자보호절차

를 거쳤음을 증명하는 정보를 첨부정보로서 등기소에 제공하여야 한다.
[본조신설 2013. 8. 12.]

**제140조의3(신탁의 합병·분할 등에 따른 등기)** ① 법 제82조의2의 신탁의 합병·분할 등에 따른 신탁등기를 하는 경우에는 합병 또는 분할 전의 신탁등기를 말소하고, 신탁의 합병 또는 분할 등의 신청에 따른 신탁등기를 하여야 한다.
② 「신탁법」 제94조제2항에 따른 신탁의 분할합병의 경우에는 제1항을 준용한다.
[본조신설 2013. 8. 12.]

**제141조(수탁자 해임에 따른 등기)** 법 제85조제3항에 따라 등기기록에 수탁자 해임의 뜻을 기록할 때에는 수탁자를 말소하는 표시를 하지 아니한다. 다만, 여러 명의 수탁자 중 일부 수탁자만 해임된 경우에는 종전의 수탁자를 모두 말소하는 표시를 하고 나머지 수탁자만 다시 기록한다.

**제142조(신탁재산의 일부 처분 등에 따른 등기)** 신탁재산의 일부가 처분되었거나 신탁의 일부가 종료되어 권리이전등기와 함께 신탁등기의 변경등기를 할 때에는 하나의 순위번호를 사용하고, 처분 또는 종료 후의 수탁자의 지분을 기록하여야 한다.

**제143조(신탁재산이 수탁자의 고유재산으로 된 경우)** 신탁재산이 수탁자의 고유재산이 되었을 때에는 그 뜻의 등기를 주등기로 하여야 한다.

**제144조(신탁등기의 말소)** ① 신탁등기의 말소등기신청은 권리의 이전 또는 말소등기나 수탁자의 고유재산으로 된 뜻의 등기신청과 함께 1건의 신청정보로 일괄하여 하여야 한다.
② 등기관이 제1항에 따라 권리의 이전 또는 말소등기나 수탁자의 고유재산으로 된 뜻의 등기와 함께 신탁등기의 말소등기를 할 때에는 하나의 순위번호를 사용하고, 종전의 신탁등기를 말소하는 표시를 하여야 한다.

**제144조의2(담보권신탁의 등기)** 법 제87조의2에 따라 담보권신탁의 등기를 신청하는 경우에 그 저당권에 의하여 담보되는 피담보채권이 여럿이고 피담보채권별로 등기사항이 다를 때에는 법 제75조에 따른 등기사항을 채권별로 구분하여 신청정보의 내용으로 등기소에 제공하여야 한다.
[본조신설 2013. 8. 12.]

## 제6관 가등기

**제145조(가등기의 신청)** ① 가등기를 신청하는 경우에는 그 가등기로 보전하려고 하는 권리를 신청정보의 내용으로 등기소에 제공하여야 한다.
② 법 제89조에 따라 가등기권리자가 단독으로 가등기를 신청하는 경우에는 가등기의무자의 승낙이나 가처분명령이 있음을 증명하는 정보를 첨부정보로서 등기소에 제공하여야 한다.

**제146조(가등기에 의한 본등기)** 가등기를 한 후 본등기의 신청이 있을 때에는 가등기의 순위번호를 사용하여 본등기를 하여야 한다.

**제147조(본등기와 직권말소)** ① 등기관이 소유권이전등기청구권보전 가등기에 의하여 소유권이전의 본등기를 한 경우에는 법 제92조제1항에 따라 가등기 후 본등기 전에 마쳐진 등기 중 다음 각 호의 등기를 제외하고는 모두 직권으로 말소한다.
　　1. 해당 가등기상 권리를 목적으로 하는 가압류등기나 가처분등기
　　2. 가등기 전에 마쳐진 가압류에 의한 강제경매개시결정등기
　　3. 가등기 전에 마쳐진 담보가등기, 전세권 및 저당권에 의한 임의경매개시결정등기
　　4. 가등기권자에게 대항할 수 있는 주택임차권등기, 주택임차권설정등기, 상가건물임차권등기, 상가건물임차권설정등기(이하 "주택임차권등기등"이라 한다)
② 등기관이 제1항과 같은 본등기를 한 경우 그 가등기 후 본등기 전에 마쳐진 체납처분으로 인한 압류등기에 대하여는 직권말소대상통지를 한 후 이의신청이 있으면 대법원예규로 정하는 바에 따라 직권말소 여부를 결정한다.

**제148조(본등기와 직권말소)** ① 등기관이 지상권, 전세권 또는 임차권의 설정등기청구

권보전 가등기에 의하여 지상권, 전세권 또는 임차권의 설정의 본등기를 한 경우 가등기 후 본등기 전에 마쳐진 다음 각 호의 등기(동일한 부분에 마쳐진 등기로 한정한다)는 법 제92조제1항에 따라 직권으로 말소한다.

    1. 지상권설정등기

    2. 지역권설정등기

    3. 전세권설정등기

    4. 임차권설정등기

    5. 주택임차권등기등. 다만, 가등기권자에게 대항할 수 있는 임차인 명의의 등기는 그러하지 아니하다. 이 경우 가등기에 의한 본등기의 신청을 하려면 먼저 대항력 있는 주택임차권등기등을 말소하여야 한다.

② 지상권, 전세권 또는 임차권의 설정등기청구권보전 가등기에 의하여 지상권, 전세권 또는 임차권의 설정의 본등기를 한 경우 가등기 후 본등기 전에 마쳐진 다음 각 호의 등기는 직권말소의 대상이 되지 아니한다.

    1. 소유권이전등기 및 소유권이전등기청구권보전 가등기

    2. 가압류 및 가처분 등 처분제한의 등기

    3. 체납처분으로 인한 압류등기

    4. 저당권설정등기

    5. 가등기가 되어 있지 않은 부분에 대한 지상권, 지역권, 전세권 또는 임차권의 설정등기와 주택임차권등기등

③ 저당권설정등기청구권보전 가등기에 의하여 저당권설정의 본등기를 한 경우 가등기 후 본등기 전에 마쳐진 등기는 직권말소의 대상이 되지 아니한다.

**제149조(직권말소한 뜻의 등기)** 가등기에 의한 본등기를 한 다음 가등기 후 본등기 전에 마쳐진 등기를 등기관이 직권으로 말소할 때에는 가등기에 의한 본등기로 인하여 그 등기를 말소한다는 뜻을 기록하여야 한다.

**제150조(가등기의 말소등기신청)** 법 제93조제2항에 따라 가등기의무자 또는 등기상 이해관계인이 단독으로 가등기의 말소등기를 신청하는 경우에는 가등기명의인의 승낙이나 이에 대항할 수 있는 재판이 있음을 증명하는 정보를 첨부정보로서 등기소에 제공하여야 한다.

## 제7관 가처분에 관한 등기

**제151조(가처분등기)** ① 등기관이 가처분등기를 할 때에는 가처분의 피보전권리와 금지사항을 기록하여야 한다.

② 가처분의 피보전권리가 소유권 이외의 권리설정등기청구권으로서 소유명의인을 가처분채무자로 하는 경우에는 그 가처분등기를 등기기록 중 갑구에 한다.

**제152조(가처분등기 이후의 등기의 말소)** ① 소유권이전등기청구권 또는 소유권이전등기말소등기(소유권보존등기말소등기를 포함한다. 이하 이 조에서 같다)청구권을 보전하기 위한 가처분등기가 마쳐진 후 그 가처분채권자가 가처분채무자를 등기의무자로 하여 소유권이전등기 또는 소유권말소등기를 신청하는 경우에는, 법 제94조제1항에 따라 가처분등기 이후에 마쳐진 제3자 명의의 등기의 말소를 단독으로 신청할 수 있다. 다만, 다음 각 호의 등기는 그러하지 아니하다.

1. 가처분등기 전에 마쳐진 가압류에 의한 강제경매개시결정등기
2. 가처분등기 전에 마쳐진 담보가등기, 전세권 및 저당권에 의한 임의경매개시결정등기
3. 가처분채권자에게 대항할 수 있는 주택임차권등기등

② 가처분채권자가 제1항에 따른 소유권이전등기말소등기를 신청하기 위하여는 제1항 단서 각 호의 권리자의 승낙이나 이에 대항할 수 있는 재판이 있음을 증명하는 정보를 첨부정보로서 등기소에 제공하여야 한다.

**제153조(가처분등기 이후의 등기의 말소)** ① 지상권, 전세권 또는 임차권의 설정등기청구권을 보전하기 위한 가처분등기가 마쳐진 후 그 가처분채권자가 가처분채무자를 등기의무자로 하여 지상권, 전세권 또는 임차권의 설정등기를 신청하는 경우에는, 그 가처분등기 이후에 마쳐진 제3자 명의의 지상권, 지역권, 전세권 또는 임차권의 설정등기(동일한 부분에 마쳐진 등기로 한정한다)의 말소를 단독으로 신청할 수 있다.

② 저당권설정등기청구권을 보전하기 위한 가처분등기가 마쳐진 후 그 가처분채권자가 가처분채무자를 등기의무자로 하여 저당권설정등기를 신청하는 경우에는 그 가처분등기 이후에 마쳐진 제3자 명의의 등기라 하더라도 그 말소를 신청할 수 없다.

**제154조(가처분등기 이후의 등기의 말소신청)** 제152조 및 제153조제1항에 따라 가처분 등기 이후의 등기의 말소를 신청하는 경우에는 등기원인을 "가처분에 의한 실효" 라고 하여야 한다. 이 경우 제43조제1항제5호에도 불구하고 그 연월일은 신청정보의 내용으로 등기소에 제공할 필요가 없다.

### 제8관 관공서가 촉탁하는 등기

**제155조(등기촉탁서 제출방법)** ① 관공서가 촉탁정보 및 첨부정보를 적은 서면을 제출 하는 방법으로 등기촉탁을 하는 경우에는 우편으로 그 촉탁서를 제출할 수 있다.

② 관공서가 등기촉탁을 하는 경우로서 소속 공무원이 직접 등기소에 출석하여 촉탁서를 제출할 때에는 그 소속 공무원임을 확인할 수 있는 신분증명서를 제시하여야 한다.

**제156조(수용으로 인한 등기의 신청)** ① 수용으로 인한 소유권이전등기를 신청하는 경 우에 토지수용위원회의 재결로써 존속이 인정된 권리가 있으면 이에 관한 사항을 신 청정보의 내용으로 등기소에 제공하여야 한다.

② 수용으로 인한 소유권이전등기를 신청하는 경우에는 보상이나 공탁을 증명하는 정 보를 첨부정보로서 등기소에 제공하여야 한다.

**제157조(등기를 말소한 뜻의 통지)** ① 법 제99조제4항에 따라 등기관이 직권으로 등기 를 말소하였을 때에는 수용으로 인한 등기말소통지서에 다음 사항을 적어 등기명의 인에게 통지하여야 한다.
　　1. 부동산의 표시
　　2. 말소한 등기의 표시
　　3. 등기명의인
　　4. 수용으로 인하여 말소한 뜻
② 말소의 대상이 되는 등기가 채권자의 대위신청에 따라 이루어진 경우 그 채권자에 게도 제1항의 통지를 하여야 한다.

# 제5장 이의

**제158조(이의신청서의 제출)** 법 제101조에 따라 등기소에 제출하는 이의신청서에는 이

의신청인의 성명과 주소, 이의신청의 대상인 등기관의 결정 또는 처분, 이의신청의 취지와 이유, 그 밖에 대법원예규로 정하는 사항을 적고 신청인이 기명날인 또는 서명하여야 한다.

**제159조(이미 마쳐진 등기에 대한 이의)** ① 이미 마쳐진 등기에 대하여 법 제29조제1호 및 제2호의 사유로 이의한 경우 등기관은 그 이의가 이유 있다고 인정하면 법 제58조의 절차를 거쳐 그 등기를 직권으로 말소한다.

② 제1항의 경우 등기관은 그 이의가 이유 없다고 인정하면 이의신청서를 관할 지방법원에 보내야 한다.

③ 이미 마쳐진 등기에 대하여 법 제29조제1호 및 제2호 외의 사유로 이의한 경우 등기관은 이의신청서를 관할 지방법원에 보내야 한다.

**제160조(등본에 의한 통지)** 법 제105조제1항의 통지는 결정서 등본에 의하여 한다.

**제161조(기록명령에 따른 등기를 할 수 없는 경우)** ① 등기신청의 각하결정에 대한 이의신청에 따라 관할 지방법원이 그 등기의 기록명령을 하였더라도 다음 각 호의 어느 하나에 해당하는 경우에는 그 기록명령에 따른 등기를 할 수 없다.

1. 권리이전등기의 기록명령이 있었으나, 그 기록명령에 따른 등기 전에 제3자 명의로 권리이전등기가 되어 있는 경우
2. 지상권, 지역권, 전세권 또는 임차권의 설정등기의 기록명령이 있었으나, 그 기록명령에 따른 등기 전에 동일한 부분에 지상권, 전세권 또는 임차권의 설정등기가 되어 있는 경우
3. 말소등기의 기록명령이 있었으나 그 기록명령에 따른 등기 전에 등기상 이해관계인이 발생한 경우
4. 등기관이 기록명령에 따른 등기를 하기 위하여 신청인에게 첨부정보를 다시 등기소에 제공할 것을 명령하였으나 신청인이 이에 응하지 아니한 경우

② 제1항과 같이 기록명령에 따른 등기를 할 수 없는 경우에는 그 뜻을 관할 지방법원과 이의신청인에게 통지하여야 한다.

**제162조(가등기 또는 부기등기의 말소)** 법 제106조에 따른 가등기 또는 부기등기는 등

기관이 관할 지방법원으로부터 이의신청에 대한 기각결정(각하, 취하를 포함한다)의 통지를 받았을 때에 말소한다.

## 제6장 보칙

**제163조** 삭제 〈2020. 6. 26.〉

**제164조** 삭제 〈2017. 11. 6.〉

**제165조(통지의 방법)** 법 또는 이 규칙에 따른 통지는 우편이나 그 밖의 편리한 방법으로 한다. 다만, 별도의 규정이 있는 경우에는 그러하지 아니하다.

**제166조(대법원예규에의 위임)** 부동산등기 절차와 관련하여 필요한 사항 중 이 규칙에서 정하고 있지 아니한 사항은 대법원예규로 정할 수 있다.

## 부칙

〈제3043호, 2022. 2. 25.〉

**제1조(시행일)** 이 규칙은 2022년 7월 1일부터 시행한다.

**제2조(적용례)** 이 규칙은 이 규칙 시행 후 접수된 등기

## [별지 제1호 양식] 토지등기기록

[토지] 0000시 00구 00동 00   고유번호 0000-0000-000000

| [표 제 부 ] | | (토지의 표시) | | | |
|---|---|---|---|---|---|
| 표시번호 | 접 수 | 소재지번 | 지목 | 면적 | 등기원인 및 기타사항 |
| | | | | | |

| [갑 구 ] | | (소유권에 관한 사항) | | |
|---|---|---|---|---|
| 순위번호 | 등기목적 | 접 수 | 등기원인 | 권리자 및 기타사항 |
| | | | | |

| [을 구 ] | | (소유권 외의 권리에 관한 사항) | | |
|---|---|---|---|---|
| 순위번호 | 등기목적 | 접 수 | 등기원인 | 권리자 및 기타사항 |
| | | | | |

## [별지 제2호 양식] 건물등기기록

[건물] 0000시 00구 00동 00    고유번호 0000-0000-000000

| [ 표 제 부 ] | (건물의 표시) | | | |
|---|---|---|---|---|
| 표시번호 | 접 수 | 소재지번 및 건물번호 | 건물내역 | 등기원인 및 기타사항 |
| | | | | |

| [ 갑 구 ] | (소유권에 관한 사항) | | | |
|---|---|---|---|---|
| 순위번호 | 등기목적 | 접 수 | 등기원인 | 권리자 및 기타사항 |
| | | | | |

| [ 을 구 ] | (소유권 외의 권리에 관한 사항) | | | |
|---|---|---|---|---|
| 순위번호 | 등기목적 | 접 수 | 등기원인 | 권리자 및 기타사항 |
| | | | | |

## [별지 제3호 양식] 구분건물등기기록

[구분건물] 0000시 00구 00동 00 제0층 제0호   고유번호 0000-0000-000000

| [ 표 제 부 ] | | (1동의 건물의 표시) | | |
|---|---|---|---|---|
| 표시번호 | 접 수 | 소재지번, 건물명칭 및 번호 | 건물내역 | 등기원인 및 기타사항 |
| | | | | |
| | (대지권의 목적인 토지의 표시) | | | |
| 표시번호 | 소재지번 | 지목 | 면적 | 등기원인 및 기타사항 |
| | | | | |

| [ 표 제 부 ] | | (전유부분의 건물의 표시) | | |
|---|---|---|---|---|
| 표시번호 | 접 수 | 건물번호 | 건물내역 | 등기원인 및 기타사항 |
| | | | | |
| | (대지권의 표시) | | | |
| 표시번호 | 대지권종류 | 대지권비율 | 등기원인 및 기타사항 | |
| | | | | |

| [ 갑 구 ] | | (소유권에 관한 사항) | | |
|---|---|---|---|---|
| 순위번호 | 등기목적 | 접 수 | 등기원인 | 권리자 및 기타사항 |
| | | | | |

| [ 을 구 ] | | (소유권 외의 권리에 관한 사항) | | |
|---|---|---|---|---|
| 순위번호 | 등기목적 | 접 수 | 등기원인 | 권리자 및 기타사항 |
| | | | | |

# 부동산등기 특별조치법

[시행 2022.1.1.] [법률 제18655호, 2021.12.28, 일부개정]

**제1조(목적)** 이 법은 부동산거래에 대한 실체적권리관계에 부합하는 등기를 신청하도록 하기 위하여 부동산등기에 관한 특례등에 관한 사항을 정함으로써 건전한 부동산 거래질서를 확립함을 목적으로 한다.

**제2조(소유권이전등기등 신청의무)** ① 부동산의 소유권이전을 내용으로 하는 계약을 체결한 자는 다음 각호의 1에 정하여진 날부터 60일 이내에 소유권이전등기를 신청하여야 한다. 다만, 그 계약이 취소·해제되거나 무효인 경우에는 그러하지 아니하다.

1. 계약의 당사자가 서로 대가적인 채무를 부담하는 경우에는 반대급부의 이행이 완료된 날
2. 계약당사자의 일방만이 채무를 부담하는 경우에는 그 계약의 효력이 발생한 날

② 제1항의 경우에 부동산의 소유권을 이전받을 것을 내용으로 하는 계약을 체결한 자가 제1항 각호에 정하여진 날 이후 그 부동산에 대하여 다시 제3자와 소유권이전을 내용으로 하는 계약이나 제3자에게 계약당사자의 지위를 이전하는 계약을 체결하고자 할 때에는 그 제3자와 계약을 체결하기 전에 먼저 체결된 계약에 따라 소유권이전등기를 신청하여야 한다.

③ 제1항의 경우에 부동산의 소유권을 이전받을 것을 내용으로 하는 계약을 체결한 자가 제1항 각호에 정하여진 날 전에 그 부동산에 대하여 다시 제3자와 소유권이전을 내용으로 하는 계약을 체결한 때에는 먼저 체결된 계약의 반대급부의 이행이 완료되거나 계약의 효력이 발생한 날부터 60일 이내에 먼저 체결된 계약에 따라 소유권이전등기를 신청하여야 한다.

④ 국가·지방자치단체·한국토지주택공사·한국수자원공사 또는 토지구획정리조합(1999年 5月 1日 전에 조합설립의 인가를 받아 土地區劃整理事業의 施行者인 土地區劃整理事業法에 의한 土地區劃整理組合에 한한다)이 택지개발촉진법에 의한 택지개발사업, 토지구획정리사업법에 의한 토지구획정리사업 또는 산업입지및개발에관한법률에 의한 특수지역개발사업(住居施設用 土地에 한한다)의 시행자인 경우에 당해시행자와 부동산의 소유권을 이전받을 것을 내용으로 하는 계약을 최초로 체결

한 자가 파산 기타 이와 유사한 사유로 소유권이전등기를 할 수 없는 때에는 지방 자치단체의 조례로 정하는 자에 대하여 제2항 및 제3항의 규정을 적용하지 아니한 다. 〈신설 1999.3.31., 2000.1.21., 2012.12.18.〉

⑤ 소유권보존등기가 되어 있지 아니한 부동산에 대하여 소유권이전을 내용으로 하는 계약을 체결한 자는 다음 각호의 1에 정하여진 날부터 60일 이내에 소유권보존등 기를 신청하여야 한다. 〈개정 2011.4.12.〉

　　1. 「부동산등기법」 제65조에 따라 소유권보존등기를 신청할 수 있음에도 이를 하 지 아니한 채 계약을 체결한 경우에는 그 계약을 체결한 날

　　2. 계약을 체결한 후에 「부동산등기법」 제65조에 따라 소유권보존등기를 신청할 수 있게 된 경우에는 소유권보존등기를 신청할 수 있게 된 날

[법률 제5958호(1999.3.31.) 부칙 제3조의 규정에 의하여 이 조 제4항은 2000년 6월 30일까지 유효함]

**제3조(계약서등의 검인에 대한 특례)** ① 계약을 원인으로 소유권이전등기를 신청할 때 에는 다음 각호의 사항이 기재된 계약서에 검인신청인을 표시하여 부동산의 소재지 를 관할하는 시장(區가 設置되어 있는 市에 있어서는 區廳長)·군수(이하 "市長등" 이라 한다) 또는 그 권한의 위임을 받은 자의 검인을 받아 관할등기소에 이를 제출 하여야 한다.

　　1. 당사자
　　2. 목적부동산
　　3. 계약연월일
　　4. 대금 및 그 지급일자등 지급에 관한 사항 또는 평가액 및 그 차액의 정산에 관한 사항
　　5. 부동산중개업자가 있을 때에는 부동산중개업자
　　6. 계약의 조건이나 기한이 있을 때에는 그 조건 또는 기한

② 제1항의 경우에 등기원인을 증명하는 서면이 집행력 있는 판결서 또는 판결과 같 은 효력을 갖는 조서(이하 "判決書등"이라 한다)인 때에는 판결서등에 제1항의 검 인을 받아 제출하여야 한다.

③ 시장등 또는 그 권한의 위임을 받은 자가 제1항, 제2항 또는 제4조의 규정에 의한 검인을 한 때에는 그 계약서 또는 판결서등의 사본 2통을 작성하여 1통은 보관하

고 1통은 부동산의 소재지를 관할하는 세무서장에게 송부하여야 한다.

④ 계약서등의 검인에 관하여 필요한 사항은 대법원규칙으로 정한다.

**제4조(검인신청에 대한 특례)** 부동산의 소유권을 이전받을 것을 내용으로 제2조제1항 각호의 계약을 체결한 자는 그 부동산에 대하여 다시 제3자와 소유권이전을 내용으로 하는 계약이나 제3자에게 계약당사자의 지위를 이전하는 계약을 체결하고자 할 때에는 먼저 체결된 계약의 계약서에 제3조의 규정에 의한 검인을 받아야 한다.

**제5조(허가등에 대한 특례)** ① 등기원인에 대하여 행정관청의 허가, 동의 또는 승낙을 받을 것이 요구되는 때에는 소유권이전등기를 신청할 때에 그 허가, 동의 또는 승낙을 증명하는 서면을 제출하여야 한다. 〈개정 2011.4.12.〉

② 등기원인에 대하여 행정관청에 신고할 것이 요구되는 때에는 소유권이전등기를 신청할 때에 신고를 증명하는 서면을 제출하여야 한다.

**제6조(등기원인 허위기재등의 금지)** 제2조의 규정에 의하여 소유권이전등기를 신청하여야 할 자는 그 등기를 신청함에 있어서 등기신청서에 등기원인을 허위로 기재하여 신청하거나 소유권이전등기외의 등기를 신청하여서는 아니된다.

**제7조** 삭제 〈1995.3.30.〉

**제8조(벌칙)** 다음 각호의 1에 해당하는 자는 3년 이하의 징역이나 1억원 이하의 벌금에 처한다.

1. 조세부과를 면하려 하거나 다른 시점간의 가격변동에 따른 이득을 얻으려 하거나 소유권등 권리변동을 규제하는 법령의 제한을 회피할 목적으로 제2조제2항 또는 제3항의 규정에 위반한 때
2. 제6조의 규정에 위반한 때
3. 삭제 〈1995.3.30.〉

**제9조(벌칙)** 다음 각호의 1에 해당하는 자는 1년 이하의 징역이나 3천만원 이하의 벌

금에 처한다.

1. 제8조제1호에 해당하지 아니한 자로서 제4조의 규정에 위반한 때
2. 삭제 〈1995.3.30.〉

**제10조(양벌규정)** 법인의 대표자나 법인 또는 개인의 대리인, 사용인, 그 밖의 종업원이 그 법인 또는 개인의 업무에 관하여 제8조 또는 제9조의 위반행위를 하면 그 행위자를 벌하는 외에 그 법인 또는 개인에게도 해당 조문의 벌금형을 과(科)한다. 다만, 법인 또는 개인이 그 위반행위를 방지하기 위하여 해당 업무에 관하여 상당한 주의와 감독을 게을리하지 아니한 경우에는 그러하지 아니하다.

[전문개정 2009.12.29.]

**제11조(과태료)** ①등기권리자가 상당한 사유없이 제2조 각항의 규정에 의한 등기신청을 해태한 때에는 그 해태한 날 당시의 부동산에 대하여 「지방세법」 제10조 및 제10조의2부터 제10조의6까지의 과세표준에 같은 법 제11조제1항의 표준세율(같은 법 제14조에 따라 조례로 세율을 달리 정하는 경우에는 그 세율을 말한다)에서 1천분의 20을 뺀 세율(같은 법 제11조제1항제8호의 경우에는 1천분의 20의 세율)을 적용하여 산출한 금액(같은 법 제13조제2항·제3항·제6항 또는 제7항에 해당하는 경우에는 그 금액의 100분의 300)의 5배 이하에 상당하는 금액의 과태료에 처한다. 다만, 부동산실권리자명의등기에관한법률 제10조제1항의 규정에 의하여 과징금을 부과한 경우에는 그러하지 아니하다. 〈개정 1995.3.30., 2010.3.31., 2010.12.27., 2014.1.1.2021.12.28.〉

②제1항의 규정에 의한 과태료의 금액을 정함에 있어서 해태기간, 해태사유, 목적부동산의 가액등을 참작하여야 한다.

**제12조(과태료의 부과·징수)** ①제11조의 규정에 의한 과태료는 행정안전부령으로 정하는 바에 따라 그 부동산의 소재지를 관할하는 시장등이 부과·징수한다. 〈개정 2018.3.20.〉

② 삭제 〈2018.3.20.〉
③ 삭제 〈2018.3.20.〉
④ 삭제 〈2018.3.20.〉

⑤ 삭제 〈2018.3.20.〉

⑥ 삭제 〈2018.3.20.〉

⑦등기관은 제11조의 규정에 의한 과태료에 처할 사유가 있다고 인정된 때에는 지체 없이 목적부동산의 소재지를 관할하는 시장등에게 이를 통지하여야 한다. 〈개정 1998.12.28.〉

⑧ 삭제 〈2018.3.20.〉

## 부칙

〈제18655호, 2021.12.28.〉

이 법은 2022년 1월 1일부터 시행한다.

# 집합건물의 소유 및 관리에 관한 법률
## (약칭: 집합건물법)

[시행 2023. 9. 29.] [법률 제19282호, 2023. 3. 28., 일부개정]

## 제1장 건물의 구분소유
〈개정 2010.3.31.〉
### 제1절 총칙
〈개정 2010.3.31.〉

**제1조(건물의 구분소유)** 1동의 건물 중 구조상 구분된 여러 개의 부분이 독립한 건물로서 사용될 수 있을 때에는 그 각 부분은 이 법에서 정하는 바에 따라 각각 소유권의 목적으로 할 수 있다.
[전문개정 2010. 3. 31.]

**제1조의2(상가건물의 구분소유)** ① 1동의 건물이 다음 각 호에 해당하는 방식으로 여러 개의 건물부분으로 이용상 구분된 경우에 그 건물부분(이하 "구분점포"라 한다)은 이 법에서 정하는 바에 따라 각각 소유권의 목적으로 할 수 있다. 〈개정 2020. 2. 4.〉
　　1. 구분점포의 용도가 「건축법」 제2조제2항제7호의 판매시설 및 같은 항 제8호의 운수시설일 것
　　2. 삭제 〈2020. 2. 4.〉
　　3. 경계를 명확하게 알아볼 수 있는 표지를 바닥에 견고하게 설치할 것
　　4. 구분점포별로 부여된 건물번호표지를 견고하게 붙일 것
② 제1항에 따른 경계표지 및 건물번호표지에 관하여 필요한 사항은 대통령령으로 정한다.
[전문개정 2010. 3. 31.]

**제2조(정의)** 이 법에서 사용하는 용어의 뜻은 다음과 같다.
　1. "구분소유권"이란 제1조 또는 제1조의2에 규정된 건물부분[제3조제2항 및 제3항에 따라 공용부분(共用部分)으로 된 것은 제외한다]을 목적으로 하는 소유권을 말한다.

2.  "구분소유자"란 구분소유권을 가지는 자를 말한다.

3.  "전유부분"(專有部分)이란 구분소유권의 목적인 건물부분을 말한다.

4.  "공용부분"이란 전유부분 외의 건물부분, 전유부분에 속하지 아니하는 건물의 부속물 및 제3조제2항 및 제3항에 따라 공용부분으로 된 부속의 건물을 말한다.

5.  "건물의 대지"란 전유부분이 속하는 1동의 건물이 있는 토지 및 제4조에 따라 건물의 대지로 된 토지를 말한다.

6.  "대지사용권"이란 구분소유자가 전유부분을 소유하기 위하여 건물의 대지에 대하여 가지는 권리를 말한다.

[전문개정 2010. 3. 31.]


**제2조의2(다른 법률과의 관계)** 집합주택의 관리 방법과 기준, 하자담보책임에 관한 「주택법」 및 「공동주택관리법」의 특별한 규정은 이 법에 저촉되어 구분소유자의 기본적인 권리를 해치지 아니하는 범위에서 효력이 있다. 〈개정 2015. 8. 11.〉

[본조신설 2012. 12. 18.]

[제목개정 2015. 8. 11.]


**제3조(공용부분)** ① 여러 개의 전유부분으로 통하는 복도, 계단, 그 밖에 구조상 구분소유자 전원 또는 일부의 공용(共用)에 제공되는 건물부분은 구분소유권의 목적으로 할 수 없다.

② 제1조 또는 제1조의2에 규정된 건물부분과 부속의 건물은 규약으로써 공용부분으로 정할 수 있다.

③ 제1조 또는 제1조의2에 규정된 건물부분의 전부 또는 부속건물을 소유하는 자는 공정증서(公正證書)로써 제2항의 규약에 상응하는 것을 정할 수 있다.

④ 제2항과 제3항의 경우에는 공용부분이라는 취지를 등기하여야 한다.

[전문개정 2010. 3. 31.]


**제4조(규약에 따른 건물의 대지)** ① 통로, 주차장, 정원, 부속건물의 대지, 그 밖에 전유부분이 속하는 1동의 건물 및 그 건물이 있는 토지와 하나로 관리되거나 사용되는 토지는 규약으로써 건물의 대지로 할 수 있다.

② 제1항의 경우에는 제3조제3항을 준용한다.

③ 건물이 있는 토지가 건물이 일부 멸실함에 따라 건물이 있는 토지가 아닌 토지로 된 경우에는 그 토지는 제1항에 따라 규약으로써 건물의 대지로 정한 것으로 본다. 건물이 있는 토지의 일부가 분할로 인하여 건물이 있는 토지가 아닌 토지로 된 경우에도 같다.

[전문개정 2010. 3. 31.]

**제5조(구분소유자의 권리·의무 등)** ① 구분소유자는 건물의 보존에 해로운 행위나 그 밖에 건물의 관리 및 사용에 관하여 구분소유자 공동의 이익에 어긋나는 행위를 하여서는 아니 된다.

② 전유부분이 주거의 용도로 분양된 것인 경우에는 구분소유자는 정당한 사유 없이 그 부분을 주거 외의 용도로 사용하거나 그 내부 벽을 철거하거나 파손하여 증축·개축하는 행위를 하여서는 아니 된다.

③ 구분소유자는 그 전유부분이나 공용부분을 보존하거나 개량하기 위하여 필요한 범위에서 다른 구분소유자의 전유부분 또는 자기의 공유(共有)에 속하지 아니하는 공용부분의 사용을 청구할 수 있다. 이 경우 다른 구분소유자가 손해를 입었을 때에는 보상하여야 한다.

④ 전유부분을 점유하는 자로서 구분소유자가 아닌 자(이하 "점유자"라 한다)에 대하여는 제1항부터 제3항까지의 규정을 준용한다.

[전문개정 2010. 3. 31.]

**제6조(건물의 설치·보존상의 흠 추정)** 전유부분이 속하는 1동의 건물의 설치 또는 보존의 흠으로 인하여 다른 자에게 손해를 입힌 경우에는 그 흠은 공용부분에 존재하는 것으로 추정한다.

[전문개정 2010. 3. 31.]

**제7조(구분소유권 매도청구권)** 대지사용권을 가지지 아니한 구분소유자가 있을 때에는 그 전유부분의 철거를 청구할 권리를 가진 자는 그 구분소유자에 대하여 구분소유권을 시가(時價)로 매도할 것을 청구할 수 있다.

[전문개정 2010. 3. 31.]

**제8조(대지공유자의 분할청구 금지)** 대지 위에 구분소유권의 목적인 건물이 속하는 1동의 건물이 있을 때에는 그 대지의 공유자는 그 건물 사용에 필요한 범위의 대지에 대하여는 분할을 청구하지 못한다.

[전문개정 2010. 3. 31.]


**제9조(담보책임)** ① 제1조 또는 제1조의2의 건물을 건축하여 분양한 자(이하 "분양자"라 한다)와 분양자와의 계약에 따라 건물을 건축한 자로서 대통령령으로 정하는 자(이하 "시공자"라 한다)는 구분소유자에 대하여 담보책임을 진다. 이 경우 그 담보책임에 관하여는 「민법」 제667조 및 제668조를 준용한다. 〈개정 2012. 12. 18.〉

② 제1항에도 불구하고 시공자가 분양자에게 부담하는 담보책임에 관하여 다른 법률에 특별한 규정이 있으면 시공자는 그 법률에서 정하는 담보책임의 범위에서 구분소유자에게 제1항의 담보책임을 진다. 〈신설 2012. 12. 18.〉

③ 제1항 및 제2항에 따른 시공자의 담보책임 중 「민법」 제667조제2항에 따른 손해배상책임은 분양자에게 회생절차개시 신청, 파산 신청, 해산, 무자력(無資力) 또는 그 밖에 이에 준하는 사유가 있는 경우에만 지며, 시공자가 이미 분양자에게 손해배상을 한 경우에는 그 범위에서 구분소유자에 대한 책임을 면(免)한다. 〈신설 2012. 12. 18.〉

④ 분양자와 시공자의 담보책임에 관하여 이 법과 「민법」에 규정된 것보다 매수인에게 불리한 특약은 효력이 없다. 〈개정 2012. 12. 18.〉

[전문개정 2010. 3. 31.]


**제9조의2(담보책임의 존속기간)** ① 제9조에 따른 담보책임에 관한 구분소유자의 권리는 다음 각 호의 기간 내에 행사하여야 한다.

  1. 「건축법」 제2조제1항제7호에 따른 건물의 주요구조부 및 지반공사의 하자: 10년
  2. 제1호에 규정된 하자 외의 하자: 하자의 중대성, 내구연한, 교체가능성 등을 고려하여 5년의 범위에서 대통령령으로 정하는 기간

② 제1항의 기간은 다음 각 호의 날부터 기산한다. 〈개정 2016. 1. 19.〉

  1. 전유부분: 구분소유자에게 인도한 날
  2. 공용부분: 「주택법」 제49조에 따른 사용검사일(집합건물 전부에 대하여 임시 사용승인을 받은 경우에는 그 임시 사용승인일을 말하고, 「주택법」 제49

조제1항 단서에 따라 분할 사용검사나 동별 사용검사를 받은 경우에는 분할 사용검사일 또는 동별 사용검사일을 말한다) 또는 「건축법」 제22조에 따른 사용승인일

③ 제1항 및 제2항에도 불구하고 제1항 각 호의 하자로 인하여 건물이 멸실되거나 훼손된 경우에는 그 멸실되거나 훼손된 날부터 1년 이내에 권리를 행사하여야 한다.

[본조신설 2012. 12. 18.]

**제9조의3(분양자의 관리의무 등)** ① 분양자는 제24조제3항에 따라 선임(選任)된 관리인이 사무를 개시(開始)할 때까지 선량한 관리자의 주의로 건물과 대지 및 부속시설을 관리하여야 한다. 〈개정 2020. 2. 4.〉

② 분양자는 제28조제4항에 따른 표준규약 및 같은 조 제5항에 따른 지역별 표준규약을 참고하여 공정증서로써 규약에 상응하는 것을 정하여 분양계약을 체결하기 전에 분양을 받을 자에게 주어야 한다. 〈개정 2023. 3. 28.〉

③ 분양자는 예정된 매수인의 2분의 1 이상이 이전등기를 한 때에는 규약 설정 및 관리인 선임을 위한 관리단집회(제23조에 따른 관리단의 집회를 말한다. 이하 같다)를 소집할 것을 대통령령으로 정하는 바에 따라 구분소유자에게 통지하여야 한다. 이 경우 통지받은 날부터 3개월 이내에 관리단집회를 소집할 것을 명시하여야 한다. 〈개정 2020. 2. 4.〉

④ 분양자는 구분소유자가 제3항의 통지를 받은 날부터 3개월 이내에 관리단집회를 소집하지 아니하는 경우에는 지체 없이 관리단집회를 소집하여야 한다. 〈신설 2020. 2. 4.〉

[본조신설 2012. 12. 18.]

## 제2절 공용부분

〈개정 2010. 3. 31.〉

**제10조(공용부분의 귀속 등)** ① 공용부분은 구분소유자 전원의 공유에 속한다. 다만, 일부의 구분소유자만이 공용하도록 제공되는 것임이 명백한 공용부분(이하 "일부공용부분"이라 한다)은 그들 구분소유자의 공유에 속한다.

② 제1항의 공유에 관하여는 제11조부터 제18조까지의 규정에 따른다. 다만, 제12조, 제17조에 규정한 사항에 관하여는 규약으로써 달리 정할 수 있다.

[전문개정 2010. 3. 31.]

**제11조(공유자의 사용권)** 각 공유자는 공용부분을 그 용도에 따라 사용할 수 있다.
  [전문개정 2010. 3. 31.]

**제12조(공유자의 지분권)** ① 각 공유자의 지분은 그가 가지는 전유부분의 면적 비율에 따른다.

  ② 제1항의 경우 일부공용부분으로서 면적이 있는 것은 그 공용부분을 공용하는 구분소유자의 전유부분의 면적 비율에 따라 배분하여 그 면적을 각 구분소유자의 전유부분 면적에 포함한다.

  [전문개정 2010. 3. 31.]

**제13조(전유부분과 공용부분에 대한 지분의 일체성)** ① 공용부분에 대한 공유자의 지분은 그가 가지는 전유부분의 처분에 따른다.
  ② 공유자는 그가 가지는 전유부분과 분리하여 공용부분에 대한 지분을 처분할 수 없다.
  ③ 공용부분에 관한 물권의 득실변경(得失變更)은 등기가 필요하지 아니하다.
  [전문개정 2010. 3. 31.]

**제14조(일부공용부분의 관리)** 일부공용부분의 관리에 관한 사항 중 구분소유자 전원에게 이해관계가 있는 사항과 제29조제2항의 규약으로써 정한 사항은 구분소유자 전원의 집회결의로써 결정하고, 그 밖의 사항은 그것을 공용하는 구분소유자만의 집회결의로써 결정한다.
  [전문개정 2010. 3. 31.]

**제15조(공용부분의 변경)** ① 공용부분의 변경에 관한 사항은 관리단집회에서 구분소유자의 3분의 2 이상 및 의결권의 3분의 2 이상의 결의로써 결정한다. 다만, 다음 각 호의 어느 하나에 해당하는 경우에는 제38조제1항에 따른 통상의 집회결의로써 결정할 수 있다. 〈개정 2020. 2. 4.〉

1. 공용부분의 개량을 위한 것으로서 지나치게 많은 비용이 드는 것이 아닐 경우
2. 「관광진흥법」 제3조제1항제2호나목에 따른 휴양 콘도미니엄업의 운영을 위한 휴양 콘도미니엄의 공용부분 변경에 관한 사항인 경우

② 제1항의 경우에 공용부분의 변경이 다른 구분소유자의 권리에 특별한 영향을 미칠 때에는 그 구분소유자의 승낙을 받아야 한다.

[전문개정 2010. 3. 31.]

**제15조의2(권리변동 있는 공용부분의 변경)** ① 제15조에도 불구하고 건물의 노후화 억제 또는 기능 향상 등을 위한 것으로 구분소유권 및 대지사용권의 범위나 내용에 변동을 일으키는 공용부분의 변경에 관한 사항은 관리단집회에서 구분소유자의 5분의 4 이상 및 의결권의 5분의 4 이상의 결의로써 결정한다. 다만, 「관광진흥법」 제3조제1항제2호나목에 따른 휴양 콘도미니엄업의 운영을 위한 휴양 콘도미니엄의 권리변동 있는 공용부분 변경에 관한 사항은 구분소유자의 3분의 2 이상 및 의결권의 3분의 2 이상의 결의로써 결정한다. 〈개정 2023. 3. 28.〉

② 제1항의 결의에서는 다음 각 호의 사항을 정하여야 한다. 이 경우 제3호부터 제7호까지의 사항은 각 구분소유자 사이에 형평이 유지되도록 정하여야 한다.
1. 설계의 개요
2. 예상 공사 기간 및 예상 비용(특별한 손실에 대한 전보 비용을 포함한다)
3. 제2호에 따른 비용의 분담 방법
4. 변경된 부분의 용도
5. 전유부분 수의 증감이 발생하는 경우에는 변경된 부분의 귀속에 관한 사항
6. 전유부분이나 공용부분의 면적에 증감이 발생하는 경우에는 변경된 부분의 귀속에 관한 사항
7. 대지사용권의 변경에 관한 사항
8. 그 밖에 규약으로 정한 사항

③ 제1항의 결의를 위한 관리단집회의 의사록에는 결의에 대한 각 구분소유자의 찬반 의사를 적어야 한다.

④ 제1항의 결의가 있는 경우에는 제48조 및 제49조를 준용한다.

[본조신설 2020. 2. 4.]

**제16조(공용부분의 관리)** ① 공용부분의 관리에 관한 사항은 제15조제1항 본문 및 제15조의2의 경우를 제외하고는 제38조제1항에 따른 통상의 집회결의로써 결정한다. 다만, 보존행위는 각 공유자가 할 수 있다. 〈개정 2020. 2. 4.〉

② 구분소유자의 승낙을 받아 전유부분을 점유하는 자는 제1항 본문에 따른 집회에 참석하여 그 구분소유자의 의결권을 행사할 수 있다. 다만, 구분소유자와 점유자가 달리 정하여 관리단에 통지한 경우에는 그러하지 아니하며, 구분소유자의 권리·의무에 특별한 영향을 미치는 사항을 결정하기 위한 집회인 경우에는 점유자는 사전에 구분소유자에게 의결권 행사에 대한 동의를 받아야 한다. 〈신설 2012. 12. 18.〉

③ 제1항 및 제2항에 규정된 사항은 규약으로써 달리 정할 수 있다. 〈개정 2012. 12. 18.〉

④ 제1항 본문의 경우에는 제15조제2항을 준용한다. 〈개정 2012. 12. 18.〉

[전문개정 2010. 3. 31.]

**제17조(공용부분의 부담·수익)** 각 공유자는 규약에 달리 정한 바가 없으면 그 지분의 비율에 따라 공용부분의 관리비용과 그 밖의 의무를 부담하며 공용부분에서 생기는 이익을 취득한다.

[전문개정 2010. 3. 31.]

**제17조의2(수선적립금)** ① 제23조에 따른 관리단(이하 "관리단"이라 한다)은 규약에 달리 정한 바가 없으면 관리단집회 결의에 따라 건물이나 대지 또는 부속시설의 교체 및 보수에 관한 수선계획을 수립할 수 있다.

② 관리단은 규약에 달리 정한 바가 없으면 관리단집회의 결의에 따라 수선적립금을 징수하여 적립할 수 있다. 다만, 다른 법률에 따라 장기수선을 위한 계획이 수립되어 충당금 또는 적립금이 징수·적립된 경우에는 그러하지 아니하다.

③ 제2항에 따른 수선적립금(이하 이 조에서 "수선적립금"이라 한다)은 구분소유자로부터 징수하며 관리단에 귀속된다.

④ 관리단은 규약에 달리 정한 바가 없으면 수선적립금을 다음 각 호의 용도로 사용하여야 한다.

1. 제1항의 수선계획에 따른 공사
2. 자연재해 등 예상하지 못한 사유로 인한 수선공사
3. 제1호 및 제2호의 용도로 사용한 금원의 변제

⑤ 제1항에 따른 수선계획의 수립 및 수선적립금의 징수ㆍ적립에 필요한 사항은 대통령령으로 정한다.

[본조신설 2020. 2. 4.]


**제18조(공용부분에 관하여 발생한 채권의 효력)** 공유자가 공용부분에 관하여 다른 공유자에 대하여 가지는 채권은 그 특별승계인에 대하여도 행사할 수 있다.

[전문개정 2010. 3. 31.]


**제19조(공용부분에 관한 규정의 준용)** 건물의 대지 또는 공용부분 외의 부속시설(이들에 대한 권리를 포함한다)을 구분소유자가 공유하는 경우에는 그 대지 및 부속시설에 관하여 제15조, 제15조의2, 제16조 및 제17조를 준용한다. 〈개정 2020. 2. 4.〉

[전문개정 2010. 3. 31.]


## 제3절 대지사용권

〈개정 2010. 3. 31.〉

**제20조(전유부분과 대지사용권의 일체성)** ① 구분소유자의 대지사용권은 그가 가지는 전유부분의 처분에 따른다.

② 구분소유자는 그가 가지는 전유부분과 분리하여 대지사용권을 처분할 수 없다. 다만, 규약으로써 달리 정한 경우에는 그러하지 아니하다.

③ 제2항 본문의 분리처분금지는 그 취지를 등기하지 아니하면 선의(善意)로 물권을 취득한 제3자에게 대항하지 못한다.

④ 제2항 단서의 경우에는 제3조제3항을 준용한다.

[전문개정 2010. 3. 31.]


**제21조(전유부분의 처분에 따르는 대지사용권의 비율)** ① 구분소유자가 둘 이상의 전유부분을 소유한 경우에는 각 전유부분의 처분에 따르는 대지사용권은 제12조에 규정된 비율에 따른다. 다만, 규약으로써 달리 정할 수 있다.

② 제1항 단서의 경우에는 제3조제3항을 준용한다.

[전문개정 2010. 3. 31.]

**제22조(「민법」 제267조의 적용 배제)** 제20조제2항 본문의 경우 대지사용권에 대하여는 「민법」 제267조(같은 법 제278조에서 준용하는 경우를 포함한다)를 적용하지 아니한다.
[전문개정 2010. 3. 31.]

## 제4절 관리단 및 관리단의 기관

⟨개정 2012.12.18⟩

**제23조(관리단의 당연 설립 등)** ① 건물에 대하여 구분소유 관계가 성립되면 구분소유자 전원을 구성원으로 하여 건물과 그 대지 및 부속시설의 관리에 관한 사업의 시행을 목적으로 하는 관리단이 설립된다.

② 일부공용부분이 있는 경우 그 일부의 구분소유자는 제28조제2항의 규약에 따라 그 공용부분의 관리에 관한 사업의 시행을 목적으로 하는 관리단을 구성할 수 있다.
[전문개정 2010. 3. 31.]

**제23조의2(관리단의 의무)** 관리단은 건물의 관리 및 사용에 관한 공동이익을 위하여 필요한 구분소유자의 권리와 의무를 선량한 관리자의 주의로 행사하거나 이행하여야 한다.
[본조신설 2012. 12. 18.]

**제24조(관리인의 선임 등)** ① 구분소유자가 10인 이상일 때에는 관리단을 대표하고 관리단의 사무를 집행할 관리인을 선임하여야 한다. ⟨개정 2012. 12. 18.⟩

② 관리인은 구분소유자일 필요가 없으며, 그 임기는 2년의 범위에서 규약으로 정한다. ⟨신설 2012. 12. 18.⟩

③ 관리인은 관리단집회의 결의로 선임되거나 해임된다. 다만, 규약으로 제26조의3에 따른 관리위원회의 결의로 선임되거나 해임되도록 정한 경우에는 그에 따른다. ⟨개정 2012. 12. 18., 2020. 2. 4.⟩

④ 구분소유자의 승낙을 받아 전유부분을 점유하는 자는 제3항 본문에 따른 관리단집회에 참석하여 그 구분소유자의 의결권을 행사할 수 있다. 다만, 구분소유자와 점유자가 달리 정하여 관리단에 통지하거나 구분소유자가 집회 이전에 직접 의결권을 행사할 것을 관리단에 통지한 경우에는 그러하지 아니하다. ⟨신설 2012. 12. 18.⟩

⑤ 관리인에게 부정한 행위나 그 밖에 그 직무를 수행하기에 적합하지 아니한 사정이 있을 때에는 각 구분소유자는 관리인의 해임을 법원에 청구할 수 있다. 〈개정 2012. 12. 18.〉

⑥ 전유부분이 50개 이상인 건물(「공동주택관리법」에 따른 의무관리대상 공동주택 및 임대주택과 「유통산업발전법」에 따라 신고한 대규모점포등관리자가 있는 대규모점포 및 준대규모점포는 제외한다)의 관리인으로 선임된 자는 대통령령으로 정하는 바에 따라 선임된 사실을 특별자치시장, 특별자치도지사, 시장, 군수 또는 자치구의 구청장(이하 "소관청"이라 한다)에게 신고하여야 한다. 〈신설 2020. 2. 4.〉

[전문개정 2010. 3. 31.]

**제24조의2(임시관리인의 선임 등)** ① 구분소유자, 그의 승낙을 받아 전유부분을 점유하는 자, 분양자 등 이해관계인은 제24조제3항에 따라 선임된 관리인이 없는 경우에는 법원에 임시관리인의 선임을 청구할 수 있다.

② 임시관리인은 선임된 날부터 6개월 이내에 제24조제3항에 따른 관리인 선임을 위하여 관리단집회 또는 관리위원회를 소집하여야 한다.

③ 임시관리인의 임기는 선임된 날부터 제24조제3항에 따라 관리인이 선임될 때까지로 하되, 같은 조 제2항에 따라 규약으로 정한 임기를 초과할 수 없다.

[본조신설 2020. 2. 4.]

**제25조(관리인의 권한과 의무)** ① 관리인은 다음 각 호의 행위를 할 권한과 의무를 가진다. 〈개정 2020. 2. 4.〉

1. 공용부분의 보존행위

1의2. 공용부분의 관리 및 변경에 관한 관리단집회 결의를 집행하는 행위

2. 공용부분의 관리비용 등 관리단의 사무 집행을 위한 비용과 분담금을 각 구분소유자에게 청구·수령하는 행위 및 그 금원을 관리하는 행위

3. 관리단의 사업 시행과 관련하여 관리단을 대표하여 하는 재판상 또는 재판 외의 행위

3의2. 소음·진동·악취 등을 유발하여 공동생활의 평온을 해치는 행위의 중지 요청 또는 분쟁 조정절차 권고 등 필요한 조치를 하는 행위

4. 그 밖에 규약에 정하여진 행위

② 관리인의 대표권은 제한할 수 있다. 다만, 이로써 선의의 제3자에게 대항할 수 없다.

[전문개정 2010. 3. 31.]

제26조(관리인의 보고의무 등) ① 관리인은 대통령령으로 정하는 바에 따라 매년 1회 이상 구분소유자 및 그의 승낙을 받아 전유부분을 점유하는 자에게 그 사무에 관한 보고를 하여야 한다. 〈개정 2012. 12. 18., 2023. 3. 28.〉

② 전유부분이 50개 이상인 건물의 관리인은 관리단의 사무 집행을 위한 비용과 분담금 등 금원의 징수ㆍ보관ㆍ사용ㆍ관리 등 모든 거래행위에 관하여 장부를 월별로 작성하여 그 증빙서류와 함께 해당 회계연도 종료일부터 5년간 보관하여야 한다. 〈신설 2023. 3. 28.〉

③ 이해관계인은 관리인에게 제1항에 따른 보고 자료, 제2항에 따른 장부나 증빙서류의 열람을 청구하거나 자기 비용으로 등본의 교부를 청구할 수 있다. 이 경우 관리인은 다음 각 호의 정보를 제외하고 이에 응하여야 한다. 〈개정 2023. 3. 28.〉

1. 「개인정보 보호법」 제24조에 따른 고유식별정보 등 개인의 사생활의 비밀 또는 자유를 침해할 우려가 있는 정보

2. 의사결정 과정 또는 내부검토 과정에 있는 사항 등으로서 공개될 경우 업무의 공정한 수행에 현저한 지장을 초래할 우려가 있는 정보

④ 「공동주택관리법」에 따른 의무관리대상 공동주택 및 임대주택과 「유통산업발전법」에 따라 신고한 대규모점포등관리자가 있는 대규모점포 및 준대규모점포에 대해서는 제1항부터 제3항까지를 적용하지 아니한다. 〈신설 2023. 3. 28.〉

⑤ 이 법 또는 규약에서 규정하지 아니한 관리인의 권리의무에 관하여는 「민법」의 위임에 관한 규정을 준용한다. 〈개정 2012. 12. 18., 2023. 3. 28.〉

[전문개정 2010. 3. 31.]

제26조의2(회계감사) ① 전유부분이 150개 이상으로서 대통령령으로 정하는 건물의 관리인은 「주식회사 등의 외부감사에 관한 법률」 제2조제7호에 따른 감사인(이하 이 조에서 "감사인"이라 한다)의 회계감사를 매년 1회 이상 받아야 한다. 다만, 관리단집회에서 구분소유자의 3분의 2 이상 및 의결권의 3분의 2 이상이 회계감사를 받지 아니하기로 결의한 연도에는 그러하지 아니하다.

② 구분소유자의 승낙을 받아 전유부분을 점유하는 자는 제1항 단서에 따른 관리단집회에 참석하여 그 구분소유자의 의결권을 행사할 수 있다. 다만, 구분소유자와 점유자가 달리 정하여 관리단에 통지하거나 구분소유자가 집회 이전에 직접 의결권을 행사할 것을 관리단에 통지한 경우에는 그러하지 아니하다.

③ 전유부분이 50개 이상 150개 미만으로서 대통령령으로 정하는 건물의 관리인은 구분소유자의 5분의 1 이상이 연서(連署)하여 요구하는 경우에는 감사인의 회계감사를 받아야 한다. 이 경우 구분소유자의 승낙을 받아 전유부분을 점유하는 자가 구분소유자를 대신하여 연서할 수 있다.

④ 관리인은 제1항 또는 제3항에 따라 회계감사를 받은 경우에는 대통령령으로 정하는 바에 따라 감사보고서 등 회계감사의 결과를 구분소유자 및 그의 승낙을 받아 전유부분을 점유하는 자에게 보고하여야 한다.

⑤ 제1항 또는 제3항에 따른 회계감사의 기준·방법 및 감사인의 선정방법 등에 관하여 필요한 사항은 대통령령으로 정한다.

⑥ 제1항 또는 제3항에 따라 회계감사를 받는 관리인은 다음 각 호의 어느 하나에 해당하는 행위를 하여서는 아니 된다.
  1. 정당한 사유 없이 감사인의 자료열람·등사·제출 요구 또는 조사를 거부·방해·기피하는 행위
  2. 감사인에게 거짓 자료를 제출하는 등 부정한 방법으로 회계감사를 방해하는 행위

⑦ 「공동주택관리법」에 따른 의무관리대상 공동주택 및 임대주택과 「유통산업발전법」에 따라 신고한 대규모점포등관리자가 있는 대규모점포 및 준대규모점포에는 제1항부터 제6항까지의 규정을 적용하지 아니한다.

[본조신설 2020. 2. 4.]
[종전 제26조의2는 제26조의3으로 이동 〈2020. 2. 4.〉]


**제26조의3(관리위원회의 설치 및 기능)** ① 관리단에는 규약으로 정하는 바에 따라 관리위원회를 둘 수 있다.

② 관리위원회는 이 법 또는 규약으로 정한 관리인의 사무 집행을 감독한다.

③ 제1항에 따라 관리위원회를 둔 경우 관리인은 제25조제1항 각 호의 행위를 하려면 관리위원회의 결의를 거쳐야 한다. 다만, 규약으로 달리 정한 사항은 그러하지 아니하다.

[본조신설 2012. 12. 18.]

[제26조의2에서 이동, 종전 제26조의3은 제26조의4로 이동 〈2020. 2. 4.〉]


**제26조의4(관리위원회의 구성 및 운영)** ① 관리위원회의 위원은 구분소유자 중에서 관리단집회의 결의에 의하여 선출한다. 다만, 규약으로 관리단집회의 결의에 관하여 달리 정한 경우에는 그에 따른다.

② 관리인은 규약에 달리 정한 바가 없으면 관리위원회의 위원이 될 수 없다. 〈개정 2020. 2. 4.〉

③ 관리위원회 위원의 임기는 2년의 범위에서 규약으로 정한다. 〈신설 2020. 2. 4.〉

④ 제1항부터 제3항까지에서 규정한 사항 외에 관리위원회의 구성 및 운영에 필요한 사항은 대통령령으로 정한다. 〈개정 2020. 2. 4.〉

⑤ 구분소유자의 승낙을 받아 전유부분을 점유하는 자는 제1항 본문에 따른 관리단집회에 참석하여 그 구분소유자의 의결권을 행사할 수 있다. 다만, 구분소유자와 점유자가 달리 정하여 관리단에 통지하거나 구분소유자가 집회 이전에 직접 의결권을 행사할 것을 관리단에 통지한 경우에는 그러하지 아니하다. 〈신설 2020. 2. 4.〉

[본조신설 2012. 12. 18.]

[제26조의3에서 이동 〈2020. 2. 4.〉]


**제26조의5(집합건물의 관리에 관한 감독)** ① 특별시장·광역시장·특별자치시장·도지사·특별자치도지사(이하 "시·도지사"라 한다) 또는 시장·군수·구청장(자치구의 구청장을 말하며, 이하 "시장·군수·구청장"이라 한다)은 집합건물의 효율적인 관리와 주민의 복리증진을 위하여 필요하다고 인정하는 경우에는 전유부분이 50개 이상인 건물의 관리인에게 다음 각 호의 사항을 보고하게 하거나 관련 자료의 제출을 명할 수 있다.

1. 제17조의2제2항에 따른 수선적립금의 징수·적립·사용 등에 관한 사항
2. 제24조에 따른 관리인의 선임·해임에 관한 사항
3. 제26조제1항에 따른 보고와 같은 조 제2항에 따른 장부의 작성·보관 및 증빙서류의 보관에 관한 사항
4. 제26조의2제1항 또는 제3항에 따른 회계감사에 관한 사항
5. 제32조에 따른 정기 관리단집회의 소집에 관한 사항

6. 그 밖에 집합건물의 관리에 관한 감독을 위하여 필요한 사항으로서 대통령령으로 정하는 사항

② 제1항에 따른 명령의 절차 등 필요한 사항은 해당 지방자치단체의 조례로 정한다.

[본조신설 2023. 3. 28.]

**제27조(관리단의 채무에 대한 구분소유자의 책임)** ① 관리단이 그의 재산으로 채무를 전부 변제할 수 없는 경우에는 구분소유자는 제12조의 지분비율에 따라 관리단의 채무를 변제할 책임을 진다. 다만, 규약으로써 그 부담비율을 달리 정할 수 있다.

② 구분소유자의 특별승계인은 승계 전에 발생한 관리단의 채무에 관하여도 책임을 진다.

[전문개정 2010. 3. 31.]

## 제5절 규약 및 집회

〈개정 2010. 3. 31.〉

**제28조(규약)** ① 건물과 대지 또는 부속시설의 관리 또는 사용에 관한 구분소유자들 사이의 사항 중 이 법에서 규정하지 아니한 사항은 규약으로써 정할 수 있다.

② 일부공용부분에 관한 사항으로써 구분소유자 전원에게 이해관계가 있지 아니한 사항은 구분소유자 전원의 규약에 따로 정하지 아니하면 일부공용부분을 공용하는 구분소유자의 규약으로써 정할 수 있다.

③ 제1항과 제2항의 경우에 구분소유자 외의 자의 권리를 침해하지 못한다.

④ 법무부장관은 이 법을 적용받는 건물과 대지 및 부속시설의 효율적이고 공정한 관리를 위하여 표준규약을 마련하여야 한다. 〈신설 2012. 12. 18., 2023. 3. 28.〉

⑤ 시·도지사는 제4항에 따른 표준규약을 참고하여 대통령령으로 정하는 바에 따라 지역별 표준규약을 마련하여 보급하여야 한다. 〈신설 2023. 3. 28.〉

[전문개정 2010. 3. 31.]

**제29조(규약의 설정·변경·폐지)** ① 규약의 설정·변경 및 폐지는 관리단집회에서 구분소유자의 4분의 3 이상 및 의결권의 4분의 3 이상의 찬성을 얻어서 한다. 이 경우 규약의 설정·변경 및 폐지가 일부 구분소유자의 권리에 특별한 영향을 미칠 때에는 그 구분소유자의 승낙을 받아야 한다.

② 제28조제2항에 규정한 사항에 관한 구분소유자 전원의 규약의 설정·변경 또는 폐

지는 그 일부공용부분을 공용하는 구분소유자의 4분의 1을 초과하는 자 또는 의결권의 4분의 1을 초과하는 의결권을 가진 자가 반대할 때에는 할 수 없다.

[전문개정 2010. 3. 31.]

**제30조(규약의 보관 및 열람)** ① 규약은 관리인 또는 구분소유자나 그 대리인으로서 건물을 사용하고 있는 자 중 1인이 보관하여야 한다.

② 제1항에 따라 규약을 보관할 구분소유자나 그 대리인은 규약에 다른 규정이 없으면 관리단집회의 결의로써 정한다.

③ 이해관계인은 제1항에 따라 규약을 보관하는 자에게 규약의 열람을 청구하거나 자기 비용으로 등본의 발급을 청구할 수 있다.

[전문개정 2010. 3. 31.]

**제31조(집회의 권한)** 관리단의 사무는 이 법 또는 규약으로 관리인에게 위임한 사항 외에는 관리단집회의 결의에 따라 수행한다.

[전문개정 2010. 3. 31.]

**제32조(정기 관리단집회)** 관리인은 매년 회계연도 종료 후 3개월 이내에 정기 관리단집회를 소집하여야 한다. 〈개정 2012. 12. 18.〉

[전문개정 2010. 3. 31.]

**제33조(임시 관리단집회)** ① 관리인은 필요하다고 인정할 때에는 관리단집회를 소집할 수 있다.

② 구분소유자의 5분의 1 이상이 회의의 목적 사항을 구체적으로 밝혀 관리단집회의 소집을 청구하면 관리인은 관리단집회를 소집하여야 한다. 이 정수(定數)는 규약으로 감경할 수 있다. 〈개정 2012. 12. 18.〉

③ 제2항의 청구가 있은 후 1주일 내에 관리인이 청구일부터 2주일 이내의 날을 관리단집회일로 하는 소집통지 절차를 밟지 아니하면 소집을 청구한 구분소유자는 법원의 허가를 받아 관리단집회를 소집할 수 있다. 〈개정 2012. 12. 18.〉

④ 관리인이 없는 경우에는 구분소유자의 5분의 1 이상은 관리단집회를 소집할 수 있

다. 이 정수는 규약으로 감경할 수 있다. 〈개정 2012. 12. 18.〉

[전문개정 2010. 3. 31.]

**제34조(집회소집통지)** ① 관리단집회를 소집하려면 관리단집회일 1주일 전에 회의의 목적사항을 구체적으로 밝혀 각 구분소유자에게 통지하여야 한다. 다만, 이 기간은 규약으로 달리 정할 수 있다.

② 전유부분을 여럿이 공유하는 경우에 제1항의 통지는 제37조제2항에 따라 정하여진 의결권을 행사할 자(그가 없을 때에는 공유자 중 1인)에게 통지하여야 한다.

③ 제1항의 통지는 구분소유자가 관리인에게 따로 통지장소를 제출하였으면 그 장소로 발송하고, 제출하지 아니하였으면 구분소유자가 소유하는 전유부분이 있는 장소로 발송한다. 이 경우 제1항의 통지는 통상적으로 도달할 시기에 도달한 것으로 본다.

④ 건물 내에 주소를 가지는 구분소유자 또는 제3항의 통지장소를 제출하지 아니한 구분소유자에 대한 제1항의 통지는 건물 내의 적당한 장소에 게시함으로써 소집통지를 갈음할 수 있음을 규약으로 정할 수 있다. 이 경우 제1항의 통지는 게시한 때에 도달한 것으로 본다.

⑤ 회의의 목적사항이 제15조제1항, 제29조제1항, 제47조제1항 및 제50조제4항인 경우에는 그 통지에 그 의안 및 계획의 내용을 적어야 한다.

[전문개정 2010. 3. 31.]

**제35조(소집절차의 생략)** 관리단집회는 구분소유자 전원이 동의하면 소집절차를 거치지 아니하고 소집할 수 있다.

[전문개정 2010. 3. 31.]

**제36조(결의사항)** ① 관리단집회는 제34조에 따라 통지한 사항에 관하여만 결의할 수 있다.

② 제1항의 규정은 이 법에 관리단집회의 결의에 관하여 특별한 정수가 규정된 사항을 제외하고는 규약으로 달리 정할 수 있다.

③ 제1항과 제2항은 제35조에 따른 관리단집회에 관하여는 적용하지 아니한다.

[전문개정 2010. 3. 31.]

**제37조(의결권)** ① 각 구분소유자의 의결권은 규약에 특별한 규정이 없으면 제12조에

규정된 지분비율에 따른다.

② 전유부분을 여럿이 공유하는 경우에는 공유자는 관리단집회에서 의결권을 행사할 1인을 정한다.

③ 구분소유자의 승낙을 받아 동일한 전유부분을 점유하는 자가 여럿인 경우에는 제16조제2항, 제24조제4항, 제26조의2제2항 또는 제26조의4제5항에 따라 해당 구분소유자의 의결권을 행사할 1인을 정하여야 한다. 〈신설 2012. 12. 18., 2020. 2. 4.〉

[전문개정 2010. 3. 31.]


**제38조(의결 방법)** ① 관리단집회의 의사는 이 법 또는 규약에 특별한 규정이 없으면 구분소유자의 과반수 및 의결권의 과반수로써 의결한다.

② 의결권은 서면이나 전자적 방법(전자정보처리조직을 사용하거나 그 밖에 정보통신기술을 이용하는 방법으로서 대통령령으로 정하는 방법을 말한다. 이하 같다)으로 또는 대리인을 통하여 행사할 수 있다. 〈개정 2012. 12. 18.〉

③ 제34조에 따른 관리단집회의 소집통지나 소집통지를 갈음하는 게시를 할 때에는 제2항에 따라 의결권을 행사할 수 있다는 내용과 구체적인 의결권 행사 방법을 명확히 밝혀야 한다. 〈신설 2012. 12. 18.〉

④ 제1항부터 제3항까지에서 규정한 사항 외에 의결권 행사를 위하여 필요한 사항은 대통령령으로 정한다. 〈신설 2012. 12. 18.〉

[전문개정 2010. 3. 31.]


**제39조(집회의 의장과 의사록)** ① 관리단집회의 의장은 관리인 또는 집회를 소집한 구분소유자 중 연장자가 된다. 다만, 규약에 특별한 규정이 있거나 관리단집회에서 다른 결의를 한 경우에는 그러하지 아니하다.

② 관리단집회의 의사에 관하여는 의사록을 작성하여야 한다.

③ 의사록에는 의사의 경과와 그 결과를 적고 의장과 구분소유자 2인 이상이 서명날인하여야 한다.

④ 의사록에 관하여는 제30조를 준용한다.

[전문개정 2010. 3. 31.]


**제40조(점유자의 의견진술권)** ① 구분소유자의 승낙을 받아 전유부분을 점유하는 자는

집회의 목적사항에 관하여 이해관계가 있는 경우에는 집회에 출석하여 의견을 진술할 수 있다.

② 제1항의 경우 집회를 소집하는 자는 제34조에 따라 소집통지를 한 후 지체 없이 집회의 일시, 장소 및 목적사항을 건물 내의 적당한 장소에 게시하여야 한다.

[전문개정 2010. 3. 31.]

제41조(서면 또는 전자적 방법에 의한 결의 등) ① 이 법 또는 규약에 따라 관리단집회에서 결의할 것으로 정한 사항에 관하여 구분소유자의 4분의 3 이상 및 의결권의 4분의 3 이상이 서면이나 전자적 방법 또는 서면과 전자적 방법으로 합의하면 관리단집회를 소집하여 결의한 것으로 본다. 〈개정 2012. 12. 18., 2023. 3. 28.〉

② 제1항에도 불구하고 다음 각 호의 경우에는 그 구분에 따른 의결정족수 요건을 갖추어 서면이나 전자적 방법 또는 서면과 전자적 방법으로 합의하면 관리단집회를 소집하여 결의한 것으로 본다. 〈신설 2023. 3. 28.〉

　1. 제15조제1항제2호의 경우: 구분소유자의 과반수 및 의결권의 과반수

　2. 제15조의2제1항 본문, 제47조제2항 본문 및 제50조제4항의 경우: 구분소유자의 5분의 4 이상 및 의결권의 5분의 4 이상

　3. 제15조의2제1항 단서 및 제47조제2항 단서의 경우: 구분소유자의 3분의 2 이상 및 의결권의 3분의 2 이상

③ 구분소유자들은 미리 그들 중 1인을 대리인으로 정하여 관리단에 신고한 경우에는 그 대리인은 그 구분소유자들을 대리하여 관리단집회에 참석하거나 서면 또는 전자적 방법으로 의결권을 행사할 수 있다. 〈개정 2012. 12. 18., 2023. 3. 28.〉

④ 제1항 및 제2항의 서면 또는 전자적 방법으로 기록된 정보에 관하여는 제30조를 준용한다. 〈개정 2012. 12. 18., 2023. 3. 28.〉

[전문개정 2010. 3. 31.]

[제목개정 2012. 12. 18.]

제42조(규약 및 집회의 결의의 효력) ① 규약 및 관리단집회의 결의는 구분소유자의 특별승계인에 대하여도 효력이 있다.

② 점유자는 구분소유자가 건물이나 대지 또는 부속시설의 사용과 관련하여 규약 또는 관리단집회의 결의에 따라 부담하는 의무와 동일한 의무를 진다.

[전문개정 2010. 3. 31.]

**제42조의2(결의취소의 소)** 구분소유자는 다음 각 호의 어느 하나에 해당하는 경우에는 집회 결의 사실을 안 날부터 6개월 이내에, 결의한 날부터 1년 이내에 결의취소의 소를 제기할 수 있다.

1. 집회의 소집 절차나 결의 방법이 법령 또는 규약에 위반되거나 현저하게 불공정한 경우
2. 결의 내용이 법령 또는 규약에 위배되는 경우

[본조신설 2012. 12. 18.]


## 제6절 의무위반자에 대한 조치

〈개정 2010. 3. 31.〉

**제43조(공동의 이익에 어긋나는 행위의 정지청구 등)** ① 구분소유자가 제5조제1항의 행위를 한 경우 또는 그 행위를 할 우려가 있는 경우에는 관리인 또는 관리단집회의 결의로 지정된 구분소유자는 구분소유자 공동의 이익을 위하여 그 행위를 정지하거나 그 행위의 결과를 제거하거나 그 행위의 예방에 필요한 조치를 할 것을 청구할 수 있다.

② 제1항에 따른 소송의 제기는 관리단집회의 결의가 있어야 한다.

③ 점유자가 제5조제4항에서 준용하는 같은 조 제1항에 규정된 행위를 한 경우 또는 그 행위를 할 우려가 있는 경우에도 제1항과 제2항을 준용한다.

[전문개정 2010. 3. 31.]


**제44조(사용금지의 청구)** ① 제43조제1항의 경우에 제5조제1항에 규정된 행위로 구분소유자의 공동생활상의 장해가 현저하여 제43조제1항에 규정된 청구로는 그 장해를 제거하여 공용부분의 이용 확보나 구분소유자의 공동생활 유지를 도모함이 매우 곤란할 때에는 관리인 또는 관리단집회의 결의로 지정된 구분소유자는 소(訴)로써 적당한 기간 동안 해당 구분소유자의 전유부분 사용금지를 청구할 수 있다. 〈개정 2020. 2. 4.〉

② 제1항의 청구는 구분소유자의 4분의 3 이상 및 의결권의 4분의 3 이상의 관리단집회 결의가 있어야 한다. 〈개정 2020. 2. 4.〉

③ 제1항의 결의를 할 때에는 미리 해당 구분소유자에게 변명할 기회를 주어야 한다.

[전문개정 2010. 3. 31.]

**제45조(구분소유권의 경매)** ① 구분소유자가 제5조제1항 및 제2항을 위반하거나 규약에서 정한 의무를 현저히 위반한 결과 공동생활을 유지하기 매우 곤란하게 된 경우에는 관리인 또는 관리단집회의 결의로 지정된 구분소유자는 해당 구분소유자의 전유부분 및 대지사용권의 경매를 명할 것을 법원에 청구할 수 있다.

② 제1항의 청구는 구분소유자의 4분의 3 이상 및 의결권의 4분의 3 이상의 관리단집회 결의가 있어야 한다.

③ 제2항의 결의를 할 때에는 미리 해당 구분소유자에게 변명할 기회를 주어야 한다.

④ 제1항의 청구에 따라 경매를 명한 재판이 확정되었을 때에는 그 청구를 한 자는 경매를 신청할 수 있다. 다만, 그 재판확정일부터 6개월이 지나면 그러하지 아니하다.

⑤ 제1항의 해당 구분소유자는 제4항 본문의 신청에 의한 경매에서 경락인이 되지 못한다.

[전문개정 2010. 3. 31.]


**제46조(전유부분의 점유자에 대한 인도청구)** ① 점유자가 제45조제1항에 따른 의무위반을 한 결과 공동생활을 유지하기 매우 곤란하게 된 경우에는 관리인 또는 관리단집회의 결의로 지정된 구분소유자는 그 전유부분을 목적으로 하는 계약의 해제 및 그 전유부분의 인도를 청구할 수 있다.

② 제1항의 경우에는 제44조제2항 및 제3항을 준용한다.

③ 제1항에 따라 전유부분을 인도받은 자는 지체 없이 그 전유부분을 점유할 권원(權原)이 있는 자에게 인도하여야 한다.

[전문개정 2010. 3. 31.]


## 제7절 재건축 및 복구
〈개정 2010. 3. 31.〉

**제47조(재건축 결의)** ① 건물 건축 후 상당한 기간이 지나 건물이 훼손되거나 일부 멸실되거나 그 밖의 사정으로 건물 가격에 비하여 지나치게 많은 수리비·복구비나 관리비용이 드는 경우 또는 부근 토지의 이용 상황의 변화나 그 밖의 사정으로 건물을 재건축하면 재건축에 드는 비용에 비하여 현저하게 효용이 증가하게 되는 경우에 관리단집회는 그 건물을 철거하여 그 대지를 구분소유권의 목적이 될 새 건물의 대지로 이용할 것을 결의할 수 있다. 다만, 재건축의 내용이 단지 내 다른 건물의 구분소유자에게 특별한 영향을 미칠 때에는 그 구분소유자의 승낙을 받아야 한다.

② 제1항의 결의는 구분소유자의 5분의 4 이상 및 의결권의 5분의 4 이상의 결의에 따른다. 다만, 「관광진흥법」 제3조제1항제2호나목에 따른 휴양 콘도미니엄업의 운영을 위한 휴양 콘도미니엄의 재건축 결의는 구분소유자의 3분의 2 이상 및 의결권의 3분의 2 이상의 결의에 따른다. 〈개정 2023. 3. 28.〉

③ 재건축을 결의할 때에는 다음 각 호의 사항을 정하여야 한다.

    1. 새 건물의 설계 개요

    2. 건물의 철거 및 새 건물의 건축에 드는 비용을 개략적으로 산정한 금액

    3. 제2호에 규정된 비용의 분담에 관한 사항

    4. 새 건물의 구분소유권 귀속에 관한 사항

④ 제3항제3호 및 제4호의 사항은 각 구분소유자 사이에 형평이 유지되도록 정하여야 한다.

⑤ 제1항의 결의를 위한 관리단집회의 의사록에는 결의에 대한 각 구분소유자의 찬반 의사를 적어야 한다.

[전문개정 2010. 3. 31.]

**제48조(구분소유권 등의 매도청구 등)** ① 재건축의 결의가 있으면 집회를 소집한 자는 지체 없이 그 결의에 찬성하지 아니한 구분소유자(그의 승계인을 포함한다)에 대하여 그 결의 내용에 따른 재건축에 참가할 것인지 여부를 회답할 것을 서면으로 촉구하여야 한다.

② 제1항의 촉구를 받은 구분소유자는 촉구를 받은 날부터 2개월 이내에 회답하여야 한다.

③ 제2항의 기간 내에 회답하지 아니한 경우 그 구분소유자는 재건축에 참가하지 아니하겠다는 뜻을 회답한 것으로 본다.

④ 제2항의 기간이 지나면 재건축 결의에 찬성한 각 구분소유자, 재건축 결의 내용에 따른 재건축에 참가할 뜻을 회답한 각 구분소유자(그의 승계인을 포함한다) 또는 이들 전원의 합의에 따라 구분소유권과 대지사용권을 매수하도록 지정된 자(이하 "매수지정자" 라 한다)는 제2항의 기간 만료일부터 2개월 이내에 재건축에 참가하지 아니하겠다는 뜻을 회답한 구분소유자(그의 승계인을 포함한다)에게 구분소유권과 대지사용권을 시가로 매도할 것을 청구할 수 있다. 재건축 결의가 있은 후에 이 구분소유자로부터 대지사용권만을 취득한 자의 대지사용권에 대하여도 또한 같다.

⑤ 제4항에 따른 청구가 있는 경우에 재건축에 참가하지 아니하겠다는 뜻을 회답한 구분소유자가 건물을 명도(明渡)하면 생활에 현저한 어려움을 겪을 우려가 있고 재

건축의 수행에 큰 영향이 없을 때에는 법원은 그 구분소유자의 청구에 의하여 대금 지급일 또는 제공일부터 1년을 초과하지 아니하는 범위에서 건물 명도에 대하여 적당한 기간을 허락할 수 있다.

⑥ 재건축 결의일부터 2년 이내에 건물 철거공사가 착수되지 아니한 경우에는 제4항에 따라 구분소유권이나 대지사용권을 매도한 자는 이 기간이 만료된 날부터 6개월 이내에 매수인이 지급한 대금에 상당하는 금액을 그 구분소유권이나 대지사용권을 가지고 있는 자에게 제공하고 이들의 권리를 매도할 것을 청구할 수 있다. 다만, 건물 철거공사가 착수되지 아니한 타당한 이유가 있을 경우에는 그러하지 아니하다.

⑦ 제6항 단서에 따른 건물 철거공사가 착수되지 아니한 타당한 이유가 없어진 날부터 6개월 이내에 공사에 착수하지 아니하는 경우에는 제6항 본문을 준용한다. 이 경우 같은 항 본문 중 "이 기간이 만료된 날부터 6개월 이내에"는 "건물 철거공사가 착수되지 아니한 타당한 이유가 없어진 것을 안 날부터 6개월 또는 그 이유가 없어진 날부터 2년 중 빠른 날까지"로 본다.

[전문개정 2010. 3. 31.]

**제49조(재건축에 관한 합의)** 재건축 결의에 찬성한 각 구분소유자, 재건축 결의 내용에 따른 재건축에 참가할 뜻을 회답한 각 구분소유자 및 구분소유권 또는 대지사용권을 매수한 각 매수지정자(이들의 승계인을 포함한다)는 재건축 결의 내용에 따른 재건축에 합의한 것으로 본다.

[전문개정 2010. 3. 31.]

**제50조(건물이 일부 멸실된 경우의 복구)** ① 건물가격의 2분의 1 이하에 상당하는 건물 부분이 멸실되었을 때에는 각 구분소유자는 멸실한 공용부분과 자기의 전유부분을 복구할 수 있다. 다만, 공용부분의 복구에 착수하기 전에 제47조제1항의 결의나 공용부분의 복구에 대한 결의가 있는 경우에는 그러하지 아니하다.

② 제1항에 따라 공용부분을 복구한 자는 다른 구분소유자에게 제12조의 지분비율에 따라 복구에 든 비용의 상환을 청구할 수 있다.

③ 제1항 및 제2항의 규정은 규약으로 달리 정할 수 있다.

④ 건물이 일부 멸실된 경우로서 제1항 본문의 경우를 제외한 경우에 관리단집회는 구분소유자의 5분의 4 이상 및 의결권의 5분의 4 이상으로 멸실한 공용부분을 복구할 것을 결의할 수 있다.

⑤ 제4항의 결의가 있는 경우에는 제47조제5항을 준용한다.

⑥ 제4항의 결의가 있을 때에는 그 결의에 찬성한 구분소유자(그의 승계인을 포함한다) 외의 구분소유자는 결의에 찬성한 구분소유자(그의 승계인을 포함한다)에게 건물 및 그 대지에 관한 권리를 시가로 매수할 것을 청구할 수 있다.

⑦ 제4항의 경우에 건물 일부가 멸실한 날부터 6개월 이내에 같은 항 또는 제47조제1항의 결의가 없을 때에는 각 구분소유자는 다른 구분소유자에게 건물 및 그 대지에 관한 권리를 시가로 매수할 것을 청구할 수 있다.

⑧ 법원은 제2항, 제6항 및 제7항의 경우에 상환 또는 매수청구를 받은 구분소유자의 청구에 의하여 상환금 또는 대금의 지급에 관하여 적당한 기간을 허락할 수 있다.

[전문개정 2010. 3. 31.]

## 제2장 단지

〈개정 2010. 3. 31.〉

**제51조(단지관리단)** ① 한 단지에 여러 동의 건물이 있고 그 단지 내의 토지 또는 부속시설(이들에 관한 권리를 포함한다)이 그 건물 소유자(전유부분이 있는 건물에서는 구분소유자를 말한다)의 공동소유에 속하는 경우에는 이들 소유자는 그 단지 내의 토지 또는 부속시설을 관리하기 위한 단체를 구성하여 이 법에서 정하는 바에 따라 집회를 개최하고 규약을 정하며 관리인을 둘 수 있다.

② 한 단지에 여러 동의 건물이 있고 단지 내의 토지 또는 부속시설(이들에 관한 권리를 포함한다)이 그 건물 소유자(전유부분이 있는 건물에서는 구분소유자를 말한다) 중 일부의 공동소유에 속하는 경우에는 이들 소유자는 그 단지 내의 토지 또는 부속시설을 관리하기 위한 단체를 구성하여 이 법에서 정하는 바에 따라 집회를 개최하고 규약을 정하며 관리인을 둘 수 있다.

③ 제1항의 단지관리단은 단지관리단의 구성원이 속하는 각 관리단의 사업의 전부 또는 일부를 그 사업 목적으로 할 수 있다. 이 경우 각 관리단의 구성원의 4분의 3 이상 및 의결권의 4분의 3 이상에 의한 관리단집회의 결의가 있어야 한다.

[전문개정 2010. 3. 31.]

**제52조(단지에 대한 준용)** 제51조의 경우에는 제3조, 제23조의2, 제24조, 제24조의2, 제25조, 제26조, 제26조의2부터 제26조의5까지, 제27조부터 제42조까지 및 제42조

의2를 준용한다. 이 경우 전유부분이 없는 건물은 해당 건물의 수를 전유부분의 수로 한다. 〈개정 2012. 12. 18., 2020. 2. 4., 2023. 3. 28.〉

[전문개정 2010. 3. 31.]

## 제2장의2 집합건물분쟁조정위원회 〈신설 2012. 12. 18.〉

**제52조의2(집합건물분쟁조정위원회)** ① 이 법을 적용받는 건물과 관련된 분쟁을 심의・조정하기 위하여 특별시・광역시・특별자치시・도 또는 특별자치도(이하 "시・도"라 한다)에 집합건물분쟁조정위원회(이하 "조정위원회"라 한다)를 둔다.

② 조정위원회는 분쟁 당사자의 신청에 따라 다음 각 호의 분쟁(이하 "집합건물분쟁"이라 한다)을 심의・조정한다. 〈개정 2015. 8. 11., 2020. 2. 4.〉

  1. 이 법을 적용받는 건물의 하자에 관한 분쟁. 다만, 「공동주택관리법」 제36조 및 제37조에 따른 공동주택의 담보책임 및 하자보수 등과 관련된 분쟁은 제외한다.

  2. 관리인・관리위원의 선임・해임 또는 관리단・관리위원회의 구성・운영에 관한 분쟁

  3. 공용부분의 보존・관리 또는 변경에 관한 분쟁

  4. 관리비의 징수・관리 및 사용에 관한 분쟁

  5. 규약의 제정・개정에 관한 분쟁

  6. 재건축과 관련된 철거, 비용분담 및 구분소유권 귀속에 관한 분쟁

  6의2. 소음・진동・악취 등 공동생활과 관련된 분쟁

  7. 그 밖에 이 법을 적용받는 건물과 관련된 분쟁으로서 대통령령으로 정한 분쟁

[본조신설 2012. 12. 18.]


**제52조의3(조정위원회의 구성과 운영)** ① 조정위원회는 위원장 1명과 부위원장 1명을 포함한 10명 이내의 위원으로 구성한다.

② 조정위원회의 위원은 집합건물분쟁에 관한 법률지식과 경험이 풍부한 사람으로서 다음 각 호의 어느 하나에 해당하는 사람 중에서 시・도지사가 임명하거나 위촉한다. 이 경우 제1호 및 제2호에 해당하는 사람이 각각 2명 이상 포함되어야 한다.

  1. 법학 또는 조정・중재 등의 분쟁조정 관련 학문을 전공한 사람으로서 대학에서 조교수 이상으로 3년 이상 재직한 사람

  2. 변호사 자격이 있는 사람으로서 3년 이상 법률에 관한 사무에 종사한 사람

  3. 건설공사, 하자감정 또는 공동주택관리에 관한 전문적 지식을 갖춘 사람으로

서 해당 업무에 3년 이상 종사한 사람

　　4. 해당 시·도 소속 5급 이상 공무원으로서 관련 업무에 3년 이상 종사한 사람

③ 조정위원회의 위원장은 해당 시·도지사가 위원 중에서 임명하거나 위촉한다.

④ 조정위원회에는 분쟁을 효율적으로 심의·조정하기 위하여 3명 이내의 위원으로 구성되는 소위원회를 둘 수 있다. 이 경우 소위원회에는 제2항제1호 및 제2호에 해당하는 사람이 각각 1명 이상 포함되어야 한다.

⑤ 조정위원회는 재적위원 과반수의 출석과 출석위원 과반수의 찬성으로 의결하며, 소위원회는 재적위원 전원 출석과 출석위원 과반수의 찬성으로 의결한다.

⑥ 제1항부터 제5항까지에서 규정한 사항 외에 조정위원회와 소위원회의 구성 및 운영에 필요한 사항과 조정 절차에 관한 사항은 대통령령으로 정한다.

[본조신설 2012. 12. 18.]


**제52조의4(위원의 제척 등)** ① 조정위원회의 위원이 다음 각 호의 어느 하나에 해당하는 경우에는 그 사건의 심의·조정에서 제척(除斥)된다.

　　1. 위원 또는 그 배우자나 배우자이었던 사람이 해당 집합건물분쟁의 당사자가 되거나 그 집합건물분쟁에 관하여 당사자와 공동권리자 또는 공동의무자의 관계에 있는 경우

　　2. 위원이 해당 집합건물분쟁의 당사자와 친족이거나 친족이었던 경우

　　3. 위원이 해당 집합건물분쟁에 관하여 진술이나 감정을 한 경우

　　4. 위원이 해당 집합건물분쟁에 당사자의 대리인으로서 관여한 경우

　　5. 위원이 해당 집합건물분쟁의 원인이 된 처분이나 부작위에 관여한 경우

② 조정위원회는 위원에게 제1항의 제척 원인이 있는 경우에는 직권이나 당사자의 신청에 따라 제척의 결정을 한다.

③ 당사자는 위원에게 공정한 직무집행을 기대하기 어려운 사정이 있으면 조정위원회에 해당 위원에 대한 기피신청을 할 수 있다.

④ 위원은 제1항 또는 제3항의 사유에 해당하면 스스로 그 집합건물분쟁의 심의·조정을 회피할 수 있다.

[본조신설 2012. 12. 18.]


**제52조의5(분쟁조정신청과 통지 등)** ① 조정위원회는 당사자 일방으로부터 분쟁의 조

정신청을 받은 경우에는 지체 없이 그 신청내용을 상대방에게 통지하여야 한다.

② 제1항에 따라 통지를 받은 상대방은 그 통지를 받은 날부터 7일 이내에 조정에 응할 것인지에 관한 의사를 조정위원회에 통지하여야 한다.

③ 제1항에 따라 분쟁의 조정신청을 받은 조정위원회는 분쟁의 성질 등 조정에 적합하지 아니한 사유가 있다고 인정하는 경우에는 해당 조정의 불개시(不開始) 결정을 할 수 있다. 이 경우 조정의 불개시 결정 사실과 그 사유를 당사자에게 통보하여야 한다.

[본조신설 2012. 12. 18.]

제52조의6(조정의 절차) ① 조정위원회는 제52조의5제1항에 따른 조정신청을 받으면 같은 조 제2항에 따른 조정 불응 또는 같은 조 제3항에 따른 조정의 불개시 결정이 있는 경우를 제외하고는 지체 없이 조정 절차를 개시하여야 하며, 신청을 받은 날부터 60일 이내에 그 절차를 마쳐야 한다.

② 조정위원회는 제1항의 기간 내에 조정을 마칠 수 없는 경우에는 조정위원회의 의결로 그 기간을 30일의 범위에서 한 차례만 연장할 수 있다. 이 경우 그 사유와 기한을 분명히 밝혀 당사자에게 서면으로 통지하여야 한다.

③ 조정위원회는 제1항에 따른 조정의 절차를 개시하기 전에 이해관계인 등의 의견을 들을 수 있다.

④ 조정위원회는 제1항에 따른 절차를 마쳤을 때에는 조정안을 작성하여 지체 없이 각 당사자에게 제시하여야 한다.

⑤ 제4항에 따른 조정안을 제시받은 당사자는 제시받은 날부터 14일 이내에 조정안의 수락 여부를 조정위원회에 통보하여야 한다. 이 경우 당사자가 그 기간 내에 조정안에 대한 수락 여부를 통보하지 아니한 경우에는 조정안을 수락한 것으로 본다.

[본조신설 2012. 12. 18.]

**제52조의7(출석 및 자료제출 요구)** ① 조정위원회는 조정을 위하여 필요하다고 인정하는 경우 분쟁당사자, 분쟁 관련 이해관계인 또는 참고인에게 출석하여 진술하게 하거나 조정에 필요한 자료나 물건 등을 제출하도록 요구할 수 있다.

② 조정위원회는 해당 조정업무에 참고하기 위하여 시·도지사 및 관련기관에 해당 분쟁과 관련된 자료를 요청할 수 있다.

[본조신설 2020. 2. 4.]
[종전 제52조의7은 제52조의8로 이동 〈2020. 2. 4.〉]

**제52조의8(조정의 중지 등)** ① 조정위원회는 당사자가 제52조의5제2항에 따라 조정에 응하지 아니할 의사를 통지하거나 제52조의6제5항에 따라 조정안을 거부한 경우에는 조정을 중지하고 그 사실을 상대방에게 서면으로 통보하여야 한다.

② 조정위원회는 당사자 중 일방이 소를 제기한 경우에는 조정을 중지하고 그 사실을 상대방에게 통보하여야 한다.

③ 조정위원회는 법원에 소송계속 중인 당사자 중 일방이 조정을 신청한 때에는 해당 조정 신청을 결정으로 각하하여야 한다.

[본조신설 2012. 12. 18.]

[제52조의7에서 이동, 종전 제52조의8은 제52조의9로 이동 〈2020. 2. 4.〉]

**제52조의9(조정의 효력)** ① 당사자가 제52조의6제5항에 따라 조정안을 수락하면 조정위원회는 지체 없이 조정서 3부를 작성하여 위원장 및 각 당사자로 하여금 조정서에 서명날인하게 하여야 한다.

② 제1항의 경우 당사자 간에 조정서와 같은 내용의 합의가 성립된 것으로 본다.

[본조신설 2012. 12. 18.]

[제52조의8에서 이동, 종전 제52조의9는 제52조의10으로 이동 〈2020. 2. 4.〉]

**제52조의10(하자 등의 감정)** ① 조정위원회는 당사자의 신청으로 또는 당사자와 협의하여 대통령령으로 정하는 안전진단기관, 하자감정전문기관 등에 하자진단 또는 하자감정 등을 요청할 수 있다.

② 조정위원회는 당사자의 신청으로 또는 당사자와 협의하여 「공동주택관리법」 제39조에 따른 하자심사·분쟁조정위원회에 하자판정을 요청할 수 있다. 〈개정 2015. 8. 11.〉

③ 제1항 및 제2항에 따른 비용은 대통령령으로 정하는 바에 따라 당사자가 부담한다.

[본조신설 2012. 12. 18.]

[제52조의9에서 이동 〈2020. 2. 4.〉]

## 제3장 구분건물의 건축물대장 〈개정 2010. 3. 31.〉

**제53조(건축물대장의 편성)** ① 소관청은 이 법을 적용받는 건물에 대하여는 이 법에서 정하는 건축물대장과 건물의 도면 및 각 층의 평면도를 갖추어 두어야 한다. 〈개정

2020. 2. 4.〉

② 대장은 1동의 건물을 표시할 용지와 그 1동의 건물에 속하는 전유부분의 건물을 표시할 용지로 편성한다.

③ 1동의 건물에 대하여는 각 1용지를 사용하고 전유부분의 건물에 대하여는 구분한 건물마다 1용지를 사용한다.

④ 1동의 건물에 속하는 구분한 건물의 대장은 1책에 편철하고 1동의 건물을 표시할 용지 다음에 구분한 건물을 표시할 용지를 편철한다.

⑤ 제4항의 경우에 편철한 용지가 너무 많을 때에는 여러 책으로 나누어 편철할 수 있다.

[전문개정 2010. 3. 31.]

**제54조(건축물대장의 등록사항)** ① 1동의 건물을 표시할 용지에는 다음 각 호의 사항을 등록하여야 한다. 〈개정 2013. 3. 23., 2020. 2. 4.〉

1. 1동의 건물의 소재지와 지번(地番)
2. 1동의 건물에 번호가 있을 때에는 그 번호
3. 1동의 건물의 구조와 면적
4. 1동의 건물에 속하는 전유부분의 번호
5. 그 밖에 국토교통부령으로 정하는 사항

② 전유부분을 표시할 용지에는 다음 각 호의 사항을 등록하여야 한다. 〈개정 2013. 3. 23.〉

1. 전유부분의 번호
2. 전유부분이 속하는 1동의 건물의 번호
3. 전유부분의 종류, 구조와 면적
4. 부속건물이 있을 때에는 부속건물의 종류, 구조, 면적
5. 소유자의 성명 또는 명칭과 주소 또는 사무소. 이 경우 소유자가 둘 이상일 때에는 그 지분
6. 그 밖에 국토교통부령으로 정하는 사항

③ 제2항제4호의 경우에 부속건물이 그 전유부분과 다른 별채의 건물이거나 별채인 1동의 건물을 구분한 것일 때에는 그 1동의 건물의 소재지, 지번, 번호, 종류, 구조 및 면적을 등록하여야 한다.

④ 제3항의 경우에 건물의 표시 및 소유자의 표시에 관한 사항을 등록할 때에는 원인 및 그 연월일과 등록연월일을 적어야 한다.

⑤ 제3조제2항 및 제3항에 따른 공용부분의 등록에 관하여는 제2항과 제4항을 준용한다. 이 경우 그 건물의 표시란에 공용부분이라는 취지를 등록한다.

⑥ 구분점포의 경우에는 전유부분 용지의 구조란에 경계벽이 없다는 뜻을 적어야 한다.

[전문개정 2010. 3. 31.]

**제55조(건축물대장의 등록절차)** 건축물대장의 등록은 소유자 등의 신청이나 소관청의 조사결정에 의한다.

[전문개정 2010. 3. 31.]

**제56조(건축물대장의 신규 등록신청)** ① 이 법을 적용받는 건물을 신축한 자는 1개월 이내에 1동의 건물에 속하는 전유부분 전부에 대하여 동시에 건축물대장 등록신청을 하여야 한다.

② 제1항의 신청서에는 제54조에 규정된 사항을 적고 건물의 도면, 각 층의 평면도(구분점포의 경우에는 「건축사법」 제23조에 따라 신고한 건축사 또는 「공간정보의 구축 및 관리 등에 관한 법률」 제39조제2항에서 정한 측량기술자가 구분점포의 경계표지에 관한 측량성과를 적어 작성한 평면도를 말한다)와 신청인의 소유임을 증명하는 서면을 첨부하여야 하며, 신청서에 적은 사항 중 규약이나 규약에 상당하는 공정증서로써 정한 것이 있는 경우에는 그 규약이나 공정증서를 첨부하여야 한다. 〈개정 2014. 6. 3.〉

③ 이 법을 적용받지 아니하던 건물이 구분, 신축 등으로 인하여 이 법을 적용받게 된 경우에는 제1항과 제2항을 준용한다.

④ 제3항의 경우에 건물 소유자는 다른 건물의 소유자를 대위(代位)하여 제1항의 신청을 할 수 있다.

[전문개정 2010. 3. 31.]

**제57조(건축물대장의 변경등록신청)** ① 건축물대장에 등록한 사항이 변경된 경우에는 소유자는 1개월 이내에 변경등록신청을 하여야 한다.

② 1동의 건물을 표시할 사항과 공용부분의 표시에 관한 사항의 변경등록은 전유부분 소유자 중 1인 또는 여럿이 제1항의 기간까지 신청할 수 있다.

③ 제1항 및 제2항의 신청서에는 변경된 사항과 1동의 건물을 표시하기에 충분한 사

항을 적고 그 변경을 증명하는 서면을 첨부하여야 하며 건물의 소재지, 구조, 면적이 변경되거나 부속건물을 신축한 경우에는 건물도면 또는 각 층의 평면도도 첨부하여야 한다.

④ 구분점포는 제1조의2제1항제1호의 용도 외의 다른 용도로 변경할 수 없다.

[전문개정 2010. 3. 31.]

**제58조(신청의무의 승계)** 소유자가 변경된 경우에는 전 소유자가 하여야 할 제56조와 제57조제1항의 등록신청은 소유자가 변경된 날부터 1개월 이내에 새로운 소유자가 하여야 한다.

[전문개정 2010. 3. 31.]

**제59조(소관청의 직권조사)** ① 소관청은 제56조 또는 제57조의 신청을 받아 또는 직권으로 건축물대장에 등록할 때에는 소속 공무원에게 건물의 표시에 관한 사항을 조사하게 할 수 있다.

② 소관청은 구분점포에 관하여 제56조 또는 제57조의 신청을 받으면 신청 내용이 제1조의2제1항 각 호의 요건을 충족하는지와 건축물의 실제 현황과 일치하는지를 조사하여야 한다.

③ 제1항 및 제2항의 조사를 하는 경우 해당 공무원은 일출 후 일몰 전까지 그 건물에 출입할 수 있으며, 점유자나 그 밖의 이해관계인에게 질문하거나 문서의 제시를 요구할 수 있다. 이 경우 관계인에게 그 신분을 증명하는 증표를 보여주어야 한다.

[전문개정 2010. 3. 31.]

**제60조(조사 후 처리)** ① 제56조의 경우에 소관청은 관계 공무원의 조사 결과 그 신고 내용이 부당하다고 인정할 때에는 그 취지를 적어 정정할 것을 명하고, 그 신고 내용을 정정하여도 그 건물의 상황이 제1조 또는 제1조의2의 규정에 맞지 아니하다고 인정할 때에는 그 등록을 거부하고 그 건물 전체를 하나의 건물로 하여 일반건축물대장에 등록하여야 한다.

② 제1항의 경우에는 일반건축물대장에 등록한 날부터 7일 이내에 신고인에게 그 등록거부 사유를 서면으로 통지하여야 한다.

[전문개정 2010. 3. 31.]

제**61조** 삭제 〈2011. 4. 12.〉

제**62조** 삭제 〈2011. 4. 12.〉

제**63조** 삭제 〈2011. 4. 12.〉

제**64조** 삭제 〈2011. 4. 12.〉

## 제4장 벌칙 〈개정 2010. 3. 31.〉

제**65조(벌금)** ① 제1조의2제1항에서 정한 경계표지 또는 건물번호표지를 파손, 이동 또는 제거하거나 그 밖의 방법으로 경계를 알아볼 수 없게 한 사람은 3년 이하의 징역 또는 1천만원 이하의 벌금에 처한다.

② 건축사 또는 측량기술자가 제56조제2항에서 정한 평면도에 측량성과를 사실과 다르게 적었을 때에는 2년 이하의 징역 또는 500만원 이하의 벌금에 처한다.

[전문개정 2010. 3. 31.]

제**66조(과태료)** ① 다음 각 호의 어느 하나에 해당하는 자에게는 500만원 이하의 과태료를 부과한다.

    1. 제26조의2제1항 또는 제3항(제52조에서 준용하는 경우를 포함한다)에 따른 회계감사를 받지 아니하거나 부정한 방법으로 받은 자

    2. 제26조의2제6항(제52조에서 준용하는 경우를 포함한다)을 위반하여 회계감사를 방해하는 등 같은 항 각 호의 어느 하나에 해당하는 행위를 한 자

② 다음 각 호의 어느 하나에 해당하는 자에게는 300만원 이하의 과태료를 부과한다. 〈개정 2023. 3. 28.〉

    1. 제26조의2제4항(제52조에서 준용하는 경우를 포함한다)을 위반하여 회계감사 결과를 보고하지 아니하거나 거짓으로 보고한 자

    1의2. 제26조의5제1항(제52조에서 준용하는 경우를 포함한다)에 따른 보고 또는 자료 제출 명령을 위반한 자

    2. 제59조제1항에 따른 조사를 거부·방해 또는 기피한 자

    3. 제59조제3항에 따른 질문 및 문서 제시 요구에 응하지 아니하거나 거짓으로 응한 자

③ 다음 각 호의 어느 하나에 해당하는 자에게는 200만원 이하의 과태료를 부과한다.

〈개정 2023. 3. 28.〉

1. 제9조의3제3항을 위반하여 통지를 하지 아니한 자
2. 제9조의3제4항을 위반하여 관리단집회를 소집하지 아니한 자
3. 제24조제6항(제52조에서 준용하는 경우를 포함한다)에 따른 신고를 하지 아니한 자
4. 제26조제1항(제52조에서 준용하는 경우를 포함한다)을 위반하여 보고를 하지 아니하거나 거짓으로 보고한 자
   4의2. 제26조제2항(제52조에서 준용하는 경우를 포함한다)을 위반하여 장부 또는 증빙서류를 작성·보관하지 아니하거나 거짓으로 작성한 자
   4의3. 제26조제3항 각 호 외의 부분 후단(제52조에서 준용하는 경우를 포함한다)을 위반하여 정당한 사유 없이 제26조제1항에 따른 보고 자료 또는 같은 조 제2항에 따른 장부나 증빙서류에 대한 열람 청구 또는 등본의 교부 청구에 응하지 아니하거나 거짓으로 응한 자
5. 제30조제1항, 제39조제4항, 제41조제4항(이들 규정을 제52조에서 준용하는 경우를 포함한다)을 위반하여 규약, 의사록 또는 서면(전자적 방법으로 기록된 정보를 포함한다)을 보관하지 아니한 자
6. 제30조제3항, 제39조제4항, 제41조제4항(이들 규정을 제52조에서 준용하는 경우를 포함한다)을 위반하여 정당한 사유 없이 규약, 의사록 또는 서면(전자적 방법으로 기록된 정보를 포함한다)의 열람이나 등본의 발급청구를 거부한 자
7. 제39조제2항 및 제3항(이들 규정을 제52조에서 준용하는 경우를 포함한다)을 위반하여 의사록을 작성하지 아니하거나 의사록에 적어야 할 사항을 적지 아니하거나 거짓으로 적은 자
8. 제56조제1항, 제57조제1항, 제58조에 따른 등록신청을 게을리 한 자

④ 제1항부터 제3항까지의 규정에 따른 과태료는 대통령령으로 정하는 바에 따라 소관청(제2항제1호의2의 경우에는 시·도지사 또는 시장·군수·구청장을 말한다)이 부과·징수한다. 〈개정 2023. 3. 28.〉

[전문개정 2020. 2. 4.]

### 부칙 〈제19282호, 2023. 3. 28.〉

**제1조(시행일)** 이 법은 공포 후 6개월이 경과한 날부터 시행한다.

**제2조(관리인의 장부 작성 및 보관 등에 관한 적용례)** 제26조제2항 및 제3항(제2항에 관한 부분으로 한정한다)의 개정규정(제52조에서 준용하는 경우를 포함한다)은 이 법 시행일이 속하는 달의 다음 달의 회계부터 적용한다.

# 주택도시기금법

[시행 2024. 4. 17.] [법률 제20047호, 2024. 1. 16., 일부개정]

## 제1장 총칙

**제1조(목적)** 이 법은 주택도시기금을 설치하고 주택도시보증공사를 설립하여 주거복지 증진과 도시재생 활성화를 지원함으로써 국민의 삶의 질 향상에 이바지함을 목적으로 한다.

**제2조(정의)** ① 이 법에서 사용하는 용어의 뜻은 다음과 같다. 〈개정 2015. 8. 11., 2015. 8. 28., 2016. 1. 19.〉

1. "주택"이란 「주택법」 제2조제1호에 따른 주택을 말한다.
2. "준주택"이란 「주택법」 제2조제4호에 따른 준주택을 말한다.
3. "국민주택"이란 「주택법」 제2조제5호에 따른 국민주택 중 이 법에 따른 주택도시기금으로부터 자금을 지원받는 국민주택을 말한다.
4. "국민주택규모"란 「주택법」 제2조제6호에 따른 국민주택규모를 말한다.
5. "임대주택"이란 「민간임대주택에 관한 특별법」에 따른 민간임대주택 및 「공공주택 특별법」에 따른 공공임대주택을 말한다.
6. "도시재생"이란 「도시재생 활성화 및 지원에 관한 특별법」 제2조제1항제1호에 따른 도시재생을 말한다.
7. "금융기관"이란 「금융실명거래 및 비밀보장에 관한 법률」 제2조제1호에 따른 금융회사등을 말한다.
8. "유한책임대출"이란 채무자 변제 책임을 담보물로 한정하는 대출(채무자의 거짓이나 그 밖의 부정한 방법 등에 의한 대출은 제외한다)을 말한다.

② 이 법에서 따로 정의하지 아니한 용어는 「주택법」 및 「도시재생 활성화 및 지원에 관한 특별법」에서 정하는 바에 따른다.

## 제2장 주택도시기금

**제3조(기금의 설치)** 정부는 이 법의 목적을 달성하기 위한 자금을 확보·공급하기 위하여 주택도시기금(이하 "기금"이라 한다)을 설치한다.

**제4조(계정의 구분)** 기금은 주택계정 및 도시계정으로 구분하여 운용·관리한다.

**제5조(기금의 재원 등)** ① 주택계정은 다음 각 호의 재원으로 조성한다. 〈개정 2015. 6. 22., 2016. 1. 19.〉

1. 제7조에 따른 국민주택채권 발행으로 조성된 자금
2. 「주택법」 제56조제2항에 따른 입주자저축으로 조성된 자금
3. 「복권 및 복권기금법」 제23조에 따라 배분된 복권수익금
4. 일반회계로부터의 출연금 또는 예수금
5. 「공공자금관리기금법」에 따른 공공자금관리기금으로부터의 예수금
6. 「재건축초과이익 환수에 관한 법률」에 따른 재건축부담금 중 국가 귀속분
7. 제6조에 따른 예수금
8. 주택건설사업 또는 대지조성사업을 위하여 외국으로부터 차입하는 자금
9. 주택계정의 회수금·이자수입금과 주택계정의 운용으로 생기는 수익
10. 주택계정에서 출자한 기관의 배당수익
11. 주택계정 대출자산의 매각자금
12. 주택계정 자산의 유동화로 조성한 자금
13. 국민주택사업의 시행에 따른 부대수익
14. 그 밖에 대통령령으로 정하는 수입금

② 도시계정은 다음 각 호의 재원으로 조성한다. 〈개정 2018. 3. 20., 2023. 6. 9.〉

1. 일반회계로부터의 출연금 또는 예수금
2. 「지방자치분권 및 지역균형발전에 관한 특별법」에 따른 지역균형발전특별회계로부터의 출연금 또는 예수금
3. 「공공자금관리기금법」에 따른 공공자금관리기금으로부터의 예수금
4. 제6조에 따른 예수금
5. 도시계정의 회수금·이자수입금과 도시계정의 운용으로 생기는 수익

6. 도시계정에서 출자한 기관의 배당수익

7. 도시계정 대출자산의 매각자금

8. 도시계정 자산의 유동화로 조성한 자금

9. 주택계정으로부터의 전입금 또는 차입금

10. 그 밖에 대통령령으로 정하는 수입금

③ 국토교통부장관은 기금을 운용하기 위하여 필요한 경우에는 기금의 부담으로 한국은행 또는 금융기관 등으로부터 자금을 차입할 수 있다.

④ 제1항제11호 및 제2항제7호의 대출자산의 매각 방법·절차 등에 필요한 사항은 대통령령으로 정한다.

⑤ 국토교통부장관은 제1항제12호 및 제2항제8호에 따라 기금의 자산에 대하여 「자산유동화에 관한 법률」에 따른 자산유동화를 할 수 있다.

**제6조(자금의 기금 예탁)** ① 다음 각 호의 기금 또는 자금의 관리자나 저축자는 그 기금 또는 자금의 전부 또는 일부를 기금에 예탁할 수 있다.

1. 「국민연금법」에 따라 조성된 기금

2. 그 밖에 대통령령으로 정하는 기금 또는 자금

② 「한국토지주택공사법」에 따른 한국토지주택공사(이하 "한국토지주택공사"라 한다)는 기금에 필요하다고 인정할 때에는 「한국토지주택공사법」에도 불구하고 기금에 자금을 예탁할 수 있다.

③ 제1항에 따라 기금 또는 자금을 기금에 예탁하는 범위·방법·조건 등에 필요한 사항은 대통령령으로 정한다.

**제7조(국민주택채권의 발행 등)** ① 정부는 국민주택사업에 필요한 자금을 조달하기 위하여 기금의 부담으로 국민주택채권을 발행할 수 있다.

② 제1항의 국민주택채권은 국토교통부장관의 요청에 따라 기획재정부장관이 발행한다.

③ 국민주택채권에 관하여 이 법에서 규정한 것을 제외하고는 「국채법」을 적용한다. 〈개정 2020. 6. 9.〉

④ 국민주택채권의 종류·이율, 발행의 방법·절차 및 상환과 발행사무 취급 등에 필요한 사항은 대통령령으로 정한다.

**제8조(국민주택채권의 매입)** ① 다음 각 호의 어느 하나에 해당하는 자 중 대통령령으로 정하는 자는 국민주택채권을 매입하여야 한다.

1. 국가 또는 지방자치단체로부터 면허·허가·인가를 받는 자
2. 국가 또는 지방자치단체에 등기·등록을 신청하는 자
3. 국가·지방자치단체 또는 「공공기관의 운영에 관한 법률」에 따른 공공기관 중 대통령령으로 정하는 공공기관과 건설공사의 도급계약을 체결하는 자
4. 「주택법」에 따라 건설·공급하는 주택을 공급받는 자

② 제1항에 따라 국민주택채권을 매입하는 자의 매입 금액 및 절차 등에 필요한 사항은 대통령령으로 정한다.

**제9조(기금의 용도)** ① 기금의 주택계정은 다음 각 호의 용도에 사용한다. 〈개정 2016. 1. 19., 2018. 3. 13., 2021. 7. 20.〉

1. 다음 각 목에 대한 출자 또는 융자
    가. 국민주택의 건설
    나. 국민주택규모 이하의 주택의 구입·임차 또는 개량
    다. 준주택의 건설
    라. 준주택의 구입·임차 또는 개량
    마. 국민주택규모 이하인 주택의 리모델링
    바. 국민주택을 건설하기 위한 대지조성사업
    사. 「주택법」 제51조에 따른 공업화주택(대통령령으로 정하는 규모 이하의 주택으로 한정한다)의 건설
    아. 주택 건축공정이 국토교통부령으로 정하는 기준에 도달한 이후 입주자를 모집하는 국민주택규모 이하인 주택의 건설
    자. 「주택법」 제64조제2항에 따라 한국토지주택공사가 분양가상한제 적용주택을 우선 매입한 비용
    차. 「경제자유구역의 지정 및 운영에 관한 특별법」 제4조에 따라 지정된 경제자유구역의 활성화를 위한 임대주택의 건설 및 이와 관련된 기반시설 등의 설치에 필요한 자금
2. 다음 각 목의 기관, 기금, 특별회계에 대한 출자·출연 또는 융자
    가. 제16조에 따른 주택도시보증공사(이하 "공사"라 한다)

　　　나. 한국토지주택공사

　　　다. 「한국주택금융공사법」에 따른 한국주택금융공사

　　　라. 「한국주택금융공사법」 제56조제3항에 따른 주택금융신용보증기금

　　　마. 삭제 〈2017. 8. 9.〉

　　　바. 「자산유동화에 관한 법률」 제3조제1항에 따른 유동화전문회사등

　　　사. 「주택법」 제84조에 따른 국민주택사업특별회계

　　3. 임대주택 및 「공공주택 특별법」 제2조제1호나목의 공공분양주택의 공급을 촉진하기 위한 다음 각 목의 어느 하나에 해당하는 증권의 매입

　　　가. 「부동산투자회사법」 제2조제1호에 따른 부동산투자회사가 발행하는 증권

　　　나. 「자본시장과 금융투자업에 관한 법률」 제229조제2호에 따른 부동산집합투자기구가 발행하는 집합투자증권

　　　다. 「법인세법」 제51조의2제1항제9호 각 목의 요건을 갖춘 법인이 발행하는 증권

　　　라. 그 밖에 임대주택의 공급과 관련된 증권으로서 대통령령으로 정하는 증권

　　4. 다음 각 목에 대한 원리금 상환

　　　가. 제5조 및 제6조에 따른 예수금, 예탁금, 차입금

　　　나. 제7조에 따른 국민주택채권

　　5. 도시계정으로의 전출 또는 융자

　　6. 기금의 조성·운용 및 관리를 위한 경비

　　7. 주택도시분야 전문가 양성을 위한 국내외 교육훈련 및 관련 제도 개선을 위한 연구·조사

　　8. 정부시책으로 추진하는 주택사업

　　9. 그 밖에 주택계정의 설치목적을 달성하기 위하여 대통령령으로 정하는 사업

② 기금의 도시계정은 다음 각 호의 용도에 사용한다. 〈개정 2017. 2. 8., 2018. 3. 13., 2019. 4. 23., 2019. 8. 20.〉

　　1. 다음 각 목에 대한 융자

　　　가. 「도시 및 주거환경정비법」 제2조제2호가목부터 다목까지의 사업, 「빈집 및 소규모주택 정비에 관한 특례법」 제2조제1항제2호 및 제3호의 사업

　　　나. 「도시재정비 촉진을 위한 특별법」 제2조제7호에 따른 기반시설 중 같은 법 제29조제2항에서 정하는 기반시설의 설치에 드는 비용

　　2. 다음 각 목의 사업 중 대통령령으로 정하는 요건을 충족하는 사업에 필요한

비용의 출자·투자 또는 융자

　　가. 「도시재생 활성화 및 지원에 관한 특별법」 제2조제1항제7호에 따른 도시
　　　재생사업의 시행에 필요한 비용

　　나. 「도시재생 활성화 및 지원에 관한 특별법」 제2조제1항제5호에 따른 도시
　　　재생활성화지역 내에서 해당 지방자치단체의 장이 도시재생을 위하여 필
　　　요하다고 인정하는 건축물의 건축에 필요한 비용(토지의 매입에 필요한 비
　　　용을 포함한다)

　　다. 「산업입지 및 개발에 관한 법률」 제2조제11호에 따른 산업단지 재생사업
　　　의 시행에 필요한 비용

2의2. 제1호가목 및 제2호가목의 사업으로 조성된 부동산을 매입하여 도시재생 활
　　성화 목적으로 운영하는 위탁관리 부동산투자회사(「부동산투자회사법」 제2
　　조제1호나목에 따른 위탁관리 부동산투자회사를 말한다)에 대한 출자·융자

3. 다음 각 목의 기금, 특별회계에 대한 융자

　　가. 「도시 및 주거환경정비법」 제126조에 따른 도시·주거환경정비기금

　　나. 「도시재정비 촉진을 위한 특별법」 제24조에 따른 재정비촉진특별회계

　　다. 「도시재생 활성화 및 지원에 관한 특별법」 제28조에 따른 도시재생특별회계

3의2. 「도시재생 활성화 및 지원에 관한 특별법」 제2조제1항제5호에 따른 도시재
　　생활성화지역에서 창업지원, 지역상권 활성화 등 도시재생 관련 투자를 하는
　　것을 목적으로 하는 투자조합에 대한 출자

3의3. 제2호 각 목의 사업을 추진하기 위하여 설립된 부동산투자회사(「부동산투자
　　회사법」 제2조제1호에 따른 부동산투자회사를 말한다) 및 제2호의2에 따라
　　설립된 부동산투자회사가 발행하는 증권의 매입

4. 제5조 및 제6조에 따른 예수금, 예탁금, 차입금의 원리금 상환

5. 기금의 조성·운용 및 관리를 위한 경비

6. 그 밖에 도시계정의 설치목적을 달성하기 위하여 대통령령으로 정하는 사업

③ 제1항 및 제2항에서 출자·투자할 수 있는 총액의 한도는 대통령령으로 정한다.

④ 국토교통부장관은 기금에 여유자금이 있을 때에는 대통령령으로 정하는 방법으로
운용할 수 있다.

⑤ 국토교통부장관은 다음 각 호의 어느 하나에 해당할 때에는 대통령령으로 정하는
방법에 따라 기금을 유한책임대출로 운용할 수 있다. 〈신설 2015. 8. 11.〉

1. 제1항제1호나목에 따른 국민주택규모 이하의 주택의 구입

2. 제1항제1호라목에 따른 준주택의 구입

⑥ 국토교통부장관은 사업주체 또는 시공자가 영업정지를 받거나 「건설기술 진흥법」 제53조에 따른 벌점이 국토교통부령으로 정한 기준에 해당하는 경우 국토교통부령으로 정하는 바에 따라 제1항 및 제2항의 출자 또는 융자를 제한할 수 있다. 〈신설 2018. 3. 13.〉

**제10조(기금의 운용·관리 등)** ① 기금은 국토교통부장관이 운용·관리한다.

② 국토교통부장관은 기금의 운용·관리에 관한 사무의 전부 또는 일부를 공사에 위탁할 수 있다.

③ 공사는 제2항에 따라 위탁받은 사무의 일부를 국토교통부장관의 승인을 받아 금융기관 등에 재위탁할 수 있다. 다만, 국토교통부장관은 필요하다고 인정하는 경우 금융기관 등에 직접 위탁할 수 있다.

④ 공사는 대통령령으로 정하는 바에 따라 기금의 조성 및 운용 상황을 국토교통부장관에게 보고하여야 한다.

⑤ 공사 및 기금재수탁자 등(제3항에 따라 기금 사무의 일부를 재위탁 또는 위탁받은 금융기관 등을 말한다. 이하 같다)은 선량한 관리자의 주의로 위탁받은 사무를 처리하여야 한다.

⑥ 국토교통부장관은 기금의 운용에 관한 계획을 수립하려는 경우에는 미리 기획재정부장관과 협의하여야 한다.

**제11조(기금 운용·관리업무의 전자화)** ① 국토교통부장관은 제10조에 따른 기금의 운용·관리 업무를 효율적으로 처리하기 위한 전자시스템을 구축·운영할 수 있다.

② 국토교통부장관, 제10조제2항 및 제3항에 따라 기금 운용·관리에 관한 사무를 위탁받은 공사 및 기금재수탁자 등은 제1항에 따른 전자시스템을 「사회복지사업법」 제6조의2에 따른 정보시스템과 전자적으로 연계하여 활용할 수 있다.

**제12조(기금의 회계연도 등)** 기금의 회계연도·운용계획 및 결산 등에 관하여 이 법에서 규정한 것을 제외하고는 「국가재정법」을 적용한다. 〈개정 2020. 6. 9.〉

**제13조(기금의 회계기관)** ① 국토교통부장관은 기금의 수입과 지출에 관한 사무를 수행하게 하기 위하여 소속 공무원 중에서 기금수입징수관, 기금재무관, 기금지출관 및 기금출납공무원을 임명하여야 한다.

② 공사 및 기금재수탁자 등은 제10조제2항 및 제3항에 따라 기금의 운용·관리에 관한 사무를 위탁받은 경우에는 공사 및 기금재수탁자 등의 임직원 중에서 다음 각 호에 해당하는 자를 임명한 후 이를 국토교통부장관에게 보고하여야 한다. 이 경우 그 임명된 자는 각각 다음 각 호의 구분에 따른 직무를 수행한다.

　　1. 기금수입 담당임직원: 기금수입징수관의 직무

　　2. 기금지출원인행위 담당임직원: 기금재무관의 직무

　　3. 기금지출직원: 기금지출관의 직무

　　4. 기금출납직원: 기금출납공무원의 직무

③ 국토교통부장관, 공사 및 기금재수탁자 등은 제1항 또는 제2항에 따라 기금수입징수관·기금재무관·기금지출관 및 기금출납공무원, 기금수입 담당임직원·기금지출원인행위 담당임직원, 기금지출직원 및 기금출납직원을 임명한 경우에는 감사원·기획재정부 및 한국은행에 통지하여야 한다.

**제14조(이익금과 손실금의 처리)** ① 국토교통부장관은 매 사업연도에 기금의 결산에서 이익이 생긴 경우에는 이익금 전액을 기금에 적립하여야 한다.

② 국토교통부장관은 매 사업연도에 기금의 결산에서 손실금이 생긴 경우에는 제1항의 적립금으로 보전하되, 보전한 후에도 남는 손실액이 있는 경우에는 정부가 일반회계에서 이를 보전할 수 있다.

**제15조(기금 대출채권의 상각)** ① 공사 및 기금재수탁자 등은 채무자의 무자력 등으로 인하여 기금의 대출금을 회수할 수 없는 경우에는 국토교통부령으로 정하는 바에 따라 대출채권을 상각할 수 있다. 다만, 유한책임대출의 경우에는 채무자의 자력이 있더라도 미회수 대출채권을 상각할 수 있다. 〈개정 2015. 8. 11.〉

② 공사 및 기금재수탁자 등은 제1항에 따라 상각처리된 채권의 보전이나 추심을 위한 관리업무를 수행하다가 국토교통부령으로 정하는 기간이 끝났을 때에는 그 관리업무를 정지하고 그 내용을 국토교통부장관에게 보고하여야 한다.

# 제3장 주택도시보증공사

**제16조(설립)** 이 법의 목적을 달성하기 위한 각종 보증업무 및 정책사업 수행과 기금의 효율적 운용·관리를 위하여 주택도시보증공사를 설립한다.

**제17조(법인격)** 공사는 법인으로 한다.

**제18조(사무소)** ① 공사의 주된 사무소의 소재지는 정관으로 정한다.
② 공사는 그 업무수행을 위하여 필요한 경우에는 정관으로 정하는 바에 따라 지사 또는 출장소를 둘 수 있다.

**제19조(자본금 등)** ① 공사의 자본금은 10조원으로 하고, 그 2분의 1 이상을 정부가 출자한다. 〈개정 2024. 1. 16.〉
② 공사에 대하여 국가가 출자한 주식의 주주권은 국토교통부장관이 행사한다.
③ 제1항에 따라 공사가 발행할 주식의 종류, 1주의 금액, 그 밖에 필요한 사항은 정관으로 정한다.
④ 공사가 주식을 소각하거나 병합하여 자본감소를 결의하는 경우 「상법」 제439조 제2항에도 불구하고 채권자에게 10일 이상의 기간을 정하여 이의를 제출할 것을 2개 이상의 일간신문(「신문 등의 진흥에 관한 법률」 제2조제1호가목에 따른 일반 일간신문을 말한다)에 공고할 수 있다. 이 경우 개별채권자에 대한 최고(催告)는 생략할 수 있다.

**제20조(설립등기 및 정관)** ① 공사는 정관으로 정하는 바에 따라 주된 사무소의 소재지에서 설립등기를 함으로써 성립한다.
② 공사는 정관을 제정하거나 변경하려는 경우에는 국토교통부장관의 인가를 받아야 한다.

**제21조(유사명칭의 사용금지)** 이 법에 따른 공사가 아닌 자는 주택도시보증공사 또는 이와 유사한 명칭을 사용하지 못한다.

**제22조(임원 및 직원)** ① 공사에 임원으로서 사장 1명, 상임이사 5명 이내 및 비상임이사 8명 이내를 둔다. 〈개정 2019. 4. 23.〉

② 임원에 결원이 있을 때에는 새로 임원을 임명하되, 그 임기는 임명된 날부터 계산한다.

③ 공사의 직원은 사장이 임면한다.


**제23조(이사회)** ① 공사의 업무에 관한 중요 사항을 심의·의결하기 위하여 공사에 이사회를 둔다.

② 이사회는 사장 및 이사로 구성한다.

③ 이사회는 이사회 의장이나 재적이사 3분의 1 이상의 요구로 소집하고, 이사회 의장이 그 회의를 주재한다.

④ 이사회는 재적이사 과반수의 찬성으로 의결한다.

⑤ 삭제 〈2019. 4. 23.〉


**제24조(대리인의 선임)** 공사의 사장은 정관으로 정하는 바에 따라 공사의 직원 중에서 공사의 업무에 관한 재판상 또는 재판 외의 모든 행위를 할 수 있는 권한을 가지는 대리인을 선임할 수 있다.


**제25조(비밀누설금지)** 공사의 임직원 및 그 직에 있었던 자는 직무상 알게 된 비밀을 누설하여서는 아니 된다.


**제26조(업무)** ① 공사는 그 목적을 달성하기 위하여 다음 각 호의 업무를 수행한다. 〈개정 2017. 8. 9., 2024. 1. 16.〉

1. 제10조제2항에 따른 기금의 운용·관리에 관한 사무

2. 분양보증, 임대보증금보증, 하자보수보증, 전세보증금반환보증, 그 밖에 대통령령으로 정하는 보증업무

3. 제2호에 따른 보증을 이행하기 위한 주택의 건설 및 하자보수 등에 관한 업무와 구상권 행사를 위한 업무

4. 「자산유동화에 관한 법률」 제3조제1항에 따른 유동화전문회사등이 발행한 유동화증권에 대한 보증업무

5. 제4호에 따른 유동화전문회사등으로부터 「자산유동화에 관한 법률」 제10조제1항에 따라 위탁받은 유동화자산의 관리에 관한 업무

6. 부동산의 취득·관리·개량 및 처분의 수탁

7. 국가·지방자치단체·공공단체 등이 위탁하는 업무

8. 제1호부터 제7호까지의 업무와 관련된 조사 및 연구

9. 그 밖에 대통령령으로 정하는 업무

② 공사는 제1항제1호 및 제2호에 따른 업무의 수행을 위하여 부동산(건축 중인 건물을 포함한다)에 관한 권리를 신탁받을 수 있다. 이 경우 공사의 신탁의 인수에 관하여는 「자본시장과 금융투자업에 관한 법률」을 적용하지 아니한다.

③ 공사는 제1항제2호에 따른 전세보증금반환보증 업무 수행 시 해당 전세보증금반환 채권에 대하여 질권 등 금융기관의 담보권이 설정되어 있는 경우에는 해당 금융기관과 공사 간 업무협약을 통하여 보증을 제공한다. 다만, 해당 주택의 담보인정비율 등 정관으로 정하는 보증 가입이 제한되는 사유에 해당하는 경우에는 그러하지 아니하다. 〈신설 2024. 1. 16.〉

④ 제1항에 따른 업무를 수행하기 위하여 필요한 사항은 대통령령으로 정한다. 〈개정 2024. 1. 16.〉

⑤ 공사는 이사회의 의결을 거쳐 제1항 각 호에 해당하는 업무 또는 이와 유사한 업무를 행하는 법인에 대하여 출자 또는 출연할 수 있다. 〈개정 2024. 1. 16.〉


**제27조(보증의 한도)** 공사가 행할 수 있는 보증의 총액한도는 자기자본의 90배를 초과하지 아니하는 범위에서 대통령령으로 정한다. 〈개정 2021. 7. 20., 2023. 6. 1., 2024. 1. 16.〉

[법률 제20047호(2024. 1. 16.) 제27조의 개정규정은 같은 법 부칙 제2조의 규정에 의하여 2027년 3월 31일까지 유효함]


**제28조(회계처리의 구분)** 공사는 공사의 회계와 기금의 회계를 구분하여 회계처리하여야 한다.


**제28조의2(여유자금의 운용)** 공사의 여유자금은 다음 각 호의 방법으로 운용한다. 다만, 제3호 및 제4호의 경우에는 국토교통부장관의 승인을 받아야 한다.

1. 금융기관에의 예치

2. 국채·지방채의 매입과 정부·지방자치단체 또는 금융기관이 지급을 보증한 채권

의 매입

3. 주식(출자증권을 포함한다)·사채 및 그 밖의 유가증권의 인수·매입

4. 그 밖에 이 법의 목적을 달성하기 위하여 필요한 방법

[본조신설 2018. 9. 18.]

**제29조(손익금의 처리)** ① 공사는 매 회계연도의 결산 결과 이익이 생긴 때에는 다음 각 호의 순서에 따라 처리하여야 한다.

1. 이월손실금의 보전

2. 자본금과 같은 금액에 달할 때까지 이익금의 10분의 2 이상을 이익준비금으로 적립

3. 자본금의 2분의 1이 될 때까지 이익금의 10분의 2 이상을 보증이행준비금으로 적립

4. 이익의 배당

② 제1항제2호 및 제3호의 적립금은 결손 보전에 충당하거나 자본금에 전입하는 경우 외에는 사용하지 못한다.

③ 공사의 결산에서 손실이 생긴 때에는 제1항제3호에 따른 보증이행준비금으로 보전하고, 그 적립금으로 보전하고도 부족한 때에는 같은 항 제2호에 따른 이익준비금으로 보전하며, 그 적립금으로 보전하고도 부족한 때에는 정부가 보전할 수 있다. 〈신설 2018. 9. 18.〉

[제목개정 2018. 9. 18.]

**제30조(다른 법률과의 관계)** 공사에 관하여 이 법과 「공공기관의 운영에 관한 법률」에 규정된 것 외에는 「상법」 중 주식회사에 관한 규정을 준용한다. 다만, 「상법」 제292조는 준용하지 아니한다.

## 제4장 보칙

**제31조(감독)** 국토교통부장관은 공사의 업무를 감독하며 그 감독상 필요한 명령을 할 수 있다.

**제32조(보고 · 검사 등)** ① 국토교통부장관은 필요하다고 인정할 때에는 공사에 대하여 그 업무 · 회계 및 재산에 관한 사항 등을 보고하게 하거나 소속 공무원으로 하여금 공사의 업무상황이나 장부 · 서류 · 시설 또는 그 밖에 필요한 물건을 검사하게 할 수 있다.

② 제1항에도 불구하고 공사의 경영건전성을 유지하기 위하여 필요한 검사는 대통령령으로 정하는 바에 따라 금융위원회가 할 수 있다. 이 경우 금융위원회는 검사 결과를 지체 없이 국토교통부장관에게 통보하여야 한다.

③ 금융위원회는 제2항에 따른 검사 결과 공사의 위법 또는 부당한 행위가 있을 때에는 국토교통부장관에게 그 시정을 요구할 수 있다.

④ 국토교통부장관은 기금을 효율적으로 운용 · 관리하고 기금의 건전성을 유지하기 위하여 필요한 경우 기금재수탁자 등에 대하여 소속 공무원으로 하여금 실지조사 또는 대출채권 등에 관한 자료를 제출하게 하거나 그 밖의 감독상 필요한 지시를 할 수 있다.

**제33조(자료제공의 요청 등)** ① 국토교통부장관 및 기금재수탁자 등은 기금의 운용 및 관리를 위하여 국토교통부장관이 필요하다고 인정하는 경우에는 대법원 등 국가기관, 지방자치단체, 금융기관, 「국민연금법」에 따른 국민연금공단, 「국민건강보험법」에 따른 국민건강보험공단, 그 밖의 공공단체에 대하여 다음 각 호의 자료 및 정보의 제공을 요청할 수 있다. 이 경우 그 제공 기관과 자료 및 정보의 구체적인 범위는 대통령령으로 정한다. 〈개정 2019. 4. 23.〉

  1. 「가족관계의 등록 등에 관한 법률」에 따른 가족관계 등록사항, 「주민등록법」에 따른 주민등록전산정보자료, 「출입국관리법」에 따른 외국인등록사항
  2. 국세 및 지방세에 관한 자료
  3. 국민연금 · 공무원연금 · 군인연금 · 사립학교교직원연금 · 별정우체국연금 · 건강보험 · 고용보험 · 산업재해보상보험 · 보훈급여 등 각종 연금 · 보험 · 급여에 관한 자료
  4. 「부동산등기법」에 따른 등기부, 「건축법」에 따른 건축물대장, 「공간정보의 구축 및 관리 등에 관한 법률」에 따른 토지대장, 「자동차관리법」에 따른 자동차등록원부 등 부동산 및 자동차에 관한 자료
  5. 그 밖에 기금의 운용 및 관리를 위하여 필요한 자료 및 정보

② 공사는 제26조에 따른 업무를 수행하기 위하여 필요하다고 인정하는 경우에는

제1항을 준용하여 관계 기관에 자료 및 정보의 제공을 요청할 수 있다.

③ 공사는 납세자의 인적 사항 및 사용 목적을 적은 문서로 관할 세무관서의 장 또는 지방자치단체의 장에게 과세정보 제공을 요청할 수 있다. 이 경우 과세정보 제공 요청은 제26조제1항제3호에 따른 구상권의 행사를 위하여 필요한 최소한의 범위에서 하여야 하며, 다른 목적을 위하여 남용하여서는 아니 된다.

④ 제1항부터 제3항까지에 따른 요청을 받은 자는 특별한 사유가 없으면 그 요청에 따라야 한다.

⑤ 제1항부터 제3항까지의 규정에 따라 자료를 제공받은 자(제34조의4에 따라 업무를 위탁받은 자를 포함한다)는 제공받은 자료를 제공받은 목적에 필요한 범위 외의 용도로 사용하거나 다른 사람 또는 기관에 제공하거나 누설해서는 아니 된다. 〈신설 2019. 4. 23.〉

⑥ 제1항부터 제3항까지의 규정에 따라 국토교통부장관, 공사, 기금재수탁자 등 또는 제34조의4에 따라 업무를 위탁받은 보건복지부장관에게 제공되는 자료 또는 정보에 대하여는 사용료와 수수료 등을 면제한다. 〈신설 2019. 4. 23.〉

[제목개정 2019. 4. 23.]

**제34조(금융정보 등의 제공 요청에 필요한 동의서의 제출)** ① 국토교통부장관은 필요하다고 인정하는 경우 기금과 관련한 대출을 신청하는 자에게 그 대출 신청자 본인 및 배우자와 관련된 다음 각 호의 자료 또는 정보를 금융기관 및 「신용정보의 이용 및 보호에 관한 법률」 제25조에 따른 신용정보집중기관(이하 "신용정보집중기관" 이라 한다)으로부터 제공받는 데에 필요한 동의서면(이하 "동의서면" 이라 한다)을 제출하도록 요청할 수 있다.

1. 「금융실명거래 및 비밀보장에 관한 법률」 제2조제2호·제3호에 따른 금융자산 및 금융거래의 내용에 대한 자료 또는 정보 중 예금·적금·저축의 잔액 또는 불입금·지급금과 유가증권 등 금융자산에 대한 증권·증서의 가액(이하 "금융정보" 라 한다)

2. 「신용정보의 이용 및 보호에 관한 법률」 제2조제1호에 따른 신용정보 중 채무액과 연체정보(이하 "신용정보" 라 한다)

3. 「보험업법」 제4조제1항 각 호에 따른 보험에 가입하여 납부한 보험료와 그 밖에 대통령령으로 정하는 보험 관련 자료 또는 정보(이하 "보험정보" 라 한다)

② 국토교통부장관이 제1항에 따라 동의서면의 제출을 요청하는 경우 기금과 관련한

대출을 신청하는 자 및 그 배우자는 동의서면을 제출하여야 한다.

③ 공사는 제26조에 따른 업무를 수행하기 위하여 필요하다고 인정하는 경우에는 제1항 및 제2항을 준용하여 보증을 신청하는 자에게 동의서면을 제출하도록 요청할 수 있고, 보증을 신청하는 자는 동의서면을 제출하여야 한다. 〈신설 2024. 1. 16.〉

④ 제1항 또는 제3항에 따른 동의 방법·절차 등에 관한 사항과 구체적인 자료 또는 정보의 내용은 대통령령으로 정한다. 〈개정 2024. 1. 16.〉

[전문개정 2019. 4. 23.]

**제34조의2(금융정보등의 제공)** ① 국토교통부장관은 「금융실명거래 및 비밀보장에 관한 법률」 제4조제1항과 「신용정보의 이용 및 보호에 관한 법률」 제32조제1항에도 불구하고 기금과 관련한 대출을 신청하는 자 및 그 배우자가 제34조제2항에 따라 제출한 동의서면을 전자적 형태로 바꾼 문서에 의하여 금융기관 및 신용정보집중기관의 장에게 금융정보·신용정보 또는 보험정보(이하 "금융정보등"이라 한다)의 제공을 요청할 수 있다.

② 공사는 「금융실명거래 및 비밀보장에 관한 법률」 제4조제1항과 「신용정보의 이용 및 보호에 관한 법률」 제32조제1항에도 불구하고 제26조에 따른 업무를 수행하기 위하여 필요하다고 인정하는 경우에 보증을 신청하는 자가 제34조제3항에 따라 제출한 동의서면을 전자적 형태로 바꾼 문서에 의하여 금융기관 및 신용정보집중기관의 장에게 금융정보등의 제공을 요청할 수 있다. 〈신설 2024. 1. 16.〉

③ 제1항 및 제2항에 따라 금융정보등의 제공을 요청받은 금융기관 및 신용정보집중기관의 장은 「금융실명거래 및 비밀보장에 관한 법률」 제4조제1항과 「신용정보의 이용 및 보호에 관한 법률」 제32조제1항 및 제3항에도 불구하고 명의인의 금융정보등을 제공하여야 한다. 〈개정 2024. 1. 16.〉

④ 제3항에 따라 금융정보등을 제공한 금융기관 및 신용정보집중기관의 장은 금융정보등의 제공사실을 명의인에게 통보하여야 한다. 다만, 명의인의 동의가 있는 경우에는 「금융실명거래 및 비밀보장에 관한 법률」 제4조의2제1항과 「신용정보의 이용 및 보호에 관한 법률」 제35조에도 불구하고 통보하지 아니할 수 있다. 〈개정 2024. 1. 16.〉

⑤ 제1항부터 제3항까지에 따른 금융정보등의 제공 요청과 제공은 「정보통신망 이용촉진 및 정보보호 등에 관한 법률」 제2조제1항제1호에 따른 정보통신망을 이용하여야 한다. 다만, 정보통신망의 손상 등 불가피한 사유가 있는 경우에는 그러하지

아니하다. 〈개정 2024. 1. 16.〉

⑥ 제1항부터 제3항까지에 따른 업무에 종사하거나 종사하였던 자는 업무를 수행하면서 취득한 금융정보등을 이 법에서 정한 목적 외의 용도로 사용하거나 다른 사람 또는 기관에 제공하거나 누설해서는 아니 된다. 〈개정 2024. 1. 16.〉

⑦ 제1항부터 제3항까지와 제5항에 따른 금융정보등의 제공 요청과 제공 등에 필요한 사항은 대통령령으로 정한다. 〈개정 2024. 1. 16.〉

[본조신설 2019. 4. 23.]

**제34조의3(자료 및 정보의 수집 등)** 국토교통부장관, 공사, 기금재수탁자 등과 제34조의4에 따라 업무를 위탁받은 보건복지부장관은 제33조제1항부터 제3항까지 및 제34조의2에 따라 제공받은 자료 또는 정보를 제공받은 목적의 범위 내에서 수집·관리·보유 또는 활용할 수 있다.

[본조신설 2019. 4. 23.]

**제34조의4(권한의 위탁)** 국토교통부장관은 다음 각 호의 업무를 보건복지부장관에게 위탁할 수 있다.

1. 제33조에 따른 자료의 제공 요청 등에 관한 업무
2. 제34조의2에 따른 금융정보등의 제공 요청에 관한 업무

[본조신설 2019. 4. 23.]

**제34조의5(상습 채무불이행자의 성명 등 공개)** ① 국토교통부장관 또는 공사는 다음 각 호의 요건에 모두 해당하는 경우 해당 임대인(이하 "상습 채무불이행자"라 한다)에 대하여 그 성명(임대인이 법인 또는 단체인 경우에는 그 명칭 및 대표자의 성명을 말한다), 나이, 주소, 임차보증금반환채무에 관한 사항 및 공사가 보증채무를 이행함으로써 임대인이 부담하는 구상채무에 관한 사항을 국토교통부 또는 공사의 인터넷 홈페이지 등 「정보통신망 이용촉진 및 정보보호 등에 관한 법률」 제2조제1항제1호에 따른 정보통신망을 이용하여 공개할 수 있다. 다만, 임대인이 사망한 경우, 구상채무와 관련하여 민사소송이 계류 중인 경우 등 대통령령으로 정하는 사유가 있는 경우에는 그러하지 아니하다.

1. 주택임대차계약의 임대인이 임차인에게 임차보증금을 변제하지 아니하여 제26

조에 따라 공사가 임대보증금보증 등 대통령령으로 정하는 보증채무를 이행함으로써 구상채무가 발생하였을 것

2. 주택임대차계약의 임대인이 제1호의 구상채무가 발생한 날 이전 3년 이내에 해당 구상채무의 발생 원인이 된 임차보증금반환채무와는 별개의 임차보증금반환채무를 정당한 사유 없이 이행하지 아니한 사실이 있을 것

3. 해당 임대인에 대한 공사의 구상채권액을 합산한 금액이 2억원 이상일 것

4. 공사가 구상채권에 기초하여 「민사집행법」에 따른 강제집행 또는 보전처분을 신청하고 그 효력이 발생하였을 것

② 제1항에 따른 임차보증금반환채무 및 구상채무에 관한 사항은 다음 각 호와 같다.

1. 임차보증금반환채무의 금액

2. 임차보증금반환채무의 이행기 및 채무불이행기간

3. 공사의 보증채무 이행일

4. 구상채무의 금액

5. 공사가 「민사집행법」에 따른 강제집행 또는 보전처분을 신청한 횟수

③ 국토교통부장관 또는 공사는 제1항에 따라 상습 채무불이행자의 성명 등을 공개하려는 경우 해당 공개대상자에게 대통령령으로 정하는 바에 따라 그 사실을 통보하고 소명할 기회를 주어야 한다.

④ 제1항에 따른 상습 채무불이행자의 성명 등의 공개 여부를 심의하기 위하여 국토교통부 또는 공사에 임대인정보공개심의위원회(이하 이 조에서 "정보공개심의위원회"라 한다)를 둔다. 이 경우 정보공개심의위원회의 구성·운영 등에 필요한 사항은 대통령령으로 정한다.

⑤ 제1항부터 제3항까지에 따른 상습 채무불이행자의 성명 등의 공개 방법 및 공개 절차 등에 필요한 사항은 대통령령으로 정한다.

[본조신설 2023. 3. 28.]

## 제5장 벌칙

**제35조(벌칙)** ① 제33조제5항 및 제34조의2제6항을 위반하여 자료 또는 정보를 사용·제공·누설한 자는 5년 이하의 징역 또는 5천만원 이하의 벌금에 처한다. 〈개정 2017. 11. 28., 2019. 4. 23., 2024. 1. 16.〉

② 제25조를 위반하여 비밀을 누설한 자는 2년 이하의 징역 또는 2천만원 이하의 벌금에 처한다. 〈개정 2017. 11. 28.〉

**제36조(과태료)** ① 제21조를 위반하여 공사 또는 이와 유사한 명칭을 사용한 자에게는 1천만원 이하의 과태료를 부과한다.

② 제1항에 따른 과태료는 국토교통부장관이 부과·징수한다.

## 부칙 〈제20047호, 2024. 1. 16.〉

**제1조(시행일)** 이 법은 공포 후 3개월이 경과한 날부터 시행한다. 다만, 제19조제1항 및 제27조의 개정규정은 공포한 날부터 시행한다.

**제2조(유효기간)** 제27조의 개정규정은 2027년 3월 31일까지 효력을 가진다.

# 부동산 실권리자명의 등기에 관한 법률
## (약칭: 부동산실명법)

[시행 2020. 3. 24.] [법률 제17091호, 2020. 3. 24., 타법개정]

**제1조(목적)** 이 법은 부동산에 관한 소유권과 그 밖의 물권을 실체적 권리관계와 일치하도록 실권리자 명의(名義)로 등기하게 함으로써 부동산등기제도를 악용한 투기·탈세·탈법행위 등 반사회적 행위를 방지하고 부동산 거래의 정상화와 부동산 가격의 안정을 도모하여 국민경제의 건전한 발전에 이바지함을 목적으로 한다.
[전문개정 2010. 3. 31.]

**제2조(정의)** 이 법에서 사용하는 용어의 뜻은 다음과 같다.

1. "명의신탁약정"(名義信託約定)이란 부동산에 관한 소유권이나 그 밖의 물권(이하 부동산에 관한 물권이라 한다)을 보유한 자 또는 사실상 취득하거나 취득하려고 하는 자[이하 "실권리자"(實權利者)라 한다]가 타인과의 사이에서 대내적으로는 실권리자가 부동산에 관한 물권을 보유하거나 보유하기로 하고 그에 관한 등기(가등기를 포함한다. 이하 같다)는 그 타인의 명의로 하기로 하는 약정[위임·위탁매매의 형식에 의하거나 추인(追認)에 의한 경우를 포함한다]을 말한다. 다만, 다음 각 목의 경우는 제외한다.

    가. 채무의 변제를 담보하기 위하여 채권자가 부동산에 관한 물권을 이전(移轉)받거나 가등기하는 경우

    나. 부동산의 위치와 면적을 특정하여 2인 이상이 구분소유하기로 하는 약정을 하고 그 구분소유자의 공유로 등기하는 경우

    다. 「신탁법」 또는 「자본시장과 금융투자업에 관한 법률」에 따른 신탁재산인 사실을 등기한 경우

2. "명의신탁자"(名義信託者)란 명의신탁약정에 따라 자신의 부동산에 관한 물권을 타인의 명의로 등기하게 하는 실권리자를 말한다.

3. "명의수탁자"(名義受託者)란 명의신탁약정에 따라 실권리자의 부동산에 관한 물권을 자신의 명의로 등기하는 자를 말한다.

4. "실명등기"(實名登記)란 법률 제4944호 부동산실권리자명의등기에관한법률 시행 전에 명의신탁약정에 따라 명의수탁자의 명의로 등기된 부동산에 관한 물권을

법률 제4944호 부동산실권리자명의등기에관한법률 시행일 이후 명의신탁자의 명의로 등기하는 것을 말한다.

[전문개정 2010. 3. 31.]

**제3조(실권리자명의 등기의무 등)** ① 누구든지 부동산에 관한 물권을 명의신탁약정에 따라 명의수탁자의 명의로 등기하여서는 아니 된다.

② 채무의 변제를 담보하기 위하여 채권자가 부동산에 관한 물권을 이전받는 경우에는 채무자, 채권금액 및 채무변제를 위한 담보라는 뜻이 적힌 서면을 등기신청서와 함께 등기관에게 제출하여야 한다.

[전문개정 2010. 3. 31.]

**제4조(명의신탁약정의 효력)** ① 명의신탁약정은 무효로 한다.

② 명의신탁약정에 따른 등기로 이루어진 부동산에 관한 물권변동은 무효로 한다. 다만, 부동산에 관한 물권을 취득하기 위한 계약에서 명의수탁자가 어느 한쪽 당사자가 되고 상대방 당사자는 명의신탁약정이 있다는 사실을 알지 못한 경우에는 그러하지 아니하다.

③ 제1항 및 제2항의 무효는 제3자에게 대항하지 못한다.

[전문개정 2010. 3. 31.]

**제5조(과징금)** ① 다음 각 호의 어느 하나에 해당하는 자에게는 해당 부동산 가액(價額)의 100분의 30에 해당하는 금액의 범위에서 과징금을 부과한다.

1. 제3조제1항을 위반한 명의신탁자
2. 제3조제2항을 위반한 채권자 및 같은 항에 따른 서면에 채무자를 거짓으로 적어 제출하게 한 실채무자(實債務者)

② 제1항의 부동산 가액은 과징금을 부과하는 날 현재의 다음 각 호의 가액에 따른다. 다만, 제3조제1항 또는 제11조제1항을 위반한 자가 과징금을 부과받은 날 이미 명의신탁관계를 종료하였거나 실명등기를 하였을 때에는 명의신탁관계 종료 시점 또는 실명등기 시점의 부동산 가액으로 한다.

1. 소유권의 경우에는 「소득세법」 제99조에 따른 기준시가
2. 소유권 외의 물권의 경우에는 「상속세 및 증여세법」 제61조제5항 및 제66

조에 따라 대통령령으로 정하는 방법으로 평가한 금액

③ 제1항에 따른 과징금의 부과기준은 제2항에 따른 부동산 가액(이하 "부동산평가액"이라 한다), 제3조를 위반한 기간, 조세를 포탈하거나 법령에 따른 제한을 회피할 목적으로 위반하였는지 여부 등을 고려하여 대통령령으로 정한다.

④ 제1항에 따른 과징금이 대통령령으로 정하는 금액을 초과하는 경우에는 그 초과하는 부분은 대통령령으로 정하는 바에 따라 물납(物納)할 수 있다.

⑤ 제1항에 따른 과징금은 해당 부동산의 소재지를 관할하는 특별자치도지사·특별자치시장·시장·군수 또는 구청장이 부과·징수한다. 이 경우 과징금은 위반사실이 확인된 후 지체 없이 부과하여야 한다. 〈개정 2016. 1. 6.〉

⑥ 제1항에 따른 과징금을 납부기한까지 내지 아니하면 「지방행정제재·부과금의 징수 등에 관한 법률」에 따라 징수한다. 〈개정 2013. 8. 6., 2020. 3. 24.〉

⑦ 제1항에 따른 과징금의 부과 및 징수 등에 필요한 사항은 대통령령으로 정한다.

[전문개정 2010. 3. 31.]


**제5조의2(과징금 납부기한의 연장 및 분할 납부)** ① 특별자치도지사·특별자치시장·시장·군수 또는 구청장은 제5조제1항에 따른 과징금을 부과받은 자(이하 이 조에서 "과징금 납부의무자"라 한다)가 과징금의 금액이 대통령령으로 정하는 기준을 초과하는 경우로서 다음 각 호의 어느 하나에 해당하여 과징금의 전액을 일시에 납부하기가 어렵다고 인정할 때에는 그 납부기한을 연장하거나 분할 납부하게 할 수 있다. 이 경우 필요하다고 인정할 때에는 대통령령으로 정하는 바에 따라 담보를 제공하게 할 수 있다.

　　1. 재해 또는 도난 등으로 재산에 현저한 손실을 입은 경우
　　2. 사업 여건의 악화로 사업이 중대한 위기에 처한 경우
　　3. 과징금을 일시에 내면 자금사정에 현저한 어려움이 예상되는 경우
　　4. 과징금 납부의무자 또는 동거 가족이 질병이나 중상해(重傷害)로 장기 치료가 필요한 경우
　　5. 그 밖에 제1호부터 제4호까지의 규정에 준하는 사유가 있는 경우

② 과징금 납부의무자가 제1항에 따른 과징금 납부기한의 연장 또는 분할 납부를 신청하려는 경우에는 과징금 납부를 통지받은 날부터 30일 이내에 특별자치도지사·특별자치시장·시장·군수 또는 구청장에게 신청하여야 한다.

③ 특별자치도지사·특별자치시장·시장·군수 또는 구청장은 제1항에 따라 납부기한

이 연장되거나 분할 납부가 허용된 과징금 납부의무자가 다음 각 호의 어느 하나에 해당하게 된 때에는 그 납부기한의 연장 또는 분할 납부 결정을 취소하고 일시에 징수할 수 있다.

1. 납부기한의 연장 또는 분할 납부 결정된 과징금을 그 납부기한 내에 납부하지 아니한 때
2. 담보의 변경, 그 밖에 담보 보전에 필요한 특별자치도지사·특별자치시장·시장·군수 또는 구청장의 요구를 이행하지 아니한 때
3. 강제집행, 경매의 개시, 파산선고, 법인의 해산, 국세 또는 지방세의 체납처분을 받은 때 등 과징금의 전부 또는 잔여분을 징수할 수 없다고 인정되는 때

④ 제1항부터 제3항까지의 규정에 따른 과징금 납부기한의 연장, 분할 납부 또는 담보의 제공 등에 필요한 사항은 대통령령으로 정한다.

[본조신설 2016. 1. 6.]

**제6조(이행강제금)** ① 제5조제1항제1호에 따른 과징금을 부과받은 자는 지체 없이 해당 부동산에 관한 물권을 자신의 명의로 등기하여야 한다. 다만, 제4조제2항 단서에 해당하는 경우에는 그러하지 아니하며, 자신의 명의로 등기할 수 없는 정당한 사유가 있는 경우에는 그 사유가 소멸된 후 지체 없이 자신의 명의로 등기하여야 한다.

② 제1항을 위반한 자에 대하여는 과징금 부과일(제1항 단서 후단의 경우에는 등기할 수 없는 사유가 소멸한 때를 말한다)부터 1년이 지난 때에 부동산평가액의 100분의 10에 해당하는 금액을, 다시 1년이 지난 때에 부동산평가액의 100분의 20에 해당하는 금액을 각각 이행강제금으로 부과한다.

③ 이행강제금에 관하여는 제5조제4항부터 제7항까지의 규정을 준용한다.

[전문개정 2010. 3. 31.]

**제7조(벌칙)** ① 다음 각 호의 어느 하나에 해당하는 자는 5년 이하의 징역 또는 2억원 이하의 벌금에 처한다. 〈개정 2016. 1. 6.〉

1. 제3조제1항을 위반한 명의신탁자
2. 제3조제2항을 위반한 채권자 및 같은 항에 따른 서면에 채무자를 거짓으로 적어 제출하게 한 실채무자

② 제3조제1항을 위반한 명의수탁자는 3년 이하의 징역 또는 1억원 이하의 벌금에 처

한다. 〈개정 2016. 1. 6.〉

③ 삭제 〈2016. 1. 6.〉

[전문개정 2010. 3. 31.]


**제8조(종중, 배우자 및 종교단체에 대한 특례)** 다음 각 호의 어느 하나에 해당하는 경우로서 조세 포탈, 강제집행의 면탈(免脫) 또는 법령상 제한의 회피를 목적으로 하지 아니하는 경우에는 제4조부터 제7조까지 및 제12조제1항부터 제3항까지를 적용하지 아니한다. 〈개정 2013. 7. 12.〉

1. 종중(宗中)이 보유한 부동산에 관한 물권을 종중(종중과 그 대표자를 같이 표시하여 등기한 경우를 포함한다) 외의 자의 명의로 등기한 경우

2. 배우자 명의로 부동산에 관한 물권을 등기한 경우

3. 종교단체의 명의로 그 산하 조직이 보유한 부동산에 관한 물권을 등기한 경우

[전문개정 2010. 3. 31.]

[제목개정 2013. 7. 12.]


**제9조(조사 등)** ① 특별자치도지사·특별자치시장·시장·군수 또는 구청장은 필요하다고 인정하는 경우에는 제3조, 제10조부터 제12조까지 및 제14조를 위반하였는지를 확인하기 위한 조사를 할 수 있다. 〈개정 2016. 1. 6.〉

② 국세청장은 탈세 혐의가 있다고 인정하는 경우에는 제3조, 제10조부터 제12조까지 및 제14조를 위반하였는지를 확인하기 위한 조사를 할 수 있다.

③ 공무원이 그 직무를 수행할 때에 제3조, 제10조부터 제12조까지 및 제14조를 위반한 사실을 알게 된 경우에는 국세청장과 해당 부동산의 소재지를 관할하는 특별자치도지사·특별자치시장·시장·군수 또는 구청장에게 그 사실을 통보하여야 한다. 〈개정 2016. 1. 6.〉

[전문개정 2010. 3. 31.]


**제10조(장기미등기자에 대한 벌칙 등)** ① 「부동산등기 특별조치법」 제2조제1항, 제11조 및 법률 제4244호 부동산등기특별조치법 부칙 제2조를 적용받는 자로서 다음 각 호의 어느 하나에 해당하는 날부터 3년 이내에 소유권이전등기를 신청하지 아니한 등기권리자(이하 "장기미등기자"라 한다)에게는 부동산평가액의 100분의 30의

범위에서 과징금(「부동산등기 특별조치법」 제11조에 따른 과태료가 이미 부과된 경우에는 그 과태료에 상응하는 금액을 뺀 금액을 말한다)을 부과한다. 다만, 제4조 제2항 본문 및 제12조제1항에 따라 등기의 효력이 발생하지 아니하여 새로 등기를 신청하여야 할 사유가 발생한 경우와 등기를 신청하지 못할 정당한 사유가 있는 경우에는 그러하지 아니하다.

> 1. 계약당사자가 서로 대가적(代價的)인 채무를 부담하는 경우에는 반대급부의 이행이 사실상 완료된 날
> 2. 계약당사자의 어느 한쪽만이 채무를 부담하는 경우에는 그 계약의 효력이 발생한 날

② 제1항에 따른 과징금의 부과기준은 부동산평가액, 소유권이전등기를 신청하지 아니한 기간, 조세를 포탈하거나 법령에 따른 제한을 회피할 목적으로 하였는지 여부, 「부동산등기 특별조치법」 제11조에 따른 과태료가 부과되었는지 여부 등을 고려하여 대통령령으로 정한다.

③ 제1항의 과징금에 관하여는 제5조제4항부터 제7항까지 및 제5조의2를 준용한다. 〈개정 2016. 1. 6.〉

④ 장기미등기자가 제1항에 따라 과징금을 부과받고도 소유권이전등기를 신청하지 아니하면 제6조제2항 및 제3항을 준용하여 이행강제금을 부과한다.

⑤ 장기미등기자(제1항 단서에 해당하는 자는 제외한다)는 5년 이하의 징역 또는 2억원 이하의 벌금에 처한다. 〈개정 2016. 1. 6.〉

[전문개정 2010. 3. 31.]


**제11조(기존 명의신탁약정에 따른 등기의 실명등기 등)** ① 법률 제4944호 부동산실권리자명의등기에관한법률 시행 전에 명의신탁약정에 따라 부동산에 관한 물권을 명의수탁자의 명의로 등기하거나 등기하도록 한 명의신탁자(이하 "기존 명의신탁자"라 한다)는 법률 제4944호 부동산실권리자명의등기에관한법률 시행일부터 1년의 기간(이하 "유예기간"이라 한다) 이내에 실명등기하여야 한다. 다만, 공용징수, 판결, 경매 또는 그 밖에 법률에 따라 명의수탁자로부터 제3자에게 부동산에 관한 물권이 이전된 경우(상속에 의한 이전은 제외한다)와 종교단체, 향교 등이 조세 포탈, 강제집행의 면탈을 목적으로 하지 아니하고 명의신탁한 부동산으로서 대통령령으로 정하는 경우는 그러하지 아니하다.

② 다음 각 호의 어느 하나에 해당하는 경우에는 제1항에 따라 실명등기를 한 것으로

본다. 〈개정 2011. 5. 19., 2016. 1. 6., 2019. 11. 26.〉

1. 기존 명의신탁자가 해당 부동산에 관한 물권에 대하여 매매나 그 밖의 처분행위를 하고 유예기간 이내에 그 처분행위로 인한 취득자에게 직접 등기를 이전한 경우

2. 기존 명의신탁자가 유예기간 이내에 다른 법률에 따라 해당 부동산의 소재지를 관할하는 특별자치도지사·특별자치시장·시장·군수 또는 구청장에게 매각을 위탁하거나 대통령령으로 정하는 바에 따라 「한국자산관리공사 설립 등에 관한 법률」에 따라 설립된 한국자산관리공사에 매각을 의뢰한 경우. 다만, 매각위탁 또는 매각의뢰를 철회한 경우에는 그러하지 아니하다.

③ 실권리자의 귀책사유 없이 다른 법률에 따라 제1항 및 제2항에 따른 실명등기 또는 매각처분 등을 할 수 없는 경우에는 그 사유가 소멸한 때부터 1년 이내에 실명등기 또는 매각처분 등을 하여야 한다.

④ 법률 제4944호 부동산실권리자명의등기에관한법률 시행 전 또는 유예기간 중에 부동산물권에 관한 쟁송이 법원에 제기된 경우에는 그 쟁송에 관한 확정판결(이와 동일한 효력이 있는 경우를 포함한다)이 있는 날부터 1년 이내에 제1항 및 제2항에 따른 실명등기 또는 매각처분 등을 하여야 한다.

[전문개정 2010. 3. 31.]

**제12조(실명등기의무 위반의 효력 등)** ① 제11조에 규정된 기간 이내에 실명등기 또는 매각처분 등을 하지 아니한 경우 그 기간이 지난 날 이후의 명의신탁약정 등의 효력에 관하여는 제4조를 적용한다.

② 제11조를 위반한 자에 대하여는 제3조제1항을 위반한 자에 준하여 제5조, 제5조의2 및 제6조를 적용한다. 〈개정 2016. 1. 6.〉

③ 법률 제4944호 부동산실권리자명의등기에관한법률 시행 전에 명의신탁약정에 따른 등기를 한 사실이 없는 자가 제11조에 따른 실명등기를 가장하여 등기한 경우에는 5년 이하의 징역 또는 2억원 이하의 벌금에 처한다.

[전문개정 2010. 3. 31.]

**제12조의2(양벌규정)** 법인 또는 단체의 대표자나 법인·단체 또는 개인의 대리인·사용인 및 그 밖의 종업원이 그 법인·단체 또는 개인의 업무에 관하여 제7조, 제10조

제5항 또는 제12조제3항의 위반행위를 하면 그 행위자를 벌하는 외에 그 법인·단체 또는 개인에게도 해당 조문의 벌금형을 과한다. 다만, 법인·단체 또는 개인이 그 위반행위를 방지하기 위하여 해당 업무에 관하여 상당한 주의와 감독을 게을리하지 아니한 경우에는 그러하지 아니하다.

[본조신설 2016. 1. 6.]

**제13조(실명등기에 대한 조세부과의 특례)** ① 제11조에 따라 실명등기를 한 부동산이 1건이고 그 가액이 5천만원 이하인 경우로서 다음 각 호의 어느 하나에 해당하는 경우에는 이미 면제되거나 적게 부과된 조세 또는 부과되지 아니한 조세는 추징(追徵)하지 아니한다. 이 경우 실명등기를 한 부동산의 범위 및 가액의 계산에 대하여는 대통령령으로 정한다.

1. 종전의 「소득세법」(법률 제4803호로 개정되기 전의 법률을 말한다) 제5조제6호에 따라 명의신탁자 및 그와 생계를 같이 하는 1세대(世帶)가 법률 제4944호 부동산실권리자명의등기에관한법률 시행 전에 1세대1주택 양도에 따른 비과세를 받은 경우로서 실명등기로 인하여 해당 주택을 양도한 날에 비과세에 해당하지 아니하게 되는 경우

2. 종전의 「상속세법」(법률 제5193호로 개정되기 전의 법률을 말한다) 제32조의2에 따라 명의자에게 법률 제4944호 부동산실권리자명의등기에관한법률 시행 전에 납세의무가 성립된 증여세를 부과하는 경우

② 실명등기를 한 부동산이 비업무용 부동산에 해당하는 경우로서 유예기간(제11조제3항 및 제4항의 경우에는 그 사유가 소멸한 때부터 1년의 기간을 말한다) 종료 시까지 해당 법인의 고유업무에 직접 사용할 때에는 법률 제6312호 지방세법중개정법률 부칙 제10조에도 불구하고 종전의 「지방세법」(법률 제6312호로 개정되기 전의 법률을 말한다) 제112조제2항의 세율을 적용하지 아니한다.

[전문개정 2010. 3. 31.]

**제14조(기존 양도담보권자의 서면 제출 의무 등)** ① 법률 제4944호 부동산실권리자명의등기에관한법률 시행 전에 채무의 변제를 담보하기 위하여 채권자가 부동산에 관한 물권을 이전받은 경우에는 법률 제4944호 부동산실권리자명의등기에관한법률 시행일부터 1년 이내에 채무자, 채권금액 및 채무변제를 위한 담보라는 뜻이 적힌 서

면을 등기관에게 제출하여야 한다.

② 제1항을 위반한 채권자 및 제1항에 따른 서면에 채무자를 거짓으로 적어 제출하게 한 실채무자에 대하여는 해당 부동산평가액의 100분의 30의 범위에서 과징금을 부과한다.

③ 제2항에 따른 과징금의 부과기준은 부동산평가액, 제1항을 위반한 기간, 조세를 포탈하거나 법령에 따른 제한을 회피할 목적으로 위반하였는지 여부 등을 고려하여 대통령령으로 정한다.

④ 제2항에 따른 과징금에 관하여는 제5조제4항부터 제7항까지 및 제5조의2를 준용한다. 〈개정 2016. 1. 6.〉

[전문개정 2010. 3. 31.]


**제15조 삭제** 〈1997. 12. 13.〉


**부칙** 〈제17091호, 2020. 3. 24.〉
## (지방행정제재·부과금의 징수 등에 관한 법률)

**제1조(시행일)** 이 법은 공포한 날부터 시행한다. 〈단서 생략〉

**제2조** 및 제3조 생략

**제4조(다른 법률의 개정)** ①부터 ㊳까지 생략

㊴ 부동산 실권리자명의 등기에 관한 법률 일부를 다음과 같이 개정한다.

제5조제6항 중 "「지방세외수입금의 징수 등에 관한 법률」"을 "「지방행정제재·부과금의 징수 등에 관한 법률」"로 한다.

㊵부터 〈102〉까지 생략

**제5조** 생략

◨ 편저 김 만 길 ◨

┃ 전 서울고등법원 종합민원접수실장
┃ 전 서울중앙지방법원 민사신청과장(법원서기관)
┃ 전 서울서부지방법원 은평등기소장
┃ 전 수원지방법원 시흥등기소장
┃ 전 인천지방법원 본원 집행관
┃ 법무사

2025년
## 정석 부동산등기 실무

2024년  11월 15일(26판) 인쇄
2024년  11월 20일(26판) 발행

**2000년  9월  15일 초판 발행**

공  저  김만길
발행인  김현호
발행처  법문북스
공급처  법률미디어

주소  서울 구로구 경인로 54길4(구로동 636-62)
전화  02)2636-2911~2,  팩스 02)2636-3012

홈페이지  www.lawb.co.kr
페이스북  www.facebook.com/bummun3011
인스타그램  www.instagram.com/bummun3011
네이버 블로그  blog.naver.com/bubmunk

등록일자  1979년 8월 27일
등록번호  제5-22호

ISBN  979-11-93350-77-5 (13360)

정가  180,000원